저자약력 : 강경석 세무사

- 연세대학교 졸업
- 한국세무전문학교 회계학교수
- 종로경영아카데미 세법교수
- 한국금융연수원 한국채택국제회계기준 교수
- 회계사·세무사 전문 월간회계 집필위원
- 신한은행 PB 양도소득세 고문세무사
- 킨텍스세무그룹 대표세무사
- EBS교육방송·에듀피디·두목넷·자격동스쿨·에어클래스 : 회계학/세법 대표강사

주요저서 [출간예정도서포함]

- SAMIL 전산세무2급   : 강경석·김혜숙-삼일인포마인
- SAMIL 전산회계1급   : 강경석·김혜숙-삼일인포마인
- 회계사·세무사 회계학요해   : 강경석-회경사
- 회계사·세무사 세법요해   : 강경석-회경사
- THE BEST 세무관리3급   : 강경석·김혜숙-경영과회계
- POINT 전산세무1급   : 강경석·김윤주-경영과회계
- POINT 전산세무2급   : 강경석·김윤주-경영과회계
- POINT ERP회계2급-단기합격특강   : 강경석·임정식-경영과회계
- POINT 기업회계2·3급-단기합격특강   : 강경석-경영과회계
- POINT 세무회계2·3급-단기합격특강   : 강경석-경영과회계
- FINAL 전산세무1·2급-백점이론특강   : 강경석-세무라이선스
- FINAL 세무회계1급·2급·3급[이론과기출]-한권으로끝장   : 강경석-세무라이선스
- FINAL 회계관리1급-최신기출해설[2023년8회분/이론완성/저자직강]   : 강경석-세무라이선스
- FINAL 회계관리2급-최신기출해설[2023년8회분/적중이론/저자직강]   : 강경석-세무라이선스
- FINAL 재경관리사-한권으로끝장[20일완성/이론·기출기본서/저자직강]   : 강경석-세무라이선스
- FINAL 재경관리사-기출문제특강[4주완성/10개년/기출유형총정리]   : 강경석-세무라이선스
- FINAL 재경관리사-최신기출해설[2022년8회분/전과목]   : 강경석-세무라이선스
- FINAL 재경관리사-최신기출해설[2023년8회분/전과목]   : 강경석-세무라이선스
- FINAL 재경관리사-기출오답노트[3일완성/막판뒤집기/50점UP]   : 강경석-세무라이선스
- FINAL 재경관리사-공개기출해설[재무] : 4개년27회분   : 강경석-세무라이선스
- FINAL 재경관리사-공개기출해설[원가] : 4개년27회분   : 강경석-세무라이선스
- FINAL 기업회계1급·2급·3급-한권으로끝장[이론완성/기출문제/저자직강]   : 강경석-세무라이선스
- FINAL IFRS관리사-한권으로끝장[이론완성/동형기출/저자직강]   : 강경석-세무라이선스
- FINAL IFRS관리사-기출문제특강[4개년8회분/오답노트/모의고사]   : 강경석-세무라이선스
- FINAL 감정평가사·관세사 회계학-적중서브노트[재무/원가]   : 강경석-도서출판 탐진
- FINAL 세무사·회계사 회계학-적중서브노트[재무·원가]   : 강경석-도서출판 탐진
- 그 외 다수

www.semoolicence.com
[추록 및 정오표 확인]

FINAL

FINALLY FINAL

삼일회계법인주관 재경관리사 자격시험

재경관리사·한권으로끝장

고득점 단기합격 최적기본서

[20일완성/이론·기출기본서/저자직강]

제1편	[단기속성특강] 재무회계
제2편	[단기속성특강] 세무회계
제3편	[단기속성특강] 원가관리회계
합본부록	[합본부록1] 신유형기출문제 [합본부록2] 10개년/기출오답노트

SEMOOLICENCE

재경관리사 동영상강의 소개

강경석 세무사 [저자직강]

[교재명] 재경관리사 한권으로끝장
[강의명] 재경관리사 단기속성특강

[강의특징]

- 빠짐없는 내용과 해설로 재경관리사 시험의 방대한 내용을 수험용으로 단권화한 교재 저자의 직강
- 개념부터 실전능력까지 단 한 강좌로 끝내는 단기합격의 최적강의
- 재경관리사 시험의 이론적 내용을 한페이지에 한 논제로 진행하는 혁신적인 수업방식
- 강사의 수업중 이루어지는 완벽한 판서정리가 수업중 100%서브노트화가 되어지는 강의
- 시험에 빈출되는 이론과 반드시 알아야할 핵심이론을 "MVP"로 짚어주어 학습의 중심이론이 흔들리지 않도록 이끌어 주는 강의
- 재경관리사 시험에서 시간이 당락을 좌우하는 만큼 "고속철풀이법"을 통해 계산형문제를 빨리 풀 수 있는 방법을 제시한 강의
- 재경관리사 강의의 표준을 제시한 강의

[자자직강 동영상강의 제휴서비스사 안내]

- EBS교육방송 www.ebs.co.kr / job
- 자격동스쿨 www.passdong.com
- 익스터디 [두목넷] www.dumok.net
- 에어클래스   www.airklass.com

그 외 제휴서비스사는 세무라이선스 홈페이지에서 확인 및 링크하실 수 있습니다.

본서는 현행 K-IFRS와 2024년 개정세법을 완벽 반영하고 있습니다.

강경석세무사『FINAL』시리즈

FINAL'재경관리사 ▶	한권으로끝장【20일완성/이론·기출기본서/저자직강】
FINAL'재경관리사 ▶	기출문제특강【4주완성/10개년/기출유형총정리】
FINAL'재경관리사 ▶	최신기출해설【2022년8회분/전과목】
FINAL'재경관리사 ▶	최신기출해설【2023년8회분/전과목】
FINAL'재경관리사 ▶	기출오답노트【3일완성/막판뒤집기/50점UP】
FINAL'재경관리사 ▶	공개기출해설【재무】 - 4개년 27회분
FINAL'재경관리사 ▶	공개기출해설【원가】 - 4개년 27회분
FINAL'회계관리1급 ▶	최신기출해설【2023년8회분/이론완성/저자직강】
FINAL'회계관리2급 ▶	최신기출해설【2023년8회분/적중이론/저자직강】
FINAL'IFRS관리사 ▶	한권으로끝장【이론완성/동형기출/저자직강】
FINAL'IFRS관리사 ▶	기출문제특강【4개년8회분/오답노트/모의고사】
FINAL'기업회계1급·2급·3급 ▶	한권으로끝장【이론완성/기출문제/저자직강】
FINAL'감정평가사·관세사 ▶	회계학 적중서브노트【재무/원가】
FINAL'세무사·회계사 ▶	회계학 적중서브노트【재무/원가】

🖊 본서의 특징

1. 단기에 100% 합격이 가능하도록 전 과목에 대한 모든 내용을 완벽하게 담아냈다.

항상 현장과 동영상강의를 통해 많은 수험생를 접하면서 느끼는 점은 학습해야 할 분량이 방대하다 보니 이를 수험용으로 100% 합격가능하도록 정리를 못해 허둥대는 수험생이 대부분이라는 점이었다. 따라서, 수험과 무관한 내용을 배제시키고 오로지 100% 합격을 위해 필요한 내용을 담은 핵심이론을 장황하지 않으면서 깔끔하게, 콤팩트하면서 빠짐없게 심혈을 기울여 집필하였다. 즉, 기존 서적들이 단순히 회계기준과 세법의 규정내용을 그대로 교재에 옮겨 놓음으로써 수험생 입장에서 도무지 정리할 수 없었던 문제점을 말끔히 해결하였다. 단기간에 최대의 효과를 가져올 수 있을 것으로 확신한다.

2. 국내최초 모든 이론 논제를 한 페이지에 담기도록 집필하여 수험서의 혁명을 이루었다.

한 논제에 대하여 여러 페이지에 걸쳐 이어지다 보면 공부하는 순간에는 별 문제가 없으나 뒤돌아서면 도통 정리가 되지 않는 문제점을 해결코자 모든 논제는 한 페이지에 도표 형식으로 담아냈으며 내용 자체가 하나의 사진처럼 영상이 되어 정리될 수 있도록 하였다. 이러한 편집체계는 저자의 모든 책(세무사/회계사 관련 서적, 한국세무사회 자격증 관련서적, 삼일회계법인 자격증 관련서적 등)에 일관되게 적용되고 있으며, 국내에서 출간되고 있는 책 중에 유일한 독특하고, 창의적인 편집체계로서 이러한 방법은 기존 책들의 서술형 내용처리 체계와는 다른 파워풀한 시험적응력을 가져오는 것을 계속 경험하고 있다.

3. 기출 & 적중문제를 편제하여 이론의 실전적용 모습을 바로 확인할 수 있도록 하였다.

현재 출제되고 있는 실제 기출문제를 철저히 분석하여 해당 이론과 관련된 필수 기출문제를 편제함과 동시에 적중예상문제를 함께 제시하여 해당 이론이 어떻게 실전에서 문제화되어 등장하는 지를 확인할 수 있도록 하였다.

4. 최근 출제된 신유형의 기출문제를 편제하여 합본부록에 정리하여 제시하였다.

최근 출제된 신유형의 기출문제는 다소 지엽적이거나 난이도를 상승시킨 문제가 대부분이다. 따라서, 완벽한 이해 및 숙지가 가능하도록 상당한 지면을 할애하여 상세하게 해설하였으며, 문제의 재출제에 대비하여 관련이론을 추가적으로 완벽하게 편제하였다.

5. 10개년간 기출문제에 대한 오답노트를 제시하여 서술형 만점 획득이 가능하도록 하였다.

10개년 동안의 서술형 기출문제에서 답으로 등장한 오답 문구를 빠짐없이 정리하여 제시함으로써 수험생들의 오답노트 작성의 수고로움을 덜도록 하였으며, 혼동할 수 있는 문구를 다시 한번 확인 및 최종 점검할 수 있도록 하였다. 시험 막판 손쉽게 50점 이상을 UP시킬 수 있도록 편제하였으므로 필히 숙지하기 바란다.

6. 실전에서 계산형 문제를 빨리 풀 수 있는 비법인 일명 '고속철' 풀이법을 제시하였다.

기본이론 접근시 체화된 강학상의 회계처리 방식에 의할 경우 한정된 시간 내에 효율적으로 계산형 문제를 풀기란 불가능하므로 저자의 노하우로 개발한 빨리 풀 수 있는 방법을 '고속철'로 표기하여 모두 제시하였다. 실전에서 놀라운 효과를 발휘되는 방법이므로 반드시 숙지하기 바란다.

▷ ▷ ▷

체계적으로 집필된 본서를 찬찬히 학습하다보면 어느 순간 자신도 모르게 자격증 취득에 한걸음 다가섰음을 느낄 수 있을 것으로 확신하며, 바라건데 본 교재가 최고의 재경전문가로 성장하는데 밑거름이 되고 수험생의 합격을 이끄는 반려자가 되길 기원한다. 또한 최선은 다했으나 혹시 미처 파악하지 못한 오류는 없는지에 대한 두려움과 아쉬움이 남는 것이 사실이나, 독자제위의 질책과 서평을 겸허히 수용하여 부족한 부분은 계속해서 보완해 나갈 것을 약속한다.

끝으로 본 교재의 출간을 위해 물심양면 지원을 아끼지 않은 세무라이선스 임원진과 고통스런 편집 작업에 고생하신 세무라이선스 편집부에 감사를 전한다.

[저자의 ADVICE]

수험생들의 가장 큰 공부에 있어 오류는 저자의 경험에 비추어 볼 때 단권화에 실패하는 것이 아닌가 싶습니다. 시험 하루 전 과연 하루만에 정리할 수 있을 정도로 단권화를 행하고 있는지 항상 반추하며 수험공부에 임해야 한다고 생각하며, 모든 내용을 모두 소화시키고 말겠다는 학습자세는 그리 좋은 방향이 아닌 듯 싶습니다(100점을 맞아야 합격하는 시험이 아님). 어떤 식으로든 정리가 되어야 하며 그것도 시험 하루전 2~3시간 만에 1독이 가능하도록 본서와 같이 포맷화하여 수없이 반복하는 것이 합격하는 최선의 지름길임을 명심하시길 당부 드립니다. 모든 수험생의 합격을 기원합니다.

세무사 강경석 씀

SEMOOLICENCE

1
CHAPTER

[단기속성특강] 재무회계

▶ ▷ ▷ ▷ ▷ ▷

▶▶▷▷▷▷

2 CHAPTER

[단기속성특강] 세무회계

▶ ▶ ▶ ▷ ▷ ▷

▶ ▶ ▶ ▶ ▷ ▷

3
CHAPTER

[단기속성특강] 원가관리회계

▶▶▶▶▶▷

합본부록

재경관리사 고득점 단기합격 최적기본서

CAM [Certified Accounting Manager]

FINAL

FINALLY FINAL

제1편. 재무회계

[단기속성특강]

SEMOOLICENCE

POTENTIALITY
PASSION
PROFESSION

[본 교재의 강의 서비스는 유료서비스 입니다]

[교재명 : 재경관리사 한권으로끝장 강경석 저 | 강의명 : 재경관리사 단기속성특강]

저자직강 동영상강의 제휴서비스사 안내

■ EBS교육방송 www.ebs.co.kr / job
■ 자격동스쿨 www.passdong.com
■ 익스터디 [두목넷] www.dumok.net
■ 에어클레스 www.airklass.com

그 외 제휴서비스사는 세무라이선스 홈페이지에서 확인 및 링크하실 수 있습니다.

[단기속성특강] 재무회계

개정 한국채택국제회계기준을 반영한 재무회계
전반의 내용을 빠짐없이 완벽히 정리하였으며, 이
론 학습 후 최근 출제경향을 분석한 기출&적중문
제를 통해 이론의 실전 적용 모습을 바로 확인하
여 이해할 수 있게 하였습니다.

재경관리사 한권으로끝장

FINAL

Certified Accounting Manager

재무회계

[단기속성특강]

SEMOOLICENCE

단기속성특강 제1강		개념체계 목적과 위상

개요	의의	•재무보고를 위한 개념체계는 일반목적재무보고의 목적과 개념을 서술함.
	개념체계 주요내용	•일반목적재무보고의 목적, 유용한 재무정보의 질적특성, 재무제표와 보고기업, 재무제표의 요소, 인식과 제거, 측정, 표시와 공시, 자본및자본유지
개념체계 목적	회계기준위원회	•한국회계기준위원회(=회계기준위원회)가 일관된 개념에 기반하여 한국채택국제회계기준(=회계기준)을 제·개정하는 데 도움을 줌.
	재무제표작성자	•특정 거래나 다른 사건에 적용할 회계기준이 없거나 회계기준에서 회계정책을 선택하는 것을 허용하는 경우에 재무제표 작성자가 일관된 회계정책을 개발하는 데 도움을 줌.
	모든 이해관계자	•모든 이해관계자가 회계기준을 이해하고 해석하는 데 도움을 줌.
개념체계 위상	회계기준과의 관련성	•개념체계는 회계기준이 아님. 🔎주의 따라서, 개념체계의 어떠한 내용도 회계기준이나 그 요구사항에 우선치 않음. ※**말장난** 경우에 따라서는 개념체계의 내용이 회계기준에 우선할 수도 있다(X)
	개념체계에서의 일탈	•일반목적재무보고의 목적을 달성하기 위해 회계기준위원회는 개념체계의 관점에서 벗어난 요구사항을 기준서에 정하는 경우가 있을 수 있음. ▶ 만약, 회계기준위원회가 그러한 사항을 정한다면, 해당 기준서의 결론도출근거에 그러한 일탈에 대해 설명할 것임.
	개념체계의 개정	•개념체계는 회계기준위원회가 관련 업무를 통해 축적한 경험을 토대로 수시로 개정될 수 있음. •개념체계가 개정되었다고 자동으로 회계기준이 개정되는 것은 아님. ▶ 회계기준을 개정하기로 결정한 경우 회계기준위원회는 정규절차에 따라 의제에 프로젝트를 추가하고 해당 회계기준에 대한 개정안을 개발할 것임. ※**말장난** 개념체계가 개정되면 자동으로 회계기준이 개정된다(X)
개념체계와 회계기준 위원회 **참고사항**	회계기준위원회 공식임무	•전 세계 금융시장에 투명성, 책임성, 효율성을 제공하는 회계기준을 개발하는 것임. ▶ 개념체계는 회계기준위원회의 공식 임무에 기여함. ※**말장난** 투명성, 책임성, 신뢰성을 제공하는 회계기준을 개발하는 것이다(X)
	회계기준위원회 업무	•회계기준위원회의 업무는 세계 경제에서의 신뢰, 성장, 장기적 금융안정을 조성함으로써 공공이익에 기여하는 것임. ※**말장난** 보고기업의 이익에 기여하는 것이다(X)
	보론 개념체계는 다음과 같은 회계기준을 위한 기반을 제공함.(개념체계가 제공하는 기반)	
	투명성에 기여	•투자자와 그 밖의 시장참여자가 정보에 입각한 경제적 의사결정을 내릴 수 있도록 재무정보의 국제적 비교가능성과 정보의 질을 향상시킴으로써 투명성에 기여함.
	책임성을 강화	•자본제공자·자본수탁자 간의 정보격차를 줄임으로써 책임성을 강화함. ▶ 개념체계에 기반한 회계기준은 경영진의 책임을 묻기 위해 필요한 정보를 제공함. ▶ 국제적으로 비교가능한 정보의 원천으로서 이 회계기준은 전 세계 규제기관에게도 매우 중요함.
	경제적 효율성에 기여	•투자자에게 전 세계의 기회와 위험을 파악하도록 도움을 주어 자본 배분을 향상시킴으로써 경제적 효율성에 기여함. ▶ 기업이 개념체계에 기반한 신뢰성 있는 단일의 회계 언어를 사용하는 것은 자본비용을 감소시키고 국제보고 비용을 절감시킴.

FINAL 객관식뽀개기   기출 & 적중문제

1. 재무보고를 위한 개념체계에 관한 설명으로 옳지 않은 것은 어느 것인가?

① 한국회계기준위원회가 일관된 개념에 기반하여 한국채택국제회계기준을 제·개정하는 데 도움을 준다.

② 특정 거래나 다른 사건에 적용할 회계기준이 없거나 회계기준에서 회계정책을 선택하는 것을 허용하는 경우에 재무제표 작성자가 일관된 회계정책을 개발하는 데 도움을 준다.

③ 모든 이해관계자가 회계기준을 이해하고 해석하는 데 도움을 준다.

④ 개념체계는 회계기준이 아니다. 그러나 경우에 따라서는 개념체계의 내용이 회계기준이나 회계기준의 요구사항에 우선할 수도 있다.

📍 **내비게이션**

• 개념체계는 회계기준이 아니다. 따라서 개념체계의 어떠한 내용도 회계기준이나 회계기준의 요구사항에 우선하지 아니한다.

2. 재무보고를 위한 개념체계에 관한 설명으로 옳지 않은 것은?

① 일반목적 재무보고의 목적을 달성하기 위해 회계기준위원회는 개념체계의 관점에서 벗어난 요구사항을 정하는 경우가 있을 수 있다.

② 외부 이용자를 위한 재무보고의 기초가 되는 개념이므로 한국채택국제회계기준이다.

③ 일반목적재무보고의 목적과 개념을 서술한다.

④ 개념체계와 한국채택국제회계기준이 상충될 경우에는 한국채택국제회계기준이 우선한다.

📍 **내비게이션**

• 개념체계는 회계기준이 아니다.

3. 재무보고의 목적과 관련된 설명이다. 가장 타당하지 않은 것은?

① 주주에게는 회사에 대한 투자여부를 결정하는 데 유용한 정보를 제공한다.

② 경영자가 올바른 경영을 하기 위해서 회사가 필요로 하는 자금이 얼마인지를 등을 예측하는데 필요한 정보를 제공한다.

③ 채권자에게는 회사의 상환능력을 평가하는 데 유용한 정보를 제공한다.

④ 종업원이 급여인상에 대한 협상을 할 때 재무정보를 필요로 하지 않는다.

📍 **내비게이션**

• 종업원 역시 회계정보이용자이며, 종업원은 급여인상이나 이직의 의사결정을 위해 재무적 정보를 필요로 한다.

4. 다음은 재무회계와 관리회계를 비교한 것이다. 빈 칸에 들어갈 내용으로 가장 타당한 것은?

구분	재무회계	관리회계
주된목적	외부정보이용자의 경제적 의사결정에 유용한 정보의 제공	경영자의 관리적 의사결정에 유용한 정보의 제공
보고대상	(ㄱ)	(ㄴ)
보고양식	재무제표	(ㄷ)

	(ㄱ)	(ㄴ)	(ㄷ)
①	내부이용자	외부이해관계자	일정한 양식없음
②	외부이해관계자	내부이용자	재무제표
③	내부이용자	외부이해관계자	재무제표
④	외부이해관계자	내부이용자	일정한 양식없음

📍 **내비게이션**

• 관리회계는 보고양식에 일정한 기준이 없다.

보론	회계기초와 재무회계·관리회계

1 회계기초

회계의 정의	• 회계정보이용자가 합리적인 판단이나 의사결정을 할 수 있도록, 기업실체에 관한 유용한 경제적정보를 식별·측정·전달하는 과정
회계정보이용자 (이해관계자)	• 종업원, 투자자(주주, 채권자), 경영자, 정부와 유관기관, 고객, 일반대중 등

2 재무회계와 관리회계

	재무회계	관리회계
목적	• 외부보고 ▶ 회계정보제공	• 내부보고 ▶ 의사결정정보제공
회계정보 이용자	• 외부이해관계자 ▶ 주주, 채권자 등	• 내부이해관계자 ▶ 경영자 등
보고서류	• 재무제표 ▶ ∴정형화	• 보고서 ▶ 비정형화
작성기준	• 기업회계기준 ▶ 일정양식이 있음 ▶ 법적강제력 있음	• 일정한 기준이 없음 ▶ 일정양식이 없음 ▶ 법적강제력 없음
보고시점	• 1년, 분기, 반기	• 주기적 또는 수시
정보의 성격	• 과거지향적	• 미래지향적

제2편
[단기속성특강] 세무회계

제3편
[단기속성특강] 원가관리회계

합본부록1
신유형기출문제

합본부록2
100개(기출)오담노트

📖 **ANSWER**   1. ④   2. ②   3. ④   4. ④

단기속성특강 제2강 — 일반목적재무보고

의의	주요이용자	•일반목적재무보고서가 대상으로 하는 주요이용자는 다음과 같다. **현재 및 잠재적 투자자, 대여자와 그 밖의 채권자** ▶ 일반목적재무보고서는 기타집단(감독당국, 일반대중)을 주요대상으로 하지 않음. ▶ 경영진은 그들이 필요로 하는 재무정보를 내부에서 구할 수 있기 때문에 일반목적재무보고서에 의존할 필요가 없음. ♀주의 ∴규정상 경영진, 감독당국(규제기관), 일반대중은 주요이용자가 아님!
	목적	•일반목적재무보고의 목적은 현재 및 잠재적 투자자, 대여자와 그 밖의 채권자가 기업에 자원을 제공하는 것과 관련한 의사결정을 할 때 유용한 보고기업 재무정보를 제공하는 것임. ▶ 그러나, 일반목적재무보고서는 현재 및 잠재적 투자자, 대여자와 그 밖의 채권자가 필요로 하는 모든 정보를 제공하지는 않으며 제공할 수도 없음. ▶ 일반목적재무보고서는 보고기업의 가치를 보여주기 위해 고안된 것이 아님. 그러나, 현재 및 잠재적 투자자, 대여자와 그 밖의 채권자가 보고기업의 가치를 추정하는데 도움이 되는 정보를 제공함. ※**말장난** 일반목적재무보고서는 보고기업의 가치를 보여주기 위해 고안된 것이다(X)
	한계	•재무보고서는 정확한 서술보다는 상당 부분 추정, 판단, 모형에 근거함. ▶ ∴개념체계는 그 추정, 판단, 모형의 기초가 되는 개념을 정함.
	참고 개념체계의 재무보고서·재무보고는 각각 일반목적재무보고서·일반목적재무보고를 말함.	
제공정보	경제적 자원과 청구권	•보고기업의 경제적 자원과 청구권의 성격·금액에 대한 정보는 이용자들이 보고기업의 재무적 강점과 약점을 식별하는 데 도움을 줄 수 있음. ▶ 그 정보는 이용자들이 보고기업의 유동성과 지급능력, 추가적인 자금조달의 필요성 및 그 자금 조달이 얼마나 성공적일지를 평가하는 데 도움을 줄 수 있음. ▶ 현재 청구권의 우선순위와 지급 요구사항에 대한 정보는 이용자들이 기업에 청구권이 있는 자들에게 미래 현금흐름이 어떻게 분배될 것인지를 예측하는 데 도움이 됨.
	경제적 자원 및 청구권의 변동	•보고기업의 경제적 자원과 청구권의 변동은 그 기업의 재무성과(영업활동), 채무상품·지분상품의 발행(자본조달과정)과 같은 그밖의 사건·거래에서 발생함.
	발생기준 회계가 반영된 재무성과	•발생기준 회계가 중요한 이유는 보고기업의 경제적 자원과 청구권 그리고 기간 중 그 변동에 관한 정보는 그 기간 동안의 현금수취와 지급만의 정보보다 기업의 과거 및 미래 성과를 평가하는 데 더 나은 근거를 제공하기 때문임.
	과거 현금흐름이 반영된 재무성과	•기업의 미래 순현금유입 창출능력을 평가하는데 도움이 됨. ▶ 현금흐름에 대한 정보는 보고기업의 영업을 이해하고, 재무활동과 투자활동을 평가하며, 유동성이나 지급능력을 평가하고, 재무성과에 대한 그 밖의 정보를 해석하는데 도움이 됨.
	재무성과에 기인하지 않은 경제적 자원 및 청구권의 변동	•보고기업의 경제적 자원과 청구권은 소유지분(지분상품) 발행과 같이 재무성과 외의 사유로도 변동될 수 있음.
	참고 일반목적재무보고서는 경제적자원 사용에 관한 정보도 제공하며, 이는 기업의 경제적 자원에 대한 경영자의 수탁책임을 평가(해당 자원에 대한 경영자의 관리를 평가)할 수 있도록 도움을 줌.	

제1편
[단기속성특강] 재무회계

제2편
[단기속성특강] 세무회계

제3편
[단기속성특강] 원가관리회계

합본부록1
신유형기출문제

합본부록2
10개년기출문제노트

FINAL 객관식뽀개기　　　　　　　**기출&적중문제**

1. 일반목적재무보고의 목적에 관한 설명으로 옳지 않은 것은?

① 보고기업의 경제적 자원과 청구권의 변동은 그 기업의 재무성과, 그리고 채무상품 또는 지분상품의 발행과 같은 그 밖의 사건 또는 거래에서 발생한다.

② 보고기업의 경영진도 해당 기업에 대한 재무정보에 관심이 있기 때문에 일반목적재무보고서에 의존할 필요가 있다.

③ 보고기업의 경제적 자원과 청구권의 성격 및 금액에 대한 정보는 이용자들이 보고기업의 재무적 강점과 약점을 식별하는 데 도움을 줄 수 있다.

④ 현재 및 잠재적 투자자, 대여자와 그 밖의 채권자는 일반목적재무보고서가 대상으로 하는 주요 이용자이다.

🔘 **내비게이션**

• 경영진은 필요로 하는 재무정보를 내부에서 구할 수 있기 때문에 일반목적재무보고서에 의존할 필요가 없다.

2. 다음 중 일반목적재무보고서가 제공하는 정보에 대한 설명으로 올바르지 않은 것은?

① 기업의 경제적 자원과 청구권의 성격 및 금액에 관한 정보를 제공한다.

② 미래의 현금흐름에 대한 예측이 반영된 재무정보를 제공한다.

③ 과거 현금흐름이 반영된 재무정보를 제공한다.

④ 발생주의 회계가 반영된 기업의 재무정보를 제공한다.

🔘 **내비게이션**

• 과거 현금흐름이 반영된 재무정보를 통해 미래 순현금유입 창출능력 등을 평가하는데 도움을 제공할 뿐, 미래 예측이 이미 반영된 재무정보를 제공하는 것은 아니다.

3. 다음 중 국제회계기준의 특징에 대한 설명으로 가장 옳은 것은?

① 자산·부채에 대해 공정가치 측정을 할 수 없다.

② 국제회계기준을 적용한 후 주석공시 양이 줄어들었다.

③ 규정중심의 회계기준으로 상세하고 구체적인 회계 처리방법을 제시한다.

④ 연결재무제표를 기본 재무제표로 제시하고 있다.

🔘 **내비게이션**

• ① 원칙적으로 공정가치로 측정할 것을 요구하고 있다.
　② 공시 강화로 주석공시 양이 증가하였다.
　③ 원칙중심의 회계기준이다.

4. 다음 중 국제회계기준의 특징에 대한 설명으로 가장 올바르지 않은 것은?

① 상세하고 구체적인 회계처리 방법을 제시하지 않는 원칙중심의 회계기준이다.

② 국제회계기준은 각국의 협업을 통해 기준을 제정한다.

③ 개별재무제표를 기본재무제표로 제시하고 있다.

④ 정보이용자 보호를 위해 공시를 강화하고 있다.

🔘 **내비게이션**

• 연결재무제표를 기본재무제표로 제시하고 있다.

5. 다음 중 재무상태표의 작성기준으로 가장 올바르지 않은 것은?

① 원칙적으로 자산·부채는 상계하지 않는다.

② 유동성 순서에 따른 표시방법이 신뢰성있고 더욱 목적적합한 정보를 제공하는 경우를 제외하고는 유동자산과 비유동자산, 유동부채와 비유동부채로 재무상태표에 구분하여 표시한다.

③ 형식, 계정과목 순서에 강제규정을 두고 있다.

④ 재무제표에 표시된 개별항목을 기업의 영업활동을 나타내기에 적절한 방법으로 분류하고, 그 추가적인 분류내용을 재무상태표 또는 주석에 공시한다.

🔘 **내비게이션**

• 형식, 계정과목 순서를 정형화하지 않고 다양성과 재량을 부여한다.

보론	K-IFRS 대상과 국제회계기준 특징

① K-IFRS 적용대상 기업

• ① 주권상장기업
　② 은행
　③ 자발적 채택 비상장기업

② 국제회계기준의 특징

원칙중심	• 기본원칙과 방법론만 제시 ▶회계처리, 양식, 계정과목을 정형화하지 않고 다양성과 재량을 부여 ▶규칙중심이 아님.
연결재무제표 중심	• 연결재무제표를 기본재무제표로 제시 ▶개별재무제표 중심이 아님.
공시강화	• 주석을 통한 많은 공시항목을 요구함.
공정가치확대	• 원칙적으로 자산·부채의 공정가치 측정을 요구
협업제정	• 독자적이 아닌 각국의 협업을 통해 제정

단기속성특강 제3강 　재무정보의 질적특성 : 근본적 질적특성

개요	❖재무정보가 유용하기 위해서는 목적적합해야 하고 나타내고자 하는 바를 충실하게 표현해야 함. ❖재무정보가 비교가능하고, 검증가능하며, 적시성 있고, 이해가능시는 그 재무정보의 유용성은 보강됨.		
	재무정보의 질적특성	구성요소	포괄적 제약요인
	근본적 질적특성	목적적합성 / 표현충실성	원가
	보강적 질적특성	비교가능성 / 검증가능성 / 적시성 / 이해가능성	
	보론 유용한 재무정보의 질적특성(근본적 질적특성과 보강적 질적특성)은 재무제표에서 제공되는 재무정보뿐만 아니라 그 밖의 방법으로 제공되는 재무정보에도 적용됨.		

목적적합성	❖목적적합한 재무정보는 이용자들의 의사결정에 차이가 나도록 할 수 있음. ❖정보는 일부 이용자들이 이를 이용하지 않기로 선택하거나 다른 원천을 통하여 이미 이를 알고 있다고 할지라도 의사결정에 차이가 나도록 할 수 있음.	
	예측가치와 확인가치	① 재무정보에 예측가치, 확인가치 또는 이 둘 모두가 있다면 그 재무정보는 의사결정에 차이가 나도록 할 수 있음. 　▶ 이용자들이 미래 결과를 예측하기 위해 사용하는 절차의 투입요소로 재무정보가 사용될 수 있다면, 그 재무정보는 예측가치를 갖음. 　▶ 재무정보가 과거 평가에 대해 피드백을 제공한다면(과거 평가를 확인하거나 변경시킨다면) 확인가치를 갖음. ② 재무정보가 예측가치를 갖기 위해서 그 자체가 예측치 또는 예상치일 필요는 없음. 　※**말장난** 예측가치를 갖기 위해서 그 자체가 예측치이어야 한다(X) ③ 재무정보의 예측가치와 확인가치는 상호 연관되어 있음. 　▶ 예측가치를 갖는 정보는 확인가치도 갖는 경우가 많음.
	중요성	① 정보가 누락되거나 잘못 기재된 경우 일반목적재무보고서에 근거하여 이루어지는 주요 이용자들의 의사결정에 영향을 줄 수 있다면 그 정보는 중요한 것임 ② 중요성은 개별기업 재무보고서 관점에서 해당 정보와 관련된 항목의 성격이나 규모 또는 이 둘 모두에 근거하여 해당 기업에 특유한 측면의 목적적합성을 의미함. 　🔎**주의** 따라서, 회계기준위원회는 중요성에 대한 획일적인 계량 임계치를 정하거나 특정한 상황에서 무엇이 중요한 것인지를 미리 결정할 수 없음.(즉, 중요성은 기업마다 다르므로 회계기준위원회가 사전에 규정할 수 없음.)

표현충실성	❖목적적합한 현상을 표현하는 것뿐만 아니라 나타내고자 하는 현상의 실질을 충실하게 표현해야 함. ❖완벽한 표현충실성을 위해서는 서술은 완전하고, 중립적이며, 오류가 없어야 할 것임.	
	완전한 서술	•완전한 서술은 필요한 기술과 설명을 포함하여 이용자가 서술되는 현상을 이해하는 데 필요한 모든 정보를 포함하는 것임.
	중립적 서술	•중립적 서술은 재무정보의 선택이나 표시에 편의가 없는 것임. •중립적 정보는 목적이 없거나 행동에 대한 영향력이 없는 정보를 의미하지 않음. •중립성은 신중을 기함으로써 뒷받침됨. 　🔎**주의** 신중을 기하는 것이 비대칭의 필요성(예 자산이나 수익을 인식하기 위해서는 부채나 비용을 인식할 때보다 더욱 설득력 있는 증거가 뒷받침되어야 한다는 구조적인 필요성)을 내포하는 것은 아님.
	오류없는 서술	•표현충실성은 모든 면에서 정확한 것을 의미하지는 않음. •오류가 없다는 것은 현상의 기술에 오류나 누락이 없고, 보고 정보를 생산하는 데 사용되는 절차의 선택과 적용시 절차상 오류가 없음을 의미함 　▶ 즉, 오류가 없다는 것은 모든 면에서 완벽, 정확하다는 것을 의미하지는 않음. •합리적 추정치의 사용은 재무정보 작성에 필수적인 부분이며, 측정불확실성이 높은 수준이더라도 그러한 추정이 무조건 유용한 재무정보를 제공치 못하는 것은 아님.

제1편
[단기속성특강] 재무회계

제2편
[단기속성특강] 세무회계

제3편
[단기속성특강] 원가관리회계

합본부록1
신유형기출문제

합본부록2
10개년/기출요점노트

FINAL 객관식뽀개기 | 기출 & 적중문제

1. 재무제표 정보의 근본적 질적 특성으로 목적적합성과 표현충실성이 있다. 다음 중 목적적합성과 표현충실성에 대한 설명으로 가장 올바르지 않은 것은?

① 재무정보가 예측가치를 갖기 위해서는 그 자체가 예측치이어야 한다.

② 이용자들이 미래 결과를 예측하기 위해 사용하는 절차의 투입요소로 재무정보가 사용될 수 있다면 그 재무정보는 예측가치를 가진다.

③ 정보가 누락되거나 잘못 기재된 경우 일반목적재무보고서에 근거하여 이루어지는 주요 이용자들의 의사결정에 영향을 줄 수 있다면 그 정보는 중요한 것이다.

④ 완벽한 표현충실성을 위해서는 서술이 완전하고 중립적이며 오류가 없어야 할 것이다.

📍 **내비게이션**

• 재무정보가 예측가치를 갖기 위해서 그 자체가 예측치 또는 예상치일 필요는 없다.

2. 재무정보의 근본적인 질적특성인 표현충실성과 관련된 설명으로 틀린 것은?

① 표현충실성은 모든 면에서 정확한 것을 의미한다.

② 완벽한 표현충실성을 위해서는 서술이 완전하고 중립적이며 오류가 없어야 할 것이다.

③ 완전한 서술은 필요한 기술과 설명을 포함하여 이용자가 서술되는 현상을 이해하는 데 필요한 모든 정보를 포함하는 것이다.

④ 중립적 서술은 재무정보의 선택이나 표시에 편의가 없어야 함을 의미한다.

📍 **내비게이션**

• 표현충실성은 모든 면에서 정확한 것을 의미하지는 않는다.

3. 일반적으로 사무용 소모품을 구입하는 경우 구입시점에서 전액을 비용으로 처리하는 이유는 다음 중 어느 것인가?

① 중요성 ② 일관성
③ 목적적합성 ④ 이해가능성

📍 **내비게이션**

• 금액적으로 중요하지 않으므로 자산계상하더라도 이용자들의 의사결정에 영향은 미미하므로 이를 비용화한다.

4. 다음 중 재무보고를 위한 개념체계에 관한 설명으로 가장 올바르지 않은 것은?

① 한국채택국제회계기준 개념체계는 계속기업을 기본 가정으로 하고 있다.

② 재무정보가 완벽하고 충실한 표현을 하기 위해서는 서술이 완전하고, 중립적이며, 오류가 없어야 한다.

③ 오류가 없다는 것은 보고 정보를 생산하는데 사용되는 절차의 선택과 적용시 절차상 오류가 없음을 의미하며, 모든 면에서 완벽하게 정확하다는 것을 의미한다.

④ 재무정보의 예측가치와 확인가치는 상호 연관되어 있다.

📍 **내비게이션**

• 오류가 없다는 것은 모든 면에서 완벽하게 정확하다는 것을 의미하지는 않는다.

5. 다음 중 정보이용자의 의사결정에 차이를 나도록 하는 목적적합한 재무정보에 대한 설명으로 옳은 것은?

① 재무정보가 과거 평가에 대해 피드백을 제공, 즉 확인하거나 변경시킨다면 예측가치를 가진다.

② 미래 결과를 예측하기 위해 사용하는 절차의 투입요소로 사용될 수 있다면 그 정보는 예측가치를 갖는다.

③ 거래 성격별 정보의 중요성 기준은 산업의 특유한 측면을 반영하여 회계기준 상에 명시되어 있다.

④ 재무정보가 예측가치를 갖기 위해서는 그 자체가 예측치 이어야 한다.

📍 **내비게이션**

• ① 예측가치(X) → 확인가치(O)
③ 중요성에 대한 획일적인 계량 임계치를 정하거나 특정한 상황에서 무엇이 중요한 것인지를 미리 결정할 수 없다. 즉, 중요성은 기업마다 다르므로 회계기준위원회가 사전에 규정할 수 없다.
④ 예측가치를 갖기 위해서 그 자체가 예측치일 필요는 없다.

보론	근본적 질적특성의 적용절차

■ 근본적 질적 특성을 적용하기 위한 가장 효율적이고 효과적인 절차는 일반적으로 다음과 같음.

첫째	• 이용자들에게 유용할 수 있는 정보의 대상이 되는 경제적 현상을 식별
둘째	• 그 현상에 대한 가장 목적적합한 정보의 유형을 식별
셋째	• 그 정보가 이용가능한지, 그리고 경제적 현상을 충실하게 표현할 수 있는지 결정

ANSWER 1. ① 2. ① 3. ① 4. ③ 5. ②

단기속성특강 제4강 　　재무정보의 질적특성 : 보강적 질적특성

비교가능성	의의	•비교가능성은 이용자들이 항목간의 유사점과 차이점을 식별하고 이해할 수 있게 하는 질적특성임. ▶ 단 하나의 항목에 관련된 것이 아니므로, 비교하려면 최소한 두 항목이 필요함. ▶ 하나의 경제적 현상은 여러 가지 방법으로 충실하게 표현될 수 있으나, 동일한 경제적 현상에 대해 대체적인 회계처리방법을 허용하면 비교가능성이 감소함. ▶ 근본적 질적특성을 충족하면 어느 정도의 비교가능성은 달성될 수 있을 것임.
	일관성	•일관성은 한 보고기업내에서 기간간 또는 같은기간 동안에 기업간, 동일한 항목에 대해 동일한 방법을 적용하는 것을 말함. ▶ 일관성은 비교가능성과 관련은 되어 있지만 동일하지는 않음. ▶ 비교가능성은 목표이고 일관성은 그 목표를 달성하는 데 도움을 줌.
	참고	비교가능성은 통일성이 아니며, 정보가 비교가능하기 위해서는 비슷한 것은 비슷하게 보여야 하고 다른 것은 다르게 보여야함.
검증가능성	의의	•검증가능성은 정보가 나타내고자 하는 경제적 현상을 충실히 표현하는지를 이용자들이 확인하는데 도움을 줌. ▶ 검증가능성은 합리적인 판단력이 있고 독립적인 서로 다른 관찰자가 어떤 서술이 표현충실성이라는데, 비록 반드시 완전히 일치하지는 않더라도, 합의에 이를 수 있다는 것을 의미함. ♀주의 계량화된 정보가 검증가능하기 위해서 단일 점 추정치이어야 할 필요는 없음. 가능한 금액의 범위 및 관련된 확률도 검증될 수 있음.
	검증방법	직접검증 ｜ •현금을 세는 것과 같이 직접적인 관찰을 통하여 금액·표현을 검증하는 것 간접검증 ｜ •모형, 공식, 그 밖의 기법에의 투입요소를 확인하고 같은 방법을 사용하여 그 결과를 재계산하는 것
적시성	의의	•적시성은 의사결정에 영향을 미칠 수 있도록 의사결정자가 정보를 제때에 이용가능하게 하는 것을 의미함.
	유용성 감소	•일반적으로 정보는 오래될수록 유용성이 낮아짐. ▶ 그러나 일부 정보는 보고기간말 후에도 오랫동안 적시성이 있을 수 있음.(∵일부 정보이용자는 보고기간말 후에도 추세를 식별하고 평가할 필요가 있을 수 있기 때문임.) ※말장난 보고기간말 후에는 적시성이 사라진다.(X)
이해가능성	의의	•정보를 명확하고 간결하게 분류하고, 특징지으며, 표시하는 것은 정보를 이해가능하게 함. ▶ 일부 현상은 본질적으로 복잡하여 이해하기 쉽지 않음. 그 현상에 대한 정보를 재무보고서에서 제외하면 그 재무보고서의 정보를 더 이해하기 쉽게 할 수 있음. 그러나 그 보고서는 불완전하여 잠재적으로 오도할 수 있음.
	대상	•재무보고서는 사업활동과 경제활동에 대해 합리적인 지식이 있고, 부지런히 정보를 검토하고 분석하는 이용자들을 위해 작성됨.
적용		•보강적 질적특성은 가능한 한 극대화되어야 함. ▶ 그러나 보강적 질적특성은 정보가 목적적합하지 않거나 나타내고자 하는 바를 충실하게 표현하지 않으면, 개별적으로든 집단적으로든 그 정보를 유용하게 할 수 없음. •보강적 질적특성을 적용하는 것은 어떤 규정된 순서를 따르지 않는 반복적인 과정이며, 때로는 하나의 보강적 질적특성이 다른 질적 특성의 극대화를 위해 감소되어야 할 수도 있음.
원가제약		•원가는 재무보고로 제공될 수 있는 정보에 대한 포괄적 제약요인임. ▶ 재무정보의 보고에는 원가가 소요되고, 정보 보고의 효익이 그 원가를 정당화한다는 것이 중요함. ▶ 모든 이용자가 목적적합하다고 보는 모든 정보를 일반목적재무보고서에서 제공은 가능치 않음.

FINAL 객관식뽀개기

기출 & 적중문제

1. 다음 중 재무보고를 위한 개념체계에서 규정하는 보강적 질적 특성이 아닌 것은?

① 이해가능성
② 비교가능성
③ 검증가능성
④ 목적적합성

◉ **내비게이션**

• 근본적 질적특성 : 목적적합성, 표현충실성
• 보강적 질적특성 : 비교가능성, 검증가능성, 적시성, 이해가능성

2. 재무보고를 위한 개념체계상 재무정보의 질적특성과 관련된 설명들이다. 가장 틀린 설명은?

① 목적 적합한 재무정보는 이용자들의 의사결정에 차이가 나도록 할 수 있다.
② 분기보고서나 반기보고서를 작성하는 것은 신뢰성을 위해 적시성을 포기한 것으로 볼 수 있다.
③ 계량화된 정보가 검증가능하기 위해서 단일 점 추정치이어야 할 필요는 없다. 가능한 금액의 범위 및 관련된 확률도 검증될 수 있다.
④ 재무보고서는 사업활동과 경제활동에 대해 합리적인 지식이 있고, 부지런히 정보를 검토하고 분석하는 이용자들을 위해 작성된다.

◉ **내비게이션**

• 연차보고서에 비해 분·반기보고서는 재무정보의 적시성을 증가시킨다.

3. 재무보고를 위한 개념체계에 제시된 유용한 재무정보의 질적 특성 중 보강적 질적 특성에 관한 설명으로 옳지 않은 것은?

① 정보가 누락되거나 잘못 기재된 경우 특정 보고기업의 재무정보를 제공하는 일반목적재무보고서에 근거하여 이루어지는 주요 이용자들의 의사결정에 영향을 줄 수 있다면 그 정보는 중요한 것이다.
② 이용자들이 항목 간의 유사점과 차이점을 식별하고 이해할 수 있게 하는 질적 특성이다.
③ 합리적인 판단력이 있고 독립적 서로 다른 관찰자가 어떤 서술이 표현충실성이라는 데, 비록 반드시 완전히 일치하지는 못하더라도, 의견이 일치할 수 있다는 것을 의미한다.
④ 의사결정에 영향을 미칠 수 있도록 의사결정자가 정보를 제때에 이용가능하게 하는 것을 의미한다.

◉ **내비게이션**

• ①은 맞는 설명이긴 하나, 근본적 질적특성에 대한 기술이다.

4. 재무보고를 위한 개념체계에 관한 설명으로 옳지 않은 것은?

① 검증가능성은 합리적인 판단력이 있고 독립적인 서로 다른 관찰자가 어떤 서술이 표현충실성이라는데, 비록 반드시 완전히 일치하지는 않더라도, 합의에 이를 수 있다는 것을 의미한다.
② 근본적 질적 특성은 목적적합성과 표현충실성이다.
③ 적시성은 의사결정에 영향을 미칠 수 있도록 의사결정자가 정보를 제때에 이용가능하게 하는 것을 의미한다.
④ 일반적으로 정보는 오래될수록 유용성이 낮아지며 보고기간말 후에는 적시성이 사라진다.

◉ **내비게이션**

• 보고기간말 후에도 오랫동안 적시성이 있을 수 있다.

5. 유용한 재무정보의 질적 특성에 관한 설명으로 옳지 않은 것은?

① 목적적합성과 표현충실성이 없는 재무정보가 더 비교가능하거나, 검증가능하거나, 적시성이 있거나, 이해가능하다면 유용한 정보이다.
② 보고기업에 대한 정보는 다른 기업에 대한 유사한 정보 및 해당 기업에 대한 다른 기간이나 다른 일자의 유사한 정보와 비교될 수 있다면 더욱 유용하다.
③ 재무정보가 예측가치를 갖기 위해서 그 자체가 예측치 또는 예상치일 필요는 없다. 예측가치를 갖는 재무정보는 이용자들 자신이 예측하는 데 사용된다.
④ 목적적합하고 충실하게 표현된 재무정보는 보강적 질적 특성이 없더라도 유용할 수 있다.

◉ **내비게이션**

• 보강적 질적 특성은, 정보가 목적적합하지 않거나 나타내고자 하는 바를 충실하게 표현하지 않으면, 개별적으로든 집단적으로든 그 정보를 유용하게 할 수 없다.

제1편
[단기속성특강] 재무회계

제2편
[단기속성특강] 세무회계

제3편
[단기속성특강] 원가관리회계

합본부록1
신유형기출문제

합본부록2
10개년기출오답노트

단기속성특강 제5강 재무제표의 기본요소

재무제표 관련요소 개괄	재무상태 요소		경제적자원	■ 자산
			청구권	■ 부채, 자본
	재무성과 요소		재무성과를 반영하는 경제적자원·청구권의 변동	■ 수익, 비용
	요소별 정의	자산	•과거사건의 결과로 기업이 통제하는 현재의 경제적자원 ▶ 경제적자원 : 경제적효익을 창출할 잠재력을 지닌 권리	
		부채	•과거사건의 결과로 기업이 경제적자원을 이전해야 하는 현재의무	
		자본	•기업의 자산에서 모든 부채를 차감한 후의 잔여지분	
		수익	•자본증가를 가져오는 자산증가나 부채감소(자본청구권보유자 출자 제외)	
		비용	•자본감소를 가져오는 자산감소나 부채증가(자본청구권보유자 분배 제외)	

자산	권리		•경제적효익을 창출할 잠재력을 지닌 권리는 다음을 포함하여 다양한 형태를 갖음.
		다른 당사자의 의무에 해당하는 권리	① 현금을 수취할 권리 ② 재화나 용역을 제공받을 권리 ③ 유리한 조건으로 경제적자원을 교환할 권리 ④ 불확실한 특정 미래사건이 발생하면 다른 당사자가 경제적효익을 이전하기로 한 의무로 인해 효익을 얻을 권리
		다른 당사자의 의무에 해당하지 않는 권리	⑤ 유형자산 또는 재고자산과 같은 물리적 대상에 대한 권리(물리적 대상 사용권) ⑥ 지적재산 사용권
			•기업의 모든 권리가 그 기업의 자산이 되는 것은 아님. ▶ 권리가 기업의 자산이 되기 위해서는 해당 권리가 그 기업을 위해서 다른 모든 당사자들이 이용가능한 경제적효익을 초과하는 경제적효익을 창출할 잠재력이 있고 그 기업에 의해 통제되어야함.
	경제적효익을 창출할 잠재력	확신여부	•잠재력이 있기 위해 권리가 경제적효익을 창출할 것이라고 확신할 필요는 없음.
		가능성여부	•경제적효익을 창출할 가능성이 낮더라도 권리가 경제적자원의 정의를 충족할 수 있고, 따라서 자산이 될 수 있음.
		지출여부	•지출의 발생과 자산의 취득은 밀접하게 관련되어 있으나 양자가 반드시 일치하는 것은 아님.(자산취득의 확정적 증거가 될 수 없음) 🔍주의 관련된 지출이 없더라도 특정 항목이 자산의 정의를 충족하는 것을 배제하지는 않음.(예 증여받은 권리)
	통제		•통제는 경제적자원을 기업에 결부시킴. ▶ 통제의 존재 여부를 평가하는 것은 기업이 회계처리할 경제적자원을 식별하는 데 도움이 됨.

부채	충족조건		•부채가 존재하기 위해서는 다음의 세 가지 조건을 모두 충족하여야 함.
			  ① 기업에게 의무가 있다.
			  ② 의무는 경제적자원을 이전하는 것이다.
			  ③ 의무는 과거사건의 결과로 존재하는 현재의무이다.

자본	측정		•자본은 개별적으로 측정되는 것이 아님.(자산·부채의 측정에 따라 결정됨) ▶ 자본=순자산=소유주청구권=잔여지분=자기자본
			🔍주의 자본은 주식의 시가총액을 의미하는 것이 아님.

FINAL 객관식뽀개기

기출 & 적중문제

1. 다음은 재무제표와 관련된 요소에 관한 설명이다. 재무보고를 위한 개념체계상 가장 타당하지 않은 것은?

① 기업의 자산에서 모든 부채를 차감한 후의 잔여지분인 자본은 그 기업이 발행한 주식의 시가총액과 일치한다.

② 비용은 자산의 감소 또는 부채의 증가로서 자본의 감소를 가져오며, 자본청구권 보유자에 대한 분배와 관련된 것을 제외한다.

③ 부채는 과거사건의 결과로 기업이 경제적자원을 이전해야 하는 현재의무이다.

④ 기업의 모든 권리가 그 기업의 자산이 되는 것은 아니다.

⊙ 내비게이션

•자본총액은 주식의 시가총액과 일치하지 않는 것이 일반적이다.

2. 재무보고를 위한 개념체계상 다른 당사자의 의무에 해당하는 권리의 예로 올바르지 않은 것은?

① 재화나 용역을 제공받을 권리

② 유형자산 또는 재고자산과 같은 물리적 대상에 대한 권리

③ 불확실한 특정 미래사건이 발생하면 다른 당사자가 경제적효익을 이전하기로 한 의무로 인해 효익을 얻을 권리

④ 유리한 조건으로 다른 당사자와 경제적자원을 교환할 권리

⊙ 내비게이션

•②는 다른 당사자의 의무에 해당하지 않는 권리의 예에 해당한다.

3. 재무보고를 위한 개념체계의 재무제표 요소와 관련하여 자산에 대한 설명이다. 옳지 않은 것은?

① 자산은 과거사건의 결과로 기업이 통제하는 현재의 경제적자원이다.

② 지적재산 사용권은 다른 당사자의 의무에 해당하지 않는 권리이다.

③ 경제적자원은 경제적효익을 창출할 잠재력을 지닌 권리이다.

④ 권리가 기업의 자산이 되기 위해서는 해당 권리가 그 기업을 위해서 다른 모든 당사자들이 이용가능한 경제적효익과 동일한 경제적효익을 창출할 잠재력이 있고 그 기업에 의해 통제되어야 한다.

⊙ 내비게이션

•경제적효익과 동일한(X) → 경제적효익을 초과하는(O)

4. 재무보고를 위한 개념체계의 재무제표 요소와 관련하여 가장 타당하지 않은 것은?

① 자본은 기업의 자산에서 모든 부채를 차감한 후의 잔여지분으로 정의된다.

② 수익은 자산의 증가 또는 부채의 감소로서 자본의 증가를 가져오며, 자본청구권 보유자의 출자와 관련된 것을 포함한다.

③ 재무보고를 위한 개념체계에서는 자산의 정의와 관련하여 권리, 경제적효익을 창출할 잠재력, 통제의 세 가지 측면을 설명한다.

④ 잠재력이 있기 위해 권리가 경제적효익을 창출할 것이라고 확신하거나 그 가능성이 높아야 하는 것은 아니다.

⊙ 내비게이션

•포함한다.(X) → 제외한다.(O)

5. 재무보고를 위한 개념체계상 재무제표 요소에 관한 설명으로 옳지 않은 것은?

① 경제적효익을 창출할 가능성이 낮더라도 권리가 경제적자원의 정의를 충족할 수 있고, 따라서 자산이 될 수 있다.

② 수익은 자산의 증가 또는 부채의 감소로서 자본의 증가를 가져오며, 자본청구권 보유자의 출자와 관련된 것은 제외한다.

③ 이익의 측정과 직접 관련된 요소는 수익과 비용이다.

④ 증여받은 재화는 관련된 지출이 없으므로 자산으로 인식할 수 없다.

⊙ 내비게이션

•지출의 발생과 자산의 취득은 밀접하게 관련되어 있으나 양자가 반드시 일치하는 것은 아니다. 관련된 지출이 없더라도 특정 항목이 자산의 정의를 충족하는 것을 배제하지는 않는다.

단기속성특강 제6강   재무제표요소의 인식·제거·측정

인식	의의	•인식은 자산·부채·자본·수익·비용과 같은 요소 중 하나의 정의를 충족하는 항목을 재무상태표나 재무성과표에 포함하기 위하여 포착하는 과정을 말함.
	인식기준	•다음 모두를 충족할 때 인식함. ① 재무제표 요소의 정의를 충족할 것 ② 목적적합하고 표현충실성 정보를 제공할 것 ▶ 근본적 질적특성을 충족 ⌕주의 ∴정의를 충족하는 항목이라고 할지라도 항상 인식하는 것은 아님. 참고 자산이나 부채의 정의를 충족하는 항목이 인식되지 않더라도, 기업은 해당 항목에 대한 정보를 주석에 제공해야 할 수도 있음.
제거	의의	•제거는 재무상태표에서 인식된 자산이나 부채의 전부 또는 일부를 삭제하는 것임 ▶ 제거는 일반적으로 더 이상 자산 또는 부채의 정의를 충족하지 못할 때 발생함.

	제거요건	자산	•일반적으로 통제를 상실하였을 때 제거함.
		부채	•일반적으로 현재의무를 더 이상 부담하지 않을 때 제거함.

측정	의의			•측정은 재무제표 요소의 화폐금액을 결정하는 과정임. ▶ 재무제표에 인식된 요소들은 화폐단위로 수량화되어 있으며, 이를 위해 측정기준을 선택해야 함.
	측정기준	❖역사적원가		
		자산		•자산 : 지급한대가＋거래원가 (예 건물취득시 취득세)
		부채		•부채 : 수취한대가－거래원가 (예 사채발행시 사채발행비)
		❖현행가치		
		공정가치	자산	•시장참여자 사이의 정상거래에서 자산매도시 받게 될 가격
			부채	•시장참여자 사이의 정상거래에서 부채이전시 지급하게 될 가격
		사용가치 (자산)		•자산사용과 처분으로 기대하는 현금흐름 및 그밖의 경제적효익의 현재가치 ⌕주의 할인한 금액임에 주의!
		이행가치 (부채)		•부채이행시 이전해야 하는 현금 및 그밖의 경제적자원의 현재가치 ⌕주의 할인한 금액임에 주의!
		현행원가	자산	•측정일에 동등한 자산의 원가로서 측정일에 지급할 대가(측정일에 발생할 거래원가 포함) ▶ 즉, 자산구입시 지급대가를 의미함.
			부채	•측정일에 동등한 부채에 대해 수취할 수 있는 대가(측정일에 발생할 거래원가 차감) ▶ 즉, 부채발생시 수취대가를 의미함.

보론 재무제표 기본가정

계속기업	■ 개념체계상 재무제표는 '계속기업'을 가정하여 작성 ▶ 재무제표는 일반적으로 보고기업이 계속기업이며 예측가능한 미래에 영업을 계속할 것이라는 가정하에 작성됨. 따라서, 기업이 청산을 하거나 거래를 중단하려는 의도가 없으며 그럴 필요도 없다고 가정함. ▶ 만약, 그러한 의도나 필요가 있다면 재무제표는 계속기업과는 다른 기준에 따라 작성되어야 하며, 그러한 경우라면 사용된 기준을 재무제표에 기술함. 참고 계속기업관련 파생개념 : 기간개념, 유동성배열, 감가상각, 역사적원가주의

FINAL 객관식뽀개기

기출 & 적중문제

1. 재무보고를 위한 개념체계 재무제표 요소의 인식 및 제거에 대한 설명이다. 옳지 않은 것은?

① 인식은 자산, 부채, 자본, 수익 또는 비용과 같은 재무제표 요소 중 하나의 정의를 충족하는 항목을 재무상태표나 재무성과표에 포함하기 위하여 포착하는 과정이다.

② 자산과 부채의 정의를 충족하는 항목은 재무제표에 항상 인식한다.

③ 자산은 일반적으로 기업이 인식한 자산의 전부나 일부에 대한 통제를 상실하였을 때 제거한다.

④ 자산이나 부채의 정의를 충족하는 항목이 인식되지 않더라도, 기업은 해당 항목에 대한 정보를 주석에 제공해야 할 수도 있다.

📍 **내비게이션**

• 정의를 충족하는 항목이라고 할지라도 항상 인식되는 것은 아니다. 재무제표이용자들에게 다음과 같이 유용한 정보를 모두 제공하는 경우에만 자산이나 부채를 인식한다.

> ㉠ 자산이나 부채에 대한 그리고 이에 따른 결과로 발생하는 수익, 비용 또는 자본변동에 대한 목적적합한 정보
> ㉡ 자산이나 부채 그리고 이에 따른 결과로 발생하는 수익, 비용 또는 자본변동의 충실한 표현

2. 재무보고를 위한 개념체계 재무제표 요소의 측정기준과 관련하여 옳지 않은 것은?

① 공정가치는 측정일에 시장참여자 사이의 정상거래에서 부채를 이전할 때 지급하게 될 가격이다.

② 현행원가는 측정일 현재 동등한 부채에 대해 수취할 수 있는 대가에서 그 날에 발생할 거래원가를 차감한다.

③ 역사적원가는 발생시키거나 인수하면서 수취한 대가에서 거래 원가를 차감한 가치이다.

④ 이행가치는 기업이 부채를 이행할 때 이전해야 하는 현금이나 그 밖의 경제적자원의 할인하지 아니한 금액이다.

📍 **내비게이션**

• 할인하지 아니한 금액(X) → 현재가치(O)

3. 재무보고를 위한 개념체계 재무제표 요소의 측정기준에 대한 설명이다. 가장 옳은 것은?

① 공정가치는 자산의 사용과 궁극적인 처분으로 얻을 것으로 기대하는 현금흐름 또는 그 밖의 경제적효익의 현재가치이다.

② 현행원가는 측정일에 시장참여자 사이의 정상거래에서 자산을 매도할 때 받게 될 가격이다.

③ 역사적원가는 자산의 취득 또는 창출에 발생한 원가의 가치로서, 자산을 취득 또는 창출하기 위하여 지급한 대가와 거래원가를 포함한다.

④ 사용가치는 측정일 현재 동등한 자산의 원가로서 측정일에 지급할 대가와 그 날에 발생할 거래원가를 포함한다.

📍 **내비게이션**

• ① 사용가치(자산)에 대한 설명이다.
② 공정가치(자산)에 대한 설명이다.
④ 현행원가(자산)에 대한 설명이다.

4. 재무보고를 위한 개념체계 재무제표 요소의 측정기준과 관련하여 옳지 않은 것은?

① 부채의 현행원가는 측정일에 동등한 부채에 대해 수취할 수 있는 대가이며, 그 날에 발생할 거래원가는 반영하지 않는다.

② 부채의 이행가치는 기업이 부채를 이행할 때 이전해야 하는 현금이나 그 밖의 경제적자원의 현재가치이다.

③ 자산의 현행원가는 측정일에 동등한 자산의 원가로서 측정일에 지급할 대가와 그 날에 발생할 거래원가를 포함한다.

④ 재무제표에 인식된 요소들은 화폐단위로 수량화되어 있다.

📍 **내비게이션**

• 그 날에 발생할 거래원가를 반영한다.(즉, 차감한다)

5. 다음 중 재무보고를 위한 개념체계의 내용으로 옳지 않은 것은?

① 개념체계는 회계기준이 아니므로 개념체계의 어떠한 내용도 회계기준이나 그 요구사항에 우선하지 아니한다.

② 근본적 질적 특성은 목적적합성과 표현충실성이다.

③ 기업이 청산을 하거나 거래를 중단하려는 필요가 있더라도 계속기업을 가정하여 재무제표를 작성한다.

④ 비용은 자산의 감소 또는 부채의 증가로서 자본의 감소를 가져오며, 자본청구권 보유자에 대한 분배와 관련된 것을 제외한다.

📍 **내비게이션**

• 기업이 청산을 하거나 거래를 중단하려는 의도나 필요가 있다면 재무제표는 계속기업과는 다른 기준에 따라 작성되어야 하며, 그러한 경우라면 사용된 기준을 재무제표에 기술한다.

제1편
[단기속성특강] 재무회계

제2편
[단기속성특강] 세무회계

제3편
[단기속성특강] 원가관리회계

합본부록1
신유형기출문제

합본부록2
10개년기출오답노트

단기속성특강 제7강 　　　　재무제표 표시 일반사항

전체 재무제표		•기말 재무상태표, 기간 포괄손익계산서, 기간 자본변동표, 기간 현금흐름표, 주석 •회계정책(재무제표항목)을 소급하여 적용(재작성)시 가장 이른 비교기간의(전기의) 기초재무상태표
		▶ 각각 재무제표는 동등한 비중으로 표시하며, '재무제표 표시'에서 사용하는 재무제표의 명칭이 아닌 다른 명칭을 사용할 수 있고, 각종 보고서는 K-IFRS의 적용범위에 해당하지 않음. 🔎주의 이익잉여금처분계산서(결손금처리계산서)는 재무제표에 포함되지 않음.(단, 상법요구시 주석공시)
K-IFRS 준수	준수	•K-IFRS에 따라 작성된 재무제표는 공정하게 표시된 재무제표로 봄. •K-IFRS를 준수하여 작성하는 기업은 그 준수사실을 주석에 명시적이고 제한없이 기재함. •K-IFRS의 요구사항을 모두 충족한 경우가 아니라면 준수작성되었다고 기재해서는 안됨. •K-IFRS를 준수작성된 F/S는 국제회계기준을 준수하여 작성된 F/S임을 주석공시 가능함. •부적절한 회계정책은 공시·주석·보충자료를 통해 설명하더라도 정당화될수 없음. 　▶ 극히 드문 상황으로서 K-IFRS 요구사항 준수가 재무제표의 목적과 상충되어 오해를 유발가능하다고 경영진이 결론을 내리는 경우에는 감독체계가 일탈을 의무화하거나 금지하지 않는다면 소정 항목을 공시하고 K-IFRS의 요구사항을 달리 적용함. 　(금지하는 경우는 소정항목을 공시하여 오해유발가능성을 최대한 줄여야함.)
계속기업	평가	•경영진은 재무제표작성시 계속기업으로서의 존속가능성을 평가해야함. 　▶ 적어도 보고기간말로부터 향후 12개월 기간에 대해 이용가능 모든 정보를 고려함.
	작성	•경영진이 청산·경영활동중단의도를 가지고있지 않거나, 청산·경영활동중단외에 다른 현실적 대안이 없는 경우가 아니면 계속기업을 전제로 재무제표를 작성함.
	공시	•계속기업으로서의 존속능력에 유의적의문이 제기될수있는 사건·상황과 관련된 중요한 불확실성을 알게 된 경우, 경영진은 그러한 불확실성을 공시해야함. •재무제표가 계속기업의 기준하에 작성되지 않는 경우에는 그 사실과 함께 작성된 기준 및 그 기업을 계속기업으로 보지 않는 이유를 공시해야함.
발생기준		•기업은 현금흐름정보를 제외하고는 발생기준 회계를 사용하여 재무제표를 작성함.
중요성과 통합표시	적용	•유사한 항목은 중요성 분류에 따라 F/S에 구분표시하며, 상이한 성격·기능을 가진 항목은 구분 표시함. ▶ 다만, 중요치 않은 항목은 성격·기능이 유사한 항목과 통합표시 가능함. 🔎주의 F/S에는 중요치 않아 구분표시하지 않은 항목이라도 주석에서는 구분표시해야 할 만큼 충분히 중요할 수 있음. & 공시정보가 중요치 않다면 공시를 제공할 필요는 없음.
상계	원칙	•K-IFRS에서 요구하거나 허용하지 않는 한 자산·부채, 수익·비용은 상계하지 아니함. 　▶ 단, 재고자산평가충당금과 대손충당금(손실충당금)과 같은 평가충당금을 차감하여 관련자산을 순액으로 측정하는 것은 상계표시에 해당하지 아니함.
	예외	•상계가 거래의 실질을 반영한다면 상계하여 표시함. 　▶ 예 ① 비유동자산처분손익(처분비용차감액), 충당부채관련 지출을 제3자 보전액과 상계 　　　② 외환손익, 단기매매금융상품차익·차손을 순액으로 표시(단, 중요시는 구분표시)
보고빈도		•전체 재무제표(비교정보를 포함)는 적어도 1년마다 작성함. ▶ 1년을 초과·미달시는 주석공시함.
비교정보 (서술정보포함)		•비교정보 공시기업은 최소한 두개의 재무상태표와 두개씩의 그외 재무제표·관련주석을 표시해야함. •회계정책(F/S항목)을 소급하여 적용(재작성)하는 경우에는 최소한 세개의 재무상태표와, 두 개씩의 그 외 F/S·관련주석을 표시해야함. ▶ ① 전기초 F/P(주석표시불요) ② 전기말 F/P ③ 당기말 F/P
표시의 계속성		❖표시·분류는 다음 경우를 제외하고는 매기 동일해야함. 　① 사업내용의 유의적 변화나 F/S를 검토한 결과 다른 표시나 분류방법이 더 적절한 것이 명백 　② 한국채택국제회계기준에서 표시방법의 변경을 요구

FINAL 객관식뽀개기

기출 & 적중문제

제1편
[단기속성특강] 재무회계

제2편
[단기속성특강] 세무회계

제3편
[단기속성특강] 원가관리회계

합본부록1
[신유형기출문제]

합본부록2
[10개년/기출오답노트]

1. 다음 중 한국채택국제회계기준 하에서 재무제표 구성항목에 포함되지 않는 것은?

① 재무상태표
② 현금흐름표
③ 자본변동표
④ 이익잉여금처분계산서

내비게이션

• 이익잉여금처분계산서(또는 결손금처리계산서)는 재무제표에 포함되지 않는다.

2. 재무제표 표시와 관련하여 재무제표 구성항목에 포함되는 것은 어느 것인가?

① 자본변동표
② 합계잔액시산표
③ 이익잉여금처분계산서
④ 주기

내비게이션

• 전체 재무제표는 다음을 모두 포함하여야 한다.
  ㉮ 기말 재무상태표
  ㉯ 기간 포괄손익계산서
  ㉰ 기간 자본변동표
  ㉱ 기간 현금흐름표
  ㉲ 주석(유의적인 회계정책의 요약 및 그 밖의 설명으로 구성)
  ㉳ 회계정책을 소급하여 적용하거나, 재무제표의 항목을 소급하여 재작성 또는 재분류하는 경우 가장 이른 비교기간의 기초 재무상태표

3. 재무제표의 표시에 대한 다음의 설명 중 틀린 것은?

① 유사한 항목은 중요성 분류에 따라 재무제표에 구분하여 표시한다. 상이한 성격이나 기능을 가진 항목은 구분하여 표시한다. 다만 중요하지 않은 항목은 성격이나 기능이 유사한 항목과 통합하여 표시할 수 있다.
② 기업은 현금흐름 정보를 포함하여 발생기준 회계를 사용하여 재무제표를 작성한다.
③ 계속기업으로서의 존속능력에 유의적인 의문이 제기될 수 있는 사건이나 상황과 관련된 중요한 불확실성을 알게 된 경우, 경영진은 그러한 불확실성을 공시하여야 한다.
④ 회계정책을 소급하여 적용하는 경우에는 적어도 세 개의 재무상태표, 두 개씩의 그 밖의 재무제표 및 관련 주석을 표시해야 한다.

내비게이션

• 현금흐름 정보를 포함하여(X) → 현금흐름 정보를 제외하고는(O)

4. 다음은 재무제표에 대한 설명이다. 가장 옳지 않은 것은?

① 현금흐름표의 현금흐름은 영업활동으로 인한 현금흐름, 투자활동으로 인한 현금흐름, 재무활동으로 인한 현금흐름으로 구성된다.
② 주석은 재무제표에 포함되지 않는다.
③ 포괄손익계산서는 일정기간 동안 발생한 모든 수익과 비용을 보고하는 재무제표이다.
④ 재무상태표는 일정시점에서 기업의 재무상태를 보여 주는 보고서이다.

내비게이션

• 주석도 재무제표에 포함한다.

5. 재무제표의 표시와 관련한 다음의 설명 중 가장 타당한 것은?

① 재고자산에 대한 재고자산평가충당금과 매출채권에 대한 대손충당금과 같은 평가충당금을 차감하여 관련 자산을 순액으로 측정하는 것은 상계표시에 해당하지 아니한다.
② 부적절한 회계정책은 이에 대하여 공시나 주석 또는 보충 자료를 통해 설명하면 정당화될 수 있다.
③ 극히 드문 상황으로서 한국채택국제회계기준의 요구사항을 준수하는 것이 오히려 '개념체계'에서 정하고 있는 재무제표의 목적과 상충되어 재무제표이용자의 오해를 유발할 수 있다고 경영진이 결론을 내리는 경우에도, 한국채택국제회계기준의 요구사항을 준수하여야 한다.
④ 한국채택국제회계기준을 준수하여 작성된 재무제표는 국제회계기준을 준수하여 작성된 재무제표임을 주석으로 공시할 수 없다.

내비게이션

• ② 부적절한 회계정책은 이에 대하여 공시나 주석 또는 보충 자료를 통해 설명하더라도 정당화될 수 없다.
• ③ 극히 드문 상황으로서 한국채택국제회계기준의 요구사항을 준수하는 것이 오히려 '개념체계'에서 정하고 있는 재무제표의 목적과 상충되어 재무제표이용자의 오해를 유발할 수 있다고 경영진이 결론을 내리는 경우에는, 관련 감독체계가 이러한 요구사항으로부터의 일탈을 의무화하거나 금지하지 않는다면, 요구사항을 달리 적용한다.
• ④ 한국채택국제회계기준을 준수하여 재무제표를 작성하는 기업은 그러한 준수 사실을 주석에 명시적이고 제한없이 기재한다. 재무제표가 한국채택국제회계기준의 요구사항을 모두 충족한 경우가 아니라면 한국채택국제회계기준을 준수하여 작성되었다고 기재하여서는 아니된다.

ANSWER 1. ④ 2. ① 3. ② 4. ② 5. ①

단기속성특강 제8강 | 재무상태표 표시

표시정보	❖재무상태표에는 적어도 다음에 해당하는 금액을 나타내는 항목을 표시해야 하나, 표시되어야 할 항목의 순서나 형식을 규정하고 있지 않음. ▶∴기업마다 재무상태표의 양식 및 재무상태표에 포함할 항목을 재량적으로 결정가능

자산	부채·자본
① 현금 및 현금성자산, 매출채권과 기타채권 ② 재고자산, 유형자산, 무형자산, 기타금융자산 ③ 투자부동산, 지분법투자자산, 생물자산 ④ 당기법인세 관련 자산(예 선급법인세 등) ⑤ 이연법인세자산 ⑥ 매각예정 비유동자산 ⑦ 매각예정처분자산집단에 포함된 자산	① 매입채무와 기타채무 ② 충당부채, 기타금융부채 ③ 당기법인세 관련 부채(예 미지급법인세 등) ④ 이연법인세부채 ⑤ 매각예정처분자산집단에 포함된 부채 ⑥ 자본에 표시된 비지배지분 ⑦ 지배기업 소유주귀속 납입자본과 적립금

표시방법

개요	•유동성 순서에 따른 표시방법(='유동성배열법')이 신뢰성 있고 더욱 목적적합한 정보를 제공하는 경우를 제외하고는 유동자산과 비유동자산, 유동부채와 비유동부채로 재무상태표에 구분하여 표시(='유동성·비유동성 구분법')함. 🔍주의 이연법인세자산(부채)은 비유동자산(부채)으로만 분류함.

표시방법	유동성·비유동성 구분법	•유동과 비유동으로 구분표시	선택
	유동성배열법	•모든 자산과 부채를 유동성순서로 표시	
	혼합법	•양 방법을 혼용표시	

유동자산

분류기준	① 기업의 정상영업주기내에 실현될 것으로 예상하거나, 정상영업주기내에 판매하거나 소비할 의도가 있음. ② 주로 단기매매 목적으로 보유 ③ 보고기간 후 12개월 이내에 실현될 것으로 예상 ④ 현금·현금성자산으로서, 교환이나 부채상환 목적으로의 사용제한기간이 보고기간 후 12개월 이상이 아님.

> **보론** 재고자산·매출채권 등에 대하여는 1년을 초과하더라도 유동자산으로 분류함.

유동부채

분류기준	① 정상영업주기내에 결제될 것으로 예상 ② 주로 단기매매 목적으로 보유 ③ 보고기간 후 12개월 이내에 결제하기로 되어 있음. ④ 보고기간 후 12개월 이상 부채결제를 연기할 수 있는 무조건의 권리를 가지고 있지 않음.

> **보론** ① 매입채무는 보고기간 후 12개월 후에 결제일이 도래한다 하더라도 유동부채로 분류함.
> ② 보고기간 후 재무제표발행승인일 전에 지급기일 장기 재조정약정이 체결되었더라도, 보고기간일 현재 기준으로 12개월 이내에 결제일이 도래하면 유동부채로 분류함.
> ③ 보고기간 후 12개월 내 만기도래 시에도 기존 대출계약조건에 따라 보고기간 후 적어도 12개월 이상 부채를 차환·연장할 것으로 기대하고 있고, 그런 재량권이 있다면 비유동부채로 분류함.
> ▶재량권이 없다면 유동부채로 분류함.
> ④ 장기차입약정을 위반했을 때 즉시 상환을 요구할 수 있는 채무는 보고기간 후 재무제표발행승인일 전에 대여자(채권자)가 상환을 요구하지 않기로 합의하더라도 유동부채로 분류함.
> ⑤ 대여자가 보고기간 말 이전에 보고기간 후 적어도 12개월 이상의 유예기간을 주는 데 합의하여 그 유예기간 내에 기업이 위반사항을 해소할 수 있고, 또 그 유예기간 동안에는 대여자가 즉시 상환을 요구할 수 없다면 비유동부채로 분류함.

FINAL 객관식뽀개기

1. 다음 중 재무제표의 표시에 대한 설명으로 가장 올바르지 않은 것은?

① 한국채택국제회계기준에서 요구하거나 허용하지 않는 한 자산과 부채 그리고 수익과 비용은 상계하지 않는다.
② 재무상태표에 포함될 항목은 세부적으로 명시되어 있으며, 기업의 재량에 따라 추가 또는 삭제하는 것은 허용되지 않는다.
③ 중요하지 않은 항목은 성격·기능이 유사한 항목과 통합표시할 수 있다.
④ 유동성 순서에 따른 표시방법이 신뢰성 있고 더욱 목적적합한 정보를 제공하는 경우를 제외하고는 유동자산과 비유동자산, 유동부채와 비유동부채로 재무상태표에 구분하여 표시한다.

📍 **내비게이션**

•재무상태표의 양식 및 포함항목 등을 재량적으로 결정가능하다.

2. 다음은 재무상태표 작성방법에 대한 설명이다. 옳은 것은?

① 원래의 결제기간이 12개월을 초과하고, 보고기간 후 재무제표 발행승인일 전에 지급기일을 장기로 재조정하는 약정이 체결되었으나, 보고기간 후 12개월 이내에 결제일이 도래하면 비유동부채로 분류한다.
② 재무상태표를 작성할 때 반드시 유동성배열법을 사용하여야 한다.
③ 기업이 정상영업주기 내에 실현될 것으로 예상되거나 정상영업주기 내에 판매하거나 소비될 의도가 있는 자산은 유동자산으로 분류한다.
④ 재무상태표의 형식이나 계정과목순서에 대해서 강제규정을 두고 있다.

📍 **내비게이션**

•① 보고기간후 재무제표발행승인일 전에 지급기일 장기 재조정약정이 체결되었더라도, 보고기간일 현재 기준으로 12개월 이내에 결제일이 도래하면 유동부채로 분류한다.
② 유동성 순서에 따른 표시방법(=유동성배열법)이 신뢰성 있고 더욱 목적적합한 정보를 제공하는 경우를 제외하고는 유동자산과 비유동자산, 유동부채와 비유동부채로 재무상태표에 구분하여 표시(=유동성·비유동성 구분법)한다.
④ 기업마다 재무상태표의 양식 및 재무상태표에 포함할 항목을 재량적으로 결정가능하다.

기출 & 적중문제

3. 재무제표의 표시에 대한 설명이다. 타당하지 않은 것은?

① 유동성 순서에 따른 표시방법이 신뢰성 있고 더욱 목적적합한 정보를 제공하는 경우를 제외하고는 유동자산과 비유동자산, 유동부채와 비유동부채로 재무상태표에 구분하여 표시한다.
② 기업이 재무상태표에 유동자산과 비유동자산, 그리고 유동부채와 비유동부채로 구분하여 표시하는 경우, 이연법인세자산(부채)은 유동자산(부채)으로 분류한다.
③ 유동자산은 보고기간 후 12개월 이내에 실현될 것으로 예상되지 않는 경우에도 재고자산 및 매출채권과 같이 정상영업주기의 일부로서 판매, 소비 또는 실현되는 자산을 포함한다.
④ 재무상태표에 표시되어야 할 항목의 순서나 형식을 규정하지 않고 있다.

📍 **내비게이션**

•이연법인세자산(부채)은 비유동자산(부채)으로 분류한다.

단기속성특강 제9강 　　　 포괄손익계산서 표시

표시정보	❖포괄손익계산서(당기손익부분)에는 당해기간의 다음 금액을 표시하는 항목을 포함함.
	① 수익(유효이자율법 이자수익은 별도 표시), 금융원가 ② 지분법 적용대상인 관계기업과 공동기업의 당기순손익에 대한 지분, 법인세비용 ③ 중단영업의 합계를 표시하는 단일금액 등
	◯주의 ① 영업손익(매출액-매출원가-판관비)은 반드시 포괄손익계산서에 구분하여 표시해야함. 　　　 ② 특별손익은 포괄손익계산서, 별개의 손익계산서 또는 주석에 특별손익 항목으로 표시불가 　　　 ③ 재무성과를 이해하는데 목적적합한 경우에는 항목, 제목, 중간합계를 추가 표시함.

표시방법

❖다음 중 한가지 방법으로 표시함. ▶ ◯주의 총포괄손익에는 소유주와의 거래로 인한 자본변동은 제외함.

단일포괄손익계산서

단일포괄손익계산서	
매출액	xxx
당기순손익 구성요소	xxx
당기순손익	xxx
기타포괄손익 구성요소	xxx
총포괄손익	xxx

두 개의 보고서

별개의 손익계산서		포괄손익계산서	
매출액	xxx	당기순손익	xxx
당기순손익 구성요소	xxx	기타포괄손익 구성요소	xxx
당기순손익	xxx	총포괄손익	xxx

보론 별개의 손익계산서는 포괄손익계산서 바로 앞에 표시함.

비용 분류방법

❖기업은 비용의 성격별 또는 기능별 분류방법 중에서 신뢰성 있고 더욱 목적적합한 정보를 제공할 수 있는 방법을 적용하여 당기손익으로 인식한 비용의 분석내용을 표시함.(선택)

성격별 분류법	•비용은 그 성격별로 통합함.(즉, 각 항목의 유형별로 구분표시) 　▶ 예 감가상각비, 원재료구입, 운송비, 종업원급여, 광고비등 •매출원가를 다른 비용과 분리하여 공시하지 않음. •기능별로 재배분하지 않으므로 적용이 간단함.(미래현금흐름 예측에는 유용함)
기능별 분류법 (=매출원가법)	•비용은 그 기능별로 분류함. 　▶ 예 매출원가, 물류원가, 관리활동원가등 •적어도 매출원가를 다른 비용과 분리하여 공시함. •목적적합하나, 자의적인 기능별 배분과 판단이 개입될수 있음. •기능별로 분류시에는 성격별 분류에 따른 추가공시가 필요함.

기타포괄손익

의의	•기타포괄손익(재분류조정 포함)은 손익거래 결과임에도 당기손익에 포함되지 않는 항목임. 　▶ 기타포괄손익과 관련한 법인세비용은 포괄손익계산서나 주석에 공시함.
표시	•기타포괄손익 구성요소는 다음 중 한 가지 방법으로 표시할수 있음.
	① 관련 법인세효과를 차감한 순액으로 표시 ② 법인세효과 반영전 금액으로 표시하고, 법인세효과는 단일금액으로 합산표시
재분류조정	•기타포괄손익으로 인식되었으나 당기손익으로 재분류된 금액을 말함.

재분류조정이 발생하는 기타포괄손익	재분류조정이 발생하지 않는 기타포괄손익
■ FVOCI금융자산평가손익(채무상품) ■ 해외사업장외화환산차이 ■ 현금흐름위험회피평가손익(효과적부분)	■ 재평가잉여금의 변동 ■ 보험수리적손익(확정급여제도 재측정요소) ■ FVOCI금융자산평가손익(지분상품)

FINAL 객관식뽀개기 　　　　기출 & 적중문제

1. 다음의 계정과목 중에서 영업이익 계산과정에 포함되는 것으로만 구성되어 있는 것은?

가. 매출채권의 대손상각비　　나. 임차료
다. 지분법이익　　　　　　　라. 이자수익
마. 관리직 임원의 급여

① 가, 나, 마　　　　　　　② 가, 라, 마
③ 나, 다, 마　　　　　　　④ 다, 라, 마

◉ 내비게이션

• 지분법이익과 이자수익은 영업외수익 항목임.

2. 다음 중 포괄손익계산서에 대한 설명으로 올바르지 않은 것은?

① 포괄손익계산서를 작성할 때 '단일 포괄손익계산서' 또는 '별개의 손익계산서와 포괄손익계산서' 중 하나의 양식을 선택하여 표시할 수 있다.
② 금융원가는 포괄손익계산서에 표시하여야 하는 최소한의 항목 중 하나이다.
③ 기타포괄손익은 손익거래의 결과임에도 불구하고 당기손익에는 포함되지 않는 항목을 의미한다.
④ 포괄손익계산서 작성시 법인세비용은 꼭 표시하여야 하는 것은 아니며 중요하다고 생각되는 경우 표시하여야 하는 항목이다.

◉ 내비게이션

• K-IFRS에서는 수익, 금융원가, 법인세비용 등을 포괄손익계산서에 반드시 포함하도록 규정하고 있다.

3. 다음 중 포괄손익계산서의 작성에 최소한 포함되어야 할 항목이 아닌 것은?

① 법인세비용　　　　　　　② 금융원가
③ 수익　　　　　　　　　　④ 재고자산감모손실

◉ 내비게이션

• 최소한 포함되어야 할 항목
　- 수익, 금융원가, 법인세비용
　- 지분법 적용대상인 관계기업과 공동기업의 당기순손익에 대한 지분, 중단영업의 합계를 표시하는 단일금액

4. 다음 중 아래의 포괄손익계산서에 대한 설명으로 가장 올바르지 않은 것은?

㈜삼일	20x1년 1월 1일~20x1년 12월 31일까지
수익	xxx
매출원가	(xxx)
매출총이익	xxx
기타수익	xxx
물류원가	(xxx)
관리비	(xxx)
총비용	(xxx)
기타비용	(xxx)
법인세비용차감전순이익	xxx
법인세비용	(xxx)
당기순이익	xxx
기타포괄이익	xxx
총포괄이익	xxx

① 기타포괄손익 항목은 관련 법인세효과를 차감한 순액으로만 표시해야 하는 것은 아니다.
② 비용을 기능별로 분류한 경우에는 주석에 성격별 분류 내용을 공시해야 한다.
③ 기타포괄손익은 후속적으로 당기순이익으로 재분류되는 항목과 재분류되지 않는 항목을 구분하여 표시한다.
④ 상기 포괄손익계산서는 비용을 성격별로 분류하고 있다.

◉ 내비게이션

• 매출원가를 다른 비용과 분리 공시하고 있으므로 기능별 분류법이다.

5. 다음 중 한국채택국제회계기준과 일반기업회계기준의 특징으로 가장 올바르지 않은 것은?

① 한국채택국제회계기준은 비용을 기능별 분류만 규정하고 있다.
② 한국채택국제회계기준은 연결재무제표를 기본 재무제표로 제시하고 있다.
③ 일반기업회계기준은 자본항목을 자본금, 자본잉여금, 자본조정, 기타포괄손익누계액, 이익잉여금(결손금)으로 구분하고 있다.
④ 한국채택국제회계기준은 포괄손익계산서를 작성하도록 하고 있다.

◉ 내비게이션

• 비용의 성격별 또는 기능별 분류방법 중에서 신뢰성 있고 더욱 목적적합한 정보를 제공할 수 있는 방법을 적용하여 표시한다.

단기속성특강 제10강   자본변동표·현금흐름표·주석 표시

자본변동표	개요	• 자본의 크기와 그 변동(기초, 변동사항, 기말)에 관한 정보를 제공하는 재무제표 ▶ 소유주에 대한 배분으로 인식된 배당금액과 주당배당금을 표시함.

	표시정보	• 지배기업의 소유주와 비지배지분에게 각각 귀속되는 금액으로 구분하여 표시한 해당 기간의 총포괄손익
		• 자본의 각 구성요소별로, 인식된 소급적용이나 소급재작성의 영향
		• 자본의 각 구성요소별로 다음의 각 항목에 따른 변동액을 구분표시한, 기초시점, 기말시점의 장부금액 조정내역
		   i) 당기순손익
		   ii) 기타포괄손익의 각 항목
		   iii) 소유주로서의 자격을 행사하는 소유주와의 거래(소유주에 의한 출자와 소유주에 대한 배분, 그리고 지배력을 상실하지 않는 종속기업에 대한 소유지분의 변동을 구분하여 표시)

현금흐름표

❖ 영업활동·투자활동·재무활동현금흐름으로 나누어 다음과 같이 구분하며, 영업활동현금흐름은 직접법과 간접법에 의해 분석함. 한국채택국제회계기준은 이 중 직접법을 권장함.

구분	영업활동	투자활동	재무활동	비고
◉ 매출채권·선수금, 매입채무·선급금	○	-	-	-
◉ 선급비용, 미지급비용, 선수수익	○	-	-	-
◉ 미수수익(이자수익의 경우), 배당수입	○	○	-	• 선택가능
◉ 미지급비용(이자비용의 경우), 배당지급	○	-	○	• 선택가능
◉ 재고자산	○	-	-	-
◉ 단기매매(FVPL)금융자산	○	-	-	• 단기매매목적
◉ 대여금, 미수금, 비유동자산	-	○	-	-
◉ 장기차입금·금융부채	-	-	○	-
◉ 확정급여채무	○	-	-	-
◉ 유상증자 등 자본거래(배당지급제외)	-	-	○	-
◉ 법인세지급	○(원칙)	○	○	-
◉ 당좌차월	-	-	○	• 즉시상환해야 하는 경우는 현금구성요소

보론 환율변동효과는 영업·투자·재무활동현금흐름과 구분하여 별도로 표시함.

주석

❖ 주석은 재무제표의 하나이며, 가능한 한 체계적인 방법으로 표시하고 재무상태표 등 개별 항목은 주석의 관련 정보와 상호 연결시켜 표시함.

보론 **재무제표의 상호관계**
     다음과 같이 재무제표는 상호 연계적 관계에 있으므로 의사결정시 상호 보완적으로 검토해야 함.

> ① 재무상태표상 표시되는 기타포괄손익 잔액에 대한 변동 내역은 포괄손익계산서상의 포괄손익 금액을 통해 알 수 있다.
> ② 재무상태표와 현금흐름표는 '현금'이라는 연결고리가 있다.
> ③ 포괄손익계산서와 현금흐름표는 '당기순이익'이라는 연결고리가 있다.

FINAL 객관식뽀개기　　　　　　기출 & 적중문제

1. 다음 중 영업활동 현금흐름으로 가장 올바르지 않은 것은?

① 재화의 판매와 용역의 제공에 따른 현금유입
② 종업원과 관련하여 발생하는 현금유출
③ 단기매매목적으로 보유하는 자산에서 발생하는 현금흐름
④ 단기차입금에 따른 현금유입

◉ 내비게이션

•단기차입금과 장기차입금에 따른 현금유입 : 재무활동 현금흐름

2. 다음 중 재무제표에 대한 설명으로 가장 올바르지 않은 것은?

① 재무상태표는 일정시점에서 기업의 재무상태를 보여주는 보고서이다.
② 포괄손익계산서는 기업의 경영성과를 보고하기 위하여 일정기간 동안에 일어난 거래나 사건을 통해 발생한 수익과 비용을 나타내는 보고서이다.
③ 자본변동표는 자본의 크기와 그 변동에 관한 정보를 제공하는 재무보고서이다.
④ 현금흐름표는 영업활동현금흐름, 투자활동현금흐름, 관리활동현금흐름 및 재무활동현금흐름으로 구분하여 표시한다.

◉ 내비게이션

•관리활동현금흐름은 현금흐름표의 공시사항으로 관련이 없다.

3. 다음 중 K-IFRS 하에서 이자와 배당금의 수취 및 지급에 따른 현금흐름에 대한 설명으로 적절하지 않은 것을 고르면?

① 이자수입은 손익의 결정에 영향을 미치므로 영업활동 현금흐름으로만 분류해야 한다.
② 파생상품계약에 따른 현금흐름은 투자활동으로 분류한다.
③ 이자지급은 재무자원을 획득하는 비용으로 보아 재무활동 현금흐름으로 분류할 수 있다.
④ 배당금수입은 투자자산에 대한 수익으로 보아 각각 투자활동 현금흐름으로 분류할 수 있다.

◉ 내비게이션

•투자활동 현금흐름으로도 분류할 수 있음.

4. 다음 중 현금흐름표 작성과 관련하여 가장 올바른 설명으로만 짝지어진 것은?

> (가) 외화로 표시된 현금및현금성자산의 환율변동효과는 영업활동, 투자활동, 재무활동 현금흐름과 구분하여 표시한다.
> (나) 법인세로 인한 현금흐름은 반드시 영업활동으로 인한 현금흐름으로 분류한다.
> (다) 이자와 배당금의 수취에 따른 현금흐름은 영업활동, 투자활동 중 선택하여 분류할 수 있다.
> (라) 단기매매목적으로 보유하는 유가증권의 취득과 판매에 따른 현금흐름은 재무활동으로 분류한다.

① (가)
② (가), (나)
③ (가), (다)
④ (나), (라)

◉ 내비게이션

•(나) : 영업활동이 원칙이며, 투자·재무활동도 가능하다.
→즉, 재무·투자활동에 명백히 관련되지 않는 영업활동으로 분류함
•(라) : 영업활동으로 분류한다.

5. 다음 중 주석에 대한 설명으로 가장 올바르지 않은 것은?

① 주석은 재무제표에 포함된다.
② 주석은 특수한 형태의 재무제표로서 재무보고를 위한 개념체계의 적용을 받지 아니한다.
③ 주석은 정보이용자의 이해를 위해 재무상태표, 포괄손익계산서에 대한 추가적인 정보를 포함한다.
④ 주석에는 재무상태표 본문에 인식되지 않은 자원과 의무에 대한 내용도 공시될 수 있다.

◉ 내비게이션

•② 주석은 특수한 형태의 재무제표가 아니라 일반적인 재무제표 중의 하나이므로, 동일하게 재무보고를 위한 개념체계의 적용을 받는다.
④ 재무제표 본문에 인식되지 않는 우발자산, 우발부채가 주석으로 공시될 수 있다.

제1편
[단기속성특강] 재무회계

제2편
[단기속성특강] 세무회계

제3편
[단기속성특강] 원가관리회계

함본부록1
신유형기출문제

함본부록2
[10개년] 기출오답노트

단기속성특강 제11강　　　보고기간후 사건

의의	보고기간후사건	•보고기간 말과 재무제표 발행승인일 사이에 발생한 유리하거나 불리한 사건.
	유형	① 수정을 요하는 사건 : 보고기간 말 존재상황에 대해 증거를 제공하는 사건
		② 수정을 요하지 않는 사건 : 보고기간 후에 발생한 상황을 나타내는 사건
	재무제표 발행승인일	**이사회가 재무제표를 검토 후 발행승인한 경우** / •이사회가 발행 승인한 날 ♀주의 주주가 재무제표를 승인한 날이 아님.
		경영진이 감독이사회의 승인을 얻기 위해 발행한 경우 / •경영진이 감독이사회에 제출키 위해 승인한 날

수정필요 사건	❖재무제표에 이미 인식한 금액은 수정하고, 인식하지 아니한 항목은 새로 인식함.	
	소송사건 확정	•보고기간 말 존재 현재의무가 보고기간 후 소송사건 확정에 의해 확인되는 경우
	손상발생과 수정	•보고기간 말에 이미 자산손상이 발생되었음을 나타내는 정보를 보고기간 후에 입수하는 경우나 이미 손상차손을 인식한 자산에 대하여 손상차손금액의 수정이 필요한 정보를 보고기간 후에 입수하는 경우 ▶예 •보고기간 후 매출처파산은 보고기간말의 매출채권에 손실(고객의 신용이 손상)이 발생하였음을 확인하는 추가적인 정보임. 　•보고기간 후의 재고자산 판매는 보고기간말의 순실현가능가치에 대한 증거를 제공할 수 있음.
	자산대가 등 결정	•보고기간 말 이전에 구입한 자산의 취득원가나 매각한 자산의 대가를 보고기간 후에 결정하는 경우
	종업원지급액 확정	•보고기간 말 이전사건의 결과로서 보고기간 말에 종업원에게 지급해야 할 법적의무나 의제의무가 있는 이익분배·상여금지급액을 보고기간 후에 확정하는 경우
	부정·오류발견	•재무제표가 부정확하다는 것을 보여주는 부정이나 오류를 발견한 경우

수정불요 사건	❖재무제표에 인식된 금액을 수정하지 않음.	
	대표사례	•보고기간 말과 재무제표 발행승인일 사이의 투자자산(유가증권)의 시장가치 하락
	공시	•수정을 요하지 않는 보고기간 후 사건으로 중요한 것은 그 범주별로 다음사항을 공시함. 　•사건의 성격과 사건의 재무적 영향에 대한 추정치 또는 추정불가시 이에 대한 설명

배당금	❖보고기간 후에 배당을 선언한 경우, 그 배당금을 보고기간말의 부채(미지급배당금)로 인식하지 아니함.		
		종전 GAAP	현행 K-IFRS
	보고기간말	(차) 이익잉여금　xxx　(대) 미지급배당금 xxx	— 회계처리 없음 —
	지급일	(차) 미지급배당금 xxx　(대) 현금　xxx	(차) 이익잉여금　xxx　(대) 현금　xxx
	♀주의 따라서, 보고기간말 재무상태표 이익잉여금은 이익잉여금처분전의 재무상태를 표시함.		

계속기업	재무제표작성	•경영진이 보고기간 후에 청산·경영활동중단의도를 가지고 있거나, 청산·경영활동중단 외에 다른 대안이 없다고 판단시는 계속기업기준에 따라 F/S를 작성해서는 안 됨. ▶단순히 원래 회계처리방법 내에서 이미 인식금액을 조정하는 정도가 아니라 회계 처리방법을 근본적으로 변경해야 함.
	공시	•재무제표가 계속기업의 기준하에 작성되지 않은 경우 •계속기업으로서의 존속능력에 대해 유의적인 의문이 제기될 수 있는 사건이나 상황과 관련된 중요한 불확실성을 경영진이 알게 된 경우

FINAL 객관식뽀개기 | 기출&적중문제

1. 다음 중 수정을 요하는 보고기간 후 사건이 아닌 것은?

① 보고기간말에 존재하였던 현재의무가 보고기간 후에 소송사건의 확정에 의해 확인되는 경우
② 보고기간말 이전에 구입한 자산의 취득원가나 매각한 자산의 대가를 보고기간 후에 결정하는 경우
③ 재무제표가 부정확하다는 것을 보여주는 부정이나 오류를 발견한 경우
④ 보고기간말과 재무제표 발행승인일 사이에 투자자산의 시장가치가 하락한 경우

📍 **내비게이션**

• 투자자산의 시장가치 하락은 수정을 요하지 않는 대표사례이다.

2. 다음은 보고기간후사건에 대한 회계처리의 예이다. 올바르지 않은 것은(단, 보고기간말은 20x1.12.31, 이사회가 재무제표를 발행 승인한 날은 20x2.3.10이라고 가정한다)?

① 20x1년 12월 31일 공정가치로 평가한 당기손익인식금융자산의 시장가치가 20x2년 1월 20일 급격히 하락하여 추가적인 평가손실을 20x1년 재무제표에 인식하였다.
② 20x2년 2월 10일에 순실현가능가치 미만의 가격으로 재고자산을 판매하여 이미 인식한 20x1년 말 현재의 순실현가능가치 금액을 수정하였다.
③ 20x1년 5월부터 진행 중이던 소송의 결과가 20x2년 1월에 확정되어 이미 인식한 손실금액과의 차이를 20x1년 재무제표에 추가로 인식하였다.
④ 20x1년 12월 2일에 취득한 기계장치의 취득원가가 20x2년 1월 10일 확정되어 이미 인식한 20x1년 말 현재의 해당 기계장치의 금액을 수정하였다.

📍 **내비게이션**

• 투자자산의 시장가치 하락은 수정을 요하지 않는 사건이다.

3. 다음 중 보고기간후사건에 관한 설명 중 가장 옳은 것은?

① 보고기간 후에 기업의 청산이 확정되었더라도 재무제표는 계속기업의 기준에 기초하여 작성하고 청산 관련 내용을 주석에 기재한다.
② 보고기간 후에 배당을 선언한 경우, 그 배당금을 보고기간말의 부채로 인식하지 않는다.
③ 보고기간말 이전에 계류중인 소송사건이 보고기간 후에 확정되어 금액수정을 요하는 경우 재무제표의 수정이 불필요하다.
④ 보고기간후사건이란 보고기간말과 재무제표 발행승인일 사이에 발생한 유리한 사건만을 말한다.

📍 **내비게이션**

• ① 보고기간 후에 기업의 청산이 있는 경우 계속기업의 기준하에 재무제표를 작성해서는 안 되며, 이 경우 이를 공시한다.
③ 재무제표를 수정할 필요가 있는 사건에 해당한다.
④ 유리하거나 불리한 사건을 말한다.

4. 다음 중 수정을 요하는 보고기간 후 사건에 해당하는 것을 모두 고른 것은?

> ㄱ. 보고기간 말에 존재하였던 현재의무가 보고기간 후에 소송사건의 확정에 의해 확인되는 경우
> ㄴ. 보고기간 말 이전 사건의 결과로서 보고기간 말에 종업원에게 지급하여야 할 법적 의무가 있는 상여금 지급금액을 보고기간 후에 확정하는 경우
> ㄷ. 보고기간 말과 재무제표 발행승인일 사이에 투자자산의 시장가치가 하락하는 경우
> ㄹ. 보고기간 말 현재 존재하였던 매출채권에 대한 대손충당금 금액이 보고기간 후 매출처의 심각한 재무상태 악화로 수정을 요하는 경우
> ㅁ. 보고기간말 이전에 이미 자산손상이 발생되었음을 나타내는 정보를 보고기간 후에 입수하는 경우

① ㄱ, ㄴ   ② ㄱ, ㄹ
③ ㄱ, ㄴ, ㄹ, ㅁ   ④ ㄱ, ㄴ, ㄷ, ㄹ

📍 **내비게이션**

• 투자자산의 시장가치가 하락을 제외하고는 모두 수정이 필요하다.

제1편
[단기속성특강] 재무회계

제2편
[단기속성특강] 세무회계

제3편
[단기속성특강] 원가관리회계

합본부록1
신유형기출문제

합본부록2
10개년/기출오답노트

📖 **ANSWER** 1. ④ 2. ① 3. ② 4. ③

| 단기속성특강 제12강 | 특수관계자 공시 |

용어정의	B : 종속기업 / C : 종속기업　　A : 지배기업 / C : 종속기업　　A : 최상위지배자 / B : 직상위지배기업

지배·종속

공시사항

① 지배기업과 그 종속기업 사이의 관계는 거래의 유무에 관계없이 공시
② 지배기업의 명칭을 공시
③ 최상위지배자와 지배기업이 다른 경우에는 최상위지배자의 명칭도 공시
④ 지배기업과 최상위지배자가 일반이용자가 이용할 수 있는 연결재무제표를 작성하지 않는 경우에는 일반이용자가 이용할 수 있는 연결재무제표를 작성하는 가장 가까운 상위의 지배기업의 명칭도 공시

🔍주의 **가장 가까운 상위의 지배기업**
지배기업보다는 상위에 있고 일반이용자가 이용할 수 있는 연결재무제표를 작성하는 지배기업 가운데 연결실체에서 가장 하위에 있는 지배기업을 말함.

🔎 사례 ■ **지배·종속관계의 공시**

❖ 지배·종속관계는 다음과 같을 때, 개별재무제표를 작성하는 D, E, F의 주석공시?

(1) C : D, E, F를 연결실체에 포함하는 연결재무제표를 작성
(2) D : E, F를 연결실체에 포함하는 연결재무제표를 작성

✏️풀이

개별재무제표 작성기업	주석공시 대상			
	최상위지배자	직상위지배기업	종속기업	가장 가까운 상위 지배기업
D	A	C	E, F	-
E	A	D	F	-
F	A	E	-	D

주요경영진	공시사항	• 주요 경영진에 대한 보상의 총액 • 분류별 금액 　▶ 단기종업원급여, 퇴직급여, 기타장기급여, 해고급여, 주식기준보상
기타사항	공시사항	• 특수관계자거래가 있는 경우 F/S에 미치는 특수관계의 잠재적 영향파악에 필요한 거래, 약정을 포함한 채권·채무 잔액에 대한 정보뿐만 아니라 특수관계의 성격도 공시 • 독립된 당사자 사이의 거래 조건에 따라 거래가 이루어졌음을 입증할 수 있는 경우에 한하여 특수관계자거래가 그러한 조건으로 이루어졌다는 사실을 공시 • 재무제표에 미치는 특수관계자거래의 영향파악을 위해 분리공시할 필요가 있는 경우를 제외하고는 성격이 유사한 항목은 통합공시 가능

FINAL 객관식뽀개기

기출 & 적중문제

1. 다음 중 특수관계자 공시에 대한 설명으로 가장 올바른 것은?

① 지배기업과 그 종속기업 사이의 관계는 거래가 없는 경우에는 공시하지 않아도 된다.
② 주요 경영진 보상에 관해서는 보상 총액만 공시한다.
③ 특수관계자와의 거래가 있는 경우의 주석공시는 거래 금액에 대한 정보만 기재하면 된다.
④ 최상위 지배자와 지배기업이 다른 경우에는 최상위 지배자의 명칭도 공시한다.

🔾 **내비게이션**

•① 거래의 유무에 관계없이 공시한다.
② 분류별 금액(단기종업원급여, 퇴직급여, 기타장기급여, 해고급여, 주식기준보상)도 공시한다.
③ 특수관계자와의 거래가 있는 경우 재무제표에 미치는 특수관계의 잠재적 영향 파악에 필요한 거래, 약정을 포함한 채권·채무 잔액에 대한 정보뿐만 아니라 특수관계의 성격도 공시한다.

2. 다음 중 특수관계자 공시에 대한 설명으로 가장 올바른 것은?

① 특수관계자와의 거래가 있는 경우의 주석공시는 거래 금액에 대한 정보만 기재하면 된다.
② 주요 경영진 보상에 관해서는 주식기준보상액만 공시한다.
③ 특수관계자와의 거래가 없을 때는 특수관계에 대한 주석기재를 생략할 수 있다.
④ 보고기업에 지배력이 있는 개인은 보고기업의 특수관계자에 해당한다.

🔾 **내비게이션**

•② 주요 경영진에 대한 보상의 총액과 분류별 금액(단기종업원급여, 퇴직급여, 기타 장기급여, 해고급여, 주식기준보상)을 공시한다.
③ 특수관계자거래가 없더라도 특수관계 자체가 기업의 당기순손익과 재무상태에 영향을 줄 수 있다. 지배기업과 그 종속기업 사이의 관계는 거래의 유무에 관계없이 공시한다.

3. 다음 중 특수관계자 공시에 대한 설명으로 가장 올바르지 않은 것은?

① 당해기업과 통상적인 업무관계를 맺고 있는 자금제공자는 당해기업의 특수관계자이다.
② 지배기업과 그 종속기업 사이의 관계는 거래의 유무에 관계없이 공시한다.
③ 주요 경영진에 대한 보상의 총액과 분류별(단기종업원급여, 퇴직급여, 기타장기급여, 해고급여, 주식기준보상) 금액을 공시한다.
④ 당해기업에 유의적인 영향력을 행사할 수 있는 지분을 소유한자는 당해 기업의 특수관계자이다.

🔾 **내비게이션**

• **보론** 기업과 단순히 통상적인 업무 관계를 맺고 있는 자금제공자, 노동조합, 공익기업, 공익기업 그리고 보고기업에 지배력, 공동지배력 또는 유의적인 영향력이 없는 정부부처와 정부기관(기업 활동의 자율성에 영향을 미치거나 기업의 의사결정과정에 참여할 수 있다 하더라도 상관없음)은 특수관계자가 아니다.

4. 다음 중 특수관계자 공사에 대한 설명으로 가장 옳은 것은?

① 최상위 지배자와 지배기업이 다른 경우에는 최상위 지배자의 명칭만 공시한다.
② 주요 경영진에 대한 보상에는 단기종업원급여와 퇴직급여만을 포함한다.
③ 보고기업에 유의적인 영향력을 행사할 수 있는 개인은 보고기업과 특수관계자가 아니다.
④ 지배기업과 그 종속기업 사이의 관계는 거래의 유무에 관계없이 공시한다.

🔾 **내비게이션**

•① 최상위 지배자의 명칭만 공시한다.(X)
→ 최상위 지배자의 명칭도 공시한다.(O)
② 주요 경영진에 대한 보상에는 단기종업원급여, 퇴직급여, 기타장기급여, 해고급여, 주식기준보상을 포함한다.
③ 개인의 경우 다음 중 어느 하나에 해당한다면 보고기업과 특수관계가 있는 것으로 본다.

> ㉠ 보고기업에 지배력 또는 공동지배력이 있는 경우
> ㉡ 보고기업에 유의적인 영향력이 있는 경우
> ㉢ 보고기업 또는 그 지배기업의 주요 경영진의 일원인 경우

단기속성특강 제13강 　　　중간재무보고

용어정의	중간기간	•1회계연도보다 짧은 회계기간을 말함.
	누적기간	•회계연도개시일부터 당해 중간기간종료일까지의 기간을 말함. ▶ 예 중간기간이 2분기(4.1~6.30)일 경우 누적중간기간은 1.1~6.30임.
	중간재무보고서	•K-IFRS에 따른 전체 재무제표 또는 요약재무제표를 포함한 보고서 　⊙주의 이익잉여금처분계산서는 포함되지 않음.
작성	전체재무제표를 포함하는 경우	•K-IFRS에서 정한 전체재무제표의 형식과 내용에 부합해야 함.
	요약재무제표를 포함하는 경우	•최소한 직전연차재무제표에 포함되었던 제목, 소계, 선별적 주석을 포함해야 함.
	기본주당이익 희석주당이익	•K-IFRS '주당이익'의 적용범위에 해당하는 경우에 중간기간의 당기순손익의 구성요소를 표시하는 재무제표에 표시함.
	연차재무제표공시	•특정 중간기간에 보고된 추정금액이 최종 중간기간에 중요하게 변동하였지만 최종 중간기간에 대하여 별도의 재무보고를 하지 않는 경우, 추정의 변동내용과 금액을 해당 회계연도의 연차재무제표에 주석으로 공시
대상기간 · 비교형식	재무상태표	•중간보고기간말과 직전 연차보고기간말을 비교하는 형식으로 작성 　⊙주의 직전 중간보고기간말을 비교하는 형식으로 작성하는 게 아님.
	포괄손익계산서	•중간기간과 누적기간을 직전회계연도의 동일기간과 비교하는 형식으로 작성
	현금흐름표 자본변동표	•누적기간을 직전회계연도의 동일기간과 비교하는 형식으로 작성 　⊙주의 중간기간을 직전회계연도 동일기간과 비교형식으로 작성하는 게 아님.

🔍 사례 ■ 대상기간과 비교형식

❂ 20x2년 3분기(7.1부터 9.30까지) 중간재무제표를 작성한다고 가정함.

✏️풀이

	중간재무제표	비교표시
재무상태표	중간기간말(20x2.9.30) 표시	직전 연차보고기간말(20x1.12.31) 표시
포괄손익계산서	① 중간기간(20x2.7.1~9.30) 표시 ② 누적기간(20x2.1.1~9.30) 표시	① 직전 동일기간(20x1.7.1~9.30) 표시 ② 직전 동일기간(20x1.1.1~9.30) 표시
현금흐름표 자본변동표	누적기간(20x2.1.1~9.30) 표시	직전 동일기간(20x1.1.1~9.30) 표시

인식·측정	원칙	•연차재무제표에 적용하는 것과 동일회계정책을 적용하여 작성함. •중간재무제표의 작성을 위한 측정은 누적기간을 기준으로 함.
	계절적수익 등	•계절적, 주기적, 일시적으로 발생하는 수익은 연차보고기간 말에 미리 예측하여 인식, 이연하는 것이 적절치 않은 경우 중간보고기간 말에도 미리 예측하여 인식, 이연해서는 안됨.(예 배당수익, 로열티수익, 정부보조금 등) ▶ 즉, 계절적 등으로 발생하는 수익이라도 전액 발생한 중간기간에 인식함. •연중 고르지 않게 발생하는 원가는 연차보고기간 말에 미리 비용으로 예측하여 인식, 이연하는 것이 타당한 방법으로 인정되는 경우에 한하여 중간재무보고서에서도 동일하게 처리함.

FINAL 객관식뽀개기

기출 & 적중문제

제1편
[단기속성특강] 재무회계

제2편
[단기속성특강] 세무회계

제3편
[단기속성특강] 원가관리회계

합본부록1
신유형기출문제

합본부록2
10개년/기출오답노트

1. 다음 중 중간재무보고서에 대한 설명으로 가장 올바르지 않은 것은?

① 중간재무보고서는 한 회계연도보다 짧은 회계기간을 대상으로 하는 재무제표를 말한다.

② 포괄손익계산서는 당해 중간보고기간말과 직전 연차보고기간말을 비교하는 형식으로 작성한다.

③ 현금흐름표는 당해 회계연도 누적기간을 직전 회계연도의 동일기간과 비교하는 형식으로 작성한다.

④ 중간재무보고서는 최소한 요약재무상태표, 요약포괄손익계산서, 요약자본변동표, 요약현금흐름표 및 선별적 주석을 포함하여야 한다.

📍 내비게이션

•포괄손익계산서는 중간기간과 누적기간을 직전회계연도의 동일기간과 비교하는 형식으로 작성한다.

2. 다음 중 12월말 결산법인인 (주)A의 3분기 중간재무보고서에 대한 설명으로 가장 올바르지 않은 것은?

① 재무상태표는 당 회계연도 9월 30일 현재를 기준으로 작성하고 직전 회계연도 12월 31일 현재의 재무상태표와 비교 표시한다.

② 포괄손익계산서는 당 회계연도 7월 1일부터 9월 30일까지의 중간기간과 1월 1일부터 9월 30일까지의 누적기간을 대상으로 작성하고 직전 회계연도의 동일 기간을 대상으로 작성한 포괄손익계산서와 비교 표시한다.

③ 현금흐름표는 당 회계연도 1월 1일부터 9월 30일까지의 누적기간을 대상으로 작성하고 직전 회계연도의 동일 기간을 대상으로 작성한 현금흐름표와 비교 표시한다.

④ 자본변동표는 당 회계연도 7월 1일부터 9월 30일까지의 중간기간과 1월 1일부터 9월 30일까지의 누적기간을 대상으로 작성하고 직전 회계연도의 동일기간을 대상으로 작성한 자본변동표와 비교 표시한다.

📍 내비게이션

•당 회계연도 1/1부터 9/30까지의 누적기간을 대상으로 작성한다.

3. 다음 중 중간재무보고서에 대한 설명으로 가장 올바르지 않은 것은?

① 중간재무보고서는 최소한 요약재무상태표, 요약포괄손익계산서, 요약자본변동표, 요약현금흐름표 및 선별적 주석을 포함하여야 한다.

② 특정 중간기간에 보고된 추정금액이 최종 중간기간에 중요하게 변동하였지만 최종 중간기간에 대하여 별도의 재무보고를 하지 않는 경우 추정의 변동내용과 금액을 해당 회계연도의 연차재무제표에 주석으로 공시되지 않는다.

③ 현금흐름표는 당해 회계연도 누적기간을 직전 회계연도의 동일기간과 비교하는 형식으로 작성한다.

④ 중간재무보고는 회계정보의 적시성을 확보하여 줌으로써 회계정보의 유용성을 높일 수 있다.

📍 내비게이션

•추정의 변동내용과 금액을 해당 회계연도의 연차재무제표에 주석으로 공시한다.

📖 **ANSWER** 1. ② 2. ④ 3. ②

단기속성특강 제14강   현금예금의 공시

<table>
<tr>
<td rowspan="2">현금 및
현금성자산</td>
<td rowspan="2">현금</td>
<td>통화</td>
<td>•지폐, 주화(외국통화 포함)</td>
</tr>
<tr>
<td>통화대용증권</td>
<td>•타인발행 당좌수표, 가계수표, 자기앞수표, 송금수표, 여행자수표, 우편환, 송금환, 만기도래공사채이자지급표, 대체저금지급증서, 지점전도금, 배당금지급통지표, 일람출급어음, 국세환급통지서</td>
</tr>
<tr>
<td>요구불예금</td>
<td>•당좌예금, 보통예금</td>
</tr>
</table>

추가로 현금 및 현금성자산 > 현금성자산 행:

<table>
<tr>
<td>현금성자산</td>
<td>•유동성이 매우 높은 단기투자자산으로서 확정된 금액의 현금으로 전환이 용이하고 가치변동의 위험이 경미한 자산을 말함.
•투자자산은 취득당시((객)결산일로부터(x))만기(상환일)가 3개월 이내인 경우에만 현금성자산으로 분류되며, 지분상품은 원칙적으로 현금성자산에서 제외함.
사례 다음은 현금성자산으로 분류함.
① 취득당시 만기가 3개월 이내인 금융기관이 취급하는 단기금융상품
② 취득당시 만기가 3개월 이내에 도래하는 채무증권
③ 취득당시 상환일까지의 기간이 3개월 이내인 상환우선주
④ 3개월 이내의 환매조건인 환매채
⑤ 투자신탁의 계약기간이 3개월 이하인 초단기수익증권</td>
</tr>
</table>

<table>
<tr>
<td>단기
금융상품</td>
<td>❖단기적자금운용 목적이거나 보고기간말로부터 1년 이내에 도래하는 현금성자산이 아닌 다음의 것

① 정기예금, 정기적금, 사용이 제한된 예금(예) 양건예금)
② 기타 정형화된 상품(예) 양도성예금증서(CD)등의 금융상품)</td>
</tr>
<tr>
<td>장기
금융상품</td>
<td>① 금융기관의 상품으로서 보고기간말로부터 1년 이후에 만기가 도래하는 금융상품
② 당좌개설보증금</td>
</tr>
</table>

<table>
<tr>
<td rowspan="4">가불금 등</td>
<td>가불금, 차용증서</td>
<td>•보고기간말로부터 회수시점까지 1년을 기준으로 단기(장기)대여금으로 분류.
🔍주의 종업원 선급급여는 선급비용이 아니라 단기대여금 처리함.</td>
</tr>
<tr>
<td>수입인지 · 우표</td>
<td>•다음 중 어느 하나로 회계처리함.
① 소모품(자산) 처리 후 사용분을 소모품비(비용)로 처리
② 소모품비(비용) 처리 후 미사용분을 소모품(자산)으로 처리
③ 미래용역을 제공받기위한 경우는 선지급한 선급비용 처리</td>
</tr>
<tr>
<td>선일자수표</td>
<td>•약속어음이나 선일자수표 모두 어음상의 매출채권(또는 미수금)으로 처리함.</td>
</tr>
<tr>
<td>당좌차월</td>
<td>•당좌예금잔액이 (–)인 경우임(은행측에서는 당좌대월). ➞ 단기차입금 처리함.
🔍주의 총액주의의 예외로서 당좌예금과 상계하여 보고하는 것이 아님.
예) 당좌예금 500, 당좌차월 –200일 때
→현금및현금성자산 300(X) / 현금및현금성자산 500, 단기차입금 200(O)</td>
</tr>
</table>

<table>
<tr>
<td rowspan="6">소액현금
(전도금)</td>
<td colspan="6">❖당좌예금을 인출하여 소액경비 지급 후, 지출에 대한 부족분을 정액 또는 부정액으로 보충하는 제도</td>
</tr>
<tr>
<td colspan="6">🔍 사례 ■ 소액현금 회계처리</td>
</tr>
<tr>
<td>❂ 당좌예금인출하여 지점송금 ₩1,000</td>
<td>(차) 소액현금</td>
<td>1,000</td>
<td>(대) 당좌예금</td>
<td>1,000</td>
</tr>
<tr>
<td>❂ 지출증빙보고 ₩900 & 현금잔액 ₩60</td>
<td>(차) 여비교통비
현금과부족</td>
<td>900
40</td>
<td>(대) 소액현금</td>
<td>940</td>
</tr>
<tr>
<td>❂ 소액현금보충 ₩940(정액자금전도제)</td>
<td>(차) 소액현금</td>
<td>940</td>
<td>(대) 당좌예금</td>
<td>940</td>
</tr>
<tr>
<td>❂ 결산시까지 원인불명액 ₩40</td>
<td>(차) 잡손실</td>
<td>40</td>
<td>(대) 현금과부족</td>
<td>40</td>
</tr>
</table>

FINAL 객관식뽀개기

기출 & 적중문제

1. ㈜A가 다음과 같은 자산을 보유하고 있을 때 20x1년말 재무상태표상에 현금및현금성자산으로 계상될 금액은 얼마인가?

ㄱ. 현금시재액	1,500,000원
ㄴ. 양도성예금증서	700,000원
– 구입일 : 20x1년 9월 8일	
– 만기일 : 20x2년 1월 31일	
ㄷ. 보통예금	2,000,000원
ㄹ. 타인발행수표	300,000원

① 3,500,000원　　　　② 3,800,000원
③ 4,200,000원　　　　④ 4,500,000원

📍 내비게이션

• 1,500,000+2,000,000+300,000=3,800,000
→양도성예금증서는 취득일(9/8)부터 만기가 3개월내가 아니므로 현금성자산에 해당하지 않는다.

2. 다음 중 "현금및현금성자산"에 포함되는 금액의 합계액으로 맞는 것은?

현금	100,000원
CD(양도성예금증서(만기가 6개월임))	1,000,000원
당좌예금	1,500,000원
자기앞수표	200,000원
단기대여금	700,000원
외상매출금	500,000원
정기적금	2,200,000원

① 300,000원　　　　② 1,800,000원
③ 2,500,000원　　　　④ 2,800,000원

📍 내비게이션

• 현금＋당좌예금＋자기앞수표 = 1,800,000

3. 다음 중 "현금 및 현금성자산"의 합계액은 얼마인가?

현금	50,000원
자기앞수표	100,000원
우편환증서	100,000원
정기예금(장기보유목적)	60,000원
외상매출금	300,000원
단기대여금	100,000원
환매조건부 채권	500,000원
(취득당시 만기일이 3개월 이내)	
3월전에 가입한 만기 1년 정기적금	100,000원

① 850,000원　　　　② 750,000원
③ 810,000원　　　　④ 760,000원

📍 내비게이션

• 현금, 자기앞수표, 우편환증서, 환매조건부 채권

4. 다음 자료에 의해 20x1년 12월 31일 결산일 현재의 현금 및 현금성자산을 구하면?

지폐와 동전	30,000원
당좌차월	50,000원
수입인지	10,000원
타인발행수표	30,000원
당좌개설보증금	80,000원
배당금지급통지표	20,000원
만기가 2개월이내인 채권(20x1.12.1 취득)	150,000원
기일이 도래한 공채이자표	10,000원
일반적 상거래상의 선일자수표	200,000원
환매채(20x1.11.1 취득한 90일 환매조건)	300,000원

① 540,000원　　　　② 550,000원
③ 740,000원　　　　④ 750,000원

📍 내비게이션

• 지폐와 동전+타인발행수표+배당금지급통지표+만기가 2개월 이내인 채권+기일이 도래한 공채이자표+환매채=540,000

단기속성특강 제15강 　　　　　 은행계정조정표

개요	은행계정조정표	•회사측 당좌예금잔액과 은행측 잔액이 일치하지 않는 경우 그 불일치원인을 파악하여 조정하는 서식을 말함.

조정방법

양방조정법

은행계정조정표

조정전회사측잔액 (당좌예금출납장)	xxx	≠	조정전은행측잔액 (당좌거래원장)	xxx
받을어음추심	가산		은행미기입예금	가산
입금액 중 부도수표	차감		기발행미인출수표	차감
은행수수료	차감		은행측 기장오류	(±)
회사미통지예금	가산			
기발행미인도수표	가산			
회사측 기장오류	(±)			
조정후회사측잔액	xxx	=	조정후은행측잔액	xxx

일방조정법

•한쪽에서 다른 한쪽으로의 조정
　▶ 은행차감항목은 회사(+)로, 은행가산항목은 회사(−)로 반대처리

조정전회사잔액(+) or (−) = 조정전은행잔액(+) or (−)
　　　　　수정사항　　　　　　　　　　　　수정사항

이항시 부호반대!

🔍주의 회사측 조정사항에 대해서만 기말수정분개함.
　　📝 회사미통지예금(매출채권이 입금되었으나 회사는 아직 이를 통보받지 못함)
　　　→〈수정분개〉 (차) 당좌예금　　xxx　　(대) 매출채권　　xxx

세부고찰

🔲 사례 ■ 은행계정조정

❂ (주)피부암통키의 기말 회사당좌예금은 ₩54,600, 은행잔액은 ₩86,000, 불일치원인은 다음과 같다.

(1) 부도수표	판매대금회수하여 입금한 당좌수표 ₩7,200의 부도사실을 회사는 모르고 있음.
(2) 기발행미인출수표	거래처에 발행한 수표 ₩26,000이 기말현재 은행에 지급제시되지 않음
(3) 회사측 기장오류	당좌예금에서 차감한 지급어음 ₩12,200을 회사가 ₩21,200으로 차감함
(4) 은행측 기장오류	타회사예입액 ₩3,600을 은행이 (주)피부암통키의 계좌에 입금기록함

✏️풀이

•양방조정

	회사측	은행측
조정전 금액	54,600	86,000
(1) 부도수표	(7,200)	-
(2) 기발행미인출수표	-	(26,000)
(3) 회사측 기장오류	9,000	-
(4) 은행측 기장오류	-	(3,600)
조정후 금액	56,400	56,400

FINAL 객관식뽀개기

기출 & 적중문제

1. 20x1 회계연도의 결산을 앞두고 당좌예금계정의 조정을 위해 20x2년 1월 5일에 은행측에 조회한 바, 20x1년 12월 31일 잔액은 100,000원이었다. 회사장부상 잔액은 60,000 원이었으며 양자간의 차이 원인이 다음과 같을때 12월 31일 현재의 정확한 당좌예금 잔액을 구하면?

(1) 회사가 20x1년 12월 30일에 발행했던 수표 중 20x1년 12월 31일까지 인출되지 않은 금액이 50,000원이다.
(2) 회사가 20x1년 12월 31일에 예금한 5,000원이 은행에서는 20x2년 1월 2일에 입금된 것으로 처리되었다.
(3) 은행의 예금잔액증명서에 포함된 내용 중 회사의 장부에 반영되지 않은 것은 20x1년 12월분 은행수수료 5,000원이다.

① 85,000원 ② 75,000원
③ 61,000원 ④ 55,000원

📍 내비게이션

	회사측		은행측
조정전금액	60,000	조정전금액	100,000
은행수수료	(5,000)	기발행미인출수표	(50,000)
		은행미기입예금	5,000
조정후금액	55,000	조정후금액	55,000

2. 다음은 은행계정조정표를 작성하는 데 필요한 자료이다. 은행측의 조정전 예금잔액은 얼마인가?

•회사측 장부의 예금잔액	12,500원
•기발행 미인출수표	3,000원
•어음추심을 위한 수수료 미기입(회사)	700원
•당좌차월이자 미기입(회사)	500원

① 15,300원 ② 14,300원
③ 10,700원 ④ 12,500원

📍 내비게이션

•회사 조정전잔액 <u>(+) or (-)</u> = 은행 조정전잔액 <u>(+) or (-)</u>
　　　　　　　'회사수정사항'　　　　　　　'은행수정사항'
→12,500 + 3,000 - 700 - 500 = 14,300

3. 11월 30일 현재 당좌예금장부상 잔액은 2,732,000원이고 은행의 당좌원장상 잔액은 3,128,000원이었다. 다음의 자료를 이용하여 11월 30일 현재의 정확한 당좌예금 잔액을 구하면?

•11월 30일 현재 기발행미결제수표는 484,000원이다.
•부도수표 216,000원을 회사가 모르고 있다.
•어음추심 254,000원을 회사장부에 계상하지 않았다.
•은행측 미기입예금은 138,000원이다.
•은행지급수수료 6,000원을 회사장부에 계상하지 않았다.
•회사가 68,000원의 수표를 발행하면서 당좌예금장부에는 86,000원으로 기장처리했다.

① 2,776,000원 ② 2,566,000원
③ 2,746,000원 ④ 2,782,000원

📍 내비게이션

	회사측		은행측
조정전금액	2,732,000	조정전금액	3,128,000
부도수표	(216,000)	기발행미인출수표	(484,000)
어음추심	254,000	은행미기입예금	138,000
은행수수료	(6,000)		
기장오류	18,000		
조정후금액	2,782,000	조정후금액	2,782,000

제1편
[단기속성특강] 세무회계

제2편
[단기속성특강] 원가관리회계

제3편
[단기속성특강] 신유형기출문제

합본부록1
신유형기출문제

합본부록2
10개년/기출연장노트

단기속성특강 제16강　　매출채권의 평가(수취채권의 손상)

개요	의의	•채권(매출채권, 미수금등)은 회수불능위험(대손가능성)이 존재함. •따라서, 회수불가능한 금융자산은 대손예상액을 추산하여 당기비용과 채권의 평가계정인 대손충당금을 설정해야함. **참고** 대손상각비=(금융자산)손상차손, 대손충당금=(금융자산)손실충당금
	장·단점	•**장점** 수익·비용대응원칙에 부합하며, 매출채권을 순실현가치로 계상 •**단점** 대손비용을 추정치에 근거하여 계상

회계처리	최초설정 기말	•대손추산액을 대손상각비를 계상하고 대손충당금을 설정 (차) 대손상각비　　　xxx　(대) 대손충당금　　　xxx

최초설정 기말 재무상태표

재무상태표	
매출채권　　　xxx 대손충당금　　(xxx)	

	기중대손시	•대손충당금과 상계 후 부족시 대손상각비를 인식 (차) 대손충당금　　　xxx　(대) 매출채권　　　xxx 　　　대손상각비　　　xxx
	대손처리한 채권을 회수시	•(차) 현금　　　xxx　(대) 대손충당금　　　xxx
	기말대손추정액 (기대신용손실)	•연령분석법(충당금설정률표 방법)등으로 추산
	기말대손충당금설정액	•설정액 = 기말대손추정액 – 기설정대손충당금잔액 (차) 대손상각비　　　xxx　(대) 대손충당금　　　xxx
	기말대손충당금환입액	•환입액 = 기설정대손충당금잔액 – 기말대손추정액 (차) 대손충당금　　　xxx　(대) 대손충당금환입　　　xxx
	특징	•기말대손충당금이 먼저 결정되고 대손상각비는 사후결정됨.

분석Trick

대손충당금			
대손발생(대손확정)[1]	xxx	기초대손충당금	xxx
대손충당금환입	xxx	대손채권회수	xxx
기말대손충당금	xxx	대손상각비[2]	xxx

[1] 기중발생한 대손총액
[2] 기중발생대손 중 대손상각비처리액과 기말설정 대손상각비의 합계

예시 20x1년 기초대손충당금 1,000, 기말 매출채권 20,000(추정대손율 2%) 〈즉, 대손추정액=400〉

2/1	대손발생 400	(차) 대손충당금	400	(대) 매출채권	400
8/1	대손발생 1,100	(차) 대손충당금 　　　대손상각비	600 500	(대) 매출채권	1,100
9/1	대손처리채권 중 회수 300	(차) 현금	300	(대) 대손충당금	300
12/31	기말 설정분개	(차) 대손상각비	100	(대) 대손충당금	100

→if, 기말대손추정액이 100인 경우 : (차) 대손충당금　200　(대) 대손충당금환입　200

🔎주의 대손충당금환입, 퇴직급여충당부채환입, 판매보증충당부채환입 : 판관비의 부(-)로 표시함.

FINAL 객관식뽀개기   기출 & 적중문제

1. ㈜A는 제조업을 영위하고 있으며 모든 제품을 외상으로 판매하고 있다. 이 회사의 20x1년 기초 외상매출금 잔액은 500,000원, 기말 외상매출금 잔액은 800,000원이었다. 대손충당금 기말잔액은 매출채권의 기말잔액의 10%로 설정(K-IFRS 규정에 합치한다고 가정함)하고 있다. 20x1년 중 실제 대손발생액이 200,000원이었다면, 20x1년 중 포괄손익계산서에 계상될 대손상각비는 얼마인가?

① 200,000원   ② 210,000원
③ 230,000원   ④ 280,000원

📍 내비게이션

• 기중 대손상각비 발생액 : 200,000-500,000×10%=150,000
  기말 대손상각비 인식액 : 800,000×10%=80,000
  ∴손익계산서상 대손상각비는 150,000+80,000=230,000
  〈별해〉

대손충당금

대손발생(대손확정)	200,000	기초대손충당금	50,000[2)
대손충당금환입	0	대손채권회수	0
기말대손충당금	80,000[1)	대손상각비	? 230,000

[1)] 800,000×10%=80,000   [2)] 500,000×10%=50,000

2. 매출채권 중 1,000,000원이 대손이 확정되었다. (이때 대손충당금 잔액이 2,500,000원이었다.) 당해 대손 확정이 재무제표에 미치는 영향으로 잘못된 것은?

① 순자산가액은 불변이다.
② 순이익이 감소한다.
③ 매출채권총액이 감소한다.
④ 자본총액은 불변이다.

📍 내비게이션

• 대손충당금 범위 내에서 매출채권의 대손이 확정되는 경우 손익에는 영향을 미치지 않는다. '순자산가액=매출채권-대손충당금'이므로 대손 처리시 순자산가액은 불변이다.

3. 아래 계정기입에 대한 설명으로 옳은 것은?

대손충당금

		1/1 전기이월	50,000
12/31 차기이월	200,000	12/31 대손상각비	150,000

① 당기분 총 대손추산액(기대신용손실)은 150,000원이다.
② 포괄손익계산서에 표시되는 대손상각비는 150,000원이다.
③ 당기분 실제 대손발생액은 200,000원이다.
④ 전기분 대손충당금 설정액 중 잔액은 150,000원이다.

📍 내비게이션

• 당기 대손발생액은 없으며, 당기 대손추산액은 200,000이나, 전기 대손충당금 잔액 50,000 차감후 부족분 150,000만 보충법에 의해 당기 대손상각비로 처리한 내용이다.

4. (주)A에 대한 자료가 다음과 같을 때 20x2년도 결산시 포괄손익계산서에 나타나는 대손상각비는 얼마인가?

■ 20x1년 12월 31일 현재 잔액
외상매출금	2,000,000원
받을어음	1,000,000원
대손충당금	70,000원

■ 20x2년 거래내역
상품외상매출액	10,000,000원
외상매출금 회수액	7,200,000원
받을어음 회수액	950,000원
외상매출금 대손발생액	150,000원

■ 20x2년 12월31일 결산시 매출채권잔액에 대한 대손율은 1%로 이를 기대신용손실로 가정함.

① 47,000원   ② 48,500원
③ 127,000원   ④ 128,500원

📍 내비게이션

• 20x2년 대손발생 내역
  (차) 대손충당금 70,000   (대) 매출채권 150,000
       대손상각비 80,000
• 20x2년 12월 31일 현재 매출채권 잔액
  (기초외상매출금+기초받을어음+당기외상매출액)-(당기외상매출금회수액+당기받을어음회수액)-당기대손발생액
  =(2,000,000+1,000,000+10,000,000)-(7,200,000+950,000)-150,000
  =4,700,000
• 20x2년 12월 31일 손익계산서상 대손상각비
  80,000+(4,700,000×1%)=127,000

단기속성특강 제17강		재고자산 취득원가와 소유권 결정

정의와 적용범위	정의	•정상적인 영업과정에서 판매를 위해 보유중인 자산 **비교** ① 사용목적보유 : 유형자산 ② 중간제품 : 반제품은 판매가능, 재공품은 판매불가
	적용범위	•부동산매매업의 토지 : 유형자산이 아닌 재고자산으로 분류 •증권회사의 주식 : 유가증권이 아닌 재고자산으로 분류

취득원가	범위	매입원가	•매입가격에 수입관세와 제세금(과세당국으로부터 추후 환급받을 수 있는 금액은 제외), 매입운임, 하역료를 가산 •매입할인(에누리,환출), 리베이트항목은 매입원가를 결정할 때 차감
		전환원가	•제조기업에서 완제품으로 전환하는데 발생하는 직접노무비와 제조간접비
		기타원가	•재고자산을 현재의 장소에 현재의 상태로 이르게 하는데 발생한 원가
	매입운임	선적지인도기준	•매입자부담 – 매입자의 재고자산 취득원가에 가산
		도착지인도기준	•판매자부담 – 판매자의 판매비(매출운임)로 계상
	비용처리 원가	① 재료원가, 노무원가, 기타 제조원가 중 비정상적으로 낭비된 원가 ② 후속 생산단계에 투입하기 전에 보관이 필요한 경우 이외의 보관원가 ③ 재고자산을 현재장소에 현재 상태로 이르게 하는데 기여하지 않은 관리간접원가 ④ 판매원가	
	보론 특정고객을 위한 비제조간접원가·제품디자인원가 : 원가에 포함 가능		

소유권 결정	미착상품	선적지인도기준	매입자	•당기매입 O, 기말재고 O
			판매자	•당기매출 O, 기말재고 X
		도착지인도기준	매입자	•당기매입 X, 기말재고 X
			판매자	•당기매출 X, 기말재고 O
	위탁품 (적송품)	•수탁자가 위탁품을 판매한 날 수익인식. ▶ ∴판매되기 전까지는 창고에 없어도 위탁자의 기말재고에 포함.		
	시송품	•매입자가 매입의사표시를 한 날 수익인식. ▶ ∴매입의사표시 없는 시송품은 창고에 없을지라도 기말재고에 포함.		

매출원가 산정방법

방법1 (3분법)
•매입시 매입계정을 사용하며, 결산시 일괄하여 매출원가분개함.

결산시	(차) 매출원가	xxx	(대) 상품(기초)	xxx
	매출원가	xxx	매입	xxx
	상품(기말)	xxx	매출원가	xxx

방법2 (2분법)
•매입시 상품계정을 사용하며, 결산시 일괄하여 매출원가분개함.

결산시	(차) 매출원가	xxx	(대) 상품(기초+매입)	xxx
	상품(기말)	xxx	매출원가	xxx

매출원가

매출원가	기초재고 + 순매입액 – 기말재고

▶ 포괄손익계산서상 매입액(= 순매입액) = 총매입 – 매입할인·에누리·환출
▶ 포괄손익계산서상 매출액(= 순매출액) = 총매출 – 매출할인·에누리·환입
▶ 포괄손익계산서상 매출총이익 = 순매출액 – (기초재고 + 순매입액 – 기말재고)

FINAL 객관식뽀개기 　　　　　 기출 & 적중문제

1. 재고자산에 대한 설명으로 가장 옳은 것은?

① 재고자산은 취득원가와 순실현가능가치 중 높은 금액으로 측정한다.

② 매입할인, 리베이트 및 기타 유사한 항목은 매입원가를 결정할 때 차감하지 않는다.

③ 재고자산을 현재의 장소에 현재의 상태로 이르게 하는데 기여하지 않은 관리간접원가와 판매원가는 재고자산의 취득원가에 포함한다.

④ 재고자산의 매입원가는 매입가격에 매입운임, 하역료 및 취득과정에 직접 관련된 기타 원가를 가산한 금액이며, 직접재료원가, 직접노무원가 등 생산량과 직접관련된 원가를 포함한다.

📍 **내비게이션**

• ① 취득원가와 순실현가능가치 중 낮은 금액으로 측정한다.(저가법)
　② 매입원가를 결정할 때 차감한다.
　③ 취득원가에 포함하지 않고 비용처리한다.

2. 재고자산의 취득원가에 대한 다음 설명 중 틀린 것은?

① 구매자가 외상매입금을 조기에 지급할 경우와 판매자가 매입금액의 일부를 할인해 주는 경우에는 할인 받은 부분을 재고자산의 취득가액에서 차감하여 기록한다.

② 외부구입시 재고자산의 취득원가는 구입가액뿐만 아니라 판매가능한 상태에 이르기까지 소요된 구입원가 및 제반부대비용을 포함한다.

③ 재고자산 구입 이후 상품에 하자가 있어 매입대금의 일정액을 할인 받는 경우 이는 재고자산의 취득가액에서 차감해야 한다.

④ 재료원가, 노무원가 및 기타 제조원가 중 비정상적으로 낭비된 부분과 후속 생산단계에 투입하기 전에 보관이 필요한 경우 이외에 발생하는 보관원가도 취득원가에 산입한다.

📍 **내비게이션**

• 발생기간의 비용으로 인식함.

3. (㈜A는 계산기를 제조하여 판매하는 회사이다. 20x1년 ㈜A는 ㈜B에게 50,000,000원에 해당하는 계산기를 외상판매하였다. ㈜B는 약정기일 전에 대금을 지불하여 300,000원을 외상매출대금에서 할인받았다. ㈜A가 ㈜B에 대하여 20x1년 인식해야 할 매출액은 얼마인가?

① 45,300,000원　　　　② 49,700,000원
③ 50,000,000원　　　　④ 51,000,000원

📍 **내비게이션**

• 총매출액(50,000,000)-매출할인(300,000)=49,700,000

4. 다음 중 재고자산의 취득원가에 포함하지 않고 발생기간의 비용으로 인식하여야 하는 원가가 아닌 것은?

① 재료원가, 노무원가, 기타 제조원가 중 비정상적으로 낭비된 부분

② 특정고객을 위한 비제조 간접원가 또는 제품 디자인원가

③ 후속 생산단계에 투입하기 전에 보관이 필요한 경우 이외에 발생하는 보관원가

④ 재고자산을 현재장소에 현재상태로 이르게 하는데 기여하지 않은 관리간접원가

📍 **내비게이션**

• 특정한 고객을 위한 비제조간접원가나 제품디자인원가를 재고자산의 원가에 포함하는 것이 적절할 수도 있다.

5. (㈜A의 20x1년말의 창고재고는 실사결과 2,000,000원이다. 다음 자료를 이용하여 20x1년말의 재무상태표에 계상할 재고자산의 금액을 계산하면 얼마인가?

> (1) 20x1년말 현재 미착상품
> 　FOB선적지기준 : 50,000원
> 　FOB도착지기준 : 30,000원
> (2) 시송품 중 매입의사 표시되지 않은 재고 : 40,000원
> (3) ㈜A가 20x1년에 수탁자인 ㈜B에 적송한 재고원가는 600,000원이다. 20x1년말 현재 ㈜B가 보관하고 있는 재고수량은 물량기준으로 적송량의 20% 수준이다.

① 2,150,000원　　　　② 2,160,000원
③ 2,170,000원　　　　④ 2,210,000원

📍 **내비게이션**

• 2,000,000+50,000+40,000+600,000×20%=2,210,000

단기속성특강 제18강	기말재고자산의 평가

수량결정 방법	계속기록법	•기초재고수량 + 당기매입수량 − 판매수량 = 기말재고수량			
	실사법	•기초재고수량 + 당기매입수량 − 기말실지재고수량 = 판매수량			

구 분	매입수량	매출수량	단가	매입액
기초재고(1/1)	200개		@5	₩1,000
매입(3/4)	300개		@6	₩1,800
매출(4/5)		300개	@?	
매입(7/7)	500개		@8	₩4,000
매출(9/8)		400개	@?	
기말재고(12/31)	300개			합계 : ₩6,800

단가결정 방법	개별법	•수익·비용대응이 가장 정확한 방법이며, 다음의 원가는 개별법을 사용하여 결정함. ① 통상적으로 상호 교환될 수 없는 재고자산항목의 원가 ② 특정 프로젝트별로 생산되고 분리되는 재화 또는 용역(서비스)의 원가		
	가중평균법	❖공통사례에의 적용(실사법≠계속기록법)		
		실사법 (총평균법)	• 매출원가 : 700개×@6.8[1]=4,760	[1] 6,800÷1,000개=@6.8
			• 기말재고 : 6,800−4,760=2,040	

		계속기록법
		(이동평균법)
			• 매출원가
			  4/5매출분 : 300개×@5.6[2]=1,680
			  9/8매출분 : 400개×@7.3[3]=2,920
				[2] 2,800÷500개=@5.6
				[3] (200개×@5.6+500개×@8)
				÷700개=@7.3

			• 기말재고 : 6,800−(1,680+2,920)=2,200	
	선입선출법 (FIFO)	장 점	•일반적으로 물량흐름과 일치(유사)하며, 재고자산을 현행원가의 근사치로 평가가능.	
		단 점	•수익·비용대응이 부적절하며, 물가상승시 이익이 크게 표시됨.	
		❖공통사례에의 적용(실사법=계속기록법)		
		실사법	• 매출원가 : 200개×@5+300개×@6+200개×@8=4,400	
			• 기말재고 : 6,800−4,400=2,400	
		계속기록법	• 매출원가 : 200개×@5+100개×@6+200개×@6+200개×@8=4,400	
			• 기말재고 : 6,800−4,400=2,400	

보론 **단위원가 결정방법 적용**
　① 성격·용도 면에서 유사한 재고자산 : 동일한 단가결정방법을 적용해야 함.
　② 성격·용도 면에서 차이 있는 재고자산 : 다른 단가결정방법 적용가능함.
🔍주의 K-IFRS에서는 후입선출법을 인정하지 않음.

상대적 크기	기말재고·당기순이익	•선입선출법 > 이동평균법 ≧ 총평균법	
	매출원가	•선입선출법 < 이동평균법 ≦ 총평균법	
	현금흐름(보유현금)	법인세가 없을 때	•각 방법 동일 ▶ ∵세금유출이 모두 없음.
		법인세가 있을 때	•선입선출법 ⟨ 가중평균법 ▶ ∵FIFO의 세금유출이 큼.

FINAL 객관식뽀개기   기출 & 적중문제

1. 다음 중 재고자산평가에 관한 설명으로 가장 올바른 것은?

① 재고수량 결정방법을 계속기록법에서 실지재고조사법으로 변경하면 장부상의 재고수량은 수시로 파악 가능하게 된다.

② 물가가 지속적으로 상승하고, 기초 수량보다 기말수량이 많은 경우 평균법보다 선입선출법을 사용할 때의 당기순이익이 더 크다.

③ 재고자산의 단위원가는 개별법, 선입선출법, 후입선출법 및 가중평균법을 사용하여 결정한다.

④ 선입선출법하에서 실지재고조사법과 계속기록법에 의한 기말재고자산 금액은 다르게 측정된다.

◉ 내비게이션

• ① 재고수량을 수시로 파악가능한 것은 계속기록법이다.
  ③ K-IFRS에서는 후입선출법이 인정되지 않는다.
  ④ 선입선출법하에서 실지재고조사법과 계속기록법에 의한 기말재고자산 금액은 동일하다.

2. 지난 2년간 재고자산의 매입가격이 계속적으로 상승했을 경우, 기말재고의 평가에 있어서 이동평균법을 적용했을 경우와 총평균법을 적용했을 경우에 관한 다음 설명 중 가장 올바르지 않은 것은?

① 총평균법은 회계기간 단위로 품목별 총평균원가를 산출하는 방법이고, 이동평균법은 자산을 취득할 때마다 장부재고금액을 장부재고수량으로 나누어 평균단가를 산출하는 방법이다.

② 이동평균법을 적용할 때 기말재고금액이 보다 낮게 평가된다.

③ 총평균법을 적용할 때 기말재고금액이 보다 낮게 평가된다.

④ 이동평균법을 적용할 때 회계적 이익이 보다 높게 평가된다.

◉ 내비게이션

• 기말재고와 순이익 : 선입선출법 〉 이동평균법 ≧ 총평균법

3. (주)A는 재고자산에 대해 가중평균법을 적용하고 있다. 실지재고조사법 또는 계속기록법을 적용하였다고 가정할 경우, 다음 자료를 이용한 2월의 매출원가는 각각 얼마인가?

날짜	적요	수량	단가	금액
2. 1	기초	1,000개	10원	10,000원
2.10	매입	2,000개	11원	22,000원
2.20	매출	(2,000개)	?	?
2.25	매입	1,000개	12원	12,000원
2.28	기말	2,000개		

	실지재고조사법	계속기록법
①	22,000원	21,333원
②	21,000원	21,000원
③	21,000원	22,000원
④	23,000원	21,333원

◉ 내비게이션

• 실지재고조사법(총평균법)
  ① 평균단가 : (10,000+22,000+12,000) ÷ 4,000개 = 11
  ② 매출원가 : 2,000개x11 = 22,000
• 계속기록법(이동평균법)
  ① 2월 10일 현재 이동평균단가 :
    (1,000개x10+2,000개x11)÷3,000개 = 10.667
  ② 매출원가 : 2,000개x10.667 = 21,333

4. 매입에누리를 영업외수익으로 회계처리한 경우 나타나는 현상으로 틀린 것은?

① 매출총이익이 과소계상된다.

② 영업이익이 과소계상된다.

③ 법인세차감전이익이 과소계상된다.

④ 매출원가가 과대계상된다.

◉ 내비게이션

• 매입에누리를 영업외수익 처리시
  당기매입과대 → 매출원가과대 → 매출총이익과소 → 영업이익과소
  → 법인세차감전이익에 미치는 영향은 없다.

단기속성특강 제19강 — 재고자산감모손실과 평가손실

개요	기말재고장부원가 (장부수량x단위당원가)	기말재고실제원가 (실제수량x단위당원가)	기말재고시가 (실제수량x단위당시가)
	└── 감모손실 ──┘	└──── '평가손실' ────┘	

감모손실	감모손실	•장부상수량에 대한 취득원가 – 실제수량에 대한 취득원가
	회계처리	•재고자산감모손실의 과목으로하여 당기비용으로 처리하거나 매출원가로 처리 (차) 재고자산감모손실(매출원가)　　　xxx　　　(대) 재고자산　　　xxx
	저자주 문제에서 '원가성이 있다(정상감모)'는 단서가 주어지면 매출원가로 처리합니다!	

평가손실	저가법	•시가하락시 평가손실은 인식하나, 평가이익은 인식치 않는 방법('보수주의') •항목별 또는 유사항목을 통합하여 저가법 적용함. ▶ ◯주의 총액기준은 적용불가!
	적용사유	•다음의 경우 순실현가능가치로 감액하는 저가법을 적용함. ① 물리적으로 손상된 경우　　② 완전히 또는 부분적으로 진부화된 경우 ③ 판매가격이 하락한 경우　　④ 완성하거나 판매하는 데 필요한 원가가 상승한 경우
	적용시가		일반적인 경우	순실현가능가치	•판매로 실현을 기대하는 순매각금액 ▶ 즉, '예상판매금액-추가예상원가와 판매비용'
		원재료	현행대체원가	•현재 매입하거나 재생산하는데 소요되는 금액
		확정판매계약	① 계약분 : 계약금액　② 계약초과분 : 일반판매가격	
		◯주의 완성될 제품이 원가이상으로 판매예상하는 경우에는 그 생산에 투입하기 위해 보유하는 원재료를 감액하지 않음.(즉, 평가손실을 인식하지 않음.) 그러나 원재료 가격이 하락하여('하락하고'를 잘못 번역함) 제품의 원가가 순실현가능가치를 초과할 것으로 예상된다면 해당 원재료를 순실현가능가치로 감액함.		
	회계처리	•재고자산평가손실의 과목으로 하여 당기비용으로 처리하거나 매출원가로 처리 (차) 재고자산평가손실(매출원가) xxx　　(대) 재고자산평가충당금(재고자산차감) xxx		
	기초재고+당기매입=매출원가(구)+평가손실+정상감모손실+비정상감모손실+기말재고[*] '매출원가(신)' → [*]기말재고 : 감모/평가손/조정액 반영후 금액			

사례 ■ 감모손실과 평가손실 회계처리

❖ 기초상품은 ₩600,000, 당기매입은 ₩2,800,000, 장부상 기말상품은 2,000개(단가 @400), 실제 기말상품 1,800개(단가 순실현가능가치 @360)이다.(감모손실, 평가손실은 매출원가처리함)

풀이

매출원가 산정분개	(차) 매출원가	600,000	(대) 상품(기초)	600,000
	매출원가	2,800,000	매입	2,800,000
	상품(기말)	800,000[1]	매출원가	800,000
감모손실	(차) 재고자산감모손실(매출원가)	80,000[2]	(대) 상품	80,000
평가손실	(차) 재고자산평가손실(매출원가)	72,000[3]	(대) 재고자산평가충당금	72,000

[1]2,000개x@400=800,000　[2](2,000개-1,800개)x@400=80,000　[3]1,800개x(@400-@360)=72,000

FINAL 객관식뽀개기

기출 & 적중문제

1. 다음은 당기말 현재 상품의 재고현황이다. 상품재고를 다음 연도로 이월하여 정상가격으로 판매하기가 곤란하다고 판단하였다. 상품의 순실현가능가치는 6,100,000원일 때 이 상품에 대한 재고자산평가손실로 인식할 금액은 얼마인가?

장부수량	850개
장부금액	6,800,000원
실사수량	800개

① 0원 ② 300,000원
③ 400,000원 ④ 700,000원

🔘 **내비게이션**

•800개 × $\frac{6,800,000}{850개}$ − 6,100,000 = 300,000

2. 다음은 ㈜A의 매출원가와 관련된 자료이다. ㈜A의 20x2년 포괄손익계산서에 계상될 매출원가는 얼마인가?(단, 재고자산평가손실은 재고자산의 진부화로 인하여 발생한 것으로 매출원가로 처리한다.)?

– 20x2년 판매가능상품(=기초재고자산+당기매입액) 450,000원
– 20x2년 재고자산평가손실 20,000원
– 20x2년말 재고자산(평가손실 차감후) 90,000원

① 340,000원 ② 350,000원
③ 360,000원 ④ 370,000원

🔘 **내비게이션**

•450,000 = x + 90,000
→ x = 360,000

3. ㈜A의 재고자산과 관련하여 20x1년 포괄손익계산서에 비용으로 계상될 금액은 얼마인가(단, 기말재고자산 장부수량과 실사수량은 일치한다)?

ㄱ. 20x1년 판매가능상품 : 450,000원
ㄴ. 20x1년 기말재고자산 장부금액(재고자산평가손실 차감 전) : 130,000원
ㄷ. 기말재고자산의 예상판매가격 : 150,000원
ㄹ. 기말재고자산의 예상판매비용 : 60,000원

① 320,000원 ② 340,000원
③ 360,000원 ④ 380,000원

🔘 **내비게이션**

•매출원가(구) : 450,000 − 130,000 = 320,000
•재고자산평가손실 : 130,000 − (150,000 − 60,000) = 40,000

4. 다음 중 재고자산에 대한 설명으로 가장 올바르지 않은 것은?

① 재고자산에 대해서는 저가법을 적용할 수 없다.
② 매입할인 및 리베이트는 매입원가를 결정할 때 차감한다.
③ 재고자산의 전환원가는 직접노무원가 등 생산과 직접 관련된 원가를 포함한다.
④ 재고자산의 매입원가는 매입가격에 매입운임, 하역료 등 취득과 직접 관련된 기타원가를 가산한 금액이다.

🔘 **내비게이션**

•저가법 적용을 강제하고 있다.

5. 재고자산에 대한 저가법의 적용은 항목별(종목기준)로 적용하거나 서로 유사한 항목을 통합하여 조별기준으로 적용 할수 있다. 다음의 20x1년말 재고자산 자료에 의해 종목기준과 조별기준에 의한 재고자산평가손실을 각각 구하면 얼마인가?

종류	원 가	현행대체원가	순실현가능가치
원재료	150,000원	120,000원	130,000원
재공품	30,000원	10,000원	40,000원
제품	220,000원	160,000원	190,000원
상품	130,000원	100,000원	110,000원

	종목기준	조별기준
①	80,000원	70,000원
②	70,000원	70,000원
③	70,000원	75,000원
④	70,000원	85,500원

🔘 **내비게이션**

•원재료는 현행대체원가로 저가법을 적용하며, 그 외는 순실현가능가치로 적용한다.
•종목기준 재고자산평가손실
 원재료 : 150,000 − 120,000 = 30,000
 재공품 :   −
 제 품 : 220,000 − 190,000 = 30,000
 상 품 : 130,000 − 110,000 = <u>20,000</u>
                   80,000
•조별기준 재고자산평가손실
 원재료·재공품·제품 :
 (150,000 + 30,000 + 220,000) − (120,000 + 40,000 + 190,000) = 50,000
 상 품 : 130,000 − 110,000   = <u>20,000</u>
                          70,000

단기속성특강 제20강 — 재고자산원가의 추정 : 매출총이익률법

매출 총이익률법	개요		•회계기준상으로 인정된 방법은 아니지만, 실무적으로 매출총이익률을 사용하여 재고자산금액을 추정하는 방법으로 천재, 지변, 도난, 화재등으로 인한 재고손실액을 계산하기 위해 주로 사용됨.
	산식적용	매출총이익률이 주어질때	•매출총이익률 $= \dfrac{매출총이익}{매출액}$ $= \dfrac{매출액 - 매출원가}{매출액}$ $= 1 - \dfrac{매출원가}{매출액}$ ▶ ∴ 매출원가 = 매출액 × (1 - 매출총이익률)
		원가가산이익률(=원가대비매출총이익률)이 주어질때	•매출원가 + 매출원가 × 원가가산이익률 = 매출액 ▶ 원가가산이익률 $= \dfrac{매출총이익}{매출원가}$ ▶ ∴ 매출원가 $= \dfrac{매출액}{1 + 원가가산이익률}$
	계산절차	매출원가계산	•매출원가 = 매출액 × (1 - 매출총이익률) •매출원가 $= \dfrac{매출액}{1 + 원가가산이익률}$ ▶ ∴ 기말재고 = (기초 + 당기매입) - 매출원가
		화재손실액계산	•화재손실액 = 기말재고 - 화재후 파손품평가액

사례 ■ 천재·지변 재고자산손실액 계산

❂ (주)피박은 전자제품유통을 주업으로 하고 있는 회사로 20x1년 9월 22일 태풍으로 인하여 상품을 보관중인 창고가 피해를 입게 되었다. 재해로 인하여 보유중인 모든 전자제품이 피해를 입었으며, 동 전자제품을 모두 처분하는 경우 처분가치는 220,000원이다.
피해일 현재, 일본으로부터 목적지(도착지) 인도조건으로 매입 중인 운송상품 270,000원이 있다.
(주)피박의 재고자산과 관련된 자료들은 다음과 같으며, 회사의 매출총이익률이 35%라고 할 경우 (주)피박이 태풍으로 인하여 피해를 입은 금액을 추정하면 얼마인지 계산하시오.

적용사례

(1) 계정과목 잔액   20x1년 1월 1일   20x1년 9월 22일
     상품   150,000원   ?

(2) 20x1년 1월 1일부터 20x1년 9월 22일까지 발생한 거래
     매출액 : ₩8,630,000
     매입액 : ₩6,980,000

 풀이

• 매출원가 : 8,630,000 × (1 - 35%) = 5,609,500

• 기말재고 : 150,000 + 6,980,000 - 5,609,500 = 1,520,500

• 태풍피해금액(재고자산손실액) : 1,520,500 - 220,000 = 1,300,500

FINAL 객관식뽀개기

기출&적중문제

1. (주)A의 매출총이익률은 30%이며, 매출은 외상매출과 현금매출로만 이루어진다고 할 때 20x1년 당기 외상매출금과 외상매출금 잔액은 각각 얼마인가?

기초외상매출금	800,000원
20x1년 외상매출금회수액	2,300,000원
20x1년 외상매출금 대손발생액	200,000원
20x1년 현금매출액	700,000원
20x1년 기초상품재고액	1,200,000원
20x1년 기말상품재고액	1,100,000원
20x1년 당기상품매입액	3,400,000원

	당기외상매출금	당기말 외상매출금잔액
①	5,000,000원	3,000,000원
②	4,800,000원	2,800,000원
③	4,500,000원	2,700,000원
④	4,300,000원	2,600,000원

🧭 내비게이션

- 매출원가=1,200,000+3,400,000-1,100,000=3,500,000
- 매출원가(3,500,000) = 매출액×[1 - 매출총이익률(30%)]에서, 매출액=5,000,000
- 매출액(5,000,000)= 당기현금매출액(700,000)+당기외상매출금, 따라서, 당기외상매출금=4,300,000
- 외상매출금잔액 = 기초외상매출금+당기외상매출금 - 외상매출금회수액 - 대손발생액
  → 800,000+4,300,000-2,300,000-200,000=2,600,000

2. (주)A는 20x1년 3월 31일에 창고화재로 재고자산의 80%가 소실되었다. 다음은 관련 자료이다. (주)A는 화재손실을 모두 보상받을 수 있는 보험에 가입하고 있으며 피해액을 보고하여야 한다. (주)A의 20x1년 3월 31일 현재, 화재로 소실된 재고금액을 2월의 매출총이익률을 적용하여 추정하면 얼마인가?

	2월	3월
매출액	400,000원	300,000원
월초재고	80,000원	60,000원
당월매입	240,000원	180,000원
월말재고	60,000원	?

① 36,000원　　　　　② 39,000원
③ 45,000원　　　　　④ 52,000원

🧭 내비게이션

- 2월 매출총이익률
  매출원가 : 80,000+240,000-60,000=260,000
  매출총이익률 = $\frac{400,000-260,000}{400,000}$ =35%
- 3월 기말재고(화재발생일) : 60,000+180,000-300,000×(1-35%) =45,000
- 화재소실 재고 : 45,000×80%=36,000

3. 10월 31일 화재로 인한 (주)A의 손상된 재고자산의 처분가치는 150,000원이다. (주)A는 모든 판매와 구매를 외상으로 하고 있다. (주)A의 당해 회계연도 회계자료 중 일부는 다음과 같다. 매출총이익률이 30%라고 할 때 화재로 인한 재고손실은 얼마인가?

(1)

	1월 1일	10월 31일
재고자산	600,000원	?
매출채권	2,500,000원	2,900,000원

(2) 1월 1일부터 10월 31일까지 발생한 거래

매출채권 현금회수액	9,000,000원
매 입 액	8,200,000원
매입할인	200,000원

(3) 10월 31일 현재 F.O.B. 선적지조건으로 매입하여 운송 중인 상품 20,000원이 있다.

① 1,870,000원　　　② 1,850,000원
③ 1,290,000원　　　④ 2,020,000원

🧭 내비게이션

- 매출액 계산

발생주의 매출액	X
매출채권 증가	(400,000)
현금주의 매출액	9,000,000

  ∴ X=9,400,000
- 매출원가 계산
  9,400,000×(1 - 30%)=6,580,000
- 선적지조건 미착상품은 회계처리상 매입액에 이미 포함되어 있음.
- 기말재고(화재시점) 계산
  600,000+(8,200,000-200,000)-6,580,000=2,020,000
- 화재로 인한 재고손실
  2,020,000 - 20,000 - 150,000=1,850,000

단기속성특강 제21강		유형자산의 인식

유형자산 의의	정의	•재화(용역)의 생산(제공), 타인에 대한 임대, 관리활동에 사용할 목적으로 보유하는 물리적 형태 가 있는 자산으로서 한 보고기간을 초과하여 사용할 것이 예상되는 자산 **비교** 임대수익·시세차익목적으로 보유하는 부동산은 별도로 투자부동산으로 분류
	인식기준	① 미래경제적효익의 높은 유입가능성 ② 신뢰성 있는 측정가능성
	인식관련 특수사례	**예비부품** •유형자산 정의를 충족하면 유형자산에 따라 인식함. ▶ 그렇지 않으면 재고자산으로 분류함. **규제취득** •안전·환경상의 이유로 취득하는 유형자산은 효익은 없으나 다른 관련자산의 효 익을 얻을 수 있게 하므로 자산으로 인식 가능함. ▶ 예 화학제품 제조업체가 위험한 화학물질의 생산과 저장에 관한 환경규제요건 을 충족하기 위하여 새로운 화학처리공정설비를 설치하는 경우, 이러한 설 비 없이는 화학제품을 제조 및 판매할 수 없기 때문에 관련증설원가를 자산 으로 인식함.
유형자산 특징	사용목적보유	•판매목적인 재고자산이나 임대수익·시세차익목적인 투자부동산과 구별됨.
	물리적형태	•특허권과 같은 무형자산과 구별됨.
	감가상각	•수익·비용대응에 따라 그 소모된 경제적효익을 감가상각비로 인식함. ℚ주의 토지와 건설중인 자산 : 감가상각 대상이 아님.
최초원가	최초원가	•인식시점의 원가로 측정함.
	인식시점 원가	•지급한 현금 또는 현금성자산이나 제공한 기타 대가의 공정가치를 말함.
후속원가	수선·유지	•일상적인 수선·유지 관련원가는 발생시점에 당기손익으로 인식함.
	정기교체	**사례** 용광로의 내화벽돌 교체, 항공기의 좌석 등 내부설비 교체 •인식기준을 충족하는 경우에는 해당 유형자산의 장부금액에 포함하여 인식하고, 대체되는 부분 의 장부금액은 제거함.
	종합검사	**사례** 항공기의 결함에 대한 정기적인 종합검사 •인식기준을 충족하는 경우에는 해당 유형자산의 장부금액에 포함하여 인식하고, 직전 종합검사 에서의 원가와 관련되어 남아 있는 장부금액을 제거함. ℚ주의 해당 유형자산을 매입·건설할 때 종합검사와 관련된 원가를 분리하여 인식하였는지 여부와 관계없이 위와 같이 회계처리함.

정기교체 분개:

신부품대체	(차) 유형자산	xxx	(대) 현금	xxx
구부품제거	(차) 감가상각누계액	xxx	(대) 유형자산	xxx
	처분손실	xxx		

FINAL 객관식뽀개기

기출 & 적중문제

1. 다음 중 유형자산으로 인식하기 위하여 필요한 조건이 아닌 것은?

① 개별적으로 취득한 자산이어야 한다.
② 자산으로부터 발생하는 미래의 경제적 효익이 기업에 유입될 가능성이 높아야 한다.
③ 자산의 원가를 신뢰성있게 측정할 수 있어야 한다.
④ 자산의 물리적 실체는 없지만 식별가능해야 한다.

📍 **내비게이션**

• 유형자산은 물리적 형태가 있어야 하며, 이러한 점에서 물리적 형태가 없는 무형자산과 구별된다.

2. 다음은 (주)A의 김대리와 이대리의 대화이다. 보기 중 대화의 주제인 기계장치 주요부품의 교체에 대한 설명으로 가장 올바르지 않은 것은?

> 김대리 : 이대리님, 올해 초에 우리공장에서 사용중인 기계장치 주요 부품의 교체에 대한 지출은 대리님께서 회계처리 하셨나요?
> 이대리 : 네, 무슨 문제라도 있나요?
> 김대리 : 기계장치의 일부를 대체하기 위해 돈이 지출되었는데 해당 금액을 기계장치의 장부금액으로 회계처리 하였다고 들어요.
> 이대리 : 이번 지출은 유형자산의 인식기준을 충족하였기 때문에 기계장치의 장부금액에 포함하여 인식하는 것이 회계원칙에 부합한다고 하네요.

① 동 지출을 기계장치의 장부금액에 포함하여 인식한 회계처리는 올바르며 대체되는 부분의 장부금액은 제거한다.
② 유형자산의 인식기준 충족여부와 상관없이 동 지출은 발생시점에 비용으로 인식한다.
③ 동 지출은 (주)삼일의 당기손익에 영향을 미친다.
④ 대체되는 부분의 장부금액 제거 여부는 그 부분을 별도로 인식하였는지 여부와는 관계가 없다.

📍 **내비게이션**

• 유형자산의 인식기준 충족여부에 따라 장부금액에 포함하거나 발생시점에 비용으로 인식한다.
• 동 지출은 장부금액에 포함되어 감가상각비를 계상하게 되므로 (주)A의 당기손익에 영향을 미친다.

3. 유형자산의 인식에 대한 설명이다. 가장 타당한 것은 어느 것인가?

① 일상적인 수선·유지와 관련하여 발생하는 원가는 해당 유형자산의 장부금액에 포함하여 인식한다.
② 중요한 예비부품과 대기성 장비는 한 회계기간 이상 사용할 것으로 예상되는 경우에도 이를 재고자산으로 분류한다.
③ 해당 유형자산을 매입하거나 건설할 때 종합검사와 관련된 원가를 분리하지 않았다면 정기적인 종합검사과정에서 발생하는 원가가 인식기준을 충족한다 하여도 종합검사과정에서의 원가와 관련되어 남아있는 장부금액을 제거하지 아니한다.
④ 안전 또는 환경상의 이유로 취득하는 유형자산도 자산으로 인식할 수 있다.

📍 **내비게이션**

• ① 일상적인 수선·유지와 관련하여 발생하는 원가는 해당 유형자산의 장부금액에 포함하여 인식하지 않고 발생시점에 당기손익으로 인식한다.
• ② 유형자산 정의를 충족하면 유형자산에 따라 인식하며, 그렇지 않으면 재고자산으로 분류한다.
• ③ 종합검사관련 원가를 분리인식하였는지 여부에 관계없이 직전에 이루어진 종합검사에서의 원가와 관련되어 남아 있는 장부금액을 제거한다.
• ④ 안전 또는 환경상의 이유로 취득하는 유형자산은 그 자체로는 직접적인 미래경제적효익을 얻을 수 없지만, 다른 자산에서 미래경제적효익을 얻기 위하여 필요할 수 있다. 이러한 유형자산은 당해 유형자산을 취득하지 않았을 경우보다 관련 자산으로부터 미래경제적효익을 더 많이 얻을 수 있게 해주기 때문에 자산으로 인식할 수 있다.

ANSWER 1. ④ 2. ② 3. ④

단기속성특강 제22강	유형자산 원가구성

취득원가	범위	• 유형자산의 원가에는 당해 유형자산을 사용가능한 상태에 이르게 할 때까지 발생한 모든 지출이 포함됨.
	원가항목	① 취득시의 취득세, 등록세 ② 구입시 중개수수료, 보험료 ③ 기계장치의 시운전비 ④ 취득시 대납조건의 체납재산세 　🔎주의 취득 후 발생하는 보유 자산에 대한 재산세, 자동차세는 비용처리함.
원가구성	포함항목	① 관세 및 환급불가능한 취득 관련 세금을 가산하고 매입할인과 리베이트 등을 차감한 구입가격 ② 경영진이 의도하는 방식으로 유형자산을 가동하는데 필요한 장소와 상태에 이르게 하는데 직접 관련되는 다음과 같은 원가 ㄱ 유형자산의 매입 또는 건설과 직접적으로 관련되어 발생한 종업원급여 ㄴ 설치장소 준비원가 ㄷ 최초의 운송 및 취급 관련 원가 ㄹ 설치원가 및 조립원가 ㅁ 유형자산이 정상적 작동여부를 시험하는 과정에서 발생하는 원가 　**비교** 시제품 순매각금액 　　ㄱ 일반기업회계기준 : 원가차감 ㄴ K-IFRS : 당기손익 ㅂ 전문가에게 지급하는 수수료 ③ 자산을 해체, 제거, 복구하는데 소요될 것으로 최초에 추정되는 원가(=복구원가) **참고** 복구원가 회계처리 • 취득가 1,000, 1년 후 실제복구비용 100(현재가치 80)

- (차) 건물	1,080	(대) 현금	1,000
		복구충당부채	80
- (차) 감가상각비	1,080	(대) 감가상각누계액	1,080
전입액(비용)	20	복구충당부채	20
- (차) 복구충당부채	100	현금	100

	불포함항목	① 새로운 시설을 개설하는 데 소요되는 원가 ② 새로운 상품과 서비스를 소개하는 데 소요되는 원가 　▶예 광고 및 판촉활동관련 원가 ③ 새로운 지역에서 또는 새로운 고객층을 대상으로 영업을 하는 데 소요되는 원가 　▶예 직원 교육훈련비 ④ 관리 및 기타 일반간접원가 ⑤ 유형자산이 경영진이 의도하는 방식으로 가동될 수 있으나 아직 실제로 사용되지는 않고 있는 경우 또는 가동수준이 완전조업도 수준에 미치지 못하는 경우에 발생하는 원가 ⑥ 유형자산과 관련된 산출물에 대한 수요가 형성되는 과정에서 발생하는 가동손실과 같은 초기 가동손실 ⑦ 기업의 영업 전부 또는 일부를 재배치하거나 재편성하는 과정에서 발생하는 원가 ⑧ 부수 영업활동 손익 　▶예 건설이 시작되기 전에 건설용지를 주차장 용도로 사용함에 따라 수익이 획득될 수 있으며, 관련 수익과 비용은 당기손익으로 인식

FINAL 객관식뽀개기

기출 & 적중문제

1. 다음 중 유형자산의 취득원가에 포함되는 요소만 바르게 짝지은 것은?

> ㄱ. 설치장소 준비를 위한 지출
> ㄴ. 최초의 운송 및 취급관련 원가
> ㄷ. 보유중인 건물에 대하여 부과되는 재산세
> ㄹ. 취득세
> ㅁ. 매입할인

① ㄱ, ㄴ
② ㄱ, ㄴ, ㄷ
③ ㄱ, ㄴ, ㄹ
④ ㄱ, ㄴ, ㄷ, ㄹ, ㅁ

내비게이션

• 보유중인 건물에 부과되는 재산세는 세금과공과(당기비용)이며, 매입할인은 차감계정이다.

2. (주)A의 재무상태표에 유형자산으로 표시되는 기계장치의 취득원가는 얼마인가?

기계장치의 취득과 관련하여 발생한 비용 금액	금액
취득금액	750,000,000원
경영진이 의도하는 방식으로 가동하는데 필요한 장소와 상태에 이르게 하는데 직접 관련되는 원가	7,000,000원
광고 및 판촉활동비	22,000,000원
직원 교육훈련비	13,000,000원
합계	792,000,000원

① 750,000,000원
② 757,000,000원
③ 777,000,000원
④ 790,000,000원

내비게이션

• 750,000,000+7,000,000=757,000,000
*광고 및 판촉활동비와 직원 교육훈련비는 비용처리된다.

3. 다음은 유형자산에 대한 설명이다. 가장 옳은 설명은 어느 것인가?

① 예비부품과 수선용구는 특정 유형자산에만 연계되어 사용될 수 있다 해도 재고자산으로 분류한다.
② 화학제품 제조업체가 위험한 화학물질의 생산과 저장에 관한 환경규제 요건을 충족하기 위하여 새로운 화학처리공정설비를 설치하는 경우에는 관련증설원가를 자산으로 인식한다.
③ 건설이 시작되기 전에 건설용지를 주차장 용도로 사용함에 따라 수익이 획득될 수 있다. 그러한 수익과 관련 비용은 당기손익으로 인식하고 건설중인 자산의 원가로부터 차감한다.
④ 유형자산을 취득한 후 자산의 보유에 따라 발생하는 재산세나 자동차세도 유형자산의 취득원가에 포함한다.

내비게이션

• ① 유형자산의 정의를 충족하면 유형자산에 따라 인식하며, 그렇지 않으면 재고자산으로 분류한다.
• ③ 건설이 시작되기 전에 건설용지를 주차장 용도로 사용함에 따라 수익이 획득될 수 있다. 이러한 부수적인 영업활동은 유형자산을 경영진이 의도하는 방식으로 가동하는 데 필요한 장소와 상태에 이르게 하기 위해 필요한 활동이 아니므로 관련 수익과 비용을 당기손익으로 인식하고 각각 수익과 비용항목으로 구분하여 표시한다.
• ④ 보유관련 세금과공과는 비용처리한다.

4. 다음의 자산·부채 평가방법으로 가장 타당하지 않은 것은 무엇인가?

① 외부에서 구입한 유형자산의 취득원가에는 관세 및 환급불가능한 취득 관련 세금을 차감하고 리베이트 등을 가산한다.
② 교환거래에 상업적 실질이 결여된 경우 교환거래에서 취득한 유형자산의 취득원가는 교환으로 제공된 유형자산의 장부금액으로 한다.
③ 경영진이 의도하는 방식으로 자산을 가동하는 데 필요한 장소와 상태에 이르게 하는데 직접 관련되는 원가는 유형자산의 취득원가에 가산한다.
④ 재고자산을 저가법으로 평가하는 경우 제품, 상품, 재공품은 취득원가와 순실현가능가치 중 작은 금액으로 평가한다.

내비게이션

• 관세 및 환급불가능한 취득 관련 세금을 가산하고 매입할인과 리베이트 등을 차감한다.

단기속성특강 제23강   유형자산원가 세부고찰

토지원가	기본원가구성	•구입가격+취·등록세, 중개수수료, 법률비용 등+구획정리비용+하수종말처리장분담금 🔍주의 보유세인 재산세는 당기비용 처리하나, 재산세가 체납된 토지를 구입하면서 대납한 체납재산세는 토지의 원가에 포함함.
	강제매입국공채	•토지등기를 위해 지방정부로부터 국공채를 불가피하게 공정가치 이상으로 취득하는 경우 취득금액과 공정가치(현재가치)와의 차액을 토지의 취득원가에 가산함. (차) 토지(구입가) 500 (대) 현금 500 (차) 유가증권(공정가치) 90 (대) 현금(취득금액) 100 토지(차액) 10 ▶ ∴토지원가=510
	배수공사비 등	**배수공사비용 / 조경공사비용** — 내용연수가 영구적 → •토지원가에 포함. 내용연수가 비영구적 → •구축물 등으로 인식하고 감가상각 **진입도로공사비 / 상하수도공사비** — 국가 등이 유지관리 → •토지원가에 포함. 회사가 유지관리 → •구축물 등으로 인식하고 감가상각
일괄구입	모두 사용목적	•개별자산의 공정가치비율로 안분하여 원가를 산정함. ▶ 공통부대원가가 아닌 취·등록세와 같은 개별비용은 각각 개별적으로 배분함. **예시** 토지(공정가치 400)와 건물(공정가치 100)을 일괄하여 200에 구입함. →토지 : 200×400/500=160, 건물 : 200×100/500=40 •건물을 업무에 사용하고 감가상각도 하던 중 사용중인 건물을 철거하고 새로운 건물을 신축하는 경우 → 기존 건물의 장부금액과 철거비용은 당기비용(처분손실)처리 (차) 처분손실 xxx (대) 건물(장부금액) xxx (차) 처분손실(철거비용) xxx (대) 현금 xxx
	토지만 사용목적	•새 건물을 신축할 목적으로 기존 건물이 있는 토지를 구입하여 기존건물을 철거하고 새 건물을 신축하는 경우 → 건물철거비용(폐자재처분수입은 차감, 폐자재처리비용은 가산)은 토지취득원가로 처리 🔍주의 이 경우는 일괄구입이 아니므로 '기존건물 취득원가=0' 이며, 토지취득원가 = 총일괄구입가 + 건물철거비용 등
정부보조금	개요	•정부보조금을 수령하여 유형자산을 취득시 정부보조금은 재무상태표에 자산에서 차감(자산차감법)하거나 이연수익(이연수익법)으로 표시하는 방법 중 한 가지 방법을 선택가능함. •자산차감법의 경우 유형자산의 장부금액은 정부보조금만큼 차감된 후의 금액임.

	회계처리	**자산차감법**
		(차) 자산 xxx (대) 현금 xxx
		    현금 xxx 보조금(자산차감) xxx
		(차) 감가상각비 xxx (대) 감가상각누계액 xxx
		    보조금 xxx 감가상각비 xxx
		
		이연수익법
		(차) 자산 xxx (대) 현금 xxx
		    현금 xxx 이연수익(부채) xxx
		(차) 감가상각비 xxx (대) 감가상각누계액 xxx
		    이연수익 xxx 보조금수익 xxx
		
		보론 수익관련보조금 : 이연수익(부채) 처리후 비용과 상계 또는 수익에 가산함.

기타	할부구입	•현재가치할인차금은 유효이자율법을 적용하여 이자비용을 인식함.
	현물출자	•당해 자산의 공정가치로 하되 측정불가시는 발행주식의 공정가치로 함.
	무상취득(증여)	•공정가치를 취득원가로 하고 자산수증이익(당기손익)을 인식함.

FINAL 객관식뽀개기

기출 & 적중문제

1. 회사가 정부보조금으로 유형자산을 취득할 경우 이와 관련되는 설명으로 옳지 않은 것은?

① 유형자산의 취득원가는 원가로 측정한다.
② 정부보조금은 관련 자산에서 차감하는 방법으로 처리한다.
③ 관련 자산에서 차감시 유형자산의 장부금액은 정부보조금만큼 차감된 후의 금액이다.
④ 관련 자산에서 차감시 감가상각비를 계산할 때에는 취득한 자산의 내용연수에 걸쳐 정부보조금과 감가상각비를 상계한다.

📍 **내비게이션**

• 정부보조금은 재무상태표에 이연수익으로 표시하거나, 관련 자산에서 차감하는 방법 중 한 가지 방법을 선택할 수 있음.

2. 당기 중에 공장건설용 토지를 구입하면서 다음과 같은 지출이 이루어진 경우 토지의 취득가액은 얼마인가?

• 토지 취득대금	30,000,000원
• 토지상의 구건물 철거비용	3,700,000원
• 구건물 철거시 철골자재등 매각대금	2,100,000원
• 토지 취득세,등록세	1,400,000원
• 토지 재산세	450,000원

① 30,000,000원　　② 33,000,000원
③ 33,450,000원　　④ 35,100,000원

📍 **내비게이션**

• 새 건물을 신축할 목적으로 기존 건물이 있는 토지를 구입하여 기존 건물을 철거하고 새 건물 신축하는 경우 건물철거비용(잔존폐물수익차감)은 토지취득원가로 처리한다. 즉, 이 경우는 일괄구입이 아니므로 '기존 건물 취득원가=0' 이며,
　→∴토지취득원가
　　= 총구입가 + 건물철거비용(잔존폐물수익차감) + 취득부대비용
　　= 30,000,000 + 3,700,000 - 2,100,000 + 1,400,000
　　= 33,000,000
* 자산의 취득이 아닌 보유와 관련된 재산세는 비용(세금과공과)으로 처리된다.

3. 다음은 유형자산의 취득원가와 관련한 설명이다. 가장 타당하지 않은 설명은 어느 것인가?

① 토지와 건물을 일괄구입한 경우에는 각각의 장부가액비율로 안분계산한다.
② 토지취득 후 이루어지는 조경공사 등은 회사측에 유지보수책임이 있는 경우에 구축물로 처리한다.
③ 무상으로 취득한 유형자산은 그 공정가치를 취득원가로 하고 자산수증이익을 인식한다.
④ 토지조경 및 배수로 설치 등과 같이 거의 영구적으로 용역잠재력을 제공받을 수 있는 시설에 투입된 원가나, 정부관리하의 도로 포장 및 가로등에 투입된 원가 중 토지구매자가 직접 구매하는 부분은 모두 토지계정에 산입한다.

📍 **내비게이션**

• 장부가액비율(X) → 공정가치비율(O)

4. (주)A는 20×1년초 토지를 구입하여, 구입한 토지에 있던 구건물을 철거하고 20×1년 11월 1일에 새 건물을 완공하였다. 발생한 지출이 다음과 같을 때 토지와 신건물의 원가는 각각 얼마로 기록되어야 하는가?

일자	지출내역	금액
1/1	토지·건물 구입대금	155,000원
2/1	구건물의 철거비용	21,250원
3/1	구건물 철거시 폐자재 판매수익	5,000원
4/1	토지등기비와 취득세	1,370원
4/9	신건물취득과 관련된 법률비용	1,000원
5/1	보험료(2년분 선납액)	9,000원
6/1	신건물 관련 인건비	7,500원
11/1	신건물 공사비	90,000원

	토지	건물
①	172,620원	100,750원
②	160,300원	112,350원
③	186,300원	128,000원
④	196,420원	136,200원

📍 **내비게이션**

• 토지 : 155,000+(21,250-5,000)+1,370=172,620
• 건물 : $1,000+9,000\times\frac{6}{24}+7,500+90,000=100,750$

제1편
[단기속성특강] 재무회계

제2편
[단기속성특강] 세무회계

제3편
[단기속성특강] 원가관리회계

합본부록1
신유형기출문제

합본부록2
10개년/기출오답노트

🔖 **ANSWER** 1. ② 2. ② 3. ① 4. ①

단기속성특강 제24강 유형자산 교환취득

취득원가	상업적 실질	존재	❖원칙	•취득원가 = 제공자산공정가치±현금수수액
			❖취득자산 공정가치가 더 명백한 경우	•취득원가 = 취득자산공정가치
			❖취득자산과 제공자산의 공정가치를 신뢰성있게 측정할수 없는 경우	•취득원가 = 제공자산장부금액±현금수수액
		결여	•취득원가 = 제공자산장부금액±현금수수액	

🔲🔲 **사례** ■ **유형자산 교환시 취득원가 계산**

✪ A사(자산X)는 B사(자산Y)와 자산을 교환하였다. A사는 추가로 현금 ₩100 지급하였다.
 – 자산 X : 취득원가 ₩800, 감가상각누계액 ₩400, 공정가치 ₩300
 – 자산 Y : 취득원가 ₩1,000, 감가상각누계액 ₩800, 공정가치는 ₩400

✏️ **풀이**

회계처리

1. A사의 회계처리

	A사				
상업적실질O	(차) 자산(Y) 300 감가상각누계액(X) 400 처분손실 100 (차) 자산(Y) 100	(대) 자산(X) 800 (대) 현금 100		∴취득원가 ‖ 400	
상업적실질X	(차) 자산(Y) 400 감가상각누계액(X) 400 (차) 자산(Y) 100	(대) 자산(X) 800 (대) 현금 100		∴취득원가 ‖ 500	

2. B사의 회계처리

	B사				
상업적실질O	(차) 자산(X) 400 감가상각누계액(Y) 800 (차) 현금 100	(대) 자산(Y) 1,000 처분이익 200 (대) 자산(X) 100		∴취득원가 ‖ 300	
상업적실질X	(차) 자산(X) 200 감가상각누계액(Y) 800 (차) 현금 100	(대) 자산(Y) 1,000 (대) 자산(X) 100		∴취득원가 ‖ 100	

3. 상업적실질이 있으며 취득한 자산의 공정가치가 더 명백한 경우 A사의 회계처리

취득한 자산의 공정가치를 취득원가로 하며, 자산의 본질상 취득한 자산의 공정가치를 그대로 취득원가로 계상한다. 따라서, 현금수수액은 취득원가에 가감치 않는다.

	A사				
특수사례	(차) 자산(Y) 400 감가상각누계액(X) 400 처분손실 100	(대) 자산(X) 800 현금 100		∴취득원가 ‖ 400	

FINAL 객관식뽀개기 | 기출 & 적중문제

1. ㈜A는 사용 중이던 차량운반구를 ㈜B가 사용하던 기계장치와 교환하였다. 이 교환과 관련하여 ㈜A는 공정가치의 차액 300,000원을 현금으로 지급하였다. 이 경우 ㈜A가 인식해야 할 처분손익은 얼마인가(단, 동 교환거래는 상업적실질이 있다고 가정)?

	차량운반구	기계장치
취득원가	4,000,000원	5,000,000원
감가상각누계액	2,000,000원	2,500,000원
공정가치	2,700,000원	3,000,000원

① 유형자산처분이익 500,000원
② 유형자산처분이익 700,000원
③ 유형자산처분손실 500,000원
④ 유형자산처분손실 700,000원

내비게이션

•(차) 기계장치　　2,700,000　(대) 차량운반구　4,000,000
　감가상각누계액　2,000,000　　　처분이익　　　700,000
(차) 기계장치　　　300,000　(대) 현금　　　　　300,000

2. ㈜A는 사용하던 건설장비를 제공하고 동일기능의 신형 건설장비와 교체하였다. 사용하던 건설장비는 38,000,000원에 취득하였으며, 교체시점에서 감가상각누계액은 26,000,000원이고, 공정가치는 16,000,000원이다. 신형 건설장비의 판매가격은 17,000,000원이며 사용하던 건설장비의 공정가치를 인정받아 1,000,000원의 현금을 지급하고 신형 건설장비를 취득하였다. 상기의 교환거래에서 상업적실질이 있는 경우와 상업적실질이 없는 경우 ㈜A가 인식할 신형 건설장비의 취득원가는 각각 얼마인가?

	상업적실질이 있는 경우	상업적실질이 없는 경우
①	16,000,000원	12,000,000원
②	16,000,000원	13,000,000원
③	17,000,000원	12,000,000원
④	17,000,000원	13,000,000원

내비게이션

•상업적 실질이 있는 경우
　제공자산 공정가치　16,000,000
　현금지급액　　　　　1,000,000
　취득원가　　　　　　17,000,000
•상업적 실질이 없는 경우
　제공자산 장부금액　12,000,000
　현금지급액　　　　　1,000,000
　취득원가　　　　　　13,000,000

3. ㈜A는 사용하던 유형자산을 ㈜B의 유형자산과 교환하였다. 양사가 보유하던 유형자산의 장부금액과 공정가치는 다음과 같다. ㈜A는 유형자산을 교환하면서 현금 10,000원을 ㈜B에 지급하였다. 위 교환거래가 한국채택국제회계기준상 상업적 실질이 존재한다고 가정할 때 ㈜A가 본 거래와 관련하여 인식할 손익은 얼마인가?

	㈜A 유형자산	㈜B 유형자산
장부금액	54,000원	42,000원
공정가치	?	50,000원

① 손실 4,000원　　② 이익 4,000원
③ 손실 14,000원　④ 이익 14,000원

내비게이션

•취득원가는 제공한 자산의 공정가치로 측정한다. 다만, 취득한 자산의 공정가치가 제공한 자산의 공정가치보다 더 명백하다면 취득한 자산의 공정가치를 취득원가로 인식한다. 이 경우는 현금수수액을 취득원가에 가감하지 않는다.
•〈회계처리〉
(차) 자산(신)　　50,000　(대) 자산(구)　　54,000
　처분손실　　　14,000　　　현금　　　　10,000
* 위 문제에서 제공한 자산의 공정가치를 알 수 있으며, 그 금액이 30,000이라고 가정하면 다음과 같이 회계처리한다.(즉, 현금수수액을 취득원가에 가감한다.)
① 상업적 실질이 있는 경우
(차) 자산(신)　　30,000　(대) 자산(구)　　54,000
　처분손실　　　24,000
(차) 자산(신)　　10,000　(대) 현금　　　　10,000
② 상업적 실질이 없는 경우
(차) 자산(신)　　54,000　(대) 자산(구)　　54,000
(차) 자산(신)　　10,000　(대) 현금　　　　10,000

ANSWER 1. ② 2. ④ 3. ③

단기속성특강 제25강 　　　　　감가상각

감가상각 일반사항	감가상각의 본질	•감가상각은 자산의 평가과정(=가치감소분을 비용인식)이 아니라, 자산 사용으로 창출된 수익에 비용을 대응시키는 원가의 배분과정임.
	감가상각3요소	•취득원가, 잔존가치, 내용연수
	장부금액	•장부가액(미상각잔액) = 취득원가 – 감가상각누계액
	감가상각대상액	•감가상각대상액 = 취득원가 – 잔존가치
	상각방법	•예상 소비형태를 가장 잘 반영하는 방법에 따라 선택함 ▶ ∴정액법, 정률법, 생산량비례법 등 어떤 방법 사용해도 무방함. ▶ 감가상각방법의 변경은 회계추정의 변경으로 회계처리함.
	감가상각비	•당기손익으로 처리하되, 제조와 관련시는 제조원가(제품원가)로 처리함.

정액법	•감가상각대상액 × $\dfrac{1}{\text{내용연수}}$	정률법	•기초장부금액 × 상각률
이중체감법	•기초장부금액 × $\dfrac{2}{\text{내용연수}}$	연수합계법	•감가상각대상액 × $\dfrac{\text{연수의 역순}}{\text{내용연수의 합계}}$

보론 생산량(작업시간)비례법 : 감가상가대상액을 총예정생산량 대비 당기생산량에 비례하여 상각
　　▶ ∴수익·비용대응의 원칙에 가장 부합함.

 사례 ■ **감가상각방법별 감가상각비 계산**

✿ (주)마약팔이소녀는 20x1년 1월 1일에 내용연수 5년, 잔존가치 100,000원의 기계장치를 1,000,000원에 취득하였다. 20x1년과 20x2년의 감가상각비를 계산하라. 단, 정률법 상각률은 0.369이다.

✐풀이

감가상각비 계산	정액법	•20x1년 : (차) 감가상각비 180,000[1) (대) 감가상각누계액 180,000 •20x2년 : (차) 감가상각비 180,000[1) (대) 감가상각누계액 180,000 $^{1)}(1,000,000 - 100,000) \times 1/5 = 180,000$
	정률법	•20x1년 : (차) 감가상각비 369,000[1) (대) 감가상각누계액 369,000 •20x2년 : (차) 감가상각비 232,839[2) (대) 감가상각누계액 232,839 $^{1)} 1,000,000 \times 0.369 = 369,000$ $^{2)}(1,000,000 - 369,000) \times 0.369 = 232,839$
	연수합계법	•20x1년 : (차) 감가상각비 300,000[1) (대) 감가상각누계액 300,000 •20x2년 : (차) 감가상각비 240,000[2) (대) 감가상각누계액 240,000 $^{1)} (1,000,000 - 100,000) \times 5/(1+2+3+4+5) = 300,000$ $^{2)} (1,000,000 - 100,000) \times 4/(1+2+3+4+5) = 240,000$
	이중체감법	•20x1년 : (차) 감가상각비 400,000[1) (대) 감가상각누계액 400,000 •20x2년 : (차) 감가상각비 240,000[2) (대) 감가상각누계액 240,000 $^{1)} 1,000,000 \times 2/5 = 400,000$ $^{2)}(1,000,000 - 400,000) \times 2/5 = 240,000$

기중취득	•월할계산하여 감가상각비를 계상함. 예시 20x1년 7.1에 기계를 6,000에 취득.(정액법, 내용연수 5년, 잔존가치없음) →20x1년말 감가상각비 : $(6,000 \div 5\text{년}) \times \dfrac{6\text{개월}}{12\text{개월}} = 600$

FINAL 객관식뽀개기   기출 & 적중문제

1. 연수합계법으로 감가상각할 경우 20x3년 기말 결산시 계상될 감가상각비는?

기계장치 취득원가	: 10,000,000원
기계장치 잔존가치	: 500,000원
취득년월일	: 20x1년 1월 1일
내용연수	: 5년

① 1,900,000원   ② 2,000,000원
③ 1,800,000원   ④ 3,200,000원

◉ **내비게이션**

• $(10,000,000-500,000) \times \dfrac{3}{1+2+3+4+5} = 1,900,000$

2. 다음 중 20x2년도 (주)합격의 기계장치 A의 감가상각에 대한 설명으로 가장 올바른 것은?

(주)합격은 20x1년에 회사를 설립하고 기계장치 A를 구입하였다. 구입시점에는 동 기계장치를 10년 사용할 것으로 예상하였고 매년 균등하게 소비될 것이라 판단되어 10년의 내용연수를 적용하여 정액법으로 감가상각하였다. 그러나 예상보다 회사의 성장추세가 빨라 20x2년의 생산량이 20x1년 대비 80%이상 늘어났으며, 20x3년의 생산량도 20x2년 대비 100% 이상 늘어날 것으로 예상된다. 이에 따라 기계장치 A의 마모나 손상이 기존 예측치보다 빠르게 진행될 것으로 판단되어 내용연수를 8년으로 변경하고자 한다. 또한, 회사는 소비형태를 보다 잘 반영하는 생산량비례법으로 감가상각방법을 변경하고자 한다.

① 감가상각방법의 변경과 관련하여 (주)합격은 비교 표시되는 전기 재무제표를 재작성해야 한다.
② 소비형태를 신뢰성 있게 결정할 수 없는 경우에는 정률법을 사용해야 한다.
③ (주)합격은 기계장치 A의 감가상각방법 변경에 대하여 회계정책의 변경으로 처리해야 한다.
④ (주)합격은 적어도 매 회계연도 말에 감가상각방법을 재검토해야 하며, 자산의 미래경제적효익이 소비되는 형태가 변하지 않는 한 감가상각방법을 매 회계기간에 일관성있게 적용한다.

◉ **내비게이션**

• ① 회계추정의 변경은 전진법을 적용하므로 전기 재무제표를 재작성하지 않는다.
② 소비형태를 신뢰성 있게 결정할 수 없다하여 특정 감가상각방법을 강제 적용하지는 아니하며, 자산의 미래경제적효익의 예상 소비형태를 추정하여 가장 잘 반영하는 방법을 선택하여야 한다.
③ 회계정책의 변경(X) → 회계추정의 변경(O)

3. 다음은 (주)유치원일진의 유형자산인 기계장치 내역이다. 20x3년말 결산시 재무상태표에 계상될 감가상각누계액을 계산한 것으로 올바른 것은?

(1) 취득시기 : 20x1년 7월 1일
(2) 취득원가 : ₩5,000,000
(3) 정액법, 내용연수 5년, 잔존가치 ₩100,000

① ₩2,450,000   ② ₩2,940,000
③ ₩2,500,000   ④ ₩3,000,000

◉ **내비게이션**

• $(5,000,000-100,000) \times \dfrac{6+12+12}{60} = 2,450,000$

4. 내용연수 7년의 건물을 정액법으로 감가상각한 결과 제3차 연도의 감가상각비는 120,000원이었다. 잔존가치가 6,000원이라고 할 때 건물의 취득원가는 얼마인가(단, 유형자산 평가방법은 원가모형임)?

① 740,000원   ② 746,000원
③ 840,000원   ④ 846,000원

◉ **내비게이션**

• (취득원가-6,000) ÷ 7년=120,000에서, 취득원가=846,000

5. (주)A와 (주)B는 추정내용연수가 5년인 동종의 유형자산을 구입하였다. (잔존가치는 없다고 한다.) 감가상각방법으로 (주)A는 정액법, (주)B는 연수합계법을 사용하였다. 다른 조건이 동일하다고 가정할 때 옳은 설명은?

① 1차년도의 (주)A의 감가상각비가 (주)B보다 크다.
② 3차년도의 (주)A의 순이익은 (주)B보다 적다.
③ 4차년도의 (주)A의 순이익은 (주)B보다 적다.
④ 3년 후 자산을 매각할 경우, (주)A는 (주)B보다 높은 이익을 보고할 가능성이 크다.

◉ **내비게이션**

• 기간별 감가상각비율

구 분	1차년도	2차년도	3차년도	4차년도	5차년도
정액법	$\frac{1}{5}$	$\frac{1}{5}$	$\frac{1}{5}$	$\frac{1}{5}$	$\frac{1}{5}$
연수합계법	$\frac{5}{15}$	$\frac{4}{15}$	$\frac{3}{15}$	$\frac{2}{15}$	$\frac{1}{15}$
크기	정액법 < 연수합계법		동일	정액법 > 연수합계법	

∴4차년도 감가상각비가 더 많은 ㈜A의 순이익이 ㈜B보다 적다.

단기속성특강 제26강   유형자산 재평가모형

적용	선택적용	•원가모형·재평가모형 중 선택하여, 유형자산 유형별(분류별)로 동일하게 적용함. 🔎주의 유형자산 전체에 동일하게 적용하는 것이 아님.	
	유형별(분류별) 재평가	•특정유형자산을 재평가할 때, 해당자산이 포함되는 유형자산 유형(분류) 전체를 재평가함. 🔎주의 유형자산별로 선택적 재평가를 하는 것이 아님.	
	재평가빈도	•장부금액이 공정가치와 중요하게 차이가 나지 않도록 주기적으로 수행	

	최초재평가	재평가증가액	•'장부금액 < 공정가치' → 재평가잉여금(기타포괄손익) 처리
		재평가감소액	•'장부금액 > 공정가치' → 재평가손실(당기손익) 처리
	회계처리 (선택)	감가상각누계액 제거방법	•총장부금액에서 기존의 감가상각누계액을 제거하여 자산의 순장부금액이 재평가금액이 되도록 수정하는 방법
		비례적수정방법	•재평가 후 자산의 장부금액이 재평가금액과 일치하도록 감가상각누계액과 총장부금액을 비례적으로 수정하는 방법

	재평가이후 재평가	재평가잉여금인식후 재평가손실이 발생	⊙ 전기재평가잉여금	•재평가잉여금과 상계
			⊙ 나머지 금액	•재평가손실(당기손익)
		재평가손실인식후 재평가잉여금이 발생	⊙ 전기재평가손실	•재평가이익(당기손익) 처리
			⊙ 나머지 금액	•재평가잉여금

🔍 **사례 ■ 재평가모형 회계처리**

❂ 20x1년 초에 건물을 ₩4,000,000에 취득함.(내용연수 5년, 잔존가치 ₩0, 정액법), 재평가모형을 적용함.20x1년 말과 20x2년 말 공정가치가 각각 ₩4,800,000, ₩1,800,000임.

✏️ **풀이**

1. 감가상각누계액제거방법

	차변		대변		비고
20x1말	(차) 감가상각비	800,000	(대) 감가상각누계액	800,000	1)4,800,000-(4,000,000 -800,000) =1,600,000
	(차) 감가상각누계액 건물	800,000 800,000	(대) 재평가잉여금	1,600,000[1]	
20x2말	(차) 감가상각비	1,200,000[2]	(대) 감가상각누계액	1,200,000	2)4,800,000÷4년 =1,200,000
	(차) 감가상각누계액 재평가잉여금 재평가손실	1,200,000 1,600,000 200,000	(대) 건물	3,000,000	

2. 비례적수정방법

	차변		대변		비고
20x1말	(차) 감가상각비	800,000	(대) 감가상각누계액	800,000	-
	(차) 건물	2,000,000	(대) 감가상각누계액 재평가잉여금	400,000 1,600,000	1)
20x2말	(차) 감가상각비	1,200,000	(대) 감가상각누계액	1,200,000	-
	(차) 감가상각누계액 재평가잉여금 재평가손실	1,200,000 1,600,000 200,000	(대) 건물	3,000,000	2)

1) 장부금액($\frac{4,800,000}{3,200,000}$=150%)이 50% 증가했으므로 원가(4,000,000)와 감가상각누계액(800,000)을 50% 증가시킴.

2) 장부금액($\frac{1,800,000}{3,600,000}$=50%)이 50%감소했으므로 원가(6,000,000)와 감가상각누계액(2,400,000)을 50% 감소시킴.

(좌측) 재평가손익

FINAL 객관식뽀개기

기출 & 적중문제

1. 다음의 유형자산 재평가모형에 대한 설명 중 옳지 않은 것은?

① 기업은 원가모형이나 재평가모형 중 하나를 회계정책으로 선택하여 유형자산 전체에 동일하게 적용한다.

② 최초 인식 후에 재평가일의 공정가치에서 이후의 감가상각누계액과 손상차손누계액을 차감한 재평가금액을 장부금액으로 한다.

③ 재평가는 보고기간말에 자산의 장부금액이 공정가치와 중요하게 차이가 나지 않도록 주기적으로 수행한다.

④ 유형자산의 장부금액이 재평가로 인하여 증가된 경우에 그 증가액은 기타포괄손익으로 인식한다.

◉ 내비게이션

•유형자산 전체에(X) → 유형자산 분류별로(O)

2. (주)A는 20x1년 초 취득원가 20억원인 토지를 매입하여 재평가 모형을 적용하고 있다. 20x1년 말 해당 토지의 공정가치는 18억원으로 추정되며 2억원의 당기순손실을 인식하였다. 20x2년 말 토지의 공정가치는 30억원으로 추정된다. 20x2년 말 (주)A의 토지에 대한 회계처리로 가장 옳은 것은?

① (차) 토지 12억 (대) 토지재평가이익(손익) 2억
　　　　　　　　　　 재평가잉여금(자본) 10억

② (차) 토지 12억 (대) 토지재평가이익(손익) 12억

③ (차) 토지 2억 (대) 토지재평가이익(손익) 2억

④ (차) 토지 12억 (대) 재평가잉여금(자본) 12억

◉ 내비게이션

•재평가손실인식후 재평가잉여금이 발생한 경우에는 전기재평가손실을 당기손익 처리하고 나머지 금액은 기타포괄손익(재평가잉여금)으로 처리한다.

3. (주)A는 20x1년초에 건물을 800,000,000원에 취득하였다.(내용연수 5년, 잔존가치 0원, 정액법으로 상각) 20x1년말의 건물의 공정가치는 320,000,000원이며, 유형자산에 대해 재평가모형을 적용한다. 20x1년말 재평가손실을 구하면 얼마인가?

① 320,000,000원

② 460,000,000원

③ 500,000,000원

④ 660,000,000원

◉ 내비게이션

•(800,000,000-800,000,000 ÷ 5년)-320,000,000=320,000,000

4. (주)A는 유형자산인 토지에 대해 재평가모형으로 회계처리하고 있으며, 당기 중 토지의 공정가치가 2억원 증가하였다. 이러한 토지 공정가치의 증가로 인하여 (주)A의 20x1년 말 재무상태표 작성시 기초에 비해 증가하는 항목을 가장 올바르게 표시한 것은(단, 법인세효과는 고려하지 않는다)?

유 동 자 산(ㄱ)	유 동 부 채(ㄷ)
비 유 동 자 산(ㄴ)	비 유 동 부 채(ㄹ)
	자 본(ㅁ)

① (ㄱ), (ㄹ)

② (ㄱ), (ㅁ)

③ (ㄴ), (ㅁ)

④ (ㄴ), (ㄷ), (ㅁ)

◉ 내비게이션

•(차) 토지(비유동자산) 2억원 (대) 재평가잉여금(기타포괄손익) 2억원

5. (주)A는 20x1년 1월 1일에 건물을 40,000,000원에 취득하였다.(내용연수 4년, 잔존가치 0원, 정액법으로 상각) 20x2년말의 건물의 공정가치는 36,000,000원이며, 회사는 유형자산에 대해 재평가모형을 적용한다. (주)A는 재평가손익을 인식할 때 감가상각누계액과 총장부금액을 비례적으로 수정하는 방법을 사용한다고 할 때 20x2년말 재무상태표에 공시되는 감가상각누계액을 구하면 얼마인가?

① 10,000,000원

② 20,000,000원

③ 30,000,000원

④ 36,000,000원

◉ 내비게이션

•20x1년초
　(차) 건물 40,000,000 (대) 현금 40,000,000
•20x1년말
　(차) 감가상각비 10,000,000 (대) 감가상각누계액 10,000,000
•20x2년말
　(차) 감가상각비 10,000,000 (대) 감가상각누계액 10,000,000
　(차) 건물 32,000,000 (대) 감가상각누계액 16,000,000
　　　　　　　　　　　　　　　 재평가잉여금 16,000,000

*장부금액($\frac{36,000,000}{20,000,000}$ = 180%)이 80% 증가했으므로, 원가와 감가상각누계액을 80% 증가시킴.

제2편
[단기속성특강] 세무회계

제3편
[단기속성특강] 원가관리회계

합본부록1
신유형기출문제

합본부록2
10개년/기출요약노트

단기속성특강 제27강		차입원가 기본사항

개요	인식	•적격자산의 취득, 건설, 생산과 직접 관련시 당해자산 원가의 일부로 자본화함. ▶ (차) 건설중인자산　　xxx　　(대) 이자비용　　xxx
	적격자산	•장기재고자산, 제조설비자산, 전력생산설비, 무형자산, 투자부동산, 생산용 식물
	참고 자본화의 이론적 근거 : 수익·비용대응의 원칙 ▶ ∵취득 후 수익발생시에 비용을 대응시킴.	

자본화대상 차입원가	① 차입금이나 사채의 이자, 유효이자율법을 사용하여 계산된 이자비용(사채할인발행차금상각액, 현재가치할인차금상각액 포함), 리스관련 금융원가(리스부채관련 이자) ② 외화차입금과 관련된 외환차이 중 이자원가의 조정으로 볼 수 있는 부분

자본화개시	❖자본화개시일부터 적격자산의 원가로 처리하며, 개시일은 다음 조건을 모두 충족시키는 날임.
	•적격자산에 대하여 지출하고 있다. •차입원가를 발생시키고 있다. •적격자산을 의도된 용도로 사용하거나 판매가능상태에 이르게 하는 활동을 수행하고 있다. 　**예시** 2/1에 ₩1,000 차입(10%), 지출은 4/1부터 발생 　→자본화개시시점 : 4/1, 차입원가 : $1,000 \times 10\% \times 9/12$
	♀주의 적격자산의 물리적 완성은 개시시점의 조건이 아니라, 자본화종료시점임.
	① 적격자산을 의도된 용도로 사용하거나 판매가능한 상태에 이르게 하는데 필요한 활동은 물리적인 제작뿐만 아니라 그 이전단계에서 이루어진 기술 및 관리상의 활동도 포함함. 　▶ 예 물리적인 제작 전에 각종 인허가를 얻기 위한 활동 등 ② 자산의 상태에 변화를 가져오는 생산 또는 개발이 이루어지지 아니하는 상황에서 단순한 보유는 필요한 활동으로 보지 아니함. 　▶ 예 토지의 개발관련활동이 진행되고 있는 기간동안 발생한 차입원가는 자본화 대상에 해당하나, 건설목적으로 취득한 토지를 별다른 개발활동 없이 보유하는 동안 발생한 차입원가는 자본화 조건을 충족하지 못함.

자본화중단	❖자본화중단기간이 있는 경우 해당 차입원가는 당기비용으로 처리함.
	① 적격자산에 대한 적극적인 개발활동을 중단한 기간에는 차입원가의 자본화를 중단함. ② 상당한 기술 및 관리활동 진행기간과 일시적인 지연이 필수적인 경우에는 중단하지 아니함. 　▶ 예 건설기간동안 해당 지역의 하천수위가 높아지는 현상이 일반적이어서 교량건설이 지연되는 경우에는 차입원가의 자본화를 중단하지 아니함.

자본화종료	자본화종료	•적격자산을 의도된 용도로 사용하거나 판매가능한 상태에 이르게 하는데 필요한 대부분의 활동이 완료된 시점에 차입원가의 자본화를 종료함.
	회계처리	•(차) 유형자산　　　xxx　　　(대) 건설중인자산　　　xxx
	❖여러부분으로 나뉘어 순차적으로 완성되는 경우에는 다음과 같이 처리함.	
	자산이 여러부분으로 나뉘어 완성되는 경우	•이미 완성된 부분이 사용가능하다면, 당해 부분을 의도된 용도로 사용하거나 판매가능한 상태에 이르게 하는데 필요한 대부분의 활동을 완료한 시점에 차입원가의 자본화를 종료함. ▶ 예 각각의 건물별로 사용가능한 여러 동의 건물로 구성된 복합업무시설
	자산전체가 완성되어야만 사용이 가능한 경우	•자산전체가 사용가능한 상태에 이를 때까지 자본화함. ▶ 예 제철소와 같이 동일한 장소에서 여러 생산부문별 공정이 순차적으로 이루어지는 여러 생산공정을 갖춘 산업설비

FINAL 객관식뽀개기 　　　　　　 기출 & 적중문제

1. 차입원가의 자본화에 대한 설명으로 옳지 않은 것은 어느 것인가?

① 적격자산의 취득, 건설 또는 생산과 직접 관련되는 차입원가는 당해 자산의 원가의 일부로 자본화하여야 한다.

② 자본화 개시시점이란 적격자산에 대하여 지출이 발생하고 있는 시점을 말한다.

③ 적격자산을 의도된 용도로 사용하거나 판매가능한 상태에 이르게 하는데 필요한 대부분의 활동이 완료된 시점에서 차입원가의 자본화를 종료한다.

④ 적격자산의 건설활동을 여러 부분으로 나누어 완성하고, 남아 있는 부분의 건설활동을 계속 진행하고 있더라도 이미 완성된 부분이 사용가능하다면, 당해 부분을 의도된 용도로 사용하거나 판매가능한 상태에 이르게 하는데 필요한 대부분의 활동이 완료된 시점에서 차입원가의 자본화를 종료한다.

⊙ 내비게이션

• 자본화 개시시점은 다음 3가지 조건을 모두 만족시키는 시점을 말한다.
① 적격자산에 대하여 지출하고 있다.
② 차입원가를 발생시키고 있다.
③ 적격자산을 의도된 용도로 사용하거나 판매가능상태에 이르게 하는 활동을 수행하고 있다.

2. (주)A는 20x1년 중 기숙사 신축과 관련하여 1월 1일 12,000,000원을 지출하였다. 20x1년 1월 1일 착공한 이 공사는 20x2년 중에 완공할 예정이다. (주)A는 기숙사 신축을 위하여 아래와 같이 특정목적으로 차입하였다. (주)A가 유형자산 건설과 관련된 금융비용을 자본화하는 경우 20x1년 특정차입금과 관련하여 자본화할 금융비용은(단, 편의상 월할계산 한다고 가정한다)?

구분	차입금액	연이자율	차입기간
차입금A	5,000,000원	7%	20x1.1.1~20x2.6.30

① 350,000원　　　　　　② 420,000원
③ 450,000원　　　　　　④ 700,000원

⊙ 내비게이션

• $5,000,000 \times 7\% \times \frac{12}{12} = 350,000$

3. (주)A는 본사건물로 사용하기 위하여 건설사와 도급계약한 건물을 20x1년 1월 1일에 착공하였으며 20x1년말 건물을 완공하기 위하여 금융기관에서 자금을 차입하였으며 아래와 같은 이자가 발생하였다. 아래 자산의 취득 또는 건설과 직접관련되는 차입원가는 자산의 취득원가에 가산하여야 하는데 해당 자산은 적격자산에 해당한다. 아래 자료를 이용하여 20x1년과 20x2년의 손익계산서에 인식할 금액은 각각 얼마인가?

내용	금액	비고
건설사에 지급한 총공사비	10,000,000원	내용연수 10년
20x1년 지출한 총이자비용	2,000,000원	전액 자본화

	20x1년 이자비용	20x2년 감가상각비
①	2,000,000원	1,000,000원
②	0원	1,200,000원
③	2,000,000원	1,200,000원
④	0원	1,000,000원

⊙ 내비게이션

• 20x1년 이자비용 : 전액 자본화되었으므로 이자비용 인식액은 없다.
• 20x2년 감가상각비 : (10,000,000+2,000,000)÷10년=1,200,000

단기속성특강 제28강 　　　　　 차입원가 자본화

차입금 구분	특정차입금	•특정차입금은 적격자산을 취득할 목적으로 직접 차입한 자금을 말함.
	일반차입금	•일반차입금은 일반적인 목적으로 차입한 자금 중 적격자산의 취득에 소요되었다고 볼 수 있는 자금을 말함.

<table>
<tr><td rowspan="9" align="center">자본화
금액</td><td colspan="2" align="center">특정차입금 자본화금액</td></tr>
<tr><td colspan="2" align="center">특정차입금 차입원가 − 일시투자수익
└──────────┬──────────┘
자본화기간동안</td></tr>
<tr><td colspan="2" align="center">일반차입금 자본화금액</td></tr>
<tr><td colspan="2" align="center">(연평균지출액 − 연평균특정차입금[1]) × 자본화이자율 (= $\dfrac{일반차입금차입원가}{연평균일반차입금}$)
└────────┬────────┘　　　　　└───┬───┘
　자본화기간동안　　　　　　　회계기간동안</td></tr>
<tr><td colspan="2">[1] 일시예치금 차감액
[한도] 일반차입금 차입원가</td></tr>
</table>

 사례 ■ **자본화금액 계산**

❂ 공장건물증설관련 20x2년 중 지출금액과 차입금현황은 다음과 같다. 기말 현재 미완성이다. A는 특정차입금이며, 이 중 ₩1,500,000을 20x2.4.1~9.30까지 연10% 이자율로 정기예금에 예치시켰다. B, C는 일반차입금에 해당한다.

지출금액	차입금현황					
	차입금	차입일	차입금액	상환일	연이자율	이자지급조건
20x2. 4. 1 ₩3,000,000 20x2. 9. 1 　4,000,000 　계 　₩7,000,000	A	20x2.4.1	₩2,000,000	20x5.3.31	단리 12%	매년 3월말
	B	20x2.3.1	4,000,000	20x5.2.28	단리 10%	매년 2월말
	C	20x1.7.1	3,000,000	20x5.6.30	단리 15%	매년 6월말

✐ **풀이**

1. 연평균지출액 : $3,000,000 \times 9/12 + 4,000,000 \times 4/12 = 3,583,333$

2. 자본화이자율 : $\dfrac{4,000,000 \times 10\% \times 10/12 + 3,000,000 \times 15\% \times 12/12}{4,000,000 \times 10/12 + 3,000,000 \times 12/12} = 12.37\%$

3. 자본화차입원가 :

　① 특정 : $2,000,000 \times 12\% \times 9/12 - 1,500,000 \times 10\% \times 6/12 = 105,000$

　② 일반 : $[3,583,333 - (2,000,000 \times 9/12 - 1,500,000 \times 6/12)] \times 12.37\% = 350,483$
　　　　[한도] 783,333(=자본화이자율 계산시 분자금액)

　∴$105,000 + 350,483 = 455,483$

회계처리	자본화기간	(차) 건설중인자산	×××	(대) 이자비용	×××
	취득완료시	(차) 유형자산(적격자산)	×××	(대) 건설중인자산	×××

FINAL 객관식뽀개기 　　　　기출&적중문제

1. ㈜A는 공장을 신축하기로 하였으며, 이와 관련하여 20x1년 1월 1일 12,000,000원을 지출하였고, 공장은 20x3년 중에 완공될 예정이다. ㈜A는 공장신축을 위해서 아래와 같이 특정목적으로 차입을 하였다. ㈜A가 20x1년 특정차입금과 관련하여 자본화할 차입원가는 얼마인가(단, 편의상 월할계산 한다고 가정함)?

종류	차입금액	차입기간	연이자율	비고
차입금a	12,000,000원	20x1.2.1~20x2.6.30	7%	공장신축을 위한 특정차입금

① 770,000원　　　　② 885,000원
③ 990,000원　　　　④ 995,000원

◉ **내비게이션**

• 12,000,000 × 7% × 11/12 = 770,000

2. ㈜A가 20X1년 중 공장신축과 관련하여 지출한 금액은 다음과 같다. 20x1년 1월 1일 착공한 이 공사는 20x2년 중에 완공할 예정이다.

지출일	지출액	비고
20x1년 3월 1일	30,000,000원	착수금 지급
20x1년 6월 1일	8,400,000원	1차 중도금 지급
20x1년 10월 1일	10,000,000원	2차 중도금 지급

㈜A가 유형자산 취득과 관련된 차입원가를 자본화 할 때 고려할 적격자산에 대한 20x1년 평균지출액은 얼마인가(단, 평균지출액은 월할계산 한다고 가정한다)?

① 23,400,000원　　　　② 32,400,000원
③ 34,700,000원　　　　④ 35,400,000원

◉ **내비게이션**

• $30,000,000 \times \frac{10}{12} + 8,400,000 \times \frac{7}{12} + 10,000,000 \times \frac{3}{12} = 32,400,000$

3. ㈜A는 사옥건설을 위하여 20x1년 1월 1일에 ㈜B건설과 건설기간 3년의 계약을 체결하였다. ㈜A는 동 사옥건설과 관련하여 20x1년 1월 1일에 950,000원을 지출했다. 한편, ㈜A는 20x1년 1월 1일 사옥건설을 위하여 은행으로부터 개별적으로 600,000원(특정차입금)을 차입했으며, 동 차입금에 대한 20x1년도의 차입원가는 60,000원이다. ㈜A는 사옥건설과 관련하여 20x1년도 차입원가로 102,000원을 자본화했다. 20x1년도 일반목적으로 차입한 자금(일반차입금)에 대한 자본화할 차입원가를 계산하기 위하여 적용한 자본화이자율(%)은? (단, ㈜A의 20x1년 일반목적으로 차입한 자금에서 실제로 발생한 차입원가는 54,000원이다.)

① 6%　　　　② 8%
③ 10%　　　　④ 12%

◉ **내비게이션**

• '자본화 차입원가(102,000)=특정(60,000)+일반'에서, 일반=42,000
• (950,000 − 600,000 × 12/12) × 자본화이자율 = 42,000 [한도] 54,000
　∴자본화이자율 = 12%

4. 12월말 결산법인인 ㈜A는 20x3년초 사옥 건설을 위한 공사가 시작되어 20x3년말 현재 공사가 계속 진행 중이다. 회사가 20x3년 중 사옥건설을 위해 지출한 공사비 내역과 20x3년말 현재 부담하고 있는 차입금 내역은 다음과 같다. 이들 자료를 이용하여 ㈜A가 20x3년에 자본화할 수 있는 차입원가는 얼마인가? 단, 연평균 지출액 및 연평균차입금 계산은 월 단위 기준으로 계산하며, 차입금 A는 사옥건설을 위해 개별적으로 차입되었고, 차입금 B와 C는 일반목적 차입금이다.

지출일자	지출금액
3월 1일	4,800,000원
10월 1일	8,000,000원

차입금종류	차입금액	차입일자	연이자율
A	3,000,000원	20x3.11. 1	12%
B	1,200,000원	20x3. 3. 1	10%
C	4,000,000원	20x1. 4. 1	13%

① 620,000원　　　　② 637,875원
③ 680,000원　　　　④ 810,000원

◉ **내비게이션**

• 연평균지출액 : $4,800,000 \times \frac{10}{12} + 8,000,000 \times \frac{3}{12} = 6,000,000$
• 자본화이자율
$$\frac{1,200,000 \times 10\% \times \frac{10}{12} + 4,000,000 \times 13\% \times \frac{12}{12} = 620,000}{1,200,000 \times \frac{10}{12} + 4,000,000 \times \frac{12}{12} = 5,000,000} = 12.4\%$$
• 자본화 차입원가
① 특정 : $3,000,000 \times 12\% \times \frac{2}{12} = 60,000$
② 일반 : $(6,000,000 - 3,000,000 \times \frac{2}{12}) \times 12.4\% = 682,000$
　　[한도] 620,000
∴60,000 + 620,000 = 680,000

단기속성특강 제29강   유형자산의 손상

| 회수가능액 | 손상 | • 회수가능액을 추정하여 회수가능액이 장부금액에 미달하는 경우 손상차손을 당기손익으로 인식함. |
| | 회수가능액 | • Max[순공정가치, 사용가치] ▶ { 순공정가치 : 매각금액 – 처분부대원가
사용가치   : 기대 미래현금흐름 현재가치 |

🔎주의 금융원가, 법인세비용, 이미 부채로 인식분은 처분부대원가에 포함치 않음.

손상차손·환입	손상차손	• 손상차손액 = 장부금액 – 회수가능액				
	손상차손환입	• 환입액 = Min[손상되지 않았을 경우의 장부금액, 회수가능액] – 손상후 장부금액				
	회계처리	손상차손	(차) 유형자산손상차손 xxx (대) 손상차손누계액 xxx ▶ 손상차손누계액은 유형자산에 차감형식으로 표시함.			
		손상차손환입	(차) 손상차손누계액 xxx (대) 유형자산손상차손환입 xxx			

【참고】 재평가모형의 경우

손상차손	• 계상되어있는 재평가잉여금을 감소시키고 그 차액을 손상차손으로 인식함. → (차) 재평가잉여금 xxx (대) 손상차손누계액 xxx 손상차손 xxx
손상차손환입	• 손상차손인식액을 한도로 환입을 계상하고 나머지는 재평가잉여금을 증가시킴. → (차) 손상차손누계액(회수가능액-장부금액) xxx (대) 손상차손환입 xxx 재평가잉여금 xxx

 사례 ■ 유형자산손상 회계처리

❂ 20x1년초 내용연수10년, 잔존가치없는 기계장치를 ₩10,000,000에 구입하였으며, 원가모형을 적용하여 정액법으로 상각하였다. 회수가능액에 대한 자료는 다음과 같다.
 - 20x2년말 순공정가치는 ₩2,000,000, 사용가치는 ₩1,600,000
 - 20x4년말 순공정가치는 ₩7,000,000, 사용가치는 ₩8,000,000

✏️풀이

20x1년초	(차) 기계장치	10,000,000	(대) 현금	10,000,000
20x1년말	(차) 감가상각비	1,000,000[1]	(대) 감가상각누계액	1,000,000
20x2년말	(차) 감가상각비	1,000,000	(대) 감가상각누계액	1,000,000
	(차) 유형자산손상차손	6,000,000[2]	(대) 손상차손누계액	6,000,000
20x3년말	(차) 감가상각비	250,000[3]	(대) 감가상각누계액	250,000
20x4년말	(차) 감가상각비	250,000	(대) 감가상각누계액	250,000
	(차) 손상차손누계액	4,500,000	(대) 유형자산손상차손환입	4,500,000[4]

[1] 10,000,000÷10년=1,000,000
[2] (10,000,000-1,000,000x2)-Max[2,000,000, 1,600,000]=6,000,000
[3] 2,000,000÷8년=250,000
[4] Min[① 10,000,000-1,000,000x4 ② Max(7,000,000, 8,000,000)]-(2,000,000-250,000x2)=4,500,000
*[참고] 20x4년말의 부분재무상태표는 다음과 같다.

기계장치	10,000,000
감가상각누계액	(2,500,000)
손상차손누계액	(1,500,000)
	6,000,000

FINAL 객관식뽀개기

기출 & 적중문제

1. 다음은 ㈜합격이 20x1년 7월 1일에 취득하여 20x1년 현재 사용중인 기계장치에 대한 내용이다. 20x1년말 사용중인 기계장치들에 대하여 자산손상을 시사하는 징후가 존재하였다. 아래와 같은 사실이 추정되는 경우 (주)합격이 20x1년말에 유형자산손상차손으로 인식하여야 할 금액은 얼마인가?

구분	기계장치A	기계장치B
20x1년말 장부금액	326,000,000원	46,000,000원
20x1년말 처분시 예상 순공정가치	150,000,000원	20,000,000원
계속 사용할 경우의 사용가치	265,000,000원	50,000,000원

① 0원
② 57,000,000원
③ 61,000,000원
④ 202,000,000원

📍 **내비게이션**

•기계장치 A의 손상차손
326,000,000-Max[150,000,000, 265,000,000]=61,000,000

2. ㈜A의 재무팀장은 재무제표를 최종 검토하던 중 20x1년 12월 31일에 손상차손을 인식한 건물에 대해 당기(20x2년) 중 어떠한 회계처리도 하지 않았다는 사실을 발견하여 이를 반영하려 한다. 아래 내용을 참고하여 수정 후 당기 포괄손익계산서상 감가상각비와 손상차손환입 금액을 가장 올바르게 나열한 것은?

(1) 20x1년 12월 31일의 손상 전 장부금액은 30,000만원이고 손상 후 장부금액은 12,000만원이다. 동 건물의 20x1년 12월 31일 기준 잔존내용연수는 10년, 잔존가치는 0원이고 감가상각방법은 정액법이다.
(2) 20x2년말에 손상차손환입을 시사하는 징후가 발생하였고 20x2년 12월 31일 현재 동 건물의 순공정가치는 28,000만원, 사용가치는 22,000만원이다.

	감가상각비	손상차손환입
①	1,000만원	10,000만원
②	1,000만원	11,200만원
③	1,200만원	16,200만원
④	1,200만원	17,200만원

📍 **내비게이션**

•20x2년말 감가상각비 : 12,000만원÷10년=1,200만원
•손상후 장부금액(20x2년말) : 12,000만원-1,200만원=10,800만원
•회수가능액 : Max[①28,000만원 ②22,000만원]=28,000만원
•환입액 : Min[①30,000만원-30,000만원÷10년 ②28,000만원]-10,800만원=16,200만원

3. ㈜A는 20x1년 1월 1일 현금 1,100,000원을 지급하고 건물을 취득하였다. ㈜A는 동 건물에 대하여 내용연수는 10년, 잔존가치는 100,000원으로 추정하였으며 감가상각방법은 정액법을 사용하기로 하였다. 20x3년말 동 건물의 시장가치가 현저히 하락하여 ㈜A는 자산손상을 인식하기로 하였다. 20x3년말 현재 건물의 회수가능액은 590,000원이다. 이후 20x6년말 건물의 회수가능액은 520,000원인 것으로 나타났다. 이상의 내용에 대한 아래의 설명 중 옳지 않은 것은? 단, ㈜A는 건물에 대하여 원가모형을 선택하고 있다.

① 20x3년말 자산손상을 인식하기 전의 건물 장부금액은 800,000원이다.
② 20x4년 감가상각비는 70,000원이다.
③ 20x5년말 감가상각누계액은 440,000원이다.
④ 20x6년말 유형자산손상차손환입액은 140,000원이다.

📍 **내비게이션**

•20x1/20x2/20x3년말 감가상각비
(1,100,000 - 100,000) ÷ 10년 = 100,000
•20x3년말 손상회계처리
(차) 손상차손　210,000[1]　(대) 손상차손누계액　210,000
•20x4/20x5/20x6년말 감가상각비
(590,000 - 100,000) ÷ 7년 = 70,000
•20x6년말 환입회계처리
(차) 손상차손누계액 120,000　(대) 손상차손환입　120,000[2]
　[1](1,100,000 - 300,000) - 590,000 = 210,000
　[2]Min[500,000, 520,000] - (590,000 - 210,000) = 120,000

제2편
[단기속성특강] 원가관리회계

제3편
[단기속성특강] 정가관리회계

합본부록1
신유형기출문제

합본부록2
10개년기출오답노트

| 단기속성특강 제30강 | 유형자산의 제거 |

	Point	• 처분일까지 감가상각비를 우선 계상해야 함. • 장부금액과 순매각금액(처분비용 차감액)의 차액을 당기손익(유형자산처분손익)으로 처리함.

보론 **제거시 재평가잉여금**
유형자산을 제거·폐기시의 재평가잉여금은 이익잉여금으로 대체가능함.(당기손익이 아님)

🔍 사례 ▪ **유형자산처분손익**

❖ 20x1년 1월 1일 건물을 ₩1,000,000에 취득하였다. 동 건물의 내용연수는 5년, 잔존가치는 ₩100,000이다. 동 건물의 감가상각방법은 정액법을 적용한다. 회사는 동 건물이 사용목적에 맞지 않아 20x2년 6월 30일에 ₩500,000에 처분하였다.

✏️ 풀이

자발적 처분

20x1.12.31	• (차) 감가상각비 $180,000^{1)}$ (대) 감가상각누계액 180,000
	$^{1)}(1,000,000-100,000)\times\dfrac{1}{5}=180,000$
20x2.06.30	• (차) 감가상각비 $90,000^{2)}$ (대) 감가상각누계액 90,000
	• (차) 현금 500,000 (대) 건물 1,000,000
	감가상각누계액 270,000
	유형자산처분손실 230,000
	$^{2)}(1,000,000-100,000)\times\dfrac{1}{5}\times\dfrac{6}{12}=90,000$

비자발적 처분

• 손상, 소실 또는 포기된 유형자산에 대해 제3자로부터 받는 보상금은 수취할 권리가 발생하는 시점에 당기손익으로 인식함.
▶ 즉, 재해손실(손상차손)과 보험금수익을 상계하여 순액인 보험차익으로 표시하는 것이 아니라, 재해손실(손상차손)과 보험금수익을 각각 총액으로 표시함.

회계처리	화재발생시	• (차) 감가상각비 1,000 (대) 감가상각누계액 1,000
		▶ 화재발생시까지의 감가상각비를 먼저 계상
		• (차) 감가상각누계액 2,000 (대) 건물 5,000
		재해손실(손상차손) 3,000
		▶ 소실자산 장부금액을 재해손실(손상차손)로 인식함.
	보험금확정시	• (차) 미수금 4,000 (대) 보험금수익 4,000
		▶ 수취권리발생시점에 보험금수익을 인식함.
	보험금수령시	• (차) 현금 4,000 (대) 미수금 4,000

제1편
[단기속성특강] 재무회계

제2편
[단기속성특강] 세무회계

제3편
[단기속성특강] 원가관리회계

합본부록1
신유형기출문제

합본부록2
10개년/기출오답노트

FINAL 객관식뽀개기

1. ㈜A는 영업활동에 사용하던 건물(부속토지 포함)을 20X4년 12월 31일에 매각처분하였다. 동 건물과 관련한 사항은 다음과 같다.

ㄱ. 건물의 취득원가	2,000,000원
취득일	20X1년 1월 1일
내용연수	10년
잔존가치	없음
감가상각방법	정액법
ㄴ. 부속토지(취득원가)	2,000,000원
ㄷ. 처분금액(건물 및 부속토지)	3,100,000원

상기 토지·건물과 관련하여 20X4년도에 ㈜A가 인식할 유형자산처분손실은 얼마인가(단, ㈜A는 최초 인식시점 이후 유형자산을 원가모형으로 회계처리하고 있음)?

① 100,000원 ② 300,000원
③ 350,000원 ④ 900,000원

📍 **내비게이션**
• 처분가(3,100,000)-장부가(4,000,000-2,000,000×4/10)=△100,000

2. 보유중인 기계장치(산업용 프레스)를 당해기간 중에 매각하고 대금 ₩3,000,000을 현금으로 수취하였다. 기계장치의 매각으로 인한 유형자산처분손익은(단, 회사는 유형자산을 원가모형으로 회계처리하고 있다)?

■ 취득원가 : 6,500,000원
■ 잔존가치 : 200,000원
■ 감가상각방법 : 정액법
■ 내용연수 : 5년
■ 전기말상각누계액 : 3,450,000원
■ 매각일자 : 20x1년 3월 31일

① 유형자산처분이익 150,000원
② 유형자산처분이익 265,000원
③ 유형자산처분이익 465,000원
④ 유형자산처분손실 50,000원

📍 **내비게이션**
• 20x1년 감가상각비 : (6,500,000-200,000)÷5년×3/12=315,000
처분일 현재 장부금액 : 6,500,000-3,450,000-315,000=2,735,000
처분손익 : 3,000,000-2,735,000=265,000(이익)

기출 & 적중문제

3. (주)A는 영업활동에 사용하던 건물(부속토지 포함)을 20x4년 12월 31일에 현금을 받고 처분하였다. 동 건물의 처분한 사항은 다음과 같다.

[1] 건물의 취득원가 5,000,000원, 취득일 20x1년 10월 1일, 내용연수 20년, 잔존가치 500,000원, 감가상각방법 정액법
[2] 부속토지(취득원가) 3,000,000원
[3] 처분금액(건물 및 부속토지) 7,000,000원

20x4년도에 (주)A의 토지 건물 처분에 대한 회계처리로 가장 옳은 것은(단, (주)A는 최초 인식시점이후 유형자산을 원가모형으로 회계처리하고 있음)?

① (차) 현금 7,000,000 (대) 토지 3,000,000
　　감가상각누계액 731,250　　건물 5,000,000
　　유형자산처분손실 268,750
② (차) 현금 7,000,000 (대) 토지 3,000,000
　　감가상각누계액 200,000　　건물 4,200,000
③ (차) 현금 7,000,000 (대) 토지 3,000,000
　　감가상각누계액 900,000　　건물 5,000,000
　　유형자산처분손실 100,000
④ (차) 현금 7,000,000 (대) 토지 3,000,000
　　유형자산처분손실 100,000　　건물 4,100,000

📍 **내비게이션**
• 건물의 감가상각누계액 : $(5,000,000-500,000) \times \frac{39개월}{240개월} = 731,250$

단기속성특강 제31강   무형자산의 정의와 인식

의의	❖물리적 실체는 없지만 식별가능하고, 통제하고 있으며 미래경제적효익이 있는 비화폐성자산을 말함. ▶ 무형자산의 정의를 충족하지 않는다면 발생한 지출은 발생시점에 비용으로 인식함.	
	식별가능성	•자산은 다음 중 하나에 해당하는 경우에 식별가능함. ① 자산이 분리가능하다. ② 자산이 계약상 권리, 기타 법적권리로부터 발생한다.
	통제	•미래경제적효익에 대한 제3자의 접근을 제한할 수 있다면 통제하고 있는 것임. ◯주의 권리의 법적 집행가능성이 통제의 필요조건은 아님.

시장에 대한 지식 기술적 지식	•효익발생가능하며, 법적권리로 보호된다면 통제하고 있는 것임.
숙련된 종업원 종업원의 기술	•효익발생가능하나, 통제가 어려우므로 무형자산 정의를 충족 못함.
특정인의 경영능력 기술적재능	•효익확보가 법에 의해 보호되지 않는 한 무형자산 정의를 충족 못함.
고정고객·시장점유율 고객과의 관계·고객의 충성도	•고객과의 관계를 지속시킬 수 있는 법적권리가 존재하지 않는다면 무형자산정의를 충족 못함.

	미래경제적효익	•제품매출, 용역수익, 원가절감, 사용에 따른 기타 효익의 형태로 발생가능함.
	◯주의 내부적으로 창출된 브랜드, 고객목록은 무형자산으로 인식하지 않음.	
인식	❖무형자산 정의와 다음의 무형자산 인식기준을 모두 충족한다는 사실을 기업이 제시해야 함. ① 자산에서 발생하는 미래경제적효익이 기업에 유입될 가능성이 높다. ② 자산의 원가를 신뢰성 있게 측정할 수 있다.	
비용인식	❖무형자산의 정의와 인식조건을 충족시키지 못하는 다음의 지출은 발생한 기간의 비용으로 인식함.	
	사업개시원가	•법적실체를 설립하는데 발생한 법적비용, 사무비용과 같은 설립원가, 개업원가, 신규 영업준비원가
	교육훈련비	•교육 훈련을 위한 지출
	광고선전비	•광고 또는 판매촉진 활동을 위한 지출
	조직개편비	•기업의 전부나 일부의 이전 또는 조직 개편에 관련된 지출
취득원가	**개별취득**	•원가는 다음의 항목으로 구성됨. ① 구입가격(매입할인과 리베이트를 차감하고 수입관세와 환급불가 제세금 포함) ② 자산을 사용가능한 상태로 만드는데 직접 관련되는 원가 ▶ 예 직접발생 종업원급여와 전문가 수수료, 기능검사원가 ◯주의 홍보원가, 신지역·신고객 대상 사업수행원가, 관리원가, 일반경비원가, 재배치원가는 원가에 포함하지 않음.
	사업결합취득	•항상 인식기준을 모두 충족하는 것으로 보며, 취득일의 공정가치로 함. •사업결합 전에 무형자산을 피취득자가 인식하였는지 여부에 관계없이 취득자는 피취득자의 무형자산을 영업권과 분리하여 인식함. ▶ ∵영업권은 상각대상이 아니며 식별가능한 무형자산은 영업권에 포함치 않아야 상각이 가능해짐.
	내부창출영업권	•자산으로 인식하지 아니함. ▶ ∵원가측정불가, 식별불가능.

FINAL 객관식뽀개기 / 기출&적중문제

1. 다음 중 무형자산으로 인식하기 위하여 필요한 조건이 아닌 것은?

① 개별적으로 취득한 자산이어야 한다.
② 자산으로부터 발생하는 미래 경제적효익이 기업에 유입될 가능성이 높아야 한다.
③ 자산의 원가를 신뢰성 있게 측정할 수 있어야 한다.
④ 자산의 물리적인 형체는 없지만 식별가능해야 한다.

⊙ 내비게이션

• 개별취득은 무형자산의 인식조건과 무관하다.

2. 다음 중 무형자산에 해당하는 것은?

① 교육 훈련을 위한 지출
② 프로젝트 연구단계에서 발생한 지출
③ 조직 개편에 관련된 지출
④ 사업결합으로 취득한 영업권

⊙ 내비게이션

• 사업결합으로 취득한 영업권은 무형자산에 해당한다.

3. 무형자산에 대한 한국채택국제회계기준 내용으로 타당하지 않은 것은?

① 사업결합에서 취득자는 피취득자의 재무제표에 인식되지 않았던 무형자산을 인식할 수 없다.
② 연구단계에서 발생한 지출은 모두 발생한 기간의 비용으로 인식하고, 개발단계에서 발생한 지출은 일정요건을 충족하면 무형자산으로 인식한다.
③ 내부적으로 창출된 영업권은 무형자산으로 인식하지 않는다.
④ 무형자산의 상각방법으로 정액법 이외의 방법을 사용할 수 있다.

⊙ 내비게이션

• 자산의 공정가치를 신뢰성있게 측정할수 있다면 사업결합 전에 무형자산을 피취득자가 인식하였는지 여부에 관계없이 취득자는 취득일에 피취득자의 무형자산을 영업권과 분리하여 인식한다.

4. 무형자산 회계처리 중 옳지 않은 것은?

① 시장에 대한 지식이 저작권, 계약상의 제약이나 법에 의한 종업원의 기밀유지의무 등과 같은 법적 권리에 의해 보호된다면, 기업은 그러한 지식으로부터 얻을 수 있는 미래경제적효익을 통제하고 있는 것이다.
② 고객관계나 고객충성도를 지속할수 있는 법적권리나 그것을 통제할 기타 방법이 없는 경우에도 고객관계나 고객충성도에서 창출될 미래 경제적 효익에 대해서는 무형자산의 정의를 충족하기에 기업이 충분한 통제를 가지고 있다.
③ 무형자산의 미래 경제적 효익은 재품의 매출이나 용역수익, 원가절감 또는 자산의 사용에 따른 기타 효익의 형태로 발생할 수 있다.
④ 숙련된 종업원이나 교육훈련으로부터 발생하는 미래 경제적 효익에 대해서는 일반적으로 무형자산의 정의를 충족하기에는 충분한 통제를 가지고 있지 않다.

⊙ 내비게이션

• 고객과의 관계나 고객의 충성도를 지속시킬 수 있는 법적 권리나 그것을 통제할 기타의 방법이 존재하지 않는다면 기업이 고객과의 관계로부터 창출될 미래경제적효익을 충분히 통제하고 있다고 보기 어렵다. 따라서 고정고객, 시장점유율, 고객과의 관계, 고객의 충성도 등은 일반적으로 무형자산의 정의를 충족하지 못한다.

5. 다음 중 한국채택국제회계기준에 의할 때 개별 취득하는 무형자산의 취득원가를 구성하는 항목으로 틀린 것은?

① 자산을 사용 가능한 상태로 만드는 데 직접적으로 발생하는 전문가 수수료
② 자산이 적절하게 기능을 발휘하는지 검사하는 데 발생하는 원가
③ 무형자산을 사용하거나 재배치하는 데 발생하는 원가
④ 그 자산을 사용 가능한 상태로 만드는 데 직접적으로 발생하는 종업원급여

⊙ 내비게이션

• 무형자산 원가의 인식은 그 자산을 경영자가 의도하는 방식으로 운용될 수 있는 상태에 이르면 중지한다. 따라서 무형자산을 사용하거나 재배치하는 데 발생하는 원가는 자산의 장부금액에 포함하지 않는다.

ANSWER 1. ① 2. ④ 3. ① 4. ② 5. ③

단기속성특강 제32강 　　　　 내부적으로 창출한 무형자산

의의	•인식기준을 충족하는지를 평가하기 위하여 무형자산의 창출과정을 연구단계와 개발단계로 구분함. 🔎주의 내부형자산을 창출하기 위한 내부 프로젝트를 연구단계와 개발단계로 구분할 수 없는 경우에는 발생한 지출은 모두 연구단계에서 발생한 것으로 봄.		
연구단계 · 개발단계	회계처리	연구활동지출	•발생시점에 연구비 과목으로 비용처리함.
		개발활동지출	•자산인식요건을 충족O : 개발비의 과목으로 무형자산처리 •자산인식요건을 충족X : 발생시점에 경상개발비 과목으로 비용처리
	연구활동	•새로운 지식을 얻고자 하는 활동 •연구결과나 기타 지식을 탐색, 평가, 최종 선택, 응용하는 활동 •재료, 장치, 제품, 공정, 시스템이나 용역에 대한 여러 가지 대안을 탐색하는 활동 •새롭거나 개선된 재료, 장치, 제품, 공정, 시스템이나 용역에 대한 여러 가지 대체안을 제안, 설계, 평가, 최종 선택하는 활동	
	개발활동	•생산이나 사용 전의 시제품과 모형을 설계, 제작, 시험하는 활동 •새로운 기술과 관련된 공구, 지그, 주형, 금형 등을 설계하는 활동 •상업적 생산 목적으로 실현가능한 경제적 규모가 아닌 시험공장을 설계, 건설, 가동하는 활동 •신규 또는 개선된 재료, 장치, 제품, 공정, 시스템이나 용역에 대하여 최종적으로 선정된 안을 설계, 제작, 시험하는 활동	
	자산인식요건	기술적 실현가능성	•무형자산을 사용·판매하기 위해 그 자산을 완성할 수 있는 기술적 실현 가능성
		기업의 의도	•무형자산을 완성하여 사용하거나 판매하려는 기업의 의도
		기업의 능력	•무형자산을 사용하거나 판매할 수 있는 기업의 능력
		미래경제적효익	•무형자산이 미래경제적효익을 창출하는 방법. 그 중에서도 특히 무형자산의 산출물이나 무형자산 자체를 거래하는 시장이 존재함을 제시할 수 있거나 또는 무형자산을 내부적으로 사용할 것이라면 그 유용성을 제시할 수 있음.
		자원의 입수가능성	•무형자산의 개발을 완료하고 판매·사용하는데 필요한 기술적, 재정적 자원 등의 입수가능성
		신뢰성있는 측정	•개발과정상 무형자산관련 지출을 신뢰성있게 측정할 수 있는 능력
기타사항	소프트웨어	내부개발소프트웨어	•자산인식조건 충족시 '개발비'의 과목으로 무형자산처리
		외부구입소프트웨어	•자산인식조건 충족시 '소프트웨어'의 과목으로 무형자산처리
	산업재산권	•개발비를 상각하던 중 산업재산권(특허권등) 취득시 →미상각개발비를 특허권으로 대체치 아니함.(즉, 각각 상각함)	

제1편
[단기속성특강] 재무회계

제2편
[단기속성특강] 세무회계

제3편
[단기속성특강] 원가관리회계

합본부록1
신유형기출문제

합본부록2
10개년/기출엄선노트

FINAL 객관식뽀개기 기출&적중문제

1. 다음의 보기 중 재무상태표에 무형자산으로 보고하기 어려운 항목은?

① 특허권 ② 상표권
③ 광업권 ④ 신소재 관련 연구비

📍 **내비게이션**

• 연구비는 당기비용 처리함.

2. 다음 중 무형자산에 해당하지 않는 것은?

① 특허권
② 사업결합으로 취득한 영업권
③ 무형자산 인식요건을 충족한 개발비
④ 내부프로젝트에서 발생한 지출이 연구단계인지 개발단계인지 구분할 수 없는 지출

📍 **내비게이션**

• 연구단계인지 개발단계인지를 구분할 수 없는 지출은 연구단계에서 발생한 것으로 보아 연구비 과목으로 비용처리한다.

3. 다음 중 내부적으로 창출한 무형자산과 관련한 설명으로 가장 올바르지 않은 것은?

① 내부적으로 창출한 영업권은 자산으로 인식하지 아니한다.
② 내부 프로젝트의 연구단계에서는 미래경제적효익을 창출할 무형자산이 존재한다는 것을 제시할 수 없기 때문에, 내부 프로젝트의 연구단계에서 발생한 지출은 발생시점에 비용으로 인식한다.
③ 무형자산을 창출하기 위한 내부 프로젝트를 연구단계와 개발단계로 구분할 수 없는 경우에는 그 프로젝트에서 발생한 지출은 모두 연구단계에서 발생한 것으로 본다.
④ 재료, 장치, 제품, 공정, 시스템이나 용역에 대한 여러가지 대체안을 탐색하는 활동은 미래경제적효익이 창출될 것으로 예상되므로 무형자산으로 인식한다.

📍 **내비게이션**

• 재료, 장치, 제품, 공정, 시스템이나 용역에 대한 여러가지 대체안을 탐색하는 활동은 연구단계활동이므로 그 지출은 당기비용으로 처리한다.

4. ㈜A는 신제품 개발 프로젝트와 관련하여 당기 중 50억원을 지출하였다. 동 지출 중 2억원은 생산 전의 모형을 설계 및 제작하는데 소요되었고 48억원은 새로운 기술과 관련된 공구 등을 설계하는데 소요되었다. 이에 대한 회계처리로 가장 올바른 것은?

① 발생한 50억원 중 무형자산인식기준을 충족하는 것은 무형자산으로, 무형자산인식기준을 충족하지 못하는 것은 발생시점에 비용으로 인식한다.
② 무형자산 인식기준의 충족여부와 관계없이 신제품 프로젝트와 관련하여 발생한 50억원은 전액 현금지출시점에 비용으로 인식한다.
③ 무형자산 인식기준의 충족여부와 관계없이 새로운 기술과 관련된 공구 등을 설계하는 데 소요된 48억원은 무형자산으로 인식한다.
④ 무형자산 인식기준의 충족여부와 관계없이 생산전 모형을 설계 및 제작하는데 소요된 48억원은 전액 발생시점에 비용으로 인식한다.

📍 **내비게이션**

• 모두 개발단계활동에서 발생한 것이므로 자산인식기준을 충족하는 경우 무형자산으로 처리한다.

5. 제약회사인 (주)A는 20x2년초에 설립되었으며, 신약제품개발 프로젝트를 추진중이다. 다음은 (주)A의 신약제품 개발 프로젝트와 관련된 지출내역이다.

단계	지출시점	지출액	자산인식요건
연구단계	20x1.1.1	100,000원	
개발단계	20x2.1.1	100,000원	미충족
	20x2.12.1	200,000원	충족

20x2년말에 종료되는 회계연도에 개발비(무형자산)로 인식할 금액과 당기비용으로 인식할 금액은 얼마인가(단, 프로젝트 개발비는 20x2년 12월 1일에 무형자산 인식요건을 충족하였으며 개발비는 20x3년부터 사용가능 하다고 가정한다)?

	개발비	당기비용
①	400,000원	0원
②	300,000원	100,000원
③	200,000원	100,000원
④	100,000원	300,000원

📍 **내비게이션**

• 설립연도인 20x2년의 개발단계 지출액 중 자산인식요건을 충족한 200,000원만 개발비(무형자산)로 인식하며, 나머지 100,000원은 경상개발비(당기비용)로 처리한다.
*무형자산상각비는 사용가능시점인 20x3년부터 인식된다.

📘 **ANSWER** 1. ④ 2. ④ 3. ④ 4. ① 5. ③

단기속성특강 제33강		무형자산 상각·재평가·손상

상각	내용연수	• Min $\begin{cases} \text{경제적내용연수 : 미래경제적효익이 획득되는 기간} \\ \text{법적인내용연수 : 그 효익에 대한 접근을 통제할수 있는 기간} \end{cases}$ 🔎주의 비한정내용연수를 유한내용연수로의 변경은 회계추정의 변경으로 처리함.
	잔존가치	• 다음 중 하나에 해당하는 경우를 제외하고는 잔존가치는 영(0)으로 봄. 　• 내용연수 종료시점에 제3자가 자산을 구입하기로 한 약정이 있다. 　• 무형자산의 활성시장이 있고 다음을 모두 충족한다. 　　① 잔존가치를 그 활성시장에 기초하여 결정할 수 있다. 　　② 그러한 활성시장이 내용연수 종료시점에 존재할 가능성이 높다.
	상각방법	• 경제적효익의 소비형태를 반영한 방법이어야 하며, 결정불가시는 정액법 사용 🔎주의 상각방법의 변경은 회계추정의 변경으로 처리함.
	상각개시시점	• 자산이 사용가능한 때부터 시작함. 🔎주의 법률적 취득시점이나 무형자산을 계상한 시점이 아님.
	상각중지	• 유한무형자산은 더 이상 사용하지 않을 때도 상각을 중지하지 아니함. 　▶ 다만, 완전히 상각하거나 매각예정으로 분류되는 경우에는 상각을 중지함. • 추정잔존가치가 장부금액 이상이 되는 경우에는 잔존가치가 장부금액 미만으로 감소될 때까지 상각을 중지함.
	무형자산상각비	• 당기손익으로 인식함. ▶ 다만, 제조과정분은 재고자산의 장부금액에 포함함.
	표시방법	• 원칙 : 유형자산과 동일하게 취득원가에서 상각누계액을 차감하는 형식으로 표시함.
재평가	선택적용	• 원가모형이나 재평가모형 중 하나를 선택하여 적용함.
	분류별재평가	• 특정무형자산을 재평가할때, 해당자산이 포함되는 무형자산분류 전체를 재평가함. 🔎주의 무형자산별로 선택적 재평가를 하는 것이 아님.
	장부금액표시	• 재평가한 무형자산과 같은 분류내의 무형자산을 그 자산에 대한 활성시장이 없어서 재평가할 수 없는 경우에는 장부금액(상각누계액, 손상차손누계액 차감액)으로 표시함. 🔎주의 ∴활성시장이 없으면 재평가모형 적용불가함.
	적용배제	① 이전에 자산으로 인식하지 않은 무형자산의 재평가는 허용되지 않음 ② 원가가 아닌 금액으로 무형자산을 최초로 인식시는 재평가가 허용되지 않음 　▶ 예외 다음의 경우는 적용가능함. 　　ⅰ) 일부 과정이 종료될 때까지 인식기준 불충족으로 일부만 자산으로 인식한 경우에는 그 자산 전체에 대하여 재평가모형을 적용가능 　　ⅱ) 정부보조로 취득하고 공정가치가 아닌 명목금액으로 인식한 무형자산에 대해서도 재평가모형을 적용가능
	회계처리	• 유형자산과 동일함.
손상	손상검사	• 자산손상을 시사하는 징후가 있다면 회수가능액을 추정함. 🔎주의 다음의 경우는 손상징후유무에 관계없이 매년 손상검사를 하여 회수가능액을 추정함. 　　① 비한정무형자산　　② 아직 사용불가 무형자산　　③ 영업권
	회계처리	• 유형자산과 동일함.
	🔎주의 영업권은 내용연수가 비한정이므로 상각대상이 아니며, 손상평가 대상임. (단, 환입은 불가)		

FINAL 객관식뽀개기　　　　　기출 & 적중문제

1. 제조업을 영위하고 있는 ㈜A는 신제품 개발활동과 관련하여 20x1년 초 3,000,000원을 개발비로 계상하였다(해당 개발비는 무형자산인식기준을 충족함). 해당 무형자산이 20x1년 10월 1일부터 사용가능하다면, 무형자산으로 인식한 개발비와 관련하여 2-0x1년말에 인식할 무형자산과 무형자산상각비는 얼마인가(단, ㈜A는 무형자산을 원가모형을 적용하여 회계처리하고 정액법으로 상각하며, 내용연수는 5년에 잔존가치는 0원이다)?

	무형자산	무형자산상각비
①	2,850,000원	150,000원
②	2,800,000원	200,000원
③	2,600,000원	400,000원
④	2,400,000원	600,000원

◉ **내비게이션**

• 20x1년말 무형자산상각비 : $(3,000,000 \div 5년) \times \dfrac{3}{12} = 150,000$

• 20x1년말 무형자산 : 3,000,000-150,000=2,850,000

2. 20x2년 12월 31일로 종료하는 회계기간의 무형자산상각액으로 인식될 금액을 올바르게 짝지은 것은?

> ㄱ. 취득원가는 400,000원이다. 동 자산의 경제적 내용연수는 비한정인 것으로 판단되고 경영진인 김이사도 내용연수의 제한없이 사용할 것으로 예상하고 있으나, 내용연수를 보다 명확히 하기 위하여 20년의 기간 동안 정액법으로 상각하기로 하였다.
>
> ㄴ. 취득시점(20x2년 1월 1일)에 바로 사용이 가능하나 경영진인 김이사는 20x3년 1월 1일에 사용을 시작하기로 결정하였다. 동 자산의 취득원가는 200,000원이며, 20x5년 12월 31일까지 사용 가능할 것으로 예상하고 있다. 자산의 미래경제적효익이 소비되는 형태는 신뢰성있게 결정할 수 없다.

	ㄱ	ㄴ			ㄱ	ㄴ
①	0원	50,000원		②	0원	67,000원
③	20,000원	50,000원		④	20,000원	67,000원

◉ **내비게이션**

• ㄱ : 내용연수가 비한정인 경우에는 상각대상이 아니므로 무형자산상각액으로 인식할 금액은 없다.

• ㄴ : 무형자산은 사용가능한 시점인 20x2년부터 상각한다. 또한, 자산의 미래경제적효익이 소비되는 형태를 신뢰성있게 결정할 수 없는 경우에는 정액법에 의하므로 4년(20x2.1.1~20x5.12.31)동안 정액법으로 무형자산 상각액을 인식한다.
→ 매년 무형자산상각액 : 200,000x1/4=50,000

3. 다음은 ㈜A의 20x1년 중 연구 및 개발활동으로 지출한 내역이다.

> ㄱ. 연구활동관련 : 100,000원
> ㄴ. 개발활동관련 : 120,000원
> – 개발활동에 소요된 120,000원 중 30,000원은 20x1년 4월 1일부터 동년 9월 30일까지 지출되었으며 나머지 90,000원은 10월 1일에 지출되었다. 단, 10월 1일에 지출된 90,000원만 무형자산 인식기준을 충족하며, 동일부터 사용가능하게 되었다.

㈜A는 20x1년 12월 31일 산업재산권을 취득하였고 이와 관련하여 직접적으로 지출된 금액은 6,000원이다. 개발비와 산업재산권은 취득 후 5년간 정액법으로 상각한다. 20x1년 12월 31일 ㈜A의 재무상태표에 보고되어야 할 개발비와 산업재산권은 각각 얼마인가(단, 원가모형을 선택하고 있다)?

	개발비	산업재산권
①	114,000원	6,000원
②	85,500원	91,500원
③	85,500원	6,000원
④	0원	120,000원

◉ **내비게이션**

• 개발비 : $90,000-(90,000 \div 5년) \times \dfrac{3}{12} = 85,500$

• 산업재산권 : 6,000(취득원가)

4. ㈜A가 20x1년초에 취득한 특허권에 관한 자료는 다음과 같다. 특허권은 정액법으로 상각하며 잔존가치는 0원이다. ㈜A가 20x1년 말에 인식할 특허권 장부금액과 손상차손금액은 얼마인가?

취득원가	내용연수	20x1년말	
		순공정가치	사용가치
200,000원	5년	100,000원	150,000원

	특허권	손상차손
①	200,000원	0원
②	150,000원	10,000원
③	100,000원	60,000원
④	0원	160,000원

◉ **내비게이션**

• 20x1년말 손상전 특허권 장부금액 : 200,000-200,000÷5년=160,000

• 손상차손 : 160,000-Max[100,000,150,000]=10,000

• 20x1년말 특허권 장부금액 : 160,000-10,000=150,000

📖 **ANSWER** 1. ① 2. ① 3. ③ 4. ②

| 단기속성특강 제34강 | | 투자부동산 |

의의	정의	• 투자부동산이란 임대수익이나 시세차익 또는 둘 다를 얻기 위하여 소유자가 보유하거나 리스 이용자가 사용권자산으로 보유하고 있는 부동산을 말함. ▶ 부동산은 토지나 건물 또는 둘 다를 의미함. **참고** 리스기준서에서는 투자부동산의 정의(임대수익·시세차익목적 보유)를 충족하는 사용권자 산은 재무상태표에 투자부동산으로 표시하도록 규정하고 있음.			
	부동산 일반적 분류	임대수익·시세차익목적 보유		■ 투자부동산	
		재화생산·용역제공·관리목적 보유		■ 유형자산(자가사용부동산)	
		통상적 영업과정에서 판매목적 보유		■ 재고자산	
	평가모형분류	유형자산 (선택)	원가모형	•감가상각 O	–
			재평가모형	•감가상각 O	•재평가잉여금(기타포괄손익) •재평가손실(당기손익)
		투자부동산 (선택)	원가모형	•감가상각 O	•공정가치는 주석공시
			공정가치모형	•감가상각 X	•평가손익(당기손익)
투자부동산 해당여부	투자부동산 O [예시]	① 장기시세차익을 얻기 위하여 보유하고 있는 토지 　▶ 통상영업과정에서 단기간에 판매하기 위하여 보유하는 토지는 제외함. ② 장래 용도(사용목적)를 결정하지 못한 채로 보유하고 있는 토지 　▶ 자가사용, 판매여부를 결정치 못한 경우는 시세차익목적 보유로 간주함. ③ 직접 소유하고 운용리스로 제공하는 건물(또는 보유하는 건물에 관련되고 운용리스로 제공 하는 사용권자산) ④ 운용리스로 제공하기 위하여 보유하는 미사용 건물 ⑤ 미래에 투자부동산으로 사용하기 위하여 건설·개발중인 부동산			
	투자부동산 X [예시]	① 통상영업과정에서 판매 또는 이를 위하여 건설·개발 중인 부동산 　▶ '재고자산' 참조! ② 자가사용부동산으로 다음을 포함. 　• 미래에 자가사용(개발후 자가사용)하기 위한 부동산 　• 종업원이 사용하고 있는 부동산(임차료를 시장요율로 지급하고 있는지는 무관) 　• 처분예정인 자가사용부동산 ③ 금융리스로 제공한 부동산			
인식 · 측정	최초측정	• 최초인식시점에 원가로 측정하며, 거래원가는 최초측정에 포함함.			
	구입원가	• 구입금액과 구입에 직접 관련이 있는 지출(예 전문가수수료, 구입관련세금)로 구성됨.			
	후불조건	• 후불조건으로 취득하는 경우의 원가는 취득시점의 현금가격상당액으로 함. 　▶ 현금가격상당액과 실제총지급액의 차액은 신용기간 동안의 이자비용으로 인식함.			
	사용권자산	• 리스이용자가 사용권자산으로 보유하는 투자부동산은 '리스'에 따라 인식하고 측정함.			
계정대체 [예시]	자가사용의 개시 자가사용을 목적으로 개발시작	■ 투자부동산		▶ 자가사용부동산(유형자산)으로 대체	
	통상영업과정에서 판매할 목적으로 개발시작	■ 투자부동산		▶ 재고자산으로 대체	
	자가사용의 종료	■ 자가사용부동산		▶ 투자부동산으로 대체	
	제3자에 대한 운용리스 제공의 약정	■ 재고자산		▶ 투자부동산으로 대체[1]	

[1]공정가치모형으로 대체시는 공정가치로 계상하고 장부금액과 공정가치 차액은 당기손익 처리함.
▶ ㉠ (차) 재고자산(공정가치-장부금액)　2　(대) 처분이익(당기손익)　2
　㉡ (차) 투자부동산　12　(대) 재고자산　12

FINAL 객관식뽀개기

기출 & 적중문제

1. 다음은 ㈜A의 두 직원이 나눈 대화이다. 다음 중 대화의 주제인 투자부동산에 대한 설명으로 가장 올바르지 않은 것은?

> 박과장 : 이대리, 이번에 취득한 건물 전표는 계정과목을 투자부동산으로 수정해서 다시 제출하게.
>
> 이대리 : 과장님, 건물은 유형자산 아닌가요? 왜 투자부동산으로 분류하죠?
>
> 박과장 : 이번 건은 사장님 특별 지시로 사용목적이 정해지지 않은 채로 구입한 거라 영업활동에 사용하기 위해 보유하는 유형자산과는 구별해야지.
>
> 이대리 : 아, 그렇군요. 알겠습니다. 다만, 투자부동산은 ERP 시스템에 등록되지 않은 계정과목이라 전표 입력을 위해서는 IT팀과 협조해서 계정을 생성해야 하니 수정 전표는 모레 제출하겠습니다.
>
> 박과장 : 그렇게 하게. 그리고 투자부동산에 대해서는 공정가치모형으로 회계처리하는 것으로 보고했으니 해당 내용을 미리 파악해두게.

① 정상적인 영업과정에서 단기간에 판매하기 위하여 보유하고 있는 토지는 투자부동산으로 분류한다.

② ㈜A가 자산을 유동자산과 비유동자산으로 구분하여 재무상태표에 표시하는 경우 이대리는 IT팀에 투자부동산을 비유동자산의 세부항목으로 생성하도록 요청할 것이다.

③ 이대리는 상기 건물에 대해 감가상각을 고려하지 않아도 된다.

④ 이대리는 상기 건물의 공정가치 변동으로 인해 발생하는 손익을 당기손익으로 회계처리한다.

◉ 내비게이션

• 정상적인 영업과정에서 단기간에 판매하기 위하여 보유하고 있는 토지는 재고자산으로 분류한다.

2. 다음은 건설회사인 (주)A의 김사장과 이과장이 나눈 대화이다. 다음 중 대화의 주제인 투자부동산에 대한 설명으로 가장 올바르지 않은 것은(단, 공정가치모형으로 회계처리할 경우 투자부동산의 공정가치를 계속하여 신뢰성 있게 결정할 수 있다고 가정한다.)?

> 김사장 : 이과장. 이번에 건설한 상가는 요즘 부동산 경기가 좋지 않아서 분양이 잘되지 않으니 임대목적으로 전향하도록 하게.
>
> 이과장 : 네, 알겠습니다. 그러면 상가의 계정과목을 변경해야겠군요.
>
> 이과장 : 투자부동산으로 변경해야 할 것 같습니다.
>
> 김사장 : 그렇다면, 재무제표에 미치는 영향은 어떻게 달라지나?

① (주)A가 이미 다른 건물을 임대목적으로 사용하고 있고, 이를 공정가치 모형으로 회계처리하고 있다면, 위에서 언급한 상가도 공정가치모형으로 회계처리해야 한다.

② 상가에 대해 공정가치 모형으로 회계처리할 경우 감가상각은 하지 않기 때문에 감가상각으로 인한 비용은 발생하지 않을 것이다.

③ 투자부동산을 공정가치모형으로 회계처리 하는 경우 상가(투자부동산)의 장부금액은 상가(재고자산)의 대체전 장부금액으로 한다.

④ 상가에 대해 공정가치모형으로 회계처리할 경우 공정가치 변동으로 발생하는 손익은 발생한 기간의 당기손익에 반영한다.

◉ 내비게이션

• 재고자산을 공정가치모형으로 처리하는 투자부동산으로 대체시에는 공정가치로 대체하고 재고자산 장부금액과의 차액은 당기손익으로 처리한다.

3. ㈜A와 ㈜B는 20x1년초에 임대수익 및 시세차익 등을 목적으로 각각 건물 1동씩을 40억원에 매입하였다. 두 건물의 취득 당시 내용연수는 20년, 잔존가치는 없으며 20x1년말 건물의 공정가치는 36억원으로 동일하다. ㈜A와 ㈜B가 선택하고 있는 측정방식은 다음과 같다. 다음 중 상기 건물의 취득과 보유가 20x1년말 ㈜A와 ㈜B의 당기손익에 미치는 영향에 대한 설명으로 가장 올바른 것은(단, 손상사유는 발생하지 않은 것으로 가정)?

구분	㈜A	㈜B
유형자산 평가방법	원가모형	원가모형
투자부동산 평가방법	원가모형	공정가치모형
감가상각방법	정액법	정액법

① ㈜A가 ㈜B보다 이익이 2억원 더 많이 계상된다.

② ㈜A가 ㈜B보다 이익이 2억원 더 적게 계상된다.

③ ㈜A가 ㈜B보다 이익이 4억원 더 많이 계상된다.

④ ㈜A와 ㈜B의 당기손익에 미치는 영향은 동일하다.

◉ 내비게이션

• ㈜A : 투자부동산(원가모형)의 감가상각비→ 40억 ÷ 20년=2억
• ㈜B : 투자부동산(공정가치모형)의 평가손실→ 40억-36억=4억
→ ∴㈜A의 당기이익이 2억원 더 크다.

단기속성특강 제35강		금융자산 범위·분류·인식

금융자산 범위	범위	① 현금과 다른 기업의 지분상품 ② 거래상대방에게서 현금 등 금융자산을 수취하기로 한 계약상 권리 ③ 잠재적으로 유리한 조건으로 금융자산이나 금융부채를 교환하기로 한 계약상 권리 ④ 과거 대가지급하고 그 대가로 수취할 자기지분상품(=주식)의 수량이 변동가능한 비파생상품 ⑤ 확정수량의 자기지분상품을 미래 확정금액의 현금 등 금융자산과 교환하여 결제하는 방법 외의 방법으로 결제하거나 결제할 수 있는 파생상품 저자주 위 ②~⑤는 거래상대방에게 금융부채를 발생시키므로 '금융부채'를 참조바랍니다.
	제외	•실물자산(재고자산, 유형자산)과 무형자산, 사용권자산 •선급비용, 선급금, 계약에 의하지 않은 자산, 법인세관련 자산(이연법인세자산)

금융자산 분류시 고려사항	사업모형	의의	•사업모형은 현금흐름을 창출하기 위해 금융자산을 관리하는 방식을 의미함.	
		구분	① 현금흐름수취목적	◐주의 만기까지 보유할 필요는 없음.
			② 현금흐름수취와 금융자산매도목적	◐주의 금융자산의 매도가 필수적임.
	현금흐름특성		•금융자산을 분류하기 위해서는 원리금지급만으로 구성되어 있는지를 판단해야함. ▶ 계약상 현금흐름이 원리금지급만으로 구성되는지는 금융자산의 표시통화로 평가함.	
	참고 성격상 지분상품·파생상품은 사업모형이 없음 →∴금융자산 재분류가 불가능함.			

◆[원칙] 사업모형과 현금흐름특성에 근거하여 다음과 같이 분류·측정함.

분류·측정	충족조건	해당증권
AC금융자산 [상각원가측정]	① 현금흐름수취목적 사업모형일 것 ② 원리금지급만으로 구성된 현금흐름일 것	채무상품
FVOCI금융자산 [기타포괄손익-공정가치측정]	① 현금흐름수취와 금융자산매도목적 사업모형일 것 ② 원리금지급만으로 구성된 현금흐름일 것	채무상품
FVPL금융자산 [당기손익-공정가치측정]	그 외 모든 금융자산 ▶ 예 단기매매항목	지분상품, 채무상품, 파생상품

◆[선택] 최초인식시점에 다음과 같이 측정하기로 선택할수 있음. ▶ ◐주의 선택시 이후에 취소불가함.

분류·측정	충족조건	해당증권
FVOCI금융자산	① 단기매매항목이 아닐 것 ② 사업결합에서 취득자가 인식하는 조건부대가가 아닐 것	지분상품
FVPL금융자산	회계불일치를 제거하거나 유의적으로 줄이기 위한 경우일 것	지분상품, 채무상품

금융자산 인식	최초인식	일반매입	•금융자산은 금융상품의 계약당사자가 되는 때에만 F/P에 인식함.
		정형화된 매입[*]	•매매일(=매입약정일) 또는 결제일(=자산인수일) 중 선택하여 인식 ▶ 결제일 회계처리방법의 경우 매매일과 결제일 사이의 공정가치 변동을 금융자산 분류에 따라 당기손익(기타포괄손익)으로 인식함. (단, AC금융자산은 공정가치 변동분에 대한 인식이 없음.) 참고 정형화된 매도 역시 매매일이나 결제일에 제거함.
		[*]한국거래소의 유가증권시장이나 코스닥시장에서는 매매계약 체결후 2거래일후에 결제가 이루어지며 정형화된 결제시스템에 의해 계약이행이 실질적으로 보장되므로 정형화된 매매거래에 해당함.	
	최초측정		•금융자산은 최초인식시점에 공정가치로 측정함. ◐주의 '공정가치≠거래가격'이면 공정가치로 계상하고 차액은 당기손익처리
	거래원가	FVPL금융자산	•발생즉시 당기비용으로 인식
		그 외 금융자산	•공정가치에 가산
	보론 금융자산 제거(구체적내용은 후술함)		
	제거사유		•현금흐름에 대한 계약상 권리가 소멸 또는 양도가 제거의 조건을 충족
	제각		•회수 예상불가시 총장부금액을 직접 줄임. ▶ 제각은 금융자산 제거 사건으로 봄.

FINAL 객관식뽀개기   기출 & 적중문제

1. K-IFRS 금융상품과 관련하여 금융자산의 분류에 대한 설명이다. 가장 타당하지 않은 것은 어느 것인가?

① 단기매매목적의 채무상품은 기타포괄손익인식금융자산(기타포괄손익-공정가치측정금융자산)으로 분류한다.

② 원칙적으로 지분상품은 당기손익인식금융자산(당기손익-공정가치측정금융자산)으로 분류한다.

③ 원리금 수취목적(현금흐름 수취목적)의 채무상품은 상각후원가측정금융자산으로 분류한다.

④ 단기매매항목이 아닌 지분상품은 최초 취득시 기타포괄손익인식금융자산(기타포괄손익-공정가치측정금융자산)으로 지정할 수 있다.

⊙ **내비게이션**

• 단기매매목적인 경우는 당기손익인식금융자산(당기손익-공정가치측정금융자산)으로 분류한다.

2. ㈜합격은 20x1년 7월 1일에 ㈜적중의 주식 10주를 주당 250,000원에 현금으로 취득하였으며, 취득과 직접 관련되는 거래원가를 주당 2,000원을 지출하였다. 동 주식을 당기손익인식금융자산(당기손익-공정가치측정금융자산)으로 분류하는 경우와 기타포괄손익인식금융자산(기타포괄손익-공정가치측정금융자산)으로 분류하는 경우 동 주식의 취득원가는 각각 얼마인가?

	당기손익인식 금융자산	기타포괄손익인식 금융자산
①	2,500,000원	2,500,000원
②	2,500,000원	2,520,000원
③	2,520,000원	2,480,000원
④	2,520,000원	2,500,000원

⊙ **내비게이션**

• 당기손익인식금융자산 : 250,000x10주=2,500,000

   (차) FVPL   2,500,000 (대) 현금   2,500,000

   (차) 지급수수료   20,000 (대) 현금   20,000

• 기타포괄손익인식금융자산 : 250,000x10주+2,000x10주= 2,520,000

   (차) FVOCI   2,520,000 (대) 현금   2,520,000

3. K-IFRS 금융상품과 관련하여 상각후원가측정금융자산에 대한 설명이다. 가장 옳지 않은 것은 어느 것인가?

① 원칙적으로 모든 채무상품은 상각후원가측정금융자산으로 분류한다.

② 상각후원가측정금융자산은 사업모형이 원리금을 수취하는 것인 금융자산을 의미한다.

③ 상각후원가측정금융자산 취득시 지출된 거래원가는 취득원가에 우선 가산한 후 유효이자율법에 의해 이자수익에 가산된다.

④ 상각후원가측정금융자산은 유효이자율법을 적용하여 상각후원가로 평가한다.

⊙ **내비게이션**

• 사업모형과 충족조건에 따라 AC금융자산, FVOCI금융자산, FVPL금융자산 모두로 분류될 수 있다.

4. ㈜합격이 20x1년초에 취득한 금융자산이 다음과 같을 때 20x1년초에 인식할 상각후원가측정금융자산(ㄱ), 기타포괄손익인식금융자산(ㄴ), 당기손익인식금융자산(ㄷ)은 각각 얼마인가?

• (주)A의 지분상품(단기매매목적)
 - 취득금액 2,000,000원, 거래원가 200,000원

• (주)B의 채무상품(계약상 현금흐름 수취목적)
 - 액면금액 2,000,000원, 표시이자율 12%, 유효이자율 12%

• (주)C의 지분상품(취득시 기타포괄손익으로 지정)
 - 취득금액 3,000,000원, 거래원가 300,000원

	ㄱ	ㄴ	ㄷ
①	2,000,000원	3,300,000원	2,200,000원
②	2,000,000원	3,300,000원	2,000,000원
③	2,200,000원	3,000,000원	2,200,000원
④	2,000,000원	3,000,000원	2,000,000원

⊙ **내비게이션**

• (주)A의 지분상품 : FVPL금융자산(ㄷ)
 →취득원가 : 2,000,000(거래원가는 당기비용 처리함)

• (주)B의 채무상품 : AC금융자산(ㄱ)
 →취득원가 : 2,000,000(액면발행)

• (주)C의 지분상품 : FVOCI금융자산(ㄴ)
 →취득원가 : 3,300,000(거래원가는 취득 공정가치에 가산)

단기속성특강 제36강   금융자산 손상

손상인식	손상대상	① AC금융자산(채무상품) ② FVOCI금융자산(채무상품)
	기대손실모형	•신용이 손상되지 않은 경우에도 기대신용손실을 추정하여 인식함.
	회계처리	•(차) 금융자산손상차손 xxx (대) 손실충당금(or 기타포괄손익) xxx

		보론 신용이 손상된 경우(손상발생의 객관적 증거가 있은 경우)
		  ■ 재무적 어려움, 채무불이행, 연체와 같은 계약위반, 차입조건의 불가피한 완화, 파산가능성
		  ■ 재무구조조정가능성, 활성시장의 소멸, 크게 할인가격으로 매입하거나 창출
		참고 발생손실모형 : 신용이 손상된 경우에만 손상을 인식

기대손실모형	신용손실	■ [계약상현금흐름 – 수취예상현금흐름]의 현재가치(by최초유효이자율[*]) '모든 현금부족액' [*] 취득시 신용이 손상되어 있는 금융자산은 신용조정유효이자율로 할인함.

	기대신용손실	•개별 채무불이행 발생위험으로 가중평균한 신용손실을 말함.
		▶ 즉, 기대존속기간 동안 발생할 것으로 예상하는 신용손실의 확률가중추정치로서, 신용손실을 확률로 가중평균한 금액이 기대신용손실임.
		  ⌕주의 기대신용손실을 측정할 때 가능한 시나리오를 모두 고려할 필요는 없음.
		  ⌕주의 기대신용손실을 측정할 때 고려하는 가장 긴 기간은 신용위험에 노출되는 최장 계약기간(연장옵션 포함)이며 이 보다 더 긴 기간이 사업관행과 일관된다고 하더라도 최장 계약기간을 넘어설 수 없음.

	유효이자율	•추정미래현금흐름의 현가를 금융자산 총장부금액(=손실충당금 조정전 상각후원가)과 정확히 일치시키는 이자율 ⌕주의 모든 계약조건만 고려하여 기대CF를 추정하며, 기대신용손실은 고려치 않음.
	신용조정 유효이자율	•취득시 신용이 손상되어 있는 금융자산의 추정미래현금흐름의 현가를 해당 금융자산의 상각후원가(=손실충당금 조정후 상각후원가)와 정확히 일치시키는 이자율 ⌕주의 모든 계약조건과 기대신용손실을 고려하여 기대CF를 추정함.

기대신용손실 계산방법 [일반적접근법]	전체기간 기대신용손실	•기대존속기간에 발생할 수 있는 모든 채무불이행 사건에 따른 기대신용손실 ■ 채무불이행시 노출금액×채무불이행시 손실률×전체기간 채무불이행 발생확률 '신용손실추정액'
	12개월 기대신용손실	•보고기간말후 12개월 내에 발생가능한 채무불이행 사건에 따른 기대신용손실 ■ 채무불이행시 노출금액×채무불이행시 손실률×12개월 채무불이행 발생확률
		참고 기준서에서는 위 손실률을 총장부금액 대비 현재가치비율로 간주함.(즉, 화폐시간가치 고려됨)

신용위험과 연체정보	신용위험	•의무를 이행하지 않아 상대방에게 재무손실을 입힐 위험(신용손상의 사전징후)	
	재검토	•신용위험이 유의적으로 증가하였는지는 매 보고기간말에 평가함.	
	연체정보와 신용위험증감	❖ 연체정보를 사용하여 다음과 같이 판단할 수 있음. ▶ 단, 반증가능한 간주규정임.	
		연체일수 30일 이내	•신용위험이 유의적으로 증가하지 않음.(낮음)
		연체일수 30일 초과 90일 이내	•신용위험이 유의적으로 증가함.
		연체일수 90일 초과	•신용이 손상됨.(채무불이행)

기대신용손실 인식방법	구분	기대신용손실(손실충당금) 인식	
	신용손상 O	•전체기간 기대신용손실을 손실충당금으로 인식	
	신용손상 X	신용위험 유의적 증가 O	•전체기간 기대신용손실을 손실충당금으로 인식
		신용위험 유의적 증가 X	•12개월 기대신용손실을 손실충당금으로 인식
		참고 취득시 신용이 손상되어 있는 금융자산은 전체기간 기대신용손실의 누적변동분만을 인식함.	

FINAL 객관식뽀개기 / 기출 & 적중문제

1. 금융자산의 손상 발생에 대한 객관적인 증거로 보기에 가장 어려운 것은?

① 유동부채가 유동자산을 초과하는 경우
② 재무적 어려움으로 당해 금융자산에 대한 활성거래시장의 소멸
③ 금융자산의 발행자나 지급의무자의 중요한 재무적 어려움
④ 이자지급이나 원금상환의 불이행이나 지연과 같은 계약 위반

내비게이션
•①은 손상 발생의 객관적인 증거로 규정되어 있지 않다.

2. K-IFRS 금융상품 중 금융자산의 손상에 대한 설명이다. 가장 타당하지 않은 설명은 어느 것인가?

① 상각후원가측정금융자산의 손상차손은 손실충당금을 설정하나 채무상품인 기타포괄손익인식금융자산(기타포괄손익-공정가치측정금융자산)은 기타포괄손익으로 인식한다.
② 신용이 손상되지 않은 경우 신용위험이 유의적으로 증가하지 않았다면 전체기간 기대신용손실을 손실충당금으로 인식한다.
③ 손상의 대상은 상각후원가측정금융자산과 채무상품인 기타포괄손익인식금융자산(기타포괄손익-공정가치측정금융자산)이다.
④ 금융자산의 신용이 손상되지 않은 경우에도 기대신용손실을 추정하여 손상을 인식한다.

내비게이션
•전체기간 기대신용손실(X) → 12개월 기대신용손실(O)

3. 다음 중 기타포괄손익-공정가치측정금융자산에 대한 설명으로 올바르지 않은 것은?

① 기타포괄손익-공정가치측정금융자산으로 분류되는 채무상품은 사업모형이 변경되는 경우 당기손익-공정가치측정금융자산으로 재분류가 가능하다.
② 기타포괄손익-공정가치측정금융자산에 대한 손상차손은 인식하지 않는다.
③ 기타포괄손익-공정가치측정금융자산은 원칙적으로 공정가치로 평가하여 평가손익을 기타포괄손익에 반영한다.
④ 기타포괄손익-공정가치측정금융자산의 최초 취득시 지급한 거래원가는 취득원가로 인식한다.

내비게이션
•손상차손 인식대상
ㄱ AC금융자산〈상각후원가측정금융자산〉
ㄴ FVOCI금융자산(채무상품)〈기타포괄손익-공정가치측정금융자산〉

4. 다음 중 금융자산의 손상에 대한 설명으로 가장 올바르지 않은 것은?

① 상각후원가측정금융자산의 손상차손은 당기비용 처리하고 손실충당금을 설정한다.
② 상각후원측정금융자산과 기타포괄손익인식금융자산으로 분류되는 채무상품에 대하여 손상차손을 인식할 수 있다.
③ 신용이 손상되지 않은 경우 금융상품의 신용위험이 유의적으로 증가하지 않는다면 보고기간말에 12개월 기대신용손실금액에 해당하는 금액으로 손실충당금을 측정한다.
④ 기타포괄손익인식금융자산으로 분류되는 채무상품의 손상차손은 손실충당금을 설정하여 금융상품의 장부금액에서 차감하여 표시한다.

내비게이션
•기타포괄손익-공정가치측정금융자산의 손실충당금을 인식하고 측정하는데 손상 요구사항을 적용한다. 그러나 해당 손실충당금은 기타포괄손익에서 인식하고 재무상태표에서 금융자산의 장부금액을 줄이지 아니한다.[K-IFRS 제1109호 문단5.5.2] 즉, FVOCI금융자산에 대해서 인식하는 손상차손은 손실충당금으로 인식하지 않고 기타포괄손익(FVOCI금융자산평가손익)에서 조정한다.
→[이유] FVOCI금융자산의 보고기간말 장부금액은 공정가치로 표시되어야 하는데, 손상차손을 인식하면서 이를 손실충당금의 변동으로 회계처리하면 장부금액(손실충당금이 차감된 순액)이 공정가치와 다른 금액으로 표시되는 문제가 발생한다. 따라서 기타포괄손익으로 인식했던 평가손익에서 조정한다. 이렇게 회계처리하면 공정가치로 인식했던 재무상태표상 금융자산의 장부금액은 줄어들지 않는다.

ANSWER 1.① 2.② 3.② 4.④

| 단기속성특강 제37강 | FVPL 금융자산(지분상품/채무상품) |

취득	**최초측정**	•공정가치로 측정함. ▶ '공정가치≠거래가격'이면 공정가치로 계상하고 차액은 손익처리 **예시** 취득가격 1,200 (차) FVPL금융자산 1,000 (대) 현금 1,200 공정가치 1,000 금융자산취득손실 200
	거래원가	•취득과 직접 관련된 거래가는 발생즉시 당기비용으로 처리함. ♀주의 AC금융자산과 FVOCI금융자산의 거래원가는 취득원가에 가산함.
	단가산정	•원가흐름가정(개별법, 가중평균법, 선입선출법)을 사용하여 종목별로 산정함.
	지분상품	**종목구분** •보통주와 우선주는 별개종목으로 보고 회계처리함 •유상신주는 신·구주가 구분되어 거래되는 기간동안은 별개종목으로 분류함. ▶ 단, 회계연도종료로 신·구주 구분이 없어지면 동일 종목으로 취급
		주식배당 •무상증자·주식배당의 경우는 신·구주 종류에 불구하고 주식수 비례에 따라 구주의 장부금액을 안분하여 산정 ▶ ∴주식수증가, 평균단가만 하락
	채무상품	•이자지급일사이에 취득한 경우에는 경과이자는 취득원가에서 제외하여 미수이자로 계상하며, 보유기간 해당분만 이자수익으로 인식함. ▶ ∴취득원가 = 구입가 - 경과이자
		취득시점 (차) FVPL금융자산 100,000 (대) 현금 106,000 미수이자 6,000
		이자수령 (차) 현금 12,000 (대) 미수이자 6,000 이자수익 6,000
평가	**평가손익**	•공정가치와 장부금액의 차액을 당기손익 처리함.
	회계처리	•평가손익을 FVPL금융자산에서 직접 가감함. **평가이익** (차) FVPL금융자산 xxx (대) FVPL금융자산평가이익 xxx ♀주의 ∴'장부금액=전기말공정가치'가 되며, 채무상품은 할인·할증상각이 없음.
처분	**처분손익**	•처분금액(매각대금 - 거래원가) - 장부금액
	이자수익	•채무상품을 이자지급일 사이에 처분시 경과이자분은 처분손익에 포함치 않음. ▶ 즉, 경과이자는 이자수익으로 우선 인식함.

▦ 사례 ▪ FVPL금융자산 회계처리

❂ 5/1 FVPL금융자산인 액면 ₩100,000(12%) 사채를 공정가치에 경과이자 포함하여 ₩110,000에 취득. 수수료로 ₩1,000 별도 지출함. 이자는 6/30과 12/31 지급. 6/30에 반년치 이자를 현금으로 수령. 11/1 사채 50%를 경과이자 포함하여 ₩50,000에 처분. 12/31 보유분 공정가치는 ₩52,000이다.

✐풀이

5/1	(차) FVPL금융자산	106,000	(대) 현금	110,000	$^{1)} 100,000 \times 12\% \times 4/12 = 4,000$	
	미수이자	4,000$^{1)}$				
	(차) 지급수수료	1,000	(대) 현금	1,000		
6/30	(차) 현금	6,000$^{2)}$	(대) 미수이자	4,000	$^{2)} 100,000 \times 12\% \times 6/12 = 6,000$	
			이자수익	2,000		
11/1	(차) 현금	2,000$^{3)}$	(대) 이자수익	2,000	$^{3)} 100,000 \times 12\% \times 4/12 \times 50\% = 2,000$	
	(차) 현금	48,000	(대) FVPL금융자산	53,000$^{4)}$	$^{4)} 106,000 \times 50\% = 53,000$	
	처분손실	5,000				
12/31	(차) 현금	3,000$^{5)}$	(대) 이자수익	3,000	$^{5)} 100,000 \times 12\% \times 6/12 \times 50\% = 3,000$	
	(차) 평가손실	1,000	(대) FVPL금융자산	1,000$^{6)}$	$^{6)} 53,000 - 52,000 = 1,000$	

FINAL 객관식뽀개기

기출 & 적중문제

1. 다음은 ㈜합격이 단기매매목적으로 취득한 당기손익인식금융자산(당기손익-공정가치측정금융자산)에 대한 자료이다. 20x1년도 포괄손익계산서에 보고될 동 금융자산의 평가손익은 얼마인가?

> ㄱ. 20x1년 1월 20일
>   주당 액면금액 1,000원인 ㈜적중의 주식 10주를 공정가치인 주당 2,400원에 취득하였으며, 취득과 관련하여 거래수수료 2,000원을 지출하였다.
> ㄴ. 20x1년 8월 12일
>   ㈜적중의 주식 중 4주를 총 10,000원에 매각하였다.
> ㄷ. 20x1년 12월 31일
>   ㈜적중 주식의 공정가치는 주당 2,200원이었다.

① 평가이익 2,400원　　② 평가손실 2,400원
③ 평가이익 1,200원　　④ 평가손실 1,200원

내비게이션

• 거래원가는 당기비용으로 처리한다.
• 평가손익 : (2,200-2,400)x6주=△1,200
• 회계처리
[20x1년 1월 20일]
(차) FVPL금융자산　24,000　(대) 현금　24,000
(차) 지급수수료　2,000　(대) 현금　2,000
[20x1년 8월 12일]
(차) 현금　10,000　(대) FVPL금융자산　9,600
　　　　　　　　　　　처분이익　400
[20x1년 12월 31일]
(차) 평가손실　1,200　(대) FVPL금융자산　1,200

2. ㈜합격은 20x1년 7월 1일에 동 일자로 발행된 ㈜적중의 사채(액면금액 200,000원, 3년 만기, 이자는 매년 6월 말과 12월 말에 지급)를 단기매매차익을 얻기 위하여 공정가치인 190,173원에 취득하였다. 동 사채의 액면이자율은 연 10%, 시장이자율은 연 12%이다. 동 사채의 20x1년 말 이자지급 후 공정가치는 195,000원이다. ㈜합격이 동 사채 취득 및 보유로 인해 20x1년도에 인식할 당기이익은 얼마인가? (단, 사채취득과 관련한 거래비용은 없으며, 사채이자는 월수를 기준으로 계산한다. 또한 계산금액은 소수점 첫째자리에서 반올림하며, 이 경우 단수차이로 인해 약간의 오차가 있으면 가장 근사치를 선택한다.)

① 12,827원　　② 14,827원
③ 16,827원　　④ 24,827원

내비게이션

• 단기매매항목인 경우는 지분상품·채무상품 모두 FVPL금융자산으로 분류한다. 한편, 지분상품은 조건(㉠ 단기매매항목이 아닐 것 ㉡ 조건부대가가 아닐 것)을 충족하여 FVOCI금융자산으로 선택하지 않는 한 모두 FVPL금융자산으로 분류한다.
• 이익:
이자수익(200,000x10%x6/12)+평가이익(195,000-190,173)=14,827
• [20x1년 7월 1일 회계처리]
(차) FVPL금융자산　190,173　(대) 현금　190,173
[20x1년 12월 31일 회계처리]
(차) 현금　10,000　(대) 이자수익　10,000
(차) FVPL금융자산　4,827　(대) 금융자산평가이익　4,827

3. 다음은 ㈜합격의 당기손익인식금융자산으로 분류된 주식에 대한 20x1년의 자료이다. 동 거래가 20x1년 손익에 미친 영향은?

> (1) 10월 30일 공정가치가 7,000원인 ㈜적중의 주식을 7,500원에 취득하였으며, 취득과 관련하여 거래수수료 250원을 지출하였다.
> (2) 11월 15일 ㈜합격은 ㈜적중의 주식 중 40%를 4,000원에 처분하였다.
> (3) 20x1년 12월 31일 ㈜적중 주식의 공정가치는 4,500원이다.

① 750원　　② 1,000원
③ 1,200원　　④ 1,250원

내비게이션

• 취득손실(7,000-7,500=△500)+지급수수료(△250)+처분이익(4,000-7,000x40%=1,200)+평가이익(4,500-7,000x60%=300)=750
• 회계처리
[20x1년 10월 30일]
(차) FVPL금융자산　7,000　(대) 현금　7,500
　　취득손실　500
(차) 지급수수료　250　(대) 현금　250
[20x1년 11월 15일]
(차) 현금　4,000　(대) FVPL금융자산　2,800
　　　　　　　　　　처분이익　1,200
[20x1년 12월 31일]
(차) FVPL금융자산　300　(대) 평가이익　300

단기속성특강 제38강 ｜ FVOCI 금융자산(지분상품)

평가·처분	평가손익	자본처리	• 공정가치와 장부금액의 차액 : 기타포괄손익(자본)으로 처리함. 🔎주의 평가이익과 평가손실은 발생시 상계하여 표시함.
		재분류 불가	• 평가손익은 후속적으로 당기손익으로 재분류하지 않음.(재순환 불가) ▶ 즉, 다른 자본계정(이익잉여금)으로 대체는 가능함. 비교 FVOCI금융자산(채무상품)의 평가손익은 제거시 당기손익으로 재분류함.
	처분손익	선평가	• 처분시 공정가치(=처분금액)로 먼저 평가하여 평가손익을 인식함.
		처분손익 인식불가	• 처분손익을 인식하지 않음. 예시 장부금액 ₩90, 처분금액(=공정가치) ₩100인 경우

선평가	(차)	FVOCI금융자산	10	(대) 평가이익	10
처 분	(차)	현금	100	(대) FVOCI금융자산	100

보론 ① 재무상태표상 FVOCI금융자산평가손익 : 당 회계기간까지의 누적액을 의미함.
　　② 포괄손익계산서상 FVOCI금융자산평가손익 : 당 회계기간분만을 의미함.
🔎주의 FVOCI금융자산(지분상품) : 손상차손을 인식하는 대상자산이 아님.

🔍 사례 ■ **FVOCI금융자산(지분상품) 회계처리**

❖ (주)합격은 20x1년 1월 1일 단기매매 이외의 목적으로 ㈜적중의 주식을 ₩237,500에 취득하고 이를 기타포
괄손익-공정가치측정금융자산으로 분류하였다. 관련 자료가 다음과 같을 때 회계처리는?

　(1) ㈜합격은 20x1년 1월 1일 ㈜적중의 주식을 취득시에 거래원가로 ₩12,500을 지출하였다.
　(2) 각 보고기간말의 공정가치는 다음과 같다.

구분	20x1년 12월 31일	20x2년 12월 31일
공정가치	₩175,000	₩275,000

　(3) 20x3년 8월 12일 ㈜합격은 보유중인 ㈜적중의 주식 전부를 ₩375,000에 처분하였으며 처분과 관련하
　　여 부대비용 ₩5,000을 지급하였고, 동 주식과 관련된 평가손익을 이익잉여금으로 대체하였다.

✏️ 풀이

• 일자별 회계처리

적용사례

20x1년 01월 01일	(차) FVOCI금융자산	250,000	(대) 현금	237,500
			현금	12,500
20x1년 12월 31일	(차) 평가손실	75,000	(대) FVOCI금융자산	75,000[1]
20x2년 12월 31일	(차) FVOCI금융자산	100,000[2]	(대) 평가손실	75,000
			평가이익	25,000
20x3년 08월 12일	(차) FVOCI금융자산	95,000[3]	(대) 평가이익	95,000
	(차) 현금	370,000	(대) FVOCI금융자산	370,000
	(차) 평가이익	120,000	(대) 미처분이익잉여금	120,000

[1] 175,000-250,000=△75,000(평가손실)

[2] 275,000-175,000=100,000(평가이익)

[3] (375,000-5,000)-275,000=95,000(평가이익)

저자주 저자는 위의 처리가 타당하다고 보나, 문제에서는 처분시 거래원가를 당기손익 처리하고 있습니다.

FINAL 객관식뽀개기

기출&적중문제

1. (주)A는 다음과 같이 20x1년에 (주)B의 주식을 취득하고 기타포괄손익인식금융자산(기타포괄손익-공정가치측정금융자산)으로 분류하였다. 이 주식과 관련하여 (주)A의 20x1년과 20x2년도의 재무제표에 미치는 영향을 가장 올바르게 표시한 것은?

> ㄱ. 20x1년 3월 1일 : (주)B의 주식 1,000주를 취득
> (취득원가 : 7,500원/주)
> ㄴ. 20x1년말 (주)B 주식의 공정가치 : 7,800원/주
> ㄷ. 20x2년말 (주)B 주식의 공정가치 : 7,350원/주

		영향	
	항목	20x1년	20x2년
①	기타포괄손익	영향없음	150,000원 감소
②	이익잉여금	영향없음	150,000원 감소
③	기타포괄손익	300,000원 증가	450,000원 감소
④	이익잉여금	300,000원 증가	450,000원 감소

📍 **내비게이션**

• 20x1년 : 기타포괄손익 1,000주x300=300,000 증가
• 20x2년 : 기타포괄손익 1,000주x450=450,000 감소

2. (주)합격은 20x1년 1월 1일 상장법인 (주)적중의 보통주를 공정가치인 1,000,000원에 취득하여 공정가치로 평가하고 그 평가손익을 기타포괄손익으로 인식하기로 결정하였다. (주)합격이 동 보통주를 20x2년말에 공정가치로 처분하였을 때 이로 인한 처분손익을 계산하면 얼마인가? 단, 동 보통주의 공정가치 자료는 다음과 같다.

20x1년말	20x2년말
1,300,000원	1,700,000원

① 100,000원   ② 300,000원
③ 400,000원   ④ 0원

📍 **내비게이션**

• FVOCI금융자산(지분상품)은 손상차손은 물론 처분손익도 인식하지 않는다.(이로 인해 기타포괄손익인 평가손익을 다른 자본계정으로 대체하지 않는한 평가손익이 그대로 재무상태표에 남아있게 된다.)
• [20x1년초 회계처리]
　(차) FVOCI　1,000,000　(대) 현금　1,000,000
• [20x1년말 회계처리]
　(차) FVOCI　300,000　(대) 평가이익　300,000
• [20x1년말 회계처리]
　(차) FVOCI　400,000　(대) 평가이익　400,000
　(차) 현금　1,700,000　(대) FVOCI　1,700,000

3. (주)합격이 공정가치로 취득하여 기타포괄손익인식금융자산(기타포괄손익-공정가치측정금융자산)으로 분류한 (주)적중의 주식과 관련된 자료가 다음과 같을 때 동 금융자산과 관련하여 20x1년과 20x2년 재무상태표에 계상될 평가손익(기타포괄손익)은 각각 얼마인가?

> ㄱ. 취득내역
> - 20x1년초 1,000주를 주당 5,000원에 취득
> ㄴ. 공정가치와 처분내역
> - 20x1년말 주당 공정가치 : 5,200원
> - 20x2년말 주당 처분금액 : 4,900원

	20x1년	20x2년
①	평가이익 200,000원	평가손실 300,000원
②	평가이익 200,000원	평가손실 100,000원
③	평가이익 100,000원	평가손실 200,000원
④	평가이익 100,000원	평가손실 0원

📍 **내비게이션**

• 회계처리

20x1년초	(차) FVOCI	5,000,000	(대) 현금	5,000,000
20x1년말	(차) FVOCI	200,000	(대) 평가이익	200,000[1]
20x2년말	(차) 평가이익 평가손실	200,000[2] 100,000[2]	(대) FVOCI	300,000
	(차) 현금	4,900,000	(대) FVOCI	4,900,000

[1] 1,000주x(5,200-5,000)=200,000
[2] 1,000주x(4,900-5,200)=△300,000
∴20x1년 평가이익 200,000, 20x2년 평가손실 100,000

4. (주)합격은 20x1년 5월 주식을 250,000원에 취득하고 기타포괄손익인식금융자산으로 분류하였다. 20x1년말 공정가치는 500,000원이고 동 주식을 20x2년 중에 575,000원에 처분하였다. 처분일의 회계처리는? 단, FVOCI는 기타포괄손익인식금융자산을 의미하며 평가이익은 기타포괄손익이다.

①	(차) 현금	575,000	(대) FVOCI	500,000
			처분이익	75,000
②	(차) 현금	575,000	(대) FVOCI	500,000
			평가이익	75,000
③	(차) 현금 평가이익	575,000 250,000	(대) FVOCI 처분이익	500,000 325,000
④	(차) 현금	575,000	(대) FVOCI	575,000

📍 **내비게이션**

• 공정가치(처분금액)으로 먼저 평가하여 평가손익을 인식하며, 처분손익을 인식하지 않는다.

🚚 **ANSWER** 1. ③ 2. ④ 3. ② 4. ②

단기속성특강 제39강 　　　　　AC금융자산(채무상품)

❖유효이자율법을 적용하여 상각후원가로 측정(평가손익을 인식하지 않음.)

> **보론** 총장부금액 : 손실충당금 등을 조정(차감)하기 전 원래의 상각후원가

평가·처분	이자수익	산식	■ 이자수익=총장부금액(손상전 상각후원가)x최초유효이자율		
		▶ 손실충당금 인식후에도 신용이 손상되기 전까지는 총장부금액에 유효이자율을 적용함.			
	기대 신용손실 [손실충당금]	•신용이 손상되지 않은 경우에도 손상차손(당기손익)과 손실충당금(자산차감)을 인식함. •전기 손실충당금이 있는 경우 당기말 손실충당금과의 차액을 손상차손(환입)으로 인식함.			
		신용손상X	신용위험 유의적증가O	•전체기간 기대신용손실을 손실충당금으로 인식	
			신용위험 유의적증가X	•12개월 기대신용손실을 손실충당금으로 인식	
	처분손익	•처분금액과 순장부금액(=총장부금액 - 손실충당금)의 차액을 처분손익으로 인식함. ▶ 단, 처분일까지 미수이자는 이자수익으로 우선 인식함.			
		(차) 현금(미수이자제외)	xxx	(대) AC금융자산	xxx
		손실충당금	xxx	처분이익	xxx

🔍 **사례** ■ **AC금융자산 신용위험의 회계처리**

❂ 20x1년초 액면 ₩1,000,000, 3년 만기 사채를 ₩951,963에 취득하고 상각후원가측정금융자산으로 분류함. 취득시 유효이자율은 12%, 표시이자율 10%(연말후급)로 표시이자는 매년말 정상수령함. 20x1년말 사채의 신용위험은 유의적으로 증가하지 않았다고 판단하였으며 12개월 기대신용손실을 ₩7,175로 추정하였고, 20x2년말 사채의 신용위험은 유의적으로 증가하였다고 판단하였으며 전체기간 기대신용손실을 ₩18,750으로 추정하였다.

✏️ **풀이**

적용사례

•[물음1] 매년말 회계처리?

20x1년 12월 31일	(차) 현금	100,000	(대) 이자수익	114,236[1]
	AC금융자산	14,236		
	(차) 손상차손	7,175	(대) 손실충당금	7,175
20x2년 12월 31일	(차) 현금	100,000	(대) 이자수익	115,944
	AC금융자산	15,944		
	(차) 손상차손	11,575	(대) 손실충당금	11,575[2]
20x3년 12월 31일	(차) 현금	100,000	(대) 이자수익	117,857
	AC금융자산	17,857		
	(차) 현금	1,000,000	(대) AC금융자산	1,000,000
	(차) 손실충당금	18,750	(대) 손상차손환입	18,750

[1] 951,963x12%=114,236 　[2] 18,750(당기)-7,175(전기)=11,575

•[물음2] 20x3년말 표시이자 ₩30,000 미회수시 회계처리?

20x3년 12월 31일	(차) 현금	70,000	(대) 이자수익	117,857
	AC금융자산	17,857		
	손실충당금	18,750		
	손상차손	11,250		
	(차) 현금	1,000,000	(대) AC금융자산	1,000,000

•[물음3] 20x3년초 ₩990,000에 처분시 회계처리?

20x3년 01월 01일	(차) 현금	990,000	(대) AC금융자산	982,143
	손실충당금	18,750	처분이익	26,607

FINAL 객관식뽀개기

기출&적중문제

1. ㈜합격은 20x1년 1월 1일에 다음과 같은 조건의 사채를 공정가치로 취득하고 상각후원가측정금융자산으로 분류하였다. 이 경우 ㈜합격의 동 금융자산 취득원가 및 20x1년말 장부금액은 얼마인가? 단, 기대손신용손실은 없다고 가정한다.

ㄱ. 액면금액 : 10,000,000원
  (액면이자는 매년말 지급조건)
ㄴ. 발행일 : 20x1년 1월 1일
  만기일 : 20x3년 12월 31일
ㄷ. 액면이자율 : 5%
ㄹ. 시장이자율 : 20x1.1.1일 현재 6%
            20x1.12.31일 현재 5%
ㅁ. 현가계수

이자율	1년	2년	3년	계
6%	0.9434	0.8900	0.8396	2.673

	취득원가	장부금액
①	9,682,300원	9,816,450원
②	9,732,500원	9,816,450원
③	9,999,800원	10,000,000원
④	10,000,000원	10,000,000원

📍 내비게이션

• 취득원가 : 500,000x2.673+10,000,000x0.8396=9,732,500
• 20x1년말 장부금액 : 9,732,500+(9,732,500x6%-10,000,000x5%)
                    =9,816,450
• 회계처리

20x1년초	(차) AC	9,732,500	(대) 현금	9,732,500
20x1년말	(차) 현금	500,000	(대) 이자수익	583,950
	AC	83,950		

2. ㈜합격은 20x1년 1월 1일에 다음과 같은 조건의 회사채를 공정가치인 액면금액으로 취득하고 상각후원가측정금융자산으로 분류하였다. 동 회사채가 20x1년 당기손익에 미친 영향은 얼마인가?

ㄱ. 액면금액 : 100,000,000원
  (액면이자는 매년말 지급조건)
ㄴ. 발행일 : 20x1년 1월 1일
  만기일 : 20x3년 12월 31일
ㄷ. 액면이자율 : 5%
ㄹ. 20x1년말 회사채의 신용위험은 유의적으로 증가하지 않았다고 판단되며 12개월 기대신용손실의 계산을 위한 자료는 다음과 같다.
  – 12개월간 채무불이행 확률 : 0.3%
  – 채무불이행시 총 채권액의 20%가 손상

① 손실 60,000원   ② 이익 5,000,000원
③ 이익 4,940,000원   ④ 손실 5,060,000원

📍 내비게이션

• 기대신용손실 계산
  – 채무불이행시 노출금액 : 100,000,000
  – 채무불이행시 손실률 : 20%
  – 12개월 채무불이행 발생확률 : 0.3%
  →기대신용손실 : 100,000,000x20%x0.3%=60,000
• 당기손익에 미친 영향 계산
  – 이자수익 : 100,000,000x5%=5,000,000
  – 손상차손 : 60,000(기대신용손실)
  ∴5,000,000-60,000=4,940,000(이익)
• 회계처리

20x1년초	(차) AC	100,000,000	(대) 현금	100,000,000
20x1년말	(차) 현금	5,000,000	(대) 이자수익	5,000,000
	(차) 손상차손	60,000	(대) 손실충당금	60,000

단기속성특강 제40강　　　　　FVOCI금융자산(채무상품)

평가·처분	이자수익	산식	■ 이자수익 = 총장부금액(손상및평가전 상각후원가)x최초유효이자율
		▶ 신용이 손상되기 전까지는 총장부금액에 유효이자율을 적용함.	
	평가손익	산식	■ 최초평가시 평가손익 = 당기공정가치 – 총장부금액
			■ 최초평가후 평가손익 = 당기공정가치 – (전기공정가치+상각액)
		•평가손익(발생시 상계)은 기타포괄손익 처리하며, 자산 제거시 당기손익으로 재분류함. [비교] FVOCI금융자산(지분상품)의 평가손익은 당기손익으로 재분류하지 않음.	
	기대 신용손실 [평가손익]	•신용이 손상되지 않은 경우에도 손상차손(당기손익)과 평가손익(기타포괄손익)을 인식함. [비교] AC금융자산 : 손상차손(당기손익)과 손실충당금(자산차감)을 인식함. •전기말 기대신용손실과의 차액을 손상차손(환입)으로 인식함.	

❖처분은 평가손익의 당기손익(처분손익) 재분류를 제외하고 AC금융자산과 동일함.

	처분손익	•처분시 공정가치(=처분금액)로 먼저 선평가하여 평가손익(기타포괄손익)을 인식함.

선평가	(차) FVOCI금융자산	xxx	(대) 평가이익(기타포괄손익)	xxx
처분	(차) 현금	xxx	(대) FVOCI금융자산	xxx
재분류	(차) 평가이익(기타포괄손익누계)	xxx	(대) 처분이익	xxx

사례 ■ FVOCI금융자산(채무상품) 회계처리

❂ 20x1년초 액면 ₩100,000, 4년 만기 사채를 ₩87,318에 취득하고 기타포괄손익–공정가치측정금융자산으로 분류함. 취득시 유효이자율은 10%, 표시이자율 6%(연말후급). 20x1년말 표시이자는 전액수령함. 20x1년말 사채의 신용위험은 유의적으로 증가하지 않았고 12개월 기대신용손실을 ₩300으로 추정하였으며 공정가치는 ₩94,000임. 20x2년말 표시이자는 전액수령함. 20x2년말 사채의 신용위험은 유의적으로 증가하였고 전체기간 기대신용손실을 ₩1,000으로 추정하였으며 공정가치는 ₩86,000임. 20x3년말 표시이자 전액수령후 사채 전부를 ₩98,000에 처분함. 매년도말 회계처리?

풀이

•매년말 회계처리

20x1년 12월 31일	(차) 현금 　　FVOCI금융자산	6,000 2,732	(대) 이자수익	8,732[1]
	(차) FVOCI금융자산	3,950	(대) 평가이익	3,950[2]
	(차) 손상차손	300	(대) 평가이익	300
20x2년 12월 31일	(차) 현금 　　FVOCI금융자산	6,000 3,005	(대) 이자수익	9,005[3]
	(차) 평가이익 　　평가손실	4,250[4] 6,755[4]	(대) FVOCI금융자산	11,005
	(차) 손상차손	700	(대) 평가손실	700
20x3년 12월 31일	(차) 현금 　　FVOCI금융자산	6,000 3,306	(대) 이자수익	9,306[5]
	(차) FVOCI금융자산	8,694	(대) 평가손실 　　평가이익	6,055[6] 2,639[6]
	(차) 현금	98,000	(대) FVOCI금융자산	98,000
	(차) 평가이익	2,639	(대) 처분이익	2,639

[1] 87,318x10%=8,732　　[2] 94,000-(87,318+2,732)=3,950　　[3] (87,318+2,732)x10%=9,005

[4] 86,000-(94,000+3,005)=△11,005　　[5] (87,318+2,732+3,005)x10%=9,306

[6] 98,000-(86,000+3,306)=8,694

FINAL 객관식뽀개기   기출 & 적중문제

제1편
[단기속성특강] 재무회계

제2편
[단기속성특강] 재무관리

제3편
[단기속성특강] 원가관리회계

합본부록1
신유형기출문제

합본부록2
100개념/기출오답노트

1. ㈜합격은 20x1년 1월 1일(발행일) 액면금액 1,000,000원의 다음과 같은 조건의 회사채를 공정가치인 922,687원에 취득하였으며 기타포괄손익인식금융자산(기타포괄손익-공정가치측정금융자산)으로 분류하였다. ㈜합격이 이 회사채를 20x2년말에 공정가치로 처분한 경우 처분손익은? 단, 기대손신용손실은 없다.

> ㄱ. 표시이자율 : 5%(매년말 지급조건)
> ㄴ. 만기일 : 20x3년 12월 31일
> ㄷ. 유효이자율 : 8%
> ㄹ. 20x1년 1월 1일 공정가치 : 922,687원
>   20x1년 12월 31일 공정가치 : 960,000원
>   20x2년 12월 31일 공정가치 : 990,000원

① 처분이익 67,313원   ② 처분이익 37,778원
③ 처분이익 17,778원   ④ 처분손익 0원

📍 **내비게이션**

• 회계처리

20x1년초	(차) FVOCI	922,687	(대) 현금	922,687
20x1년말	(차) 현금	50,000[1]	(대) 이자수익	73,815[2]
	FVOCI	23,815		
	(차) FVOCI	13,498	(대) 평가이익	13,498[3]
20x2년말	(차) 현금	50,000	(대) 이자수익	75,720[4]
	FVOCI	25,720		
	(차) FVOCI	4,280	(대) 평가이익	4,280[5]
	(차) 현금	990,000	(대) FVOCI	990,000
	(차) 평가이익	17,778	(대) 처분이익	17,778

[1] 1,000,000x5%=50,000
[2] 922,687x8%=73,815
[3] 960,000-(922,687+23,815)=13,498
[4] (922,687+23,815)x8%=75,720
[5] 990,000-(960,000+25,720)=4,280

2. ㈜합격은 20x1년 5월 액면금액이 450,000원인 채권을 450,000원에 액면취득하고 기타포괄손익인식금융자산으로 분류하였다. 20x1년말 공정가치는 500,000원이고 동 채권을 20x2년 중에 575,000원에 처분하였다. 기대신용손실은 없다고 가정할 때 처분일의 회계처리는? 단, FVOCI는 기타포괄손익인식금융자산을 의미하며 평가이익은 기타포괄손익이다.

① (차) 현금   575,000   (대) FVOCI   500,000
                              처분이익   75,000

② (차) 현금   575,000   (대) FVOCI   500,000
                              평가이익   75,000

③ (차) 현금   575,000   (대) FVOCI   500,000
      평가이익   50,000   처분이익   125,000

④ (차) 현금   575,000   (대) FVOCI   575,000

📍 **내비게이션**

• 회계처리

취득시	(차) FVOCI	450,000	(대) 현금	450,000
20x1년말	(차) 현금	?	(대) 이자수익	?
	(차) FVOCI	50,000	(대) 평가이익	50,000[1]
처분시	(차) FVOCI	75,000[2]	(대) 평가이익	75,000
	(차) 현금	575,000	(대) FVOCI	575,000
	(차) 평가이익	125,000[3]	(대) 처분이익	125,000

[1] 500,000-450,000=50,000
[2] 575,000-500,000=75,000
[3] 50,000+75,000=125,000

단기속성특강 제41강		금융자산 재분류

재분류 총괄사항	재분류사유	•사업모형을 변경하는 경우에만 재분류함. 　🔍주의 ∴채무상품만 재분류 가능 →사업모형이 없는 지분상품(파생상품)은 재분류 불가
	재분류일	•사업모형 변경 후 첫 번째 보고기간의 첫 번째날을 말함. 　▶ 📖예 특정 회계연도에 사업모형이 변경되면 다음 회계연도초에 재분류함.
	적용방법	•재분류는 재분류일부터 전진적으로 적용함. 　▶ 재분류 전에 인식한 손익(손상차손과 환입 포함)이나 이자는 다시 작성하지 않음.

FVPL 재분류	**❶ FVPL금융자산 ▶ AC금융자산**	
	재분류금액	•재분류일의 공정가치가 새로운 총장부금액이 됨. 　▶ 재분류일은 AC금융자산의 최초인식일로 봄. 　▶ 재분류전 FVPL금융자산이 이미 공정가치로 평가되어 있으므로 재분류금액인 공정가치와 　　장부금액의 차이가 발생하지 않음.(즉, 재분류시 손익이 없음.)
	유효이자율	•재분류일의 현행 시장이자율을 적용(유효이자율 재산정 필요) 　▶ '재분류일의 공정가치(새로운 총장부금액)=추정미래CF의 현가'가 되게 하는 이자율임.
	❷ FVPL금융자산 ▶ FVOCI금융자산	
	재분류금액	•재분류일의 공정가치가 새로운 총장부금액이 됨. 　▶ 재분류후 계속 공정가치로 측정함. 　▶ 재분류전 FVPL금융자산이 이미 공정가치로 평가되어 있으므로 재분류금액인 공정가치와 　　장부금액의 차이가 발생하지 않음.(즉, 재분류시 손익이 없음.)
	유효이자율	•재분류일의 현행 시장이자율을 적용(유효이자율 재산정 필요) 　▶ '재분류일의 공정가치(새로운 총장부금액)=추정미래CF의 현가'가 되게 하는 이자율임.

AC 재분류	**❶ AC금융자산 ▶ FVPL금융자산**	
	재분류금액	•재분류일의 공정가치로 측정함.
	재분류손익	•공정가치와 재분류전 장부금액(=총장부금액 － 손실충당금)의 차액은 당기손익 처리
	❷ AC금융자산 ▶ FVOCI금융자산	
	재분류금액	•재분류일의 공정가치로 측정함.
	재분류손익	•공정가치와 재분류전 장부금액(=총장부금액 － 손실충당금)의 차액은 기타포괄손익 처리
	재분류이후 이자수익	•재분류전 장부금액과 유효이자율을 그대로 적용함.(처음부터 FVOCI인 것처럼 처리) 　▶ 재분류전 유효이자율과 기대신용손실 측정치는 변경하지 않고 그대로 사용함.

FVOCI 재분류	**❶ FVOCI금융자산 ▶ FVPL금융자산**	
	재분류금액	•재분류일의 공정가치로 측정함. 　▶ 이미 공정가치로 평가되어 있으므로 공정가치와 장부금액의 차이가 발생치 않음.
	재분류조정	•재분류전 FVOCI금융자산의 기타포괄손익은 당기손익으로 재분류함.
	❷ FVOCI금융자산 ▶ AC금융자산	
	재분류금액	•재분류일의 공정가치로 측정함. 　▶ 이미 공정가치로 평가되어 있으므로 공정가치와 장부금액의 차이가 발생치 않음.
	공정가치조정	•재분류전 FVOCI금융자산의 기타포괄손익은 금융자산 공정가치에서 조정함. 　▶ 이 경우 재분류일부터 총장부금액에 대한 조정으로 손실충당금을 계상함.
	재분류이후 이자수익	•재분류전 장부금액과 유효이자율을 그대로 적용함.(처음부터 AC인 것처럼 처리) 　▶ 재분류전 유효이자율과 기대신용손실 측정치는 변경하지 않고 그대로 사용함.

FINAL 객관식뽀개기

기출&적중문제

1. ㈜합격은 20x1년 1월 1일 액면금액 100,000원의 회사채를 공정가치인 87,318원에 취득하고 기타포괄손익인식금융자산(기타포괄손익-공정가치측정금융자산)으로 분류하였다. 다음의 자료에 의해 20x3년 1월 1일 동 금융자산의 장부금액을 구하면 얼마인가? 단, 기대신용손실은 없다고 가정한다.

> ㄱ. 발행일 : 20x1년 1월 1일
> ㄴ. 표시이자율 : 6%(매년말 지급조건)
> ㄷ. 만기 : 20x3년 12월 31일
> ㄹ. 유효이자율
>   - 20x1년 1월 1일 : 10%
>   - 20x2년 12월 31일 : 8%
> ㅁ. ㈜합격은 20x2년 중에 사업모형이 변경되어 동 금융자산을 상각후원가측정금융자산으로 변경하였다.
> ㅂ. 공정가치 자료
>   - 20x1년 12월 31일 : 89,000원
>   - 20x2년 12월 31일 : 96,433원

① 87,318원   ② 93,055원
③ 96,433원   ④ 99,811원

📍 내비게이션

• 회계처리

	(차)			(대)	
20x1년초	(차) FVOCI	87,318	(대) 현금		87,318
20x1년말	(차) 현금	6,000[1]	(대) 이자수익		8,732[2]
	FVOCI	2,732			
	(차) 평가손실	1,050[3]	(대) FVOCI		1,050
20x2년말	(차) 현금	6,000	(대) 이자수익		9,005[4]
	FVOCI	3,005			
	(차) FVOCI	4,428	(대) 평가손실		1,050[5]
			평가이익		3,378[5]
20x3년초 (재분류)	(차) AC	96,433	(대) FVOCI		96,433
	(차) 평가이익	3,378	(대) AC		3,378

[1]100,000x6%=6,000
[2]87,318x10%=8,732
[3]89,000-(87,318+2,732)=△1,050
[4](87,318+2,732)x10%=9,005
[5]96,433-(89,000+3,005)=4,428
∴20x3년 1월 1일 장부금액 : 96,433-3,378=93,055
기타포괄손익인식금융자산(기타포괄손익-공정가치측정금융자산)

2. K-IFRS 금융상품과 관련하여 당기손익인식금융자산(당기손익-공정가치측정금융자산)에 대한 설명이다. 가장 올바르지 않은 것은?

① 취득후 공정가치로 평가하여 평가손익을 당기손익에 반영한다.
② 취득시 지출한 거래원가는 당기비용으로 처리한다.
③ 다른 금융상품으로 재분류할 수 없다.
④ 단기매매목적의 금융자산은 당기손익인식금융자산(당기손익-공정가치측정금융자산)으로 분류된다.

📍 내비게이션

• 당기손익인식금융자산(채무상품)도 사업모형이 변경되는 경우 AC금융자산(상각후원가측정금융자산)이나 FVOCI금융자산(기타포괄손익-공정가치측정금융자산)으로 재분류한다.

3. K-IFRS 금융상품과 관련하여 기타포괄손익인식금융자산(기타포괄손익-공정가치측정금융자산)에 대한 설명이다. 가장 타당한 설명은 어느 것인가?

① 기타포괄손익인식금융자산(기타포괄손익-공정가치측정금융자산)은 당기손익인식금융자산(당기손익-공정가치측정금융자산)으로 분류변경할 수 있다.
② 기타포괄손익인식금융자산(기타포괄손익-공정가치측정금융자산)은 손상차손을 인식하지 아니한다.
③ 기타포괄손익인식금융자산(기타포괄손익-공정가치측정금융자산)의 취득시 지출한 거래원가는 당기비용으로 인식한다.
④ 기타포괄손익인식금융자산(기타포괄손익-공정가치측정금융자산)은 공정가치로 평가하여 평가손익을 당기손익에 반영한다.

📍 내비게이션

• ② 기타포괄손익인식금융자산(기타포괄손익-공정가치측정금융자산) 중 채무상품은 손상대상에 해당한다.
• ③ 당기손익인식금융자산(당기손익-공정가치측정금융자산)의 거래원가만 당기비용으로 인식하며 그 외의 금융자산은 공정가치에 가산한다.
• ④ 당기손익에 반영한다.(X) → 기타포괄손익에 반영한다.(O)

제1편
[단기속성특강] 재무회계

제2편
[단기속성특강] 세무회계

제3편
[단기속성특강] 원가관리회계

합본부록1
신유형기출문제

합본부록2
10개년/기출오답노트

단기속성특강 제42강	금융자산의 제거

제거조건	❖제거는 금융자산을 재무상태표에서 삭제하는 것으로 다음 중 하나에 해당하는 경우에 제거함.	
	권리소멸	•금융자산의 현금흐름에 대한 계약상 권리가 소멸한 경우

	현금흐름 양도	① 금융자산의 현금흐름을 수취할 계약상 권리를 양도한 경우
		  ▶ 본 조건을 만족시는 위험과 보상의 이전여부를 추가로 고려함.
		② 금융자산의 현금흐름을 수취할 계약상 권리를 보유하고 있으나, 당해 현금흐름을 하나 이상의
		  최종수취인(거래상대방)에게 지급할 계약상 의무를 부담하는 경우

❖금융자산을 양도한 경우 양도자는 위험과 보상의 보유정도를 평가하여 다음과 같이 처리함.

금융자산 양도	위험과 보상		회계처리	
	이전 O		•금융자산을 제거	발생권리와 의무를 자산과 부채로 인식
	보유 O		•금융자산을 계속인식	–
	이전 X 보유 X	금융자산을 통제 X	•금융자산을 제거	발생권리와 의무를 자산과 부채로 인식
		금융자산을 통제 O	•지속적관여 정도까지 금융자산을 계속인식	–

참고 이전과 통제

① 양도자가 소유에 따른 위험과 보상의 대부분을 이전하는 경우의 예는 다음과 같음.

> •금융자산을 아무런 조건 없이 매도한 경우
> •양도자가 매도한 금융자산을 재매입시점의 공정가치로 재매입할 수 있는 권리를 보유하고 있는 경우
> •양도자가 매도한 금융자산에 대한 콜옵션을 보유하고 있거나 양수자가 당해 금융자산에 대한 풋옵션
> 을 보유하고 있지만, 당해 콜옵션이나 풋옵션이 깊은 외가격 상태이기 때문에 만기 이전에 당해 옵션
> 이 내가격 상태가 될 가능성이 매우 낮은 경우

② 양수자가 자산을 제3자에게 매도할 수 있는 실질적 능력을 가지고 있으면 양도자는 양도자산에 대한 통제를
  상실한 것임.

종합적인 제거판단

현금흐름 권리소멸? — Yes → **제 거**

↓ No

현금흐름 권리양도? ── Yes ┐

↓ No

현금흐름 지급의무 부담? — No → **계속인식**

↓ Yes

위험과 보상이 이전? — Yes → **제 거**

↓ No

위험과 보상을 보유? — Yes → **계속인식**

↓ No

자산을 통제? — No → **제 거**

↓ Yes

지속적관여정도까지 계속인식

FINAL 객관식뽀개기

기출 & 적중문제

1. 다음 중 금융자산 제거의 경제적 실질 판단 요소에 포함되지 않는 사항은?

① 금융자산의 현금흐름 양도에 대한 판단
② 법률상 금융자산의 이전여부
③ 금융자산의 소유에 따른 위험과 보상의 이전여부
④ 금융자산에 대한 통제권 상실여부

📍 **내비게이션**

• 법적 소유권의 이전 여부는 불문한다.

2. 금융자산의 제거와 관련된 한국채택국제회계기준의 내용이다. 틀린 설명은 어느 것인가?

① 금융자산을 양도한 경우 양도자가 금융자산의 소유에 따른 위험과 보상의 대부분을 보유하면, 당해 금융자산을 계속하여 인식한다.
② 금융자산을 양도하였으나 양도자가 금융자산의 소유에 따른 위험과 보상의 대부분을 보유하지도 아니하고 이전하지도 아니한 경우 양도자가 금융자산을 통제하고 있다면, 당해 금융자산을 계속하여 인식한다.
③ 금융자산을 양도한 경우 양도자가 금융자산의 소유에 따른 위험과 보상의 대부분을 이전하면, 당해 금융자산을 제거하고 양도함으로써 발생하거나 보유하게 된 권리와 의무를 각각 자산과 부채로 인식한다.
④ 금융자산의 현금흐름에 대한 계약상 권리가 소멸한 경우에는 금융자산을 제거한다.

📍 **내비게이션**

• 양도자가 양도자산의 소유에 따른 위험과 보상의 대부분을 보유하지도 아니하고 이전하지도 아니하며, 양도자가 양도자산을 통제하고 있다면, 그 양도자산에 대하여 지속적으로 관여하는 정도까지 그 양도자산을 계속하여 인식한다.

3. 다음 중 금융자산의 제거에 대한 설명으로 가장 올바르지 않은 것은?

① 금융자산의 현금흐름에 대한 계약상 권리가 소멸한 경우에는 당해 금융자산을 제거한다.
② 금융자산의 현금흐름에 대한 계약상 권리는 양도하였지만 양도자가 매도 후 일정기간 후에 당해 금융자산을 재매입하기로 한 경우에는 당해 금융자산을 제거한다.
③ 금융자산의 현금흐름에 대한 계약상의 권리를 양도하고 위험과 보상의 대부분을 이전하는 경우 금융자산을 제거한다.
④ 금융자산의 현금흐름에 대한 계약상의 권리를 양도하고 위험과 보상의 대부분을 보유하지도 않고 당해 금융자산을 통제하고 있지 않다면 당해 금융자산을 제거한다.

📍 **내비게이션**

• 양도자가 매도한 금융자산을 재매입시점의 '공정가치로 재매입' 할 수 있는 권리를 보유하고 있는 경우에 위험과 보상의 대부분이 이전된 것으로 보아 금융자산을 제거하며, 단순한 재매입약정은 금융자산에 대한 권리를 양도하였다고 할 수 없으므로 금융자산을 계속 인식한다.

4. 다음 중 금융자산 제거와 관련하여 양도자가 소유에 따른 위험과 효익의 대부분이 이전되는 예로 가장 올바른 것은?

① 유가증권대여계약을 체결한 경우
② 양도자가 발생 가능성이 높은 신용손실의 보상을 양수자에게 보증하면서 단기 수취채권(매출채권)을 매도한 경우
③ 양도자가 매도한 금융자산을 재매입시점의 공정가치로 재매입할 수 있는 권리를 보유하고 있는 경우
④ 양도자가 매도 후에 미리 정한 가격으로 또는 매도가격에 양도자에게 금전을 대여하였더라면 그 대가로 받았을 이자수익을 더한 금액으로 양도자산을 재매입하는 거래의 경우

📍 **내비게이션**

• ③ : 위험과 보상의 대부분을 이전하는 경우의 예
• ①,②,④ : 위험과 보상의 대부분을 보유하는 경우의 예

참고	기준서 제1109호 금융상품 문단B3.2.5

■ 양도자가 소유에 따른 위험과 보상의 대부분을 보유하는 경우의 예는 다음과 같다.
  ㉠ 양도자가 매도후에 미리 정한 가격으로 또는 매도가격에 양도자에게 금전을 대여하였더라면 그 대가로 받았을 이자수익을 더한 금액으로 양도자산을 재매입하는 거래의 경우
  ㉡ 유가증권대여계약을 체결한 경우
  ㉢ 시장위험 익스포저를 양도자에게 다시 이전하는 총수익스왑 체결과 함께 금융자산을 매도한 경우
  ㉣ 양도자가 매도한 금융자산에 대한 콜옵션을 보유하고 있거나 양수자가 해당 금융자산에 대한 풋옵션을 보유하고 있으며, 해당 콜옵션이나 풋옵션이 현재까지 깊은 내가격 상태이기 때문에 만기 이전에 해당 옵션이 외가격 상태가 될 가능성이 매우 낮은 경우
  ㉤ 양도자가 발생 가능성이 높은 신용손실의 보상을 양수자에게 보증하면서 단기 수취채권을 매도한 경우

🎓 **ANSWER** 1. ② 2. ② 3. ② 4. ③

| 단기속성특강 제43강 | 금융부채 범위 |

금융상품	정의	•거래 당사자 어느 한쪽에게는 금융자산이 생기게 하고 동시에 거래상대방에게 금융부채나 지분상품(자본)이 생기게 하는 모든 계약을 말함. **참고** 금융상품을 수취, 인도, 교환하는 계약상 권리·의무는 그 자체로 금융상품임.
	분류	•금융상품은 다시 금융자산, 금융부채, 지분상품(=자산에서 모든 부채를 차감한 후의 잔여지분을 나타내는 모든 계약)으로 분류함.

1 거래상대방에게 현금 등 금융자산을 인도하기로 한 계약상 의무

금융부채 범위	금융부채 사례	•매입채무, 지급어음, 차입금, 사채, 미지급금, 미지급비용, 금융리스부채 ▶ 조건부 계약상 의무(예 금융보증)와 보유자에게 상환청구권 있는 상환우선주는 금융부채이며, 운용리스는 수수료(사용·대가)로서 금융상품에 해당하지 않음. ▶ 발행자가 보유한 영구적 채무상품(확정이자를 영구 지급)은 금융부채에 해당함.
	선수금·선수수익 품질보증의무	•선수금·선수수익, 품질보증의무는 금융부채가 아님. ▶ 현금 등 금융자산이 아닌 재화나 용역을 제공해야 하기 때문
	법인세관련부채 충당부채	•당기법인세부채, 이연법인세부채, 충당부채, 의제의무는 금융부채가 아님. ▶ 거래상대방과의 계약이 아닌 법령규정에 따라 발생한 부채이기 때문

2 잠재적으로 불리한 조건으로 거래상대방과 금융자산이나 금융부채를 교환하기로 한 계약상 의무

금융부채 사례	•파생상품인 콜옵션이나 풋옵션 ▶ 발행자에게 잠재적 손실의무나 권리포기를 부담하게 하기 때문(파생상품 참조)

3 과거 대가수취하고 그 대가로 인도할 자기지분상품(=주식)의 수량이 변동가능한 비파생상품

금융부채 사례	•상품을 ₩25,000에 구입하고 3개월 후 ₩25,000에 상당하는 회사주식을 발행하는 계약 (주당 액면금액은 ₩500이며, 발행일에 ₩25,000에 상당하는 회사주식은 30주임) ▶ 과거 수취대가 확정 & 수량미확정	

구입일	(차) 상품	25,000	(대) 매입채무(부채)	25,000
발행일	(차) 매입채무	25,000	(대) 자본금	15,000
			주식발행초과금	10,000

보론 if, 3개월 후 20주의 회사주식을 발행하는 경우는 지분상품(자본)으로 분류함.

구입일	(차) 상품	25,000	(대) 미교부주식(자본)	25,000
발행일	(차) 미교부주식	25,000	(대) 자본금	10,000
			주식발행초과금	15,000

세부분류 (비파생상품인 경우)		수량확정	수량미확정
	과거 수취대가 확정	지분상품	금융부채
	과거 수취대가 미확정	지분상품	금융부채

4 확정수량의 자기지분상품을 미래 확정금액의 현금 등 금융자산과 교환하여 결제하는 방법 외의 방법으로 결제하거나 결제할 수 있는 파생상품

금융부채 사례	•3개월 후에 금 50온스를 수령하고, 이에 대한 대가로 금 50온스에 상당하는 회사주식을 발행하기로 한 계약 ▶ 미래 수취대가 미확정 & 수량미확정 **참고** 비파생 자기지분상품을 보유하고 있는 기존 소유주 모두에게 주식인수권 등을 지분비율에 비례하여 부여하는 경우, 어떤 통화로든 확정금액으로 확정수량의 자기지분상품을 취득하는 주식인수권, 옵션, 주식매입권은 지분상품임.

세부분류 (파생상품인 경우)		수량확정	수량미확정
	미래 수취대가 확정	지분상품	금융부채
	미래 수취대가 미확정	금융부채	금융부채

FINAL 객관식뽀개기   기출 & 적중문제

1. 금융상품의 정의에 따라 다음의 항목 중 금융상품으로만 구성되어 있는 것은?

㉮ 현금	㉯ 매출채권
㉰ 선급비용	㉱ 미지급법인세
㉲ 매입채무	㉳ 대여금
㉴ 투자사채	㉵ 제품보증충당부채

① ㉮, ㉲, ㉵   ② ㉯, ㉱, ㉲
③ ㉱, ㉳, ㉴   ④ ㉯, ㉲, ㉳

📍 **내비게이션**

• 금융상품 O : 현금, 매출채권, 매입채무, 대여금, 투자사채
• 금융상품 X : 선급비용, 미지급법인세, 제품보증충당부채

2. 다음은 K-IFRS 금융상품에 대한 설명이다. 가장 타당하지 않은 것은 어느 것인가?

① K-IFRS는 보유자에게 금융자산을 발생시키고 동시에 상대방에게 금융부채나 지분상품을 발생시키는 모든 계약으로 금융상품을 정의하였다.
② 금융상품은 정기예금, 정기적금과 같은 정형화된 상품뿐만 아니라 다른 기업의 지분상품·거래상대방에게 현금 등 금융자산을 수취할 계약상의 권리 등을 포함하는 포괄적인 개념이다.
③ 현금및현금성자산, 지분상품 및 채무상품은 금융자산에 해당한다.
④ 매입채무와 미지급금은 금융부채에 해당하지 않는다.

📍 **내비게이션**

• 매입채무, 미지급금, 미지급비용, 지급어음, 차입금, 사채 등이 금융부채의 사례에 해당한다.

3. 다음 중 금융부채에 해당하는 것은 어느 것인가?

① A사가 재고자산을 외상으로 판매시 발생한 채권
② B사가 보유하고 있는 다른 기업의 지분상품
③ C사가 보유하고 있는 콜옵션(500원의 대가로 500주의 D사의 자기지분 상품을 지급해야 하는 콜옵션)
④ 자기지분상품 100주를 공정가치의 80%로 주기로 한 계약

📍 **내비게이션**

• ① 매출채권 : 금융자산
② 일반적인 지분상품 : 금융자산
③ 확정금액, 확정수량이므로 지분상품(자본)
④ 미확정금액, 확정수량이므로 금융부채

4. 다음은 금융상품에 대한 설명이다. 가장 올바르지 않은 것은?

① 잠재적으로 유리한 조건으로 거래상대방과 금융자산이나 금융부채를 교환하기로 한 계약상 권리는 금융상품 보유자 입장에서 금융자산으로 분류한다.
② 확정수량의 자기지분상품을 확정금액의 현금 등 금융자산을 교환하여 결제하는 방법 외의 방법으로 결제되거나 결제될 수 있는 파생상품은 발행자 입장에서 지분상품으로 분류한다.
③ 금융상품은 거래당사자(보유자)에게 금융자산을 발생시키고 동시에 거래상대방(발행자)에게 금융부채나 지분상품을 발생시키는 모든 계약을 말한다.
④ 거래상대방에게 현금 등 금융자산을 인도하기로 한 계약상 의무는 금융상품 발행자 입장에서 금융부채로 분류한다.

📍 **내비게이션**

• 지분상품(X) → 금융부채(O)

제2편
[단기속성특강] 재무회계

제3편
[단기속성특강] 원가관리회계

합본부록1
신유형기출문제

합본부록2
10개년기출오답노트

단기속성특강 제44강   금융부채 분류·인식·제거

금융부채 분류	상각후원가측정 금융부채 【AC금융부채】	•FVPL금융부채와 기타금융부채를 제외한 모든 금융부채 ▶ 예 매입채무, 미지급금, 차입금, 사채 등 🔎주의 금융부채는 재분류하지 아니함.

	당기손익-공정가치측정 금융부채 【FVPL금융부채】	•공정가치 변동을 당기손익으로 후속측정하는 금융부채로서 다음 중 하나의 조건을 충족하는 금융부채를 말함.
		
		① 단기매매금융부채 : 단기매매항목의 정의를 충족함.
		  - 주로 단기간에 재매입할 목적으로 부담한다.
		  - 최초 인식시점에 공동으로 관리하는 특정 금융상품 포트폴리오의 일부로 운용형태가 단기적 이익획득 목적이라는 증거가 있다.
		  - 파생상품이다.(즉, 가치변동이 있다.)
		    ▶ 단, 금융보증계약인 파생상품이나 위험회피수단으로 지정되고 위험회피에 효과적인 파생상품은 제외함.
		② 당기손익인식지정금융부채 : 최초 인식시점에 당기손익-공정가치측정 항목으로 지정함.
		
		🔎주의 부채가 단기매매활동의 자금조달에 사용된다는 사실만으로는 당해부채를 단기매매 금융부채로 분류할 수 없음.

	기타금융부채	① 금융자산 양도관련 부채 : 양도가 제거조건을 충족하지 못하거나 지속적관여접근법이 적용되는 경우에 생기는 금융부채 ② 금융보증계약에 따른 금융부채 ③ 시장이자율보다 낮은 이자율로 대출하기로 한 대출약정 ④ 사업결합에서 취득자가 인식하는 조건부대가
	보론 당기손익-공정가치측정 항목으로 지정하면 서로 다른 기준에 따라 자산·부채를 측정하거나 그에 따른 손익을 인식하여 생길수 있는 인식·측정의 불일치(회계불일치)를 제거하거나 유의적으로 줄이는 경우 당기손익-공정가치측정 항목으로 지정할 수 있음. 🔎주의 위 '보론'의 경우 한번 지정하면 이를 취소할 수 없으며, 지정은 회계정책의 선택과 비슷하지만 비슷한 모든 거래에 같은 회계처리를 반드시 적용해야 하는 것은 아니라는 점에서 다름.	

금융부채 인식	최초인식	•금융부채는 금융상품의 계약당사자가 되는 때에만 재무상태표에 인식함. •최초 인식시점에는 공정가치로 측정함. 🔎주의 공정가치와 거래가격이 다른 경우에도 거래가격이 아닌 공정가치로 측정하며, 공정가치가 거래가격과 다르다고 결정한다면 그 차이는 당기손익으로 인식함.			
	거래원가	FVPL금융부채	•발생즉시 당기비용으로 인식		
			(차) 현금	100 (대) 금융부채	100
			수수료비용	10 현금	10
		그 외 금융부채	•공정가치에서 차감		
			(차) 현금	100 (대) 금융부채	100
			할인차금	10 현금	10

금융부채 제거	제거사유	•계약상 의무가 이행·취소·만료된 경우에만 재무상태표에서 제거함.
	제거손익	•금융부채 장부금액과 지급한 대가의 차액은 당기손익(상환손익)으로 인식함.
	재매입	•일부를 재매입시 종전 장부금액은 계속 인식하는 부분과 제거하는 부분에 대해 재매입일 현재 각 부분의 상대적 공정가치를 기준으로 배분하여 제거부분에 대해서만 손익을 인식 ▶ 당기손익=제거부분에 배분된 금융부채 장부금액 - 제거하는 부분에 대해 지급한 대가

FINAL 객관식뽀개기

기출 & 적중문제

제1편
[단기속성특강] 재무회계

제2편
[단기속성특강] 세무회계

제3편
[단기속성특강] 원가관리회계

합본부록1
신유형기출문제

합본부록2
10개년기출오답노트

1. 다음은 K-IFRS 금융부채와 관련하여 당기손익인식금융부채(당기손익-공정가치측정금융부채)의 요건에 대한 내용이다. 해당되지 않는 것은 어느 것인가?

① 실제 운용형태가 장기적 이익획득 목적으로 공동으로 관리되는 특정 금융상품의 포트폴리오를 구성하는 금융부채이다.
② 주로 단기간 내에 매각하거나 재매입할 목적으로 취득하거나 부담한다.
③ 최초 인식시점에 당기손익-공정가치측정 항목으로 지정한다.
④ 최초 인식시점에 최근의 실제 운용형태가 단기적 이익획득 목적이라는 증거가 있으며 그리고 공동으로 관리되는 특정 금융상품 포트폴리오의 일부이다.

◉ 내비게이션

•장기적 이익획득 목적(X) → 단기적 이익획득 목적(O)

2. 다음은 K-IFRS 금융부채의 최초측정과 후속측정에 대한 설명이다. 가장 타당하지 않은 것은 어느 것인가?

① 상각후원가측정금융부채는 유효이자율법에 따라 이자비용을 인식한다.
② 금융부채는 최초인식시 공정가치로 인식하도록 규정하고 있다.
③ 당기손익인식금융부채(당기손익-공정가치측정금융부채)의 거래원가는 최초인식하는 공정가치에 차감하여 측정한다.
④ 당기손익인식금융부채(당기손익-공정가치측정금융부채)는 공정가치로 후속측정을 한다.

◉ 내비게이션

•당기손익인식금융부채(당기손익-공정가치측정금융부채)의 거래원가는 발생즉시 당기비용으로 인식한다.

3. 다음 중 당기손익인식금융부채로 지정할 수 있는 것이 아닌 것은?

① 당기손익인식항목으로 지정하면 인식이나 측정상의 불일치를 제거하거나 유의적으로 감소하는 금융부채
② 문서화된 위험관리전략이나 투자전략에 따라, 금융상품 집합을 공정가치 기준으로 관리하고 그 성과를 평가하며 그 정보를 이사회 등 주요 경영진에게 내부적으로 제공하는 금융부채
③ 하나 이상의 내재파생상품을 포함하는 복합계약 전체
④ 현재의무를 이행하는데 소요되는 현금지출에 대한 추정치로 측정한 충당부채

◉ 내비게이션

•충당부채는 금융부채에 해당하지 않는다.

참고	기준서 제1109호 금융상품 문단4.2.2 & 문단4.3.5

■ 금융부채를 당기손익-공정가치측정항목으로 지정하는 것이 다음 중 하나 이상을 충족하는 경우에는 금융부채를 최초 인식시점에 당기손익-공정가치측정항목으로 지정할 수 있다.
　㉠당기손익-공정가치 측정 항목으로 지정하면, 서로 다른 기준에 따라 자산이나 부채를 측정하거나 그에 따른 손익을 인식하여 생길 수 있는 인식이나 측정의 불일치(회계불일치)를 제거하거나 유의적으로 줄인다.
　㉡문서화된 위험관리전략이나 투자전략에 따라, 금융상품 집합(금융부채, 금융자산과 금융부채의 조합으로 구성된 집합)을 공정가치 기준으로 관리하고 그 성과를 평가하며 그 정보를 이사회, 대표이사 등 주요 경영진에게 그러한 공정가치 기준에 근거하여 내부적으로 제공한다.
■ 계약이 하나 이상의 내재파생상품을 포함하고 주계약이 이 기준서의 적용범위에 포함되는 자산이 아닌 경우에는 복합계약 전체를 당기손익-공정가치측정항목으로 지정할 수 있다.

단기속성특강 제45강   사채발행의 기본회계처리

액면발행	• '사채액면이자율 = 시장이자율(유효이자율)'인 경우에는 액면발행됨. • 이자지급일에 액면이자만 이자비용처리하면 됨.

할인발행

• '사채액면이자율 〈 시장이자율(유효이자율)'인 경우에는 할인발행됨.
• 사채할인발행차금(= 액면금액 – 발행금액)은 사채액면금액에 차감형식으로 기재하고, 상각액은 사채이자에 가산
  ▶ 상각액 = 이자비용(유효이자) – 액면이자

🔍 **사례** ■ **할인발행 회계처리**

❂ 20x1년 1월 1일 사채발행. 액면 ₩1,000,000, 액면이자율 10%, 유효이자율 12%, 만기는 3년, 이자는 매년 말 지급, 발행금액(=현재가치)은 ₩951,963이다.

일자	유효이자(12%)	액면이자(10%)	상각액	장부금액
20x1년초	-	-	-	951,963
20x1년말	951,963x12%=114,236	100,000	114,236-100,000=14,236	951,963+14,236=966,199
20x2년말	115,944	100,000	15,944	982,143
20x3년말	117,857	100,000	17,857	1,000,000

20x1년초	(차) 현금 사채할인발행차금	951,963 48,037	(대) 사채	1,000,000
20x1년말	(차) 이자비용	114,236	(대) 현금 사채할인발행차금	100,000 14,236
상환시	(차) 이자비용 (차) 사채	117,857 1,000,000	(대) 현금 사채할인발행차금 (대) 현금	100,000 17,857 1,000,000

🔍주의 사채할인발행차금은 마치 선급이자의 성격으로 볼수 있음.

할증발행

• '사채액면이자율 〉 시장이자율(유효이자율)'인 경우에는 할증발행됨.
• 사채할증발행차금(= 발행금액 – 액면금액)은 사채액면금액에 가산형식으로 기재하고, 상각액은 사채이자에서 차감.
  ▶ 상각액 = 액면이자 – 이자비용(유효이자)

🔍 **사례** ■ **할증발행 회계처리**

❂ 20x1년 1월 1일 사채발행. 액면 ₩1,000,000, 액면이자율 12%, 유효이자율 10%, 만기는 3년, 이자는 매년 말 지급, 발행금액(=현재가치)은 ₩1,049,737이다.

일자	액면이자(12%)	유효이자(10%)	상각액	장부금액
20x1년초	-	-	-	1,049,737
20x1년말	120,000	1,049,737x10%=104,974	120,000-104,974=15,026	1,049,737-15,026=1,034,711
20x2년말	120,000	103,471	16,529	1,018,182
20x3년말	120,000	101,818	18,182	1,000,000

20x1년초	(차) 현금	1,049,737	(대) 사채 사채할증발행차금	1,000,000 49,737
20x1년말	(차) 이자비용 사채할증발행차금	104,974 15,026	(대) 현금	120,000
상환시	(차) 이자비용 사채할증발행차금 (차) 사채	101,818 18,182 1,000,000	(대) 현금 (대) 현금	120,000 1,000,000

🔍주의 ① 유효이자 : 할인발행시는 매년증가, 할증발행시는 매년감소 ② 상각액 : 모두 매년증가

상각방법	•사채발행차금 상각방법으로 유효이자율법만 인정함. ▶ 비교 정액법 : 매기 동일액을 상각하는 방법
사채발행비	•사채발행비는 사채발행금액에서 차감함. •액면 · 할인발행시는 사채할인발행차금을 증액, 할증발행시는 사채할증발행차금을 감액함.

FINAL 객관식뽀개기

기출 & 적중문제

1. ㈜A는 20x1년 1월 1일에 다음과 같은 조건의 사채를 취득 당시의 공정가치로 취득하였다. 이 경우 ㈜A의 유가증권 취득원가는 얼마인가?

> ㄱ. 액면금액 : 10,000,000원
> ㄴ. 액면이자 지급조건 : 매년말 지급조건
> ㄷ. 발행일 : 20x1년 1월 1일
> ㄹ. 만기일 : 20x3년 12월 31일
> ㅁ. 액면이자율 : 5%
> ㅂ. 시장이자율 : 20x1년 1월 1일 현재 6%
> 　　　　　　　　20x1년 12월 31일 현재 5%
> ㅅ. 현가계수

이자율	현가계수			
	1년	2년	3년	계
6%	0.9434	0.8900	0.8396	2.673

① 9,682,300원 　　　　　② 9,732,500원
③ 9,999,800원 　　　　　④ 10,000,000원

📍 **내비게이션**

• 취득원가(현재가치)
 500,000×2.673+10,000,000×0.8396=9,732,500

2. 사채에 관한 설명 중 가장 잘못된 것은?

① 사채할인발행차금은 사채의 발행금액에서 차감하는 형식으로 표시한다.
② 「액면이자율 〈 시장이자율」인 경우에는 할인발행 된다.
③ 유효이자율법 하에서 사채할인발행차금 상각액은 매년 증가한다.
④ 사채할인발행차금은 선급이자의 성격으로 볼 수 있다.

📍 **내비게이션**

• 발행금액(X) → 액면금액(O)

3. 사채가 할인발행되고 유효이자율법이 적용되는 경우 다음의 설명 중 옳지 않은 것은?

① 사채발행시점에 발생한 사채발행비는 비용으로 처리하지 않고, 사채의 만기 동안의 기간에 걸쳐 상각하여 비용화한다.
② 사채의 장부금액은 초기에는 적고 기간이 지날수록 금액이 커진다.
③ 매기간 계상되는 총사채이자비용은 초기에는 적고 기간이 지날수록 금액이 커진다.
④ 사채할인발행차금 상각액은 매기 감소한다.

📍 **내비게이션**

• 상각액은 할인발행, 할증발행 모두에서 매기 증가한다.

4. 사채할인발행차금의 상각이 당기순이익과 사채의 장부금액에 미치는 영향으로 올바른 것은?

	당기순이익	사채의 장부금액
①	증가시킨다	증가시킨다
②	증가시킨다	감소시킨다
③	감소시킨다	감소시킨다
④	감소시킨다	증가시킨다

📍 **내비게이션**

• 이자비용 증가 → 당기순이익 감소
• 할인발행차금 감소 → 사채장부금액 증가

5. 다음 자료에 의해 20x2년 12월 31일 이자지급일의 회계처리로 옳은 것은?

> (1) 20x1년 1월 1일 액면 10,000,000원인 사채를 발행(만기 5년, 매년 말 이자지급)
> (2) 표시이자율은 10%, 유효이자율 : 12%
> (3) 발행시 현재가치 : 9,279,100원

① (차) 이자비용 1,000,000 (대) 현금 1,000,000
② (차) 이자비용 1,113,492 (대) 현금 1,000,000
　　　　　　　　　　　　　　　사채할인발행차금 113,492
③ (차) 이자비용 1,127,111 (대) 현금 1,000,000
　　　　　　　　　　　　　　　사채할인발행차금 127,111
④ (차) 이자비용 1,000,000 (대) 현금 886,508
　　　　　　　　　　　　　　　사채할인발행차금 113,492

📍 **내비게이션**

• 20x1년 12월 31일 사채할인발행차금상각액
 (9,279,100×12%)-(10,000,000×10%)=113,492
• 20x2년 12월 31일 사채할인발행차금상각액
 [(9,279,100+113,492)×12%]-(10,000,000×10%)=127,111

단기속성특강 제46강	사채발행의 특수회계처리

 사례 ■ 이자지급일과 결산일이 다른 경우 회계처리

❂ 20x1. 4.1에 액면 ₩100,000, 액면이자율 8%, 만기 20x3. 3.31, 이자는 20x2. 3.31과 20x3. 3.31에 지급하는 사채발행. 유효이자율 10%, 회계기간은 1.1 ~ 12.31

📝 풀이

이자지급과 결산불일치

• 발행금액 = 100,000 × (2년, 10% 현가) + 100,000 × 8% × (2년, 10% 연금현가) = 96,529

일자	유효이자(10%)	액면이자(8%)	상각액	장부금액
20x1.4.1	-	-	-	96,529
20x2.3.31	9,653	8,000	1,653	98,182
20x3.3.31	9,818	8,000	1,818	100,000

20x1.4.1	(차) 현금 사발차	96,529 3,471	(대) 사채	100,000		
20x1.12.31	(차) 이자비용	7,240	(대) 미지급이자 사발차	6,000[1)] 1,240[2)]	[1)] 8,000x9/12 [2)] 1,653x9/12
20x2.3.31	(차) 이자비용 미지급이자	2,413 6,000	(대) 현금 사발차	8,000 413[3)]	[3)] 1,653-1,240
20x2.12.31	(차) 이자비용	7,364	(대) 미지급이자 사발차	6,000 1,364[4)]	[4)] 1,818x9/12
20x3.3.31	(차) 이자비용 미지급이자 (차) 사채	2,454 6,000 100,000	(대) 현금 사발차 (대) 현금	8,000 454[5)] 100,000	[5)] 3,471-1,240-413-1,364

연2회이상 이자지급

• 3개월, 6개월마다 지급된다면 1년을 기준으로 하지 않고 3개월 또는 6개월을 기준으로 발행가액과 상각표를 작성하여 회계처리함.
point 액면이자율, 유효이자율, 할인기간이 모두 조정됨

 사례 ■ 연2회 이자지급하는 경우 회계처리

❂ 20x1년 1월 1일에 액면금액 ₩100,000의 사채를 발행함. 액면이자율은 연 10%, 만기는 5년, 유효이자율은 연 12%, 사채이자는 연2회(6월 30일과 12월 31일)지급함.

📝 풀이

• 발행금액 = 100,000 × (10년, 6% 현가) + 100,000 × 5% × (10년, 6% 연금현가) = 92,639

일자	유효이자(6%)	액면이자(5%)	상각액	장부금액
20x1.1.1	-	-	-	92,639
20x1.6.30	5,558	5,000	558	93,197
20x1.12.31	5,592	5,000	592	93,789

20x1.1.1	(차) 현금 사채할인발행차금	92,639 7,361	(대) 사채	100,000
20x1.6.30	(차) 이자비용	5,558	(대) 현금 사채할인발행차금	5,000 558
20x1.12.31	(차) 이자비용	5,592	(대) 현금 사채할인발행차금	5,000 592

제2편
[단기속성특강] 세무회계

제3편
[단기속성특강] 원가관리회계

합본부록1
신유형기출문제

합본부록2
10개년/기출오답노트

FINAL 객관식뽀개기

기출 & 적중문제

1. (주)A는 20x1년 1월 1일 다음과 같은 사채를 700,000원에 발행하였다.

> (1) 액면금액 : 500,000원
> (2) 만기 : 5년(만기일은 20x5년 12월 31일임)
> (3) 표시이자율 : 20%
> (4) 이자지급일 : 매년 6월 30일과 12월 31일

위의 사채취득시 유효이자율은 연 10%였다. (주)A는 사채발행차금의 상각에 유효이자율법을 사용한다. 이 사채의 발행으로 인하여 앞으로 5년간의 포괄손익계산서에 기록하게 되는 이자비용의 합계액은 총 얼마인가?

① 300,000원   ② 350,000원
③ 380,000원   ④ 410,000원

◉ **내비게이션**

- 사채할증발행차금 =발행가액-액면금액
  → 700,000-500,000=200,000
- 사채만기까지의 이자비용=액면이자합계-총사채할증발행차금
  → (500,000×20%×5년)-200,000=300,000

2. (주)A는 20x1년 1월 1일 시장이자율이 연 9%일 때 액면금액이 10,000원이고, 만기가 3년인 회사채를 9,241원에 할인발행하였다. 이 회사채는 매년말 이자를 지급한다. 이 회사채의 20x1년 12월 31일 장부금액이 9,473원이라면, 이 회사채의 표시이자율은 얼마인가? (문제풀이과정에서 계산되는 모든 화폐금액은 소수점 이하에서 반올림하시오)

① 5.8%   ② 6%
③ 6.2%   ④ 6.5%

◉ **내비게이션**

- 발행시 회계처리
  (차) 현금   9,241   (대) 사채   10,000
       사발차   759
- 20x1년말 회계처리
  (차) 이자비용   9,241×9%=832   (대) 현금   600(대차차액)
                              사발차   9,473-9,241=232
  → 10,000×표시이자율=600에서, 표시이자율=6%

*[별해]
유효이자율이 9%이므로 전기이자비용 대비 전기초 장부가액의 비율이 9%라는 것을 의미한다. 따라서 다음과 같은 산식이 성립된다.
(전기 현금이자+상각액 232원)÷9,241 = 0.09
위의 산식에서 전기현금이자는 600이므로 표시이자율은 6%이다.

3. (주)A는 20x1년 4월 1일(3년 만기, 이자율 10%, 이자지급일 3월 31일) 사채를 할인발행하였다. 유효이자율법으로 상각하고 있다. 20x2년 이자 지급후 장부금액이 179,840원이고, 회계처리가 다음과 같을 때 유효이자율은 얼마이겠는가?

(차) 사채이자	43,168	(대) 사채할인발행차금	7,168
		현금	36,000

① 18%   ② 19.25%
③ 23%   ④ 25%

◉ **내비게이션**

- $(179,840 - 7,168) \times x = 43,168$ ∴$x = 25\%$

4. (주)A는 20x1년 4월1일 액면금액 1,000,000원의 사채를 발행하였는데, 관련자료는 다음과 같다. (주)A가 20x2년 포괄손익계산서에 인식할 이자비용은?

> (1) 만기 : 20x4년 3월 31일   (2) 발행가액 : 951,963원
> (3) 액면이자율 : 연 10%   (4) 유효이자율 : 연 12%
> (5) 이자지급일 : 매년 3월31일

① 100,000원   ② 112,458원
③ 114,389원   ④ 115,517원

◉ **내비게이션**

- 20x2.1.1~20x2.3.31까지 이자비용 : 951,963×12%×3/12=28,559
- 20x2.3.31장부금액 : 951,963+(951,963×12% - 1,000,000×10%)
                            = 966,199
- 20x2.4.1~20x2.12.31까지 이자비용 : 966,199×12%×9/12 = 86,958
- 20x2년 포괄손익계산서상 이자비용 : 28,559+86,958 = 115,517

5. (주)A는 20x1년 1월 1일에 5년 만기 사채를 발행하였다. 발행가액은 얼마인가?

> 액면금액 : 5,000,000원
> 표시이자율 : 연 10%(6.30, 12.31, 연 2회 이자지급)
> 시장이자율 : 연 12%

	₩1의 현가			₩1의 연금현가		
	4년	5년	10년	4년	5년	10년
6%	0.7921	0.74726	0.55839	3.4651	4.21236	7.36009
12%	0.6335	0.56743	0.32197	3.0373	3.60478	5.65022

① 4,639,540원   ② 4,631,973원
③ 4,889,223원   ④ 5,000,000원

◉ **내비게이션**

- 5,000,000×5%×7.36009+5,000,000×0.55839=4,631,973

📖 **ANSWER**   1. ①   2. ②   3. ④   4. ④   5. ②

단기속성특강 제47강 　　　　　　사채의 상환

개요	장부금액	액면발행시	•액면금액
		할인발행시	•액면금액 − 상환시점의 사채할인발행차금
		할증발행시	•액면금액 + 상환시점의 사채할증발행차금
	상환손익	상환금액<장부금액	•사채상환이익 <table><tr><td>(차) 사채</td><td>100</td><td>(대) 현금</td><td>60</td></tr><tr><td></td><td></td><td>사채할인발행차금</td><td>20</td></tr><tr><td></td><td></td><td>(대) 사채상환이익</td><td>20</td></tr></table>
		상환금액>장부금액	•사채상환손실 <table><tr><td>(차) 사채</td><td>100</td><td>(대) 현금</td><td>120</td></tr><tr><td>사채상환손실</td><td>40</td><td>사채할인발행차금</td><td>20</td></tr></table>

만기상환

❖상환금액은 사채의 장부금액(액면금액)과 일치하므로 사채상환손익이 발생하지 않음.

 사례 ■ **할인발행 만기상환 회계처리**

✿ 20x1년 1월 1일 사채를 발행하였다. 액면금액은 ₩1,000,000, 액면이자율 10%, 유효이자율 12%, 만기는 3년, 이자는 매년말 지급한다. 발행금액(=현재가치)은 ₩951,963이다.

📝 풀이

일자	유효이자(12%)	액면이자(10%)	상각액	장부금액
20x1년초	-	-	-	951,963
20x1년말	951,963×12%=114,236	100,000	114,236-100,000=14,236	951,963+14,236=966,199
20x2년말	115,944	100,000	15,944	982,143
20x3년말	117,857	100,000	17,857	1,000,000

20x3년말	(차) 이자비용	117,857	(대) 현금			100,000
				사채할인발행차금		17,857
	(차) 사채	1,000,000	(대) 현금			1,000,000

조기상환

❖상환금액과 상환시점의 장부금액을 비교하여 차액을 사채상환손익으로 계상함.

 사례 ■ **할인발행 조기상환 회계처리**

✿ 20x1년 1월 1일 사채를 발행하였다. 액면금액은 ₩1,000,000, 액면이자율 10%, 유효이자율 12%, 만기는 3년, 이자는 매년말 지급한다. 발행금액(=현재가치)은 ₩951,963이다. 20x2년 말에 ₩1,050,000을 지급하고 동 사채를 상환하였다.

📝 풀이

일자	유효이자(12%)	액면이자(10%)	상각액	장부금액
20x1년초	-	-	-	951,963
20x1년말	951,963×12%=114,236	100,000	114,236-100,000=14,236	951,963+14,236=966,199
20x2년말	115,944	100,000	15,944	982,143
20x3년말	117,857	100,000	17,857	1,000,000

20x2년말	(차) 이자비용	115,944	(대) 현금			100,000
				사채할인발행차금		15,944
	(차) 사채	1,000,000	(대) 현금			1,050,000
	사채상환손실	67,857	사채할인발행차금			17,857

자기사채

취득시	•사채상환과 동일 : 소각목적이든, 재발행목적이든 액면가·사발차를 직접 차감함. 🔍주의 사채의 차감계정으로 처리하는 것이 아님.
취득후	① 소 각 시 : 회계처리없음 ② 재발행시 : 사채발행 회계처리 그대로 행함.

FINAL 객관식뽀개기

기출&적중문제

1. (주)A는 20×1년 4월 1일 사채(액면 1,000,000원, 표시이자율 10%, 이자지급일 매년 3월 31일 후급, 만기 3년)를 951,980원에 발행을 하였다. (주)A가 동 사채를 20×2년 4월 1일 847,180원에 상환할 경우 이로 인한 사채상환손익은 얼마인가? 20×1년 4월 1일의 시장이자율은 12%이며, 사채발행차금은 유효이자율법으로 상각한다.

① 사채상환이익 119,038원
② 사채상환손실 119,038원
③ 사채상환손실 190,788원
④ 사채상환이익 190,788원

◎ 내비게이션

• 장부금액 : 951,980+(951,980×12%-1,000,000×10%)=966,218
상환이익 : 966,218-847,180=119,038

2. (주)A는 20x1년 1월 1일, 액면가액 100,000원의 사채를 발행하고 다음과 같이 회계 처리하였다. 20x1년 12월 31일, 동 사채의 40%를 37,000원에 상환하였다면 사채상환손익은 얼마인가?

20x1. 1. 1			
(차) 보통예금	96,000	(대) 사채	100,000
사채할인발행차금	4,000		
20x1.12.31			
(차) 이자비용	9,750	(대) 보통예금	8,400
		사채할인발행차금	1,350

① 상환이익 1,060원   ② 상환이익 1,940원
③ 상환손실 1,060원   ④ 상환손실 1,940원

◎ 내비게이션

• 20x1년 12월 31일 40% 사채상환시

(차) 사채	40,000	(대) 보통예금	37,000
		사채할인발행차금	1,060[1]
		사채상환이익	1,940

[1] (4,000-1,350)×40%=1,060

* [별해] 장부가(96,000+1,350)×40%-현금(37,000)=1,940

3. (주)A는 사채를 할증발행하고, 사채할증발행차금에 대하여 유효이자율법으로 상각하지 않고 정액법을 적용하여 상각하였다. 이러한 오류가 사채의 발행연도 재무제표에 미치는 영향을 바르게 지적한 것은?

	사채의 장부금액	당기순이익
①	과대계상	과대계상
②	과대계상	과소계상
③	과소계상	과대계상
④	과소계상	과소계상

◎ 내비게이션

• 사채발행연도(1차연도)의 상각액의 크기는 할인·할증발행 불문하고 유효이자율법의 상각액보다 정액법하의 상각액이 더 큼. 따라서 사채할증발행차금을 유효이자율법이 아닌 정액법으로 상각한 경우 이자비용이 과대계상되어 사채의 장부금액을 과소계상하게 되며 이자비용을 과소계상함에 따라 당기순이익을 과대계상하게 된다. 즉, 양 방법하에서의 이자비용은 다음과 같이 계산됨.
  - 유효이자율법하의 이자비용=장부금액×유효이자율
  - 정액법하의 이자비용=액면이자-상각액(정액)

4. 20x1년 4월 1일 발행한 사채(액면 1,000,000원, 표시이자율 10%, 이자지급일 매년 3월 31일 후급, 만기 20x4년 3월 31일)를 20x2년 4월 1일 시가(단, 시가는 아래의 현가계수를 이용하여 계산하시오)로 상환할 경우 이 사채의 조기상환손익은 얼마인가?(단, 10원 미만은 절사하며, 20x1년 4월 1일과 20x2년 4월 1일의 시장이자율은 각각 8%와 10%이다.)

	8%		10%	
	현가계수	연금현가계수	현가계수	연금현가계수
2년	0.8573	1.7833	0.8264	1.7355
3년	0.7938	2.5771	0.7513	2.4868

① 사채상환이익 15,080원   ② 사채상환이익 35,680원
③ 사채상환손실 15,680원   ④ 사채상환손실 30,780원

◎ 내비게이션

• 발행금액 : 100,000x2.5771+1,000,000x0.7938=1,051,510(할증발행)
• 상환금액(=상환시점의 10%하의 미래현금흐름 현가=시가) :
  100,000x1.7355+1,000,000x0.8264=999,950
• 상환시점의 장부금액 :
  1,051,510-(100,000-1,051,510x8%)=1,035,630
∴1,035,630-999,950=35,680(상환이익)

단기속성특강 제48강 — 연속상환사채

개요	의의	•연속상환사채는 사채의 액면금액을 만기에 일시에 상환하지 않고 사채의 액면금액을 분할하여 상환하는 사채를 말함.

현금흐름

20x1년초	20x1년말	20x2년말	20x3년말
	이자(기초액면기준)	이자(기초액면기준)	이자(기초액면기준)
	원금의 일부	원금의 일부	원금의 일부

발행금액 •일반사채와 동일하게 위 미래현금흐름의 현재가치가 발행금액임.

상각 •일반사채와 동일하게 상각함.
> **비교** 단, 장부금액의 변동이 상각뿐만 아니라 액면금액의 상환으로도 이루어짐.

사례 ▪ 연속상환사채 회계처리

❖ 20x1년 1월 1일 다음과 같은 연속상환사채를 발행하였다.

액면금액은 : ₩200,000	기간	현가계수	연금현가계수
액면이자율 : 연 8%	1	0.9091	0.9091
만기 : 20x3년 12월 31일	2	0.8264	1.7355
이자지급일 : 매년 말	3	0.7513	2.4868
유효이자율 : 연 10%			

위 연속상환사채는 20x1년말 ₩50,000, 20x2년말 ₩50,000, 20x3년말 ₩100,000씩 분할상환된다.

풀이

1. 현금흐름과 발행금액

	20x1년초	20x1년말	20x2년말	20x3년말
이자 :		200,000x8%=16,000	150,000x8%=12,000	100,000x8%=8,000
액면 :		50,000	50,000	100,000
		66,000	62,000	108,000

→발행금액 : 66,000x0.9091+62,000x0.8264+108,000x0.7513=192,377

유효이자율법에 의한 상각표

일자	유효이자(10%)	액면이자(8%)	상각액	장부금액
20x1년초				192,377
20x1년말	192,377x10%=19,238	16,000	19,238-16,000=3,238	145,615[1]
20x2년말	145,615x10%=14,562	12,000	14,562-12,000=2,562	98,177[2]
20x3년말	98,177x10%=9,823[4]	8,000	9,823-8,000=1,823	0[3]

[1] 192,377+3,238-50,000=145,615   [2] 145,615+2,562-50,000=98,177
[3] 98,177+1,823-100,000=0   [4] 단수조정

2. 회계처리

20x1년초	(차) 현금	192,377	(대) 사채	200,000
	사채할인발행차금	7,623		
20x1년말	(차) 이자비용	19,238	(대) 현금	16,000
			사채할인발행차금	3,238
	(차) 사채	50,000	(대) 현금	50,000

FINAL 객관식뽀개기

기출 & 적중문제

제1편
[단기속성특강] 재무회계

제2편
[단기속성특강] 세무회계

제3편
[단기속성특강] 원가관리회계

합본부록1
신유형기출문제

합본부록2
10개년기출오답노트

1. ㈜A는 20x2년 1월 1일에 액면금액 3,000,000원, 표시이자율 연6%, 3년에 걸쳐 매년말 이자지급과 원금 1,000,000원씩 상환하는 연속상환사채를 발행하였다. 사채의 발행금액은 얼마인가(단, 사채발행시 유효이자율은 연 8%이고, 사채발행비는 없다. 또한 모든 계산은 소수점 첫째 자리에서 반올림한다)?

할인율	단일금액 1원의 현재가치		
	1년	2년	3년
6%	0.9434	0.8900	0.8396
8%	0.9259	0.8573	0.7938

할인율	정상연금 1원의 현재가치		
	1년	2년	3년
6%	0.9434	1.8334	2.6730
8%	0.9259	1.7833	2.5770

① 2,703,342원
② 2,765,391원
③ 2,823,256원
④ 2,894,166원

📍 내비게이션

- $1,000,000+3,000,000\times6\%)\times0.9259+(1,000,000+2,000,000\times6\%)$
$\times0.8573+(1,000,000+1,000,000\times6\%)\times0.7938=2,894,166$

2. (주)A는 20×1. 1. 1 매년 말 원금 1,000,000원씩 상환하는 다음과 같은 연속상환사채를 발행하였다. 유효이자율법에 의해 사채할인(할증)발행차금을 상각(환입)하는 경우 20×2년의 이자비용은 얼마인가?

(1) 액 면 금 액 : 3,000,000원
(2) 표시이자율 : 연 10%
(3) 만   기 : 20×3. 12. 31
(4) 이자지급일 : 매년 말
(5) 유효이자율 : 연 12%

〈현가표〉

	10%	12%
1년	0.90909	0.89286
2년	0.82645	0.79719
3년	0.75131	0.71178
합계	2.48685	2.40183

① 200,000원
② 217,859원
③ 233,801원
④ 248,036원

📍 내비게이션

- 발행금액
$(1,000,000+3,000,000\times10\%)\times0.89286+(1,000,000+2,000,000\times10\%)$
$\times0.79719+(1,000,000+1,000,000\times10\%)\times0.71178=2,900,304$
- 20x1년말 장부금액
$2,900,304+(2,900,304\times12\%-300,000)-1,000,000=1,948,340$
- 20x2년 이자비용
$1,948,340\times12\%=233,801$

단기속성특강 제49강 — 상환우선주

의의	❖미리 약정한 가격으로 상환할 수 있는 선택권을 갖고 있는 우선주를 말함.
	▶ 상환의무나 보유자가 상환청구권 있으면 금융부채로, 그 외는 자본(지분상품)으로 분류

비교 일반기업회계기준
자본(지분상품)으로 분류하여 처리

지분상품 회계처리	발행시	(차) 현금	xxx	(대) 자본금	xxx
	배당시	(차) 이익잉여금	xxx	(대) 현금	xxx
	상환주식 취득시	(차) 자기주식	xxx	(대) 현금	xxx
	상환절차 완료시	(차) 이익잉여금	xxx	(대) 자기주식	xxx

❖누적적 우선주(의무배당) ⇒'전부 부채'

	발행시	(차) 현금(상환액과 배당현가) 현재가치할인차금	xxx xxx	(대) 상환우선주(상환액)	xxx
	결산시	(차) 이자비용	xxx	(대) 현금(배당금) 현재가치할인차금	xxx xxx

❖비누적적 우선주(재량배당) ⇒'복합금융상품(자본+부채)'

금융부채 회계처리	발행시	(차) 현금(상환액현가) 현재가치할인차금	xxx xxx	(대) 상환우선주(상환액)	xxx
	결산시	(차) 이자비용	xxx	(대) 현재가치할인차금	xxx
	배당시	(차) 이익잉여금	xxx	(대) 현금(배당금)	xxx

사례 ■ 상환우선주 회계처리

❂ 20x1년초 액면금액 주당 ₩500인 상환우선주 100주(연배당률은 액면금액의 5%, 매년말 지급, 3년후 상환)를 발행함. 상환시 주당 ₩600의 조건으로 상환해야함. 유효이자율은 10%. 10%, 3기간, 현가계수 : 0.751, 10%, 3기간, 연금현가계수 : 2.487

풀이

• 원금현가 : 100주x@600x0.751 = 45,060,
배당현가 : 100주x@500x5%x2.487 = 6,218
계 51,278

의무배당인 경우(누적적 우선주)				
(차) 현금 현재가치할인차금 (차) 이자비용	51,278 8,722 5,128[1]	(대) 상환우선주 (대) 현금 현재가치할인차금	60,000 2,500 2,628	[1] 51,278x10%=5,128

재량배당인 경우(비누적적 우선주)				
(차) 현금 현재가치할인차금 (차) 이자비용 (차) 이익잉여금	45,060 14,940 4,506[2] 2,500	(대) 상환우선주 (대) 현재가치할인차금 (대) 현금	60,000 4,506 2,500	[2] 45,060x10%=4,506

제2편
[단기속성특강] 세무회계

제3편
[단기속성특강] 원가관리회계

합본부록1
신유형기출문제

합본부록2
10개년기출오답노트

FINAL 객관식뽀개기

기출 & 적중문제

1. 다음 중 금융부채에 해당하는 것은 무엇인가?

① A사가 발행한 전환사채에 부여되어 있는 전환권(전환권 행사시 100억원의 사채에 대한 상환의무가 면제되는 대신 1만주의 주식을 발행해주어야 함)
② B사가 보유하고 있는 다른 기업의 지분상품
③ C사가 발행한 원금상환조건이 없는 우선주
④ D사가 발행한 의무상환우선주(8% 배당을 의무적으로 지급하는 비참가적 우선주)

📍 내비게이션

• 상환우선주는 발행자가 의무적으로 상환하여야 하는 계약상 의무를 부담하거나 보유자가 상환을 청구할 수 있는 권리를 보유한다면, 발행자의 지분상품으로 분류할 수 없으며 금융부채로 분류하여야 한다.

2. (주)A는 20x1년초에 20x4년초 주당 @5,200에 의무적으로 상환하여야하는 상환우선주 100주(액면금액 @5,000, 연 배당률 5%)를 발행하였으며, 20x1년 말에 배당금을 지급하였다. 상환우선주의 유효이자율은 10%, 10% 3기간 현가계수는 0.7513, 연금현가계수는 2.4868이다. 동 상환우선주가 누적적우선주라고 할 때 동 상환우선주와 관련하여 20x1년 당기손익에의 영향으로 옳은 것은?

① 손실 39,067원
② 손실 40,875원
③ 손실 45,285원
④ 손실 50,784원

📍 내비게이션

• 발행금액 : 100주×@5,200×0.7513+100주×@5,000×5%×2.4868
= 452,846

일자	유효이자(10%)	표시이자(5%)	상각액	장부금액
x1년초	-	-	-	452,846
x1년말	452,846×10%=45,285	25,000	20,285	473,131
x2년말	473,131×10%=47,313	25,000	22,313	495,444
x3년말	495,444×10%=49,556	25,000	24,556	520,000

• 회계처리

x1년초	(차) 현금 452,846 현할차 67,154	(대) 상환우선주(부채) 520,000
x1년말	(차) 이자비용 45,285	(대) 현금 25,000 현할차 20,285

3. 다음은 (주)A의 김사장이 우선주의 발행조건과 관련해서 이과장과 대화한 내용이다. 우선주 발행조건에 따른 회계처리에 대한 설명으로 가장 옳은 것은?

김사장 : 이과장, 이번에 자금조달을 위해 우선주를 발행하려고 하는데 발행조건에 따라서 재무제표에 미치는 영향이 다른가?
이과장 : 네, K-IFRS 도입으로 우선주의 발행조건에 따라 우선주가 부채가 될 수도 있고, 자본이 될 수도 있습니다.
김사장 : 그렇다면, 재무제표에 미치는 영향도 다르겠군.
김사장 : 이과장, 내일까지 발행조건에 따라 재무제표에 미치는 영향을 정리해서 나에게 보고하도록 하게.

① 우선주 원금에 대한 상환청구권을 보유자가 보유하나, (주)A의 재량에 따라 배당을 지급할 수 있는 경우 전체를 자본으로 분류한다.
② 우선주 원금에 대한 상환청구권이 없고 회사가 재량에 따라 배당금을 지급하는 경우 우선주 전체를 자본으로 분류한다.
③ 우선주 원금에 대한 상환청구권을 보유자가 보유하고, 일정금액을 의무적으로 배당하여야 하는 경우 일부는 금융부채로 일부는 자본으로 분류한다.
④ 우선주 원금에 대한 상환청구권을 발행자가 보유하나, (주)A의 재량에 따라 배당을 지급할 수 있는 경우 전체를 금융부채로 분류한다.

📍 내비게이션

• 상환청구권을 보유자가 보유하면 금융부채로 분류하며, 이 경우 다음과 같이 구분하여 처리한다.
 - 의무배당인 경우 : 전부 부채
 - 재량배당인 경우 : 복합금융상품(부채+자본)
• ① 복합금융상품(부채+자본)으로 분류한다.
 ③ 전부 부채로 분류한다.
 ④ 일반적인 자본으로 분류한다.

단기속성특강 제50강 　　　　　전환사채와 신주인수권부사채

전환사채 장점	투자자 입장	• 주가가 상승할 경우 주식으로 전환하여 이득을 볼 수 있음. • 주가가 하락하더라도 사채로부터 확정이자를 받을 수 있음.
	회사 입장	• 전환사채가 전환되면 부채가 자본으로 대체되므로 재무구조가 개선되는 효과가 있음. • 액면이자율을 낮게 하여 발행할 수 있으므로 낮은 금융비용을 부담하게 됨. **참고** ∴표시이자율(액면이자율) < 보장수익률 < 유효이자율

		전환사채	신주인수권부사채
차이점		• 전환권이 행사되면 자본금이 증가하고 부채(사채)가 소멸함. 　○주의 ∴전환전의 부채·자본 합계액은 전환 후 부채·자본 합계액과 동일함. • 전환권이 행사되어도 자산에는 영향이 없음.	• 신주인수권이 행사되면 자본금은 증가하나 부채(사채)는 그대로 유지됨. 　○주의 ∴행사전의 부채·자본 합계액보다 행사 후 부채·자본 합계액이 더 큼. • 신주인수권이 행사되면 현금납입이 있으므로 자산이 증가함.

전환사채 용어정의	상환할증금	• 만기까지 전환되지 않은 경우 그 액면에 추가로 지급되는 금액 ▶ 상환할증금은 전환사채에 가산하는 형식으로 기재함.
	현재가치	• 원리금과 상환할증금을 전환권이 없는 일반사채 유효이자율로 할인한 금액 　○주의 상각표 작성시 전환권없는 일반사채 유효이자율 사용함.
	전환권대가 (전환권가치)	• 전환권대가 = 발행금액 − 현재가치 ▶ 전환권대가는 자본 가산항목임.
	전환권조정	• 전환권조정 = 전환권대가 + 상환할증금 ▶ 전환권조정은 전환사채에서 차감하는 형식으로 기재함. ▶ 유효이자율법으로 상각하여 이자비용으로 처리함. 　○주의 액면상환조건시는 '전환권조정=전환권대가'임.

전환사채 회계처리	발행시	(차) 현금　　　　　　　 xxx　(대) 전환사채(액면=발행가)　　　 xxx (차) 전환권조정　　　　 xxx　(대) 전환권대가(발행가 − 현가)　 xxx 　　　　　　　　　　　　　　　　　상환할증금　　　　　　　　 xxx
	이자지급	(차) 이자비용　　　　　 xxx　(대) 현금(액면이자)　　　　　　 xxx 　　　　　　　　　　　　　　　　　전환권조정(상각액)　　　　 xxx
	전환시	(차) 전환사채　　　　　 xxx　(대) 전환권조정(미상각액)　　　 xxx 　　　상환할증금　　　　 xxx　　　　자본금　　　　　　　　　 xxx 　　　전환권대가　　　　 xxx　　　　주식발행초과금(대차차액)　 xxx
	상환시	(차) 전환사채　　　　　 xxx　(대) 현금　　　　　　　　　　 xxx (차) 상환할증금　　　　 xxx

신주인수권부 사채	❖ 전환권대가는 신주인수권대가, 전환권조정은 신주인수권조정이라는 용어를 사용하며, 신주인수권이 행사되면 부채의 감소없이 현금납입액을 인식하고, 신주인수권이 행사되어도 계속 사채이므로 이자비용은 사채 전체분에 대하여 인식함. 그 외는 전환사채의 회계처리와 동일함.	
	행사시	(차) 현금　　　　　　　 xxx　(대) 신주인수권조정(미상각액)　 xxx 　　　상환할증금　　　　 xxx　(대) 자본금　　　　　　　　　 xxx 　　　신주인수권대가　　 xxx　(대) 주식발행초과금(대차차액)　 xxx

FINAL 객관식뽀개기

기출&적중문제

1. 다음 중 전환사채와 관련한 설명으로 옳지 않은 것은?

① 전환사채와 관련한 이자비용은 동일한 조건의 일반사채에 대한 유효이자율을 적용하여 산정한다.
② 상환할증금 지급조건의 경우 보장수익률이 액면이자율보다 높다.
③ 전환사채의 발행가액에는 전환권대가가 포함되어 있다.
④ 전환권대가에 해당하는 부분은 자본으로 인식하지 않고 일반사채와 마찬가지로 전액 부채로 계상한다.

📍 **내비게이션**

• 전환권대가는 자본의 가산항목임.

2. 다음 중 전환사채에 대한 설명으로 가장 옳지 않은 것은?

① 전환사채는 일반사채와 전환권의 두 가지 요소로 구성되는 복합적 성격을 지닌 금융상품이다.
② 전환사채는 전환사채보유자의 요구에 따라 주식으로 전환할 수 있는 권리가 내재되어 있어 일반적으로 일반사채보다 표면금리가 낮게 책정되어 발행된다.
③ 상환할증금지급조건의 전환사채는 발행시점에 상환할증금을 인식한다.
④ 전환사채의 전환권이 행사되면 자산이 증가한다.

📍 **내비게이션**

• 전환권이 행사되어도 자산에는 영향이 없다.

3. 보유자가 확정 수량의 발행자의 보통주로 전환할 수 있는 전환사채는 (ㄱ)에 속한다. 전환사채의 발행금액이 3,000,000원이고 전환사채의 발행요건과 동일한 요건으로 발행하되 전환권이 부여되지 않은 사채의 가치가 2,500,000원인 경우, 전환사채의 발행금액 중 2,500,000원은 (ㄴ)(으)로, 전환권가치인 500,000원은 (ㄱ)(으)로 분리하여 표시한다. 다음 중 ㄱ, ㄴ, ㄷ에 들어갈 가장 올바른 용어들로 짝지어진 것은?

	ㄱ	ㄴ	ㄷ
①	금융보증계약	지분상품(자본)	금융부채
②	금융보증계약	금융부채	지분상품(자본)
③	복합금융상품	지분상품(자본)	금융부채
④	복합금융상품	금융부채	지분상품(자본)

📍 **내비게이션**

• 전환사채는 부채요소, 자본요소를 모두 가지고 있는 복합금융상품이다.
• 전환권조정(전환권대가) : 3,000,000-2,500,000=500,000
 부채(금융부채) : 3,000,000-500,000(전환권조정)=2,500,000
 자본(지분상품) : 500,000(전환권대가)

4. (주)A는 20x1년 1월 1일에 전환사채(액면금액 : 10,000,000원, 연이자율 : 7%, 이자지급일 : 12월 31일)를 액면발행하였다. 전환사채 발행시 일반사채시장이자율은 연 15%이다. 동 전환사채의 만기일인 20x3년 12월 31일에 액면금액의 110%를 지급하는 조건일 경우 (주)A가 전환사채 발행일에 인식해야 할 전환권조정은 얼마인가? 단, ₩1의 연가계수(3년, 15%)와 ₩1의 정상연금연가계수(3년, 15%)는 각각 0.657과 2.283이다.

① 2,174,900원 ② 2,831,900원
③ 1,831,900원 ④ 1,598,100원

📍 **내비게이션**

• 현재가치 : 10,000,000×110%×0.657+10,000,000×7%×2.283
 =8,825,100
• 전환권대가 : 10,000,000-8,825,100=1,174,900
• 전환권조정 : 1,174,900(전환권대가)+1,000,000(상환할증금)
 =2,174,900

5. (주)A는 20×1년초에 액면금액 1,000,000원, 만기 3년, 표시이자율 연 8%인 전환사채를 액면발행하였다. 이 전환사채와 동일한 일반사채의 시장이자율은 연 14%이다. 전환되지 않는 경우에는 액면의 116.87%를 일시상환한다. 20×2년말의 장부금액은?

	8%, 3년	14%, 3년
단일금액의 현가계수	0.7938	0.6750
정상연금의 현가계수	2.5771	2.3216

① 1,095,390원 ② 1,031,045원
③ 1,000,000원 ④ 805,905원

📍 **내비게이션**

• 현재가치 : 80,000×2.3216+1,168,700×0.6750=974,600
• 전환권대가 : 1,000,000-974,600=25,400
• 전환권조정 : 25,400+168,700=194,100

전환권조정상각표				
일자	유효이자(14%)	액면이자(8%)	상각액	장부금액
x1년초				974,600
x1년말	136,444	80,000	56,444	1,031,044
x2년말	144,346	80,000	64,346	1,095,390

〈20x1년말 회계처리〉

(차) 이자비용 136,444 (대) 현금 80,000
 전환권조정 56,444

단기속성특강 제51강	충당부채

정의	❖과거사건에 의해서 발생한 현재의무(법적의무 또는 의제의무)로 지출의 시기·금액이 불확실한 부채
	♀주의 충당부채는 현재의무이나 우발부채는 잠재적의무임.
	보론 의제의무는 환불정책과 같은 약속에 따른 의무를 말함.

인식	❖충당부채는 다음의 요건을 모두 충족하는 경우에 인식함.
	•과거사건의 결과로 현재의무(법적의무와 의제의무)가 존재한다.
	•해당의무를 이행하기 위하여 경제적효익이 있는 자원이 유출될 가능성이 높다.(50%초과)
	•해당의무의 이행에 소요되는 금액을 신뢰성있게 추정할 수 있다.
	보론 제품보증이나 환불정책은 충당부채를 인식하나, 화재 등의 손실위험은 충당부채를 인식치 않음.

측정	최선의 추정치	•현재의무이행 소요지출에 대한 보고기간말 현재의 최선의 추정치이어야 함.
	기대가치측정	•불확실성이 고려되어야 하며, 측정하고자 하는 충당부채가 다수의 항목과 관련되는 경우에는 모든 가능한 결과와 그와 관련된 확률을 가중평균하여 추정함.
		▶ 만일 가능한 결과가 연속적인 범위 내에 분포하고 있으며, 각각의 발생확률이 동일할 경우에는 당해 범위의 중간 값을 사용함.
	현재가치	의의	•명목금액과 현재가치의 차이가 중요한 경우에는 의무를 이행하기 위하여 예상되는 지출액의 현재가치로 평가함. ▶ 예 복구충당부채
		할인율	•부채의 특유위험과 화폐의 시간가치에 대한 현행시장의 평가를 반영한 세전이자율을 사용함.
			♀주의 현재가치측정시의 당초할인율이 아니라 현재가치측정시점의 할인율이며, 세후이자율이 아님.
			▶ 할인율에 반영되는 위험에는 위험이 이중으로 조정되는 것을 방지하기 위해 미래 현금흐름을 추정할 때 고려된 위험은 반영하지 않음.
	미래사건	•소요지출금액에 영향을 미치는 미래사건이 발생할 것이라는 충분하고 객관적인 증거가 있는 경우, 미래사건을 감안하여 충당부채금액을 추정함.
	예상자산처분	•충당부채를 발생시킨 사건과 밀접하게 관련된 자산의 처분이익이 예상되는 경우, 당해 처분이익은 충당부채 금액을 추정하는데 고려하지 아니함.
		♀주의 충당부채금액 산정시 차감하는 것이 아니라 총액으로 계상함.
		예시 구조조정비용 100,000, 구조조정에 보유중인 토지매각이익 1,000이 예상됨.
		(차) 비용 100,000 (대) 충당부채 100,000
	충당부채변제	재무상태표 (총액인식)	•의무금액 총액을 부채로 인식
			•제3자가 변제할 것이 확실한 금액만 자산으로 인식
			▶ 단, 자산인식금액은 충당부채금액 초과불가함.
			♀주의 ∴충당부채와 제3자 변제관련자산을 상계치 않음.
		손익계산서 (순액인식가능)	•수익은 충당부채의 인식과 관련된 비용과 상계가능함.

	방법 ①		방법 ②	
(차) 비용	900	(대) 충당부채 900	(차) 비용 800	(대) 충당부채 900
미수금	100	수익 100	미수금 100	

	예상영업손실	•미래의 예상 영업손실은 충당부채로 인식하지 않음.
	손실부담계약	•계약상의 의무에 따라 발생하는 회피불가능한 원가가 당해 계약에 의하여 받을 것으로 기대되는 경제적효익을 초과하는 계약으로, 현재의무를 충당부채로 인식함.
	구조조정	•구조조정 관련 직접발생한 필수적지출로 기업의 계속적활동과 무관한 지출의 경우 구조조정충당부채를 인식가능함.

FINAL 객관식뽀개기

기출&적중문제

1. 과거사건이나 거래의 결과에 의한 현재의 의무로서, 지출의 시기 또는 금액이 불확실하지만 그 의무를 이행하기 위하여 자원의 유출가능성이 높고 또한 당해 금액을 신뢰성 있게 추정할 수 있을 경우 이에 관한 회계처리는 무엇인가?

① 재무상태표에 충당부채로 인식한다.
② 재무상태표에 부채로 인식하지 않고 주석으로만 공시한다.
③ 재무상태표에 우발자산으로 인식하고 주석에 공시한다.
④ 재무상태표에 우발자산으로 인식하나 주석에는 공시하지 않는다.

◉ 내비게이션

• 충당부채의 인식요건에 대한 설명이다.

2. 다음 중 충당부채에 대한 설명으로 가장 올바르지 않은 것은?

① 충당부채는 과거사건이나 거래의 결과에 의한 현재의무로서, 지출의 시기 또는 금액이 불확실하지만 그 의무를 이행하기 위하여 자원이 유출될 가능성이 높고 또한 금액을 신뢰성 있게 추정할 수 있는 의무를 말한다.
② 충당부채로 인식하는 금액은 현재의무의 이행에 소요되는 지출에 대한 보고기간종료일 현재의 최선의 추정치이어야 한다.
③ 충당부채를 설정하는 의무에는 과거의 실무관행, 발표된 경영방침 또는 구체적이고 유효한 약속 등을 통하여 기업이 특정 책임을 부담하겠다는 것을 상대방에게 표명함으로써 그 결과 기업이 당해 책임을 이행할 것이라는 정당한 기대를 상대방이 가지게 하는 경우에 발생하는 의제의무도 포함된다.
④ 충당부채를 반드시 재무상태표에 금액으로 인식할 필요는 없으며, 주석으로 공시해도 된다.

◉ 내비게이션

• 충당부채는 반드시 재무제표에 인식하여야 한다.

3. 다음 중 충당부채의 회계처리에 대한 설명으로 가장 옳은 것은?

① 미래의 예상영업손실은 최선의 추정치를 금액으로 하여 충당부채를 인식한다.
② 충당부채의 명목금액과 현재가치의 차이가 중요하다 하더라도 예상 지출액의 명목금액으로 인식한다.
③ 충당부채로 인식하는 금액은 현재의무의 이행에 소요되는 지출에 대한 보고기간말 현재의 최선의 추정치이어야 하며 이 경우 관련된 사건과 상황에 대한 불확실성이 고려되어야 한다.
④ 충당부채란 과거사건이나 거래의 결과에 의한 현재의 의무로서, 그 의무를 실현하기 위하여 자원의 유출가능성이 높고 지출 금액이 불확실하지만, 지출 시기는 확정되어 있는 의무를 의미한다.

◉ 내비게이션

• ① 미래의 예상영업손실은 충당부채로 인식하지 않는다.
  ② 명목금액과 현재가치의 차이가 중요한 경우 현재가치로 평가한다.
  ④ 충당부채는 지출의 시기와 금액이 모두 불확실한 부채이다.

4. 다음 중 충당부채의 회계처리에 대한 설명으로 가장 올바르지 않은 것은?

① 충당부채란 과거사건이나 거래의 결과에 의한 현재의무로서, 지출의 시기 또는 금액이 불확실하지만 그 의무를 이행하기 위하여 자원이 유출될 가능성이 높고 또한 금액을 신뢰성있게 추정할 수 있는 의무를 의미한다.
② 충당부채의 명목금액과 현재가치의 차이가 중요한 경우에는 의무를 이행하기 위하여 예상되는 지출액의 현재가치로 평가한다.
③ 손실부담계약을 체결하고 있는 경우에는 관련된 현재의무를 충당부채로 인식하지 않는다.
④ 충당부채로 인식하는 금액은 현재의무의 이행에 소요되는 지출에 대한 보고기간말 현재의 최선의 추정치이어야 하며 이 경우 관련된 사건과 상황에 대한 불확실성이 고려되어야 한다.

◉ 내비게이션

• 손실부담계약을 체결한 경우에는 현재의무를 충당부채로 인식한다.

제1편
[단기속성특강] 재무회계

제2편
[단기속성특강] 세무회계

제3편
[단기속성특강] 원가관리회계

합본부록1
신유형기출문제

합본부록2
10개년기출오답노트

단기속성특강 제52강 | 제품보증충당부채(보증구매선택권없는 확신유형)

개요						
당기매출분 보증비 발생시	(차) 제품보증비	100	(대) 현금			100
결산시(추정보증비 ₩300)	(차) 제품보증비	200	(대) 제품보증충당부채			200
	▶ 이미 인식분 100을 차감하여 제품보증충당부채 계상					
차기 보증비 ₩500 발생시	(차) 제품보증충당부채	200	(대) 현금			500
	제품보증비	300				
	▶ if, 실제보증비 없이 유효기간경과시는 제품보증충당부채잔액을 환입					

적용사례 I

 사례 ■ 제품보증충당부채 잔액 계산

❂ 다음은 20x1년 영업을 개시하고, 판매한 제품에 대해 3년간 품질보증정책을 채택하고 있는 ㈜역전의명수의 제품보증 관련 자료이다. 20x3년말 제품보증충당부채 잔액은 얼마인가?

> (1) 제품보증비는 판매후 1차년도에는 매출액의 2%, 판매후 2차년도에는 매출액의 3%, 판매후 3차년도에는 매출액의 4%가 발생할 것으로 예상한다.
> (2) 20x1년, 20x2년, 20x3년 매출액은 각각 ₩1,350,000, ₩1,950,000, ₩2,250,000이며, 20x1년, 20x2년, 20x3년 보증비지출액은 각각 ₩97,500, ₩150,000, ₩187,500이다.

✐ 풀이

• $(1,350,000+1,950,000+2,250,000) \times 9\% - (97,500+150,000+187,500) = 64,500$

적용사례 II

 사례 ■ 제품보증충당부채 회계처리

❂ (주)아침마담은 판매일로부터 1년간 제품보증정책을 사용하고 있다. 보증비는 매출액의 3%로 예측함.
각 회계연도의 매출액과 실제제품보증비용발생액이 다음과 같을때, 회계처리를 하라.

		20x1년	20x2년
매출액		₩1,000,000	₩1,500,000
제품보증비발생액	20x1년도분	₩15,000	₩12,000
	20x2년도분	–	₩22,000

✐ 풀이

20x1년	매출시	(차) 현금	1,000,000	(대) 매출	1,000,000
	보증시	(차) 제품보증비	15,000	(대) 현금	15,000
	결산시	(차) 제품보증비	15,000	(대) 제품보증충당부채	15,000[1]
20x2년	매출시	(차) 현금	1,500,000	(대) 매출	1,500,000
	보증시	(차) 제품보증충당부채	12,000	(대) 현금	34,000
		제품보증비	22,000		
	결산시	(차) 제품보증충당부채	3,000	(대) 제품보증충당부채환입	3,000[2]
		(차) 제품보증비	23,000	(대) 제품보증충당부채	23,000[3]

[1] $1,000,000 \times 3\% - 15,000 = 15,000$
[2] $15,000 - 12,000 = 3,000$(보증종료)
[3] $1,500,000 \times 3\% - 22,000 = 23,000$

저자주 환입 3,000을 인식하지 않는 회계처리를 하는 경우 보증시에 충당부채를 15,000감소시키고, 제품보증비로 19,000을 계상해도 무방합니다!

FINAL 객관식뽀개기 | 기출 & 적중문제

1. 다음 중 충당부채에 대한 설명으로 가장 옳은 것은?

① 충당부채의 일부를 제3자가 변제할 것이 거의 확실시 되는 경우 변제금액을 제외한 잔액에 대해서만 충당부채를 인식한다.
② 충당부채의 대표적 유형에는 판매보증충당부채와 반품충당부채가 있다.
③ 충당부채를 발생시킨 사건과 밀접하게 관련된 자산의 처분이익이 예상되는 경우에는 당해 처분이익을 고려하여 충당부채 금액을 측정한다.
④ 제품의 보증과 마찬가지로 미래의 예상영업손실은 충당부채로 인식한다.

📍 내비게이션

•① 의무금액 총액을 충당부채로 인식하며, 제3자가 변제할 것이 확실한 금액은 자산으로 인식한다.
② 예상 처분이익은 충당부채 금액을 추정하는데 고려하지 않는다.
④ 미래 예상영업손실은 충당부채로 인식하지 않는다.

2. 20x1년 초 사업을 개시한 (주)A는 판매 후 1년 동안 제품에서 발생하는 결함을 무상으로 수리해주고 있으며, 보증비용은 매출액의 5%로 추정된다. 20x1년 말 재무상태표에 제품보증충당부채로 계상되어야 할 금액은 얼마인가?

ㄱ. 20x1년 매출액은 1,000억원임.
ㄴ. 20x1년 중 당기 매출분에 대해 32억원의 제품보증비가 발생함.

① 5억원
② 18억원
③ 32억원
④ 50억원

📍 내비게이션

•1,000억×5%-32억=18억

3. (주)A는 20x1년초에 한정 생산판매한 제품에 대하여 3년 동안 품질을 보증하기로 하였다. 20x1년 중 실제 발생한 품질보증비는 210원이다. (주)A는 기대가치를 계산하는 방식으로 최선의 추정치 개념을 사용하여 충당부채를 인식한다. (주)A는 20x1년말에 이 제품의 품질보증과 관련하여 20x2년 및 20x3년에 발생할 것으로 예상되는 품질보증비 및 예상 확률을 다음과 같이 추정하였다. (주)A는 20x2년 및 20x3년에 발생할 것으로 예상되는 품질보증비에 대해 설정하는 충당부채를 20%의 할인율을 적용하여 현재가치로 측정하기로 하였다. (주)A의 20x1년말 재무상태표에 보고할 제품보증충당부채는 얼마인가(20x2년과 20x3년에 발생할 것으로 예상되는 품질보증비는 각 회계연도말에 발생한다고 가정한다.)?

20x2년		20x3년	
품질보증비	예상확률	품질보증비	예상확률
144원	10%	220원	40%
256원	60%	280원	50%
640원	30%	600원	10%

① 290원
② 460원
③ 480원
④ 500원

📍 내비게이션

•20x1년말 충당부채 추계액
$(144×10\%+256×60\%+640×30\%) ÷ 1.2+(220×40\%+280×50\%+600×10\%) ÷ 1.2^2 =500$
•만약, 20x1에 판매한 제품에 대한 3년 동안의 총예상비용이 매출액의 10%인 500이라고 가정하면 20x1년말 인식할 충당부채는 290이 됩니다. 그러나 본 문제에서는 20x1년 발생비용과 무관하게, 제시된 기대예상비용은 20x1년말 현재 금액을 의미하며 20x2년, 20x3년 기대예상비용으로 충당부채를 추정하므로 충당부채는 기대예상비용 500 전액이 충당부채로 인식됩니다.
〈회계처리〉
(차) 보증비　210　(대) 현금　210
(차) 보증비　500　(대) 제보충　500

제2편
[단기속성특강] 세무회계

제3편
[단기속성특강] 원가관리회계

합본부록1
신유형기출문제

합본부록2
10개년/기출요약노트

단기속성특강 제53강 | 우발부채·우발자산

		충당부채	우발부채	우발자산
개괄	조건	유출가능성이 높다 and 측정가능	유출가능성이 어느 정도 있다. or 유출가능성이 높더라도 측정불가	유입가능성이 높다.
	인식	F/S에 충당부채인식	주석공시(F/S인식불가)	주석공시(F/S인식불가)
		그 외의 사항은 아예 공시하지 않음.		

우발부채	정의	❖우발부채는 다음 중 어느 하나에 해당하는 의무를 말함. • 과거사건에 의하여 발생하였으나, 기업이 전적으로 통제할 수는 없는 하나 이상의 불확실한 미래 사건의 발생 여부에 의하여서만 그 존재가 확인되는 잠재적 의무 • 과거사건에 의하여 발생하였으나, 당해 의무를 이행하기 위하여 경제적효익을 갖는 자원이 유출 될 가능성이 높지 아니하거나, 당해 금액을 신뢰성있게 측정할 수 없는 현재의무

❖우발부채는 부채로 인식하지 아니함.

자원유출가능성 \ 금액추정가능성	신뢰성있게 추정가능	추정불가능
가능성이 높음(확률 50%초과)	충당부채로 인식	우발부채로 주석공시
가능성이 높지 않음(어느정도 있음)	우발부채로 주석공시	
가능성이 희박(아주 낮음)	공시하지 않음	공시하지 않음

연대 보증	제3자가 이행할 것으로 예상되는 부분	• 우발부채로 공시(∵제3자가 불이행시는 회사가 책임)
	회사가 이행할 것으로 예상되는 부분	• 충당부채를 인식(유출가능성이 높은 부분에 한함)

우발자산	정의	❖과거사건에 의하여 발생하였으나 기업이 전적으로 통제할 수는 없는 하나 이상의 불확실한 미래사 건의 발생 여부에 의하여서만 그 존재가 확인되는 잠재적 자산

❖자산으로 인식하지 아니하며, 경제적효익의 유입가능성이 높은 경우에만 공시함.

효익유입가능성 \ 금액추정가능성	신뢰성있게 추정가능	추정불가능
가능성이 높음	우발자산으로 주석공시	우발자산으로 주석공시
가능성이 어느정도 있음	공시하지 않음	공시하지 않음

FINAL 객관식뽀개기

기출 & 적중문제

1. 다음 중 우발부채 및 우발자산에 대한 설명으로 가장 올바르지 않은 것은?

① 과거사건에 의하여 발생하였으나, 기업이 전적으로 통제할 수 없는 하나 이상의 불확실한 미래사건의 발생 여부에 의하여서만 그 존재가 확인되는 잠재적 의무는 우발부채이다.

② 과거사건에 의해 발생하였으나, 기업이 전적으로 통제할 수 없는 하나 이상의 불확실한 미래사건의 발생 여부에 의하여서만 그 존재가 확인되는 잠재적 자산은 우발자산이다.

③ 우발부채는 당해 의무 이행을 위해 자원이 유출될 가능성이 아주 낮더라도 주석으로 기재해야 한다.

④ 과거사건에 의하여 발생하였으나, 당해 의무를 이행하여야 할 금액을 신뢰성 있게 측정할 수 없어 인식하지 아니하는 현재의무는 우발부채이다.

◉ 내비게이션

• 우발부채는 당해 의무 이행을 위해 자원이 유출될 가능성이 아주 낮은 경우는 공시하지 않는다.

2. 다음 중 재무상태표에 충당부채를 인식하는 경우로 짝지어진 것은?

금액추정가능성 자원유출가능성	신뢰성 있게 추정가능	추정 불가능
가능성이 높음	(ㄱ)	(ㄴ)
가능성이 높지 않음	–	–
가능성이 아주 낮음	(ㄷ)	–

① (ㄱ)
② (ㄱ), (ㄴ)
③ (ㄱ), (ㄷ)
④ (ㄱ), (ㄴ), (ㄷ)

◉ 내비게이션

• 자원유출가능성이 높고 금액을 신뢰성있게 추정가능한 경우에만 충당부채를 인식한다.

3. 다음 중 우발부채 및 우발자산에 대한 설명으로 가장 올바르지 않은 것은?

① 우발자산은 과거사건에 의해 발생하였으나 기업이 전적으로 통제할 수 없는 하나 이상의 불확실한 미래사건의 발생 여부에 의하여서만 그 존재가 확인되는 잠재적 자산을 의미한다.

② 과거사건에 의하여 발생하였으나, 그 의무를 이행하기 위하여 경제적 효익을 갖는 자원이 유출될 가능성이 높지 않은 경우에는 우발부채로 인식한다.

③ 우발부채는 재무제표상 부채로 인식하고, 유형별로 그 성격을 주석에 추가적으로 설명한다.

④ 우발부채의 경우 당해 의무를 이행하기 위하여 자원이 유출될 가능성이 아주 낮은 경우에는 주석기재를 생략한다.

◉ 내비게이션

• 우발부채는 재무제표상 부채로 인식할 수 없으며 주석으로 공시한다.

4. 다음 중 충당부채 및 우발부채에 대한 설명으로 옳지 않은 것은?

① 충당부채를 인식하기 위해서는 과거에 사건이나 거래가 발생하여 현재 의무가 존재하여야 한다.

② 충당부채를 설정하는 의무에는 명시적인 법규 또는 계약 의무는 아니지만 특별한 상황 또는 오랜 관행에 의해 기업이 이행해 온 의무도 포함된다.

③ 충당부채는 재무제표에 계상하는 부채인 반면, 우발부채는 재무제표에 계상할 수 없으며 주석으로만 기재할 수 있다는 점에서 차이가 있다.

④ 자원의 유입가능성이 어느 정도 있고, 금액을 신뢰성있게 추정가능한 우발자산에 대하여는 이를 주석으로 공시한다.

◉ 내비게이션

• 자원의 유입가능성이 어느 정도 있고, 금액을 신뢰성있게 추정가능한 우발자산에 대하여는 이를 공시하지 아니한다.

제2편
[단기속성특강] 세무회계

제3편
[단기속성특강] 원가관리회계

합본부록1
신유형기출문제

합본부록2
10개년/기출오답노트

단기속성특강 제54강 | 자본과 주식

자본의 의의	등식	•자산총액-부채총액=자본(소유주지분, 주주지분, 자기자본, 순자산, 잔여지분)	
	특성	•자산·부채의 평가결과에 따라 종속적으로 산출되는 잔여지분임.(별도로 측정불가) •자본은 평가의 대상이 아님. ▶ ∴자본총액≠주식의 시가총액, 자기주식 시가평가배제	

자본의 분류	납입자본	자본금[*]	•보통주자본금, 우선주자본금	불입자본 (자본거래)
		자본잉여금	•주식발행초과금, 감자차익, 자기주식처분이익	
		자본조정	•주식할인발행차금, 감자차손, 자기주식처분손실, 자기주식	
	이익잉여금		•이익 중 자본조정과 상계되거나 배당금 및 일반적립금으로 처분되지 않고 남아있는 이익	유보이익 (손익거래)
	기타	일반적립금 (기타이익잉여금)	•법정적립금(이익준비금등), 임의적립금	
		기타포괄손익	•FVOCI금융자산평가손익, 해외사업환산손익 •현금흐름위험회피파생상품평가손익, 재평가잉여금	

[*]자본금=발행주식수×주당액면금액 ▶ 단, 무액면주식은 발행금액의 50%이상을 자본금으로 함.

주식의 종류	보통주		•주식을 발행할 때 기준이 되는 주식을 말함. ▶ 〈특징〉 의결권 / 배당청구권 / 신주인수권 / 미확정적 지위
	우선주		•특정 사항에 관해서 보통주에 비하여 우선적인 권리가 부여된 주식을 말함. ▶ 〈특징〉 이익배당이나 잔여재산분배등에 우선권 / 무의결권
	이익배당 우선주	누적적우선주	•미배당금액을 누적하여 지급
		비누적적우선주	•누적되지 않는 우선주
		참가적우선주	•동일 배당률로 지급후 잔여분은 재지급(완전참가/부분참가)
		비참가적우선주	•위 잔여분에 참가불가 즉, 잔여분은 전부 보통주에 귀속

사례 ■ 보통주와 우선주 배당액 계산

❂ 당기 20x2년 현재 자본금 : 보통주(액면 5,000, 1200주 총 6,000,000), 우선주(6%)(액면5,000, 600주 총 3,000,000), 이월이익잉여금 3,000,000, 1,500,000 배당지급결의. 20x1년 설립된후 배당된 것은 없음.

구 분	우선주배당액	보통주배당액
비누적적, 비참가적	3,000,000×6% = 180,000	1,500,000 - 180,000 = 1,320,000
비누적적, 완전참가적	3,000,000×6% = 180,000〈당기분〉 960,000×3/9 = 320,000 〈잔여분〉	6,000,000×6% = 360,000 960,000×6/9 = 640,000
누적적, 비참가적	3,000,000×6% = 180,000〈1년누적〉 3,000,000×6% = 180,000〈당기분〉	- 1,500,000 - 360,000 = 1,140,000
누적적, 완전참가적	3,000,000×6% = 180,000〈1년누적〉 3,000,000×6% = 180,000〈당기분〉 780,000×3/9 = 260,000 〈잔여분〉	- 6,000,000×6% = 360,000 780,000×6/9 = 520,000
비누적적, 10%부분참가적	3,000,000×6% = 180,000〈당기분〉 3,000,000×4% = 120,000〈잔여분〉[*]	6,000,000×6% = 360,000 1,500,000 - 660,000 = 840,000
누적적,10%부분참가적	3,000,000×6% = 180,000〈1년누적〉 3,000,000×6% = 180,000〈당기분〉 3,000,000×4% = 120,000〈잔여분〉[*]	- 6,000,000×6% = 360,000 1,500,000 - 840,000 = 660,000

[*]한도 : 완전참가 가정시 배당금

참고 배당관련 일반적인 지표
■ 배당률 : 주당배당금 ÷ 주당액면금액
■ 배당수익률 : 주당배당금 ÷ 주가
■ 배당성향 : 주당배당금 ÷ 주당순이익

FINAL 객관식뽀개기 | 기출 & 적중문제

1. 다음 중 자본의 차감항목이 아닌 것은?

① 해외사업환산손실
② 자산재평가잉여금
③ 자기주식
④ 기타포괄손익인식금융자산평가손실

📍 내비게이션

• 재평가잉여금은 자본의 가산항목이다.

2. 다음은 결산일이 12월 31일인 (주)A의 20x1년말 재무상태표상 자본에 관한 정보이다. 20x1년말 (주)A의 기타포괄손익은 얼마인가?

ㄱ. 보통주자본금	50,000,000원
ㄴ. 주식발행초과금	5,000,000원
ㄷ. 기타포괄손익인식금융자산평가이익	5,000,000원
ㄹ. 자기주식	1,200,000원
ㅁ. 미처분이익잉여금	4,600,000원
ㅂ. 유형자산재평가잉여금	1,000,000원

① 1,000,000원　　② 6,000,000원
③ 7,200,000원　　④ 10,600,000원

📍 내비게이션

• 매도가능금융자산평가이익+유형자산재평가잉여금=6,000,000

3. 다음은 ㈜A의 제1기말(20x1.12.31) 현재의 주요 재무정보이다. ㈜A는 제1기에 증자 및 배당이 없었다.

자본금	5,000,000,000원
주식발행초과금	3,500,000,000원
…	…
자본총계	10,000,000,000원

㈜A의 20x1년 당기순이익은 1,500,000,000원이고, 주당 액면금액은 5,000원일 때 20x1년 말 현재 자본에 대한 설명으로 다음 중 가장 옳지 않은 것은?

① ㈜A의 법정자본금은 5,000,000,000원이다.
② ㈜A의 발행주식수는 1,000,000주이다.
③ ㈜A의 기말 이익잉여금은 1,500,000,000원이다.
④ ㈜A의 주식발행금액은 주당 10,000원 이었다.

📍 내비게이션

• 주당발행금액 : $\dfrac{5,000,000,000 + 3,500,000,000}{1,000,000주}$ =@8,500

4. 20x3년말 현재 A사, B사의 자본금과 관련된 내용은 다음과 같다. 주주총회에서 A사, B사는 각각 1,350,000원씩의 배당금 지급을 결의하였다. 우선주에 대한 배당금을 지급할 경우 그 금액은 각각 얼마인가?

	A사	B사
보통주 (발행주식수) (액면금액)	10,000,000원 (2,000주) (5,000원)	10,000,000원 (2,000주) (5,000원)
우선주 (발행주식수) (액면금액)	5,000,000원 (1,000주) (5,000원)	5,000,000원 (1,000주) (5,000원)
우선주 배당률	5%	5%
우선주의 종류	완전참가적	누적적, 비참가적 (20x1년도분과 20x2년도 분의 배당금 연체)

	A사 우선주배당금	B사 우선주배당금
①	450,000원	750,000원
②	700,000원	550,000원
③	616,667원	750,000원
④	450,000원	550,000원

📍 내비게이션

구분		우선주배당액	보통주배당액
A	비누적적 완전참가적	① 5,000,000×5% =250,000 ③ (1,350,000 - 750,000) ×5/15 = 200,000	② 10,000,000×5% =500,000 ④ 400,000(잔여분)
B	누적적 비참가적	① 5,000,000×5%×2년 =500,000 ② 5,000,000×5% =250,000	③ 600,000(잔여분)

제1편 [단기속성특강] 재무회계

제2편 [단기속성특강] 세무회계

제3편 [단기속성특강] 원가관리회계

합본부록1 신유형기출문제

합본부록2 10계정/기출오답노트

단기속성특강 제55강 — 자본거래

유상증자

❖ 주식발행

할증발행	(차) 현금　　　xxx　(대) 자본금(액면)　xxx 　　　　　　　　　　　　　　주발초　　　　xxx	•주식발행초과금은 자본항목으로 표시하며, 주식 할인발행차금은 부(-)의 자본항목으로 표시한 후 이익잉여금으로 상각함.
할인발행	(차) 현금　　　xxx　(대) 자본금(액면)　xxx 　　　주할차　xxx	•주식할인발행차금과 주식발행초과금은 발생순서 에 관계없이 우선 서로 상계함.
신주발행비	•주식발행금액에서 차감	•액면·할인발행시 : 주식할인발행차금 증액 •할증발행시 : 주식발행초과금 감액

참고 발행시 거래원가 중 해당거래가 없었다면 회피할 수 있고, 직접관련된 증분원가는 자본에서 차감함.

❖ 현물출자

(차) 자산(공정가치)　　　　　　　xxx	(대) 자본금(액면)　　　　　　　xxx 　　　주식발행초과금　　　　　　xxx

무상증자

회사	•(차) 주식발행초과금(이익준비금)　xxx　(대) 자본금　　　xxx
주주	•회계처리 없음. ▶ 주식수만 증가하여 보유주식의 평균단가만 하락

유상감자 (실질적감자)

'감자대가>액면' 인 경우	(차) 자본금(액면)　　　xxx　(대) 현금　　　xxx 　　　감자차손　　　　　xxx	
'감자대가<액면' 인 경우	(차) 자본금(액면)　　　xxx　(대) 현금　　　　xxx 　　　　　　　　　　　　　　감자차익　　xxx	

▶ 감자차손은 부(-)의 자본항목으로 표시한 후 이익잉여금으로 상각하며, 감자차익은 자본에 가산하여 표시. 감자차손과 감자차익은 발생순서에 관계없이 서로 상계함.

무상감자 (형식적감자)

(차) 자본금(액면)　　　　　　　xxx	(대) 이월결손금　　　　　　　xxx 　　　감자차익　　　　　　　　xxx

🔍주의 무상감자시에는 감자차손은 발생할수 없음.(∵자본금 이상으로 결손금보전은 불가)

자기주식

취득시	(차) 자기주식(취득원가)　xxx　(대) 현　금　　　xxx	
재발행시	**재발행가 > 취득원가** (차) 현금　　　xxx　(대) 자기주식　　　xxx 　　　　　　　　　　　　자기주식처분이익 xxx	**재발행가 < 취득원가** (차) 현금　　　　　　　xxx　(대) 자기주식　xxx 　　　자기주식처분손실 xxx
소각시	**액면금액 > 취득원가** (차) 자본금(액면) xxx　(대) 자기주식　xxx 　　　　　　　　　　　　　감자차익　　xxx	**액면금액 < 취득원가** (차) 자본금(액면) xxx　(대) 자기주식　xxx 　　　감자차손　　xxx
수증시	**취득시** - 회계처리 없음 -	**처분시** (차) 현금　　　xxx　(대) 자기주식처분이익　xxx

▶ 취득시 자기주식은 취득원가로 기록하며, 자기주식은 부(-)의 자본항목으로 표시함.
▶ 자기주식처분손실은 부(-)의 자본항목으로 표시한 후 이익잉여금으로 상각하며, 자기주식처분이익은 자본에 가산하여 표시함. 자기주식처분손실과 자기주식처분이익은 발생순서에 관계없이 서로 상계함.

FINAL 객관식뽀개기

기출 & 적중문제

1. 다음 중 자기주식의 취득 및 처분에 관한 회계처리에 대한 설명으로 옳지 않은 것은?

① 자기주식을 취득하는 경우 취득원가를 자본에서 차감하는 형식으로 기재한다.

② 자기주식을 처분하는 경우 처분가액과 취득원가와의 차액을 자기주식처분손익으로 당기손익에 반영한다.

③ 보통주를 자기주식으로 취득하면 유통보통주식수가 감소하므로 기본주당순이익을 증가시키는 효과가 생긴다.

④ 자기주식을 보유하고 있는 기간동안에 주가가 변동하더라도 자기주식에 대한 평가손익은 인식하지 않는다.

◉ 내비게이션

• 자기주식처분손익은 당기손익이 아니라 자본에 가감하는 항목임.

2. 다음은 ㈜A의 재무상태표이다. ㈜A의 경영자는 누적된 결손금과 관련하여 무상감자를 고려하고 있다. 다음 중 회사가 무상감자를 실시하는 경우에 대한 설명으로 가장 올바른 것은?

재무상태표		
㈜A	20x1년 12월 31일	(단위 : 원)
현금	10,000,000	부채 60,000,000
매출채권	20,000,000	자본금 40,000,000
재고자산	30,000,000	주식발행초과금 10,000,000
유형자산	30,000,000	결손금 (20,000,000)
자산총계	90,000,000	부채와자본총계 90,000,000

① 무상감자를 하면 부채비율(부채/자본)이 높아진다.

② 무상감자와 유상감자 모두 순자산에 미치는 영향은 동일하다.

③ 감자 후의 자본총계는 30,000,000원으로 감자 전과 자본총계가 동일하다.

④ 무상감자 후 주식발행초과금은 감소한다.

◉ 내비게이션

• 회계처리 : (차) 자본금 20,000,000 (대) 이월결손금 20,000,000
① 자본과 부채가 불변이므로 부채비율(부채/자본)도 불변이다.
② 유상감자(자본금 xxx / 현금 xxx)시에는 순자산(자본)이 감소한다.
③ 감자후의 자본총계는 20,000,000+10,000,000=30,000,000으로 감자전과 자본총계가 동일하다.
④ 무상감자 후 주식발행초과금은 불변이다.

3. 다음 중 자본거래에 대한 설명으로 옳은 것은?

① 주식할인발행차금을 상각하는 것은 액면금액에 미달한 자본을 불입하는 것이다.

② 신주발행시에 직접 발생한 주식발행비는 주식발행가액에서 직접 차감하지 아니하고 비용으로 회계처리한다.

③ 주식배당은 총자본에 영향을 주지 않는다.

④ 무상증자를 실시하면 총자본에 증감이 발생한다.

◉ 내비게이션

• ① 주식할인발행차금을 상각하는 것은 자본의 불입과 무관하다.
② 신주발행시에 직접 발생한 주식발행비는 주식발행가액에서 직접 차감한다.
③ (차) 이익잉여금　　　　　　 xxx (대) 자본금　 xxx
　→총자본 불변
④ (차) 이익잉여금(or 자본잉여금) xxx (대) 자본금　 xxx
　→총자본 불변

4. ㈜A의 자기주식과 관련된 자료는 다음과 같다. ㈜A가 처분한 자기주식의 단가를 총평균법으로 계산할 경우 자기주식처분손익을 구하면 얼마인가?

(1) 자기주식 취득내역
 - 1월 5일 : 100주(주당 취득원가 9,000원)
 - 2월 6일 : 200주(주당 취득원가 10,500원)
 - 3월 7일 : 100주(특수관계자로부터 무상수증)
(2) 자기주식 처분내역
 - 8월 7일 : 보유하고 있던 자기주식 중 200주를 주당 8,250원에 처분하였다.

① 처분이익 150,000원　　② 처분손실 225,000원

③ 처분이익 375,000원　　④ 처분이익 450,000원

◉ 내비게이션

• 1/5 : (차) 자기주식　100주×9,000=900,000 (대) 현금　900,000
2/6 : (차) 자기주식 200주×10,500=2,100,000 (대) 현금 2,100,000
3/7 : - 회계처리 없음 -

• 평균단가 : $\frac{900,000+2,100,000+0}{100주+200주+100주}=7,500$

• 처분시 회계처리
 (차) 현금 200주×8,250=1,650,000 (대) 자기주식 200주×7,500=1,500,000
　　　　　　　　　　　　　　　　　　자기주식처분이익　　 150,000

단기속성특강 제56강 　　　　　　　손익거래

일반적립금	법정적립금 (=이익준비금)	•이익배당액(금전배당과 현물배당)의 10%이상을 자본금 50%에 달할때까지 적립 ▶ 자본전입이나 결손보존이외의 목적에는 사용불가			
		(차) 이익잉여금	xxx	(대) 이익준비금	xxx
	임의적립금	•배당평균적립금, 시설확장적립금, 감채적립금, 결손보전적립금 등 ▶ 임의적립금은 다시 이입되어 배당의 재원으로 사용가능함.			
		(차) 이익잉여금	xxx	(대) 임의적립금	xxx

🔎주의 이이익잉여금처분은 보고기간 이후에 발생한 사건으로 주주총회일에 회계처리하므로, 보고기간말의 재무상태표상에 최종 계상되는 이익잉여금은 처분전이익잉여금임.

보론 이익준비금 최소적립액과 최대현금배당액 계산

이익준비금 최소적립액	•Min[① 현금배당x10%　② 자본금x50%-기적립액]
최대현금배당액	•이월된이익잉여금+당기순이익 = 현금배당+현금배당×10%

배당	현금배당	배당기준일 (보고기간말)	－ 회계처리 없음 －			
		배당선언일 (주총결의일)	(차) 이월이익잉여금	xxx	(대) 미지급배당금(유동부채)	xxx
		배당지급일	(차) 미지급배당금	xxx	(대) 현금	xxx
	주식배당	•배당가능한 이익잉여금을 자본전입하여 주식을 교부하는 것을 말함.				
		배당기준일 (보고기간말)	－ 회계처리 없음 －			
		배당선언일 (주총결의일)	(차) 이월이익잉여금	xxx	(대) 미교부주식배당금(자본)	xxx
		배당지급일	(차) 미교부주식배당금	xxx	(대) 자본금	xxx
	중간배당	•현금배당(현물배당)만 가능하며, 이사회결의로 배당함. →🔎주의 주식배당은 불가! ▶ 중간배당도 이익준비금을 적립해야함.				
		중간배당일	(차) 중간배당액	xxx	(대) 현금	xxx
		보고기간말	(차) 이월이익잉여금	xxx	(대) 중간배당액	xxx

보론 주식분할·주식병합 : 자본금/이익잉여금/총자본에 영향없음.

이익잉여금 처분	미처분이익잉여금 (보고기간말)	•전기이월분+재평가잉여금대체액+순이익-중간배당
	처분가능이익잉여금 (주주총회일)	•보고기간말의 미처분이익잉여금+임의적립금이입액
	처분순서	〈1순위〉 이익준비금등 법정적립금 적립액 〈2순위〉 주식할인발행차금, 자기주식처분손실, 감자차손 〈3순위〉 현금배당, 주식배당 〈4순위〉 임의적립금 적립액
	미처리결손금처리순서	〈1순위〉 임의적립금　〈2순위〉 법정적립금(이익준비금)　〈3순위〉 자본잉여금

제1편
[단기속성특강] 재무회계

제2편
[단기속성특강] 세무회계

제3편
[단기속성특강] 원가관리회계

합본부록1
신유형기출문제

합본부록2
10개년기출요약노트

FINAL 객관식뽀개기 　　　　기출 & 적중문제

1. 다음은 자본거래가 각 자본항목에 미치는 영향을 나타내고 있다. 이 중 가장 올바르지 않은 것은?

		자본금	이익잉여금	총자본
①	주식배당	증가	감소	불변
②	주식병합	증가	감소	증가
③	주식분할	불변	불변	불변
④	현금배당	불변	감소	감소

⦿ 내비게이션

	주식배당	무상증자	주식분할	주식병합
발행주식수	증가	증가	증가	감소
주당액면가액	불변	불변	감소	증가
총자본	불변	불변	불변	불변
자본금	증가	증가	불변	불변
자본잉여금	불변	감소가능	불변	불변
이익잉여금	감소	감소가능	불변	불변

비교 주식배당 : 이익잉여금을 자본에 전입하고 주식교부하는 것
　　　무상증자 : 이익잉여금이나 자본잉여금을 자본에 전입하고
　　　　　　　　주식교부하는 것
　　　주식분할 : 〔예〕1,000원의 주식 1주를 500원 주식 2주로 쪼개는 것
　　　주식병합 : 〔예〕500원의 주식 2주를 1,000원 주식 1주로 합치는 것

2. 다음 자본에 관한 내용과 일치하지 않은 것은?

① 현물출자로 취득한 자산은 공정가치를 취득원가로 한다.
② 자본변동표는 자본을 구성하고 있는 각 분류별 납입자본, 각 분류별 기타포괄손익의 누계액과 이익잉여금의 누계액 등에 대한 포괄적인 정보를 제공해준다.
③ 미교부주식배당금은 주식배당을 받는 주주들에게 주식을 교부해야 하는 것이므로 부채로 계상한다.
④ 결손금의 처리는 임의적립금이입액, 법정적립금이입액, 주주와의 거래로 인한 잉여금의 이입액의 순서로 한다.

⦿ 내비게이션

• 미교부주식배당금은 자본의 가산항목이다.

3. 자본의 회계처리 및 공시에 관한 다음 설명 중에서 옳지 않은 것은?

① 주식할인발행차금은 발행당시 장부상 존재하는 주식발행초과금과 우선적으로 상계처리 한다.
② 미상계된 주식할인발행차금은 자본항목으로 계상하고 향후 발생하는 주식발행초과금과 상계하여 처리하며 이익잉여금으로 상계할 수 없다.
③ 증자의 경우 발생하는 신주발행수수료 등 신주발행비는 당기비용으로 계상하지 아니하고 주식의 발행가액에서 직접 차감한다.
④ 주식을 소각하는 경우 발생하는 감자차손은 감자차익과 우선적으로 상계하고 그 잔액은 자본항목으로 계상한 후 결손금의 처리순서에 준하여 처리한다.

⦿ 내비게이션

• 주식할인발행차금상각은 이익잉여금의 처분으로 한다.

4. 자본에 대한 설명으로서 틀린 것은?

① 자본금은 발행주식수에 발행가액을 곱하여 계산하며 재무상태표에 주식종류별로 구분하여 표시한다.
② 자본은 기업의 자산에서 모든 부채를 차감한 후의 잔여지분으로 별도로 개별적으로 측정되지 않는다.
③ 감자는 사업규모를 줄이거나 결손을 보전하기 위하여 자본금을 감소시키는 것으로 무상감자(형식적감자)에서는 감자차손은 발생하지 않는다.
④ 결손금을 처리하는 순서는 '임의적립금이입액 → 법정적립금이입액 → 주주와의 거래로 인한 잉여금의 이입액' 이다.

⦿ 내비게이션

• 자본금은 발행주식수에 액면금액을 곱하여 계산한다.

5. (주)A는 주당 액면금액 5,000원인 신주 10주를 주당 4,500원에 발행하면서 신주발행비용이 총 1,000원 발생하였다. 신주발행 전 재무상태표에는 주식발행초과금과 주식할인발행차금이 없다. 다음 중 옳지 않은 것은?

① 재무상태의 자본금 증가는 50,000원이다.
② 자본의 순증가는 45,000원이다.
③ 주식할인발행차금은 6,000원으로 표시된다.
④ 신주발행비용은 주식할인발행차금에 가산한다.

⦿ 내비게이션

• (차) 현 금　　　　44,000　 (대) 자본금　　　50,000
　　 주식할인발행차금　6,000
→자본의 순증가 : 50,000 - 6,000 = 44,000

🔖 **ANSWER** 　1. ②　2. ③　3. ②　4. ①　5. ②

| 단기속성특강 제57강 | 수익 : [1단계] 계약의 식별 |

의의	고객의 정의	•기업의 통상적인 활동의 산출물인 재화나 용역을 대가와 교환하여 획득하기로 그 기업과 계약한 당사자를 말함.
	기준서 적용범위	•계약 상대방이 고객인 경우에만 그 계약에 적용함. ▶ 예 계약상대방이 통상적 활동 산출물을 취득키 위해서가 아니라 어떤 활동·과정(ex. 협업약정에 따른 자산 개발)에 참여키 위해 계약하였고, 당사자들이 그 활동·과정에서 생기는 위험·효익을 공유한다면, 그 계약 상대방은 고객이 아님.
		적용제외 ① 리스계약, 보험계약, 금융상품 ② 고객이나 잠재적 고객에게 판매를 쉽게 하기 위해 행하는 같은 사업 영역에 있는 기업 사이의 비화폐성 교환(예 두 정유사가 서로 다른 특정지역에 있는 고객의 수요를 적시에 충족하기 위해, 두 정유사끼리 유류를 교환하기로 합의한 계약에는 적용하지 않음.)
	5단계 수익인식모형	❖모든 유형의 계약에 적용되는 수익인식의 단계는 다음과 같음.
		【1단계】계약의 식별 •고객과의 계약인지 여부를 확인하는 단계
		【2단계】수행의무 식별 •고객에게 수행할 의무가 무엇인지를 확인하는 단계
		【3단계】거래가격 산정 •고객에게 받을 대가를 측정하는 단계
		【4단계】거래가격 배분 •거래가격을 수행의무별로 배분하는 단계
		【5단계】수익인식 •수행의무의 이행시 수익을 인식하는 단계
	계약요건 [계약여부] [판단기준]	❖다음 기준을 모두 충족하는 때에만 고객과의 계약으로 회계처리함.
		승인과 확약 •당사자들이 계약을(서면, 구두, 그 밖의 사업관행에 따라) 승인하고 의무를 수행하기로 확약함. 🔎주의 ∴계약은 반드시 서면으로 할 필요는 없음.
		권리 식별가능 •이전할 재화·용역과 관련된 당사자의 권리를 식별할 수 있음.
		지급조건 식별가능 •이전할 재화·용역의 지급조건을 식별할 수 있음.
		상업적실질 존재 •계약에 상업적 실질이 있음 ▶ 계약의 결과로 기업의 미래현금흐름의 위험, 시기, 금액이 변동될 것으로 예상되는 경우를 말함.
		높은 회수가능성 •받을 권리를 갖게 될 대가의 회수가능성이 높음. ▶ 회수가능성이 높은지를 평가할 때에는 지급기일에 고객이 대가를 지급할 수 있는 능력과 지급할 의도만을 고려함.
계약여부 판단	계약의 정의	•둘 이상의 당사자 사이에 집행가능한 권리와 의무가 생기게 하는 합의 ▶ 계약은 서면으로, 구두로, 기업의 사업 관행에 따라 암묵적으로 체결할 수 있음. ▶ 이 기준서는 집행 가능한 권리와 의무가 있는 계약의 존속기간(계약기간)에 적용함.
	계약의 존재	•각 당사자가 전혀 수행되지 않은 계약에 대해 상대방(들)에게 보상하지 않고 종료할 수 있는 일방적이고 집행가능한 권리를 갖는다면, 그 계약은 존재하지 않는다고 봄.

	계약의 판단	① 계약개시시점에 계약여부 판단기준을 충족하는 경우
		▶ 사실과 상황에 유의적인 변동 징후가 없는 한 이러한 기준들을 재검토하지 않음.
		② 계약개시시점에 계약여부 판단기준을 충족하지 못하는 경우
		▶ 기준이 나중에 충족되는지를 판단하기 위해 그 계약을 지속적으로 검토함.
		③ 계약여부 판단기준은 충족하지 못하지만 고객에게서 대가를 받은 경우
		▶ 다음 사건 중 어느 하나가 일어난 경우에만 수익으로 인식함.
		
		   ㉠ 재화·용역 이전의무가 없고, 대가를 모두(대부분) 받았으며 환불되지 않음.
		   ㉡ 계약이 종료되었고 대가는 환불되지 않음.
		
		🔎주의 ㉠,㉡이 일어나거나, 기준이 나중에 충족될 때까지 대가는 부채로 인식함.

FINAL 객관식뽀개기

기출 & 적중문제

1. 한국채택국제회계기준 기준서 제1115호 '고객과의 계약에서 생기는 수익'은 미국회계기준과 일치하는 기준으로, 모든 유형의 거래에 적용되는 수익인식기준이다. '고객과의 계약에서 생기는 수익'에서는 모든 유형의 거래계약에 적용할 수 있도록 계약분석부터 수익의 회계처리까지의 5단계 수익인식모형을 제시하고 있다. 5단계를 순서대로 가장 올바르게 나열한 것은?

㉠ 수행의무의 식별	㉡ 계약의 식별
㉢ 거래가격의 산정	㉣ 수익의 인식
㉤ 거래가격의 배분	

① ㉡ → ㉢ → ㉠ → ㉤ → ㉣
② ㉠ → ㉡ → ㉤ → ㉢ → ㉣
③ ㉡ → ㉠ → ㉢ → ㉤ → ㉣
④ ㉠ → ㉢ → ㉡ → ㉤ → ㉣

📍 내비게이션

•본문 참조

2. 다음은 한국채택국제회계기준 '고객과의 계약에서 생기는 수익'의 내용 중 고객과의 계약으로 회계처리하는 계약요건(계약여부 판단기준)에 대한 설명이다. 가장 옳지 않은 것은 어느 것인가?

① 고객에게 이전할 재화나 용역에 대하여 받을 권리를 갖게 될 대가의 회수 가능성이 높다. 대가의 회수 가능성이 높은지를 평가할 때에는 지급기일에 고객이 대가(금액)를 지급할 수 있는 능력과 지급할 의도만을 고려한다.
② 계약에 상업적 실질이 있다(계약의 결과로 기업의 미래 현금흐름의 위험, 시기, 금액이 변동될 것으로 예상된다).
③ 이전할 재화나 용역과 관련된 각 당사자의 권리를 식별할 수 있다.
④ 계약 당사자들이 계약을 서면으로 승인하고 각자의 의무를 수행하기로 확약한다.

📍 내비게이션

•계약은 둘 이상의 당사자 사이에 집행 가능한 권리와 의무가 생기게 하는 합의이다. 계약상 권리와 의무의 집행 가능성은 법률적인 문제이다. 계약은 서면으로, 구두로, 기업의 사업 관행에 따라 암묵적으로 체결할 수 있다. 즉, 계약은 반드시 서면으로 할 필요는 없다.

3. 수익인식 5단계 모형에 따라 수익을 인식하는 순서에서 다음 빈 칸에 들어갈 말로 가장 올바른 것은?

1단계 : (㉠)	
2단계 : (㉡)	
3단계 : 거래가격 산정	
4단계 : 거래가격 배분	
5단계 : 수행의무별 수익인식	

	㉠	㉡
①	계약식별	수행의무식별
②	계약식별	통제이전
③	수행의무식별	계약식별
④	수행의무식별	통제이전

📍 내비게이션

•본문 참조

4. 고객과의 계약에서 생기는 수익에 대한 설명으로 가장 옳지 않은 것은?

① 고객에게 이전할 재화나 용역에 대하여 받을 권리를 갖게 될 대가의 회수 가능성이 높지 않더라도 계약에 상업적 실질이 존재하고 이전할 재화나 용역의 지급조건을 식별할 수 있으면 고객과의 계약으로 회계처리한다.
② 수익을 인식하기 위해서는 [고객과의 계약 식별–수행의무 식별–거래가격 산정–거래가격을 계약 내 수행의무에 배분–수행의무를 이행할 때 수익인식]의 단계를 거친다.
③ 거래가격 산정시 제3자를 대신해서 회수한 금액은 제외되어야 하며, 변동대가, 비현금대가 및 고객에게 지급할 대가 등이 미치는 영향을 고려하여야 한다.
④ 자산은 고객이 그 자산을 통제할 때 이전된다.

📍 내비게이션

•고객에게 이전할 재화나 용역에 대하여 받을 권리를 갖게 될 대가의 회수 가능성이 높은 경우에만 고객과의 계약으로 회계처리한다.
*③과 ④에 대하여는 후술한다!

제1편
[단기속성특강] 재무회계

제2편
[단기속성특강] 세무회계

제3편
[단기속성특강] 원가관리회계

합본부록1
신유형기출문제

합본부록2
10개년기출오답노트

📖 **ANSWER** 1. ③ 2. ④ 3. ① 4. ①

단기속성특강 제58강 | 수익 : [2단계] 수행의무 식별

수행의무	수행의무 정의	•고객과의 계약에서 다음의 어느 하나를 고객에게 이전하기로 한 각 약속 　① 구별되는 재화나 용역 (또는 재화나 용역의 묶음) 　② 실질적으로 서로 같고 이전하는 방식도 같은 일련의 구별되는 재화나 용역
	식별시점	•계약개시시점에 위 약속을 하나의 수행의무로 식별함.
	수행의무 포함여부	•식별되는 수행의무는 계약에 분명히 기재한 재화·용역에만 한정되지 않을 수 있음. 　▶ ∵약속도 고객과의 계약에 포함될 수 있기 때문임. •계약을 이행하기 위해 해야 하지만 고객에게 재화나 용역을 이전하는 활동이 아니라면 그 활동은 수행의무에 포함되지 않음. 　▶ 예 계약 준비활동과 관리업무
	구별기준	•다음 기준을 모두 충족한다면 고객에게 약속한 재화나 용역은 구별되는 것임. 　① 고객이 재화나 용역 그 자체에서 효익을 얻거나 고객이 쉽게 구할 수 있는 다른 자원과 함께하여 그 재화나 용역에서 효익을 얻을 수 있다. 　② 고객에게 재화나 용역을 이전하기로 하는 약속을 계약 내의 다른 약속과 별도로 식별해 낼 수 있다.
	구별 불가의 경우	•약속한 재화나 용역이 구별되지 않는다면, 구별되는 재화나 용역의 묶음을 식별할 수 있을 때까지 그 재화나 용역을 약속한 다른 재화나 용역과 결합함. 　▶ 경우에 따라서는 그렇게 함으로써 기업이 계약에서 약속한 재화나 용역 모두를 단일 수행의무로 회계처리하는 결과를 가져올 것임.
보증의무	보증의 유형	**확신유형의 보증** (수행의무X → ∵부수용역)　•합의 규격에 부합하므로 의도대로 작동할 것이라는 확신제공 　▶ 예 이전될 때 이미 존재했던 결함에서 고객을 보호 **용역유형의 보증** (수행의무O → ∵별도용역)　•합의 규격에 부합한다는 확신에 더하여 추가용역을 제공 　▶ 예 이전된 다음에 사용시 생기는 고장에서 고객을 보호 참고 확신유형의 보증에 더하여 용역유형의 보증을 제공하는지 여부 평가시 고려요소 　① 법률에서 보증을 요구하는지 여부 : 법률에 따라 보증을 제공해야 한다면 그 법률의 존재는 약속한 보증이 수행의무가 아님을 나타냄. 그러한 규정은 보통 결함있는 제품을 구매할 위험에서 고객을 보호하기 위해 존재하기 때문임. 　② 보증기간 : 보증기간이 길수록, 약속한 보증이 수행의무일 가능성이 높음. 합의된 규격에 부합한다는 확신에 더하여 용역제공할 가능성이 더 높기 때문임. 　③ 기업이 수행하기로 약속한 업무의 특성 : 제품이 합의된 규격에 부합한다는 확신을 주기 위해 정해진 업무를 수행할 필요가 있다면(예 결함이 있는 제품의 반품 운송용역), 그 업무는 수행의무를 생기게 할 것 같지는 않음.
	처리방법	**고객이 보증을 별도로 구매할 수 있는 선택권이 있는 경우**　•수행의무로 회계처리 　▶ 수행의무에 거래가격을 배분함. **고객이 보증을 별도로 구매할 수 있는 선택권이 없는 경우**^{*)}　확신유형 •예상원가를 충당부채로 인식함. 　용역유형 •수행의무로 회계처리 　▶ 수행의무에 거래가격을 배분함. *)기업이 확신유형의 보증과 용역유형의 보증을 모두 약속했으나 이를 합리적으로 구별하여 회계처리할 수 없다면, 두 가지 보증을 함께 단일 수행의무로 회계처리함.

보론 **수행의무 발생여부**
　① 제품이 손해나 피해를 끼치는 경우에 기업이 보상하도록 요구하는 법률 때문에 수행의무가 생기지는 않음.
　→ 이런 의무는 충당부채로 처리함.
　② 제품이 특허권 등의 권리를 침해한 데 따른 청구로 생기는 책임과 피해에 대해 고객에게 배상하기로 한 기업의 약속 때문에 수행의무가 생기지는 않음. → 이런 의무는 충당부채로 처리함.

FINAL 객관식뽀개기

기출 & 적중문제

1. 다음 중 한국채택국제회계기준 '고객과의 계약에서 생기는 수익'에 의할 때 수익인식기준에 대해 가장 타당하지 않은 것은 어느 것인가?

① 검사조건부판매의 경우 합의된 규약에 부합하는지 객관적으로 판단가능하다면 형식적으로 인수되지 않았어도 수익을 인식한다.

② 매출에 대해 확신유형의 보증을 제공하는 경우 총판매금액 중 일부를 보증의무에 배분하여 별도 수행의무별 수익을 인식한다.

③ 시용판매의 경우 고객이 매입의사를 표시하면 통제가 이전된 것으로 보아 수익을 인식한다.

④ 고객충성제도를 시행하는 경우 보상점수에 배분되는 대가는 거래가격을 제공하는 재화나 용역과 보상점수의 개별판매가격에 기초하여 배분한 금액이다.

◉ 내비게이션

• 확신유형의 보증 회계처리
고객이 보증을 별도로 구매할 수 있는 선택권이 있는 경우는 수행의무로 회계처리(수행의무에 거래가격을 배분함.)하나, 고객이 보증을 별도로 구매할 수 있는 선택권이 없는 경우에는 예상원가를 충당부채로 인식한다.

• ①,③,④ : 후술하는 내용 참조!

---

2. ㈜합격은 노트북을 판매하는 영업을 영위하며, 고객이 노트북 구매시 1년간 A/S용역을 제공한다. 노트북 및 A/S용역에 대한 총 판매가격은 1,200원이며, 노트북과 A/S용역의 원가는 각각 400원, 300원이다. ㈜합격은 20x1년 10월 1일 고객 1명에게 노트북과 1년의 A/S용역을 1,200원에 판매하였다. 노트북은 판매시점에 고객에게 인도되었으며, 1년 A/S용역은 1년에 걸쳐 균등하게 제공된다. 고객이 A/S용역을 500원에 별도로 구매할 수 있는 선택권이 존재한다고 할 경우, ㈜합격이 20x1년에 인식할 수익금액은 얼마인가?

① 300원   ② 500원
③ 825원   ④ 1,200원

◉ 내비게이션

• 거래가격(1,200)을 A/S용역(500)과 노트북(나머지 700)에 배분한다.
• 매출액(노트북) : 700×100%=700
→ 매출원가 : 400
• 보증용역수익(A/S용역) : 500× $\frac{3개월}{12개월}$ =125
→ 보증용역원가 : 300× $\frac{3개월}{12개월}$ =75

• 20x1년 회계처리

(차) 현금	1,200	(대) 매출	700
		계약부채(이연수익)	500
매출원가	400	상품	400
(차) 계약부채	125	(대) 보증용역수익	125
(차) 보증용역원가	75	(대) 현금	75

보론	선택권이 없는 경우 회계처리

■ 고객이 A/S용역을 별도로 구매할 수 있는 선택권이 존재하지 않으며, A/S용역은 확신유형의 보증이라고 할 경우, ㈜합격의 20x1년도 회계처리?

• 20x1년 회계처리

(차) 현금	1,200	(대) 매출	1,200
매출원가	400	상품	400
보증비	300	충당부채	300
(차) 충당부채	75	(대) 현금	75

제1편 [단기속성특강] 재무회계

제2편 [단기속성특강] 세무회계

제3편 [단기속성특강] 원가관리회계

합본부록1 신유형기출문제

합본부록2 10개년기출오답노트

단기속성특강 제59강 　　수익 : [3·4단계] 거래가격 산정과 배분

의의	거래가격 정의	•고객에게 약속한 재화나 용역을 이전하고 그 대가로 기업이 받을 권리를 갖게 될 것으로 예상하는 금액 ▶ 제3자를 대신하여 회수한 금액(⑩ 일부 판매세)은 제외함.
	고려사항	❖고객이 약속한 대가의 특성, 시기, 금액은 거래가격의 추정치에 영향을 미침. 거래가격을 산정할 때에는 다음 사항이 미치는 영향을 모두 고려함. •변동대가(변동대가 추정치의 제약), 비현금대가 •계약에 있는 유의적인 금융요소, 고객에게 지급할 대가
변동대가	금액의 추정	•계약에서 약속한 대가에 변동금액이 포함된 경우에 고객에게 약속한 재화나 용역을 이전하고 그 대가로 받을 권리를 갖게 될 금액을 추정함.
	대가의 변동요인	① 할인, 리베이트, 환불, 공제, 가격할인, 장려금, 성과보너스, 위약금 등의 항목 ② 기업이 대가를 받을 권리가 미래 사건의 발생 여부에 달려있는 경우 ▶ ⑩ 반품권을 부여하여 제품을 판매하거나 특정 단계에 도달해야 고정금액의 성과보너스를 주기로 약속한 경우
유의적인 금융요소	금융요소의 조정	❖거래가격을 산정시, 합의한 지급시기때문에 유의적 금융효익이 제공되는 경우에는 화폐의 시간가치가 미치는 영향을 반영하여 약속된 대가를 조정함.
	조정제외가능	•이전하는 시점과 대가를 지급하는 시점 간의 기간이 1년 이내일 것이라고 예상한다면 대가를 조정하지 않는 실무적 간편법을 쓸 수 있음. [보론] **유의적인 금융요소가 없는 경우의 예시** 　■ 대가를 선급하였고 이전시점은 고객의 재량에 따른다. 　■ 대가 중 상당한 금액이 변동될 수 있으며 그 대가의 금액과 시기는 고객이나 기업이 실질적으로 통제할 수 없는 미래 사건의 발생 여부에 따라 달라진다.(⑩ 대가가 판매기준 로열티인 경우) 　■ 약속한 대가와 현금판매가격 간의 차이가 고객이나 기업에 대한 금융제공 외의 이유로 생기며, 그 금액 차이는 그 차이가 나는 이유에 따라 달라진다.
	사용할 할인율	원칙 (시장이자율) ｜ •계약 개시시점에 기업과 고객이 별도 금융거래를 한다면 반영하게 될 할인율을 사용함.
고객에게 지급할대가	고객이 기업에 이전하는 구별되는 재화·용역의 대가가 아닌 경우	•거래가격(수익)에서 차감함. ▶ ⑩ 유통거래처에 ₩5,000의 제품을 판매하고 ₩1,000을 납품후 유통거래처에 지급하기로 한 경우 ₩4,000을 수익으로 인식함.
	고객이 기업에 이전하는 구별되는 재화·용역의 대가인 경우 [참고사항]	① 원칙 ｜ •다른 공급자에게서 구매한 경우와 같은 방법으로 처리함. ② 재화·용역 공정가치를 초과시 ｜ •초과액을 거래가격에서 차감함. ③ 재화·용역 공정가치를 추정불가시 ｜ •대가 전액을 거래가격에서 차감함.
비현금대가 (교환거래)	일반적인 경우	•비현금대가를 공정가치로 측정함.
	공정가치 추정불가시	•약속한 재화나 용역의 개별 판매가격을 참조하여 간접적으로 측정함.
거래가격 배분	배분목적	•약속한 재화·용역을 이전하고 그 대가로 받을 권리를 갖게 될 금액을 나타내는 금액으로 각 수행의무(또는 구별되는 재화나 용역)에 거래가격을 배분하는 것임.
	비례배분	•계약 개시시점에 개별판매가격을 산정하고 이에 비례하여 거래가격을 배분함.

FINAL 객관식뽀개기

기출 & 적중문제

1. 다음 자료에 의해 20x1년 3월과 6월에 ㈜합격이 수익으로 인식할 거래가격은 각각 얼마인가?

> (1) ㈜합격은 노트북을 개당 100원에 판매하기로 20x1년 1월 1일에 고객과 계약을 체결하였다. 고객이 노트북을 1년 동안 1,000개 넘게 구매하면 개당 가격을 90원으로 소급하여 낮추기로 계약에서 정하였다. 따라서 계약상 대가는 변동될 수 있다.
> (2) 20x1년 3월 ㈜합격은 고객에게 노트북 75개를 판매하였고, 연 1,000개를 초과하여 구매하지는 않을 것이라고 추정하였다.
> (3) 20x1년 6월 ㈜합격은 추가로 노트북 500개를 고객에게 판매하였고, 연 1,000개를 초과하여 구매할 것이라고 추정하였다.

	3월 수익(거래가격)	6월 수익(거래가격)
①	7,500	50,000
②	7,500	44,250
③	6,750	45,000
④	6,750	44,250

내비게이션

- 3월 수익(거래가격)
  75개x100=7,500
- 6월 수익(거래가격) : 변동대가 반영

  2분기 판매분 : 500개x90=45,000

  1분기 판매분 중 소급분 : 75개x(100-90)=(750)

  44,250
- 회계처리

3월	(차) 매출채권	7,500	(대) 매출	7,500
6월	(차) 매출채권	44,250	(대) 매출	44,250

2. 도소매업을 영위하는 ㈜합격은 20x1년 유통업체에 상품을 125,000원에 판매하고 판촉용으로 사용할 15,000원의 상품권을 지급하였다. K-IFRS 제1115호 '고객과의 계약에서 생기는 수익'에 의할 때 수익으로 인식할 금액은 얼마인가?

① 15,000원 ② 110,000원
③ 125,000원 ④ 140,000원

내비게이션

- 고객이 기업에 이전하는 구별되는 재화·용역의 대가가 아닌 경우이므로 거래가격(수익)에서 차감한다.
  ∴수익 인식액 : 125,000-15,000=110,000

3. K-IFRS 제1115호 '고객과의 계약에서 생기는 수익에 의할 때 고객과의 계약에서 유의적인 금융요소가 존재하는 것으로 볼수 있는 것은 어느 것인가?

① 제품 등의 유지보수의무 이행을 위하여 판매대금을 2년간 지급 연기하는 경우
② 고객이 대가를 선급하였으나 재화의 이전시점을 고객이 결정할 수 있는 경우
③ 판매대금을 재화 등을 양도하고 2년 이내에 수령하기로 계약을 체결한 경우
④ 대가가 변동될 수 있으며 금액과 시기를 판매자(기업)와 구매자(고객)가 결정할 수 없는 경우

내비게이션

- ① : 유의적인 금융요소가 없는 경우의 예시 규정 중 약속한 대가와 현금판매가격 간의 차이가 금융제공 외의 이유로 생기는 경우의 사례에 해당한다.
- ③ : 1년 이내가 아닌 2년 이내이므로 유의적인 금융요소가 있다고 본다.

4. ㈜합격은 통신사업을 영위하고 있다. 20x1년초 고객에게 총계약금액 3,500,000원에 24개월간 통신서비스와 휴대폰 단말기를 판매하였다. 개별 판매시 공정가치인 개별판매가격이 다음과 같을 때 ㈜합격이 20x1년에 인식할 수익금액은 얼마인가? 단, 금융요소는 무시한다.

	통신서비스	휴대폰 단말기
개별판매가격	월 150,000원	2,000,000원

① 2,000,000원 ② 2,250,000원
③ 2,375,000원 ④ 3,500,000원

내비게이션

- 개별판매가격
  - 통신서비스 : 150,000x24=3,600,000
  - 휴대폰 : 2,000,000
- 20x1년 통신서비스 매출액

  $(3,500,000 \times \frac{3,600,000}{3,600,000+2,000,000}) \times \frac{12}{24} = 1,125,000$
- 20x1년 휴대폰 매출액

  $3,500,000 \times \frac{2,000,000}{3,600,000+2,000,000} = 1,250,000$

∴1,125,000+1,250,000=2,375,000

단기속성특강 제60강 | 수익 : [5단계] 수익인식

수행의무 이행	수익인식시점	•고객에게 약속한 재화나 용역, 즉 자산을 이전하여 수행의무를 이행할 때(또는 기간에 걸쳐 이행하는 대로) 수익을 인식함.
	자산이전시점	•자산은 고객이 그 자산을 통제할 때(또는 기간에 걸쳐 통제하게 되는 대로) 이전됨. ▶ 재화와 용역은 받아서 사용할 때 비록 일시적일지라도 자산임.
	자산통제	•자산에 대한 통제란 자산을 사용하도록 지시하고 자산의 나머지 효익의 대부분을 획득할 수 있는 능력을 말함.
	자산의 효익	•자산의 효익은 다음과 같은 다양한 방법으로 직접적으로나 간접적으로 획득할 수 있는 잠재적인 현금흐름(유입이 있거나 유출이 감소)임. ① 자산의 사용(재화를 생산하거나 용역을 제공하기 위한, 다른 자산의 가치를 높이기 위한, 부채를 결제하거나 비용을 줄이기 위한 자산의 사용) ② 자산의 매각·교환, 차입금을 보증하기 위한 자산의 담보 제공, 자산의 보유

❖[기간에 걸쳐 이행하는 수행의무]

수행의무 이행형태	수익인식		•다음 어느 하나를 충족하면, 재화·용역에 대한 통제를 기간에 걸쳐 이전하므로, 진행률을 합리적으로 측정할수 있는 경우 기간에 걸쳐 수익을 인식함.(예 건설계약) ① 고객은 기업이 수행하는 대로 효익을 동시에 얻고 소비(예 청소용역) ② 기업이 만들거나 가치가 높아지는 대로 고객이 통제(예 고객의 소유지에서 제작하는 자산) ③ 기업이 수행하여 만든 자산이 기업 자체에는 대체 용도가 없고, 지금까지 수행을 완료한 부분에 대해서는 집행 가능한 지급청구권이 있음.(예 주문제작자산)
	진행률	측정목적	•통제를 이전하는 과정에서 기업의 수행 정도를 나타내기 위함.
		적용	•각 수행의무에는 하나의 진행률 측정방법을 적용함. •비슷한 상황에서의 비슷한 수행의무에는 그 방법을 일관되게 적용함.
		재측정	•진행률은 보고기간 말마다 다시 측정함.
		측정방법 산출법 투입법	•산출법 : 약속한 재화등의 나머지 부분의 가치와 비교하여 지금까지 이전한 재화등이 고객에 주는 가치의 직접 측정에 기초함. •투입법 : 수행의무의 이행에 예상되는 총 투입물 대비 수행의무를 이행하기 위한 기업의 노력이나 투입물에 기초함. ▶ 수행정도를 나타내지 못하는 투입물의 영향은 제외함. ▶ 노력·투입물을 균등소비한다면, 정액법이 적절할 수 있음.
		측정범위	•고객에게 통제를 이전하지 않은 재화·용역은 진행률 측정에서 제외함. ▶ 반대로, 통제를 이전하는 재화·용역은 모두 진행률 측정에 포함함.
		진행률수정	•시간이 흐르면서 상황이 바뀜에 따라 수행의무의 산출물 변동을 반영하기 위해 진행률을 새로 수정함. ▶ 이러한 진행률의 변동은 회계추정의 변경으로 회계처리함.
		측정불가시	•수행의무의 산출물을 합리적으로 측정할 수 있을 때까지 발생원가의 범위에서만 수익을 인식함.

❖[한 시점에 이행하는 수행의무]

수익인식	•수행의무가 기간에 걸쳐 이행되지 않는다면, 한 시점에 이행되는 것이며, 고객이 약속된 자산을 통제하고 기업이 수행의무를 이행하는 시점에 수익을 인식함.
통제이전지표	•통제하여 이행하는 시점을 판단하기 위해 다음의 지표를 참고함. ① 기업이 자산에 대해 지급청구권이 있다.　② 고객에게 법적 소유권이 있다. ③ 기업이 물리적 점유를 이전하였다.　④ 고객이 자산을 인수하였다. ⑤ 소유에 따른 유의적인 위험과 보상이 고객에게 있다.

FINAL 객관식뽀개기　　　　기출&적중문제

1. K-IFRS 제1115호 '고객과의 계약에서 생기는 수익'에 의할 때 다음 중 기간에 걸쳐 수익을 인식하는 경우로 옳은 것은?

① 판매기업이 자산의 물리적 점유를 이전한 경우
② 고객은 기업이 수행하는 대로 기업이 제공하는 효익을 동시에 얻고 소비하는 경우
③ 자산의 소유에 따른 유의적인 위험과 보상이 고객에게 있는 경우
④ 고객에게 자산의 법적 소유권이 이전된 경우

◉ 내비게이션

• ①,③,④는 한 시점에 이행하는 수행의무에 해당한다.

2. 다음은 한국채택국제회계기준 '고객과의 계약에서 생기는 수익'에 대한 설명이다. 가장 옳지 않은 것은?

① 거래가격의 후속 변동은 계약 개시시점과 같은 기준으로 계약상 수행의무에 배분한다.
② 계약변경 후에 생기는 거래가격 변동은 계약변경을 별도 계약으로 회계처리하지 않는 다른 모든 경우에 거래가격 변동액은 변경된 계약상 수행의무에 배분한다.
③ 기간에 걸쳐 이행하는 수행의무는 수행의무 각각에 대하여 진행률을 측정하여 기간에 걸쳐 수익을 인식하며, 진행률은 보고기간 말마다 다시 측정한다.
④ 수행의무의 진행률을 합리적으로 측정할 수 없는 경우에는 수행의무의 산출물을 합리적으로 측정할 수 있을 때까지 수익을 인식하지 아니한다.

◉ 내비게이션

• 수행의무의 산출물을 합리적으로 측정할 수 있을 때까지 발생원가의 범위에서만 수익을 인식한다.

보론	계약의 결합

■ 다음 기준 중 하나 이상을 충족한다면, 같은 고객(또는 그 고객의 특수관계자)과 동시에 또는 가까운 시기에 체결한 둘 이상의 계약을 결합하여 단일 계약으로 회계처리한다.

① 복수의 계약을 하나의 상업적 목적으로 일괄 협상한다.
② 한 계약에서 지급하는 대가(금액)는 다른 계약의 가격이나 수행에 따라 달라진다.
③ 복수의 계약에서 약속한 재화나 용역(또는 각 계약에서 약속한 재화나 용역의 일부)은 단일 수행의무에 해당한다.

단기속성특강 제61강 　　　할부판매의 수익인식

의의	거래형태	•재화를 고객에게 이전하고 거래가격은 미래의 일정기간에 걸쳐 회수하는 판매
	수익인식시점	•장·단기 불문하고 재화를 고객에게 판매한 시점에 인식함.
	거래가격 측정	**단기할부** •거래가격 : 명목금액 ▶ ∴유의적인 금융요소가 포함되어 있지 않음.
		장기할부 •거래가격 : 수취할 금액을 내재이자율로 할인한 현재가치 ▶ 장기할부판매만 현재가치로 평가한 금액을 수익으로 인식함.
	유의적 금융요소	•유의적인 금융요소는 이자수익으로 구분하여 인식함.
	현재가치할인차금	•명목금액과 현재가치의 차액은 현재가치할인차금의 과목으로 하여 장기매출채권의 차감계정으로 표시함. ▶ 현재가치할인차금은 유효이자율법을 사용하여 이자수익으로 인식됨.

🔍 사례 ■ 장기할부판매 회계처리

❖ 다음은 ㈜합격이 체결한 할부판매와 관련한 자료이다. 20x1년도 이익에 미치는 영향은 얼마인가?

(1) 20x1년 1월 1일 고객에게 상품을 ₩750,000에 판매하는 계약을 체결하였다.
(2) 동 거래의 상품 원가는 ₩500,000이다.
(3) 판매대금은 3년간 매년 말에 ₩250,000씩 회수하기로 약정하였다.
(4) ㈜합격은 할부매출채권의 잔액에 대하여 매년 말 8%의 표시이자를 수령하기로 하였다.
(5) 동 거래의 내재이자율은 10%이며, 현재가치계수는 다음과 같다.

기간	10% 현재가치계수	10% 연금현재가치계수
1년	0.9091	0.9091
2년	0.8264	1.7355
3년	0.7513	2.4868

장기할부

 풀이

•현가 : 250,000x2.4868+(750,000x8%)x0.9091+(500,000x8%)x0.8264+(250,000x8%)x0.7513=724,328

	유효이자(10%)	표시이자(8%)	상각액	장부금액
20x1.01.01	-	-	-	724,328
20x1.12.31	72,433	60,000	12,433	724,328-250,000+12,433=486,761
20x2.12.31	48,676	40,000	8,676	486,761-250,000+8,676=245,437
20x3.12.31	24,563[*]	20,000	4,563	245,437-250,000+4,563=0

[*] 단수차이조정

•회계처리

20x1년 01월 01일	(차) 매출채권	750,000	(대) 매출			724,328
			현재가치할인차금			25,672
	(차) 매출원가	500,000	(대) 상품			500,000
20x1년 12월 31일	(차) 현금	250,000	(대) 매출채권			250,000
	(차) 현금	60,000	(대) 이자수익			72,433
	현재가치할인차금	12,433				
20x2년 12월 31일	(차) 현금	250,000	(대) 매출채권			250,000
	(차) 현금	40,000	(대) 이자수익			48,676
	현재가치할인차금	8,676				

∴20x1년도 이익에 미치는 영향 : 매출총이익(724,328-500,000)+이자수익(72,433)=296,761

FINAL 객관식뽀개기 기출&적중문제

1. ㈜A는 20x1년초 ㈜B에 상품을 할부로 판매하였다. 상품의 원가는 20,000,000원이며, 할부대금은 매년말 10,000,000원씩 3년간 회수하기로 하였다. 또한 내재이자율은 12%이며, 연금현가계수(12%, 3년)는 2.40183이다. ㈜A가 20x1년초 현재 할부매출과 관련하여 재무상태표에 인식할 장기성매출채권의 장부금액은?

① 20,000,000원 ② 21,353,407원
③ 24,018,300원 ④ 30,000,000원

◉ 내비게이션

•회계처리

(차)매출채권 30,000,000 (대) 매출 24,018,300[1)]
현할차 5,981,700

[1)]10,000,000x2.40183=24,018,300
•장부금액 : 30,000,000-5,981,700=24,018,300

2. (주)A는 20x1년 1월 1일 (주)B에 상품을 할부로 판매하였다. 상품의 원가는 20,000,000원이며, 할부대금은 매년말 10,000,000원씩 3년간 회수하기로 하였다. 또한 내재이자율은 12%이며, 연금현가계수(12%, 3년)는 2.40183이다. 20x1년에 인식하여야할 총수익은 얼마인가?

① 26,900,496원 ② 4,018,300원
③ 23,018,300원 ④ 3,018,300원

◉ 내비게이션

•총수익 계산

매출액 : 10,000,000x2.40183 = 24,018,300
이자수익 : 24,018,300x12% = 2,882,196
26,900,496

3. ㈜A는 20x1년 1월 1일 ㈜B에 상품을 할부로 판매하였다. 상품의 원가는 40,000,000원이며, 할부대금은 매년 말 20,000,000원씩 3년간 회수하기로 하였다. 내재이자율은 10%인 경우 ㈜A가 20x1년 12월 31일 현재 할부매출과 관련하여 재무상태표에 인식할 장기성매출채권의 순장부금액은 얼마인가?(3년 연금 10% 현가계수는 2.4869이며, 소수점 이하는 반올림한다)?

① 20,000,000원 ② 33,057,851원
③ 34,711,800원 ④ 40,000,000원

◉ 내비게이션

•[20x1년초 회계처리]
(차) 매출채권 60,000,000 (대) 매출 49,738,000[1)]
현할차 10,262,000
(차) 매출원가 40,000,000 (대) 상품 40,000,000
• [20x1년말 회계처리]
(차) 현금 20,000,000 (대) 매출채권 20,000,000
(차) 현할차 4,973,800 (대) 이자수익 4,973,800[2)]

[1)]20,000,000x2.4869=49,738,000
[2)]49,738,000x10%=4,973,800
•장부금액 :
60,000,000-20,000,000-(10,262,000-4,973,800)=34,711,800

4. 다음 중 할부판매에 대한 회계처리 방법으로 가장 올바른 것은?

① 장기할부판매에서 구분된 이자부분은 정액법을 사용하여 가득하는 시점에 수익으로 인식한다.
② 장기할부판매로 인한 매출채권의 명목금액과 현재가치의 차이가 중요하더라도 매출채권의 장부금액은 명목금액으로 한다.
③ 단기할부판매의 경우 수익은 재화가 인도된 시점에 인식한다.
④ 장기할부판매의 경우 수익은 재화의 인도여부와 관계없이 회수기일도래기준에 따라 인식한다.

◉ 내비게이션

•① 정액법(X) → 유효이자율법(O)
② 현재가치로 평가하여 명목금액에서 현재가치할인차금을 차감한 금액을 장부금액으로 한다.
④ 인도기준에 따라 인식한다.

단기속성특강 제62강 — 선수금에 포함된 유의적인 금융요소

의의	거래형태	•할부판매와 달리 대가를 먼저 수취하고 재화를 나중에 이전하는 경우임.
	금융요소 포함여부	•위의 경우에도 대가의 수취시점과 재화의 이전시점 사이의 기간이 1년 이상인 장기라면 선수금(계약부채)에 유의적인 금융요소가 포함된 것임. ▶ 유의적인 금융요소는 거래가격에서 조정함.
	금융요소 처리방법	•계약부채에 유의적인 금융요소가 포함되어 있다면 재화나 용역을 이전하는 시점까지 유효이자율법을 적용하여 이자비용을 인식함.

예시 20x1년초 현금 ₩4,000 수령, 2년후 제품 이전, 내재이자율은 10%로 가정함.

회계처리	수취시점(20x1년초)	•대가 수취시점에 계약부채로 인식함.

	(차) 현금	4,000	(대) 계약부채	4,000

이자비용(20x1년말)

•유효이자율법으로 이자비용을 인식하고 계약부채 장부금액에 가산함.

(차) 이자비용	4,000x10%=400	(대) 계약부채	400

이전시점(20x2년말)

•계약부채는 이전시점에 수익으로 인식함.

(차) 이자비용	4,400x10%=440	(대) 계약부채	440
(차) 계약부채	4,840	(대) 수익(매출)	4,840

▶ ∴ 수익=수취금액+총이자비용

🔍 사례 ■ 선수금이 포함된 할부판매

❂ (주)합격은 20x1년 1월 1일 원가 ₩1,000,000의 상품을 ₩1,500,000에 판매하기로 고객과 계약하였다. 관련 자료가 다음과 같을 때 동 거래의 회계처리는?

(1) 계약체결일인 20x1년 1월 1일 ₩500,000을 현금으로 수령하였다.
(2) 잔금은 20x2년 1월 1일과 20x3년 1월 1일에 각각 ₩500,000씩 수령하기로 하였다.
(3) 상품은 20x2년 1월 1일에 고객에게 인도되었다.
(4) 거래의 유효이자율은 10%이며, 현재가치계수는 다음과 같다.

기간	10% 현재가치계수	10% 정상연금의 현재가치계수
1년	0.90909	0.90909
2년	0.82645	1.73554

✎ 풀이

20x1년 01월 01일	(차) 현금	500,000	(대) 계약부채	500,000
20x1년 12월 31일	(차) 이자비용	50,000[1]	(대) 계약부채	50,000
20x2년 01월 01일	(차) 계약부채	550,000	(대) 매출	1,050,000
	현금	500,000		
	(차) 매출채권	500,000	(대) 매출	454,545[2]
			현재가치할인차금	45,455
	(차) 매출원가	1,000,000	(대) 상품	1,000,000
20x2년 12월 31일	(차) 현재가치할인차금	45,455[3]	(대) 이자수익	45,455
20x3년 01월 01일	(차) 현금	500,000	(대) 매출채권	500,000

[1] 500,000x10%=50,000   [2] 500,000x0.90909=454,545   [3] 454,545x10%=45,455

FINAL 객관식뽀개기

기출 & 적중문제

1. ㈜합격은 20x1년 1월 1일 ㈜적중과 제품을 판매하는 계약을 체결하였다. ㈜합격은 계약체결 시점에 현금 2,000,000원을 수령하였으며, 제품은 20x2년 12월 31일에 인도하기로 하였다. 내재이자율(증분차입이자율)이 5%라고 할 때 ㈜합격이 20x2년에 인식할 매출액은 얼마인가?

① 2,000,000원　　　　② 2,100,000원
③ 2,205,000원　　　　④ 0원

📍 내비게이션

• 20x1년 1월 1일 회계처리
　(차) 현금　　　　2,000,000　(대) 계약부채　　2,000,000
• 20x1년 12월 31일 회계처리
　(차) 이자비용　　100,000[1)]　(대) 계약부채　　100,000
• 20x2년 12월 31일 회계처리
　(차) 이자비용　　105,000[2)]　(대) 계약부채　　105,000
　(차) 계약부채　　2,205,000　(대) 매출　　2,205,000

[1)]2,000,000x5%=100,000
[2)](2,000,000+100,000)x5%=105,000
∴매출액=2,205,000

2. ㈜합격은 20x1년 1월 1일 상품 1개를 판매하는 계약을 체결하였다. 관련된 다음의 자료에 의할 때 동 거래가 ㈜합격의 20x2년도 당기순이익에 미친 영향은 얼마인가?

(1) 계약체결 시점에 현금 250,000원을 수령하였다.
(2) 상품은 2년 후인 20x2년 말에 이전하기로 하였다.
(3) 동 거래의 내재이자율은 10%이다.

① 222,500원　　　　② 225,000원
③ 250,000원　　　　④ 275,000원

📍 내비게이션

• 20x1년 1월 1일 회계처리
　(차) 현금　　　　250,000　(대) 계약부채　　250,000
• 20x1년 12월 31일 회계처리
　(차) 이자비용　　25,000[1)]　(대) 계약부채　　25,000
• 20x2년 12월 31일 회계처리
　(차) 이자비용　　27,500[2)]　(대) 계약부채　　27,500
　(차) 계약부채　　302,500　(대) 매출　　302,500

[1)]250,000x10%=25,000
[2)](250,000+25,000)x10%=27,500
∴302,500(매출)-27,500(이자비용)=275,000

제2편
[단기속성특강] 세무회계

제3편
[단기속성특강] 원가관리회계

합본부록1
신유형기출문제

합본부록2
10개년/기출오답노트

단기속성특강 제63강 　　　　위탁판매·상품권·시용판매

	수익인식시점	•수탁자가 제3자에게 판매한 시점에 수익인식함. ▶ ♀주의 적송시점이 아님.
	적송운임(발송운임)	•적송품 원가로 처리함.
	수탁수수료(지급수수료) 판매운임(매출운임)	•매출에 대응하는 비용처리함. ▶ 수탁자의 수익인식액 : 수탁수수료(판매수수료)만을 수익인식함.
	위탁매매이익 계산	■ 위탁매매이익=매출액-매출원가-지급수수료-매출운임

보론 본인과 대리인

본인	•재화등이 이전되기 전에 기업이 재화등을 통제한다면 이 기업은 본인임. → 재고위험을 부담하며, 가격결정 재량을 갖음	•대가의 총액을 수익으로 인식
대리인	•다른 당사자(본인)가 재화등을 제공하도록 주선하는 기업은 대리인임.	•예상보수나 수수료를 수익으로 인식

위탁판매

🔍 사례 ■ **위탁판매 회계처리**

❖ 상품 10개(원가 @100,000)를 적송했으며 발송운임은 ₩30,000이었다. 판매액 ₩780,000(6개×@130,000)
중 판매수수료 ₩30,000과 판매운송비 ₩5,000을 공제한 ₩745,000을 송금해옴.

✏ 풀이

적송시	(차) 적송품	1,030,000	(대) 재고자산	1,000,000
			현금	30,000
판매시	(차) 현금	745,000	(대) 매출	780,000
	지급수수료	30,000		
	매출운임	5,000		
	(차) 매출원가	618,000	(대) 적송품	618,000

[위탁매매이익] = 매출(780,000) - 매출원가(618,000) - 지급수수료(30,000) - 매출운임(5,000) = 127,000

	수익인식시점	•상품권을 회수하는때(상품권과 교환하여 상품인도시) 수익인식함. ♀주의 상품권 판매시가 아님.

상품권

🔍 사례 ■ **상품권 회계처리**

❖ 100원권 상품권 20매를 ₩90에 발행. 유효기간은 6개월. 유효기간내 사용된 상품권은 18매이며 환불한 현금은
₩40. 나머지 2매는 유효기간 경과(60% 환급 약정)

상품권 발행시	•액면전액을 선수금(=계약부채)으로 계상 ♀주의 액면에서 할인액차감액이 선수금이 아님. •할인액은 '상품권할인액'으로 하여 선수금에서 차감기재	(차) 현금 1,800 (대) 선수금 2,000 　　　할인액 200
상품권 회수시	•선수금을 매출 및 환불금액과 상계 •상품권할인액은 매출수익 인식시 매출에누리로 대체	(차) 선수금 1,800 (대) 매출 1,760 　　　　　　　　　　현금 40 (차) 에누리 180 (대) 할인액 180
미회수 상품권	•유효기간경과 : 명시된 비율에 따라 영업외수익 인식 ♀주의 매출로 인식하는게 아님. •소멸시효완성 : 잔액 전부를 영업외수익 인식	(차) 선수금 200x40%=80 (대) 할인액 20 　　　　　　　　　　　　잡이익 60 [회수시 추가분개] (차) 선수금 120 (대) 현금 120 (차) 선수금 200x60%=120 (대) 잡이익 120

시용판매	수익인식시점	•고객이 매입의사를 표시한 시점에 수익 인식함.

FINAL 객관식뽀개기

기출&적중문제

1. 다음 중 거래유형별 수익인식에 대한 설명으로 가장 올바르지 않은 것은?

① 상품권은 상품이 판매되었을 때가 아니라 상품권이 재화와 교환되었을 때 수익을 인식한다.
② 시용판매는 고객이 매입의사를 표시한 시점에 수익을 인식한다.
③ 위탁판매에서 수탁자는 수탁상품의 매출액을 자신의 매출액으로 계상할 수 있다.
④ 장기할부판매의 경우 고객에게 판매한 시점에 수익을 인식한다.

⊙ 내비게이션

• 수탁자는 판매수수료만을 수익으로 인식한다.

2. 12월 결산법인인 ㈜국세는 20x1년 12월초에 단위당 원가 1,000원인 상품 400개를 ㈜세무에 위탁판매를 위해 적송하고 적송운임 20,000원은 현금으로 지급하였다. 수탁자인 ㈜세무는 12월 중 위탁상품 200개의 매출을 완료하고, 20x1년 12월 28일에 다음과 같은 매출계산서와 함께 현금 244,000원을 ㈜국세에 보내왔다. ㈜국세가 매출수익으로 인식할 금액과 20x1년말에 보고할 적송품계정의 잔액은 얼마인가?

수탁품 매출계산서	
매출액	200개×@1,400 280,000
판매수수료	(21,000)
운임 및 보관료	(15,000)
송금액	244,000

	매출수익	적송품잔액
①	280,000원	200,000원
②	244,000원	210,000원
③	259,000원	200,000원
④	280,000원	210,000원

⊙ 내비게이션

• 매출수익 : 280,000(매출계산서상의 매출액)
• 적송품잔액 : $(400개 \times 1,000 + 20,000) \times \dfrac{200개}{400개} = 210,000$

3. ㈜세종은 20x3년 2월 1일 액면금액 50,000원인 상품권 2,000매를 1매당 48,000원에 최초로 발행하였다. 고객은 상품권 액면금액의 60% 이상을 사용하면 잔액을 현금으로 돌려받을 수 있으며, 상품권의 만기는 발행일로부터 3년이다. ㈜세종은 20x3년 12월 31일까지 회수된 상품권 400매에 대해 상품인도와 더불어 잔액 1,200,000원을 현금으로 지급하였다. ㈜세종이 상품권 발행에 의한 판매와 관련하여 20x3년도 포괄손익계산서에 인식하게 될 수익은 얼마인가?

① 9,600,000원　　　　② 10,800,000원
③ 18,000,000원　　　　④ 18,800,000원

⊙ 내비게이션

• 상품권할인액 : 2,000매×(50,000-48,000)=4,000,000
• 포괄손익계산서에 인식하게 될 수익
　매출액　　　: (400매×50,000)-1,200,000　 = 18,800,000
　매출에누리 : 4,000,000×400매/2,000매　 = (800,000)
　　　　　　　　　　　　　　　　　　　　　　18,000,000

4. 다음 자료에 의할 때 20x1년도에 설립된 ㈜합격이 당기 중 인식하여야 할 수익금액은 얼마인가?

일자	내용
2월 29일	㈜합격이 매입한 상품 100개(100개의 총원가 2,000,000원, 총판매가 3,000,000원)에 대해 ㈜적중과 위탁판매계약을 체결하였으며 그 중 ㈜적중은 당기 중 60개의 상품을 판매하였음.
6월 15일	㈜합격은 매입한 상품 100개(100개의 총원가 3,000,000원, 총판매가 4,000,000원)를 고객에게 판매후 6개월 이내에 구입여부를 결정하도록 하였으며, 당기 중 구매의사를 표시한 고객은 없음.
12월 23일	㈜합격은 매입한 상품 100개(100개의 총원가 1,000,000원, 총판매가 2,000,000원)를 고객사에 판매하였으며 판매를 위해 100,000원의 판매비용을 지출하였다.

① 1,600,000원　　　　② 3,600,000원
③ 3,800,000원　　　　④ 5,200,000원

⊙ 내비게이션

• 2월 29일(위탁판매수익=수탁자판매분) : 3,000,000×60/100=1,800,000
• 6월 15일(시용판매=매입의사 표시분) : 0
• 12월 23일(일반판매=인도분) : 2,000,000〈판매비용은 판관비 처리됨〉
∴수익금액 : 1,800,000+2,000,000=3,800,000

단기속성특강 제64강 | 반품권이 있는 판매

의의	거래형태	•일부 계약에서는 고객에게 통제를 이전하고, 다양한 이유(예 제품 불만족)로 제품을 반품할 권리와 함께 다음 사항을 조합하여 받을 권리를 고객에게 부여함.

		금액환불	•지급된 대가의 전부나 일부 환불
		채무공제	•기업에 갚아야 할 의무가 있거나 의무가 있게 될 금액에 대한 공제
		제품교환	•다른 제품으로 교환

보론 고객이 한 제품을 유형·품질·조건·가격이 같은 다른 제품과 교환하는 경우에는 적용 목적상 반품으로 보지 않음.

의의	무제한 반품권	•반품기간에 언제라도 반품을 받기로 하는 기업의 약속은 환불할 의무에 더하여 수행의무로 회계처리하지 않음.(수익인식하지 않음) ▶ 이하 '반품가능성 예측불가' 참조

반품가능성 예측가능

공통사례 20x1년 반품가능판매액 ₩8,000(원가율 70%), 예상반품률 10%, 20x2년 실제반품 10%

수익인식 (20x1년)

(차) 현금	8,000	(대) 매출(판매예상분)	7,200
		환불부채(반품예상분)	800

▶ 매출(수익인식액) : 총매출액×(1−반품예상률)

보론 보고기간 말마다 환불부채의 측정치를 새로 수정함.(조정액은 수익에 가감함.)

원가인식 (20x1년)

(차) 매출원가(판매예상분)	5,040	(대) 재고자산	5,600
반품제품회수권(반품예상분)	560		

▶ 반품제품회수권 : 제품을 회수할 기업의 권리에 대해 인식하는 자산으로, 환불부채와는 구분하여 표시함.

보론 보고기간 말마다 반품제품회수권(자산)의 측정치를 새로 수정함.

추가사례	반품비용이 있는 경우(반품비용이 ₩50 예상되는 경우)

■ 반품비용 : 반품회수 예상원가+반품제품 가치의 잠재적 감소(손상차손)
■ 반품제품회수권 : 반품비용이 예상되는 경우 반품비용을 차감한 금액임.

(차) 매출원가	5,040	(대) 재고자산	5,600
반품제품회수권	510		
반품비용(or 매출원가)	50		

실제반품시 (20x2년)

(차) 환불부채(반품예상분)	800	(대) 현금	800
(차) 재고자산	560	(대) 반품제품회수권(반품예상분)	560

반품가능성 예측불가

공통사례 20x1년 반품가능판매액 ₩8,000(원가율 70%), 반품률 추정불가, 20x2년 실제반품 10%

수익인식 원가인식 (20x1년)

•수익(원가) 인식없이 다음과 같이 처리함.
▶ 수익(원가)은 반품권이 소멸되는 시점(=실제반품시)에 인식함.

(차) 현금	8,000	(대) 환불부채(총매가)	8,000
(차) 반품제품회수권(총원가)	5,600	(대) 재고자산	5,600

실제반품시 (20x2년)

(차) 환불부채(총매가)	8,000	(대) 매출	7,200
		현금(실제반품분)	800
(차) 매출원가	5,040	(대) 반품제품회수권(총원가)	5,600
재고자산(실제반품분)	560		

FINAL 객관식뽀개기

기출 & 적중문제

1. ㈜합격은 20x1년 12월 31일에 ㈜적중에 상품을 다음과 같이 판매하였다. ㈜합격이 20x1년에 포괄손익계산서에 인식할 매출액은 얼마인가?

> ㄱ. 동 거래는 반품권이 있는 판매로서 판매후 1년 이내 반품할 수 있는 권리를 부여하였다.
> ㄴ. 판매가격은 25,000,000원이며, 원가는 15,000,000원이다.
> ㄷ. 인도일 현재 6,250,000원이 반품될 것으로 예상된다.

① 7,500,000원　　　　　② 18,750,000원
③ 22,500,000원　　　　　④ 25,000,000원

📍 **내비게이션**

• 예상반품률 : 6,250,000 ÷ 25,000,000=25%
• 매출액 : 25,000,000x(1-25%)=18,750,000
• 회계처리

(차) 현금	25,000,000	(대) 매출	18,750,000[1]
		환불부채	6,250,000[2]
(차) 매출원가	11,250,000[3]	(대) 상품	15,000,000
반품제품회수권	3,750,000[4]		

[1]판매예상분 : 25,000,000x75%=18,750,000
[2]반품예상분 : 25,000,000x25%=6,250,000
[3]판매예상분 : 15,000,000x75%=11,250,000
[4]반품예상분 : 15,000,000x25%=3,750,000

2. ㈜일격은 20x1년 12월 31일에 ㈜필살에 상품을 다음과 같이 판매하였다. ㈜일격이 20x1년에 재무상태표에 인식할 환불부채는 얼마인가?

> ㄱ. 동 거래는 반품권이 있는 판매로서 판매후 1년 이내 반품할 수 있는 권리를 부여하였다.
> ㄴ. 판매가격은 50,000,000원이며, 원가는 40,000,000원이다.
> ㄷ. 인도일 현재 7,500,000원이 반품될 것으로 예상된다.

① 6,000,000원　　　　　② 7,500,000원
③ 34,000,000원　　　　　④ 42,500,000원

📍 **내비게이션**

• 예상반품률 : 7,500,000 ÷ 50,000,000=15%
• 환불부채(반품예상액) : 50,000,000x15%=7,500,000
• 회계처리

(차) 현금	50,000,000	(대) 매출	42,500,000[1]
		환불부채	7,500,000[2]
(차) 매출원가	34,000,000[3]	(대) 상품	40,000,000
반품제품회수권	6,000,000[4]		

[1]판매예상분 : 50,000,000x85%=42,500,000
[2]반품예상분 : 50,000,000x15%=7,500,000
[3]판매예상분 : 40,000,000x85%=34,000,000
[4]반품예상분 : 40,000,000x15%=6,000,000

3. ㈜합격은 20x1년 12월 31일 ㈜적중에 1,000,000원(원가 800,000원)의 제품을 판매하고 1년 이내에 반품할 수 있는 권리를 부여하였다. 현재 200,000원이 반품될 것으로 예상된다면 ㈜합격이 20x1년에 인식할 매출액과 매출원가는 얼마인가?

	매출액	매출원가
①	0원	0원
②	100,000원	80,000원
③	200,000원	160,000원
④	800,000원	640,000원

📍 **내비게이션**

• 예상반품률 : 200,000 ÷ 1,000,000= 20%
• 매출액 : 1,000,000-200,000=800,000
• 매출원가 : 800,000×(1-20%)=640,000

📚 ANSWER　1. ②　2. ②　3. ④

제1편
[단기속성특강] 재무회계

제2편
[단기속성특강] 세무회계

제3편
[단기속성특강] 원가관리회계

합본부록1
신유형기출문제

합본부록2
10개년/기출오답노트

단기속성특강 제65강 　 고객충성제도 : 기업이 직접 보상제공

의의	거래형태	•고객이 구매시 보상점수를 부여하며, 고객은 보상점수를 사용하여 무상·할인구매하는 방법으로 보상을 받게 됨. ▶ 예 마일리지, 적립포인트, 구매할인
	보상점수 배분	•보상점수를 제공하는 약속은 별개의 수행의무에 해당하며, 받은 대가(거래가격) 중 일부를 개별 판매가격에 기초하여 배분함.

보상점수 배분 표:

보상점수에 배분될 대가	■ 거래가격 x $\dfrac{\text{보상점수의 개별판매가격}}{\text{재화등의 개별판매가격 + 보상점수의 개별판매가격}}$

실무사례 인터넷서점에서 도서구입시 적립포인트로 당해 인터넷서점의 서적을 구입하는 경우

기업이 보상제공시	매출시	•보상점수에 배분된 거래가격은 계약부채(선수금)의 과목으로 하여 부채로 인식

(차) 현금	xxx	(대) 매출(수익)	xxx
		계약부채(선수금)	xxx

보상점수 수익인식	•보상점수가 회수되고 보상을 제공할 의무를 이행한 때 수익인식함. ▶ 수익인식액 : 계약부채 x 실제회수보상점수/회수예상보상점수

(차) 계약부채	xxx	(대) 포인트매출	xxx

🔍 사례 ■ 기업이 직접 보상을 제공하는 경우

✪ (주)합격은 구매 ₩10당 고객충성포인트 1점을 고객에게 보상하는 고객충성제도를 운영하고 있다. 각 포인트는 기업의 제품을 미래에 구매할 때 ₩1의 할인과 교환할 수 있다. 다음 자료에 의할 때 20x2년 인식할 포인트 관련 수익을 계산하면 얼마인가?

(1) 20x1년 중 고객은 제품을 ₩100,000에 구매하고 미래 구매에 교환할 수 있는 10,000포인트를 얻었다.
(2) 대가는 고정금액이고 구매한 제품의 개별 판매가격은 ₩100,000이다.
(3) ㈜합격은 9,500포인트가 교환될 것으로 예상하며, 교환될 가능성에 기초하여 포인트당 개별 판매가격을 ₩0.95(합계 ₩9,500)으로 추정하였다.
(4) 연도별 교환 및 교환예상(새로 수정한 추정치 포함) 포인트 관련 자료는 다음과 같다.

구분	20x1년	20x2년	20x3년
교환된 누적포인트	4,750포인트	7,760포인트	9,800포인트
교환예상 총포인트	9,500포인트	9,700포인트	9,800포인트

✒ 풀이

•20x1년 거래가격의 배분

① 제품에 배분될 대가(매출) : 100,000x100,000/(100,000+9,500)=91,324

② 보상점수에 배분될 대가(계약부채) : 100,000x9,500/(100,000+9,500)=8,676

•20x1년 인식할 포인트매출 : 8,676x4,750포인트/9,500포인트=4,338

∴ 20x2년 인식할 포인트매출(포인트 관련 수익) : 8,676x7,760포인트/9,700포인트 - 4,338=2,603

20x1년 매출시	(차) 현금	100,000	(대) 매출	91,324
			계약부채	8,676
20x1년 사용시	(차) 계약부채	4,338	(대) 포인트매출	4,338
20x2년 사용시	(차) 계약부채	2,603	(대) 포인트매출	2,603
20x3년 사용시	(차) 계약부채	1,735	(대) 포인트매출	1,735[*]

[*] 8,676x9,800포인트/9,800포인트 - 4,338 - 2,603=1,735

FINAL 객관식뽀개기   기출 & 적중문제

1. 다음 중 고객충성제도에 대해서 가장 올바르지 않은 이야기를 하고 있는 사람은 누구인가?

① 정화 : 고객충성제도는 재화나 용역을 구매하는 고객에게 인센티브를 제공하기 위해 사용하고 보통은 포인트라고 불리는 고객보상점수를 부여합니다.

② 하니 : 보상점수는 보상점수를 부여한 매출거래 중 별도의 식별 가능한 부분으로 회계처리합니다.

③ 솔지 : 보상점수는 그 보상점수를 별도로 판매할 경우의 금액에 기초하여 측정합니다.

④ 혜린 : 기업이 직접 보상을 제공한다면 보상점수의 회수 전 최초의 매출거래가 발생할 때 보상점수에 배분된 대가를 수익으로 인식합니다.

🧭 내비게이션

• 기업이 직접 보상을 제공하는 경우 매출거래가 발생할 때 보상점수에 배분된 대가는 계약부채(선수금)로 인식한후 보상점수가 회수되고 의무를 이행한 때에 수익으로 인식한다.

2. ㈜합격은 고객충성제도를 운영하고 있다. 20x1년 1월 제품 100,000원을 판매하고 10,000포인트를 부여하였다. 1포인트당 1원을 할인 받을 수 있다. 제품의 개별판매가격은 100,000원이며, 9,000포인트가 교환될 가능성에 기초하여 포인트당 개별판매가격을 0.9원으로 추정하였다. 총 교환 예상포인트 9,000포인트 중 20x1년 3,000포인트가 교환되었다면 20x1년 수익금액은? 단, 계산과정에서 소수점 이하 금액은 반올림한다.

① 2,752원   ② 91,743원
③ 94,495원   ④ 100,000원

🧭 내비게이션

• 20x1년 거래가격의 배분

① 제품에 배분될 대가(매출) : $100,000 \times \dfrac{100,000}{100,000+9,000} = 91,743$

→ 보상점수(포인트) 개별판매가격 : 부여한 포인트(10,000)×포인트당 추정액(0.9원)=9,000

② 보상점수에 배분될 대가(계약부채) : 100,000−91,743=8,257

• 20x1년 인식할 포인트매출 : $8,257 \times \dfrac{3,000포인트}{9,000포인트} = 2,752$

∴91,743+2,752=94,495

3. (주)A는 Take-out 커피전문점 사업부를 운영하고 있다. (주)A는 커피 판매시 판매단가 10,000원당 100점의 포인트를 제공하는 고객충성제도를 실시하고 있으며, 구매 고객은 포인트를 사용하여 커피를 추가로 더 구입할 수 있다. 다음은 (주)A의 20x1년과 20x2년의 커피 매출액 및 포인트와 관련한 내역의 일부이다. 다음 중 이와 관련한 설명으로 가장 옳은 것은?

과목	20x1년	20x2년
커피 판매액(원)	30,000,000	40,000,000
부여된 포인트(점)	200,000	300,000
개별판매가격을 기초로 포인트 1점에 배분된 금액(원)	1	1
20x1년 실제회수포인트(점)	140,000	–
20x2년 실제회수포인트(점)	60,000	210,000
20x3년 실제회수포인트(점)	–	90,000

① 20x1년말 (주)A가 커피 판매와 관련하여 최종 인식할 매출액은 29,800,000원이다.

② 20x1년도 커피 판매분과 관련하여 20x2년에 추가적으로 인식할 매출액은 210,000원이다.

③ 20x2년말 (주)A가 커피 판매와 관련하여 최종 인식할 매출액은 39,970,000원이다.

④ 20x2년도 커피 판매분과 관련하여 20X3년에 추가적으로 인식할 매출액은 300,000원이다.

🧭 내비게이션

• [20x1년 회계처리]

(차) 현금	30,000,000	(대) 매출	29,800,000
		계약부채	200,000
(차) 계약부채	140,000	(대) 매출	140,000

• [20x2년 회계처리]

(차) 현금	40,000,000	(대) 매출	39,700,000
		계약부채	300,000
(차) 계약부채(x1년분)	60,000	(대) 매출	60,000
(차) 계약부채(x2년분)	210,000	(대) 매출	210,000

• [20x3년 회계처리]

(차) 계약부채(x2년분)	90,000	(대) 매출	90,000

단기속성특강 제66강	고객충성제도 : 제3자가 보상제공

자기계산 대가회수		**실무사례** 당사 제품 구입시 다른 항공사의 마일리지(포인트)를 제공하는 경우 → 자기계산으로 대가회수 : 마일리지를 항공사로부터 구매하여 고객에게 판매(보상제공)

매출시	•보상점수에 배분된 거래가격은 계약부채(선수금)의 과목으로 하여 부채로 인식	

(차) 현금	xxx	(대) 매출(수익)	xxx
		계약부채(선수금)	xxx

보상점수 수익인식	•보상과 관련하여 의무를 이행한 때 수익인식함. ▶ 수익인식액 : 보상점수에 배분되는 총대가(즉, 전액 포인트매출로 인식)

(차) 계약부채	xxx	(대) 포인트매출	xxx
포인트매출원가	xxx	현금	xxx

실무사례 당사 제품 구입시 다른 항공사의 마일리지(포인트)를 제공하는 경우
→ 제3자를 대신하여 대가회수 : 마일리지를 항공사로부터 위탁받아 고객에게 위탁판매

매출시	•보상점수에 배분된 거래가격은 계약부채(선수금)의 과목으로 하여 부채로 인식

(차) 현금	xxx	(대) 매출(수익)	xxx
		계약부채(선수금)	xxx

보상점수 수익인식	•제3자가 보상을 제공할 의무를 지고 그것에 대한 대가를 받을 권리를 가지게 될 때 수익인식함. ▶ 수익인식액 : 보상점수에 배분되는 대가와 제3자가 제공한 보상에 대해 기업이 지급할 금액간의 차액(즉, 대행 수수료수익만 인식)

(차) 계약부채	xxx	(대) 수수료수익	xxx
		현금	xxx

제3자 대신 대가회수

🔍 **사례** ▪ **제3자가 보상을 제공하는 경우**

♻ (주)합격은 전기제품 판매회사로 항공사가 운영하는 고객충성제도에 참여함. 전기제품 구입 ₩1에 0.1항공여행 포인트를 부여함. 20x1년 중 전기제품을 ₩100,000에 판매하고 10,000포인트를 부여함. ㈜합격은 전기제품 판매금액을 전기제품과 포인트의 개별판매가격 비율로 배분한 결과 포인트당 ₩1을 배분하였다. ㈜합격은 전기제품 판매 즉시 항공사에게 각 포인트마다 ₩0.9을 지급함. ㈜합격은 항공권판매와 관련하여 추가적인 의무는 부담하지 않음. 회계처리는?

✏ **풀이**

•자기계산으로 대가를 회수하는 경우

20x1년 매출시	(차) 현금	100,000	(대) 매출	90,000
			계약부채	10,000
	(차) 계약부채	10,000	(대) 포인트매출	10,000
	포인트매출원가	9,000	현금	9,000

•항공사를 대신하여 대가를 회수하는 경우

20x1년 매출시	(차) 현금	100,000	(대) 매출	90,000
			계약부채	10,000
	(차) 계약부채	10,000	(대) 수수료수익	1,000
			현금	9,000

FINAL 객관식뽀개기

기출 & 적중문제

1. ㈜국세는 Wings Air에서 운영하는 고객충성제도에 참여하고 있다. ㈜국세는 자사제품을 구매하는 회원에게 판매가격 1원당 1마일리지를 제공한다. 고객충성제도회원은 마일리지를 사용하여 항공권을 구입할 수 있다. ㈜국세는 Wings Air에 1마일리지당 0.012원을 지급한다. 20x1년 ㈜국세는 원가가 800,000원인 제품을 1,200,000원에 판매하고, 마일리지를 부여하였다. ㈜국세는 제품의 판매금액을 제품과 포인트의 개별판매가격 비율로 배분한 결과 1마일리지당 0.02원을 배분하였다. ㈜국세가 마일리자에 배분될 대가를 자기의 계산으로 회수하는 경우, 20x1년 제품 판매와 관련하여 인식할 마일리지와 관련된 수익(고객충성제도수익)과 비용(고객충성제도비용)은 각각 얼마인가?

	고객충성제도수익	고객충성제도비용
①	7,200원	12,000원
②	14,400원	24,000원
③	24,000원	12,000원
④	24,000원	14,400원

📍 내비게이션

- 부여한 마일리지 : 1,200,000x1=1,200,000마일리지
- 고객충성제도수익(포인트매출) : 1,200,000마일리지x0.02 = 24,000
- 고객충성제도비용(포인트매출원가) : 1,200,000마일리지x0.012 = 14,400

- 20x1년 회계처리

(차) 현금	1,200,000	(대) 매출	1,176,000
		계약부채	24,000
(차) 계약부채	24,000	(대) 포인트매출	24,000
포인트매출원가	14,400	현금	14,400

2. ㈜합격전자는 ㈜대한항공이 운영하는 포인트제도에 참여하고 있으며, 관련 자료는 다음과 같다. 포인트에 배분될 대가를 자기의 계산으로 회수하는 경우와 항공사를 대신하여 회수하는 경우, 20x1년도 포인트와 관련된 수익차이는 얼마이겠는가?

(1) 제품 구입 1,000원당 10포인트를 부여하며, 포인트로 ㈜대한항공의 항공권을 받을수 있다.
(2) ㈜합격전자는 포인트 제공시점에 ㈜대한항공에게 포인트 당 0.5원을 즉시 지급한다.
(3) 20x1년 제품을 30,000,000원 판매하였으며, 제품의 판매금액을 제품과 포인트의 개별판매가격 비율로 배분한 결과 포인트 당 2원을 배분하였다.

① 0원
② 100,000원
③ 150,000원
④ 450,000원

📍 내비게이션

- 부여한 포인트 : (30,000,000 ÷ 1,000)x10포인트=300,000포인트
- 자기의 계산으로 대가를 회수하는 경우 포인트와 관련된 수익
  → 포인트매출 : 300,000포인트x@2=600,000
- 항공사를 대신하여 대가를 회수하는 경우 포인트와 관련된 수익
  → 수수료익 : 300,000포인트x@2-300,000포인트x@0.5=450,000
  ∴600,000-450,000=150,000

제1편
[단기속성특강] 재무회계

제2편
[단기속성특강] 세무회계

제3편
[단기속성특강] 회계관리1급

합본부록1
신유형기출문제

합본부록2
10개년기출오답노트

단기속성특강 제67강   거래유형별 수익인식

교환거래		**공통사례** 상품A(원가 ₩2,500, 공정가치 ₩3,750)를 상품B(공정가치 ₩3,000)와 교환. 현금 ₩500 수령
	성격·가치가 유사한 경우	•수익인식 불가 ▶ ∴ 상업적실질이 없어 고객과의 계약이 아님. (차) 재고자산(상품B) 2,500 (대) 재고자산(상품A) 2,500
	성격·가치가 상이한 경우	•수익은 받은 재화·용역의 공정가치로 측정하되 현금수수를 반영함. (차) 재고자산(상품B) 3,000 (대) 매출 3,500 현금 500 (차) 매출원가 2,500 (대) 재고자산(상품A) 2,500
		참고 위 공정가치 측정불가시는 이전한 재화·용역의 공정가치로 측정함.
설치수수료	설치용역이 재화와 구별O	•별도수행의무로 보아 개별판매가격비율로 배분하여 각각 수익인식 ▶ 설치용역은 기간에 걸쳐 수행되는 수행의무이므로 진행기준 적용함.
	설치용역이 재화와 구별X	•단일수행의무로 보아 재화의 통제가 이전되는 시점에 수익인식
대리인거래	임대업	•임대업 영위 기업은 임대매장에서 발생하는 재화에 대한 통제권을 가지지 못함. •수익인식 : 수수료(임대료)만을 수익으로 인식함.
	대행업	•수출대행업무를 하는 종합상사등은 판매위탁기업을 대신하여 재화를 수출함. •수익인식 : 판매수수료만을 수익으로 인식함.
	전자쇼핑몰	•전자쇼핑몰은 공급자의 상품등을 인터넷상에서 중개판매함. •수익인식 : 중개판매에 따른 관련 수수료만을 수익으로 인식함.
검사조건부 판매 (고객의인수)	합의한 규격에 따른 것인지를 객관적으로 판단할 수 있는 경우	•인수수락여부에 관계없이 인수 전이라도 이전시점에 수익인식함.
	합의한 규격에 따른 것인지를 객관적으로 판단할 수 없는 경우	•인수시점에 수익인식 ▶ 예 시험·평가 목적으로 인도하고 시험기간이 경과할 때까지 어떤 대가도 지 급치 않기로 확약시, 인수하는 때나 시험기간이 경과할 때까지는 통제는 고객에게 이전되지 않은 것임.
주문개발 소프트웨어	거래형태	•주문개발하는 소프트웨어의 대가로 수취하는 수수료
	수익인식	•진행기준에 따라 수익을 인식
		보론 **판매가(거래가격)에 인도후 지원용역이 포함된 경우** ■ 별도로 식별되는 수행의무이므로 거래가격을 개발용역과 지원용역의 개별판매가격 비율로 배분하여 각각 별도로 수익을 인식함.
라이선스 (license)	라이선스	•라이선스는 기업의 지적재산에 대한 고객의 권리를 정함.
	지적재산	•소프트웨어, 기술, 영화·음악·미디어·오락물, 프랜차이즈, 특허권, 상표권, 저작권
		라이선스를 부여하는 약속이 그 밖에 약속한 재화나 용역과 계약에서 구별되지 않는 경우 •라이선스를 부여하는 약속과 그 밖에 약속한 재화나 용역을 함께 단일 수행의무로 회계처리함. **라이선스를 부여하는 약속이 그 밖에 약속한 재화나 용역과 계약에서 구별되는 경우** •라이선스를 부여하는 약속이 별도의 수행의무라면 라이선스에 대한 수익인식을 별도로 수행하며, 인식시기 결정을 위해 약속의 성격이 고객에게 접근권을 제공하는지 사용권을 제공하는지를 고려함.

접근권	정 의	■ 라이선스 기간 전체에 걸쳐 존재하는, 기업의 지적재산에 접근할 권리
	수익인식	■ 기간에 걸쳐 이행하는 수행의무로 회계처리(진행률에 따라 수익인식)
사용권	정 의	■ 라이선스를 부여하는 시점에 존재하는, 기업의 지적재산을 사용할 권리
	수익인식	■ 한 시점에 이행하는 수행의무로 회계처리(사용권 이전시점에 수익인식)

FINAL 객관식뽀개기

기출&적중문제

제1편
[단기속성특강] 재무회계

제2편
[단기속성특강] 세무회계

제3편
[단기속성특강] 원가관리회계

합본부록1
신유형기출문제

합본부록2
10개년기출오답노트

1. 다음 중 거래유형별 수익인식에 대해서 가장 옳지 않은 이야기를 하는 사람은 누구인가?

① 김태희 : 반품권이 있는 판매시 반품예상액을 합리적으로 추정할 수 없는 경우 판매시점에 매출을 인식할 수 없습니다.

② 송혜교 : 재화를 설치하는 조건으로 판매하는 경우 설치용역이 별도 구분되는 수행의무인 경우 설치와 재화를 하나의 수행의무로 보아 수익으로 인식합니다.

③ 전지현 : 대리인으로서 수출대행업무를 하는 종합상사는 판매수수료만 수익을 인식하여야 합니다

④ 하지원 : 장기할부판매의 경우 재화의 통제가 이전되는 판매시점에 수익을 인식합니다.

◉ 내비게이션

• 설치용역이 재화와 별도 구분(구별)되는 경우에는 별도의 수행의무로 보아 개별판매가격 비율로 배분하여 각각 수익을 인식한다. 이 경우 설치용역은 기간에 걸쳐 수행되는 수행의무이므로 진행기준을 적용한다.

2. ㈜SBS와 ㈜뽀로로의 다음 거래에 의할 때 20x1년 ㈜SBS가 인식할 라이선스 수익금액을 구하면 얼마인가?

> ㄱ. ㈜SBS는 방송프로그램 제작사이며, ㈜뽀로로는 캐릭터를 장난감으로 제조하는 회사이다.
>
> ㄴ. ㈜SBS는 20x1년초 이후 방송 프로그램 캐릭터를 ㈜뽀로로가 2년간 사용할 수 있도록 하는 계약을 ㈜뽀로로와 체결하였다.
>
> ㄷ. 계약 체결시 ㈜SBS는 ㈜뽀로로로부터 2억 5천만원을 수령하였다.

① 62,500,000원 ② 125,000,000원

③ 250,000,000원 ④ 500,000,000원

◉ 내비게이션

• 라이선스 기간 전체에 걸쳐 존재하는, 기업의 지적재산에 접근할 권리인 접근권이 2년간 보장되어 있는 라이선스 거래이다. 따라서, 기간에 걸쳐 수행하는 의무에 해당하므로 2년에 걸쳐 수익으로 인식한다.

• 20x1년 수익인식액 : 250,000,000 ÷ 2년=125,000,000

| 단기속성특강 제68강 | | 건설계약 일반사항 |

건설계약	의의	•건설계약은 단일자산이나 복수자산 건설을 위해 구체적으로 협의된 계약을 의미함. ▶ 공사관리의 설계용역계약과 같이 자산건설에 직접 관련 용역제공계약을 포함함.
	분류	•정액건설계약과 원가보상계약(원가의 일정비율로 보상)으로 분류됨.
계약수익	측정	•건설업자가 발주자로부터 지급받을 건설계약금액에 근거하여 계상하며, 수령하였거나 수령할 대가의 공정가치로 측정함. ▶ 계약수익은 미래 불확실성에 따라 증감가능함. 🔎주의 수익과 계약원가에 대한 추정치의 변경은 회계추정의 변경으로 처리함.
	구성항목	① 최초에 합의한 계약금액 ② 공사변경, 보상금 및 장려금에 따라 추가되는 금액 　🔎주의 변경 : 수익의 측정가능성은 물론 발주자의 승인가능성이 높아야 함. 　　　　보상금 : 수익의 측정가능성은 물론 발주자의 수락가능성이 높아야 함.
계약원가	구성항목	**계약직접원가** ① 현장감독포함 현장인력 노무원가, 건설에 사용된 재료원가 ② 계약에 사용된 생산설비·건설장비의 감가상각비 ③ 생산설비·건설장비·재료를 현장으로 운반 또는 현장에서 운반하는데 소요되는 원가, 생산설비·건설장비의 임차원가 ④ 계약과 직접관련 설계·기술지원원가, 제3자의 보상금 청구 ⑤ 예상하자보수원가를 포함한 복구 및 보증공사의 추정원가 　🔎주의 계약직접원가는 잉여자재판매 등 부수이익만큼 차감함. **계약공통원가** ① 보험료, 특정계약에 직접 관련되지 않은 설계·기술지원원가 ② 건설간접원가(사무처리원가 포함), 차입원가 　🔎주의 계약공통원가의 원가배분은 건설의 정상조업도에 기초함 　　　→실제조업도에 기초하는 것이 아님.
	제외항목	① 계약에 보상이 명시되어 있지 않은 일반관리원가와 연구개발원가 ② 판매원가, 특정계약에 사용하지 않는 유휴 생산설비·건설장비의 감가상각비
	특수한 계약원가	① 다음의 원가는 진행률 산정을 위한 누적발생계약원가에서 제외함. 　•사용을 위해 준비된 재료의 원가와 같은 계약상 미래 활동과 관련된 계약원가 　•하도급자에게 선급한 금액 ② 계약체결전 발생원가는 다음 요건 충족시 계약원가에 포함함.(단, 진행률에는 제외) 　•계약에 직접관련되며, 개별적으로 식별이 가능하다. 　•금액을 신뢰성 있게 측정할 수 있고, 계약의 체결가능성이 높다. 　🔎주의 계약체결 과정에서 발생원가를 발생기간의 비용으로 인식한 경우에는 공사계약이 후속기간에 체결되더라도 계약원가에 포함하지 않음.
수익인식	수익인식방법	•장·단기 모두 진행기준에 의함 ▶ ∵기간에 걸쳐 이행하는 수행의무 　보론 이론적 근거 : 수익·비용대응의 원칙(즉, 계약원가 발생에 계약수익을 대응)
	진행률측정	•원가비율, 측량비율, 물리적 완성비율 등 다양한 방법으로 측정함. 　🔎주의 오직 원가비율(누적계약원가 ÷ 추정총계약원가)만 적용되는 것이 아님. 　참고 발주자에게서 수령한 기성금과 선수금은 진행률로 사용할 수 없음.
분할·병합	분할	•단일건설계약이 복수자산을 포함하는 경우 소정 요건충족시 별개 건설계약으로 봄.
	병합	•소정요건을 충족시 복수건설계약은 단일 건설계약으로 봄.

FINAL 객관식뽀개기

기출 & 적중문제

제1편
[단기속성특강] 재무회계

제2편
[단기속성특강] 중급회계

제3편
[단기속성특강] 신유형기출문제

합본부록1
[단기속성특강] 신유형기출문제

합본부록2
1010[빈출기출오답노트

1. 다음 중 건설계약에 대한 수익과 원가의 인식방법으로 가장 올바르지 않은 것은?

① 건설계약의 결과를 신뢰성있게 추정할 수 있는 경우, 건설계약과 관련한 계약수익과 계약원가는 보고기간말 현재 계약활동의 진행률을 기준으로 각각 수익과 비용으로 인식한다.

② 하도급계약에 따라 수행될 공사에 대해 하도급자에게 선급한 금액은 진행률 산정을 위한 누적발생원가에 포함시켜야 한다.

③ 총계약원가가 총계약수익을 초과할 가능성이 높은 경우 예상되는 손실을 즉시 비용으로 인식한다.

④ 건설결과를 신뢰성있게 추정할 수 없는 경우 계약수익은 계약원가의 범위 내에서 회수가능성이 높은 금액만 인식하며, 발생한 계약원가는 모두 당해 기간의 비용으로 인식한다.

⊙ 내비게이션

• 하도급계약에 따라 수행될 공사에 대해 하도급자에게 선급한 금액은 진행률 산정을 위한 누적발생원가에서 제외시켜야 한다.

2. 다음 중 건설계약과 관련된 설명으로 가장 올바르지 않은 것은?

① 계약원가는 계약체결일로부터 계약의 최종완료일까지의 기간에 당해 계약에 귀속되는 직접원가만을 포함한다.

② 계약수익은 수령하였거나 수령할 대가의 공정가치로 측정한다.

③ 공사원가변경은 발주자가 공사변경과 변경에 따른 수익금액을 승인할 가능성이 높고 수익금액을 신뢰성있게 측정할 수 있는 경우 계약수익에 포함한다.

④ 예상되는 하자보수원가를 합리적으로 추정하여 하자보수비로 인식하여야 한다.

⊙ 내비게이션

• 계약원가는 계약직접원가와 계약공통원가(보험료, 건설간접원가, 차입원가 등)로 구성된다.

3. 건설계약에 의한 수익인식 방법과 일치하지 않는 설명은 무엇인가?

① 건설계약의 결과를 신뢰성 있게 추정할 수 없는 경우, 계약수익은 회수가능성이 높은 발생한 계약원가의 범위 내에서만 인식하며, 발생한 계약원가는 모두 당해 기간의 비용으로 인식한다.

② 총계약원가가 총계약수익을 초과할 가능성이 높은 경우, 예상되는 손실을 즉시 비용으로 인식한다.

③ 계약체결 전에 발생한 원가는 계약의 체결이후에 발생한 원가가 아니므로 계약원가로 포함될 수 없다.

④ 건설계약의 결과를 신뢰성 있게 추정할 수 있는 경우, 건설계약과 관련한 계약수익과 계약원가는 보고기간 말 현재 계약활동의 진행률을 기준으로 각각 수익과 비용으로 인식한다.

⊙ 내비게이션

• 계약에 직접 관련되며 아래 요건 충족시 계약원가에 포함한다.
  - 식별가능, 측정가능, 계약체결 가능성이 높음

4. 건설계약과 관련한 다음 설명 중 가장 타당한 설명은?

① 공사진행률 계산방법으로 오직 원가비율에 의한 방법만을 인정하므로 작업일수나 면적비율을 사용하여 공사진행률을 계산하여서는 아니된다.

② 용역제공과 관련한 수익, 원가, 진행률 등을 합리적으로 추정할 수 없는 경우에는 공사원가 중 회수가능한 범위 내에서 계약수익을 인식하고, 발생한 공사원가를 당기비용으로 인식한다.

③ 도급계약에 대한 수익인식을 진행기준에 따라 하는 것은 수익 · 비용대응의 원칙과 관련되며, 장 · 단기 도급공사의 구분 없이 모두 원칙적으로 완성기준을 적용하여야 한다.

④ 계약손익은 미성공사에 반영하며, 미성공사 잔액이 진행청구액보다 크면 차액을 초과청구공사 과목으로 하여 재무상태표의 부채에 표시한다.

⊙ 내비게이션

• ① 진행률은 원가비율, 측량비율, 물리적 완성비율 등 다양한 방법으로 측정한다.
  ③ 완성기준(X) → 진행기준(O)
  ④ 미청구공사 과목으로 하여 자산에 표시한다.

단기속성특강 제69강		건설계약 기본회계처리			

계약원가발생	처리방법	•계약직접원가와 배분된 계약공통원가를 미성공사로 인식			
	회계처리	•(차) 미성공사	xxx	(대) 현금 등	xxx

계약대금청구	처리방법	•공사미수금 : 자산처리 •진행청구액 : 임시계정으로 부채처리			
	회계처리	•(차) 공사미수금	xxx	(대) 진행청구액	xxx
	비교 일반기업회계기준	계약대금청구에 대한 회계처리 없음.			

계약대금수령	처리방법	•수령액을 공사미수금과 상계			
	회계처리	•(차) 현금	xxx	(대) 공사미수금 공사선수금	xxx xxx

계약수익인식 · 계약원가인식	처리방법	•당기계약수익금액 $$건설계약금액 \times 진행률 - 전기누적계약수익$$ •당기계약원가금액 $$추정총계약원가 \times 진행률 - 전기누적계약원가$$ •당기 계약이익을 미성공사로 추가 계상 •기말 미성공사잔액 : 누적계약수익과 동일 •당기계약이익금액 $$당기총계약이익 \times 당기진행률 - 전기총계약이익 \times 전기진행률$$			
	회계처리	•(차) 계약원가 미성공사	xxx xxx	(대) 계약수익	xxx
	비교 일반기업회계기준	K-IFRS는 계약원가도 진행률을 기준으로 인식하도록 하고 있으나, 일반기업회계기준에서는 당기공사원가 (계약원가)는 진행률이 아니라 당기 실제발생한 공사원가로 함.			

공시방법	•미성공사금액 〉 진행청구액 : 차액을 '미청구공사' 과목으로 자산 처리
	•미성공사금액 〈 진행청구액 : 차액을 '초과청구공사' 과목으로 부채 처리
	
	〈유동자산〉 미청구공사(계약자산)
	  미성공사 xxx
	  진행청구액 xxx xxx
	
	〈유동부채〉 초과청구공사(계약부채)
	  진행청구액 xxx
	  미성공사 xxx xxx				

	비교 일반기업회계기준	미청구공사, 초과청구공사에 대한 규정 없음.			

공사완성	처리방법	•완성시 미성공사·진행청구액금액 : 건설계약금액과 동일 •미성공사와 진행청구액을 상계하여 재무상태표에서 제거			
	회계처리	•(차) 진행청구액	xxx	(대) 미성공사	xxx

FINAL 객관식뽀개기

기출 & 적중문제

1. (주)A건설은 20x1년 1월 5일에 서울시와 교량건설도급공사계약을 맺었다. 총공사계약금액은 210,000,000원이며 공사가 완성되는 20x3년말까지 건설과 관련된 회계자료는 다음과 같다. 회사는 공사진행기준으로 수익을 인식하고 있다면 (주)A건설이 20x2년 공사이익으로 계상할 금액은 얼마인가?(단위 : 원)

	20x1년	20x2년	20x3년
당해연도 발생계약원가	30,000,000	60,000,000	90,000,000
추정총계약원가	150,000,000	180,000,000	180,000,000
연도별 계약대금청구액	60,000,000	60,000,000	90,000,000

① 0원
② 3,000,000원
③ 10,000,000원
④ 12,000,000원

내비게이션

• $(210,000,000 \times \frac{90,000,000}{180,000,000} - 210,000,000 \times \frac{30,000,000}{150,000,000})$
- 60,000,000 = 3,000,000

2. (주)A건설은 20x1년 건설공사를 계약금액 1,500,000원에 수주하였다. 공사기간동안 발생할 것으로 예상되는 (주)A건설의 예상원가발생액, 계약대금 청구액 및 수령액은 다음과 같다. (주)A건설이 공사진행기준으로 수익을 인식한다면 20x1년에 회사가 재무상태표에 표시할 미청구공사 또는 초과청구공사는 얼마인가? (단위 : 원)

	20x1년	20x2년	20x3년
누적발생계약원가	200,000	600,000	1,300,000
추정총계약원가	1,000,000	1,200,000	1,300,000
대금청구액	250,000	550,000	700,000
대금회수액	200,000	500,000	800,000

① 초과청구공사 50,000원
② 미청구공사 50,000원
③ 초과청구공사 100,000원
④ 미청구공사 100,000원

내비게이션

• 계약원가발생 : (차) 미성공사 200,000 (대) 현금 200,000
• 계약대금청구 : (차) 공사미수금 250,000 (대) 진행청구액 250,000
• 계약대금수령 : (차) 현금 200,000 (대) 공사미수금 200,000
• 계약손익인식 : (차) 계약원가 200,000 (대) 계약수익 300,000
　　　　　　　　　　 미성공사 100,000
→미청구공사 : 미성공사(300,000)-진행청구액(250,000)=50,000

3. 건설계약금액은 1,500,000원이고, 공사는 20x1년초에 착공하여 20x3년에 완공 예정이다. 관련자료가 다음과 같을 경우 20x1년말과 20x2년말에 재무상태표에 표시될 미청구공사(또는 초과청구공사)는 각각 얼마인가?

구분	20x1년	20x2년	20x3년
당기발생원가	200,000원	400,000원	700,000원
추가소요원가	800,000원	600,000원	–
계약대금청구액	250,000원	550,000원	700,000원
계약대금수령액	200,000원	400,000원	800,000원

	20x1년		20x2년	
①	미청구공사	50,000원	초과청구공사	50,000원
②	초과청구공사	50,000원	미청구공사	50,000원
③	미청구공사	60,000원	미청구공사	60,000원
④	미청구공사	80,000원	미청구공사	60,000원

내비게이션

	20x1년	20x2년
미성공사 (=누적계약수익)	$1,500,000 \times \frac{200,000}{1,000,000} = 300,000$	$1,500,000 \times \frac{600,000}{1,200,000} = 750,000$
진행청구액 (=대금청구액)	250,000	250,000+550,000=800,000
	미청구공사 50,000	초과청구공사 50,000

4. 건설계약과 관련한 다음 설명 중 가장 옳은 것은?

① 복수계약의 경우에 단일 건설계약으로 보아 회계처리 할 수 없다.
② 계약수익은 진행률과 관계없이 청구한 금액으로 인식한다.
③ 계약에 보상이 명시되어 있지 않은 일반관리비와 연구개발원가는 계약원가에서 제외한다.
④ 계약체결 전에 발생한 원가는 계약의 체결이후에 발생한 원가가 아니므로 계약원가로 포함될 수 없다.

내비게이션

• ① 소정 요건 충족시 단일건설계약으로 본다.
③ 계약수익=총계약금액 × 진행률
④ 요건 충족시 계약원가에 포함한다.

제2편
[단기속성특강] 세무회계

제3편
[단기속성특강] 원가관리회계

합본부록1
신유형기출문제

합본부록2
10개년/기출오답노트

ANSWER 1. ② 2. ② 3. ① 4. ③

단기속성특강 제70강 | 건설계약의 적용

공통사례

☼ 건설계약금액은 ₩1,000,000이고, 관련자료는 다음과 같다. 20x2년 자재가격상승으로 건설계약금액을 ₩1,100,000으로 조정하였다.

구분	20x1년	20x2년	20x3년
누적발생계약원가	₩320,000	₩510,000	₩900,000
완성시까지 추가계약원가	₩480,000	₩340,000	–
추정총계약원가	₩800,000	₩850,000	₩900,000
계약대금청구액	₩250,000	₩400,000	₩450,000
계약대금수령액	₩200,000	₩350,000	₩550,000

계약이익 계산

	20x1년	20x2년	20x3년
진 행 률	320,000÷800,000=40%	510,000÷850,000=60%	900,000÷900,000=100%
계약수익	1,000,000x40%=400,000	1,100,000x60%-400,000=260,000	1,100,000-660,000=440,000
계약원가	320,000	190,000	390,000
계약이익	80,000	70,000	50,000

회계처리

20x1년

(차) 미성공사	320,000	(대) 현금	320,000
(차) 공사미수금	250,000	(대) 진행청구액	250,000
(차) 현금	200,000	(대) 공사미수금	200,000
(차) 계약원가	320,000	(대) 계약수익	400,000
미성공사	80,000		

20x2년

(차) 미성공사	190,000	(대) 현금	190,000
(차) 공사미수금	400,000	(대) 진행청구액	400,000
(차) 현금	350,000	(대) 공사미수금	350,000
(차) 계약원가	190,000	(대) 계약수익	260,000
미성공사	70,000		

20x3년

(차) 미성공사	390,000	(대) 현금	390,000
(차) 공사미수금	450,000	(대) 진행청구액	450,000
(차) 현금	550,000	(대) 공사미수금	550,000
(차) 계약원가	390,000	(대) 계약수익	440,000
미성공사	50,000		
(차) 진행청구액	1,100,000	(대) 미성공사	1,100,000

공시방법

부분재무상태표(20x1년)

〈유동자산〉
공사미수금		50,000
미청구공사(계약자산)		
미성공사	400,000	
진행청구액	(250,000)	150,000

부분재무상태표(20x2년)

〈유동자산〉
공사미수금		100,000
미청구공사(계약자산)		
미성공사	660,000	
진행청구액	(650,000)	10,000

FINAL 객관식뽀개기

기출 & 적중문제

1. 12월말 결산법인인 (주)A건설은 완공하는데 3년이 소요되는 공사를 20x1년 1월 초에 수주하였다. 건설계약금액은 10,000원이며 각 회계연도에 발생된 계약원가와 각 회계연도 말에 공사비를 추정한 결과는 다음과 같다. 다만, 건설공사를 수주한 20x1년도 당시에는 20x2년도에 건축 자재의 품귀, 노임 등의 급격한 상승으로 인하여 공사비가 많이 발생할 것을 예상하지 못하였다. 20x1년도와 20x2년도에 인식하여야 할 계약손익은 각각 얼마인가?

구분	연중 실제발생계약원가	완공까지 추가로 소요될 공사비추정액
20x1년	2,200원	3,300원
20x2년	3,800원	2,000원
20x3년	2,000원	-

	20x1년도		20x2년도	
①	계약이익	1,800원	계약이익	1,500원
②	계약이익	300원	계약이익	1,200원
③	계약이익	1,800원	계약손실	300원
④	계약이익	1,200원	계약이익	300원

📍 내비게이션

	20x1년	20x1년
· 계약원가(누적)	2,200	6,000
· 추가소요원가	3,300	2,000
· 추정총계약원가	5,500	8,000
· 진행률	40%	75%
· 계약수익	4,000	3,500
· 계약원가	2,200	3,800
· 계약이익	1,800	(300)

2. (주)A는 20x1년도에 계약금액 400억원에 사무실용 빌딩 건설공사를 수주하였다. 공사계약이 다음과 같을 경우 20x2년에 발생한 계약원가는 얼마인가?

구분	20x1년	20x2년
추정총계약원가	250억원	300억원
누적진행률(원가기준)	40%	60%
누적계약이익	60억원	80억원

① 20억원　　　　② 40억원
③ 50억원　　　　④ 80억원

📍 내비게이션

• 20x1년 발생원가 ÷ 250억원=40%에서, 20x1년 발생원가=100억원
• (100억원+20x2년 발생원가) ÷ 300억원=60%에서,
　20x2년 발생원가=80억원

3. (주)A건설은 20x1년초 인천상사와 장기건설공사계약을 체결하였다. 공사기간은 3년이며 총계약금액은 10,000,000원이다. 20x2년말 공사진척도가 70%(원가기준)일 때, 20x1년에 발생한 공사원가인 (가)는 얼마인지 계산하면?

구분	20x1년	20x2년
당해연도 발생공사비	(가)	3,200,000원
추정총계약원가	8,000,000원	8,000,000원

① 2,400,000원　　　　② 2,600,000원
③ 3,200,000원　　　　④ 5,600,000원

📍 내비게이션

• 20x2년 공사진행률(70%)=누적발생계약원가 ÷ 8,000,000
　→누적발생계약원가=5,600,000
• 20x1년 발생한 공사원가=5,600,000-3,200,000=2,400,000

4. (주)A건설은 20x1년초 공사기간 3년인 공장을 건설하는 계약을 5,000,000원에 수주하였다. 관련자료가 다음과 같을 때 20x1년말의 추정총계약원가를 계산하면 얼마인가?

구분	20x1년	20x2년	20x3년
누적발생계약원가	2,000,000원	4,400,000원	?
추정총계약원가	?	5,600,000원	?
계약손익	이익 400,000원	?	이익 100,000원

① 4,166,667원　　　　② 4,263,667원
③ 4,850,667원　　　　④ 4,901,000원

📍 내비게이션

• 계약수익
　$x - 2,000,000$(계약원가) $= 400,000$, $x = 2,400,000$
• 진행률
　$5,000,000$(계약금액) $\times y = 2,400,000$(계약수익), $y = 48\%$
• 추정총계약원가
　$\dfrac{2,000,000(누적발생계약원가)}{Z} = 48\%$, $Z = 4,166,667$

단기속성특강 제71강   건설계약 총예상손실

예상손실 인식	의의	•총계약원가가 총계약수익을 초과할 가능성이 높은 경우 예상손실을 즉시 비용인식함.	
	당기계약손실	당기계약손실	총계약손실예상액 + 전기이전까지 누적계약이익
	예상손실	예상손실	추가소요원가 – 건설계약금액 × (1 – 현재진행률)
	손실예상시 미성공사금액	일반적인 경우	•미성공사금액 = 누적계약수익
		손실예상시	•미성공사금액 = 누적계약수익 – 예상손실

 사례 ■ **전체손실예상시 회계처리**

❂ 총건설계약금액은 ₩2,000,000이다.

	20x1년	20x2년	20x3년
당기발생계약원가	600,000	1,080,000	470,000
완성시까지 추가소요원가	1,000,000	420,000	–
추정총계약원가	1,600,000	2,100,000	2,150,000
계약대금청구액	700,000	1,100,000	200,000
계약대금수령액	600,000	900,000	500,000

✐ 풀이

	20x1	20x2	20x3
진행률	37.5%	80%	100%
계약수익	750,000	850,000	400,000
계약원가	600,000	1,100,000[1]	450,000[2]
계약손익	150,000	(250,000)	(50,000)

• 20x2년 전체손실예상액 : 100,000
• 20x2년 계약손실 : 100,000+150,000=250,000
• 예상손실 : 420,000-2,000,000×(1-80%)=20,000
[1] 1,080,000+20,000=1,100,000
[2] 470,000-20,000=450,000

•20x1년 이익 150,000, 20x2년 손실 230,000(850,000-1,080,000) 합치면 손실 80,000

→∴손실 20,000 더 인식하여 전체손실예상액 100,000이 되게 하기 위해 계약원가에 20,000 가산함.

회계처리

•20x3년 손실 70,000(400,000-470,000) 중 손실 20,000은 이미 전기에 인식했으므로 당기에는 손실 50,000이 되도록 20,000을 계약원가에서 차감함.

20x1	계약원가발생시	(차) 미성공사	600,000	(대) 현금		600,000
	계약대금청구시	(차) 공사미수금	700,000	(대) 진행청구액		700,000
	계약대금수령시	(차) 현금	600,000	(대) 공사미수금		600,000
	결산시	(차) 계약원가 미성공사	600,000 150,000	(대) 계약수익		750,000
20x2	계약원가발생시	(차) 미성공사	1,080,000	(대) 현금		1,080,000
	계약대금청구시	(차) 공사미수금	1,100,000	(대) 진행청구액		1,100,000
	계약대금수령시	(차) 현금	900,000	(대) 공사미수금		900,000
	결산시	(차) 계약원가	1,100,000	(대) 계약수익 미성공사		850,000 250,000
20x3	계약원가발생시	(차) 미성공사	470,000	(대) 현금		470,000
	계약대금청구시	(차) 공사미수금	200,000	(대) 진행청구액		200,000
	계약대금수령시	(차) 현금	500,000	(대) 공사미수금		500,000
	결산시	(차) 계약원가	450,000	(대) 계약수익 미성공사		400,000 50,000
		(차) 진행청구액	2,000,000	(대) 미성공사		2,000,000

FINAL 객관식뽀개기

기출 & 적중문제

1. (주)A건설은 20x1년 3월 1일에 서울시로부터 계약금 5,000,000원인 축구경기장공사를 수주하였다. 공사는 20x3년 3월 1일에 완공되었으며 공사와 관련된 정보는 아래와 같다고 할 때, 20x2년도와 20x3년도의 공사손익은 각각 얼마인가?

	20x1년	20x2년	20x3년
추정총계약원가	4,500,000원	5,100,000원	4,800,000원
당기계약원가	900,000원	3,180,000원	720,000원
계약대금수령	800,000원	2,500,000원	1,000,000원

	20x2년도	20x3년도
①	180,000원 계약손실	280,000원 계약이익
②	180,000원 계약손실	380,000원 계약이익
③	200,000원 계약손실	200,000원 계약이익
④	200,000원 계약손실	300,000원 계약이익

내비게이션

- 20x2년 예상손실 : $1,020,000-5,000,000 \times (1-\frac{4,080}{5,100})=20,000$

20x2년	
진행률	$\frac{900,000+3,180,000}{5,100,000}$=80%
계약수익	5,000,000×80%-1,000,000=3,000,000
계약원가	3,180,000+20,000=3,200,000
계약손익	(200,000)

20x3년	
진행률	100%
계약수익	5,000,000-1,000,000-3,000,000=1,000,000
계약원가	720,000-20,000=700,000
계약손익	300,000

2. 한국채택국제회계기준상의 건설계약에서 계약원가에서 제외되는 원가가 아닌 것은?

① 계약에 보상이 명시되어 있지 않은 일반관리원가와 연구개발원가
② 판매원가
③ 생산설비, 건설장비 및 재료를 현장으로 운반하거나 현장에서 운반하는 데 소요되는 원가
④ 특정 계약에 사용하지 않는 유휴 생산설비나 건설장비의 감가상각비

내비게이션

- 생산설비, 건설장비 및 재료를 현장으로 운반하거나 현장에서 운반하는데 소요되는 원가는 특정계약에 직접 관련된 원가이므로 계약원가의 구성항목에 포함한다.

3. 한국채택국제회계기준상의 건설계약에 대한 다음 설명 중 옳지 않은 것은?

① 건설계약은 단일 자산의 건설이나 설계, 기술 및 기능 또는 그 최종 목적이나 용도에 있어서 밀접하게 상호연관되거나 상호의존적인 복수 자산의 건설을 위해 구체적으로 협의된 계약을 말한다.
② 건설계약에는 공사관리와 설계용역의 계약과 같이 자산의 건설에 직접 관련된 용역제공 계약은 포함하지 않는다.
③ 계약수익은 최초에 합의한 계약금액과 공사변경, 보상금 및 장려금에 따라 추가되는 금액으로서 수익으로 귀결될 가능성이 높고 금액을 신뢰성 있게 측정할 수 있는 항목으로 구성된다.
④ 계약수익은 수령하였거나 수령할 대가의 공정가치로 측정한다.

내비게이션

- 건설계약은 다음과 같은 유형의 계약을 포함한다.
  - 공사관리의 설계용역의 계약과 같이 자산의 건설에 직접 관련된 용역제공 계약
  - 자산의 철거나 원상회복, 그리고 자산의 철거에 따르는 환경복구에 관한 계약

4. 다음은 건설계약의 회계처리에 대한 설명이다. 가장 타당하지 않은 것은 어느 것인가?

① 미성공사와 진행청구액은 서로 상계하여 순액을 재무상태표에 공시한다.
② 건설계약대금 중 발주자에게 청구한 금액은 진행청구액의 과목으로 하여 부채로 인식한다.
③ 공사가 완성되는 시점에서 미성공사계정의 장부금액은 건설계약금액과 일치한다.
④ 공사전체에 손실이 예상되는 경우 손실예상액은 당기비용으로 인식하고, 동 금액을 충당부채로 인식한다.

내비게이션

- 공사전체에 손실이 예상되는 경우 한국채택국제회계기준에서는 충당부채를 인식하지 아니하고, 예상공사손실을 미성공사 금액에서 차감한다.

단기속성특강 제72강		종업원급여의 유형

개요	❖종업원에는 이사와 경영진도 포함되며, 종업원이나 그 피부양자, 수익자에게 제공한 급여를 포함함.		
	현직 종업원급여	1년 이내 지급	단기종업원급여
		1년 이후 지급	기타장기종업원급여
	퇴사이후 급여	일반적 해고/명예퇴직	해고급여
		자발적 퇴사	퇴직급여

단기종업원 급여	정의	❖근무용역제공 연차보고기간 이후 12개월 이전에 전부 결제될 종업원급여로 해고급여를 제외하며 다음을 포함함. •임금, 사회보장분담금(예 국민연금회사부담분) •유급연차휴가와 유급병가 •이익분배금·상여금 •현직종업원을 위한 비화폐성급여(예 의료, 주택, 자동차, 무상 또는 일부 보조로 제공되는 재화나 용역)	
	인식과 측정	인식	•미지급과 초과지급에 대하여 미지급급여(부채)와 선급급여(자산)를 인식함. •자산의 원가에 포함하는 경우를 제외하고는 비용으로 인식함.
		측정	•단기종업원급여채무는 할인하지 않은 금액으로 측정함.

퇴직급여	정의	❖퇴직 이후에 지급하는 종업원급여로, 단기종업원급여와 해고급여는 제외하며, 다음과 같은 급여를 포함함. •퇴직금(예 퇴직연금과 퇴직일시금 등) •퇴직 후 생명보험이나 퇴직 후 의료급여 등과 같은 그 밖의 퇴직급여	

해고급여	정의	❖통상적인 퇴직시점 이전에 종업원을 해고하고자 하는 기업의 결정이나 해고의 대가로 기업이 제안하는 급여를 수락하는 종업원의 결정의 결과로서 종업원을 해고하는 대가로 제공되는 종업원급여를 말함. ▶∴기업의 제안이 아닌 종업원의 요청으로 인한 해고나 의무적인 퇴직규정으로 인하여 발생하는 종업원급여는 퇴직급여이기 때문에 해고급여에 포함하지 아니함.	
	인식과 측정	인식	•다음 중 이른 날에 해고급여에 대한 부채와 비용을 인식함. ① 기업이 해고급여의 제안을 더 이상 철회할 수 없을 때 ② 기업이 기준서 제1037호(충당부채등)의 적용범위에 포함되고 해고급여의 지급을 수반하는 구조조정에 대한 원가를 인식할 때
		측정	•퇴직급여를 증액시키는 것이라면, 퇴직급여에 대한 규정을 적용 •해고급여가 인식되는 연차보고기간 말 이후 12개월 이전에 모두 결제될 것으로 예상되는 경우는 단기종업원급여, 예상되지 않는 경우는 기타장기종업원 급여에 대한 규정을 적용

기타장기 종업원급여	정의	❖단기종업원급여, 퇴직급여 및 해고급여를 제외한 종업원급여로, 다음과 같은 급여가 포함됨. •장기근속휴가나 안식년휴가와 같은 장기유급휴가, 그 밖의 장기근속급여 •장기장애급여, 이익분배금과 상여금, 이연된 보상	

FINAL 객관식뽀개기 · 기출&적중문제

1. 다음 중 종업원급여에 관한 설명으로 옳지 않은 것은?

① 해고급여는 종업원을 해고하는 대가로 제공되는 종업원급여를 말한다.

② 확정급여제도는 기업이 종업원 퇴직시 약정된 퇴직급여의 지급을 약속한 것으로 그 운영과 위험을 기업이 부담한다.

③ 확정기여제도는 기업이 별개의 기금에 일정금액을 납부하면 추가의무가 없다.

④ 단기종업원급여는 화폐성 급여만을 포함한다.

🔍 내비게이션

• 단기종업원급여는 현직종업원을 위한 비화폐성급여(예 의료, 주택, 자동차, 무상 또는 일부 보조로 제공되는 재화나 용역)를 포함한다.

2. 다음 중 종업원급여에 관한 설명으로 틀린 것은?

① 종업원에는 이사와 경영진도 포함되며, 종업원이나 그 피부양자, 수익자에게 제공한 급여를 포함한다.

② 기업의 제안이 아닌 종업원의 요청으로 인한 해고나 의무적인 퇴직규정으로 인하여 발생하는 종업원급여는 해고급여에 포함된다.

③ 기타장기종업원급여란 종업원이 관련 근무용역을 제공한 연차보고기간말부터 12개월 이후에 결제될 종업원급여를 말한다.

④ 종업원급여는 단기종업원급여, 퇴직급여, 기타장기종업원급여, 해고급여의 네 가지 범주로 분류된다.

🔍 내비게이션

• 기업의 제안이 아닌 종업원의 요청으로 인한 해고나 의무적인 퇴직규정으로 인하여 발생하는 종업원급여는 퇴직급여이기 때문에 해고급여에 포함하지 아니한다.

3. 다음 중 단기종업원급여에 대한 설명으로 가장 올바르지 않은 것은?

① 종업원이 관련 근무용역을 제공하는 연차보고기간 이후 12개월 이전에 전부 결제될 것으로 예상되는 종업원급여이다(해고급여 제외).

② 단기종업원급여는 근무용역을 제공한 회계기간에 인식한다.

③ 비누적유급휴가는 종업원이 실제로 유급휴가를 사용하기 전에는 부채나 비용을 인식하지 아니한다.

④ 비화폐성급여는 단기종업원급여에 포함되지 않는다.

🔍 내비게이션

• 의료, 주택, 자동차, 무상 또는 일부 보조로 제공되는 재화나 용역과 같은 현직종업원을 위한 비화폐성급여도 단기종업원급여에 포함한다.

4. 다음은 종업원급여에 대한 설명이다. 가장 타당한 것은 어느 것인가?

① 단기종업원급여에는 의료나 주택등과 같은 비화폐성급여는 포함하지 않는다.

② 단기종업원급여는 보험수리적방법으로 측정하지 않지만, 할인된 금액으로 측정한다.

③ 퇴직급여는 종업원의 퇴직 이후에 지급하는 종업원여(해고급여 포함)를 의미한다.

④ 이익분배금 또는 상여금의 전부나 일부의 지급기일이 종업원의 근무용역이 제공된 회계기간의 말부터 12개월 이내에 도래하지 않는다면 해당 금액을 기타장기종업원급여로 분류한다.

🔍 내비게이션

• ① 단기종업원급여에는 다음을 포함한다.
  - 임금, 사회보장분담금(국민연금)
  - 유급연차휴가 · 유급병가
  - 이익분배금 · 상여금(회계기간말부터 12개월 이내에 지급되는 것)
  - 현직종업원을 위한 비화폐성급여(의료, 주택, 자동차, 무상 또는 일부 보조로 제공되는 재화나 용역)

② 단기종업원급여는 보험수리적방법으로 측정하지 않기 때문에 보험수리적방법으로 측정하는 확정급여형 퇴직급여제도의 측정방법보다는 일반적으로 단순하며, 할인하지 않은 금액으로 측정한다.

③ 퇴직급여란 종업원의 퇴직 이후에 지급하는 종업원급여(해고급여 제외)를 의미한다.

제1편
[단기속성특강] 재무회계

제2편
[단기속성특강] 세무회계

제3편
[단기속성특강] 원가관리회계

합본부록1
신유형기출문제

합본부록2
10개년/기출오답노트

단기속성특강 제73강 　　　　　퇴직급여제도

의의		❖퇴직급여는 종업원이 퇴직한 이후에 지급하는 종업원급여로, 퇴직급여의 지급과 관련하여 기업이 한명 이상의 종업원에게 퇴직급여를 지급하는 근거가 되는 공식 또는 비공식 협약을 퇴직급여제도라고 함. 퇴직급여제도는 제도의 주요규약에서 도출되는 경제적 실질에 따라 확정기여제도(DC)와 확정급여제도(DB)로 구분됨.

	개요	•기업이 별개의 실체(기금)에 고정 기여금을 납부하여야 하고, 그 기금이 당기와 과거 기간에 제공된 종업원 근무용역과 관련된 모든 종업원급여를 지급할 수 있을 정도로 충분한 자산을 보유하지 못하더라도 기업에게는 추가로 기여금을 납부해야 하는 법적 의무나 의제의무가 없는 퇴직급여제도 ▶ 기업은 약정한 기여금을 납부함으로써 퇴직급여와 관련된 모든 의무가 종결됨. •납부해야 할 기여금은 자산의 원가에 포함하는 경우를 제외하고는 비용으로 인식함. •납부해야 할 기여금에 미달납부한 경우는 미지급비용(부채)을 인식하고, 초과납부한 경우는 선급비용(자산)을 인식함.

확정기여제도 개요 표:

적정납부시	(차) 퇴직급여	1,000	(대) 현금	1,000
미달납부시	(차) 퇴직급여	1,000	(대) 현금	900
			미지급비용	100
초과납부시	(차) 퇴직급여	1,000	(대) 현금	1,100
	(차) 선급비용	100		

확정기여제도	기업의 부담	•출연금액에 한정 ▶ 기업의 법적의무나 의제의무는 기업이 기금에 출연하기로 약정한 금액으로 한정됨.
	종업원 수령액	•불확정적 ▶ 종업원이 받을 퇴직급여액은 기업과 종업원이 퇴직급여제도나 보험회사에 출연하는 기여금과 그 기여금에서 발생하는 투자수익에 따라 결정됨.
	위험부담자	•종업원 ▶ 보험수리적위험(실제급여액이 기대급여액에 미치지 못할 위험)과 투자위험(기여금을 재원으로 투자한 자산이 기대급여액을 지급하는 데 충분하지 못하게 될 위험)은 종업원이 부담함.
확정급여제도	개요	•확정기여제도 이외의 모든 퇴직급여제도를 말함. ▶ 기업의 의무는 약정한 급여를 전·현직종업원에게 지급하는 것임.
	기업의 부담	•변동적 ▶ 보험수리적실적이나 투자실적이 예상보다 저조하다면 의무증가가 가능함.
	종업원 수령액	•확정적 ▶ 종업원이 받을 퇴직급여액은 기업과 종업원이 퇴직급여제도나 보험회사에 출연하는 기여금과 그 기여금에서 발생하는 투자수익과 무관함.
	위험부담자	•기업 ▶ 기업이 보험수리적위험과 투자위험을 부담함.

FINAL 객관식뽀개기

기출 & 적중문제

1. 다음 중 종업원급여에 대한 설명으로 가장 올바르지 않은 것은?

① 확정급여채무의 현재가치란 종업원이 당기와 과거 기간에 근무용역을 제공하여 발생한 채무를 기업이 결제하는 데 필요한 예상 미래지급액의 현재가치(사외적립자산 차감 전)를 의미한다.

② 종업원급여는 단기종업원급여, 퇴직급여, 기타장기종업원급여, 해고급여의 네 가지 범주를 포함한다.

③ 단기종업원급여는 종업원이 관련 근무용역을 제공한 연차보고기간 이후 12개월 이전에 전부 결제될 종업원급여로 해고급여는 제외한다.

④ 확정급여제도는 기업이 종업원 퇴직시 약정된 퇴직급여의 지급을 약속한 것으로 그 운용과 위험을 종업원이 부담한다.

📍 **내비게이션**

• 확정급여제도는 그 운용과 위험을 기업이 부담한다.

2. 다음 중 퇴직급여에 대한 설명으로 가장 올바르지 않은 것은?

① 퇴직급여제도는 확정기여제도와 확정급여제도를 포함한다.

② 당기근무원가는 당기에 종업원이 근무용역을 제공함에 따라 발생하는 확정급여채무의 현재가치 증가액을 말한다.

③ 확정급여제도에서는 사외적립자산을 출연하는데 이때 사외적립자산은 공정가치로 측정한다.

④ 확정급여제도는 기업이 기여금을 불입함으로써 퇴직급여와 관련된 모든 의무가 종료된다.

📍 **내비게이션**

• 기여금을 불입함으로써 퇴직급여와 관련된 모든 의무가 종료되는 것은 확정기여제도이다.

3. 다음 중 퇴직급여에 대한 설명으로 가장 올바르지 않은 것은?

① 확정기여제도란 기업이 기금에 출연하기로 약정한 금액을 납부하고, 기금의 책임하에 종업원에게 급여를 지급하는 퇴직급여제도이다.

② 퇴직급여는 확정기여제도와 확정급여제도를 포함한다.

③ 퇴직급여제도에서는 사외적립자산을 출연하는데 이때 사외적립자산은 공정가치로 측정한다.

④ 확정급여제도란 보험수리적위험과 투자위험을 종업원이 부담하는 퇴직급여제도를 의미한다.

📍 **내비게이션**

• 종업원이 부담(X) → 기업이 부담(O)

4. ㈜삼일은 20x1년 도입한 확정기여제도에 따라 종업원 근무용역에 대한 퇴직급여를 지급한다. ㈜삼일이 20x1년 종업원 근무용역과 관련하여 확정기여제도에 납부할 기여금은 200,000원이며, 20x1년 10월 1일 60,000원을 납부하였다. 미납금액의 납부기일은 20x2년 3월 31일이다. 20x1년말 해야 할 퇴직급여 회계처리로 올바른 것은?

① (차) 퇴직급여　140,000　(대) 퇴직급여부채　140,000
② (차) 퇴직급여　140,000　(대) 미지급비용　140,000
③ (차) 퇴직급여　200,000　(대) 퇴직급여부채　200,000
④ (차) 퇴직급여　200,000　(대) 미지급비용　200,000

📍 **내비게이션**

• 확정기여제도에서는 납부해야 할 기여금에 미달납부한 경우 미달납부액을 미지급비용(부채)으로 처리한다.

제1편
[단기속성특강] 재무회계

제2편
[단기속성특강] 세무회계

제3편
[단기속성특강] 원가관리회계

합본부록1
신유형기출문제

합본부록2
10개년기출오담노트

| 단기속성특강 제74강 | 확정급여제도 회계처리 |

	확정급여채무	•근무용역제공으로 발생한 채무를 결제시 필요한 미래지급액으로 현재가치로 측정 ▶ 퇴직시점의 퇴직급여는 보험수리적 평가방법을 적용하여 추정함.
	당기근무원가	•당기에 종업원이 근무용역을 제공하여 발생한 확정급여채무 현재가치의 증가액으로 당해 연도에 귀속되는 급여의 현재가치를 말함. ▶ 확정급여채무와 당기근무원가는 '예측단위적립방식'을 사용하여 측정함.

🔍 사례 ■ **확정급여채무 회계처리(예측단위적립방식)**

❂ 20x1년 3년간 근무하고 퇴사할(20x3년말에 퇴직할 경우) 종업원의 퇴직시 퇴직금이 ₩300(보험수리적평가방법
추정액)으로 예상된다. 할인율은 10%로 가정한다.(단, 20x1년초에 입사함)

✍ 풀이

1. 현재가치를 무시한 연도별 당기근무원가 계산
   - 배분액 : 300÷3년=100 → 20x1년 100, 20x2년 100, 20x3년 100
2. 당기근무원가와 확정급여채무의 현재가치 계산

	20x1년	20x2년	20x3년
당기근무원가	$100÷1.1^2$=83	100÷1.1=91	100
이자원가	-	83x10%≒8	(83+8)x10%+91x10%≒18
추가인식할 확정급여채무	83	99	118

3. 회계처리

20x1년	(차)	퇴직급여(근무원가)	83	(대)	확정급여채무	83
20x2년	(차)	퇴직급여(이자원가)	8	(대)	확정급여채무	99
		퇴직급여(근무원가)	91			
20x3년	(차)	퇴직급여(이자원가)	18	(대)	확정급여채무	118
		퇴직급여(근무원가)	100			
	(차)	확정급여채무	300	(대)	현금	300

*퇴직급여=당기근무원가+이자원가
*이자원가는 '기초확정급여채무x10%'로 계산할수도 있음.(예 20x3년 이자원가=(83+99)x10%≒18)
 (이자원가는 이하 사외적립자산 이자수익과 상계한 이후의 순이자를 당기손익으로 인식함.)

확정급여채무

사외적립 자산	❖기금(보험회사)이 보유하고 있는 자산을 말하며, 보고기간말에 공정가치로 측정하고 재무상태표에 확정급여채무에 서 차감하여 표시함.				
	기여금 적립시	(차) 사외적립자산	xxx	(대) 현금	xxx
	이자수익(수익발생)	(차) 사외적립자산	xxx	(대) 퇴직급여(이자수익)	xxx
	퇴직시(퇴직급여지급)	(차) 확정급여채무	xxx	(대) 사외적립자산	xxx

재무제표 표시	재무상태표	•확정급여채무(현가)에서 사외적립자산(공정가치)을 차감금액을 순확정급여부채로 표시 ■ 순확정급여부채 = 확정급여채무 − 사외적립자산
	포괄손익계산서	•포괄손익계산서에는 다음의 금액을 퇴직급여로 계상함. ■ 퇴직급여 = 당기근무원가 + (확정급여채무 이자원가 − 사외적립자산의 수익)

기타사항	재측정요소	•확정급여채무나 사외적립자산의 예상치 못한 변동을 말하며 기타포괄손익 인식함.
	과거근무원가	•과거근무용역에 대한 확정급여채무 현가의 변동액을 말하며, 당기손익 인식함. ▶ (차) 퇴직급여 xxx (대) 확정급여채무 xxx
	정산손익	•정산(예 확정급여채무를 보험회사에 이전)손익은 당기손익 인식함.

FINAL 객관식뽀개기 / 기출&적중문제

1. 다음 중 종업원급여의 회계처리에 대한 설명으로 가장 올바른 것은?

> 김부장 : 확정기여제도를 도입한 기업은 기여금의 운용결과에 대한 납부의무가 있다.
> 이차장 : 보고기간말 현재 근로기준법에 따라 전임 직원에게 지급할 급여를 계산하여 퇴직급여충당부채를 계상하였다.
> 박과장 : 확정급여채무의 현재가치를 계산할 때 종업원 이직률, 임금상승률, 할인율 등의 가정은 상황변화에 관계없이 동일한 값을 적용하였다.
> 정사원 : 확정급여제도를 도입하고. 보험수리적기법을 통해 확정급여의 현재가치를 결정하였다.

① 김부장   ② 이차장
③ 박과장   ④ 정사원

🔍 **내비게이션**

• 확정기여제도에서의 기업의 부담은 출연금액에 한정된다.
• 예상 미래지급액의 현재가치로 부채를 계상한다.
• 보험수리적 가정은 상황변화에 따라 상이한 값을 적용한다.

2. 다음 중 종업원급여(퇴직급여)의 회계처리에 관한 설명으로 가장 옳은 것은?

> 정부장 : 확정급여제도를 도입한 기업은 기여금의 운용결과에 대한 납부의무가 없다.
> 박차장 : 확정급여제도는 기업이 기여금을 불입함으로써 퇴직급여와 관련된 모든 의무가 종료된다.
> 김과장 : 사외적립자산을 보고기간말에 공정가치로 측정하고 재무상태에 확정급여채무에 가산하여 표시하였다
> 이사원 : 확정급여제도를 도입하고, 확정급여채무와 사외적립자산의 재측정요소는 기타포괄손익으로 인식하였다.

① 정부장   ② 박차장
③ 김과장   ④ 이사원

🔍 **내비게이션**

• 확정급여제도에서의 기업의 부담은 변동적이다.
• 기여금 불입으로 모든 의무가 종료되는 것은 확정기여제도이다.
• 사외적립자산은 확정급여채무에서 차감하여 표시한다.

3. 확정급여제도를 도입한 (주)A의 당기말 관련 결산자료이다. ㈜A의 보고기간 종료일 현재 재무상태표에 표시될 확정급여부채의 금액은 얼마인가?

> ㄱ. 확정급여채무의 현재가치 800,000원
> ㄴ. 사외적립자산의 공정가치 100,000원

① 100,000원   ② 700,000원
③ 800,000원   ④ 900,000원

🔍 **내비게이션**

• 800,000-100,000=700,000

4. ㈜상일은 확정급여형 퇴직급여제도를 시행하고 있다. 20x1년말 사외적립자산의 공정가치는 얼마인가?

> ㄱ. 20x1년초 사외적립자산 공정가치 : 2,000,000원
> ㄴ. 당기근무원가 : 800,000원
> ㄷ. 사외적립자산의 기대수익 : 200,000원
> ㄹ. 사외적립자산의 실제수익 : 150,000원

① 2,050,000원   ② 2,150,000원
③ 2,200,000원   ④ 3,000,000원

🔍 **내비게이션**

• 2,000,000+200,000+(150,000-200,000)=2,150,000
  →(차) 사외적립자산 200,000 (대) 퇴직급여 200,000
   (차) 재측정손실 50,000 (대) 사외적립자산 50,000
*구체적인 전체 회계처리는 '보론' 참조!

보론	확정급여제도 회계처리 순서			
① 과거근무원가(증가시)				
(차) 퇴직급여	xxx	(대)	확정급여채무	xxx
② 퇴직급여 지급				
(차) 확정급여채무	xxx	(대)	사외적립자산	xxx
③ 사외적립자산 적립				
(차) 사외적립자산	xxx	(대)	현금	xxx
④ 확정급여채무 이자원가				
(차) 퇴직급여	xxx	(대)	확정급여채무	xxx
⑤ 확정급여채무 당기근무원가				
(차) 퇴직급여	xxx	(대)	확정급여채무	xxx
⑥ 확정급여채무 재측정요소(보험수리적손익)				
(차) 재측정손실	xxx	(대)	확정급여채무	xxx
⑦ 사외적립자산 기대수익(이자수익)				
(차) 사외적립자산	xxx	(대)	퇴직급여	xxx
⑧ 사외적립자산 재측정요소(실제수익-기대수익)				
(차) 사외적립자산	xxx	(대)	재측정이익	xxx

제1편 [단기속성특강] 재무회계

제2편 [단기속성특강] 세무회계

제3편 [단기속성특강] 일일이론따라하기

합본부록1 신유형기출문제

합본부록2 10개년/기출오답노트

단기속성특강 제75강　　주식결제형 주식기준보상

보상원가 측정 (종업원)	적용순서	보상원가	측정기준일	비고
	〈1순위〉	•제공받는 재화·용역 공정가치	일반적으로 측정불가	
	〈2순위〉	•부여한 지분상품 공정가치	부여일	재측정하지 않음.
	〈3순위〉	•부여한 지분상품 내재가치(=주가-행사가격)	제공받는날	재측정(기말 & 가득기간이후)

참고 거래상대방이 종업원이 아닌 경우는 모두 제공받는날을 기준으로 위 순위대로 측정함.

보상원가 인식	즉시가득	•지분상품 부여일에 전부 보상원가를 인식
	용역제공조건	•보상원가를 가득조건에 따라 가득기간(용역제공기간)에 배분하여 인식

회계처리	보고기간말	•재측정없이 부여일 공정가치로 측정하고 기대권리소멸률을 반영한 보상원가를 용역제공비율(=당기말까지 기간÷용역제공기간)에 따라 가득기간에 걸쳐 인식

	(차) 주식보상비용(당기비용)	xxx	(대) 주식선택권(자본)	xxx

	가득일이후	•회계처리 없음.

	권리행사시	(차) 현금(행사가격) xxx (대) 자본금(액면)[1] xxx 　　　주식선택권 xxx 　　주식발행초과금(대차차액)[2] xxx ▶ 자기주식교부시는 [1]은 자기주식, [2]는 자기주식처분이익으로 처리함.

	권리소멸시	•인식한 보상원가는 환입하지 않으며, 주식선택권은 다른 자본계정으로 계정대체가능. (차) 주식선택권 xxx (대) 소멸이익(자본) xxx

보론 연평균 기대권리소멸률($x\%$)이 주어지는 경우 : 가득될 수량 = 부여한 수량 $\times (1-x\%)^n$

 사례 ■ 용역제공조건이 부과된 주식결제형 회계처리

❂ 20x1년초 종업원 500명에게 각각 주식선택권 100개를 부여하고 3년의 용역제공조건을 부과. 부여일 현재 주식선택권의 단위당 공정가치는 ₩15으로 추정. 행사가격은 주당 ₩120(액면금액은 주당 ₩100). 이하 20x3년의 경우는 실제퇴사비율이다. 20x4년까지 권리행사가 이루어지지 않았다.
❂ 잔여인원(퇴사추정비율) : 20x1년말 – 480명(15%) / 20x2년말 – 458명(12%) / 20x3년말 – 443명(11.4%)

✎풀이

1. 20x1년부터 20x4년까지 회계처리

20x1년초	- 회계처리 없음 -				-
20x1년말	(차) 주식보상비용	212,500	(대) 주식선택권	212,500	•(100개x500x85%)x15x1/3 =212,500
20x2년말	(차) 주식보상비용	227,500	(대) 주식선택권	227,500	•(100개x500x88%)x15x2/3-212,500 =227,500
20x3년말	(차) 주식보상비용	224,500	(대) 주식선택권	224,500	•100개x443x15-(212,500+227,500) =224,500
20x4년말	- 회계처리 없음 -				

2. If, 권리행사(20,000개) 또는 권리소멸(20,000개)시 회계처리(단, 자기주식 장부가 ₩2,200,000)

[CASE I] 신주교부	(차) 현금	2,400,000	(대) 자본금	2,000,000	•20,000개x120=2,400,000 •20,000개 x100=2,000,000 •20,000개 x15=300,000
	주식선택권	300,000	주발초	700,000	
[CASE II] 자기주식	(차) 현금	2,400,000	(대) 자기주식	2,200,000	-
	주식선택권	300,000	자기주식처분이익	500,000	
[CASE III] 권리소멸	(차) 주식선택권	300,000	(대) 소멸이익	300,000	•20,000개x x 15=300,000 •적절한 계정과목으로 계정대체함.
			(자본항목)		

FINAL 객관식뽀개기 | 기출 & 적중문제

1. (주)A는 20x1년초 종업원 500명에게 각각 주식선택권 100개를 부여하고 3년의 용역제공조건을 부과하였다. 부여일 현재 주식선택권의 단위당 공정가치는 15원으로 추정되었으며, 종업원 중 20%가 3년 이내에 퇴사하여 주식선택권을 상실할 것으로 추정하였다. 종업원에게 부여한 주식선택권의 행사가격은 주당 120원(액면금액은 주당 100원)이다. 20x4년초에 종업원 중 200명이 가득된 주식선택권을 행사하였다. 다음의 자료를 토대로 20x3년의 주식보상비용과 20x4년 주식선택권 행사시 인식할 주식발행초과금을 각각 구하면 얼마인가?

구분	20x1년말	20x2년말	20x3년말
실제퇴사인원	20명	22명	15명
잔여인원	480명	458명	443명(가득)
가득기간이내 퇴사추정비율	15%로 변경	12%로 변경	–

	20x3년 주식보상비용	20x4년 주식발행초과금
①	224,500원	700,000원
②	224,500원	300,000원
③	227,500원	256,660원
④	227,500원	832,550원

📍 내비게이션

x1년 초	– 회계처리 없음–
x1년 말	(차) 주식보상비용 212,500[1) (대) 주 식 선 택 권 212,500
x2년 말	(차) 주식보상비용 227,500[2) (대) 주 식 선 택 권 227,500
x3년 말	(차) 주식보상비용 224,500[3) (대) 주 식 선 택 권 224,500
x4년 초	(차) 현금 2,400,000[4) (대) 자본금 2,000,000[5) 주식선택권 300,000[6) 주발초 700,000[7)

[1)](500명 × 100개 × 85%) × 15 × $\frac{1}{3}$ = 212,500

[2)](500명 × 100개 × 88%) × 15 × $\frac{2}{3}$ - 212,500 = 227,500

[3)](443명 × 100개) × 15 - (212,500+227,500) = 224,500

[4)](200명 × 100개) × 120 = 2,400,000

[5)](200명 × 100개) × 100 = 2,000,000

[6)](212,500 + 227,500 + 224,500) × $\frac{200명}{443명}$ = 300,000

[7)]대차차액

2. (주)A는 20x1년 1월 1일에 종업원 500명에게 각각 주식결제형 주식선택권 100개를 부여하고 3년의 용역제공 조건을 부과하였다. 부여일 현재 주식선택권의 단위당 공정가치는 150원으로 추정하였다.

ㄱ. 기본조건 : 20x3년 12월 31일까지 의무적으로 근무할 것
ㄴ. 행사가격 : 600원
ㄷ. 권리부여일 주식가격 : 500원(액면금액 500원)
ㄹ. 추정권리상실비율 : 20%
ㅁ. 매기말 추정한 주가차액보상권의 공정가치는 다음과 같다.
  - 20x1년 12월 31일 : 150원
  - 20x2년 12월 31일 : 180원
  - 20x3년 12월 31일 : 200원
  - 20x4년 01월 01일 : 200원

추정권리상실비율과 실제권리상실비율이 서로 일치하고 20x4년 1월 1일에 모두 행사된 경우 20x1년부터 20x4년까지의 주식보상비용으로 올바르지 않은 것은?(단, 주식선택권의 보상비용과 관련된 법인세효과는 고려하지 않는 것으로 가정한다.)

① 20x1년 : 2,000,000원
② 20x2년 : 2,400,000원
③ 20x3년 : 2,000,000원
④ 20x4년 : 0원

📍 내비게이션

•행사가능주식수 : 500명x100개x80%=40,000주
•주식결제형의 주식보상비용은 재측정없이 부여일의 공정가치로 측정하며, 권리상실비율의 변동이 없으므로 20x1년말, 20x2년말, 20x3년말 동일한 금액의 주식보상비용이 인식된다.
•20x1년말년, 20x2년말, 20x3년말 주식보상비용
  40,000주x150x$\frac{1}{3}$=2,000,000
•20x4년초(행사) 회계처리

(차) 현금 24,000,000[1) (대) 자본금 20,000,000[2) 주식선택권 6,000,000 주식발행초과금 10,000,000

[1)]40,000주x600=24,000,000
[2)]40,000주x500=20,000,000

단기속성특강 제76강 　　　현금결제형 주식기준보상

보상원가 측정	보상원가	•주가차액보상권의 공정가치로 측정
	측정	•매 보고기간말 공정가치를 재측정하고, 공정가치의 변동액은 당기손익으로 인식

회계처리	보고기간말	•주가차액보상권은 보고기간말 공정가치로 재측정하고 기대권리소멸률을 반영한 보상원가를 용역제공비율에 따라 가득기간에 걸쳐 인식

		(차) 주식보상비용(당기비용)	xxx	(대) 장기미지급비용(부채)	xxx

	가득일이후	•가득일 이후에도 매 보고기간말의 공정가치를 기준으로 보상원가를 재측정하고 보상원가의 재측정으로 변동한 금액은 주식보상비용과 장기미지급비용으로 처리

	권리행사시	•우선 공정가치 변동분을 당기손익으로 인식한 후, 상계할 장기미지급비용의 장부금액과 현금결제액(=내재가치=주가−행사가격)의 차액을 주식보상비용으로 인식

	(차) 주식보상비용	xxx	(대) 장기미지급비용	xxx
	(차) 장기미지급비용	xxx	(대) 현금(내재가치)	xxx
	주식보상비용	xxx		

참고 권리행사기간 종료시 장기미지급비용을 환입하여 당기손익으로 인식함.

▣ 사례 ■ 용역제공조건이 부과된 현금결제형 회계처리

✪ 20x1년초 주가가 행사가격인 ₩100을 초과하는 경우 차액을 현금으로 지급하는 현금결제형 주가차액보상권 100개를 종업원 100명에게 각각 부여하고 2년의 용역제공조건을 부과하였다. 보고기간말 기대권리소멸률(단, 가득기간 종료시점은 실제권리소멸률임.)은 다음과 같으며, 20x4년말 가득조건을 충족시킨 종업원 89명 중 50명이 권리를 행사하였다.

20x1년 말	20x2년말
10%	11%

한편 각 보고기간말에 추정한 주가차액보상권의 공정가치와 주가는 다음과 같다.

구분	주가 (주식의 공정가치)	옵션공정가치 (주가차액보상권 공정가치)	옵션내재가치 (주가 − 행사가격)
20x1년말	₩150	₩80	₩50
20x2년말	₩180	₩100	₩80
20x3년말	₩160	₩90	₩60
20x4년말	₩200	₩130	₩100

✐ 풀이

•회계처리

20x1년초		- 회계처리 없음 -			
20x1년말	(차) 주식보상비용	360,000[1]	(대) 장기미지급비용	360,000
20x2년말	(차) 주식보상비용	530,000[2]	(대) 장기미지급비용	530,000
20x3년말	(차) 장기미지급비용	89,000	(대) 주식보상비용환입	89,000[3]
20x4년말	(차) 주식보상비용	356,000[4]	(대) 장기미지급비용	356,000
	(차) 장기미지급비용	650,000[5]	(대) 현금	500,000[6]
			주식보상비용	150,000

[1] 100개×90명×80×1/2 = 360,000　　　[2] 100개×89명×100 − 360,000 = 530,000
[3] 100개×89명×90 − (360,000+530,000) = △89,000　　[4] 100개×89명×130−100개×89명×90=356,000
[5] 100개×50명×130=650,000　　　[6] 100개×50명×100=500,000

FINAL 객관식뽀개기

기출 & 적중문제

1. 다음 중 현금결제형 주식기준보상거래에 대한 설명으로 가장 일치하지 않는 것은?

① 제공받는 재화나 용역과 그대가로 부담하는 부채를 부채의 공정가치로 측정한다.

② 기업이 재화나 용역을 제공받는 대가로 자신의 지분상품을 부여하는 거래이다.

③ 부채가 결제될 때까지 보고기간 말과 결제할 때 부채의 공정가치를 재측정한다.

④ 공정가치의 변동액은 당기손익으로 처리한다.

◉ 내비게이션

•기업이 재화나 용역을 제공받는 대가로 자신의 지분상품을 부여하는 것은 주식결제형 주식기준보상거래이다.

2. ㈜A는 20x1년 1월 1일에 기술이사인 나기술씨에게 다음과 같은 조건의 현금결제형 주가차액보상권 50,000개를 부여하였다. 이 경우 20x1년 포괄손익계산서에 계상할 당기보상비용은 얼마인가(단, 나기술씨는 20x5년 12월 31일 이전에 퇴사하지 않을 것으로 예상된다)?

ㄱ. 기본조건 : 20x5년 12월 31일까지 의무적으로 근무할 것
ㄴ. 행사가능기간 : 20x6.1.1 ~ 20x7.12.31
ㄷ. 20x1년말 추정한 주가차액보상권의 공정가치
　: 230,000원/개

① 23억원 　　　　　　② 33억원
③ 55억원 　　　　　　④ 69억원

◉ 내비게이션

•주식보상비용 : $50,000개 \times 230,000 \times \frac{1}{5} = 2,300,000,000$

3. ㈜A는 20x1년 1월 1일에 종업원에게 다음과 같은 조건의 현금결제형 주가차액보상권 30,000개를 부여하였다. 이 경우 20x1년 포괄손익계산서에 계상할 당기보상비용은 얼마인가(단, 종업원은 20x3년 12월 31일 이전에 퇴사하지 않을 것으로 예상된다)?

ㄱ. 기본조건 : 20x3년 12월 31일까지 의무적으로 근무할 것
ㄴ. 행사가능기간 : 20x4.1.1 ~ 20x5.12.31
ㄷ. 20x1년말 추정한 주가차액보상권의 공정가치
　: 250,000원/개
ㄹ. 추정권리상실비율 : 10%

① 22.5억원 　　　　　② 25억원
③ 67.5억원 　　　　　④ 75억원

◉ 내비게이션

•주식보상비용 : $(30,000개 \times 90\%) \times 250,000 \times \frac{1}{3} = 2,250,000,000$

단기속성특강 제77강 / 이연법인세

계산구조	저자주 수험생 스스로 법인세법의 세무조정 논리에 대한 기초를 먼저 선행학습후 접근하시기 바랍니다!	
	의의	•법인세부담액을 손익계산서상 법인세비용으로 계상하게 되면 회계이익과 무관한 금액이 계상되므로, 수익·비용의 올바른 대응을 위해 법인세부담액을 배분함. •이연법인세자산(=차감할일시적차이) : 회계이익 〈 과세소득 ▶ 유보(익금산입)존재 → 반대조정으로 미래에 세금 덜냄. → ∴자산성있음. •이연법인세부채(=가산할일시적차이) : 회계이익 〉과세소득 ▶ △유보(손금산입)존재 → 반대조정으로 미래에 세금 더냄. → ∴부채성있음.
	대상	① 일시적차이 ② 미사용 세무상결손금의 이월액 ③ 미사용 세액공제의 이월액
	공시방법	•이연법인세자산(부채)는 비유동으로만 표시하고 소정 요건을 충족하는 경우 상계하여 표시 •현재가치평가를 하지 않음.
	계산절차	**[1단계]** 미지급법인세＝과세소득×당기세율 ▶ (세전순이익±영구적차이±일시적차이)×당기세율 **[2단계]** 이연법인세자산(부채)＝유보(△유보)×미래예상세율(평균세율) **[3단계]** 법인세비용＝대차차액에 의해 계산 ♀주의 이연법인세자산(부채)은 당기세율이 아니라 소멸시점의 미래예상세율을 적용함.
	♀주의 차감할일시적차이는 미래 과세소득의 발생가능성이 높은 경우에만 이연법인세자산을 인식함. 예 당기 유보 500, △유보 100, 소멸연도 예상과세소득이 300인 경우(즉, 추정과세소득은 400) →'유보400x세율'에 대한 이연법인세자산, '△유보100x세율'에 대한 이연법인세부채를 인식 보론 ① 선급법인세, 미수법인세환급액등 ▶ '당기법인세자산' ② 미지급법인세등 ▶ '당기법인세부채' 참고 기준서는 평균유효세율(법인세비용÷회계이익)을 공시하도록 규정하고 있음.	

계산방법	**자산부채법** •이연법인세자산(부채)을 먼저 계산 후 법인세비용계산 ▶ ∴자산·부채 적정계상유리

 사례 ■ 이연법인세자산 · 부채계산

✿ 20x1년 설립. 20x1년 법인세계산서식 발췌 자료는 다음과 같다.

유보1 : ₩500,000	•20x2~20x5 매년 ₩125,000씩 소멸로 추정
유보2 : ₩100,000	•20x2 전액소멸로 추정
△유보3 : (₩800,000)	•20x2, 20x3, ₩150,000씩, 20x4, 20x5 ₩250,000씩 소멸로 추정

[요구사항] 1. 세율이 30%로 일정시 20x1년 회계처리?
2. 20x2년 △유보4 ₩400,000이 발생했으며(20x3, 20x4에 ₩200,000씩 소멸), 세율이 20x3부터 25%로 변동시 20x2년 회계처리?

✍풀이

20x1년		20x2년	
이연법인세자산 유보1 : 500,000x30%		이연법인세자산 유보1 : (500,000-125,000)x25%	
유보2 : 100,000x30%		유보2 : -	
이연법인세부채 △유보3 : 800,000x30%		이연법인세부채 △유보3 : (800,000-150,000)x25%	
이연법인세부채 60,000		△유보4 : 400,000x25%	
		이연법인세부채 168,750	
(차) 법인세비용 xxx (대) 미지급법인세 xxx 이연법인세부채 60,000		(차) 법인세비용 xxx (대) 미지급법인세 xxx 이연법인세부채 108,750	

♀주의 if, 위 20x2년 계산결과가 이연법인세부채 168,750이 아니라, 이연법인세자산 70,000일때
→ (차) 법인세비용 xxx (대) 미지급법인세 xxx
이연법인세부채 60,000
이연법인세자산 70,000

FINAL 객관식뽀개기

기출 & 적중문제

1. 다음 중 K-IFRS에 의한 법인세회계에 대한 설명으로 옳지 않은 것은?

① 이연법인세자산은 유동자산과 비유동자산으로 구분된다.
② 이연법인세부채는 비유동부채로만 계상한다.
③ 차감할 일시적차이에 대응할 수 있는 미래 과세소득의 발생 가능성이 높은 경우에 이연법인세자산을 인식한다.
④ 이연법인세자산·부채를 측정할 때 미래예상세율(평균세율)을 적용하여 측정한다.

◉ **내비게이션**

• 이연법인세자산(부채)는 비유동자산(부채)로만 표시함.

2. 20x2년 포괄손익계산서에 계상될 ㈜A의 법인세비용은 얼마인가?

ㄱ. 20x2년 당기법인세(법인세법상 당기에 납부할 법인세) : 2,500,000원
ㄴ. 20x1년 말 이연법인세자산 잔액 : 600,000원
ㄷ. 20x2년 말 이연법인세부채 잔액 : 450,000원

① 2,500,000원
② 2,950,000원
③ 3,100,000원
④ 3,550,000원

◉ **내비게이션**

• (차) 법인세비용 3,550,000 (대) 당기법인세(미지급법인세) 2,500,000
　　　　　　　　　　　　　　　　　　이연법인세자산 600,000
　　　　　　　　　　　　　　　　　　이연법인세부채 450,000

3. ㈜A의 과세소득과 관련된 다음 자료를 이용하여 20x2년말 재무상태표상의 이연법인세자산(부채) 금액을 구하면 얼마인가?

법인세비용차감전순이익	4,000,000원
가산(차감)조정	
일시적차이가 아닌 차이	600,000원
일시적차이	900,000원
과세표준	5,500,000원(세율 : 25%)

〈 추가자료 〉
ㄱ. 일시적차이가 사용될 수 있는 미래과세소득의 발생가능성은 높다고 가정한다.
ㄴ. 일시적차이는 20x3, 20x4, 20x5년에 걸쳐 300,000원씩 소멸하며, 일시적차이가 소멸될 것으로 예상되는 기간의 과세소득에 적용될 것으로 기대되는 평균세율은 30%로 동일하다.
ㄷ. 20x1년말 재무상태표상 이연법인세자산(부채)는 없다.

① 이연법인세부채 225,000원
② 이연법인세자산 270,000원
③ 이연법인세부채 325,000원
④ 이연법인세자산 370,000원

◉ **내비게이션**

• 이연법인세자산(유보) : 900,000×30%=270,000

4. ㈜A의 다음 자료에 의해 20×2년 포괄손익계산서에 계상될 법인세비용을 계산하면 얼마인가?

법인세비용차감전순이익	900,000원
세무조정	
기업업무추진비한도초과액	135,000원
감가상각비한도초과액	60,000원
전기유보금액의 소멸액	(15,000원)
미수이자	(75,000원)
과세표준	1,005,000원(세율 : 30%)

〈 추가자료 〉
ㄱ. 20x1년말 현재 일시적차이는 퇴직급여충당부채한도초과액 15,000원이었으며, 당기 중 모두 소멸되었다.
ㄴ. 감가상각비한도초과액은 20x3, 20x4년에 걸쳐 30,000원씩 소멸하며, 미수이자는 20x3년에 모두 소멸하고, 일시적차이가 소멸될 것으로 예상되는 기간의 과세소득에 적용될 것으로 기대되는 평균세율은 20x3년 35%, 20x4년 이후는 40%로 변경된다.
ㄷ. 일시적차이가 사용될 수 있는 미래과세소득의 발생가능성은 높다고 가정한다.

① 309,750원
② 422,300원
③ 463,200원
④ 511,500원

◉ **내비게이션**

• 이연법인세자산(유보) : 30,000×35%+30,000×40%=22,500
　이연법인세부채(△ 유보) : 75,000×35%=26,250
　→ ∴이연법인세부채 3,750
• (차) 법인세비용 309,750 (대) 미지급법인세 1,005,000×30%=301,500
　　　　　　　　　　　　　　　　이연법인세자산 15,000×30%=4,500
　　　　　　　　　　　　　　　　이연법인세부채 3,750

단기속성특강 제78강 | 회계정책의 변경

의의	회계변경	•기업이 적용해 오던 회계정책이나 회계추정을 다른 회계정책이나 회계추정으로 변경
	회계정책의 변경	•K-IFRS에서 인정하는 회계정책에서 K-IFRS에서 인정하는 또 다른 회계정책으로 변경 **비교** K-IFRS(X) → K-IFRS(O) : 오류수정

사례	① 재고자산 원가흐름의 가정 변경 ▶ 예 선입선출법에서 가중평균법으로 변경 ② 유형자산과 무형자산의 측정기준 변경 ▶ 예 원가모형에서 재평가모형으로 변경 ③ 투자부동산의 측정기준 변경 ▶ 예 원가모형에서 공정가치모형으로 변경

변경가능 사유	① 한국채택국제회계기준에서 회계정책의 변경을 요구하는 경우 ② 회계정책의 변경을 반영한 재무제표가 신뢰성 있고 더 목적적합한 정보를 제공하는 경우

적용제외	❖다음의 경우는 회계정책의 변경에 해당하지 아니하므로 언제나 허용됨.
	① 과거에 발생한 거래와 실질이 다른 거래등에 대하여 다른 회계정책을 적용하는 경우 ② 과거에 발생하지 않았거나 발생하였어도 중요하지 않았던 거래등에 대하여 새로운 회계정책을 적용하는 경우 ▶ 예 품질보증비용을 비용처리하다가, 중요성이 증대됨에 따라 충당부채를 인식

처리방법	❖[원칙]	
	소급적용	•새로운 회계정책을 처음부터 적용한 것처럼 거래등에 적용하는 것 ▶즉, 새로운 회계처리방법을 적용하여 누적효과를 계산하고 이를 이익잉여금에 가감한 후 전기의 재무제표를 재작성하는 방법
	재무제표 표시	•비교표시되는 가장 이른 과거기간의 영향받는 자본의 각 구성요소의 기초 금액과 비교 공시되는 각 과거기간의 기타 대응금액을 새로운 회계정책이 처음부터 적용된 것처럼 조정
	❖[회계변경의 영향을 실무적으로 결정할수 없는 경우]	
	특정기간에만 결정할 수 없는 경우	•실무적으로 소급적용할 수 있는 가장 이른 회계기간에 새로운 회계정책을 적용하고 자 본 구성요소의 기초금액을 조정
	과거전체에 대해 결정할 수 없는 경우	•실무적으로 적용할 수 있는 가장 이른 날부터 새로운 회계정책을 전진적용하여 비교정 보를 재작성

🔍 **사례** ■ **회계정책의 변경 회계처리**

❖ 20x1년 초 투자부동산으로 분류되는 건물을 ₩200,000에 취득하여 원가모형을 적용하였다.(내용연수 10년, 잔존가치 ₩0, 정액법) 20x2년 초에 원가모형에서 공정가치모형으로 변경하였다. 건물의 20x1년말 공정가치는 ₩240,000이다. 20x2년 초에 행할 회계처리는?

✏️ 풀이

회사의 처리	(차) 투자부동산	200,000	(대) 현금	200,000
	감가상각비	20,000	감가상각누계액	20,000
소급적용 처리	(차) 투자부동산	200,000	(대) 현금	200,000
	투자부동산	40,000	투자부동산평가이익	40,000

→∴20x2년 초 회계처리

(차) 감가상각누계액 20,000 (대) 이익잉여금 60,000
    투자부동산   40,000

FINAL 객관식뽀개기 | 기출 & 적중문제

제1편
[단기속성특강] 재무회계

제2편
[단기속성특강] 원가관리회계

제3편
[단기속성특강] 신유형기출문제

합본부록1
신유형기출문제

합본부록2
10개년/기출오답노트

1. 다음 중 회계변경에 관한 내용으로 옳지 않은 것은?

① 회계정책의 변경을 반영한 재무제표가 거래, 기타 사건 또는 상황이 재무상태, 재무성과 또는 현금흐름에 미치는 영향에 대하여 신뢰성 있고 더 목적적합한 정보를 제공하는 경우에는 회계정책을 변경할 수 있다.

② 회계정책변경으로 인한 누적효과를 합리적으로 결정하기 어려운 경우에 실무적으로 소급적용이 가능한 가장 이른 회계기간에 반영한다.

③ 유형자산을 원가모형에서 재평가모형으로 변경하는 경우는 회계추정의 변경에 해당한다.

④ 외상매출의 비중이 매우 낮아서 중요성의 판단에 따라 대손회계처리를 직접차감법으로 회계처리해 오던 기업이 외상매출의 비중이 중요해짐에 따라 대손회계처리를 충당금설정법으로 변경하는 경우는 회계변경으로 보지 않는다.

📍 **내비게이션**

• 유형자산을 원가모형에서 재평가모형으로 변경하는 경우는 회계정책의 변경에 해당한다.

2. 오류수정에 대한 다음 설명 중 가장 올바르지 않은 것은?

① 중요한 오류가 후속기간에 발견되는 경우, 이러한 전기오류는 해당 후속기간의 재무제표에 비교표시된 재무정보를 재작성하여 수정한다.

② 재고자산 단위원가 결정방법을 선입선출법에서 가중평균법으로 변경하는 것도 오류수정에 해당된다.

③ 고의나 과실로 재무상태표 계정과목을 잘못 분류하는 경우 오류수정이 필요하다.

④ 중요한 오류란 개별적으로나 집합적으로 재무제표에 기초한 경제적 의사결정에 영향을 미치는 오류이다.

📍 **내비게이션**

• 재고자산 단위원가 결정방법을 선입선출법에서 가중평균법으로 변경하는 것은 회계정책의 변경에 해당된다.

3. 다음 중 회계정책의 변경에 해당하지 않는 것은?

① 재고자산 원가흐름의 가정 변경
② 투자부동산의 측정기준 변경
③ 유형자산 잔존가치의 변경
④ 유형자산의 측정기준 변경

📍 **내비게이션**

• 유형자산 잔존가치의 변경은 회계추정의 변경이다.

4. 아래는 재무팀 신입사원이 유형자산과 관련하여 제출한 품의서입니다. 품의서의 내용 중 잘못된 부분을 모두 고르면?

문서번호	20x21231-002	승인	부장	사장
기안일자	20x2년-12-31	신청	담당	차장
기안자	정사원			
제목	기계장치 감가상각			

(1) 동 기계장치는 20x1년 1월 1일에 취득한 자산으로 내용연수 5년, 취득원가 1,000,000 입니다. 회사는 동 자산을 상각률 40%로 정률법으로 상각해 오고 있습니다.

(2) (ㄱ) 한국채택국제회계기준에서는 기업이 채택한 감가상각방법을 적어도 매년말에 적정성을 검토하도록 하고 있으며, 이에 따라 (ㄴ) 회계연도말에 동 기계장치의 감가상각방법을 검토한 결과 자산에 내재된 미래 경제적 효익이 예상되는 소비형태에 유의적인 변경이 있었고 이를 반영하기 위해 감가상각방법을 정액법으로 변경하고자 합니다.

(3) 동 자산의 감가상각방법 검토일 시점에 잔존가치로 추정되는 금액은 취득시점과 마찬가지로 '0원'이고 내용연수의 변동도 없습니다.

(4) (ㄷ) 한국채택국제회계기준에서는 동 감가상각방법의 변경을 회계정책의 변경과 회계추정의 변경 중 회사가 선택하여 적용할 수 있도록 하고 있습니다. (ㄹ) 회계정책의 변경은 회계변경의 누적효과를 이익잉여금에 가감하여 전기의 재무제표를 변경하여야 하고 회계추정의 변경은 회계변경으로 인한 누적효과를 반영하지 않고 당기와 미래기간에만 변경된 방법을 적용합니다.

(5) 동 변경건에 대하여 회계추정의 변경으로 회계처리 하고자 하며 (ㅁ) 회계추정의 변경으로 처리하는 경우 20x2년 감가상각비로 계상하는 금액은 220,000원입니다.

① (ㄱ), (ㄴ) ② (ㄴ), (ㄷ)
③ (ㄷ), (ㄹ) ④ (ㄷ), (ㅁ)

📍 **내비게이션**

• (ㄷ) : 감가상각방법의 변경은 회계추정의 변경으로만 처리한다.
• (ㄹ) : 20x2년 감가상각비 : (1,000,000-1,000,000×40%)÷4년=150,000

🔲 ANSWER 1. ③ 2. ② 3. ③ 4. ④

단기속성특강 제79강	회계추정의 변경

의의	회계추정	•기업환경의 불확실성하에서 미래의 재무적 결과를 사전적으로 예측하는 것
	회계추정의 변경	•기업환경의 변화, 새로운 정보의 획득 또는 경험의 축적에 따라 지금까지 사용해오던 회계적 추정치의 근거와 방법 등을 바꾸는 것

사례	❖회계추정의 변경이 필요할 수 있는 항목의 예는 다음과 같음.
	① 대손(손상차손), 재고자산 진부화, 금융자산이나 금융부채의 공정가치 ② 감가상각자산의 내용연수, 잔존가치 ③ 감가상각자산에 내재된 미래경제적효익의 기대소비행태(=감가상각방법) ④ 품질보증의무
	🔎주의 감가상각방법의 변경은 회계정책의 변경이 아니라, 회계추정의 변경임.

적용시 구분	측정기준 변경의 경우	•회계정책의 변경에 해당함.
	회계정책의 변경과 회계추정의 변경을 구분하기 어려운 경우	•회계추정의 변경으로 봄.

처리방법	❖회계추정의 변경효과는 다음의 회계기간의 당기손익에 포함하여 전진적으로 인식함.
	① 변경이 발생한 기간에만 영향을 미치는 경우에는 변경이 발생한 기간 ② 변경이 발생한 기간과 미래기간에 모두 영향을 미치는 경우에는 변경이 발생한 기간과 미래기간
	▶ 즉, 과거에 보고된 재무제표에 대해서는 어떠한 수정도 하지 않으며, 회계변경으로 인한 누적효과를 전혀 반영하지 않고 당기와 미래기간에만 변경된 회계처리방법을 적용함. ▶ 전기의 재무제표를 수정하지 않으므로 재무제표의 신뢰성이 제고되나 비교가능성은 저하됨.

🔍 **사례** ▬ **회계추정의 변경 회계처리**

✪ 20x1년 초 기계장치를 ₩1,000,000에 취득(내용연수 5년, 잔존가치 ₩100,000, 정액법 상각)
20x3년 초에 내용연수 5년을 6년, 잔존가치 ₩200,000, 연수합계법으로 변경함

✏️풀이 ......

Trick	전진법의 적용

[1단계] 변경된 시점의 장부금액 계산
[2단계] 새로운 추정치와 추정방법을 위 장부금액에 적용하여 감가상각비 계산

•[1단계] 20x3년초 장부금액 : $1,000,000-(1,000,000-100,000) \times \dfrac{2}{5} = 640,000$

•[2단계] 20x3년 감가상각비 : $(640,000-200,000) \times \dfrac{4}{1+2+3+4} = 176,000$

•20x3년 회계처리 : (차) 감가상각비 176,000 (대) 감가상각누계액 176,000
▶ 변경으로 인한 20x3년 세전이익 증감 : $(1,000,000-100,000) \div 5년-176,000=4,000$(세전이익 증가)

회계변경 요약	구분	원칙	예외
	회계정책의 변경	소급법	누적효과를 실무적으로 결정할 수 없는 경우 전진법
	회계추정의 변경	전진법	–

FINAL 객관식뽀개기   기출 & 적중문제

1. 다음 중 K-IFRS 하에서 회계추정의 변경 사항이 아닌 것은?

① 매출채권에 대한 대손상각률의 변경
② 유형자산의 감가상각방법의 변경
③ 유형자산 내용연수의 변경
④ 유형자산 평가모형을 원가모형에서 재평가모형으로 변경

◎ 내비게이션

• 원가모형에서 재평가모형으로 변경하는 것은 회계정책의 변경임.

2. 다음 중 회계추정의 변경에 해당하지 않는 것은?

① 대손추정의 변경
② 재고자산 원가흐름의 가정을 선입선출법에서 가중평균법으로 변경
③ 유형자산의 잔존가치의 변경
④ 유형자산의 내용연수의 변경

◎ 내비게이션

• 재고자산 원가흐름의 가정변경은 회계정책의 변경이다.

3. 다음 중 회계변경에 대한 설명으로 가장 올바르지 않은 것은?

① 계정책의 변경은 재무제표의 작성과 보고에 적용하던 회계정책을 다른 회계정책으로 바꾸는 것을 말한다.
② 재고자산의 진부화 여부에 대한 판단추정치를 변경하는 것은 회계정책의 변경에 해당한다.
③ 회계변경이 회계정책의 변경인지 회계추정의 변경인지 구분하는 것이 어려운 경우에는 이를 회계추정의 변경으로 본다.
④ 회계추정의 변경에 대하여 회계처리시 회사는 과거에 보고한 재무제표에 대하여 어떠한 수정도 하지 않는다.

◎ 내비게이션

• 재고자산의 진부화 여부에 대한 판단추정치를 변경하는 것은 회계추정의 변경에 해당한다.

4. 다음의 회계변경 및 오류수정에 관한 내용 중 가장 타당하지 않은 것은?

① 회계정책의 변경을 반영한 재무제표가 거래, 기타 사건 또는 상황이 재무상태, 재무성과 또는 현금흐름에 미치는 영향에 대하여 신뢰성 있고 더 목적적합한 정보를 제공하는 경우에는 회계정책을 변경한다.
② 과거에 발생하지 않았거나 발생하였어도 중요하지 않았던 거래, 기타사건 또는 상황에 대하여 새로운 회계정책을 적용하는 경우는 회계정책 변경에 해당하지 않는다.
③ 재고자산의 원가흐름의 가정을 선입선출법에서 총평균법으로 변경하는 것은 회계정책의 변경에 해당한다.
④ 회계변경이 회계정책의 변경인지 회계추정의 변경인지 구분하는 것이 어려운 경우에는 이를 회계정책의 변경으로 본다.

◎ 내비게이션

• 회계정책의 변경(X) → 회계추정의 변경(O)

5. 12월말 결산법인인 ㈜A은 20x1년 1월 1일에 기계장치를 200,000,000원에 취득하였다. (설치 및 시운전에 7,000,000원이 지출됨) 내용연수 10년, 잔존가치 20,000,000원으로 추정하여 연수합계법을 적용하여 감가상각을 해왔으나 20x3년초에 감가상각방법을 정액법으로 변경하였고, 잔존내용연수는 5년, 잔존가치는 없는 것으로 새롭게 추정하였다. 이 경우에 20x3년도의 기계장치에 대한 감가상각비와 20x3년말의 감가상각누계액은 얼마인가? 단, 법인세효과는 무시한다.

	20x3년도 감가상각비	20x3년말 감가상각누계액
①	18,700,000원	35,700,000원
②	30,180,000원	86,280,000원
③	28,480,000원	91,800,000원
④	28,480,000원	93,080,000원

◎ 내비게이션

• [1단계] 20x3년초 장부금액

$$207,000,000 - (207,000,000 - 20,000,000) \times \frac{10 + 9}{55} = 142,400,000$$

• [2단계] 20x3년 감가상각비
$(142,400,000 - 0) \div 5년 = 28,480,000$

• [3단계] 20x3년말 감가상각누계액

$$(207,000,000 - 20,000,000) \times \frac{10 + 9}{55} + 28,480,000 = 93,080,000$$

제1편
[단기속성특강] 재무회계

제2편
[단기속성특강] 세무회계

제3편
[단기속성특강] 원가관리회계

합본부록1
신유형기출문제

합본부록2
10개년기출오답노트

단기속성특강 제80강 오류수정 처리방법

의의	전기오류	•과거기간 동안에 재무제표를 작성할 때 신뢰할 만한 정보를 이용하지 못했거나 잘못 이용하여 발생한 재무제표에의 누락이나 왜곡표시를 말함.
	오류수정	•전기 또는 그 이전의 재무제표에서 발생한 오류를 당기에 발견하여 수정하는 것 ▶ 예 산술적 계산 오류, 회계정책의 적용오류, 사실의 간과, 해석의 오류 및 부정 등
처리방법	개요	•당기 중에 발견한 당기 잠재적 오류는 재무제표의 발행승인일 전에 수정함. ▶ 그러나, 중요한 오류를 후속기간에 발견하는 경우 이러한 전기오류는 해당 후속기간의 재무제표에 비교표시된 재무정보를 재작성하여 수정함. •전기오류의 수정은 오류가 발견된 기간의 당기손익으로 보고하지 않음.
	❖ [원칙]	
	소급적용	•중요한 전기오류가 발견된 이후 최초로 발행을 승인하는 재무제표에 다음의 방법으로 전기오류를 소급하여 수정함. ① 오류가 발생한 과거기간의 재무제표가 비교표시되는 경우에는 그 재무정보를 재작성함. ② 오류가 비교표시되는 가장 이른 과거기간 이전에 발생한 경우에는 비교표시되는 가장 이른 과거기간의 자산, 부채 및 자본의 기초금액을 재작성함.
	재무제표 표시	•소급재작성이란 전기오류가 처음부터 발생하지 않은 것처럼 재무제표 구성요소의 인식, 측정 및 공시를 수정하는 것을 말함.
	❖ [오류의 영향을 실무적으로 결정할 수 없는 경우]	
	특정기간에만 결정할 수 없는 경우	•실무적으로 소급 재작성할 수 있는 가장 이른 회계기간에의 자산, 부채 및 자본의 기초금액을 재작성함.
	과거전체에 대해 결정할 수 없는 경우	•실무적으로 적용할 수 있는 가장 이른 날부터 전진적으로 오류를 수정하여 비교정보를 재작성함.

 사례 ■ 수정 후 이익잉여금과 당기순이익 계산

❂ 20x3년에 아래의 중요한 오류가 발견되었으며 20x3년도 전기이월이익잉여금과 당기순이익은 각각 ₩90,000, ₩70,000이다. 오류를 수정한 후의 20x3년도 전기이월이익잉여금과 당기순이익은?
(1) 20x1년도, 20x2년도, 20x3년도에 감가상각비를 각각 ₩10,000씩 과소계상
(2) 20x3년 매출 ₩20,000을 20x2년 매출로 처리

✑ 풀이

수정 전	전기이월이익잉여금(90,000)	당기순이익(70,000)
x1년 감가상각비 과소→이익과대 10,000	(10,000)	–
x2년 감가상각비 과소→이익과대 10,000	(10,000)	–
x3년 감가상각비 과소→이익과대 10,000	–	(10,000)
x2년 매출 과대→이익과대 20,000	(20,000)	–
x3년 매출 과소→이익과소 20,000	–	20,000
수정 후	50,000	80,000

FINAL 객관식뽀개기   기출&적중문제

1. 다음 중 오류수정에 관한 설명으로 가장 옳은 것은?

① 중요한 오류가 발생한 과거기간의 재무제표가 비교표시되는 경우에도 그 재무정보를 재작성할 필요는 없다.

② 중요한 오류란 재무이용자의 의사결정에 영향을 미치는 오류를 말한다.

③ 전기오류의 수정은 반드시 오류가 발견된 기간의 당기손익으로 보고한다.

④ 재고자산 단위원가 결정방법을 선입선출법에서 가중평균법으로 변경하는 것은 오류수정에 해당된다.

◉ 내비게이션

• ① 재작성하여 수정한다.
③ 전기오류의 수정은 오류가 발견된 기간의 당기손익으로 보고하지 않는다.
④ 회계정책의 변경에 해당한다.

2. 도소매업을 영위하는 ㈜A의 외부감사인이 회계감사과정에서 다음과 같은 사실을 발견하였다. 동 발견사항에 대하여 수정할 경우 ㈜A의 수정후 당기순이익(손실)은 얼마인가(단, 법인세효과는 고려하지 않는다)?

(1) ㈜A가 제시한 20x1년 당기순이익 : 200,000,000원

(2) 외부감사인이 발견한 사항

매출관련사항

– ㈜A는 20x1년 12월 26일에 ㈜B에 판매를 위탁하기 위하여 상품을 발송하였고, ㈜B는 동 수탁상품을 20x2년 1월 3일에 제3자에게 판매함.

– ㈜A는 동 위탁매출에 대하여 상품을 발송한 시점인 20x1년 12월 26일에 매출(4억)과 이에 대응되는 매출원가를 인식함.

– ㈜A는 매출총이익률이 20%가 되도록 상품 판매가격을 결정하고 있음.

① 이익 120,000,000원   ② 이익 200,000,000원

③ 이익 345,000,000원   ④ 손실 350,000,000원

◉ 내비게이션

• 이익과대계상액 :
400,000,000-400,000,000×(1-20%)=80,000,000
• 수정후 당기순이익 : 200,000,000-80,000,000=120,000,000
*위탁판매는 수탁자의 판매시점인 20x2년의 수익으로 인식한다.

단기속성특강 제81강   자동조정적 오류수정

수정방법	오류발생연도에 발견시	•관련손익수정＋자산·부채항목수정
	다음연도 마감(＝이익잉여금대체 완료)전 발견시	•당기손익항목수정＋이익잉여금
	다음연도 마감후 발견시	•자동조정되므로 수정 불요

재고자산

분석방법
•전기 : 기말재고 과대 ▶ 매출원가 과소 ▶ 이익과대
•당기 : 기초재고 과대 ▶ 매출원가 과대 ▶ 이익과소

🔍 **사례** ■ **재고자산 오류수정**

⚙ 전기 기말재고가 ₩50,000 과대계상되었고, 당기 기말재고가 ₩30,000 과대계상됨.

✏ **풀이**

• 전기 마감전 발견시 : (차) 매출원가   50,000   (대) 상품   50,000
• 당기 마감전 발견시 : ① (차) 이익잉여금   50,000   (대) 매출원가   50,000
                   ② (차) 매출원가   30,000   (대) 상품   30,000
• 당기 마감후 발견시 : ①   － 회계처리없음(자동조정됨) －
                   ② (차) 이익잉여금   30,000   (대) 매출원가   30,000

매입·매출 (재고적정시)

분석방법
•전기 : 매입(매입채무) 과소 ▶ 매출원가 과소 ▶ 이익과대
•당기 : 매입(매입채무) 과대 ▶ 매출원가 과대 ▶ 이익과소

•전기 : 매출(매출채권) 과대 ▶ 이익과대
•당기 : 매출(매출채권) 과소 ▶ 이익과소

🔍 **사례** ■ **매입·매출의 기간구분 오류수정(재고적정시)**

⚙ 전기외상매입 ₩10,000을 당기매입처리, 당기외상매출 ₩10,000을 전기매출처리(재고자산은 적정계상)

✏ **풀이**

매입
• 전기 마감전 발견시 : (차) 매출원가   10,000   (대) 매입채무   10,000
• 당기 마감전 발견시 : (차) 이익잉여금   10,000   (대) 매출원가   10,000
매출
• 전기 마감전 발견시 : (차) 매출   10,000   (대) 매출채권   10,000
• 당기 마감전 발견시 : (차) 이익잉여금   10,000   (대) 매출   10,000

참고 당기 마감후 발견시는 회계처리 없음.

선급비용 미수수익

분석방법
•전기 : 선급비용(미수수익) 과소 ▶ 비용과대(수익과소) ▶ 이익과소
•당기 : 비용과소(수익과대) ▶ 이익과대

🔍 **사례** ■ **선급비용 오류수정**

⚙ 20x1.7.1~20x2.6.30 보험료 ₩10,000을 전액 전기인 20x1의 비용으로 처리함(즉, 선급비용과소계상)

✏ **풀이**

• 전기 마감전 발견시 : (차) 선급보험료   5,000   (대) 보험료   5,000
• 당기 마감전 발견시 : (차) 보험료   5,000   (대) 이익잉여금   5,000
• 당기 마감후 발견시 :   － 회계처리 없음 －

FINAL 객관식뽀개기 · 기출 & 적중문제

1. (주)A의 당기순이익은 20x1년에 1,000,000원, 20x2년에 1,300,000원이며, 20x2년말 이익잉여금은 3,000,000원으로 보고하였다. 20x2년말에 장부가 마감되기전 다음의 오류(중요한 오류임)를 수정하였다. 20x2년의 수정후 당기순이익은 얼마인가?

	20x1년	20x2년
(1) 선급비용 과소계상	30,000원	50,000원
(2) 미지급비용의 누락	60,000원	80,000원
(3) 미수수익의 누락	40,000원	70,000원
(4) 선수수익 과소계상	90,000원	100,000원
(5) 기말재고자산과대	80,000원	120,000원

① 1,120,000원   ② 1,280,000원
③ 1,350,000원   ④ 1,425,000원

내비게이션

수정전 당기순이익	1,300,000
(1) 전기선급비용	(30,000)
당기선급비용	50,000
(2) 전기미지급비용	60,000
당기미지급비용	(80,000)
(3) 전기미수수익	(40,000)
당기미수수익	70,000
(4) 전기선수수익	90,000
당기선수수익	(100,000)
(5) 전기기말재고자산	80,000
당기기말재고자산	(120,000)
수정후 당기순이익	1,280,000

2. (주)상일은 20x2년에 처음으로 회계감사를 받았는데 기말 상품계정에 대하여 다음과 같은 오류사항이 발견되었다. 20x1년 및 20x2년에 당기순이익이 다음과 같을 때 20x2년의 올바른 당기순이익은 얼마인가? 단, 법인세효과는 무시한다.

연도	당기순이익	기말상품재고액
20x1년	30,000원	3,000원 과대계상
20x2년	35,000원	2,000원 과소계상

① 30,000원   ② 36,000원
③ 38,000원   ④ 40,000원

내비게이션

- 20x1년 기말과대 3,000 → 20x2년 기초과대 3,000 → 20x2년 매출원가과대 3,000 → 20x2년 이익과소 3,000
- 20x2년 기말과소 2,000 → 20x2년 매출원가과대 2,000 → 20x2년 이익과소 2,000
- ∴20x2년 올바른 당기순이익 : 35,000+3,000+2,000=40,000

3. 12월말 결산법인인 (주)A의 20x2년도 재무제표에 대한 감사에서 다음과 같은 회계오류가 지적되었으며 이는 중요한 오류로 판단된다. 이들 오류수정이 20x2년도 재무제표상 전기이월이익잉여금과 법인세비용차감전순이익에 미친 영향은?

(1) 20x1년 1월 1일에 기계장치의 성능을 개선하기 위해 지출한 100,000을 수선비로 처리하였다. 20x2년도말 현재 이 기계장치의 잔존내용연수는 8년이며 감가상각은 정액법으로 한다.

(2) 20x1년과 20x2년도말에 선수금 20,000원과 30,000원을 각각 수취하여 매출로 계상하였다. 실제 상품의 인도는 익년에 이루어졌으며 기말재고자산은 실지재고조사법에 의해 평가한다.

	전기이월이익잉여금	법인세비용차감전순이익
①	70,000원 증가	14,000원 감소
②	70,000원 증가	20,000원 감소
③	90,000원 증가	14,000원 감소
④	변함없음	20,000원 감소

내비게이션

오류항목	20x1년 오류수정	20x2년 오류수정
수선비 과대	100,000	-
감가상각비 과소	(100,000÷10년=10,000)	(10,000)
20x1년 매출과대	(20,000)	20,000
20x2년 매출과대	-	(30,000)
세전이익에의 영향	70,000	(20,000)

단기속성특강 제82강	비자동조정적 오류수정

개요	의의	•오류발생연도와 다음연도 장부마감 후에도 오류가 자동적으로 상쇄되지 않는 오류임.
	접근방법	•수정분개를 하는 것이 효율적인 접근방법임.
오류수정 방법	마감 전	◉ (전기까지 회사측역분개+전기까지 올바른 분개)하여 상계 후 손익이 이익잉여금 ◉ 당기수정분개
	마감 후	◉ (당기까지 회사측역분개+당기까지 올바른 분개)하여 상계 후 손익이 이익잉여금

저자주 회사측분개와 올바른분개를 비교하여 수정분개를 하는 방법으로 모든 교재가 풀이하고 있으나 위와 같이 접근하는 것이 문제가 복잡해질 경우 수월하게 답을 도출할 수 있음.

🔎주의 ① 당기순이익에의 영향을 물을 때 : 해당연도 회사분개와 올바른분개 비교하여 이익차이 파악
② 이익잉여금에의 영향을 물을 때 : 모든연도 회사분개와 올바른분개 비교하여 잉여금차이 파악

사례 ■ 감가상각의 오류

❂ 20x1년 초 ₩100,000에 구입한 기계장치를 구입즉시 수선유지비로 처리하였음을 20x2년 말 발견하였음. 기계장치의 내용연수 5년, 잔존가치 없으며, 감가상각방법은 정액법임.

✒️풀이

1. 20x2년말 장부마감전인 경우
   ① 전기까지 회사측역분개

(차) 현금	100,000	(대) 수선유지비	100,000

   ② 전기까지 올바른 분개

(차) 기계장치	100,000	(대) 현금	100,000
감가상각비	20,000	감가상각누계액	20,000

   ③ '①+②'를 하여 상계 후 손익을 이익잉여금(전기오류수정손익)으로 일단 계상하면,

(차) 기계장치	100,000	(대) 감가상각누계액	20,000
		이익잉여금	80,000

   ④ 당기수정분개

(차) 감가상각비	20,000	(대) 감가상각누계액	20,000

   ∴ '③+④'를 하여 최종 분개를 완성함.

(차) 기계장치	100,000	(대) 감가상각누계액	40,000
감가상각비	20,000	이익잉여금	80,000

2. 20x2년말 장부마감후인 경우
   ① 당기까지 회사측역분개

(차) 현금	100,000	(대) 수선유지비	100,000

   ② 당기까지 올바른 분개

(차) 기계장치	100,000	(대) 현금	100,000
감가상각비	40,000	감가상각누계액	40,000

   ∴ '①+②'를 하여 상계 후 손익을 이익잉여금으로 계상하여, 최종 분개를 완성함.

(차) 기계장치	100,000	(대) 감가상각누계액	40,000
		이익잉여금	60,000

적용사례

제1편
[단기속성특강] 재무회계

제2편
[단기속성특강] 세무회계

제3편
[단기속성특강] 원가관리회계

합본부록1
신유형기출문제

합본부록2
10개년/기출오담노트

FINAL 객관식뽀개기 | 기출 & 적중문제

1. ㈜A의 20x1 회계연도(20x1.1.1 ~ 20x1.12.31) 감사과정에서 다음과 같은 사실을 발견하였다. 동 발견사항에 대하여 ㈜A의 수정 후 20x1년 법인세비용차감전순이익은 얼마인가?

> ㄱ. 회사가 제시한 20x1년 법인세비용차감전순이익
> : 200,000,000원
> ㄴ. 담당공인회계사가 발견한 사항 :
> •㈜A가 사용중인 기계장치의 시장가치가 현저하게 하락하였음을 발견함.(단, 원가모형을 적용하고 있다.)
> – 20x1년 말 기계장치 장부금액   30,000,000원
> – 20x1년 말 기계장치 회수가능액 15,000,000원

① 140,000,000원
② 155,000,000원
③ 185,000,000원
④ 200,000,000원

📍 내비게이션

•손상차손(30,000,000-15,000,000=15,000,000)만큼 순이익이 감소되어야 한다.
•200,000,000-15,000,000=185,000,000

2. 도소매업을 영위하는 ㈜A의 외부감사인이 회계감사과정에서 다음과 같은 사실을 발견하였다. 동 발견사항에 대하여 수정할 경우 ㈜A의 수정후 당기순이익(손실)은 얼마인가(단, 법인세효과는 고려하지 않는다)?

> (1) 20x1년 당기순이익 : 200,000,000원
> (2) 외부감사인이 발견한 사항
> ㄱ. 매출관련사항
> •㈜A는 20x1년 12월 26일에 ㈜B에 판매를 위탁하기 위하여 상품을 발송하였고, ㈜B는 동 수탁상품을 20x2년 1월 3일에 제3자에게 판매함.
> •㈜A는 동 위탁매출에 대하여 상품을 발송한 시점인 20x1년 12월 26일에 매출(4억)과 이에 대응되는 매출원가를 인식함.
> •㈜A는 매출총이익률이 20%가 되도록 상품 판매가격을 결정하고 있음.
> ㄴ. 기타사항
> 외부감사인은 ㈜A의 20x2년 1월 현금출납장을 검토하던 중 20x1년 12월 법인카드 사용액 10,000,000원(전액 복리후생비로 사용)이 20x2년 1월 28일에 결제된 사실을 발견하였으나 ㈜A가 제시한 20x1년 재무제표에는 이와 관련된 어떠한 회계처리도 반영되어 있지 아니함.

① 이익 110,000,000원
② 이익 200,000,000원
③ 이익 345,000,000원
④ 손실 350,000,000원

📍 내비게이션

•200,000,000-[400,000,000-400,000,000×(1-20%)]-10,000,000
 =110,000,000

📖 **ANSWER** 1. ③ 2. ①

단기속성특강 제83강	기본주당이익

주당이익	의의	• 주당이익(EPS : Earnings Per Share)은 보통주 1주당 이익이 얼마인가를 나타내는 지표 	**기본주당이익**	• 보통주당기순이익 ÷ 가중평균유통보통주식수
---	---	 **참고** 주가수익비율(PER) = 주가 ÷ EPS → 즉, 주가가 EPS의 몇 배인지를 나타내는 지표 🔎**주의** 자기주식 취득시는 가중평균유통보통주식수가 감소하므로 기본주당이익은 증가함.
	유용성	• 기업간 주당이익을 비교하면 기업간 당기순이익을 단순비교하는 것보다 유용함.
	공시	• 주당이익을 포괄손익계산서의 당기순이익 다음에 표시함. 🔎**주의** 주당이익이 부의 금액(즉, 손실)인 경우에도 포괄손익계산서 본문에 표시함.
가중평균 유통보통 주식수	우선주	• 발행된 총주식수에서 우선주식수를 차감
	자기주식	• 보유기간(취득~매각)동안 유통보통주식수에서 제외 **예시** 기초 10,000주, 4.1 자기주식취득 800주, 7.1 자기주식매각 500주 →10,000주 × $\frac{12}{12}$ - 800주 × $\frac{9}{12}$ + 500주 × $\frac{6}{12}$ = 9,650주 🔎**주의** 기초에 발행주식수 100주, 자기주식수 10주인 경우, 유통주식수 90주로 계산함.
	무상증자 주식배당 주식분할		기초부터 유통되는 구주	• 기초에 실시된 것으로 간주
---	---
기중 유상증자 발행신주	• 유상증자의 납입일에 실시된 것으로 간주	 **예시** 기초 1,000주, 4.1 유상증자 1,000주, 7.1 무상증자 1,000주(무상증자비율 50%) →(1,000주+1,000주×50%) × $\frac{12}{12}$ + (1,000주+1,000주×50%) × $\frac{9}{12}$ = 2,625주
	유상증자		일반적인 경우	• 납입일(현금을 받을 권리가 발생하는 날)을 기준으로 가중평균
---	---
공정가치미만 유상증자	• 공정가치에 의한 유상증자와 무상증자가 혼합된 것으로 보아 무상증자비율을 구한 후, 공정가치로 유상증자 후에 무상증자한 것으로 간주하여 주식수를 계산 ▶ 공정가치 = 유상증자 권리행사일 전의 공정가치 • 무상증자비율 : ② ÷ (증자전주식수 + ①) ① 공정가치로 유상증자시 발행가능주식수 = 유입현금 ÷ 공정가치 ② 무상증자주식수 = 실제유상증자주식수 - 공정가치로 유상증자시 발행가능주식수	
	전환사채 전환우선주	• 실제전환일을 기준으로 가중평균

🔍 **사례** ■ **공정가치미만 유상증자**

❂ 기초주식수 450주, 7월1일 유상증자 100주(발행금액 @100), 권리행사일전 공정가치는 ₩200

✎풀이

1. 무상증자비율 : $\frac{100주 - (100주 × @100) ÷ 200 = 50주}{450주 + 50주 = 500주}$ = 10%

2. 가중평균유통보통주식수 : (450주 + 450주 × 10%) × $\frac{12}{12}$ + (50주 + 50주 × 10%) × $\frac{6}{12}$ = 522주

보통주 당기순이익	❖ 보통주당기순이익 = 당기순이익 - 우선주배당금*)
	*) 우선주배당금은 중간배당을 포함하여 차기 주주총회에서 배당결의될 예상액을 차감함.

FINAL 객관식뽀개기

기출 & 적중문제

1. 다음은 ㈜A의 20x1회계연도(20x1.1.1 ~ 20x1.12.31) 당기순이익과 자본에 대한 자료이다. ㈜A의 20x1회계연도 기본주당이익은 얼마인가?

> ㄱ. 당기순이익 : 200,000,000원
> ㄴ. 우선주 : 40,000주(액면 5,000원)
> ㄷ. 20x1 회계연도 이익에 대한 배당(현금배당) :
>   우선주 10%(액면배당률)
> ㄹ. 가중평균유통보통주식수 : 100,000주

① 1,500원   ② 1,800원
③ 2,000원   ④ 2,250원

📍 **내비게이션**

- $\dfrac{200,000,000 - (40,000주 \times 5,000) \times 10\%}{100,000주} = 1,800$

2. 다음 중 가중평균유통보통주식수 산정방법에 대하여 가장 옳은 설명을 하고 있는 사람은?

① 김부장 : 자기주식은 취득시점 이후부터 매각시점까지의 기간동안 가중평균유통보통주식수에 포함하지 않습니다.
② 이차장 : 당기 중 무상증자를 실시한 경우, 무상증자를 실시한 날짜를 기준일로 하여 가중평균유통주식수를 계산합니다.
③ 박과장 : 당기 중 유상증자로 보통주가 발행된 경우 기초에 실시된 것으로 간주하여 주식수를 조정합니다.
④ 정사원 : 가중평균유통보통주식수에는 결산기말 현재 발행된 우선주식수를 포함해야 합니다.

📍 **내비게이션**

- ② 당기 중 무상증자를 실시한 경우 기초에 실시된 것으로 간주하여 주식수를 조정한다.
  ③ 당기 중 유상증자로 보통주가 발행된 경우 그 납입일을 기준으로 주식수를 조정한다.
  ④ 가중평균유통보통주식수에는 우선주식수는 제외한다.

3. 다음 중 가중평균유통보통주식수 산정방법에 대하여 가장 올바르지 않은 설명을 하고 있는 사람은?

① 지용 : 현금 이외의 자산을 취득하기 위하여 보통주를 발행하는 경우 그 자산의 취득을 인식한 날을 기산일로 하여 가중평균유통보통주식수를 산정합니다.
② 승현 : 자기주식은 취득시점 이후부터 매각시점까지의 기간동안 가중평균유통보통주식수에 포함하지 않습니다.
③ 승리 : 주식분할이 실시된 경우에는 주식분할이 이루어진 날을 기준으로 가중평균유통보통주식수를 구합니다.
④ 영배 : 보통주로 반드시 전환하여야 하는 전환금융상품은 계약체결시점부터 보통주식수에 포함하여 가중평균유통보통주식수를 구합니다.

📍 **내비게이션**

- 주식분할이 실시된 경우에는 기초에 실시된 것으로 간주하여 가중평균유통보통주식수를 구한다.

4. 다음은 ㈜A의 20x1 회계연도(20x1.1.1 ~ 12.31) 당기순이익과 자본금 변동사항에 대한 자료이다. 20x1년도 기본주당순이익을 계산하기 위한 가중평균유통보통주식수는 몇 주인가?

> ㄱ. 당기순이익 500,000,000원
> ㄴ. 자본금변동사항(액면 5,000원)
>
> | | 보통주자본금 | |
> |---|---|---|
> | 기초 | 50,000주 | 250,000,000원 |
> | 기중 | | |
>
>   - 4.1 유상증자(20%)   10,000주   50,000,000원
>   - 10.1 자기주식구입   (2,000)주   (10,000,000)원
>   * 유통보통주식수 계산시 월할계산을 가정한다.
>   * 4.1 유상증자시 공정가치 미만으로 유상증자 하지 않았다.
> ㄷ. 20x1 회계연도 이익에 대한 배당(현금배당)
>   - 우선주 배당금 : 20,000,000원

① 56,000주   ② 57,000주
③ 58,000주   ④ 59,000주

📍 **내비게이션**

- 가중평균유통보통주식수

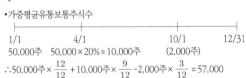

$$\therefore 50,000주 \times \dfrac{12}{12} + 10,000주 \times \dfrac{9}{12} - 2,000주 \times \dfrac{3}{12} = 57,000$$

제1편
[단기속성특강] 재무회계

제2편
[단기속성특강] 세무회계

제3편
[단기속성특강] 원가관리회계

합본부록1
신유형기출문제

합본부록2
10개년기출오담노트

단기속성특강 제84강	희석주당이익

희석 주당이익	희석주당이익	• $\dfrac{희석당기순이익}{가중평균유통보통주식수 + 잠재적보통주수}$

▶ 잠재적보통주 중 희석효과가 있는 희석성잠재적보통주만 그 영향을 고려함.

전환사채 전환우선주				
❖전환가정법(기초에 권리를 행사했다고 가정하는 방법)을 적용함.				
	구분	잠재적보통주	가중평균유통보통주	포함여부
	전기발행분전환	•기초기준	•전환일기준	∴기초 ~ 전환일 포함
	당기발행분전환	•발행일기준	•전환일기준	∴발행일 ~ 전환일 포함
	미전환분	•기초(발행일)기준	–	∴기초(발행일) ~ 기말 포함

신주인수권 주식선택권				
❖행사된 것으로 보아 자기주식법을 적용함.				
	전제조건	•'평균시장가격≧행사가격'인 경우에만 계산함.		
	잠재적보통주식수	•발행가능한 주식수 – 행사시 유입현금으로 취득가능한 자기주식수		

🔍 **사례** ■ **자기주식법**

❂ 전기에 주식선택권 5,000개 부여, 행사가격은 주당 ₩15,000(잔여가득기간에 유입될 용역의 개당 공정가치는 무시한다고 가정), 평균시장가격은 주당 ₩30,000

✏️풀이 ....

•잠재적보통주식수 = $5,000 - \dfrac{5,000 \times @15,000}{30,000}$ = 2,500주

	구분	잠재적보통주	가중평균유통보통주	포함여부
	전기발행분 행사	•기초기준	•행사일(납입일)기준	∴기초 ~ 행사일 포함
	당기발행분 행사	•발행일기준	•행사일(납입일)기준	∴발행일 ~ 행사일 포함
	미행사분	•기초(발행일)기준	–	∴기초(발행일) ~ 기말 포함

희석 당기순이익	희석당기순이익	•보통주당기순이익+전환우선주배당금[1] + 전환사채이자등의 비용×(1 - t)[2]

[1]기초부터 보통주로 간주하므로 우선주배당금은 없음. 그러나 보통주당기순이익 계산시에 차감했으므로 이를 다시 가산함.

[2]기초부터 보통주로 간주하므로 비용은 없음. 그러나 회사는 비용(전환사채이자, 주식보상비용, 신주인수권조정상 각액)을 계상함으로써 순이익이 감소하였으므로 감소된 순이익을 세금효과를 제외하고 가산함.

FINAL 객관식뽀개기

기출&적중문제

1. 다음은 (주)A의 20x1년 주당이익관련 자료이다. 20x1년 기본주당이익은 얼마인가?

> ㄱ. 유통보통주식수 변동내역(주당 액면 1,000원)
>
> | 구 분 | | 주식수 |
> |---|---|---|
> | 20x1년초 | | 65,000주 |
> | 5월 1일 | 유상증자 납입 | 24,000주 |
> | 7월 1일 | 자기주식 구입 | (1,000주) |
> | 20x1년말 | | 88,000주 |
>
> ㄴ. 당기순이익 : 415,000,000원
> ㄷ. 우선주배당금 : 12,500,000원(비누적적 비참가적 우선주)

① 4,000원   ② 5,000원
③ 6,000원   ④ 7,000원

📍 내비게이션

• 가중평균유통보통주식수

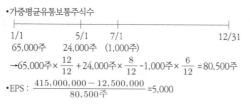

$$\rightarrow 65,000주 \times \frac{12}{12} + 24,000주 \times \frac{8}{12} - 1,000주 \times \frac{6}{12} = 80,500주$$

• EPS : $\dfrac{415,000,000 - 12,500,000}{80,500주} = 5,000$

2. (주)삼일의 20x1년 가중평균유통보통주식수는 3,000주이고 잠재적보통주식수는 1,000주이다. 기본주당이익을 계산하기 위한 당기순이익은 3,000,000원이고 잠재적보통주식으로 인한 당기순이익 증가를 반영한 희석당기순이익은 3,200,000원이다. 우선주배당금이 400,000원인 경우 희석주당순이익은 얼마인가?

① 1,000원   ② 800원
③ 7,50원   ④ 700원

📍 내비게이션

• 희석당기순이익=보통주당기순이익+전환우선주배당금 등
 →희석당기순이익이 문제에 주어져 있으므로 이를 그대로 이용한다.
• 희석주당이익
$$= \frac{희석당기순이익}{가중평균유통보통주식수 + 잠재적보통주식수}$$
$$\rightarrow \therefore \frac{3,200,000}{3,000주 + 1,000주} = 800$$

단기속성특강 제85강		관계기업 일반사항

관계기업	의의	•관계기업은 투자자가 피투자자에 대해 유의적 영향력이 있는 경우 그 피투자자를 말함.
	범위	•관계기업은 종속기업이나 공동기업(조인트벤처) 투자지분이 아님. **참고** 투자자⟷관계기업〈지분법〉, 지배기업⟷종속기업〈연결〉, 참여자⟷공동기업
유의적인 영향력	원칙	•직·간접으로 의결권의 20% 이상 소유시 명백한 반증이 있는 경우를 제외하고는 유의적인 영향력이 있는 것으로 보아 지분법을 적용함. 🔎주의 강제사항이므로 '적용할 수 있다'는 틀린 설명임.
	예외	❖20% 미만이더라도 유의적인 영향력이 있는 경우 •의사결정기구·정책결정과정에 참여하는 경우와 필수적 기술정보를 제공하는 경우 　🔎주의 일반적 기술정보제공이 아님. •중요한 거래가 있는 경우와 경영진의 상호교류가 이루어지는 경우 ❖유의적인 영향력이 있어도 지분법적용을 배제하는 경우 •12개월 이내에 매각할 목적으로 투자주식을 취득하여 적극적으로 매수자를 찾고 있는 일시 보유목적의 투자주식 ▶ 매각예정비유동자산으로 분류함.
재무제표	투자자	•지분법 적용시 가장 최근의 이용가능한 관계기업 재무제표를 사용함.
	관계기업	•투자자의 재무제표와 동일한 보고기간종료일의 재무제표를 작성함.
	보고기간 불일치	•투자자 재무제표의 보고기간종료일과 관계기업 재무제표의 보고기간종료일 사이에 발생한 유의적인 거래나 사건의 영향을 반영하여 회계처리함. ▶ 어떠한 경우라도 보고기간종료일간의 차이는 3개월 이내이어야 함.
	회계정책	•동일거래·사건에 대해 동일한 회계정책을 적용하여 투자자의 재무제표를 작성함. ▶ 관계기업이 투자자의 회계정책과 다른 회계정책을 사용한 경우, 투자자는 관계기업의 회계정책을 투자자의 회계정책과 일관되도록 적절히 수정해야함.
지분법 중지·재개	지분법중지	•피투자자의 손실 등을 반영하여 관계기업투자주식의 장부금액이 영(0) 이하가 될 경우에는 지분법적용을 중지하고 관계기업투자주식을 영(0)으로 처리함. **이유** 유한책임 : 즉, 피투자회사 자본잠식에 대해 추가적 손실을 부담할 필요없음. ▶ 다만, 실질적으로 순투자의 일부를 구성하는 장기투자지분(예 장기수취채권 등) 항목이 있는 경우에는 동 지분의 장부금액이 영(0)이 될 때까지 관계기업투자주식에서 인식하지 못한 지분법손실을 계속하여 인식함.
	지분법재개	•지분법적용을 중지한 후 피투자자의 당기순이익으로 인하여 지분변동액이 발생하는 경우 지분법 적용 중지기간 동안 인식하지 아니한 피투자자의 손실누적분 등을 상계한 후 지분법을 적용함. 지분법재개 이후 지분법이익 = 지분법이익 - 미인식한 손실누적액
손상	회수가능액	•관계기업투자주식의 회수가능액 = Max[① 순공정가치 ② 사용가치]
	손상차손	•관계기업투자주식손상차손 = 관계기업투자주식 장부금액 - 관계기업투자주식의 회수가능액
	환입	•손상차손환입은 관계기업투자주식의 회수가능액이 후속적으로 증가하는 만큼 인식함. **참고** K-IFRS에서는 관계기업투자주식손상차손환입으로 인식할 금액의 한도에 대해서는 언급하고 있지 않음.

FINAL 객관식뽀개기

기출 & 적중문제

1. 다음 중 관계기업투자에 관한 내용으로 옳지 않은 것은?

① 관계기업이란 투자자가 당해 기업에 대하여 유의적인 영향력이 있는 기업을 말한다.

② 종속기업이나 공동기업(조인트벤처) 투자지분은 경우에 따라 관계기업일 수도 있다.

③ 지분법을 적용한 재무제표는 별도재무제표가 될 수 없다.

④ 투자자가 직접 또는 간접적으로 피투자자에 대한 의결권의 지분 20%미만을 소유하고 있더라도 유의적인 영향력이 있을 수 있다.

◉ 내비게이션

•관계기업은 종속기업이 아니며 공동기업(조인트벤처) 투자지분도 아니다. 즉, 관계기업과 종속기업 및 공동기업(조인트벤처) 투자지분은 서로 다른 것이다.

2. 유의적인 영향력 행사로 인한 투자주식의 지분법평가에 있어서 투자자가 피투자자에 대하여 유의적인 영향력이 있다고 볼 수 없는 경우는?

① 피투자자의 이사회나 이에 준하는 의사결정기구에 참여

② 경영진의 상호 교류

③ 배당이나 다른 분배에 관한 의사결정에 참여하는 것을 포함하여 정책 결정과정에 참여

④ 일반적인 기술정보의 제공

◉ 내비게이션

•일반적인 기술정보의 제공(X) → 필수적인 기술정보의 제공(O)

3. 지분법은 투자자가 피투자자에 대해 유의적인 영향력을 행사할 수 있는 경우에 적용한다. 다음 중 유의적인 영향력을 행사할 수 있는 경우에 해당하는 것은(단, (주)A는 투자자, (주)B는 피투자자이다)?

① (주)A는 (주)B의 주식을 40% 보유하고 있으나 계약상 (주)B에 관한 의결권을 행사할 수 없다.

② (주)A는 12개월 이내에 매각할 목적으로 (주)B의 의결권 있는 주식을 30% 취득하여 적극적으로 매수자를 찾고 있는 중이다.

③ (주)A는 (주)B의 주식을 20% 보유하고 있으나 모두 우선주이며 의결권은 없다.

④ (주)A는 (주)B의 의결권 있는 주식의 15%를 보유하고 있으나 (주)B의 이사회 또는 이사회에 준하는 의사결정기구에서 의결권을 행사할 수 있다.

◉ 내비게이션

•①, ③ : 의결권이 있어야 한다.
•② : 매각예정비유동자산으로 분류한다.

4. 지분법은 투자자가 피투자자에 대해 유의적인 영향력을 행사할 수 있는 경우에 적용한다. 다음 중 유의적인 영향력을 행사할 수 있는 경우는 어느 것인가(A회사는 투자자, B회사는 피투자자이다)?

① A회사는 B회사의 주식을 15% 보유하고 있으며 지분율 이외의 다른 조건은 존재하지 않는다.

② A회사는 6개월 이후에 매각할 목적으로 B회사의 의결권 있는 주식을 25% 취득하여 적극적으로 매수자를 찾고 있는 중이다.

③ A회사는 B회사의 주식을 10% 보유하고 있으나 A회사의 모회사가 B회사의 주식 30%를 보유하고 있다.

④ A회사는 B회사의 주식을 10% 보유하고 있으나 이사회에 과반수가 참여하여 의결권을 행사할 수 있다.

◉ 내비게이션

•① 20%이상이어야 한다.

② 일반적으로 매각예정비유동자산으로 분류된다.

③ A는 B에 대하여 유의적인 영향력이 없으며(∵20%이상이 아님), 모회사가 B에 대하여 유의적인 영향력이 있다.(∵20%이상임)

참고 '간접'의 의미

•[개요]
종속기업을 통하여 피투자자에 대한 의결권을 소유하는 것을 말함.
→즉, 아래에서 A는 반드시 모회사의 종속기업이어야 함.

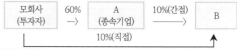

•[지분율계산]
단순하게 합산하여 판단함.
→ 위에서 10%(직접)+10%(간접)=20% 이므로 모회사는 B에 대해 유의적인 영향력 있음.

단기속성특강 제86강 | 지분법

개요	의의	• 지분법은 관계기업투자주식을 최초에 원가로 인식하고 취득시점 이후 피투자자의 순자산 증감에 따라 관계기업투자주식의 장부금액을 증감시켜 보고하는 회계처리방법임. • '관계기업투자주식(원가) = 피투자회사 순자산장부금액×투자자 지분율'이 되어야 함. ▶ ∴양자가 불일치하는 경우 이를 조정하게 됨.
	차이시점	① 취득시점(고가취득 또는 염가취득) ② 피투자회사의 순자산변동시점

취득시점

$$\underbrace{\text{취득원가 – 순자산장부가×지분율}}_{\text{'더 지불한 금액'}} = \underbrace{\text{(순자산공정가 – 순자산장부가)×지분율}}_{\substack{\text{'내가 과대평가한 금액'} \\ \Downarrow \\ \text{평가차액}}} + \underbrace{\text{영업권}}_{\substack{\text{'추가 지불액'} \\ \Downarrow \\ \text{투자차액}}}$$

🔎주의 순자산공정가와 순자산장부가가 일치하는 경우는 차이 전액이 영업권이 됨.

	평가차액	• 순자산이 실현될 때 지분법이익에서 차감함. 저자주 평가차액의 조정은 본서의 수준을 넘으므로 설명을 생략한다.
	투자차액	• 위 산식에서 영업권을 도출하면 다음과 같음. **영업권 = 취득원가 – 순자산공정가 × 지분율** • 취득원가-순자산공정가×지분율 ⇒ $\begin{cases}(+): \text{영업권} \sim \text{상각}X/\text{손상대상}O \\ (-): \text{염가매수차익} \sim \text{당기수익(지분법이익)}\end{cases}$

취득일이후

	당기순이익 보고시	• '피투자회사의 순이익×지분율'만큼 지분법이익(당기손익)을 인식함. ▶ (차) 관계기업투자주식 xxx (대) 지분법이익 xxx
	배당시		배당결의시	• (차) 미수배당금 xxx (대) 관계기업투자주식 xxx
배당수령시	• (차) 현금 xxx (대) 미수배당금 xxx	 🔎주의 지분법에서는 피투자회사가 배당을 하면 순자산이 감소하므로 투자주식을 감소시키는 처리를 하며, 배당금수익을 인식하는 것이 아님.
	기타포괄손익 증감시	• '피투자회사의 기타포괄손익×지분율'만큼 지분법자본변동(기타포괄손익)을 인식함. ▶ (차) 관계기업투자주식 xxx (대) 지분법자본변동 xxx

📖 사례 ■ **관계기업투자주식의 장부금액 계산**

❖ (주)투자는 20x1년 초에 (주)피투자의 발행주식의 30%를 ₩1,600,000에 취득하여 지분법으로 평가하고 있다. 취득 당시 (주)피투자의 순자산가액은 ₩4,000,000이었는데 이는 공정가치와 일치한다. (주)피투자의 취득일 이후 증감한 순자산가액의 내역은 다음과 같다. 취득시 영업권과 (주)투자가 20x2년 말 현재 보유하고 있는 (주)피투자의 관계기업투자주식 장부금액은 얼마인가?(단, 20x1년도의 현금배당은 중간배당에 해당한다.)

항목	20x1년	20x2년
당기순이익 / 현금배당금	₩200,000 / ₩40,000	₩180,000 / ₩60,000

 풀이

• 영업권 : 1,600,000-4,000,000×30%=400,000
• 장부금액 : 1,600,000+(200,000-40,000)×30%+(180,000-60,000)×30%=1,684,000

FINAL 객관식뽀개기

기출 & 적중문제

1. 지분법 회계처리에 대한 설명으로 가장 올바르지 않은 것은?

① 피투자자의 기타포괄손익 변동액 중 투자자의 지분은 투자자의 기타포괄손익으로 인식한다.
② 피투자자로부터 배당금수취시 투자수익을 즉시 인식하므로 투자주식 계정이 증가한다.
③ 관계기업 관련 영업권 상각은 허용되지 않는다.
④ 피투자자의 당기순익 중 투자자의 지분은 투자자의 당기순손익으로 인식한다.

📍 **내비게이션**

• 배당금 수취시는 투자주식을 감소시킨다.

2. ㈜상일은 20x1년 1월 1일 ㈜미영의 보통주 4,000주(총발행주식수 10,000주)를 주당 1,000원에 취득하였다. 주식취득일 현재 ㈜미영의 순자산 공정가치가 10,000,000원인 경우 영업권은 얼마인가?

① 0원
② 20,000원
③ 60,000원
④ 100,000원

📍 **내비게이션**

• 영업권=취득원가−순자산공정가치x지분율
→ ∴4,000주x1,000−10,000,000x40%=0

3. (주)A는 20x1년초에 (주)B의 보통주 40%를 7,000,000원에 취득하였고, 그 결과 (주)B에 유의적인 영향력을 행사할 수 있게 되었다. (주)B에 대한 자료가 다음과 같을 때 다음 중 (주)A의 관계기업투자주식과 관련하여 20x1년도 (주)A의 포괄손익계산서에 지분법이익으로 인식할 금액은 얼마인가?(단, 종속기업은 없는 것으로 가정한다)?

> ㄱ. 20x1년초 현재 순자산장부금액 : 15,000,000원
> ㄴ. (주)B의 순자산장부금액과 순자산공정가치는 일치함.
> ㄷ. 20x1년 당기순이익 : 5,000,000원
> ㄹ. (주)B가 20x1년 실시한 중간배당금 : 1,000,000원
> ㅁ. 상기 이외의 양 회사간 내부거래는 없었음

① 지분법이익 600,000원
② 지분법이익 1,000,000원
③ 지분법이익 1,600,000원
④ 지분법이익 2,000,000원

📍 **내비게이션**

• 5,000,000(당기순이익)×40%=2,000,000

4. ㈜A는 20x1년 1월 1일에 ㈜B의 발행주식총수의 40%를 4,000원에 취득하였으며, ㈜B의 주식은 지분법으로 회계처리한다. 주식취득일 현재 ㈜B의 자산·부채의 장부금액은 공정가치와 동일하였다. 20x1년초와 20x1년말 ㈜B의 순자산장부금액은 아래와 같으며 20x1년 중 이익잉여금의 처분은 없었다. ㈜A의 20x1년말 재무상태표에 계상될 관계기업투자주식(지분법적용투자주식) 장부금액은 얼마인가?

구분	20x1. 1. 1	20x1. 12. 31
자본금	5,000원	5,000원
이익잉여금	5,000원	25,000원
순자산장부금액	10,000원	30,000원

① 11,000원
② 11,800원
③ 12,000원
④ 13,000원

📍 **내비게이션**

• 4,000+(25,000−5,000)×40%=12,000

5. 20x1.1.3. (주)A는 (주)B의 발행주식총수의 40%를 5,000원에 취득하였다. 주식 취득일 현재 (주)B의 순자산장부금액은 10,000원이고 자산·부채의 장부금액은 공정가치와 동일하였다. 20x1년 초와 20x1년 말 ㈜B의 순자산은 아래와 같으며 20x1년 중 이익잉여금의 처분은 없었다. (주)A의 20x1년 말 재무상태표에 계상될 (주)B의 투자주식금액, 관련 기타포괄손익은 각각 얼마인가?

	20×1.1.3	20×1.12.31
자본금	2,000원	2,000원
기타포괄손익	3,000원	5,000원
이익잉여금	5,000원	13,000원
합계	10,000원	20,000원

	투자주식금액	기타포괄손익
①	8,200원	0원
②	8,800원	800원
③	8,200원	800원
④	9,000원	800원

📍 **내비게이션**

• 기타포괄손익 : (5,000−3,000)×40%=800
• 투자주식 : 5,000+(13,000−5,000)×40%+800=9,000

단기속성특강 제87강 | 환율변동효과와 외화환산

기능통화 표시통화	기능통화	•영업활동이 이루어지는 주된 경제환경의 통화로, 장부에 기록(거래인식)하는 통화임. ▶ 기능통화 이외의 통화는 모두 외화에 해당함. •기능통화는 일단 결정된 이후에는 원칙적으로 변경불가함. ▶ 기능통화가 변경되는 경우에는 기능통화가 변경된 날의 환율을 사용하여 모든 항목을 새로운 기능통화로 환산하여 전진적용함.
	표시통화	•재무제표를 표시할 때 사용하는 통화를 말함. ▶ 국내영업기업의 기능통화는 원화로서 이는 표시통화와 동일함. •기업은 어떤 통화든지 표시통화로 사용할 수 있으나, 기능통화와 표시통화가 다른 경우에는 기 능통화를 표시통화로 환산하여 재무제표에 보고해야함. •기능통화를 표시통화로 환산시 환산차이는 기타포괄손익으로 인식함.('후술')

	예시	① 국내영업기업
		    달러화는 외화 → 이를 환산한 원화는 기능통화 → 원화는 표시통화와 동일
		② 미국현지법인
		    엔화는 외화 → 이를 환산한 달러화는 기능통화(장부기록) → 이를 환산한 원화는 표시통화

화폐성 비화폐성	화폐성항목	•현금, 매출채권, 미수금, 대여금, 매입채무, 미지급금, 차입금, 미지급비용, 미수수익 등
	비화폐성항목	•재고자산, 유형자산, 무형자산, 지분상품, 선수금, 선급금, 선급비용, 선수수익 등

기말환산	화폐성항목	•마감환율(보고기간말환율)로 환산하고 외환차이는 당기손익 처리			
	비화폐성항목		적용환율	외환차이 처리	
		역사적원가측정항목 (예)유형자산 원가모형)	거래일환율*⁾	외환차이 없음	
		공정가치측정항목 (예)유형자산 재평가모형)	공정가치결정일환율	당기손익인 경우	당기손익
				기타포괄손익인 경우	기타포괄손익

*⁾재고자산 : 장부금액은 거래일환율, 순실현가능가치는 마감환율로 환산하여 평가손실 검토함.

결제일환산	발생기간에 결제시	•외환차이 : 외화금액×(결제일환율 – 거래일환율)

	다음기간에 결제시	•외환차이 : 외화금액×(결제일환율 – 직전보고기간말 적용한 환율)

🔍 사례 ■ **외화환산**

❖ 12월말 결산법인인 (주)국세는 20x1년 11월 1일에 일본의 고객에게 ¥5,000,000의 상품을 판매하고 대금은
3개월 후인 20x2년 1월 31일에 회수하였다. 환율자료는 다음과 같다.

20x1년 11월 1일 (거래발생일)	¥100 = ₩830
20x1년 12월 31일 (보고기간말)	¥100 = ₩840
20x2년 1월 31일 (대금결제일)	¥100 = ₩790

✍ 풀이

•환율자료를 ¥1 단위로 고칠것! : ¥1 = ₩8.3, ¥1 = ₩8.4, ¥1 = ₩7.9

20x1.11.1	(차) 매출채권 ¥5,000,000×8.3=41,500,000	(대) 매출	41,500,000
20x1.12.31	(차) 매출채권	500,000	(대) 외환이익 ¥5,000,000×0.1=500,000
20x2.1.31	(차) 현금 ¥5,000,000×7.9=39,500,000 외환손실	2,500,000	(대) 매출채권 42,000,000

FINAL 객관식뽀개기　　　　　기출&적중문제

1. 다음 중 기능통화와 표시통화에 대한 설명으로 가장 올바르지 않은 것은?

① 기능통화란 기업의 본사가 속해있는 국가의 통화이다.
② 표시통화란 재무제표를 표시할 때 사용하는 통화이다.
③ 기업의 표시통화와 기능통화가 다른 경우에는 경영성과와 재무상태를 표시통화로 환산하여 재무제표에 보고한다.
④ 기능통화로 외화거래를 최초로 인식하는 경우에 거래일의 외화와 기능통화 상의 현물환율을 외화금액에 적용하여 기록한다.

◉ 내비게이션

• 기능통화란 영업활동이 이루어지는 주된 경제환경의 통화이다.

2. 다음은 K-IFRS 하에서의 기능통화와 표시통화에 대한 내용이다. 적절하지 않은 것을 고르면?

① 표시통화와 기능통화를 동일한 화폐로 결정할 수 없다.
② 기업은 어떤 통화든지 표시통화로 사용할 수 있다.
③ 표시통화란 재무제표를 표시할 때 사용하는 통화이다.
④ 기능통화란 영업활동이 이루어지는 주된 경제환경의 통화이다.

◉ 내비게이션

• 국내 영업기업의 기능통화는 원화로서 이는 표시통화와 동일함.

3. 외화거래를 최초로 인식하는 경우 거래일의 외화와 기능통화 사이의 현물환율을 외화금액에 적용하여 기능통화로 기록한다. 다음 중 보고기간말에 마감환율로 환산하고 외환차이를 당기손익으로 인식하는 항목으로 가장 옳은 것은?

① 선수금　　　　　　② 매입채무
③ 개발비　　　　　　④ 선급임차료

◉ 내비게이션

*화폐성항목을 묻는 문제이다.
• 화폐성항목 : 현금, 매출채권, 미수금, 대여금, 매입채무, 미지급금, 차입금, 미지급비용, 미수수익
• 비화폐성항목 : 재고자산, 유형자산, 무형자산, 지분상품, 선수금, 선급금, 선급비용, 선수수익

4. 화폐성항목이란 보유하는 화폐단위들과 확정되었거나 결정가능한 화폐단위 수량으로 회수하거나 지급하는 자산·부채를 말한다. 다음 중 화폐성항목이 아닌 것을 고르면?

① 매입채무　　　　　② 장기차입금
③ 장기성매출채권　　④ 선급금

5. (주)A는 20x1년 3월 30일 기계장치를 2,500달러에 구입하였으며 이에 대한 결제일은 20x2년 4월 1일이다. 이에 따라 각 시점의 환율은 다음과 같다.

> ㄱ. 20X1년 03월 30일의 환율 : 1,000원/달러
> ㄴ. 20X1년 12월 31일의 환율 : 1,200원/달러
> ㄷ. 20X2년 04월 01일의 환율 : 1,100원/달러

상기 거래와 관련하여 (주)A가 20x2년 중 계상할 외환차손익은 얼마인가?

① 외환차익 : 100,000원　　② 외환차손 : 150,000원
③ 외환차익 : 250,000원　　④ 외환차손 : 200,000원

◉ 내비게이션

• 외환차익 : $2,500 \times (1,200-1,100) = 250,000$
*부채(미지급금)는 환율이 떨어지면 이익이다.

6. 원화를 기능통화로 사용하고 있는 (주)A는 20x1년 11월 1일에 중국 현지 공장에서 재고자산을 CNY 350에 매입하여 기말까지 보유하고 있다. 이 재고자산의 기말 순실현가능가치는 CNY 300이며 환율은 다음과 같다. (주)A가 20x1년 상기 재고자산에 대하여 인식할 평가손실은 얼마인가?

> 20x1년 11월 01일 CNY1=115원
> 20x1년 12월 31일 CNY1=120원

① 2,200원　　　　　② 3,500원
③ 4,000원　　　　　④ 4,250원

◉ 내비게이션

• 장부금액은 거래일 환율, 순실현가능가치는 마감환율로 환산하여 순실현가능가치가 작은 경우 평가손실을 인식한다.
• 장부금액　　　 : CNY350×@115= 40,250
　순실현가능가치 : CNY300×@120=(36,000)
　평가손실　　　　　　　　　　　 4,250

단기속성특강 제88강   환율변동효과와 외화표시재무제표 환산

환산방법	의의	•영업활동이 이루어지는 주된 경제 환경의 통화인 기능통화와 재무제표 표시통화가 다른 경우 기능통화로 표시된 재무제표를 표시통화로 환산해야함.	
	해외사업장환산차이	•환산에서 생기는 해외사업장환산차이(외환차이)는 기타포괄손익으로 인식	
	환산방법	자산(마감환율)	부채(마감환율)
			자본(거래일환율)
		비용(거래일환율 or 평균환율)	수익(거래일환율 or 평균환율)
			외환차이(대차차이)

저자주 수험목적으로 수익·비용은 거래일의 환율을 일일이 제시하기 어려우므로 평균환율을 적용함.

사례 ■ 외화표시재무제표 환산

❖ ㈜A는 뉴욕에 영업·재무활동이 독립적으로 운영되는 현지법인을 20x1년 1월 1일에 설립하였다. 다음의 자료를 이용하여 현지법인의 재무제표를 외화환산하는 경우 해외사업장환산차이는?

(1) 현지법인의 20x1년 보고기간말인 12월 31일 현재 재무상태표 관련 자료는 다음과 같다. 이익잉여금은 전부 당기순이익이다.

자산	$500	부채	$200
		자본금	$100
		이익잉여금	$200

(2) 현지법인의 20x1년 손익계산서 관련 자료는 다음과 같으며, 손익계산서의 모든 항목은 연평균 균등하게 발생하였다.

매출액	$1,000	매출원가	$700
매출총이익	#300	판매비와관리비	$100
당기순이익	$200		

(3) 20x1년 환율자료 : 기초 ₩1,000/$, 평균 ₩950/$, 기말 ₩900/$

회계처리

 풀이

해외사업장환산차이(대차차액) 계산			
자산	$500×900 = 450,000	부채	$200×900 = 180,000
비용	$800×950 = 760,000	자본	$100×1,000 = 100,000
대차차액(?)	20,000(손실)	수익	$1,000×950 = 950,000

재무상태표			
자산	450,000	부채	180,000
		자본금	100,000
		기타포괄손익	(20,000)
		이익잉여금	190,000

포괄손익계산서	
매출액	950,000
매출원가/판매관리비	(760,000)
당기순이익	190,000
기타포괄손익	(20,000)
총포괄손익	170,000

FINAL 객관식뽀개기 | 기출&적중문제

1. K-IFRS 환율변동효과와 관련하여 외화표시재무제표를 원화로 환산하는 방법에 대한 다음 설명 중 옳지 않은 것은?

① 자산·부채는 보고기간말의 마감환율을 적용하여 환산한다.
② 재무상태표 항목의 자본금은 거래일환율을 적용하여 환산한다.
③ 포괄손익계산서 항목은 거래발생 당시의 환율이나 당기 평균환율을 적용하여 환산한다.
④ 환산에서 생기는 외환차이는 당기손익으로 처리한다.

📍 **내비게이션**

•당기손익(X) → 기타포괄손익(O)

2. 한국에서 영업을 하는 (주)A의 종속기업인 (주)B는 20x1년초에 설립되었다. (주)B의 기능통화인 달러화로 작성된 20x1년말 재무제표의 구성내용은 다음과 같다. (단, 자본총계는 자본금 $1,000, 당기순이익 $2,000로 구성되어 있다.)

과목	자산총계	부채총계	자본총계
20x1년말	$5,000	$2,000	$3,000

일자별 환율은 다음과 같다.

일자	20x1년초	20x1년말	20x1년평균
환율(원/$1)	1,000	1,200	1,150

(주)A는 연결재무제표를 작성하기 위해 (주)B의 재무제표를 (주)A의 표시통화인 원화로 환산하려고 한다. 다음중 (주)B의 재무제표 구성내역의 환산결과로 가장 올바르지 않은 것은?

① 자산총계 5,750,000원 ② 부채총계 2,400,000원
③ 자본금 1,000,000원 ④ 당기순이익 2,300,000원

📍 **내비게이션**

•자산총계 : $5,000×1,200(마감환율)=6,000,000
•부채총계 : $2,000×1,200(마감환율)=2,400,000
•자본금   : $1,000×1,000(거래일환율)=1,000,000
•당기순이익 : $2,000×1,150(평균환율)=2,300,000

3. 다음 중 외화자산 및 외화부채의 환산에 대한 설명으로 가장 올바르지 않은 것은?

① 화폐성 외화자산·부채는 보고기간말 현재의 환율로 환산한다.
② 비화폐성 외화자산·부채 중 역사적원가로 측정하는 항목은 당해 자산 또는 부채 거래시의 적절한 환율로 환산한다.
③ 화폐성 자산의 예로는 현금및현금성자산, 장·단기매출채권 등이 있으며, 화폐성 부채의 예로는 매입채무, 장·단기차입금, 사채 등이 있다.
④ 화폐성 외화자산·부채의 환산에서 발생하는 외화환산이익·손실은 기타포괄손익으로 처리한다.

📍 **내비게이션**

•기타포괄손익(X) → 당기손익(O)

4. 12월 말 결산법인인 (주)A는 20x1년 4월 1일 비품을 $100에 구입하였으며, 그 결제일은 20x2년 3월 31일이다. 이에 관련된 각 시점의 환율은 다음과 같다. 동 거래와 관련하여 20x1과 20x2년의 당기순이익에 미치는 영향으로 가장 옳은 것은(단, 기능통화는 원화이다)?

> ㄱ. 구입시의 환율 $1 = 1,100원
> ㄴ. 기말현재 환율 $1 = 1,200원
> ㄷ. 결제일의 환율 $1 = 1,150원

	20x1년	20x2년
①	10,000원 증가	5,000원 감소
②	10,000원 감소	5,000원 증가
③	5,000원 증가	5,000원 감소
④	5,000원 감소	5,000원 증가

📍 **내비게이션**

•20x1년 : 외화환산손실 $100×(1,200-1,100)=10,000
•20x2년 : 외환차익 $100×(1,200-1,150)=5,000

단기속성특강 제89강	파생상품 기본사항

의의	정의	•파생상품은 외국통화, 원자재, 주식, 주가지수 등과 같이 이미 시장에 존재하고 있는 상품을 기초로 만들어진 금융상품을 말함. 🔎주의 주식, 국공채, 회사채는 파생상품이 아님.	
	기능	•위험회피(헷징)와 투기의 기회를 제공하며, 가격변동위험을 회피할 수 있는 기회를 제공함. •미래시장가격에 대한 예측치를 제공하며, 자금흐름의 탄력성을 증대시킴. •금융비용을 절감시키고, 금융시장의 효율성을 제고시킴.	
종류	선물	•현재 합의된 가격으로 미래에 표준화된 특정대상을 인수할 것을 불특정다수와 약정한 조직화된 시장인 장내거래(선물거래소)에서의 계약 ▶ 🔲 배추밭떼기 : 3개월 후에 ₩100에 산다는 계약 •거래증거금이 필요하며 일일정산제도가 있음.	•무조건 계약을 이행해야 함. •권리와 의무 모두 존재
	선도	•선물과 동일하나 장외거래이며 특정인과의 계약임. ▶ 장외거래이므로 상대방의 신용상태파악이 필수적임.	
	옵션	•특정대상을 일정기간 내에 미리 정해진 가격으로 사거나 팔수 있는 권리에 대한 계약 ▶ 🔲 3개월 후에 ₩1,000에 살 수 있는 권리를 ₩100에 사는 계약을 한 경우 3개월 후에 가격동향을 판단하여 가격이 오르면 권리를 행사함. ▶ 콜옵션 : 살 수 있는 권리 풋옵션 : 팔 수 있는 권리 ▶ 미국형옵션 : 만기 전에 언제라도 권리행사가능한 옵션 유럽형옵션 : 만기에만 권리행사가능한 옵션	•계약파기 가능 •권리나 의무중 하나만 존재
	스왑	•거래 쌍방간에 상품 또는 경제적조건을 서로 맞바꾸는 것	

> **보론** **선물거래가 선도거래와 비교하여 가장 다른 특징**
> 선물거래는 선물거래소가 있으므로 반대매매를 통해 중도청산이 가능함.
> ▶ 🔲 달러당 ₩1,000에 $100를 매입하는 만기 3개월 통화선물계약의 경우 1개월 후 환율이 ₩1,100/$으로 상승시 계약만기까지 기다리지 않고 달러당 ₩1,100에 $100를 매도하는 선물 계약을 체결함으로써 달러당 ₩100의 이익을 실현함.(즉, 나는 ₩1,000에 1달러를 만기에 사나, 만기에 ₩1,100이 유입)

❖파생상품은 계약상 권리·의무에 따라 자산·부채로 F/S에 계상하며, 평가손익은 다음과 같이 처리함.

보유목적	평가손익
매매목적[1]	•당기손익
공정가치위험회피[2]	•당기손익
현금흐름위험회피[3]	•위험회피에 효과적인 부분 : 기타포괄손익 •위험회피에 효과적이지 못한 부분 : 당기손익

(평가손익)

[1] 매매목적으로 파생상품을 이용하는 것을 말함.
[2] 위험회피대상항목이 자산, 부채, 확정계약으로서 당해 항목의 공정가치변동을 상쇄(회피)하기 위하여 파생상품을 이용하는 것을 말함.
[3] 위험회피대상항목이 미래에 예상되는 거래로서 당해 거래에 따른 미래현금흐름변동을 상쇄(회피)하기 위하여 파생상품을 이용하는 것을 말함.

FINAL 객관식뽀개기

기출 & 적중문제

1. 다음은 파생상품에 대한 회계처리의 일반원칙이다. 옳지 않은 것은?

① 위험회피수단으로 지정되지 않고 매매목적 등으로 보유하고 있는 파생상품의 평가손익은 자본조정으로 계상한다.
② 매매목적의 파생상품은 공정가치로 평가한다.
③ 위험회피대상항목은 공정가치변동위험 또는 미래현금흐름 변동위험에 노출된 자산, 부채, 확정계약 또는 미래에 예상되는 거래를 말한다.
④ 파생상품은 해당 계약에 따라 발생된 권리와 의무를 자산, 부채로 인식하여 재무제표에 계상한다.

🧭 내비게이션

• 매매목적 등으로 보유하고 있는 파생상품의 평가손익은 당기손익으로 계상함.

2. 다음 중 선물(futures)과 옵션(option)의 설명으로 가장 올바르지 않은 것은?

① 선물의 경우에는 권리나 의무 중 하나만 부담하지만 옵션의 경우에는 거래시 권리와 의무를 모두 부담한다.
② 선물거래의 경우 매일매일의 평가손익을 증거금에 반영하는 체계적인 과정인 '일일정산제도'가 있다.
③ 유럽식 옵션은 만기일에만 권리를 행사할 수 있으나 미국형 옵션은 만기일 이전에 언제라도 권리를 행사할 수 있다.
④ 선물과 옵션 모두 위험회피목적과 투자목적을 가지고 있다.

🧭 내비게이션

• 선물의 경우에는 권리와 의무를 모두 부담하지만 옵션의 경우에는 거래시 권리나 의무 중 하나만 부담한다.

3. 다음 중 파생금융상품의 기능에 관한 설명으로 올바르지 않은 것은?

① 투기의 유인을 막고 위험을 최소화할 수 있다.
② 미래시장가격의 예측이 가능하다.
③ 자금흐름의 탄력성이 증대된다.
④ 금융비용 절감이 가능하다.

🧭 내비게이션

• 파생상품은 기본적으로 투기의 목적으로 이용되므로 투기의 기회를 제공하는 기능을 한다.

4. 다음 중 파생상품과 관련한 위험회피회계에 대해 가장 올바르게 설명한 것은?

① 공정가치위험회피를 적용하는 경우 위험회피수단에 대한 손익은 기타포괄손익으로 인식한다.
② 위험회피대상항목이 미래에 예상되는 거래로서 당해 거래에 따른 미래현금흐름 변동을 상쇄하기 위해 파생상품을 이용하는 경우에는 공정가치위험회피회계를 적용한다.
③ 현금흐름위험회피를 적용하는 경우 위험회피수단에 대한 손익 중 위험회피에 효과적인 부분은 당해 회계연도의 당기손익으로 인식한다.
④ 파생상품은 당해 계약상의 권리와 의무에 따라 자산 또는 부채로 인식하여 재무제표에 계상하여야 한다.

🧭 내비게이션

• ① 기타포괄손익(X) → 당기손익(O)
  ② 공정가치위험회피회계(X) → 현금흐름위험회피회계(O)
  ③ 당기손익(X) → 기타포괄손익(O)

5. (주)A는 20x1년 11월 1일에 미국에 제품 $1,000를 수출하고 수출대금은 6개월 후에 받기로 하였다. (주)A의 대표이사는 환율변동에 따른 수출대금의 가치감소를 우려하고 있다. 다음 중 (주)A의 재무팀장이 대표이사에게 환위험을 회피(Hedge)하기 위한 조언으로 가장 옳은 것은?

① 6개월 후에 $1,000를 매도하는 통화선도 계약을 체결하도록 권유한다.
② 수출한 제품에 대한 상품선물의 매입계약을 체결하도록 권유한다.
③ 6개월 후에 $1,000를 매입하는 통화선도계약을 체결하도록 권유한다.
④ 6개월 후에 $1,000를 살 수 있는 콜옵션을 구입하도록 권유한다.

🧭 내비게이션

• 외화대금 수령분을 일정 안정된 환율로 매도하는 통화선도 매도계약을 체결한다.

6. 다음 중 파생금융상품에 해당하지 않는 것은?

① 상장주식
② 주가지수선물
③ 통화선물
④ 주식옵션

🧭 내비게이션

• 주식, 국공채, 회사채는 파생상품이 아니다.

🚃 **ANSWER** 1. ① 2. ① 3. ① 4. ④ 5. ① 6. ①

제2편
[단기속성특강] 세무회계

제3편
[단기속성특강] 실전기출문제

합본부록1
신유형기출문제

합본부록2
10개년기출오답노트

단기속성특강 제90강   파생상품 회계처리

매매목적

⌕주의 계약체결일에는 회계처리를 하지 않음(이하 모두 동일)

 사례 ▪ **매매목적 선도거래 회계처리**

✿ 투기목적으로 통화선도계약(내용 : 3개월후 $200를 ₩1,480에 매입)을 체결하였다. 매입자의 처리는?

구분	계약일(20x3.11.1)	결산일(20x3.12.31)	실행일(20x4.1.31)
현물환율	₩1,500/$1	₩1,540/$1	₩1,560/$1
30일선도환율	–	₩1,520/$1	–
90일선도환율	₩1,480/$1	–	–

✐ 풀이

20x3년말	(차) 통화선도자산	8,000	(대) 통화선도평가이익 $200×(1,520-1,480)=8,000	
20x4.1.31	(차) 현금 $200×1,560=312,000		(대) 현금 $200×1,480=296,000	
			통화선도자산	8,000
			통화선도거래이익	8,000

공정가치 위험회피

 사례 ▪ **공정가치위험회피 회계처리**

✿ 20x3년 10월 1일에 상품 1개를 6개월후에 $200에 구입하는 확정계약을 체결함. 한편, 동 일자에 공정가치위험회피를 위해 통화선도거래계약(계약기간은 6개월, $200를 수취하고 ₩440,000(즉, ₩2,200/$1) 지급조건)을 체결하였다.

구분	계약일(20x3.10.1)	결산일(20x3.12.31)	실행일(20x4.3.31)
현물환율	₩2,000/$1	₩2,220/$1	₩2,400/$1
통화선도환율	₩2,200/$1(만기 6개월)	₩2,280/$1(만기 3개월)	–

✐ 풀이

20x3년말	[확정계약] (차) 당기손실	$200×(2,280-2,200)=16,000	(대) 확정계약(F/P)	16,000	
	[통화선도] (차) 통화선도자산	$200×(2,280-2,200)=16,000	(대) 당기이익	16,000	
20x4.3.31	[확정계약] (차) 당기손실	$200×(2,400-2,280)=24,000	(대) 확정계약(F/P)	24,000	
	[통화선도] (차) 현금	480,000	(대) 현금	440,000	
			통화선도자산	16,000	
			통화선도거래이익	24,000	
	[상품구입] (차) 확정계약(F/P)	40,000	(대) 현금	480,000	
	상품	440,000			

현금흐름 위험회피

 사례 ▪ **현금흐름위험회피 회계처리**

✿ 20x3.11.1에 미국에 상품을 $20,000에 판매키로 약정함.(인도일은 다음연도 2월 1일) 동 일자에 통화선도계약(3개월후 ₩1,320/$으로 $20,000를 매도가능)을 체결함.

구분	계약일(20x3.11.1)	결산일(20x3.12.31)	실행일(20x4.2.1)
현물환율	₩1,340/$1	₩1,330/$1	₩1,280/$1
통화선도환율	₩1,320/$1(3개월)	₩1,310/$1(1개월)	–

✐ 풀이

20x3년말	(차) 통화선도자산	200,000	(대) 통화선도평가이익 $20,000×(1,320-1,310) =200,000	
20x4.2.1	(차) 현금 $20,000×1,320=26,400,000		(대) 매출 $20,000×1,280=25,600,000	
	통화선도평가이익	200,000	통화선도자산	200,000
			통화선도거래이익(매출)	800,000

FINAL 객관식뽀개기

기출 & 적중문제

1. (주)A는 20x1년 10월 1일 미국으로부터 원재료 $100를 수입하고 대금은 5개월 후에 지급하기로 하였다. 또한 환율 상승에 대비하여 5개월 후에 $100를 1,200원/$에 매입하는 통화선도계약을 체결하였다. 환율정보는 다음과 같고, (주)A의 결산일은 12월 31일이며, 이 계약은 20x2년 2월 28일에 실행되었다. 이 계약에 대한 다음의 설명 중 옳은 것은 어느 것인가? 단, 현재가치평가는 고려하지 않는다.

일자	현물환율	선도환율
20×1년 10월 1일	1,180원/$	1,200원/$(5개월)
20×1년 12월 31일	1,210원/$	1,220원/$(2개월)
20×2년 2월 28일	1,150원/$	–

① 이 계약의 기초변수는 $이다.
② 이 계약의 계약단위는 환율이다.
③ 20×1년 12월 31일에는 외화매입채무 122,000원이 인식된다.
④ 20×1년 12월 31일에는 통화선도평가이익 2,000원이 인식된다.

◉ 내비게이션

• ① 기초변수(가치변동대상) : 환율
  ② 계약단위 : $
  ③ $100 × 1,210 = 121,000
  ④ $100 × (1,220−1,200) = 2,000

2. 12월 결산법인인 (주)A는 환율인하를 예상하고 다음과 같은 통화선도거래계약을 (주)B은행과 체결하였다. 현재가치를 적용하지 않기로 하며, 만기일에 미화를 실물인도 하였다. (주)A가 위 통화선도거래와 관련하여 기록해야 할 회계처리 중 맞는 것은?

(1) 통화선도거래계약 체결일 : 20x1년 9월 1일
(2) 계약기간 : 6개월(20x1년 9월 1일부터 20x2년 2월 28일까지)
(3) 계약조건 : 미화 $100를 $1당 1,200원의 선도환율로 매도하기로 함.
(4) 환율에 대한 자료는 다음과 같다.

일자	현물환율(₩/$)	통화선도환율(₩/$)
20x1.09.01	1,190	1,200(만기 6개월)
20x1.12.31	1,185	1,190(만기 2개월)
20x2.02.28	1,160	

① 계약체결일에 통화선도계정에 1,000원을 차기한다.
② 보고기간말에 1,000원을 통화선도평가이익계정에 대기한다.
③ 만기일에 4,000원을 통화선도거래이익계정에 대기한다.
④ 상기 모두 틀리다.

◉ 내비게이션

• 20x1년 9월 1일
 - 회계처리 없음 -
• 20x1년 12월 31일
 (차) 통화선도(F/P)   1,000 (대) 통화선도평가이익   1,000[1]
• 20x2년 2월 28일
 (차) 현금   120,000[2] (대) 현금   116,000[3]
                                통화선도   1,000
                                통화선도거래이익   3,000

[1]$100 × (@1,200 − @1,190) = 1,000
[2]$100 × @1,200 = 120,000
[3]$100 × @1,160 = 116,000

3. (주)A는 20x1년 9월 1일에 미국에 제품을 $1,000,000에 수출하고 수출대금은 3개월 후인 20x1년 11월 30일에 받기로 하였다. (주)의 대표이사는 환율하락에 따른 수출대금의 가치감소를 우려하여 20x1년 11월 30일에 결제일이 도래하는 통화선도계약 $1,000,000을 이용하여 환위험을 회피(Hedging)하려고 한다. 통화선도의 약정환율이 1,150원/$이고 일자별 환율이 다음과 같을 경우 환위험 회피를 위한 통화선도의 거래형태(Position)와 매출채권 및 통화선도 관련손익을 바르게 설명한 것은?

일자	환율
20x1년 9월 1일	1,200원/$
20x1년 11월 30일	1,100원/$

	통화선도Position	외환차손익	통화선도손익
①	매도계약 (short position)	손실 100,000,000	손실 50,000,000
②	매도계약 (short position)	손실 100,000,000	이익 50,000,000
③	매도계약 (short position)	손실 100,000,000	손실 100,000,000
④	매입계약 (long position)	손실 100,000,000	이익 50,000,000

◉ 내비게이션

• 외화대금 수령분을 일정 안정된 환율로 매도하는 통화선도 매도계약을 체결한다.

 → (차)매출채권 $1,000,000×1,200=1,200,000,000
    (대)매출   1,200,000,000
 → (차)현금 $1,000,000×1,100=1,100,000,000
    (차)외환손실   100,000,000
    (대)매출채권   120,000,000
 → (차)현금 $1,000,000×1,150=1,150,000,000
    (대)현금 $1,000,000×1,100=1,100,000,000
    (대)통화선도거래이익   50,000,000

단기속성특강 제91강	파생상품과 수출·수입거래

 사례 ▪ **수출거래**

CASE I

❂ ㈜야무지개폭파는 20x1년 11월 1일 $100의 상품을 수출하고 대금은 5개월 후에 받기로 하였다. $수출대금 의에 대한 환율변동위험을 회피하기 위해 다음의 통화선도거래계약을 체결하였다. 다음 자료를 기초로 하여 20x1년말의 현물 및 통화선도계약과 관련된 손익항목 및 금액은 얼마인가?

(1) 계약체결일 : 20x1년 11월 1일
(2) 계약기간 : 5개월(20x1년 11월 1일부터 20x2년 3월 31일)
(3) 계약조건 : $100를 @₩1,150(Forward rate)로 매도하기로 함.
(4) 환율관련 자료는 다음과 같으며, 현재가치평가는 생략한다.

일자	현물환율	통화선도환율
20x1년 11월 1일	₩1,100/$	₩1,150/$(만기 5개월)
20x1년 12월 31일	₩1,080/$	₩1,120/$(만기 3개월)
20x2년 3월 31일	₩1,180/$	–

풀이

•통화선도평가이익(당기이익) : $100x(1,150-1,120)=3,000 / 외환손실 : $100x(1,100-1,080)=2,000

20x1.11.1	(차) 외화매출채권	$100x1,100=110,000	(대) 매출	110,000
20x1.12.31	(차) 통화선도	3,000	(대) 통화선도평가이익	3,000
	(차) 외환손실	2,000	(대) 외화매출채권	2,000
20x2.3.31	(차)	$100x1,180=118,000	(대) 외화매출채권	108,000
			외환이익	10,000
	(차) 현금	$100x1,150=115,000	(대) 현금	$100x1,180=118,000
	통화선도거래손실	6,000	통화선도	3,000

 사례 ▪ **수입거래**

CASE II

❂ ㈜막판스퍼트는 20x1년 10월 1일 미국으로부터 원재료 $200를 수입하고 대금은 5개월후에 지급하기로 하였고, 5개월후에 $200를 ₩1,200/$에 매입하는 통화선도계약을 체결하였다. 모든 거래에서 현재가치평가를 생략하며 환율정보는 다음과 같다고 할 경우 20x1년도 순이익에 미치는 영향은 얼마인가?

일자	현물환율	선도환율
20x1년 10월 1일	₩1,180/$	₩1,200/$(5개월)
20x1년 12월 31일	₩1,210/$	₩1,225/$(3개월)
20x2년 2월 28일	₩1,150/$	–

풀이

•통화선도평가이익(당기이익) : $200x(1,225-1,200)=5,000 / 외환손실 : $200x(1,210-1,180)=6,000
→∴순이익에 미치는 영향 : 1,000(손실)

20x1.10.1	(차) 원재료	236,000	(대) 외화매입채무	$200x1,180=236,000
20x1.12.31	(차) 통화선도	5,000	(대) 통화선도평가이익	5,000
	(차) 외환손실	6,000	(대) 외화매입채무	6,000
20x2.2.28	(차) 현금	$200x1,150=230,000	(대) 현금	$200x1,200=240,000
	통화선도거래손실	15,000	통화선도	5,000
	(차) 외화매입채무	242,000	(대) 현금	$200x1,150=230,000
			외환이익	12,000

FINAL 객관식뽀개기   기출&적중문제

1. 12월 31일이 결산일인 ㈜A는 20x1년 11월 1일 미국으로부터 자재를 수입하고 수입대금 $1,000는 6개월 후에 지급하기로 하였다. 이와 함께 환율이 상승할 것으로 예상되어 6개월후에 $1,000를 ₩1,200/$에 매입하는 통화선도계약을 체결하였다. 주어진 계약과 관련하여 20x1년과 20x2년의 회계처리에 대한 설명으로 올바른 것은?

일자	현물환율	선도환율
20x1년 11월 1일	₩1,180/$	₩1,200/$(6개월)
20x1년 12월 31일	₩1,210/$	₩1,220/$(4개월)
20x2년 4월 30일	₩1,230/$	-

① 20x1년 12월 31일에는 통화선도평가이익이 20,000원이다.
② 20x1년 12월 31일에는 통화선도평가손익을 인식하지 않는다.
③ 20x2년 4월 30일에 인식할 통화선도거래이익은 20,000원이다.
④ 20x2년 4월 30일에 인식할 통화선도거래이익은 없다.

📍 내비게이션

- 20x1년 11월 1일 회계처리
 (차) 원재료   1,180,000   (대) 외화매입채무   1,180,000[1]
- 20x1년 12월 31일 회계처리
 (차) 통화선도   20,000   (대) 통화선도평가이익   20,000[2]
 (차) 외환손실   30,000[3] (대) 외화매입채무   30,000
- 20x2년 4월 30일 회계처리

 (차) 현금   1,230,000[4] (대) 현금   1,200,000[5]
                통화선도   20,000
                통화선도거래이익   10,000

 (차) 외화매입채무   1,210,000 (대) 현금   1,230,000[6]
   외환손실   20,000

[1] $1,000x1,180=1,180,000
[2] $1,000x(1,220-1,200)=20,000
[3] $1,000x(1,210-1,180)=30,000
[4] $1,000x1,230=1,230,000
[5] $1,000x1,200=1,200,000
[6] $1,000x1,230=1,230,000

제2편
[단기속성특강] 원가관리회계

제3편
[단기속성특강] 신유형기출문제

합본부록1
신유형기출문제

합본부록2
10개년/기출오답노트

단기속성특강 제92강		리스의 의의와 분류

리스의 의의	리스	•대가와 교환하여 자산의 사용권을 일정기간 이전하는 계약을 말함. ▶ 리스제공자는 금융리스나 운용리스로 분류함.(리스이용자는 분류하지 않음)
	기초자산	•리스제공자가 리스이용자에게 사용권을 제공하는 리스의 대상이 되는 자산을 말함.
	적용제외	① 무형자산 적용범위에 포함되는, 라이선싱계약에 따라 영화필름, 비디오녹화물, 희곡, 원고, 특허권, 저작권과 같은 항목에 대하여 리스이용자가 보유하는 권리 ② 수익의 적용범위에 포함되는 지적재산 라이선스 등
	적용선택	•위 ①이 아닌 다른 무형자산 리스에 리스기준서를 적용할수 있으나 반드시 적용해야 하는 것은 아님. ▶ 즉, ①의 항목이 아닌 무형자산 리스에 대해서는 선택가능 ※말장난 리스기준서는 유형자산에만 적용하며 무형자산에는 적용할 여지가 없다(X)
	리스의 식별	•계약 약정시점에 계약 자체가 리스인지 판단하며, 대가와 교환하여 식별되는 자산의 사용통제권을 일정기간 이전한다면 그 계약은 리스이거나 리스를 포함함. ▶ 계약조건이 변경된 경우만 계약이 리스인지, 리스를 포함하는지를 다시 판단함.
리스제공자 리스분류	분류시점	•리스는 리스약정일에 분류하며, 리스변경이 있는 경우에만 분류를 다시 판단함. ▶ 추정의 변경(예 내용연수·잔존가치 추정치의 변경)이나 상황의 변화(예 리스이용자의 채무불이행)는 회계 목적상 리스를 새로 분류하는 원인이 되지 않음.
	분류유형	금융리스	•기초자산의 소유에 따른 위험과 보상의 대부분을 이전하는 리스 •법적소유권은 리스제공자에게 있으나 리스이용자가 자산인식하고 감가상각함. ▶ 이론적 근거 : 경제적 실질 🔍주의 이하 금융리스 예시나 지표가 항상 결정적인 것은 아니며, 예시나 지표에 해당되어도 위험과 보상의 이전이 없으면 운용리스임.(예 리스기간 종료시점에 소유권을 그 시점의 공정가치에 해당하는 변동지급액으로 이전하는 경우)
		운용리스	•기초자산의 소유에 따른 위험과 보상의 대부분을 이전하지 않는 리스
	금융리스 예시	❖일반적으로 금융리스로 분류되는 상황의 예는 다음과 같음.	
		소유권이전약정	•종료시점 이전에 소유권이 리스이용자에게 이전되는 리스
		염가매수선택권	•선택권을 행사할 수 있는 날의 공정가치보다 충분히 낮을 것으로 예상되는 가격으로 매수할 수 있는 선택권을 가지고 있고, 그 선택권을 행사할 것이 리스약정일 현재 상당히 확실한 경우
		리스기간기준	•소유권이 이전되지는 않더라도 리스기간이 경제적내용연수의 상당 부분을 차지하는 경우 ▶ 예 리스기간≧경제적내용연수x75%
		공정가치기준	•리스약정일 현재 리스료의 현재가치가 적어도 공정가치의 대부분에 해당하는 경우 ▶ 예 리스료 현재가치≧공정가치x90%
		범용성없는 자산	•리스이용자만이 주요한 변경없이 사용할수 있는 경우 ▶ 예 리스기간 종료시점에 다른곳에 사용불가한 특수기계
	금융리스 지표	❖금융리스로 분류될수 있는 상황의 지표는 다음과 같음.	
		해지손실부담	•리스이용자가 리스를 해지할수 있는 경우에 리스이용자가 해지에 관련되는 리스제공자의 손실을 부담하는 경우
		공정가치 변동손익 귀속	•잔존자산의 공정가치 변동에서 생기는 손익이 리스이용자에게 귀속되는 경우 ▶ 예 리스 종료시점에 매각대가의 대부분에 해당하는 금액이 리스료 환급의 형태로 리스이용자에게 귀속되는 경우
		염가갱신	•리스이용자가 시장리스료보다 현저하게 낮은 리스료로 다음 리스기간에 리스를 계속할 능력이 있는 경우

참고 부동산리스(토지·건물요소가 모두 포함된 경우)에서 리스료를 신뢰성있게 배분할수 없는 경우 모두 운용리스이면 운용리스로, 모두 운용리스가 아닌 경우는 금융리스로 분류함.

FINAL 객관식뽀개기

기출 & 적중문제

제1편
[단기속성특강] 재무회계

1. 리스가 금융리스인지 운용리스인지는 계약의 형식보다는 거래의 실질에 달려있다. 리스가 일반적으로 금융리스로 분류되는 상황의 사례로 가장 옳지 않은 것은?

① 리스이용자가 선택권을 행사할 수 있는 날의 공정가치보다 충분히 낮을 것으로 예상되는 가격으로 기초자산을 매수할 수 있는 선택권을 가지고 있고, 그 선택권을 행사할 것이 리스약정일 현재 상당히 확실한 경우

② 계약의 다른 속성들을 고려할 때 기초자산의 소유에 따른 위험과 보상의 대부분을 이전하지 않는다는 점이 분명한 경우

③ 리스기간 종료시점 이전에 기초자산의 소유권이 리스이용자에게 이전되는 리스

④ 기초자산의 소유권이 이전되지는 않더라도 리스기간이 기초자산의 경제적 내용연수의 상당 부분(major part)을 차지하는 경우

◉ 내비게이션

•계약의 다른 속성들을 고려할 때 기초자산의 소유에 따른 위험과 보상의 대부분을 이전하지 않는다는 점이 분명하다면 그 리스는 운용리스로 분류한다.

2. 리스에 대한 설명이다. 가장 옳은 설명은 어느 것인가?

① 운용리스의 경우 리스이용자가 운용리스자산과 관련된 감가상각비를 계상한다.

② 리스약정일 현재 리스료의 현재가치가 리스자산 공정가치에 현저히 미달하는 경우에 금융리스로 분류한다.

③ 기초자산이 특수하여 해당 리스이용자만이 주요한 변경 없이 사용할 수 있는 경우 운용리스로 분류한다.

④ 금융리스의 경우 리스이용자가 사용권자산과 관련된 감가상각비를 계상한다.

◉ 내비게이션

•① 운용리스의 경우 리스제공자가 운용리스자산과 관련된 감가상각비를 계상하며, 리스이용자는 사용권자산과 관련된 감가상각비를 계상한다.(후술함!)
•② 리스약정일 현재 리스료의 현재가치가 적어도 기초자산 공정가치의 대부분에 해당하는 경우에 금융리스로 분류한다.
•③ 운용리스로 분류한다.(X) → 금융리스로 분류한다.(O)
•④에 대하여는 후술함!

3. 다음 중 리스의 분류기준에 대한 설명으로 옳지 않은 것은?

① 리스이용자가 리스를 해지할 수 있는 경우에 리스이용자가 해지에 관련되는 리스제공자의 손실을 부담하는 경우 금융리스로 분류한다.

② 리스기간 종료시점 이전에 기초자산의 소유권이 리스이용자에게 이전되는 리스의 경우는 일반적으로 금융리스로 분류한다.

③ 리스약정일 현재 리스료의 현재가치가 적어도 기초자산 공정가치의 대부분에 해당하는 경우는 일반적으로 금융리스로 분류한다.

④ 리스이용자가 선택권을 행사할 수 있는 날의 공정가치보다 충분히 낮을 것으로 예상되는 가격으로 기초자산을 매수할 수 있는 선택권을 가지고 있고, 그 선택권을 행사할 것이 리스약정일 현재 상당히 확실한 경우는 일반적으로 금융리스로 분류한다.

◉ 내비게이션

•금융리스로 분류될 가능성이 있는 것이지, 반드시 금융리스로 분류하는 것은 아님.

4. 리스제공자는 기초자산의 소유에 따른 위험과 보상의 대부분을 이전하는지에 따라 금융리스 또는 운용리스로 분류한다. 다음 중 금융리스 분류기준으로서 가장 적절하지 않은 것은?

① 리스자산의 소유권이 이전되지 않더라도 리스기간이 리스자산의 경제적내용연수의 경미한 부분을 차지하는 경우

② 리스이용자가 선택권을 행사할 수 있는 날의 공정가치보다 충분히 낮을 것으로 예상되는 가격으로 기초자산을 매수할 수 있는 선택권을 가지고 있고, 그 선택권을 행사할 것이 리스약정일 현재 상당히 확실한 경우

③ 기초자산이 특수하여 해당 리스이용자만이 주요한 변경 없이 사용할 수 있는 경우

④ 리스약정일 현재, 리스료의 현재가치가 적어도 기초자산 공정가치의 대부분에 해당하는 경우

◉ 내비게이션

•경미한 부분을 차지하는 경우(X) → 상당 부분을 차지하는 경우(O)

제2편
[단기속성특강] 세무회계

제3편
[단기속성특강] 원가관리회계

합본부록1
신유형기출문제

합본부록2
10개년/기출오답노트

📖 **ANSWER** 1. ② 2. ④ 3. ① 4. ①

단기속성특강 제93강		리스용어의 정의

기본용어	리스약정일	•리스계약일과 리스의 주요 조건에 대하여 계약당사자들이 합의한 날 중 이른 날 🔎주의 리스는 리스약정일에 분류하며 리스변경이 있는 경우에만 분류를 재판단함.
	리스개시일 (리스기간개시일)	•리스제공자가 리스이용자에게 기초자산을 사용할수 있게 하는 날 🔎주의 리스에 따른 자산, 부채, 수익, 비용의 최초인식일임.(즉, 회계처리시점)
	리스기간	•리스이용자가 기초자산 사용권을 갖는 해지불능기간 🔎주의 리스개시일에 평가해 볼 때, 리스이용자가 연장선택권을 행사할 것이 상당히 확실한 경우와 종료선택권을 행사하지 않을 것이 상당히 확실한 경우에 그 선택권의 대상기간을 포함함.
	경제적내용연수	•자산을 사용여부에 관계없이 경제적으로 사용할수 있을 것으로 예상하는 전체기간 비교 **내용연수 :** 실제 자산을 사용할수 있는 기간으로 감가상각기간을 의미함.

세부용어	리스료	❖리스이용자가 리스제공자에게 지급하는 금액으로 다음 항목으로 구성됨.

		고정리스료	•지급액에서 변동리스료를 뺀 금액(리스인센티브[1]는 차감)
		변동리스료	•시간경과가 아닌 지수·요율(이율)에 따라 달라지는 리스료
		매수선택권행사가격 (소유권이전금액)	•리스이용자가 매수선택권을 행사할 것이 상당히 확실한 경우 그 매수선택권의 행사가격(또는 소유권이전금액)
		종료선택권행사가격	•리스기간이 리스이용자의 종료선택권 행사를 반영하는 경우에 그 리스를 종료하기 위하여 부담하는 금액

		보증잔존가치	① 리스이용자의 경우 : 잔존가치보증에 따라 리스이용자가 지급할 것으로 예상되는 금액
			② 리스제공자의 경우 : 다음의 자의 잔존가치보증액
			  - 리스이용자와 리스이용자의 특수관계자
			  - 리스제공자와 특수 관계에 있지 않고 보증의무를 이행할 재무적 능력이 있는 제3자

[1] 리스제공자가 리스이용자에게 지급하는 금액이나 리스의 원가를 리스제공자가 보상·부담하는 금액

보론 **무보증잔존가치 :** 리스제공자가 실현 불확실하거나 리스제공자의 특수관계자만이 보증한 잔존가치 부분 →추정잔존가치=보증잔존가치+무보증잔존가치

참고 잔존가치	•소유권이전O	회수불가잔존가치	미래현금흐름이 아님
	•소유권이전X	회수가능잔존가치	보증잔존가치 무보증잔존가치

	단기리스	•리스개시일에 리스기간이 12개월 이하인 리스 🔎주의 매수선택권이 있는 리스는 단기리스에 해당하지 않음.
	공정가치	•리스제공자가 기초자산을 신규로 취득하여 리스하는 경우 <div align="center">공정가치 = 취득원가</div>
	리스개설직접원가	•리스 미체결시 부담하지 않았을 리스체결의 증분원가로 자산을 구성함. 비교 금융리스 관련 제조자·판매자인 리스제공자가 부담하는 원가는 비용인식함.
	내재이자율	•소유권이전이 확실하지 않은 경우 다음 산식을 성립시키게 하는 할인율 (리스료 + 무보증잔존가치)의 현재가치 = 공정가치 + 리스개설직접원가(제공자) '리스총투자' '리스순투자' 비교 '리스이용자의 증분차입이자율'은 리스이용자가 비슷한 경제적 환경에서 비슷한 기간에 걸쳐 비슷한 담보로 사용권자산과 가치가 비슷한 자산 획득에 필요한 자금을 차입한다면 지급해야 하는 이자율을 말함.
	미실현금융수익	•리스총투자와 리스순투자의 차이로 금융리스제공자가 인식할 총이자수익임. <div align="center">미실현금융수익 = 리스총투자 – 리스순투자</div>

제1편
[단기속성특강] 재무회계

제2편
[단기속성특강] 세무회계

제3편
[단기속성특강] 원가관리회계

합본부록1
신유형기출문제

합본부록2
100개/기출오답노트

FINAL 객관식뽀개기

기출 & 적중문제

1. 리스에 관한 다음의 설명 중 가장 타당하지 않은 것은?

① 금융리스에서 리스제공자가 리스채권으로 인식할 금액은 리스료의 현재가치와 무보증잔존가치의 현재가치를 합한 금액이다.
② 리스는 리스개시일을 기준으로 운용리스나 금융리스로 분류한다.
③ 리스이용자는 단기리스나 소액 기초자산 리스에 대하여는 사용권자산과 리스부채를 인식하지 않기로 선택할 수 있다.
④ 리스총투자는 금융리스에서 리스제공자가 받게 될 리스료와 무보증잔존가치의 합계액을 말한다.

◉ 내비게이션
• 리스는 리스약정일에 분류한다.
• ①과 ③에 대하여는 후술함!

2. 한국채택국제회계기준 리스의 용어의 정의 중 리스료에 포함되지 않는 것은 어느 것인가?

① 지수나 요율(이율)에 따라 달라지는 변동리스료
② 무보증잔존가치
③ 리스기간이 리스이용자의 종료선택권 행사를 반영하는 경우에, 그 리스를 종료하기 위하여 부담하는 금액
④ 고정리스료(실질적인 고정리스료를 포함하고, 리스 인센티브는 차감)

◉ 내비게이션
• 무보증잔존가치란 리스제공자가 실현할 수 있을지 확실하지 않거나 리스제공자의 특수관계자만이 보증한 기초자산의 잔존가치 부분으로 정의되며 리스료에는 포함되지 않는 항목이다.

3. 리스료 및 무보증잔존가치의 현재가치 합계액을, 기초자산의 공정가치와 리스제공자의 리스개설직접원가의 합계액과 동일하게 하는 할인율을 리스용어의 정의상 무엇이라 하는가?

① 시장이자율
② 증분차입이자율
③ 내재이자율
④ 가중평균차입이자율

◉ 내비게이션
• 리스용어의 정의 중 내재이자율에 대한 내용이다.

4. 다음 중 리스거래의 용어에 관한 설명으로 가장 올바르지 않은 것은?

① 운용리스란 기초자산의 소유에 따른 위험과 보상의 대부분을 리스이용자에게 이전하는 리스를 말한다.
② 리스개시일이란 리스제공자가 리스이용자에게 기초자산을 사용할 수 있게 하는 날을 말한다.
③ 리스료란 기초자산 사용권과 관련하여 리스기간에 리스이용자가 리스제공자에게 지급하는 금액을 말한다.
④ 경제적 내용연수란 하나 이상의 사용자가 자산을 경제적으로 사용할 수 있을 것으로 예상하는 기간이나 자산에서 얻을 것으로 예상하는 생산량 또는 이와 비슷한 단위 수량을 말한다.

◉ 내비게이션
• 운용리스(X) → 금융리스(O)

5. 다음 중 리스관련 용어의 설명으로 가장 타당하지 않은 것은?

① 내재이자율이란 리스개시일 현재 리스제공자가 수령하는 리스료와 보증잔존가치의 합계액을 기초자산의 공정가치와 일치시키는 할인율을 말한다.
② 리스총투자는 금융리스에서 리스제공자가 받게 될 리스료와 무보증잔존가치의 합계액을 말한다.
③ 무보증잔존가치는 리스제공자가 실현할 수 있을지 확실하지 않거나 리스제공자의 특수관계자만이 보증한 기초자산의 잔존가치 부분을 말한다.
④ 리스기간이란 리스이용자가 기초자산 사용권을 갖는 해지불능기간을 말한다.

◉ 내비게이션
• 내재이자율이란 리스료 및 무보증잔존가치의 현재가치 합계액을, 기초자산의 공정가치와 리스제공자의 리스개설직접원가의 합계액과 동일하게 하는 할인율을 말한다.

단기속성특강 제94강 | 리스제공자 금융리스 : 기본회계처리

개요	리스개시일 이전	•(차) 선급리스자산(구입액) xxx (대) 현금 xxx
	리스개시일	•(차) 리스채권 xxx (대) 선급리스자산 xxx 현금(리스개설직접원가) xxx **리스채권** ■ (리스료＋무보증잔존가치)를 내재이자율로 할인한 현가 ＝공정가치(신규취득시 취득원가)＋리스개설직접원가
	보고기간말	•(차) 현금 xxx (대) 이자수익 xxx 리스채권 xxx **이자수익** ■ 리스채권장부가×내재이자율

 사례 ■ 자산반환시 금융리스제공자 회계처리

❖ 20x2년초 의료장비에 대한 금융리스계약을 체결함. 내재이자율 10%(3년 현가계수와 연금현가계수는 0.75131, 2.48685). 리스기간 3년, 리스료는 매년말 ₩300,000, 리스개설직접원가 ₩20,000 지출함.
•리스자산 : 20x1년말 신규취득 취득원가 ₩980,000, 경제적내용연수 5년, 잔존가치 없음.
•특약사항 : 종료시 반환조건, 리스기간 종료시점 추정잔존가치 ₩338,000 중 ₩250,000 보증조건

풀이

•리스채권 : 300,000x2.48685+338,000x0.75131=1,000,000 또는 980,000+20,000=1,000,000

일자	리스료	이자수익(10%)	회수액	리스채권잔액
20x2년초	-	-	-	1,000,000
20x2년말	300,000	100,000	200,000	800,000
20x3년말	300,000	80,000	220,000	580,000
20x4년말	300,000	58,000	242,000	338,000 →'보증＋무보증'

자산반환
[소유권이전x]

20x1년말	(차) 선급리스자산 980,000 (대) 현금 980,000
20x2년초	(차) 리스채권 1,000,000 (대) 선급리스자산 980,000 현금 20,000
20x2년말	(차) 현금 300,000 (대) 이자수익 100,000 리스채권 200,000
20x3년말	(차) 현금 300,000 (대) 이자수익 80,000 리스채권 220,000
20x4년말	(차) 현금 300,000 (대) 이자수익 58,000 리스채권 242,000 **[Case1] 실제잔존가치(=공정가치)가 ₩350,000인 경우** (차) 리스자산 338,000 (대) 리스채권 338,000 **[Case2] 실제잔존가치(=공정가치)가 ₩300,000인 경우** (차) 리스자산 300,000 (대) 리스채권 338,000 리스채권손상차손 38,000 **[Case3] 실제잔존가치(=공정가치)가 ₩200,000인 경우** (차) 리스자산 200,000 (대) 리스채권 338,000 리스채권손상차손 138,000 (차) 현금 50,000 (대) 리스자산보증이익 50,000

FINAL 객관식뽀개기 　　　　　 기출 & 적중문제

1. 리스제공자인 ㈜A는 20x1년초 ㈜B와 금융리스계약을 체결하였다. 다음 자료에 의해 ㈜A의 20x1년말 재무상태표상 리스채권의 장부금액을 구하면 얼마인가?

> ㄱ. 20x1년말부터 매년말 85,420원의 리스료를 수수하기로 하였다.
> ㄴ. ㈜A가 20x1년초 인식한 리스채권의 장부금액은 250,000원이다.
> ㄷ. 내재이자율은 10%이다.

① 164,580원　　　　　　② 189,580원
③ 202,540원　　　　　　④ 250,000원

📍 내비게이션

• 20x1년초 리스채권 : 250,000
• 20x1년말 회계처리
　(차) 현금　　　　 85,420　(대) 이자수익　　 25,000[1]
　　　　　　　　　　　　　　　 리스채권　　 60,420[2]
　[1] 250,000×10%=25,000
　[2] 대차차액
• 20x1년말 리스채권 장부금액 : 250,000-60,420=189,580

2. 리스제공자와 리스이용자의 회계처리에 대한 다음 설명으로 옳지 않은 것은?

① 리스이용자는 리스개시일에 사용권자산과 리스부채를 인식하며, 리스이용자는 리스개시일에 사용권자산을 원가로 측정한다.
② 리스이용자는 리스개시일에 그날 현재 지급되지 않은 리스료의 현재가치로 리스부채를 측정한다.
③ 리스이용자에게 리스개설직접원가가 발생한 경우에는 사용권자산으로 인식하는 금액에 가산하나, 제조자도 판매자도 아닌 리스제공자에게 리스개설직접원가가 발생한 경우에는 발생한 기간의 비용으로 회계처리한다.
④ 리스제공자는 리스개시일에 금융리스에 따라 보유하는 자산을 재무상태표에 인식하고 그 자산을 리스순투자와 동일한 금액의 수취채권으로 표시한다.

📍 내비게이션

• 제조자도 판매자도 아닌 리스제공자에게 리스개설직접원가가 발생한 경우에는 리스채권에 가산한다.

3. ㈜A리스는 ㈜B와 다음과 같은 조건하에 리스계약을 체결하였다. 당해 리스는 리스제공자의 금융리스로 분류된다. 이때 리스개시일에 ㈜A리스가 인식할 리스채권과 ㈜B가 인식할 리스부채는 각각 얼마인가? 단, 소수점 이하는 반올림할 것.

> (1) 매 연도말(12월 31일)에 지급하기로 명시한 연간리스료는 2,000,000원이다.
> (2) 리스기간 종료시 리스자산의 추정잔존가치는 300,000원이며, 리스이용자는 이 중 200,000원을 보증(전액 지급예상)하였다.
> (3) 리스기간은 20x1년 1월 1일부터 3년간이다.
> (4) 내재이자율은 연간 10%이다.

	리스채권	리스부채
①	5,199,098원	5,123,967원
②	5,199,098원	5,199,098원
③	5,123,967원	5,364,254원
④	5,123,967원	5,792,123원

📍 내비게이션

• 리스채권
$$\frac{2,000,000}{1.1}+\frac{2,000,000}{1.1^2}+\frac{2,200,000}{1.1^3}+\frac{100,000}{1.1^3}$$
=5,199,098
• 리스부채
$$\frac{2,000,000}{1.1}+\frac{2,000,000}{1.1^2}+\frac{2,200,000}{1.1^3}=5,123,967$$

4. ㈜합격리스는 20x1년 1월 1일 ㈜적중과 기계장치에 대한 금융리스계약을 다음과 같이 체결하였다. 20x1년말 ㈜합격리스가 인식해야 할 리스채권은 얼마인가?

> ㄱ. 리스료 : 매년 말 200,000원씩 지급
> ㄴ. 20x1년 1월 1일 현재 리스채권 : 758,158원
> ㄷ. 내재이자율 : 10%
> ㄹ. 리스기간 : 5년

① 124,184원　　　　　　② 633,974원
③ 758,158원　　　　　　④ 800,000원

📍 내비게이션

• 758,158-(200,000-758,158×10%)=633,974

제1편
[단기속성특강] 재무회계

제2편
[단기속성특강] 정부회계

제3편
[단기속성특강] 원가관리회계

합본부록1
신유형기출문제

합본부록2
10개년기출오답노트

단기속성특강 제95강 　 리스제공자 금융리스 : 소유권이전

개요	거래형태	•소유권이전약정이나 염가매수선택권이 있는 경우 리스제공자는 리스종료일에 기초자산의 소유권을 리스이용자에게 이전하고 현금을 수령함.
	리스채권 계산	•종료시점의 추정잔존가치는 회수불가하므로 리스제공자의 현금흐름이 될수 없음. ▶ ∴보증·무보증잔존가치 자체가 없음.
	손익처리	•소유권이전에 따른 현금수령액과 리스채권 장부금액의 차액은 당기손익(리스채권처분손익)으로 인식함. (차) 현금　　　　　　　　　　xxx　(대) 리스채권　　　　　　　　xxx 　　　　　　　　　　　　　　　　　　리스채권처분이익　　　　xxx

🔍 사례 ■ **염가매수선택권이 있는 경우 금융리스제공자 회계처리**

❖ 리스제공자 A는 리스이용자 B와 20x2년초(리스개시일) 기계장치에 대한 금융리스계약을 체결함.
•내재이자율 10%이며, 3년 현가계수와 연금현가계수는 각각 0.75131과 2.48685임.
•양사 모두 정액법을 적용하며, 양사 모두 결산일은 매년말임.
•리스자산은 20x1년말 신규취득하였으며 취득원가는 ₩100,000(공정가치와 일치)임.
•리스자산의 경제적내용연수 4년, 잔존가치는 없음.
•리스기간은 3년이며, 리스료는 매년말 ₩38,700임.
•리스 종료시점에 매수선택권을 행사가능하며 행사가격은 리스종료일 실제잔존가치의 25%로 결정함. 리스종료일의 추정잔존가치는 ₩20,000이므로 행사가격은 ₩5,000으로 추정됨.
•리스종료일 현재 실제잔존가치는 ₩30,000이며 매수선택권은 ₩7,500에 권리가 행사되었음.

✏️ 풀이

•리스채권 : ①+②=100,000
　① 고정리스료의 현가 : 38,700×2.48685
　② 염가매수선택권가액 현가 : 5,000×0.75131
　→또는 공정가치(취득원가)=100,000

세부고찰

일자	리스료	이자수익(10%)	회수액	리스채권잔액
20x2년초	-	-	-	100,000
20x2년말	38,700	10,000	28,700	71,300
20x3년말	38,700	7,130	31,570	39,730
20x4년말	38,700	3,970	34,730	5,000 →'염가매수약정액'

20x1년말	(차) 선급리스자산	100,000	(대) 현금	100,000
20x2년초	(차) 리스채권	100,000	(대) 선급리스자산	100,000
20x2년말	(차) 현금	38,700	(대) 이자수익	10,000
			리스채권	28,700
20x3년말	(차) 현금	38,700	(대) 이자수익	7,130
			리스채권	31,570
20x4년말	(차) 현금	38,700	(대) 이자수익	3,970
			리스채권	34,730
	(차) 현금	7,500	(대) 리스채권	5,000
			리스채권처분이익	2,500

FINAL 객관식뽀개기

기출 & 적중문제

1. 리스제공자인 ㈜A리스는 20x1년초 ㈜B와 다음과 같은 조건의 금융리스계약을 체결하였다. 동 리스와 관련하여 ㈜A리스가 20x1년도 포괄손익계산서에 계상할 감가상각비는 얼마인가?

> ㄱ. ㈜A리스는 20x1년초부터 매기초 37,500원을 수령하는 조건이다.
> ㄴ. 10년간의 리스기간 종료후 소유권을 ㈜B에 이전하기로 하였다.
> ㄷ. 20x1년초 현재의 리스료의 현재가치는 270,000원이다.
> ㄹ. 기초자산의 내용연수는 12년이며, 잔존가치는 없고 감가상각방법은 정액법이다.

① 31,250원   ② 27,000원
③ 22,500원   ④ 0원

📍 내비게이션

• 리스제공자 입장에서 금융리스에 대하여는 감가상각이 없다.

2. 20x1년초 ㈜A는 공정가치 40,000,000원의 건설중장비를 ㈜B리스와 4년의 금융리스계약을 체결하였다. 계약종료일에 염가매수선택권이 ㈜A에게 주어져 있으며, ㈜A는 향후 4년간 매년 말 12,618,694원의 리스료를 ㈜B리스에게 지급해야 한다. 내용연수는 5년, 잔존가치는 4,000,000원, 감가상각은 정액법, 내재이자율은 10%이다. 20x1년말 ㈜B리스의 리스채권 원금회수액과 이자수익을 계산하면 각각 얼마인가?

	리스채권 원금회수액	이자수익
①	8,618,694원	10,000,000원
②	11,356,825원	1,261,869원
③	8,618,694원	4,000,000원
④	11,356,825원	1,261,869원

📍 내비게이션

• 리스채권 : 40,000,000(공정가치)
 →리스제공자는 수령하는 리스료를 리스채권의 원금회수액과 이자수익으로 구분하는 회계처리만 하면 된다.
• 이자수익 : 40,000,000x10%=4,000,000
• 원금회수액 : 12,618,694(리스료)-4,000,000=8,618,694
• [20x1년말 회계처리]
  (차) 현금   12,618,694   (대) 이자수익   4,000,000
                              리스채권   8,618,694

3. ㈜A는 다음과 같이 내용연수 5년, 잔존가치 0원의 기계장치를 리스하였다. 20x1년말 동 리스와 관련하여 ㈜A가 인식할 감가상각비를 계산하면 얼마인가?

> (1) 리스약정일(리스개시일) : 20x1년 1월 1일
> (2) 리스기간 : 20x1년 1월 1일 ~ 20x3년 12월 31일
> (3) 20x1년 1월 1일 기계장치의 공정가치는 705,000원, 리스료(염가매수선택권 행사가격 고려)를 내재이자율로 할인한 현재가치는 705,000원이다.
> (4) ㈜A는 동 기계장치에 대하여 정액법으로 감가상각한다.
> (5) 염가매수선택권(행사가격 150,000원)을 리스기간 종료시점에 행사할 것이 확실하다.
> (6) 리스의 협상 및 체결단계에서 지출한 리스개설직접원가는 없다.

① 141,000원   ② 150,000원
③ 235,000원   ④ 250,000원

📍 내비게이션

• 사용권자산(리스부채) : 705,000
∴감가상각비 : (705,000-0) ÷ 5년=141,000

단기속성특강 제96강 　　리스제공자 금융리스 : 판매형리스

개요	거래형태	•제조자나 판매자가 제조·구매한 자산을 금융리스방식으로 판매하는 경우의 리스를 말함. ▶ ∴리스자산을 정상판매시 매출손익과 리스기간 이자수익의 두 종류의 이익이 발생함.	
	매출손익	매출액	■ Min[리스료를 시장이자율로 할인한 현가, 공정가치]
		매출원가	■ 취득(제조)원가 – 무보증잔존가치를 시장이자율로 할인한 현가 ▶ 취득원가(제조원가) : 장부금액과 다른 경우는 장부금액 적용 ▶ 무보증잔존가치 현가는 리스채권으로 대체함.(이하 사례참조!)
		저자주 매출액 계산시 무보증잔존가치는 리스이용자로부터 회수되는 금액이 아니므로 매출액의 계산에서 제외합니다. 즉, 무보증잔존가치는 반환후 제3자에게 매각시 회수되므로 리스이용자에게 판매함으로써 얻게되는 현금흐름이 아니기 때문입니다. 한편, 매출액 계산시 제외했으므로 매출원가 계산시에도 무보증잔존가치를 차감합니다.	
	리스개설 직접원가	•리스개시일에 전액 비용(판매비용)으로 인식함.	

> 참고 운용리스인 경우 : 리스자산의 판매로 볼 수 없으므로 매출이익을 인식치 아니함.

세부고찰

🔍 사례 ■ **판매형리스 회계처리**

✪ ㈜신의한수는 기계장치 제조 및 판매회사로 제조원가 ₩45,000,000의 재고자산을 금융리스방식으로 판매하는 계약을 다음과 같이 체결함.

(1) 리스개시일 : 20x1년초
(2) 리스개시일의 공정가치 : ₩53,000,000
(3) 기초자산 경제적내용연수 : 4년
(4) 잔존가치 : 내용연수 종료후 잔존가치는 없음.
(5) 리스기간 : 3년
(6) 리스기간 종료시점의 추정잔존가치 : ₩5,000,000
(7) 리스이용자는 추정잔존가치 중 ₩3,000,000을 보증함.
(3) 매년말 ₩20,000,000의 리스료를 수령함.
(4) ㈜신의한수는 금융리스 체결과 관련하여 리스개시일에 ₩100,000의 수수료를 지급하였음.
(5) 시장이자율은 10%이며, 현재가치계수 자료는 다음과 같다.

기간	10% 기간말 단일금액 ₩1의 현재가치	10% 정상연금 ₩1의 현재가치
3	0.7513	2.4868

 풀이

•판매형리스의 리스개설직접원가 ₩100,000은 전액 비용으로 인식함.
•리스료를 시장이자율로 할인한 현가 : 20,000,000×2.4868+3,000,000×0.7513=51,989,900
•매출액 : Min[51,989,900, 53,000,000(공정가치)]=51,989,900
•매출원가 : 45,000,000 – 1,502,600(2,000,000x0.7513) = 43,497,400
•이자수익 : (51,989,900+1,502,600)x10%=5,349,250
•회계처리

20x1년초	(차) 리스채권	51,989,900	(대) 매출	51,989,900	
	(차) 리스채권 　　　매출원가	1,502,600 43,497,400	(대) 재고자산	45,000,000	
	(차) 수수료비용	100,000	(대) 현금	100,000	
20x1년말	(차) 현금	20,000,000	(대) 이자수익 　　　리스채권	5,349,250 14,650,750	

FINAL 객관식뽀개기

기출 & 적중문제

1. 기계장치를 제조 및 판매하고 있는 ㈜A는 20x1년 1월 1일에 ㈜B에게 금융리스 방식으로 기계장치를 1대 인도하였다. 이 기계장치의 제조원가는 700,000원이고, 공정가치(정상판매가격)는 900,000원이다. 이 거래와 관련하여 20x1년 12월 31일로 종료되는 회계연도에 ㈜A가 인식할 리스관련 이익은 얼마인가? 단, 무보증잔존가치는 없다고 가정한다.

> ㄱ. 리스료를 내재이자율(10%)로 할인한 현재가치 : 1,020,000원
> ㄴ. 리스료를 시장이자율(12%)로 할인한 현재가치 : 1,000,000원

① 200,000원　　　　　　② 308,000원
③ 900,000원　　　　　　④ 1,008,000원

📍 **내비게이션**

- 매출액 : Miin[1,000,000, 900,000]=900,000
- 매출원가 : 700,000-0=700,000
- 이자수익 : 900,000x12%=108,000
- ∴리스관련 이익 : 900,000-700,000+108,000=308,000

2. 중형 컴퓨터를 제조하는 ㈜A는 생산한 컴퓨터를 주로 금융리스형식을 이용하여 판매하고 있다. ㈜A는 ㈜B에 컴퓨터를 금융리스형식으로 판매하였는데 이와 관련된 자료는 다음과 같다. ㈜A가 20x1년 1월 1일에 인식할 매출총이익의 가장 근사한 금액은 얼마인가?

> (1) 리스개시일은 20x1년 1월 1일이고 리스만기일은 20x3년 12월 31일이다.
> (2) 리스료는 매년말 261,275원을 받는다.
> (3) 리스기간 개시일 현재 시장이자율은 연 10%이다.
> (4) 판매당시 컴퓨터의 공정가치는 1,000,000원이다.
> (5) 컴퓨터의 제조원가는 700,000원이다.
> (6) 리스기간 종료시 컴퓨터의 잔존가치는 200,000원으로 추정되며 이 중 리스이용자가 보증한 금액은 없다.
> (7) 단일금액 1원의 현가계수(10%, 3기간)는 0.75130이고, 정상연금 1원의 현가계수(10%, 3기간)은 2.48680이다.

① 80,000원　　　　　　② 100,000원
③ 180,000원　　　　　　④ 250,000원

📍 **내비게이션**

- 리스료의 현재가치 : 261.275×2.4868=649,739
- 매출액 : Min[649,739, 1,000,000(공정가치)]=649,739
- 매출원가 : 700,000-200,000×0.7513=549,740
- 매출총이익 : 649,739-549,740=100,000

제2편
[단기속성특강] 세무회계

제3편
[단기속성특강] 원가관리회계

합본부록1
신유형기출문제

합본부록2
10개년기출오답노트

단기속성특강 제97강 　　리스제공자 운용리스 : 회계처리

개요	리스개시일 이전	•기초자산 구입액은 금융리스의 경우와 같이 선급리스자산으로 계상함.

(차) 선급리스자산(구입액)	xxx	(대) 현금	xxx

	리스개시일	•선급리스자산을 운용리스자산으로 대체하고, 리스개설직접원가를 가산함.

(차) 운용리스자산	xxx	(대) 선급리스자산	xxx
		현금(리스개설직접원가)	xxx

	수익인식	•정액기준(정액법)이나 다른 체계적인 기준으로 리스료를 수익으로 인식함. ▶ 다른 체계적인 기준이 기초자산의 사용으로 생기는 효익이 감소되는 형태를 더 잘 나타낸다면 그 기준을 적용함.

정액기준 리스료수익 인식액	■ 고정리스료합계액 ÷ 리스기간

(차) 현금	xxx	(대) 리스료수익	xxx
미수리스료	xxx		

	감가상각	•기초자산의 감가상각정책은 리스제공자가 소유한 비슷한 자산의 보통 감가상각 정책과 일치해야함. •운용리스자산에 가산한 리스개설직접원가는 리스료수익과 같은 기준으로 리스기간에 걸쳐 비용(감가상각비)으로 인식함.

상각기간	■ 운용리스자산 중 구입액 　　　 : 경제적내용연수 ■ 운용리스자산 중 리스개설직접원가 : 리스기간

	손상차손	•리스제공자는 운용리스의 대상이 되는 기초자산이 손상되었는지를 판단하고 식별되는 손상차손을 회계처리하기 위하여 기준서 '자산손상'을 적용함.

 사례 ■ **운용리스제공자 회계처리**

❖ 리스제공자 A는 리스개시일인 20x2년초 리스기간 3년의 운용리스계약을 체결하고 고정리스료로 20x2년말, 20x3년말, 20x4년말에 각각 ₩20,000, ₩30,000, ₩70,000을 수수하기로 함.
 •리스자산은 20x1년말 ₩100,000에 취득하였으며 경제적내용연수 5년, 정액법상각, 잔존가치 없음.
 •리스개시일에 리스개설직접원가 ₩3,000을 지출했으며, 리스종료일의 보증잔존가치는 ₩5,000임.

✎풀이

•매년 리스료수익 : (20,000+30,000+70,000) ÷ 3년=40,000

•매년 감가상각비 : (100,000-0) ÷ 5년+3,000 ÷ 3년=21,000

세부고찰

20x1년말	(차) 선급리스자산	100,000	(대) 현금	100,000
20x2년초	(차) 운용리스자산	103,000	(대) 선급리스자산	100,000
			현금	3,000
20x2년말	(차) 현금	20,000	(대) 리스료수익	40,000
	미수리스료	20,000		
	(차) 감가상각비	21,000	(대) 감가상각누계액	21,000
20x3년말	(차) 현금	30,000	(대) 리스료수익	40,000
	미수리스료	10,000		
	(차) 감가상각비	21,000	(대) 감가상각누계액	21,000
20x4년말	(차) 현금	70,000	(대) 리스료수익	40,000
			미수리스료	30,000
	(차) 감가상각비	21,000	(대) 감가상각누계액	21,000

제2편
[단기속성특강] 세무회계

제3편
[단기속성특강] 원가관리회계

합격부록 1
신유형기출문제

합격부록 2
10개년기출오답노트

FINAL 객관식뽀개기 / 기출 & 적중문제

1. 운용리스로 분류되는 경우 리스이용자가 재무상태표에 리스자산의 취득원가로 보고할 금액은 얼마이겠는가?

① 리스료를 내재이자율로 할인한 현재가치
② 0원
③ 리스료
④ 리스개시일 현재 기초자산의 공정가치

📍 **내비게이션**

• 운용리스로 분류되는 경우 리스자산(운용리스자산)은 리스제공자가 계상하므로, 리스이용자가 재무상태표에 리스자산의 취득원가로 보고할 금액은 없다.(리스이용자는 사용권자산을 계상한다.)

2. ㈜A리스는 ㈜B와 운용리스계약을 체결하고, 20x2년 10월 1일 생산설비(취득원가 800,000원, 경제적내용연수 10년, 잔존가치 0원, 정액법 감가상각)를 취득과 동시에 인도하였다. 리스기간은 3년이고, 리스료는 매년 9월 30일에 수령한다. ㈜A리스가 리스료를 다음과 같이 수령한 다면, 동 거래가 20x2년 ㈜세무리스의 당기순이익에 미치는 영향은 얼마인가? 단, 기초자산의 사용으로 생기는 효익이 감소되는 형태를 더 잘 나타내는 다른 체계적인 기준은 없고, 리스료와 감가상각비는 월할 계산한다.

일자	리스료
20x3년 9월 30일	100,000원
20x4년 9월 30일	120,000원
20x5년 9월 30일	140,000원

① 5,000원 증가
② 10,000원 증가
③ 25,000원 증가
④ 30,000원 증가

📍 **내비게이션**

• 리스료수익 : $[(100,000+120,000+140,000) \div 3년] \times \frac{3}{12} = 30,000$

• 감가상각비 : $[(800,000-0) \div 10년] \times \frac{3}{12} = 20,000$

→ ∴30,000-20,000=10,000(증가)

3. ㈜A리스는 ㈜B에 다음과 같은 조건의 리스를 제공하였다. ㈜A리스가 2차 회계연도 12월 31일(회계기간은 1년임)에 계상하여야 할 리스료수익과 재무상태표상의 선수리스료의 금액은 각각 얼마인가? 단, 기초자산의 사용으로 생기는 효익이 감소되는 형태를 더 잘 나타내는 다른 체계적인 기준은 없다고 가정한다.

(1) 리스계약은 운용리스이며, 리스기간은 3년이다.
(2) 리스지급은 매 연도 첫 날에 다음과 같이 선급한다.

1차연도 1월 1일	1,000,000원
2차연도 1월 1일	1,000,000원
3차연도 1월 1일	700,000원
계	2,700,000원

	리스료수익	선수리스료
①	900,000원	100,000원
②	900,000원	200,000원
③	1,000,000원	100,000원
④	1,000,000원	200,000원

📍 **내비게이션**

• 리스료수익 = 2,700,000 ÷ 3년 = 900,000
• 선수리스료 = 2,000,000 - 900,000x2 = 200,000
• 1차연도
  (차) 현금   1,000,000   (대) 리스료수익   900,000
                                    선수리스료   100,000
• 2차연도
  (차) 현금   1,000,000   (대) 리스료수익   900,000
                                    선수리스료   100,000

| 단기속성특강 제98강 | 리스이용자 : 기본회계처리 |

| 개요 | 리스개시일 | • (차) 사용권자산(원가) xxx (대) 리스부채 xxx
현금(리스개설직접원가) xxx
선급리스료^{*)} xxx
복구충당부채(복구원가 추정치) xxx

*)리스제공자로부터 받은 리스인센티브 차감액 |

| | | 리스부채 | ■ 지급되지 않은 리스료를 내재이자율로 할인한 현가
▶ 내재이자율 산정불가시는 리스이용자의 증분차입이자율로 할인 |

| 개요 | 보고기간말 | • (차) 이자비용 xxx (대) 현금 xxx
리스부채 xxx
(차) 감가상각비 xxx (대) 감가상각누계액 xxx |

| | | 이자비용 | ■ 리스부채 장부금액×내재이자율(리스이용자 증분차입이자율) |

감가상각

구분	감가상각대상금액	감가상각기간
소유권이전O	원가 – 추정잔존가(내용연수종료시)	내용연수
소유권이전X	원가 – 보증잔존가(지급예상액)	Min[리스기간,내용연수]

 사례 ■ 자산반환시 리스이용자 회계처리

✿ 20x2년초 금융리스계약을 체결함. 내재이자율 10%(3년 현가계수와 연금현가계수는 0.75131, 2.48685). 리스기간 3년, 리스료는 매년말 ₩300,000, 리스이용자는 리스개설직접원가 ₩20,000 지출함.
• 기초자산 : 내용연수 5년, 잔존가치 없음. 정액법상각. 종료시 반환조건
• 종료시점 추정잔존가치 ₩338,000 중 ₩250,000(전액 지급예상) 보증조건일 때, 20x4년 회계처리?

📝풀이

• 20x2년초 리스부채 : 300,000x2.48685+250,000(보증잔존가치)x0.75131=933,883

• 20x2년초 사용권자산 : 933,883+20,000=953,883

• 감가상각비 : (953,883-250,000)÷Min[3년, 5년]=234,628 →연도별로 234,628, 234,628, 234,627

자산반환
[소유권이전X]

일자	리스료	이자비용(10%)	상환액	리스채권잔액
20x2년초	-	-	-	933,883
20x2년말	300,000	93,388	206,612	727,271
20x3년말	300,000	72,727	227,273	499,998
20x4년말	300,000	50,002	249,998	**250,000** →'보증'

| 20x4년말 | (차) 이자비용 50,002 (대) 현금 300,000
리스부채 20,002
(차) 감가상각비 234,627 (대) 감가상각누계액 234,627
[Case1] '실제잔존가치(=공정가치) ≥ 보증잔존가치' 인 경우 → 예 실제 300,000
(차) 리스부채 250,000 (대) 사용권자산 953,883
감가상각누계액 703,883
[Case2] '실제잔존가치(=공정가치) < 보증잔존가치' 인 경우 → 예 실제 200,000
(차) 리스부채 250,000 (대) 사용권자산 953,883
감가상각누계액 703,883
(차) 리스자산보증손실 50,000 (대) 현금 50,000 |

FINAL 객관식뽀개기

기출 & 적중문제

1. 다음은 금융리스와 운용리스의 회계처리에 대한 설명이다. 옳지 않은 설명은?

① 운용리스의 경우 기초자산 대부분의 위험과 보상이 리스이용자에게 이전되지 않는다.
② 금융리스의 경우 리스이용자가 사용권자산을 재무상태표에 자산으로 계상한다.
③ 운용리스의 경우 리스이용자가 리스자산을 재무상태표에 자산으로 계상한다.
④ 금융리스의 경우 리스이용자가 사용권자산에 대한 감가상각비를 계상한다.

📍 **내비게이션**

• 운용리스의 경우 리스제공자가 리스자산(운용리스자산)를 재무상태표에 자산으로 계상하며, 리스이용자는 사용권자산을 재무상태표에 자산으로 계상한다.
→ 리스이용자는 일반적인 경우(=단기리스나 소액 기초자산 리스가 아닌 경우) 금융리스나 운용리스인지와 무관하게 사용권자산을 재무상태표에 자산으로 계상하여 사용권자산에 대한 감가상각비를 계상한다.

2. ㈜A리스는 20x1년초 ㈜B와 다음과 같은 조건의 금융리스 계약을 체결하였다. 동 리스와 관련하여 ㈜B가 20x1년 계상할 감가상각비를 구하면 얼마인가?

ㄱ. 리스기간 : 8년
ㄴ. 기초자산 : 내용연수 10년, 잔존가치 0원
ㄷ. 리스료 : 매년초 37,500원 지급
ㄹ. 리스개시일 현재 리스료의 현재가치 : 300,000원
ㅁ. 리스개시일 현재 공정가치 : 300,000원
ㅂ. ㈜B의 감가상각방법 : 정액법 적용
ㅅ. 리스기간 종료후 소유권을 ㈜B에 이전함.

① 0원
② 30,000원
③ 33,330원
④ 36,110원

📍 **내비게이션**

• 사용권자산(리스부채) : 300,000
• 감가상각대상금액 : 300,000-0=300,000
• 감가상각기간 : 10년(내용연수)
• 20x1년 감가상각비 : 300,000÷10년=30,000

3. ㈜A는 20x1년초 ㈜B리스와 다음과 같은 조건의 금융리스 계약을 체결하였다. 20x1년말 ㈜A의 재무상태표에 보고될 리스부채는 얼마인가?

ㄱ. ㈜A는 20x1년말부터 매기말 75,000원을 지급하는 조건이다.
ㄴ. 20x1년초 현재 8%의 내재이자율로 할인한 리스료의 현재가치는 281,250원이다.

① 228,750원
② 206,250원
③ 250,000원
④ 281,250원

📍 **내비게이션**

• 20x1년초 리스부채 : 281,250
• 20x1년말 리스부채 : 281,250-(75,000-281,250x8%)=228,750

4. ㈜A는 20x1년 1월 1일 ㈜B와 리스기간 3년의 차량운용리스 계약을 체결하였다. 리스계약서상 리스료의 지급기일은 다음과 같다. 리스이용자인 ㈜B가 20x1년에 인식해야 할 리스료(비용)는 얼마인가(단, 기초자산은 소액자산에 해당하여 사용권자산과 리스부채를 인식하지 않기로 선택하였으며, 리스료에 대하여는 리스이용자의 효익의 형태를 더 잘 나타내는 다른 체계적인 기준은 없다고 가정한다.)?

지급기일	리스료
20x1년 12월 31일	2,000,000원
20x2년 12월 31일	3,000,000원
20x3년 12월 31일	4,000,000원

① 1,000,000원
② 2,000,000원
③ 3,000,000원
④ 4,000,000원

📍 **내비게이션**

• (2,000,000+3,000,000+4,000,000)÷3=3,000,000

보론	리스이용자 인식면제

■ 리스이용자는 다음에 대하여는 사용권자산과 리스부채를 인식하지 않기로 선택할수 있다.

① 단기리스 ② 소액 기초자산 리스

이 경우에 리스이용자는 해당 리스에 관련되는 리스료를 리스기간에 걸쳐 정액 기준이나 다른 체계적인 기준에 따라 비용으로 인식한다. 다른 체계적인 기준이 리스이용자의 효익의 형태를 더 잘 나타내는 경우에는 그 기준을 적용한다.

📖 **ANSWER** 1. ③ 2. ② 3. ① 4. ③

단기속성특강 제99강   현금흐름표 – 영업활동(직접법)

현금흐름표	한계점	•장기현금흐름에 대한 전망을 평가하는 데 불완전한 정보를 제공
	보고	•영업활동현금흐름은 직접법이나 간접법 중 선택하여 보고함. ▶ 다만, 한국채택국제회계기준에서는 이 중 직접법을 권장
	비현금거래	•재무제표의 다른 부분에 공시함.(즉, 주석으로 공시) ▶ ⑩ 현물출자, 유형자산 연불구입, 주식배당, 채무의 지분(출자)전환 등

❖ (+)로 출발하며, 자산의 증감은 역방향으로 가감하며, 부채의 증감은 순방향으로 가감하여 분석함.

현금주의 유입액	매출액	발생주의 순매출액	×××　　▶ (+)로 출발함에 주의!
		매출채권의 감소(총액)	×××
		선수금의 감소	(×××)
		대손발생	(×××)
		현금주의 매출액	(×××)

▶ 발생주의 순매출액 : 매출할인·에누리·환입을 차감한 후의 금액
▶ 대손발생은 대손확정액으로서 다음의 계정에서 도출함.

대손발생	xxx	기초대손충당금	xxx
		상각채권회수	xxx
기말대손충당금	xxx	당기대손상각비	xxx

▶ 현금주의 매출액 : 매출채권회수액, 선수금수령액, 현금매출

	기타수익	발생주의 임대수익	×××　　▶ (+)로 출발함에 주의!
		미수임대료의 감소	×××
		선수임대료의 감소	(×××)
		현금주의 임대수익	×××

❖ (−)로 출발하며, 자산의 증감은 역방향으로 가감하며, 부채의 증감은 순방향으로 가감하여 분석함.

현금주의 유출액	매입액	발생주의 순매입액	(×××)　　▶ (−)로 출발함에 주의!
		매입채무의 증가	×××
		선급금의 증가	(×××)
		현금주의 매입액	(×××)

▶ 발생주의 순매입액 : 매입할인·에누리·환출을 차감한 후의 금액
▶ 현금주의 매입액 : 매입채무지급액, 선급금지급액, 현금매입

	법인세 유출액	법인세 비용	(×××)　　▶ (−)로 출발함에 주의!
		미지급법인세 증가	×××
		선급법인세의 증가	(×××)
		이연법인세부채의 증가	×××
		법인세 유출액	(×××)

	기타비용	발생주의 이자비용	(×××)　　▶ (−)로 출발함에 주의!
		선급이자의 감소	×××
		미지급이자의 감소	(×××)
		사채할인발행차금상각액	×××
		현금주의 이자비용	(×××)

FINAL 객관식뽀개기

기출&적중문제

1. 현금의 유입과 유출이 없는 중요한 거래는 현금흐름표에는 표시되지 않지만 재무제표를 이해하는데 목적적합한 정보인 경우 주석으로 표시한다. 다음 중 현금의 유입과 유출이 없는 거래가 아닌 것은?

① 현물출자로 인한 유형자산의 취득
② 주식배당
③ 전환사채의 전환
④ 유상증자

📍 내비게이션

• 유상증자 : (차) 현금 xxx (대) 자본금 xxx

2. (주)A의 회계담당자는 회계연도말 회사의 공금을 횡령하고 잠적하였다. 실사결과에 따르면 매출채권의 기말잔액은 10,000원으로 확인되었다. 회사가 매출원가의 20%를 이익으로 가산하여 판매가를 결정한다고 할 경우 다음의 자료를 이용하여 횡령액을 계산하면 얼마인가?

(1) 기초 재고자산	20,000원
(2) 당기 상품매입액	90,000원
(3) 당기 매출채권 회수액	95,000원
(4) 매출채권 기초잔액	8,000원
(5) 기말 재고자산	10,000원

① 10,000원 ② 1,000원
③ 15,000원 ④ 23,000원

📍 내비게이션

• 매출원가 = 기초(20,000) + 당기매입(90,000) - 기말(10,000) = 100,000
• 매출액 = 100,000 × 1.2 = 120,000
• 현금흐름을 이용하여 정확한 기말 매출채권액을 구한다.
  발생주의순매출액(120,000) + 매출채권의 증감액
  = 현금주의 순매출액(95,000)
    ∴매출채권의 증가 25,000이므로,
    기말매출채권 - 8,000 = 25,000에서 기말매출채권 = 33,000
    따라서, 횡령액 = 33,000 - 10,000 = 23,000

3. 다음은 (주)A의 미수수익과 관련된 재무제표 자료이다. 20x2년 이자수익에 따른 현금유입액을 구하면?

ㄱ. 재무상태표 관련자료

구분	20x2년말	20x1년말
미수이자	20,000원	30,000원

ㄴ. 포괄손익계산서 관련자료

구분	20x2년	20x1년
이자수익	200,000원[*]	150,000원

[*] 장기할부판매와 관련된 현재가치할인차금상각액 10,000원이 포함됨

① 150,000원 ② 180,000원
③ 200,000원 ④ 220,000원

📍 내비게이션

• 발생주의 이자수익(200,000) - 현할차상각액(10,000) + 미수이자의 감소(10,000) = 200,000

보론 사채발행차금과 현재가치할인차금

사채발행차금

【사채할인발행차금】

(차)이자비용　　　100 　(대)현금　　　80
　　　　　　　　　　　　　　　사발차　　20

직접법	• 계산시 가산(∵유출이 아님)
간접법	• 당기순이익에 가산(∵유출이 아닌데 비용처리됨)

【사채할증발행차금】

(차)이자비용　　　80 　(대)현금　　　100
　　사할증　　　　20

직접법	• 계산시 차감(∵유출임)
간접법	• 당기순이익에 차감(∵유출인데 비용처리 안됨)

현재가치할인차금

【부채의 현재가치할인차금】

(차)이자비용　　　100 　(대)현금　　　80
　　　　　　　　　　　　　　　현할차　　20

직접법	• 계산시 가산
간접법	• 당기순이익에 가산

【자산의 현재가치할인차금】

(차)현금　　　　　80 　(대)이자수익　　100
　　현할차　　　　20

직접법	• 계산시 차감
간접법	• 당기순이익에 차감

제1편 [단기속성특강] 재무회계

제2편 [단기속성특강] 세무회계

제3편 [단기속성특강] 원가관리회계

합본부록1 신유형기출문제

합본부록2 10개년/기출오답노트

단기속성특강 제100강 현금흐름표 - 영업활동(간접법)

간접법 양식	간접법 영업활동현금흐름 현금흐름표 양식	
	I. 영업활동 현금흐름	
	1. 법인세비용차감전순이익	xxx
	가감 :	
	① 감가상각비	xxx
	② 무형자산상각비	xxx
	③ 투자수익	(xxx)
	④ 이자비용	xxx
	⑤ 이자수익	(xxx)
	⑥ 배당수익	(xxx)
		xxx
	⑦ 매출채권(대손충당금차감순액)증가	(xxx)
	⑧ 재고자산(순액)감소	xxx
	⑨ 매입채무감소	(xxx)
	⑩ 단기매매(FVPL)금융자산감소 등	xxx
	2. 영업에서 창출된 현금	xxx
	① 이자의 지급	(xxx)
	② 이자의 수취	xxx
	③ 배당금의 수취	xxx
	④ 배당금의 지급	(xxx)
	⑤ 법인세의 납부	(xxx)
	3. 영업활동 순현금흐름	xxx

계산구조	〈출발점〉 법인세비용차감전순이익		
	현금수입·지출이 없는 손익계정	• 감가상각비, 금융자산평가손익 • 이자비용, 이자수익, 배당수익[*]	• 비용 → 가산 • 수익 → 차감
	투자·재무활동관련 손익계정	• 자산처분손익 • 부채상환손익	
	영업활동관련 자산·부채계정	• 매출채권(순액), 선수금 • 매입채무, 선급금 • 재고자산(순액) • 미수수익, 선급비용, 선수수익, 미지급비용, 단기매매(FVPL)금융자산	• 자산증(감) → 차감(가산) • 부채증(감) → 가산(차감)

[*] 영업활동으로 분류되는 경우 가감조정을 해주는 이유는 현금흐름표 양식상 이들을 직접법을 적용한 것처럼 별도로 표시해주기 때문임.

🔎주의 영업활동관련 자산·부채계정 관련손익[예 매출채권 대손상각비, 단기매매(FVPL)금융자산평가이익·처분이익, 재고자산감모손실, 퇴직급여 등]은 위의 현금수입·지출이 없는 손익계정에서 고려치 않음. 따라서, 영업활동과 관련없는 대여금이나 미수금 해당분 대손상각비는 위의 현금수입·지출이 없는 손익계정에서 고려(가산)함.

⚡고속철	유형자산현금흐름 계정분석			
	기초(순액)	3,000	처분(순액)	800
			당기감가상각비	400
	취득	200	기말(순액)	2,000

FINAL 객관식뽀개기

기출 & 적중문제

1. (주)A의 법인세 차감전순이익은 5,000,00원이다. 다음 자료를 이용하여 (주)A의 20x2년 영업활동 현금흐름을 구하면 얼마인가(단, 법인세 납부액은 영업활동 현금흐름에 해당하지 않으며 이자, 배당과 관련된 손익항목 및 현금흐름의 유입, 유출은 없다.)?

구분	20x1년초	20x1년말
매출채권	6,500,000원	6,000,000원
재고자산	7,300,000원	7,500,000원

① 5,300,000원
② 5,400,000원
③ 5,500,000원
④ 5,600,000원

📍 **내비게이션**

• 5,000,000+500,000(매출채권 감소)-200,000(재고자산 증가)=5,300,000

2. 다음 자료를 이용하여 영업활동으로 인한 현금흐름을 구하면 얼마인가?

당기순이익	2,500,000	선급비용 증가	200,000
유형자산처분손실	450,000	재고자산 감소	100,000
감가상각비	300,000	매입채무 증가	350,000

① 2,500,000원
② 2,250,000원
③ 3,500,000원
④ 3,510,000원

📍 **내비게이션**

• 2,500,000-200,000+450,000+100,000+300,000+350,000=3,500,000

3. 다음은 ㈜A의 20x1년 영업활동 관련 자료이다.

ㄱ. 당기순이익	15,000,000원
ㄴ. 매출채권의 증가	3,000,000원
ㄷ. 기타채무의 감소	2,000,000원
ㄹ. 감가상각비	1,000,000원
ㅁ. 매입채무의 감소	500,000원

상기 자료를 기초로 20x1년 12월 31일로 종료되는 회계연도에 ㈜A의 현금흐름표에 보고되어야 할 영업활동 현금흐름은 얼마인가(단, 상기 자료 이외에 간접법으로 현금흐름표 작성시 고려할 사항은 없다고 가정함)?

① 8,500,000원
② 9,000,000원
③ 10,000,000원
④ 10,500,000원

📍 **내비게이션**

• 15,000,000-3,000,000-2,000,000+1,000,000-500,000=10,500,000

4. 다음은 (주)세무의 현금흐름표의 일부이다.

현금흐름표
20x1년 1월 1일부터 20x1년 12월 31일까지
(단위 : 억원)

영업활동현금흐름		A
당기순이익	100	
가산) 감가상각비	B	
투자활동현금흐름		(300)
건물매입으로 인한 현금유출	(300)	
재무활동 현금흐름		-
현금및현금성자산의 변동		C
기초 현금및현금성자산		250
기말 현금및현금성자산		80

(주)세무는 20x1년 1월 1일 건물을 구입하여 영업활동에 사용하고 있다. 건물의 내용연수는 10년으로 추정되며, 잔존가치는 없고 상각방법이 정액법인 경우 A, B, C에 해당하는 설명으로 옳은 것은(단, 감가상각비 외에 비현금항목은 없으며 영업활동에 관한 자산, 부채의 변동은 없는 것으로 가정한다.)?

	A	B	C
①	400억원	9억원	100억원 감소
②	130억원	9억원	170억원 증가
③	130억원	30억원	170억원 감소
④	400억원	30억원	100억원 증가

📍 **내비게이션**

• B : 300억원 ÷ 10년=30억원
• A : 100억원+30억원=130억원
• C : 130억원-300억원=△170억원(감소)
  또는, 80억원-250억원=△170억원(감소)

5. 다음은 ㈜상일의 영업활동으로 인한 현금흐름을 계산하기 위한 자료이다. ㈜상일의 영업활동으로 인한 현금흐름이 (+)5,000,000원이라고 할 때 당기순이익은 얼마인가? (단위 : 원)

유형자산처분손실	200,000	매출채권의 증가	900,000
감가상각비	300,000	재고자산의 감소	1,000,000
매입채무의 감소	500,000		

① 3,300,000원
② 4,300,000원
③ 4,500,000원
④ 4,900,000원

📍 **내비게이션**

• 당기순이익+200,000(유형자산처분손실)-900,000(매출채권증가)+300,000(감가상각비)+1,000,000(재고자산 감소)-500,000(매입채무감소)=5,000,000→당기순이익=4,900,000

🔖 ANSWER 1. ① 2. ③ 3. ④ 4. ③ 5. ④

단기속성특강 제101강 　　간접법 영업활동 - 현금흐름표작성

종합사례

❖포괄손익계산서 자료

대손상각비(매출채권 관련분 ₩4,000, 대여금 관련분 ₩2,000)	₩6,000
감가상각비	₩140,000
단기매매(FVPL)금융자산평가이익	₩8,000
유형자산처분손실	₩24,000
이자비용(사채할인발행차금상각액 ₩12,000 포함)	₩52,000
FVOCI(매도가능)금융자산처분이익	₩38,000
외환이익(외화차입금 관련분 ₩10,000, 매출채권 관련분 ₩4,000)	₩14,000
법인세비용차감전순이익	₩400,000
법인세비용	₩80,000

❖재무상태표 자료

계정과목	기초잔액	기말잔액	증감
매출채권(순액)	₩80,000	₩120,000	40,000
재고자산	₩24,000	₩16,000	(8,000)
매입채무	₩72,000	₩40,000	(32,000)
미지급급여	₩28,000	₩20,000	(8,000)
단기매매(FVPL)금융자산	₩6,000	₩12,000	6,000
미지급이자	₩16,000	₩18,000	2,000
미지급법인세	₩14,000	₩18,000	4,000
이연법인세부채	₩12,000	₩6,000	(6,000)

현금흐름표 (간접법)

간접법 영업활동현금흐름 현금흐름표 사례

Ⅰ. 영업활동 현금흐름	
1. 법인세비용차감전순이익	400,000
가감 :	
① 대손상각비(대여금 관련분)	2,000
② 감가상각비	140,000
③ 유형자산처분손실	24,000
④ 이자비용	52,000
⑤ FVOCI(매도가능)금융자산처분이익	(38,000)
⑥ 외환이익(외화차입금 관련분)	(10,000)
	570,000
⑦ 매출채권(순액)증가	(40,000)
⑧ 재고자산(순액)감소	8,000
⑨ 매입채무감소	(32,000)
⑩ 미지급급여감소	(8,000)
⑪ 단기매매(FVPL)금융자산증가	(6,000)
2. 영업에서 창출된 현금	492,000
① 이자의 지급	(38,000)[1]
② 법인세의 납부	(82,000)[2]
3. 영업활동 순현금흐름	372,000

[1] -52,000(이자비용)+12,000(사발차상각액)+2,000(미지급이자증가)=-38,000
[2] -80,000(법인세비용)+4,000(미지급법인세증가)-6,000(이연법인세부채감소)=-82,000

FINAL 객관식뽀개기 | 기출 & 적중문제

1. ㈜A는 20x1년 12월 21일에 환매채를 3,000,000원에 취득하였다. 이 환매채는 만기가 20x2년 1월 15일이고, 큰 거래비용 없이 현금으로 전환가능하며 이자율의 변동이 거의 없다. 이 환매채의 취득은 현금흐름표의 영업활동, 투자활동, 재무활동 중에서 어디에 표시되는가?

① 영업활동
② 투자활동
③ 재무활동
④ 어느 활동에도 표시되지 않는다.

🧭 내비게이션

• (차) 현금성자산　　xxx　　(대) 현금　　xxx
→그대로 현금을 가지고 있는 것과 효과가 동일하므로 어느 활동에도 공시되지 않는다.

2. 현금흐름표의 작성방법에는 직접법과 간접법이 있다. 다음 중 작성방법에 관한 설명으로 가장 올바르지 않은 것은?

① 직접법은 현금흐름을 개별 항목별로 파악할 수 있기 때문에 거래 유형별 현금흐름의 내용을 쉽게 파악할 수 있다.
② 간접법은 당기순이익과 영업활동으로 인한 현금흐름과의 차이를 명확하게 보여준다.
③ 간접법으로 영업활동 현금흐름을 작성하더라도 이자 및 배당금 수취, 이자지급 및 법인세 납부는 직접법을 적용한 것처럼 별도로 표시해야 한다.
④ 직접법과 간접법은 영업활동뿐만 아니라 투자활동 및 재무활동도 현금흐름표상의 표시방법이 다르다.

🧭 내비게이션

• 직접법과 간접법 모두 투자활동, 재무활동 표시방법은 동일하다.

3. 유형자산 중 기계장치에 관련된 정보는 다음과 같다. 당기 중 취득원가 50,000원, 감가상각누계액 32,000원인 기계장치를 처분하였다. 기계장치와 관련된 현금 유출액을 계산하면 얼마인가?

	기초	기말
순장부금액	250,000원	370,000원
당기감가상각비	–	28,000원

① 198,000원
② 176,000원
③ 166,000원
④ 138,000원

🧭 내비게이션

기초(순액)	250,000	처분(순액)	18,000
		당기감가상각비	28,000
취득	? 166,000	기말(순액)	370,000

4. 다음은 제조기업인 ㈜대한의 20x1년도 간접법에 의한 현금흐름표를 작성하기 위한 자료이다. 이자지급 및 법인세 납부를 영업활동으로 분류한다고 할 때, 20x1년 ㈜대한이 현금흐름표에 보고할 영업에서 창출된 현금은 얼마인가?

(1) 법인세비용차감전순이익 : 500,000원
(2) 대손상각비 : 30,000원
(3) 재고자산평가손실 : 10,000원
(4) 건물 감가상각비 : 40,000원
(5) 이자비용 : 50,000원
(6) 법인세비용 : 140,000원
(7) 단기매매(FVPL)금융자산 처분이익 : 15,000원
(8) 재무상태표 계정과목의 기초금액 대비 기말금액의 증감
　– 매출채권(순액) : 100,000원 증가
　– 매입채무 : 50,000원 감소
　– 재고자산(순액) : 20,000원 증가
　– 단기매매(FVPL)금융자산 : 50,000원 감소
　– 미지급이자 : 70,000원 증가

① 420,000원
② 456,000원
③ 470,000원
④ 495,000원

🧭 내비게이션

• 법인세비용차감전순이익	500,000
감가상각비	40,000
이자비용	50,000
매출채권(순액) 증가	(100,000)
매입채무 감소	(50,000)
재고자산(순액) 증가	(20,000)
단기매매금융자산 감소	50,000
영업에서 창출된 현금	470,000

제1편
[단기속성특강] 재무회계

제2편
[단기속성특강] 세무회계

제3편
[단기속성특강] 원가관리회계

합본부록1
신유형기출문제

합본부록2
10개년/기출오답노트

CAM [Certified Accounting Manager]

FINAL

FINALLY FINAL

제2편. 세무회계

[단기속성특강]

SEMOOLICENCE

POTENTIALITY
PASSION
PROFESSION

[교재명 : 재경관리사 한권으로끝장 강경석 저 | 강의명 : 재경관리사 단기속성특강]

저자직강 동영상강의 제휴서비스사 안내

- EBS교육방송 www.ebs.co.kr / job
- 자격동스쿨 www.passdong.com
- 익스터디 [두목넷] www.dumok.net
- 에어클래스 www.airklass.com

그 외 제휴서비스사는 세무라이선스 홈페이지에서 확인 및 링크하실 수 있습니다.

재경관리사 한권으로끝장

FINAL

Certified Accounting Manager

세무회계
[단기속성특강]

SEMOOLICENCE

단기속성특강 제102강		조세의 개념과 분류

조세	정의	•국가 또는 지방자치단체가 경비충당을 위한 재정수입을 조달할 목적으로 법률에 규정된 과세요건을 충족한 모든 자에게 직접적 반대급부없이 부과하는 금전급부 ▶ 금전납부가 원칙이나 물납(상속세)을 허용함. 🔎주의 ∴공과금, 벌금, 과태료는 조세가 아니며, 조세는 반대급부(개별보상)가 없음.
	과세요건	❖조세는 과세요건을 충족한 모든 자에게 부과하며 과세요건 충족시 납세의무가 성립

	납세의무자	•납세의무자란 세법에 의하여 국세를 납부할 의무(국세를 징수하여 납부할 의무를 제외한다)가 있는 자 🔎주의 납세자 = 납세의무자+징수납부의무자
	과세물건	•과세의 원인이 되는 소득, 재산, 사실, 행위 등
	과세표준	•세액산출의 기초가 되는 과세물건의 수량 또는 가액 🔎주의 금액만이 과세표준인 것은 아님.
	세율	•과세표준에 세율을 곱하여 세액을 산출

분류	국세/지방세	•국 세 : 국가가 부과하는 조세 ▶ 예 국세 : 내국세(법인세,소득세,부가가치세 등), 관세, 부가세(교육세,농어촌특별세) •지방세 : 지방자치단체가 부과하는 조세 ▶ 예 취득세, 등록면허세, 재산세, 자동차세, 주민세 등
	직접세/간접세	•직접세 : 납세의무자와 실제 담세자가 동일한 조세 ▶ 예 법인세, 소득세 •간접세 : 납세의무자와 실제 담세자가 상이한 조세 ▶ 예 부가가치세
	보통세/목적세	•보통세 : 세수의 용도가 특정되지 아니한 조세 •목적세 : 세수의 용도가 특정되어 있는 조세 ▶ 예 교육세, 농어촌특별세, 지역자원시설세, 지방교육세
	부가세/독립세	•부가세 : 다른조세(=본세)에 부가되는 조세 ▶ 예 교육세, 농어촌특별세 •독립세 : 부가세외의 조세
	종가세/종량세	•종가세 : 과세표준이 금액으로 표시되는 조세 •종량세 : 과세표준이 수량으로 표시되는 조세 ▶ 예 인지세, 주세(주정)
	인세/물세	•인 세 : 인적측면에 주안점을 두어 부과되는 조세 ▶ 예 소득세, 법인세 •물 세 : 물적측면에 주안점을 두어 부과되는 조세 ▶ 예 부가가치세, 재산세

조세법 기본원칙	조세법률주의	•법률에 의하지 않고서는 조세를 부과·징수할 수 없으며 납부의무도 없음.
	조세평등주의	•조세입법·부과·징수과정에서 모든 납세의무자는 평등하게 취급되어야 함. 🔎주의 국세부과의 원칙 중 실질과세원칙은 조세평등주의를 구체화한 것임.
	신의성실원칙	•납세자가 그 의무를 이행하거나 세무공무원이 그 직무를 수행함에 있어서 신의에 따라 성실히 하여야 한다는 원칙 ▶ 조세법의 기본원칙이면서, 국세부과의 원칙에 해당함. 🔎주의 납세자와 과세관청 쌍방 모두에 요구되는 원칙이며, 세무공무원보다 납세자의 신의칙을 우선 규정함.

국세기본법 성격	총칙법으로서의 성격	•국세에 관한 기본적인 사항 및 공통사항을 규정하는 총칙법임.
	불복절차법으로서의 성격	•위법·부당한 처분에 대한 불복절차를 규정하는 불복절차법임.
	참고	국세기본법에 정한 모든 규정에 대해서 세법에 별도 규정이 있는 경우 세법이 우선 적용됨.

FINAL 객관식뽀개기

기출 & 적중문제

1. 조세는 분류기준에 따라 다양하게 구분할 수 있다. 다음 중 조세의 분류기준에 따른 구분과 조세항목을 연결한 것으로 가장 옳지 않은 것은?

분류기준	구분	조세항목
① 과세권자	국 세	법인세, 소득세, 부가가치세
	지방세	취득세, 등록면허세, 주민세
② 사용용도의 특정여부	보통세	법인세, 소득세, 부가가치세
	목적세	지역자원시설세
③ 조세부담의 전가여부	직접세	법인세, 소득세
	간접세	부가가치세
④ 과세대상	인 세	부가가치세
	종가세	법인세,소득세, 주세

🔎 **내비게이션**

•납세의무자의 인적사항 고려여부에 따른 분류 : 인세와 물세
•과세물건의 측정단위에 따른 분류 : 종가세와 종량세

2. 다음 중 조세의 분류기준과 이에 해당하는 조세항목을 연결한 것으로 가장 올바르지 않은 것은?

분류기준	구분	조세항목
① 과세권자	국 세	법인세, 소득세, 부가가치세
	지방세	취득세, 등록면허세, 주민세
② 조세부담의 전가여부	직접세	부가가치세
	간접세	법인세, 소득세
③ 독립된 세원	독립세	법인세, 소득세
	부가세	교육세
④ 과세물건의 측정단위	종가세	법인세, 소득세
	종량세	주세

🔎 **내비게이션**

•부가가치세는 대표적인 간접세이며, 법인세와 소득세는 직접세이다.

3. 과세권자가 납세의무자에게 세금을 부과하기 위해서는 과세요건을 법에서 규정하고 있어야 한다. 다음 중 과세요건이 아닌 것은?

① 세법   ② 세율
③ 과세물건   ④ 납세의무자

4. 다음은 뉴스를 보고 재무팀장과 사원이 나눈 대화이다. ( )안에 들어갈 가장 알맞은 말은?

질병 위험을 높이는 술, 담배, 휘발유 등에 세금을 물려 건강보험재정을 확충하자는 논의가 일고 있다. 최근 건강보험 재정위기가 계속되면서 건강을 위해하는 행위에 목적세를 부과하는 방안을 대안으로 제시하고 있는 것이다. 흡연, 음주, 대기오염으로 인한 사회경제적 비용이 날로 증가할 뿐만 아니라 질병위험도 높여 건강보험 재정에 위험을 준다는 판단 때문이다.

사 원 : "팀장님 목적세라는 것이 무엇인가요?"
재무팀장 : "목적세는 ( )가 특별히 지정되어 있는 조세로 보통세와 구분이 되는 조세입니다."

① 과세권자   ② 조세부담의 전가여부
③ 조세의 사용용도   ④ 과세물건의 측정 단위

🔎 **내비게이션**

•목적세는 조세의 사용용도가 정해진 조세를 말한다.

5. 조세법의 기본원칙에 관한 다음 설명 중 가장 옳지 않은 것은?

① 조세평등주의란 조세법의 입법과 조세의 부과 및 징수과정에서 모든 납세의무자는 평등하게 취급되어야 한다는 원칙을 말한다.
② 신의성실원칙이란 납세자가 그 의무를 이행하거나 세무공무원이 그 직무를 수행함에 있어서 신의에 따라 성실히 하여야 한다는 원칙을 말한다.
③ 조세법률주의에 따르면 법률에 의하지 않고 조세당국이 조세를 부과·징수하는 경우에도 국민은 조세를 납부할 의무가 있다.
④ 조세평등주의에 바탕을 둔 규정으로는 실질과세의 원칙을 그 예로 들 수 있다.

🔎 **내비게이션**

•조세법률주의에 따르면 법률에 의하지 않고서는 조세당국이 조세를 부과·징수할 수 없으며 국민은 조세를 납부할 의무가 없다.

제1편
[단기속성특강] 재무회계

제2편
[단기속성특강] 세무회계

제3편
[단기속성특강] 원가관리회계

합본부록1
신유형기출문제

합본부록2
10개년기출문제유형

단기속성특강 제103강		국세기본법 총설	

기간계산	적용		•국세기본법 또는 그 세법에 특별한 규정이 있는 것을 제외하고는 민법에 따름. 〇주의 ∴규정이 있는 경우는 민법보다 우선 •세법상 기간계산은 역법적 계산방법에 의함.
	기산점	원칙	•초일불산입
		예외	•초일산입 ▶ ① 오전 0시부터 시작하는 경우 ② 연령계산시 출생일을 산입
	만료점		•일·주·월·년으로 정한 때 : 말일산입(공휴일이면 익일) 예시 5.1에서 60일이 되는 날 : 기산일 5.2 ∴6.30 •주·월·년으로 정한 때(역에 따라 계산) : 해당일전일(해당일이 없으면 그 월의 말일) 예시 5.1에서 두 달이 되는 날 : 기산일 5.2 ∴7.1
	〇주의 기산점이 공휴일인 경우 익일이 아닌 공휴일부터 기산함!		

기한	정의	•법률효과가 발생·소멸하거나, 일정시점까지 의무를 이행하여야 하는 경우에 그 시점
	기한특례	•신고·신청·청구·서류제출·통지·납부·징수의 기한이 공휴일, 토요일(일요일), 근로자의 날(5월1일)에 해당하는 때 ▶ 그 다음날이 기한
	우편신고	•발신주의(통신일부인이 찍힌 날=우편날짜도장이 찍힌 날)에 의해 신고한 것으로 봄.
	전자신고	•국세정보통신망에 입력되어 국세청장에게 전송된 때 신고된 것으로 봄.
	관할관청	① 과세표준신고 : 납세지관할세무서장에게 제출 ▶ 단, 전자신고는 지방국세청장이나 국세청장에게 제출가능 ② 결정·경정 : 처분당시 해당국세의 납세지관할세무서장이 행함.
	보론 결정과 경정 ⅰ) 결정 : 최초의 확정 →∴신고납세세목은 신고로 확정되므로 무신고시는 '결정'사유가 됨. ⅱ) 경정 : 최초확정의 변경 →∴신고는 했으나 오류, 탈루로 다시 결정시는 '경정'사유가 됨.	

서류송달	송달장소		•명의인(수신인)의 주소·거소·영업소, 전자송달시는 전자우편주소에 송달
	송달방법		•우편송달, 교부송달, 전자송달, 공시송달 ▶ 단, 공시송달은 주소불명 등의 사유로 서류를 송달할 수 없는 경우에 한함.
	효력발생	우편·교부송달	•도달한 때 효력발생
		전자송달	•전자우편주소에 입력된 때 도달한 것으로 보아 효력발생
		공시송달	•공고한 날로부터 14일이 지나면 송달이 된 것으로 보아 효력발생

특수관계인	판단		•쌍방관계로 판단함. ▶ 즉, 어느 일방입장에서 특수관계에 해당하면 이들 상호간은 특수관계인에 해당함.
	범위	친족관계	•혈족[1], 인척[2], 배우자(사실혼포함) 등 [1]6촌이내(2024년 : 4촌이내) [2]4촌이내(2024년 : 3촌이내)
		경제적관계	•임원·사용인 등 ▶ 소액주주는 특수관계인에서 제외함.
		지배관계	•30% 이상 출자자와 사실상 영향력 행사자 등

FINAL 객관식뽀개기
기출 & 적중문제

1. 다음 중 세법상의 기간과 기한의 규정에 대하여 가장 잘못 이해하고 있는 사람은 누구인가?

① 최태우 : 20x1년 12월 31일로 사업연도가 종료하는 법인은 20x2년 3월 31일까지 법인세를 신고·납부하여야 하는데 20x2년 3월 31일이 일요일인 경우에는 그 다음날인 20x2년 4월 1일까지 법인세를 신고·납부해도 된다.

② 김호영 : 기한의 규정에서 공휴일에는 회사의 창립기념일은 포함되지 않는다.

③ 허순남 : 세법에서 규정하는 기간의 계산은 민법의 규정에 의하므로 초일을 산입하여 계산해야 한다.

④ 박혜윤 : 법인세를 전자신고하는 경우에는 신고서 등이 국세청장에게 전송된 때에 신고된 것으로 본다.

📍 **내비게이션**

•기간의 계산은 국세기본법 또는 그 세법에 특별한 규정이 있는 것을 제외하고는 민법에 따르므로 규정이 있는 경우는 민법보다 우선 적용한다. 또한 초일불산입이 원칙이다.

2. 다음의 국세기본법상 송달에 관한 내용 중 옳지 않은 것은?

① 서류의 송달에 대한 효력은 원칙적으로 도달주의에 의하나, 공시송달 등의 경우는 특례규정을 두고 있다.

② 서류는 교부, 우편 또는 전자송달에 의하여 송달함을 원칙으로 한다. 다만, 주소불명 등의 사유로 송달할 수 없는 경우에는 공시 송달에 의한다.

③ 국세기본법 또는 세법에 규정하는 서류는 그 명의인의 주소·거소·영업소 또는 사무소에 송달하는 것을 원칙으로 한다.

④ 공시송달의 경우에는 서류의 요지를 공고한 날에 서류의 송달이 있은 것으로 본다.

📍 **내비게이션**

•공고한 날(X) → 공고일부터 14일 경과한 날(O)

3. 다음 중 국세기본법상 송달의 효력발생시기가 올바른 것은?

	교부송달	전자송달	공시송달
①	발신주의	확인된때	공고후 10일 경과한때
②	도달주의	입력된때	공고후 14일 경과한때
③	발신주의	입력된때	공고후 10일 경과한때
④	도달주의	확인된때	공고후 14일 경과한때

4. 다음 중 국세기본법 상 특수관계인에 대한 설명으로 가장 올바르지 않은 것은?

① 본인이 법인인 경우 해당 법인의 임원은 특수관계인에 해당한다.

② 본인이 법인인 경우 해당 법인에 지배적인 영향력을 행사하는 주주는 특수관계인에 해당한다.

③ 본인이 개인인 경우 해당 개인은 8촌 이내의 인척은 특수관계인에 해당한다.

④ 본인이 법인인 경우 해당법인의 임원과 생계를 같이 친족은 특수관계인에 해당한다.

📍 **내비게이션**

•8촌이내의 인척(X) → 3촌이내의 인척(O)

5. 다음은 국세기본법에서 규정하는 기간과 기한의 특례규정에 대한 설명이다. 가장 옳지 않은 것은?

① 법률행위의 효력발생·소멸이나 특정한 행위의 이행을 위하여 정하여진 일시를 기한이라고 한다.

② 기간의 계산은 국세기본법 또는 그 세법에 특별한 규정이 있는 것을 제외하고는 민법에 따른다.

③ 신고·신청·청구 그 밖에 서류의 제출·통지·납부 또는 징수에 관한 기한이 공휴일·토요일·근로자의 날에 해당하는 때에는 그 공휴일의 다음날을 기한으로 한다.

④ 기간의 초일 혹은 중간에 공휴일이 있으면 그 일수만큼 기한이 연장된다.

📍 **내비게이션**

•기간의 말일에 공휴일이 있으면 그 일수만큼 기한이 연장된다.

6. 국세기본법상 우편으로 과세표준신고서 또는 이와 관련된 서류를 제출한 경우 언제 신고 된 것으로 하는가?

① 통신날짜도장이 찍힌 날
② 신고서 및 서류가 과세관청에 도달한 날
③ 신고서 및 서류가 도달한 날로부터 7일이 경과하는 날
④ 신고서 및 서류를 납세의무자가 작성한 날

📍 **내비게이션**

•우편신고는 발신주의에 따라 통신날짜도장이 찍힌 날에 신고된 것으로 본다.

단기속성특강 제104강   국세부과의 원칙과 세법적용의 원칙

국세부과 원칙	실질과세원칙	❖형식이나 외관에 불구하고 실질에 따라 세법을 해석해야 한다는 원칙	
		귀속에 관한 실질과세	•납세의무자의 판정시 실질에 따름. ▶ 귀속이 명의일 뿐이고 사실상 귀속되는 자가 따로 있는 때에 사실상 귀속자를 납세의무자로 하여 적용
		거래내용에 관한 실질과세	•과세물건의 판정시 실질에 따름.
	신의성실원칙	적용요건	① 과세관청의 공적견해 표시가 있어야 함. ▶ 예 양도가 비과세라고 국세청(세무서) 회신받음 ② 납세자가 귀책사유 없이 어떤 행위를 해야 함. ▶ 예 양도 ③ 과세관청의 당초 견해표시와 다른 적법한 행정처분과납세자의 불이익 ▶ 예 과세
		적용효과	•적법한 처분일지라도 신의칙위반으로 취소 ◯주의 취소이지 무효가 아님.
	근거과세원칙	실지조사결정	•조사와 결정은 장부, 증거자료에 의하여야 함.
		결정근거부기	•장부기록내용이 사실과 다르거나 누락시는 '그 부분에 대해서만' 조사한 사실에 따라 결정할 수 있으며, 이 경우 그 조사한 사실과 결정의 근거를 결정서에 적어야 함.
	조세감면사후관리	운용범위지정	•국세를 감면한 경우 감면세액에 상당하는 자금 또는 자산의 운용범위를 정할 수 있음.
		감면취소·징수	•운용범위를 벗어난 자산에 상당하는 감면세액은 세법에서 정하는 바에 따라 감면을 취소하고 징수할 수 있음.
세법적용 원칙	재산권부당침해금지	•세법의 해석·적용에 있어서는 과세의 형평과 해당조항의 합목적성에 비추어 납세자의 재산권이 부당히 침해되지 아니하도록 하여야 함.	
	소급과세금지	입법상 소급과세금지	•국세를 납부할 의무가 성립한 소득·수익·재산·행위 또는 거래에 대해서는 그 성립 후의 새로운 세법에 따라 소급하여 과세치 않음.
		행정(해석)상 소급과세금지	•세법의 해석이나 국세행정의 관행이 일반적으로 납세자에게 받아들여진 후에는 그 해석이나 관행에 의한 행위 또는 계산은 정당한 것으로 보며 새로운 해석이나 관행에 의하여 소급하여 과세치 않음.
		◯주의 유리한 소급효는 인정(통설) / 부진정소급(성립전 시행) 허용	
	세무공무원재량한계	•세무공무원이 재량으로 직무를 수행할 때에는 과세의 형평과 해당 세법의 목적에 비추어 일반적으로 적당하다고 인정되는 한계를 엄수해야 함.	
	기업회계존중	•납세의무자가 계속하여 적용하고 있는 기업회계의 기준 또는 관행으로서 일반적으로 공정·타당하다고 인정되는 것은 존중하여야 함. ◯주의 다만, 세법에 특별한 규정이 있는 것은 그렇지 않음.	

FINAL 객관식뽀개기

기출 & 적중문제

1. 근로소득이 있는 A씨가 종합소득세의 누진세율을 피하고자 자기 아내인 B씨의 명의로 슈퍼마켓을 개업하였다. B씨는 출자한 바 없고 경영에 관여한 바도 없다. 이 경우 적용될 국세부과의 원칙으로 가장 알맞은 것은?

① 신의성실의 원칙
② 근거과세의 원칙
③ 조세감면의 사후관리
④ 실질과세의 원칙

📍 **내비게이션**

• 귀속이 명의일뿐 사실상의 귀속자가 따로 있는 경우에는 사실상의 귀속자를 납세의무자로 하여 적용한다는 실질과세원칙의 내용이다.

2. 국세기본법에서는 명의신탁부동산을 매각처분한 경우 양도의 주체 및 납세의무자는 명의수탁자가 아니고 명의신탁자로 보고 있다. 이와 관련한 국세부과의 원칙으로 가장 옳은 것은?

① 신의성실의 원칙
② 근거과세의 원칙
③ 조세감면의 사후관리
④ 실질과세의 원칙

📍 **내비게이션**

• 형식·외관에 불구하고 실질에 따라 과세하는 실질과세원칙에 해당한다.

3. 과세관청이 당초의 공적 견해표시에 반하는 적법한 행정처분을 함에 따라 납세자가 불이익을 받게 될 경우 납세자가 주장할 수 있는 조세부과의 원칙으로 가장 옳은 것은?

① 실질과세의 원칙
② 근거과세의 원칙
③ 조세감면의 사후관리
④ 신의성실의 원칙

4. 다음 중 국세부과의 기본원칙에 관한 설명으로 가장 올바르지 않은 것은?

① 근거과세의 원칙은 장부 등 직접적인 자료에 입각하여 납세의무를 확정하여야 한다는 원칙이다.
② 실질과세원칙은 법적 형식이나 외관에 관계없이 실질에 따라 세법을 해석하고 과세요건사실을 인정해야 한다는 원칙이다.
③ 신의성실의 원칙이란 세무공무원이 직무를 수행함에 있어서 성실히 임하여야 한다는 원칙이다.
④ 실질과세의 원칙은 조세평등주의를 구체화한 국세부과원칙이다.

📍 **내비게이션**

• 세무공무원(X) → 납세자 및 세무공무원(O)
*즉, 신의성실의 원칙은 쌍방에 요구되는 원칙이다.

5. 다음 중 세법적용의 원칙에 관한 설명으로 가장 올바르지 않은 것은?

① 일반적으로 납세자에게 받아들여진 세법의 해석이 변경된 경우 종전의 해석에 따른 과세는 소급하여 수정되어야 한다.
② 기업회계나 관행상 공정, 타당하다고 인정되고, 이에 대한 세법상 특별한 규정이 없으면 납세의무자가 계속 적용하고 있는 회계상 처리는 존중되어야 한다.
③ 세무공무원은 그 재량에 의하여 의무를 수행함에 있어 과세의 형평과 당해 세법목적에 비추어 일반적으로 인정되는 한계를 엄수하여야 한다.
④ 세법의 해석 및 적용에 있어서는 과세의 형평과 당해 조항의 합목적성에 비추어 납세자의 재산권이 부당하게 침해되지 않도록 해야 하며, 자의에 따른 해석은 금하여야 한다.

📍 **내비게이션**

• 세법의 해석이나 국세행정의 관행이 일반적으로 납세자에게 받아들여진 후에는 그 해석이나 관행에 의한 행위 또는 계산은 정당한 것으로 보며 새로운 해석이나 관행에 의하여 소급하여 과세치 않는다.

6. 다음의 신문기사의 ( )에 들어갈 국세부과의 원칙으로 가장 옳은 것은?

> 인테리어 공사업체를 운영하던 오씨는 지난 20x3년 인테리어 면허가 있는 직원 김모씨에게 "당장 공사를 위해 인테리어 면허가 있는 사업자등록이 필요하다"며 김씨에게 명의를 빌렸으나, 이후 김씨 앞으로 나온 매출에 따른 세금 6천 2백여만원을 부담하지 않아 사기 혐의 등으로 기소됐다.
> 대법원 재판부는 "( )에 따라 과세관청은 타인의 명의로 사업자등록을 하고 실제로 사업을 영위한 사람에 대해 세법을 적용해 과세하는 것이 당연하다" 면서 ...(이하생략)

① 실질과세의 원칙
② 근거과세의 원칙
③ 신의성실의 원칙
④ 조세감면의 사후관리

📍 **내비게이션**

• 형식이나 외관에 불구하고 실질에 따라 과세해야 한다는 실질과세원칙의 사례이다.

보론	조세회피방지 위한 경제적 실질주의

• 제3자를 통한 간접적인 방법이나 둘 이상의 행위 또는 거래를 거치는 방법으로 이 법 또는 세법의 혜택을 부당하게 받기 위한 것으로 인정되는 경우에는 그 경제적 실질 내용에 따라 당사자가 직접 거래를 한 것으로 보거나 연속된 하나의 행위 또는 거래를 한 것으로 보아 이 법 또는 세법을 적용한다.

ANSWER 1. ④ 2. ④ 3. ④ 4. ③ 5. ① 6. ①

제1편 [단기속성특강] 세무회계 / 제2편 [단기속성특강] 세무회계 / 제3편 [단기속성특강] 실전적중문제 / 합본부록1 신유형기출문제 / 합본부록2 10개년/기출유형노트

단기속성특강 제105강   수정신고 · 경정청구 · 기한후신고

수정신고	의의	•신고한 과세표준·세액이 과소하거나 내용이 불완전한 경우 납세의무자가 스스로 자기보정에 의해 이를 정정하는 신고를 말함. ▶ 즉, 유리하게 신고시 발생함.
	신고자적격	•법정신고기한까지 신고한 자 및 기한후신고한 자
	수정신고사유	•신고한 과세표준·세액이 세법에 따라 신고해야 할 과세표준·세액에 미달하는 때 •신고한 결손금·환급세액이 세법에 따라 신고해야 할 결손금·환급세액을 초과할 때 •세무조정과정에서 누락 등의 사유로 인해 불완전한 신고를 한 때
	수정신고기한	•결정 또는 경정하여 통지하기 전까지 해야 함(단, 부과제척기간이 끝나기 전까지).
	가산세감면	•법정신고기한까지 신고한 자의 경우 법정신고기한이 지난후 수정신고일의 기간에 따라 과소신고가산세·영세율과세표준신고불성실가산세를 감면함.

1개월이내	90%
1개월초과 3개월이내	75%
3개월초과 6개월이내	50%
6개월초과 1년이내	30%
1년초과 1년 6개월이내	20%
1년 6개월초과 2년이내	10%

ℚ주의 경정할 것을 미리 알고 수정신고한 경우는 감면을 적용하지 않음.
ℚ주의 감면에 있어 납부불성실가산세는 감면되지 않음.

수정신고	통지기한	•통지 없음.
경정청구	의의	•신고·결정·경정된 과세표준·세액이 과대한 경우 과세관청으로 하여금 이를 정정하도록 촉구하는 납세의무자의 청구를 말함. ▶ 즉, 불리하게 신고시 발생함.
	청구자적격	•법정신고기한까지 신고한 자 및 기한후신고한 자 •연말정산이나 원천징수로 과세가 종결되는 소득에 대해 지급명세서를 제출한 경우 •소정 후발적사유(예 소송에 대한 판결에 의해 다른 것으로 확정)의 경우
	경정청구사유	•신고한 과세표준·세액이 세법에 따라 신고해야 할 과세표준·세액을 초과하는 때 •신고한 결손금·환급세액이 세법에 따라 신고해야 할 결손금·환급세액에 미달하는 때
	경정청구기한	•원칙 : 법정신고기한이 지난 후 5년이내 ▶ 증액 결정·경정분 : 안 날부터 90일내(법정신고기한이 지난 후 5년이내로 한정함) ▶ 소정 후발적사유 발생분 : 후발적사유가 발생한 것을 안 날부터 3월이내 **참고** 과세관청의 부과처분이 아직 없는 상태라면 경정청구를 반드시 거친 후 조세쟁송(이의신청 등)으로 이행해야 함. →바로 조세쟁송(불복청구)으로 이행 불가
	통지기한	•청구받은 세무서장은 청구받은 날부터 2개월이내에 결정·경정하거나 결정·경정할 이유가 없다는 뜻을 통지 청구한 자에게 통지해야 함.
기한후신고	신고자적격	•법정신고기한까지 무신고자
	신고기한	•결정하여 통지하기 전까지 해야 함.
	가산세감면	•법정신고기한이 지난후 기한후신고일의 기간에 따라 무신고가산세를 감면함.

1개월이내	50%
1개월초과 3개월이내	30%
3개월초과 6개월이내	20%

ℚ주의 결정할 것을 미리 알고 기한후신고한 경우는 감면을 적용하지 않음.

기한후신고	통지기한	•기한후신고일로부터 3개월이내에 통지해야 함.

FINAL 객관식뽀개기

기출&적중문제

1. 조세의 과세 및 환급과 관련하여 틀린 것은?

① 당초 신고시 과세표준 및 세액을 과소신고 한 경우에는 수정신고를 할 수 있다.
② 경정청구는 원칙적으로 법정신고기한이 지난 후 일정 기간 이내에 해야 한다.
③ 기한 후 신고제도를 활용하여 신고·납부한 자는 법정신고기한 내에 신고하지 아니함에 따른 가산세를 부담하지 아니한다.
④ 법정신고기한까지 과세표준신고를 한 자 및 기한후과세표준신고서를 제출한 자에 한해 수정신고를 할 수 있다.

🔍 내비게이션

• 무신고가산세를 부담한다. 다만, 기한후신고일의 기간에 따라 감면이 적용될 수 있다.

2. 다음 중 수정신고와 경정청구에 대한 설명으로 가장 올바르지 않은 것은?

① 법정신고기한 내에 과세표준신고를 한 납세의무자는 수정신고 혹은 경정청구를 할 수 있다.
② 원칙적으로 수정신고는 관할세무서장이 당해 국세에 대한 과세표준과 세액의 결정 또는 경정통지를 하기 전까지 할 수 있다.
③ 납세의무자가 당초 신고시 과세표준 및 세액을 과다신고하거나 결손금액 또는 환급세액을 과소신고한 경우에 수정신고 할 수 있다.
④ 법정신고기한 경과 후 1개월 이내에 수정신고시 과소신고가산세를 90% 감면받을 수 있다.

🔍 내비게이션

• 수정신고(X) → 경정청구(O)

3. 국세기본법상 수정신고와 경정청구에 대한 설명으로 옳지 않은 것은?

① 당초 과세표준과 세액의 과소신고의 경우에는 수정신고한다.
② 당초 과세표준과 세액의 과대신고의 경우에는 경정청구한다.
③ 경정청구는 법정신고기한 경과 후 1년 이내에만 청구할 수 있다. 다만, 후발적사유가 있는 경우 달리 할 수 있다.
④ 수정신고는 별도의 통지절차가 없다.

🔍 내비게이션

• 1년(X) → 5년(O)

4. (주)A는 20x1년 법인세 신고시 접대비 한도초과액 10,000,000원에 대한 세무조정을 누락하고 법인세를 신고납부하였다. 접대비 수정전 법인세 신고내역이 다음과 같을 때 수정신고시 부담해야 하는 과소신고가산세는 얼마인가(단, 20x1년의 법인세율은 2억 이하 9%, 2억 초과 200억 이하는 19%이며, 해당누락은 부당행위로 인한 것이 아니다.)

ㄱ. 법인세 과세표준	390,000,000원
ㄴ. 법인세 산출세액	58,000,000원
ㄷ. 법인세 공제/감면세액	37,000,000원
ㄹ. 차감납부할 세액	21,000,000원

① 190,000원
② 160,000원
③ 150,000원
④ 100,000원

🔍 내비게이션

• 별도 암기사항 : 일반과소신고가산세 = 과소신고납부세액×10%
• (10,000,000×19%)×10%=190,000

5. 세법이 규정하는 의무를 위반한 경우 국세기본법 또는 개별세법에서 정하는 바에 따라 가산세를 적용하고 있다. 다음 중 가산세와 관련하여 가장 잘못된 주장을 하고 있는 사람은 누구인가?

최과장 : 납세의무자가 법정 신고기한 내에 세법에 따른 과세표준신고서를 제출하지 아니한 경우에는 무신고가산세가 적용됩니다.

문과장 : 납세자가 법정신고기한 내에 신고한 과세표준이 세법에 신고하여야 할 과세표준에 미달한 경우에는 과소신고가산세가 적용됩니다.

홍대리 : 원천징수한 세액을 납부기한이 경과하여 납부하거나 납부하지 아니한 경우 원천징수납부지연가산세가 적용됩니다.

허대리 : 납부기한 내에 국세를 납부하지 아니하거나 납부한 세액이 납부하여야 할 세액에 미달한 경우에 납부지연가산세가 적용되나, 납세자가 환급받은 세액이 세법에 따라 환급받아야 할 세액을 초과시는 별도의 가산세가 적용되지 않습니다.

① 최과장
② 문과장
③ 홍대리
④ 허대리

🔍 내비게이션

• 납세자가 환급받은 세액이 세법에 따라 환급받아야 할 세액을 초과하는 경우에도 납부지연가산세가 적용됨.

🗂 **ANSWER** 1. ③ 2. ③ 3. ③ 4. ① 5. ④

단기속성특강 제106강 　　국세환급 · 불복청구 · 소멸시효

국세환급	의의	•국세환급금은 오납·초과납부·이중납부 등의 사유로 납세자에게 반환하는 세액을 말함.
	환급절차	① 결정 : 국세환급금의 결정 ② 충당 : 체납액이 있는 경우 그 체납액과 우선 상계 ③ 지급 : 충당 후 잔액을 지급
	국세환급 가산금	•국세환급금에 가산되는 법정이자상당액을 말함. ♀주의 단순한 이자일 뿐, 환급기한을 지키지 못해 지급해주는 것이 아님.
	소멸시효	•국세환급금과 국세환급가산금에 관한 권리는 이를 행사할 수 있는 때로부터 5년간 행사하지 않으면 소멸시효가 완성함.

불복절차	❖사전적(국세처분전=납부고지서 발부전)권리구제	
	과세전적부심사	청구인적격	•세무조사 결과에 대한 서면통지 또는 과세예고통지를 받은 자
		청구기한	•청구대상이 된 통지를 받은 날부터 30일 이내에 청구해야 함.
		통지	•국세심사위원회의 심사를 거쳐 결정하고, 그 결과를 청구를 받은 날로부터 30일 이내에 청구인에게 통지해야 함.

❖사후적(국세처분후=납부고지서 수령후)권리구제

♀주의 ∴이의신청은 임의적절차임.

소멸시효	의의	•국세의 징수권이란 부과에 의해 확정된 조세채권의 실현을 위해 납부고지 등 이행을 청구하는 권리이며, 소멸시효는 징수권이라는 권리의 불행사 기간을 의미함.
	소멸시효 중단	•징수권행사(권리의 행사)에 해당하는 사유 발생시 그때까지 진행되어 온 시효기간은 효력을 상실하고 새로이 시효가 진행하는 것 •소멸시효중단사유 　① 납부고지 ② 독촉 ③ 교부청구 ④ 압류
	소멸시효 정지	•징수권행사(권리의 행사)가 불가능하거나 곤란한 사유 발생시 소멸시효의 완성을 그 기간만큼 유예하는 것 •소멸시효정지사유 ① 분납기간, 압류·매각의 유예기간, 연부연납기간 ② 납부고지의 유예, 독촉장 등에 정하는 기한의 연장, 징수유예기간 ③ 사해행위취소소송이 진행중인 기간 ④ 체납자가 국외에 6개월 이상 체류시 해당 국외 체류기간

* [중단과 정지가 필요한 이유]
　소멸시효는 징수권을 행사하지 않는 사실 상태가 계속되어 징수권을 소멸시키는 기간으로 징수권의 소멸시효가 완성되기 위해서는 징수권을 행사하지 않는 사실상태의 계속을 필요로 한다. 따라서 징수권을 행사한 사실이 있는 경우에는 소멸시효는 중단되어 새롭게 진행될 필요가 있으며 납세자에게 일정한 사유가 있어 징수권을 행사하는 것이 보류되는 경우에는 그 기간동안 징수권을 행사할 수 없으므로 소멸시효 정지가 필요한 것이다.

FINAL 객관식뽀개기 | 기출&적중문제

1. 다음은 국세기본법상 국세환급금에 관한 설명이다. 다음 중 옳지 않은 것은 어느 것인가?

① 국세환급가산금이란 국세환급금에 붙는 법정이자로서, 체납시 징수하는 가산금에 대응되는 것이다.
② 납세자의 국세환급금에 관한 권리는 행사할 수 있는 때로부터 3년간 행사하지 않으면 소멸된다.
③ 부가가치세 매입세액이 매출세액을 초과하는 경우 환급세액이 발생한다.
④ 국세환급가산금은 법인세법과 소득세법상 과세소득에 포함하지 않는다.

📍 **내비게이션**
• 3년(X) → 5년(O)

2. 다음 중 국세기본법상 사후적권리구제에 해당하지 않는 것은?

① 이의신청
② 과세전적부심사
③ 심사청구
④ 심판청구

📍 **내비게이션**
• 과세전적부심사는 사전적권리구제에 해당한다.

3. 국세기본법상 조세불복절차에 관한 내용이다. 불복청구인이 선택가능한 불복절차가 아닌 것은?

① 이의신청 → 심사청구 → 행정소송
② 심판청구 → 행정소송
③ 이의신청 → 행정소송
④ 감사원 심사청구 → 행정소송

📍 **내비게이션**
• 이의신청을 한 경우에는 반드시 심사청구나 심판청구를 거쳐야 행정소송이 가능하다.

4. 다음 중 국세기본법상 소멸시효 중단사유로 가장 올바르지 않은 것은?

① 납부고지
② 독촉
③ 교부청구
④ 압류·매각의 유예기간

📍 **내비게이션**
• 압류·매각의 유예기간은 소멸시효의 정지사유에 해당한다.

5. 다음 중 국세기본법상 소멸시효 정지사유가 아닌 것은?

① 분납기간
② 징수유예기간
③ 압류·매각의 유예기간
④ 압류

📍 **내비게이션**
• 압류는 소멸시효의 중단사유에 해당한다.

6. 다음 중 국세기본법상 가산세에 관한 설명으로 가장 올바르지 않은 것은?

① 가산세란 세법에서 규정하는 의무의 성실한 이행을 확보하기 위하여 세법에 따라 산출한 세액에 가산하여 징수하는 금액을 말한다. 다만, 가산금은 여기에 포함하지 않는다.
② 가산세는 해당 의무가 규정된 세법의 해당 국세의 세목으로 한다.
③ 국세를 감면하는 경우에는 가산세는 그 감면하는 국세에 포함한다.
④ 납세자가 의무를 이행하지 아니한 데 대한 정당한 사유가 있는 때에는 해당 가산세를 부과하지 아니한다.

📍 **내비게이션**
• 국세를 감면하는 경우에는 가산세는 그 감면대상에 포함시키지 아니하는 것으로 한다.

보론	무신고가산세와 가산세 100%감면

① 무신고가산세

가산세액	① 부정행위로 인한 무신고가 아닌 경우 일반적인 경우 : 무신고납부세액×20% ② 부정행위로 인한 무신고인 경우 일반적인 경우 : 무신고납부세액×40% (역외거래에 발생한 부정행위는 60% 부과)
부정행위	• 이중장부작성 • 거짓증빙작성 • 재산은닉 • 소득·수익·행위·거래의 조작 또는 은폐

② 가산세 100%감면
① 천재지변 등의 기한연장사유에 해당하는 경우
② 납세자가 의무를 이행하지 아니한 데 대한 정당한 사유가 있는 경우

🔖 **ANSWER** 1. ② 2. ② 3. ③ 4. ④ 5. ④ 6. ③

단기속성특강 제107강	법인세법 총설

기본사항	소득개념	•순자산증가설(포괄주의) ▶ 순자산을 증가시키는 모든 사항을 과세 **비교** 소득세법 : 소득원천설(열거주의) → 열거된 것만 과세		
	법인의 유형	내국법인 외국법인	① 내국법인 : 국내에 본점·주사무소(또는 사업의 실질적 관리장소)를 둔 법인 ② 외국법인 : 외국에 본점·주사무소를 둔 법인(국내에 사업의 실질적 관리장소가 소재하지 않는 경우에 한함) ♀주의 '외국법인은 외국법에 근거하여 설립된 법인이다'는 틀린 설명임.	
		영리법인 비영리법인	① 영리법인 : 영리추구를 목적으로 하는 법인 ② 비영리법인 : 학술·종교 등 영리 아닌 사업을 목적으로 하는 법인	
	보론 i) 법인으로 보는 법인격없는 단체 ▶ 비영리내국법인으로 봄. ii) 외국정부·지자체 ▶ 비영리외국법인으로 봄. iii) 국가·지자체 ▶ 비과세법인(∴일체의 납세의무 없음.)			

납세의무			각사업연도소득	청산소득	토지등 양도소득[*]
	내국법인	영리	국내외 모든소득	과세 (합병·분할시 해산 제외)	과세
		비영리	국내외 수익사업소득	비과세	과세
	외국법인	영리	국내원천소득	비과세	과세
		비영리	국내원천 수익사업소득	비과세	과세

[*] 소정 주택,비사업용토지가 대상임.

사업연도	사업연도	〈1순위〉	•법령·정관에서 정하는 1회계기간으로 하되 1년 초과 불가 ▶ **예** 회계기간이 1년 6개월이면 1년과 6월을 각각의 사업연도로 봄. ♀주의 ∴사업연도로 임의기간을 선택 가능
		〈2순위〉	•규정이 없는 경우는 법인설립신고 또는 사업자등록과 함께 사업연도를 신고
		〈3순위〉	•신고도 없는 경우는 1월 1일부터 12월 31일을 사업연도로 함. ♀주의 단, 신설법인의 최초사업연도는 설립등기일부터 12월 31일
	사업연도 변경		•직전사업연도 종료일부터 3월 이내 신고(**예** 20x3년부터 변경시 : 20x3. 3. 31까지 신고) ♀주의 변경하고자 하는 사업연도 종료일부터 3월 이내 신고가 아님.

납세지	원칙		•법인등기부상의 본점(주사무소) 소재지 ▶ 본점(주사무소)이 존재치 않는 경우는 사업의 실질적 관리장소
	납세지지정	지정가능사유	•내국법인 본점 등 소재지가 등기된 주소와 다를 때 •본점 등 소재지가 자산·사업장과 분리되어 조세포탈 우려가 있는 때
		지정권자	•관할지방국세청장 또는 국세청장 ♀주의 세무서장은 지정권자가 아님.
	납세지변경		•변경일로부터 15일 내에 변경 후 관할세무서장에게 신고 ♀주의 변경 전 관할세무서장에게 신고하는 것이 아님. ▶ 단, 부가가치세법상 변경사실을 사업자등록정정신고시는 변경신고한 것으로 봄.

FINAL 객관식뽀개기 　　　　　기출 & 적중문제

1. 법인세 납세의무에 대한 다음 설명 중 원칙적으로 가장 옳지 않은 것은?

① 내국 영리법인은 각사업연도소득(국내외원천소득)과 청산소득 및 토지 등 양도소득에 대해서 납세의무를 진다.
② 내국 비영리법인은 각사업연도소득(국내외원천소득 중 수익사업소득) 및 토지등 양도소득에 대해서 납세의무를 지며, 청산소득에 대해서는 납세의무를 지지 않는다.
③ 외국 영리법인은 각사업연도소득(국내원천소득)과 청산소득 및 토지 등 양도소득에 대해서 납세의무를 진다.
④ 외국 비영리법인은 각사업연도소득(국내원천소득 중 수익사업소득) 및 토지 등 양도소득에 대해서 납세의무를 지며, 청산소득에 대해서는 납세의무를 지지 않는다.

◉ 내비게이션
•내국영리법인에 한하여 청산소득에 대한 법인세 납세의무가 있다.

2. 다음 중 법인세법에 관한 설명으로 가장 옳은 것은 어느 것인가?

① 법인세법은 소득 개념으로 소득원천설에 근거하고 있다.
② 법령 또는 정관상에 회계기간이 규정되어 있지 않은 법인의 사업연도는 1월 1일부터 12월 31일까지로 한다.
③ 신설법인의 최초사업연도 개시일은 1월 1일이다.
④ 법인이 조세를 포탈할 우려가 있을 경우에는 관할 지방국세청장 또는 국세청장이 납세지를 지정할 수 있다.

◉ 내비게이션
•① 소득원천설(X) → 순자산증가설(O)
②'2순위'로 신고한 사업연도를 먼저 적용한다.
③ 신설법인의 최초사업연도 개시일은 설립등기일이다.

3. 법인의 종류와 그 납세의무의 범위에 관한 다음 설명 중 틀린 것은?

① 법인세법상 외국법인이라 함은 외국법에 근거하여 설립된 법인을 말한다.
② 외국에 본점을 둔 법인이라도 사업의 실질적 관리장소가 국내인 경우는 내국법인으로 본다.
③ 내국법인은 국외원천소득에 대하여도 각 사업연도의 소득에 대한 법인세 납세의무를 지지만, 외국법인은 그러하지 아니하다.
④ 비영리내국법인과 외국법인의 청산소득에 대하여는 법인세가 과세되지 않는다.

◉ 내비게이션
•외국에 본점(사업의 실질적 관리장소)을 둔 법인이 외국법인이다.

4. 법인세법에 대한 설명으로 옳지 않은 것은?

① 법인세는 법인을 납세의무자로 한다.
② 비영리내국법인은 각 사업연도 소득에 대하여 납세의무를 지나 청산소득에 대하여는 납세의무를 지지 않는다.
③ 법인세법상 법인격 없는 단체가 법인세 납세의무를 지는 경우는 없다.
④ 외국법인 중 외국의 정부는 비영리외국법인에 해당된다.

◉ 내비게이션
•법인으로 보는 법인격없는 단체는 비영리내국법인으로서의 납세의무를 진다.

5. 다음 중 법인세와 소득세의 과세방법에 대한 설명으로 가장 올바르지 않은 것은?

① 법인세의 과세기간은 모든 법인에 대해 매년 1월 1일부터 12월 31일까지로 동일하다.
② 법인세는 원칙적으로 포괄주의 과세방식을 채택하고 있으나, 소득세는 열거주의 또는 유형별 포괄주의 과세방식을 채택하고 있다.
③ 소득세는 소득을 종합소득, 퇴직소득, 양도소득으로 구분하여 과세하고 있다.
④ 법인세와 소득세는 모두 신고납세제도를 적용하고 있다.

◉ 내비게이션
•법인세의 과세기간(사업연도)은 1년내에서 임의 선택이 가능하다.

보론	신설법인의 개시일 전 손익

■ 신설법인의 최초사업연도 개시일은 설립등기일로 한다. 다만, 최초사업연도 개시일 전에 생긴 손익을 사실상 그 법인에 귀속시킨 것이 있는 경우, 조세포탈의 우려가 없는 때에는 최초사업연도의 기간이 1년을 초과하지 않는 범위 내에서 이를 해당 법인의 최초사업연도의 손익에 산입할 수 있다. 이 경우 최초사업연도의 개시일은 해당 법인에 귀속시킨 손익이 최초로 발생한 날로 한다.

ANSWER 1. ③ 2. ④ 3. ① 4. ③ 5. ①

단기속성특강 제108강		세무조정

		❖결산서상 당기순이익과 법인세법상 과세소득의 차이를 조정하는 과정을 말함.
세무조정	익금산입	•수익이 아니나, 법인세법상 익금인 금액을 순이익에 가산
	익금불산입	•수익이나, 법인세법상 익금이 아닌 금액을 순이익에서 차감
	손금산입	•비용이 아니나, 법인세법상 손금인 금액을 순이익에서 차감
	손금불산입	•비용이나, 법인세법상 손금이 아닌 금액을 순이익에 가산
결산조정	특징	① 비용을 과소계상시 손금산입할 수 없는 것으로 과대계상시만 손금불산입함. ② 임의계상 ▶ 법인이 손금으로 계상하고자 하는 연도에 손비로 계상할 수 있음. ③ 오직 손금사항에서만 발생하며, 손금산입이 불가하므로 경정청구도 불가함.

	결산조정사항	•유형·무형고정자산 감가상각비
		  ▶ 국제회계기준(K-IFRS)도입 기업 → 신고조정가능
		•대손금
		  ▶ 신고조정하는 대손사유도 있음
		•대손충당금·퇴직급여충당금·구상채권상각충당금
		  ▶ 퇴직연금충당금은 신고조정사항
		•일시상각충당금(압축기장충당금)
		  ▶ 신고조정도 가능함.
		•법인세법상 준비금
		  ▶ 연구 및 인력개발준비금(일몰종료)과 고유목적사업준비금(회계감사대상 비영리법인)은 잉여금을 처분하여 적립금을 적립시 손금산입 신고조정가능
		•재고자산
		  ① 저가법평가로 인한 평가손
		  ② 파손·부패로 인한 평가손 등 ▶ 유행경과로 인한 평가차손은 손금불산입
		•유가증권(₩1,000 제외)
		  ① 부도발생·회생계획인가결정·부실징후기업이 된 다음의 경우 평가손실
		    – 주권상장법인이 발행한 주식
		    – 특수관계없는 비상장법인이 발행한 주식
		      ▶ 5% 이하이고, 취득가 10억원 이하시는 특수관계없는 것으로 봄.
		    – 중소기업창투회사 등 보유 창업자등 발행주식
		  ② 주식 발행법인이 파산한 경우 유가증권 평가손실
		•고정자산(유형자산)
		  ① 시설개체·기술낙후로 인한 생산설비폐기손실(₩1,000 제외)
		  ② 천재·지변·폐광·법령수용·화재로 인한 유형자산 평가손

신고조정	특징	① 수익·비용을 과소계상시 반드시 익금산입·손금산입해야 하는 것으로 과대계상시 역시 익금불산입·손금불산입함. ② 강제계상 ▶ 당해 손금산입하지 않으면 차기이후연도에 손금산입불가함. ③ 익금·손금사항 모두에서 발생하며, 손금산입 등이 가능하므로 이를 못한 경우 경정청구가능

FINAL 객관식뽀개기   기출 & 적중문제

1. 법인세법상 결산조정사항과 신고조정사항에 대한 다음 설명 중 올바르지 않은 것은?

① 결산조정사항은 원칙적으로 회계상 비용으로 계상하여야 세무상 손금으로 인정받을 수 있는 항목이다.

② 신고조정사항은 회계상 비용계상여부와 관계없이 법인세법상 손금산입이 가능하다.

③ 결산조정사항을 결산 시 손금으로 산입하지 않고 법인세 신고기한이 경과한 경우에는 경정청구를 통해 정정이 가능하다.

④ 법인세법상 준비금은 원칙적으로 결산조정사항이지만 조세특례제한법상 준비금은 신고조정이 가능하다.

📍 **내비게이션**

• 결산조정사항은 손금산입 세무조정이 불가하므로 경정청구도 불가하다. 반면에, 신고조정사항은 손금산입이 가능하므로 이를 못한 경우 경정청구가 가능하다.

2. 법인세법상 결산조정사항과 신고조정사항에 대한 다음 설명 중 가장 옳지 않은 것은?

① 유·무형자산 감가상각비는 원칙적으로 결산조정사항이지만, 국제회계기준 도입기업은 일정 금액에 대한 신고조정이 가능하다.

② 퇴직급여충당금은 원칙적으로 신고조정사항에 포함된다.

③ 무형자산상각비는 결산조정사항이므로 결산상 계상된 금액이 세법상 한도금액에 미달하는 경우에도 세무조정을 통하여 추가로 손금산입할 수 없다.

④ 신고조정사항이란 회계상 비용으로 계상하지 않고, 법인세 과세표준신고 과정에서 세무조정계산서에 계상함으로써 세무상 인정받을 수 있는 세무조정사항이다.

📍 **내비게이션**

• 퇴직급여충당금은 결산조정사항임.

3. 법인세법상 결산조정사항과 신고조정사항에 대한 다음 설명 중 가장 올바르지 않은 것은?

① 결산조정사항은 장부에 기장처리 해야만 세무상 손금으로 인정받을 수 있는 사항이다.

② 유형자산의 감가상각비는 원칙적으로 신고조정사항에 포함된다.

③ 재고자산의 평가차손은 원칙적으로 결산조정사항에 포함된다.

④ 단순신고조정사항은 기업회계 결산시 기장 처리하지 않은 항목에 대해서 별도의 추가적 절차 없이 세무조정계산서에서 직접 조정하는 사항이다.

📍 **내비게이션**

• 유형자산의 감가상각비는 원칙적으로 결산조정사항이다.

4. 제빵업을 영위하는 ㈜A는 20x1년 결산시 다음과 같은 평가손실을 계상하였다. 세무상 손금으로 인정되는 것으로 올바르게 묶은 것은?

> ㄱ. 장부금액 1억원인 기계장치가 태풍으로 파손되어 처분가능한 시가인 1천만원으로 감액하고 손상차손 9천만원을 계상하였다.
>
> ㄴ. 제품인 빵이 유통기한 경과로 부패하여 전량 폐기처분하고 재고자산폐기손실 1억원을 계상하였다.

① 모두 인정되지 않음   ② ㄱ

③ ㄴ   ④ ㄱ, ㄴ

📍 **내비게이션**

• 천재·지변 유형자산평가손실 : 결산조정을 전제로 손금으로 인정

• 파손·부패 재고자산평가손실 : 결산조정을 전제로 손금으로 인정

5. 다음은 결산조정과 신고조정에 관련된 내용이다. 가장 잘못된 것은?

① 결산조정항목을 손금으로 산입하기 위하여는 결산서상에 비용으로 계상하여야 한다.

② 소멸시효가 완성된 채권에 대한 대손금의 손금산입은 손금산입시기의 선택이 가능하다.

③ 퇴직연금충당금은 신고조정사항이다.

④ 결산조정항목을 누락하고 과세표준 및 세액을 신고한 경우에도 경정청구에 의해 환급이 불가능하다.

📍 **내비게이션**

• 소멸시효가 완성된 채권에 대한 대손금의 손금산입은 신고조정항목이므로 손금산입시기의 선택은 불가하다.

제1편
[단기속성특강] 세무회계

제2편
[단기속성특강] 세무회계

제3편
[단기속성특강] 원가관리회계

합본부록1
신유형기출문제

합본부록2
10개년/기출오답노트

| 단기속성특강 제109강 | 세무조정계산서 |

소득금액조정 합계표	❖모든 세무조정과 소득처분을 기재하는 표 🔎주의 **기부금한도초과액**과 **기부금이월손금산입액** 소득금액조정합계표에 기재하지 않고 이하 법인세과세표준 및 세액조정계산서에 직접 기입함.
법인세과세표준 및 세액조정계산서	❖법인세 계산과정과 내용을 기재하는 표

자본금과적립금조정명세서(을)

❖유보를 관리하는 표
▶ 유보는 반드시 반대세무조정으로 추인됨.

🖻예 전기재고평가감 50,000(유보)가 있는 상태에서 당기재고평가증 40,000(△유보)가 발생시

과목	기초잔액	감소	증가	기말잔액
기말재고	50,000	50,000 •유보의 소멸(추인)분 기입	△40,000 •유보의 새로운 발생분 기입	△40,000

🔎주의 **기입상 유의사항**
위의 "감소"는 유보의 소멸(추인)분을 기입하는 것으로서 '△50,000'로 기입하는 것이 아니며, 따라서 기초잔액이 △유보라면 감소에 '△50,000'으로 기입함.

자본금과적립금조정명세서(갑)

❖세무상자본을 계산하는 표

참고 **회계상자본과 세무상자본의 관계**
•세무상자산
  회계상자산 + 자산관련유보잔액
•세무상부채
  회계상부채 - 부채관련유보잔액
•세무상자본
  회계상자본 ± 유보잔액 ± 손익미계상법인세

손익미계상법인세
(총부담세액 + 지방소득세 + 농어촌특별세) - I/S상 법인세비용

  ↳'세법상 법인세등'
    → 총부담세액 : 기납부세액차감전 금액임에 주의!
    → 지방소득세 : 총부담세액 × 10%
    → 농어촌특별세 : 조특법상 법인세감면세액 × 20%

⇒ ① 세법상법인세등〉I/S상 법인세비용인 경우
    법인세비용과소 → 순이익과대 → 자본과대
    → ∴회계상 자본에서 차감
  ② 세법상법인세등〈I/S상 법인세비용인 경우
    법인세비용과대 → 순이익과소 → 자본과소
    → ∴회계상 자본에 가산

FINAL 객관식뽀개기

기출 & 적중문제

1. 법인세법상 유보로 소득처분된 금액은 차기이후에 반대의 세무조정을 필요로 하는데 이러한 모든 유보금액을 관리하는 서식은 어느 것인가?

① 소득금액조정합계표
② 자본금과적립금조정명세서(갑)
③ 자본금과적립금조정명세서(을)
④ 법인세 과세표준 및 세액조정 계산서

🎯 **내비게이션**

• 유보를 관리하는 표는 자본금과적립금조정명세서(을)임.

2. 법인세 세무조정시 소득금액조정합계표와 자본금과 적립금조정명세서(을)에 모두 기재하여야 할 항목으로 묶인 것은?

> 가. 특례기부금 한도초과
> 나. 대손충당금 한도초과
> 다. 감가상각부인액
> 라. 채권자불분명사채이자

① 가, 나   ② 나, 다
③ 다, 라   ④ 가, 다

🎯 **내비게이션**

• 유보로 소득처분되는 것을 묻는 문제임.

3. 법인세법상 자본금과적립금조정명세서(을)의 작성과 연관이 있는 항목으로 묶여진 것은?

> (가) 퇴직급여충당금 한도초과액
> (나) 임원상여금 한도초과액
> (다) 감가상각비 한도초과액
> (라) 기업업무추진비 한도초과액
> (마) 법인세 비용

① (가)   ② (가), (나)
③ (가), (다)   ④ (다), (라)

🎯 **내비게이션**

• (가) 퇴직급여충당금 한도초과액 : 유보
  (나) 임원상여금 한도초과액 : 상여
  (다) 감가상각비 한도초과액 : 유보
  (라) 기업업무추진비 한도초과액 : 기타사외유출
  (마) 법인세 비용 : 기타사외유출

4. 다음은 법인세법상 법정서식에 대한 설명이다. 옳지 않은 것은?

① 법인세 과세표준 및 세액조정계산서
  해당 사업연도의 소득금액 및 과세표준과 세액을 계산하는 서식
② 자본금과 적립금조정명세서(갑)
  법인의 세무상 자기자본총액(순자산)을 알 수 있는 법정서식
③ 자본금과 적립금조정명세서(을)
  유보소득의 기말잔액을 계산하기 위한 서식
④ 소득금액조정합계표
  모든 세무조정항목의 세부내용을 나타내는 서식

🎯 **내비게이션**

• 소득금액조정합계표는 익금산입·손금불산입항목의 합계와 손금산입·익금불산입항목의 합계를 법인세과세표준 및 세액조정계산서로 보내 해당 사업연도 소득금액을 계산하도록 한다. 단, 세무조정 항목 중 기부금한도초과액 및 한도초과이월액 손금산입은 소득금액조정합계표에 표시하지 아니하고 기부금조정명세서에서 계산한 후 직접 과세표준 및 세액조정계산서로 보내진다.

5. (주)삼일의 결산서상 당기순이익은 450,000,000원, 법인세비용은 3,000,000원, 기업업무추진비 한도초과액은 3,000,000원이다. 다음의 자본금과 적립금 조정명세서(을)를 이용하여 각사업연도소득금액을 계산하면 얼마인가(단, 당기에 주어진 자료 이외의 세무조정 사항은 없다고 가정한다)?

① 과목	② 기초과목	당기 중 증감		⑤ 기말잔액
		③ 감소	④ 증가	
재고자산	△12,000,000	△12,000,000	△6,000,000	△6,000,000
퇴직급여충당금 한도초과	1,950,000	450,000	3,000,000	4,500,000
감가상각비 한도초과	6,975,000	0	5,250,000	12,225,000
합계	△3,075,000	△11,550,000	2,250,000	10,725,000

① 451,200,000원   ② 463,800,000원
③ 469,800,000원   ④ 478,500,000원

🎯 **내비게이션**

• 450,000,000+3,000,000+3,000,000+(12,000,000-6,000,000)+(3,000,000-450,000)+5,250,000=469,800,000

단기속성특강 제110강 　　　　소득처분

소득처분 유형	익금산입 손금불산입	•자산과소·부채과대계상(○) ▶ 세무상 순자산 > 회계상 순자산 예 퇴직급여충당금 한도초과 100의 경우 → 손금불산입 100 　회사 : (차) 비 용 300　　(대) 퇴·충 300 　세법 : (차) 비 용 200　　(대) 퇴·충 200	유보	사후관리필요(○) (∵추인)
		•자산과소·부채과대계상(×) •유출(○) •외부귀속자존재(○) 예 임원상여금 한도초과 100의 경우 → 손금불산입 100 　회사 : (차) 상여금　300　　(대) 현 금　300 　세법 : (차) 상여금　200　　(대) 현 금　300 　　　　　　손금불산입　100	배당	사후관리필요(○) (∵과세)
			상여	
			기타소득	
			기타사외유출	사후관리필요(×) (∵과세×)
		•자산과소·부채과대계상(×) •유출(×) •외부귀속자존재(×) 예 채무면제이익 100을 잉여금처리한 경우 → 익금산입 100 　회사 : (차) 차입금　100　(대) 기타자본잉여금　100 　세법 : (차) 차입금　100　(대) 익 금　100	기타 (잉여금)	사후관리필요(×)
	손금산입 익금불산입	•자산과대·부채과소계상(○) ▶ 세무상순자산 < 회계상순자산 예 기말상품을 100만큼 임의평가증한 경우 → 익금불산입 100 　회사 : (차) 상 품　100　(대) 평가차익　100 　세법 : 분개없음	△유보	사후관리필요(○) (∵추인)
		•자산과대·부채과소계상(×) 예 환급가산금 100을 수익계상한 경우 → 익금불산입 100 　회사 : (차) 현 금　100　(대) 수 익　100 　세법 : (차) 현 금　100　(대) 익금불산입　100	기타 (△잉여금)	사후관리필요(×)

FINAL 객관식뽀개기

기출&적중문제

1. 다음 소득처분 중 소득의 귀속자에게 소득세를 부과하지 않는 것은?

① 상여
② 기타소득
③ 유보
④ 배당

내비게이션

• 유보는 소득세 부과와 무관하다.

2. 다음 항목에 대한 세무조정의 결과 공통적으로 발생하는 법인세법상 소득처분은?

> ㄱ. 감가상각비한도초과액
> ㄴ. 대손충당금한도초과액
> ㄷ. 재고자산평가에 대한 세무조정

① 유보
② 기타사외유출
③ 상여
④ 배당

내비게이션

• 유보처분하는 대표적 항목임.

3. 다음 세무조정사항 중 소득처분의 귀속자에게 추가적인 과세가 이루어지는 것은?

① 임원퇴직금 한도초과액
② 일반기부금 한도초과액
③ 기업업무추진비 한도초과액
④ 업무무관자산 등 관련 차입금이자

내비게이션

• 임원퇴직금 한도초과액 : '상여'로 처분되어 추가과세가 이루어진다.
• ②,③,④ : 무조건 '기타사외유출'로 처분되어 추가과세가 없다.

4. 다음 세무조정사항 중 소득처분의 귀속자에게 추가적인 과세나 사후관리가 불필요한 것은?

① 기업업무추진비 한도초과액
② 감가상각비 한도초과액
③ 임원퇴직금 한도초과액
④ 대손충당금 한도초과액

내비게이션

• 기업업무추진비 한도초과액은 기타사외유출로 소득처분하므로 추가과세나 사후관리가 불필요하다.
• 임원퇴직금한도초과액은 상여로 소득처분하므로 귀속자에 대한 추가 과세가 필요하다.
• 감가상각비한도초과액, 대손충당금한도초과액은 유보로 소득처분하므로 추인시까지 사후관리가 필요하다.

5. 다음 중 법인의 세무조정사항 중 당기에 세무조정을 하였다면 당기 이후 사업연도에 당초 세무조정사항과 반대되는 세무조정사항이 발생하는 것은 몇 개인가?

> 가. 대손충당금 한도초과액
> 나. 인정상여
> 다. 자본잉여금으로 처리한 자기주식처분이익
> 라. 재고자산평가감

① 0개
② 1개
③ 2개
④ 3개

내비게이션

• 유보로 소득처분되는 것을 묻는 문제임.
　가. 대손충당금 한도초과액 : 유보
　나. 인정상여 : 상여
　다. 자본잉여금으로 처리한 자기주식처분이익 : 기타
　라. 재고자산평가감 : 유보

6. 법인세 세무조정계산서 작성시 소득금액조정합계표 및 자본금과적립금조정명세서(을)의 작성과 모두 연관이 있는 항목으로만 묶여진 것은?

> 가. 감가상각부인액
> 나. 3만원 초과 신용카드미사용으로 인한 기업업무추진비 부인액
> 다. 대손충당금 한도초과액
> 라. 업무무관자산 지급이자 손금불산입액

① 가, 라
② 나, 다
③ 가, 다
④ 가, 다, 라

내비게이션

• 유보로 소득처분되는 항목을 찾는 문제임.
　가 : 유보
　나 : 기타사외유출
　다 : 유보
　라 : 기타사외유출

단기속성특강 제111강 　　　 사외유출과 소득처분특례

	구 분	귀속자	소득세	원천징수	사 례
사외유출	배당	•출자자 ▶ 임원·사용인 제외	배당소득(인정배당)	○	예 출자자에 대한 가지급금인정이자
	상여	•직원(사용인)·임원 ▶ 출자자 포함	근로소득(인정상여)	○	예 임원상여한도초과액
	기타사외유출	•국가, 지자체 •법인(법인주주) •개인사업자	×	×	예 법인세
	기타소득	•위 외의 자	기타소득(인정기타소득)	○	예 주주부친 인정이자

🔍주의 •귀속자가 법인(개인사업자)인 경우
　　　 내국법인(거주자)의 각사업연도소득(사업소득)을 구성하는 경우에 한하여 기타사외유출임.
　　•귀속자와 소득처분
　　　① 법인주주 : 기타사외유출　② 출자임원·사용인 : 상여

소득처분 특례	귀속불분명특례	•사외유출되었으나 귀속자가 불분명시는 대표자상여 처분함.
	기타사외유출특례	•다음의 경우는 무조건 기타사외유출로 소득처분함. ① 임대보증금 간주익금(간주임대료) ② 기부금한도초과액 ③ 기업업무추진비(접대비)한도초과액, 법소정 적격증빙미수취 기업업무추진비(접대비) ④ 채권자불분명사채이자, 비실명이자 손금불산입액 중 원천징수세액 ⑤ 업무무관자산 등 지급이자손금불산입액

매출누락 세무조정	Point	현금매출누락	•대표자상여처분
		외상매출누락	•유보처분

🔎 사례 ■ 매출누락

❂ 재고자산 ₩5,000은 ₩8,800(VAT 포함)에 매출한 것이나 이를 누락함.

1. 현금매출 누락인 경우

회사		세법			
- 회계처리 누락 -	(차) 현금	8,000	(대) 매출	8,000
	현금	800	VAT예수	800
	매출원가	5,000	재고자산	5,000

∴익금산입 매출 8,000(대표자상여), 손금산입 매출원가 5,000(△유보)
　손금산입 부채증액 800(△유보), 익금산입 상쇄 800(대표자상여)*
　* 이렇게 세무조정하는 이유는 '후술'함.

2. 외상매출 누락인 경우

회사		세법			
- 회계처리 누락 -	(차) 매출채권	8,000	(대) 매출	8,000
	매출채권	800	VAT예수	800
	매출원가	5,000	재고자산	5,000

∴익금산입 매출 8,000(유보), 손금산입 매출원가 5,000(△유보)
　손금산입 부채증액 800(△유보), 익금산입 상쇄 800(유보)

FINAL 객관식뽀개기

기출 & 적중문제

1. 다음 중 법인세법상 소득처분에 대한 설명으로 가장 옳지 않은 것은?

① 기업업무추진비 한도초과액은 모두 유보로 처분한다.
② 유보로 처분된 익금산입액은 세무상 순자산을 증가시킨다.
③ 익금산입액이 개인사업자에게 귀속되는 경우에는 기타사외유출로 처분한다.
④ 채권자불분명사채이자 중 원천징수분을 제외한 금액은 대표자 상여로 처분한다.

◉ 내비게이션

• 기업업무추진비 한도초과액은 기타사외유출로 처분한다.

2. 다음 세무조정의 결과 공통적으로 발생하는 법인세법의 소득처분은?

> 가. 임대보증금에 대한 간주임대료
> 나. 기업업무추진비 한도초과액
> 다. 업무무관자산 등 차입금 이자

① 기타사외유출   ② 유보
③ 대표자상여   ④ 배당

3. 다음은 (주)A의 제7기 사업연도(20x1년 1월 1일~12월 31일)에 발생한 거래에 대한 설명이다. 세무조정 결과, (주)A의 당해 사업연도 '소득금액조정합계표'에만 영향을 미치고, 차기 이후의 '소득금액조정합계표'또는 '(주)A 이외의 자의 소득'에는 영향을 미치지 않는 거래는 어느 것인가?

① 출자임원인 甲이 개인적인 용도로 사용하는 건물에 대한 수선비를 지급하고 손익계산서에 비용으로 계상하였다.
② 토지를 취득하고, 취득세를 지출하면서 손익계산서에 비용으로 계상하였다.
③ 채권자의 주소 및 성명을 확인할 수 없는 차입금에 대한 이자를 지급하고 손익계산서에 비용으로 계상하였다.
④ 자기주식을 장부가액을 초과하여 처분하고, 그 차액을 재무상태표에 기타자본잉여금으로 계상하였다.

◉ 내비게이션

• 기타 또는 기타사외유출로 소득처분되는 것을 찾는 문제이다.
① 상여 ② 유보 ③ 대표자상여(원천징수는 기타사외유출) ④ 기타

4. 법인세법상 소득처분과 관련하여 옳은 것은?

① 채권자가 불분명한 사채이자는 대표자 상여로 소득처분되며, 그 원천징수세액 상당액만 기타사외유출로 소득처분한다.
② 사외유출된 소득의 귀속자가 당해 법인의 주주이면서 임원에 해당하면 이를 "배당"으로 처분하고 당해 귀속자에게 배당소득세를 과세한다.
③ 사외유출된 것이 분명하나 그 귀속자가 불분명한 경우에는 최대주주에 대한 배당으로 처분하고, 당해 귀속자에게 배당소득세를 과세한다.
④ 출자자 및 출자임원에게 귀속되는 소득은 모두 상여로 처분한다.

◉ 내비게이션

• ② 귀속자가 출자임원이면 상여로 처분한다.
③ 귀속자가 불분명한 경우에는 대표자상여로 처분한다.
④ 출자자가 개인이면 배당, 법인이면 기타사외유출로 소득처분된다.

5. 다음은 (주)A의 제10기(20x3.1.1~20x3.12.31)에 발생한 거래내역이다. 세무조정 결과 기타사외유출로 처분하는 것은?

① 출자임원에 대한 사택유지비용을 손익계산서 비용으로 계상하였다.
② 단기매매금융자산평가손실을 기업회계에 따라 계상하였다.
③ 건당 3만원 초과 기업업무추진비 중 신용카드 등을 사용하지 않은 금액을 기업업무추진비로 비용계상하였다.
④ 채권자의 주소 및 성명을 확인할 수 없는(원천징수분은 고려하지 않는다) 차입금에 대한 이자를 지급하고 손익계산서에 비용으로 계상하였다.

◉ 내비게이션

• ① 상여 ② 유보 ④ 대표자상여

6. 법인이 업무와 관련 없이 10,000,000원을 지출하고 이를 잡비로 회계처리한 경우 그 귀속자가 다음과 같은 경우 소득처분이 잘못된 것은?

① 주주인 임원의 경우 – 상여
② 법인인 주주의 경우 – 배당
③ 내국법인의 경우 – 기타사외유출
④ 주주가 아닌 임원의 경우 – 상여

◉ 내비게이션

• 기타사외유출로 소득처분한다.

단기속성특강 제112강 　　　익금과 익금불산입항목 ❶

익금항목	비　　고
사업수입금액	•매출에누리와 환입, 매출할인을 제외한 금액
자산양도금액 (자기주식 포함)	•양도금액을 익금, 장부가액을 손금처리 　🔎주의 ∴익금금액을 물으면 처분이익이 아닌 양도금액 전액이 익금임!
자본거래이익	•법인이 자본거래(증자, 감자, 합병 등)를 통해 특수관계인으로부터 분여받은 이익
손금계상적립액	•적립금을 적립시 차변에 잉여금이 아닌 비용으로 계상시 이를 손금불산입(익금산입)한다는 것

특수관계있는 개인으로부터 저가매입한 유가증권의 매입가와 시가의 차액	

취득시	•매입가와 시가의 차액을 익금산입(유보)함　▶ 익금산입액은 세무상취득원가를 구성함.
처분시	•위 익금산입액을 손금산입(△유보)으로 유보추인함　▶ 추인액 = 유보 × 처분비율
시가	•부당행위계산부인의 시가규정적용　▶ 즉, 시가 → 감정가 → 상증법상평가액

▶ 기타저가매입 : 취득가는 매입가액 그대로 인정되며 처분익에 포함되어 과세됨!
▶ 저가매입관련 세무조정 하는 것은 위 유가증권이 유일함!

예시 취득가액 80(시가 100), 처분가 60 가정

① **취득시**

	회　사			세법(익금산입 20, 유보)		
(차) 유가증권	80	(대) 현금	80	(차) 유가증권	100	(대) 현금　　80 　　　수익(익금)　20

② **처분시**

	회　사			세법(손금산입 20, △유보)		
(차) 현금 　손실	60 20	(대) 유가증권	80	(차) 현금 　손실	60 40	(대) 유가증권　100

자산평가차익	① 보험업법 기타법률에 의한 고정자산(유형·무형자산) 평가차익 　🔎주의 어떤 경우든지 자산의 임의평가증은 익금으로 인정되지 않음. ② 화폐성외화자산·부채에 대한 평가차익(외화환산이익) 　🔎주의 일반법인은 마감환율적용을 신고한 경우에 한함.
자산수증이익 채무면제이익	•회사가 영업외수익으로 처리한 경우 : 세무조정 없음. 　🔎주의 이월결손금의 보전에 충당한 금액은 익금불산입항목임 ▶ 소득처분 : 기타

손금산입된 것 중 환입된 금액	손금산입 되었던 경우(예 재산세)	•환입시 익금산입
	손금불산입 되었던 경우(예 법인세)	•환입시 익금불산입

이자소득 배당소득	•원천징수세액 포함한 총액을 익금산입 후 원천징수세액을 기납부세액으로 차감함. **보론** **수입배당금 익금불산입** 　배당금 지급법인 단계에서 이미 법인세가 과세된 재원으로 법인주주가 배당금을 받는 경우, 이를 익금으로 과세한다면 이중과세의 문제점이 있으므로 이를 해소키 위해 배당금의 일정비율만큼을 익금불산입하고 기타로 소득처분함.
자산임대료	•임대업을 영위하지 않는 법인이 일시적으로 자산을 임대하고 받는 수입

임대보증금 간주임대료	❖소득세법상 부동산임대업 간주임대료와의 차이점	
	대　상	•부동산임대가 주업이고 차입금과다인 내국영리법인
	금융수익	•이자수입, 배당금수입, 유가증권처분이익, 신주인수권처분이익

FINAL 객관식뽀개기

기출 & 적중문제

1. 익금이란 법인의 순자산을 증가시키는 거래로 인하여 발생하는 수익의 금액을 말한다. 다음 중 익금항목에 해당하지 않는 것은?

① 특수관계 있는 개인으로부터 저가로 매입한 유가증권의 매입가액과 시가와의 차액
② 자산수증이익 중 이월결손금의 보전에 충당된 금액
③ 자산의 양도금액
④ 손금에 산입한 금액 중 환입된 금액

📍 내비게이션

•이월결손금의 보전에 충당된 금액은 익금불산입 항목이다.

2. 익금불산입 항목은 회계상 법인의 순자산을 증가시키는 거래이기는 하나 특정목적을 위하여 법인세법 상 익금에 산입하지 않는 항목이다. 법인세법상 익금불산입 항목에 대한 다음 설명 중 가장 옳지 않은 것은?

① 이중과세를 방지하기 위하여 지주회사가 자회사로부터 받은 배당소득금액 중 일정 금액은 익금에 산입하지 않는다.
② 법인세는 지출 당시 손금으로 인정받지 못하였기 때문에 법인세의 환급액도 익금에 산입하지 않는다.
③ 자산수증익·채무면제익 중 이월결손금의 보전에 충당된 금액은 익금에 산입하지 않는다.
④ 자본거래를 통해 특수관계인으로부터 분여받은 이익은 익금에 산입하지 않는다.

📍 내비게이션

•자본거래를 통해 특수관계자로부터 분여받은 이익은 익금에 산입함.

3. 익금산입 및 익금불산압에 대한 설명으로서 가장 타당하지 않은 것은?

① 자산의 임의평가증은 세무상 익금으로 인정되지 않는다.
② 주식발행초과금의 자본전입은 법인세법상 의제배당에 해당하지 않는다.
③ 채무면제이익을 회사가 영업외수익으로 계상한 경우 익금불산입 세무조정을 한다.
④ 환급가산금은 모두 익금불산입 항목이다.

📍 내비게이션

•세무상으로도 익금이므로 세무조정은 없다.

4. 법인세법 상 익금에 대한 다음의 설명 중 가장 옳은 것은 어느 것인가?

① 부동산임대업을 주업으로 하지 않는 법인도 임대보증금에 일정 이자율을 곱한 금액을 익금에 산입하여야 한다.
② 갑법인이 대주주인 을(개인)로부터 시가 10억원인 유가증권을 8억원에 매입한 경우 익금산입하는 세무조정이 필요하다.
③ 유형·무형자산의 평가차익은 모두 익금에 산입하지 아니한다.
④ 지방세 과오납금에 대한 환부이자를 수령한 것으로 이를 이자수익으로 처리한 경우 이는 세무상 익금에 해당하므로 세무조정을 할 필요가 없다.

📍 내비게이션

•① 간주익금의 대상은 부동산임대업을 주업으로 하는 차입금과다 내국영리법인이다.
③ 보험업법 기타 법률에 의한 고정자산의 평가증은 익금에 산입한다.
④ 익금불산입의 세무조정이 필요하다.

5. (주)A는 특수관계인인 나잘난씨로부터 시가 1,000,000원인 자산을 500,000원에 20x1년에 매입하고 다음과 같이 처리하였다.

(차) 자 산 500,000	(대) 현 금 500,000

해당자산이 유가증권일 경우와 기계장치일 경우 각각의 법인세법상 올바른 세무조정은 무엇인가?

	유가증권	기계장치
①	익금산입 500,000(유보)	세무조정없음
②	익금산입 500,000(유보)	익금산입 500,000(유보)
③	익금산입 500,000(상여)	익금산입 500,000(유보)
④	세무조정없음	익금산입 500,000(유보)

📍 내비게이션

•특수관계인(개인)으로부터 유가증권을 저가로 매입한 경우에는 시가를 취득가액으로 하여 매입가액과의 차액을 익금산입(유보)하며, 기타자산은 저가구입한 금액을 그대로 취득가액으로 하며 세무조정은 없음.

단기속성특강 제113강 — 익금과 익금불산입항목 ❷

익금항목	비고
간접 외국납부세액	❖외국납부세액에 대해 외국납부세액공제를 받은 경우 외국자회사의 소득에 대하여 부과된 외국법인세액 중 그 수입배당금액에 대응하는 금액을 익금에 산입함.

의제배당		
	의의	•형식상은 배당이 아니더라도 사실상 회사의 이익이 주주 등에게 귀속되는 경우에 이를 배당으로 간주하여 익금에 산입하고 이를 취득원가에 가산하는 제도
	의제배당 사유	① **잉여금의 자본전입으로 인한 의제배당(무상주배당)** 잉여금을 자본전입하여 주주인 법인이 취득하는 주식은 배당으로 의제함. ♀주의 자본잉여금을 자본전입하여 취득하는 주식 중 일부는 익금으로 보지 않음. →例 주식발행초과금의 자본전입은 의제배당이 아님. ② **자본감소·해산·합병·분할 등으로 인한 의제배당** 수령한 금전 등 재산가액이 동 주식을 취득시 금액을 초과시 그 차액이 의제배당
	세무조정	<table><tr><td>회사의 처리</td><td>세무상 처리</td></tr><tr><td>- 회계처리없음 -</td><td>(차) 주 식 xxx (대) 배당수익 xxx</td></tr></table>→세무조정 : 익금산입 xxx(유보) ♀주의 의제배당은 세무상으로 주식의 취득원가를 구성함.

익금불산입항목	비고
주식발행초과금	•자본·출자의 납입이므로 익금불산입항목임. ▶ 회계 자본잉여금처리
감자차익	•감자차익(자기주식소각이익)은 자본·출자의 납입이므로 익금불산입항목임. ▶ 회계 자본잉여금처리
합병·분할차익	•익금불산입항목임. ▶ 회계 합병차익(염가매수차익)은 당기수익처리
채무면제이익등	•발생연도에 제한없는 세무상 이월결손금 보전에 충당된 경우는 익금불산입항목임.
이월익금	예시 **회사가 1기 매출을 2기의 매출로 처리한 경우** •1기의 익금으로 과세했으나 회사는 2기의 수익으로 계상시 2기에 익금불산입처리시 발생
법인세환급금	•법인세는 손금불산입항목이므로 환급시는 반대로 익금불산입항목 처리함.
환급가산금	•환급금 이자로서, 당초환급금의 익금산입여부 불문하고 무조건 익금불산입항목임. ▶ 소득처분 : 기타
VAT매출세액	•VAT매출세액은 익금불산입항목, VAT매입세액도 손금불산입항목

임의평가증	🔍 사례 ■ **임의평가증 세무조정** ✪ 장부가액 ₩300,000의 토지를 이사회결의로 ₩390,000로 평가증하고 기타자본잉여금으로 계상함. ✐풀이 [회사의 회계처리] (차) 토 지 90,000 (대) 기타자본잉여금 90,000 [세법상 회계처리] - 회계처리 없음 - ∴〈익금불산입〉 90,000(△유보) - 자산(토지)감액위한 세무조정 〈손금불산입〉 90,000(기타) - 위를 상쇄시키는 세무조정 보론 **손익차이가 없을 때의 세무조정** •회사의 자산증액 및 부채감액 세무조정 : 익금산입(유보) 회사의 자산감액 및 부채증액 세무조정 : 손금산입(△유보) → 회사의 회계처리와 세법상 회계처리에 손익차이가 없는 경우는 위와 같은 세무조정으로 회사의 자산(부채)를 조정하고, 과세소득에 미치는 영향을 없애기 위해 이를 상쇄시키는 반대의 세무조정을 함.

FINAL 객관식뽀개기

기출 & 적중문제

1. 익금불산입 항목은 법인의 순자산을 증가시키는 거래이기는 하나 세무상으로는 익금에 산입하지 않는 항목들이다. 익금불산입 항목에 대한 다음 설명 중 가장 옳지 않은 것은?

① 자본충실화 목적으로 주식발행초과금은 익금에 산입하지 않는다.
② 의제배당은 상법상 이익의 배당이 아니므로 익금에 산입하지 않는다.
③ 부가가치세 매출세액은 회사의 수익이 아니므로 익금에 산입하지 않는다.
④ 국세·지방세 과오납금의 환급금에 대한 이자는 국가 등이 초과징수한 것에 대한 보상의 일종이므로 정책적으로 익금에 산입하지 않는다.

📍 **내비게이션**

• 의제배당은 익금산입항목이다.

2. 다음 중 법인세법상 익금으로 인정되는 금액은 얼마인가?

ㄱ. 주식발행초과금 : 5,000,000원
ㄴ. 세무상 이월결손금의 보전에 충당하지 아니한 자산수증이익 : 2,000,000원
ㄷ. 재산세 환급액 : 3,500,000원
ㄹ. 감자차익 : 700,000원
ㅁ. 국세지방세 과오납금의 환급금 이자 : 6,000,000원
ㅂ. 차량운반구 처분금액 : 3,000,000원

① 5,000,000원
② 8,500,000원
③ 12,500,000원
④ 15,200,000원

📍 **내비게이션**

• 자산수증이익(2,000,000)+재산세환급액(3,500,000)+차량처분금액(3,000,000)=8,500,000

3. 다음 중 (주)A의 제10기(20x1.1.1~20x1.12.31) 세무조정내용이다. 가장 올바르지 않은 것은?

① 자본잉여금으로 계상한 당기분 감자차익을 익금산입 처리하였다.
② 세무상 이월결손금의 보전에 충당한 채무면제이익을 익금불산입 처리하였다.
③ 부가가치세 매출세액 중 손익계산서상 수익으로 계상한 금액을 익금불산입 처리하였다.
④ 손익계산서상 수익으로 계상한 재산세 과다납부에 대한 환부이자를 익금불산입 처리하였다.

📍 **내비게이션**

• 자본잉여금으로 계상한 당기분 감자차익은 세무상으로도 익금이 아니므로 세무조정이 없다.

4. 익금산입 및 익금불산입에 대한 설명으로서 가장 타당하지 않은 것은?

① 자산을 양도한 경우에는 양도금액 전액이 익금에 해당한다.
② 법인세의 환급액은 익금불산입 항목이지만 재산세의 환급액은 익금항목이다.
③ 자산수증이익으로 보전한 경우 익금불산입하는 이월결손금은 15년 이내에 발생한 것에 한한다.
④ 보험업법 기타 법률의 규정에 의하여 고정자산을 평가함으로써 평가차익이 발생한 경우에는 익금에 산입한다.

📍 **내비게이션**

• 발생연도에 제한없는 세무상 이월결손금이다.

5. 경리사원 이합격은 제15기 사업연도(20x3.1.1~12.31)의 법인세 신고서 작성을 위하여 회계상 처리된 내역에 대하여 보기와 같이 세무조정을 실시하였다. 가장 잘못된 세무조정 사항은 무엇인가?

① 잡이익의 세부내역을 검토하던 중 법인세 과오납금의 환급금에 대한 이자수령액이 있어 이를 익금불산입 하였다.
② 관계회사인 (주)A로부터 시가 10억원인 기계장치를 8억원에 매입하고 8억원을 장부가액으로 회계처리 한 것을 발견하고 2억원을 익금산입하였다.
③ 회사가 기중에 주식을 할증 발행함에 따라 액면가를 초과하는 납입부분을 주식발행초과금으로 계상한 것은 세법상으로도 타당하므로 아무런 세무조정도 실시하지 않았다.
④ 잡손실의 세부내역을 검토하던 중 행정명령을 위반하여 부과된 벌금 납입액을 발견하고 손금불산입하였다.

📍 **내비게이션**

• 저가매입은 '특수관계있는 개인으로부터 저가매입한 유가증권'에 한하여 세무조정을 한다.

단기속성특강 제114강 **손금과 손금불산입항목 ❶**

구분	손금항목	손금불산입항목
일반적 급여	•합명・합자회사 금전・현물・신용출자사원에게 지급하는 급여 •비상근임원에게 지급하는 것 중 직무범위내의 금액	•합명・합자회사 노무출자사원에게 지급하는 급여 •비상근임원에게 지급중 부당행위계산부인해당분 •지배주주 및 그와 특수관계에 있는 임원・직원(사용인)에게 동일직위자보다 초과하여 지급하는 분
일반적 상여금	•직원(사용인)에 대한 상여금 •급여지급기준내의 임원상여금	•급여지급기준초과 임원상여금 ▶ 급여지급기준 : 정관, 주총・이사회결의 ♀주의 지급규정이 없는 경우 → 전액 손금불산입함
퇴직금	•현실적 퇴직시 직원(사용인)의 퇴직금 •현실적 퇴직시 한도내의 임원퇴직금 **임원퇴직금 한도액** ① 정관・(정관의 위임)퇴직급여규정 : 그 금액 ② 그 외의 경우 : 퇴직전 1년 총급여 × 10% × 근속연수 ▶ 총급여 : 손금불산입되는 인건비, 비과세근로소득 제외 ▶ 근속연수 : 1월 미만 절사	•비현실적 퇴직에 의한 퇴직금 ▶ 업무무관가지급금으로 봄. •현실적 퇴직시 임원퇴직금한도초과액 **현실적퇴직** •직원이 임원으로 취임 •법소정사유로 중간정산 •상근임원이 비상근임원으로 된 경우 ♀주의 실제 지급이 없으면 비현실적퇴직 가능 **비현실적퇴직** •임원의 연임
업무무관 비용	•비출자임원・소액주주임원・직원(사용인)에 제공한 사택유지비 및 장소의 유지관리비	•출자자(소액주주제외)・출자임원과 친족에 제공한 사택유지비 및 법인 이외 다른 사람이 사용하는 장소의 유지관리비 •업무무관자산 취득차입비용, 유지비, 감가상각비 ♀주의 업무무관자산도 그 처분손익은 각각 익금과 손금에 해당함. •당해법인이 공여한 뇌물(금전, 자산, 경제적이익)
조세 공과금	•종합부동산세, 재산세 비교 업무무관부동산 종합부동산세・재산세 : 손금불산입항목 참고 지체상금, 연체금, 연체이자, 연체료, 연체가산금 : 손금산입항목	•법인세(농특세, 지방소득세), VAT매입세액 보론 VAT매입세액불공제 : 손금인정 (단, 의무불이행・사업무관 : 손금불인정) •가산세, 가산금, 강제징수비, 벌금, 과태료, 징벌목적손배금 •법령에 의한 의무납부 아닌 것 예시 임의출연금 •법령에 의한 제재로 부과되는 것 예시 폐수배출부담금
복리후생비	•직장문화비(직장회식비)・직장체육비 •직장보육시설운영비, 우리사주조합운영비 •국민건강보험・고용보험의 사용자 부담분 ♀주의 복리후생비 지출대상 → 임원, 사용인, 지배주주 여부불문하며, 임원에 대한 한도없음.	-

FINAL 객관식뽀개기 | **기출 & 적중문제**

1. ㈜A의 세무조정 담당자인 나잘난 대리는 회계장부상 급여 및 상여의 세부내역을 검토하던 중 다음과 같은 사항을 발견하였다. 이 중 나잘난 대리가 세무조정을 실시해야 하는 항목은?

① 회사 지배주주의 동생인 A대리에게 정당한 사유없이 동일 직위에 있는 다른 사람보다 100만원을 초과하여 지급한 것이 발견되었다.
② 임원 B씨에게 6월에 1,000만원의 보수를 지급한 것을 발견하였는데 동 금액은 급여지급기준상 명시되어 있는 보수보다 500만원 적게 지급한 것이다.
③ 지배주주 아닌(지배주주와 특수관계도 없음) 사용인 C씨에게 급여지급기준에서 정한 상여금을 초과하는 특별상여금 1,000만원을 지급하였다.
④ 회사의 등기이사 D씨에게 임원상여규정 한도내에서 추석 특별상여 200만원을 지급하였다.

◉ 내비게이션
• 지배주주 및 그와 특수관계에 있는 임직원에게 초과 지급한 급여는 손금불산입함.

2. 제조업을 영위하는 (주)A의 김철수 대리는 후임을 위해 세무조정시 유의할 사항을 손익계산서 항목별로 작성하고 있다. 김대리가 작성한 다음의 내용 중 가장 올바르지 않은 것은?

① 배당금수익 : 수입배당금 익금불산입 적용여부를 검토한다.
② 이자수익 : 미수수익을 익금불산입 했는지 검토한다.
③ 퇴직금 : 임원에게 지급한 퇴직금을 전액 손금불산입 했는지 검토한다.
④ 기부금 : 비지정기부금을 손금불산입 했는지 검토한다.

◉ 내비게이션
• 법인세법상 임원퇴직금 한도액까지는 손금으로 인정된다.

3. 법인이 임원 또는 사용인에게 지급하는 퇴직금은 임원 또는 사용인이 현실적으로 퇴직하는 경우 지급하는 것에 한하여 손금에 산입할 수 있다. 현실적인 퇴직의 세법상 의의에 대한 다음 대화 중 가장 잘못된 주장을 하고 있는 사람은 누구인가?

> 홍과장 : 인사부장이 임원으로 취임하며 퇴직급여를 실제로 지급한 경우 현실적인 퇴직으로 볼 수 있습니다.
> 정과장 : 연임된 임원에게 퇴직금을 지급하는 것은 현실적인 퇴직으로 볼 수 없습니다.
> 박과장 : 상근임원이 비상근임원으로 된 경우 현실적인 퇴직으로 볼 수 있습니다.
> 김과장 : 임원이 아닌 경리부장님께 근로자퇴직급여보장법의 규정에 따라 퇴직금을 중간정산하여 지급하는 것은 현실적인 퇴직으로 볼 수 없습니다.

① 홍과장   ② 정과장
③ 박과장   ④ 김과장

◉ 내비게이션
• 현실적퇴직 : 직원이 임원으로 취임, 상근임원이 비상근임원으로 된 경우, 근로자퇴직급여보장법의 규정에 따라 법소정사유에 의한 중간정산, 임원에게 정관·퇴직급여지급규정에 따라 법소정사유에 의한 중간정산
• 비현실적퇴직 : 임원의 연임

4. 다음은 ㈜A가 임원 또는 사용인을 위하여 지출한 복리후생비 보조원장의 일부이다. 이 중 법인세법상 손금으로 인정받지 못하는 금액은 얼마인가?

복리후생비
20x1년 1월 1일부터 20x1년 2월 31일까지

(주) A   (단위 : 원)

월/일	항목	금액
01/23	직장보육시설운영비	1,000,000
01/25	직장체육비	500,000
02/03	대주주인 임원에 대한 사택유지비	1,500,000
02/13	업무를 수행하던 사원의 교통 벌금	700,000
02/27	고용보험료(사용자부담분)	400,000

① 없음   ② 1,800,000원
③ 2,200,000원   ④ 2,500,000원

◉ 내비게이션
• 출자임원(소액주주임원 제외) 사택유지비와 벌금(업무관련 임원·사용인에게 부과된 것으로 법인이 부담한 금액)은 손금불산입항목이다.
∴손금으로 인정받지 못하는 금액 : 1,500,000+700,000=2,200,000

단기속성특강 제115강 　　　손금과 손금불산입항목 ❷

구분	손금항목	손금불산입항목
공동경비	•법정분담비율 내의 분담금액	•법정분담비율을 초과하는 분담금액
기타사항	•영업자가 조직한 단체로서 법인이거나 주무관청에 등록된 조합·협회에 지급한 일반회비 　**비교** 특별회비와 임의조직단체회비 : 업무관련성 여부에 따라 손금여부를 판단함. •자산임차료 •고정자산수선비	•주식할인발행차금(신주발행비 포함) •감자차손(자기주식소각손실) •각종한도초과액

손금의 증빙요건

❖ 기업업무추진비(접대비)

건당 3만원 초과 영수증 등 수취분	손금불산입	♀주의 3만원초과분만 손금산입이 아님.
건당 3만원 이하 영수증 등 수취분	손금인정	♀주의 기업업무추진비(접대비)시부인으로 한도내 손금인정.

❖ 기타지출

건당 3만원 초과 영수증 등 수취분	손금인정	♀주의 증빙불비가산세는 적용함.*)
건당 3만원 이하 영수증 등 수취분	손금인정	–

*) ① 법인명의가 아닌 종업원명의의 영수증수취분도 증빙불비가산세 적용함.
　② 법인명의든 종업원명의든 상관없이 신용카드사용시는 증빙불비가산세는 적용치 않음.

인건비 세무조정

영업부인건비	•지출확정연도의 손금
공장인건비	•자산(제품)계상 후 판매시 손금화
건설본부인건비	•자산(건설중인자산)계상 후 상각·처분시 손금화

🔍 **사례** ▪ **건설본부인건비**

❂ 공장신축관련 임원상여금 ₩300(임원상여금 한도초과액 ₩100포함)을 지급함.

✎ **풀이**

〈Case1〉 전액 판관비처리시

회 사				세 법			
(차) 판관비	300	(대) 현금	300	(차) 자산 　　손불	200 100	(대) 현금	300

∴손금불산입 200(유보), 손금불산입 100(상여)

〈Case2〉 전액 자산처리시

회 사				세 법			
(차) 자산	300	(대) 현금	300	(차) 자산 　　손불	200 100	(대) 현금	300

∴손금산입 100(△유보), 손금불산입 100(상여) → 자산감액후 상쇄 세무조정

FINAL 객관식뽀개기

기출 & 적중문제

1. 법인이 사업과 관련하여 재화 또는 용역을 사업자로부터 공급받고 그 대가를 지출하는 경우 적법한 증빙을 구비하여야 한다. 다음은 정규증빙서류의 수취의무와 미수취시 불이익을 요약한 표의 일부이다. 가장 올바르지 않은 것은 (단, 모든 지출은 사업자로부터 재화나 용역을 공급받고 발생한다고 가정한다.)?

구분		정규증빙서류 이외의 서류 수취시 불이익	
		손금인정여부	가산세
기업업무추진비	건당 3만원 초과 (경조사비 20만원 초과)	① 손금불산입	② 가산세 부과
기업업무추진비 이외의 지출	건당 3만원 초과	③ 손금산입	④ 가산세 부과

◉ 내비게이션

•기업업무추진비 손금불산입액에 대하여는 가산세를 부과하지 않는다.

2. 법인세법상 인건비에 대한 다음 설명 중 잘못된 것은?

① 임원이 아닌 종업원에게 지급기준을 초과하여 상여금을 지급시에도 전액을 손금에 산입할 수 있다.
② 임원에게 퇴직금지급규정을 초과하여 퇴직금을 지급하는 경우 그 초과액은 손금에 산입할 수 없다.
③ 비상근임원에게 지급하는 보수 중 부당행위계산부인에 해당하지 않는 것은 손금에 산입한다.
④ 합명회사 또는 합자회사의 노무출자사원에게 지급하는 보수도 손금에 산입한다.

◉ 내비게이션

•합명회사 또는 합자회사의 노무출자사원에게 지급하는 보수는 이를 출자의 대가로 이익처분에 의한 상여로 보아 손금불산입된다.

3. 다음 자료를 이용하여 법인세법상 임원인 "나퇴직"의 손금산입되는 퇴직금한도액을 계산하면 얼마인가?

(1) 임원퇴직금에 대해 정관 등에 정하여진 규정이나 기준이 없다.
(2) 나퇴직씨의 퇴직전 1년간 총급여는 56,000,000원(6,000,000원은 비과세근로소득임)이며, 근속연수가 5년 6개월 28일이다.

① 27,500,000원
② 28,000,000원
③ 28,500,000원
④ 30,800,000원

◉ 내비게이션

•$(56,000,000 - 6,000,000) \times 10\% \times \dfrac{66}{12} = 27,500,000$

4. 다음 중 법인세법상 손금산입 요건에 가장 맞지 않는 경우는?

① 근로자(임원제외)와 연봉제계약을 맺고 매년 '근로자퇴직급여보장법'에 따라 퇴직급여를 중간정산하여 퇴직금으로 손금처리하였다.
② 임원에게 퇴직금을 '퇴직전 1년간 총급여액×10%×근속연수'를 기준으로 지급하고 있으나, 회사는 임원에 대한 별도 퇴직금규정을 두고 있지 않다.
③ 근로자(임원제외)에게 상여금(이익처분에 의한 상여금은 아님)을 지급하고 있으나, 별도의 상여금지급기준을 두고 있지 않다.
④ 임원에 대한 상여금을 근로자퇴직급여보장법에 따라 지급하고 있으며 별도 상여금지급규정은 없다.

◉ 내비게이션

•전액 손금불산입한다.

5. 다음 중 법인세법상 잘못된 설명은 어느 것인가?

① 비업무용부동산 및 업무무관동산을 취득하기 위한 자금의 차입에 관련되는 비용은 손금불산입된다.
② 사용인이 사용하는 사택관리비는 손금산입된다.
③ 영업자가 조직한 단체로 법인 또는 등록된 조합·협회에 지급한 일반회비는 전액 손금으로 본다.
④ 업무무관자산을 매각함으로써 발생하는 처분손실은 손금에 산입되지 아니한다.

◉ 내비게이션

•처분손익은 익금, 손금처리함.

6. 다음 중 증빙불비가산세와 관련하여 가장 잘못된 주장을 하고 있는 사람은 누구인가?

김대리 : 적법한 증빙은 계산서, 세금계산서, 신용카드매출전표 및 현금영수증 등을 말합니다.
문과장 : 거래 건금금액이 일정금액 이하인 경우에는 영수증을 수취하여도 가산세를 부담하지 않습니다.
홍차장 : 증빙불비로 손금불산입되는 기업업무추진비 지출금액에 대해서도 가산세가 부과됩니다.
송부장 : 법인이 아닌 농민으로부터 재화를 공급받은 경우에는 영수증을 수취하여도 일반적으로 가산세를 부담하지 않습니다.

① 김대리
② 문과장
③ 홍차장
④ 송부장

◉ 내비게이션

•기업업무추진비는 가산세가 없다.

ANSWER 1. ② 2. ④ 3. ① 4. ④ 5. ④ 6. ③

단기속성특강 제116강 　　　　　　　　　　손익의 귀속

원칙	❖익금과 손금의 귀속시기는 그 익금과 손금이 확정된 날로 함.(= '권리의무확정주의')		

자산판매 용역제공	재고자산판매 단기할부판매	•인도한 날 ▶ 재고자산인 부동산은 제외함.	
	부동산판매	•대금청산일(원칙), 소유권이전등기일, 인도일, 사용수익일 중 빠른 날	
	위탁판매	•수탁자가 매매한날	
	장기할부판매	① 명목가치에 의한 인도기준	[장기할부] ▶ 2회 이상 분할 ▶ 1년 이상(인도일 다음날 ~ 최종할부금 지급일)
		② 현재가치에 의한 인도기준	
		③ 회수기일도래기준	
	용역제공	원칙	•진행기준(장·단기 불문)
		특례	•중소기업의 계약기간 1년 미만 용역매출은 인도기준 가능 •회계기준에 따라 인도기준으로 손익을 계산한 경우(예 분양공사 등의 예약매출)에는 인도기준 가능.

보론 중소기업은 장기할부에 대해 인도기준을 적용시에도 회수기일도래기준으로 신고조정 가능함.

🔍 사례 ■ **진행기준 공사수익 계산**

❖ 총공사계약금액은 ₩1,000,000이었으나, 20x2년 자재가격 상승으로 금액을 ₩1,100,000으로 조정함.

구분	20x1년	20x2년	20x3년
발생원가누적액	₩320,000	₩510,000	₩900,000
추가소요원가	₩480,000	₩340,000	–
총예정원가	₩800,000	₩850,000	₩900,000

✏️ 풀이

구분	20x1년	20x2년	20x3년
공사진행률	320,000÷800,000=40%	510,000÷850,000=60%	900,000÷900,000=100%
공사수익	1,000,000×40%=400,000	1,100,000×60%-400,000=260,000	1,100,000-660,000=440,000
공사원가	(320,000)	(190,000)	(390,000)
공사손익	80,000	70,000	50,000

기타	이자수익	•소득세법상 수입시기 준용 ▶ 단, 금융보험업은 현금주의로 하되 선수이자는 제외함.	•미수이자 계상시 ▶ 원천징수되지 않는 이자(예 국외이자)만 익금인정
	이자비용	•소득세법상 수입시기 준용	•미지급이자 계상시 ▶ 손금인정
	배당수익	•소득세법상 수입시기 준용	–
	임대료수익	•지급약정일 ▶ 지급일이 정해지지 않은 경우는 지급을 받은 날	① 임대료지급기간*이 1년 이하시 ▶ 회계기준에 따라 미수임대료 계상시 익금인정함. ② 임대료지급기간*이 1년 초과시 ▶ 회사의 계상여부에 관계없이 미수임대료를 무조건 익금산입함. * 2년분을 2년 후 일시지급 → 임대료 지급기간은 2년

FINAL 객관식뽀개기

기출 & 적중문제

1. 법인세법에 대한 설명 중 가장 옳지 않은 것은?

① 내국법인은 국내외 원천소득에 대해서 납세의무를 진다.
② 법인세법상 장기할부판매의 손익귀속시기는 현금회수시점이다.
③ 사업연도 중 재해로 인하여 사업용 자산가액의 일정비율 이상을 상실하여 납세하기가 곤란하다고 인정되는 경우 그 상실된 자산의 가액을 한도로 재해손실세액공제를 받을 수 있다.
④ 사용인에게 지급한 상여금은 원칙적으로 전액 손금산입된다.

◉ 내비게이션

• 장기할부판매는 인도기준 또는 회수기일도래기준에 의한다.

2. 다음 중 법인세법상 손익의 귀속시기에 대한 설명으로 가장 올바르지 않은 것은?

① 법인세법상 익금·손금은 권리·의무가 확정되는 사업연도에 인식하는 것을 원칙으로 한다.
② 부동산의 양도손익은 대금청산일·소유권이전등기일·인도일 또는 사용수익일 중 빠른 날에 인식한다.
③ 위탁판매의 경우 위탁자는 원칙적으로 수탁자가 상품 등을 판매한 날에 손익을 인식한다.
④ 손익의 귀속사업연도는 회계기준을 우선 적용하고 회계기준에서 규정되지 않은 사항에 대해서는 법인세법의 규정을 따르도록 하고 있다.

◉ 내비게이션

• [보론] 손익의 귀속사업연도에 대하여 세법에 특별한 규정이 있으면 해당 규정에 따르고 세법에 규정이 없는 경우에만 기업회계기준 및 관행을 보충적으로 적용한다.

3. 제조업을 영위하는 (주)A가 제15기(20x1년 1월 1일~20x1년 12월 31일)에 1년 만기 정기예금(만기 : 20x2년 6월 30일)에 대한 기간경과분 이자수익 20억원을 수익으로 계상한 경우 세무조정으로 옳은 것은(단, 정기예금 이자는 원천징수 대상에 해당한다)?

① (익금산입) 이자수익 20억원(유보)
② (익금불산입) 이자수익 20억원(△유보)
③ (익금불산입) 이자수익 40억원(△유보)
④ (익금산입) 이자수익 40억원(유보)

◉ 내비게이션

• 원천징수가 되는 미수이자는 익금불산입하고 △유보로 소득처분한다.

4. 다음 중 제조업을 영위하는 ㈜A의 법인세 신고시 세무조정이 필요 없는 것은?

① 보유중인 단기매매금융자산을 결산일 현재의 공정가치로 평가하여 단기매매금융자산평가이익을 계상하였다.
② 원천징수 되는 정기예금의 이자를 발생주의에 따라 미수수익을 인식하고 영업외수익으로 계상하였다.
③ 장기할부판매시 발생한 채권에 대하여 K-IFRS에서 정하는 바에 따라 현재가치로 평가하여 현재가치할인차금을 계상하였다.
④ 장기 도급공사에 대하여 완성기준으로 수익을 인식하였다.

◉ 내비게이션

• ① 단기매매금융자산평가이익은 인정되지 않는다.
② 원천징수 되는 미수이자는 익금으로 인정되지 않는다.
④ 용역제공은 진행기준으로 수익을 인식하여야 한다.

5. 다음 중 법인세 세무조정이 필요없는 것은?

① 임원에게 퇴직금을 회사 퇴직금지급규정상의 한도액보다 2,00,000원 초과하여 지급하였다.
② 재고자산평가방법을 선입선출법으로 신고한 후 시가 하락금액을 재고자산평가손실로 비용처리하였다.
③ 제품을 장기할부로 판매하고 인도시점에 수익을 인식하였다.
④ 제품을 위탁판매하여 수탁자에게 제품을 적송할 때 수익을 인식하였다.

◉ 내비게이션

• ① 손금불산입 임원상여한도초과 2,000,000(상여)
② 손금불산입 재고자산평가손실(유보)
④ 익금불산입 위탁판매매출총이익(△유보)

6. 제조업을 영위하는 ㈜삼일이 제15기(20x1.1.1~20x1.12.31)에 1년 만기 해외 예금(만기 : 20x2.6.30)에 대한 기간경과분 이자수익 20억원을 수익으로 계상한 경우 세무조정으로 가장 옳은 것은(단, 해외예금 이자는 원천징수대상에 해당하지 않는다)?

① 세무조정 없음
② (익금산입) 이자수익 20억원(유보)
③ (익금불산입) 이자수익 20억원(△유보)
④ (익금불산입) 이자수익 40억원(△유보)

◉ 내비게이션

• 원천징수되지 않는 이자소득에 대한 미수이자 계상액은 익금으로 인정된다. 따라서, 세무조정은 없다.

ANSWER 1. ② 2. ④ 3. ② 4. ③ 5. ③ 6. ①

단기속성특강 제117강		취득가액

취득가액 일반기준	❖매입한 자산	•매입가액 + 취득세·등록세등 부대비용
	❖자가제조·생산·건설자산	•제작원가 + 부대비용
	❖단기매매(FVPL)금융자산	•매입가액 🔍주의 부대비용은 취득가액이 아닌 손금산입함.
	❖증여·교환	•취득한 자산의 취득당시 시가

	보론 외화환산손익과 외환차손익(화폐성 외화자산·부채)	
	외화환산손익	•일반법인 : 마감환율(매매기준율 등)평가방법으로 신고시에 인정 •금융회사 : 인정 ▶ 매매기준율 등에 의해 평가한 금액을 익금 또는 손금으로 인정함.
	외환차손익	•모든 법인 : 인정(신고조정) ▶ 매매기준율 등에 의해 평가한 금액을 익금 또는 손금으로 인정함.

취득가액 포함여부	❖부당행위계산부인 고가매입 시가초과액	•취득가액에서 제외 ▶ 취득가액 = 시가
	❖기부금의제 고가매입 정상가액초과	•취득가액에서 제외 ▶ 취득가액 = 정상가액(시가×130%)
	❖고정자산(유형·무형)건설자금이자	•취득가액에 포함.
	❖재고자산외상매입 할부이자	•취득가액에 포함(매입부대비용).
	❖연지급수입의 지급이자 ① Banker's Usance이자 (은행신용공여) ② Shipper's Usance이자 (수출자신용공여이자) ③ D/A이자 (인수도조건방식이자)	•원칙 취득가액에 포함. •예외 지급이자로 비용 계상시는 제외
	❖현재가치할인차금(장기연불조건 자산취득시)	•원칙 취득가액에 포함. •예외 현재가치할인차금 계상시는 제외 🔍주의 장기금전대차거래 명목가액을 취득가액으로 함. ▶ 현재가치할인차금 계상불허
	❖유가증권 저가매입 익금산입액	•취득가액에 포함.
	❖VAT의제매입세액	•취득가액에서 제외 ▶ (차) 원재료 1,020 (대) 현금 1,020 (차) 부가세대급금 20 (대) 원재료 20

FINAL 객관식뽀개기

기출 & 적중문제

1. 다음 중 법인세법상 자산의 평가방법에 관한 설명으로 가장 올바르지 않은 것은?

① 법인세법상 자산의 평가는 원칙적으로 원가법에 의한다.
② 법인이 재고자산의 평가방법을 신고하지 않은 경우 선입선출법을 적용한다.
③ 유가증권평가방법을 신고하지 않은 경우 총평균법을 적용한다.
④ 외화환산손익은 미실현손익이므로 어떠한 경우에도 세무상 손익으로 인정되지 않는다.

📍 **내비게이션**

• 일반법인의 경우 마감환율평가방법(매매기준율 등)으로 신고한 경우에는 외화환산손익을 인정한다.

2. 다음은 제조업을 영위하는 (주)A의 자산평가와 관련한 설명이다. 가장 옳지 않은 것은?

① 주식(장부가액 : 3,000,000원)을 발행한 법인이 파산하여 당기 사업연도 종료일 현재의 시가가 0원인 경우에는 세법상 1,000원으로 감액할 수 있다.
② 특수관계 없는 법인으로부터 시가 1,000,000원의 유가증권을 1,400,000원에 취득한 경우에는 세법상 취득가액은 1,400,000원이다.
③ 보유하고 있는 제품이 부패하여 정상가격으로 판매할 수 없게 된 경우(장부가액 : 2,000,000원, 사업연도 종료일 현재의 처분가능한 시가 : 500,000원)에는 500,000원으로 감액할 수 있다.
④ 부가가치세법상의 의제매입세액은 취득가액에서 제외하여야 한다.

📍 **내비게이션**

• 특수관계 없는 법인으로부터 유가증권을 정상가격 1,300,000 (1,000,000×130%)보다 높은 가액으로 매입한 경우에 매입가액 1,400,000과 정상가격 1,300,000과의 차액 100,000은 기부금으로 본다. 따라서 세법상 취득가액은 1,300,000이야.

3. 다음은 제조업을 영위하는 (주)A의 제5기(20x1년 1월 1일~20x1년 12월 31일) 사업연도 재무제표의 일부에 대한 설명이다. (주)A가 제5기 사업연도에 수행한 세무조정으로 가장 옳은 것은(단, 이월결손금은 5,000,000원이 있고 세부담 최소화를 가정한다.)?

(주)A	재무상태표	(단위:원)
	〈자본잉여금〉	
	제5기	제4기
감자차익	2,000,000	0

(주)A	손익계산서	(단위:원)
	〈영업외수익〉	
	제5기	제4기
채무면제이익	10,000,000	0
법인세환급액	3,000,000	0
외화환산이익	5,000,000	0

ㄱ. 회사는 당기 중 감자시 발생한 차익을 재무상태표상 자본잉여금으로 계상하였다.
ㄴ. 채무면제이익은 대주주가 회사에 대여한 채권을 포기한 것이다.
ㄷ. 법인세환급액은 제3기에 과다납부한 법인세를 환급받은 것이다.
ㄹ. 외화환산이익은 US($) 채권금액을 재무상태표일 현재의 환율로 환산하여 발생한 것이다.(단, 회사는 화폐성 외화자산·부채를 사업연도 종료일 현재의 매매기준율로 평가하는 것으로 신고하였다.)

① (익금불산입) 채무면제이익 5,000,000원(기타)
② (익금산입) 감자차익 2,000,000원(기타)
③ (익금불산입) 외화환산이익 5,000,000원(△유보)
④ (익금산입) 법인세환급액 3,000,000원(기타사외유출)

📍 **내비게이션**

• ① 채무면제이익 : 익금불산입 5,000,000(기타)
  → 세부담최소화 가정상 이월결손금 충당분은 익금불산입
② 감자차익 : 세무조정 없음.
  → 익금불산입항목이나 회사도 자본잉여금으로 계상했기 때문
③ 외화환산이익 : 세무조정 없음.
  → 일반법인으로서 평가방법을 신고했으므로 외화환산손익을 인정
④ 법인세환급액 : 익금불산입 3,000,000(기타)
  → 당초 손금불산입항목이므로 환급액은 익금불산입항목

단기속성특강 제118강		재고자산과 유가증권

평가방법	재고자산	•영업장별, 재고자산종류별(㉠ 제품·상품 ㉡ 반제품·재공품 ㉢ 원재료 ㉣ 저장품)로 각각 다른 방법으로 평가가능 •원가법(개별법, FIFO, LIFO, 총평균법, 이동평균법, 매가환원법)과 저가법 중 선택 　🔎주의 ∴저가법평가손실을 계상했어도 원가법으로 신고시 손금으로 인정되지 않음.
	유가증권	•원가법(㉠ 채권 : 개별법, 총평균·이동평균법 ㉡ 주식 : 총평균·이동평균법)만을 인정 　🔎주의 ∴평가손익과 손상차손(환입)등 일체가 인정되지 않음. 　🔎주의 매매목적보유 유가증권은 재고자산에 해당하나, 유가증권평가방법을 적용함.

평가방법 신고	신고기한	•설립일·수익사업개시일이 속하는 사업연도의 과세표준 신고기한 내 　▶ 예 20x1.1.1에 설립시 20x2.3.31까지 신고
	변경신고	•적용하고자 하는 사업연도의 종료일 이전 3월이 되는 날까지 ▶ 승인불요, 요건불요 　▶ 예 20x1년에 적용하고자 할 때 20x1.9.30까지 신고 　🔎주의 기한 경과 후 신고 : 당기는 신고가 없는 것으로 보며 차기부터 적용

무신고 · 임의변경	구분	무신고시	임의변경시
	재고자산	선입선출법(FIFO)	Max【①, ②】 ① 당초신고방법에 의한 가액 ② 무신고시의 평가방법에 의한 가액
	유가증권	총평균법	
	매매목적적용 부동산	개별법	

참고 당초 신고방법에 의한 계산착오 : 임의변경이 아니며, 그 차액만을 세무조정함.

🔍 사례 ■ 무신고시 세무조정

❖ 제품의 신고방법은 무신고, 회사의 총평균법 계상액 ₩2,000,000, 선입선출법에 의한 평가액 ₩3,000,000

제 1 기	제 2 기
회사계상액　　2,000,000 세법계상액　　3,000,000 1,000,000 기말재고과소계상 ↓ 매출원가과대 ∴손불 재고자산평가감 1,000,000(유보)	기초재고 과소계상 1,000,000 ↓ 매출원가과소 ∴손금 전기재고자산평가감 1,000,000(△유보)

•결산조정을 전제로 다음의 평가손실만 인정(평가이익은 불인정)

평가손익	구분	평가손실	평가액
	재고자산	•저가법신고시 저가법에 의한 재고자산평가손실	시가
		•파손·부패로 인한 재고자산평가손실(신고방법불문)	처분가능시가
	유가증권	❖부도발생·회생계획인가결정·부실징후기업이 된 다음의 경우 평가손실 •주권상장법인이나 특수관계없는 비상장법인이 발행한 주식 　▶ 5% 이하이고, 취득가 10억원 이하시는 특수관계없는 것으로 봄. •중소기업창업투자회사 등 보유 창업자 등 발행주식	시가 {시가최저한 1,000원}
		❖주식 발행법인이 파산한 경우 유가증권 평가손실	

FINAL 객관식뽀개기

기출 & 적중문제

1. 제조업을 영위하는 ㈜삼일은 제4기(20x3.1.1 ~ 12.31) 사업연도 중 단기적 매매차익 목적으로 ㈜삼일전자의 주식 100주를 주당 10,000원에 취득하였다. 제4기 결산결과 제5기 처분 시점에 한국채택국제회계기준에 따라 다음과 같이 회계처리한 경우 제4기와 제5기의 세무조정이 법인세 과세표준에 미치는 영향으로 가장 옳은 것은?

〈제4기 결산일 주당 15,000원으로 시가 상승〉	
(차) 당기손익인식금융자산	500,000
(대) 당기손익인식금융자산평가이익	500,000
〈제5기 20x4. 1. 15 주당 13,000원에 모두 처분〉	
(차) 현금	1,300,000
당기손익인식금융자산처분손실	200,000
(대) 당기손익인식금융자산	1,500,000

	제4기	제5기
①	영향없음	영향없음
②	500,000원 감소	영향없음
③	500,000원 감소	200,000원 증가
④	500,000원 감소	500,000원 증가

◉ 내비게이션

- 제4기 : 익금불산입 평가이익 500,000(△ 유보)
- 제5기 : 익금산입 유보추인 500,000(유보)

2. 다음은 제조업을 영위하는 중소기업인 (주)A의 법인세 절세전략에 대한 회의 내용이다. 다음 중 가장 적합하지 않은 주장을 하고 있는 사람은?

> 김차장 : 퇴직연금에 가입하는 것이 필요합니다. 퇴직연금에 가입하면 부인된 퇴직급여충당금 범위내에서 손금산입 가능합니다.
> 정과장 : 연구개발과 관련하여 발생한 비용 중 법에서 정한 비용은 일정비율만큼 세액공제가 가능합니다. 따라서 연구개발비 중 세액공제가 가능한 비용을 검토해야 합니다.
> 박과장 : 법소정 자산에 투자합시다. 그러면 투자금액의 일정률에 해당하는 세액공제를 받을 수 있습니다.
> 장대리 : 재고자산 평가방법을 신고하지 않았어도 시장에서 유행이 지난 재고에 대해 평가손실을 계상한다면 손금으로 인정받을 수 있어 과세표준이 줄어들게 됩니다.

① 김차장   ② 정과장
③ 박과장   ④ 장대리

◉ 내비게이션

- 파손이나 부패가 아닌 유행경과로 인한 재고자산평가손실은 법인세상 손금으로 인정되지 않는다.

3. 법인세법상 자산의 평가방법에 대한 다음 설명 중 가장 옳지 않은 것은?

① 법인세법상 자산의 평가는 원칙적으로 원가법에 의한다.
② 재고자산의 평가방법을 신고하지 않은 경우 선입선출법을 적용한다.
③ 재고자산은 영업장별, 재고자산종목별로 상이한 평가방법을 적용할 수 없으므로 동일한 방법으로 평가하여야 한다.
④ 유가증권평가방법을 신고하지 않은 경우 총평균법을 적용한다.

◉ 내비게이션

- 영업장별, 재고자산종목별로 상이한 평가방법을 적용할 수 있다.

4. (주)A는 재고자산평가방법을 후입선출법에서 총평균법으로 변경하기로 하고 20x1년 10월 25일 재고자산평가방법 변경신고서를 제출하였다. 다음 자료에 따라 20x1년 (제5기)과 20x2년(제6기)의 세무상 재고자산 평가금액으로 가장 옳은 것은?

> ㄱ. 기말재고자산 평가액

구분	20x1년(제5기)	20x2년(제6기)
선입선출법	90,000,000원	60,000,000원
후입선출법	60,000,000원	40,000,000원
총평균법	75,000,000원	50,000,000원

> ㄴ. 사업연도는 매년 1월 1일부터 12월 31일까지이며 제5기말과 제6기말 재고자산은 총평균법을 적용하여 평가함.

	20x1년(제5기)	20x2년(제6기)
①	75,000,000원	50,000,000원
②	75,000,000원	60,000,000원
③	90,000,000원	50,000,000원
④	90,000,000원	60,000,000원

◉ 내비게이션

- 적법 신고기한(20x1년 9월 30일)을 경과하여 변경신고하고 총평균법을 적용하였으므로 임의변경에 해당한다.
  - ㉠ 20x1년 세무상 재고자산 평가액
    Max[후입선출법(60,000,000), 선입선출법(90,000,000)]=90,000,000
  - ㉡ 20x2년 세무상 재고자산 평가액
    총평균법=50,000,000

단기속성특강 제119강		감가상각 기본사항

감가상각 대상자산	대상 O	•법인소유의 유형자산과 무형자산(개발비, 사용수익기부자산 등)
	대상 X	•비업무용부동산, 건설중인자산, 특수관계인 고가매입 시가초과액, 토지 등

<table>
<tr><td rowspan="4">시부인
계산원리</td><td rowspan="3">세무조정</td><td colspan="3"><table><tr><td>구분</td><td>명칭</td><td>세무조정</td></tr><tr><td>회사계상액>상각범위액</td><td>상각부인액</td><td>① 상각부인액을 손금불산입(유보)하여 차기이월
② 차기이후 시인부족액 발생시, 시인부족액 범위 내에서 손금산입(△유보)처리</td></tr><tr><td>회사계상액<상각범위액</td><td>시인부족액</td><td>① 별도 세무조정 없음.(소멸)
② 이월된 상각부인액이 있는 경우, 시인부족액 범위 내에서 손금산입(△유보) 처리</td></tr></table></td></tr>
<tr><td colspan="3">♀주의 ∴상각부인액이 있고 다음연도에 감가상각을 하지 않더라도 손금산입함. 왜냐하면, 감가상각을 하지 않으면 상각범위액만큼 시인부족액이 발생하기 때문</td></tr>
<tr><td>시부인단위</td><td colspan="3">•개별자산별 시부인계산
▶ ∴자산간에 상각부인액과 시인부족액을 상계불가!</td></tr>
<tr><td>특징</td><td colspan="3">•결산조정사항
•임의상각제도 : 상각범위액 범위내에서 손금산입여부와 금액을 자유결정가능
▶ ∴미상각잔액이 있는 한 내용연수 경과시에도 감가상각가능</td></tr>
</table>

즉시상각 의제	개요	•취득을 위한 지출, 자본적지출을 비용계상시는 이를 그 즉시 상각한 것으로 보는 것.
	처리	•감가상각시부인 계산시에 회사계상감가상각비로 보며 상각범위액에도 포함됨.

	지출구분	수익적지출	자본적지출
		•건물·벽의 도장 •파손된 유리, 소모된 부속품·벨트, 자동차 타이어 대체 •재해자산 외장복구·도장 및 유리삽입 •기타 조업가능한 상태의 유지 등	•본래 용도 변경을 위한 개조 •엘리베이터·냉난방장치 설치 •빌딩내 피난시설 설치 •재해로 본래 용도로 이용할 가치없는 건축물·기계·설비 등의 복구 •기타 개량·확장·증설 등

❖취득을 위한 지출액을 비용처리시

•소액자산 ▶ 거래단위별 100만원 이하인 감가상각자산 •단기사용자산 ▶ 영화필름, 공구(금형은 제외), 가구, 시험기기, 간판, 가정용기구, 전화기(휴대용전화기포함), 개인용컴퓨터(주변기기 포함) 등 •어업용 어구, 대여용 비디오테이프와 콤팩트디스크(30만원 미만)	→ 전액손금인정
•100만원 이하 소액자산이더라도 - 업무상 대량보유하는 자산과 사업개시·확장 위해 취득한 자산 •그 외 모든 경우	→ 즉시상각의제

❖자본적지출을 비용처리시

•600만원 미만 소액수선비 •직전 재무상태표상 수선대상자산 장부가액의 5% 미만 수선비 •3년 미만의 주기적 수선비	→ 전액손금인정
•그 외의 모든 경우	→ 즉시상각의제

FINAL 객관식뽀개기　　　　기출&적중문제

1. 다음 법인세법상 감가상각 범위액과 관련한 토의 내용 중 가장 잘못된 설명을 하고 있는 사람은 누구인가?

① 박장군 : 감가상각비는 신고조정사항이므로 상각범위액과의 차액을 손금산입하는 것이 가능합니다.
② 김효은 : 사업연도 중 양도한 자산도 사업연도 개시일부터 양도일까지의 감가상각비를 계상하는 것이 원칙입니다.
③ 진형준 : 유형자산에 대한 자본적 지출액은 유형자산의 장부가액에 합산하여 그 자산의 내용연수를 그대로 적용하여 감가상각해야 합니다.
④ 이장희 : 사업연도 중에 취득하여 사업에 사용한 감가상각자산에 대한 상각범위액은 사업에 사용한 날부터 당해 사업연도 종료일까지의 월수에 따라 계산해야 합니다.

◉ 내비게이션

• 감가상각비는 원칙적으로 결산조정사항이다.

2. ㈜A는 20x1.1.1.에 기계장치를 100,000,000원에 취득하였다. 본사는 세법상 기계장치에 대한 감가상각방법을 정액법으로 내용연수를 5년으로 신고하였으며 잔존가치는 없다고 가정한다. 회사가 20x2년 감가상각비로 18,000,000원을 계상한 경우 다음 각 상황에 따른 세무조정으로 가장 옳은 것은?

상황1. 전기 상각부인액이 2,000,000원이 있는 경우
상황2. 전기 시인부족액이 1,000,000원이 있는 경우
상황3. 전기 상각부인액이나 전기 시인부족액이 없는 경우

	상황1	상황2	상황3
①	손금산입 2,000,000	세무조정없음	세무조정없음
②	손금불산입 2,000,000	손금산입 1,000,000	손금불산입 2,000,000
③	손금불산입 2,000,000	손금불산입 1,000,000	손금산입 1,000,000
④	손금산입 2,000,000	세무조정없음	손금불산입 2,000,000

◉ 내비게이션

• 당기는 시인부족액이 발생하므로 전기 상각부인액이 있는 상황1의 경우에만 손금산입 세무조정이 발생한다.

3. 20x1년에 창업한 ㈜A의 20x1년도 및 20x2년도 감가상각비 시부인 계산을 하면?

구분	20x1년도	20x2년도
회사계상 감가상각비	10,000,000원	20,000,000원
세법상 상각범위액	6,000,000원	23,000,000원

	20x1년도	20x2년도
①	익금산입 1,000,000(유보)	익금산입 1,000,000(유보)
②	익금산입 4,000,000(유보)	손금산입 4,000,000(△유보)
③	익금산입 4,000,000(유보)	손금산입 3,000,000(△유보)
④	-	손금산입 3,000,000(△유보)

◉ 내비게이션

• 20x1년도 : 손금불산입 감가상각비 한도초과액 4,000,000(유보)
• 20x2년도 : 시인부족액 3,000,000, 손금산입 3,000,000(△유보)

4. ㈜A에 근무하는 나부실대리는 다음 사항에 대하여 여러 가지를 생각하고 있는데 이 중 가장 올바른 생각은?

(1) 20x1년 세무조정내용 :
　　손금불산입 감가상각비 1,000,000원 유보
(2) 20x2년 세무조정내용 :
　　손금산입 감가상각비 400,000원 유보

① 20x2년 회사계상 감가상각비가 세법상의 상각범위액 보다 크다.
② 20x1년 세법상 상각범위액이 회사계상 감가상각비 보다 크다.
③ 법인세법상 감가상각비는 대표적 신고조정사항이다.
④ 20x2년 유보잔액은 20x1년에 비하여 감소한다.

◉ 내비게이션

• ① 20x2년 : 회사계상 감가상각비 < 상각범위액 →시인부족액 발생
• ② 20x1년 : 회사계상 감가상각비 > 상각범위액 →상각부인액 발생
• ③ 감가상각비는 대표적인 결산조정사항이다.
• ④ 20x1년 유보잔액 : 1,000,000, 20x2년 유보잔액 : 600,000

5. 다음 중 법인세법상 자산성이 있는 자본적 지출에 해당하는 것은?

① 건물 또는 벽의 도장
② 빌딩내 피난시설 설치
③ 재해를 입은 자산에 대한 외장의 복구
④ 기계의 소모된 부속품의 대체

🐸 ANSWER　1. ①　2. ①　3. ③　4. ④　5. ②

단기속성특강 제120강 　　　　감가상각 계산구조

내용연수	신고내용연수 (일반내용연수)	선택신고	• 기준내용연수 상하 25% 범위 내('=내용연수범위')에서 선택하여 세무서장에 신고 ▶ 예) 기준내용연수 8년일 때 : 6년~10년 사이에서 선택하여 신고 🔎주의 무신고시는 기준내용연수적용(적용한 신고·기준내용연수는 이후 계속적용)
		적용배제	• 시험연구용자산과 무형자산(개발비 등 제외)은 기준내용연수만 적용

	구분	신 고 시	무 신 고 시
무형자산 참고사항	개발비	• 관련제품의 판매·사용이 가능한 시점부터 20년 이내의 기간내에서 신고한 내용연수에 따라 매사업연도별 경과 월수에 비례하여 상각	• 관련제품의 판매·사용이 가능한 시점부터 5년간 경과월수에 비례하여 상각(정액법)
	사용수익 기부자산	• 금전 외의 자산을 국가 등에 기부 후 사용, 수익을 얻는 경우 당해 자산의 장부가액을 말함. • 당해 자산의 사용수익기간에 따라 균등배분된 금액을 상각	- 좌동 -

	신고기한	• 취득일이 속하는 사업연도 과세표준 신고기한까지 관할세무서장에게 신고
잔존가액	원칙	• 유형·무형자산의 구분없이 잔존가액은 '0'으로 함
	정률법상각시 잔존가액특례	• 취득가의 5%를 잔존가액으로 한 상각률 적용하여 상각범위액을 계산하되, 미상각잔액이 최초로 취득가의 5% 이하가 되는 사업연도에 미상각잔액을 상각범위액에 포함하여 시부인

감가상각 방법신고	선택신고	구분	상각방법	무신고시
		무형자산, 건축물	정액법	정액법
		일반유형자산	정액법, 정률법 中 선택	정률법
		광업권	정액법, 생산량비례법 中 선택	생산량비례법
		광업용 유형자산	정액법, 정률법, 생산량비례법 中 선택	생산량비례법

🔎주의 ∴건물은 어떤 경우에도 정률법 적용 불가!

	신고기한	• 영업개시일(or 취득일)이 속하는 사업연도의 과세표준 신고기한내 신고
상각범위액	정액법	• 세무상취득가액 × 상각률 = (기초F/P 취득가 + 즉시상각의제누계액) × 상각률
	정률법	• 세무상미상각잔액 × 상각률 = (기초F/P취득가 − 기초F/P감가상각누계 + 기초부인액누계 + 당기즉시상각의제액) × 상각률

상각범위액 특수문제	신규취득자산	• 월할상각하며, 상각범위액은 다음과 같음. 정상적 상각범위액 × $\dfrac{\text{사용한 월수(1월 미만은 1월로 함)}}{\text{사업연도 월수}}$ 🔎주의 사용한 월수 : 사용개시일기준(○), 취득일기준(×)
	당기양도자산	• 사업연도 중 양도자산에 대하여는 시부인계산 없이 기존부인액을 전액 손금추인함.
	자본적지출	• 기초에 발생한 것으로 가정하여 기존 장부가액에 합산함.(월할상각X)

FINAL 객관식뽀개기

기출&적중문제

1. 법인세법상 감가상각비에 대한 다음 설명 중 가장 옳지 않은 것은?

① 기존자산에 대한 자본적지출의 상각범위액은 자본적지출 발생일로부터 당해 사업연도 종료일까지의 월수를 고려하여 계산한다.

② 감가상각대상이 되는 유형·무형자산의 취득가액은 취득 당시의 유형·무형자산가액과 법인이 유형·무형자산을 취득하여 법인의 목적사업에 직접 사용할 때까지의 제반비용을 포함한다.

③ 건축물의 감가상각방법을 신고하지 않은 경우에는 정액법을 적용한다.

④ 내용연수는 자산을 취득한 날이 속하는 사업연도의 법인세 과세 표준 신고기한까지 관할 세무서장에게 신고하여야 하며, 내용연수를 신고하지 않은 경우에는 기준내용연수를 적용한다.

📍 **내비게이션**

• 자본적지출은 기초에 발생한 것으로 가정하므로 월할상각을 하지 않음.

2. 다음 중 법인세법상 감가상각비에 관한 설명으로 가장 올바르지 않은 것은?

① 기계장치의 감가상각방법을 무신고 시에는 정률법을 적용한다.

② 유형·무형자산에 대한 자본적 지출액은 기존 유형·무형자산의 장부가액에 합산하여 그 자산의 내용연수를 그대로 적용하여 감가상각한다.

③ 유형자산의 잔존가액은 0(영), 무형자산의 잔존가액은 취득가액의 10%로 하는 것이 원칙이다.

④ 사업연도 중에 취득하여 사업에 사용한 감가상각자산에 대한 상각범위액은 사업에 사용한 날부터 당해 사업연도 종료일까지의 월수에 따라 계산한다.

📍 **내비게이션**

• 유형·무형자산은 잔존가액을 0으로 하는 것이 원칙이다.

3. 도매업을 영위하는 (주)A는 전기까지 매장을 임차하여 사용하다 당기(20x3.1.1~12.31) 중 건물을 최초로 취득하고 세무상 내용연수를 신고하고자 한다. 건물의 취득일자가 20x3년 5월 14일인 경우 세무상 감가상각내용연수 신고는 언제까지 해야 하는가?

① 20x3년 6월 30일   ② 20x3년 9월 30일

③ 20x3년 12월 31일   ④ 20x4년 3월 31일

📍 **내비게이션**

• 취득일이 속하는 사업연도 과세표준신고기한(20x4.3.31)까지 신고한다.

4. ㈜A는 기계장치를 20x1년 1월 20일에 취득하여 당기말 현재 보유 중이다. 다음 자료에 의할 경우 제7기(20x2.1.1~20x2.12.31)의 상각범위액은?

> ㄱ. 기계취득가액 : 10억원
> ㄴ. 신고내용연수 : 5년
> ㄷ. 상각률 : 정액법 0.2, 정률법 0.451
> ㄹ. 전기말 감가상각누계액 : 4천만원
> ㅁ. 20x2년 7월 1일 기계장치에 대한 자본적 지출 : 1억원
> ㅂ. 신고 감가상각방법 : 정액법

① 90,000,000원   ② 100,000,000원

③ 110,000,000원   ④ 220,000,000원

📍 **내비게이션**

• (10억원+1억원)×0.2=2.2억원

*자본적지출은 기초에 발생한 것으로 가정하여 기초가액에 합산계산

5. 다음 자료에 의하여 ㈜A의 기계장치에 대한 제5기(20x1.1.1~20x1.12.31)의 감가상각범위액을 계산하면 얼마인가? ㈜A는 감가상각방법과 내용연수를 신고하지 않고 있으며, 다른 감가상각 자산은 없다.

> (1) 기준내용연수 : 5년
> (2) 상각률 : 정액법(0.200), 정률법(0.451)
> (3) 기말 재무상태표 취득가액 : ₩20,000,000
> (4) 기말 재무상태표 감가상각누계액 : 12,500,000원
> (5) 손익계산서상 감가상각비 : 2,200,000원
> (6) 전기이월상각부인액 : 1,500,000원

① 4,000,000원   ② 4,374,700원

③ 4,629,700원   ④ 5,051,200원

📍 **내비게이션**

• 무신고 : 정률법/기준내용연수 적용

• [20,000,000 - (12,500,000 - 2,200,000) + 1,500,000] × 0.451 = 5,051,200

6. 다음 중 법인이 감가상각방법을 관할세무서에 신고하지 않았을 경우(무신고)에 적용되어야 할 감가상각방법이 맞는 것은?

① 기계장치 : 정액법

② 유형자산 중 건축물 : 정률법

③ 유형자산 중 광업용 유형자산 : 생산량비례법

④ 광업권을 제외한 일반적인 무형자산 : 생산량비례법

단기속성특강 제121강 　　감가상각의제

감가상각의제

❖ 감면기간 중에는 감가상각비 무계상 → 감면기간종료 후 감가상각비 계상 → 조세부담회피의 우려 있음.
▶ ∴상각범위액만큼 감가상각한 것으로 봄.
🔎주의 임의상각제도의 예외(신고조정이 아님)이며, 감면사업단위로 적용함.

감가상각의제액		•시인부족액 – 상각부인액유보추인 손금산입액
상각범위액	정액법	•Min [상각범위액, 원래 미상각잔액 – 감가상각의제누계액] ▶ ∴미상각잔액의 축소로 효과발생
	정률법	•(세무상장부가액 – 감가상각의제누계액) × 상각률 ▶ ∴상각범위액의 축소로 효과발생

 사례 ▪ **상각범위액 계산**

❂ (주)폭리는 세액감면을 적용받는 법인. 제11기초 취득한 기계장치(취득가액 ₩10,000,000, 내용연수 5년)에 대해 제12기까지는 감가상각을 하지 않고, 제13기에 처음으로 감가상각비 ₩6,000,000을 계상. 제11기와 제13기에 자본적지출 ₩10,000,000과 ₩3,000,000을 각각 비용으로 처리. 제13기사업연도의 상각범위액? 단, 상각방법은 정률법(상각률 0.451)

📝 **풀이**

연도	회사상각액	상각범위액	세무조정	감가상각의제액
제11기	10,000,000 (즉시상각의제)	9,020,000[1]	손금불산입 980,000	–
제12기	–	4,951,980[2]	손금산입 980,000	3,971,980[3]

[1] (10,000,000 + 10,000,000) × 0.451 = 9,020,000

[2] (10,000,000 – 0 + 980,000) × 0.451 = 4,951,980

[3] 4,951,980 – 980,000 = 3,971,980

•제13기 상각범위액 = (10,000,000 – 0 + 0 + 3,000,000 – 3,971,980) × 0.451 = 4,071,637

감가상각 종합사례

 사례 ▪ **감가상각 종합문제**

❂ 제10기 사업연도 중 기계장치(취득가액 ₩30,000,000)에 대한 자본적 지출액 ₩5,000,000을 장부상 비용으로 계상하였다. 회사는 감가상각방법과 내용연수를 신고하지 않고 있다. 다음 자료를 기초로 제11기 사업연도의 상각범위액을 계산하면 얼마인가?

(1) 제10기말 장부상 감가상각누계액 : ₩20,000,000　　(2) 제9기로부터 이월된 상각부인액 : ₩6,000,000
(3) 기준내용연수 : 10년　　(4) 상각률 : 정액법 0.1, 정률법 0.259
(5) 제10기 장부상 계상한 감가상각비 : ₩7,000,000　　(6) 사업연도 : 매년 1월 1일부터 12월 31일까지

📝 **풀이**

•제10기의 세무조정

① 회사상각 : 7,000,000 + 5,000,000(즉시상각의제) = 12,000,000

② 상각범위액 : [30,000,000 – (20,000,000 – 7,000,000) + 6,000,000 + 5,000,000] × 0.259 = 7,252,000

③ 상각부인액 : ① – ② = 4,748,000 → 상각부인액 누계액 : 6,000,000 + 4,748,000 = 10,748,000

•제11기의 상각범위액 : (30,000,000 – 20,000,000 + 10,748,000) × 0.259 = 5,373,732

FINAL 객관식뽀개기 | 기출 & 적중문제

1. 다음은 신문기사의 일부를 발췌한 내용이다. 다음을 읽고 물음에 답하시오.

> 법인세법이 기업회계기준을 수용해야 한다는 주장이 제기됐다. 현행 법인세는 기업회계기준과의 차이로 인해 기업납세자들의 납세비용이 적지 않고 기업불편을 가중시키고 있다는 것이다. (중략)....
> "기업회계와 세무신고는 근본적인 목적이 다른 만큼 기업회계기준과 법인세법이라는 별도의 체계로 운영되는 것이 불가피한 측면이 있지만 가능한 범위 내에서 법인세법이 기업회계기준을 수용하는 방안을 적극 모색해야 기업의 납세편의제고와 비용절감효과를 가져올 수 있다."고 주장했다.

이와 같이 법인세법상 소득과 기업회계기준상 이익을 계산하는 방법에는 차이가 존재하는데, 그 차이점으로 가장 옳지 않은 것은?

① 법인세법은 기부금을 현금주의에 따라 손금으로 인식하지만, 기업회계에서는 발생주의에 따라 비용으로 인식한다.
② 법인세법은 상품의 판매로 인한 수익을 현금주의에 따라 익금으로 인식하지만, 기업회계에서는 인도기준에 의하여 인식한다.
③ 법인세법상 건축물의 감가상각방법은 정액법만 인정되는 반면, 기업회계에서는 합리적인 감가상각방법을 선택하여 적용할 수 있다.
④ 유가증권 중 당기손익인식금융자산의 평가방법으로 기업회계에서는 공정가치법으로 평가하도록 규정하고 있으나 법인세법은 원칙적으로 원가법을 적용한다.

📍 **내비게이션**
• 재고자산 판매의 손익귀속시기는 기업회계와 법인세법 모두 인도기준이다.

2. 법인세법상 감가상각의제에 대한 다음 설명 중 틀린 것은?

① 실제로 법인세를 면제받거나 감면받은 경우에는 고정자산에 대하여 감가상각의제규정이 적용된다.
② 사실상 면제 또는 감면을 받지 못한 경우에는 감가상각의제 규정을 적용하지 아니한다.
③ 감가상각의제 규정에 의하여 고정자산에 대한 상각액을 손비로 계상하지 아니한 법인은 그 후 사업연도의 상각범위액 계산의 기초가 될 자산의 가액에서 그 상각액에 상당하는 금액을 공제한 잔액을 기초가액으로 하여 상각범위액을 계산하여야 한다.
④ 감가상각의제는 임의상각제도의 예외로서 신고조정이다.

📍 **내비게이션**
• 감가상각의제는 임의상각제도의 예외로서 신고조정이 아님.

보론	업무용승용차 관련 규정(특정법인 제외)
적용대상	• 개별소비세 과세대상 승용자동차(일반적으로 부가가치세법상 매입세액불공제 대상)
업무용승용차 관련비용	• 감가상각비, 유류비, 수선비, 자동차세, 통행료 등 업무용승용차의 취득·유지 관련비용
감가상각강제 (신고조정)	• 상각방법·내용연수의 신고불문 상각방법 ■ 정액법 내용연수 ■ 5년 ▶∴회사상각액이 상각범위액에 미달시 신고조정으로 손금산입(△유보)함.
비업무사용액 손금불산입	• 임직원 전용 자동차보험에 가입한 경우 관련비용(위 손금산입액 포함) 중 업무사용금액에 해당하지 아니하는 금액(사적사용비용)은 손금불산입함.(귀속자에 따라 소득처분, 귀속불분명시는 대표자상여) 업무사용금액 ■ 관련비용×업무사용비율 업무사용비율 ■ 운행기록 작성시 : $\frac{업무용사용거리}{총주행거리}$ • 임직원 전용 자동차보험에 가입하지 아니한 경우와 법인업무용자동차번호판 미부착시 업무사용금액은 0으로 하여 전액 손금불인정함.
감가상각비 한도초과액 손금불산입	• 업무사용금액 중 감가상각비상당액(=감가상각비×업무사용비율)은 연간 800만원 한도로 하며 한도초과액은 손금불산입(유보)함 ▶ 차기이후 한도미달액을 한도로 손금추인함.
처분손실 이월손금산입	• 처분손실 중 800만원 초과액은 손금불산입(기·유) • 초과액은 다음사업연도부터 800만원을 균등하게 손금산입(기타) 예 초과액이 2,200만원이면 3개연도에 걸쳐 800만원, 800만원, 600만원 각각 손금산입

[기출사례] 특정법인에 해당하지 않는 ㈜A의 다음 자료에 의해 20x1년 세무조정을 하면?

(1) 20x1년초 대표이사 업무용승용차를 250,000,000원에 취득하고 임직원전용자동차보험에 가입하였다.
(2) 손익계산서상 감가상각비 25,000,000원, 차량유지비(유류비, 수선비)로 30,000,000원을 비용계상하였다.
(3) 작성·비치한 운행기록부상 총주행거리는 25,000km, 업무용사용거리는 18,750km이다.

〈풀이〉
• ① 25,000,000-250,000,000×1/5=△25,000,000(한도미달)
→손금산입 한도미달액 25,000,000(△유보)
② 관련비용 : 25,000,000+25,000,000+30,000,000=80,000,000
업무사용비율 : $\frac{18,750km}{25,000km}$=75%
업무사용금액 : 80,000,000×75%=60,000,000
→손금불산입 80,000,000-60,000,000=20,000,000(상여)
③ 업무사용금액 중 감가상각비 상당액 : 50,000,000×75%=37,500,000
→손금불산입 37,500,000-8,000,000=29,500,000(유보)

단기속성특강 제122강 | 기부금

기본사항	과목 분류	업무관련성이 있는 경우	특정고객	기업업무추진비(접대비)	한도내 손금산입
			불특정다수	광고선전비	전액 손금인정
			임원·직원(사용인)	복리후생비	전액 손금인정
		업무관련성이 없는 경우	특정단체 등	기부금	한도내 손금산입
	기부금 구분	법정기부금/지정기부금	•한도초과액을 손금불산입 ▶ 기타사외유출로 처분		
		비지정기부금	•전액 손금불산입 ▶ 귀속에 따라 배당·상여·기타사외유출로 처분		
	참고 ㉠ 법정기부금=세법상 '특례기부금' ㉡ 지정기부금=세법상 '일반기부금'				

기부금한도	한도	■ 법정기부금 한도 : **(기준소득금액 – 이월결손금)×50%** ■ 지정기부금 한도 : **(기준소득금액 – 이월결손금 – 법정손금용인액)×10%** ▶ 기준소득금액 : 차가감소득금액 + 법정·지정기부금 ▶ 이월결손금 : 과표계산상 공제가능 이월결손금(비중소기업 공제한도 : 기준소득금액×80%) ▶ 법정손금용인액 : 이하 한도초과이월액의 손금산입액을 포함한 금액임.
	법정·지정 한도초과액	•10년간 이월하여 먼저 발생한 이월액부터 한도액 범위내에서 우선 손금산입(기타)함. •한도초과(한도미달) = 기부금지출액 – (한도 – 이월액 손금산입액)
	예시 전기 법정기부금 한도초과 이월액 ₩1,000, 당기 법정기부금 ₩2,500, 당기 지정기부금 ₩1,200, 차가감소득 금액 ₩9,000, 공제가능 이월결손금 ₩700 →기준소득금액 : 9,000+2,500+1,200=12,700, 법정기부금 한도 : (12,700-700)×50%=6,000 →〈1순위〉한도초과 이월액 손금산입 : Min[1,000, 6,000]=1,000(기타) 〈2순위〉법정기부금 한도초과(미달) : 2,500 - (6,000-1,000)=△2,500(한도미달)[세무조정없음] →지정기부금 한도 : [12,700-700-(2,500+1,000)]×10%=850 →〈3순위〉지정기부금 한도초과(미달) : 손금불산입 1,200 - 850=350(기타사외유출)		

귀속시기	❖ 실제로 지출한 사업연도(현금주의) ▶ ∴미지급금 계상액은 제외하며, 가지급금 계상액은 포함함.							
	미지급기부금	•당기 :	(차) 기 부 금	xxx	(대) 미지급금	xxx	세무조정 : 손금불산입(유보)	
		•차기 :	(차) 미지급금	xxx	(대) 현 금	xxx	세무조정 : 손금산입(△유보)	
	가지급기부금	•당기 :	(차) 가지급금	xxx	(대) 현 금	xxx	세무조정 : 손금산입(△유보)	
		•차기 :	(차) 기 부 금	xxx	(대) 가지급금	xxx	세무조정 : 손금불산입(유보)	
	🔍**주의** ① 어음으로 지급시 : 실제로 결제된 날 ② 수표로 지급시 : 교부한 날(결제시기와 무관!)							

현물기부금	법정기부금, 일반지정기부금	•장부가액					
	특수관계인지정기부금, 비지정기부금	•Max [장부가액, 시가]					
	예시 수재민구호품(제품) 기부(장부가 ₩100, 시가 ₩230)하고 회사가 기부금으로 ₩230을 계상시						
		회사			세법		
	(차) 기부금	230	(대) 제품	100	(차) 기부금	100 (대) 제품	100
			처분이익	130			
	→[세무조정] 손금불산입 기부금 130, 익금불산입 처분이익 130 〈법정기부금 100으로 시부인함.〉						

기부금의제	❖ 특수관계없는 자에게 자산을 정상가액보다 낮은 가액으로 양도하거나, 정상가액보다 높은 가액으로 매입함으로써 그 차액 중 실질적으로 증여한 것으로 인정되는 금액은 이를 기부금으로 간주함.			
	특수관계◯ (부당행위계산부인)	① 고가매입 : (매입가 – 시가) ② 저가양도 : (시가 – 양도가)	•시가와 비교	
	특수관계 × (기부금의제)	① 고가매입 : (매입가 – 정상가) ▶ 정상가 = 시가×130% ② 저가양도 : (정상가 – 양도가) ▶ 정상가 = 시가×70%	•정상가와 비교	
	예시 특수관계 없는자로부터 시가 ₩400인 건물을 ₩550에 매입함.			
		회사		세법
	(차) 건물	550 (대) 현금 550	(차) 건물(정상가) 400×130%=520 (대) 현금 550	
			기부금 30	
	→[세무조정] 손금산입 30(△유보) 〈if, 비지정기부금이면 추가로 '손금불산입 30'〉			

FINAL 객관식뽀개기　　　기출 & 적중문제

1. 다음 중 법인세법상 기부금에 대한 설명으로 가장 올바르지 않은 것은?

① 기부금은 특수관계 없는 자에게 사업과 직접 관련 없이 무상 지출하는 재산적 증여가액을 말한다.

② 대표이사 동창회에 지출한 기부금은 비지정기부금으로 전액 손금불산입된다.

③ 기부금은 현금주의에 의하여 손금으로 계상되므로 법인이 실제로 지급하지 아니한 기부금을 손금에 계상한 경우 동 금액을 손금불산입한다.

④ 특례기부금 한도초과액은 이월공제가 되지 않으나 일반기부금 한도초과액은 그 다음 사업연도의 개시일로부터 10년 이내에 끝나는 사업연도에 이월하여 손금에 산입할 수 있다.

📍 **내비게이션**

• 특례기부금 한도초과액도 이월하여 손금에 산입될 수 있다.

2. 법인세법상 기부금에 대한 다음 설명 중 가장 옳지 않은 것은?

① 현물로 기부할 경우 기부자산가액은 기부대상을 불문하고 시가로 평가한다.

② 특수관계없는 자에게 정당한 사유없이 자산을 정상가액보다 낮은 가액으로 양도함으로써 실질적으로 증여한 것으로 인정되는 금액은 기부금으로 본다.

③ 기부금은 특정인 등에게 사업과 직접적인 관련없이 지출하는 재산적 증여가액을 말한다.

④ 기부금한도초과액은 일정기간 동안 이월하여 손금에 산입하는 것을 허용하고 있다.

📍 **내비게이션**

• 구분하여 장부가액이나 Max[장부가액, 시가]로 평가한다.

3. 다음의 자료에 의할 경우 ㈜A의 당기(20x1년 1월 1일 ~ 20x1년 12월 31일) 기부금한도초과액은 얼마인가?

ㄱ. 당기순이익 : 100,000,000원
ㄴ. 세무조정사항 (기부금관련 세무조정 반영 전)
　– 익금산입 및 손금불산입 : 30,000,000원
　– 손금산입 및 익금산입 : 10,000,000원
ㄷ. 기부금 지출내역
　– 일반기부금 : 20,000,000원
ㄹ. ㈜A의 세무상 이월결손금은 5,000,000원이며, 동 이월결손금은 전액 전기에 발생한 금액이다.

① 6,500,000원　　② 8,500,000원
③ 9,750,000원　　④ 10,750,000원

📍 **내비게이션**

• 차가감소득금액 : 100,000,000+30,000,000-10,000,000=120,000,000
• 기준소득금액 : 120,000,000+20,000,000=140,000,000
• 일반기부금한도 : (140,000,000-5,000,000-0)×10%=13,500,000
• 일반기부금한도초과 : 20,000,000-13,500,000=6,500,000

4. 다음 자료에 의한 세무조정으로 옳은 것은?

시가 12,000,000원(장부가액 10,000,000원)인 토지를 정당한 사유없이 2,000,000원에 양도하고 토지처분손실 8,000,000원을 계상하였다(양수자는 법인과 특수관계가 없는 다른 법인이다).

① 세무조정 없음
② 손금불산입 6,400,000(기타사외유출)
③ 손금불산입 6,400,000(배당)
④ 손금불산입 10,000,000(기타사외유출)

📍 **내비게이션**

• 의제기부금 : (12,000,000x70%)-2,000,000=6,400,000

회사			
(차) 현금	2,000,000	(대) 토지	10,000,000
처분손실	8,000,000		

세법			
(차) 현금	2,000,000	(대) 토지	10,000,000
기부금	6,400,000		
처분손실	1,600,000		

• 손금산입 기부금 6,400,000, 손금불산입 처분손실 6,400,000 → 생략!
• ∴비지정기부금이므로 손금불산입 6,400,000(기타사외유출)

보론	기부금 범위
특례기부금 〈50% 한도〉	• 국가·지자체에 무상기증하는 금품, 국방헌금과 국군장병 위문금품, 천재·지변 이재민 구호금품 • 사립학교 등 법정교육기관(병원제외)과 한국장학재단 시설비·교육비·장학금·연구비 • 국립대학병원 등 특정병원과 사립학교가 운영하는 병원 시설비·교육비·연구비 • 사회복지공동모금회 등 전문모금기관에 지출
우리사주 조합기부금 〈30% 한도〉	• 우리사주제도 실시 회사의 법인주주가 우리사주 취득을 위한 재원 마련을 위해 우리사주조합(우리사주제도 실시 회사의 근로자가 출자)에 지출하는 기부금 [주의] 법인이 자신의 우리사주조합에 직접 출연하는 자사주 장부가액이나 금품 : 전액 손금인정
일반기부금 〈10% 한도〉	• 사회복지법인(시설), 어린이집·유치원·학교·평생교육시설, 인허가받은 학술연구단체 등, 종교단체, 의료법인, 국민건강보험공단, 사내근로복지기금, 대한적십자사, 근로복지공단, 학교 등의 장이 추천하는 개인에게 교육비·연구비 또는 장학금, 공익신탁으로 신탁하는 기부금, 해외일반기부금단체와 국제기구에 지출 • 사회복지·문화·예술 등 공익목적으로 지출(불우이웃돕기성금, 근로복지기금출연금)
비지정기부금 〈전액 손불〉	• 그 외 모두(예 신용협동조합, 새마을금고, 정당, 동창회·종친회·향우회에 지급한 기부금 등)

🏛 **ANSWER** 1. ④ 2. ① 3. ① 4. ②

단기속성특강 제123강		접대비(기업업무추진비)	
접대비범위	원칙	•접대, 교제비, 사례금 기타 어떠한 명목이든 상관없이 이와 유사한 성질의 비용으로서 법인의 업무에 관련하여 지출한 금액	
	간주접대비	•직원(사용인)이 조직한 조합 또는 단체(법인에 한함)에 지출한 복리시설비 　🔎주의 법인이 아니면 접대비가 아님. •약정에 의하여 매출채권을 포기한 금액 •접대비 관련 VAT매입세액 불공제액과 접대한 자산에 대한 VAT매출세액 부담액 •연간 5만원을 초과하여 특정인에게 기증한 광고선전물품 　▶ 단, 3만원 이하의 물품은 5만원 한도를 적용하지 않음.(5만원초과 여부 계산시 불포함) 　참고 5만원을 초과하지 않으면 광고선전비로 전액 손금인정하며, 5만원을 초과하면 전액을 접대비로 봄.(5만원 초과분만 접대비가 아님)	
접대비 시부인구조	<1순위>	•증빙불비접대비/업무무관접대비	[세무조정] 손금불산입(대표자상여등)
	<2순위>	•건당 3만원(경조금은 20만원) 초과 접대비로 신용카드 등 미사용액	[세무조정] 손금불산입(기타사외유출)
	<3순위>	•접대비해당액 – 한도	[세무조정] 손금불산입(기타사외유출)
접대비한도	한도	■ $12,000,000^{1)} \times \dfrac{사업연도월수^{2)}}{12}$ + 수입금액 × 적용률 $^{1)}$중소기업 : 36,000,000　　$^{2)}$1개월 미만의 일수는 1개월로 함	
	수입금액	•기업회계상 매출액 　▶ ∴간주공급·간주임대료 제외, 부산물매각대 포함.	
	적용률		수입금액 100억원 이하	30/10,000
수입금액 100억원 초과 500억원 이하	20/10,000
수입금액 500억원 초과	3/10,000		
	특정수입금액 (수입금액×적용률×10%)	① 대상 : 특수관계인과 거래 수입금액 ② 적용 : 일반수입금액부터 순차로 적용률 적용 　예시 일반수입금액 95억원, 특정수입금액이 10억원인 경우 　→1,200만원＋95억× $\dfrac{30}{10,000}$ ＋5억× $\dfrac{30}{10,000}$ ×10%＋5억× $\dfrac{20}{10,000}$ ×10%	
귀속시기		❖접대행위가 이루어진 사업연도(발생주의) 　▶ ∴행위는 이루어졌으나 미지급한 미지급접대비도 접대비로 인정함. 비교 기부금 : 현금주의	
현물접대비	접대비해당액에의 영향	•현물접대(사업상증여)관련 VAT매출세액도 접대비로 봄.	
	수입금액에의 영향	•회사가 매출로 계상시는 한도계산시 수입금액에서 제외시킴.	
	현물접대비평가	•Max[장부가, 시가]	
		예시 제품 장부가(원가) ₩300, 시가는 ₩400, 회사는 이하와 같이 처리함.	

회사

(차) 접대비　　340　(대) 매출　　　　300
　　　　　　　　　　　　　VAT예수금　　40
(차) 매출원가　300　(대) 제품　　　　300

회사

(차) 접대비　　440　(대) 제품　　　　300
　　　　　　　　　　　　　VAT예수금　　40
(차) 매출원가　300　(대) 처분이익　　100

→손금산입 접대비 100, 익금불산입 매출 300, 손금불산입 매출원가 300, 익금산입 처분이익 100
→∴접대비해당액에 100 가산 / 한도계산시 수입금액에서 300 제외

FINAL 객관식뽀개기 | 기출 & 적중문제

1. 다음 중 법인세법상 기업업무추진비에 대한 설명으로 가장 올바른 것은?

① 법인의 생산품 등으로 접대를 한 경우 기업업무추진비를 장부가액으로 평가하되 시가가 장부가액보다 적은 경우 시가로 평가한다.

② 기업업무추진비는 교제비, 사례품, 기타 명목여하에 불구하고, 기타 유사한 성질의 비용으로써 법인의 업무와 관련하여 지출한 금액이다.

③ 기업업무추진비 관련 부가가치세 매입세액 불공제액은 기업업무추진비에 포함하며, 접대행위가 이루어졌으나 기업업무추진비를 차기에 지급하기로 한 경우에는 차기의 기업업무추진비로 인식하여야 한다.

④ 광고·선전목적으로 견본품이나 달력 등을 불특정다수인에게 기증한 것은 기업업무추진비로 본다.

◉ 내비게이션

• ① 현물기업업무추진비는 'Max[장부가, 시가]'으로 평가하므로 시가가 장부가액 보다 적은 경우 장부가액으로 평가한다.
③ 기업업무추진비의 귀속시기는 접대행위가 이루어진 사업연도이다.
④ 광고선전비이다.

2. 다음 중 중소기업인 (주)A의 제3기 사업연도(20x3년 1월 1일~6월 30일) 기업업무추진비 한도액 계산시 수입금액이 없더라도 법인세법상 최소한 인정받을 수 있는 기업업무추진비 한도금액은?

① 9,000,000원
② 12,000,000원
③ 15,000,000원
④ 18,000,000원

◉ 내비게이션

• $36,000,000 \times \dfrac{6}{12} + 0 \times$ 적용률$= 18,000,000$

3. 법인세법상 기업업무추진비에 대한 설명으로 틀린 것은?

① 기업업무추진비는 업무와 관련있는 지출이다.

② 부산물 판매가액도 기업업무추진비 한도액 계산시 수입금액에 포함한다.

③ 약정에 의해 거래처에 대한 매출채권을 포기한 금액은 기업업무추진비에 해당하지 않는다.

④ 사용인이 조직한 조합 또는 단체(법인에 한함)에 지출한 복리시설비는 기업업무추진비에 해당한다.

◉ 내비게이션

• 약정에 의해 거래처에 대한 매출채권을 포기한 금액도 기업업무추진비에 해당한다.

4. 중소기업이 아니며 제조업을 영위하는 ㈜A의 제10기 사업연도(20x1.1.1~20x1.12.31) 기업업무추진비와 관련된 자료가 다음과 같을 경우 세무조정으로 인한 손금불산입 금액의 총합계는 얼마인가?

> ㄱ. 기업업무추진비지출액 : 15,200,000원
> [단, 증빙이 구비되지 아니한 지출 1건(금액 1,000,000원) 포함]
> ㄴ. 매출액 : 200,000,000원
> ㄷ. 위 매출액은 전액 제조업에서 발생한 금액으로서 특수관계인과의 거래분은 없다.

① 2,200,000원
② 2,600,000원
③ 3,100,000원
④ 3,900,000원

◉ 내비게이션

• 손금불산입 : 증빙불비기업업무추진비 1,000,000(대표자상여)
• 기업업무추진비한도액 :
$12,000,000 \times \dfrac{12}{12} + 200,000,000 \times \dfrac{30}{10,000} = 12,600,000$
→ 손금불산입 : 기업업무추진비한도초과 14,200,000-12,600,000=1,600,000
• 따라서, 1,000,000+1,600,000=2,600,000

5. 중소기업이며 제조업을 영위하는 ㈜A의 제10기 사업연도(20x1.1.1~20x1.12.31)의 기업업무추진비와 관련된 자료가 다음과 같을 경우, 세무조정으로 인한 손금불산입액의 총합계는 얼마인가?

> ㄱ) 기업업무추진비지출액 : 44,450,000원
> [기업업무추진비로 신용카드 등을 사용하지 않고 영수증을 받은 금액 2,000,000원(1건) 포함]
> ㄴ) 매출액 : 450,000,000원 [제조업에서 발생한 매출액 400,000,000원과 사업연도 중 중단된 사업 부문(소매업) 매출액 50,000,000원으로서, 특수관계인과의 거래분은 없다.]

① 5,100,000원
② 6,000,000원
③ 7,100,000원
④ 8,000,000원

◉ 내비게이션

• 손금불산입 3만원초과 신용카드등 미사용액 2,000,000(기타사외유출)
• 기업업무추진비 한도 :
$36,000,000 \times \dfrac{12}{12} + 450,000,000 \times \dfrac{30}{10,000} = 37,350,000$
→ 손금불산입 42,450,000-37,350,000=5,100,000
• 따라서, 2,000,000+5,100,000=7,100,000

ANSWER 1. ② 2. ④ 3. ③ 4. ② 5. ③

단기속성특강 제124강 | 지급이자 손금불산입

	손금불산입순서	내용	소득처분
기본구조	**<1순위>** 채권자불분명사채이자	•법인이 사채(私債)이자를 지급하고 사채권자를 불분명하게 처리한 경우	① 원천징수분 **기타사외유출** ② 그 외분 **대표자상여**
	<2순위> 비실명채권등이자	•지급받는 자가 불분명한 채권·증권의 이자와 할인액으로 이자 등을 채권발행법인이 직접 지급시 그 지급사실이 객관적으로 인정되지 않는 경우	
	<3순위> 건설자금이자	① 특정차입금이자는 자본화 강제, 일반차입금이자는 선택 　[비교] K-IFRS : 특정·일반차입금이자 모두 자본화강제 ② 사업용고정자산(유형·무형)일 것 　주의 ∴재고자산, 투자자산은 그대로 손금 ③ 건설기간 중 이자일 것 　주의 ∴준공 후 남은 차입금이자는 그대로 손금	유보
	<4순위> 업무무관자산지급이자	•업무무관자산을 보유하거나 특수관계인에게 업무무관지급금 등을 지급한 경우 이에 상당하는 지급이자	기타사외유출

	자산	당기말 건설완료여부	세무상 처리
건설자금 이자	상각자산	건설완료○	•즉시상각의제 적용 ▶ 당기 회사계상감가상각비와 상각범위액에 포함계산
		건설완료 ×	•손금불산입(유보) ▶ 위 금액은 상각부인액으로 간주하여 완료연도 상각범위액에 포함하여 시부인함.
	토지	–	•손금불산입(유보) ▶ 처분시 추인

	자산계상	
	적정계상	–
	과다계상 (건설자금이자＋일반이자)	•손금산입(△유보)

업무무관 자산이자	대상	**업무무관자산** •업무에 직접 사용하지 않는 부동산과 동산 ▶예 ⅰ) 법인의 업무에 직접 사용하지 아니하는 부동산 　　ⅱ) 골동품·서화(단, 장식·환경미화 등의 목적으로 사무실·복도 등 상시 비치하는 것을 제외) 　　ⅲ) 업무에 직접 사용되지 않는 자동차·선박·항공기 •평가 : 취득가액으로 평가
		업무무관가지급금 •특수관계인에 대한 업무무관가지급금
	지급이자	•미지급이자는 포함, 미경과이자(선급이자)는 제외함.
	손금불산입액	지급이자 × $\dfrac{(업무무관자산적수＋가지급금적수)\ [한도]분모}{차입금적수}$ ▶ 선순위부인된 지급이자·차입금적수 제외 주의 적정이자수령시에도 불문하고 특수관계인 업무무관가지급금으로 계산대상임.

FINAL 객관식뽀개기

기출 & 적중문제

1. 다음은 지급이자 손금불산입 항목을 나열한 것이다. 법인세법상 지급이자 손금불산입을 적용하는 순서를 가장 올바르게 나타낸 것은?

> ㄱ. 채권자불분명 사채이자
> ㄴ. 지급받은 자가 불분명한 채권·증권이자
> ㄷ. 건설자금이자
> ㄹ. 업무무관자산 등에 대한 지급이자

① ㄱ → ㄴ → ㄷ → ㄹ
② ㄴ → ㄷ → ㄹ → ㄱ
③ ㄷ → ㄹ → ㄱ → ㄴ
④ ㄷ → ㄹ → ㄴ → ㄱ

2. 법인세법상 차입금에 대한 지급이자는 원칙적으로 손금으로 인정되나 일부 항목은 손금으로 인정되지 않는다. 손금불산입대상인 지급이자와 이에 대한 소득처분을 연결한 것 중 가장 옳은 것은(단, 지급이자에 대한 원천징수는 고려하지 않는다)?

	구 분	소득처분
①	채권자불분명 사채이자	대표자상여
②	지급받는 자 불분명 채권·증권이자	배당
③	건설자금이자	기타사외유출
④	업무무관자산에 대한 지급이자	유보

◉ **내비게이션**

• ② 대표자상여 ③ 유보 ④ 기타사외유출

3. 법인세법상 지급이자 손금불산입과 관련한 다음 설명 중 가장 잘못된 것은?

① 업무무관부동산을 취득·보유하고 있는 법인은 지급이자 손금불산입 규정의 적용대상이다.
② 법인세법상 건설자금이자는 사업용 고정자산·재고자산·투자자산의 매입·제작·건설에 소요되는 차입금에 대한 건설기간 중의 지급이자 또는 이와 유사한 성질의 지출금을 말한다.
③ 지급이자 손금불산입 규정은 법인의 불건전성 경비를 규제하기 위한 것이다.
④ 채권·증권의 발행법인이 직접 이자나 할인액을 지급하는 경우 그 지급사실이 객관적으로 인정되지 않는 이자와 할인액은 손금불산입한다.

◉ **내비게이션**

• 재고자산·투자자산은 대상이 아니다.

4. ㈜A는 올해 대학에 입학한 대표이사의 아들이 사용할 목적으로 20x1년 1월 1일에 승용차를 50,000,000원에 구입하였다. ㈜A의 20x1년 지급이자는 4,000,000원이고 차입금적수가 73,000,000,000원이라 한다면 ㈜A의 20x1년 세무조정시 업무무관자산 등에 관련한 차입금의 지급이자 손금불산입액은 얼마인가(단, 20x1년은 365일이며, 이외의 지급이자 손금불산입액은 없다)?

① 손금불산입액 없음
② 2,740원
③ 1,000,000원
④ 4,000,000원

◉ **내비게이션**

• 손금불산입 $4,000,000 \times \dfrac{50,000,000 \times 365일}{73,000,000,000} = 1,000,000$

5. 법인세법상 지급이자손금불산입과 관련한 다음 설명 중 가장 잘못된 것은?

① 업무무관자산 등에 대한 지급이자손금불산입 규정의 적용에 있어 업무무관자산가액은 취득가액으로 평가한다.
② 지급이자손금불산입 규정 중 건설자금이자 항목은 유보로 소득처분한다.
③ 기업회계와 마찬가지로 건설자금이자는 손금에 산입하거나 자본화하는 방법 중 선택할 수 있다.
④ 채권자불분명 사채이자는 전액을 손금에 산입하지 아니하며 사채이자에 대한 원천징수세액상당액은 기타사외유출로 처분하고 나머지는 대표자에 대한 상여로 소득처분한다.

◉ **내비게이션**

• 세법상 특정차입금이자는 선택할 수 없으며, 자본화를 강제한다.

6. 법인세법상 지급이자 손금불산입규정 중 가장 나중에 적용되는 것은?

① 업무무관자산 등 관련이자
② 채권자불분명사채이자
③ 건설자금이자
④ 비실명채권·증권이자

ANSWER 1. ① 2. ① 3. ② 4. ③ 5. ③ 6. ①

단기속성특강 제125강	퇴직급여충당금

의의	일정한도내 손금인정	• 한도초과액은 손금불산입하고 유보로 처분

<table>
<tr><td rowspan="4">의의</td><td>한도초과액(손금불산입액)</td><td>• 퇴직급여충당금설정액 – 한도
 [비교] 대손충당금은 기말잔액과 한도를 비교함.</td></tr>
</table>

퇴직급여충당금 계정흐름			
감소(퇴직)	×××	기초	×××
기말	×××	설정	×××

	결산조정사항이며, 총액으로 관리	• 한도미달액은 손금산입하지 않음.

한도	한도액	• Min { ① 총급여액 × 5% ② 퇴직금추계액 × 0% – 세무상이월퇴충잔액 + 퇴직금전환금잔액

▶ 퇴직금추계액=Max[ⅰ)일시퇴직기준 ⅱ)보험수리기준]

▶ '②'가 음수(△)인 경우는 0으로 계산(∵전기 이전에 손금 인정된 퇴충이 설정률 감소로 인하여 한도가 축소되더라도 환입되지 않도록 하기 위한 규정임)

총급여액	• 1년 미만 임직원에 대해서도 퇴직급여지급규정시 그 총급여를 포함함. [제외대상] ① 확정기여형퇴직연금과 개인퇴직계좌가 설정된 임직원 ② 손금불산입되는 인건비(임원상여한도초과액 등) ③ 인정상여, 비과세 근로소득
퇴직금추계액 (=일시퇴직기준)	• 사업연도 종료일현재 재직하고 있는 임직원이 전부 퇴직시 퇴직금추계액 ▶ 1년 미만 근속자도 퇴직급여지급규정시 그 추계액을 포함함. [제외대상] – 손금불산입되는 임원퇴직금
세무상이월퇴충잔액	• 기초F/P퇴충 – 당기F/P상감소액 – 부인액누계(유보금액)
퇴직금전환금	• 국민연금관리공단에 납부하고 F/P에 자산계상한 것으로 기말잔액임.

[보론] 비현실적퇴직(에 임원의 연임)은 업무무관가지급금으로 봄.

[보론] 퇴직급여 지급시 처리 : 퇴충을 손금산입한 법인이 퇴직급여 지급시는 퇴충에서 먼저 지급함.

유보추인 (초과상계)	• 지급액을 퇴충과 상계시 세무상퇴충을 초과하여 상계하는 경우 그 초과액을 우선 손금산입함. • 손금산입액 : 회사퇴충상계액 – 세무상퇴충(= 회계상퇴충 – 부인액)	

	기초F/P퇴충 25,000, 부인액 5,000 지급액 22,000	기초F/P퇴충 25,000, 부인액 5,000 지급액 27,000
<회사>	(차) 퇴충 22,000 (대) 현금 22,000	(차) 퇴충 25,000 (대) 현금 27,000 　　　퇴직금 2,000
<세법>	(차) 퇴충 20,000 (대) 현금 22,000 　　　퇴직금 2,000	(차) 퇴충 20,000 (대) 현금 27,000 　　　퇴직금 7,000
세무조정	∴손금산입 2,000(△유보) →회사퇴충상계액(22,000) – 세무상퇴충(20,000) = 2,000	∴손금산입 5,000 (△유보) →회사퇴충상계액(25,000) – 세무상퇴충(20,000) = 5,000

승계	• 합병(분할)등기일 현재 퇴직급여충당금을 합병법인이 승계함.

FINAL 객관식뽀개기

기출 & 적중문제

1. 법인세법상 퇴직급여충당금에 대한 다음 설명 중 가장 옳지 않은 것은?

① 퇴직급여충당금이란 임원 또는 사용인이 퇴직할 때 퇴직금의 지급을 위하여 당해 법인이 그 사업연도의 손비로서 계상한 충당금을 의미한다.

② 퇴직급여충당금의 법인세법상 한도를 계산할 때 기준이 되는 총급여액에는 봉급·상여·수당과 이익처분에 의한 상여금은 포함되나 손금불산입되는 인건비와 인정상여는 포함되지 않는다.

③ 퇴직급여충당금 한도초과액은 손금불산입하고, 기타사외유출로 소득처분한다.

④ 일시퇴직기준 퇴직금추계액은 당해 사업연도 말에 전 임직원이 퇴직할 경우 지급하여야 할 퇴직금 총액으로 원칙적으로 당 법인의 퇴직금 지급규정에 의하나, 규정이 없는 경우에는 근로자퇴직급여보장법이 정하는 바에 따라 계산한 금액으로 한다.

◎ 내비게이션

• 퇴직급여충당금 한도초과액은 손금불산입하고, 유보로 소득처분함.

2. 다음 중 법인세법상 퇴직급여충당금과 퇴직연금충당금에 대한 설명으로 가장 올바르지 않은 것은?

① 퇴직급여충당금 설정액 중 한도초과액은 손금불산입하고 유보로 소득처분한다.

② 퇴직연금충당금은 법인의 장부에 비용으로 계상한 경우에만 손금으로 산입할 수 있는 결산조정사항이다.

③ 임원 또는 사용인이 현실적으로 퇴직함으로써 법인이 사용인 등에게 퇴직금을 지급할 때에 손금으로 계상된 퇴직급여충당금이 있으면 그 퇴직급여충당금에서 먼저 지급하여야 한다.

④ 퇴직급여충당금 한도계산시 총급여액이란 근로제공으로 인한 봉급, 상여, 수당 등을 말하는 것으로 손금불산입되는 인건비와 인정상여 등은 포함하지 않는다.

◎ 내비게이션

• 퇴직연금충당금은 비용으로 계상하지 않았더라도 세무상 한도액까지 손금산입할 수 있는 신고조정사항이다.

3. 법인세법상 퇴직급여충당금 한도액을 계산하면?

(1) 전기말 재무상태표상 퇴직급여충당금 잔액은 4,500,000원, 당기중 퇴직금지급액 3,300,000원이다.

(2) 퇴직금 지급대상 임직원에 대한 총급여액은 15,000,000원이며, 전기 을표상 잔액은 없다.

(3) 퇴직금추계액 :
  - 일시퇴직기준 30,000,000원
  - 보험수리기준 25,000,000원

(4) 퇴직금전환금 기말잔액 : 1,500,000원

① 15,000,000원 　　② 500,000원

③ 300,000원 　　④ 200,000원

◎ 내비게이션

• $Mn \begin{cases} 15,000,000 \times 5\% = 750,000 \\ 30,000,000 \times 0\% - (4,500,000 - 3,300,000) + 1,500,000 = 300,000 \end{cases}$
  $= 300,000$

4. 다음 자료에 의해 법인세법상 퇴직급여충당금 한도 초과액을 계산하면?

(1) 퇴직급여 지급대상 임직원에게 지급한 급여와 상여금 : 6,000,000원

(2) 퇴직급여충당금 계정의 변동내역(단위 : 원)

지급	457,500	기초	5,250,000
기말	6,592,500	전입	1,800,000
	7,050,000		7,050,000

*위 기초잔액 중 손금불산입액은 1,380,000원

(3) 일시퇴직기준 퇴직금추계액 : 38,250,000원
  (일시퇴직기준 퇴직금추계액이 보험수리기준에 의한 퇴직금추계액 보다 더 크다.)

① 1,212,500원 　　② 1,500,000원

③ 1,800,000원 　　④ 0원

◎ 내비게이션

• 한도액
  $Min \begin{cases} 6,000,000 \times 5\% = 300,000 \\ 38,250,000 \times 0\% - (5,250,000 - 457,500 - 1,380,000) = 0 \end{cases}$
  $= 0$

• 한도초과액
  1,800,000 - 0 = 1,800,000

단기속성특강 제126강 — 대손사유와 대상채권

**대손사유
(대손요건)**

❖ 신고조정대손사유

구분	대손사유	대손금액
소멸시효 완성채권	•상법상 소멸시효 완성된 외상매출금·미수금 등 •어음·수표법상 소멸시효 완성된 어음·수표 •민법상 소멸시효 완성된 대여금·선급금	•대상채권전액을 손금인정
법정소멸 채권	•회생계획인가결정 등 회수불능 확정채권 •채무자재산경매가 취소된 압류채권	

❖ 결산조정대손사유

대손사유	대손금액
•부도발생 6월이상 지난 수표·어음상 채권 •부도발생 6월이상 지난, 중소기업이 보유하는 부도발생전의 외상매출금 ▶ 저당권설정분은 제외	•1천원공제액
•회수기일 6월이상 지난 30만원 이하(채무자별 합계액)채권 •회수기일 2년 이상 지난 중소기업의 외상매출금 및 미수금 ▶ 단, 특수관계인과의 거래분은 제외 •채무자의 파산, 강제집행, 형의집행, 사업폐지, 사망, 실종, 행방불명	•대상채권전액을 손금인정

대상채권

•매출채권은 물론 비영업거래채권도 대손사유에 해당시 대손처리가능. 단, 다음 채권은 불가함.

① 특수관계인(대여시점) 업무무관 가지급금과 채무보증(보증채무의 대위변제)으로 인한 구상채권
② 대손세액공제받은 VAT매출세액미수금

❖ 대손시 세무조정

회계처리	세무상처리	

대손상각비로 계상시
(대손상각비 ××× / 채권 ×××)
	모두 비용계상으로 간주함.
	[대충과 상계시에도 대충감소로
	기말설정 대손비가 증가하므로]
		•대손요건충족○
		  ▶ 세무조정없음
		•대손요건충족 ×
		  ▶ 손금불산입(유보)

대손충당금과 상계시 (대손충당금 ××× / 채권 ×××)		

❖ 회수시 세무조정

회계처리	세무상처리	

대손상각비로 계상시
(현금 ××× / 대손상각비 ×××)
	모두 수익계상으로 간주함.
	[대충으로 계상시에도 대충증가로
	기말설정 대손비가 감소하므로]
		•손금산입되었던 것일 때
		  ▶ 세무조정없음
		•손불산입되었던 것일 때
		  ▶ 익금불산입(△유보)

대손충당금과 상계시 (현금 ××× / 대손충당금 ×××)		

FINAL 객관식뽀개기

기출&적중문제

1. 다음은 중소기업인 (주)A의 20x1년 12월 31일 현재 매출 채권 명세서의 일부이다. 결산시 대손처리한 금액이 없는 경우 세무조정시 손금산입할 수 있는 금액은 얼마인가(단, 대손채권은 회수가능성이 없다.)?

거래처명	채권금액	대손충당금	설명
㈜부산	2억원	0	20x1년 6월 10일 소멸시효 완성됨
㈜광주	2억원	0	부도발생일부터 6개월 경과한 상황
㈜대구	1억원	0	20x1년 6월 12일 사업폐지

① 1억원
② 2억원
③ 4억원
④ 5억원

📍 **내비게이션**

• 소멸시효완성 채권은 신고조정으로 손금산입이 가능하다. 나머지는 결산조정사항이다.

2. 다음 중 법인세법상 대손충당금과 대손금에 대한 설명으로 옳은 것은?

① 특수관계인 채권은 계정과목에 관계없이 대손충당금 설정대상이 아니며, 회수불능해도 대손금으로 손금에 산입할 수 없다.
② 관세환급금채권등 국가에 대한 채권은 대손충당금 설정대상에서 제외한다.
③ 부도발생일로부터 6월 이상 경과한 어음 또는 수표 상의 채권 및 외상매출금(중소기업의 것으로서 부도 발생일 이후의 것에 한한다)은 대손금으로 손금에 산입할 수 있으나, 채무자의 재산에 저당권을 설정하고 있는 경우에는 예외로 한다.
④ 회생계획인가의 결정, 법원의 면책결정에 따라 회수불능으로 확정된 채권을 결산상 대손처리하지 못한 경우에는 손금산입으로 신고조정할 수 있다.

📍 **내비게이션**

• ① 특수관계인에 대한 업무무관가지급금만 설정대상이 아니다.
② 국가지자체에 대한 채권도 설정대상채권이다.
③ 부도발생일 이후의 것(X) → 부도발생일 이전의 것(O)

3. 법인세법상 대손금에 대한 설명이다. 결산서에 비용계상하지 않은 경우에도 세무조정에 의하여 손금인정 되는 것은?

① 부도발생일 부터 6개월 이상 경과한 일정한 수표 또는 어음상의 채권 등
② 채무자의 파산, 강제집행, 사업의 폐지, 사망 등으로 회수할 수 없는 채권
③ 채무자 회생 및 파산에 관한 법에 따른 회생계획인가의 결정 또는 법원의 면책결정에 따라 회수불능으로 확정된 채권
④ 회수기일을 6개월 이상 지난 30만원(채무자별 채권가액 합계액 기준) 이하의 채권

📍 **내비게이션**

• ③은 신고조정사항이고, 나머지는 결산조정사항이다.

4. 다음은 대손충당금에 대한 세무조정과 관련한 자료이다.

(1) 전기 유보잔액 1,050,000원
(2) 당기 세무조정
 - 손금산입 1,050,000원(△ 유보)
 - 손금불산입 1,800,000원(유보)

위 사항을 다음의 자본금과적립금조정명세서(을)에 기입하는 경우 올바른 것은?

과목	기초잔액	당기중 증감 감소	당기중 증감 증가	기말잔액	비고
대손충당금	1,050,000	(ㄱ)	(ㄴ)	(ㄷ)	

	(ㄱ)	(ㄴ)	(ㄷ)
①	△1,050,000	1,800,000	750,000
②	0	1,050,000	1,800,000
③	△1,050,000	1,800,000	1,800,000
④	1,050,000	1,800,000	1,800,000

📍 **내비게이션**

• 자본금과적립금조정명세서(을)의 '감소'는 유보의 소멸(추인)분을 기입하는 것으로서 '△1,050,000'로 기입하는 것이 아니다. 따라서, 만약 기초잔액이 △유보라면 감소에 '△50,000'으로 기입한다.

제1편 [단기속성특강] 재무회계

제2편 [단기속성특강] 세무회계

제3편 [단기속성특강] 원가관리회계

합본부록1 신유형기출문제

합본부록2 10개년기출오답노트

단기속성특강 제127강　　대손충당금 세무조정

한도

❖대손충당금한도

- 설정대상채권의 세무상 장부가액 × Max $\begin{cases} 1\% \\ \text{대손실적률} = \dfrac{\text{당기 세무상 대손금}}{\text{직전 세무상 채권잔액}} \end{cases}$

🔎주의 당기 세무상대손금이 없다면 설정률은 1%가 됨.

설정대상채권 ○	설정대상채권 ×
•매출채권, 어음상채권(받을어음) •미수금 •대손세액공제 받지 않은 VAT매출세액 미수금 •선일자수표, 금전소비대차 대여금 •세무조정으로 익금산입한 채권누락분 •전기 및 당기 대손처리액으로 당기까지 대손요건 불비된 채권	•특수관계인에 대한 업무무관가지급금 •할인어음 · 배서어음 •대손세액공제받은 VAT매출세액 미수금 •채무보증으로 인한 구상채권 •특수관계인 고가매입거래시, 양도자의 시가초과액상당채권 •상계약정이 있는 동일인에 대한 채권 · 채무상계액 •손금산입한 신고조정대손사유 해당채권

🔎주의 대손가능성없는 국가 · 지자체에 대한 채권(예 관세환급금채권)도 설정대상채권임.

❖대손충당금한도초과액

•F/P상 대손충당금 기말잔액 – 한도액　⇒ 손금불산입(유보)
▶ 다음기 자동추인됨 : 손금산입(△유보)

보론 자동추인이유와 설정액이 아닌 기말잔액과 한도를 비교하는 이유
- 세법은 기준의 보충법을 회사가 총액법(대충잔액을 전액환입 후 총액을 설정)으로 처리했다고 간주함.

당기상계	3,000,000	전기이월 (전기한도초과 1,000,000 포함)	10,000,000
차기이월	12,000,000	당기설정	5,000,000

① 회사환입액 : 10,000,000 - 3,000,000 　　　　　 = 7,000,000
　세법환입액 : (10,000,000 - 1,000,000) - 3,000,000 = 6,000,000 → 익금불산입 1,000,000(△유보)
② 회사설정액 : 12,000,000 → ∴기말잔액(차기이월)과 일치

세부담 최소화

- 대손세액공제시 세부담감소효과 ＝ A
- 대손금으로 손금산입시 세부담감소효과 ＝ A × 법인세율
  ▶ ∴세부담최소화 위해서는 대손세액공제 선택함.

상계

❖동일인에 대한 채권 · 채무

원칙	•상계 ×
예외	•상계약정이 있는 경우 상계 ○

비교 동일인에 대한 가지급금 · 가수금
① 원칙 : 상계 ○
② 예외 : 이자율 등 약정이 있는 경우는 상계 ×

FINAL 객관식뽀개기　　　　기출 & 적중문제

1. 다음은 대손금 및 대손충당금에 대한 실무담당자들의 대화이다. 가장 옳지 않은 설명을 한 사람은 누구인가?

> 강대리 : 부도발생일로부터 6개월 이상 경과한 어음·수표는 결산조정 대손사유이므로 결산에 반영하여야 손금산입이 가능하지만, 소멸시효가 완성된 채권은 신고조정 대손사유에 해당하므로 굳이 결산에 반영하지 않더라도 손금산입이 가능합니다.
>
> 이주임 : '특수관계인에 대한 업무무관가지급금'에서 발생하는 대손금은 법인세법상 손금으로 인정되지 않으므로 의사결정시 참고하여야 합니다.
>
> 박과장 : 대손충당금 설정률은 1%와 대손실적률 중 큰 비율을 적용합니다. 여기서 대손실적률이란 당해사업연도 종료일 현재의 채권잔액 대비 당해사업연도 대손금의 비율을 의미합니다.
>
> 허대리 : 대손충당금의 설정대상채권은 매출채권뿐만 아니라 대여금, 어음상의 채권 및 미수금 등도 포함됩니다.

① 강대리　　　　　　② 이주임
③ 박과장　　　　　　④ 허대리

📍 **내비게이션**

• 당해사업연도 종료일 현재의(×)→직전사업연도 종료일 현재의(○)

2. 제조업을 영위하는 (주)A의 제7기 사업연도(20x1.1.1~12.31)의 대손충당금 한도초과액은 얼마인가(단, 당기 대손처리 내역은 없다)?

> (1) 결산서상 대손충당금 내역
> 　① 기초대손충당금 잔액 : 7,000,000원
> 　② 당기 추가설정액 : 8,000,000원
> 　③ 기말잔액 : 15,000,000원
> (2) 전기 대손충당금 부인액 : 5,000,000원
> (3) 세무상 대손충당금 설정대상 채권가액 : 1,000,000,000원

① 5,000,000원　　　② 4,000,000원
③ 2,500,000원　　　④ 3,000,000원

📍 **내비게이션**

• 15,000,000-1,000,000,000×1%=5,000,000
　*당기 대손처리 내역이 없으므로 대손실적률은 '0'이다.

3. 다음은 제조업을 영위하는 ㈜A의 대손충당금 변동내역이다. 대손충당금의 세무조정에 관한 설명으로 가장 올바르지 않은 것은?

대손채권상각	10,000,000	전기이월[*]	30,000,000
기말잔액	40,000,000	당기설정	20,000,000
	50,000,000		50,000,000

[*]전기이월액 30,000,000원 중 세무상 부인된 유보금액은 10,000,000원이다.

① 대손충당금은 결산조정사항으로 장부에 비용으로 계상한 경우에만 손금인정이 가능하다.
② 전기이월액 중 세무상 부인된 금액 10,000,000원은 전액 손금산입한다.
③ 대손충당금 손금산입 한도액은 세무상 설정대상채권 잔액에 대해 1%와 대손실적률 중 큰 비율을 곱하여 계산한다.
④ 회사의 당기 대손상각비 설정액 20,000,000원과 세무상 손금산입 한도액을 비교하여 손금불산입 금액을 계산한다.

📍 **내비게이션**

• 당기 대손충당금 기말잔액 40,000,000원과 세무상 손금산입 한도액을 비교하여 손금불산입 금액을 계산한다.

4. 다음 자료를 보고 법인세법상 대손충당금과 관련한 손금불산입금액은 얼마인가?

> (1) 기말 : 매출채권 5,000,000원, 미수금 1,000,000원
> (2) 기초 재무상태표 대손충당금 : 40,000원
> (3) 당기말 설정(보충법)한 대손상각비 : 40,000원
> (4) 당기 회사의 대손금은 10,000원이며, 전기부인액은 15,000원이고, 당기 대손실적률은 0.6%이다.

① 10,000원　　　　　② 15,000원
③ 25,000원　　　　　④ 40,000원

📍 **내비게이션**

• 대손충당금한도액 :
　(5,000,000+1,000,000)×Max[1%, 0.6%]=60,000
• 대손충당금한도초과액 : 70,000-60,000=10,000

대손	10,000	기초	40,000
기말	70,000	설정	40,000

단기속성특강 제128강 | 준비금

의의		• 미래에 지출할 비용 등에 충당하기 위하여 일정한 금액을 손금산입 후, 그 후 환입하거나 비용과 상계하는 것을 준비금이라 함. 🔍주의 준비금은 세금을 일정기간동안 연기하는 '과세이연제도'임.

결산조정	회계처리	• 미래 손실(지출)에 대비해 미리 비용계상함. • (차) 전입액(비용)　　　　xxx　　(대) 준비금(충당부채)　　xxx	
	환입시	• (차) 준비금　　　　　　　　xxx　　(대) 환입(수익)　　　　　xxx	

개요	**잉여금처분 신고조정**	회계처리	• 결산조정사항이나 신고조정에 의할 경우 잉여금 처분이 필요함. • 미래손실(지출)에 대비해 잉여금을 처분하여 손금산입 세무조정을 함 • (차) 이익잉여금　　　　　xxx　　(대) 준비금(임의적립금)　　xxx 　▶ 세무조정 : 손금산입 xxx(△유보) • 당해 처분가능한 이익이 부족한 경우는 다음 사업연도 이후에 부족액을 처분하여야 함.
		환입시	• (차) 준비금(임의적립금)　　xxx　　(대) 이익잉여금　　　　　xxx 　▶ 세무조정 : 익금산입 xxx(유보) 📖 고유목적사업준비금을 손금산입한 법인은 해산하거나 고유목적사업을 전부 폐지하는 등의 사유가 발생할 경우 고유목적사업준비금 잔액을 당해 사유가 발생한 날이 속하는 사업연도의 익금에 산입함.

보론 잉여금처분 신고조정대상

법인세법상 준비금	비상위험준비금 해약환급금준비금	• K-IFRS 적용 내국법인은 잉여금처분신고조정 가능
	고유목적사업준비금	• 회계감사 대상 법인은 잉여금처분신고조정 가능
조세특례제한법상 준비금		• 모든 법인이 잉여금처분신고조정 가능

종류	**법인세법상 준바금**	구분	설정대상
		책임준비금	• 보험업 경영법인
		비상위험준비금, 해약환급금준비금	• 보험업 경영법인
		고유목적사업준비금	• 비영리내국법인
	조세특례제한법상 준비금	구분	설정대상
		연구·인력개발준비금(일몰종료)	• 사업자
		기타준비금(손실보전준비금등)	• 특정업종 경영법인

FINAL 객관식뽀개기

기출 & 적중문제

1. 다음 중 법인세법상의 준비금이 아닌 것은 어느 것인가?

① 책임준비금
② 비상위험준비금
③ 고유목적사업준비금
④ 손실보전준비금

◉ 내비게이션

•손실보전준비금은 조세특례제한법상의 준비금에 해당한다.

2. 다음 중 준비금에 관한 설명으로 가장 올바르지 않은 것을 고르면?

> ㄱ. 준비금은 중소기업 지원 중 조세정책적 목적에서 조세의 일부를 일정기간 유예하는 제도이다.
> ㄴ. 준비금은 손금에 산입하는 사업연도에는 조세부담이 감소하고 환입하는 사업연도에는 조세부담이 증가한다.
> ㄷ. 법인세법상 준비금은 책임준비금, 비상위험준비금, 고유목적사업준비금 등이 있다.
> ㄹ. 조세특례제한법상 준비금은 기업회계기준에서 인정된다.

① ㄱ
② ㄴ
③ ㄷ
④ ㄹ

◉ 내비게이션

•조세특례제한법상 준비금은 기업회계기준에서 인정되지 않는다.

3. 다음 중 준비금 및 충당금에 관한 설명으로 가장 올바르지 않은 것은?

① 조세특례제한법상 준비금은 설정대상법인에 대해 별다른 제한이 없다.
② 비영리내국법인의 고유목적사업준비금은 법인세법에 근거하고 있다.
③ 준비금은 손금에 산입한 후 환입하거나 비용과 상계하기 때문에 손금에 산입하는 사업연도에 조세부담을 경감시키고 환입하거나 상계하는 연도에 조세부담을 증가시키게 된다.
④ 수선충당금은 법인세법에서는 손금으로 인정되는 충당금으로 열거되어 있지 않기 때문에 손금으로 인정되지 않는다.

◉ 내비게이션

•① 조세특례제한법상 상호저축은행중앙회·자본확충목적회사·신용회복목적회사의 손실보전준비금이 규정되어 있어 설정대상에 제한이 있으며, 특수업종인 관계로 그 적용사례가 미미한 실정이다.
•④ 법인세법상 인정되는 충당금은 퇴직급여충당금, 대손충당금, 일시상각충당금(압축기장충당금)으로서 제한적으로 인정되므로, 회사가 설정하는 그 밖의 충당금은 모두 손금으로 인정되지 아니한다.

🐸 ANSWER 1. ④ 2. ④ 3. ①

단기속성특강 제129강 　부당행위계산부인 적용요건

적용요건	특수관계	•특수관계인과의 거래이어야 함. ▶ 특수관계는 쌍방관계로 판단함.(일방기준으로 특수관계이면 상호간은 특수관계) [보론] **특수관계인의 범위** ♀주의 소액주주(1%미만)는 특수관계인에서 제외하나, 소액주주라 하더라도 지배주주와 특수 　　　관계에 있으면 특수관계인에 해당함.
	조세부담감소	•조세부담을 부당히 감소시킨 것으로 인정될 것 ♀주의 법률적 하자는 불문 → 거래자체는 유효 → 세금만 재계산
	현저한 이익	•현저한 이익분여가 있을 것(이하 조세부당감소사례 ①~④) ▶ 단, 주권상장법인 발행주식을 한국거래소에서 거래시는 적용치 않음 ▶ 현저한 이익 = (시가·거래가 차액)≧3억원 or (시가·거래가 차액) ≧ 시가×5%
조세부담 감소사례		① 자산을 시가보다 높은 가액에 매입·현물출자 받았거나 그 자산을 과대상각 ② 자산을 무상 또는 시가보다 낮은 가액으로 양도·현물출자 ③ 금전 그 밖의 자산 또는 용역을 무상·시가보다 낮은 이율·요율이나 임대료로 대부하거나 제공한 경우 ④ 금전 그 밖의 자산 또는 용역을 시가보다 높은 이율·요율이나 임차료로 차용하거나 제공받은 경우 　[비교] •임원·사용인(중소기업근로자 제외)에 대한 주택자금의 무상, 저리대여 → 인정이자계산함. 　　　　•출자임원에 대한 사택제공 : 부인대상 0 　　　　•비출자임원·소액주주임원·사용인에 대한 사택제공 : 부인대상 × ⑤ 무수익자산을 매입·현물출자 받았거나 그 자산에 대한 비용을 부담 ⑥ 불량자산(채권)을 차환(양수), 출연금을 대신 부담, 불공정자본거래 ⑦ 파생상품에 근거한 권리를 미행사 등으로 이익을 분여하는 경우
적용시가	본래적시가	•당해 거래와 유사한 상황에서 당해 법인이 특수관계인 외의 불특정다수인과 계속적으로 거래한 가격 •특수관계인이 아닌 제3자간에 일반적으로 거래된 가격이 있는 경우는 그 가격 •상장주식 장내거래분은 그 거래일의 최종시세가액
	준용시가	•본래적 시가가 불분명시 다음을 순차로 적용 〈1순위〉　•감정평가법인 등의 감정가액이 있는 경우 그 감정가액(둘 이상 감정가는 평균액) 　　　　　♀주의 주식(상장·비상장주식 모두)은 감정가액 적용배제(∴이하 '2순위' 상증법상 　　　　　　　　 평가액을 적용함.) 〈2순위〉　•상증법상 보충적평가방법을 준용하여 평가한 금액

FINAL 객관식뽀개기

기출 & 적중문제

1. 부당행위계산의 부인규정이 적용되는 특수관계인이 아닌 것은?

① 출자자와 그 친족
② 법인의 임원 및 직원
③ 법인의 소액주주인 출자자
④ 당해 법인에 30% 이상을 출자하고 있는 법인에 30% 이상을 출자하고 있는 개인

내비게이션

• 소액주주는 원칙적으로 특수관계인이 아니다.

2. 다음은 법인세법상 부당행위계산부인 규정에 대한 설명으로 가장 옳지 않은 것은?

① 사실판단에 의하여 부당거래라고 인정될 것
② 특수관계인과의 사이에 이루어진 거래일 것
③ 법인의 조세부담을 부당하게 감소시킨 것일 것
④ 법률상 하자있는 계약에 의한 것일 것

내비게이션

• 법률적 하자 여부는 불문하며 세액만 재계산한다.
→ 또한 조세회피의도 유무와 상관없이 적용한다.

3. 다음 중 법인세법상 부당행위계산부인 규정에 대한 설명으로 가장 옳지 않은 것은?

① 부당행위계산부인의 규정이 적용되기 위해서는 특수관계인 사이에서 이루어진 거래이어야 한다.
② 대주주에게 건물을 무상으로 임대하여 주는 경우에는 부당행위계산부인 규정을 적용하지 아니한다.
③ 특수관계인과의 거래라 해도 그 법인의 소득에 대한 조세부담이 부당히 감소하지 않은 경우 부당행위계산부인 규정이 적용되지 않는다.
④ 비출자임원, 사용인 등에게 사택을 제공하는 경우에는 부당행위계산부인 규정을 적용하지 아니한다.

내비게이션

• 특수관계인에게 자산을 무상으로 임대시에는 부당행위계산부인의 대상이 된다.

4. ㈜A의 다음 거래 중 법인세법상 부당행위계산부인 규정의 적용대상이 아닌 것은?

① 소액주주인 임원 강남길에게 사택을 무료로 제공하였다.
② 임원 장나래에게 시가 8억원의 기계장치를 7억원에 양도하였다.
③ 대표이사 허덜수에게 업무와 관련없이 1억원을 무이자 조건으로 대여하였다.
④ 대주주인 김남주에게 토지를 1년간 무상으로 임대하였다.

내비게이션

• ① 비출자임원, 소액주주임원, 사용인에 대한 사택제공은 부당행위계산 부인 대상이 아니다.
② 부당행위계산부인 대상 저가양도에 해당한다.
③ 부당행위계산부인 대상 인정이자 익금산입에 해당한다.
④ 특수관계인에 대한 무상임대이므로 부당행위계산부인 대상에 해당한다.

5. 법인세법상의 부당행위계산 부인에 관한 설명이다. 옳지 않은 것은?

① 비출자임원에게 사택을 무상으로 제공하는 경우에는 부당행위계산의 부인규정을 적용하지 아니한다.
② 소액주주(1%미만)는 특수관계인에서 제외하나, 소액주주라 하더라도 지배주주와 특수관계에 있으면 특수관계인에 해당한다.
③ 시가가 불분명한 경우 주식의 시가는 상속세및증여세법상의 평가금액으로 한다.
④ 특수관계인이 아닌 제3자와의 거래에도 요건만 충족한다면 부당행위계산부인규정이 적용될 수 있다.

내비게이션

• 특수관계인과의 거래에 한하여 적용한다.

6. 다음 중 법인세법상 부당행위계산부인 대상이 아닌 것을 고르시오.

ㄱ. 자산을 시가보다 낮은 가격(시가와 5% 이상 차이남)으로 매입한 때
ㄴ. 무수익자산을 매입 또는 현물출자 받았거나 그 자산에 대한 비용을 부담한 때
ㄷ. 자산을 무상 또는 시가보다 낮게 양도 또는 현물출자 한 때
ㄹ. 불량자산을 차환하거나 불량채권을 양도한 때

① ㄱ, ㄹ
② ㄱ, ㄴ
③ ㄷ, ㄹ
④ ㄴ, ㄷ

내비게이션

• ㄱ : 시가보다 낮은 가격으로 매입한 때(X)
→ 시가보다 높은 가격으로 매입한 때(O)
• ㄹ : 불량채권을 양도한 때(X)
→ 불량채권을 양수한 때(O)

ANSWER 1. ③ 2. ④ 3. ② 4. ① 5. ④ 6. ①

단기속성특강 제130강   부당행위계산부인 고가매입과 저가양도

❖특수관계있는 자로부터 자산을 시가보다 높은 가액으로 매입한 경우 매입가액과 시가의 차액은 부당행위계산부인 규정을 적용하여 익금산입하고 귀속자에 소득처분함.

 사례 ■ **부당행위계산부인 고가매입 세무조정**

❂ (주)A는 대표이사로부터 20x1년 초 시가 5억원 기계를 10억에 매입하고 감가상각비로 1억을 계상함. 내용연수 20년, 정액법을 적용한다고 가정함.

풀이

고가매입

1. 취득시

취득시	〈회사〉	(차) 기 계	10억	(대) 현 금	10억
	〈세법〉	(차) 기 계	5억	(대) 현 금	10억
				부당행위계산부인	5억

∴손금산입 5억(△유보) → 자산감액 세무조정
　익금산입 부당행위계산부인 5억(상여) →∵위를 상쇄시키는 세무조정
　🔎주의 ∴저가양도와는 달리 고가매입시는 소득금액에 영향이 없음.

2. 감가상각시

감가상각시	〈회사〉	(차) 기 계	1억	(대) 감가상각누계액	1억

→회사의 감가상각비 1억 중 50%(=$\frac{5억}{10억}$)는 세법상 인정되는 감가상각비 자체가 아님.

∴손금불산입 1억×50%=0.5억(유보)

3. 감가상각시부인

- 회사감가상각비 : 1억-0.5억=0.5억
- 상각범위액 　 : 5억÷20년=0.25억

∴손금불산입 0.25억(유보)

❖특수관계있는 자로부터 자산을 시가보다 낮은 가액으로 양도한 경우 시가와 양도가액의 차액은 부당행위계산부인 규정을 적용하여 익금산입하고 귀속자에 소득처분함.

 사례 ■ **부당행위계산부인 저가양도 세무조정**

❂ 대표이사에게 장부가 ₩180,000인 유가증권을 처분하여 처분이익 ₩20,000을 계상함. 동 유가증권의 시가는 ₩300,000이다.

풀이

저가양도

• 〈회사〉	(차) 현 금	200,000	(대) 유가증권	180,000
			유가증권처분이익	20,000
• 〈세법〉	(차) 현 금	200,000	(대) 유가증권	180,000
	부당행위계산부인	100,000	유가증권처분이익	120,000

∴익금산입 100,000(상여)

제1편
[단기속성특강] 재무회계

제2편
[단기속성특강] 세무회계

제3편
[단기속성특강] 원가관리회계

합본부록1
신유형기출문제

합본부록2
10개년/기출오답노트

FINAL 객관식뽀개기

기출&적중문제

1. ㈜A는 20x1년 1월 1일에 회사의 대표이사로부터 시가 5억원인 토지를 10억원에 매입하며 다음과 같이 회계처리 하였다.

| (차변) 토지 | 10억원 | (대변) 현금 | 10억원 |

상기 토지 매입과 관련하여 20x1년에 필요한 세무조정으로 가장 옳은 것은(단, 증여세는 고려하지 않는다)?

① (손금산입) 토지 3억원(△유보)
　(손금불산입) 고가매입액 3억원(상여)
② (손금산입) 토지 3억원(△유보)
　(손금불산입) 고가매입액 5억원(상여)
③ (손금산입) 토지 5억원(△유보)
　(손금불산입) 고가매입액 5억원(상여)
④ (손금불산입) 고가매입액 5억원(상여)

📍 내비게이션

• 부당행위계산부인 고가매입에 대한 세무조정을 묻는 문제이다.

		회사		
(차) 토지	10억원	(대) 현금	10억원
		세법		
(차) 토지	5억원	(대) 현금	10억원
부당행위	5억원		

→손금산입 5억(△유보) : 자산감액 세무조정
익금산입 5억(상여) : 상쇄세무조정
*귀속이 대표이사이므로 상여로 소득처분한다.

2. (주)A는 대주주인 홍길동씨로부터 시가 18억원인 토지를 20억원에 매입하고 20억원을 토지로 계상하였다. 이 거래와 관련하여 가장 타당한 것은?

① 부당행위계산부인의 경우 자산의 저가양도행위에 대해서만 규제하므로 회사의 고가매입은 어떠한 세무조정도 필요없다.
② 의제기부금규정을 적용하기 위하여 대상 여부를 판단한 결과 시가와의 차액이 30% 미만이므로 어떠한 세무조정도 필요 없다.
③ 회사는 대주주에 대하여 인정상여의 소득처분을 실시하고, 그에 따른 적절한 원천징수를 실시해야 한다.
④ 위 거래로 인한 회사의 20x3년 각사업연도소득금액의 증가액은 영(0)이다.

📍 내비게이션

• 고가매입도 세무조정의 대상이며, 특수관계인이므로 의제기부금과는 무관하고, 주주이므로 배당으로 소득처분된다.

3. ㈜A는 20x1년 1월 1일에 회사의 대표이사로부터 시가 2억원인 토지를 장부가인 1억원에 매도하고 다음과 같이 회계처리 하였다.

| (차변) 현금 | 1억원 | (대변) 토지 | 1억원 |

상기 토지 매도와 관련하여 20x1년에 필요한 세무조정으로 가장 옳은 것은(단, 증여세는 고려하지 않는다)?

① (손금산입) 토지 1억원(△유보)
② (손금불산입) 저가양도 1억원(상여)
③ (손금불산입) 저가양도 2억원(상여)
④ 세무조정 없음

📍 내비게이션

• 부당행위계산부인 저가양도에 대한 세무조정을 묻는 문제이다.

		회사			
(차) 현금	1억원	(대) 토지		1억원
		세법			
(차) 현금	1억원	(대) 토지		1억원
부당행위	1억원		처분이익	1억원

→익금산입 부당행위계산부인 1억원(상여)
*귀속이 대표이사이므로 상여로 소득처분한다.

4. 다음은 (주)A가 대주주인 홍길동씨에게 양도한 건물에 관한 자료이다. 세무조정으로 옳은 것은?

(1) 건물의 시가	:	150,000,000원
(2) 건물의 장부금액	:	75,000,000원
(3) 회사의 처분이익 인식액	:	45,000,000원

① 〈익금산입〉 30,000,000(상여)
② 〈익금산입〉 30,000,000(배당)
③ 〈익금산입〉 75,000,000(상여)
④ 〈익금산입〉 75,000,000(배당)

📍 내비게이션

• 회사의 회계처리 추정과 세무조정

		회사			
(차) 현금	120,000,000	(대) 건물		75,000,000
			처분이익	45,000,000
		세법			
(차) 현금	120,000,000	(대) 건물		75,000,000
부당행위	30,000,000		처분이익	75,000,000

→익금산입 부당행위계산부인 30,000,000(배당)
*귀속이 주주이므로 배당으로 소득처분한다.

단기속성특강 제131강 　부당행위계산부인 가지급금인정이자

의의	•특수관계인에게 업무무관가지급금을 무상·저리대여시, 법인세법상 인정이자와 회사이자계상액과의 차액을 익금산 입하고 귀속자에 따라 상여 등으로 처분함.

<table>
<tr><td rowspan="4">의의</td><td colspan="3">① '회사계상액(실제수입이자) > 인정이자'인 경우는 세무조정 없음.
② 동일인에 대한 가지급금과 가수금은 상계함. → 단, 상환기간등 약정이 있는 경우 : 상계 ×</td></tr>
<tr><td>구분</td><td>사전약정 ○</td><td>사전약정 ×</td></tr>
<tr><td>이자</td><td>익금인정, 회사계상액으로 인정 ○</td><td>익금불산입, 회사계상액으로 인정 ×</td></tr>
<tr><td>미수이자</td><td>익금불산입, **회사계상액으로 인정** ○</td><td>익금불산입, 회사계상액으로 인정 ×</td></tr>
</table>

제외대상 가지급금	•미지급소득 소득세를 법인이 대납한 금액 •귀속불분명 대표자상여처분 금액에 대한 소득세를 법인이 대납한 금액 •우리사주조합 또는 조합원에게 당해 법인 주식취득자금 대여 •국민연금법에 의해 근로자가 지급받는 것으로 보는 퇴직금전환금 •국외투자법인 종사자에 대한 여비·급료·기타비용을 대신하여 부담한 금액 •사용인에 대한 월정액급여 범위 내 일시적가불금 　**비교** 임원 및 사용인(중소기업 근로자 제외)에 대한 주택자금대여액 → 특수관계인 업무무관가지급금에 포함. •사용인 및 그 자녀에 대한 학자금대여액 　**비교** 임원 및 그 자녀에 대한 학자금대여액 → 특수관계인 업무무관가지급금에 포함. •사용인에 대한 경조사비의 대여액

<table>
<tr><td rowspan="7">인정이자
계산</td><td colspan="2">가지급금
인정이자</td><td>가지급금적수(지급일포함, 회수일 제외) × 이자율 × $\dfrac{1}{365(366)}$</td></tr>
<tr><td rowspan="2">이자율</td><td>원칙</td><td>•**가중평균차입이자율**
▶ 특수관계인 차입금은 제외</td></tr>
<tr><td>예외</td><td>•**당좌대출이자율**
① 가중평균차입이자율 적용이 불가능한 사유(例 차입금 전액이 특수관계인 차입금)가 있는 경우 당좌대출이자율을 적용함.
② 법인세신고와 함께 당좌대출이자율을 선택하는 경우 선택한 사업연도와 이후 2개 사업연도는 당좌대출이자율을 적용함.</td></tr>
<tr><td rowspan="4">세무조정</td><td colspan="2">🔍 **사례** ▪ **가지급금 인정이자 계산**</td></tr>
<tr><td colspan="2">❂ 차입금 구성내역 : 10,950,000(20%), 36,500,000(15%), 22,350,000(30% : 특수관계인분)
❂ 대표이사 가지급금적수 : 14,000,000, 수입이자계상액 : 2,630(사전약정있음)
❂ 가중평균차입이자율 적용함.</td></tr>
<tr><td colspan="2">✏️ **풀이**</td></tr>
<tr><td colspan="2">•인정이자 = $14,000,000 \times 16.2\%^* \times \dfrac{1}{365} = 6,214$

* 가중평균차입이자율 = $\dfrac{10,950,000 \times 20\% + 36,500,000 \times 15\%}{10,950,000 + 36,500,000} = 16.2\%$
•인정이자 익금산입액 = 6,214 - 2,630(회사계상액) = 3,584
∴익금산입 인정이자 3,584(상여)</td></tr>
</table>

FINAL 객관식뽀개기

기출 & 적중문제

1. 법인세법에서는 특수관계인에게 법인의 업무와 직접적인 관련이 없이 지급한 금액을 업무무관가지급금으로 보아 세법상 불이익을 주고 있다. 업무무관 가지급급에 대한 법인세법상 처리내용 중 옳은 것을 모두 고르면?

> ㄱ. 사업연도 동안 발생한 이자비용 중 업무무관가지급금에 상당하는 금액은 손금불산입한다.
> ㄴ. 업무무관가지급금에 대하여 이자를 받지 않거나 또는 법인세법상 적정이자율보다 낮은 이자율로 대여한 경우 적정이자율로 계산한 이자상당액 또는 이자상당액과의 차액을 익금산입한다.
> ㄷ. 업무무관가지급금에 대하여 대손충당금을 설정할 수 없다.

① ㄱ   ② ㄱ, ㄷ
③ ㄴ, ㄷ   ④ ㄱ, ㄴ, ㄷ

◉ 내비게이션

• ㄱ, ㄴ, ㄷ 모두 세법상의 불이익 규정에 해당한다.

2. ㈜A는 대표이사인 홍길동씨에게 업무와 관련없이 자금을 대여하고 있으며 동 대여금의 20x2년 적수는 1,000,000,000원이다. 20x2년 중 대표이사로부터 수령한 이자가 없으며 ㈜A의 가중평균차입이자율이 7%인 경우 필요한 세무조정으로 옳은 것은(단, 회사는 인정이자 계산시 적용할 이자율로 가중평균차입이자율을 선택하였으며 1년은 365일로 하며 소수점 첫째 자리에서 반올림함)?

① (익금산입) 가지급금인정이자 159,817원(상여)
② (익금산입) 가지급금인정이자 191,781원(상여)
③ (익금산입) 가지급금인정이자 230,137원(상여)
④ (익금산입) 가지급금인정이자 276,164원(상여)

◉ 내비게이션

• $1,000,000,000 \times 7\% \times \dfrac{1}{365} = 191,781$

3. 다음 중 법인세법상 가지급금에 대한 인정이자의 계산대상에 해당하는 것은?

① 우리사주조합원에게 주식취득자금을 대여한 경우
② 국외투자법인 종사자의 여비·급료·기타 비용을 법인이 대신 부담하고 가지급금으로 계상한 경우
③ 임원(자녀 포함)에 대한 학자금 대여액
④ 국민연금법에 의하여 근로자가 지급받은 것으로 보는 퇴직금전환금

◉ 내비게이션

• 사용인 및 그 자녀에 대한 학자금 대여액만 제외대상 가지급금에 해당한다.

4. 다음 내용과 관련된 법인세법상 설명으로 가장 틀린 것은?

> (1) 홍길동씨는 (주)A의 최대주주이며 대표이사이다.
> (2) (주)A는 은행에서 신용대출을 50,000,000원 받았으며(금리 : 연 10%) 다른 차입금은 없다.
> (3) 홍길동씨는 개인적인 자금이 필요하여 (주)A와 금전소비대차계약을 체결하여 무이자로 30,000,000원을 차입하였다.

① (주)A의 이자비용 중 일부는 손금불산입된다.
② 인정이자계산시 적용될 인정이자율은 10%와 당좌대출이자율 중 선택하여 적용할 수 있다.
③ 인정이자상당액에 대한 소득처분은 배당이다.
④ (주)A와 홍길동씨간의 금전소비대차계약은 법인세법상 부당행위계산의 부인규정의 한 유형이다.

◉ 내비게이션

• 출자임원에 귀속되는 소득은 배당이 아니라 상여로 처분된다.

5. 다음 중 법인세법상 부당행위계산부인 규정에 관한 설명으로 가장 올바르지 않은 것은?

① 부당행위계산부인의 규정이 적용되기 위해서는 특수관계인 사이에서 이루어진 거래이어야 한다.
② 특수관계인과의 거래이지만 그 법인의 소득에 대한 조세부담이 부당히 감소하지 않은 경우 부당행위계산부인 규정이 적용되지 않는다.
③ 사용인에 대한 경조사비 대여액은 부당행위계산부인 규정에 의해 인정이자 계산대상 가지급금에 해당한다.
④ 비출자 또는 소액주주인 임원에게 사택을 제공하는 경우에는 부당행위계산부인 규정을 적용하지 아니한다.

◉ 내비게이션

• 사용인에 대한 경조사비 대여액은 법인세법상 가지급금 제외대상으로 규정되어 있다.

단기속성특강 제132강 | **법인세납부세액 계산구조**

결산서상당기순이익

(+) 익금산입

(−) 손금산입

차가감소득금액

(+) 기부금한도초과액
(−) 전기기부금손금산입

➡ • 다른 세무조정사항처럼 '소득금액조정합계표'에 나타내는 것이 아니라 별도로 계산하여 '법인세과세표준 및 세액조정계산서'(별지제2호서식)에 직접 표시한다.

각사업연도소득금액

* 이하 차감순서에 주의

(−) 세무상 이월결손금

➡ • 이월결손금 이월공제기한
① 2020년 이후 발생분 : 15년 ② 2019년 이전 발생분 : 10년
참고 일반기업의 이월결손금공제한도 : 각 사업연도소득×80%
　　(중소기업과 회생계획을 이행 중인 기업 등은 100%)
• 과거에 이미공제분과 자산수증이익·채무면제이익으로 상계된 것은 공제불가
• 먼저 발생분부터 순차공제하며 임의로 선택하여 공제불가
참고 공제배제 : 과세표준 추계결정·경정시에는 공제하지 않음.
　　▶단, 불가항력에 의한 장부멸실로 추계결정시는 공제

(−) 비과세소득

➡ • 비과세소득 : 법인세법상 공익신탁의 신탁재산소득, 조특법상 비과세소득
• 익금에 포함하여 각사업연도소득금액 계산후 과세표준 계산시 공제
• 비과세소득 > (각사업연도소득금액 − 이월결손금)이면 '0'으로 봄.

(−) 소득공제

➡ **법인세** | **참고** 유동화전문회사, 투자회사(Mutual Fund), 기업구조조정투자회사, 선박투자회사 등이 배당가능이익의 90% 이상 배당시 그 금액을 당해사업연도 소득공제로 처리

🔎**주의** 비과세와 원칙적으로 소득공제는 이월공제가 없음.

과세표준

(×) 세율

➡
사업연도가 1년인 경우	일반법인	과세표준 2억 이하	: 9%
		과세표준 2억 초과 200억 이하	: 19%
		과세표준 200억 초과 3,000억 이하	: 21%
		과세표준 3,000억 초과	: 24%

| 사업연도가 1년 미만인 경우 | • 1년 기준으로 과세표준을 환산한 후 세액을 원래대로 안분 $\left\{ 과세표준 \times \dfrac{12}{사업연도월수} \right\} \times 세율 \times \dfrac{사업연도월수}{12}$ |
| | **참고** 사업연도월수 : 1개월 미만은 1개월로 함. |

산출세액

🔎**주의** 중소기업도 차등없이 동일한 법인세율이 적용됨.

(−) 세액감면·세액공제

예시 사업연도가 1.1~6.30인 경우 / 과세표준 2억원 가정
⇨ (2억×12/6)×세율 ⇒ 2억×9%+2억×19%=56,000,000
⇨ 세액=56,000,000×6/12=28,000,000

(+) 가산세

총부담세액

(−) 기납부세액
(+) 토지등양도소득에대한법인세

차감납부할세액

FINAL 객관식뽀개기　　　　기출 & 적중문제

1. 다음 중 법인세법상 과세표준에 대한 설명으로 옳지 않은 것은?

① 과세표준은 각사업연도소득에서 이월결손금, 비과세소득, 소득공제를 순서대로 공제하여 계산한다.

② 비과세소득과 소득공제는 이월공제가 가능하다.

③ 비과세소득은 국가가 과세권을 포기한 소득으로서 공익신탁재산에서 생기는 소득 등이 있다.

④ 자산수증이익이나 채무면제이익에 의해 충당된 이월결손금은 과세표준계산시 공제하지 않는다.

📍 **내비게이션**

•비과세소득과 원칙적으로 소득공제는 이월공제가 없다.

2. 이월결손금에 대한 설명이다. 옳지 않은 것은?

① 익금총액보다 손금총액이 큰 경우 동 차액을 결손금이라 하며, 동 결손금이 다음 사업연도로 이월되는 경우 이를 법인세법상 이월결손금이라 한다.

② 손익계산서상 당기순손실과 법인세법상 결손금이 항상 일치하는 것은 아니다.

③ 이월결손금을 공제한 소득금액을 초과하는 비과세 소득은 다음 사업연도로 이월되지 않고 소멸한다.

④ 과세표준 계산시 이월결손금은 발생연도와 상관없이 미공제된 것은 모두 공제 가능하다.

📍 **내비게이션**

•이월결손금은 공제시한이 있다.

3. 다음 자료에 의하여 중소기업을 영위하는 (주)A의 법인세 산출세액을 계산하면 얼마인가?(사업연도 : 1.1 ~ 12.31)

(1) 각사업연도 소득금액	220,000,000원
(2) 일반기부금한도초과액	5,000,000원
(3) 공익신탁재산에서 발생한 소득	4,000,000원
(4) 소득공제액	6,000,000원
(5) 원천징수세액	3,000,000원

① 16,750,000원　　② 15,500,000원
③ 19,900,000원　　④ 40,500,000원

📍 **내비게이션**

•과세표준 : 220,000,000 - 4,000,000 - 6,000,000 = 210,000,000

•산출세액 : 200,000,000 × 9% + 10,000,000 × 19% = 19,900,000

　*일반기부금한도초과액은 각사업연도소득금액에 이미 포함되어 있다.

4. 다음 자료를 기초로 ㈜A의 제3기(20x1.1.1 ~ 12.31) 법인세 산출세액을 계산하면 얼마인가?

〈 자료 1 〉

－ 손익계산서상의 법인세비용차감전순이익은 190,000,000원이다.

〈 자료 2 〉

－ 손익계산서의 수익과 비용은 다음 사항을 제외하고는 모두 세법상 적정하게 계상되어 있다.

ㄱ. 급여 중 대표이사에 대한 상여금 한도초과액 8,000,000원이 포함되어 있다.

ㄴ. 감가상각비 21,000,000원에 대한 세법상 감가상각범위액은 11,000,000원이다.

ㄷ. 세금과공과 7,000,000원에는 신호위반으로 인한 과태료 2,000,000원이 포함되어 있다.

ㄹ. 매출원가에는 세법에서 인정하지 않는 재고자산평가손실 12,000,000원이 포함되어 있다.

ㅁ. 세무상 공제가능한 이월결손금은 12,000,000원이다.

① 19,900,000원　　② 22,000,000원
③ 24,000,000원　　④ 26,000,000원

📍 **내비게이션**

•각사업연도소득금액 :
190,000,000+8,000,000+(21,000,000-11,000,000)+2,000,000+12,000,000=222,000,000

•과세표준 : 222,000,000-12,000,000=210,000,000

•산출세액 : 200,000,000×9%+10,000,000×19%=19,900,000

5. 다음 자료에 의하여 제5기 사업연도(20x1.7.1 ~ 12.31) 법인세 산출세액을 계산하면?

(1) 각 사업연도 소득금액	220,000,000원
(2) 공익신탁재산에서 발생한 소득	5,000,000원
(3) 제3기 발생 이월결손금	15,000,000원
(4) 외국납부세액공제	12,000,000원

① 1,000,000원　　② 7,000,000원
③ 20,000,000원　　④ 28,000,000원

📍 **내비게이션**

•과세표준 : 220,000,000-15,000,000-5,000,000=200,000,000

•과세표준의 환산 : $200,000,000 × \frac{12}{6} = 400,000,000$

•세율적용 : 200,000,000×9%+200,000,000×19%=56,000,000

•산출세액 : $56,000,000 × \frac{6}{12} = 28,000,000$

📖 **ANSWER** 1. ②　2. ④　3. ③　4. ①　5. ④

단기속성특강 제133강 세액공제와 최저한세

	근거법	종 류	이월공제여부	최저한세
세액공제 개괄	법인세법	① 외국납부세액공제 ② 재해손실세액공제	10년간 이월공제 -	적용대상 X
	조세특례제한법	① 연구·인력개발비 세액공제 ② 각종 투자세액공제	10년간 이월공제	적용대상 O

외국납부 세액공제	취지	•국외소득이 있는 경우 원천지국의 법인세와 우리나라의 법인세를 동시에 부담하게 되므로 이러한 국제적 이중과세를 조정하기 위한 제도로 직접외국납부세액을 세액공제 또는 손금산입방법 중 선택 적용 **참고** 세액공제 선택이 세부담최소화 방법임.
	세액공제	**한도** $\quad$ 한도 $\quad$ 법인세산출세액 $\times \dfrac{\text{과세표준에 산입된 금액}}{\text{과세표준}}$ **이월공제 참고사항** •한도초과금액은 10년간 이월공제가능 ▶ 이월공제기간내 미공제액은 손금산입

재해손실 세액공제	개요	•사업용자산가액의 20% 이상 상실시 상실자산가를 한도로 적용
	공제액	•미납·납부해야 할 법인세 × 재해상실비율

최저한세	의의	•과다 조세감면을 배제함으로써 최소한 일정수준(='최저한세') 이상의 조세를 부담시키기 위한 제도
	적용대상	A · 조특법상 익금불산입 · 조특법상 손금산입 · 조특법상 비과세 · 조특법상 소득공제 $\quad$ B · 조특법상 세액공제 · 조특법상 세액감면
	최저한세	Max ① A고려산출세액 − B ② A무고려 과세표준 × [과표 100억 이하분 : 10% / 과표 100억 초과 1,000억 이하분 : 12% / 과표 1,000억 초과분 : 17%] $\quad$ 중소기업 : 7% ▶ ① (감면후세액) > ② (최저한세)인 경우 : ①이 최저한세 ▶ ① < ②인 경우 : ②가 최저한세로 ① 계산시 차감분을 가산해주는 배제절차 있음.

FINAL 객관식뽀개기

기출 & 적중문제

1. 다음의 자료를 이용하여 ㈜상일의 외국납부세액공제액을 구하면 얼마인가?

ㄱ. 각사업연도 소득금액	250,000,000원
ㄴ. 법인세 과세표준	200,000,000원
ㄷ. 산출세액	20,000,000원
ㄹ. 국외원천소득자료	
과세표준에 산입된 국외원천소득	60,000,000원
국외원천소득에 대한 외국납부세액	5,000,000원

① 1,500,000원 　　　　② 4,800,000원
③ 5,000,000원 　　　　④ 6,000,000원

📍 **내비게이션**

•외국납부세액공제액 : 5,000,000

[한도] $20,000,000 \times \dfrac{60,000,000}{200,000,000} = 6,000,000$

∴5,000,000

2. 다음 중 법인세법에 대한 설명으로 가장 올바르지 않은 것은?

① 업무무관자산에 대한 수선비·관리비·재산세 등은 손금으로 인정되지 않는다.
② 기부금을 금전 외의 자산으로 제공하는 경우 기부금의 종류에 따라 평가가 달라질 수 있다.
③ 사업연도 중 재해로 인하여 사업용 자산가액의 30% 이상을 상실하여 납세하기가 곤란하다고 인정되는 경우 그 상실된 자산의 가액을 한도로 재해손실세액공제를 받을 수 있다.
④ 약정에 의해 거래처에 대한 매출채권을 포기한 금액도 세법상 기업업무추진비에 포함된다.

📍 **내비게이션**

•30%(X) → 20%(O)

3. 다음 중 중소기업에 대한 조세지원 규정이 없는 것은?

① 기업업무추진비한도액 계산
② 부도발생일로부터 6월 이상 경과한 외상매출금의 대손금 손금산입
③ 외국납부세액공제의 이월공제기간
④ 법인세의 분납기간

📍 **내비게이션**

•① 기업업무추진비한도액 계산시 기초금액 증액
　② 중소기업 외상매출금에 대해 대손금 손금산입
　④ 분납기한 연장(2월)

4. 다음 중 법인세법상 외국납부세액공제에 대한 설명으로 틀린 것은?

① 외국납부세액공제는 동일한 소득에 대한 국제적인 이중과세를 조정하기 위한 제도이다.
② 공제한도를 초과하는 외국납부세액공제액은 다음 사업연도부터 3년 이내에 종료하는 각 사업연도에 이월하여 공제받을 수 있다.
③ 외국납부세액은 국외원천소득에 대한 법인세 산출세액을 한도로 하여 산출세액에서 공제한다.
④ 외국에서 납부한 법인세액은 산출세액에서 공제받는 대신에 손금에 산입하는 것도 가능하다.

📍 **내비게이션**

•3년(×) → 10년(O)

5. (주)상일의 다음 자료에 의할 때 외국납부세액공제액을 구하면 얼마인가?

(1) 각사업연도 소득금액	375,000,000원
(2) 법인세 과세표준	200,000,000원
(3) 산출세액	20,000,000원
(4) 국외원천소득자료	
－ 과세표준에 산입된 국외원천소득	40,000,000원
－ 국외원천소득에 대한 외국납부세액	5,000,000원

① 2,500,000원 　　　　② 4,000,000원
③ 5,000,000원 　　　　④ 7,000,000원

📍 **내비게이션**

•외국납부세액공제액 : 5,000,000

[한도] $20,000,000 \times \dfrac{40,000,000}{200,000,000} = 4,000,000$

∴4,000,000

보론	적격증명서류수취불성실가산세
적용사유	•법인이 사업과 관련하여 일정한 법인 또는 개인사업자로부터 재화 등을 공급받고 적격증명서류(신용카드매출전표·현금영수증·세금계산서 또는 계산서)를 받지 않고 영수증 등을 수취한 경우
가산세액	•미수취금액 × 2%
적용제외	•기업업무추진비 : 신용카드등 미사용액 손금불산입액 •기타지출 : 건당 3만원 이하 영수증 수취분 •농·어민으로부터 재화 등을 직접 공급받은 경우 등

📖 **ANSWER** 1. ③　2. ③　3. ③　4. ②　5. ②

| 단기속성특강 제134강 | 법인세 신고와 납부 |

기납부세액	중간예납세액	적용	• 중간예납한 경우 1년분 세액을 계산 후 중간예납액을 기납부세액으로 차감 • 사업연도가 6월을 초과하는 법인이 대상 ▶ 사업연도 변경과 무관하게 사업연도개시일부터 6월간을 중간예납기간으로 함.	

중간예납세액 - 세액계산

❖ 전기실적기준과 중간예납기간의 실적에 의한 가결산기준 중 선택

전기실적기준	• 중간예납세액 = 직전사업연도 부담세액×50%
가결산기준	• 중간예납세액 = 중간예납기간을 실제 결산한 세액

중간예납세액 - 신고납부
• 중간예납기간 경과 후 2월 이내에 신고·납부

원천징수세액 - 대상과 세율

❖ 지급받는 자가 법인이며 국내에서 지급하는 소득에 한하여 적용

이자소득	• 일반적 이자소득 : 14% • 비영업대금이익 : 25%
투자신탁이익	• 14% 𝒫주의 일반적배당소득은 원천징수대상이 아님!

원천징수세액 - 납부
• 징수일 다음달 10일까지 납부

수시부과세액
• 신고하지 않고 본점 등을 이전하거나 사업부진 등으로 휴업·폐업상태에 있는 경우 또는 기타 조세포탈 우려가 있다고 인정되는 경우에 조세채권을 조기에 확보하기 위해 수시부과함.

신고납부 - 신고납부기한
• 각사업연도종료일이 속하는 달의 말일부터 3월(성실신고확인서 제출시는 4개월) 이내
  𝒫주의 각사업연도소득금액이 없거나 결손법인도 신고해야 함.
• 외부감사대상 법인이 감사 미종결에 의한 결산 미확정을 사유로 법인세 신고기한 연장을 신청시 1개월까지 연장을 허용함.
  ▶ 단, 이자를 부과함.

신고납부 - 제출서류

구 분	종 류	비 고
필수적 첨부서류	① 재무상태표 ② 포괄손익계산서 ③ 이익잉여금처분계산서 (결손금처리계산서) ④ 세무조정계산서	• 필수적 첨부서류 미첨부의 경우 ▶ 무신고로 봄.
기타서류	⑤ 세무조정계산서 부속서류 ⑥ 현금흐름표[*]	[*] 외감법상 작성이 의무화 되어 있는 자산 100억 이상 주식회사에 한함.

[참고] 외부감사대상법인이 전자신고시는 법인세과세표준및세액신고서에 대표자가 서명날인하여 5년간 보관해야함.

분납

❖ 납부할 세액이 1천만원을 초과하는 경우에는 다음의 세액을 납부기한이 경과한 날로부터 1월(중소기업은 2월) 이내에 분납가능

구분	분납가능금액
① 납부할 세액이 2천만원 이하인 경우	1천만원을 초과하는 금액
② 납부할 세액이 2천만원을 초과하는 경우	그 세액의 50% 이하의 금액

FINAL 객관식뽀개기

기출&적중문제

1. 법인세법상 기납부세액과 관련된 다음 설명 중 가장 옳지 않은 것은?

① 기납부세액은 중간예납, 원천징수 및 수시부과세액을 의미하며 이는 사업연도 중에 납부한 세액이므로 회사가 총부담할 세액에서 이를 차감하여 납부세액을 구한다.

② 원천징수한 세액은 징수일이 속하는 달의 다음달 10일까지 납세지 관할세무서장에게 납부하여야 한다.

③ 직전사업연도 실적기준으로 중간예납하는 경우 중간예납기간을 1사업연도로 보아 가결산을 하고 과세표준과 산출세액을 구한다.

④ 법인세법에서는 법인세포탈의 우려가 있어 조세채권을 조기에 확보하여야 될 것으로 인정되는 경우 수시로 법인세를 부과할 수 있다.

📍 내비게이션

- 직전사업연도 실적기준으로 중간예납시는 직전 사업연도 부담세액의 50%를 납부한다.

2. 법인세 기납부세액에 대한 설명 중 잘못된 것은?

① 중간예납, 원천징수 및 수시부과세액을 말하며 이는 사업연도 중에 납부한 세액이므로 회사가 총부담할 세액에서 차감하여 납부세액을 구해야 한다.

② 내국법인에게 이자소득, 투자신탁이익, 기타소득을 지급하는 자는 해당 원천징수세율을 적용하여 계산한 금액에 상당하는 법인세를 징수하여 그 징수일이 속하는 달의 다음달 10일까지 납세지 관할세무서장에게 납부하여야 한다.

③ 중간예납세액의 계산방법에는 직전사업연도 실적을 기준으로 하는 방법과 가결산방법이 있다.

④ 수시부과사유로는 법인세포탈의 우려가 있는 경우 등을 들 수 있다.

📍 내비게이션

- 기타소득은 원천징수대상이 아니다.

3. 현행 세법상 중소기업에 대한 조세지원 내용이 아닌 것은?

① 법인세율 인하
② 낮은 최저한세율의 적용
③ 기업업무추진비 한도액의 증액
④ 법인세 분납기한 연장

📍 내비게이션

- 법인세율은 중소기업에 차등이 없다.

4. 법인세의 신고·납부와 관련된 다음 설명 중 가장 옳지 않은 것은?

① 내국법인은 법인설립신고 또는 사업자등록시 사업연도를 신고하여야 하며, 신고하지 않은 경우에는 매년 1월 1일부터 12월 31일까지를 그 법인의 사업연도로 한다.

② 중간예납세액의 계산방법에는 직전사업연도 부담세액의 50%로 세액을 계산하는 방법과 중간예납기간을 1 사업연도로 보아 세액을 계산하는 방법이 있으며, 이 중 한 방법을 선택할 수 있다.

③ 각사업연도소득이 없거나 결손금이 있는 경우에는 법인세 신고를 할 의무가 없다.

④ 납부할 세액이 1천만원을 초과하는 때에는 일정금액을 분납할 수 있다.

📍 내비게이션

- 각사업연도소득이 없거나 결손금이 있는 경우에도 신고하여야 함.

5. 법인세법의 신고와 납부에 대한 다음의 설명 중 틀린 것은?

① 법인세 납세의무가 있는 내국법인은 각 사업연도 종료일이 속하는 달의 말일부터 3개월 이내에 법인세 과세표준과 세액을 신고하여야 한다.

② 각 사업연도의 기간이 6개월을 초과하는 법인은 사업연도 개시일부터 6개월간을 중간예납기간으로 하여 중간예납기간이 경과한 날로부터 2개월 이내에 그 기간에 대한 법인세를 신고 납부하여야 한다.

③ 납부할 세액이 1천만원을 초과하는 경우 납부기한이 경과한 날로부터 1개월(중소기업은 3개월)내에 분납할 수 있다.

④ 각사업연도소득금액이 없거나 결손금이 있는 경우에도 법인세 신고를 하여야 한다.

📍 내비게이션

- 중소기업은 3개월(X) → 중소기업은 2개월(O)

6. 법인세 세수의 조기확보 등을 목적으로 사업연도 중에 법인세를 미리 납부·징수하는 기납부세액에 해당하는 것이 아닌 것은?

① 세액공제액
② 수시부과세액
③ 원천징수세액
④ 중간예납세액

단기속성특강 제135강		소득세 특징

소득구분	종합소득	•금융소득 : 이자소득, 배당소득 •사업성 있는 소득 : 사업소득 ▶ 부동산임대소득은 사업소득으로 통합됨. •그 외 종합소득 : 근로소득, 연금소득, 기타소득
	분류과세소득	•퇴직소득 •양도소득
소득세특징	과세범위	•소득원천설을 근간 ▶ 고정자산처분이익 등 일시적·우발적 소득 제외 ▶ 단, 복식부기의무자의 사업용 유형고정자산(부동산제외) 처분이익은 과세 •순자산증가설 일부채택 ▶ 기타소득, 양도소득 등과 같은 일시적·우발적 소득 포함

	과세방식	•열거주의(단, 법소정 업무용승용차 매각차익은 과세)
		 –열거되지 아니한 다음의 소득은 과세치 않음.
		  ① 상장주식양도차익 : 단, 특정상장주식은 양도소득세 과세함.
		  ② 기계장치처분이익 : 사업소득으로 과세치 아니함.
		  ③ 채권양도차익 : 단, 환매조건부채권의 매매차익은 과세함.
		  ④ 손해배상금 : 단, 계약의 위약해약관련 손해배상금은 과세함.
		•유형별포괄주의 일부채택
		  ① 이자소득 : 금전의 사용대가성격이 있는 것도 과세
		  ② 배당소득 : 수익분배성격이 있는 것도 과세

	과세단위	•**원칙** 개인단위과세
		•**예외** 일정요건하의 공동사업합산과세
		  ▶ 거주자 1인과 특수관계인이 공동사업자에 포함되어 있는 경우로서 손익분배비율을 거
		   짓으로 정하는 등의 사유가 있는 경우에는 그 특수관계인의 소득금액은 주된 공동사업
		   자의 소득금액으로 봄.

	과세방법	•**원칙** 종합과세
		•**예외** ① 분리과세('완납적원천징수') : 원천징수로 과세종결
		  ② 분류과세 : 퇴직·양도소득은 종합소득과는 별도로 개별과세함.
		  ③ 비과세 : 과세제외
		  ◯주의 분리과세소득을 제외한 원천징수된 소득은 일단 종합소득에 포함한 후 원천징수세액을 기
		   납부세액으로 공제함.('예납적원천징수')

	기타	•직접세
		 소득세는 납세의무자와 담세자가 일치하는 직접세임.
		•신고납세제도
		 종합·퇴직·양도소득
		 ▶ 과세기간의 다음연도 5.1~5.31까지 과세표준의 확정신고로 납세의무가 확정됨.
		•누진세율
		  ① 종합·퇴직소득 : 초과누진세율
		  ② 양도소득 : 자산종류·보유기간에 따라 누진세율 및 비례세율
		•인적공제제도
		 부양가족수에 따라 조세부담 상이한 인세
		•응능과세
		 세금낼 능력이 있는 사람에게 그 능력만큼 부과
		  참고 응익과세 : 국가에서 이익을 받는 만큼만 세금을 부담

FINAL 객관식뽀개기

기출&적중문제

1. 소득세의 특징과 관련된 다음 설명 중 가장 옳지 않은 것은?

① 소득세의 과세기간은 원칙적으로 1월 1일부터 12월 31일까지이다.

② 원칙적으로 열거된 소득에 대해서 과세하는 열거주의 과세(이자·배당소득은 유형별 포괄주의) 방법을 채택하고 있다.

③ 공평과세를 위해 개인의 인적사항을 고려하지 않는다.

④ 소득세법은 개인별 소득을 기준으로 과세하는 개인단위과세제도를 원칙으로 한다.

⊙ 내비게이션

• 소득세는 인적사항이 고려되는 인세임.

2. 다음 중 소득세법상 원천징수에 대한 설명으로 가장 옳지 않은 것은?

① 원천징수는 소득금액을 지급하는 자에게 부과한 의무이므로 지급받는 자가 개인인지 법인인지 여부는 구분하지 않고 동일하게 적용한다.

② 원천징수의무자는 원칙적으로 원천징수한 세액을 그 징수일이 속하는 말의 다음달 10일까지 납부하여야 한다.

③ 예납적 원천징수의 경우에는 별도의 소득세 확정신고절차가 필요하나, 완납적 원천징수에 해당하면 별도의 확정신고가 불필요하다.

④ 원천징수의무자가 정부를 대신하여 원천징수를 하게 되므로 과세관청 입장에서는 징세비용 절약과 징수사무의 간소화를 기할 수 있다.

⊙ 내비게이션

• 지급받는 자가 법인인 경우에는 법인세법에 의한 원천징수 규정(이자소득과 투자신탁이익)을 적용한다.

3. 다음은 제조업을 영위하는 ㈜A의 경리팀이 행한 20x1년 원천징수와 관련된 주장이다. 세법상 가장 적절하지 않은 주장은?

① 완납적 원천징수의 경우에는 별도의 소득세 확정신고절차가 필요하나, 예납적 원천징수에 해당하면 별도의 확정신고가 불필요하다.

② 강의를 직업으로 하지 않는 이고수씨에게 특강에 대한 외부강사료를 지급할 때 적용한 소득세 원천징수세율은 20%이다.

③ 영업적으로 대금업을 영위하지 않는 이미영씨에게 지급하는 이자에 대하여 적용한 소득세 원천징수세율은 25%이다.

④ 소득세 원천징수 금액을 징수일이 속하는 달의 다음달 10일까지 납부하였다.

⊙ 내비게이션

• 완납적 원천징수의 경우에는 별도의 소득세 확정신고절차가 불필요하나, 예납적 원천징수에 해당하면 별도의 확정신고가 필요함.

4. 다음 중 원천징수에 대한 설명으로 가장 올바르지 않은 것은?

① 원천징수를 하면 납세의무가 종결되므로, 소득자는 어떤 경우에도 확정신고를 할 필요가 없다.

② 법인이 개인에게 소득을 지급하는 경우 소득세법에 따라 원천징수를 한다.

③ 원천징수에 의해서 정부는 조세수입을 조기에 확보할 수 있으며, 탈세를 방지할 수 있는 장점이 있다.

④ 예납적원천징수의 경우에는 별도의 소득세 확정신고절차가 필요하나, 완납적원천징수에 해당하면 별도의 확정신고가 불필요하다.

⊙ 내비게이션

• 완납적원천징수(분리과세)인 경우에만 납세의무가 종결된다.

5. 예납적 원천징수와 완납적 원천징수에 대한 다음 비교 내용 중 가장 옳지 않은 것은?

구분	예납적 원천징수	완납적 원천징수
① 납세의무	원천징수로 납세의무 종결되지 않음	원천징수로 납세의무 종결
② 확정신고	확정신고 의무있음	확정신고 불필요
③ 조세부담	원천징수세액	확정신고시 정산하고 원천징수세액을 기납부세액으로 공제함
④ 대상소득	분리과세 이외의 소득	분리과세 소득

⊙ 내비게이션

• 반대의 설명이다.

단기속성특강 제136강			소득세 납세의무자 등

납세의무자	거주자	정의	•국내에 주소를 두거나 183일 이상 거소를 둔 개인 🔎주의 따라서, 국적과 관계없이 외국인도 거주자가 될 수 있음. [보론] 거소 ■ 주소지 외의 장소 중 상당기간에 걸쳐 거주하는 장소로 주소와 같이 밀접한 일반적 생활관계가 형성되지 않는 장소를 말함. ■ 거소를 둔 기간 : 입국한 날의 다음 날부터 출국한 날
		납세의무	•국내외 모든 원천소득에 대해 납세의무를 짐.(=무제한납세의무)
	비거주자	정의	•거주자가 아닌 개인
		납세의무	•국내원천소득에 대해서만 납세의무를 짐.(=제한납세의무)
		과세방법	종합과세 ① 국내사업장이 있는 경우 그 국내사업장에 귀속되는 소득 ② 부동산소득(양도소득 제외) ▶ 국내사업장 유무 불문 분리과세 •국내사업장이 없는 경우 귀속소득(퇴직·양도소득 제외) [참고] 퇴직·양도소득의 경우 : 거주자와 동일한 방법으로 분류과세함.
	법인 아닌 단체		❖국내에 주사무소(또는 사업의 실질적 관리장소)를 둔 경우에는 거주자로, 그 밖의 경우에는 비거주자로 보아 소득세법을 적용하며 소득세 과세방법은 다음과 같음. 모든 구성원에게 이익을 분배 •구성원별로 소득세 또는 법인세(구성원이 법인인 경우)를 납부할 의무를 짐. 일부구성원에게만 이익을 분배 ① 확인되는 부분 : 구성원별로 납세의무 짐. ② 확인되지 않는 부분 : 1거주자(또는 1비거주자)로 보아 소득세 납세의무 짐. 구성원에게 이익을 무분배 •1거주자(또는 1비거주자)로 보아 소득세 납세의무짐. [참고] 다음 중 어느 하나에 해 당시 모든 구성원에게 이익을 분배하는 경우임. ㉠ 구성원 간 이익의 분배비율이 정하여져 있고 해당 구성원별로 이익의 분배비율이 확인되는 경우 ㉡ 구성원 간 이익의 분배비율이 정하여져 있지 않지만 사실상 구성원별로 이익이 분배되는 것으로 확인되는 경우

과세기간	원칙		•1월 1일부터 12월 31일 ▶ 🔎주의 임의로 과세기간을 정할 수 없음. [비교] 법인세법상 법인은 1년내에서 사업연도를 임의로 선택가능함.
	예외	거주자가 사망한 경우	•1월 1일부터 사망한 날
		출국(국외로 이전)하여 비거주자가 되는 경우	•1월 1일부터 출국한 날
			🔎주의 폐업을 하든 신규사업개시를 하든 위 예외(2가지) 제외하고 1.1~12.31임. ▶ 예 폐업시 : 1.1~폐업한날(×), 신규사업자 : 사업개시일~12.31(×)

납세지	거주자	•주소지 ▶ 주소지가 없는 경우 거소지 🔎주의 개인사업자 ① 원칙 : 주소지(사업장소재지가 아님.) ② 예외 : 사업장소재지로 신청시는 그 사업장소재지로 지정할 수 있음.
	비거주자	•국내사업장소재지 ▶ 국내사업장이 없는 경우에는 국내원천소득이 발생하는 장소 ▶ 국내사업장이 둘 이상 있는 경우에는 주된 국내사업장의 소재지
	변경신고	•거주자·비거주자는 납세지가 변경된 경우 그 변경 후의 납세지 관할세무서장에게 변경된 날로부터 15일 이내에 신고해야 함. ▶ 이 경우 부가가치세법상 사업자등록정정을 한 경우는 변경신고를 한 것으로 봄.

FINAL 객관식뽀개기　　　기출&적중문제

1. 다음 중 법인세와 소득세 과세에 대한 설명으로 가장 옳지 않은 것은?

① 법인세법과 소득세법상 과세기간은 매년 1월 1일부터 12월 31일까지이다.
② 법인세법은 원칙적으로 포괄주의 과세방식을 채택하고 있으나, 소득세법은 열거주의 또는 유형별 포괄주의 과세방식을 채택하고 있다.
③ 소득세법은 소득을 종합소득, 퇴직소득, 양도소득으로 구분하여 과세하고 있다.
④ 법인세법과 소득세법은 신고납세제도를 채택하고 있다.

◉ 내비게이션
•법인세법상 과세기간(사업연도)은 1년을 초과하지 않는 범위내에서 임의기간을 선택가능하다.

2. 다음 중 소득세법상 과세기간 및 납세자에 대한 설명으로 가장 올바르지 않은 것은?

① 거주자가 사망한 경우 1월 1일부터 사망일까지를 과세기간으로 한다.
② 거주자가 폐업을 하는 경우 1월 1일부터 12월 31일까지를 과세기간으로 한다.
③ 거주자의 납세지는 주소지로 하는 것이 원칙이다.
④ 비거주자의 납세지는 국내 원천소득이 발생하는 장소로 하는 것이 원칙이다.

◉ 내비게이션
•비거주자의 납세지는 국내 사업장소재지로 하는 것이 원칙이다.

3. 다음 중 소득세의 특징에 대한 설명으로 가장 올바르지 않은 것은?

① 소득세의 과세기간은 원칙적으로 1월 1일부터 12월 31일까지이다.
② 원칙적으로 거주자의 납세지는 주소지로 하며 비거주자의 납세지는 국내사업장의 소재지로 한다.
③ 소득세는 열거주의에 의하여 과세대상 소득을 규정하고 있으나 이자소득과 배당소득은 열거되지 않은 소득이라도 유사한 소득은 과세하는 유형별 포괄주의를 채택하고 있다.
④ 소득세가 과세되는 소득 중 일부 이자소득, 배당소득, 일용근로소득에 대해서는 원천징수로 납세의무를 종결하고 있는데 이를 분류과세라 한다.

◉ 내비게이션
•분류과세(X) → 분리과세(O)

4. 소득세법에 대해 설명한 다음 내용 중 가장 옳은 것은?

① 소득세법상 과세기간은 1월 1일부터 12월 31일까지 1년간이나 사업자인 경우에는 법인과 같이 과세기간을 정하여 신고할 수 있다.
② 개인단위로 과세하는 것이 원칙이나 부부인 경우에는 종합소득을 합산하여 과세한다.
③ 비거주자는 국내외원천소득에 대하여 소득세를 납부하여야 한다.
④ 일용근로자의 근로소득은 원천징수로 납세의무를 종결하는 분리과세대상 소득이다.

◉ 내비게이션
•① 소득세법상 과세기간은 임의로 정할 수 없다.
② 부부합산과세는 폐지되었다.
③ 비거주자는 국내원천소득에 대하여만 소득세를 납부한다.

5. A지역에서 제과점을 운용하고 있는 개인사업자 김과자씨는 B지역에 주소지를 두고 살고 있다. 직원 두 사람을 고용하고 있으며 박직원은 C지역, 이직원은 D지역에 주소지를 두고 살고 있다. 김과자씨가 납부하여야 할 종합소득세·박직원의 근로소득세·부가가치세, 이직원이 납부하여야 할 종합소득세 관할세무서장은?

	김과자씨의 소득세	박직원의 근로소득세	부가가치세 납세지	이직원의 소득세
①	A지역	B지역	A지역	A지역
②	A지역	A지역	B지역	D지역
③	B지역	B지역	A지역	A지역
④	B지역	A지역	A지역	D지역

◉ 내비게이션
•김과자씨의 종합소득세 : 김과자씨의 주소지(B)
•박직원 근로소득세 : 원천징수의무자(김과자씨)의 사업장소재지(A)
•김과자씨의 부가가치세 : 김과자씨의 사업장소재지(A)
•이직원 종합소득세 : 이직원의 주소지(D)

6. 다음 중 종합과세대상에 해당하지 않는 사람은 누구인가?

① 국내사업장이 없는 비거주자 김영일씨의 배당소득과 사업소득
② 거주자에 해당하는 김길동씨의 사업소득
③ 국내사업장이 없는 비거주자 양희현씨의 부동산소득
④ 국내사업장이 있는 비거주자 김영희씨의 배당소득과 사업소득

ANSWER　1. ①　2. ④　3. ④　4. ④　5. ④　6. ①

단기속성특강 제137강 종합소득세 계산구조

종 합 소 득					
이자소득	배당소득	사업소득	근로소득	연금소득	기타소득
(-)비 과 세	(-)비 과 세	(-)비 과 세	(-)비 과 세	(-)비 과 세	(-)비 과 세
(-)분리과세	(-)분리과세	-	(-)분리과세	(-)분리과세	(-)분리과세
총수입금액	총수입금액	총수입금액	총수입금액	총수입금액	총수입금액
-	(+)귀속법인세	(-)필요경비	(-)근로소득공제	(-)연금소득공제	(-)필요경비
이자소득금액	배당소득금액	사업소득금액	근로소득금액	연금소득금액	기타소득금액

❖ 분리과세소득이 없는 소득
　▶ 사업소득, 양도소득
❖ 필요경비가 있는 소득
　▶ 사업소득, 기타소득, 양도소득
❖ 원천징수가 없는 소득
　▶ 부동산임대소득, 양도소득

종 합 소 득 금 액
　이월결손금 차감후 소득금액임.
　→이월결손금 공제기한·공제배제 : 법인세법과 동일

(-) **종 합 소 득 공 제**
　인적공제, 연금보험료공제, 특별소득공제

(-) **조특법상 소득공제**
　신용카드소득공제(근로소득자만 가능, 국외사용액 제외)

과 세 표 준

(×) **세　　율**

(단위 : 만원)

과세표준	세율
1,400이하	6%
1,400초과 5,000이하	84+초과액의 15%
5,000초과 8,800이하	624+초과액의 24%
8,800초과 15,000이하	1,536+초과액의 35%
15,000초과 30,000이하	3,706+초과액의 38%
30,000초과 50,000이하	9,406+초과액의 40%
50,000초과 100,000이하	17,406+초과액의 42%
100,000초과	38,406+초과액의 45%

산 출 세 액

(-) **세 액 감 면**

(-) **세 액 공 제**

→ 종합·퇴직소득 동일
① 소득세법
　자녀세액공제, 연금계좌세액공제, 특별세액공제, 외국납부세액공제, 배당세액공제, 근로소득세액공제, 기장세액공제, 재해손실세액공제
② 조특법
　정치자금기부금세액공제, 성실사업자 의료비·교육비세액공제

결 정 세 액

(+) **가 산 세**
　신고불성실·무기장·납부불성실·지급명세서제출불성실·증빙불비·영수증수취명세서미제출·원천징수납부지연·납세조합불납·계산서관련가산세

(+) **추 가 납 부 세 액**

**총 결 정 세 액
(= 총 부 담 세 액)**

(-) **기 납 부 세 액**
　중간예납세액, 원천납부세액, 예정신고납부세액, 수시부과세액, 납세조합징수세액

차 감 납 부 할 세 액

FINAL 객관식뽀개기 | 기출 & 적중문제

1. 다음 중 소득세법상 금융소득에 대한 설명으로 가장 옳지 않은 것은?

① 비실명 금융소득은 무조건 분리과세대상 금융소득에 해당한다.
② 보통예금의 이자소득은 실제로 지급받은 날을 수입시기로 한다.
③ 대금업을 사업으로 하지 않는 자가 은행에서 자금을 차입하여 이를 친구에게 대여한 경우에 발생한 이자소득의 소득금액 계산시, 차입금.이자비용은 필요경비로 인정된다.
④ 무조건 종합과세대상 금융소득과 조건부 종합과세대상 금융소득의 합계액이 기준금액(2,000만원) 이하인 경우에는 조건부 종합과세대상 금융소득은 전부 분리과세된다.

📍 **내비게이션**

• 사업자가 아니므로 차입금 이자비용은 필요경비로 인정되지 않는다.

2. 다음 중 소득세법상 원천징수에 대한 설명으로 가장 옳지 않은 것은?

① 기타소득에 대한 원천징수세율과 이자소득에 대한 원천징수세율은 동일하다.
② 정부는 원천징수를 통해 조세수입을 조기에 확보할 수 있다.
③ 국외에서 지급하는 소득에 대해서는 원천징수를 하지 않는다.
④ 원천징수의무자는 원천징수한 세액을 그 징수일이 속하는 달의 다음달 10일까지 납부하여야 한다.

📍 **내비게이션**

• 일반적으로 기타소득에 대한 원천징수세율은 20%이고, 이자소득에 대한 원천징수세율은 14%이다.('후술')

3. 다음 중 소득금액 계산시 실제 지출된 필요경비를 인정받을 수 없는 소득은?

① 양도소득　　　　　② 사업소득
③ 연금소득　　　　　④ 기타소득

📍 **내비게이션**

• 연금소득은 실제 필요경비 대신에 연금소득공제액을 수입금액에서 차감한다.

4. 다음은 법인세와 소득세 과세에 대한 비교 설명이다. 옳지 않은 것은?

① 「법인세법」은 원칙적으로 포괄주의 과세방식을 채택하고 있으나, 「소득세법」은 열거주의 과세방식을 채택하고 있다.
② 「법인세법」은 각 사업연도의 소득이라는 하나의 소득으로 종합하여 과세하나, 「소득세법」은 종합·퇴직·양도소득으로 분류하여 과세한다.
③ 「소득세법」은 이자소득·배당소득 외에 기타소득 등에 대하여도 분리과세를 인정하고 있으나, 「법인세법」은 이자소득과 투자신탁이익에 대해서만 분리과세를 허용하고 있다.
④ 「소득세법」은 납세의무자의 인적사항을 고려한 인적공제제도를 두고 있으나, 「법인세법」은 이러한 공제제도가 없다.

📍 **내비게이션**

• 법인은 분리과세가 인정되지 않음.

5. 소득세의 과세방법에 대한 설명으로 틀린 것은?

① 이자소득·배당소득·사업소득·근로소득·연금소득·기타소득은 종합소득으로 하여 종합과세방식으로 과세한다.
② 퇴직소득·양도소득은 분류과세대상소득이다.
③ 분리과세란 원천징수로 납세의무가 종결되는 과세방식이다
④ 사업소득·근로소득·기타소득은 분리과세가 없다.

📍 **내비게이션**

• 근로·기타소득은 분리과세가 있다.

6. 다음 중에서 소득이 지급될 때 소득세를 원천징수함으로써 과세를 종결하는 소득이 포함되어 있지 않은 소득은?

① 근로소득　　　　　② 연금소득
③ 이자소득　　　　　④ 양도소득

📍 **내비게이션**

• 양도소득은 분리과세와 무관하다.

제1편
[단기속성특강] 재무회계

제2편
[단기속성특강] 세무회계

제3편
[단기속성특강] 원가관리회계

합본부록1
신유형기출문제

합본부록2
10개년기출오류노트

📖 **ANSWER** 1. ③ 2. ① 3. ③ 4. ③ 5. ④ 6. ④

단기속성특강 제138강		이자소득

범위	채권·증권의 이자와 할인액	•채권보유기간이자상당액을 포함, 발행주체 불문
	국내·국외에서 받는 예금의 이자·할인액	-
	상호신용계·신용부금으로 인한 이익	-
	채권·증권의 환매조건부 매매차익	**비교** 일반적인 채권매매차익 : 과세제외
	유지기간 10년 미만의 저축성보험 보험차익	보장성보험 보험차익: •사망·질병·부상·상해 - 소득세과세 제외 •자산의 멸실·손괴 - 사업용고정자산일 때 : 소득세과세 - 기타(가사용 등) : 소득세과세제외 저축성보험 보험차익: •10년 미만 : 소득세과세 •10년 이상 : 비과세(법소정항목)
	99년초 이후 가입한 직장공제회 초과반환금	•근로자의 퇴직·탈퇴시 반환금 - 납입공제료
	비영업대금의 이익	**비교** 대외표방한 대금업(영업대금)의 이익 : 사업소득
	유형별 포괄주의 이자소득	•금전사용에 따른 대가의 성격이 있는 것 예 상업어음할인액, 파생금융상품이자, 신종펀드이자

보론 비과세이자소득 : 공익신탁의 이익과 조특법상 소정 이자소득

수입시기	양도가능 채권 등의 이자와 할인액	•기명 : 약정에 의한 지급일 •무기명 : 지급일
	직장공제회 초과반환금	•약정에 의한 지급일
	비영업대금의 이익	•약정에 의한 지급일 ▶ 약정없거나 약정일전 지급시 : 지급일
	채권·증권의 환매조건부 매매차익	•약정에 의한 환매수·매도일 ▶ 기일전 환매수·매도시 : 환매수·매도일
	유형별 포괄주의 이자소득	•약정에 의한 상환일 ▶ 기일전 상환시 : 그 상환일
	보통예금·정기예금·정기적금·부금의 이자	•지급일 ▶ 원본전입일·해약일·연장일·만료일 등
	통지예금의 이자	•인출일
	저축성보험보험차익	•지급일 ▶ 기일전해지시 : 해지일
	채권 등의 보유기간 이자 상당액	•매도일 또는 이자 등의 지급일
	위의 이자소득발생 상속재산이 상속·증여되는 경우	•상속개시일·증여일

FINAL 객관식뽀개기

기출 & 적중문제

1. 다음 중 소득세법상 금융소득에 대한 설명으로 가장 옳지 않은 것은?

① 이자소득, 배당소득 중 국외에서 받는 금융소득과 같이 원천징수하지 않는 금융소득은 무조건 종합과세 한다.
② 보통예금의 이자소득은 실제 지급받는 날을 수입시기로 한다.
③ 대금업을 사업으로 하지 않는 자가 일시적으로 자금을 대여하고 받는 이익은 사업소득으로 과세하게 된다.
④ 이자소득 금액 계산시 필요경비가 인정되지 않는다.

📍 **내비게이션**

• 사업소득(X) → 이자소득(비영업대금의 이익)(O)

2. 다음 중 이자소득으로 보지 않는 것은?

① 국외에서 받는 예금의 이자와 신탁의 이익
② 외국법인이 발행한 채권 또는 증권의 이자와 할인액
③ 외국법인의 국내지점 또는 국내영업소에서 발행한 채권이나 증권의 이자와 할인액
④ 외상매입금이나 미지급금을 약정기일전에 지급함으로써 받는 할인액

📍 **내비게이션**

• 사업소득이다.

3. 다음 중 소득세법상의 이자소득에 해당하는 것은?

① 대금업을 하는 거주자임을 대외적으로 표방하고 불특정다수인을 상대로 금전을 대여하고 받는 이자
② 외상매입금을 약정기일 전에 지급함으로써 받는 매입할인액
③ 최초의 보험료 납입일부터 만기일까지의 기간이 6년인 저축성보험의 보험차익
④ 직장공제회 초과반환금(직장공제회 가입일 : 1998. 3. 15)

📍 **내비게이션**

• ① : 사업소득
② : 사업소득
④ : 99년초 이후 가입분만 이자소득이다.

4. 다음 소득 중 이자소득에 해당되는 것은?

① 외상매입금을 약정 기일전에 지급함으로써 받는 할인액
② 계약의 위약 · 해약으로 인한 손해배상금 법정이자
③ 물품매입시 대금결제방법에 따라 에누리되는 금액
④ 보험계약기간 10년 미만의 저축성보험 보험차익

📍 **내비게이션**

• ① 사업소득 ② 기타소득 ③ 사업소득

5. 다음 자료를 이용하여 이자소득 총수입금액을 계산하면?

(1) 채권 · 증권의 환매조건부 매매차익 : 3,000,000원
(2) 공익신탁의 이익 : 2,000,000원
(3) 위약을 원인으로 법원의 판결로 인해 지급받은 손해배상금에 대한 법정이자 : 1,000,000원
(4) (주)A에 일시적으로 금전을 대여하고 지급받은 이자 : 6,000,000원
(5) 집합투자기구로부터의 이익 : 2,000,000원

① 5,000,000원　　② 6,000,000원
③ 9,000,000원　　④ 11,000,000원

📍 **내비게이션**

• (1) 채권·증권의 환매조건부 매매차익 : 이자소득
(2) 공익신탁의 이익 : 비과세
(3) 손해배상금에 대한 법정이자 : 기타소득
(4) 비영업대금의 이익 : 이자소득
(5) 집합투자기구로부터의 이익 : 배당소득

6. 다음은 소득세법상 이자소득에 대한 내용이다. 가장 타당하지 않은 설명은 어느 것인가?

① 보험기간이 10년 미만인 저축성보험의 보험차익은 이자소득으로 과세된다.
② 동일직장이나 동일직종에 종사하는 근로자로 구성된 공제조합 또는 공제회로부터 받는 공제회반환금 중 납입원금을 초과하는 금액은 이자소득으로 과세된다.
③ 자금대여를 영업으로 하는 자가 금전을 대여하여 얻은 이익은 이자소득으로 과세된다.
④ 이자소득을 발생시키는 거래·행위와 파생상품이 결합된 경우 해당 파생상품의 거래·행위로부터의 이익은 이자소득으로 과세된다.

📍 **내비게이션**

• 대금업의 이익은 이자소득이 아니라 사업소득에 해당한다.

ANSWER　1. ③　2. ④　3. ③　4. ④　5. ③　6. ③

단기속성특강 제139강			배당소득	

범위	이익배당			•잉여금처분 등에 의한 실질배당임.	
	의제배당	❖의제배당사유			
		감자 등		•감자, 퇴사, 해산, 합병시 취득하는 재산가액과 취득가액의 차액을 의제배당으로 과세함.	
		잉여금자본전입 (무상주배당)		•이익잉여금, 자본잉여금(자기주식처분이익, 소정 자기주식소각이익등)을 자본전입시 수령하는 무상주를 의제배당으로 과세함. ♀주의 주식발행초과금 자본전입은 의제배당이 아님.	
		❖취득하는 재산가액 평가			
		주식	감자·퇴사·해산	•시가	
			합병	•과세이연요건충족 ○ : 종전의 장부가액 ▶합병대가 중 일부를 금전이나 그 밖의 재산으로 받은 경우는 Min[종전의 장부가액, 시가] •과세이연요건충족 × : 시가	
			잉여금자본전입	•일반적인 경우 : 액면가 •주식배당 : 발행가	
		기타	토지·건물등	•시가	
			금전	•금전가액	
	인정배당			•법인세법에 의해 배당으로 소득처분된 금액	
	집합투자기구로부터의 이익			•투자신탁의 이익	
	출자공동사업자 배당소득			•출자만하고 이익을 분배받는 자의 소득은 배당소득으로 봄.	
	유형별포괄주의 배당소득			•예 문화펀드	
수입시기	잉여금처분에 의한 배당 (기명주식)			•잉여금처분결의일	
	무기명주식의 이익·배당			•지급일	
	인정배당			•결산확정일	
	집합투자기구로부터의 이익			•지급일	
	출자공동사업자의 배당소득			•과세기간 종료일	
	유형별포괄주의 배당소득			•지급일	
	보론 소득구분 유의사항				
		사업소득		•매입에누리·매입할인 •외상매출금이나 미수금의 지급기일연장 또는 장기할부판매로 인한 추가수령액 ♀주의 소비대차로 전환시는 비영업대금이익 처리함! •외상매출금의 회수지연에 따라 받는 연체이자	
		기타소득		•계약의 위약·해약으로 인한 손해배상금과 법정이자	

FINAL 객관식뽀개기

기출 & 적중문제

1. 소득세법상 배당소득에 대한 설명으로 가장 옳지 않은 것은?

① 집합투자기구로부터의 이익은 배당소득에 포함된다.
② 법인세법에 의하여 배당으로 처분된 금액은 배당소득에 포함되지 아니한다.
③ 국외에서 받는 배당소득과 같이 원천징수되지 않는 배당소득은 무조건 종합과세를 한다.
④ 무기명주식의 이익배당의 수입시기는 원칙적으로 실제지급일이다.

◉ **내비게이션**

• 인정배당도 배당소득에 해당한다.

2. 이자소득에 대한 총수입금액의 수입시기가 잘못된 것은?

① 채권, 증권의 환매조건부매매차익 – 환매수도 약정일과 실제 환매수도일 중 빠른 날
② 통지예금이자 – 인출일
③ 직장공제회 초과반환금 – 반환금의 지급약정일
④ 무기명 공사채이자 – 이자지급개시 약정일

◉ **내비게이션**

• 약정일(X) → 지급일(O)

3. 다음은 소득세법상 금융소득에 대한 총수입금액의 수입시기이다. 옳은 것은 어느 것인가?

① 보통예·정기예금의 경우 : 지급받기로 한 날
② 잉여금처분에 의한 배당의 경우 : 잉여금처분 결의일
③ 무기명 공채의 경우 : 약정에 따른 이자지급 개시일
④ 저축성보험 보험차익의 경우 : 보험금 또는 환급금의 지급예정일

◉ **내비게이션**

• ① 보통예·정기예금의 수입시기 : 지급일
  ③ 무기명 공채의 수입시기 : 지급일
  ④ 저축성보험 보험차익의 수입시기 : 지급일

4. 다음 자료에 의해 강씨의 20x2년 귀속 배당소득총수입금액을 계산하면 얼마인가?

구분	수입금액	주주총회 결의일	배당금 수령일
A주식배당금 (기명)	3,000원	20x2.11	20x3. 2
B주식배당금 (무기명)	4,000원	20x2.10	20x3. 1
C주식배당금 (기명)	5,000원	20x1.12	20x2. 3
D주식배당금 (무기명)	6,000원	20x1. 8	20x3. 3
E주식배당금 (무기명)	7,000원	20x1. 7	20x2.12

① 10,000원   ② 9,000원
③ 13,000원   ④ 12,000원

◉ **내비게이션**

• 원칙 : 처분결의일(=주총결의일)
  무기명 : 지급일(수령일)
• 수입시기
  A : 20x2년
  B : 20x3년
  C : 20x1년
  D : 20x3년
  E : 20x2년
  ∴A(3,000)＋E(7,000)＝10,000

5. 다음에 열거한 사항 중 소득세법상 배당소득으로 과세되는 것으로 올바르게 묶은 것은?

> 가. 법인세법상 배당으로 처분된 금액(인정배당)
> 나. 의제배당
> 다. 이익배당

① 가, 나   ② 가, 나, 다
③ 나, 다   ④ 가, 다

◉ **내비게이션**

• 모두 소득세법상 배당소득으로 과세되는 항목이다.

단기속성특강 제140강 금융소득종합과세

구분		범위	원천징수세율
금융소득 종합과세	무조건 분리과세	•직장공제회 초과반환금	기본세율
		•1거주자로 보는 법인 아닌 단체(무분배)의 금융소득, 법원보증금 이자	14%
		•비실명이자·배당소득	45%
	무조건 종합과세	•원천징수대상이 아닌 국외에서 받은 이자·배당소득	–
		•국내에서 지급되는 이자·배당소득 중 원천징수되지 않은 소득	–
		•출자공동사업자 배당소득	25%
	조건부 종합과세	•일반적 이자소득	14%
		•일반적 배당소득	14%
		•비영업대금의 이익	25%

❖ 판정대상액 = 무조건종합과세대상(출자공동사업자배당 제외) + 조건부종합과세대상
❖ 종합과세되는 금융소득의 구성순서
〈1순위〉이자소득 → 〈2순위〉Gross‑up 대상이 아닌 배당소득 → 〈3순위〉Gross‑up 대상 배당소득

구 분	분리과세 금융소득	종합과세되는 금융소득		세율적용
판정대상액 > 2천만원	–	조건부종합과세대상 · 무조건종합과세대상	2천만원 초과분	기본세율
			2천만원	14%세율
판정대상액 ≦ 2천만원	조건부종합과세대상	무조건종합과세대상		14%세율

귀속법인세 (Gross‑up)	의의	•법인세가 과세된 재원으로 배당시 배당소득으로 과세하면 이중과세의 문제가 발생 ▶ ∴귀속법인세를 배당소득에 가산 후 이를 배당세액공제하여 이중과세를 조정함.
	Gross‑up 금액	•Gross‑up 대상 배당소득 × 11%(2024년:10%)

Gross-up 제외대상

•외국법인으로부터의 배당, 분리과세대상 배당, 종합과세배당소득 중 14% 세율 적용분
•집합투자기구로부터의 이익(투자신탁의 이익), 유형별포괄주의 배당소득, 자본잉여금(감자차익 등) 자본전입 의제배당, 출자공동사업자 배당소득

사례 ■ 금융소득종합과세

❂ 거주자 강씨의 금융소득 내역은 다음과 같다.

① 은행예금이자	7,000,000
② 상장법인(보유주식액면가는 4억원이며 9개월 보유함) A사의 금전배당	26,000,000
③ 외국법인(원천징수되지 않음) C사의 금전배당	12,000,000

풀이

1. 판정대상액 : 무조건종합(12,000,000)+조건부종합(7,000,000+26,000,000=33,000,000)=45,000,000
   판정대상액이 2천만원 초과하므로 종합과세하며, 2천만원 초과하는 25,000,000만 Gross‑up함
2. 금융소득금액 : 45,000,000+25,000,000 × 11%(2024년:10%) = 47,750,000(2024년:47,500,000)

FINAL 객관식뽀개기 　　　　　기출&적중문제

1. 다음은 20x1년 중 각 거주자가 얻은 금융소득에 대한 자료이다. 다음 중 금융소득에 대하여 종합과세를 적용받는 사람은 누구인가?(단, 보기의 소득자들은 제시된 금융소득 이외의 금융소득이 없다)?

> 석봉 : 국외은행으로부터 받은 예금이자 수령액으로 원천징수 되지 않은 금액 10,000,000원
> 신미 : 비실명이자 소득금액 50,000,000원
> 태희 : 보험기간이 20년인 저축성 보험의 보험차익 70,000,000 원(비과세요건 충족함)
> 운석 : 주권상장법인으로부터 받은 현금배당금 10,000,000원과 국내은행으로부터 받은 예금이자 수령액 10,000,000원

① 석봉　　　　　　　　② 신미
③ 태희　　　　　　　　④ 운석

📍 **내비게이션**

- 석봉 : 국외이자는 무조건종합과세 대상임.
- 신미 : 비실명금융소득은 무조건분리과세 대상임.
- 태희 : 보험기간 10년미만에 대하여만 원칙적으로 저축성보험차익을 과세함.
- 운석 : 판정대상액이 2천만원을 초과하지 않으므로 분리과세함.

2. 소득세법상 금융소득이 종합과세되는 경우에 2천만원까지는 다음 보기를 순차적으로 합산한다. 그 순서가 바르게 나열된 것은?

> (1) 가산배당이 적용되는 배당소득
> (2) 가산배당이 적용되지 않는 배당소득
> (3) 이자소득

① (1) - (2) - (3)　　　　② (2) - (1) - (3)
③ (3) - (2) - (1)　　　　④ (3) - (1) - (2)

3. 종합소득금액을 구하면 얼마인가?

> (1) 상장내국법인의 주주로써 받은 배당금 : 10,000,000원
> (2) 비상장법인의 주주로서 받은 배당금 : 15,000,000원
> (3) 비영업대금의 이익(원천징수됨) : 9,000,000원
> (4) 국외에서 받은 이자소득(국내에서 원천징수되지 않음) : 8,000,000원
> (5) 부동산임대소득금액 : 10,000,000원

① 35,260,000원　　　　② 52,500,000원
③ 52,220,000원　　　　④ 54,200,000원

📍 **내비게이션**

- 판정대상액 : 10,000,000+15,000,000+9,000,000+8,000,000 = 42,000,000
- ∴42,000,000+22,000,000 × 10%+10,000,000 = 54,200,000

보론	금융소득종합과세시 세액계산특례

저자주 본 내용은 소득세법 전체를 모두 학습후 접근하기 바랍니다!

❖**판정대상액 2천만원 초과의 경우**

금융소득 총수입금액	•Gross-up금액이 제외된 금액
금융 소득금액	•사업소득결손금 공제 전의 금액으로 Gross-up금액이 포함된 금액
산출세액 계산	•산출세액 : Max[㉠, ㉡] ㉠ 2천만원×14%+(과세표준 - 2천만원)×기본세율 ㉡ 금융소득총수입금액×14%(비영업대금이익 25%) 　+(과세표준 - 금융소득금액)×기본세율 **예시** 산출세액 계산 거주자 갑의 다음의 소득 자료를 토대로 종합소득 산출세액을 계산하면? 단, 종합소득공제는 ₩4,500,000으로 가정하며 비영업대금의 이익은 적법하게 원천징수되었으나 국외이자는 원천징수가 되지 않았다. 　비영업대금의 이익　₩6,000,000 　국외이자　₩4,000,000 　국내 배당소득　₩40,000,000 　사업소득금액　₩20,000,000 1. 판정대상액(금융소득총수입금액) 　무조건종합(4,000,000)+조건부종합(6,000,000 + 40,000,000)=50,000,000 　판정대상액이 2천만원 초과하므로 종합과세한다. 　〈3순위〉 　30,000,000　➡ Gross-up 　〈3순위〉 　10,000,000 　〈2순위〉 　0 　〈1순위〉 　6,000,000+4,000,000 2. 금융소득금액 : 50,000,000+30,000,000×10%=53,000,000 3. 종합소득금액 : 53,000,000+20,000,000=73,000,000 4. 과세표준 : 73,000,000-4,500,000=68,500,000 5. 산출세액 : Max[㉠=일반산출세액, ㉡=비교산출세액] 　=8,815,000 　㉠ 2천만원×14% 　　+[84만원+(48,500,000-14,000,000)×15%]=8,815,000 　㉡ 44,000,000×14%+6,000,000×25% 　　+[84만원+(15,500,000-14,000,000)×15%]=8,725,000

❖**판정대상액 2천만원 이하의 경우**

산출세액 계산 **참고사항**	•금융소득총수입금액×14%(비영업대금이익 25%) 　+(과세표준 - 금융소득금액)×기본세율

🗨 **ANSWER** 1.① 2.③ 3.④

제1편 (단기속성특강) 재무회계 / 제2편 (단기속성특강) 세무회계 / 제3편 (단기속성특강) 원가관리회계 / 합본부록1 신유형기출문제 / 합본부록2 10개년/기출오답노트

단기속성특강 제141강   사업소득

사업소득 범위	분류	•세법에 규정하는 것을 제외하고는 통계청장고시 한국표준산업분류표를 기준으로 분류	
	주의사항	① 주택신축판매업은 건설업으로 보나, 상가신축판매업은 부동산매매업으로 봄. ② 농업에서 소정 작물재배업 제외함. ③ 교육서비스업에서 유아교육법·초·중등·고등교육법상학교는 제외함.	
비과세	농가부업소득	•농가부업규모의 축산소득 •규모초과분과 기타부업 소득금액 합계를 소정금액 한도로 비과세	
	전통주제조소득	•농어촌지역에서 제조하는 소정 주류로서 소득금액 1,200만원 이하인 경우	
	부동산임대소득	•논밭을 작물생산에 이용케함으로써 발생하는 소득과 1주택소유자의 임대소득 🔍주의 고가주택(기준시가 12억원 초과)과 국외소재주택은 제외	
원천징수	대상과 세율	•면세대상 의료보건용역과 인적용역 ▶ 수입금액×3%(봉사료는 5%)	

	구분	법인세법	소득세법
개인·법인 차이점	이자·배당수익	•각사업연도소득에 포함.	•사업소득에서 제외
	사업용유형자산처분손익	•익금(손금)	•원칙 : 총수입금액불산입(필요경비불산입)
	유가증권처분손익	•익금(손금)	•총수입금액불산입(필요경비불산입)

	출자자의 자금인출	•업무무관 가지급금으로 봄.
		  ▶ ∴인정이자계산 등 불이익 있음.
			•출자금의 반환으로 봄.
			  ▶ ∴인정이자 계산안함.

	자산수증이익 채무면제이익	•익금산입	•사업관련 : 총수입금액산입 •사업무관 : 총수입금액불산입(증여세과세)
	인건비	•대표자 : 손금산입 •사업종사 대표자 가족 : 손금산입	•대표자 : 필요경비불산입 •사업종사 대표자 가족 : 필요경비산입
	퇴직급여충당금	•대표자도 퇴충설정대상	•대표자는 퇴충설정 불가
	재고자산자가소비	•규정없음(단, 부당행위계산부인 가능)	•시가를 총수입금액산입

부동산 임대소득	임대료	•선세금이 있는 경우 : 당해수입금액=선세금×(당해임대월수/계약월수) 〈발생주의〉

	간주임대료	① 적용배제
		    주택(고가주택 포함)과 그 부수토지 ▶ 단, 일정 3주택이상 소유자는 적용
		② 간주임대료계산
		
		    | 원칙 | •(임대보증금적수−건설비적수) × 정기예금이자율 × 1/365(366) − 금융수익 |
		    | 추계결정 | •임대보증금적수 × 정기예금이자율 × 1/365(366) |
		
		    ▶ 건설비 : 자본적지출은 포함하되, 토지를 제외한 금액
		    ▶ 금융수익 : 수입이자·할인료, 배당금
		    [보론] **3주택이상자 특례**
		        3주택이상을 소유하고 보증금합계 3억원 초과부분은 간주임대료 과세함.

	공공요금	•전기료, 수도요금 등
		  [원칙] 총수입금액에 불포함
		  [예외] 납부초과액은 포함

	관리비	•청소비, 난방비 등
		  [원칙] 총수입금액에 포함
		  [예외] 청소·난방사업이 임대사업과 구분되는 경우는 일반사업소득으로 함.

FINAL 객관식뽀개기 / 기출&적중문제

1. 다음은 소득세법상 사업소득금액과 법인세법상 각 사업연도 소득금액의 차이점에 대한 설명이다. 가장 옳지 않은 것은?

① 재고자산의 자가소비에 관하여 법인세법에서는 규정이 없으나 소득세법에서는 개인사업자가 재고자산을 가사용으로 소비하거나 이를 사용인 또는 타인에게 지급한 경우에는 총수입금액에 산입한다.
② 법인의 주주는 법인의 자금을 임의로 인출하여 사용할 수 있으나, 개인사업자는 출자금을 임의로 인출하여 사용할 수 없다.
③ 유가증권처분손익은 각 사업연도 소득금액의 계산에 있어서 익금 및 손금으로 보지만, 사업소득금액의 계산에 있어서는 총수입금액 및 필요경비로 보지 아니한다.
④ 수입이자와 수입배당금은 각 사업연도 소득금액의 계산에 있어서 익금으로 보나, 사업소득금액의 계산에 있어서는 총수입금액으로 보지 아니한다.

📍 **내비게이션**
•법인세법에서는 출자자의 자금인출을 업무무관가지급금으로 간주하여 인정이자의 계산등 불이익으로 제재한다. 반면, 소득세법에서는 출자금의 반환으로 간주하므로 인정이자의 계산등이 없다.
→즉, 대표자가 임의로 자금을 출자하고 인출할 수 있다.

2. 다음 자료에 의하여 거주자 왕손이씨의 사업소득금액을 계산하면 얼마인가(단, 왕손이씨는 제조업을 영위하고 있다)?

ㄱ. 손익계산서상 당기순이익 90,000,000원
ㄴ. 손익계산서에 다음과 같은 수익, 비용이 포함되어 있다.(아래 기술한 내용 이외 사항은 모두 세법상 적정하게 계상됨.)
　– 본인에 대한 급여　　　　30,000,000원
　– 이자수익　　　　　　　　5,000,000원
　– 토지처분이익　　　　　　9,000,000원
　– 세금과공과 중 벌금　　　2,000,000원

① 100,000,000원　② 106,000,000원
③ 108,000,000원　④ 140,000,000원

📍 **내비게이션**
•90,000,000+30,000,000-5,000,000-9,000,000+2,000,000=108,000,000
*본인에 대한 급여, 벌금 : 필요경비불산입
　이자수익, 토지처분이익 : 총수입금액불산입

3. 다음은 제조업을 영위하는 중소기업인 (주)A의 제10기 (20x3년 1월 1일~20x3년 12월 31일) 소득관련자료이다. (주)A가 개인사업자인 경우 사업소득금액과 법인사업자인 경우의 각사업연도소득금액을 계산한 금액으로 옳은 것은?

(1) 20x3년도 손익계산서상 당기순이익은 450,000,000원이다.
(2) 인건비에는 대표자인 거주자 김삼일씨의 급여 90,000,000원과 회계부장으로 근무중인 배우자 급여 36,000,000원이 포함되어 있다.
(3) 영업외수익에는 다음의 항목이 포함되어 있다.
　가. 배당금수익 30,000,000원
　나. 자산수증이익(사업과 관련 없음) 7,500,000원
　다. 당기손익인식금융자산처분손실 22,500,000원
　라. 배당금수익은 모두 현금수령 하였으며, 당기손익인식금융자산 관련 세무상 유보잔액은 없다.

	개인사업자	법인사업자
①	525,000,000원	450,000,000원
②	450,000,000원	525,000,000원
③	555,000,000원	525,000,000원
④	570,000,000원	450,000,000원

📍 **내비게이션**
•개인사업자
450,000,000+90,000,000-30,000,000-7,500,000+22,500,000
=525,000,000
•법인사업자
450,000,000(세무조정사항 없음)

4. 다음 거주자 박개인씨의 상가임대 관련 자료를 기초로 박개인씨의 20x2년도 부동산임대 관련 사업소득의 총수입금액을 계산한 것으로 올바른 것은?

ㄱ. 임대기간 : 20x2.7.1 ~ 20x3.6.30
ㄴ. 임대료 : 보증금 0원, 월세 10,000,000원
ㄷ. 1년간의 임대료 120,000,000원을 20x2.7.1에 선불로 수령함.

① 30,000,000원　② 60,000,000원
③ 80,000,000원　④ 120,000,000원

📍 **내비게이션**
•10,000,000×6개월=60,000,000

ANSWER 1. ② 2. ③ 3. ① 4. ②

단기속성특강 제142강   근로소득 과세방법

근로소득 범위	일반적인 근로소득	•근로제공으로 받는 봉급·급료·보수·임금·상여·수당과 이와 유사한 급여 ▶ 일반급여 •주주총회 또는 이에 준하는 의결기관의 결의에 따라 받는 상여 ▶ 잉여금처분상여 •법인세법에 따라 상여로 처분된 금액 ▶ 인정상여 •퇴직소득 중 퇴직소득에 속하지 않는 소득 ▶ 예 소득세법상 임원퇴직소득한도초과액
	사택제공이익	•출자임원에 대한 제공분 비교 비출자임원·소액주주임원·종업원에 대한 제공분 : 근로소득이 아님.
	주택자금 대여이익	•출자임원·비출자임원·소액주주임원·종업원에 대한 무상·저리 제공분 비교 중소기업 종업원에 대한 무상·저리 제공분 : 근로소득이 아님.

	사용자부담금	•종업원이 계약자이거나 수익자인 보험에 대해 사용자가 부담하는 보험료
		비교 다만, 사용자가 부담하는 다음의 것은 과세치 않음.
		  ① 국민건강보험법·고용보험법·국민연금법 등에 의한 사용자부담금
		  ② 단체순수보장성보험과 단체환급부보장성보험의 보험료 중 연 70만원 이하

	여비	•여비의 명목으로 지급되는 연액 또는 월액의 급여 비교 업무에 사용한 여비 : 근로소득이 아님.
	기타	•각종 수당, 업무무관 기밀비(판공비)·교제비, 공로·위로금, 휴가비, 자녀교육비보조금
일반근로자 과세방법	근로소득금액	•근로소득금액 = 총급여액(비과세 제외, 인정상여 포함) − 근로소득공제 •근로소득공제 <table><tr><th colspan="2">총급여액</th><th>공제액 [한도] 2,000만원</th></tr><tr><td colspan="2">500만원 이하</td><td>그 금액 ×70%</td></tr><tr><td colspan="2">500만원 초과~1,500만원 이하</td><td>350만원+초과액 × 40%</td></tr><tr><td colspan="2">1,500만원초과~4,500만원 이하</td><td>750만원+초과액 × 15%</td></tr><tr><td colspan="2">4,500만원초과~1억원 이하</td><td>1,200만원+초과액 × 5%</td></tr><tr><td colspan="2">1억원초과</td><td>1,475만원+초과액 × 2%</td></tr></table>▶ 공제액 〉총급여일 때, 이월공제 없음.(소멸계산함) ▶ 근로기간이 1년 미만시도 월할계산치 않고 1년분을 적용함.
	원천징수	•근로소득간이세액표에 따라 원천징수하여 그 징수일의 다음달 10일까지 납부함.
	연말정산	•다음연도 2월분의 근로소득을 지급할 때 연말정산을 함. ▶ 근로소득만 있다고 가정시 소득세 결정세액에서 매월(1월~12월) 간이세액표 원천징수세액을 차감하여 추가납부(다음달 10일까지)나 환급함. ▶ 중도퇴직시는 퇴직한 달 급여지급시 정산후 다음 달 10일까지 납부
	확정신고	다른 소득이 없는 경우 •연말정산으로 과세종결 →∴확정신고 필요X 다른 소득이 있는 경우 •다른 소득과 합산하여 종합과세 →∴확정신고 필요O
일용근로자 과세방법	분리과세	•원천징수로 과세 종결함.
	원천징수세액	■ 산출세액[(일급여 − 근로소득공제[*])×6%] − 근로소득세액공제[산출세액×55%] [*]근로소득공제 = 1일 150,000원 ▶ 주의 종합소득공제는 적용하지 않음.
근로소득 수입시기	급여	•근로를 제공한 날
	잉여금처분상여	•잉여금처분 결의일
	인정상여	•근로를 제공한 날 ▶ 비교 인정배당과 인정기타소득 : 결산확정일
지급시기 의제	1월부터 11월분을 12월 31일까지 미지급한 경우	•12월 31일에 지급한 것으로 보아 원천징수함.
	12월분을 다음연도 2월말까지 미지급한 경우	•2월 말일에 지급한 것으로 보아 원천징수함.

FINAL 객관식뽀개기

기출 & 적중문제

1. 다음 중 근로소득에 포함되어 소득세가 과세되는 항목을 모두 고르면?

> ㄱ. 근로의 제공으로 인하여 받는 상여
> ㄴ. 식사 또는 기타 음식물을 제공받지 않는 근로자가 받는 월 20만원 이하의 식사대
> ㄷ. 근로자에게 지급한 경조금 중 사회 통념상 타당하다고 인정되는 금액
> ㄹ. 출자임원(소액주주임원 제외)이 사택을 제공받음으로써 받는 이익

① ㄱ, ㄴ   ② ㄱ, ㄹ
③ ㄴ, ㄷ   ④ ㄷ, ㄹ

📍 **내비게이션**

• 'ㄴ'은 비과세이며, 'ㄷ'은 근로소득으로 보지 않는다.('후술')

2. 다음 중 근로소득에 포함되어 소득세가 과세되는 항목을 모두 고르면?

> ㄱ. 비출자임원과 종업원이 사택을 제공받음으로써 얻는 이익
> ㄴ. 근로자에게 지급한 경조금 중 사회통념상 타당하다고 인정되는 금액
> ㄷ. 주주총회 등의 결의에 의하여 상여로 받은 소득
> ㄹ. 월 20만원 이내의 자가운전보조금
> ㅁ. 퇴직으로 인해 지급 받는 소득으로서 퇴직소득에 속하지 아니하는 소득

① ㄱ, ㄴ   ② ㄱ, ㄹ
③ ㄴ, ㅁ   ④ ㄷ, ㅁ

📍 **내비게이션**

• 사택제공이익은 출자임원에 대하여 과세하며, 'ㄴ'은 근로소득으로 보지 않으며, 'ㄹ'은 비과세이다.

3. 일용근로자인 홍길동씨의 금일 일당이 200,000원일 경우, 당해 일당 지급시 원천징수하여야할 소득세액은?

① 1,350원   ② 1,800원
③ 2,520원   ④ 2,770원

📍 **내비게이션**

• 근로소득 과세표준 : 200,000 - 150,000 = 50,000
산출세액 : 50,000 × 6% = 3,000
원천징수세액 : 3,000 - (3,000 × 55%) = 1,350

4. 다음 중 소득세법상 근로소득에 대한 설명으로 가장 올바르지 않은 것은?

① 근로소득이란 근로제공 대가로 받는 모든 금품을 의미하나, 비과세 금액과 근로소득으로 보지 않는 금액은 근로소득 금액 계산시 차감해 준다.
② 일용근로자의 연간 소득금액이 일정규모 초과시 종합소득신고를 해야 한다.
③ 근로소득금액은 총급여액에서 근로소득공제를 차감하여 계산한다.
④ 인정상여의 수입시기는 근로를 제공한 날이 속하는 사업연도이다.

📍 **내비게이션**

• 일용근로소득은 무조건 분리과세한다.

5. 다음 중 소득세법상 소득의 구분 및 과세방법에 대한 설명으로 틀린 것은?

① 근로소득은 연말정산으로 모든 납세의무가 종결되고 다른 소득과 합산과세되지 않는다.
② 산업재산권의 양도로 발생하는 소득은 기타소득에 해당된다.
③ 복권당첨소득은 기타소득에 해당된다.
④ 일정한 저축성보험의 보험차익은 이자소득으로 과세한다.

📍 **내비게이션**

• 근로소득도 다른 소득이 있다면 합산하여 종합과세한다.

6. 다음은 근로소득의 총수입금액의 수입시기에 관한 설명이다. 옳지 않은 것은?

① 임원의 퇴직소득한도초과액 – 지급받거나 지급받기로 한 날
② 잉여금 처분에 의한 상여 – 당해 법인의 잉여금 처분 결의일
③ 인정상여 – 인정상여 결정일
④ 급여 – 근로를 제공한 날

📍 **내비게이션**

• 인정상여는 당해 사업연도 중의 근로를 제공한 날이 총수입금액의 수입시기임.

| 단기속성특강 제143강 | 근로소득 비과세 |

금액기준 비과세	•월 20만원 이내의 자가운전보조금	•종업원소유(임차)차량으로 사용자업무수행하고 지급기준에 의해 지급받는 것. ⚲주의 부인소유차량이면 전액 과세
	•월 20만원 이내의 선원법상 선원의 승선수당	–
	•월 20만원 이내의 소정 교원·연구원의 연구보조비	–
	•월 20만원 이내의 기자의 취재수당	–
	•월 20만원 이내의 소정 벽지수당	•시행령이 정하는 일정 벽지
	•회사제공식사와 월 10만원(2024년 : 20만원) 이하 식대	예 식사제공 받고 수령한 식대는 과세
	•법소정액(700만원)이내의 직무발명보상금	•근무기간중 수령액 : 근로소득 ▶ 700만원한도 비과세 •퇴직후 수령액 : 기타소득 ▶ 700만원한도 비과세
	•근로자·배우자의 출산이나 6세 이하 자녀보육비로 월 10만원(2024년 : 20만원) 이내 금액(출산·자녀보육수당)	•자녀가 만 6세가 되는 날이 속하는 연도의 말까지 지급받는 분 ▶ 즉, 6세는 해당과세기간 개시일을 기준으로 판단함.
	•국외 근로제공보수 중 월 100만원 이내 금액 (단, 원양어업·외항선박, 국외건설현장근로자 : 500만원 이내)	
	•월정액급여 소정액[1] 이하로서, 직전 총급여액이 일정액[2] 이하인 근로자가 받는 다음의 금액 ▶ [1] 소정액 : 210만원 [2] 일정액 : 3,000만원	참고 월정액급여계산 월급여총액에서 다음을 제외한 금액 ① 부정기적급여 : 상여 등 ② 실비변상급여, 복리후생적 급여 ③ 초과근로수당

해당근로자	비과세대상	비과세한도
광산근로자 일용근로자	초과근로수당 (연장·야간·휴일수당)	전액비과세
생산직근로자	초과근로수당 (연장·야간·휴일수당)	연 240만원

기타 비과세	•천재·지변 기타 재해로 인해 받는 급여	–
	•일직료·숙직료 등 실비변상정도의 지급액	–
	•국민건강보험 등 사용자부담분 보험료	–
	•국외공무원 수당 중 국내 근무시 금액을 초과하는 금액	•국내 근무시 수당은 과세
	•일정 요건하 근로자 본인에 대한 교육비 보조금 (학교·직업훈련시설의 입학금과 수업료 등)	비교 자녀교육비 보조금 : 과세
	•대학생의 근로장학금	•대학에 재학하는 대학생에 한정함.
	•고용보험법상 실업급여·육아휴직급여·출산전후휴가급여	•육아기 근로시간 단축급여도 비과세
	•사회통념상 타당한 범위내의 경조금	•근로소득으로 보지 않음.

FINAL 객관식뽀개기

기출 & 적중문제

1. 다음 중 소득세법상 비과세근로소득인 것은?

① 근로자가 받는 급여
② 근로자가 받는 가족수당
③ 법인세법상의 인정상여
④ 사회통념상 타당하다고 인정되는 경조금

2. 소득세법상 근로소득에 대한 다음 설명 중 가장 옳지 않은 것은?

① 자녀학자금은 원칙적으로 근로소득에 포함된다.
② 근로자 또는 그 배우자의 출산이나 6세 이하 자녀의 보육과 관련하여 사용자로부터 지급받는 급여는 금액을 불문하고 전액 비과세소득이다.
③ 근로소득금액 계산시 총급여액에서 실제로 소요된 필요경비 대신에 근로소득공제를 차감한다.
④ 근로소득 이외에 다른 소득이 없는 근로소득자의 경우에는 연말정산을 통해 모든 납세절차가 종결되며 따라서 과세표준확정신고를 하지 않아도 된다.

🔍 내비게이션

•근로자 또는 그 배우자의 출산이나 6세 이하 자녀의 보육과 관련하여 사용자로부터 지급받는 급여는 월 20만원 이내 금액을 비과세한다.

3. 다음 자료에 의하여 거주자 김영일씨의 근로소득금액을 계산하면 얼마인가?

ㄱ. 월급여 : 2,000,000원(자녀보육수당, 중식대 제외)
ㄴ. 상여 : 월급여의 500%
ㄷ. 6세 이하 자녀 보육수당 : 월 250,000원
ㄹ. 중식대 : 월 200,000원(식사제공 없음)
ㅁ. 연간 연월차수당 총합계 : 2,000,000원
ㅂ. 거주자는 당해 1년동안 계속근무하였다.

연간급여액	근로소득공제액
1,500만원 초과 4,500만원 이하	750만원+1,500만원 초과액×15%
4,500만원 초과 1억원 이하	1,200만원+4,500만원 초과액×5%

① 13,650,000원
② 18,320,000원
③ 22,890,000원
④ 25,860,000원

🔍 내비게이션

•총급여
2,000,000×12+2,000,000×500%+(250,000-200,000)×12+2,000,000
=36,600,000
•근로소득금액
36,600,000-[7,500,000+(36,600,000-15,000,000)×15%]=25,860,000

4. 다음은 (주)A의 영업부장인 김씨의 20x1년 급여내역이다. 근로소득금액을 계산하면? 단, 차량유지비는 김씨가 자신의 차량을 직접 운전하여 업무를 수행하고 지급기준에 따라 지급받음.

(1) 급여 : 20,000,000원
(2) 상여금 : 11,000,000원
(3) 휴일근로수당 : 3,000,000원
(4) 식사대 : 1,800,000원(월 15만원으로 식사제공 있음)
(5) 차량유지비 : 2,400,000원(월 20만원)
(6) 인정상여 : 1,000,000원

연간급여액	근로소득공제액
1,500만원 초과 4,500만원 이하	750만원+1,500만원 초과액×15%
4,500만원 초과 1억원 이하	1,200만원+4,500만원 초과액×5%

① 19,450,000원
② 21,800,000원
③ 26,030,000원
④ 27,800,000원

🔍 내비게이션

•총급여
20,000,000+11,000,000+3,000,000+1,800,000+1,000,000=36,800,000
•근로소득금액
36,800,000-[7,500,000+(36,800,000-15,000,000)×15%]=26,030,000

5. 다음 자료에 의하여 20x1년도의 근로소득금액을 계산하면? 단, 당해 거주자는 당해 1년동안 계속근무한 생산직 근로자에 해당하며, 월정액 급여가 210만원을 초과한 달은 없고 직전연도 총급여는 1,800만원이라고 가정한다.

(1) 월급여 : 800,000원
(2) 상여금 : 월급여의 400%
(3) 식대보조금 : 월 240,000원(식사제공 없음)
(4) 실비변상 차량보조금 : 월 250,000원
(5) 천재지변으로 받은 급여 : 500,000원
(6) 야근수당 : 연 1,500,000원

연간급여액	근로소득공제액
500만원 초과 1,500만원 이하	350만원+500만원 초과액×40%
1,500만원 초과 4,500만원 이하	750만원+1,500만원 초과액×15%

① 6,828,000원
② 7,233,000원
③ 8,250,000원
④ 13,880,000원

🔍 내비게이션

•총급여
800,000×12+800,000×400%+40,000×12+50,000×12=13,880,000
=13,880,000
•근로소득금액
13,880,000-[3,500,000+(13,880,000-5,000,000)×40%]=6,828,000

📖 ANSWER   1. ④   2. ②   3. ④   4. ③   5. ①

단기속성특강 제144강	연금소득

연금소득 범위		

❖**공적연금소득** : 공적연금관련법에 따라 받는 각종연금

연금소득의 범위	연금외수령
•국민연금 · 공무원연금 · 군인연금 · 사립학교교직원연금 · 별정우체국법등에 따라 받는 연금	퇴직소득

〈연금수령〉		〈연금외수령(일시금)〉	
운용수익		운용수익	
본인불입분(소득공제분)	⇒모두 연금소득	본인불입분(소득공제분)	⇒모두 퇴직소득
사용자불입분		사용자불입분	

🔎주의 공적연금 지연지급에 따른 이자는 공적연금소득으로 봄.

❖**사적연금소득** : 연금계좌(연금저축, 확정기여형퇴직연금, 개인형퇴직연금)에서 연금형태로 인출

	연금소득의 범위	연금외수령
운용수익	•연금계좌의 운용실적에 따라 증가된 금액	기타소득
세액공제액	•연금계좌세액공제를 받은 연금계좌 불입액	기타소득
이연퇴직소득	•퇴직소득 중 연금계좌에 입금하여 과세되지 않은 금액	퇴직소득

〈연금수령〉		〈연금외수령〉	
운용수익		운용수익	⇒기타소득
불입액(세액공제분)	⇒모두 연금소득	불입액(세액공제분)	⇒기타소득
퇴직금으로 불입(불입시 과세이연분)		퇴직금으로 불입(불입시 과세이연분)	⇒퇴직소득

▶ 연금수령한도 초과 인출분은 연금외수령으로 간주함.
▶ 일부인출시는 다음의 순서로 인출한 것으로 봄.
　① 세액공제받지 못한 부분 ② 이연퇴직소득(과세이연분) ③ 세액공제받은 부분과 운용수익
▶ 불입시 세액공제받지 못한 부분은 연금수령, 연금외수령 불문하고 과세치 않음.

비과세	•공적연금관련법의 유족·장애·상이연금, 산업재해보상보험법의 각종연금, 국군포로연금

소득금액	연금소득금액	•총연금액(비과세,분리과세제외) − 연금소득공제(한도 : 900만원)

과세방법	원천징수	•공적연금 연금소득간이세액표에 의해 원천징수 후 연말정산(다음연도 1월분 연금소득 지급시) 　▶ ∴공적연금소득만 있는 자는 과표확정신고 면제 •사적연금 지급금액×원천징수세율 　▶ 연말정산을 하지 않음
	과세방법	•**원칙** 종합과세 •**예외** 사적연금(이연퇴직소득등 제외) 총연금액이 1,200만원(2024년 : 1,500만원) 이하인 경우 저율선택적분리과세 가능(단, 이연퇴직소득을 연금으로 수령하는 경우는 무조건 분리과세 적용함). 　▶ 단, 위 금액 초과시에도 선택적분리과세가 가능하나 고율(15%)분리과세가 적용됨. 🔎주의 사적연금소득금액을 기준으로 하는 것이 아님.

수입시기	공적연금소득	•연금을 지급받기로 한 날
	사적연금소득(연금계좌소득)	•연금을 수령한 날
	기타	•해당 연금을 지급받은 날

FINAL 객관식뽀개기 | 기출&적중문제

1. 다음 중 소득세법상 연금소득에 대한 설명으로 옳은 것을 모두 고르면?

> ㄱ. 원칙적으로 연금의 불입시 소득공제(세액공제)를 인정하는 대신 연금을 수령할 때 연금소득에 대해서 소득세를 과세한다.
> ㄴ. 퇴직소득 중 연금계좌에 입금하여 과세되지 않은 소득으로서 연금외 수령의 경우는 퇴직소득으로 과세한다.
> ㄷ. 국민연금법에 따라 받는 유족연금은 비과세 연금소득이다.
> ㄹ. 연금소득은 종합과세하는 것이 원칙이나, 사적연금 총연금액이 연 1,500만원 이하인 경우에는 납세의무자의 선택에 따라 저율분리과세를 적용할 수 있다.

① ㄱ.　　　　　　　　② ㄱ, ㄹ.
③ ㄱ, ㄴ, ㄹ.　　　　④ ㄱ, ㄴ, ㄷ, ㄹ.

📍 **내비게이션**

• 모두 옳은 설명이다.

2. 거주가가 받은 다음 소득내역 중 소득세법상 과세 대상인 것은?

① 학술, 종교, 제사, 자선 기타 공익을 목적으로 하는 공익신탁에서 발생한 이익 1천만원
② 고용관계 없는 자가 다수인에게 강연을 하고 받은 강연료 2백만원
③ 국민연금법에 의하여 지급받은 유족연금 1천만원
④ 직무발명에 대하여 퇴직후 사용자로부터 받는 법소정금액 이하의 보상금

📍 **내비게이션**

• 강연료는 기타소득으로 과세된다. 나머지는 비과세소득이다.

3. 다음은 연금소득에 대한 설명이다. 잘못된 것은?

① 연금소득의 수입시기는 연금을 지급받은 날로 한다.
② 연금계좌 인출액 중 연금소득에 해당하는 금액이 연 1,200만원 이하인 경우에는 납세의무자의 선택에 따라 분리과세를 적용받을 수 있다.
③ 공적연금을 일시금으로 수령하는 경우에는 항상 퇴직소득으로 분류된다.
④ 연금소득은 필요경비를 인정하지 아니하고 연금소득공제만 공제한다.

📍 **내비게이션**

• 지급받은 날(X) → 지급받거나 받기로 한 날(O)

4. 현행 소득세법상 소득별 소득금액의 계산에 대한 설명으로 틀린 것은?

① 이자소득과 배당소득은 필요경비가 인정되지 아니하므로 배당소득에 대한 귀속법인세액을 고려하지 않는 경우 해당 과세기간의 총수입금액이 소득금액이 된다.
② 사업소득 중 부동산임대소득은 임대료수입에 간주임대료를 가산한 금액에서 필요경비를 차감한 금액을 소득금액으로 한다.
③ 연금소득은 실제필요경비를 입증하기가 어려우므로 실제입증된 필요경비와 총수입금액의 80% 중 큰 금액을 총수입금액에서 차감하여 소득금액을 산정한다.
④ 근로소득은 총급여액에서 근로소득공제를 차감한 금액을 근로소득금액으로 한다.

📍 **내비게이션**

• 총연금액에서 연금소득공제를 차감한 금액을 소득금액으로 한다.

5. 소득세법에 대한 설명이다. 가장 옳지 않은 것은?

① 공적연금 관련법에 따라 받는 일시금은 퇴직소득에 해당한다.
② 원칙적으로 퇴직소득에 대한 총수입금액의 수입시기는 퇴직을 한 날로 한다.
③ 연금계좌에서 연금형태로 인출한 금액은 세액공제 받지 못한 자기불입분을 제외하면 법정한도 내에서 연금소득으로 과세한다.
④ 공적연금소득과 사적연금소득을 합한 금액이 1,200만원 이하인 경우 저율분리과세를 선택할 수 있다.

📍 **내비게이션**

• 공적연금소득과 사적연금소득을 합한 금액(X) → 사적연금소득(O)

6. 다음 중 종합소득금액 계산시 선택적 분리과세가 가능한 소득을 모두 고른 것은 어느 것인가?

| ㄱ. 배당소득 | ㄴ. 연금소득 |
| ㄷ. 기타소득 | ㄹ. 사업소득 |

① ㄱ, ㄴ　　　　　　② ㄴ, ㄷ
③ ㄷ, ㄹ　　　　　　④ ㄱ, ㄷ, ㄹ

📍 **내비게이션**

• 기타소득의 선택적 분리과세에 대하여는 후술한다.

단기속성특강 제145강	기타소득

기타소득 범위	무형자산 양도·대여	•광업권·어업권·산업재산권·산업정보·산업상비밀·상표권·영업권(점포임차권포함)·토사석의 채취허가에 따른 권리·지하수 개발이용권 등의 양도·대여 소득 🔎주의 사업용 토지·건물·부동산에 관한 권리와 함께 양도하는 영업권 : 양도소득
	대여·사용대가	•저작자 외의 자가 상속 등으로 받은 저작권을 양도·사용케하고 받는 대가 •공익사업과 관련하여 지역권·지상권을 설정·대여로 발생하는 소득 🔎주의 공익사업과 관련없는 일반적인 지역권·지상권의 설정·대여소득 : 사업소득 •물품(유가증권포함) 또는 장소를 일시 대여하고 사용료로 받는 금품 •통신판매중개자를 통해 물품·장소를 대여하고 받는 연 500만원 이하 사용료 •영화필름·방송용테이프 등의 자산 또는 권리의 양도·대여·사용대가
	일시적 인적용역	•고용관계없이 다수인에게 강연을 하고 받는 강연료 •라디오·텔레비전 등을 통해 해설·계몽·연기의 심사 등을 하고 받는 대가 •변호사 등 전문적 지식을 가진 자가 그 지식을 활용하여 받는 보수 또는 대가
	불로소득	•복권·경품권·추첨권·슬롯머신 당첨금품, 상금·현상금·포상금, 승마투표권환급금 등
	기타	•계약의 위약·해약으로 인해 받는 위약금·배상금·이자 및 주택입주지체상금 비교 정신적·육체적·물질적 피해로 인한 손해배상금과 법정이자 : 미열거소득 •문예창작소득(원고료·인세 등), 뇌물, 알선수재·배임수재에 의해 받는 금품 •주식매수선택권행사이익(퇴직후 행사 또는 고용관계없이 부여받아 행사) 비교 근무기간 중 주식매수선택권행사이익 : 근로소득 •종업원이 퇴직후 지급받는 직무발명보상금(단, 700만원 이하 비과세) 비교 근무기간 중 지급받는 직무발명보상금 : 근로소득(단, 700만원 이하 비과세) •특수관계인으로부터 얻는 일정한 경제적 이익(에 노조전임자가 지급받는 급여) •종교인소득 🔎주의 근로소득으로 원천징수 또는 종교인이 근로소득으로 신고시 : 근로소득 •사례금, 인정기타소득, 법소정 서화·골동품 양도소득, 재산권알선수수료
필요경비	원칙	•확인경비(실제로 사용된 비용)
	예외	Max[확인경비, 총수입금액×60%] / •무형자산 양도·대여, 일시적 인적용역, 문예창작소득 •공익사업과 관련하여 지역권·지상권의 설정·대여 Max[확인경비, 총수입금액×80%] / •순위경쟁 대회 입상자 상금, 주택입주지체상금

필요경비	예외		
		Max[확인경비, 총수입금액×60%]	•무형자산 양도·대여, 일시적 인적용역, 문예창작소득 •공익사업과 관련하여 지역권·지상권의 설정·대여
		Max[확인경비, 총수입금액×80%]	•순위경쟁 대회 입상자 상금, 주택입주지체상금

과세방법	원천징수세액	•기타소득금액×20% ▶ 이하 복권당첨소득 등의 경우는 3억원 초과시 그 초과분은 30% 적용 ▶ 이하 사적연금 연금외수령 기타소득의 경우는 15% 적용
	무조건분리과세	•복권당첨소득 등(복권당첨금품, 슬롯머신 당첨금품, 승마투표권환급금) •사적연금 연금외수령 기타소득, 서화·골동품의 양도소득
	선택적분리과세	•기타소득금액(무조건분리과세등 제외)이 연 300만원 이하인 경우 적용 🔎주의 기타소득금액이므로 필요경비 차감후 금액임.
수입시기	원칙	•지급받은 날
	인정기타소득	•결산확정일

보론 결손금·이월결손금 공제

구분	결손금	이월결손금
일반사업소득 (주거용·건물임대업 포함)	•통산순서 : 부→근→연→기→이→배	•통산순서 : 사(부)→근→연→기→이→배 •15년(2019년 이전분 10년)간 이월공제
부동산임대소득 (주거용·건물임대업 제외)	•무조건 이월	•부동산임대소득에서만 공제 •15년(2019년 이전분 10년)간 이월공제

FINAL 객관식뽀개기

기출&적중문제

1. 다음의 대화에서 소득세법상 가장 옳지 않은 설명을 하고 있는 사람은 누구인가?

> 이대길 : 야 장군아, 너 로또 당첨됐다며? 축하한다.
> 최장군 : 고마워. 근데 세금이 엄청나네. 소득세 20%를 원천징수 하고 나니 생각보다 적어.
> 천지호 : 그럼 장군이는 내년에 종합소득확정신고를 해야겠네. 근로소득자는 연말정산으로 납세의무가 종결되지만, 로또가 당첨되어 기타소득이 발생하였으니 반드시 종합소득을 신고해야 하거든.
> 오포교 : 당첨금이 일정액을 초과하면 그 초과분에 대해서는 원천징수세율이 30%인데, 장군이는 20%의 소득세가 원천징수 되었다고 하는 것을 보니 1등은 아니구나.
> 최장군 : 그런데 종합소득확정신고는 언제 하더라
> 이대길 : 신고납부기한이 다음연도 5월말까지였던 것으로 기억하고 있어.

① 이대길
② 최장군
③ 천지호
④ 오포교

내비게이션

•복권 당첨소득은 무조건 분리과세 대상이다.

2. (주)A에 근무하는 거주자 나잘난씨는 일시적으로 거래처인 (주)B의 직원들에게 ERP사용방법을 강의하고 강사료 500만원을 받았다. 강사료와 관련한 소득세법상 설명으로 가장 올바르지 않는 것은?

① 고용관계없이 일시적으로 수령한 강사료는 기타소득에 해당한다.
② 기타소득의 수입시기는 원칙적으로 지급을 받는 날이다.
③ 기타소득금액이 300만원 이하인 경우 종합과세와 분리과세 중 선택이 가능하다.
④ 강사료는 인적용역의 일시제공에 대한 대가이므로 소득금액계산시 실제발생한 비용만 공제가능하다.

내비게이션

•최소한 총수입금액의 60%를 필요경비로 인정한다.

3. 거주자 김영일씨는 복권에 당첨되어 현금 200만원을 수령하였다. 복권당첨금에 대한 소득세 신고에 관한 설명으로 가장 옳은 것은(단, 복권당첨금 외의 다른 소득은 없다)?

① 복권당첨금은 무조건 종합소득금액에 합산하여 금융소득신고를 해야 한다.
② 복권당첨금은 무조건 분리과세 소득으로 종합소득세 신고 의무가 없다.
③ 복권당첨금은 소득금액 계산시 총수입금액의 70%를 필요경비로 차감한다.

④ 복권당첨금이 300만원 이하이므로 종합과세나 분리과세를 선택할 수 있다.

내비게이션

•① 복권당첨금은 무조건 분리과세대상이다.
③ 복권당첨금은 실제 지출비용을 필요경비로 차감한다.
④ 무조건 분리과세대상(예 복권당첨금)은 선택적 분리과세 제외

4. 거주자인 김성일씨의 소득자료가 다음과 같을 때 신고해야 할 종합소득금액을 구하면 얼마인가?

근로소득금액 12,000,000	양도소득금액 20,000,000
사업소득금액 17,000,000	기타소득금액 4,800,000
주권상장법인 현금배당 45,000,000	
(*) 기타소득금액은 복권당첨으로 인한 소득이다.	

① 74,000,000원
② 76,500,000원
③ 78,800,000원
④ 98,800,000원

내비게이션

•12,000,000+17,000,000+(45,000,000+25,000,000×10%)=76,500,000
→기타소득금액은 무조건 분리과세, 양도소득금액은 분류과세소득이다.

5. 다음 중 소득세법상 결손금 및 이월결손금 공제에 대한 설명으로 가장 올바르지 않은 것은?

① 부동산임대업의 결손금은 원칙적으로 다른 소득금액과 통산하지 않고 다음연도로 이월시킨다.
② 일반사업소득에서 발생한 결손금은 법에서 정한 순서에 따라 다른 종합소득금액에서 공제된다.
③ 일반사업소득의 이월결손금은 종합소득금액 내에서 우선 공제하고, 공제되지 않은 금액은 퇴직소득, 양도소득의 순서로 공제한다.
④ 이월결손금은 원칙적으로 발생연도 종료일로부터 15년 내에 종료하는 과세기간의 소득금액계산시 먼저 발생한 것부터 순차로 공제한다.

내비게이션

•사업소득 이월결손금은 퇴직·양도소득에서 공제할 수 없다.

단기속성특강 제146강 　　　종합소득공제 ❶-인적공제

기본공제액 = 기본공제대상인원수 × 150만원			
기본공제대상		**요건**	
본인		해당거주자 본인으로 요건없음(무조건 공제대상)	

기본공제 (인원수로계산)	배우자	소득요건	•소득금액 100만원 이하 (단, 근로소득만 있는 경우 : 총급여 500만원 이하) ▶ 소득금액 : 종합(비과세, 분리과세제외)·퇴직·양도소득금액의 합계액 　♀주의 일반금융소득이 2천만원이하이면 분리과세되므로 소득금액은 0임.
		연령요건	•요건 없음
	생계부양가족	소득요건	•소득금액 100만원 이하(단, 근로소득만 있는 경우 : 총급여 500만원 이하)

		연령요건	•나와 배우자의 직계존속 　♀주의 직계존속 재혼시 배우자(계부·계모) 포함	•60세이상

(생계부양가족 연령요건 영역을 풀어씀)

생계부양가족 연령요건		
•나와 배우자의 직계존속 　♀주의 직계존속 재혼시 배우자(계부·계모) 포함	•60세이상
•나와 배우자의 직계비속·입양자 　♀주의 재혼시 배우자의 직계비속(의붓자녀) 포함	•20세이하
•나와 배우자의 형제자매	•20세이하, 60세이상
•위의 자가 장애인인 경우 　♀주의 직계비속(입양자)과 배우자가 모두 장애인인 경우 　　　는 그 배우자도 포함 　♀주의 장애인도 소득요건은 있음.	•요건 없음
•위탁아동(6개월이상 양육), 기초생활보장법 수급자	•요건 없음

생계부양가족	•다음에 해당하는 자는 동거하든 별거하든 생계를 같이 하는 것으로 봄. ① 배우자, 직계비속, 입양자, 주거형편상 별거하는 직계존속 ② 취학, 질병요양, 근무상·사업상 형편으로 주소를 일시퇴거한 경우

공제대상여부 판정시기	원칙	•당해연도 과세기간 종료일 현재의 상황에 의함.
	예외	•사망자와 장애치유자는 사망일전일, 치유일전일 상황에 의함. •연령계산시 공제대상 연령에 해당하는 날이 하루라도 있으면 공제대상으로 함.

❖기본전제 : 기본공제대상자이어야 함.

추가공제 (사유수로계산)	장애인공제	•장애인 ▶ 직계비속과 그 배우자가 모두 장애인인 경우 배우자도 추가공제대상에 포함됨.	1인당 200만원
	경로우대자공제	•70세 이상	1인당 100만원
	부녀자공제	•본인(종합소득금액 3천만원 이하)이 다음에 해당하는 경우 ① 남편이 있는 여성이거나 ② 남편은 없지만 기본공제대상 부양가족이 있는 세대주일 것	50만원
	한부모공제	•배우자없는 자로 기본공제대상 직계비속·입양자가 있는 자 　♀주의 부녀자공제와 중복적용 배제하며, 중복시 한부모공제 적용	100만원
	공제대상자 판정기준	•다른자의 부양가족에도 해당시는 소득공제신고서에 기재된 바에 따라 그 중 1인의 공제대상가족 으로 하며, 기본공제를 받은 거주자가 그 사람에 대한 추가공제도 적용	
	중복기재시 판정기준	① 배우자공제와 다른자의 부양가족공제에 해당시 : 거주자의 배우자공제 적용 ② 부양가족공제에 동시 해당시 : 〈1순위〉 직전 공제자 〈2순위〉 종합소득금액이 큰 자	
	사망·출국시	•피상속인(출국자)의 공제대상가족으로 함. •이 경우 소득금액을 초과하는 인적공제액은 상속인(다른 자)이 공제가능함.	

FINAL 객관식뽀개기

기출 & 적중문제

1. 다음 중 소득세법상 기본공제대상자 판정시 연령제한을 받는 자는?

① 본인
② 배우자
③ 직계존속
④ 형제자매(단, 장애인)

📍 **내비게이션**

· 직계존속은 60세 이상이어야 한다.

2. 다음은 종합소득공제 중 인적공제에 대한 설명이다. 틀린 것은?

① 기본공제한도액은 1인당 150만원이다.
② 추가공제는 근로소득자에게만 적용된다.
③ 당해 거주자 본인은 무조건 기본공제대상이다.
④ 장애인은 20세 이상이어도 기본공제대상이다.

📍 **내비게이션**

· 추가공제는 근로소득자, 사업소득자 모두에 적용된다.

3. 다음은 거주자 홍길동씨의 부양가족 현황이다. 기본공제와 추가공제의 합계는 얼마인가?

〈부양가족현황〉

부양가족	연령	소득종류 및 금액
홍길동(본인)	45세	종합소득금액 10,000만원
배우자(부인)	43세	근로소득금액 5,000만원
부친	70세	사업소득금액 3,500만원
모친	69세	소득없음
장남(장애인)	21세	사업소득금액 500만원
차남	5세	소득없음

※ 부양가족 공제는 세부담 최소화를 위해 우선적으로 홍길동씨가 공제받는 것으로 한다.

〈추가공제액〉
추가공제 중 경로우대자 공제는 1인당 100만원이며, 장애인 공제는 1인당 200만원이다.

① 300만원
② 450만원
③ 550만원
④ 650만원

📍 **내비게이션**

· 기본공제 : 3명(본인, 모친, 차남)×150만원=450만원
→배우자, 부친, 장남은 소득금액 100만원 이하에 해당하지 않으므로 기본공제대상에서 제외되며 기본공제대상에 해당하는 본인, 모친, 차남에 대한 추가공제 사유는 없다.

4. 다음은 거주자 홍길동씨(남성, 52세)의 부양가족 현황이다. 종합소득과세표준 계산시 인적공제액을 계산하면 얼마인가?

부양가족	연령	비고
배우자(부인)	45세	소득없음
부친	80세	당해연도 5월 20일 사망함
모친	72세	소득없음
장인	68세	주거형편상 별거하고 있으며, 소득없음
장남	23세	장애인이며 사업소득금액 300만원 있음
장녀	18세	소득없음

① 9,500,000원
② 10,000,000원
③ 11,000,000원
④ 13,000,000원

📍 **내비게이션**

· 기본공제 : 6명[본인, 배우자, 부친(경로우대자), 모친(경로우대자), 장인, 장녀]×150만원=9,000,000
→당해연도 사망자는 사망일 전일 상황에 의해 공제대상을 판정하므로 부친은 공제대상에 해당하며, 주거형편상 별거하는 직계존속은 부양가족에 포함하므로 장인도 공제대상에 해당한다. 또한 장애인은 연령제한은 없으나 소득금액 제한은 있으므로 소득금액 100만원 이하에 해당하지 않는 장남은 공제대상에서 제외되며 기본공제대상에서 제외되었으므로 장애인공제(추가공제)도 적용받지 못한다.
· 추가공제 : 경로우대자공제 2명×100만원=2,000,000
∴인적공제 합계 : 9,000,000+2,000,000=11,000,000

5. 다음 중 소득세법상 기본공제대상자에 관한 설명으로 가장 올바르지 않은 것은?

① 부양가족이 장애인에 해당하는 경우에는 연령제한을 받지 않는다.
② 계부, 계모, 의붓자녀도 해당될 수 있다.
③ 직계비속이 장애인이고 그 직계비속의 배우자가 장애인인 경우 당해 배우자는 기본공제대상자에 포함되지 않는다.
④ 공제대상자에서 위탁아동이란 아동복지법에 따라 6개월 이상 위탁양육한 위탁아동을 의미한다.

📍 **내비게이션**

· 장애인은 소득요건은 있으나 연령요건은 없다.
· 재혼시 배우자의 직계비속(의붓자녀)과 직계존속이 재혼시 배우자(계부, 계모)도 소득요건/연령요건을 충족하는 생계부양가족인 경우 기본공제대상자에 포함된다.
· 직계비속이 장애인이고 그 직계비속의 배우자가 장애인인 경우 당해 배우자는 기본공제대상자에 포함된다.

제1편
[단기속성특강] 재무회계

제2편
[단기속성특강] 세무회계

제3편
[단기속성특강] 원가관리회계

합본부록1
신유형기출문제

합본부록2
10개년기출오답노트

단기속성특강 제147강 　　　종합소득공제 ❷-기타공제

특별 소득공제	의의	공제대상	•근로소득자 ▶ 특별소득공제와 특별세액공제를 미신청시는 표준세액공제(12만원) 적용
		공제한도	•특별소득공제액은 근로소득금액을 한도로 공제함.
	보험료공제	대상	•근로자부담 국민건강보험, 고용보험, 노인장기요양보험의 보험료 ▶ 사용자가 대신 부담한 근로자부담분 보험료 포함.
		한도	•한도없음.
	주택자금공제 참고사항	대상	① 주택청약저축납입액 : 연 납입액 300만원 한도 ② 주택임차자금원리금상환액 ③ 장기주택저당차입금이자상환액
		공제액	•공제액 : ㉠+㉡　[한도] 연 800만원 ㉠ Min { 위 ①× 40% +②× 40% ／ 400만원 }　　㉡ 위 ③

연금보험료 공제	대상	•종합소득이 있는 거주자가 공적연금관련법에 따른 보험료(기여금 등)를 납입한 경우
	공제액	•납입한 본인부담 연금보험료를 공제함. ▶ 단, 종합소득금액 초과액은 없는 것으로 함.

> **비교** •인적공제(기본공제, 추가공제)/연금보험료공제 : 근로자, 사업자, 기타종합소득자 모두 공제대상
> •특별소득공제(보험료공제, 주택자금공제)/신용카드사용소득공제 : 근로자만 공제대상

사례 ■ **소득세법상 종합소득공제**

✿ 다음 자료를 이용하여 거주자 강씨와 그의 아내의 종합소득공제액을 구하면 얼마인가? 다만, 아내를 제외한 가족에 대한 인적공제는 강씨가 받으며, 제시된 자료 이외의 특별소득공제는 없다.

부양가족	연령	소득사항	기타사항
강씨	53세	총급여액 ₩40,000,000	–
아내	55세	사업소득금액 ₩15,000,000	장애인
딸	25세	총급여액 ₩5,000,000	–
아들	20세	–	–
부친	75세	–	해당연도 6월 사망

– 강씨는 국민건강보험료로 연간 ₩1,500,000을 지출하였으며, 국민연금 납입액 ₩2,000,000이 있고, 그 이외에 소득공제를 받을 금액은 없다.

풀이

•강씨 : 4,500,000(기본공제)+1,000,000(경로우대)+1,500,000(보험료)+2,000,000(연금)=9,000,000
•아내 : 1,500,000(기본공제)+2,000,000(장애인)+500,000(부녀자)=4,000,000

기타사항	서류미제출	•확정신고를 하여야 할 자가 소득공제증명서류를 미제출시 ▶ 거주자 본인에 대한 기본공제와 표준세액공제만 적용함. •단, 확정신고 여부와 관계없이 그 서류를 나중에 제출한 경우에는 그러하지 아니함.
	수시부과결정	•기본공제 중 거주자 본인에 대한 기본공제만을 공제함.
	비거주자	•본인에 대한 기본공제와 추가공제만 적용함.

> **참고** 주택담보노후연금 이자비용공제 : 연금소득자에 대해 연금소득금액에서 공제함.(한도 200만원)

FINAL 객관식뽀개기   기출 & 적중문제

1. 근로소득자인 홍길동씨는 20x1년에 다음과 같은 보험료를 납부하였다. 홍길동씨의 20x1년 연말정산시 종합소득공제(특별소득공제) 중 보험료공제 금액은 얼마인가?

> ㄱ. 고용보험료 총부담금 2,000,000원
>   (회사부담 1,000,000원 포함)
> ㄴ. 국민건강보험료 총부담금 800,000원
>   (회사부담 400,000원 포함)
> ㄷ. 자동차 보험료 납부액 600,000원
> ㄹ. 보장성 정기보험료 납부액 1,000,000원

① 1,400,000원   ② 2,400,000원
③ 2,500,000원   ④ 3,900,000원

◉ 내비게이션

• 근로자부담 고용보험료와 국민건강보험료 : 1,400,000

2. 소득세법상 근로자에 대한 종합소득공제에 대한 설명 중 틀린 것은?

① 특별소득공제 중 보험료공제는 연간 100만원을 한도로 한다.
② 종합소득공제에서 공제받지 못한 소득공제액은 타소득에서 공제할 수 없다.
③ 공제대상자의 판정은 원칙적으로 당해연도 과세기간 종료일 현재의 상황에 의한다.
④ 과세표준 확정신고를 하여야 할 자가 소득공제를 증명하는 서류를 제출하지 아니한 경우에는 원칙적으로 본인에 대한 기본공제와 표준세액공제만을 공제한다.

◉ 내비게이션

• 보험료공제는 한도가 없다.

3. 다음 중 소득세법상 근로소득이 있는 근로소득자인 경우에만 적용받을 수 있는 종합소득공제는 무엇인가?

① 한부모공제   ② 장애인공제
③ 연금보험료공제   ④ 주택자금공제

◉ 내비게이션

• 특별소득공제(보험료공제, 주택자금공제)는 근로소득자에게만 적용된다.

4. 다음 자료를 이용하여 거주자 김씨의 종합소득공제액을 구하면 얼마인가? 다만, 가족에 대한 인적공제는 김씨가 받는다고 가정한다.

가족	연령	소득사항	기타사항
본인	43세	총급여액 50,000,000원	–
아내	42세	기타소득금액 13,000,000원	–
딸	22세	총급여액 6,000,000원	–
아들	27세	–	장애인
부친	72세	–	해당연도 1월 사망

〈추가자료〉
– 국민건강보험료 연 지출액 2,500,000원(본인부담액)
– 국민연금 납입액 4,000,000원(본인부담액)
– 특별소득공제 및 특별세액공제를 신청하였다.

① 4,500,000원   ② 7,500,000원
③ 10,000,000원   ④ 14,000,000원

◉ 내비게이션

• 기본공제 : 3명(본인, 아들, 부친)×150만원=4,500,000
 →아내 : 소득요건 위배(소득금액 100만원 초과)
 →딸   : 소득요건 위배(6,000,000-3,900,000=2,100,000)
 →아들 : 장애인은 연령제한이 없음.
 →부친 : 사망일 전일 상황에 의함.
• 추가공제 : 2,000,000(장애인)+1,000,000(경로우대자)=3,000,000
• 특별소득공제 : 2,500,000(보험료공제)
• 연금보험료공제 : 4,000,000
∴4,500,000+3,000,000+2,500,000+4,000,000=14,000,000

5. 다음 중 근로소득 연말정산에 관한 설명으로 가장 올바르지 않은 것은?

① 일반적으로 다음해 2월분 급여를 지급하는 때에 연말정산을 수행한다.
② 퇴직한 경우 퇴직한 달의 급여를 지급하는 때 연말정산한다.
③ 공적연금보험료 납입액은 전액 연금보험료공제가 가능하다.
④ 기본공제대상자 중 70세 이상인 자가 있는 경우 1명당 150만원의 경로우대자공제를 적용받는다.

◉ 내비게이션

• 150만원(X) → 100만원(O)

| 단기속성특강 제148강 | | | 일반세액공제 |

자녀세액 공제	다자녀관련	대상	•종합소득거주자로 7세(2024년 : 8세)이상의 기본공제 자녀(입양자)가 있는 경우
		공제액	① 1명 : 15만원 ② 2명 : 35만원 ③ 3명이상 : 35만원+(자녀수－2명)×30만원
	출산관련	대상	•종합소득이 있는 거주자로 기본공제대상 출생·입양자가 있는 경우
		공제액	① 첫째 : 30만원 ② 둘째 : 50만원 ③ 셋째이상 : 70만원

예시 기본공제대상 8세이상 자녀가 1명 있는 근로소득자가 추가로 1명을 출산한 경우
→① 다자녀관련 자녀세액공제 : 15만원 ② 출산관련 자녀세액공제 : 50만원

| 근로소득
세액공제 | 대상 | •근로소득이 있는 거주자
🔎주의 일용근로자도 근로소득세액공제(산출세액×55%)가 적용됨. |

공제액	기준금액 $\left[\text{산출세액} \times \dfrac{\text{근로소득금액}}{\text{종합소득금액}} \right]$	공제액	한도
	130만원 이하인 경우	기준금액 × 55%	•총급여 3,300만원 이하 : 74만원
	130만원 초과하는 경우	715,000＋초과액 × 30%	→구간별로 법소정액 적용

| 기장세액공제 | 대상 | •간편장부대상자가 복식장부에 의해 기장한 경우 |

| 공제액 | •기준금액(=산출세액× $\dfrac{\text{기장된 사업소득금액}}{\text{종합소득금액}}$)×20% ▶ **한도** 100만원 |

보론 **간편장부대상자**
- 직전수입금액이 다음 금액 미만자(간편장부대상자 아닌자는 복식부기의무자)
  - 도소매업 등 : 3억원, 제조업·음식점업 등 : 1억 5천만원, 서비스업 등 : 7천 5백만원

보론 **무기장가산세**
- 무기장산출세액의 20%를 가산세로 부과함.
  →단, 당해 신규사업자나 직전사업수입금액 4,800만원 미달자는 적용배제함.

| 배당세액공제 | 대상 | •배당소득이 있는 자 |
| | 공제액 | •Gross－up된 금액 ▶ **한도** 일반산출세액 － 비교산출세액 |

| 연금계좌
세액공제 | 대상 | •종합소득자로 연금계좌납입액(이연퇴직소득 제외)이 있는 경우
▶ 법소정 금액을 공제하며, 연금계좌는 연금저축과 퇴직연금을 말함. |

| 외국납부
세액공제 | 적용대상 | •종합소득, 퇴직소득 |
| | 적용방법 | •세액공제와 필요경비 산입 중 선택가능
▶ 단, 사업소득 외의 종합소득에 대한 외국납부세액은 세액공제만 가능함. |

| | 공제액 | 공제액 | •외국납부세액 ▶ **한도** 산출세액× $\dfrac{\text{국외원천소득금액}}{\text{종합소득금액}}$ |

| 외국납부
세액공제 | 이월공제 | •한도초과액은 10년간 이월하여 공제함(이월공제기간내 미공제액은 필요경비산업). |

| 재해손실
세액공제 | 대상 | •자산총액(토지 제외)에 대한 재해상실비율이 20% 이상인 경우 적용
▶ 사업소득 있는 자에게만 적용함. |
| | 공제액 | 공제액 | •미납소득세와 당해소득세 x 재해상실비율 ▶ **한도** 상실된 자산가액 |

🔎주의 개인과 법인 모두에 공통으로 적용되는 세액공제 : 외국납부세액공제, 재해손실세액공제

FINAL 객관식뽀개기 | 기출 & 적중문제

1. 다음 중 소득세법상 자녀세액공제에 관한 설명으로 가장 올바르지 않은 것은?

① 거주자의 기본공제대상자에 해당하는 자녀(8세 이상)가 3명 이상인 경우 2명을 초과하는 인원부터는 1명당 30만원씩 공제된다.

② 자녀세액공제는 입양자에겐 적용되지 않는다.

③ 종합소득이 있는 거주자로 기본공제대상 자녀가 있는 경우 적용한다.

④ 해당 과세기간에 첫째를 출산한 경우 연 30만원 공제된다.

⊙ 내비게이션 ―――――――――

• 입양자 · 위탁아동을 포함하여 적용한다.

2. 맞벌이 부부인 A씨와 B씨는 각각 연간 근로소득금액이 150만원을 초과한다. 다음 중 부부의 세액공제와 관련하여 올바른 것은?

① 두 사람은 모두 근로소득에 대한 신고납부의무가 있으므로 자녀 등 부양가족에 대해서는 두 소득자 모두 각각 공제받을 수 있다.

② 종합소득이 있는 거주자의 기본공제대상자에 해당하는 자녀에 대해서 자녀세액공제를 적용할 수 있다.

③ A씨가 B씨를 위해 지급한 교육비는 A씨의 소득에서 공제받을 수 있다.

④ A씨의 기본공제대상자에 해당하는 자녀(8세 이상)가 2명인 경우 일반공제로 연 20만원을 공제받을 수 있다.

⊙ 내비게이션 ―――――――――

• 총급여 500만원인 경우 소득금액은 500만원-500만원x70%=150만원
  → ∴ 근로소득금액이 150만원을 초과(=총급여 500만원 초과)하므로 기본공제대상 소득요건을 충족하지 않는다.
• ① 다른 자의 부양가족에도 해당시는 그 중 1인의 공제대상 가족으로 한다.
  ③ B씨는 소득요건을 충족하지 않으므로 교육비세액공제 대상에 해당하지 않는다.
  ④ 20만원(X) → 35만원(O)

3. 다음 빈칸에 들어갈 알맞은 금액을 고르면?

> 해당 과세기간에 신규로 사업을 개시하였거나, 직전 과세기간의 사업소득 수입금액이 ( )미만인 사업자에 대하여는 소득세법상 무기장가산세를 적용하지 않는다.

① 1,200만원 　　　　② 2,400만원
③ 3,600만원 　　　　④ 4,800만원

4. 소득세법상 세액공제에 대한 설명으로 옳은 것은?

① 거주자는 모든 배당소득에 대하여 당해 배당소득의 11%를 배당세액공제액으로 하여 소득세 산출세액에 서 공제받을 수 있다.

② 간편장부대상자가 간편장부를 작성하는 경우에는 당해 소득세의 10%를 기장세액공제액으로 하여 소득세에서 공제받을 수 있다.

③ 사업자의 외국납부세액은 외국납부세액공제나 필요경비산입 방법 중 하나를 선택하여 적용받을 수 있다.

④ 거주자가 재해로 인하여 자산을 20% 이상 상실한 경우에는 그 자산가액에 재해상실비율을 곱한 금액을 당해연도 소득세액에 서 공제받을 수 있다.

⊙ 내비게이션 ―――――――――

• ① 배당세액공제에는 한도가 있다.
  ② 복식장부를 작성하는 경우에만 20%의 세액공제를 적용한다.
  ④ 소득세에 재해상실비율을 곱한다.

5. 소득세법상 외국납부세액공제에 관한 다음 설명 중 옳지 않은 것은?

① 거주자의 경우에는 법인과 달리 간접공제법에 의한 외국납부세액공제를 적용받을 수 없다.

② 종합소득에 대한 외국납부세액은 소득의 종류에 관계없이 거주자의 선택에 따라 소득금액계산상 필요경비에 산입할 수 있다.

③ 퇴직소득의 경우에도 외국납부세액공제가 적용된다.

④ 외국소득세액이 공제한도를 초과하는 경우(퇴직소득은 제외) 그 초과액은 다음 과세기간부터 10년 이내에 종료하는 과세기간에 이월하여 그 이월된 과세기간의 공제 한도 범위 내에서 공제받을 수 있다.

⊙ 내비게이션 ―――――――――

• 사업소득 이외의 종합소득은 세액공제만 가능함.

6. 다음 중 거주자에게는 적용되지만 법인에게는 적용되지 않는 세액공제만 모은 것은?

① 외국납부세액공제, 기장세액공제
② 기장세액공제, 배당세액공제
③ 재해손실세액공제, 기장세액공제
④ 근로소득세액공제, 외국납부세액공제

⊙ 내비게이션 ―――――――――

• 기장세액공제, 배당세액공제, 근로소득세액공제는 개인만 적용되며 법인에게는 적용되지 않는다.

ANSWER 1. ② 2. ② 3. ④ 4. ③ 5. ② 6. ②

제1편 [단기속성특강] 재무회계 ／ 제2편 [단기속성특강] 세무회계 ／ 제3편 [단기속성특강] 원가관리회계 ／ 합본부록1 신유형기출문제 ／ 합본부록2 10개년/기출오답노트

단기속성특강 제149강		특별세액공제 ❶

❖특별세액공제 적용방법

근로소득 O		•'특별소득공제 · 월세세액공제 · 항목별세액공제'와 '표준세액공제(13만원)' 중 선택
근로소득 X	일반적인 경우	•표준세액공제(7만원)+기부금세액공제 🔎주의 사업소득만 있는자는 표준세액공제(7만원)만 적용하며 기부금은 필요경비 산입함.
	조특법상 성실사업자	•표준세액공제(12만원)와 의료비 · 교육비 · 월세세액공제 중 선택+기부금세액공제 🔎주의 따라서, 의료비 · 교육비 · 월세세액공제를 신청한 성실사업자는 위 표준세액공제 　　(12만원)를 적용배제함.
	기타 성실사업자	•표준세액공제(12만원)+기부금세액공제

❖근로자의 특별세액공제 공제한도

보험료 · 의료비 · 교육비 · 월세세액공제 합계액	•근로소득에 대한 종합소득산출세액을 초과시 초과분은 0으로 함.

보험료 세액공제	대상	•기본공제대상자가 피보험자인 일반보장성보험료 ▶ 만기환급금 ≦ 납입보험료인 생명보험 · 상해보험 · 손해보험(자동차보험) 등
	공제액	■ Min[일반보장성보험료, 100만원]×12%
	대상	•기본공제대상자 중 장애인이 피보험자인 장애인전용보장성보험료
	공제액	■ Min[장애인전용보장성보험료, 100만원]×15%
의료비 세액공제 (연령,소득제한 없는 기본 공제대상자)	의료비의 범위	•진찰 · 진료 · 질병예방비 •의약품(한약 포함)구입비 •장애인보장구(의수족, 휠체어등) •의료기기 구입 · 임차비용 •보청기 구입비용 •시력보정용 안경, 콘텍트렌즈로 1인당 연 50만원 이내 금액 •노인장기요양보험법에 따라 실제 지출한 본인 일부부담금 •법소정 이내의 산후조리원 비용
	제외대상의료비	•국외의료기관 의료비 •미용 · 성형수술비 •건강증진의약품 구입비(보약)
	일반의료비	•이하 특정의료비 이외의 일반적인 의료비
	공제액	■ Min[(일반의료비 – 총급여×3%), 700만원]×15% ⇓ '(-)이면 0으로 계산'
	특정의료비	•본인·경로우대자(종료일기준 65세이상)·장애인·6세이하(개시일기준)의 자
	공제액	■ [특정의료비 – (총급여×3% – 일반의료비)]×15% ⇓ '(-)이면 0으로 계산'

FINAL 객관식뽀개기   기출 & 적중문제

1. 소득세법상 종합소득공제와 세액공제에 대한 설명이다. 가장 옳은 것은?

① 연금계좌세액공제는 근로소득자만이 적용받을 수 있다.
② 보험료세액공제는 장애인 전용 보장성보험료와 일반 보장성보험료로 구분하여 각각 100만원을 한도로 하여 그 보험료의 10%에 해당하는 금액으로 계산한다.
③ 국민건강보험료 근로자 부담분은 전액 소득공제 가능하다.
④ 사업소득만 있는 거주자가 지출한 보험료도 세액공제 가능하다.

📍 **내비게이션**

- ① 연금계좌세액공제는 종합소득자 모두 적용된다.
  ② 보험료의 12% 또는 15%에 해당하는 금액으로 계산한다.
  ④ 보험료세액공제는 근로소득자에게 적용된다.

2. 다음은 근로자로서 총급여가 60,000,000원인 김씨가 질병치료비로 지출한 자료이다. 소득세법상 의료비세액공제액을 계산하면 얼마인가?

구분	금액	비고
본인	3,300,000원	–
배우자	1,500,000원	배우자는 근로소득금액이 5,000,000원 있다.
장인	1,200,000원	장인은 69세이며, 국외 대학병원 치료비이다.

① 100,000원   ② 250,000원
③ 350,000원   ④ 450,000원

📍 **내비게이션**

- 일반의료비 : 1,500,000(배우자)
- 특정의료비 : 3,300,000(본인)
- 공제액
  ㉠ Min[(1,500,000 - 60,000,000×3%), 700만원] × 15% = 0
  $$\Downarrow$$
  (-)이므로 0
  ㉡ [3,300,000 - (60,000,000 × 3% - 1,500,000)] × 15%=450,000
  ∴0+450,000 = 450,000

3. 다음은 총급여가 50,000,000원인 거주자 강씨와 생계를 같이하는 부양가족의 의료비 지출내역이다. 모두 의료비세액공제를 적용받을 수 있다고 할 때 소득세법상 의료비세액공제액을 구하면 얼마인가?

구분	나이	의료비	비고
본 인	54세	500,000원	–
배우자	50세	1,000,000원	양도소득금액 3,000,000원 있음
장 남	23세	2,000,000원	–
차 남	18세	4,000,000원	장애인임
부 친	75세	2,500,000원	해당연도 9월 10일 사망함

① 500,000원   ② 1,020,000원
③ 1,275,000원   ④ 2,455,000원

📍 **내비게이션**

- 일반의료비 : 1,000,000(배우자)+2,000,000(장남)=3,000,000
- 특정의료비 : 500,000(본인)+4,000,000(차남)+2,500,000(부친)=7,000,000
- 공제액
  ㉠ Min[(3,000,000 - 50,000,000× 3%), 700만원] × 15% = 225,000
  ㉡ [7,000,000 - (50,000,000×3% - 3,000,000)] × 15%=1,050,000
  $$\Downarrow$$
  (-)이므로 0
  ∴225,000+1,050,000 = 1,275,000

4. 장난감을 만드는 개인회사를 운영하고 있는 장개인씨는 지난 5월말 종합소득세 신고를 해야 한다는 담당세무사의 말에 따라 종합소득세 신고를 하였다. 하지만 직장생활을 하는 주변 친구들은 별도의 신고를 하지 않는다는 것을 알고 담당세무사인 한기장씨를 찾아갔다. 다음은 장개인씨가 한기장씨와 나눈 대화이다. 한기장씨의 답변 중 가장 올바르지 않은 것은(단, 장개인씨는 소득세법상 성실사업자가 아니다)?

〈대화1〉
장개인 : 종합소득세 신고를 5월말까지 해야 하는 것입니까?
한기장 : 네, 사업소득이 있는 개인은 5월말까지 사업소득에 대한 세금을 신고해야 합니다.
〈대화2〉
장개인 : 하지만 직장생활을 하는 제 친구들은 종합소득세 신고를 하지 않는 것으로 알고 있습니다.
한기장 : 근로소득만 있는 분께서 연말정산을 한 경우에는 별도로 종합소득세를 신고하지 않아도 됩니다.
〈대화3〉
장개인 : 그렇다면 저는 보험료나 의료비, 교육비 그리고 신용카드 사용액 등은 공제받을 수 없나요?
한기장 : 그렇지는 않습니다. 사업소득만 있는 사람도 종합소득세 신고시 보험료, 의료비, 교육비 등으로 지출한 금액을 일정 한도내에서 공제 가능합니다.
〈대화4〉
장개인 : 사업소득자는 표준세액공제가 가능하다고 들었습니다.
한기장 : 네, 사업소득자로서 근로소득이 없는 사람도 표준세액공제를 적용받을 수 있습니다.

① 대화1   ② 대화2
③ 대화3   ④ 대화4

📍 **내비게이션**

- 항목별세액공제(보험료 · 의료비 · 교육비세액공제 등)는 원칙적으로 근로소득자에게 적용된다.

단기속성특강 제150강 | 특별세액공제 ❷

<table>
<tr><td rowspan="16">교육비
세액공제
(연령제한 없는
기본공제대상자)</td><td colspan="3">❖ [일반교육비 세액공제]</td></tr>
<tr><td rowspan="2">교육기관
범위</td><td>학생</td><td>•초 · 중등 · 고등학교, 원격(사이버)대학, 학위취득과정, 대학(원) 등
•소정 국외교육기관</td></tr>
<tr><td>취학전
아동</td><td>•어린이집, 유치원, 최소 주1회 월단위 교습과정 학원과 체육시설
  ⚲주의 초 · 중 · 고 학원수강료는 공제대상 교육비가 아님.</td></tr>
<tr><td rowspan="3">본인
공제범위</td><td>본인</td><td>•근로소득자 본인</td></tr>
<tr><td>공제대상</td><td>•시간제등록 대학학점 취득비도 포함
  ⚲주의 대학원생 포함</td></tr>
<tr><td>한도</td><td>•한도없음</td></tr>
<tr><td rowspan="3">부양가족
공제범위</td><td>부양가족</td><td>•배우자, 직계비속(입양자 · 위탁아동), 형제자매
  ⚲주의 직계존속, 직계비속(입양자)과 배우자가 모두 장애인인 경우 배우자, 기초
    생활보장법 수급자는 제외</td></tr>
<tr><td>공제대상</td><td>•급식비 : 급식을 실시하는 학교, 어린이집, 유치원, 학원 등
•학교에서 구입한 교과서대금 : 초 · 중 · 고
•방과후 수업료(도서구입비 포함) : 어린이집, 유치원, 초 · 중 · 고 등
•50만원 한도 교복구입비 : 중 · 고, 30만원 한도 체험학습비 : 초 · 중 · 고
  ⚲주의 대학원생 제외</td></tr>
<tr><td>한도</td><td>•대학생(기타의 자) : 1인당 9백만원(1인당 3백만원)</td></tr>
<tr><td>공제액</td><td colspan="2">■ 본   인 : (교육비-비과세장학금등)×15%
■ 부양가족 : Min[(교육비-비과세장학금등), 공제대상별한도]×15%</td></tr>
<tr><td colspan="3">❖ [직업능력개발훈련비 세액공제]</td></tr>
<tr><td>대상</td><td colspan="2">•본인을 위해 직업능력개발훈련시설에 지급한 수강료</td></tr>
<tr><td>공제액</td><td colspan="2">■ (수강료 – 고용보험 근로자수강지원금)×15%</td></tr>
<tr><td colspan="3">❖ [장애인특수교육비 세액공제] ▶ 연령 · 소득제한없는 기본공제대상자</td></tr>
<tr><td>대상</td><td colspan="2">•사회복지시설, 재활교육비영리법인, 유사외국시설에 지급비용</td></tr>
<tr><td>공제액</td><td colspan="2">■ (장애인특수교육비 – 국가등의 지원금)×15%</td></tr>
<tr><td rowspan="7">기부금
세액공제</td><td>대상</td><td colspan="2">•종합소득이 있는 거주자(사업소득만 있는자 제외) ▶ 한도내에서 세액공제(10년간 이월공제)
  ⚲주의 기본공제대상자(다른 거주자가 기본공제를 받은자 제외)가 지출한 기부금도 대상</td></tr>
<tr><td colspan="3">참고 성실신고확인서제출제도</td></tr>
<tr><td rowspan="1">개요</td><td colspan="2">•수입금액이 일정규모(도소매 15억, 제조 7.5억, 서비스 5억) 이상인 사업자에 대해서 세무사
등에게 장부기장내용의 정확성여부를 확인받아 확정신고하는 제도</td></tr>
<tr><td rowspan="3">혜택</td><td>확정신고기한 연장</td><td>•6월 30일까지 가능</td></tr>
<tr><td>의료비등 세액공제</td><td>•표준세액공제(12만원) + 의료비 · 교육비세액공제</td></tr>
<tr><td>세액공제</td><td>•Min[① 성실신고확인비용x60% ② 한도 120만원]</td></tr>
<tr><td rowspan="2">제재</td><td>가산세</td><td>•산출세액의 5% 상당액의 확인서미제출가산세 부과</td></tr>
<tr><td>수시선정세무조사</td><td>•정기선정 조사 외에 수시선정 세무조사 가능</td></tr>
</table>

FINAL 객관식뽀개기

기출 & 적중문제

1. 다음은 소득세법상 세액공제에 대한 설명이다. 옳지 않은 것은?

① 의료비세액공제가 적용되는 기본공제대상자는 연령 및 소득금액의 제한을 받지 아니한다.
② 중학생 자녀의 학원 수강료는 교육비세액공제의 대상이 아니다.
③ 기본공제대상자인 직계존속을 위하여 지급한 수업료로서 대학생인 경우에는 1인당 연 900만원을 한도로 지급액의 15%를 교육비세액공제로 적용한다.
④ 기부금세액공제는 기본공제대상자인 배우자가 지출한 기부금도 본인이 공제받을 수 있다.

내비게이션

• 교육비공제대상자는 기본공제대상자 중 본인, 배우자, 직계비속, 형제자매, 입양자, 위탁아동만 적용되며 직계존속은 제외한다.

2. 거주자 김씨의 다음 자료를 이용하여 당해연도 교육비세액공제가 가능한 교육비 지출액을 계산하면 얼마인가?

ㄱ) 자녀의 연령 및 소득
  장남 : 30세(대학원생), 소득금액 없음
  차남 : 20세(대학생), 사업소득금액 2,000,000원
  장녀 : 19세(고등학생), 정기예금이자 500,000원
  차녀 : 15세(중학생), 소득금액 없음
ㄴ) 자녀의 교육비 지출액
  장남의 대학원 학비 : 10,000,000원
  차남의 대학교 학비 : 5,000,000원
  장녀의 고등학교 학비 : 4,000,000원
  차녀의 외국어학원비 : 1,000,000원

① 2,000,000원 ② 3,000,000원
③ 8,000,000원 ④ 14,000,000원

내비게이션

• 대학원생을 제외하므로 장남은 제외되며, 교육비세액공제는 소득제한이 있으므로 차남도 제외된다.
• 학원비는 취학전아동만 대상이므로 차녀도 제외된다.
  ∴장녀 : 4,000,000원 [한도] 3,000,000원

3. 아래 자료를 이용하여 ㈜A에 근무하는 김씨의 종합소득공제액과 특별세액공제액의 단순 합계액을 구하면 얼마인가? 단, 모든 공제신청은 적법하게 신청되었다.

(1) 동거가족 현황(생계를 같이함)

관계	나이	비고
본인	40세	총급여액 50,000,000원
부친	71세	소득없음
배우자(처)	37세	총급여액 6,000,000원
딸	6세	–

(2) 의료비 지급내역
  – 본인의 건강진단비 500,000원
  – 부친의 질병치료비 4,000,000원
(3) 교육비 지급내역
  – 본인의 야간대학원 수업료 9,200,000원
  – 딸 유치원 수업료(강씨가 직접지급) 3,800,000원
(4) 세액공제의 합계액은 모두 종합소득산출세액에서 공제가능한 것으로 가정한다.

① 5,480,000원 ② 6,090,000원
③ 7,780,000원 ④ 9,550,000원

내비게이션

• 기본공제 : 3명(본인, 부친, 딸)×150만원=4,500,000
• 추가공제 : 1,000,000(경로우대자)
• 의료비세액공제 : [4,500,000-(50,000,000×3%-0)]×15%=450,000
• 교육비세액공제액
  - 본인 : 9,200,000×15%=1,380,000
  - 딸 : Min[3,800,000, 3,000,000]×15%=450,000
  ∴4,500,000+1,000,000+450,000+1,380,000+450,000=7,780,000

4. 다음 중 소득세법상 종합소득공제 및 세액공제에 대한 설명으로 가장 올바르지 않은 것은?

① 기본공제대상자에 해당하는 자녀(8세 이상)가 2명인 경우 자녀세액공제를 30만원 받을 수 있다.
② 교육비세액공제 중 대학원 수업료는 거주자 본인을 위해 지출한 경우에만 공제가 가능하다.
③ 기부금세액공제 중 거주자의 기본공제대상자가 지출한 기부금은 공제받을 수 없다.
④ 국세, 지방세 등을 신용카드로 납부한 금액은 신용카드공제대상 사용금액에서 제외한다.

내비게이션

• 기본공제대상자(다른 거주자가 기본공제를 받은자 제외)가 지출한 기부금도 기부금세액공제의 대상이다.

단기속성특강 제151강 　　　　　 양도소득 과세대상

양도개념	양도의 개념	•등기·등록과 무관하게 유상으로 사실상 소유권이 이전되는 것		
	양도가 아닌 사항	•환지처분으로 지번이 변경 •양도담보 ▶ 채무불이행으로 변제에 충당한 때 양도로 봄.		
과세대상	부동산등	토지·건물	•등기불문		
		부동산에 관한 권리	지상권·전세권	•등기불문
			부동산임차권	•등기된 것
			부동산을 취득할 수 있는 권리	•아파트당첨권·토지상환채권 등
		기타자산	영업권	•사업사용자산*과 함께 양도하는 경우 *토지, 건물, 부동산에 관한 권리 비교 그 외 영업권 양도소득 : 기타소득
			특정시설물이용권	•골프회원권, 헬스클럽이용권, 시설이용권부주식 등
			특정주식 A	•부동산비율≧50%, 소유비율>50%인 모든 업종회사로서, 양도비율≧50% 부동산비율 사업용고정자산(= 토지, 건물, 부동산에 관한 권리) 자산총액
			특정주식 B	•부동산비율≧80%인 특수업종회사(골프·스키장 등)로서, 1주만 양도해도 과세
	주식	비상장주식	•원칙적으로 대주주·소액주주 불문하고 모두 과세	
		상장주식	•① 장내 대주주양도분 ② 증권시장밖에서 양도분(=장외양도분)만 과세 ▶ ∴장내 대주주 이외의 자 양도분은 과세 ×	
		참고 대주주 – ① 코스피상장 1%(코스닥상장 : 2%)이상 또는 50억(코스닥상장 : 50억)이상 　　　　　　　② 코넥스상장 4%(비상장 : 4%)이상 또는 50억(비상장 : 50억)이상		
비과세	① 파산선고에 의한 처분, 농지의 교환·분합으로 인하여 발생하는 소득 ② 2년 이상 보유한 1세대 1주택의 양도로 인하여 발생하는 소득 　⌕주의 1주택자라도 고가주택(실거래가 기준)은 과세하며, 입주권(분양권)은 주택수에 포함함.			
양도차익	양도·취득가액	•원칙적으로 실거래가에 의함.		
	필요경비	•취득가액·설비비와 개량비·자본적 지출액·양도비용 등		
취득시기 (양도시기)	일반매매	① 원칙	•대금청산일	
		② 대금청산일이 불분명한 경우	•등기접수일(명의개서일)	
		③ 대금청산전에 소유권이전등기 등을 한 경우	•등기접수일	
	장기할부매매	•등기접수일·인도일·사용수익일 중 빠른 날		
	자가건설 건축물	① 원칙	•사용검사필증교부일	
		② 사용검사전에 사실상 사용하거나 가사용승인	•사용일 또는 가사용승인일	
	상속(증여)	•상속이 개시된 날(=사망일) / 증여를 받은 날(=등기접수일)		

FINAL 객관식뽀개기

기출 & 적중문제

1. 소득세법상 양도소득 과세대상자산이 아닌 것은?

① 토지와 건물
② 지상권, 전세권 및 등기된 부동산 임차권
③ 주권상장법인의 소액주주가 유가증권시장에서 양도하는 주식
④ 미등기 된 토지와 건물

📍 **내비게이션**

• 대주주 이외자의 양도분은 과세대상이 아님.

2. 소득세법상 양도소득에 대한 다음 설명 중 가장 옳지 않은 것은?

① 등기 또는 등록에 관계없이 매도로 인하여 자산이 유상으로 사실상 이전된다면 이는 양도에 해당한다.
② 대주주가 장내에서 양도하는 상장법인의 주식은 양도소득세 과세대상이다.
③ 부동산에 관한 권리의 양도는 양도소득세 과세대상이다.
④ 1세대 1주택은 고가주택 해당 여부에 관계없이 과세하지 않는다.

📍 **내비게이션**

• 1세대 1주택도 고가주택에 해당하면 과세함.

3. 다음 중 소득세법상 양도소득에 관한 설명으로 가장 올바르지 않은 것은?

① 비상장주식의 양도는 양도소득세 과세대상이다.
② 소액주주가 양도하는 상장법인의 주식은 양도소득세 과세대상이다.
③ 미등기자산은 장기보유특별공제와 양도소득기본공제를 적용하지 않는다.
④ 1세대 1주택이더라도 고가주택 해당하면 과세한다.

📍 **내비게이션**

• 대주주가 양도하는 상장법인의 주식이 양도소득세 과세대상이다.

4. 소득세법상 양도소득 과세대상이 아닌 것은?

① 사업에 사용하는 자산과 함께 양도하는 영업권
② 등기된 부동산임차권
③ 주권상장법인 또는 코스닥상장법인이 아닌 법인의 주식
④ 산업재산권의 양도

📍 **내비게이션**

• 산업재산권의 양도는 기타소득이다.

5. 자산의 양도차익을 계산함에 있어서 그 취득시기 및 양도시기에 관한 설명 중 틀린 것은?

① 원칙적으로 대금청산일을 취득·양도시기로 한다.
② 자기가 건설한 건축물에 있어서는 사용검사필증 교부일을 취득시기로 한다.
③ 장기할부조건인 경우에는 당해 장기할부조건에 따라 대가의 각 부분을 받기로 한 날을 취득·양도시기로 한다.
④ 상속 또는 증여에 의하여 취득한 자산에 대하여는 그 상속이 개시된 날 또는 증여를 받은 날을 취득시기로 본다.

📍 **내비게이션**

• 등기접수일 · 인도일 · 사용수익일 중 빠른 날

6. 다음 중 양도소득세의 과세대상에 해당하지 않는 것은?

① 건물의 현물출자
② 비상장법인이 발행한 주식 양도소득
③ 고가주택에 해당하지 않는 1세대 1주택의 양도
④ 임대하던 점포를 양도하는 경우

📍 **내비게이션**

• 고가주택에 해당하지 않는 1세대 1주택의 양도 : 비과세

📖 **ANSWER** 1. ③ 2. ④ 3. ② 4. ④ 5. ③ 6. ③

단기속성특강 제152강 · 양도소득세 계산구조

양 도 차 익

[양도차손익의 통산]

- 각통산단위별(① 부동산 등 ② 주식)로 양도소득금액에서 통산
  ▶ 통산단위별 상호통산 ×, 이월공제없음(소멸계산)
  ① 1차통산 : 통산단위 내에서 같은 세율 자산과 우선 통산
  ② 2차통산 : 그래도 양도차손이 있는 경우, 통산단위내의 1차통산 후 양도소득금액비율에
  　　　　　　따라 안분통산

(−) 장 기 보 유 특 별 공 제	➡

- 이하 보유연수는 1년 미만은 절사

과세되는 1세대 1주택		기타 토지 · 건물	
보유 3년이상	양도차익×공제율[1] [한도] 80%	보유 3년이상	양도차익×공제율[2] [한도] 30%

[1] 보유기간별공제율+거주기간별공제율　　[2] 보유기간별공제율
▶ 〈적용제외〉 미등기자산

양 도 소 득 금 액

(−) 양 도 소 득 기 본 공 제	➡

- 각호(1호~4호)의 소득별로 각각 연 250만원 공제
  ┌ 〈1호〉 부동산 등
  └ 〈2호〉 주식(국내주식과 해외주식)
- [공제순서] ① 감면소득금액외의 소득금액에서 우선공제 ② 먼저 양도한 자산부터 순차공제

양 도 소 득 과 세 표 준

▶ 〈적용제외〉 미등기자산

(×) 세 율	➡

부동산등	• 등기자산으로 보유기간 2년 이상	기본세율(6%~45%)
	• 등기자산으로 보유기간 1년 이상 2년 미만	40%(주택 : 60%)
	• 등기자산으로 보유기간 1년 미만	50%(주택 : 70%)
	• 미등기자산	70%
	• 그 외 자산	기본세율(6%~45%)
주식	• 중소기업의 주식	10%(대주주 : 20%)
	• 비중소기업의 대주주의 1년 미만 보유주식	30%
	• 기타주식	20%

산 출 세 액

(−) 감 면 공 제 세 액

결 정 세 액

(+) 가 산 세

총 결 정 세 액

양도소득과세표준 예정신고

❖대　상
　양도소득세 과세대상을 양도한 자
❖신고기한
　① 부동산 등 : 양도일이 속하는 달의 말일부터 2월 내
　② 주　　　식 : 양도일이 속하는 반기의 말일부터 2월 내
❖기타사항
　① 양도차익이 없거나 결손시에도 신고해야 하며, 예정신고납부의무 위반시는 가산세가
　　　부과됨
　② 예정신고자는 확정신고를 하지 않아도 무방함.

(−) 기 납 부 세 액

차 가 감 납 부 세 액

보론 분납 가능함.

FINAL 객관식뽀개기

기출 & 적중문제

1. 다음은 양도소득에 대한 설명이다. 가장 잘못된 설명은?

① 등기 또는 등록에 관계없이 매도로 인하여 자산의 소유권이 이전된다면 이는 양도에 해당한다.

② 대주주가 장내에서 양도하는 상장법인의 주식은 양도소득세 과세대상이다.

③ 부동산에 관한 권리의 양도는 양도소득세 과세대상이다.

④ 양도소득기본공제는 자산그룹별로 각각 250만원을 공제하며 "미등기 양도자산"에 대해서도 동일하게 적용한다.

◉ 내비게이션

•양도소득기본공제는 미등기 양도자산에 대해서는 적용배제한다.

2. 거주자 김영일씨는 얼마전 6년간 보유한 토지를 양도하였다. 토지는 등기되었으며 사업용이다. 아래 자료에 의하여 양도소득금액을 계산하면?(단, 토지의 실제양도비용은 1,000,000원이다.)

	실제거래가액	기준시가
양도가액	150,000,000원	100,000,000원
취득가액	79,000,000원	60,000,000원
단, 장기보유특별공제율은 12%로 가정한다.		

① 34,300,000원 ② 49,100,000원
③ 61,600,000원 ④ 78,320,000원

◉ 내비게이션

•(150,000,000-79,000,000-1,000,000)-70,000,000x12%=61,600,000

3. 거주자인 김상일씨는 부동산임대업을 영위하기 위해 20x1년 업무용오피스텔을 취득한 후 20x5년도에 ㈜A에 양도하였다. 관련 자료가 다음과 같을 경우 양도소득 과세표준은 얼마인가?

ㄱ. 김상일씨는 20x1년 11월 1일 오피스텔을 시가 5억원에 취득하여 20x5년 12월 24일 시가 8억원에 양도하였다.

ㄴ. 오피스텔 취득시 부대비용 5천만원이 발생하였으며 양도비용 8백만원이 발생하였다. 또한 보유 기간 중에 오피스텔에 대한 자본적 지출액으로 1천만원을 지출하였다.

ㄷ. 20x5년중 양도한 다른 양도소득세 과세대상 자산은 없으며 양도소득기본공제는 250만원이다.

ㄹ. 해당 자산은 미등기자산이 아니며 장기보유특별공제율은 8%를 적용한다.

① 201,410,000원 ② 201,660,000원
③ 210,400,000원 ④ 210.940.000원

◉ 내비게이션

•양도차익 : 800,000,000-(500,000,000+50,000,000+8,000,000+ 10,000,000)
=232,000,000

•양도소득금액 : 232,000,000-232,000,000×8%=213,440,000

•양도소득과세표준 : 213,440,000-2,500,000=210,940,000

4. 양도소득세에 관한 다음 설명 중 가장 타당한 것은?

① 보유기간이 2년인 비사업용토지는 장기보유특별공제의 적용대상이다.

② 미등기자산에 대한 양도소득세율은 현행 가장 높은 60%가 적용된다.

③ 재건축 관련 입주권 1매와 주택 1채를 소유한 경우 1세대 2주택으로 본다.

④ 양도소득기본공제는 자산그룹별로 각각 250만원을 공제하되, 미등기양도자산에 대해서도 적용한다.

◉ 내비게이션

•① 3년 이상이어야 한다.
② 미등기자산에 대한 양도소득세율은 현행 가장 높은 70%가 적용된다.
④ 미등기양도자산에 대해서는 양도소득기본공제를 적용하지 않는다.

5. 거주자인 김씨(소액주주)는 보유하고 있던 비상장주식을 60,000,000원에 양도하였다. 다음 자료에 의해 비상장주식 양도로 인한 양도소득세 산출세액을 계산하면?

(1) 실지취득가액 : 20,000,000원

(2) 보유기간 : 7년 2개월

(3) 양도일 : 20x1년 10월 4일

(4) 당해 주식은 중소기업인 ㈜A의 주식이며, 당해 양도로 인한 필요경비는 발생하지 않았다.

① 3,750,000원 ② 4,000,000원
③ 7,500,000원 ④ 11,250,000원

◉ 내비게이션

•양도소득금액 : 60,000,000 - 20,000,000 = 40,000,000
•양도소득과세표준 : 40,000,000 - 2,500,000 = 37,500,000
•양도소득산출세액 : 37,500,000 × 10% = 3,750,000

단기속성특강 제153강		소득세 납세절차

중간예납	중간예납의무자	•종합소득(사업소득)이 있는 거주자 ▶ ∴퇴직·양도소득 및 신규사업개시자는 중간예납 없음!
	고지납부(원칙)	① 11.1~11.15까지 관할세무서장이 고지서로 통지 ② 11.30까지 납부 참고 소액부징수 : 중간예납세액이 50만원 미만인 경우에는 징수하지 않음.
매매차익 예정신고	대상	•부동산매매업자의 토지와 건물
	신고납부	•매매일이 속하는 달의 말일부터 2월이 되는 날까지 신고납부 주의 매매차익이 없거나 매매차손시에도 예정신고는 해야 함.
사업장 현황신고	신고대상	•개인사업자중 부가가치세 면세사업자
	신고기한	•해당 과세기간종료일의 다음연도 2월 10일 ▶ 휴·폐업신고시는 그 신고와 함께 병행신고 해야 함. 주의 사업장현황신고로 확정신고가 면제되는 것은 아님.
	신고면제	•부가가치세법상 사업자가 예정신고 또는 확정신고한 때 ▶ ∴면세사업자만 대상!
	참고 개인사업자는 해당 사업자의 현황을 다음연도 2월 10일까지 신고해야함. 이 경우 예정신고나 확정신고시는 사업장현황신고를 한 것으로 보므로 결국 사업장현황신고 의무자는 면세사업자가 됨.	
확정신고	신고납부	•다음 연도 5.1~5.31까지 신고납부 주의 과세표준이 없거나 결손시도 신고해야 함.
	신고의무면제	① 근로소득만 있는 자(∵연말정산) ② 공적연금소득만 있는 자(∵연말정산) ③ 연말정산 사업소득만 있는 자 ④ 퇴직소득만 있는 자(∵원천징수로 종결) ⑤ 분리과세소득만 있는 자(∵원천징수로 종결) ⑥ 예정신고를 한 자(∵확정신고 불필요)
	분납	•납부할 세액이 1천만원을 초과시는 분납가능('법인세법'과 동일)
결정·경정	결정사유	•무신고시 관할세무서장(지방국세청장)은 세액 등을 결정함.
	경정사유	•신고는 했으나 신고내용에 탈루 또는 오류가 있는 때에는 정부가 경정함.
	결정·경정방법	원칙 : 실지조사	•과세표준신고서 및 그 첨부서류에 의하거나, 비치·기장한 장부와 기타 증빙서류에 의하여 과세표준과 세액을 결정 또는 경정하는 것
		예외 : 추계조사	•장부와 증빙서류가 없거나 중요한 부분이 미비하거나 기장의 내용이 시설규모, 종업원수 등에 비추어 허위임이 명백하여 이를 기초로 조사할 수 없는 경우에는 단순경비율 및 기준경비율에 의한 방법 등에 따라 결정하거나 경정함.

FINAL 객관식뽀개기

기출 & 적중문제

1. 소득세법상 종합소득세 확정신고를 반드시 해야 하는 거주자는?

① 근로소득만 있는 자
② 퇴직소득만 있는 자
③ 근로소득과 부동산임대소득이 있는 자
④ 근로소득과 퇴직소득만 있는 자

◉ 내비게이션

•부동산임대소득(사업소득)에 대해서는 반드시 확정신고를 해야한다.

2. 다음 중 반드시 종합소득세 확정신고를 해야 하는 자는 누구인가?

① 주택신축 판매업을 영위하며 소득을 얻고 있는 이선규씨
② 강릉상사에 근무하다가 당기에 퇴직하여 퇴직금을 수령하였고 아직까지 취직을 하지 못하고 있는 최진성씨
③ 2억원의 정기예금에서 매년 1,000만원의 이자를 수령하고 계신 한창선 할아버지
④ 삼진전자에 근무하고 있고 근로소득 이외의 소득은 없는 이동률씨

◉ 내비게이션

•① 건설업(주택신축판매업)은 사업소득이므로 확정신고의무가 있다.
② 퇴직소득은 원천징수로 과세종결한다.
③ 2천만원이하 이자소득은 분리과세로 과세종결한다.
④ 근로소득은 연말정산으로 과세종결한다.

3. 다음은 소득세 신고납부에 관한 사항이다. 가장 잘못 설명하고 있는 것은?

① 양도소득세 과세대상에 해당하는 부동산을 양도한 거주자의 예정신고기한은 당해 자산의 양도일이 속하는 달의 말일부터 2개월이 되는 날이다.
② 양도소득세는 자산양도차익에 대한 예정신고를 한 경우에도 확정신고를 반드시 하여야 한다.
③ 종합소득이 있는 거주자는 다음연도 5월말까지 확정신고하여야 한다.
④ 사업소득이 있는 자는 중간예납의무가 있다.

◉ 내비게이션

•예정신고자는 확정신고를 안 해도 무방하다.

4. 다음은 문구용 소매업을 영위하는 거주자 김영일씨의 소득금액이다. 아래 소득 이외에 다른 소득이 없는 경우 종합소득세 신고시 반드시 포함해야할 소득은 무엇인가(단, 모든 소득은 국내에서 발생하였다.)?

① 복권당첨소득 200,000,000원
② 문구소매업 운영수익 5,000,000원
③ 은행예금에서 발생한 이자수익 10,000,000원
④ 보유주식 · 자동차 처분시 발생한 이익 20,000,000원

◉ 내비게이션

•① 복권당첨소득은 무조건분리과세 대상이다.
② 문구소매점 운영수익은 사업소득으로 종합소득세 신고시 반드시 포함해야 한다.
③ 은행예금 이자수익 10,000,000원은 2천만원을 초과하지 않으므로 분리과세된다.
④ 주식양도소득은 미열거소득이므로 원칙적으로 과세하지 않으며, 고정자산처분이익도 원칙적으로 과세되지 않는다.

5. 다음 중 소득세법상 사업장현황신고를 하지 않아도 되는 사업장은?

① 병원
② 인가를 받아 운영하는 입시학원
③ 신문발행과 광고업을 같이 운영하는 신문사
④ 시내버스를 운영하는 버스회사

◉ 내비게이션

•겸영사업자는 과세사업자이므로 사업장현황신고를 할 필요가 없다.

6. 소득세 신고납부에 대해 가장 올바른 것은?

① 성실신고확인대상자가 성실신고확인서를 제출하는 경우에는 5월 1일부터 6월 30일까지 종합소득과세표준 확정신고를 해야 한다.
② 양도소득세 과세대상에 해당하는 주식을 양도한 자는 양도일이 속하는 달의 말일로부터 2개월 이내에 예정신고를 하여야 한다.
③ 부동산매매업자는 토지 등 매매차익과 세액을 그 매매일이 속하는 달의 말일부터 3개월이 되는 날까지 신고납부해야 한다.
④ 면세사업자는 다음연도 1월 25일까지 사업장현황신고를 해야 한다.

◉ 내비게이션

•② 양도일이 속하는 달의(X) → 양도일이 속하는 반기의(O)
③ 3개월(X) → 2개월(O)
④ 1월 25일(X) → 2월 10일(O)

단기속성특강 제154강 　　　부가가치세 총설

부가가치세 특징	소비형부가가치세	•소비지출해당 부가가치만을 과세대상으로 함.
	전단계세액공제법	•납부세액 = 매출세액(매출액 × 세율) – 매입세액(매입액 × 세율) 🔎주의 전단계거래액공제법＜납부세액 =(매출액 – 매입액)×세율＞이 아님.
	일반소비세	•원칙적으로 모든 재화·용역 소비행위사실에 대해 과세 ▶ 특정 재화·용역의 소비행위에 과세되는 개별소비세와 구별됨.
	간접세	•세부담의 전가를 예상하는 간접세 ▶ ∴납세의무자≠담세자 ▶ 최종소비자는 담세자이며, 납세의무자가 아님.
	단일세율 (단일비례세율)	•10%의 동일한 세율을 적용 ▶ 단, 영세율과 면세는 제외
	다단계거래세	•제조, 도매, 소매 등의 거래의 모든 단계마다 과세
	소비지국과세원칙	•생산지국은 영세율을 적용하고 소비지국에서 과세권을 행사

보론 **과세표준**
　　공급가액(=VAT제외금액)이 과세표준임.(공급대가는 VAT포함금액임.)

과세대상	재화의 공급	❖국내거래 재화 중 사업자가 공급하는 것만 과세대상으로 함.		
		•재화란 재산적 가치 있는 물건(유체물)·권리(무체물)를 말함.		
		재화	유체물	상품·기계·건물·토지 등
			무체물	동력·열·자연력·권리 등

•재화란 재산적 가치 있는 물건(유체물)·권리(무체물)를 말함.

재화	유체물	상품·기계·건물·토지 등	–다음은 재화가 아님. •화폐대용증권(어음·수표) •유가증권(주식·사채·상품권)
	무체물	동력·열·자연력·권리 등	•권리의 양도 : 재화의 공급 •권리의 대여 : 용역의 공급

용역의 공급

❖국내거래 용역 중 사업자가 공급하는 것만 과세대상으로 함.

•용역은 재화외의 재산적 가치 있는 모든 역무 및 그 밖의 행위로 용역은 일정사업(14가지 업종)에 해당하는 모든 역무 및 그 밖의 행위로 함.

용역	과세 O	•특허권 등 권리의 대여는 용역의 공급으로 봄. •음식점업은 규정상 용역의 공급으로 봄. •부동산업 중 부동산임대업은 용역의 공급으로 봄. 　🔎주의 부동산업 중 부동산매매업 : 재화의 공급
	과세 X	•전답·과수원·목장용지·임야·염전임대업은 용역의 공급이 아님

재화의 수입

❖수입자가 사업자인지 여부를 불문하고 과세대상으로 함.

외국공급자	← 거래징수 ×	수입자 〈사업자여부불문〉	← 거래징수 O	세관장

🔎주의 용역의 수입은 과세거래가 아님.

부수 재화·용역	❖주된재화·용역이 과세이면 부수재화·용역도 과세함.(주된재화·용역이 면세이면 부수재화·용역도 면세) ▶ 예 학원이 교육용역과 함께 실습도구 제공시 학원이 면세이므로 실습도구도 면세

FINAL 객관식뽀개기　　　기출&적중문제

1. 부가가치세법에 대한 다음 설명 중 가장 옳지 않은 것은?

① 부가가치세의 과세대상은 재화 및 용역의 공급과 재화의 수입이다.
② 부가가치세는 납세의무자의 신고에 의해 납세의무가 확정되는 신고납세제도를 채택하고 있다.
③ 부가가치세는 납세의무자와 실질적인 담세자가 일치하지 않는 간접세이다.
④ 부가가치세는 재화 또는 용역이 생산되는 국가에서 과세하는 생산지국 과세원칙을 채택하고 있다.

📍 **내비게이션**

•소비지국과세원칙을 채택하고 있음.

2. 다음 중 부가가치세법에 관한 설명으로 가장 올바르지 않은 것은?

① 부가가치세는 원칙적으로 모든 재화 또는 용역의 공급을 과세대상으로 하는 일반소비세에 해당한다.
② 부가가치세는 납세의무자와 실질적인 담세자가 일치하지 않는 간접세이다.
③ 부가가치세는 일정기간 동안 사업자가 공급한 매출액에서 매입액을 차감하여 부가가치를 계산한 다음 세율을 적용하는 전단계거래액공제법을 따르고 있다.
④ 부가가치세는 소비지국과세원칙을 채택하고 있으므로 수출하는 재화에 대하여 영세율이 적용된다.

📍 **내비게이션**

•전단계거래액공제법(X) → 전단계세액공제법(O)

3. 다음 중 부가가치세법에 관한 설명으로 가장 올바르지 않은 것은?

① 부가가치세 과세방법은 전단계세액공제법을 따르고 있다.
② 부가가치세는 소비를 할 때 과세가 이루어지므로 소비세에 해당한다.
③ 재화의 수입의 경우 국내 생산 재화 및 용역과 마찬가지로 사업자인 수입자에게만 부가가치세가 과세된다.
④ 현행 부가가치세는 소비지국 과세원칙을 채택하고 있으므로 수출하는 재화에 대해서는 영세율이 적용된다.

📍 **내비게이션**

•재화의 수입시 수입자는 사업자여부를 불문한다.

4. 다음 중 부가가치세에 대한 설명으로 가장 올바르지 않은 것은?

① 부가가치세란 재화 또는 용역이 생산되거나 유통되는 모든 단계에서 창출되는 부가가치를 과세대상으로 하는 조세이다.
② 부수재화 또는 용역의 과세범위·공급장소·공급시기 등은 모두 주된 재화 또는 용역의 공급에 따라 판단한다.
③ 재화의 수입의 경우 국내생산 재화 및 용역과 마찬가지로 사업자인 수입자에게만 부가가치세를 과세한다.
④ 우리나라의 부가가치세율은 원칙적으로 10%를 적용하되 수출하는 재화 등에는 0%의 세율을 적용한다.

📍 **내비게이션**

•수입자는 사업자여부를 불문한다.

5. 다음 중 부가가치세에 대해 가장 옳지 않은 주장을 하는 사람은 누구인가?

① 김민정 : 일정 요건을 갖춘 경우에는 부가가치세 환급을 조기에 받기 위한 조기환급 신청이 가능합니다.
② 김나래 : 세금계산서의 필요적 기재사항의 전부 또는 일부가 기재되지 아니하거나 사실과 다를 경우 적법한 세금계산서로 보지 않으며, 가산세 등의 불이익이 있습니다.
③ 황미나 : 사업개시일로부터 20일 이내에 사업자 등록을 신청하지 않으면 미등록가산세가 부과되므로 주의해야 합니다.
④ 문정인 : 부가가치세는 납세의무자와 담세자가 동일하므로 직접세에 해당합니다.

📍 **내비게이션**

•부가가치세는 납세의무자와 담세자가 다른 간접세에 해당한다.

보론	부수재화·용역의 과세·면세여부	
주된재화·용역	**부수재화·용역**	**과세·면세여부**
과세대상(예피아노)	과세대상(예의자)	과세
과세대상(예조경공사)	면세대상(예수목)	과세
면세대상(예미술학원)	과세대상(예실습도구)	면세
면세대상(예생선)	면세대상(예소금)	면세
주된사업	**부수재화·용역**	**과세·면세여부**
과세사업(예제조업)	과세대상(예건물매각)	과세
과세대상(예제조업)	면세대상(예토지매각)	**면세**
면세대상(예은행업)	과세대상(예건물매각)	면세
면세대상(예은행업)	면세대상(예토지매각)	면세

ANSWER　1. ④　2. ③　3. ③　4. ③　5. ④

단기속성특강 제155강 　　　　　납세의무자 · 사업자등록

납세의무자	납세의무	과세사업자	•일반과세자, 간이과세자 ▶ 겸영사업자[과세+면세(비과세사업)]도 과세사업자임. 🔍주의 과세사업자라도 면세대상을 공급시는 VAT가 면제됨.
		면세사업자	•납세의무없음. ▶ 매출시 부가가치세가 제외된 계산서를 발행함. 🔍주의 면세사업자는 매출세액이 없고 매입세액을 공제받지 못하며, 부가가치 　　　세법상 사업자등록, 세금계산서 발급, 과세표준신고 등의 제반 의무가 　　　없음. 다만, 매입세금계산서를 수취할 수는 있음.
	사업자 요건	재화 · 용역공급	•과세 재화 · 용역을 공급하는 사업자는 사업자등록, 거래징수와 무관하게 납세 의무를 짐.
		계속 · 반복성	•부가가치를 창출해 낼 수 있는 정도의 사업형태를 갖추고 계속 · 반복적인 의사 로 재화 · 용역을 공급해야 함. 🔍주의 ∴한 두번의 일시적 공급은 납세의무 없음.
		독립성	•재화 또는 용역의 공급을 사업상 독립적으로 해야 함. 🔍주의 ∴종업원이 공급하는 것은 납세의무 없음.(고용주가 납세의무짐)
		영리목적불문	•사업성 판단에 영리목적 여부는 불문함. 🔍주의 ∴국가 · 지자체 등도 납세의무자임.
	참고 신탁재산 관련 공급시는 원칙적으로 수탁자를 납세의무자로 함.(위탁자 명의로 공급시는 위탁자)		

사업자등록	신청	등록	•사업장마다 사업개시일로부터 20일내에 등록해야 함. •신규사업자는 사업개시일 전 등록도 가능함.
		신청장소	•전국 모든 세무서 ▶ 사업장 관할세무서에서만 가능한 것이 아님.
		등록의무자	•과세사업자(영세율사업자 포함), 겸영사업자, 면세포기자 　▶ 부가가치세법상 사업자등록시 소득세 · 법인세법상 등록한 것으로 봄 🔍주의 면세사업자는 부가가치세법상 사업자등록의무는 없으나 소득세 · 법인세 　　　법상 사업자등록은 해야 하며, 면세사업자가 추가로 과세사업을 겸영하려 　　　는 경우 사업자등록정정신고시 부가가치세법에 따른 사업자등록신청을 한 　　　것으로 봄.
		발급	•신청일로부터 2일 이내 ▶ 단, 사업장 시설 · 현황 확인을 위해 발급기한을 5일 이내에서 연장가능
	사후관리	등록정정 사유	•상호변경, 사업종류변동, 사업장이전, 임대차계약 내용의 변경 🔍주의 사업자의 주소변경은 정정사유가 아님. •통신판매업자가 사이버몰의 명칭 또는 인터넷 도메인이름을 변경 •법인의 대표자 변경, 상속으로 인한 사업자 명의 변경 🔍주의 일반적 개인사업자의 대표자 변경 : 정정사유(×), 폐업사유(○) 　　　증여로 인한 사업자 명의 변경 : 정정사유(×), 폐업사유(○) •공동사업자의 구성원 또는 출자지분 변경 •사업자단위과세사업자 총괄사업장 변경, 종된사업장 신설 · 이전 · 휴업 · 폐업
		휴 · 폐업	•사업자등록증을 첨부하여 지체없이 휴 · 폐업신고서 제출 •세무서장은 등록말소하고 등록증을 회수 또는 회수불가시 말소사실 공시
	미등록시 제재	•미등록가산세(사업개시일부터 등록신청일 전일까지 공급가액의 1%) •등록 신청 전 거래에 대한 매입세액불공제 🔍주의 다만, 공급 과세기간이 끝난후 20일내 등록신청시 등록신청일부터 공급시기가 속하는 과세 　　　기간 기산일((1/1 또는 7/1)까지 역산한 기간 내의 것은 공제함. 　　　▶ 예 사업개시 3/1, 등록신청 7/14 　　　　→매입세액공제 : 1/1~7/13까지분, 미등록가산세 : 3/1~7/13 공급가액×1%		

FINAL 객관식뽀개기

기출 & 적중문제

1. 다음은 부가가치세법상 납세의무자에 대한 설명이다. 다음 중 옳지 않은 것은?

① 재화 또는 용역의 공급에 대한 부가가치세의 납세의무자는 사업자이다.

② 부가가치세법상 사업자란 영리를 목적으로 사업상 독립적으로 재화 또는 용역을 공급하는 자이다.

③ 수입하는 재화의 부가가치세 납세의무는 세관장에게 있다.

④ 부가가치세법상 사업자는 재화 또는 용역의 공급행위가 계속 · 반복적이어야 한다.

📍 **내비게이션**

• 영리목적 불문

2. 다음의 부가가치세법상 사업자등록에 관한 설명 중 틀린 것은?

① 사업자등록을 하지 아니하는 경우에는 관할세무서장이 조사하여 직권으로 등록시킬 수 있다.

② 통신판매업자가 사이버몰의 명칭 또는 인터넷도메인을 변경한 경우도 사업자등록 정정사유에 해당한다.

③ 납세의무자는 반드시 사업자등록을 하여야 부가가치세법상의 권리와 의무를 수행할 수 있다.

④ 개인사업자가 그 명의를 변경하는 경우에는 사업자등록증을 정정하여야한다.

📍 **내비게이션**

• 개인사업자의 명의변경은 폐업사유임.

3. 다음 중 부가가치세법상 납세의무자에 관한 설명으로 올바른 것은?

① 부가가치세의 납세의무자는 재화 또는 용역을 공급받는 사업자이다.

② 과세사업과 면세사업을 겸업하는 겸업사업자는 면세사업자로 분류된다.

③ 신규로 사업을 개시하는 사업자는 사업장마다 사업자등록을 하여야 한다.

④ 과세사업자가 면세대상 재화와 용역을 공급하는 경우에는 부가가치세가 과세된다.

📍 **내비게이션**

• ① 공급받는 사업자(X) → 공급하는 사업자(O)
② 면세사업자(X) → 과세사업자(O)
④ 면세대상 재화 또는 용역을 공급하는 경우에는 모두 면세된다.

4. 부가가치세법상 사업자등록에 대한 설명 중 틀린 것은?

① 사업자등록을 하지 아니한 사업자는 유효한 세금계산서를 발급할 수 없다

② 신규로 사업을 시작하려는 자는 사업개시일 전이라도 사업자등록을 할 수 있다.

③ 사업자등록에 의해 사업자등록번호가 부여되므로 등록일 이전의 매입세액은 매출세액에서 공제하지 아니한다.

④ 신규로 사업을 개시하는 자는 사업장마다 사업개시일부터 20일 이내에 원칙적으로 사업장 관할세무서장에게 등록하여야 한다.

📍 **내비게이션**

• 매입세액공제 특례있음.

5. 다음 중 사업자등록의 정정사유가 아닌 것은?

① 상호를 변경하는 때

② 사업의 종류에 변경이 있는 때

③ 사업장을 이전할 때

④ 증여로 인하여 사업자의 명의가 변경되는 때

📍 **내비게이션**

• 상속으로 인하여 사업자의 명의가 변경되는 경우 : 정정사유
• 증여로 인하여 사업자의 명의가 변경되는 경우 : 폐업사유

6. 다음 중 부가가치세법상 사업자등록에 관한 설명으로 가장 올바르지 않은 것은?

① 면세사업자의 경우 부가가치세법상 사업자등록의무가 배제되나 법인세법 또는 소득세법상 사업자등록은 하여야 한다.

② 신규로 사업을 개시하고자 하는 자는 사업개시일 전이라도 사업자등록을 할 수 있다.

③ 사업개시일로부터 10일 이내에 사업자등록을 신청하지 아니한 경우 미등록가산세를 적용받는다.

④ 사업자등록신청을 받은 세무서장은 원칙적으로 2일내에 사업자등록증을 발급하여야 한다.

📍 **내비게이션**

• 10일 이내(X) → 20일 이내(O)

🎓 **ANSWER** 1. ② 2. ④ 3. ③ 4. ③ 5. ④ 6. ③

단기속성특강 제156강 　과세기간 · 납세지

구분		제1기 과세기간		제2기 과세기간	
		예정	확정	예정	확정
기간		1.1~3.31	4.1~6.30	7.1~9.30	10.1~12.31
신고기한		4.25	7.25	10.25	다음연도 1.25

과세기간

▶ 예정신고분은 확정신고시 제외하며, 예정신고누락분은 확정시 포함하되 확정시 누락분은 경정청구나 수정신고에 의함.
🔎주의 법인은 원칙적으로 개인과 달리 예정신고의무가 있으며, 간이과세자의 과세기간은 1년(1.1~12.31)임.

신규사업개시자
•사업개시일~과세기간종료일
　▶ 단, 사업개시전 사업자등록신청시 : 등록신청일~과세기간종료일

폐업자
•과세기간개시일~ 폐업일

간이과세포기자
❖ 일반과세의 적용을 받고자하는 달의 전달 마지막 날까지 간이과세포기신고 가능
•과세기간개시일~포기신고일이 속하는 달 말일(간이과세적용)
•다음달 1일~과세기간종료일(일반과세적용)

납세지

사업장별 과세원칙
•사업장별로 다음사항이 이루어짐.
① 사업자등록, 세금계산서수취 · 발급, 과세표준과 세액계산
② 신고, 납부(환급), 결정 · 경정 · 징수
예외 주사업장총괄납부, 사업자단위과세제도

사업장

광업	•광업무소 소재지
제조업	•최종제품완성장소 　▶ 따로 포장만을 하거나 용기의 충전만을 하는 장소는 제외 　🔎주의 판매장소가 아님.
건설업, 운수업 부동산매매업	•법인인 경우 : 법인등기부상 소재지 •개인인 경우 : 업무총괄장소
부동산임대업	•부동산의 등기부상 소재지
무인자동판매기	•업무총괄장소 　🔎주의 무인자동판매기 설치장소가 아님.
통신판매업자	•부가통신사업자의 주된사업장 소재지
비거주자 · 외국법인	•국내사업장소재지

사업장 판정

사업장신청	•위 이외 장소도 신청에 의해 사업장으로 등록가능 　🔎주의 단, 무인판매기사업은 제외
사업장미설치	•사업장을 설치하지 않은 경우에는 사업자의 주소(거소)를 사업장으로 봄. 　보론 사업장을 설치하지 아니하고 사업자등록도 하지 아니한 경우에는 결정 · 경정할 당시의 주소(거소)를 사업장으로 함.

기타사항
•직매장은 사업장으로 보나, 하치장과 임시사업장은 사업장으로 보지 않음.
보론 ① 임시사업장 개설신고 : 개시일부터 10일 이내
　▶ 설치기간이 10일 이내인 경우는 개설신고 생략가능
② 임시사업장 폐쇄신고 : 폐쇄일부터 10일내

FINAL 객관식뽀개기

기출 & 적중문제

1. 다음 중 부가가치세법에 대한 설명으로 가장 올바르지 않은 것은?

① 부가가치세 확정신고시에는 예정신고분을 포함한 과세기간 전체에 대한 모든 거래를 신고하여야 한다.
② 우리나라의 부가가치세율은 원칙적으로 10%를 적용하며 수출재화 등에는 0%의 세율을 적용한다.
③ 부가가치세는 원칙적으로 모든 재화 또는 용역을 과세대상으로 하는 일반소비세에 해당한다.
④ 부가가치세법상 사업자란 영리목적의 유무에 불구하고 사업상 계속적으로 재화 또는 용역을 공급하는 자를 말한다.

◉ 내비게이션

•확정신고시에는 예정신고분은 제외한다.

2. 다음 중 법인의 업종과 부가가치세법상 사업장을 연결한 것으로 가장 올바르지 않은 것은?

① 제조업 – 최종제품 완성장소
② 부동산매매업 – 법인 등기부상 소재지
③ 광업 – 광업사무소 소재지
④ 부동산임대업 – 법인 등기부상 소재지

◉ 내비게이션

•법인 등기부상 소재지(X) → 부동산의 등기부상 소재지(O)

3. 부가가치세 납세의무자 및 과세기간에 관한 다음 설명 중 맞지 않는 것은?

① 신규사업개시 전에 사업자 등록을 한 경우 최초의 과세기간은 사업개시일부터 그 날이 속하는 과세기간의 종료일까지로 한다.
② 국가도 부가가치세 납세의무자에 포함된다.
③ 신규사업개시자의 경우 최초의 과세기간은 사업개시일부터 그 날이 속하는 과세기간의 종료일까지로 한다.
④ 사업자가 폐업하는 경우 과세기간은 폐업일이 속하는 과세기간 개시일부터 폐업일까지로 한다.

◉ 내비게이션

•사업개시일(X) → 등록신청일(O)

4. 다음 중 부가가치세법상 사업장에 대한 설명이 틀린 것은?

① 사업장은 사업자 또는 그 사용인이 상시 주재하여 거래의 전부 또는 일부를 행하는 장소로 한다.
② 제조업에 있어서는 최종 제품을 완성하는 장소를 사업장으로 한다.
③ 무인자동판매기는 무인자동판매기를 설치한 장소를 사업장으로 한다.
④ 사업장을 설치하지 않은 경우에는 사업자의 주소 또는 거소를 사업장으로 한다.

◉ 내비게이션

•그 사업에 관한 업무를 총괄하는 장소

5. 부가가치세법상 사업장에 관한 설명이다. 옳지 않은 것은?

① 사업장마다 신고·납부하는 것이 원칙이다.
② 주사업장총괄납부 사업자는 주된 사업장에서 총괄하여 납부하지만, 신고는 각 사업장별로 해야 한다.
③ 직매장은 사업장으로 보며 하치장은 사업장으로 보지 않는다.
④ 건설업 영위법인은 건설하는 장소가 사업장이다.

◉ 내비게이션

•법인의 등기부상 소재지

보론	과세유형 변경과 과세기간 적용
과세유형 적용기간	•1년의 공급대가 수준에 따라 다음 해의 7/1부터 그 다음 해의 6/30까지를 일반과세 또는 간이과세를 적용함.

예시 1 일반과세자의 20x1년 '공급대가〈1억 4백만원' 인 경우
① 간이과세 적용기간 : 20x2.7.1~20x3.6.30
② 따라서, 20x2년의 과세유형 적용은 다음과 같음.
  ㉠ 20x2.1.1~6.30 : 일반과세
  ㉡ 20x2.7.1~12.31 : 간이과세
    →∴간이과세자의 과세기간이 6개월이라는 특례가 적용됨.

예시 2 간이과세자의 20x1년 '공급대가≧1억 4백만원' 인 경우
① 일반과세 적용기간 : 20x2.7.1~20x3.6.30
② 따라서, 20x2년의 과세유형 적용은 다음과 같음.
  ㉠ 20x2.1.1~6.30 : 간이과세
    →∴간이과세자의 과세기간이 6개월이라는 특례가 적용됨.
  ㉡ 20x2.7.1~12.31 : 일반과세

ANSWER 1. ① 2. ④ 3. ① 4. ③ 5. ④

단기속성특강 제157강 　　　주사업장총괄납부와 사업자단위과세

주사업장 총괄납부	의의	• 어느 한사업장(제조장)에서 다른 사업장(직매장)에 반출하는 경우 사업장별 과세 원칙에 의하는 경우 제조장에서는 매입세액(환급세액)만 발생하고, 직매장에서는 납부세액(매출세액)만 발생함. 이때 직매장 매출세액은 예정(확정)신고기한 내에 납부하나, 제조장 매입세액에 대한 환급은 원칙적으로 확정신고기한 경과 후 30일내에 환급되므로 납부와 환급의 기간차이로 인해 이 기간동안 사업자는 불필요한 자금부담을 지게 되는 문제점이 있음. 　▶ 이러한 문제점의 해소를 위해 현행 다음의 규정을 두고 있음. 　　① 주사업장총괄납부와 사업자단위과세제도 　　② 위 주사업장총괄납부등 사업자가 아닌 사업자에 대한 직매장반출 공급의제 제도
	주된사업장 (주사업장)	<table><tr><td>법인</td><td>• 본점(주사무소) 또는 지점(분사무소)　▶ ∴선택가능</td></tr><tr><td>개인</td><td>• 주사무소　　　　　　　　　　　　　▶ ∴선택불가</td></tr></table>
	신청	• 총괄납부코자하는 과세기간 개시 20일전에 주된 사업장 관할세무서장에게 신청 　🔍주의 신청임에도 불구하고 승인절차없이 신청만으로 주사업장총괄납부를 적용함. 　▶ 단, 신규사업개시자가 주사업장총괄납부를 신청하였을 때에는 해당 신청일이 속하는 과세기간부터 총괄납부함.
	효력	<table><tr><td>총괄납부(환급)</td><td>• 납부(환급)에 국한하여 적용 　🔍주의 ∴신고, 사업자등록, 세금계산서작성·발급, 과세표준과 세액계산, 결정·경정 등은 각 사업장별로 행함.</td></tr><tr><td>직매장반출 공급의제배제</td><td>• 공급으로 보지 않더라도 사업장별로 납부(환급)세액을 통산하여 주된 사업장에서 납부함으로써 불필요한 자금부담의 문제점이 자동해소 되기 때문임.</td></tr></table>
사업자단위 과세	의의	• 둘 이상의 사업장이 있는 사업자로서 사업자단위로 사업자등록을 한 사업자는 그 사업자의 본점(주사무소)에서 총괄하여 신고·납부·사업자등록·세금계산서 발급과 수취·결정·경정 등 모든 부가가치세법에 따른 납세의무를 사업자단위로 이행이 가능 • 사업자단위로 사업자등록을 한 사업자는 둘이상의 사업장이 있는 경우에도 본점(주사무소)에 대해서만 사업자등록을 하며, 기존 다른 사업장의 사업자등록은 말소되며, 신설하는 사업장은 별도의 사업자등록을 하지 않음.
	효력	<table><tr><td>사업자단위 신고납부</td><td>• 신고, 납부(환급), 과표와 세액계산, 사업자등록, 세금계산서 발급과 수취, 결정·경정·징수에 적용 　**비교** 주사업장총괄납부 　　납부(환급)에만 적용</td></tr><tr><td>직매장반출 공급의제배제</td><td>• 공급으로 보지 않더라도 사업장별로 납부(환급)세액을 통산하여 사업자단위로 납부함으로써 불필요한 자금부담의 문제점이 자동해소 되기 때문임.</td></tr></table>

참고 용어정의
① 본점(지점) : 영리법인인 경우
　주사무소(분사무소) : 개인이나 비영리법인인 경우
② 신청 : 원칙적으로 승인 및 통지 절차가 필요함.
　신고 : 승인 및 통지 절차가 없음.

FINAL 객관식뽀개기

기출 & 적중문제

1. 부가가치세 납세의무자인 사업자에 대한 설명으로 가장 옳지 않은 것은?

① 면세사업자는 부가가치세법상의 사업자 등록의무가 없다.
② 사업자란 사업상 독립적으로 재화나 용역을 공급하는 자를 말한다.
③ 과세사업자가 사업개시일로부터 20일 이내에 사업자등록을 하지 아니한 경우에는 미등록가산세의 적용을 받는다.
④ 주사업장 총괄납부를 신청한 사업자가 법인인 경우 주사업장은 본점을 말하는 것이며 지점은 주사업장이 될 수 없다.

◉ 내비게이션 —————

• 본점과 지점 중 선택가능하다.

2. 다음은 부가가치세의 납세지인 사업장에 대하여 해당 설명 내용이다. 가장 올바르지 않은 것은?

① 사업자가 주사업장 총괄납부를 신청하면 주사업장에서 다른 사업장의 세액까지 총괄하여 신고하고 납부할 수 있다.
② 부가가치세는 원칙적으로 각 사업장별로 납부하므로 직매장을 추가로 개설한 경우 별도의 사업자등록을 하는 것이 원칙이다.
③ 주사업장 총괄납부를 하는 경우에도 사업자 등록은 각 사업장마다 등록하여야 한다.
④ 사업자단위과세제도에 따라 사업자 단위 신고납부를 하는 경우에는 사업자등록 및 세금계산서의 발급과 수령도 단일화하여 본점 또는 주사무소에서 수행할 수 있다.

◉ 내비게이션 —————

• 신고하고 납부할 수 있다.(X) → 납부할 수 있다.(O)

3. 다음 중 부가가치세 과세대상에 대한 설명으로 가장 옳은 것은?

① 총괄납부승인을 얻은 자가 직매장으로 재화를 반출하는 경우에는 재화의 공급으로 보지 아니한다.
② 상대방으로부터 인도받은 재화의 주요 자재를 전혀 부담하지 않고 단순히 가공만 하여 대가를 받는 경우에는 부가가치세 과세대상에 해당하지 아니한다.
③ 재화를 공급하는 것뿐만 아니라 담보로 제공하는 경우에도 부가가치세 과세대상에 포함된다.
④ 수출신고를 마치고 선적이 완료된 물품을 국내로 다시 반입하는 경우에는 재화의 수입에 해당하지 않는다.

◉ 내비게이션 —————

• ② 용역의 공급에 해당하여 부가가치세 과세대상에 해당한다.
③ 담보제공은 재화의 공급으로 보지 아니한다.
④ 재화의 수입에 해당한다.

4. 부가가치세와 관련된 다음의 대화 중 가장 옳지 않은 말을 하는 사람은?

> 채치수 : 부가가치세법은 계속사업자의 과세기간을 1월 1일~12월 31일까지로 단일 과세기간을 적용하고 있습니다.
> 강백호 : 직매장은 사업장으로 보며, 하치장은 사업장으로 보지 않습니다.
> 서태웅 : 사업자단위과세제도란 사업자가 본사에서 총괄하여 부가가치세를 신고하고 납부할 수 있도록 규정한 제도입니다.
> 정대만 : 신규사업자가 사업개시일 전에 사업자등록을 한 경우에는 그 등록일부터 등록일이 속하는 과세기간의 종료일까지를 최초 과세기간으로 합니다.

① 채치수   ② 강백호
③ 서태웅   ④ 정대만

◉ 내비게이션 —————

• 부가가치세의 과세기간은 각각 1월 1일부터 6월 30일, 7월 1일부터 12월 31일임.

단기속성특강 제158강		재화의 공급

❖재화의 공급이란 계약상·법률상의 모든 원인에 의해 재화를 인도·양도하는 것

실질공급	계약상 원인	매매계약	•현금·외상·할부·위탁판매 등
		가공계약 (자재전부·일부부담 가공인도)	•자재부담 없이 가공만하여 인도 : 용역의 공급 •자재부담 불문, 건설업은 무조건 용역의 공급
		교환계약	-
		현물출자, 대물변제 등	-
	법률상 원인	경매, 수용 등	•단, 법률에 따른 공매·경매·수용 : 재화의 공급X

❖다음의 경우는 재화의 공급으로 보지 아니함.

실질공급	담보제공	•질권·저당권·양도담보의 목적으로 동산·부동산·부동산상의 권리를 제공하는 것
	사업양도	•사업장별로 사업에 관한 모든 권리와 의무를 포괄승계 시키는 것 ▶ 미수금·미지급금·업무무관자산 제외하고 승계시도 포괄승계로 봄. 참고 단, 양수자가 대리납부시는 공급으로 봄.(세금계산서 발급&양수자 매입세액공제)

🔎주의 ① 재화의 무상공급 : 과세 O ▶ 단, 견본품의 무상공급 : 과세 X
　　　② 용역의 무상공급 : 과세 X ▶ 단, 특수관계인간 부동산 무상임대용역 : 과세 O

간주공급	자가공급	•과세재화의 면세사업전용 ▶ 예 택시사업 사용건물을 시내버스용으로 전환 적용제외 이미 매입세액불공제되었던 재화
		•비영업용소형승용차로 사용 또는 그 유지에 사용 ▶ 예 운수사업차량을 직원 출퇴근용으로 사용 ▶ 비영업용소형승용차란 운수사업용이 아닌 8인승 이하를 말함. 적용제외 이미 매입세액불공제되었던 재화
		•주사업장총괄납부·사업자단위과세적용자 아닌자의 판매목적 직매장반출 ▶ 단, 주사업장총괄납부자라도 착오로 세금계산서 발급하고 신고시는 공급으로 봄. 🔎주의 당초 매입세액불공제 여부와 무관하게 적용함.
	폐업시 잔존재화	•자기에게 공급하는 것으로 봄 적용제외 이미 매입세액불공제되었던 재화 🔎주의 추후 판매하는 것은 사업자 공급이 아니므로 납세의무가 없음.
	개인적공급	•사업상관련생산·취득재화를 자기나 사용인의 개인적 목적·기타 목적으로 사용·소비하는 경우로 무대가 또는 저가의 경우 ▶ ∴시가대로 양도시는 재화공급임. 적용제외 작업복·작업모 등, 직장연예비 등·문화비 등, 경조사·설날 등(각 10만원한도), 이미 매입 세액불공제되었던 재화
	사업상증여	•사업관련 생산·취득재화를 고객·불특정다수인에게 증여하는 것 적용제외 견본품, 광고선전용 재화, 부수재화, 이미 매입세액불공제되었던 재화

❖[과세표준과 세금계산서발급의무]

과세표준	① 직매장반출 : 취득가액 ② 기타　　　 : 시가
세금계산서발급의무	① 직매장반출 : 세금계산서 발급의무 있음. ② 기타　　　 : 세금계산서 발급의무 면제

FINAL 객관식뽀개기

기출&적중문제

1. 다음 중 부가가치세 과세대상에 대한 설명으로 가장 올바르지 않은 것은?

① 재화를 담보로 제공하는 것은 부가가치세 과세대상이 되지 아니한다.

② 교환계약에 의하여 재화를 인도 또는 양도하는 것은 부가가치세 과세대상이다.

③ 사업을 포괄적으로 양도한 경우 이는 재화의 공급에 해당하므로 과세대상이다.

④ 대가를 받지 아니하고 타인에게 용역을 공급하는 것은 원칙적으로 부가가치세 과세대상이 되지 아니한다.

내비게이션

• 사업의 포괄양도는 재화의 공급으로 보지 아니한다.

2. 다음 아래 내용과 가장 관련이 깊은 부가가치세의 내용은?

사무실로 임대하기 위해 오피스텔을 구입하고 매입세액을 공제받은 후 오피스텔을 사무용이 아닌 주거용으로 임대하기 시작하는 시점에 주거용으로 오피스텔을 공급한 것으로 보아 부가가치세를 납부하라는 연락을 받았다.

① 자가공급   ② 개인적공급

③ 사업상증여   ④ 폐업시잔존재화

내비게이션

• 자가공급 중 과세재화의 면세사업전용에 대한 내용이다.

3. 다음 중 부가가치세 과세대상에 대한 설명으로 가장 옳지 않은 것은?

① 광고선전 목적으로 불특정다수인에게 무상으로 견본품을 공급하는 것은 재화의 공급에 해당한다.

② 자기의 사업과 관련하여 생산한 재화를 대가없이 사용인의 개인적인 목적으로 사용하는 것은 부가가치세 과세대상이다.

③ 과세사업을 위해 취득한 기계장치를 면세사업용으로 전용하는 경우 부가가치세 과세대상에 포함한다.

④ 고용관계에 의하여 근로를 제공하는 것은 부가가치세 과세대상인 용역의 공급으로 보지 아니한다.

내비게이션

• 견본품은 간주공급 중 사업상증여의 적용제외대상이므로 재화의 공급으로 보지 않는다. 다만, 유상공급 견본품은 재화의 공급으로 본다.

4. 다음 중 부가가치세 과세대상에 대한 설명으로 가장 옳지 않은 것은?

① 불특정다수인에게 광고선전물을 배포한 경우 재화의 공급에 해당되지 않는다.

② 자기의 사업과 관련하여 생산한 재화를 고객에게 증여하는 것은 원칙적으로 부가가치세 과세대상이다.

③ 총괄납부제도 적용 사업자가 자기 사업과 관련하여 생산, 취득한 재화를 타인에게 직접 판매할 목적으로 다른 사업장에 반출하는 것은 부가가치세 과세대상이다.

④ 고용관계에 의하여 근로를 제공하는 것은 부가가치세 과세대상 용역의 공급으로 보지 아니한다.

내비게이션

• 총괄납부제도 적용 사업자가(X) → 총괄납부 적용자 아닌자가(O)

5. ㈜정우(대표이사: 김용석)는 상가건물을 소유하고 임대사업을 하고 있다. 1층은 ㈜장원에게 보증금 1억원 및 월 2,200,000(부가포함)원에 임대하고 있으며, 2층은 ㈜정우의 대표이사의 아들인 김일선에게 무상으로 임대하고 있다. 다음 설명 중 가장 옳지 않은 것은?

① ㈜정우에서 생산하는 제품을 무상으로 김일선에게 제공하는 경우 재화의 공급으로 본다.

② 김일선에게 제공한 임대용역은 용역의 공급에 해당하지 않는다.

③ ㈜정우는 ㈜장원에게 세금계산서를 발행한다.

④ ㈜정우가 임대사업용 건물을 양도하는 경우 재화의 공급으로 본다.

내비게이션

• ① 재화의 무상공급은 과세
• ② 일반적인 용역의 무상공급은 과세거래가 아니지만, 특수관계인간 부동산 무상임대용역은 과세
• ③ 임대료는 세금계산서 발급대상
• ④ 상가건물 양도는 과세

보론	재화의 공급으로 보지 않는 기타사항

① 조세의 물납

② 신탁재산 소유권이전
  - 위탁자→수탁자, 수탁자→위탁자, 수탁자변경시 이전

③ 생산·취득 재화를 자기사업에 다음과 같이 사용하는 경우
  - 타사업장에 원재료로 사용·소비 위해 반출
  - 시험용·수선용·사후서비스제공용에 사용·소비
  - 불량품교환·광고진열 목적으로 타사업장에 반출

단기속성특강 제159강   용역의 공급과 재화의 수입

- 용역의 공급은 계약상·법률상의 모든 원인에 의해 역무를 제공하거나 재화·시설물·권리를 사용하게 하는 것
- 용역은 일정사업(14가지)에 해당하는 모든 역무 및 그 밖의 행위로 함.

| 용역의 공급 | 과세○ | • 건설업은 자재 부담 여부에 관계없이 용역의 공급으로 봄.
• 자재부담 없이 가공만 해주는 제조업은 용역의 공급으로 봄.
• 특허권 등 권리를 사용하게 하는 권리의 대여는 용역의 공급으로 봄.
• 산업상 등 지식·경험·숙련에 관한 정보의 제공은 용역의 공급으로 봄.
  ♀주의 노하우의 제공 : 용역의 공급
• 음식점업은 규정상 용역의 공급으로 봄.
• 부동산업 중 부동산임대업은 용역의 공급으로 봄.
  ♀주의 부동산업 중 부동산매매업 : 재화의 공급
• 특수관계인에 대한 사업용 부동산의 임대용역은 용역의 공급으로 보아 시가로 과세함. |
| | 과세 × | • 고용관계에 의한 근로의 제공은 용역의 공급으로 보지 않음.
• 전답·과수원·목장용지·임야·염전임대업은 용역의 공급이 아님.
• 일반적인 용역의 무상공급은 과세하지 않음.
• 용역의 자가공급은 용역의 공급이 아님.
• 가해자로부터 받는 손해배상금 ▶ ∵ 대가관계 없음.
• 반환 의무 있는 골프장 입회금 ▶ ∵ 대가관계 없음
• 대가없이 받는 협회비·입회비 |

재화의 수입		

	재화의 수입 ○	• 외국으로부터 우리나라에 도착한 물품을 인취 • 외국 선박에 의해 공해에서 채포된 수산물을 우리나라에 인취 • 수출면허 받고 선적된 것을 우리나라에 인취 ▶ ∵ 수출의 공급시기는 선적일이므로 • 보세구역으로부터 국내에 인취
재화의 수입	재화의 수입 ×	• 외국에서 보세구역으로 인취 • 수출신고가 수리되었으나 선적되지 않는 물품을 인취
	재화의 수입 × 재화의 공급 ○	• 보세구역사업자가 국내사업자에게 내국물품을 공급
	재화의 수입 ○ 재화의 공급 ○	• 보세구역사업자가 국내사업자에게 외국물품을 공급
	재화의 공급 ○ 용역의 공급 ○	• 동일보세구역에서 재화·용역을 공급 • 보세구역 외에서 보세구역으로 재화·용역을 공급

FINAL 객관식뽀개기

기출 & 적중문제

1. 다음 중 부가가치세 과세대상에 대한 설명으로 가장 옳은 것은?

① 사업자가 사업을 폐업하는 경우 폐업일 현재의 잔존재화는 부가가치세 과세대상으로 보지 않는다.

② 재화의 수입에 대해서는 수입자가 사업자인 경우에만 부가가치세 과세대상으로 본다.

③ 대가를 받지 않고 타인에게 무상으로 용역을 공급하는 것은 원칙적으로 부가가치세 과세대상으로 보지 않는다.

④ 재화를 담보로 제공한 경우는 부가가치세 과세대상이다.

◉ 내비게이션

• ① 폐업일 현재의 잔존재화는 부가가치세 과세대상이다.
  ② 수입자는 사업자 여부를 불문한다.
  ④ 담보제공은 공급으로 보지 않는다.

2. 다음 중 부가가치세 과세대상에 대한 설명으로 옳은 것을 모두 고르면?

> ㄱ. 재화 또는 용역의 공급은 부가가치세 과세대상이며, 재화의 수입은 부가가치세 과세대상에 해당되지 않는다.
> ㄴ. 고용관계에 의해 근로를 제공하는 경우, 부가가치세 과세대상이다.
> ㄷ. 용역의 무상공급은 부가가치세법상 용역의 공급으로 보지 않지만 특수관계인에게 제공하는 부동산 임대용역은 시가로 과세한다.
> ㄹ. 사업자가 사업과 관련하여 생산 또는 취득한 재화를 직장체육비나 직장연예비로 지출하는 경우 부가가치세 과세대상에 포함되지 않는다.

① ㄱ, ㄴ.   ② ㄱ, ㄹ.
③ ㄱ, ㄴ, ㄹ.   ④ ㄷ, ㄹ.

◉ 내비게이션

• ㄱ. 재화의 수입도 부가가치세 과세대상에 해당한다.
  ㄴ. 고용관계에 의한 근로제공은 용역의 공급으로 보지 않는다.

3. 다음 중 부가가치세 과세대상에 관한 설명으로 가장 옳은 것은?

① 재화란 재산적 가치가 있는 물건과 권리이므로 주식은 물론 특허권도 과세대상에 해당된다.

② 재화의 수입에 대해서는 수입자가 사업자인 경우에만 부가가치세 과세대상으로 본다.

③ 대가를 받지 않고 타인에게 무상으로 용역을 공급하는 것은 원칙적으로 부가가치세 과세대상으로 보지 않는다.

④ 건설업자가 건설자재의 전부 또는 일부를 부담하는 경우에는 재화의 공급으로 본다.

◉ 내비게이션

• ① 유가증권(주식·사채·상품권)은 재화로 보지 않는다.
  ② 수입자는 사업자 여부를 불문한다.
  ④ 건설업은 무조건 용역의 공급으로 본다.

4. 다음은 재화의 수입에 대한 설명이다. 틀린 것은?

① 외국으로부터 우리나라에 도착한 물품을 인취하는 것

② 수출면허 받고 선적 완료된 물품을 우리나라에 인취하는 것

③ 외국의 선박에 의하여 공해에서 채포된 수산물을 우리나라에 인취하는 것

④ 외국에서 우리나라 보세구역으로 재화를 반입하는 것

◉ 내비게이션

• 보세구역으로부터 국내에 인취시 재화의 수입이다.

5. 다음 중 부가가치세법상 용역의 공급에 해당하는 것은?

① 고용관계에 의해 근로를 제공하는 것

② 대가를 받지 않고 타인에게 역무를 제공하는 것

③ 대가를 받고 재화·시설물을 이용하게 하는 것

④ 교환계약

◉ 내비게이션

• ①, ② : 용역의 공급이 아님.
• ④ : 재화의 공급

6. 다음 중 부가가치세 과세대상에 관한 설명으로 가장 옳은 것은?

① 재화란 재산적 가치가 있는 물건과 권리이므로 주식은 물론 특허권도 과세대상에 해당된다.

② 용역의 공급은 물론 용역의 수입도 과세대상이다.

③ 주된 거래인 재화의 공급이 과세대상이고 부수재화의 공급이 면세대상인 경우 주된 재화의 공급은 과세하고 부수재화의 공급은 면세한다.

④ 건설업은 용역의 공급으로 본다.

◉ 내비게이션

• ① 유가증권(주식, 사채, 상품권)은 재화로 보지 않으므로 과세대상에 해당하지 않는다.
  ② 용역의 수입은 과세대상이 아니다.
  ③ 주된 재화가 과세대상이면 부수재화도 과세한다.

ANSWER 1. ③ 2. ④ 3. ③ 4. ④ 5. ③ 6. ④

제1편 [단기속성특강] 세무회계
제2편 [단기속성특강] 세무회계
제3편 [단기속성특강] 원가관리회계
합본부록1 신유형기출문제
합본부록2 10개년 기출오답노트

단기속성특강 제160강		공급시기와 공급장소

재화 공급시기 (거래시기)	• 현금판매, 외상판매, 할부판매, 가공계약, 내국신용장에 의한 공급 ▶ 할부판매 : 2회 이상 대가분할, 3월 이상 1년 미만	인도되는 때
	• 장기할부판매, 완성도기준지급, 중간지급조건부, 전력 등 공급 단위 구획 불가 재화를 계속적 공급시 ▶ 중간 지급 조건부 : 재화 인도전에 계약금 외의 대가를 분할 지급하고, 계약금(다음날)·인도일사이 기간이 6월 이상 ◯주의 당초계약내용을 변경하여 일시지급시 : 인도일	대가의 각부분을 받기로 한때
	• 조건부판매, 기한부판매	조건성취, 기한경과로 판매가 확정되는 때
	• 폐업시 잔존재화, 공급시기가 폐업일 이후 도래시	폐업일
	• 사업상증여 / 직매장반출	증여하는때 / 반출하는때
	• 기타간주공급	사용·소비하는때
	• 무인판매기	현금을 인취하는 때(꺼내는때)
	• 위탁판매	수탁자의 공급일
	• 수출하는 재화(내국신용장에 의해 수출하는 재화 포함)	선적일
	• 수입하는 재화, 국내에 공급되는 보세구역수입재화	수입신고수리일(수입면허일)
	• 상품권	재화가 실제로 인도되는 때
	• 위 모든 공급시기 도래전에 대가받고 세금계산서·영수증 발급시 ◯주의 무대가로 발급 제외	발급한때
	참고 ① 위탁판매수출 : 공급가액확정일 ② 외국인도수출·위탁가공무역방식수출 : 외국에서 인도되는 때 보론 **공급시기특례** 　■ 다음의 경우에도 공급시기 이전 세금계산서 발급한 때를 공급시기로 함. 　　① 발급일부터 7일내 대가 수령 　　② 소정요건을 모두 충족하는 발급일부터 7일 경과 대가 수령분 　■ 다음의 경우에는 대가 수령 여부를 불문하고 발급한 때를 공급시기로 함. 　　장기할부판매와 전력 기타 공급단위 구획 불가 재화를 계속적으로 공급	
용역 공급시기 (거래시기)	• 통상적인 용역의 공급(단기할부 포함)	역무의 제공완료일
	• 장기할부·완성도기준지급(중간지급조건부, 조건부용역공급)·임대료	대가의 각 부분을 받기로 한때
	• 부동산 임대용역의 간주임대료와 안분 계산된 선세금 임대료 • 재화·시설물·권리를 사용하게하고 그 대가를 선불로 받는 경우	과세기간(예정신고기간)종료일
	• 위 모든 공급시기 도래전에 대가받고 세금계산서·영수증 발급시 ◯주의 무대가로 발급 제외	발급한때

공급장소 (거래장소)	재화	재화의 이동이 필요한 경우	• 재화의 이동이 시작되는 장소
		재화의 이동이 필요하지 않은 경우	• 재화의 공급시기에 재화가 있는 장소
	용역	원칙(이하 국제운송의 사업자가 거주자, 내국법인)	• 역무가 제공되거나 재화·시설물·권리가 사용되는 장소
		국제운송(사업자가 비거주자, 외국법인인 경우)	• 여객이 탑승하거나 화물이 적재되는 장소

FINAL 객관식뽀개기

기출 & 적중문제

1. 다음 중 부가가치세법상 재화와 용역의 공급시기에 대한 설명으로 가장 올바르지 않은 것은?

① 장기할부판매 : 당해 재화가 인도되는 때
② 개인적공급 : 당해 재화가 사용 또는 소비되는 때
③ 수출재화의 공급 : 수출 재화의 선적일
④ 완성도기준 공급 : 대가의 각 부분을 받기로 한 때

내비게이션

• 장기할부판매의 공급시기는 대가의 각 부분을 받기로 한 때이다.

2. 부가가치세법상 재화와 용역의 공급시기에 대한 연결이 가장 옳지 않은 것은?

① 폐업시 잔존재화 : 대금이 회수되는 때
② 수출재화 : 수출재화의 선적일
③ 단기할부판매 : 재화가 인도되는 때
④ 통상적 용역의 공급 : 역무의 제공이 완료되는 때

내비게이션

• 폐업시 잔존재화는 폐업일이 공급시기임.

3. 다음 중 부가가치세법상 재화·용역의 공급시기에 대한 설명으로 가장 올바른 것은?

① 위탁판매 : 수탁자 또는 대리인에게 재화가 인도되는 때
② 조건부 판매 : 조건이 성취되어 판매가 확정될 때
③ 외상판매 : 대가의 각 부분을 받기로 한 때
④ 무인판매기에 의한 판매 : 당해 재화가 사용 또는 소비되는 때

내비게이션

• ① 수탁자의 공급일
③ 인도되는 때
④ 무인판매기에서 현금을 인취하는 때(꺼내는 때)

4. 사업자가 2과세기간 이상에 걸쳐 부동산임대용역을 공급하고 임대료를 선불 또는 후불로 받는 경우에 부가가치세법상 공급시기는?

① 계약서상 임대료를 받기로 한 때
② 예정신고기간 또는 과세기간의 종료일
③ 임대료를 받은 날
④ 임대료를 받기로 한 달의 말일

5. 다음 중 20x3년 제1기 예정신고시 부가가치세 과세표준 금액이 다른 회사는 (단, 보기 이외의 다른 거래는 없으며 세금계산서는 부가가치세법상 원칙적인 발급시기에 발급했다고 가정한다)?

① ㈜서울
20x3년 1월 15일에 제빵기계 1대를 2,000,000원에 외상판매하였다.
② ㈜부산
20x3년 2월 1일에 제빵기계 1대를 2,000,000원에 할부판매하고 대금은 당월부터 5개월에 걸쳐 매월 400,000원씩 받기로 하였다.
③ ㈜대구
20x3년 3월 1일에 제빵기계 1대를 2,000,000원에 할부판매하고 대금은 당월부터 20개월에 걸쳐 매월 100,000원씩 받기로 하였다.
④ ㈜광주
20x3년 3월 7일에 매출 부진으로 폐업하였다. 폐업시에 남아있던 재고자산의 시가는 2,000,000원이었으며, 이는 4월 3일에 처분되었다.

내비게이션

• 장기할부판매의 공급시기는 대가의 각 부분을 받기로 한 때이므로 ㈜대구의 제1기 예정신고시 과세표준은 100,000원이다.

6. 다음은 갑회사의 거래내역이다. 부가가치세법상의 재화와 용역의 공급시기는?

> 갑회사는 을회사와 제품공급계약(수량 1개, 공급가액 1억원)을 맺고, 다음과 같이 이행하기로 함.
> – 대금지급 방법 : 계좌이체
> – 대금지급일
>   ⓐ 계약금 (10,000,000원) : 20x1.8.1
>   ⓑ 중도금 (40,000,000원) : 20x1.12.1
>   ⓒ 잔 금 (50,000,000원) : 20x2.4.1
> – 제품인도일 : 20x2.4.1

① 20x1.8.1
② 20x1.12.1
③ 20x2.4.1
④ 20x1.8.1, 20x1.12.1, 20x2.4.1 모두

내비게이션

• 중간지급조건부이므로 공급시기는 각 대가를 받기로 한 때임.

단기속성특강 제161강		영세율

완전면세	의 의	•매출세액은 '0'이 되고 매입세액은 환급받음. ▶ 따라서 부가가치세 부담이 완전히 제거되므로 완전면세에 해당됨. ⊙주의 과세표준도 '0'이 되는 것이 아니며 공급가액은 그대로 과세표준으로 집계됨. •과세사업자이므로 부가가치세법상 모든 의무를 짐.
	취 지	•수출촉진과 소비지국과세원칙(국제적 이중과세방지)의 구현 ⊙주의 ① 간이과세자 : 영세율을 적용받을 수 있으나 매입세액을 환급(공제)받지는 못함. ② 면세사업자 : 면세포기를 해야만 영세율을 적용받을 수 있음.
	보론	비거주자나 외국법인은 상호면세주의에 따라 영세율 적용여부를 판단함.

적용대상	① 내국물품(선박에 채포된 수산물포함)을 외국으로 반출하는 것
	•수출은 유상·무상·대금결제방식·신용장여부 불문하고 영세율 적용함. •수출대행수수료 : 10%과세
	② 중계무역방식수출, 대행위탁판매수출, 외국인도수출, 위탁가공무역수출 ③ 내국신용장·구매확인서에 의한 수출로 과세기간 종료 후 25일 이내에 개설되는 경우
	•과세기간 종료 후 25일 경과하여 개설시 : 10% 과세
	④ 거주자·내국법인이 국외에서 제공하는 용역
	•거래상대방·대금결제방법 불문하고 영세율 적용 ◉ 사우디에서 수주한 현대건설의 용역제공대가와 그 일부를 동아건설에 재도급하여 동아가 현대로부터 받는 대가 : 모두 영세율○
	⑤ 선박·항공기의 외국항행 용역(국내 → 국외, 국외 → 국내, 국외 → 국외로의 수송)
	•외국항행사업자가 자기사업에 부수하여 행하는 다음의 것도 영세율 적용함 – 외국항행선박·항공기의 내에서 승객에게 공급하는 것
	⑥ 국내에서 비거주자·외국법인에게 공급하는 소정 일정한 재화·용역 ⑦ 수출업자와 직접도급계약 또는 내국신용장에 의해 공급하는 수출재화임가공용역 ⑧ 외국항행 선박·항공기·원양어선에 공급하는 재화·용역 ⑨ 국내주재 외교공관·국제연합·국제기구·국제연합군·미국군에 공급하는 재화·용역

영세율 첨부서류	첨부서류	•수출실적명세서, 외화입금증명서, 공급가액확정명세서 등
	첨부서류 미제출	•예정·확정신고를 하지 않은 것으로 보아 영세율과세신고불성실가산세 부과 ⊙주의 영세율적용대상임이 확인되는 때에는 영세율적용 → 가산세는 적용함.

세금계산서 발급	발급의무대상	•내국신용장·구매확인서에 의한 수출 •수출재화임가공용역
	발급면제대상	•직수출 •국외에서 제공하는 용역 •항공기의 외국항행 용역 •국내에서 비거주자·외국법인에게 공급하는 법소정 일정한 재화·용역 •외국항행 선박·항공기·원양어선에 공급하는 재화·용역 •국내주재 외교공관·국제연합·국제기구·국제연합군·미국군에 공급하는 재화·용역

FINAL 객관식뽀개기

기출&적중문제

1. 다음 중 부가가치세법상 영세율에 대한 설명으로 가장 올바르지 않은 것은?

① 영세율은 국제적인 이중과세 방지효과가 있다.
② 면세사업자는 면세를 포기하더라도 영세율을 적용받을 수 없다.
③ 영세율을 적용 받는 사업자는 사업자등록 및 세금계산서 발행 후 부가가치세법상 제반의무를 이행하여야 한다.
④ 영세율적용 사업자가 사업과 관련하여 부담한 매입세액은 부가가치세 납부세액에서 공제한다.

◉ **내비게이션**

• 영세율대상을 공급하는 면세사업자는 면세포기가 가능하다.

2. 다음 중 부가가치세법상 영세율 적용대상이 아닌 것은?

① 무역업자가 국내의 수출품생산업자로부터 지급받는 수출대행수수료
② 선박·항공기의 외국항행 용역
③ 법소정 수출재화 임가공용역과 국외건설공사를 내국법인으로부터 재도급받아 국외에서 건설용역을 제공하고 대가를 국내에서 원화로 받는 경우
④ 내국신용장과 구매확인서에 의하여 공급하는 재화(단, 내국신용장 등은 재화의 공급시기가 속하는 과세기간 종료일 후 25일 이내에 개설·발급받은 것)

◉ **내비게이션**

• 수출대행수수료는 국내거래이므로 10%과세임.

3. 반도체라인 생산설비를 제조하는 (주)A는 2/4분기 중 다음과 같이 2대의 기계장치를 수출하였다. 동 기간 중 회사의 매입세액이 200,000,000원일 때 (주)A가 제1기 확정신고시 납부 또는 환급받을 부가가치세 금액은 얼마인가(단, 매입세액은 모두 세금계산서를 수취하였으며, 조기환급 신고는 하지 않았다고 가정한다.)?

제품명	수량	공급가액
페이퍼 가공설비A	1	2,000,000,000원
페이퍼 절단설비B	1	1,000,000,000원

① 납부(환급)세액 없음
② 100,000,000원 납부
③ 100,000,000원 환급
④ 200,000,000원 환급

◉ **내비게이션**

• 영세율이 적용되므로 매입세액 200,000,000원이 전액 환급된다.

4. 다음은 컴퓨터제조업을 영위하는 (주)A의 20x1년 제1기 확정신고를 위한 자료이다. 세금계산서는 적법하게 수수하였다. 20x1년 4월 1일부터 6월 30일까지의 매출거래 내역은 아래와 같다. (ㄱ)에 들어갈 금액으로 올바른 것은?

ㄱ. 세금계산서발행 매출액(VAT미포함)	30,000,000원
ㄴ. 신용카드매출전표발행분(VAT포함)	22,000,000원
ㄷ. 영수증발행(VAT포함)	22,000,000원
ㄹ. 내국신용장에 의한 공급분(Local 수출분)	10,000,000원
ㅁ. 직수출분	12,000,000원

구분			금액	세율	세액
과세표준 및 매출세액	과세	세금계산서발급분		10/100	
		매입자발행 세금계산서		10/100	
		신용카드·현금영수증 발행분		10/100	
		기타		10/100	
	영세율	세금계산서발급분	(ㄱ)	0/100	
		기타		0/100	

① 0원
② 10,000,000원
③ 12,000,000원
④ 20,000,000원

◉ **내비게이션**

• 내국신용장에 의한 공급분(Local 수출분) 10,000,000원이 기록된다.

5. 부가가치세 영세율에 대한 설명 중 틀린 것은?

① 영세율은 부가가치세 세율이 0%이다.
② 소비지국 과세원칙 실현 및 수출촉진 등이 영세율을 적용하는 이유이다.
③ 영세율 적용대상은 기초생필품, 부가가치구성요소 등이다.
④ 영세율 적용대상 사업자는 부가가치세법상의 납세의무를 모두 이행해야 한다.

◉ **내비게이션**

• 면세적용대상에 대한 설명이다.

ANSWER 1. ② 2. ① 3. ④ 4. ② 5. ③

단기속성특강 제162강 | 면세

부분면세	의의	•매출세액은 없지만 매입세액은 환급되지 않음. ▶ 따라서 부분면세에 해당함. •부가가치세법상 사업자가 아니므로 원칙적으로 부가가치세법상 납세의무 없음. 　 🔍주의 소득세·법인세법상 매입처별세금계산서합계표 제출의무는 있음. •세금계산서 발급이 불가함.(계산서를 발급함)
	취지	•부가가치세의 역진성완화
	🔍주의 면세는 사업자가 아닌 최종소비자의 세부담 경감을 위한 제도임.	

적용대상	① 미가공식료품(식용 농·축·수·임산물) ▶ 국내·외산 ② 미가공·비식용 농·축·수·임산물 ▶ 국내산 　예 캐나다산 낭만고양이 : 면세 ×	•쌀, 밀가루, 과일, 복숭아 : 면세 •복숭아통조림, 맛김, 떡 : 과세
	③ 수돗물, 연탄과 무연탄	•생수, 전기, 유연탄, 갈탄, 착화탄 : 과세
	④ 여객운송용역(시내버스·시외버스·지하철)	•항공기·고속(우등)·전세버스·택시·고속철도 : 과세
	⑤ 주택임대용역(부수토지포함)	•상가와 부수토지 임대 : 과세
	⑥ 여성용 생리처리위생용품, 영유아용 분유와 기저귀	-
	⑦ 의료보건용역과 혈액 　(조산사, 간호사, 안마사, 장의사, 수의사 포함)	•약사의 조제용역 : 면세 •단순 일반의약품 : 과세 •미용목적 성형수술(피부시술) : 과세 •수의사의 애완동물진료용역 : 과세
	⑧ 인가·허가 등을 받은 교육용역(학원 등)	•무허가강습소 : 과세 •무도학원, 자동차운전학원 : 과세
	⑨ 도서 및 도서대여용역, 신문·잡지·관보·뉴스통신	•광고 : 과세
	⑩ 예술창작품, 비영리 예술문화행사, 비직업운동경기	•골동품, 프로야구 입장권 : 과세
	⑪ 도서관·과학관·박물관·미술관·동물원·식물원 입장	•영화관 입장 : 과세
	⑫ 토지의 공급(판매)	•토지임대, 건물공급 : 과세
	⑬ 은행업, 보험업등 금융보험용역	•은행수입이자 : 면세
	⑭ 저술가, 작곡가, 국선변호인등 인적용역	•회계사, 세무사, 변호사 등 : 과세
	⑮ 우표,인지,증지,복권,공중전화, 200원 이하의 담배	•수집용우표, 가입전화, 휴대폰 : 과세
	⑯ 국가·지자체·공익단체가 공급하는 것	•소포우편물 방문접수배달용역 : 과세
	⑰ 국가·지자체·공익단체에 무상 공급하는 것	•유상공급 : 과세
	⑱ 국민주택공급과 국민주택건설용역	•국민주택 규모초과 : 과세, 국민주택임대 : 면세

면세포기	포기대상	•영세율이 적용되는 재화·용역 •학술연구단체·기술연구단체가 학술·기술연구와 관련하여 공급하는 재화·용역
	포기절차	•관할세무서장에게 면세포기 신고하고, 지체 없이 사업자등록 해야 함. 　▶ 언제든 신고가능, 승인불요 •면세포기신고 후 3년간은 면세 적용을 받지 못함.
	면세포기 효력발생시기	•사업자등록을 한 이후 거래분부터 면세포기의 효력이 발생함. 　🔍주의 ∴포기신고 후 상당기간 경과 후 등록시는 신고시점이 아닌, 등록시점부터 면세포기효력이 발생함.

FINAL 객관식뽀개기 　　　　　　기출 & 적중문제

1. 다음 중 부가가치세의 면세대상이 아닌 것은?

① 주택임대용역　　　② 수입한 과일류
③ 신문사 광고　　　　④ 금융·보험용역

2. 다음 중 부가가치세 영세율과 면세에 대한 설명으로 가장 옳지 않은 것은?

① 영세율 제도가 국제적인 이중과세를 방지하는 효과가 있다면, 면세제도는 부가가치세의 역진성을 완화하는 효과가 있다.
② 영세율 사업자와 면세사업자는 세금계산서 발급 등의 부가가치세법에서 규정하고 있는 제반 사항을 준수해야 할 의무가 있다.
③ 영세율 적용대상은 매입세액을 공제받지만, 면세사업자는 매입세액을 공제받지 못한다.
④ 사업자가 토지를 공급하는 때에는 면세에 해당하나 주택부수토지를 제외한 토지의 임대용역을 공급하는 때에는 원칙적으로 과세에 해당한다.

◎ 내비게이션

• 면세사업자는 부가가치세법상의 사업자가 아니므로 원칙적으로 부가가치세법상의 제반의무가 없다.

3. 다음은 김씨의 가계부 지출내역이다. 지출금액 안에 포함된 부가가치세의 합계는 얼마인가(단, 공급자는 부가가치세법에 따라 적정하게 부가가치세를 거래징수 하였다고 가정함)?

일자	적요	금액
2월 14일	주택월세	330,000원
2월 18일	수도요금 납입	11,000원
2월 21일	프로야구 입장권	22,000원
2월 27일	시내버스 이용	11,000원

① 2,000원　　　　　　② 3,000원
③ 32,000원　　　　　④ 34,000원

◎ 내비게이션

• 면세 : 주택임대, 수돗물, 여객운송용역(시내버스)
• 과세 : 프로야구(비직업경기가 아닌 직업경기는 과세함)

$$\rightarrow VAT=22,000\times\frac{10}{110}=2,000$$

4. 면세사업을 영위하는 ㈜A의 두 직원이 나눈 다음 대화와 관련한 설명으로 가장 옳지 않은 것은?

> 김과장 : 정대리, 이번에는 정말 잘 해줬어. 우리도 드디어 수출기업이 된 거야!
> 정대리 : 다 과장님 덕분입니다. 일본 거래처를 한 번 개척해보라고 권해 주시고 성과가 없어도 계속 기다려 주셨잖습니까
> 김과장 : 뭘, 그런데 정대리. 수출을 하게 되면 우리도 영세율을 적용받을 수 있는 거 아냐?
> 정대리 : 과장님, 저희는 면세사업자라 영세율은 적용되지 않는 것으로 알고 있습니다.

① 면세를 포기하면 일반과세자와 마찬가지로 부가가치세 신고의무가 발생한다.
② 면세포기 후 3년간은 다시 면세적용을 받을 수 없다.
③ 면세를 포기하면 매입세액을 매출세액에서 공제받을 수 있다.
④ 모든 면세사업자들은 면세를 포기하고 과세로 전환할 수 있다.

◎ 내비게이션

• 영세율이 적용되는 재화·용역등을 공급하는 경우 등 면세포기 대상은 한정되어 있다.

5. 부가가치세 면세대상은 몇 개인가?

> ㉠ 수돗물　　　　　　　　㉡ 연탄과 무연탄
> ㉢ 고속철도(KTX)　　　　㉣ 토지임대
> ㉤ 고가주택임대　　　　　㉥ 주근깨 제거시술
> ㉦ 수의사의 애완동물진료용역　㉧ 자동차운전학원비

① 1개　　　　　　② 2개
③ 3개　　　　　　④ 4개

◎ 내비게이션

• 면세대상 : ㉠, ㉡, ㉣

제1편
[단기속성특강] 재무회계

제2편
[단기속성특강] 세무회계

제3편
[단기속성특강] 기출문제특강

합본부록1
[신유형기출문제]

합본부록2
[10개년/기출오답노트]

단기속성특강 제163강	납부세액계산구조

과 세 표 준

(×) 세 율(10%)

대 손 세 액 공 제
(-) 대 손 처 분 된 세 액
(+) 변 제 대 손 세 액

매 출 세 액

(-)

매 입 세 액

(+) 의 제 매 입 세 액

(-) 매 입 세 액 불 공 제

(+) 재 고 매 입 세 액

(-) 공통매입세액면세분

납 부 세 액

(-) 공 제 세 액

(+) 가 산 세

차 가 감 납 부 세 액

🔎주의 영세율과 현금매출도 과세표준(= 공급가액)에 포함됨!

구분	과세표준(공급가액)
•금전으로 대가를 받는 경우	•그 대가 ▶ VAT포함여부 불분명시 : 포함된 것으로 봄. ∴공급가액 = 그 대가×100/110
•금전 이외의 대가를 받는 경우 •특수관계인 재화 저가, 무상공급 •특수관계인 용역 저가공급	•자기가 공급한 것의 시가 🔎주의 ① 공급받은 것의 시가가 아님. ② 자기가 공급한 것의 원가가 아님.
•폐업시 재고	•시가
•기부채납	•기부채납된 가액
•수입재화	•관세의 과세가격+관세+교육세·농특세+개소세·주세· 교통세·에너지세·환경세

공급가액에 포함 ○	•판매장려물품지급분의 시가 •대가의 일부로 받는 운송비·포장비 등
공급가액에 포함 ×	•판매장려금수입액 ▶ ∵대가관계 없음 •연체이자, 자가적립마일리지 •공급과 직접 관련없는 국고보조금 등 •도달전 파손 재화 •구분기재된 종업원 봉사료 ▶ 수입금액에 계상시는 제외
공급가액에서 차감 ○	•매출에누리와 환입, 매출할인
공급가액에서 차감 ×	•판매장려금 지급액 •하자보증금 •대손금 ▶ ∵대손세액공제가 적용됨

신용카드 등 발행세액공제	•결제액×1.3%(2027년 이후 : 1%) [한도] 연 1,000만원 🔎주의 법인과 직전연도 10억원 초과자 적용배제
예정신고미환급세액	•확정신고시 납부세액에서 차감 •확정신고시는 예정신고내용과 조기환급은 신고 대상에 서 제외 🔎주의 3월분만에 의해 계산 (단, 예정신고시 누락분은 포함하여 신고)
예정고지세액	•예정시 직전 1/2을 정부고지에 의해 납부함. 🔎주의 확정시 6월분 전체 계산 후 예정고지금액을 납 부세액에서 차감함.
전자신고세액공제	•확정신고시 1만원을 세액공제함. 🔎주의 예정시는 공제없음

참고 차감납부세액의 법소정 비율 해당액은 지방소비세로 지자체에 납입됨.

FINAL 객관식뽀개기

기출 & 적중문제

1. 다음은 부가가치세의 과세표준에 대한 설명이다. 가장 옳지 않은 것은?

① 경매·수용·현물출자·대물변제 기타 계약상 또는 법률상의 원인에 의하여 재화를 인도 또는 양도하는 경우 과세표준에 포함한다.

② 재화를 공급하고 금전 이외의 대가를 받는 경우에는 자기가 공급한 재화의 시가를 과세표준으로 한다.

③ 건설업자가 건설자재의 전부 또는 일부를 부담하는 경우에도 용역의 공급으로 보아 과세표준에 포함한다.

④ 공급받는 자에게 도달하기 전에 공급자의 부주의로 인한 파손, 훼손 또는 멸실된 재화의 가액은 과세표준에 포함한다.

⊙ 내비게이션

• 도달 전에 파손, 훼손, 멸실된 가액은 과세표준에 포함치 않는다.

2. 다음 자료를 이용하여 부가가치세 과세표준을 구하면 얼마인가?

> ㄱ. 외상매출액(매출에누리와 매출할인이 차감된 금액) : 370,000,000원
> ㄴ. 매출에누리 : 10,000,000원, 매출할인 : 5,000,000원
> ㄷ. 금전으로 지급한 판매장려금 : 2,000,000원
> ㄹ. 외상매출금의 지급지연으로 인해 수령한 연체이자 : 2,000,000원
> ㅁ. 대손금 : 1,000,000원

① 160,000,000원   ② 360,000,000원
③ 370,000,000원   ④ 375,000,000원

⊙ 내비게이션

• 매출에누리와 매출할인은 공급가액에서 차감하며, 연체이자는 공급가액에 포함하지 않는다. 또한 대손금과 판매장려금은 공급가액에서 차감하지 않으므로 370,000,000원 자체가 공급가액(과세표준)이 된다.

3. 다음 자료를 이용하여 부가가치세 과세표준을 구하면 얼마인가?

> ㄱ. 특수관계가 없는 자에 대한 외상매출액 : 200,000,000원(매출에누리 5,000,000원, 매출할인 10,000,000원이 차감되어 있음)
> ㄴ. 특수관계인에 대한 재화매출액(시가 50,000,000원) : 40,000,000원
> ㄷ. 상가건물의 처분액 : 700,000,000원

① 250,000,000원   ② 940,000,000원
③ 950,000,000원   ④ 965,000,000원

⊙ 내비게이션

• 200,000,000+50,000,000+700,000,000=950,000,000
*특수관계인에게 저가공급한 경우는 시가를 과세표준으로 한다.

4. 다음은 자동차를 제조하여 판매하는 (주)A의 20x3년 4월 1일부터 20x3년 6월 30일 까지의 거래내역이다. 20x3년 제1기 확정신고와 관련한 설명으로 올바르지 않은 것은?

> 〈매출내역〉
> 면세사업자에게 판매한 금액
> - 30,000,000원(부가가치세 별도)
> 과세사업자에게 판매한 금액
> - 20,000,000원(부가가치세 별도)
> 〈매입내역〉
> 원재료 매입금액(세금계산서 수령)
> - 33,000,000원(부가가치세 포함)

① 과세사업자에게 판매한 20,000,000원은 과세표준에 포함해야 한다.

② 면세사업자에게 판매한 30,000,000원은 과세표준에 포함하지 않는다.

③ 원재료 매입시 부담한 부가가치세 3,000,000원은 매입세액으로 공제한다.

④ 20x3년 제1기 예정신고시 누락한 매출금액을 확정신고시 과세표준에 포함해 신고할 수 있다.

⊙ 내비게이션

• 과세재화를 공급하는 경우에는 그 상대방이 과세·면세사업자인지 불문하고 공급가액을 과세표준에 포함시킨다.

5. 다음 자료에 의하여 수입재화에 대한 부가가치세 과세표준을 계산하면 얼마인가?

관세의 과세가격	10,400,000원	관 세	2,500,000원
개별소비세	1,500,000원	교육세	450,000원

① 14,850,000원   ② 14,400,000원
③ 13,300,000원   ④ 11,900,000원

⊙ 내비게이션

• 10,400,000 + 1,500,000 + 2,500,000 + 450,000 = 14,850,000

🚚 ANSWER   1. ④   2. ③   3. ③   4. ②   5. ①

단기속성특강 제164강 　　간주공급 · 부동산임대 · 일괄공급과세표준

간주공급 과세표준	건물 · 구축물	•시가=취득가액×(1 – 5%×경과과세기간수)
	기타상각자산	•시가=취득가액×(1 – 25%×경과과세기간수)
	비상각자산	•시가
	직매장반출	•취득가액
	▶ 경과과세기간수 : 취득과세기간개시일~간주공급과세기간개시일	

❖일반적임대 과세표준

부동산임대 과세표준	임대료	•월임대료 × 해당월수
	간주임대료	•임대보증금적수 × 정기예금이자율 × $\dfrac{1}{365(366)}$ 🔍주의 당좌대출이자율이 아님.
	관리비	•원칙 : 사업자가 부동산임대와 관련하여 받은 관리비는 과세표준에 포함함. •예외 : 임차인이 부담하여야 할 보험료, 수도료, 공공요금을 별도로 구분징수하여 납입을 대행하는 경우에는 이를 과세표준에 포함하지 아니함.

❖겸용주택임대시 과세 · 면세 면적판정

구분	건물	주택부수토지
주택면적 > 상가면적	전부주택	•주택부수토지=총토지면적
주택면적 ≤ 상가면적	주택면적만 주택	•주택부수토지=총토지면적× $\dfrac{1}{365}$

▶ 주택부수토지 한도 : Max [주택정착면적×5배(10배), 주택연면적]

　　　　　→주택정착면적=건물정착면적× $\dfrac{주택연면적}{건물연면적}$ / 도시지역안은 5배, 도시지역 밖은 10배

　　보론 ① 주택과 상가가 함께 설치되어 있는 3층건물을 임대(도시지역 밖에 소재)
　　　　② 1층 : 상가 30㎡, 2층 : 주택 30㎡, 3층 : 주택 30㎡ / 토지의 면적 : 600㎡
　　　　　→전부주택 : 주택정착면적=30×90/90=30

　　　　┌ 주택 : 90　　　┌ 주택부수토지 : 600　　　　　〈한도〉 Max [30×10, 90]=300 ∴300
　　　　└ 상가 : 0　　　　└ 상가부수토지 : 600 - 300 = 300

❖면세인 토지와 과세인 건물 등을 일괄 공급시에는 실거래가에 의하되, 실거래가 구분불명시 아래에 따라 안분함.

일괄공급 과세표준	안분계산기준 적용순위	
	<1순위> 감정평가액이 있는 경우	•감정평가액
	<2순위> 기준시가가 모두 있는 경우	•기준시가
	<3순위> 기준시가가 일부·전부가 없는 경우	•장부가액 → (장부가액이 없는 경우)취득가액 •2차 안분 순위에 따라 안분 후 기준시가가 있는 자산은 기준시가비율로 다시 안분계산함

FINAL 객관식뽀개기 / 기출 & 적중문제

1. 부가가치세 과세사업을 영위하던 김씨는 20x6년 10월 5일 당해 사업을 폐업하였다. 폐업당시에 잔존하는 재화가 다음과 같다면 그 부가가치세 과세표준은 얼마인가? (단위 : 원)

종류	취득일	취득원가	시가
제품	20x5.9.16	7,000,000	9,000,000
토지	20x1.7.10	120,000,000	200,000,000
건물	20x2.7.20	200,000,000	180,000,000
기계장치	20x5.6.20	40,000,000	10,000,000

(단, 위의 재화 중 취득시 매입세액 공제가 가능한 재화는 매입세액공제를 받았으며, 취득원가나 시가에는 부가가치세가 포함되어 있지 않음)

① 120,000,000원   ② 129,000,000원
③ 139,000,000원   ④ 140,000,000원

◉ 내비게이션

•9,000,000+0+200,000,000×(1-5%×8)+40,000,000×(1-25%×3) =139,000,000

2. 다음은 제조업을 영위하는 (주)A의 20x1년 10월 1일부터 12월 31일까지의 자료이다. 매출, 매입과 관련하여 필요한 경우 세금계산서를 적정하게 수수하였다. 20x1년 제2기 확정신고시 부가가치세 납부세액은 얼마인가(아래는 부가가치세를 제외한 금액이며, 소수점 첫째 자리에서 반올림한다.)?

ㄱ. 제품매출액	45,000,000원
ㄴ. 국내에서 생산된 무연탄 구입	5,000,000원
ㄷ. 원재료 구입액(과세대상임)	5,000,000원
ㄹ. 임대보증금	100,000,000원
(임대기간 : 20x1년 10월 1일~20x2년 9월 30일)	
ㅁ. 간주임대료 계산시 1년은 365일임 이자율은 1.2%라고 가정함	

① 2,606,095원   ② 3,125,027원
③ 3,734,035원   ④ 4,030,247원

◉ 내비게이션

•매출세액 : [45,000,000+(100,000,000×92일×1.2%×$\frac{1}{365}$)]×10%≒4,530,247
매입세액 : 5,000,000×10%   =(500,000)
   4,030,247

*무연탄은 면세대상이므로 매입세액이 없다.

3. 제조업을 영위하는 김씨는 20x1년 4월 1일에 공장을 이전하면서 토지와 건물을 일괄하여 10억원(부가가치세별도)에 양도하였다. 다음 자료에 의하여 당해 공장 양도에 대한 부가가치세 과세표준을 계산하면 얼마인가?

구분	감정가액	기준시가	취득가액	장부가액
토지	5억원	6억원	4억원	4억원
건물	없음	2억원	1억원	0.5억원
계	–	8억원	5억원	4.5억원

① 188,000,000원   ② 190,000,000원
③ 194,000,000원   ④ 250,000,000원

◉ 내비게이션

•10억원 × $\frac{2억\ 원}{8억\ 원}$ = 2억 5천만원

4. 다음은 단층인 겸용주택의 임대와 관련된 사항이다. 면세되는 건물과 토지의 면적은 얼마인가?

CASE Ⅰ (도시지역 안)
(1) 주택 50㎡ 점포 40㎡ (2) 부수토지 270㎡

CASE Ⅱ (도시지역 안)
(1) 주택 40㎡ 점포 50㎡ (2) 부수토지 270㎡

	CASE Ⅰ		CASE Ⅱ	
	면세건물	면세토지	면세건물	면세토지
①	90㎡	270㎡	40㎡	120㎡
②	90㎡	150㎡	40㎡	120㎡
③	50㎡	150㎡	40㎡	200㎡
④	90㎡	270㎡	90㎡	200㎡

◉ 내비게이션

•CASE Ⅰ : '주택 〉상가(점포)'이므로 전부주택이다.
- 건물 : ㉠ 주택(면세) 90㎡
    ㉡ 상가(과세) 0㎡
- 토지 : ㉠ 주택(면세) 270㎡ [한도] 90×5배=450㎡
    ㉡ 상가(과세) 270-270=0㎡
•CASE Ⅱ : '주택 ≤ 상가(점포)'이므로 주택면적만 주택이다.
- 건물 : ㉠ 주택(면세) 40㎡
    ㉡ 상가(과세) 50㎡
- 토지 : ㉠ 주택(면세) 270×$\frac{40}{90}$ =120㎡ [한도] 40×5배=200㎡
    ㉡ 상가(과세) 270-120=150㎡

단기속성특강 제165강 ── 간주공급 · 부동산임대 · 일괄공급과세표준 적용

간주공급

 사례 ■ 폐업시 잔존재화

❖ 일반과세자인 강氏의 20x8년 제2기 거래내역은 20x7년에 취득한 비품(취득원가 : ₩500,000)의 매각액 ₩300,000과 강氏의 가사용으로 소비한 제품(원가 : ₩400,000)의 시가 ₩600,000이 있으며 20x8년 말 폐업시 다음과 같은 잔존재화가 있다.

구분	제품	토지	구축물	기계	비품	건물
취 득 일	20x5. 3. 2	20x1. 6. 3	20x8. 3. 5	20x7.12.31	20x6. 6.30	20x4. 2. 1
취득가액	₩30,000,000	₩80,000,000	₩40,000,000	₩80,000,000	₩12,000,000	₩60,000,000
시가	₩40,000,000	₩120,000,000	₩20,000,000	₩86,000,000	₩8,000,000	₩70,000,000

풀이

① 비품매각액(실질공급) : 300,000 ② 가사용제품소비액(간주공급) : 600,000(시가)

③ 제품 : 40,000,000(시가) ④ 토지 : – (면세)

⑤ 구축물 : $40,000,000 \times (1 - 5\% \times 1) = 38,000,000$ ⑥ 기계 : $80,000,000 \times (1 - 25\% \times 2) = 40,000,000$

⑦ 비품 : $12,000,000 \times (1 - 25\% \times 5) \Rightarrow (-)$이므로 0 ⑧ 건물 : $60,000,000 \times (1 - 5\% \times 9) = 33,000,000$

∴과세표준 = 151,900,000

부동산임대

 사례 ■ 겸용주택임대

❖ 겸용주택임대용역(도시지역안), 제2기 예정신고임.
❖ 임대현황(단층건물) : ① 주택임대면적 : 80㎡ ② 상가임대면적 : 120㎡ ③ 부수토지면적 : 1,200㎡
❖ 월임대료는 ₩5,000,000, 임대보증금은 ₩50,000,000, 간주임대료 계산시 적용이자율은 10%로 가정함.

풀이

1. 총임대료계산 : $5,000,000 \times 3개월 + 50,000,000 \times 92일 \times 10\% \times 1/365 = 16,260,273$
2. 면적계산 : 주택정착면적 = $200 \times 80/200 = 80$

주택 : 80 주택부수토지 : $1,200 \times \dfrac{80}{200} = 480$ 〈한도〉 Max [80×5, 80] ∴400
상가 : 120 상가부수토지 : $1,200 - 400 = 800$

일괄공급

사례 ■ 일괄공급

❖ 토지, 건물, 구축물을 7억원(공급가액)에 일괄 양도함. 그 가액의 구분은 불분명함.(감정가 모름)

구분	토지	건물	구축물	합계
장부가액	₩225,000,000	₩135,000,000	₩90,000,000	₩450,000,000
기준시가	₩195,000,000	₩105,000,000	–	₩300,000,000

풀이

• 토지 : $700,000,000 \times \dfrac{225,000,000}{450,000,000} = 350,000,000 \rightarrow 560,000,000 \times \dfrac{195,000,000}{300,000,000} = 364,000,000$

• 건물 : $700,000,000 \times \dfrac{135,000,000}{450,000,000} = 210,000,000 \rightarrow 560,000,000 \times \dfrac{105,000,000}{300,000,000} = 196,000,000$

• 건물 : $700,000,000 \times \dfrac{90,000,000}{450,000,000} = 140,000,000$

∴과세표준 : 196,000,000(건물) + 140,000,000(구축물) = 336,000,000

FINAL 객관식뽀개기

기출 & 적중문제

1. 다음은 회계사 강석호씨의 홈페이지에 있는 문의사항들이다. 다음 문의사항에 대한 답변 중 가장 옳지 않은 것은?

【문의1】
안녕하세요. 저는 건설업자인데요, 고객관리차원에서 대가를 받지 아니하고 타인에게 용역을 공급하는 것은 부가가치세 과세대상인가요?
▪ 답변1
용역의 무상공급은 용역의 공급으로 보지 않습니다. 따라서 과세대상이 아닙니다.

【문의2】
저는 건설회사에 근무하는 근로자인데요, 제가 고용관계에 의해 회사에 근로를 제공하는 것은 부가가치세 과세대상인 용역의 공급인가요?
▪ 답변2
고용관계에 의해 근로를 제공하는 것은 부가가치세 과세대상인 용역의 공급이 아닙니다.

【문의3】
수고하십니다. 저는 경남 양산에서 부동산임대업을 운영하고 있습니다. 얼마 전부터 주택을 임대해주었는데요, 부가가치세 과세대상인가요?
▪ 답변3
물론입니다. 부동산임대업은 부가가치세 과세대상으로, 주택과 그 부속토지의 임대도 예외없이 부가가치세가 과세됩니다.

【문의4】
수고 많으십니다. 저는 경기도 수원에서 공장을 운영하고 있습니다. 제가 직원들에게 지급한 작업복, 작업모 등도 부가가치세 과세대상입니까?
▪ 답변4
아닙니다. 사업장 내에서 복지후생적인 목적으로 사용하는 작업복, 작업모등의 지급은 재화의 간주공급에 해당되지 않습니다. 그러므로 부가가치세과세대상이 아닙니다.

① 답변 1　　　　　② 답변 2
③ 답변 3　　　　　④ 답변 4

📍 내비게이션
• 주택과 그 부속토지의 임대는 면세대상임.

2. 다음의 자료에 의하여 부가가치세법상 면세되는 임대토지의 면적은 얼마인가?

(1) 주택의 면적 : 500㎡
(2) 상가의 면적 : 300㎡
(3) 토지의 면적 : 5,000㎡
(4) 단층인 겸용주택에 해당된다.
(5) 도시지역 내의 토지에 해당된다.
(6) 주택과 상가의 전부를 임대하였다고 가정한다.

① 2,500㎡　　　　② 3,500㎡
③ 4,000㎡　　　　④ 5,000㎡

📍 내비게이션
• 전부주택이므로 상가건물은 0
• 주택부수토지(면세)
 5,000 〈한도〉 Max [800×5, 800] = 4,000
• 상가부수토지(과세)
 5,000-4,000=1,000

3. 다음의 자료에 의하여 부가가치세법상 면세되는 토지의 임대면적을 계산하면?

(1) 주택·점포가 함께 설치되어 있는 건물을 임대
　　(도시지역 안에 소재)
(2) 주택의 면적 : 80평
(3) 점포의 면적 : 50평
(4) 토지의 면적 : 1,600평

① 650평　　　　② 1,600평
③ 0평　　　　　④ 80평

📍 내비게이션
• 주택부수토지
 1,600평 〈한도〉 Max [130 × 5, 130] = 650평

단기속성특강 제166강 　　　겸영사업자 안분계산

	과세관련 공급가액

•공통공급가액 × 직전과세공급비율[*]

[*] $\dfrac{\text{공급일이 속하는 과세기간 직전과세기간의 과세공급가액}}{\text{공급일이 속하는 과세기간 직전과세기간의 총공급가액}}$

 사례 ■ **공통공급가액 안분계산**

✪ 생선과 어묵을 판매하는 강씨는 공통사용 트럭을 20x3.4.15에 ₩21,300,000에 매각함. 공급가액 자료는 다음과 같다.

구분	20x2.7.1~12.31	20x3.1.1~6.30
어묵	₩260,000,000	₩480,000,000
생선	₩140,000,000	₩20,000,000

✏️풀이

•과세표준 = $21,300,000 \times \dfrac{260,000,000}{400,000,000} = 13,845,000$

공통공급가액 안분계산 (좌측 구분)

	면세관련 매입세액

•공통매입세액 × 당해면세공급비율[*]

🔎주의 예정시에도 공통매입세액 안분계산 후 확정시 정산함.

[*] $\dfrac{\text{당해과세기간의 면세공급가액}}{\text{당해과세기간의 총공급가액}}$

 사례 ■ **공통매입세액 안분계산**

✪ A잡지사는 20x3.5.5 인쇄기를 ₩30,000,000(VAT제외)에 매입 후 20x3.9.7 ₩20,000,000(VAT제외)에 공급하였다.

구분	광고 수입	잡지판매수입
20x2년 제2기	₩280,000,000	₩120,000,000
20x3년 제1기	₩270,000,000	₩180,000,000
20x3년 제2기	₩300,000,000	₩300,000,000

✏️풀이

1. 20x3년 2기 과세표준 : $20,000,000 \times \dfrac{270,000,000}{450,000,000} = 12,000,000$

2. 20x3년 1기 면세관련매입세액 : $30,000,000 \times 10\% \times \dfrac{180,000,000}{450,000,000} = 1,200,000$

공통매입세액 안분계산 (좌측 구분)

FINAL 객관식뽀개기

기출&적중문제

1. 과세사업과 면세사업을 경영하고 있는 ㈜삼일은 두 사업에서 공통으로 사용하고 있던 재화를 매각하였다. 다음 자료를 보고 ㈜삼일의 20x2년 제1기 예정신고시 공통사용재화와 관련된 매출세액을 계산하면 얼마인가?

· 공통사용재화 취득일 : 20x2년 1월 2일
· 공통사용재화 공급일 : 20x2년 3월 28일
· 공통사용재화 공급가액 : 20,000,000원(부가가치세 미포함)
· 과세사업과 면세사업의 공급가액

구분	20x1년 제1기	20x1년 제2기
과세	1억원	2억원
면세	3억원	3억원
계	4억원	5억원

① 500,000원　　　　② 800,000원
③ 1,200,000원　　　④ 1,500,000원

📍 **내비게이션**

• 과세관련 공급가액 : $20,000,000 \times \dfrac{2억\,원}{5억\,원} = 8,000,000$

∴ 매출세액 : $8,000,000 \times 10\% = 800,000$

2. 다음의 사업자가 공제받을 수 있는 부가가치세법상 매입세액은 얼마인가?

사업부문	공급가액	매입세액
과세부문	40,000,000원	2,000,000원
면세부문	80,000,000원	6,000,000원
과세·면세 공통부문	–	3,000,000원

① 2,000,000원　　　② 3,000,000원
③ 4,000,000원　　　④ 5,000,000원

📍 **내비게이션**

• $2,000,000 + 3,000,000 \times \dfrac{40,000,000}{40,000,000 + 80,000,000} = 3,000,000$

3. 다음은 과세사업과 면세사업을 함께 영위하는 ㈜삼일의 부가가치세 관련 자료이다. 예정신고와 관련한 설명으로 가장 올바르지 않은 것은?

(1) 1월 1일 ~ 3월 31일까지의 제품
　가. 과세공급가액 : 120,000,000원
　나. 면세공급가액 : 80,000,000원
(2) 1월 1일 ~ 3월 31일까지의 매입
　가. 과세사업 관련 매입세액 : 4,000,000원(매입세액 불공제 대상 1,000,000원 포함)
　나. 면세사업 관련 매입세액 : 2,000,000원
　다. 과세·면세사업 공통매입세액 : 1,000,000원

① 제1기 예정신고시 부가가치세 매출세액은 12,000,000원이다.
② 면세공급가액 80,000,000원에 대해서는 계산서 또는 영수증을 발급하여야 한다.
③ 과세사업 관련 매입세액 중 불공제 대상과 면세사업 관련 매입세액은 매입세액공제를 받을 수 없다.
④ 공통매입세액은 직전 과세기간의 총공급가액 중 과세공급가액의 비율로 안분하여 공제한다.

📍 **내비게이션**

• 직전 과세기간(X) → 당해 예정신고기간(O)
→ 예정신고시 공통매입세액 중 면세 매입세액(불공제액) :
$1,000,000 \times \dfrac{80,000,000}{120,000,000 + 80,000,000} = 400,000$
→ 예정신고시 매입세액 공제액 :
$(4,000,000 - 1,000,000) + (1,000,000 - 400,000) = 3,600,000$

보론	공통매입세액 정산

• 예정신고시에는 예정신고기간 총공급가액에 대한 면세공급가액의 비율에 따라 안분계산하고 확정신고시 정산함.
[예시] 겸영사업자인 ㈜합격의 20x1년 3월 15일 공통매입세액은 1,000,000원이며 관련 자료는 다음과 같다.

구분	과세사업 공급가액	면세사업 공급가액	합계
20x1년 1월 1일~3월 31일	4억	6억	10억
20x1년 4월 1일~6월 30일	2억	8억	10억
합계	6억	14억	20억

→ ⊙ 예정신고시 불공제액 : $1,000,000 \times \dfrac{6억}{10억} = 600,000$

ⓛ 확정신고시 불공제액 : $1,000,000 \times \dfrac{14억}{20억} - 600,000 = 100,000$

∴ 공통매입세액 1,000,000 중 공제되는 매입세액은 300,000

🚚 **ANSWER** 1. ②　2. ②　3. ④

단기속성특강 제167강 — 대손세액공제

개요	의의	① 공급자 공급 후 공급받은자의 파산 등으로 대손처리되는 경우 거래징수하지 못함에도 부가가치세를 납부하는 불합리한 결과를 방지하기 위한 제도임. ② 공급받은자 폐업전 대손확정시 공제받은 매입세액을 차감하여 불합리한 결과를 방지함.
	서류제출	•대손세액공제를 받기 위하여는 부가가치세확정신고서에 대손세액공제신고서와 대손사실을 입증할 수 있는 서류를 첨부하여 관할세무서장에게 제출해야 함.

매 출 자 (매출세액납부)	→외상매출→	매 입 자 (매입세액공제)
⇓ 대손시 : 매출세액에서 차감 회수시 : 매출세액에 가산		⇓ 대손시 : 매입세액에서 차감 변제시 : 매입세액에 가산

회계처리 [참고사항]

공급자

•대손시 매출세액에 차감, 회수시 가산

매 출	(차) 외상매출금 110 (대) 매출 100 　　　　　　　　　　　 VAT예수금 10
대손 & 대손세액공제	(차) 대손충당금 100 (대) 외상매출금 110 　　　 VAT예수금 10 ▶ if, 대손세액공제를 선택치 않은 경우 (차) 대손충당금 110 (대) 외상매출금 110
대손채권회수	(차) 현금 110 (대) 대손충당금 100 　　　　　　　　　　　 VAT예수금 10 ▶ if, 대손세액공제를 선택치 않은 경우 (차) 현금 110 (대) 대손충당금 110

공급받은자

•대손시 매입세액에 차감, 변제시 가산

매 입	(차) 상품 100 (대) 외상매입금 110 　　　 VAT대급금 10
대 손	(차) 외상매입금 10 (대) VAT대급금 10
변 제	(차) 외상매입금 100 (대) 현금 110 　　　 VAT대급금 10

대손사유

•파산(강제화의), 강제집행, 사망·실종, 소멸시효 완성, 회생계획인가의 결정
　🔎주의 사업부진은 대손사유가 아님.
•부도 후 6월 경과 어음·수표(저당권 설정분은 제외)
　🔎주의 20x1. 1.20 부도발생시 1기가 아닌 2기에 대손세액공제 적용

대손세액

•공급 후 10년이 경과한날이 속하는 과세기간에 대한 확정신고기한까지 확정된 것
•확정신고에만 적용함.

$$대손세액 = 대손금액(VAT포함) \times \frac{10}{110}$$

FINAL 객관식뽀개기

기출 & 적중문제

1. 다음 과세사업자인 A와 B의 거래 내용에 관한 설명 중 가장 옳은 것은?

> [1] A는 20x1년 3월 1일 부가가치세 과세재화를 B에게 공급한 후 공급대가로 110,000,000원(부가가치세 포함)의 어음을 수령하였다. 하지만 20x1년 9월 1일 B의 부도로 인해 매출채권을 회수하지 못하였다. A는 이와 관련하여 B에게 근저당권을 설정해 놓은 것은 없다.
> [2] 대손세액공제는 공제가능한 가장 빠른 시기에 적법하게 신청한 것으로 가정한다.

① A는 20x2년 제1기 부가가치 확정신고시 10,000,000원의 대손세액 공제를 받을 수 있다.
② A는 20x1년 제2기 확정신고시 110,000,000원을 공급가액에서 차감하여 매출세액을 신고해야 한다.
③ A는 20x1년 제2기 부가가치세 예정신고시 10,000,000원의 대손세액공제를 받을 수 있다.
④ A는 20x1년 제1기 예정신고시 110,000,000원을 공급가액으로 신고해야 한다.

📍 내비게이션

• A가 법인이라고 가정하면 공급일이 속하는 20x1년 제1기 예정신고시 100,000,000원을 공급가액으로 일단 신고한다.
• 대손세액공제는 확정신고시에만 적용하므로 부도 후 6월이 경과한 20x2년 제1기 확정신고시 10,000,000원(110,000,000×10/110)을 대손세액공제 한다.

2. 갑법인은 20x1.02.04에 부가가치세가 과세되는 재화를 공급한 후 그 공급대가로 받은 약속어음 11,000,000 (VAT 포함)이 20x1.04.06에 부도가 발생하였다. 채무자의 재산에 저당권을 설정하고 있지 않다면 이 경우 부가가치세법상 대손세액공제를 받는 시기는 언제인가? (대손관련 회계처리는 정상적으로 처리되었다.)

① 20x1년 1기 예정신고시
② 20x1년 1기 확정신고시
③ 20x1년 2기 예정신고시
④ 20x1년 2기 확정신고시

📍 내비게이션

• 부도발생일로부터 6월이 되는 날이 속하는 확정신고시에 대손세액공제를 받을 수 있다.

3. 부가가치세법상 대손세액공제에 대한 설명으로 옳지 않은 것은?

① 대손세액은 대손금액에 110분의 10을 곱한 금액이다.
② 예정신고시에도 대손세액공제를 적용할 수 있다.
③ 사업자가 대손금액의 전부 또는 일부를 변제한 경우에는 변제한 대손금액에 관련된 대손세액을 변제한 날이 속하는 과세기간의 매입세액에 더한다.
④ 대손세액공제의 범위는 사업자가 부가가치세가 과세되는 재화 또는 용역을 공급한 후 그 공급일부터 10년이 경과된 날이 속하는 과세기간에 대한 확정신고기한까지 확정되는 대손세액으로 한다.

📍 내비게이션

• 확정신고시만 적용함.

4. 다음 자료에 의하여 부가가치세 매출세액을 계산하면 얼마인가?

> (1) 과세되는 공급가액 : 52,000,000원
> (2) 매출환입 : 2,000,000원
> (3) 매출할인 : 3,000,000원
> (4) 대손처리된 채권 : 7,700,000원(이 중 세법상 대손요건을 충족하지 못한 채권 2,200,000원을 포함하고 있으며, 채권금액은 공급대가이다)

① 4,300,000원
② 4,200,000원
③ 4,100,000원
④ 4,000,000원

📍 내비게이션

• $(52,000,000-2,000,000-3,000,000)\times10\%-(7,700,000-2,200,000)\times\dfrac{10}{110}$
=4,200,000

보론	대손세액공제 사유 기타사항

■ 채무자 회생 및 파산에 관한 법률에 따른 법원의 회생계획인가 결정에 따라 채무를 출자전환하는 경우도 대손세액공제 사유에 해당함.
→ 이 경우 대손금액은 출자전환하는 시점의 출자전환된 매출채권 장부가액과 출자전환으로 취득한 주식·출자지분의 시가와의 차액으로 함.

단기속성특강 제168강	매입세액계산

	증빙요건	• 세금계산서(매입자발행세금계산서), 신용카드매출전표(현금영수증) 🔎주의 현금매입(간이영수증 등) 수취분은 공제불가하며, 현금매출은 납부해야 함. • 신용카드매출전표 등을 발급받은 경우 신용카드매출전표 등 수령명세서를 제출
매입세액 공제요건	공제액	• 사용된 것은 물론이고 사용될 예정인 것도 공제대상(매입시점에 전액공제) 🔎주의 따라서 재고로 남아있어도 무관하며, 사용시점에 공제하는 것이 아님.
	예정신고누락분	• 예정신고시 누락분은 확정신고시 공제 가능
	확정신고누락분	• 확정신고시 누락분은 경정청구에 의함.

	• 매입처별세금계산서합계표관련	① 예정신고 또는 확정신고와 함께 합계표를 제출치 않은 경우(= 미제출) ② 거래처별등록번호, 공급가액이 미기재·사실과 다르게 기재된 경우(= 부실기재)
	• 세금계산서관련	① 세금계산서를 발급받지 않은 경우(= 미수취) ② 필요적기재사항이 미기재·사실과 다르게 기재된 경우(= 부실기재)
매입세액 불공제	• 사업무관매입세액	• 법인세·소득세법상 업무무관비용이 해당됨.
	• 비영업용소형승용차의 구입·임차·유지관련	**참고** 일반적으로 운수용등이 아닌 배기량 1,000cc 초과하는 8인승 이하 자동차를 말함
	• 기업업무추진비(접대비)지출관련, 면세사업관련, 토지관련	–
	• 사업자등록 신청전 매입세액	• 공급시기가 속하는 과세기간이 끝난 후 20일 이내에 등록 신청한 경우 그 공급시기 내 매입세액은 공제

🔎주의 서식상에는 세금계산서수취분에 집계한 후 별도로 공제받지못할매입세액란에 기재함.

	의의	• 면세농산물등(계산서 등 수취분)을 원재료로 제조한 재화 등의 공급이 과세되는 경우, 증명서류 제출시 면세농산물 등 가액의 일정률 상당금액을 매입세액으로 공제가능함. • 법인사업자도 적용대상임. • 예정, 확정시 모두 적용함. 보론 공제시기 : 공급받은 날이 속하는 예정신고 또는 확정신고시 공제(즉, 구입시점)
의제매입 세액공제	공제액 (공제율)	• 매입가액×2/102 [단, 제조업(개인사업자, 중소기업) : 4/104[1)] (음식점업 – ① 개인 : 8/108[2)] ② 법인 : 6/106 ③ 과세유흥장소영위업 : 2/102) [1)] 단, 최종소비자대상 개인제조업(소정 떡방앗간) : 6/106 [2)] 단, 과세표준 2억원 이하인 경우 : 9/109(2026년까지 한시적용) 보론 매입가액 : 운임 등 부대비용을 제외한 순수매입원가(수입품은 관세의 과세가격)
	공제한도		

공제한도	개인사업자(일반업종)	과세표준 2억이하	• (공급과세표준×65%)×공제율
		과세표준 2억초과	• (공급과세표준×55%)×공제율
	법인사업자		• (공급과세표준×50%)×공제율

FINAL 객관식뽀개기　　기출 & 적중문제

1. 부가가치세는 전단계세액공제법을 적용하고 있다. 따라서 재화, 용역의 매입시 또는 재화의 수입시 거래징수당한 매입세액은 납부세액 계산시 공제된다. 다음 중 매입세액에 대한 설명으로 가장 올바르지 않은 것은?

① 면세사업과 관련된 매입세액은 매출세액에서 공제되지 않는다.
② 기업업무추진비 및 이와 유사한 비용의 지출에 관련된 매입세액은 매출세액에서 공제되지 않는다.
③ 당해 재화를 사용하는 시점에서 매입세액을 공제받는 것이며, 단순히 매입한 시점이 속하는 예정신고기간 또는 확정신고기간에 매입세액을 공제받을 수 있는 것이 아니다.
④ 사업자가 재화 또는 용역을 공급받고 부가가치세액이 별도로 구분 가능한 신용카드매출전표 등을 발급받은 경우 신용카드매출전표 등 수취명세서를 제출하고, 신용카드매출전표 등을 보관하면 매입세액으로 공제받을 수 있다.

📍 **내비게이션**

• 매입세액공제는 구입시점(매입시점)에 전액 공제한다.

2. 과세사업을 영위하는 ㈜A의 부가가치세 신고시 매입세액공제가 가능한 항목은?(단, 법적증빙은 적정하게 수령했다고 가정한다)?

① 기업업무추진비　　　　② 토지
③ 비영업용소형승용차　　④ 화물운반용 트럭

📍 **내비게이션**

• 화물운반용 트럭은 비영업용소형승용차에 해당하지 않으므로 매입세액공제가 된다.

3. 다음 중 부가가치세법상 일반과세사업자가 당해 과세기간분 부가가치세 확정신고시 공제받을 수 있는 매입세액은?

① 기업업무추진비 관련 매입세액
② 직전 과세기간 부가가치세 확정신고시 누락된 세금계산서상의 매입세액
③ 세금계산서 대신 발급받은 거래명세표상 매입세액
④ 당해 과세기간 부가가치세 예정신고시 누락된 상품매입세금계산서상의 매입세액

📍 **내비게이션**

• ①,③ : 매입세액불공제 대상, ② : 경정청구해야함.

4. 다음은 도소매업을 영위하는 과세사업자인 (주)A의 20x1년 10월 1일부터 20x1년 12월 31일까지의 매출과 매입에 관한 사항이다. 20x1년 제2기 부가가치세 확정신고시 납부세액은 얼마인가(단, 세금계산서를 수취한 매입세액 중 불공제되는 세액은 없다고 가정한다.)?

구분		공급대가(VAT포함)
매출자료	세금계산서 발행분	1,000,000원
	현금매출분(증빙없음)	500,000원
	계	1,500,000원
매입자료	세금계산서 수취분	500,000원
	현금매입분(증빙없음)	60,000원
	계	560,000원

① 50,000원　　　　　　② 90,909원
③ 100,000원　　　　　④ 150,000원

📍 **내비게이션**

• $(1,000,000+500,000) \times \frac{10}{110} - 500,000 \times \frac{10}{110} \fallingdotseq 90,909$

*현금매출은 매출세액을 납부하여야 하나, 현금매입은 매입세액을 공제하지 않는다.

5. 다음은 제조업을 영위하는 과세사업자인 (주)A의 10월 1일부터 12월 31일까지 자료이다. 제2기 확정신고시 공제받을 수 있는 매입세액은 얼마인가?(단, 중소기업에 해당하지 않으며 세금계산서를 수령하였고 의제매입세액은 부가가치세법상 규정하는 한도 이내의 금액이라고 가정한다.)?

매입내역	매입가액	매입세액
기계장치	500,000,000원	50,000,000원
비영업용소형승용차	60,000,000원	6,000,000원
원재료	30,000,000원	3,000,000원
면세로 구입한 농산물	20,400,000원	–
비품	60,000,000원	6,000,000원

① 23,000,000원　　　　② 56,000,000원
③ 58,000,000원　　　　④ 59,400,000원

📍 **내비게이션**

• $50,000,000+3,000,000+20,400,000 \times \frac{2}{102} +6,000,000=59,400,000$

*비영업용소형승용차는 매입세액불공제 대상이다.

| 단기속성특강 제169강 | 세금계산서 |

세금계산서 기본사항	필요적 기재사항	① 공급자의 등록번호와 성명(명칭) ② 공급받는자의 등록번호 ③ 공급가액과 세액 ④ 작성연월일 🔎주의 공급받는자의 성명(상호), 공급연월일, 주소는 필요적 기재사항이 아님. 🔎주의 세금계산서의 기능 : 청구서, 증빙, 세금영수증 →계약서기능을 하는 것이 아님. **보론 영수증** 　① 공급받는자와 세액을 제외한 필요적 기재사항이 기재된 증빙으로 정규세금계산서가 　　아님. 　② 공급대가(VAT 포함액)가 기재됨. 　③ 금전등록기계산서와 신용카드매출전표 등은 영수증으로 봄. 　④ 최종소비자를 대상으로 하는 사업자가 신용카드기 등 기계적장치에 의해 영수증을 발 　　급시는 공급가액과 세액을 반드시 구분기재해야 함.

영수증발급대상	세금계산서발급을 요구하는 경우
㉠ 미용·욕탕 및 유사서비스업 ㉡ 여객운송업(전세버스 제외) ㉢ 입장권발행사업 ㉣ 영수증의무발급 간이과세자	•발급불가 　▶ 단, ㉠~㉢의 경우 감가상각자산 　　공급에 대해서는 발급해야 함.
㉠ 소매업 ㉡ 세무사 등 인적용역(사업자공급분 제외) ㉢ 주로 소비자대상 사업자	•발급가능 　▶ 단, 신용카드매출전표 등을 발급 　한 경우는 발급불가

발급면제	
•택시, 노점, 행상, 무인자동판매기	-
•간주공급	직매장반출 제외
•간주임대료	무조건 발급불가
•특정영세율대상	'영세율'편 참조
•면세사업자	무조건 발급불가

발급시기 특례	•다음의 경우 공급일이 속하는 달의 다음달 10일까지 발급 가능 ① 거래처별로 1역월(달의 1일부터 말일까지)의 공급가액을 합계하여 말일자를 발행일자로 발 　급하는 경우 ② 거래처별로 1역월(달의 1일부터 말일까지의 기간) 이내에서 임의로 정한 기간의 공급가액을 　합계하여 그 기간 종료일을 발행일자(작성연월일)로 발급하는 경우 ③ 관계증빙에 의해 실제거래사실이 확인되는 경우로서 거래일자를 발행일자로 발급하는 경우

위탁판매 발급특례		
•위탁자가 직접재화 인도시		•위탁자가 세금계산서 발급 •수탁자 등록번호를 부기함.
•수탁자가 재화 인도시		•수탁자가 위탁자 명의의 세금계산서 발급함.
•위탁자를 알 수 없는 익명 거래시		•위탁자는 수탁자에게, 수탁자는 거래상대방에 게 각각 발급

FINAL 객관식뽀개기

기출&적중문제

1. 다음 중 세금계산서에 관한 설명으로 가장 올바르지 않은 것은?

① 부동산 임대용역 중 간주임대료가 적용되는 부분에 대해서도 세금계산서 발급의무가 있다.
② 필요적 기재사항이 일부라도 기재되지 아니하거나 기재된 사항이 사실과 다를 때에는 적법한 세금계산서로 인정되지 않는다.
③ 세금계산서 발급의무가 있는 사업자가 재화 또는 용역을 공급하고 거래시기에 세금계산서를 발급하지 않는 경우 그 재화 또는 용역을 공급받는 자는 관할 세무서장의 확인을 받아 매입자발행세금계산서를 발급할 수 있다.
④ 한 번 발행된 세금계산서라도 기재사항에 착오나 정정사유가 있다면 수정세금계산서를 발행할 수 있다.

📍 **내비게이션**
• 임대료는 세금계산서 발급의무가 있으나, 간주임대료는 세금계산서 발급불가 대상이다.

2. 세금계산서에 관한 다음 설명 중 가장 옳은 것은?

① 면세사업자와 간이과세자는 세금계산서를 발급할 수 없다.
② 필요적 기재사항이 일부라도 기재되지 아니하거나 기재된 사항이 사실과 다를 때에는 정당한 세금계산서로 인정되지 않는다.
③ 부동산 임대용역에서 실제임대료와 간주임대료 모두 세금계산서 발급의무가 면제된다.
④ 영세율 적용대상거래는 모두 세금계산서의 발급의무가 면제된다.

📍 **내비게이션**
• ① 간이과세자는 원칙적으로 세금계산서를 발급할 수 있다.
  ③ 임대료는 세금계산서 발급의무가 면제되지 않는다.
  ④ 소정 영세율 적용대상거래는 세금계산서의 발급의무가 있다.

3. 다음 중 세금계산서의 기능이 아닌 것은?

① 송장의 역할
② 세금영수증
③ 영수증 또는 청구서의 역할
④ 계약서

4. 다음과 같은 상황에 대한 세금계산서 발급행위로서 잘못된 것은?

공급시기	공급가액	부가가치세
20x1.10.10	10,000,000원	1,000,000원
20x1.10.20	10,000,000원	1,000,000원
20x1.10.31	10,000,000원	1,000,000원

① 20x1년 10월 31일 공급분에 대해 작성연월일을 10월 31일로 하여 세금계산서 작성하여 동일자로 발급한 경우
② 20x1년 10월 31일 공급분에 대해 작성연월일을 10월 31일로 하여 세금계산서 작성하여 20x1년 11월 7일에 발급한 경우
③ 20x1년 10월 공급분을 합계하여 작성연월일을 20x1년 10월 31일로 하여 세금계산서 작성하고 20x1년 11월 10일에 발급한 경우
④ 10월10일/10월20일/10월31일 각각에 대해 10일, 20일, 31일을 작성연월일로 하여 세금계산서 3장을 작성하고, 11월 13일에 발급한 경우

📍 **내비게이션**
• 거래처별로 달의 1일부터 말일까지의 기간 이내에서 사업자가 임의로 정한 기간의 공급가액을 합계하여 그 기간의 종료일자를 발행일자로 하여 세금계산서를 발급하는 경우에는 재화 또는 용역의 공급일이 속하는 달의 다음 달 10일까지 세금계산서를 발급할 수 있다. 따라서 발급행위를 11월 10일까지 했다면 정당한 세금계산서 발급행위로 볼 수 있다.

5. 세금계산서의 발급시기 및 장소와 관련된 설명이다. 틀린 것은?

① 세금계산서는 재화를 공급하는 사업장에서 발급하는 것이 원칙이다.
② 사업자의 편의를 위하여 일정기간의 거래액을 합계하여 한 번에 세금계산서를 발급할 수 있다.
③ 위탁판매의 경우 수탁자는 수탁자 자신의 명의로 된 세금계산서를 발급한다.
④ 재화나 용역의 공급 전에 세금계산서를 발급하고 7일 이내에 대가를 지급받은 경우 공급받는 자는 발급받은 세금계산서로서 매입세액을 공제받을 수 있다.

📍 **내비게이션**
• 수탁자 자신의 명의(X) → 위탁자의 명의(O)

🏷️ **ANSWER** 1. ① 2. ② 3. ④ 4. ④ 5. ③

단기속성특강 제170강		세금계산서의 종류

전자 세금계산서	의무발급 사업자	① 법인사업자 ② 직전연도 사업장별 공급가액 합계액이 1억원(2024.7.1.이후 : 8천만원) 이상인 개인사업자 　▶ **참고** 의무발급사업자가 아닌 개인사업자는 선택에 의해 발급가능함.
	전송기한	•전자세금계산서 발급시 발급명세를 발급일의 다음날까지 국세청장에게 전송해야 함.
	가산세	**지연전송가산세** •전송기한후 확정신고한까지 전송한 경우 ▶ 공급가액×0.3% **미전송가산세** •전송기한후 확정신고한까지 전송하지 않은 경우 ▶ 공급가액×0.5%
	인센티브	•합계표제출의무면제 : 예정신고(확정신고)시 세금계산서합계표를 제출하지 않을 수 있음. •보존의무면제 : 세금계산서 보존의무(확정신고기한 후 5년간 보존)가 면제됨.
		보론 장부보존 : 장부와 세금계산서, 영수증 등은 그 거래사실이 속하는 과세기간에 대한 확정신고를 한 날부터 5년간 보존해야 함.(단, 전자세금계산서 전송분은 제외)

수정 세금계산서	발급요건	•수정세금계산서는 당초에 세금계산서를 발급한 경우에만 발급가능함. 　🔎주의 ∴다음의 경우는 수정세금계산서 발급불가하며, 세금계산서미발급에 해당함. 　　① 당초 세금계산서를 발급하지 않은 경우 　　② 과세거래를 면세거래로 보아 세금계산서가 아닌 계산서를 발급한 경우 　　**참고** 폐업한 사업자는 폐업 전 거래에 대해 수정세금계산서 발급·수취 불가함.
	발급사유사례	**발급절차**
	기재사항의 착오기재	•처음 발급분 : 처음 내용대로 붉은색 글씨로 쓰거나 음(陰)의 표시를 하여 발급 •수정 발급분 : 검은색 글씨로 작성하여 발급
	계약해지로 공급가액 증감	•증감사유가 발생한 날을 작성일로 적음. 　▶ 추가되는 금액은 검은색 글씨로 쓰고, 차감되는 금액은 붉은색 글씨로 쓰거나 음(陰)의 표시를 하여 발급
	공급재화가 환입	•환입된 날을 작성일로 적음 　▶ 비고란에 처음 작성일을 덧붙여 적은 후, 붉은색 글씨로 쓰거나 음(陰)의 표시를 하여 발급
		참고 감액(취소) 수정세금계산서가 있다면 합계표에는 그 매수는 포함하고 금액은 차감하여 기재함. 　예) 매출세금계산서가 50매 ₩100,000,000이고, 취소수정세금계산서가 5매 ₩5,000,000인 경우에는 매출처별세금계산서합계표에 매수는 55매, 금액은 ₩95,000,000으로 기재함.

매입자발행 세금계산서	의의	•납세의무자로 등록한 사업자가 재화·용역을 공급하고 세금계산서(부도시 수정T/I)를 발급하지 아니한 경우, 공급받은 자가 확인을 받아 세금계산서를 발행할 수 있는 제도
	당사자 요건	**공급자** •세금계산서 발급의무가 있는 사업자이어야 함. 　▶ ∴미등록사업자, 면세사업자, 영수증의무발급간이과세자 제외 **공급받은 자** •모든 사업자 　▶ ∴일반과세자, 간이과세자, 면세사업자 포함
	발행대상금액	•거래 건당 공급대가 5만원 이상인 경우
	신청기한	•공급 과세기간 종료일부터 1년 이내 　▶ 입증서류를 첨부하여 신청인의 관할세무서장에게 거래사실의 확인을 신청
		참고 ■ 신청인 관할세무서장은 7일 이내에 신청서 등을 공급자 관할세무서장에게 송부함. 　■ 공급자 관할세무서장은 거래사실여부를 확인하고, 확인 결과를 통지함. 　■ 거래사실 확인 통지를 받은 신청인은 공급자 관할세무서장이 확인한 거래일자를 작성일자로 하여 매입자발행세금계산서를 발행하여 공급자에게 발급함.

수입 세금계산서	•세관장이 발행하는 세금계산서로 매입세금계산서와 동일하게 매입세액공제를 함.

FINAL 객관식뽀개기

기출 & 적중문제

1. 다음은 부가가치세법상 전자세금계산서에 대한 설명이다. 다음 중 옳은 것은?

① 법인사업자는 전자세금계산서를 발급하여야 하며, 이러한 의무를 위반하면 가산세가 부과된다.
② 모든 개인사업자는 전자세금계산서를 발급하여야 하며, 이러한 의무를 위반하면 가산세가 부과된다.
③ 전자세금계산서 의무발행자가 종이세금계산서를 발행하면 그 세금계산서의 효력은 없다.
④ 전자세금계산서 발급명세서를 전송한 경우에는 매출·매입처별 세금계산서합계표를 제출하지 않아도 되지만 세금계산서는 5년간 보존하여야 한다.

◉ 내비게이션

• ② 모든 개인사업자가 아님.
 ③ 효력은 유효함.
 ④ 5년간 보존의무도 면제됨.

2. 다음은 부가가치세법상 세금계산서의 교부에 관한 사항이다. 적절하게 교부하지 않은 것의 개수는?

A. 공급시기 전에 세금계산서를 발급하고 발급일로부터 7일 이내에 대가를 지급받음.
B. 단기할부판매에 관하여 대가의 각 부분을 받기로 한 때마다 각각 세금계산서를 발급함.
C. 반복적 거래처에 있어서 월합계금액을 공급가액으로 하고, 매월 말일자를 공급일자로 하여 다음달 말일까지 세금계산서를 발급함.
D. 이미 공급한 재화가 환입된 경우에는 환입된 날을 공급일자로 하고, 비고란에 당초세금계산서 작성일자를 부기하여 발행함.

① 1개
② 2개
③ 3개
④ 4개

◉ 내비게이션

• B : 단기할부는 인도일에 세금계산서를 발급함.
• C : 월합계 세금계산서는 다음달 10일까지 세금계산서를 발급함.

3. 다음 중 부가가치세법상 매입세액의 공제를 받을 수 있는 경우는?

① 사업과 관련없이 지출한 매입세액
② 매입자발행세금계산서 매입세액
③ 세금계산서 필요적 기재사항 누락 매입세액
④ 면세사업과 관련된 매입세액

4. 다음 사람들 중 세금계산서에 관한 설명으로 잘못 말한 사람은?

김선생 : 세금계산서는 필요적 기재사항과 임의적 기재사항이 있는데 공급받는 자의 사업자등록번호는 필요적 기재사항이다.
이선생 : 사업자는 재화를 공급할 때 그 재화가 과세 또는 면세에 관계없이 세금계산서를 발행하여야 한다.
강선생 : 세금계산서는 원칙적으로 재화와 용역의 공급시기에 발행하여야 한다.
최선생 : 세금계산서를 발급한 후 그 기재사항에 착오나 정정사항이 있는 경우 이를 수정하여 세금계산서를 발급할 수 있다.
유선생 : 세금계산서는 재화를 공급하는 사업자가 발행하는 것이므로 어떠한 경우에도 재화 등을 공급받는 자는 세금계산서를 발행할 수 없다.

① 김선생, 유선생
② 이선생, 유선생
③ 이선생, 강선생
④ 최선생, 유선생

◉ 내비게이션

• 세금계산서는 과세재화를 공급하는 경우 발행하며, 일정한 요건을 갖춘 경우 매입자가 세금계산서를 발행할 수 있다.

5. 다음 중 부가가치세법상 세금계산서에 관한 설명으로 가장 옳지 않은 것은?

① 주사업장총괄납부 또는 사업자단위신고납부 승인을 받은 사업자도 직매장반출 등 타인에게 직접 판매할 목적으로 다른 사업장에 재화를 반출하는 경우 세금계산서를 발급해야 한다.
② 부동산임대용역에서 간주임대료는 세금계산서 발급의무가 면제된다.
③ 위탁판매의 경우 수탁자는 위탁자의 명의로 된 세금계산서를 발급해야 한다.
④ 세금계산서는 재화 또는 용역의 공급시기에 발급되는 것이 원칙이나 공급시기가 도래하기 전에 대가의 전부 또는 일부를 받은 경우 그 받은 대가에 대하여 세금계산서를 발급할 수 있다.

◉ 내비게이션

• 직매장반출시 세금계산서 발급의무자는 주사업장총괄납부 또는 사업자 단위신고납부 승인을 받지 않은 사업자이다.

제1편
[단기속성특강] 재무회계

제2편
[단기속성특강] 세무회계

제3편
[단기속성특강] 원가관리회계

합본부록1
신유형기출문제

합본부록2
10개년기출요약노트

단기속성특강 제171강			부가가치세 신고 · 납부

예정신고 납부	일반적인 경우		•예정신고기간이 끝난 후 25일 이내에 신고납부함. 　참고　예외적으로 직전과세기간 공급가액 1.5억원 미만인 법인사업자는 예정고지 대상임.
	개인사업자	원칙	•예정고지에 의한 징수 　직전과세기간 납부세액의 1/2 에 상당하는 금액을 결정하여 징수 　🔍주의 **간이과세자**(영수증의무발급 간이과세자) 　　직전과세기간(1년)의 1/2을 7/25까지 예정부과징수함. 　보론　징수제외 : 50만원 미만시, 일반과세자로 변경시, 재난 등으로 납부불가시
		예정신고 가능자	•다음의 경우에는 예정신고할 수 있음. ① 휴업, 사업부진으로 각 예정신고기간의 공급가액(또는 납부세액)이 직전 과세기간의 공급가액(또는 납부세액)의 1/3에 미달하는 자 ② 각 예정신고기간분에 대해 조기환급을 받고자 하는 자
	🔍주의 대손세액공제, 가산세, 전자신고세액공제는 확정시만 적용됨.		
확정신고 납부	•과세기간이 끝난 후 25일 이내에 신고 납부함. ▶ 예정신고시 누락분도 확정신고의 대상임! 　🔍주의 외국법인도 동일하게 25일내 신고납부함. 　🔍주의 확정신고시 누락분은 수정신고(경정청구)해야 함. 　보론　폐업시 신고납부기한 : 폐업일이 속하는 달의 다음달 25일 이내 신고납부		
결정 · 경정	결정사유		•무신고
	경정사유		•신고는 했으나 신고의 내용에 오류 또는 탈루가 있는 등의 경우
환급	일반환급		•각 과세기간별로 그 확정신고기한이 지난 후 30일내 환급해야 함. 　🔍주의 예정신고기간에 대한 환급세액은 원칙적으로 환급치 않고, 확정시 정산함.
	조기환급	대상	•재화 · 용역공급에 영세율이 적용되는 때 •사업설비(감가상각자산에 한함)를 신설 · 취득 · 확장하는 때 •재무구조개선계획을 이행중인 경우
		환급방법	❖[예정신고기간별 · 과세기간별조기환급] 　•조기환급을 받고자 하는 자가 예정신고서 또는 확정신고서를 제출한 경우에는 환급에 관해 신고한 것으로 보며, 　•예정신고기한 · 확정신고기한이 지난 후 15일내 환급해야 함. ❖[영세율 등 조기환급기간별 조기환급] 　•'영세율 등 조기환급기간'이란 예정신고기간 또는 과세기간최종 3월중 매월 또는 매 2월을 말함. 표 •조기환급받고자 하는 자는 영세율 등 조기환급기간이 끝난 날부터 25일 이내에 신고하며, 조기환급신고기한이 지난 후 15일내에 환급해야 함.

영세율등 조기환급기간	제1기 과세기간					
	예정신고기간			과세기간최종3월		
	1월	2월	3월	4월	5월	6월
'매월'	○	○		○	○	
'매2월'	○ (1,2월)			○ (4,5월)		

FINAL 객관식뽀개기

기출 & 적중문제

1. 다음 중 부가가치세의 일반사항에 관한 설명 중 가장 올바르지 않은 것은?

① 부가가치세를 신고하지 않은 사업자도 수정신고를 할 수 있다.
② 재화의 공급시점에 세금계산서를 발급하고 그 세금계산서 발급일로부터 7일 이내에 대가를 받은 경우 세금계산서를 발급한 때에 재화를 공급한 것으로 본다.
③ 미등록가산세가 적용되는 부분에 대해서는 세금계산서 불성실가산세와 매출처별세금계산서합계표제출불성실가산세가 배제된다.
④ 이미 발행된 세금계산서라도 기재사항에 착오나 정정사유가 있었다면 수정세금계산서를 발행할 수 있다.

📍 **내비게이션**

•수정신고는 당초 신고기한내에 신고가 된 것에 대하여만 가능하므로 부가가치세를 신고하지 않은 사업자는 수정신고를 할 수 없다.

2. 다음은 부가가치세법상의 신고·납부에 관한 설명이다. 타당하지 못한 것은?

① 내국법인은 예정신고기간이 끝난 후 25일이내에 과세표준과 납부 또는 환급세액을 사업장 관할세무서장에게 신고하여야 한다.
② 휴업 또는 사업부진으로 인하여 각 예정신고기간의 공급가액이 직전 과세기간의 공급가액의 1/3에 미달하는 일반과세자는 예정신고를 할 수 있다.
③ 간이과세자는 원칙적으로 예정신고의무가 없다.
④ 확정신고시 누락분은 다음 예정신고에 포함한다.

📍 **내비게이션**

•확정신고시 누락분은 수정신고나 경정청구에 의한다.

3. 다음 중 부가가치세법상 사업장 관할세무서장이 부가가치세의 과세표준과 납부세액을 조사하여 결정하여야 하는 경우는?

① 확정신고의 내용에 오류 또는 탈루가 있는 때
② 영세율 등 조기환급신고의 내용에 오류 또는 탈루가 있는 때
③ 확정신고를 하지 않은 때
④ 확정신고에 있어서 매출·매입처별 세금계산서합계표를 제출하지 않은 때

📍 **내비게이션**

•③은 결정대상이고 나머지는 경정대상임.

4. 부가가치세 조기환급대상으로 옳지 않은 것은?

① 영세율적용 대상인 때
② 사업설비를 신설, 확장하는 때
③ 창업시 재고자산을 일시적으로 다량 매입한 때
④ 감가상각자산을 취득, 증축하는 때

5. 20x1년 2월 10일에 사업을 개시하면서 대규모 시설투자를 한 경우, 시설투자로 인한 조기환급을 신고할 수 있는 가장 빠른 신고기한과 환급기한은 언제인가?

① 신고기한 : 20x1년 2월 28일, 환급기한 : 15일
② 신고기한 : 20x1년 3월 25일, 환급기한 : 15일
③ 신고기한 : 20x1년 4월 25일, 환급기한 : 15일
④ 신고기한 : 20x1년 4월 25일, 환급기한 : 30일

📍 **내비게이션**

•2월말부터 25일내가 신고기한, 환급기한은 15일임. 즉, 4월10일 환급

6. 다음 중 부가가치세의 신고 및 납부, 환급에 관한 설명으로 가장 올바르지 않은 것은?

① 사업자는 각 예정신고기간 또는 과세기간이 끝난 후 25일 이내에 사업장 관할 세무서장에게 과세표준을 신고하고 세액을 자진 납부하여야 한다.
② 일반환급세액은 각 예정 및 확정신고기한이 지난 후 30일 이내에 환급한다.
③ 매월 또는 매 2월마다 조기환급받고자 하는 자는 조기환급기간이 지난 후 25일 이내에 조기환급신고서를 제출하여야 한다.
④ 당해 과세기간 중 대손이 발생하였거나 대손금이 회수되었을 경우 확정신고시에 대손세액을 가감한다.

📍 **내비게이션**

•과세기간별로 그 확정신고기한이 지난 후 30일내 환급한다.
 →즉, 예정신고기간에 대한 환급은 없으며, 확정시 정산한다.

🚂 **ANSWER** 1. ① 2. ④ 3. ③ 4. ③ 5. ② 6. ②

단기속성특강 제172강	부가가치세 가산세

사업자등록	미등록 허위등록	•공급가액 × 1% ① 사업개시일로부터 20일내 사업자등록하지 않은 경우 적용 ▶ 공급가액 : 사업개시일~등록신청일 직전일까지의 공급가액 ② 타인명의(배우자 제외)로 사업자등록하고 실제사업영위로 확인되는 경우 적용 ▶ 공급가액 : 사업개시일~실제사업확인일 직전일까지의 공급가액	
현금매출 명세서등	대상	•현금매출명세서, 부동산임대공급가액명세서를 예정신고, 확정신고시 미제출 등 ▶ 현금매출명세서 제출의무 대상 : 전문직, 예식장, 부동산중개업, 병·의원	
	가산세액	•미제출분수입금액 × 1% 또는 (실제수입금액 – 제출한수입금액) × 1%	

세금계산서 불성실 (공급자)

❖ [세금계산서]

지연발급 부실기재	•공급시기 후 확정신고기한 내 발급 •필요적 기재사항의 미기재나 사실과 다른 기재	공급가액×1%
미발급 가공·허위발급	•공급시기 후 확정신고기한 내 미발급 •실질공급없이 발급 / 다른자 명의로 발급	공급가액×2% (가공발급: 3%)

❖ [매출처별세금계산서합계표]

부실기재	•거래처별 등록번호나 공급가액의 미기재나 사실과 다른기재	공급가액 × 0.5%
미제출	•매출처별세금계산서합계표 미제출 🔍주의 수정신고·경정청구시 제출은 미제출에 해당	
지연제출	•예정시 제출분을 확정시 제출	공급가액 × 0.3%

세금계산서 불성실 (공급받은자)

❖ [세금계산서]

지연수취	•공급시기 후 확정신고기한 내 수취하고 매입세액공제 받은 경우	공급가액 × 0.5%
가공수취	•실질공급 없는 세금계산서 수취	공급가액 × 3%
허위수취	•실제공급자 아닌 자 명의로 세금계산서를 수취	공급가액 × 2%

❖ [매입처별세금계산서합계표]

경정시 제출	•미제출·부실기재로 경정시 T/I에 의해 매입세액공제 받는 경우	공급가액 ×0.5%
	•신용카드매출전표수령명세서 미제출로 경정시 신용카드매출전표 등을 제출하여 매입세액공제 받는 경우	공급가액 ×0.5%
과다기재	•합계표(신용카드수령명세서)의 공급가액을 사실과 다르게 과다 기재시	공급가액 × 0.5%

보론 **중복적용배제**

우선적용가산세	적용배제가산세
(1) 미등록·허위등록	•세금계산서지연발급·부실기재, 매출처별T/I합계표
(2) 세금계산서지연발급	•매출처별T/I합계표
(3) 세금계산서 2%분	•매출처별T/I합계표, 매입처별T/I합계표

▶ 신고·납부·영세율과표불성실가산세 적용에 있어서 예정신고납부와 관련하여 가산세가 부과되는 부분에 대하여는 확정신고납부와 관련하여 가산세를 부과하지 아니함.

비사업자	가공발급	•사업자 아닌 자가 실질공급 없이 세금계산서 발급	공급가액 × 3%
	가공수취	•사업자 아닌 자가 실질공급 없이 세금계산서 수취	

FINAL 객관식뽀개기

기출&적중문제

1. 부가가치세법상 일반과세자인 박충익씨는 20x1년 8월 20일에 사업을 개시하였으나 20x1년 10월 1일에 사업자등록을 신청하였다. 20x1년의 공급가액이 다음과 같을 때 20x1년 제2기 확정신고시 박충익씨가 납부하여야 할 미등록가산세는?

| 08월 20일 ~ 08월 31일 : 5,000,000원 |
| 09월 01일 ~ 09월 30일 : 10,000,000원 |
| 10월 01일 ~ 10월 31일 : 15,000,000원 |
| 11월 01일 ~ 11월 30일 : 20,000,000원 |
| 12월 01일 ~ 12월 31일 : 30,000,000원 |

① 50,000원　　　　　② 150,000원
③ 300,000원　　　　　④ 800,000원

◎ 내비게이션
- (5,000,000+10,000,000) × 1%=150,000
  *사업개시일부터 등록신청일 전일까지의 공급가액에 대하여 가산세를 적용한다.

2. 다음 중 부가가치세법상 가산세에 대한 설명으로 가장 올바르지 않은 것은?

① 세금계산서불성실가산세와 매출처별세금계산서합계표 제출불성실가산세가 동시에 적용되는 경우 각각 가산세를 적용한다.
② 신규로 사업을 개시한 사업자가 기한 내에 사업자등록을 신청하지 아니한 경우 사업개시일로부터 등록신청일 직전일까지의 공급가액에 대하여 1%의 미등록가산세를 납부하여야 한다.
③ 매출처별세금계산서합계표를 확정신고시 제출하지 않은 경우와 예정신고분을 확정신고시 지연제출한 경우에 적용되는 가산세율은 다르다.
④ 영세율 첨부서류를 제출하지 아니한 경우에도 가산세를 부과할 수 있다.

◎ 내비게이션
- 세금계산서불성실가산세와 매출처별세금계산서합계표 제출불성실가산세가 동시에 적용되는 경우에는 매출처별세금계산서합계표 제출불성실가산세는 적용하지 않는다.

3. 제조업을 영위하는 (주)A의 제1기 부가가치세 예정신고 (20x1.1.1 ~ 20x1.3.31)와 관련된 자료이다. 예정신고시 (주)A의 차가감납부세액은 얼마인가(아래의 금액에는 부가가치세가 제외되어 있다)?

ㄱ) 예정신고기간 중 (주)A의 제품공급가액 : 100,000,000원
ㄴ) 예정신고기간 중 (주)A의 매입액 : 80,000,000원
　(매입세액 불공제 대상인 매입액은 10,000,000원이다)
ㄷ) 예정신고시 세금계산서를 발급하지 않은 금액(공급가액) : 5,000,000원(동 금액은 ㄱ에 포함되어 있음)
ㄹ) 세금계산서 관련 가산세는 미발급금액의 2%를 적용한다.

① 2,000,000원　　　　② 2,050,000원
③ 3,000,000원　　　　④ 3,100,000원

◎ 내비게이션
- 100,000,000×10%-(80,000,000-10,000,000)×10%+5,000,000×2%
  =3,100,000

4. 다음 중 부가가치세 가산세에 관한 설명으로 가장 올바르지 않은 것은?

① 미등록가산세가 적용되는 부분에 대하여는 세금계산서불성실가산세 또는 매출처별세금계산서합계표 제출불성실가산세를 적용하지 아니한다.
② 세금계산서지연발급가산세가 적용되는 경우에는 매출처별세금계산서합계표 제출불성실가산세가 적용되지 않는다.
③ 과소신고·초과환급신고가산세가 적용되는 경우 납부지연가산세가 적용되지 않는다.
④ 2%의 가산세율이 적용되는 세금계산서 미발급 공급가액에 대해서는 세금계산서불성실가산세를 우선 적용하고 매출처별세금계산서합계표 제출불성실가산세를 적용하지 아니한다.

◎ 내비게이션
- 과소신고가산세와 납부지연가산세는 별개의 가산세로 각각 적용되므로 중복적용배제와 무관하다.

단기속성특강 제173강 　　　　　　간이과세자

적용범위	간이과세 적용대상	•직전연도 공급대가가 8천만원(2024년 : 1억 4백만원) 미만인 개인사업자 　♀주의 간이과세자도 영세율과 면세가 적용될 수 있음.	
	간이과세 적용배제	① 광업, 도매업(도·소매겸영업 포함), 부동산매매업, 전문직사업자, 상품중개업 ② 제조업 ▶ 단, 주로 최종소비자에게 직접 공급하는 과자점·양복점업 등은 제외 ③ 법소정 부동산임대업과 법소정 과세유흥장소 ④ 직전연도 공급대가 4,800만원 이상인 부동산임대업·과세유흥장소 ⑤ 전전연도 기준 복식부기의무자가 경영하는 사업 ⑥ 간이과세자가 적용되지 아니하는 다른 사업장을 보유하고 있는 사업자 　♀주의 일반과세자는 일반과세 배제업종이 없음.	

계산구조	■ 차가감납부세액 = 납부세액 - 공제세액 + 가산세 - 예정부과기간납부세액		
	납부세액	•과세표준(공급대가)×부가가치율×10%	
	공제세액	세금계산서등수취세액공제	•매입액(공급대가)×0.5%
		신용카드매출전표등발행세액공제	•공제액 : 발행·결제금액×1.3%(2027년 이후 1%) •공제한도 : 연간 1,000만원
		전자신고세액공제	•전자신고방식으로 확정신고시 1만원 공제함.

> **참고** 공제세액이 납부세액을 초과하는 때에는 그 초과하는 부분은 없는 것으로 봄.(환급없음)
> ♀주의 간이과세자에게는 대손세액공제와 의제매입세액공제가 없음.(전자세금계산서발급세액공제 있음)

증빙발급	원칙	•일반간이과세자 : 세금계산서 발급의무 있음.
	예외	•다음의 경우는 영수증을 발급함.(영수증 의무발급 간이과세자) 　㉠ 신규사업자 　㉡ 직전연도 공급대가가 4,800만원 미만인 사업자 　㉢ 주로 사업자 아닌 자에게 공급하는 사업자(예 소매업, 음식점업 등)

신고납부	예정부과	부과징수 (원칙)	•직전과세기간에 대한 차감납부세액의 1/2을 예정부과기간(1.1~6.30)의 납부세액으로 결정하여 예정부과기간이 끝난 후 25일 이내까지 징수 **참고** 단, 징수금액이 50만원 미만시는 제외
		신고납부 (예외)	① 예정신고납부 선택 　휴업·사업부진 등으로 예정부과기간의 공급대가(납부세액)가 직전과세기간의 1/3에 미달시는 예정부과기한(7/25)까지 신고납부가능 ② 예정신고납부 강제 　예정부과기간에 세금계산서를 발급한 간이과세자는 예정부과기한까지 신고납부해야함.
	확정신고		•과세기간(1년)이 끝난후 25일(폐업시는 폐업일의 다음달 25일) 이내에 확정신고납부함. ▶ 예정부과기간납부세액은 공제하고 납부함.

기타사항	납부면제	•해당 과세기간(1년)에 대한 공급대가가 4,800만원 미만시 납부의무를 면제함. 　♀주의 일반과세자는 납부면제 제도가 없음.
	간이과세 포기제도	•일반과세자에 대한 규정을 적용받으려는 달의 전달 마지막 날까지 신고 ▶ 단, 3년간(일반과세 적용 달의 1일부터 3년)은 계속 일반과세 적용됨. 　♀주의 일반과세자는 일반과세 포기제도가 없음.
	가산세	•세금계산서발급·매출처별세금계산서합계표 관련 : 일반과세자 준용 •세금계산서미수취(공급대가×0.5%), 미등록·허위등록(공급대가×0.5%) 등

FINAL 객관식뽀개기　　　기출 & 적중문제

1. 부가가치세법상 일반과세자와 간이과세자를 비교한 다음 내용 중 옳지 않은 것은?

	일반과세자	간이과세자
① 적용대상	간이과세자 이외의 사업자	직전연도 공급대가가 1억400만원 미만인 개인사업자
② 포기제도	포기제도 없음	간이과세자를 포기하고 일반과세자가 될 수 있음
③ 납부면제	없음	있음
④ 세금계산서 발급	세금계산서 발급 원칙	세금계산서 발급불가

◉ 내비게이션

• 간이과세자도 세금계산서 발급이 원칙이다.

2. 다음 중 부가가치세법상 일반과세자와 간이과세자에 대한 설명으로 가장 올바르지 않은 것은?

① 간이과세자는 개인사업자를 대상으로 하므로 법인사업자는 간이과세를 적용받지 못한다.
② 간이과세자는 원칙적으로 예정신고에 대한 의무가 없으며, 간이과세를 포기함으로써 일반과세자가 될 수 있다.
③ 간이과세자의 납부세액은 공급대가에 업종별 부가가치율을 곱한 것에 10%의 세율을 적용해서 계산한다.
④ 간이과세자도 대손세액공제를 적용받는다.

◉ 내비게이션

• 간이과세자에게는 대손세액공제가 없다.

3. 다음 중 부가가치세법상 일반과세자와 간이과세자에 관한 설명으로 가장 올바르지 않은 것은?

① 법인은 일반과세자이며, 간이과세자가 될 수 없다.
② 간이과세자도 세금계산서와 관련된 가산세의 적용을 받는다.
③ 음식점과 제조업을 영위하는 간이과세자는 의제매입세액공제가 가능하다.
④ 간이과세자는 간이과세를 포기함으로써 일반과세자가 될 수 있다.

◉ 내비게이션

• 간이과세자에게는 의제매입세액공제가 없다.

4. 부가가치세법상 간이과세제도에 관한 설명이다. 옳지 않은 것은?

① 간이과세자도 세금계산서를 발급할 수 있다.
② 간이과세자는 의제매입세액공제를 적용 받을 수 없다.
③ 간이과세자의 해당 과세기간에 대한 공급대가가 4,800만원 미만인 경우 해당 과세기간에 대한 납부 의무를 면제한다.
④ 간이과세자는 매출세액이 매입세액보다 적은 경우 환급 받을 수 있다.

◉ 내비게이션

• 간이과세자에게는 환급이 적용되지 않는다.

5. 다음 중 부가가치세법상 간이과세자에 해당하는 자는?

① 직전연도 공급대가가 3,000만원인 부동산중개업을 하는 법인사업자
② 직전연도 공급대가가 4,000만원인 도매업을 영위하는 개인사업자
③ 직전연도 공급대가가 4,500만원인 부동산매매업을 영위하는 개인사업자
④ 직전연도 공급대가가 4,000만원인 의류소매업을 영위하는 개인사업자

◉ 내비게이션

• ① 법인사업자 제외 ② 도매업은 배제업종 ③ 부동산매매업은 배제업종

보론	간이과세자 영수증의무발급 적용기간
영수증·세금계산서 의무발급 적용기간	• 1년의 공급대가 수준(신규사업자는 12개월로 환산한 금액)에 따라 다음 해의 7/1부터 그 다음 해의 6/30까지를 영수증의무발급 또는 세금계산서의무발급을 적용한다.

예시 ① 20x1년 '공급대가<4,800만원' 인 경우
→ 영수증의무발급 적용기간 : 20x2.7.1~20x3.6.30
② 20x1년 '공급대가≥4,800만원' 인 경우
→ 세금계산서의무발급 적용기간 : 20x2.7.1~20x3.6.30
③ 20x1년 신규사업자(영수증의무발급대상자로 규정하고 있음)인 경우
㉠ 영수증의무발급 적용기간 : 사업개시일~20x2.6.30
㉡ 20x1년 공급대가의 12개월 환산금액을 기준으로 20x2.7.1~20x3.6.30을 영수증 또는 세금계산서 의무발급을 판정

재경관리사 고득점 단기합격 최적기본서

CAM [Certified Accounting Manager]

FINAL

FINALLY FINAL

제3편. 원가관리회계

[단기속성특강]

POTENTIALITY
PASSION
PROFESSION

[본 교재의 강의 서비스는 유료서비스 입니다]

[교재명 : 재경관리사 한권으로끝장 강경석 저 | 강의명 : 재경관리사 단기속성특강]

저자직강 동영상강의 제휴서비스사 안내

- ■ EBS교육방송 www.ebs.co.kr / job
- ■ 자격동스쿨 www.passdong.com
- ■ 익스터디 [두목넷] www.dumok.net
- ■ 에어클레스   www.airklass.com

그 외 제휴서비스사는 세무라이선스 홈페이지에서 확인 및 링크하실 수 있습니다.

[단기속성특강] 원가관리회계

원가관리회계의 모든 내용을 정리하였으며 최근
출제경향을 철저히 분석하여 이론학습 후 기출&
적중문제를 통해 실전 적용 모습을 바로 확인할 수
있게 하였습니다.

재경관리사 한권으로 끝장

FINAL

Certified Accounting Manager

원가관리회계

[단기속성특강]

SEMOOLICENCE

단기속성특강 제174강			원가회계의 기초	

원가회계 목적	제품원가계산		•일반재무제표의 작성에 필요한 원가정보의 제공 ▶ 재무제표에 계상될 매출원가와 기말재고자산평가의 근거자료가 됨.	
	계획(의사결정)		•예산편성 및 경영의사결정에 필요한 원가정보의 제공	
	통제(성과평가)		•예산통제 및 책임중심별 성과평가 자료의 제공 ▶ 예정원가와 실제발생원가간의 차이를 관리하고 수행성과를 평가함.	
	♀주의 매출액계산은 원가회계의 목적과 무관함.			

원가개념	원가	미소멸원가 (보유)	자산	❖수익획득에 아직 사용되지 않은 부분 예 재고자산
		소멸원가	비용	❖수익획득에 사용된 부분 예 매출원가
			손실	❖수익획득에 기여하지 못하고 소멸된 부분 예 화재손실, 재고자산감모손실(원가성이 없는 경우)
	원가집계		•회계시스템을 통하여 조직적인 방법으로 원가자료를 취합하는 것.	
	원가대상		•독립적인 원가측정을 통해 원가집계가 되는 활동, 항목, 단위 ① 제품(예 A제품, B제품, C제품) ② 제조부문(예 가공부문, 조립부문, 도색부문) ③ 보조부문(예 동력부문, 수선부문, 공장관리부문) ④ 제조공정(예 가공공정, 조립공정, 염색공정) ⑤ 활동(예 재료처리활동, 절삭활동, 조립활동) ⑥ 작업(예 조립작업, 절단작업) ⑦ 서비스(예 회계감사서비스, 기장서비스) ⑧ 프로젝트(예 무역센터건설프로젝트, 항만건설프로젝트) •원가대상이 결정되어야 원가측정이 가능하고 원가측정에 의해 원가가 집계되며, 원가대상은 경영자의 의사결정 목적에 따라 선택됨. 참고 **상이한 목적에 상이한 원가** 원가회계가 외부보고, 계획수립과 통제, 특수한 의사결정의 여러 다양한 목적에 사용되기 위해서는 그 목적에 따라 각각 다른 원가정보가 필요하며 따라서 담당자는 특정한 목적에 가장 적절한 원가정보를 제공키 위해 이용할 원가자료를 결정해야 한다는 것.	
	원가집합		•특정원가대상에 속하지 않는 간접원가(원가대상에 직접추적불가한 원가)를 모아둔 것으로 둘 이상의 원가대상에 배분되어야할 공통원가	
	원가배분		•간접원가를 합리적 기준에 따라 원가대상에 배분하는 과정 저자주 원가배부 : 원가대상이 제품으로 한정될 때 사용하는 용어이나 원가배분과 혼용됨.	
	원가동인		•원가대상의 총원가에 변화를 야기시키는 모든 요소(= 원가유발요인) ▶ 매우 다양함.	
	조업도		•협의 : 일정기간 동안의 생산설비의 이용정도 •광의 : 총원가변동에 가장 큰 영향을 주는 원가동인 ▶ 예 생산량, 판매량, 노동시간 등	
	관련범위		•달성 가능 최저조업도와 최고조업도 사이의 범위(원가와 조업도간의 일정한 관계가 유지되는 조업도의 범위)로써 원가행태의 회계적 추정치가 타당한 조업도의 범위	

FINAL 객관식뽀개기 　　　기출 & 적중문제

1. 원가회계는 재무회계와 관리회계에서 필요로 하는 원가정보를 제공한다. 다음 중 원가회계가 제공하는 정보와 거리가 가장 먼 것은?

① 제조와 영업활동 등에 대한 원가정보를 제공하여 합리적인 의사결정을 위한 기초자료를 제공한다.
② 회사의 모든 자산과 부채에 대한 평가 자료를 제공한다.
③ 외부공표용 재무제표에 계상될 매출원가와 기말재고자산평가의 근거자료가 된다.
④ 경영자·종업원 활동의 성과를 평가하기 위한 기본 정보를 제공한다.

내비게이션

• 자산과 부채에 대한 평가 자료를 제공하는 것은 재무회계가 제공하는 정보임.

2. 다음 빈 칸에 들어갈 용어로 적절한 것은?

> 회사가 보유하고 있는 재고자산의 원가는 보유하고 있는 동안에는 (A)이다. 그러나 판매되면 (B)(이)라는 비용이 되고 화재 등으로 소실되면 경제적 효익을 상실한 것이므로 손실이 된다.

	A	B
①	매출원가	미소멸원가
②	미소멸원가	제품
③	매출원가	손실
④	미소멸원가	매출원가

3. 다음 중 원가회계 용어에 대한 설명으로 가장 올바르지 않은 것은?

① 원가대상이란 원가가 집계되는 활동이나 항목을 의미한다.
② 간접원가를 일정한 배분기준에 따라 원가대상에 배분하는 과정을 원가배분이라 한다.
③ 원가집합이란 원가대상에 직접적으로 추적할 수 있는 원가를 모아둔 것을 의미한다.
④ 원가행태란 조업도 수준의 변동에 따라 일정한 양상으로 변화하는 변동양상을 의미한다.

내비게이션

• 원가집합이란 원가대상에 직접적으로 추적할 수 없는 간접원가(공통원가)를 모아둔 것을 의미한다.

4. 다음 중 원가의 일반적인 특성에 해당하지 않는 것은?

① 경제적 가치를 가지고 있는 요소만이 원가가 될 수 있다.
② 발생한 제조원가 중 기업의 수익획득에 아직 사용되지 않은 부분은 자산으로, 수익획득에 사용된 부분은 비용으로 재무제표에 계상된다.
③ 기업의 수익획득 활동에 필요한 물품이나 서비스를 단순히 구입하는 것만으로도 원가가 될 수 있다.
④ 원가란 특정목적을 달성하기 위해 소멸된 경제적자원의 희생을 화폐가치로 측정한 것이다.

내비게이션

• **보론** 원가의 일반적 특성

경제적 가치	• 경제적 가치를 가지고 있는 요소만이 원가가 될 수 있음. 에 제조에 사용된 공기, 바람(경제적 가치 없음) : 원가X
정상적인 소비액	• 비정상적인 상황에서 발생한 가치의 감소분은 불포함. 에 비정상감모손실(원가성 없음)
물품등의 소비액	• 단순히 구입하는 것 만으로는 원가가 될 수 없음. 에 공장토지는 소비되어 없어지는 것이 아니므로 자산임.

5. 다음 중 원가관리회계의 목적과 거리가 먼 것은?

① 내부경영의사결정에 필요한 원가정보제공
② 원가통제에 필요한 원가정보제공
③ 손익계산서상 제품원가에 대한 원가정보제공
④ 이익잉여금처분계산서상 이익처분정보제공

내비게이션

• 매출액계산이나 이익처분정보제공 등은 재무회계의 목적이다.

6. 다음 중 원가관리회계 용어에 대한 설명으로 틀린 것은?

① 원가대상이란 직접적인 대응이나 간접적인 원가배분방법에 의한 원가측정을 통하여 원가가 집계되는 활동이나 항목을 의미한다.
② 원가집합에 집계된 간접원가를 일정한 배분기준에 따라 원가대상에 배분하는 과정을 원가배분이라고 한다.
③ 원가동인이란 원가대상의 총원가에 변화를 유발시키는 요인을 말하는 것으로 원가동인은 원가대상에 따라 그 수가 극히 제한되어 있다.
④ 조업도란 기업이 보유한 자원의 활용정도를 나타내는 수치로서 산출량인 생산량, 판매량 등이 조업도가 될 수 있으며, 투입량인 직접노동시간이나 기계가동시간 역시 조업도가 될 수 있다.

내비게이션

• 원가동인은 매우 다양하다.

단기속성특강 제175강		원가의 분류

제조원가	직접재료비(DM)	•특정제품에 직접추적가능한 원재료 사용액
	직접노무비(DL)	•특정제품에 직접추적가능한 노동력 사용액
	제조간접비(OH)	•직접재료비와 직접노무비를 제외한 제조활동에 사용한 모든 요소 ◑주의 따라서 간접재료비와 간접노무비는 제조간접비임.
제조활동 관련 (수익대응)	제품원가 (생산원가)	•판매시 매출원가로 비용화됨. ▶ 예 제조원가, 공장직원인건비, 공장건물감가상각비
	기간원가	•발생시 비용처리함. ▶ 예 판관비(광고선전비, 본사직원 인건비, 본사사옥감가상각비) ◑주의 제품 광고선전비 : 광고선전비는 상품이든 제품이든 모두 판관비임.
추적가능성	직접원가	•특정원가대상에 직접적으로 추적할 수 있는 원가 ▶ 예 직접재료비(주요재료비, 부품비), 직접노무비(임금)
	간접원가	•특정원가대상에 직접적으로 추적할 수 없는 원가 ▶ 예 간접재료비(보조재료비, 소모공구기구), 간접노무비(공장감독자급여)
원가행태	변동원가	•조업도에 비례하여 총원가가 증가하는 원가 ▶ 예 직접재료비, 직접노무비, 동력비(전기요금)
	고정원가	•조업도와 무관하게 총원가가 일정한 원가 ▶ 예 임차료·보험료·재산세·감가상각비
의사결정 관련	관련원가	•의사결정 대안간에 차이나는 원가로, 의사결정에 영향을 미치는 원가 ▶ '차액원가'
	매몰원가	•과거 의사결정의 결과로 이미 발생한 원가로, 의사결정에 영향을 미치지 않는 비관련원가 예시 구기계 취득원가 100(감가상각누계액 30), 신기계구입 고려중 → 매몰원가 : 취득원가 100 또는 장부금액 70 → 의사결정 : 신기계로 인한 수익창출액이 구입가보다 크면 구입함.
	기회원가	•특정대안의 선택으로 포기해야 하는 가장 큰 효익 예시 FM편의점과 GS편의점의 시간당 알바수익이 각각 ₩3,000과 ₩5,000일 때, 여친과 수다를 떨며 즐겁게 1시간 보내는 경우의 기회원가는 ₩5,000임 ◑주의 기회원가는 관리적 차원에서 사용되는 원가개념이며, 회계장부에는 실제 원가만이 기재되므로 기회원가는 회계장부에 기록되지 않음.
	회피가능원가	•회피가능원가 : 다른 대안 선택시 절감되는 원가 •회피불능원가 : 다른 대안을 선택하더라도 계속 발생하는 원가
통제가능성	통제가능원가	•관리자가 원가발생에 영향을 미칠 수 있는 원가 ▶ 성과평가시 고려해야 함.
	통제불능원가	•관리자가 원가발생에 영향을 미칠 수 없는 원가 ▶ 성과평가시는 배제해야 함. 예시 지사발생원가 → 지사관리자의 통제가능원가 → 책임 O 본사발생원가 → 지사관리자의 통제불능원가 → 책임 X

FINAL 객관식뽀개기

기출 & 적중문제

1. 원가는 경영자의 의사결정 목적에 따라 여러 가지로 분류할 수 있다. 다음 중 원가를 분류할 때의 분류 방법과 그 내용이 바르게 연결되지 않은 것은?

① 원가행태에 따른 분류 : 변동원가와 고정원가
② 추적가능성에 따른 분류 : 직접원가와 간접원가
③ 통제가능성에 따른 분류 : 통제가능원가와 통제불능원가
④ 수익과의 대응관계에 따른 분류 : 역사적원가와 기간원가

◉ 내비게이션
•수익과의 대응관계에 따라 제품원가와 기간원가로 분류한다.

2. 다음 의사결정과 관련된 설명 중 틀린 것은?

① 시설능력을 100% 활용하고 있는 기업이 특별주문 수락여부를 고려할 경우 주문생산에 따른 추가 시설임차료는 관련원가에 해당한다.
② 기회원가는 선택가능한 여러 대안 가운데 하나의 대안을 선택함으로써 포기하게 된 나머지 대안 가운데 최적대안의 기대가치를 의미하며, 이는 의사결정 과정에서 고려해야 하는 관련원가이다.
③ 증분원가에 투자자본의 기회비용, 즉 자본비용도 포함시켜 분석을 해야 정확한 의사결정을 내릴 수 있다.
④ 고정원가가 당해 의사결정과 관계없이 계속 발생한다면 고정원가도 관련원가이다.

◉ 내비게이션
•고정원가가 의사결정과 관계없이 계속 발생한다면 비관련원가이다.

3. 책임회계제도 하에서 작성되는 내부책임중심점에 대한 성과보고서의 설명으로 가장 올바르지 않은 것은?

① 원가를 통제가능원가와 통제불능원가로 구분하여 작성한다.
② 책임중심점으로의 추적가능성에 따라 책임중심점별 원가와 공통원가로 구분하여 작성한다.
③ 책임중심점에 배분된 고정제조간접원가는 통제가능원가에 포함시켜야 한다.
④ 특정 책임중심점의 경영자에 대한 성과평가시 통제불능원가는 제외해야 한다.

◉ 내비게이션
•고정제조간접원가는 통제불능원가이다.

4. 다음 중 매몰원가에 관한 설명으로 가장 옳은 것은?

① 선택한 대안 이외의 대안 중 최선의 대안을 선택했을 경우의 원가
② 특정 대안에 합리적으로 선택할 수 없는 원가
③ 과거의 의사결정에 의하여 이미 발생하였기 때문에 미래 의사결정에 영향을 받지 않는 원가
④ 미래의 의사결정 대안간에 차이가 나는 원가

5. 다음 중 제조업을 영위하고 있는 ㈜A의 제조원가로 분류되는 항목이 아닌 것은?

① 공장가동에 따른 수도광열비
② 직매장 건물의 감가상각비
③ 공장종업원의 복리후생을 위한 식비
④ 공장에 대한 감가상각비

◉ 내비게이션
•제조가 아닌 판매와 관련된 비용으로서 판관비로 처리한다.

6. 다음 중 제조업을 영위하고 있는 ㈜A의 제조원가에 포함될 수 있는 항목으로 가장 적절한 것은?

① 제품 판매를 담당하는 영업사원의 급여
② 구기계의 처분으로 인한 유형자산처분손실
③ 공장가동에 따른 수도광열비
④ 달러로 받은 매출채권에 대한 외화환산이익

◉ 내비게이션
•공장가동에 따른 수도광열비 : 제조간접원가

7. (주)A는 6개월 전에 차량을 4,000,000원에 구입하였으나, 참수로 인해 이 차량을 더 이상 사용할 수 없게 되었다. 회사는 동 차량에 대하여 수리비용 2,000,000원을 들여 2,500,000원에 팔거나 현재 상태로 거래처에 1,000,000원에 팔 수 있다. 이런 경우에 매몰원가는 얼마인가?

① 1,000,000원
② 2,000,000원
③ 2,500,000원
④ 4,000,000원

◉ 내비게이션
•과거의 의사결정으로 인하여 이미 발생한 원가로서 의사결정에 영향을 미치지 않는 4,000,000원이 매몰원가(sunk cost)이다.

단기속성특강 제176강	원가계산방법과 원가배분기준

생산형태		개별원가계산	종합원가계산
	생산형태	•주문에 의한 다품종소량생산	•동종제품의 대량생산
	원가집계	•개별작업별로 원가집계	•제조공정별로 원가집계
	원가계산표	•작업원가표	•제조원가보고서

🔍주의 개별원가계산은 각 제품별로 원가를 집계하므로 종합원가계산보다 원가 기록업무가 복잡하며, 비용소요도 더 크다는 단점이 있음.

원가요소 실제성		실제원가계산	정상원가계산	표준원가계산
	직접재료비(DM)	실제원가	실제원가	표준원가
	직접노무비(DL)	실제원가	실제원가	표준원가
	제조간접비(OH)	실제원가	예정배부액	표준배부액

🔍주의 정상원가계산과 표준원가계산은 외부보고시에는 실제원가로 전환하여 보고해야함.

제품원가 범위		전부원가계산	변동원가계산 (=직접원가계산)	초변동원가계산
	직접재료비(DM)	제품원가	제품원가	제품원가
	직접노무비(DL)	제품원가	제품원가	기간비용
	변동제조간접비(VOH)	제품원가	제품원가	기간비용
	고정제조간접비(FOH)	제품원가	기간비용	기간비용

🔍주의 제조간접비는 직접재료비와 직접노무비 이외의 모든 제조원가를 포함함.

원가배분 기준	인과관계기준	•원가와 원가대상 사이에 인과관계 존재시 사용되는 가장 이상적 배분기준이지만 인과관계 없는 제조간접비(OH)의 경우에는 다른 기준을 사용해야 함 ▶ 예 공장직원회식비를 각 부문종업원수에 따라 배분 공장건물감가상각비를 각 부문면적에 따라 배분
	수혜기준	•효익의 정도에 비례하여 배분하는 기준('수익자부담원칙') ▶ 예 광고선전비를 사업부별 매출액이 아닌 매출증가액을 기준으로 배분 물량기준법에 의한 결합원가의 배분
	부담능력기준	•수익창출능력(원가부담능력)에 비례하여 배분하는 기준 ▶ 예 이익이 높은 사업부에 더 많이 배분 판매가치법이나 순실현가치법에 의한 결합원가 배분 •매출액과 원가의 발생간에 밀접한 인과관계가 있는 경우에만 사용되어야 함.
	공정성기준	•원가배분의 기준이라기보다는 그 자체가 원가배분의 목표임

원가배분 목적	계획적 예산편성	•자원배분을 위한 경제적의사결정을 위해 배분함
	성과측정 및 평가	•경영자와 종업원에 대한 동기부여를 위해 배분함
	제품원가계산	•외부보고를 위한 재고자산과 이익측정을 위해 배분함
	가격결정	•원가의 정당화 및 보상을 위한 계산을 위해 배분함

FINAL 객관식뽀개기

기출&적중문제

1. 다음 중 원가배분에 관한 설명으로 가장 바르지 않은 것은?

① 원가배분은 가장 합리적인 배분기준인 인과관계기준만을 사용해야 한다.
② 합리적인 원가배분은 적정한 제품가격설정을 가능하게 한다.
③ 원가배분은 '원가배분대상의 설정 → 배분할 원가의 집계 → 배분기준에 의한 원가배분'의 순서로 이루어진다.
④ 원가배분은 경영자와 종업원의 행동에 영향을 미칠 수 있기 때문에 그들의 행동이 조직의 목적과 일치하도록 합리적으로 원가배분을 해야 한다.

⊙ 내비게이션

• 원가배분기준으로 인과관계기준, 수혜기준, 부담능력기준, 공정성과 공평성기준 등을 사용한다.

2. 원가배분은 공통원가를 원가대상에 합리적으로 대응시키는 과정이다. 다음의 원가배분기준 선택사항 중 합리적인 원가배분을 위하여 가장 우선적으로 고려하여야 하는 방법은?

① 원가집합과의 인과관계
② 모든 원가대상에 균등하게 배분
③ 비재무적 배부기준
④ 입수비용이 가장 저렴한 배부기준

⊙ 내비게이션

• 가장 우선적 고려사항은 '인과관계'이다.

3. 다음은 원가행태와 추적가능성에 따른 원가분류이다. (주)A는 한 공장에서 100명의 생산직원 모두가 팀 구분 없이 승용차와 트럭을 생산한다. 승용차 생산과 관련하여 (ㄱ)의 사례로 가장 옳은 것은?

	직접원가	간접원가
변동원가	(ㄱ)	(ㄴ)
고정원가	(ㄷ)	(ㄹ)

① 승용차용 타이어 원가
② 공장 감가상각비
③ 직원 급여
④ 식당 운영비

⊙ 내비게이션

• 승용차용 타이어 원가 : 직접원가/변동원가
• 공장 감가상각비 : 간접원가/고정원가
• 직원급여 : 간접원가/변동원가
• 식당 운영비 : 간접원가/변동원가

4. (주)A는 개별원가계산을 실시하고 있으며 당기 중 발생한 제조간접가는 직접노무원가의 120%이다. 작업 #401에서 발생한 직접노무원가 및 작업 #501의 총원가는 얼마인가?

구분	작업 #401	작업 #501
직접재료원가	882,000원	147,000원
직접노무원가	?	367,500원
제조간접원가	529,200원	?

	#401 직접노무원가	#501 총원가
①	441,000원	955,500원
②	441,000원	1,131,900원
③	735,000원	955,500원
④	735,000원	1,131,900원

⊙ 내비게이션

• #401 DL : DL×120%=529,200 에서, DL=441,000
• #501 총원가 : 147,000+367,500+367,500×120%=955,500

5. 다음은 제조간접비에 대한 설명이다. 틀린 것은?

① 재료비와 노무비에서는 발생되지 않는다.
② 직접재료비와 직접노무비를 제외한 제조원가이다.
③ 인과관계의 기준을 적용하여 원가배분을 하는 것이 용이하지 않다.
④ 특정제품에 직접 추적할 수 없는 간접원가이다.

⊙ 내비게이션

• 간접재료비와 간접노무비도 제조간접비이다.

6. 다음 중 원가회계에 대한 설명으로 틀린 것은?

① 표준원가회계는 사전에 설정된 표준가격, 표준사용량을 이용하여 제품원가를 계산하는 방법으로서 주로 대외적인 보고목적으로 사용되는 원가회계방법이다.
② 전부원가회계에서는 변동비만 아니라 고정비까지도 포함하여 원가계산을 하는 방법이다.
③ 개별원가회계는 건설업, 조선업 등 다품종소량생산업종에서 주로 사용되는 원가계산 방법이다.
④ 예정원가회계는 과거의 실제원가를 토대로 예측된 미래원가에 의하므로 사전원가회계라고 할 수 있다.

⊙ 내비게이션

• 실제표준원가회계는 대외적인 보고목적으로는 사용할 수 없는 원가회계방법이다.

단기속성특강 제177강 　　　제조기업의 원가흐름

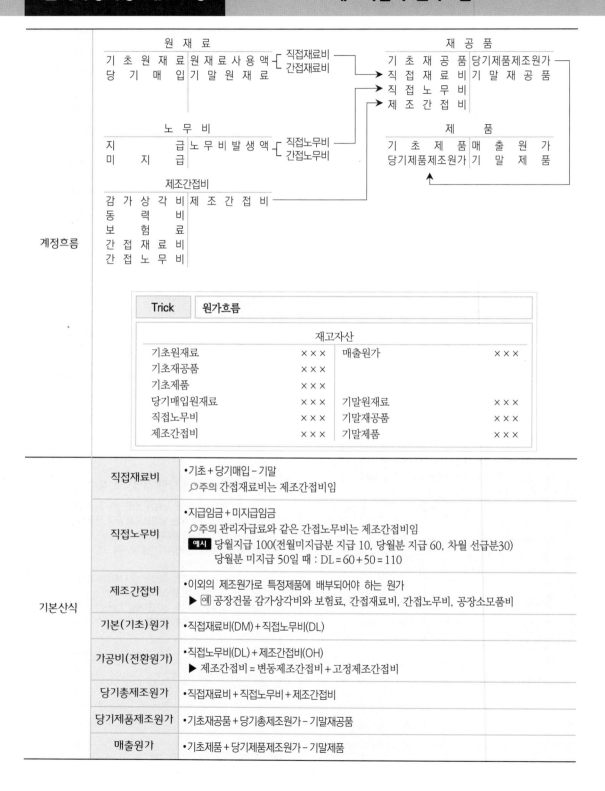

계정흐름

	원 재 료			
기 초 원 재 료	원 재 료 사 용 액	직접재료비		
당 기 매 입	기 말 원 재 료	간접재료비		

	재 공 품	
기 초 재 공 품	당기제품제조원가	
직 접 재 료 비	기 말 재 공 품	
직 접 노 무 비		
제 조 간 접 비		

	노 무 비		
지　　　급	노 무 비 발 생 액	직접노무비	
미 　 지 　 급		간접노무비	

	제 품	
기 초 제 품	매 출 원 가	
당기제품제조원가	기 말 제 품	

	제조간접비	
감 가 상 각 비	제 조 간 접 비	
동 　 　 력 　 비		
보 　 험 　 료		
간 접 재 료 비		
간 접 노 무 비		

Trick	**원가흐름**

재고자산

기초원재료	×××	매출원가	×××
기초재공품	×××		
기초제품	×××		
당기매입원재료	×××	기말원재료	×××
직접노무비	×××	기말재공품	×××
제조간접비	×××	기말제품	×××

기본산식

직접재료비	•기초 + 당기매입 – 기말 🔎주의 간접재료비는 제조간접비임
직접노무비	•지급임금 + 미지급임금 🔎주의 관리자급료와 같은 간접노무비는 제조간접비임 **예시** 당월지급 100(전월미지급분 지급 10, 당월분 지급 60, 차월 선급분30) 　　　당월분 미지급 50일 때 : DL = 60 + 50 = 110
제조간접비	•이외의 제조원가로 특정제품에 배부되어야 하는 원가 ▶ 예 공장건물 감가상각비와 보험료, 간접재료비, 간접노무비, 공장소모품비
기본(기초)원가	•직접재료비(DM) + 직접노무비(DL)
가공비(전환원가)	•직접노무비(DL) + 제조간접비(OH) ▶ 제조간접비 = 변동제조간접비 + 고정제조간접비
당기총제조원가	•직접재료비 + 직접노무비 + 제조간접비
당기제품제조원가	•기초재공품 + 당기총제조원가 – 기말재공품
매출원가	•기초제품 + 당기제품제조원가 – 기말제품

FINAL 객관식뽀개기

기출&적중문제

1. 다음은 ㈜A의 20x1년 제조원가 자료이다. 기초원가와 가공원가를 계산하면 얼마인가?

제조원가명세서	
20x1년 1월 1일부터 20x1년 3월 31일까지	
Ⅰ.직접재료원가	300,000원
Ⅱ. 직접노무원가	500,000원
Ⅲ. 제조간접원가	130,000원
변동원가	60,000원
고정원가	70,000원
Ⅳ. 당기총제조원가	930,000원

	기초원가	가공원가		기초원가	가공원가
①	930,000원	630,000원	②	800,000원	630,000원
③	800,000원	130,000원	④	300,000원	630,000원

내비게이션

•기초 : 300,000+500,000=800,000,
가공 : 500,000+130,000=630,000

2. 다음 자료를 이용하여 당기제품제조원가를 구하면?

기초재공품 15,000원	직접재료원가 10,000원
기말재공품 20,000원	직접노무원가 8,000원
(*)제조간접원가 배부액은 직접노무원가의 50%이다.	

① 17,000원 ② 22,000원
③ 27,000원 ④ 37,000원

내비게이션

•15,000+(10,000+8,000+8,000×50%)-20,000=17,000

3. 다음은 개별원가계산제도를 이용하여 원가계산을 하는 ㈜합격의 작업 A101과 관련된 것이다. 당기에 완성된 작업 A101의 기초재공품원가는 53,000원이다. 작업 A101의 당기제품제조원가는 얼마인가?

〈당기의 작업 A101 관련 작업원가표〉

일자	직접재료원가		직접노무원가		제조간접원가	
	재료출고 청구서 NO.	금액	작업시간 보고서 NO.	금액	배부율	배부금액
3. 1	#1	290,000원	#1	85,000원	800원 /시간	150,000원
3.10	#2	300,000원	#2	92,000원		

① 595,000원 ② 767,000원
③ 820,000원 ④ 970,000원

내비게이션

•당기총제조원가 : 290,000+300,000+85,000+92,000+150,000=917,000
•당기제품제조원가 : 53,000+917,000-0(기말재공품)=970,000

4. 원가는 경영자의 의사결정 목적에 따라 여러 가지로 분류할 수 있다. 다음 원가의 분류에 대한 설명으로 타당하지 않은 것은?

① 고정원가는 원가행태에 따른 원가분류 방법이다.
② 간접원가는 원가의 추적가능성에 따른 분류이다.
③ 매몰원가는 의사결정과의 관련성에 따른 원가분류방법이다.
④ 제조원가는 기초원가, 가공원가의 합으로 구성된다.

내비게이션

•기초원가와 가공원가를 합하면 직접노무비가 중복되게 된다.

5. ㈜A의 20x3년 제조원가명세서상의 당기제품제조원가는 얼마인가?

	기초	기말
직접재료	10,000원	15,000원
재 공 품	16,000원	13,500원
제 품	15,000원	20,000원
직접재료 매입액	20,000원	
직접노무원가 발생액	15,000원	
제조간접원가 발생액	17,500원	

① 50,000원 ② 49,500원
③ 47,500원 ④ 34,500원

내비게이션

•당기총제조원가 : (10,000+20,000-15,000)+15,000+17,500=47,500
당기제품제조원가 : 16,000+47,500-13,500=50,000

6. 당기제품제조원가를 계산하면?

(1) 당기원료 매입은 70,000원이며 기말원료 재고는 기초에 비해서 20,000원이 증가했다.
(2) 노무비는 직접재료비의 210%를 차지한다.
(3) 제조간접비는 가공비의 30%를 차지한다.
(4) 기초재공품은 당기총제조원가의 20%이고, 기말재공품은 기초재공품의 1.2배이다.

① 192,000원 ② 105,000원
③ 292,800원 ④ 240,000원

내비게이션

•DM=기초(x)+70,000-기말(x+20,000)=50,000,
DL=50,000×210%=105,000
OH=(OH+105,000)×30% →OH=45,000
∴(50,000+105,000+45,000)×20%+(50,000+105,000+45,000)
-[(50,000+105,000+45,000)×20%]×1.2=192,000

단기속성특강 제178강 　제조원가명세서

양식			
	Ⅰ. 직접재료비		
	1. 기초원재료재고액	×××	
	2. 당기원재료매입액	×××	
	3. 기말원재료재고액	(×××)	
	4. 타계정 대체액	(×××)	×××
	Ⅱ. 직접노무비		×××
	Ⅲ. 제조간접비		×××
	Ⅳ. 당기총제조원가		×××
	Ⅴ. 기초재공품재고액		×××
	합　계		×××
	Ⅵ. 기말재공품재고액		(×××)
	Ⅶ. 당기제품제조원가		×××

🔎주의
• 제조원가명세서는 매출원가는 포함하지 않으며, 매출원가는 포괄손익계산서에서 표시됨.
• 제조업은 포괄손익계산서 작성 전에 제조원가명세서를 우선 작성(∵당기제품제조원가의 산정)
• 제조원가명세서는 내부보고용이지 외부보고용이 아님.
• 제조원가명세서는 재공품 계정의 변동과 동일 ▶∴제품계정은 필요한 자료가 아님!

포괄손익계산서 비교

상기업 포괄손익계산서		제조기업 포괄손익계산서	
과목	금액	과목	금액
매출액	×××	매출액	×××
상품매출원가	(×××)	제품매출원가	(×××)
기초상품재고액	×××	기초제품재고액	×××
당기상품매입액	×××	**당기제품제조원가**	×××
기말상품재고액	(×××)	기말제품재고액	(×××)
매출총이익	×××	매출총이익	×××

▶ ∴상기업 당기상품매입액은 제조기업의 경우에 당기제품제조원가로 나타남.

회계처리

직접재료비 (DM)	① 원재료구입	: (차) 원재료	(대) 현금(매입채무)
	② 원재료사용	: (차) 재공품(직접재료비)	(대) 원재료
		제조간접비(간접재료비)	
직접노무비 (DL)	① 노무비발생	: (차) 노무비	(대) 현금(미지급임금)
	② 직접노무비대체	: (차) 재공품(직접노무비)	(대) 노무비
		제조간접비(간접노무비)	
제조간접비 (OH)	① OH발생	: (차) 감가상각비	(대) 감가상각누계액
		수선유지비	현금
	② OH집계	: (차) 제조간접비	(대) 감가상각비
			수선유지비
	③ OH대체	: (차) 재공품	(대) 제조간접비
제품	① 제품의 완성	: (차) 제품	(대) 재공품
	② 제품의 판매	: (차) 매출채권	(대) 매출
		매출원가	제품

FINAL 객관식뽀개기

기출 & 적중문제

1. 다음 (A), (B)에 해당하는 용어에 대한 설명으로 올바른 것은?

제조원가명세서

(단위:원)

I. 재료비		XXX
기초재고액	XXX	
당기매입액	XXX	
기말재고액	(XXX)	
II. 노무비		XXX
III. 제조경비		XXX
IV. (A)		XXX
V. 기초재공품		XXX
VI. 기말재공품		(XXX)
VII. (B)		XXX

	(A)	(B)
①	당기에 현금으로 지출된 모든 제조원가	당기에 현금으로 지출된 투입원가 중 제품으로 대체된 제조원가
②	당기에 제조공정으로 투입된 모든 제조원가	당기에 완성되어 제품으로 대체된 모든 제조원가
③	당기에 현금으로 지출된 투입원가 중 제품으로 대체된 제조원가	당기에 제조공정으로 투입된 모든 제조원가
④	당기에 완성되어 제품으로 대체된 모든 제조원가	당기에 현금으로 지출된 모든 제조원가

📍 내비게이션

• A : 당기총제조원가 / B : 당기제품제조원가

2. 기말재공품액이 기초재공품액 보다 더 큰 경우 다음 중 맞는 설명은?

① 기초재공품액에 당기총제조원가를 더한 금액이 당기제품제조원가가 된다.
② 당기총제조원가가 당기제품제조원가보다 작다.
③ 당기제품제조원가가 매출원가보다 반드시 크다.
④ 당기제품제조원가가 당기총제조원가보다 작다.

📍 내비게이션

• 기말재공품-기초재공품=당기총제조원가-당기제품제조원가
∴기말재공품〉기초재공품 이면, 당기총제조원가〉당기제품제조원가

3. 다음은 (주)A의 20x1년 1분기 제조원가명세서이다. (주)A의 20x1년 3월 31일 현재 원재료재고액과 재공품재고액 합계액은 얼마인가?

제조원가명세서
20x1년 1월 1일부터 20x1년 3월 31일까지

1. 직접재료원가		3,000,000원
기초재고액	300,000원	
당기매입액	6,000,000원	
기말재고액	(1)	
2. 노무비		2,000,000원
3. 제조경비		3,000,000원
4. 당기총제조원가		8,000,000원
5. 기초재공품		1,000,000원
6. 기말재공품		(2)
7. 당기제품제조원가		8,500,000원

① 3,800,000원
② 3,900,000원
③ 4,000,000원
④ 4,100,000원

📍 내비게이션

• (1)=300,000+6,000,000-3,000,000=3,300,000
(2)=1,000,000+8,000,000-8,500,000=500,000
∴3,300,000+500,000=3,800,000

4. 다음 중 제조원가명세서에서 구분표시 되는 항목이 아닌 것은?

① 당기 가공원가
② 당기 총제조원가
③ 당기 매출원가
④ 당기 제품제조원가

📍 내비게이션

• 매출원가는 손익계산서에 표시된다.

5. 당기재료매입액이 30,000원, 기말재료재고액이 기초재료재고액에 비하여 5,000원 감소하였다. 재공품으로 대체될 당기재료원가는 얼마인가?

① 25,000원
② 30,000원
③ 35,000원
④ 40,000원

📍 내비게이션

• '당기재료원가 = 기초재료재고액 + 30,000 - 기말재료재고액'이고, 문제자료에서 '기초재료재고액 - 기말재료재고액 = 5,000'이므로 당기재료원가 = 30,000 + 5,000 = 35,000

단기속성특강 제179강   원가행태와 추정

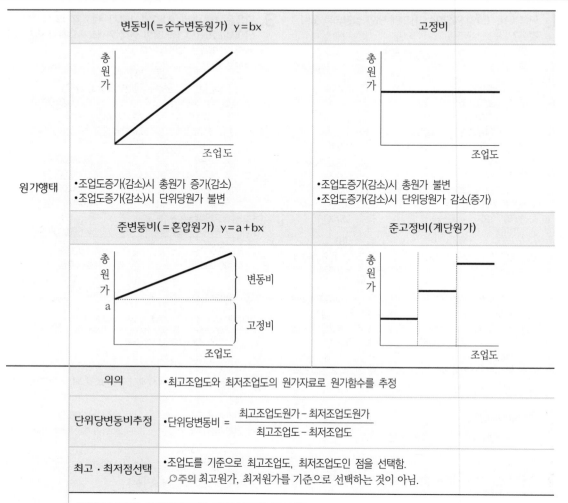

원가행태	변동비(=순수변동원가) y=bx 고정비 • 조업도증가(감소)시 총원가 증가(감소) • 조업도증가(감소)시 단위당원가 불변 • 조업도증가(감소)시 총원가 불변 • 조업도증가(감소)시 단위당원가 감소(증가) 준변동비(=혼합원가) y=a+bx 준고정비(계단원가)

의의	• 최고조업도와 최저조업도의 원가자료로 원가함수를 추정
단위당변동비추정	• 단위당변동비 $= \dfrac{\text{최고조업도원가} - \text{최저조업도원가}}{\text{최고조업도} - \text{최저조업도}}$
최고·최저점선택	• 조업도를 기준으로 최고조업도, 최저조업도인 점을 선택함. 🔍주의 최고원가, 최저원가를 기준으로 선택하는 것이 아님.

고저점법

🔲 사례 ■ **고저점법에 의한 원가함수 추정**

✪ 고저점법에 의해 11월에 예상직접노동시간이 1,000시간일 경우 11월의 제조간접비를 추정하시오.

월별	직접노동시간	제조간접비	월별	직접노동시간	제조간접비
7월	1,050시간	₩21,000	9월	1,100시간	₩20,000
8월	850시간	₩14,000	10월	600시간	₩15,000

✏️풀이 _____

• 시간당변동비 : (20,000 - 15,000)/(1,100시간 - 600시간) = 10 → 따라서 추정함수는 y = a + 10x

• x에 1,100시간, y에 20,000을 대입하면 a = 9,000 → 따라서 y = 9,000 + 10x

∴11월 제조간접비추정액 = 9,000 + 10 × 1,000시간 = 19,000

FINAL 객관식뽀개기 　　　　　기출 & 적중문제

1. (주)A통신은 매월 기본요금 15,000원에 사용시간에 따라 1분당 20원의 요금을 부과하고 있다. 사용자에게 부과되는 매월 통화료의 원가행태는?

① 변동원가　　　　　　② 준변동원가
③ 고정원가　　　　　　④ 준고정원가

📍 **내비게이션**

•조업도와 관계없이 일정하게 발생하는 고정원가(기본요금)와 조업도에 따라 증가하는 변동원가(사용요금)가 결합된 준변동원가(혼합원가)이다.

2. 병원의 간호사 급료는 월 20일 근무기준으로 지급되는데, 월 20일을 초과하여 근무하면 기본급 1,200,000원에 추가적으로 시간당 7,500원이 지급된다. 이 경우 간호사 급료의 원가행태는?

① 변동원가　　　　　　② 준변동원가
③ 고정원가　　　　　　④ 준고정원가

📍 **내비게이션**

•고정원가와 변동원가가 혼합된 준변동원가(=혼합원가)임.

3. 원가와 일정한 관계가 유지되는 조업도 구간인 관련범위(relevant range) 내에서 단위당 변동원가의 행태를 바르게 설명한 것은?

① 각 생산수준에서 일정하다.
② 각 생산수준에서 서로 다르게 변화한다.
③ 생산량이 증가함에 따라 증가한다.
④ 생산량이 증가함에 따라 감소한다.

📍 **내비게이션**

•관련범위 내에서는 원가의 행태는 선형이고 단위당 변동원가는 변동이 없으므로 각 생산수준에서 일정하게 유지된다.

4. 다음 중 변동원가와 고정원가에 대한 설명 중 잘못된 것은?

① 생산량이 증가함에 따라 총원가가 증가하는 원가를 변동원가라고 한다.
② 생산량의 증감과는 관계없이 총원가가 일정한 원가를 고정원가라고 한다.
③ 생산량의 증감과는 관계없이 제품의 단위당 변동원가는 일정하다.
④ 생산량의 증감과는 관계없이 제품의 단위당 고정원가는 일정하다.

📍 **내비게이션**

•고정원가는 조업도 증가시 단위당원가는 감소한다.

보론	원가추정방법

① 공학적 방법

개요	•투입과 산출 사이의 관계를 계량적으로 분석하여 원가함수를 추정하는 방법 •과거자료가 없어도 이용가능함. (이하 방법은 과거자료를 이용하여 추정하는 방법임)
장점	•정확성이 높고, 과거의 원가자료를 이용할 수 없는 경우에도 사용가능함.
단점	•제조간접원가의 추정에는 적용이 어렵고, 시간과 비용이 많이 소요됨.

② 계정분석법

개요	•분석자의 전문적인 판단에 따라 각 계정과목에 기록된 원가를 변동원가와 고정원가로 분석하여 추정하는 방법
장점	•시간과 비용이 적게 소요됨.
단점	•단일기간 원가자료를 이용하므로 비정상적인 상황이 반영될 수 있고, 분석자의 주관적 판단이 개입될 수 있음.

③ 산포도법

개요	•조업도와 원가의 실제치를 도표에 점으로 표시하고 눈대중으로 이러한 점들을 대표하는 원가추정선을 도출하여 원가함수를 추정하는 방법
장점	•적용이 간단하고 이해하기 쉽고, 시간과 비용이 적게 소요되며, 예비적 검토시 많이 활용될 수 있음.
단점	•분석자의 주관적 판단이 개입될 수 있음.

④ 회귀분석법

개요	•독립변수가 한 단위 변화함에 따른 종속변수의 평균적 변화량을 측정하는 통계적 방법에 의하여 원가함수를 추정하는 방법
장점	•객관적이고, 정상적인 원가자료를 모두 이용하며, 다양한 통계자료를 제공함.
단점	•통계적 가정이 충족되지 않을 경우에는 무의미한 결과가 산출될 수 있으며, 적용이 어려움.

⑤ 고저점법

개요	•최고조업도와 최저조업도의 원가자료를 이용하여 원가함수를 추정하는 방법
장점	•객관적이고, 시간과 비용이 적게 소요됨.
단점	•비정상적인 결과가 도출될 수 있으며, 원가함수가 모든 원가자료를 대표하지 못함.

단기속성특강 제180강 　　　 실제개별원가계산의 개요

의의			
	•DM과 DL을 개별제품에 부과하고 OH는 배부기준에 의해 각 제품에 배부		
		개별원가계산	종합원가계산
	생산형태	•주문에 따른 다품종 소량생산방식 ▶ 예 조선업, 건설업 •수주전이 치열	•동종제품의 대량연속생산방식 ▶ 예 제분업, 시멘트업, 정유업 •판매전이 치열
	원가집계	•제조원가는 각 작업별로 집계	•제조원가는 각 공정별로 집계
	기말재공품평가	•평가문제 발생치 않음 ▶ ∴정확함	•평가문제 발생함 ▶ ∴상대적으로 부정확
	핵심과제	•제조간접비배부(작업원가표)	•완성품환산량계산(제조원가보고서)

　　🔎주의 개별원가계산은 제품별로 손익분석 및 계산이 용이하나, 각 작업별로 원가를 계산하므로 비용과 시간이 많이 든다는 단점이 있음.

제조간접비 배부		
	•제조간접비의 발생과 높은 상관관계를 가진 배부기준을 정하여 기말에 각 제품에 배부해야 함.	
	구분	배부기준
	감가상각비	•기계사용시간, 공장건물면적
	복리후생비	•각 부문의 종업원 수
	임차료	•각 부문의 점유면적

•제조간접비실제배부율을 결정하여 작업별 배부기준(조업도)에 배부율을 곱하여 각 작업에 배부함.

$$제조간접비실제배부율 = \frac{실제제조간접비}{실제배부기준(조업도)}$$

▶ ∴기말에 가서야 비로소 결정되는 문제점이 있음.

 사례 ■ 제조간접비의 배부

❖ 1월중에 다음의 세 가지 작업을 시작하여 완성함. 1월중의 제조간접비 발생액은 ₩1,000,000이었다.
　배부기준은 직접노동시간이다.

	작업1	작업2	작업3	합계
직접재료비	₩150,000	₩150,000	₩200,000	₩500,000
직접노무비	₩250,000	₩150,000	₩400,000	₩800,000
직접노동시간	350시간	150시간	500시간	1,000시간

✏️풀이

•배부율 = $\frac{1,000,000}{1,000시간}$ = 직접노동시간당 ₩1,000

	작업1	작업2	작업3
직접재료비	₩150,000	₩150,000	₩200,000
직접노무비	250,000	150,000	400,000
제조간접비	350×1,000 = 350,000	150×1,000 = 150,000	500×1,000 = 500,000
제조원가	₩750,000	₩450,000	₩1,100,000

FINAL 객관식뽀개기

기출 & 적중문제

1. 다음 중 개별원가계산에 대한 설명으로 가장 옳지 않은 것은?

① 여러 종류의 제품을 주문에 의해 생산하거나 또는 동종의 제품을 일정 간격을 두고 비반복적으로 생산하는 업종에 적합한 원가계산제도이다.

② 조선업, 기계제작업 등과 같이 수요자의 주문에 기초하여 제품을 생산하는 업종에서 주로 사용한다.

③ 제조과정에서 발생한 원가는 개별제품별로 작성된 작업원가표에 집계되므로 재공품원가를 집계하는 것이 용이하다.

④ 각 제품의 원가요소별 단위당 원가를 완성품환산량에 기초하여 계산한다.

◉ 내비게이션

•완성품환산량에 기초하여 계산하는 방법은 종합원가계산제도이다.

2. (주)A는 개별원가계산제도를 채택하고 있다. 다음의 자료에 의할 때 제조원가를 구하면 얼마인가?

직접재료투입액 50,000원	직접노동시간 200시간
직접노무원가 임률 500/시간	전력사용시간 350시간
제조간접원가 예정배부율(전력사용시간당) 200/시간	

① 220,000원 ② 285,000원
③ 312,500원 ④ 335,000원

◉ 내비게이션

•50,000+200시간×@500+350시간×@200=220,000

3. (주)A는 직접노동시간을 기준으로 제조간접원가를 예정배부하고 있으며 연간 제조간접원가는 2,000,000원으로, 연간 직접노동시간은 40,000시간으로 예상하고 있다. 20x2년 12월 중 작업지시서 #369와 #248을 시작하여 #369만 완성되었다면 12월말 재공품원가는 얼마인가(단, 월초에 재공품은 없다고 가정한다)?

	#369	#248	계
직접재료원가	150,000원	90,000원	240,000원
직접노무원가	60,000원	30,000원	90,000원
직접노동시간	2,400시간	1,600시간	4,000시간

① 190,000원 ② 195,000원
③ 198,000원 ④ 200,000원

◉ 내비게이션

•제조간접원가배부율 : 2,000,000÷40,000시간=50
•기말재공품원가(#248) : 90,000+30,000+1,600시간×50=200,000

4. 부문공통원가인 건물감가상각비의 배부기준으로 가장 합리적인 것은?

① 건물가액 ② 인원수
③ 작업시간 ④ 면적

◉ 내비게이션

•감가상각비와 가장 인과관계가 높은 배부기준은 각 부문의 면적이다.

5. 다음 중 개별원가계산제도를 이용하는 것이 가장 적절한 제품으로 가장 옳은 것은?

① 기계화된 공정에서 대량생산하는 공구
② 동일한 공정에서 대량 생산하는 자동차
③ 특별주문에 의해 제작하는 군함
④ 특정디자인을 대량 생산하는 기능화

◉ 내비게이션

•개별원가계산제도는 소량의 주문생산 제품에 적합하다.

6. (주)A는 일반형 자전거와 고급형 자전거 두 가지의 제품을 생산하고 있다. 12월 한달 동안 생산한 두 제품의 작업원가표는 아래와 같다.

구분	일반형 자전거	고급형 자전거
직접재료 투입액	300,000원	600,000원
직접노동시간	1,000시간	4,000시간
직접노무원가 임률	100원/시간	200원/시간

동 기간 동안 발생한 회사의 총제조간접원가는 1,000,000원이며, 제조간접원가는 직접노동시간을 기준으로 배부하고 있다. (주)A는 실제 발생한 제조간접원가를 실제조업도에 의해 배부하는 원가계산방식을 채택하고 있다. 12월 한 달 동안 생산한 일반형 자전거의 제조원가는 얼마인가?

① 500,000원 ② 600,000원
③ 700,000원 ④ 800,000원

◉ 내비게이션

•제조간접원가배부율 : $\frac{1,000,000}{1,000시간 + 4,000시간}$ =@200/시간

•일반형 자전거의 제조원가 :
300,000+1,000시간×@100+1,000시간×@200=600,000

ANSWER 1. ④ 2. ① 3. ④ 4. ④ 5. ③ 6. ②

단기속성특강 제181강 　부문별 제조간접비의 배부

배부절차	•제조부문 : 주조부문, 선반부문, 조립부문 등 •보조부문 : 제조부문의 제조활동을 보조하는 부문으로 동력부, 수선부 등 ❖배부절차 〈1순위〉 제조부문개별비를 각 제조부문에 부과 〈2순위〉 제조부문공통비를 각 제조부문에 배부 〈3순위〉 보조부문비를 각 제조부문에 배부 〈4순위〉 제조부문비를 각 제품에 배부

배부방법	공장전체배부	•공장전체제조간접비 배부율을 산정하여 배부하는 방법 　 주의 공장전체제조간접비배부율을 사용시는 보조부문원가를 배분할 필요가 없음.
	부문별배부	•각 제조부문별로 배부율을 산정하여 배부하는 방법 　▶ 공장전체배부보다 더 정확함.

　　사례 ■ **부문별 제조간접비의 배부**

❖ A회사의 남서울공장에는 두 개의 제조부분 X, Y가 있다. 다음은 올해 4월의 자료이다.

	X부문	Y부문	합 계
제조간접비	₩200,000	₩400,000	₩600,000
직접노동시간	1,000시간	4,000시간	5,000시간

❖ 4월 중 착수하여 완성된 #101 작업의 원가자료는 다음과 같다.

	X부문	Y부문	합 계
직접재료비	₩15,000	₩5,000	₩20,000
직접노무비	10,000	15,000	25,000
직접노동시간	60시간	120시간	180시간

❖ 회사는 직접노동시간을 기준으로 하여 제조간접비를 배부하고 있다. 공장전체 제조간접비배부율과 부문별 제조간접비배부율을 사용할 경우 각각에 대하여 #101 작업의 총제조원가를 계산하면?

　　풀이

1. 공장전체제조간접비배부율 사용시
　•공장전체제조간접비배부율 = 600,000÷5,000시간 = @120/직접노동시간당

제조간접비 배부액	180시간×@120 = 21,600
총제조원가	20,000+25,000+21,600 = 66,600

2. 부문별제조간접비배부율 사용시
　•배부율(X부문) = 200,000÷1,000시간 = @200/직접노동시간당
　•배부율(Y부문) = 400,000÷4,000시간 = @100/직접노동시간당

제조간접비 배부액	X	60 ×@200 = 12,000
	Y	120 ×@100 = 12,000
총제조원가		20,000+25,000+12,000+12,000 = 69,000

FINAL 객관식뽀개기

기출&적중문제

1. 다음 중 원가 배분 절차를 가장 올바르게 나타낸 것은 무엇인가?

> ㄱ. 공통적으로 발생한 원가를 회사의 각 부문에 배분함.
> ㄴ. 보조부문에 집계되거나 보조부문이 배분받는 공통원가를 제조부문에 배분함.
> ㄷ. 제품별로 집계된 원가를 기초로 매출원가와 재고자산가액을 산출함.
> ㄹ. 제조부문에 집계된 원가를 각 제품별로 배분함.

① ㄱ → ㄴ → ㄹ → ㄷ
② ㄱ → ㄴ → ㄷ → ㄹ
③ ㄴ → ㄱ → ㄹ → ㄷ
④ ㄴ → ㄷ → ㄱ → ㄹ

📍 내비게이션

• 가장 먼저 공통원가를 각 부문에 배분한다.

2. (주)A는 직접원가를 기준으로 제조간접비를 배부한다. 작업지시서 No.1의 제조간접비배부액은?

구분	공장전체발생 원가	작업지시서 No.1
직접재료비	1,000,000원	300,000원
직접노무비	1,500,000원	400,000원
기계시간	150시간	15시간
제조간접비	7,500,000원	( )

① 700,000원
② 2,100,000원
③ 3,000,000원
④ 3,651,310원

📍 내비게이션

• 제조간접비배부율 : 7,500,000 / 2,500,000 = @3 / 직접원가
• 제조간접비배부액 : 700,000 × @3 = 2,100,000

3. 부문별 원가계산에 대한 설명으로 틀린 것은?

① 원가요소를 그것이 발생한 부문별로 분류, 집계하여 제품원가를 계산하는 것을 말한다.
② 부문별 원가계산은 부문별로 서로 다른 배부기준을 적용하여 제조간접비를 배부하기 때문에 단 하나의 배부기준을 적용하는 방법보다 더 정확한 제품원가계산을 가능하게 한다.
③ 개별원가계산에서는 제조간접비만이 부문별 원가계산의 집계대상이 된다.
④ 종합원가계산에서는 재료비와 제조간접비만이 부문별원가계산의 집계대상이 된다.

📍 내비게이션

• 종합원가계산에서는 모든 원가요소가 부문별 집계대상이 된다.

4. 회사의 남서울공장에는 두 개의 제조부분 X, Y가 있다. 다음은 올해 4월의 자료이다.

	X부문	Y부문	합계
제조간접비	200,000원	400,000원	600,000원
직접노동시간	1,000시간	4,000시간	5,000시간

4월 중 착수하여 완성된 #101 작업의 원가자료는 다음과 같다.

	X부문	Y부문	합계
직접재료비	15,000원	5,000원	20,000원
직접노무비	10,000원	15,000원	25,000원
직접노동시간	60시간	120시간	180시간

회사는 직접노동시간을 기준으로 하여 제조간접비를 배부하고 있다. 공장전체 제조간접비배부율과 부문별 제조간접비배부율을 사용할 경우 각각에 대하여 #101 작업의 총제조원가를 계산하면?

	공장전체 제조간접비배부율	부문별 제조간접비배부율
①	69,000원	66,600원
②	70,400원	66,600원
③	66,600원	66,600원
④	66,600원	69,000원

📍 내비게이션

• 20,000 + 25,000 + 180 × @120 = 66,600
• 20,000 + 25,000 + 60 × @200 + 120 × @100 = 69,000

5. 개별원가계산을 정확히 수행하기 위하여 필요한 원가 분류는?

① 실제원가, 예산원가
② 변동비, 준변동비, 고정비
③ 재료비, 노무비, 경비
④ 직접비, 간접비

6. 부문공통비 중의 하나인 복리후생비를 각 제조부문에 배부하고자 할 때, 다음 중 가장 적절한 배부기준은?

① 제조부문의 원재료사용량
② 제조부문의 기계장치의 장부가액
③ 제조부문사업장의 면적
④ 제조부문 종업원 수

📍 내비게이션

• 복리후생비와 인과관계에 가장 근접하는 것은 제조부문 종업원 수이다.

단기속성특강 제182강   보조부문원가의 배분 - 단일배분율법

		보조부문		제조부문		합 계
		A	B	X	Y	
공통사례	A	-	20%	50%	30%	100%
	B	50%	-	10%	40%	100%
	발생원가	₩200,000	₩100,000	₩300,000	₩400,000	₩1,000,000

직접배분법

❖ 보조부문간 용역수수관계를 무시하고 제조부문에만 배분하는 방법

	A	B	X	Y
배분전원가	200,000	100,000	300,000	400,000
A	(200,000)	-	200,000 × 5/8	200,000 × 3/8
B	-	(100,000)	100,000 × 1/5	100,000 × 4/5
배분후원가	0	0	445,000	555,000

단계배분법

❖ 배분순서에 따라 보조부문, 제조부문에 배분하여 보조부문간 용역수수관계를 일부 인식하는 방법
(직접배분법과 상호배분법을 절충한 중간형태의 방법임) ▶ 일단 배분된 부문은 다시는 배분받지 못함.

❖ 배분순서의 결정순서
① 다른 보조부문에 대한 용역 제공비율이 큰 것부터
② 용역을 제공하는 다른 보조부문의 수가 많은 것부터
③ 발생원가가 큰 것부터

• A부터 배분가정

	A	B	X	Y
배분전원가	200,000	100,000	300,000	400,000
A	(200,000)	200,000 × 2/10	200,000 × 5/10	200,000 × 3/10
B	-	(140,000)	140,000 × 1/5	140,000 × 4/5
배분후원가	0	0	428,000	572,000

상호배분법

❖ 보조부문간 용역수수관계를 완전히 인식하는 방법 ▶ 이론적으로 가장 타당하며, 계산이 가장 정확함.
❖ 배분될 총원가 = 자가부문원가 + 배분된 원가

	A	B	X	Y
배분전원가	200,000	100,000	300,000	400,000
A	(277,778*)	277,778 × 2/10	277,778 × 5/10	277,778 × 3/10
B	155,556×5/10	(155,556*)	155,556 × 1/10	155,556 × 4/10
배분후원가	0	0	454,445	545,555

* A = 200,000 + 0.5B, B = 100,000 + 0.2A를 연립하면 → A = 277,778, B = 155,556

보론 ① 어떤 방법을 사용하더라도 보조부문비 총액은 모두 제조부문에 배부되며, 보조부문이 하나인 경우에는 3가지 방법에 의한 결과는 동일함.
② 재고가 존재하지 않는다면 제품의 총원가는 어떤 방법으로 배부한다 하더라도 같기 때문에 회사의 총이익 역시 배부방법에 따라 달라지지 않음.

FINAL 객관식뽀개기 / 기출 & 적중문제

1. 다음 중 보조부문의 원가배분에 관한 설명으로 가장 옳은 것은?

① 재고가 존재하지 않는다면 어떤 방식으로 보조부문의 원가를 배분하더라도 회사의 총이익은 변하지 않는다.
② 보조부문원가는 제조부문에 배부하지 않고 기간원가로 처리해야 한다.
③ 직접배분법, 단계배분법, 상호배분법은 보조부문 상호간의 용역수수를 고려하는 원가배분방법이다.
④ 보조부문의 원가를 배부할 때에는 항상 수혜기준을 우선적으로 고려해야 한다.

◉ 내비게이션

•② 보조부문원가는 제조부문에 배부해야 한다.
③ 직접배분법은 보조부문 상호간의 용역수수를 고려하지 않는다.
④ 보조부문의 원가를 배부할 때에는 인과관계기준을 고려해야 한다.

2. 두 개의 제조부문과 두 개의 보조부문으로 이루어진 (주)A의 부문간 용역수수에 관련된 자료는 다음과 같다. 직접배분법을 사용할 경우 조각부문에 배분되는 보조부문의 원가는 얼마인가?

(1) 보조부문 : 창고부문, 전력부문
 제조부문 : 조각부문, 도료부문
(2) 창고부문의 제공용역
 – 전력(40%), 조각(30%), 도료(30%)
(3) 전력부문의 제공용역
 – 창고(20%), 조각(50%), 도료(30%)
(4) 각 부문별 발생원가
 – 창고(200,000원), 전력(800,000원)

① 500,000원 ② 600,000원
③ 700,000원 ④ 800,000원

◉ 내비게이션

•$200,000 \times \frac{30\%}{30\% + 30\%} + 800,000 \times \frac{50\%}{50\% + 30\%} = 600,000$

3. 보조부문원가의 배부방법 중 상호배분법에 관한 설명으로 가장 옳은 것은?

① 배분순서를 고려하여 발생원가가 큰 보조부문부터 원가를 배분하는 방법이다.
② 직접배분법에 비해 적용이 간편한 장점이 있다.
③ 모든 보조부문 간에 제공된 서비스를 완전하게 고려하여 원가를 배분하는 방법이다.
④ 단계배부법에 비해 순이익이 높게 계상되는 배부방법이다.

◉ 내비게이션

•① 배분순서를 고려하는 것은 단계배분법이다.
② 직접배분법에 비해 적용이 복잡하다는 단점이 있다.
④ 배분방법에 따라 달라지지 않는다.

4. 당사는 단계배부법을 적용하고 있다. 동력부문의 원가를 먼저 배부하는 경우에 다음 자료에 의하여 수선부문에서 절단부문으로 배부되는 원가를 계산하면 얼마인가?

보조부문	부문원가	절단부	조립부	동력부	수선부
		용역제공비율			
동력부	760,000	0.5	0.4	–	0.1
수선부	236,500	0.4	0.4	0.2	–

① 156,250원 ② 76,000원
③ 94,600원 ④ 132,000원

◉ 내비게이션

•동력부문에서 수선부문으로 배부될 원가 = $760,000 \times 10\% = 76,000$
∴$(236,500 + 76,000) \times \frac{0.4}{0.4 + 0.4} = 156,250$

5. (주)A는 두 개의 제조부문 X, Y와 두개의 보조부문 A, B가 있다. 용역제공관계와 부문별 발생원가는 다음과 같다. 상호배분법을 사용하여 제조부문 Y에 배분될 보조부문원가의 금액을 계산하면 얼마인가?

제공 \ 사용	X	Y	A	B
	제조부문		보조부문	
X	100%	–	–	–
Y	–	100%	–	–
A	40%	30%	–	30%
B	50%	20%	30%	–
발생원가	600,000	450,000	201,000	240,000

① 144,000원 ② 150,000원
③ 162,000원 ④ 156,000원

◉ 내비게이션

•A = 201,000 + 0.3B, B = 240,000 + 0.3A를 연립하면,
→A = 300,000 B = 330,000
∴$300,000 \times 30\% + 330,000 \times 20\% = 156,000$

단기속성특강 제183강   보조부문원가의 배분 - 이중배분율법

의의	단일배분율법	•고정비와 변동비 구분없이 하나의 배부기준(실제사용량)으로 배분
	이중배분율법 (=원가행태에 의한 배분)	•고정비 : 최대사용가능량을 기준으로 배분 •변동비 : 실제사용량을 기준으로 배분

🔎주의 이중배분율법인 경우에도 직접배분법·단계배분법·상호배분법이 동일하게 적용됨.

배분

🔍 **사례** ■ 원가행태에 의한 보조부문원가의 배분 ①

✪ (주)국민할매의 보조부문에서 발생한 변동제조간접원가는 ₩1,500,000, 고정제조간접원가는 ₩3,000,000이다. 이중배분율법에 의하여 보조부문의 제조간접원가를 제조부문에 배분할 경우 절단부문에 배분할 제조간접원가는 얼마인가?

제조부문	실제기계시간	최대기계시간
절단부문	2,500시간	7,000시간
조립부문	5,000시간	8,000시간

풀이

- 변동제조간접원가 = 1,500,000 × 2,500 / 7,500 = 500,000
- 고정제조간접원가 = 3,000,000 × 7,000 / 15,000 = 1,400,000

🔍 **사례** ■ 원가행태에 의한 보조부문원가의 배분 ②

✪ 회사에는 하나의 보조부문 A(전력공급)와 두 개의 제조부문 X, Y가 있다. 각 제조부문의 월간 최대사용

	X	Y
최대사용가능량	500kwh	1,500kwh
실제사용량	500kwh	500kwh

한편, 5월 각 부문 제조간접비는 다음과 같다.

	A	X	Y
변동비	₩100,000	₩140,000	₩160,000
고정비	₩200,000	₩160,000	₩240,000

보조부문원가를 단일배분율법, 이중배분율법에 의하는 경우에 제조부문 Y의 배분 후 원가는 얼마인가?

✏️풀이

1. 단일배분율법
   배분액 : 300,000 × 500/1,000 = 150,000
   ∴배분후원가 : 400,000 + 150,000 = 550,000

2. 이중배분율법
   ① 변동비배분액 : 100,000 × 500/1,000 = 50,000
   ② 고정비배분액 : 200,000 × 1,500/2,000 = 150,000
   ∴배분후원가 : 400,000 + (50,000 + 150,000) = 600,000

FINAL 객관식뽀개기

기출 & 적중문제

1. ㈜A의 보조부문인 수선부문에서 발생한 변동원가는 300,000원이고, 고정원가는 900,000원이었다. 수선부문에서는 CM과 YC라는 두 개의 제조부문에 용역을 공급하고 있는데 각 제조부문의 실제사용시간 및 최대사용가능시간은 다음과 같다. 이중배분율법을 사용할 경우 CM 제조부문에 배분될 수선부문의 원가는 얼마인가?

구분	CM 제조부문	YC 제조부문
실제사용시간	150시간	50시간
최대사용가능시간	200시간	100시간

① 375,000원   ② 525,000원
③ 825,000원   ④ 900,000원

◉ 내비게이션

•$300,000 \times \dfrac{150시간}{150시간 + 50시간} + 900,000 \times \dfrac{200시간}{200시간 + 100시간}$
$= 825,000$

2. 회사에는 하나의 보조부문 A(전력공급)와 두 개의 제조부문 X, Y가 있다. 각 제조부문의 월간 최대사용 가능량과 5월의 실제사용량은 다음과 같다.

구분	X	Y
최대사용가능량	500kwh	1,500kwh
실제사용량	500kwh	500kwh

한편, 5월 각 부문 제조간접비는 다음과 같다.

구분	A	X	Y
변동비	100,000원	140,000원	160,000원
고정비	200,000원	160,000원	240,000원

보조부문원가를 단일배분율법, 이중배분율법에 의하는 경우에 제조부문 Y의 배분후 원가는 얼마인가?

	단일배분율법	이중배분율법
①	550,000원	600,000원
②	550,000원	400,000원
③	450,000원	600,000원
④	450,000원	400,000원

◉ 내비게이션

•1. 단일배분율법
　배분액 : 300,000×500/1,000=150,000
　∴배분후원가 : 400,000+150,000=550,000
　2. 이중배분율법
　① 변동비배분액 : 100,000×500/1,000=50,000
　② 고정비배분액 : 200,000×1,500/2,000=150,000
　∴배분후원가 : 400,000+(50,000+150,000)=600,000

3. 보조부문비에 대한 설명이다. 가장 틀린 것은?

① 이중배분율법(dual allocation method)에 직접배분법, 단계배분법, 상호배분법을 적용할 수 없다.
② 단일배분율법과 이중배분율법이 있다.
③ 상호배분법은 보조부문비를 용역수수관계에 따라 다른 보조부문과 제조부문에 배부하는 방법이다.
④ 이중배분율법은 원가행태로 배부기준을 적용한다.

◉ 내비게이션

•이중배분율법도 모두 적용할 수 있다.

4. 다음은 보조부문원가를 배분하는 방법과 설명이다. 잘못 연결된 것은?

① 보조부문원가를 다른 보조부문에는 배분하지 않고 제조부문에만 배분하는 방법 – 직접배분법
② 보조부문원가를 배분순서에 따라 순차적으로 다른 보조부문과 제조부문에 배분하는 방법 – 단계배분법
③ 보조부문 상호간의 용역수수관계를 완전히 인식하는 방법 – 상호배분법
④ 변동원가와 고정원가로 구분하여 각각 다른 배분기준을 적용하여 배분하는 방법 – 단일배분율법

◉ 내비게이션

•이중배분율법에 대한 설명이다.

5. 다음 중 보조부문원가의 배부방법인 직접배분, 단계배분법, 상호배분법에 관한 설명으로 가장 올바르지 않은 것은?

① 가장 논리적인 보조부문원가의 배부방법은 상호배분법이다.
② 보조부문원가를 어떤 배부방법으로 제조부문에 배부하느냐에 따라 공장전체의 제조간접원가가 달라진다.
③ 보조부문의 원가를 각 제조부문의 사용한 용역의 상대적 비율에 따라 각 제조부문에 직접 배부하는 방법은 직접배분법이다.
④ 배부순서가 중요한 계산방법은 단계배분법이다.

◉ 내비게이션

•어떤 방법을 사용해도 보조부문비 총액은 모두 제조부문에 배분되므로 어떤 방법으로 배분해도 제품 총원가는 동일하다.

ANSWER   1. ③   2. ①   3. ①   4. ④   5. ②

단기속성특강 제184강 　　　　　 정상개별원가계산

의의	❖[실제개별원가계산의 문제점]	
	원가계산의 지연	•제조간접비 실제발생액이 확정될 때까지 기다려 집계한 후 기말에 가서야 이를 실제배부기준에 따라 배부하므로, 제품은 기중에 판매가 이루어짐에도 불구하고 제품원가에 관한 정보는 기말이 되기까지 알 수 없게 됨. ▶ ∴판매가격의 결정이 어렵게 되며 원가계산을 위한 업무량이 기말에 한꺼번에 폭증하게 되는 문제점이 있음.
	제품원가의 변동성	•실제발생된 제조간접비를 기준으로 제품에 배부한다면 각 제품에 배부되는 제조간접비가 조업도의 변화에 따라 변동하게 됨. ▶ ∴제품원가가 조업도의 변화에 따라 크게 달라지는 문제점이 있음. 　예 조업도가 높은 달(호경기)이 조업도가 낮은(불경기) 때보다 FOH 배부율이 작고 따라서 동일한 작업시간이 투입되는 제품이더라도 호경기 제품원가가 작음.

▶ 정상개별원가계산은 실제개별원가계산과 동일하게 직접재료비와 직접노무비는 실제로 발생된 원가를 제품에 배부하나, 제조간접비는 회계연도 시작 전에 결정된 제조간접비예정배부율을 이용하여 제품에 배부함으로써 제조과정이 완료됨과 동시에 제품원가계산을 할 수 있는 원가계산방법임.

제조간접비예정배부율	•$\dfrac{\text{제조간접비예산}}{\text{예정조업도}}$
배부액	•배부액 = 실제조업도 × 제조간접비예정배부율

🔍 사례 ■ 제조간접비 예정배부

⚙ 회사는 직접노동시간을 기준으로 제조간접비를 예정배부하고 있다.
⚙ 연초 직접노동시간 예상액은 2,500시간이며, 연간제조간접비예산은 ₩1,250,000이다.
⚙ 당기 제조간접비발생액은 ₩1,200,000이다.
⚙ 당기중 다음의 세 가지 작업을 시작하여 작업 #101, #102가 완성되었으며, 자료는 다음과 같다.

제조간접비 예정배부

	#101	#102	#103	합 계
직접재료비	₩150,000	₩150,000	₩200,000	₩500,000
직접노무비	₩250,000	₩150,000	₩100,000	₩500,000
직접노동시간	1,000시간	600시간	400시간	2,000시간

✏ 풀이

•제조간접비 예정배부율 : $\dfrac{1,250,000}{2,500}$ = 직접노동시간당 500

	#101	#102	#103
직접재료비	₩150,000	₩150,000	₩200,000
직접노무비	₩250,000	₩150,000	₩100,000
제조간접비	1,000×500=500,000	600×500=300,000	400×500=200,000
제조원가	₩900,000	₩600,000	₩500,000

FINAL 객관식뽀개기 　　　　기출&적중문제

1. (주)A는 개별원가계산제도를 채택하고 있으며, 직접노무원가를 기준으로 제조간접원가를 배분한다. 20x3년도의 제조간접원가배부율은 A부문에 대해서는 200%, B부문에 대해서는 50%이다. 제조지시서 #04는 20x3년 중에 시작되어 완성되었으며, 원가 발생액은 다음과 같다.

	A부문	B부문
직접재료원가	50,000원	10,000원
직접노무원가	?	40,000원
제조간접원가	60,000원	?

제조지시서 #04와 관련된 총제조원가는 얼마인가?

① 170,000원　　　　② 190,000원
③ 210,000원　　　　④ 270,000원

📍 내비게이션

• A부문 직접노무원가 : A부문 직접노무원가×200%=60,000에서,
  A부문 직접노무원가=30,000
• B부문 제조간접원가 : 40,000×50%=20,000
• 총제조원가 :
  (50,000+10,000)+(30,000+40,000)+(60,000+20,000)=210,000

2. 다음 내용은 개별원가계산의 제조간접비에 관한 내용이다. 가장 옳지 않은 것은 무엇인가?

① 제조간접비예정배부액이 실제 발생액보다 작은 경우 과소배부액이 발생한다.
② 제조간접비의 배부율은 공장전체배부율을 적용할 수도 있고, 부문별로 적용할 수도 있다.
③ 재료비는 직접원가로 제조간접비를 구성하지 않는다.
④ 제조간접비의 배부율은 노동시간 또는 기계시간 등 가장 합리적인 기준을 적용할 수 있다.

📍 내비게이션

• 재료비 중 간접재료비는 제조간접비를 구성할 수 있다.

3. 정상개별원가계산의 방법에 의하여 제조간접비를 예정배부할 경우 예정배부액은 어떤 산식에 의하여 계산하여야 하는가?

① 실제배부율 × 배부기준의 실제발생량
② 실제배부율 × 배부기준의 예정발생량
③ 예정배부율 × 배부기준의 실제발생량
④ 예정배부율 × 배부기준의 예정발생량

📍 내비게이션

• 정상개별원가계산에서 제조간접비는 배부기준의 실제발생량에 예정배부율을 곱하여 제품의 원가를 계산한다.

4. (주)A는 제조간접원가를 기계시간을 기준으로 배부한다. 20x1년초 1년 동안 정상기계시간 80,000시간, 총제조간접원가 480,000원의 발생을 예정했다. 20x1년 동안 실제 기계시간은 78,000시간이라고 할 때, 제조간접원가 예정배부율과 재공품계정에 배부되는 제조간접원가는?

	예정배부율	배액
①	5원	448,000원
②	5원	458,000원
③	6원	468,000원
④	6원	478,000원

📍 내비게이션

• 예정배부율 : 480,000 ÷ 80,000=기계시간당 6원
• 배부액 : 6×78,000=468,000

5. (주)합격은 직접노무비의 90%를 제조간접비로 부과하고 있으며, 3월말 재공품A에 제조간접비 2,250원이 부과되었다. A에 부과될 직접재료비를 구하면?

> (1) 3월 1일 재공품액 12,000원
> (2) 3월 직접재료비, 직접노무비, 제조간접비 합계 97,000원
> (3) 3월 31일 제품계정으로 대체 100,000원

① 4,250원　　　　② 4,750원
③ 2,500원　　　　④ 2,250원

📍 내비게이션

• 직접노무비×90%=2,250 에서, 직접노무비=2,500
• 기말재공품 : 12,000+97,000 - 100,000=9,000
  → 9,000 = 직접재료비+2,500+2,250 ∴직접재료비=4,250

6. 실제원가계산의 한계점과 거리가 먼 것은?

① 제조간접원가를 제품에 배부하기 위해서는 원가계산 기말(보통 월말)까지 실제발생액을 집계해야 하므로 원가계산이 월말까지 지체된다.
② 원가계산기간마다 단위당원가가 달라질 수 있다.
③ 회계업무가 월말에 과다하게 집중된다.
④ 실제로 발생한 원가를 바탕으로 제품의 단위당원가를 계산하는 방법으로 난해하고 논리적으로 이해하기 어렵다.

📍 내비게이션

• 쉽고 논리적으로 이해하기 쉬운 방법이다.

단기속성특강 제185강 　정상개별원가계산의 배부차이조정방법

공통사례	•앞 페이지 사례에서 작업 #101이 판매되었다고 가정함. 　즉, #103은 재공품, #102는 제품, #101은 매출원가이며, 과소배부 200,000(=1,200,000−1,000,000)임.

의의	•제조간접비의 집계 ： 실제OH를 집계　▶ (차) 제조간접비　1,200,000　(대) 현금 등　1,200,000 •제조간접비의 배부 ： 예정배부　▶ (차) 재공품　1,000,000　(대) 제조간접비　1,000,000
	과소배부시　(차) 재공품 등　　　　　xxx　(대) 제조간접비　　　　xxx 　　▶ 실제제조간접비 계상액을 감소시키고 과소배부분을 추가배부함. 🔎주의 **배부차이계정을 사용시 회계처리** 　　(차) 제조간접비배부차이　x x x　(대) 제조간접비　　x x x 　　(차) 재공품등　　　　　　　(대) 제조간접비배부차이　x x x

매출원가 조정법	•OH배부차이를 매출원가에서 가감하는 방법으로, OH예정배부액을 진실한 원가로 보는 견해
	과소배부시　(차) 매출원가　　xxx　(대) 제조간접비　　xxx → '매출원가에 가산'
	과대배부시　(차) 제조간접비　xxx　(대) 매출원가　　　xxx → '매출원가에서 차감'
	❖ [사례에의 적용] 　(차) 매출원가　　200,000　(대) 제조간접비　　200,000

총원가 비례배분법	•OH배부차이를 기말재공품, 기말제품, 매출원가계정의 총원가 비율에 따라 비례 배분하는 방법으로, 실제OH를 진실한 원가로 보는 견해
	과소배부시　(차) 재공품　　　xxx　(대) 제조간접비　　xxx 　　　　　　　　제품　　　　xxx 　　　　　　　　매출원가　　xxx
	과대배부시　(차) 제조간접비　xxx　(대) 재공품　　　xxx 　　　　　　　　　　　　　　　　제품　　　　xxx 　　　　　　　　　　　　　　　　매출원가　　xxx
	❖ [사례에의 적용] 　(차) 재공품　　200,000×(500,000÷2,000,000)=50,000　(대) 제조간접비　200,000 　　　제품　　　200,000×(600,000÷2,000,000)=60,000 　　　매출원가　200,000×(900,000÷2,000,000)=90,000

원가요소별 비례배분법	•OH배부차이를 재공품, 제품, 매출원가 계정에 포함된 제조간접비 예정배부액의 비율에 따라 배분하는 방법 　▶ 회계처리는 총원가비례배분법과 동일
	❖ [사례에의 적용] 　(차) 재공품　　200,000×(200,000÷1,000,000)=40,000　(대) 제조간접비　200,000 　　　제품　　　200,000×(300,000÷1,000,000)=60,000 　　　매출원가　200,000×(500,000÷1,000,000)=100,000

영업외 손익법	•OH배부차이를 영업외손익 처리하는 방법
	과소배부시　(차) 배부차이(영업외비용)　xxx　(대) 제조간접비　　　　　　xxx
	과대배부시　(차) 제조간접비　　　　　　xxx　(대) 배부차이(영업외수익)　xxx
	❖ [사례에의 적용] 　(차) 배부차이(영업외비용)　200,000　(대) 제조간접비　200,000

FINAL 객관식뽀개기   기출 & 적중문제

1. 제조간접비를 직접노무비기준으로 배부하고 있다. 추정 제조간접비 총액은 1,000,000원이고, 추정직접노무시간은 400시간이고 시간당 5,000원이다. 기말의 제조간접비 총액은 1,100,000원이고, 실제 발생한 직접노무시간은 410시간이고 시간당 5,000원이다. 기말의 제조간접비의 과소(대) 배부액은?

① 150,000원 과대배부   ② 150,000원 과소배부
③ 75,000원 과대배부   ④ 75,000원 과소배부

📍 내비게이션

• 예정배부율 = 1,000,000 ÷ (400시간 × 5,000) = 0.5
• 제조간접비예정배부액 = 410시간 × 5,000 × 0.5 = 1,025,000
• 과소배부액 = 1,100,000 - 1,025,000 = 75,000

2. 제조간접비 배부차이를 총원가기준법으로 배부한다고 가정하고 다음의 자료로 인하여 재무제표에 미치는 영향으로 잘못된 것은?

• 실제발생 제조간접비	10,000,000원
• 예정배부된 제조간접비	12,000,000원
• 기말재공품	3,000,000원
• 기말제품	5,000,000원
• 매출원가	12,000,000원
• 기초재공품과 기초제품은 없는 것으로 가정한다.	

① 당기순이익이 1,200,000원 증가한다.
② 재무상태표상 자본이 1,200,000원 감소한다.
③ 재무상태표상 기말재공품은 2,700,000원이다.
④ 재무상태표상 기말제품은 4,500,000원이다.

📍 내비게이션

• 제조간접비의 2,000,000원 과대배부로서 다음과 같이 처리됨.
① (차) 제조간접비 10,000,000 (대) 현금 10,000,000
② (차) 재공품 12,000,000 (대) 제조간접비 12,000,000
③ (차) 제조간접비 2,000,000 (대) 재 공 품 300,000
                                                 제품 500,000
                                        매출원가 1,200,000
∴ 당기순이익 증가 → 이익잉여금 증가 → 자본증가

3. 다음 분개내용을 옳게 추정한 것은?

(차) 제조간접비 125,000 (대) 제조간접비배부차이 125,000

① 실제소비액이 예정배부액보다 125,000원 적다.
② 예정배부액이 실제소비액보다 125,000원 적다.
③ 제조간접비 실제소비액은 125,000원이다.
④ 제조간접비 예정배부액은 125,000원이다.

4. 정상원가계산제도하에서 제조간접비의 배부차이를 총원가기준법(비례배분법)으로 조정하고 있으나 만약 배부차이 전액을 매출원가계정에서 조정한다면 영업이익의 변화에 대한 설명으로 올바른 것은?

과소배부액	1,000,000원	기말재공품	1,000,000원
기말제품	1,000,000원	매출원가	3,000,000원

① 400,000원 감소   ② 1,000,000원 감소
③ 600,000원 감소   ④ 변화 없다.

📍 내비게이션

• 총원가기준법의 경우
(차) 재 공 품 200,000 (대) 제조간접비 1,000,000
     제품 200,000
     매출원가 600,000
• 매출원가일괄조정의 경우
(차) 매출원가 1,000,000 (대) 제조간접비 1,000,000
• 총원가기준법 적용시 영업이익 감소분 : 600,000
• 매출원가에서 적용시 영업이익 감소분 : 1,000,000
• 차이 : 400,000

5. 제조간접비배부차이계정을 설정하여 배부차이를 매출원가가 부담하는 경우, 당월 제조간접비의 차이조정에 대한 회계처리로 바른 것은?

당월의 제조간접비 실제발생액	80,000원
당년도 제조간접비 예산	1,000,000원
당년도 예상 직접노동시간	100,000시간
당월의 실제 직접노동시간	8,300시간

① (차) 매출원가 3,000
   (대) 제조간접비배부차이 3,000
② (차) 제조간접비예정배부 3,000
   (대) 매출원가 3,000
③ (차) 제조간접비배부차이 3,000
   (대) 매출원가 3,000
④ (차) 제조간접비 3,000
   (대) 제조간접비배부차이 3,000

📍 내비게이션

• 예정배부율 : 1,000,000 ÷ 100,000 = 10
  예정배부액 : 8,300 × 10 = 83,000, ∴과대배부 : 83,000-80,000 = 3,000
• 회계처리
- (차) 제조간접비 80,000 (대) 현금등 80,000
- (차) 재공품 83,000 (대) 제조간접비 83,000
- (차) 제조간접비 3,000 (대) 제조간접비배부차이 3,000
- (차) 제조간접비배부차이 3,000 (대) 매출원가 3,000

🚚 **ANSWER**   1. ④   2. ②   3. ①   4. ①   5. ③

단기속성특강 제186강 　　　　종합원가계산의 개요

완성품 환산량		
		• 완성품 환산량은 산출물의 완성정도를 측정하는 개념으로 공정에서의 모든 노력이 완성품으로 나타났을 경우 생산되었을 완성품의 개수를 말함. 즉, 제조원가가 집계되면 이를 완성품원가와 기말재공품원가에 배분시 배분받을 자격을 완성품 환산량으로 측정하는 것임. • 기말재공품은 평균법, 선입선출법, 후입선출법 등에 의해 평가함.
	재료비	• 직접재료비는 일반적으로 공정의 착수시점에 전부 투입됨. • 따라서 완성품 1개와 기말재공품(완성도 40%) 1개의 완성품환산량은 1개로 동일함.
	가공비	• 직접노무비와 제조간접비는 공정전반에 걸쳐 균등하게 발생함. • 따라서 완성품 1개와 기말재공품(완성도 40%) 1개의 완성품환산량은 완성품은 1개, 기말재공품은 0.4개가 될 것임. ▶ 즉, 가공비를 완성품의 40%만 배분해야 함.
	전공정비	• 연속제조공정의 경우에 제1공정에서 완성되어 제2공정으로 대체되는 경우의 제1공정에서 완성된 중간제품의 원가를 전공정비라 함. • 이는 사실상 제2공정의 착수시점에 전부 투입되는 직접재료비와 동일하므로 완성품환산량도 직접재료비와 동일하게 처리함. ▶ 즉, 완성도 100%임.(완성도가 가장 높음)

계산절차		
	1단계	• 물량흐름을 파악 ▶ 완성품수량, 기말수량과 완성도
	2단계	• 원가요소별(전공정비, 재료비, 가공비)로 완성품환산량 계산 　이유　재료비와 가공비는 원가의 투입시점(소비시점)이 다르기 때문임.
	3단계	• 원가요소별로 제조원가의 집계
	4단계	• 원가요소별로 완성품환산량단위당원가*를 계산 *원가요소별제조원가 ÷ 원가요소별완성품환산량
	5단계	• 완성품원가*와 기말재공품원가 계산 *원가요소별완성품환산량 × 원가요소별환산량단위당원가

🔍 사례 ■ 종합원가계산 계산절차

❂ 1월부터 사업을 시작함. 1월중 1,000단위를 착수하여 600단위를 완성하고, 400단위는 1월말 현재 작업이 진행 중에 있음. 원재료는 공정초에 모두 투입되고, 가공비는 공정전반에 걸쳐 균등하게 발생함. 기말재공품의 완성도는 60%이며, 1월의 재료비는 ₩300,000, 가공비 ₩126,000이 발생함.

✏ 풀이

[1단계] 물량흐름

완성	600	
기말	400(60%)	
	1,000	

[2단계] 완성품환산량

	재료비	가공비
	600	600
	400	240
	1,000	840

[3단계] 총원가요약

	재료비	가공비
당기발생	300,000	126,000

[4단계] 환산량단위당원가

	재료비	가공비
	÷ 1,000	÷ 840
	‖	‖
	@300	@150

[5단계] 원가배분

완성 : 600×@300+600×@150 = 270,000,　기말 : 400×@300+240×@150 = 156,000

FINAL 객관식뽀개기
기출&적중문제

1. 다음 중 개별원가계산과 종합원가계산에 대한 설명으로 가장 옳지 않은 것은?

	구분	개별원가계산	종합원가계산
①	특징	제조과정을 통해 특정 제품이 다른 제품과 구분되어 가공됨	제품이 동일규격이기 때문에 제조과정을 통해 동일하게 가공됨
②	원가계산 방법	발생 총원가를 총생산량으로 나누어 단위당 평균제조원가 계산	작업원가표에 집계된 제조원가를 작업한 수량으로 나누어 계산
③	원가보고서	각 작업별로 보고서 작성	각 공정별로 보고서 작성
④	적용적합한 업종사례	·특별주문에 의한 쇼핑몰 ·수작업으로 제작판매하는 시계제조업	·특정디자인을 대행 생산하는 기성의류 제조업

🔎 **내비게이션**

•②는 원가계산방법에 대하여 양자의 설명이 바뀌어 있다.

2. ㈜A는 평균법에 의한 종합원가계산을 채택하고 있다. 기초와 기말의 재공품 물량은 동일하나 기초에 비하여 재공품 기말 잔액이 증가하였다. 이 현상을 설명할 수 있는 것으로 적절하지 않은 것은 무엇인가?

① 전년도에 비해 판매량이 감소하였다.
② 전년도에 비해 노무임률이 상승하였다.
③ 기초보다 기말의 재공품 완성도가 증가하였다.
④ 전년도에 비해 제조간접원가가 증가하였다.

🔎 **내비게이션**

•기말재공품원가 : 완성품환산량 × 완성품환산량단위당원가
  ⇩ ⇩
  '물량×완성도' $\frac{원가}{총 완성품 환산량}$
→따라서, 물량이 동일시 완성도가 증가되거나 원가가 증가되면, 기말재공품원가가 증가한다.
•③은 완성도 증가, ②와 ④는 원가를 증가시킨다.

3. 신난다공업은 평균법에 의한 실제종합원가계산을 이용하여 재고자산의 평가 및 매출원가 계산을 하였다. 연초에 비해 연말에 재공품 잔액이 증가하였으나, 재공품 물량은 동일하였다면 이 현상을 설명하는 요소가 아닌 것은?

① 전년도에 비해 재료가가 증가하였다.
② 전년도에 비해 판매량이 감소했다.
③ 전년도에 비해 고정제조간접원가가 증가하였다.
④ 연초보다 연말의 재공품 재고에 대한 완성도가 높았다.

🔎 **내비게이션**

•판매량은 원가의 상승요소가 아니다.

4. 종합원가계산에서 완성품환산량 계산시 기말재공품의 완성도를 실제보다 높게 계상했다면 어떤 결과가 발생하겠는가?

① 재공품계정이 과대평가된다.
② 제품계정이 과대평가된다.
③ 제품과 재공품계정에 미치는 영향은 없다.
④ 매출원가가 과대계상된다.

🔎 **내비게이션**

•기말재공품 완성도를 과대평가할 경우
  →기말재공품 완성환산량 과대
  →완성품환산량이 과대해지면 투입된 원가는 일정하므로 완성품환산량 단위당원가가 과소
  →완성품의 완성품환산량은 변화가 없으므로 완성품환산량 단위당원가의 과소로 완성품원가(당기제품제조원가)는 과소
  →상대적으로 기말재공품(재공품계정)의 원가는 과대
  →'기초제품+당기제품제조원가-기말제품=매출원가'에서 제품계정에는 영향이 없으나, 당기제품제조원가의 과소로 인해 매출원가가 과소평가되고 당기순이익이 과대평가된다.

5. 다음 중 종합원가계산에서 재료비와 가공비의 완성도에 관계없이 완성품환산량의 완성도가 항상 가장 높은 것은 무엇인가?

① 가공비 ② 직접노무원가
③ 전공정원가 ④ 직접재료원가

🔎 **내비게이션**

•전공정원가는 전공정에서 원가가 모두 발생하였기 때문에 100%로 계산된다. 따라서 완성도에 관계없이 항상 완성품환산량의 완성도가 항상 가장 높은 것은 전공정원가이다.

단기속성특강 제187강 | 평균법 종합원가계산

특징	평균법(WAM)
	• 기초재공품의 제조를 당기이전에 착수하였음에도 불구하고 당기에 착수한 것으로 가정하여, 기초재공품원가와 당기 발생원가를 구분치 않고 합한 금액을 완성품과 기말재공품에 안분계산함. • 기초재고가 '0'이면 선입선출법(FIFO)과 동일함. • 산출측면 강조 • 완성품환산량단위당원가가 기초재공품에 의해 영향 받으므로 당기원가를 왜곡시킴 • 제조원가보고서의 총원가 = 기초(전공정비, DM, 가공비) + 당기(전공정비, DM, 가공비)

계산절차	1단계	• 물량흐름을 파악 ▶ 완성품수량, 기말수량과 완성도
	2단계	• 원가요소별(전공정비, 재료비, 가공비)로 완성품환산량 계산
	3단계	• 원가요소별로 기초재공품원가와 당기발생원가를 합한 총원가 계산
	4단계	• 원가요소별로 완성품환산량단위당원가*를 계산 *원가요소별총원가 ÷ 원가요소별완성품환산량
	5단계	• 완성품원가*와 기말재공품원가 계산 *원가요소별완성품환산량 × 원가요소별환산량단위당원가

🔍 **사례** ■ **평균법**

❂ 원재료는 공정초 모두 투입, 가공비는 공정전반에 발생, 원가계산자료는 다음과 같다.
- 기초 : 수량 400개(재료비 ₩1,500, 가공비 ₩910, 완성도 20%)
- 당기 : 착수량 1,000개(재료비 ₩10,400, 가공비 ₩3,780)
- 완성 : ?
- 기말 : 수량 200개(완성도 70%)

✏️ 풀이

[1단계] 물량흐름

완성	1,200	
기말	200(70%)	
	1,400	

[2단계] 완성품환산량

	재료비	가공비
완성	1,200	1,200
기말	200	200×70%=140
	1,400	1,340

[3단계] 총원가요약

	재료비	가공비
기초	1,500	910
당기	10,400	3,780
	11,900	4,690

[4단계] 환산량단위당원가

	재료비	가공비
	÷ 1,400	÷ 1,340
	‖	‖
	@8.5	@3.5

[5단계] 원가배분

완성 : 1,200×@8.5 + 1,200×@3.5 = 14,400, 기말 : 200×@8.5 + 140×@3.5 = 2,190

FINAL 객관식뽀개기   기출&적중문제

1. ㈜A의 종합원가계산하의 물량흐름에 관한 자료를 참고하여 기말재공품의 원가를 계산하면?

> (1) 재료비는 공정초기에 모두 발생하며 가공비는 공정 전체에 균일하게 발생한다.
> (2) 기초재공품 : 1,000단위, 당기착수량 : 4,000단위, 당기완성품 : 3,000단위
> (3) 제조원가 발생액 내역
>
> | | 재료비 | 가공비 |
> |---|---|---|
> | 기초재공품원가 | 5,000원 | 4,000원 |
> | 당기제조원가 | 20,000원 | 12,000원 |
>
> (4) 기말재공품의 가공비 완성도 50%, 평균법에 의하여 계산한다.

① 11,000원   ② 12,000원
③ 13,000원   ④ 14,000원

내비게이션

	재료비	가공비
완성 3,000	3,000	3,000
기말 2,000(50%)	2,000	2,000x50%=1,000
	5,000	4,000
Cost/Unit	$\frac{25,000}{5,000}$ =@5	$\frac{16,000}{4,000}$ =@4

완성품원가 : 3,000x@5+3,000x@4=27,000
기말재공품원가 : 2,000x@5+1,000x@4=14,000

2. 종합원가계산을 채택하고 있다. 당기의 기말재공품완성률 20%를 50%로 과대계상한 경우 이 오류가 완성품환산량과 환산량 단위당원가에 미치는 영향을 올바르게 나타낸 것은?(단, 기초재공품은 없다고 가정한다.)

	완성품환산량	완성품환산량단위당원가
①	과대계상	과소계상
②	과소계상	과대계상
③	과대계상	과대계상
④	과소계상	과소계상

내비게이션

• 기말재공품 완성도를 과대평가할 경우
→기말재공품 완성품환산량 과대
→완성품환산량이 과대해지면 투입된 원가는 일정하므로 완성품환산량 단위당원가가 과소

3. 완성품은 1,000개이고, 기말재공품은 500개(완성도 40%)인 경우 평균법에 의한 종합원가계산에서 재료비 및 가공비 완성품 환산량은 몇 개인가?(재료는 공정 50% 시점에 전량 투입되며, 가공비는 전공정에 균일하게 투입된다.)

	재료비 완성품환산량	가공비 완성품환산량
①	1,000개	1,500개
②	1,000개	1,200개
③	1,500개	1,200개
④	1,500개	1,500개

내비게이션

• 재료비 완성품 환산량 = 완성품 = 1,000개
  (기말재공품은 완성도가 50%에 도달하지 않았으므로 완성품 환산량은 0개임.)
• 가공비 완성품 환산량 = 완성품 + 기말재공품 × 완성도
  = 1,000개 + 500개 × 40% = 1,200개

4. 다음 자료에 의하여 평균법에 의한 종합원가계산에 따른 기말재공품완성도를 구하면 얼마인가? 단, 재료는 공정초에 전부 투입되며, 가공비는 공정전반에 걸쳐 균등하게 발생한다.

> | (1) 당기완성품수량 | 1,000개 |
> |---|---|
> | (2) 기말재공품수량 | 500개 |
> | (3) 기초재공품가공비 | 700,000원 |
> | (4) 당기투입가공비 | 2,300,000원 |
> | (5) 기말재공품가공비 | 600,000원 |

① 40%   ② 50%
③ 60%   ④ 70%

내비게이션

• 가공비완성품환산량 : $1,000 + 500 \times x\%$
• 환산량단위당원가 : $\frac{700,000 + 2,300,000}{1,000 + 500 \times x\%}$
  $600,000 = 500 \times x\% \times \frac{700,000 + 2,300,000}{1,000 + 500 \times x\%}$ 에서, $x = 50$

제1편
[단기속성특강] 재무회계

제2편
[단기속성특강] 세무회계

제3편
[단기속성특강] 원가관리회계

합본부록1
신유형기출문제

합본부록2
10개년기출오답노트

단기속성특강 제188강 | 선입선출법 종합원가계산

특징	선입선출법(FIFO)
	•기초재공품을 우선적으로 완성시킨 후 당기착수물량을 가공한다고 가정하므로 기말재공품원가는 당기발생원가로만 구성되고, 기초재공품원가는 전액이 완성품원가를 구성하며, 당기발생원가만 완성품과 기말재공품에 안분계산함. •투입측면 강조 •당기업적 및 능률을 파악하는데 유용하며, 원가통제에 유용한 정보를 제공함. •제조원가보고서의 총원가 = 당기(DM, 가공비) •완성품원가 = 기초재공품원가 + 완성품환산량×환산량단위당원가

계산절차	1단계	•물량흐름을 파악 ▶ 기초수량과 완성도, 완성품수량, 기말수량과 완성도
	2단계	•원가요소별(전공정비, 재료비, 가공비)로 당기분 완성품환산량 계산
	3단계	•원가요소별로 당기발생원가를 계산
	4단계	•원가요소별로 완성품환산량단위당원가*를 계산 *원가요소별당기발생원가÷원가요소별당기분완성품환산량
	5단계	•완성품원가*와 기말재공품원가 계산 *기초재공품원가 + 원가요소별완성품환산량×원가요소별환산량단위당원가

⚡고속철 재료가 공정초에 전량 투입되는 경우

① WAM재료비완성품환산량 - FIFO재료비완성품환산량 = 기초재공품수량
② WAM가공비완성품환산량 - FIFO가공비완성품환산량 = 기초재공품수량×기초완성도

🔍 사례 ■ **선입선출법**

❂ 원재료는 공정초 모두 투입, 가공비는 공정전반에 발생. 원가계산자료는 다음과 같다.
•기초 : 수량 400개(재료비 2,500, 가공비 910, 완성도 20%)
•당기 : 착수량 1,000개(재료비 8,500, 가공비 3,780)
•완성 : ?
•기말 : 수량 200개(완성도 70%)

✏️풀이

[1단계] 물량흐름

기초완성	400(20%)	
당기완성	800	
기말	200(70%)	
	1,400	

[2단계] 완성품환산량

	재료비	가공비
기초완성	0	400×80%=320
당기완성	800	800
기말	200	200×70%=140
	1,000	1,260

[3단계] 총원가요약

	재료비	가공비
당기	8,500	3,780
	8,500	3,780

[4단계] 환산량단위당원가

	재료비	가공비
	÷ 1,000	÷ 1,260
	‖	‖
	@8.5	@3

[5단계] 원가배분

완성 : (2,500+910)+800×@8.5+1,120×@3 = 13,570, 기말 : 200×@8.5+140×@3 = 2,120

FINAL 객관식뽀개기

기출 & 적중문제

1. 선입선출법과 평균법을 각각 적용한 종합원가계산시 각 방법에 의한 완성품환산량이 동일하게 산출되는 경우는?

① 기초 제품이 전혀 없는 경우
② 기초 재공품이 모두 완성품이 되는 경우
③ 기말 제품이 모두 판매되는 경우
④ 기초 재공품이 전혀 없는 경우

⊙ 내비게이션

• 기초재공품이 '0'이면 평균법과 선입선출법은 동일하다.

2. 다음 중 종합원가계산제도를 적용함에 있어 선입선출법과 평균법에 관한 설명으로 가장 올바르지 않은 것은?

① 평균법 적용하의 완성품환산량은 선입선출법 적용하의 완성품환산량보다 크거나 같다.
② 평균법은 완성품환산량 계산시 기초재공품을 당기에 착수한 것으로 가정한다.
③ 원재료의 단가 산정시 선입선출법을 사용하는 기업이라 할지라도 종합원가계산제도 적용시 평균법을 사용할 수 있다.
④ 기초재공품이 없다고 하더라도 평균법과 선입선출법의 완성품환산량 단위당 원가를 구하는 방법이 상이하기 때문에 두 방법의 결과는 달라지게 된다.

⊙ 내비게이션

• 기초재공품이 없다면 평균법과 선입선출법하의 결과치는 동일하다.

3. (주)A는 선입선출법을 이용한 종합원가계산을 한다. 원재료는 공정시작 시점에서 전량 투입되며, 가공원가는 공정 전반에 걸쳐 균등하게 발생한다고 가정할 때 아래의 자료를 이용하여 가공원가의 완성품환산량을 구하면 얼마인가?

기초재공품수량	600개	완성수량	2,200개
착수수량	2,000개	기말재공품수량	400개
기초재공품 완성도	60%	기말재공품 완성도	50%

① 2,040개   ② 2,000개
③ 2,400개   ④ 2,600개

⊙ 내비게이션

• 기초완성(600개 × (1-60%))+당기착수완성(1,600개 × 100%)+기말(400개 × 50%)=2,040개

4. 종합원가계산을 적용하여 원가계산을 진행해온 ㈜A는 20x1년 1월 1일 현재 기초재공품 3,000개(가공비 완성도 30%)이며 당기 중 완성품 수량은 18,000개이고 기말재공품은 2,000개(가공비 완성도 70%)였다. 선입선출법과 평균법의 가공비에 대한 완성품 환산량의 차이는 몇 개인가? 단, 재료는 공정초에 전량 투입되고, 가공비는 공정에 균등 투입된다.

① 900개   ② 1,400개
③ 2,000개   ④ 4,000개

⊙ 내비게이션

• 'WAM가공비환산량 - FIFO가공비환산량 = 기초수량 × 완성도'
→ ∴3,000개 × 30% = 900개

5. (주)A는 선입선출법에 따라 종합원가계산을 하고 있다. 당월 완성품환산량단위당 원가는 재료비가 20원, 가공비 40원이다. 재료는 공정초기에 전량 투입되고 가공비는 공정전반에 균등투입된다고 가정할 때 당월 실제 발생한 가공비는 얼마인가?

(1) 기초재공품 : 500단위(완성도 40%)
(2) 기말재공품 : 800단위(완성도 50%)
(3) 당기완성품 : 4,200단위

① 166,000원   ② 168,000원
③ 174,000원   ④ 176,000원

⊙ 내비게이션

• 500 × 60% + 3,700 + 800 × 50% = 4,400단위
4,400단위 × 40 = 176,000 ∴176,000

6. 선입선출법을 이용하여 종합원가계산을 수행시 기말재공품 완성도가 실제보다 과소평가된 경우 미치는 영향에 대한 설명으로서 틀린 것은?

① 완성품환산량이 과소평가된다.
② 당기완성품원가가 과대평가된다.
③ 재무상태표상 기말재공품은 과소평가된다.
④ 손익계산서상 당기순이익은 과대평가된다.

⊙ 내비게이션

• 환산량↓ → 환산량단위당원가↑
• 완성품의 완성품환산량은 변화가 없으므로 환산량단위당원가가 과대로 완성품↑ → ∴상대적으로 기말재공품↓
• 기초+당기제품제조원가↑ -기말=매출원가↑
∴영업이익↓, 순이익↓, 이익잉여금↓

단기속성특강 제189강 — 완성품환산량 특수사항

모든원가 균등발생

사례 ■ 모든 원가요소가 균등하게 발생하는 경우

❂ 평균법을 적용하며, 모든 원가요소는 제조 진행정도에 따라 투입됨.
- 기초 : 수량 ?개(완성도 ?%)
- 당기 : 착수량 ?개
- 완성 : 수량 2,000개
- 기말 : 수량 200개(완성도 50%)

 풀이

[1단계] 물량흐름		[2단계] 완성품환산량	
		재료비	가공비
완성	2,000	2,000	2,000
기말	200(50%)	200×50%=100	200×50% = 100
	2,200	2,100	2,100

복수재료 투입

사례 ■ 두 가지 이상의 재료가 상이하게 투입되는 경우

❂ 선입선출법을 적용하며, 재료 A는 공정의 20%시점에서, 재료 B는 70%시점에서 각각 전량 투입됨.
- 기초 : 수량 2,500개(완성도 30%)
- 당기 : 착수량 3,500개
- 완성 : 수량 4,000개
- 기말 : 수량 2,000개(완성도 50%)

풀이

[1단계] 물량흐름		[2단계] 완성품환산량		
		재료A(20%)	재료B(70%)	가공비
기초완성	2,500(30%)	0	2,500	2,500×70%=1,750
당기완성	1,500	1,500	1,500	1,500
기말	2,000(50%)	2,000	0	2,000×50%=1,000
	6,000	3,500	4,000	4,250

재료의 종점투입

사례 ■ 재료가 공정의 종점(100%시점)에 투입되는 경우

❂ 평균법을 적용하며, 재료는 공정의 종점(끝)에서 전량 투입됨.
- 기초 : 수량 2,000개(완성도 ?%)
- 당기 : 착수량 9,000개
- 완성 : 수량 8,000개
- 기말 : 수량 ?개(완성도 60%)

풀이

[1단계] 물량흐름		[2단계] 완성품환산량	
		재료비	가공비
완성	8,000	8,000	8,000
기말	3,000(60%)	0	3,000×60% = 1,800
	11,000	8,000	9,800

제1편
[단기속성특강] 재무회계

제2편
[단기속성특강] 세무회계

제3편
[단기속성특강] 원가관리회계

합본부록1
신유형기출문제

합본부록2
10개년기출문제노트

FINAL 객관식뽀개기 / 기출 & 적중문제

1. 다음 자료에 의하여 평균법에 의한 기말재공품 원가를 계산하면 얼마인가? 단, 모든 원가요소는 제조진행정도에 따라 투입된다.

•기초재공품 원가 : 직접재료비	320,000원
노무비	830,000원
경 비	280,000원
•당기제조원가 　: 직접재료비	3,700,000원
노무비	4,300,000원
경 비	2,540,000원
•완성품 수량 　: 2,000개	
•기말재공품 수량 : 200개(완성도 50%)	

① 520,000원　　　　　② 550,000원
③ 570,000원　　　　　④ 590,000원

📍 **내비게이션**

	재료비	가공비
완성 2,000	2,000	2,000
기말 200(50%)	200x50%=100	200x50%=100
	2,100	2,100
Cost/Unit	$@\dfrac{4,020,000}{2,100}$	$@\dfrac{7,950,000}{2,100}$

기말재공품원가 : $100 \times @\dfrac{4,020,000}{2,100} + 100 \times @\dfrac{7,950,000}{2,100}$
　　　　　　　 $=570,000$

2. (주)A는 종합원가계산 제도를 채택하고 있다. 다음 자료에 의한 당기 기말재공품의 원가는?

(1) 원가흐름의 가정을 선입선출법을 선택하고 있으며 원가는 전 공정에서 균등하게 발생한다.
(2) 기초재공품은 5,000단위(완성도 50%)이다.
(3) 당기 중 30,000단위를 새로 투입하였다.
(4) 기말재공품은 9,000단위(완성도 50%)이다.
(5) 당기 총 발생원가는 840,000원이다.

① 135,000원　　　　　② 108,000원
③ 148,235원　　　　　④ 126,000원

📍 **내비게이션**

•완성품환산량
 (5,000단위×50%)+21,000단위+(9,000단위×50%)=28,000단위
•완성환산량단위당가 : 840,000÷28,000단위=@30
•기말재공품원가=9,000단위×50%×@30=135,000

3. ㈜A는 단일제품을 생산하고 있으며 선입선출법에 의한 종합원가계산을 채택하고 있다. 제품의 제조과정에서 두 가지 재료가 투입되는데 재료 A는 공정의 20%시점에서, 재료 B는 70%시점에서 각각 전량 투입되며 가공비는 전공정을 통해서 균등하게 발생한다. 이에 대한 자료가 다음과 같다. 재료 A와 B의 완성품 환산량은?

(1) 월초재공품 수량은 2,500단위, 완성도 30%,
(2) 월말재공품 수량은 2,000단위이며 이중 1,000단위는 완성도가 15%, 나머지 1,000단위는 75%이다.
(3) 당월착수량은 3,500단위, 완성량은 4,000단위이다.

	재료 A	재료 B
①	5,000단위	2,500단위
②	2,500단위	5,000단위
③	5,000단위	5,000단위
④	2,500단위	2,500단위

📍 **내비게이션**

•재료 A : 1,500단위+1,000단위 = 2,500단위
•재료 B : 2,500단위+1,500단위+1,000단위 = 5,000단위

4. 다음 자료에 의하여 평균법에 의한 완성품환산량은?

기초 재공품 수량	2,000 단위
당기투입수량	9,000 단위
당기완성수량	7,000 단위
직접재료는 공정의 종점(끝)에서 전량 투입	
가공비의 기말재공품 완성도	60%

	직접재료비	가공비
①	8,000단위	11,000단위
②	11,000단위	9,400단위
③	7,000단위	9,400단위
④	11,000단위	8,000단위

📍 **내비게이션**

•직접재료비 : 완성수량 7,000+기말수량 0=7,000
•가공비 : 완성수량 7,000+기말수량 2,400(4,000×60%)=9,400

📖 **ANSWER** 1. ③　2. ①　3. ②　4. ③

단기속성특강 제190강		표준원가계산의 개요

의의	원가계산	•직접재료비, 직접노무비, 제조간접비에 대해 미리 설정해 놓은 표준원가를 이용하여 제품원가를 계산하는 것
	차이분석	•효율적 달성치인 표준원가를 미리 산정하고, 이를 실제발생원가와 비교하여 그 차이를 분석함. ▶ ① '실제원가 > 표준원가'인 경우 : 불리한 차이라고 함. ② '실제원가 < 표준원가'인 경우 : 유리한 차이라고 함.
유용성	계획	•표준원가가 설정되어 있으면 예산을 설정하는데 용이할 수 있음.
	통제	•표준원가계산제도에서는 달성목표인 표준원가와 실제원가를 비교하여 실제원가가 표준원가 범위 내에서 발생하고 있는지를 파악함으로써 원가통제를 보다 효과적으로 수행할 수 있음. ▶ 예외에 의한 관리가 가능
	제품원가계산	•표준원가계산에서는 단위당표준원가가 설정되어 있기 때문에 원가흐름에 대한 가정(평균법, FIFO, LIFO)이 필요 없으며 단지 물량만 파악하면 되므로 원가계산이 신속하고 간편해짐. 비교 실제원가계산에서는 제품이 완성되었다 하더라도 실제발생원가가 집계되어야만 제품원가계산을 할 수 있음.
		◇주의 •표준원가계산을 적용하여 제품제조기술을 향상시키고자하는 것은 아님에 주의! •표준원가보다 실제발생원가가 큰 불리한 차이뿐만 아니라 적게 발생시의 유리한 차이도 모두 원인분석의 대상이 됨.
표준원가 설정	공통사례	❖다음은 표준원가를 설정하기 위한 자료임. ① 직접재료비 : 제품단위당 2kg을 사용하고 kg당 ₩25에 구입하는 것이 달성가능한 최소한의 원가임. ② 직접노무비 : 제품단위당 3시간을 사용하고 노동시간당 ₩3 지급하는 것이 달성가능한 최소한의 원가임. ③ 변동제조간접비 : 노동시간과 인과관계를 가지며 발생하고 노동시간당 ₩2이 발생하는 것이 달성가능한 최소한의 원가임. ④ 고정제조간접비 : 달성가능한 최소한의 원가는 ₩900,000이며, 회사가 선택한 기준조업도수준은 연간 18,000시간임.
	제품단위당 표준DM	단위당 표준직접재료수량(SQ) × 재료수량 단위당 표준가격(SP) ▶ 제품단위당 표준직접재료비 = 2kg×@25 = ₩50
	제품단위당 표준DL	단위당 표준직접노동시간(SQ) × 직접노동시간당 표준가격(SP) ▶ 제품단위당 표준직접노무비 = 3시간×@3 = ₩9
	제품단위당 표준VOH	단위당 표준조업도(직접노동시간) × 표준조업도 단위당 표준가격 ▶ 제품단위당 표준VOH = 3시간×@2 = ₩6
	제품단위당 표준FOH	단위당 표준조업도(직접노동시간) × 표준조업도 단위당 표준배부율 ▶ 제품단위당 표준FOH = 3시간×@5[*] = ₩15 [*]표준배부율 = FOH예산÷기준조업도 = 900,000÷18,000시간 = 5

FINAL 객관식뽀개기

기출 & 적중문제

1. 다음 표준원가계산제도와 관련된 설명 중 틀린 것을 모두 고르면?

> ㄱ. 원가통제를 포함한 표준원가시스템을 잘 활용하여도 원가감소를 유도 할 수는 없다.
> ㄴ. 표준에서 벗어나는 차이는 모두 검토하여야 한다.
> ㄷ. 종합원가계산제도에서 적용할 수 있다.
> ㄹ. 재료가 가격차이를 원재료 구입시점에서 분리하든 사용시점에서 분리하든 직접재료원가 능률차이에는 영향을 주지 않는다.
> ㅁ. 기말에 원가차이를 매출원가에서 조정할 경우 불리한 차이는 매출원가에서 차감하고 유리한 차이는 매출원가에 가산한다.
> ㅂ. 비계량적인 정보를 활용하여 의사결정에 사용할 수 있다.

① ㄱ, ㄴ, ㅁ, ㅂ   ② ㄱ, ㄷ, ㅁ, ㅂ
③ ㄴ, ㄷ, ㄹ, ㅁ   ④ ㄱ, ㄷ, ㄹ, ㅂ

📍 내비게이션

- ㄱ. 표준원가계산은 원가통제를 통해 원가절감을 유도할 수 있다.
  ㄴ. 표준에서 벗어나는 차이 중 사전에 설정된 허용범위를 벗어나는 경우에만 검토하게 되며, 이를 '예외에 의한 관리'라고 한다.
  ㅁ. 불리한 차이는 매출원가에 가산하고 유리한 차이는 매출원가에서 차감한다.
  ㅂ. 계량적 정보에 의해서만 성과평가가 이루어진다.

2. 다음 중 표준원가시스템에 관한 설명으로 가장 옳은 것은?

① 표준원가시스템은 책임을 명확히 하여 종업원의 동기를 유발시키는 방법이다.
② 관리목적상 표준원가에 근접하는 원가항목을 보다 중점적으로 관리해야 한다.
③ 원가통제를 포함한 표준원가시스템을 활용하여도 원가감소를 유도할 수는 없다.
④ 표준원가와 실제발생원가의 차이분석시 중요한 불리한 차이분만 아니라 중요하지 않은 차이도 검토할 필요가 있다.

📍 내비게이션

- ② 표준원가에 근접하는 원가항목보다 표준원가에서 크게 벗어나는 항목을 중점적으로 관리해야 한다.
  ③ 효율적 달성치인 표준원가를 설정하여 실제 발생원가와 비교함으로써 원가통제를 통한 원가절감을 유도할 수 있다. 즉, 표준원가계산제도는 성격상 원가절감을 위한 원가통제를 포함한다.
  ④ '예외에 의한 관리'를 통해 표준원가와 실제원가의 차이 중 중요한 부분에 대해서만 관심을 가지게 된다. 다만, 중요한 불리한 차이든지 중요한 유리한 차이든지 중요한 차이는 모두 검토한다.

3. 표준원가계산을 종합원가계산과 비교한 설명 중 맞는 것을 고르면?

> 가. 표준원가는 현실적으로 달성 가능한 상황 하에서 설정된 목표원가가 아니라 가장 이상적인 상황에서만 달성가능한 추정치이다.
> 나. 표준원가계산제도는 종합원가계산제도와 결합하여 사용할 수 없다.
> 다. 표준원가계산제도는 변동예산 및 책임회계제도와 결합함으로써 성과평가를 위한 자료로 사용된다.
> 라. 표준원가계산에서는 생산활동의 비능률을 알아낼 수 없다.
> 마. 표준원가와 실제발생원가의 차이분석에 있어 중요한 불리한 차이들은 모두 조사하여야 하나 중요한 유리한 차이들은 조사할 필요가 없다

① 가, 나   ② 다
③ 가, 다   ④ 나, 라, 마

📍 내비게이션

- 가 : 표준원가란 현실적으로 달성가능 상황에서 설정된 목표원가이다.
  나 : 표준원가계산제도는 종합원가계산제도와 결합하여 표준종합원가계산제도를 적용할 수 있다.
  라 : 표준과 실제의 차이를 분석하여 생산활동의 비능률을 찾아낼 수 있다.
  마 : 중요한 차이는 모두 조사할 필요가 있다.

4. 표준원가와 표준원가계산제도에 대한 다음 설명 중 가장 옳지 않은 것은?

① 표준원가계산제도는 원가절감을 위한 원가통제를 포함한다.
② 표준원가에 근접하는 원가항목보다 표준원가에서 크게 벗어나는 항목을 중점적으로 관리해야 한다.
③ 표준원가계산제도를 사용하면 기장에 드는 비용·시간을 절감할 수 있다.
④ 이상적 표준(ideal standards)을 표준원가로 설정하면 종업원들에게 강한 동기부여 효과를 일으키므로 가장 적합한 표준설정이라고 할 수 있다.

📍 내비게이션

- 이상적 표준이란 기존의 설비와 제조공정에서 정상적인 기계고장, 정상감손 및 근로자의 휴식시간 등을 고려하지 않고 최선의 조건하 에서만 달성할 수 있는 이상적인 목표하의 최저목표원가이다. 이러한 이상적 표준은 이를 달성하는 경우가 거의 없기 때문에 항상 불리한 차이가 발생되며, 이에 따라 종업원의 동기부여에 역효과를 초래한다.

단기속성특강 제191강 — 표준원가계산과 직접재료비 차이분석

❖용어정의 : AQ 실제사용량, AP 실제가격, SQ 표준사용량, SP 표준가격, AQ' 실제구입량

개요

사용시점분리

실제	변동예산	제품원가계산(배부)
AQ × AP	AQ × SP	SQ × SP
〈실제원가〉	〈실제사용량의 표준원가〉	〈실제사용량에 허용된 표준사용량의 표준원가〉

└─── 가격차이 ───┘ └─── 능률차이(수량차이) ───┘

구입시점분리

AQ' × AP	AQ' × SP
〈실제구입액〉	〈실제구입량의 표준원가〉

└─── 구입가격차이 ───┘

AQ × SP	SQ × SP

└─── 능률차이 ───┘

- 구입시점분리시 가격차이를 구입시 즉시인식, 수정조치를 취할 수 있으므로 관리목적상 우수함.
  - ⚲주의 구입시점에서 분리하더라도 능률차이는 사용시점분리시의 능률차이와 동일함에 주의!
    - ▶ 즉, 구입가격차이는 구입수량(AQ')을 기초로, 능률차이는 사용수량(AQ)을 기초로 계산함.
  - 참고 '구입시점분리' = '원가차이를 가능한 빨리 분리' = '원재료계정을 표준원가로 기록'

차이분석

예시 실제생산량 100개, 개당 실제사용량 10kg(₩100/kg), 개당 표준사용량 9kg(₩80/kg),
실제구입량 1,200kg(₩100/kg)

사용시점분리

AQ × AP	AQ × SP	SQ × SP
1,000kg × @100	1,000kg × @80	900kg × @80

└─── 가격차이 20,000(불리) ───┘ └─── 능률차이 8,000(불리) ───┘

구분	회계처리			
구입시	(차) 원재료(실제구입가)	120,000	(대) 현금	120,000
사용시	(차) 재공품(SQ×SP) 가격차이 능률차이	72,000 20,000 8,000	(대) 원재료(AQ×AP)	100,000

구입시점분리

AQ' × AP	AQ' × SP	
1,200kg × @100	1,200kg × @80	*능률차이는 사용시점 분리 와 동일함!

└─── 구입가격차이 24,000(불리) ───┘

구분	회계처리			
구입시	(차) 원재료(AQ'×SP) 가격차이	96,000 24,000	(대) 현금	120,000
사용시	(차) 재공품(SQ×SP) 능률차이	72,000 8,000	(대) 원재료(AQ×SP)	80,000

FINAL 객관식뽀개기 ⸻ 기출 & 적중문제

1. 표준원가 차이분석에 대한 설명으로 틀린 것은?

① 수량차이는 사전에 설정된 표준단가에 실제수량과 표준수량과의 차이를 곱하여 산출된다.

② 가격차이는 실제단가와 표준단가의 차이에 정해진 표준수량을 곱하여 산출된다.

③ 직접재료가 가격차이는 구입하는 시점에 분리할 수도 있고, 사용하는 시점에 분리할 수도 있다.

④ 불리한 직접노무원가 가격차이가 발생하였다면 표준임률이 실제임률에 비하여 저렴하였다는 의미.

📍 **내비게이션**

•표준수량(X) → 실제수량(O)

2. 표준원가계산제도에 대한 설명 중 틀린 것은?

> 가. 변동원가계산제도에서는 표준원가계산제도를 적용할 수 없다.
> 나. 직접재료가 가격차이를 원재료 구입시점에서 분리하든, 사용시점에서 불리하든 직접재료가 능률차이에는 영향을 주지 않는다.
> 다. 원가통제를 포함한 표준원가시스템을 잘 활용하여도 원가절감을 유도할 수 없다.
> 라. 표준원가계산을 사용하더라도 외부공표용 재무제표를 작성하기 위해서는 실제원가로 전환하여야 한다.

① 가, 나 ② 가, 다
③ 나, 다 ④ 다, 라

📍 **내비게이션**

•가 : 표준변동원가계산제도를 적용할 수 있다.
다 : 효율적 달성치인 표준원가를 설정하여 실제 발생원가와 비교함으로써 원가통제를 통한 원가절감을 유도할 수 있다.

3. 표준원가계산에서 직접재료원가의 가격차이는 구입시점 또는 사용시점에서 인식할 수 있으나, 구입시점에서 인식하는 것이 보다 바람직하다고 할 수 있다. 그 이유로 가장 타당한 것은 무엇인가?

① 구매담당자가 구매시점에서 가격차이를 즉시 인식하여 수정조치를 취할 수 있기 때문이다.

② 가격차이는 생산부문 담당자의 책임이기 때문이다.

③ 가격차이는 능률차이와 상호관계가 전혀 없기 때문이다.

④ 사용시점에서 인식하면 가격차이와 능률차이의 구분이 어렵기 때문이다.

📍 **내비게이션**

•구매담당자가 이를 즉시 인식하여 수정조치를 취할 수 있고, 원재료계정을 표준원가로 기입하는 것이 가능하게 되므로 생산투입시점에서의 재료원가계산과정이 매우 단순화되기 때문이다.

4. 다음 중 직접재료원가 차이분석에 대하여 올바르게 설명한 것은?

① 직접재료가 총차이가 유리한 경우 가격차이와 능률차이로 구분할 필요가 없다.

② 유리한 직접재료원가차이에 대하여는 재료원가 구매담당자가 책임을 지며, 불리한 직접재료원가차이에 대하여는 생산담당자가 책임을 진다.

③ 가격차이와 능률차이를 구분하여야 일반적으로 인정되는 회계원칙과 부합한다.

④ 구매부서와 생산부서의 능률을 독립적으로 평가하려면 가격차이와 능률차이를 구분할 필요가 있다.

📍 **내비게이션**

•① 원인파악을 위해 가격차이와 능률차이의 구분이 필요하다.
② 구입가격차이는 구매담당자가 책임을 지며, 능률차이는 생산담당자가 책임을 진다.
③ 기업회계에서는 원가차이를 외부공시하지 않는다.

5. 표준원가계산제도를 채택하고 있다. 다음 자료에 의할 때 제품 2,000단위 표준재료비(A)와 제품 1단위당 표준투입량(B)은 얼마인가?

> 직접재료원가 실제사용량 3,200Kg, 11원/Kg
> 실제완성품 생산수량   2,000단위
> 직접재료비 가격차이   9,600원(유리한 차이)
> 직접재료비 능률차이   2,800원(불리한 차이)

	A	B
①	42,000원	1.5Kg
②	44,800원	2.0Kg
③	35,200원	2.0Kg
④	42,000원	1.3Kg

📍 **내비게이션**

AQ × AP	AQ × SP	SQ × SP
3,200kg × 11	3,200kg × SP	SQ × SP

$-9,600$ $2,800$

→ SP=14, SQ=3,000

∴제품 2,000단위의 표준재료비 : SQ×SP = 3,000×14 = 42,000
제품 1단위당 표준투입량 = 3,000kg ÷ 2,000단위 = 1.5

단기속성특강 제192강 | 표준원가계산과 직접노무비 차이분석

개요				
	❖ 용어정의 : AQ 실제투입시간, AP 실제가격, SQ 실제생산량에 허용된 표준투입시간, SP 표준가격			
	도해	실제	변동예산	제품원가계산(배부)
		AQ × AP	AQ × SP	SQ × SP
		〈실제원가〉	〈실제투입시간의 표준원가〉	〈실제생산량에 허용된 표준투입시간의 표준원가〉
		가격(임률)차이		능률차이(=시간차이)

분석 및 회계처리				
	예시 실제생산량 100개, 개당 투입시간 10시간, 실제임금은 ₩100/시간, 표준임금은 ₩80/시간, 개당 표준투입시간은 9시간			
		AQ × AP	AQ × SP	SQ × SP
		1,000시간 × @100	1,000시간 × @80	900시간 × @80
		가격차이 20,000(불리)		능률차이 8,000(불리)

구분	회계처리			
노무비발생	(차) 급여(AQ×AP)	100,000	(대) 현금	100,000
노무비대체	(차) 재공품(SQ×SP)	72,000	(대) 급여	100,000
	가격차이	20,000		
	능률차이	8,000		

차이분석

🔍 **사례** — **임률차이**

❖ 다음 자료에 의해 직접노무비 임률차이를 계산하면 얼마인가?

- 직접노무비 표준임률　₩10,000/시간
- 실제 직접노무비 임률　₩9,500/시간
- 허용 표준직접작업시간　8,000시간
- 직접노무비 유리한 능률차이　₩4,800,000

✏️ **풀이**

- SP = 10,000 / SQ = 8,000 / AP = 9,500
- (AQ×SP) - (SQ×SP) = -4,800,000 → AQ = 7,520시간
- 임률차이 : (AQ×AP) - (AQ×SP) = 7,520×9,500 - 7,520×10,000 = -3,760,000(유리)

🔍 **사례** — **실제노동시간 추정**

❖ 다음 자료에 의해 당기의 실제노동시간을 구하면 얼마인가?

- 실제생산량　2,000단위
- 단위당 허용표준노동시간　15시간
- 시간차이(유리)　₩160,000
- 직접노무비 발생액　₩5,000,000
- 임률차이(불리)　₩360,000

✏️ **풀이**

AQ × AP	AQ × SP	SQ × SP
5,000,000	4,640,000[순서1]	4,800,000[순서2]
	=?×160[순서4]	=2,000×15×160[순서3]
	임률차이 360,000	시간차이 -160,000

∴29,000시간

FINAL 객관식뽀개기

기출 & 적중문제

1. 다음 설명 중 옳지 않은 것은?

① 품질이 떨어지는 원재료를 매우 저렴한 가격으로 구매한 경우 직접재료원가에 있어 유리한 가격차이가 발생할 것이나, 이로 인하여 불리한 능률차이가 발생할 수 있다.

② 생산부문 책임자의 관리소홀로 인하여 일정계획에 차질이 있을 경우 직접노무원가에 있어 불리한 가격차이가 발생할 것이다.

③ 원재료의 효율적 이용으로 예산에 비해 투입량이 절감된 경우 직접재료원가에 있어 유리한 능률차이가 발생할 것이다.

④ 공장노무자의 비능률적 업무수행으로 인해 직접노무원가에 있어 불리한 능률차이가 발생할 수 있다.

🔘 내비게이션

•관리소홀로 인하여 일정계획에 차질이 있을 경우에는 시간투입이 증가하여 불리한 능률차이가 발생한다.

2. 다음은 20x1년 3월 (주)A의 직접노무원가에 관한 자료이다. 1월의 직접노무원가 시간당 표준임률이 10원일 때 실제 직접노무시간은 얼마인가?

ㄱ. 실제 직접노무원가	20,000원
ㄴ. 직접노무원가 임률차이	2,000원(유리)

① 1,500시간
② 1,750시간
③ 1,800시간
④ 2,200시간

🔘 내비게이션

•20,000-AQ×10=-2,000에서, AQ=2,200시간

3. 다음은 20x1년 3월 (주)A의 직접노무원가에 관한 자료이다. 3월의 실제직접노무시간이 2,000시간이었을 때 직접노무원가 표준임률은 얼마인가?

실제직접노무원가	10,000원
직접노무원가 임률차이	1,000원(유리)
직접노무원가 능률차이	1,500원(불리)

① 5원
② 5.5원
③ 6원
④ 6.5원

🔘 내비게이션

•10,000-2,000시간× SP=-1,000에서, SP=5.5

4. (주)A의 직접노무원가는 다음과 같다. 실제 발생한 직접노무원가는 얼마인가?

표준직접노동시간	1,500시간
실제직접노동시간	1,800시간
직접노무원가 가격차이	13,800원불리
표준임률	100원/시간

① 133,800원
② 166,200원
③ 180,000원
④ 193,800원

🔘 내비게이션

•실제발생액-1,800시간×100=13,800에서, 실제발생액=193,800

5. 표준원가제도 하에서 다음 자료를 참고하여 실제발생한 노무시간 및 실제시간당 임률은 얼마인가?

•시간당 표준임률	3,000원
•제품단위당 표준시간	2시간
•실제제품생산량	1,000개
•능률차이	300,000원(유리)
•임률(가격)차이	190,000원(불리)

	실제노무시간	실제시간당임률
①	1,900시간	3,100원
②	1,900시간	2,900원
③	2,100시간	2,900원
④	2,100시간	3,100원

🔘 내비게이션

•실제노무시간 : '1,000개×단위당 실제시간(x)'
실제시간당 임률 : y

AQ × AP	AQ × SP	SQ × SP
1,000 x × y	1,000 x × 3,000	1,000 × 2 × 3,000

$$190,000 \qquad -300,000$$

→ x =1.9, y=3,100
∴실제노무시간=1,000×1.9=1,900
실제시간당 임률=3,100

제1편
[단기속성특강] 재무회계

제2편
[단기속성특강] 재무회계

제3편
[단기속성특강] 원가관리회계

합본부록1
신유형기출문제

합본부록2
10개년기출요약노트

단기속성특강 제193강   표준원가계산과 제조간접비 차이분석

기호의 정의

f : FOH배부율, v : VOH배부율, N : 기준조업도, F : FOH예산, V : VOH예산
S : 실제산출량에 허용된 표준조업도, A : 실제조업도

$$\rightarrow f = \frac{F}{N}, \qquad v = \frac{V}{N}, \qquad f+v(\text{OH배부율}) = \frac{F+V}{N} = \frac{\text{OH예산}}{N}$$

개요

변동제조간접비 (VOH)

실제발생액	변동예산	제품원가계산(배부)
실제발생액	$v \times A$	$v \times S$

예산차이(=소비차이)   능률차이

고정제조간접비 (FOH)

실제발생액	변동예산	제품원가계산(배부)
실제발생액	$F (= fN)$	$f \times S$

예산차이   조업도차이

🔍주의 고정제조간접비 능률차이는 없음.(∵투입과 산출간에 비례관계가 존재치 않음)

차이분석

예시 기준조업도(N) 18,000시간, FOH예산 ₩90,000, VOH예산 ₩36,000, 실제생산량 5,000개, 실제 변동제조간접비 ₩28,000, 실제 고정제조간접비 ₩80,000, 실제노동시간 16,000시간

	개당 표준시간	시간당 표준
변동제조간접비	3시간	₩2/시간(=v)
고정제조간접비	3시간	₩5/시간(=f)

VOH분석

실제발생액	$v \times A$	$v \times S$
28,000	2×16,000시간	2×(5,000개×3시간)

소비차이 4,000(유리)   능률차이 2,000(불리)

FOH분석

실제발생액	$F (= fN)$	$f \times S$
80,000	5×18,000시간	5×(5,000개×3시간)

예산차이 10,000(유리)   조업도차이 15,000(불리)

참고 **조업도차이의 발생원인**
① 기준조업도 이하로 조업한 경우 : FOH예산 > FOH배부액이므로 불리한 조업도차이발생
  → 생산시설의 이용정도가 기대에 못미침.
② 기준조업도 이상으로 조업한 경우 : FOH예산 < FOH배부액이므로 유리한 조업도차이발생
  → 생산시설의 이용정도가 기대치 이상임.

기타분석

4분법	① 소비차이 ② 능률차이 ③ 예산차이 ④ 조업도차이
3분법	소비차이((①+③), 능률차이, 조업도차이
2분법	예산차이((①+②+③), 조업도차이

FINAL 객관식뽀개기

기출 & 적중문제

1. ㈜A의 변동제조간접원가와 관련한 자료는 다음과 같다. 변동제조간접원가 소비차이는 얼마인가?

> (1) 변동제조간접원가 실제발생액 : 6,300,000원
> (2) 실제생산량에 허용된 표준작업시간의 변동제조간접원가 예산 : 6,249,000원
> (3) 실제작업시간기준 변동제조간접원가 예산 : 6,904,000원

① 51,000원(불리)　　　② 655,000원(불리)
③ 604,000원(유리)　　　④ 655,000원(유리)

◉ 내비게이션

실제발생액	변동예산(vA)
6,300,000	6,904,000

−604,000(유리)

2. ㈜A의 변동제조간접원가와 관련된 내용이 아래와 같을 때 변동제조간접원가 능률차이는 얼마인가?

> (1) 변동제조간접원가 실제발생액 : 3,100,000원
> (2) 실제생산량에 허용된 변동제조간접원가 예산 : 3,300,000원
> (3) 실제작업시간기준 변동제조간접원가 예산 : 3,200,000원

① 100,000원(불리)　　　② 100,000원(유리)
③ 200,000원(불리)　　　④ 200,000원(유리)

◉ 내비게이션

실제	vA	vS
3,100,000	3,200,000	3,300,000

소비차이 100,000(유리)　능률차이 100,000(유리)

3. 다음 중 표준원가의 차이분석에 대한 설명으로 가장 올바르지 않은 것은?

① 조업도와 관계없이 일정하게 발생하는 고정제조간접원가는 생산활동의 능률적인 관리를 통해 발생액을 변화시킬 수 없으므로 고정제조간접원가 능률차이는 발생하지 않는다.
② 실제 고정제조간접원가 발생액과 고정제조간접원가 예산의 차이를 고정제조간접원가 예산차이라고 한다.
③ 고정제조간접원가 예정배부율에 의한 고정제조간접원가 배부액과 고정제조간접원가 예산의 차이를 고정제조간접원가 조업도차이라고 한다.
④ 고정제조간접원가 예산의 기준조업도를 최대 생산가능조업도로 할 경우 불리한 고정제조간접원가 조업도차이는 발생하지 않는다.

◉ 내비게이션

• 기준조업도를 최대 생산가능조업도로 할 경우 일반적으로 불리한 FOH조업도차이가 발생하게 된다. 왜냐하면, 기준조업도(최대 생산가능조업도) 이하로 조업한 경우가 대부분 발생할 것이므로(즉, 생산시설의 이용정도가 기대에 못 미침) 조업도차이('fN−fS')는 불리한 차이가 발생한다.

4. 다음은 ㈜A의 20x1년도 제조활동과 관련된 자료이다. 20x1년도 변동제조간접비의 능률차이는?

(1) 표준직접노동시간	단위당 2시간
(2) 실제직접노동시간	21,000시간
(3) 생산된 제품단위	10,000개
(4) 변동제조간접비	직접노동시간당 3원
(5) 실제변동제조간접비	28,000원

① 2,000원 유리　　　② 2,000원 불리
③ 3,000원 유리　　　④ 3,000원 불리

◉ 내비게이션

• 문제자료에서
A=21,000시간, v=3, S=10,000개×2시간=20,000시간
∴능률차이=vA − vS=3×21,000 − 3×20,000=3,000(불리)

보론	표준원가계산 원가차이 배분(조정)
매출원가 조정법	• 모든 원가차이를 매출원가에 가감하는 방법 ▶ **불리한 차이 : 매출원가에 가산** 　**유리한 차이 : 매출원가에서 차감** • 원가차이는 모두 매출원가에서 조정되므로 재공품과 제품계정은 모두 표준원가로 계속 기록됨
총원가 비례배분법	• 재고자산(재공품, 제품)과 매출원가의 총원가를 기준으로 원가차이를 배분하는 방법
원가요소별 비례배분법	• 재고자산(재공품, 제품)과 매출원가의 원가요소(DM,DL,OH)를 기준으로 각 해당하는 원가요소의 원가차이를 배분하는 방법
기타손익법 (영업외손익)	• 모든 원가차이를 기타손익으로 처리하는 방법 ▶ **불리한 차이 : 기타비용** 　**유리한 차이 : 기타수익** • 이론적 근거는 표준은 정상적인 공손이나 비능률을 감안하여 설정한 것이기 때문에 이를 벗어난 차이는 원가성이 없다고 보아 별도의 항목인 기타손익항목으로 표시해야 한다는 것임

ANSWER　1. ③　2. ②　3. ④　4. ④

단기속성특강 제194강 | 표준원가계산과 제조간접비 차이분석 적용

사례 I

 사례 ■ 제조간접비 차이분석 ①

❖ 다음은 (주)무조건합격의 20x1년도 제조활동과 관련된 자료이다. 20x1년도 변동제조간접비의 능률차이는?

•표준직접노동시간	단위당 2시간
•실제직접노동시간	21,000시간
•생산된 제품단위	10,000개
•변동제조간접비	표준직접노동시간당 ₩3
•실제변동제조간접비	₩28,000

✎ 풀이

•문제자료에서
A = 21,000시간, v = 3, S = 10,000개×2시간 = 20,000시간
∴능률차이 = vA − vS = 3×21,000 − 3×20,000 = 3,000(불리)

사례 II

 사례 ■ 제조간접비 차이분석 ②

❖ 제조간접비에 대해서 고정예산을 책정하고 있는 (주)할수있다의 9월 중 제조간접비에 관한 자료는 다음과 같다. 고정제조간접비 조업도차이는 얼마인가?

•총제조간접비 실제발생액	₩3,000,000
•실제작업시간 5,000시간에 대한 제조간접비예산액	₩3,700,000
•표준작업시간 6,000시간에 대한 제조간접비예산액	₩4,200,000
•실제생산량에 대해 허용된 표준작업시간	4,000시간

✎ 풀이

•문제자료에서,
① N = 6,000시간, S = 4,000시간, F+V = 4,200,000
② 5,000v+F = 3,700,000 / 6,000v+F = 4,200,000
→연립하면 v = 500, F = 1,200,000

•f+v = $\frac{4,200,000}{6,000}$ = 700에서, f = 200 ∴F−fS = 1,200,000−200×4,000 = 400,000(불리)

사례 III

 사례 ■ 제조간접비 차이분석 ③

❖ (주)막강화력은 3분법을 사용하여 제조간접원가를 소비, 능률, 조업도차이로 분리하고 있다. 자료는 다음과 같다. 제품생산에 허용된 표준시간은?

•총제조간접원가 실제발생액 : ₩1,000,000	•제조간접원가 예정배부율 : ₩8
•제조간접원가 추정방정식 : ₩500,000+시간당4원×시간	•능률차이 : ₩40,000 불리
•조업도차이 : ₩100,000 유리	

✎ 풀이

•문제자료에서, f+v = 8, F = 500,000, v = 4, f = 4
∴500,000 − 4×S = −100,000 → S = 150,000

FINAL 객관식뽀개기   기출 & 적중문제

1. 제조간접비에 대해서 고정예산을 책정하고 있는 (주)A의 9월 중 제조간접비에 관한 자료는 다음과 같다. 고정제조간접비 조업도차이는 얼마인가?

> (1) 총제조간접비 실제발생액 : 3,000,000원
> (2) 실제작업시간 5,000시간에 대한 제조간접비예산액 : 3,700,000원
> (3) 표준작업시간 6,000시간에 대한 제조간접비예산액 : 4,200,000원
> (4) 실제생산량에 대해 허용된 표준작업시간 : 4,000시간

① 400,000원 불리
② 400,000원 유리
③ 200,000원 불리
④ 200,000원 유리

📍 내비게이션

• 문제자료에서,
 ① N=6,000시간, S=4,000시간, F+V=4,200,000
 ② 5,000v+F=3,700,000 / 6,000v+F=4,200,000
  →연립하면 v=500, F=1,200,000
• $f+v=\dfrac{4,200,000}{6,000}$ =700에서, f=200
∴F-fS=1,200,000-200×4,000=400,000(불리)

2. (주)A는 3분법을 사용하여 제조간접원가를 소비, 능률, 조업도차이로 분리하고 있다. 자료는 다음과 같다. 제품생산에 허용된 표준시간은?

> (1) 총제조간접원가 실제발생액 : 1,000,000원
> (2) 제조간접원가 예정배부율 : 8원
> (3) 제조간접원가 추정방정식 : 500,000원＋시간당4원×시간
> (4) 능률차이 : 40,000원 불리
> (5) 조업도차이 : 100,000원 유리

① 120,000시간
② 130,000시간
③ 140,000시간
④ 150,000시간

📍 내비게이션

• 문제자료에서
 f+v=8, F=500,000, v=4, F-fS=-100,000
 → f=4
∴500,000-4×S = -100,000
 → S=15,000

3. 동일종류의 제품을 연속적으로 대량 생산하는 회사에서 원가관리와 통제목적으로 가장 유용하게 이용할 수 있는 원가계산방법은 무엇인가?

① 실제 종합원가계산
② 표준 종합원가계산
③ 표준 전부원가계산
④ 표준 개별원가계산

📍 내비게이션

• 생산형태가 연속적으로 대량생산하는 경우에는 종합원가계산이 적합하고 통제목적상으로는 표준원가계산이 적합하다.

4. 다음의 차이분석에 대한 설명으로 가장 올바르지 않은 것은?

① 원재료 구매담당자의 업무능력에 따라 유리하거나 불리한 직접재료가 가격차이가 발생할수 있다.
② 노사협상 등에 의해 임금이 상승한다면 불리한 직접노무원가 가격차이가 발생할 수 있다.
③ 일반적으로 생산부문 책임자의 감독소홀이나 일정계획의 차질은 직접노무원가 능률차이를 발생시키나 변동제조간접원가 능률차이에는 영향을 주지 않는다.
④ 표준을 결정할 때와 다른 경기 변동으로 인해 직접재료원가 가격차이가 발생할 수 있다.

📍 내비게이션

• ① 원재료 구매담당자의 업무능력에 따라 저가구입시는 유리한 차이가, 고가구입시는 불리한 가격차이가 발생한다.
② 근로자의 임금인상 요구가 관철되는 경우 실제임률이 상승하여 불리한 직접노무원가 가격차이가 발생한다.
③ 변동제조간접원가 배부율이 노동시간과 관련된 경우 변동제조간접원가 능률차이가 발생하는 원인은 다음과 같이 직접노무원가 능률차이가 발생하는 원인과 동일하다.

> ⅰ) 노동의 비능률적 사용으로 인해 직접노무원가는 물론 변동 제조간접원가에서도 능률차이가 발생할 수 있다.
> ⅱ) 생산에 투입되는 원재료의 품질정도에 따라 투입되는 노동시간이 영향을 받으므로 이에 의해서도 변동제조간접원가능률차이가 발생할 수 있다.
> ⅲ) 생산부문 책임자의 감독소홀이나 일정계획 등의 차질로 인하여 변동제조간접원가 능률차이가 발생할 수 있다.

④ 당초보다 물가가 하락하면 구매가격 하락으로 유리한 차이가, 당초보다 물가가 상승하면 구매가격 상승으로 불리한 차이가 일반적으로 발생한다.

단기속성특강 제195강   변동·전부원가계산의 의의와 유용성

<table>
<tr><td rowspan="6">의의</td><td>구분</td><td>전부원가계산</td><td>변동(직접)원가계산</td><td>초변동원가계산</td></tr>
<tr><td>근본적차이</td><td>•원가부착개념
▶ FOH도 제조원가
  (판매시 매출원가로 비용화)</td><td>•원가회피개념
▶ FOH는 비용처리</td><td>•초원가회피개념
▶ DL/VOH/FOH를 운영비용처리</td></tr>
<tr><td>제조원가</td><td>•DM+DL+VOH+FOH</td><td>•DM+DL+VOH</td><td>•DM</td></tr>
<tr><td>손익계산서</td><td>•전통적I/S(기능별I/S)
▶ 매출액
(-)매출원가(DM+DL+VOH+FOH)
매출총이익
(-)판관비(변동+고정)
영업이익</td><td>•공헌이익I/S(행태별I/S)
▶ 매출액
(-)매출원가(DM+DL+VOH)
(-)변동판관비
공헌이익
(-)FOH+고정판관비
영업이익</td><td>•초변동원가계산I/S
▶ 매출액
(-)제품수준변동원가(DM)
재료처리량(현금창출)공헌이익
(-)운영비용(DL+VOH+FOH+판관비)
영업이익</td></tr>
<tr><td>의사결정</td><td>•장기의사결정에 유리</td><td>•단기의사결정에 유리</td><td>–</td></tr>
<tr><td>보고</td><td>•외부보고용</td><td colspan="2">•내부관리용
⚠주의 ∴전부원가계산으로 전환하여 외부보고해야 함.</td></tr>
<tr><td rowspan="6">변동
원가계산
유용성</td><td>이익조작방지</td><td colspan="3">•이익이 판매량변화에만 영향을 받으므로 생산량조절에 따른 이익조작 방지가능
▶ π(이익) = f(판매량)
비교 전부원가계산
  이익이 판매량과 생산량에 의해서도 영향 받으므로(즉, 생산량을 증가시키면 FOH배부액
  이 감소하고 따라서, 이익이 증가함.) 생산량조절에 따른 이익 조작가능성이 존재함.
  → π(이익) = f(판매량 & 생산량)</td></tr>
<tr><td>재고누적방지</td><td colspan="3">•이익이 생산량에 의해 영향 받지 않으므로 바람직하지 못한 재고누적 방지가능
비교 전부원가계산
  생산량을 증가시켜 손실을 줄이거나 이익을 증가시킬 수 있으므로 생산과잉으로 인한 바
  람직하지 못한 재고누적 유발가능</td></tr>
<tr><td>단기의사결정</td><td colspan="3">•변동비와 고정비가 분리되고 공헌이익도 제시되므로 증분이익 분석을 쉽게 하여 단기의사결정,
CVP분석, 이익계획수립에 유용한 정보제공</td></tr>
<tr><td>성과평가</td><td colspan="3">•FOH 제품배부로 야기되는 혼란을 없앨 수 있어 성과평가 등에 유용한 정보제공</td></tr>
<tr><td>단위당원가불변</td><td colspan="3">•변동비만을 제품원가로 간주하므로 생산량변동시 단위당원가가 달라지지 않음.
비교 전부원가계산
  FOH를 제품원가에 포함시키므로 생산량변동에 따라 단위당원가가 달라져 이로 인해 많
  은 오해를 불러일으킬 수 있음.</td></tr>
<tr><td>고정원가
영향분석가능</td><td colspan="3">•특정기간의 고정원가가 손익계산서에 총액으로 표시되기 때문에 고정원가가 이익에 미치는 영
향을 쉽게 알 수 있음.</td></tr>
<tr><td>변동
원가계산
한계점</td><td colspan="4">① 대규모 설비투자 증가로 FOH비중이 높아지고 있는 현실에서 FOH의 중요성을 간과하고 있음.
  ▶ ∴장기의사결정에 사용하면 안 됨.
② FOH를 전액 기간비용 처리함으로써 수익·비용대응원칙에 부합치 않음.
③ GAAP에서 수용되지 않고 있으므로 외부보고용으로 사용할 수 없음.
④ 모든 비용을 변동비와 고정비로 구분한다는 것은 현실적으로 어려움이 있음.
⑤ 장기적으로 볼 때 모든 원가는 변동비이므로 FOH도 변동비로 본다면 전부원가계산이 더 우월함.</td></tr>
</table>

FINAL 객관식뽀개기

기출 & 적중문제

1. 냉면집을 운영하고 있는 ㈜A냉면은 냉면 한 그릇을 6,000원에 판매하고 있으며 냉면 한 그릇을 판매하는데 소요되는 원가가 4,000원(고정제조간접원가 제외)이다. 금일 냉면을 100그릇을 판매하여 20만원의 이익이 발생하였다고 할 경우 이익의 개념은 무엇인가?

① 매출총이익　　　　　　② 영업이익
③ 공헌이익　　　　　　　④ 당기순이익

📍 **내비게이션**

•매출액에서 변동원가를 차감한 금액은 공헌이익이 된다.

2. 다음 설명 중 변동원가계산제도의 특징을 모두 고르면?

> ㄱ. 변동원가계산제도는 기업회계기준에서 인정하는 원가계산제도이다.
> ㄴ. 특정기간의 이익이 재고자산 수량의 변동에 영향을 받는다.
> ㄷ. 변동원가계산제도에서 매출액과 이익은 동일한 방향으로 움직이므로 경영자의 입장에서 이해하기 쉽다.
> ㄹ. 고정제조간접원가를 기간비용으로 처리하기 때문에 조업도차이가 발생하지 않는다.
> ㅁ. 공통고정원가를 부문이나 제품별로 배부하기 때문에 부문별, 제품별 의사결정문제에 왜곡을 초래할 가능성이 존재한다.

① ㄱ, ㅁ　　　　　　　② ㄴ, ㄷ
③ ㄱ, ㄴ, ㄷ　　　　　④ ㄷ, ㄹ

📍 **내비게이션**

• ㄱ : 변동원가계산제도는 기업회계기준에서 인정하지 않는 제도이다.
ㄴ : '이익=f(판매량)'으로서 이익이 판매량에만 영향을 받는다. 따라서 생산량조절(재고수량변동)에 따른 이익조작 방지가 가능하다.
ㅁ : 공통고정원가를 부문이나 제품별로 배분하지 않기 때문에 부문별, 제품별 의사결정문제에 왜곡을 초래하지 않는다.

3. 다음 중 원가회피개념에 입각하여 미래에 동일한 원가의 발생을 예상할 수 있는 변동원가만 자산성을 인정하는 원가계산방법은 무엇인가?

① 정상원가계산　　　　　② 결합원가계산
③ 전부원가계산　　　　　④ 변동원가계산

📍 **내비게이션**

•전부원가계산 : 원가부착개념에 입각(FOH도 제조원가)
•변동원가계산 : 원가회피개념에 입각(FOH는 비용처리)

4. 20x1년 신제품 A를 700단위 생산하였는데 이에 대한 단위당 변동제조원가는 9원이고 단위당 고정제조원가는 4원이다. 20x1년도에 신제품에 대한 기초재고 수량은 없었으며 기말재고 수량만이 100단위일 경우, 전부원가계산방법 대신에 변동원가계산방법을 적용한다면 20x1년 12월 31일의 기말재고액은 전부 원가계산방법에 비해 얼마나 변동할 것인가?

① 900원 감소　　　　　② 400원 감소
③ 500원 증가　　　　　④ 400원 증가

📍 **내비게이션**

•전부원가계산 : 기말재고에 FOH(100단위×@4=400)가 포함되어 있다.
변동원가계산 : 기말재고에 FOH가 포함되어 있지 않다.
→전부원가계산하에서 기말재고에 포함된 고정비(400)만큼 감소한다.

5. ㈜A는 변동원가·전부원가계산에 의한 손익계산서를 모두 작성한다. 20x1년 실제 매출액, 전부원가계산에 의한 매출총이익 및 변동원가계산에 의한 총공헌이익은 모두 예산과 비슷하였으나, 순이익은 예산에 훨씬 미달하였다. 기초·기말재고가 없다고 가정시 예산과 비교하여 순이익이 하락한 원인에 대한 다음 서술 중 가장 타당한 것은?

① 실제 판매가격 및 변동원가가 비례적으로 하락하였다.
② 실제 판매가격이 변동원가보다 더욱 하락하였다.
③ 실제 고정제조간접원가가 증가하였다.
④ 실제 고정판매비와관리비가 증가하였다.

📍 **내비게이션**

매출액	매출액
(-) 매출원가(DM,DL,VOH,FOH)	(-) 매출원가(DM,DL,VOH)
	(-) 변동판관비
매출총이익	**공헌이익**

→매출총이익과 공헌이익이 예산과 비슷하다고 하였으므로, FOH와 변동판관비도 예산대로 발생하였음을 알 수 있다.

매출총이익	공헌이익
(-) 변동판관비	(-) FOH
(-) 고정판관비	(-) 고정판관비
순이익	**순이익**

→따라서, 고정판관비가 예산과 달리 증가하여 순이익이 예산에 미달

| 단기속성특강 제196강 | 변동·전부원가계산의 영업이익 차이조정 |

차이조정 논리	전부下 비용이 된 FOH	① 기초포함FOH + 당기FOH − 기말포함FOH	
	변동下 비용이 된 FOH	② 당기FOH	
	비용이 된 FOH차이	❖ '①−②'를 하면, 기초포함FOH − 기말포함FOH	
		기초포함FOH-기말포함FOH = 0인 경우	•**전부영업이익 = 변동영업이익**
		기초포함FOH-기말포함FOH<0인 경우	•**전부영업이익>변동영업이익**
		기초포함FOH-기말포함FOH>0인 경우	•**전부영업이익<변동영업이익**

❖ 단위당FOH의 불변가정시 기말재고액과 영업이익을 비교하면 다음과 같음.

기말재고 · 영업이익	기말재고	•전부원가계산의 제품단위원가는 FOH가 포함되는 반면, 변동원가계산의 제품단위원가는 FOH가 포함되지 않으므로 기말재고가 존재하는 한 전부원가계산의 기말재고액이 변동원가계산의 기말재고액보다 항상 크게 됨.		

	영업이익	생산량 = 판매량 (재고불변)	기초 100	판매량 500
			생산량 500	기말 100
			❷ 비용화된 FOH차이 = 0 ▶ ∴전부영업이익 = 변동영업이익	
		생산량>판매량 (재고증가)	기초 100	판매량 300
			생산량 500	기말 300
			❷ 비용화된 FOH차이<0 즉, 재고증가량에 포함된 FOH만큼 전부원가계산이 더 이익을 계상 ▶ ∴전부영업이익>변동영업이익	
		생산량<판매량 (재고감소)	기초 300	판매량 500
			생산량 300	기말 100
			❷ 비용화된 FOH차이>0 즉, 재고감소량에 포함된 FOH만큼 변동원가계산이 더 이익을 계상 ▶ ∴전부영업이익<변동영업이익	

영업이익 차이조정	전부원가계산에 의한 영업이익	전부원가계산에 의한 영업이익	변동원가계산에 의한 영업이익
	(+) 기초재공품,제품에 포함된 FOH (−) 기말재공품,제품에 포함된 FOH	(+) 기초재공품,제품에 포함된 DL,VOH,FOH (−) 기말재공품,제품에 포함된 DL,VOH,FOH	(+) 기초재공품,제품에 포함된 DL,VOH (−) 기말재공품,제품에 포함된 DL,VOH
	변동원가계산에 의한 영업이익	초변동원가계산에 의한 영업이익	초변동원가계산에 의한 영업이익

FINAL 객관식뽀개기

기출 & 적중문제

1. 다음 중 변동원가계산과 전부원가계산에 대한 설명으로 가장 올바른 것은?

① 변동원가계산은 의사결정에 유용하므로 외부보고용으로 적절한 원가계산방법이다.

② 기초재고자산이 없고 당기 생산량과 판매량이 동일하다면 변동 원가계산과 전부원가계산의 순이익은 같게 된다.

③ 변동원가계산은 표준원가를 사용할 수 있으나 전부 원가계산은 표준원가를 사용할 수 없다.

④ 변동원가계산은 변동판매비와관리비를 제품원가로 인식하고 전 부원가계산은 고정제조간접가를 제품원가로 인식한다.

내비게이션

• ① 외부보고용으로 전부원가계산방법을 사용한다.

② 기초재고자산이 없고 당기 생산량과 판매량이 동일하다면 기말재고자 산도 없으므로 변동원가계산과 전부원가계산의 순이익은 동일하다.

③ 표준변동원가계산, 표준전부원가계산 모두 가능하다.

> 참고 원가계산방법은 다음과 같이 결합되어 다양한 방법이 가능함.

제품원가의 구성요소	원가요소의 실제성여부	생산형태 (제품의 성격)
전부원가계산 변동원가계산	실제원가계산 정상원가계산 표준원가계산	개별원가계산 종합원가계산

④ 변동원가계산에서의 제품원가는 DM, DL, VOH로 구성되며, 변동 판매비와관리비는 제품원가로 인식되지 않는다.

2. ㈜A는 20x1년에 사업을 개시하였다. 20x1년 변동원가계 산에 의한 순이익이 300,000원일 때, 다음 자료를 이용하 여 전부원가계산에 의한 순이익을 구하면?

구분	제조간접원가 배분액	
	변동제조간접원가	고정제조간접원가
재공품	35,000원	50,000원
제품	40,000원	40,000원
매출원가	20,000원	35,000원

① 390,000원　　　　　② 425,000원
③ 365,000원　　　　　④ 201,000원

내비게이션

• 전부원가계산에 의한 이익　　　　　　x
(+) 기초에 포함된 FOH　　　　　　　　0
(−) 기말에 포함된 FOH 50,000+40,000= (90,000)
변동원가계산에 의한 이익　　　　　　300,000
→x =390,000

3. 다음의 당기 원가자료에 의할 경우 변동원가계산과 전부원 가계산에 의한 영업이익의 차이는 얼마인가?

	수량	변동원가	고정원가
기초재공품	100단위	100,000원	240,000원
기초제품	500단위	600,000원	800,000원
기말제품	400단위	480,000원	640,000원
기말재공품	200단위	200,000원	480,000원
매출원가	3,100단위	3,720,000원	4,980,000원

① 10,000원　　　　　② 20,000원
③ 40,000원　　　　　④ 80,000원

내비게이션

• (640,000+480,000)−(240,000+800,000)=80,000

4. ㈜A는 변동원가계산과 전부원가계산 모두를 사용하여 보 고서를 작성하고 있다. 전기와 당기의 제품 단위당 제조간 접원가배부율은 동일하다. ㈜A가 보고서를 작성할 때 변 동원가계산하에서는 순이익이 발생하나, 전부원가계산 하에서는 순손실이 발생했다면, 그 원인으로 가장 옳은 것은?

① 당기 중 판매량이 생산량보다 적다.

② 당기 중 판매량이 생산량보다 크다.

③ 당기의 생산량과 판매량이 동일하다.

④ 당기의 변동판매비와관리비가 많이 발생했다.

내비게이션

• '판매량〉생산량'인 경우 전부원가계산에서는 생산량의 고정제조간접원 가 뿐만 아니라 기초재고에 포함된 고정제조간접원가도 비용화되므로 순이익이 감소(또는 순손실 발생)하게 된다.

5. ㈜A의 변동원가계산에 의한 순이익이 5,000,000원이 라고 할때 아래의 자료를 이용하여 전부원가계산에 의한 순이익을 구하면 얼마인가(단, 재공품 재고는 존재하지 않는다.)?

기초제품재고수량 1,000개 기말제품재고수량	800개
제품단위당 고정제조간접원가	500원
제품단위당 변동판매비와 관리비	120원
고정판매비와 관리비	100,000원

① 4,900,000원　　　　　② 5,000,000원
③ 5,100,000원　　　　　④ 5,200,000원

내비게이션

• x +(1,000개×500)−(800개×500)=5,000,000에서, x =4,900,000

단기속성특강 제197강 | 변동·전부원가계산의 원가차이

사례 I

사례 ▪ 원가차이 ①

❂ 단일 제품을 생산, 판매하는 F회사의 20x1년 단위당 변동제조간접비는 ₩2,000이었으며, 총고정제조간접비는 ₩600,000이었다. 20x2년 제품의 생산 및 판매량은 다음과 같다.

기초재고	25,000단위
생산량	140,000단위
판매량	160,000단위
기말재고	5,000단위

고정제조간접비배부율은 150,000단위를 기준으로 하였으며 이 배부율은 기초재고와 당기제품에 동일하게 적용된다. 한편, 과소 혹은 과대배부 된 제조간접비는 전액 매출원가에서 조정한다. 변동원가계산에 의한 영업이익이 ₩800,000이었다면 전부원가계산에 의한 F회사의 20x2년 영업이익은?

✐ 풀이

• f(고정제조간접비배부율) = 600,000 ÷ 150,000단위 = @4
  전부영업이익+(25000×@4)-(5,000×@4)=800,000
  ∴전부영업이익 =720,000

사례 II

사례 ▪ 원가차이 ②

❂ (주)A의 원가자료이다. 전부원가계산방법에 의한 당기순이익이 직접원가계산방법에 의한 당기순이익보다 ₩200이 더 많은 경우 당기재고증감량은 몇 개인가? 단, 당기와 전기의 고정제조간접원가배부율은 동일하다.

당기생산량 : 1,000개	기초재고량 : ?
기말재고량 : 100개	판매가 : 단위당 ₩15
변동제조간접비 : 단위당 ₩5	고정제조간접비 : ₩2,000
변동판매비 : 단위당 ₩2	고정판매비 : ₩300

✐ 풀이

• f(고정제조간접비배부율) = 2,000 ÷ 1,000개 = @2
  전부영업이익(A+200)+(x개×@2)-(100개×@2) = 변동영업이익(A) → x = 0
  ∴기초재고(x)가 0개이고, 기말재고가 100개이므로 100개 증가

사례 III

사례 ▪ 원가차이 ③

❂ 다음 자료에 의하여 전부원가계산과 변동원가계산에 의한 이익차이를 계산하면? 단, 원가차이는 매출원가에서 조정하며, 고정제조간접원가배부율은 기초재고와 당기제품에 동일하게 적용된다.

| 기초수량 | 9,200단위 | 기준조업도 | 10,000단위 | 판매수량 9,000단위 |
| 조업도차이 | ₩1,500불리 | 기말수량 | 9,600단위 | |

✐ 풀이

• 기준조업도가 생산량자체이면 S는 실제생산량이 된다. →∴S = 9,000+9,600-9,200= 9,400

  $$\frac{\text{예산}(f \times N)}{f \times 10,000} \qquad \frac{\text{배부}(f \times S)}{f \times 9,400} \rightarrow \therefore f \times 10,000 - f \times 9,400 = 1,500\text{에서, } f = 2.5$$

• 전부영업이익(x)+(9,200개×@2.5)-(9,600개×@2.5) = 변동영업이익(x-1,000) →∴이익차이=1,000

FINAL 객관식뽀개기　　　　　기출&적중문제

1. 다음 자료를 참고하여 (주)A의 전부원가계산에 따른 매출총이익, 변동원가계산에 따른 공헌이익, 초변동원가계산에 따른 재료처리량공헌이익을 구하면? 단, 기초제품과 기말제품은 없으며 (주)A는 당기 20,000개를 생산하여 전량판매하였다.

제품 단위당 판매가격	1,000원
제품단위당 직접재료원가	200원
제품단위당 직접노무원가	120원
제품단위당 변동제조간접원가	50원
제품단위당 변동판매비와관리비	30원
고정제조간접원가	5,000,000원
고정판매비와관리비	2,000,000원

	전부원가계산 매출총이익	변동원가계산 공헌이익	초변동원가계산 재료처리량공헌이익
①	12,300,000원	12,300,000원	14,000,000원
②	7,600,000원	12,300,000원	12,800,000원
③	11,800,000원	12,000,000원	14,000,000원
④	7,600,000원	12,000,000원	16,000,000원

◉ 내비게이션

• 20,000개×@1,000-[20,000개×(@200+@120+@50)+5,000,000]
=7,600,000
• 20,000개×@1,000-[20,000개×(@200+@120+@50)+20,000개×@30]=12,000,000
• 20,000개×@1,000-20,000개×@200=16,000,000
*초변동원가계산 재료처리량공헌이익=현금창출공헌이익

2. 변동원가계산제도에 대한 다음의 설명 중 올바르지 않은 것은?

① 고정원가는 기간비용으로 처리한다.
② 이익에 영향을 미치는 주요 요인은 판매량이며 생산량은 이익에 영향을 미치지 않는다.
③ 결합제품 생산시에는 변동원가계산 적용이 전부원가계산에 비해 용이하다는 장점이 있다.
④ 변동원가계산제도는 발생한 원가가 미래에 동일한 원가의 발생을 방지할 수 없다면 그 원가는 자산성을 인정할 수 없다는 원가회피개념에 근거를 두고 있다.

◉ 내비게이션

• 제조원가 중에서 변동원가와 고정원가를 정확히 구분해내는 것은 현실적으로 어려우므로 결합제품을 생산할 경우에는 개별 결합제품별로 변동원가계산을 한다는 것이 사실상 불가능하다.

3. 변동원가계산과 전부원가계산의 차이점을 정리한 것 중 옳지 않은 것은?

		변동원가계산	전부원가계산
①	기본목적	내부계획과 통제등 경영관리	외부보고목적
②	제품원가	직접재료원가+직접노무원가+변동제조간접원가+변동 판매비와관리비	직접재료원가+직접노무원가+변동제조간접원가+고정제조간접원가
③	보고양식	공헌이익접근법의 손익계산서	전통적 손익계산서
④	이익결정 요인	판매량	생산량과 판매량

◉ 내비게이션

• 변동원가계산에서는 '직접재료원가+직접노무원가+변동제조간접원가'를 제품원가(제조원가)로 본다.

4. 다음은 뉴스보도의 일부이다. 밑줄 친 부분에 해당하는 것으로서 회사에서 적용할 수 있는 원가계산제도로 가장 옳은 것은?

> (주)A의 CEO인 홍길동씨는 작년 기말에 급격하게 재고생산을 지시하였습니다. 그 결과 기업의 유동성 부족으로 인해 올해 기업은 상장폐지의 위기에 놓이게 되었습니다. 이 같은 홍길동씨의 행동은 본인의 성과급이 회사의 이익과 연계되어 있어 발생된 사건입니다. 이에 따라 주주들은 CEO의 성과급에 대한 새로운 제도를 도입해야 한다고 의견을 모았습니다.

① 제품원가를 제품별로 계산하는 개별원가계산제도
② 제품원가를 공정별로 계산하는 종합원가계산제도
③ 여러 활동들을 원가대상으로 하여 원가를 집계하는 활동기준원가계산제도
④ 고정제조간접원가를 자산화하지 않고 비용으로 처리하는 변동원가계산제도

◉ 내비게이션

• 변동원가계산은 이익이 판매량에 의해서만 영향을 받으므로 생산량 조절에 따른 이익조작의 방지가 가능하다. 반면, 전부원가계산은 이익이 생산량에 의해서도 영향을 받으므로(즉, 생산량을 증가시키면 FOH배부액이 감소하고 이에 따라 이익이 증가함) 생산량 조절에 따른 이익조작 가능성이 존재한다.

| 단기속성특강 제198강 | CVP분석 기본가정과 기본산식 |

	원가행태의 구분	•모든 원가를 변동비와 고정비로 분리 할 수 있다고 가정
기본가정	선형성	•수익과 원가의 행태가 확실히 결정되어 있고 관련범위 내에서 선형으로 가정 ▶ 단위당판매가격과 단위당변동비는 일정
	생산량과 판매량의 일치성	•생산량과 판매량은 일치하는 것으로 가정하여 생산량이 모두 판매된 것으로 가정 ▶ 즉, 재고수준이 일정, 동일하거나 하나도 없다고 가정
	독립변수의 유일성	•원가와 수익은 유일한 독립변수인 조업도에 의하여 결정된다고 가정
	화폐의 시간가치 무시	•화폐의 시간가치가 중요하지 않을 정도의 단기간이라고 가정
	일정한 매출배합	•복수제품인 경우에는 매출배합이 일정하다고 가정
	수익원천의 단일성	•수익은 오직 매출로부터만 발생한다고 가정

	이익방정식	❖ 영업이익 = 매출액 - 변동비[1] - 고정비[2] = 단위당판매가격 × 판매량 - 단위당변동비 × 판매량 - 고정비 [1]변동비=변동제조원가+변동판매관리비 [2]고정비=고정제조간접원가+고정판매관리비
기본산식	**공헌이익**	❖ 총공헌이익 = 매출액 - 변동비 = 단위당판매가격 × 판매량 - 단위당변동비 × 판매량 ❖ 단위당공헌이익 = $\dfrac{총공헌이익}{판매량}$ = 단위당판매가격 - 단위당변동비 ❖ 총공헌이익 = 단위당공헌이익 × 판매량 ❖ 영업이익 = 총공헌이익 - 고정비 = 단위당공헌이익 × 판매량 - 고정비
	공헌이익률	❖ 공헌이익률 = $\dfrac{총공헌이익}{매출액}$ = $\dfrac{단위당공헌이익}{단위당판매가격}$ ❖ 총공헌이익 = 단위당공헌이익 × 판매량 = 공헌이익률 × 매출액 ❖ 영업이익 = 단위당공헌이익 × 판매량 - 고정비 = 공헌이익률 × 매출액 - 고정비
	변동비율	❖ 변동비율 = $\dfrac{변동비}{매출액}$ = $\dfrac{단위당변동비}{단위당판매가격}$ ❖ 변동비 = 단위당변동비 × 판매량 = 변동비율 × 매출액 ❖ 공헌이익률 + 변동비율 = $\dfrac{총공헌이익}{매출액}$ + $\dfrac{변동비}{매출액}$ = $\dfrac{매출액 - 변동비}{매출액}$ + $\dfrac{변동비}{매출액}$ = 1

🔍 **사례** ▶ **공헌이익률과 변동비율 계산**

❂ 제품 단위당 판매가격은 ₩4000이며, 단위당 변동제조원가는 직접재료원가 ₩120, 직접노무원가 ₩80, 변동제조간접원가 ₩50이고, 고정제조간접원가는 연간 ₩154,000이다. 이 제품과 관련된 판매비 및 일반관리비는 단위당 ₩30의 변동비와 연간 ₩26,000의 고정비로 구성되어 있다. 공헌이익률과 변동비율은 얼마인가?

✏️ 풀이

•단위당공헌이익 : 400-(120+80+50+30) = 120

•공헌이익률 : $\dfrac{단위당공헌이익}{단위당판매가격}$ = $\dfrac{120}{400}$ = 30%

•변동비율 : 공헌이익률(30%)+변동비율 = 1에서, 변동비율은 70%

FINAL 객관식뽀개기

기출&적중문제

1. CVP 분석에 대한 설명으로 옳지 않은 것은?

① 일반적으로 당기에 투입된 원가보다 적은 금액이 손익계산서상 비용으로 인식된다고 가정한다.

② 조업도와 원가의 변화가 이익에 어떠한 영향을 미치는가를 분석하는 기법이다.

③ 모든 원가는 변동원가와 고정원가로 구분할 수 있다고 가정한다.

④ 화폐의 시간가치를 배제하는 단기모델이라는 점과 화폐가치가 변할 수 있는 인플레이션을 무시한다는 한계점을 갖는다.

📍 **내비게이션**

• CVP분석의 기본가정과 무관한 설명이다.

2. 다음 자료를 이용하여 공헌이익을 계산하면 얼마인가?

판매수량	20,000개
제품단위당 판매가격	400원
제품단위당 변동제조원가	150원
제품단위당 변동판매비	120원
고정제조간접원가	500,000원
고정판매비와관리비	1,100,000원

① 1,300,000원   ② 2,100,000원
③ 2,600,000원   ④ 3,900,000원

📍 **내비게이션**

• 20,000개×@400-20,000개×(@150+@120)=2,600,000

3. 공연기획사인 ㈜A는 디너쇼를 기획하고 있는데 디너쇼와 관련된 예상비용은 다음과 같다.

1인당 저녁식사비	7,200원	1인당 기념품	800원
가수 출연료	200,000원	행사장 대관료	300,000원
티켓 발행 고정비	100,000원		

㈜A는 행사참석인원을 50명으로 예상하고 있다. ㈜A가 손해를 보지 않기 위해서는 1인당 행사참석요금을 최소한 얼마로 책정하여야 하는가(단, 1인당 저녁식사비와 기념품은 변동비이고 나머지 비용은 고정비임)?

① 8,000원   ② 10,800원
③ 16,000원   ④ 20,000원

📍 **내비게이션**

• 1인당 행사참석요금을 x 라 하면,
$50x - 50 \times (7,200+800) - (200,000+300,000+100,000) \geqq 0$에서, $x \geqq 20,000$

4. CVP 분석의 목적으로 가장 올바른 것은?

① 제품원가를 최소화하는 조업도를 파악하며 장기투자의사결정에 유용한 분석방법이다.

② 변동원가와 고정원가의 상관관계를 파악하며 변동원가를 보상하는데 필요한 매출액을 파악하는데 유용하다.

③ 손익분기점 조업도수준만을 파악하는데 유용하다.

④ 다양한 조업도수준에서 원가와 이익의 관계를 분석하는데 유용하다.

📍 **내비게이션**

• 조업도·원가의 변화가 이익에 어떠한 영향을 미치는가를 분석한다.

5. ㈜A의 식품사업부를 총괄하는 이혜인 전무는 해외식품사업부의 윤도준 부장에게 총 매출액의 20%의 이익 달성을 지시하였다. 윤도준 부장의 분석 결과 해외식품사업부의 변동원가는 매출액의 70%, 연간 고정원가는 30,000원이다. 총 매출액의 20%의 이익을 달성하기 위한 목표 매출액은 얼마인가?

① 150,000원   ② 200,000원
③ 250,000원   ④ 300,000원

📍 **내비게이션**

• 매출액-변동비(매출액×70%)-고정비(30,000)=이익(매출액×20%)
→따라서, 매출액=300,000

6. CVP분석과 레버리지분석에 대한 다음 설명 중 옳지 않은 것은?

① 공헌이익률은 원가구조와 밀접한 관련이 있는데 변동원가 비중이 높으면 공헌이익률은 낮게 나타나고, 변동원가 비중이 낮으면 공헌이익률은 높게 나타난다.

② 모든 원가를 변동원가와 고정원가로 분류할 수 있다고 가정한다.

③ 이익규모가 비슷한 경우 고정원가의 비중이 큰 원가구조를 가진 기업일수록 레버리지 효과가 크기 때문에 불경기에도 큰 타격을 입지 않을 것이다.

④ 원가함수를 조업도에 대한 1차 함수로 추정하는 것은 관련범위 내에서 원가함수가 선형이라는 가정에 따른 것이다.

📍 **내비게이션**

• 레버리지가 크면 호경기에는 막대한 이익을 얻으나 불경기에는 큰 타격을 입는다.('후술')

단기속성특강 제199강 　　손익분기점분석과 목표이익분석

손익분기점 분석	손익분기점	•손익분기점(BEP)은 이익을 0으로 만드는 판매량 또는 매출액을 의미
	기본산식	❖ 매출액 – 변동비 – 고정비 = 0 　▶ 매출액 – 변동비 = 고정비 　▶ 총공헌이익 = 고정비 　▶ 단위당공헌이익×판매량 = 고정비 　▶ 공헌이익률×매출액 = 고정비
	BEP판매량	❖ 손익분기점 판매량 = $\dfrac{\text{고정비}}{\text{단위당공헌이익}}$
	BEP매출액	❖ 손익분기점 매출액 = $\dfrac{\text{고정비}}{\text{공헌이익률}}$

🔍 **사례** ■ **BEP판매량과 BEP매출액 계산**

❂ 제품 단위당 판매가격은 ₩10,000이며, 단위당 변동제조원가는 ₩7,500, 단위당 변동판매관리비는 ₩500, 고정제조간접비는 ₩500,000, 고정판매관리비는 ₩300,000일 때 손익분기점 판매량(매출액)은?

✏️ **풀이**

•단위당공헌이익 : 10,000-(7,500+500) = 2,000 → BEP판매량 = $\dfrac{500,000+300,000}{2,000}$ = 400

•공헌이익률 : $\dfrac{\text{단위당공헌이익}}{\text{단위당판매가격}}$ = $\dfrac{2,000}{10,000}$ = 20% → BEP매출액 = $\dfrac{500,000+300,000}{20\%}$ = 4,000,000

목표이익 분석	법인세 고려 X	❖ 단위당공헌이익×판매량 = 고정비+세전목표이익 　▶ 세전목표이익을 위한 판매량 = $\dfrac{\text{고정비+세전목표이익}}{\text{단위당공헌이익}}$ ❖ 공헌이익률×매출액 = 고정비+세전목표이익 　▶ 세전목표이익을 위한 매출액 = $\dfrac{\text{고정비+세전목표이익}}{\text{공헌이익률}}$
	법인세 고려 O	❖ 단위당공헌이익×판매량 = 고정비 + $\dfrac{\text{세후목표이익}}{1-t}$ 　▶ 세후목표이익을 위한 판매량 = $\dfrac{\text{고정비}+\dfrac{\text{세후목표이익}}{1-t}}{\text{단위당공헌이익}}$ ❖ 공헌이익률×매출액 = 고정비 + $\dfrac{\text{세후목표이익}}{1-t}$ 　▶ 세후목표이익을 위한 매출액 = $\dfrac{\text{고정비}+\dfrac{\text{세후목표이익}}{1-t}}{\text{공헌이익률}}$

FINAL 객관식뽀개기

1. 손익분기점에서의 공헌이익은 다음 중 어느 항목과 일치하는가?

① 매출액　　　　　　② 변동원가
③ 고정원가　　　　　④ 매출총이익

내비게이션

•매출액-변동비-고정비=0 에서, 매출액-변동비=고정비
　'공헌이익'

2. ㈜A의 제품생산에 관한 자료는 다음과 같다. 이때 손익분기점 판매량은?

제품단위당 판매가격	1,000원
제품단위당 변동제조원가	600원
제품단위당 변동판매비와관리비	150원
고정제조간접가	2,500,000원
고정판매비와관리비	1,250,000원

① 6,250개　　　　　② 9,375개
③ 10,000개　　　　④ 15,000개

내비게이션

•BEP판매량: $\frac{2,500,000+1,250,000}{1,000-(600+150)}$=15,000

3. ㈜A는 세 가지 사업부별로 각각 공장을 운영하고 있다. 다음은 기획팀의 김과장이 작성중인 차기 사업부별 예산보고서이다. 각 사업부별 손익분기점(BEP) 판매량은 얼마인가?

〈사업부별 예산 보고서〉
ㄱ. 사업부별 수익, 비용 자료 요약

	가격	변동비	고정비
휴대폰	800,000원/개	300,000원/개	50억원
노트북	2,000,000원/개	700,000원/개	260억원
카메라	1,000,000원/개	600,000원/개	60억원

ㄴ. 변동비 세부내역과 고정비 세부내역
- 중략 -

	휴대폰	노트북	카메라
①	10,000개	15,000개	20,000개
②	10,000개	20,000개	15,000개
③	15,000개	20,000개	15,000개
④	15,000개	15,000개	20,000개

내비게이션

•휴대폰: 50억원/(800,000-300,000)=10,000개
•노트북: 260억원/(2,000,000-700,000)=20,000개
•카메라: 60억원/(1,000,000-600,000)=15,000개

기출 & 적중문제

4. ㈜A의 20x4년도 매출액은 150,000원, 손익분기점 매출액은 100,000원, 공헌이익률은 25%이다. ㈜A의 20x4년도 순이익은 얼마인가?

① 11,000원　　　　② 11,500원
③ 12,000원　　　　④ 12,500원

내비게이션

•손익분기점 매출액(100,000)=$\frac{고정원가}{공헌이익률(25\%)}$ 에서,
고정원가=25,000
→매출액(150,000)×공헌이익률(25%)-고정원가(25,000)
=이익(12,500)

5. ㈜A는 제품 20,000개를 판매하여 1,000,000원의 세전영업이익을 목표로 하고 있다. 이때 고정원가는 4,000,000원이고 공헌이익률은 40%이다. ㈜A의 제품단위당 판매가격은 얼마인가?(단, 회사는 단일제품을 생산, 판매하며 판매가격은 연중 일정하다고 가정한다)?

① 500원　　　　　② 600원
③ 625원　　　　　④ 650원

내비게이션

•세전목표이익 1,000,000을 위한 매출액: $\frac{4,000,000+1,000,000}{40\%}$
=12,500,000
∴단위당판매가격: 12,500,000÷20,000개=625
*[별해] 매출액×공헌이익률-고정원가=목표이익
→20,000개×x×40%-4,000,000=1,000,000 에서, x=625

6. ㈜A는 단위당 판매가격이 500원인 제품에 대한 단위당 변동원가가 400원인 기업이며, 새로운 시설투자를 하려고 한다. 시설투자 후 고정원가는 20% 증가되는 반면에 변동원가가 20% 감소된다고 하면, 시설투자 전에 비하여 손익분기 매출수량은 어떻게 될 것인가?

① 증가한다.
② 감소한다.
③ 변함없다.
④ 고정원가와 변동원가의 관계에 따라 달라진다.

내비게이션

•$\frac{F}{500-400}$ → $\frac{1.2F}{500-320}$ 즉, 0.01F → 0.0067F 로 감소

단기속성특강 제200강   **안전한계와 영업레버리지**

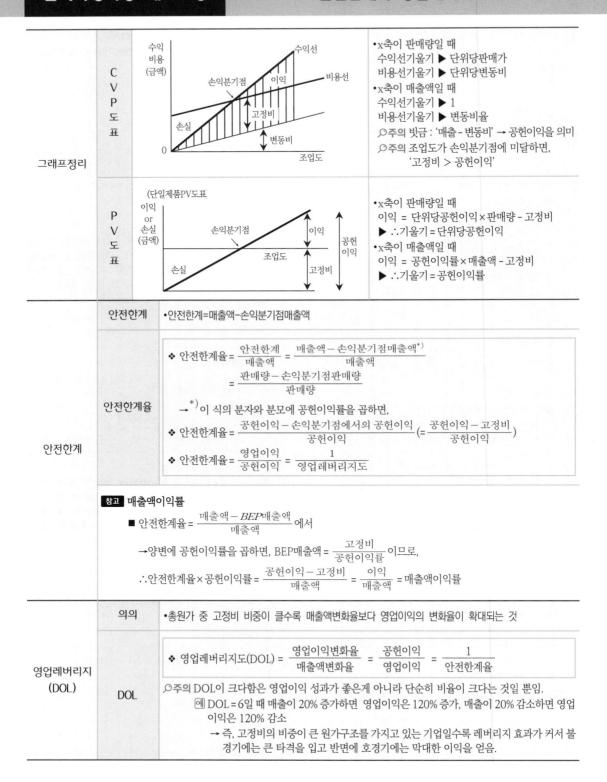

그래프정리	C V P 도 표	•x축이 판매량일 때 　수익선기울기 ▶ 단위당판매가 　비용선기울기 ▶ 단위당변동비 •x축이 매출액일 때 　수익선기울기 ▶ 1 　비용선기울기 ▶ 변동비율 　🔎주의 빗금 : '매출 - 변동비' → 공헌이익을 의미 　🔎주의 조업도가 손익분기점에 미달하면, 　　　　'고정비 > 공헌이익'
	P V 도 표	•x축이 판매량일 때 　이익 = 단위당공헌이익×판매량 - 고정비 　▶ ∴기울기 = 단위당공헌이익 •x축이 매출액일 때 　이익 = 공헌이익률×매출액 - 고정비 　▶ ∴기울기 = 공헌이익률

안전한계

안전한계
•안전한계=매출액−손익분기점매출액

안전한계율

❖ 안전한계율 $= \dfrac{\text{안전한계}}{\text{매출액}} = \dfrac{\text{매출액} - \text{손익분기점매출액}^{*)}}{\text{매출액}}$

$= \dfrac{\text{판매량} - \text{손익분기점판매량}}{\text{판매량}}$

→ $^{*)}$이 식의 분자와 분모에 공헌이익률을 곱하면,

❖ 안전한계율 $= \dfrac{\text{공헌이익} - \text{손익분기점에서의 공헌이익}}{\text{공헌이익}} \left(= \dfrac{\text{공헌이익} - \text{고정비}}{\text{공헌이익}} \right)$

❖ 안전한계율 $= \dfrac{\text{영업이익}}{\text{공헌이익}} = \dfrac{1}{\text{영업레버리지도}}$

참고 **매출액이익률**

■ 안전한계율 $= \dfrac{\text{매출액} - BEP\text{매출액}}{\text{매출액}}$ 에서

→양변에 공헌이익률을 곱하면, BEP매출액 $= \dfrac{\text{고정비}}{\text{공헌이익률}}$ 이므로,

∴안전한계율×공헌이익률 $= \dfrac{\text{공헌이익} - \text{고정비}}{\text{매출액}} = \dfrac{\text{이익}}{\text{매출액}} = \text{매출액이익률}$

영업레버리지 (DOL)

의의
•총원가 중 고정비 비중이 클수록 매출액변화율보다 영업이익의 변화율이 확대되는 것

DOL

❖ 영업레버리지도(DOL) $= \dfrac{\text{영업이익변화율}}{\text{매출액변화율}} = \dfrac{\text{공헌이익}}{\text{영업이익}} = \dfrac{1}{\text{안전한계율}}$

🔎주의 DOL이 크다함은 영업이익 성과가 좋은게 아니라 단순히 비율이 크다는 것일 뿐.

📗예 DOL=6일 때 매출이 20% 증가하면 영업이익은 120% 증가, 매출이 20% 감소하면 영업이익은 120% 감소

→ 즉, 고정비의 비중이 큰 원가구조를 가지고 있는 기업일수록 레버리지 효과가 커서 불경기에는 큰 타격을 입고 반면에 호경기에는 막대한 이익을 얻음.

FINAL 객관식뽀개기
기출&적중문제

1. 다음은 (주)A의 원가·조업도·이익(CVP) 도표이다. ㄱ, ㄴ, ㄷ이 의미하는 것을 올바르게 짝지은 것은(단, 조업도는 판매량이다)?

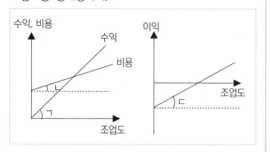

	ㄱ	ㄴ	ㄷ
①	단위당판매가격	단위당변동원가	단위당공헌이익
②	단위당판매가격	단위당공헌이익	단위당변동원가
③	단위당공헌이익	단위당변동원가	단위당판매가격
④	단위당공헌이익	단위당판매가격	단위당변동원가

📍 **내비게이션**

•CVP도표
 - 수익선기울기 : 매출액 ÷ 판매량=단위당판매가
 - 비용선기울기 : 변동비 ÷ 판매량=단위당변동비
•PV도표
 기울기 : '이익(Y)=단위당공헌이익×판매량(X)-고정비'에서,
    기울기=단위당공헌이익

2. 다음 중 영업레버리지에 관한 설명으로 가장 올바르지 않은 것은?

① 영업레버리지란 영업고정원가가 지렛대의 작용을 함으로써 매출의 변화율 보다 영업이익의 변화율이 확대되는 효과이다.
② 영업고정원가의 비중이 큰 기업은 영업레버리지가 크며 영업고정원가의 비중이 적은 기업은 영업레버리지가 작다.
③ 고정원가가 없는 기업은 영업레버리지의 효과가 없기 때문에 영업레버리지도는 0(영)이다.
④ 일반적으로 한 기업의 영업레버리지도는 손익분기점 부근에서 가장 크며, 매출액이 증가함에 따라 점점 작아진다.

📍 **내비게이션**

•DOL= $\dfrac{공헌이익(매출액-변동비)}{영업이익(매출액-변동비-고정비)}$ 에서,
 고정비=0이면 DOL=1

3. 갑회사, 을회사의 영업활동 관련 자료는 다음과 같다. 다음 중 갑회사와 을회사의 영업레버리지에 대한 설명으로 올바르지 않은 것은?

	갑회사	을회사
매출액	200,000원	200,000원
변동원가	110,000원	50,000원
공헌이익	90,000원	150,000원
고정원가	60,000원	120,000원
영업이익	30,000원	30,000원

① 영업레버리지도는 손익분기점 부근에서 가장 크고 매출액이 증가함에 따라 점점 1에 가까워진다.
② 갑회사의 영업레버리지도는 3이다.
③ 호황으로 인해 매출액이 증가하면 갑회사의 영업이익이 을회사의 영업이익보다 크게 증가한다.
④ 을회사의 경우 매출액이 100% 증가하면 영업이익은 500% 증가한다.

📍 **내비게이션**

•갑의 DOL : 90,000 ÷ 30,000=3, 을의 DOL : 150,000 ÷ 30,000=5
 →∴호황으로 인해 매출액이 증가하면 DOL이 큰 을회사의 영업이익이 더 큰 폭으로 증가한다.

보론 DOL= $\dfrac{공헌이익}{영업이익}$ = $\dfrac{매출액-변동비}{매출액-변동비-고정비}$

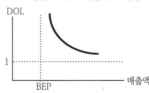

→고정비 비중이 클수록 DOL의 분모가 작아져 DOL이 커짐.
→고정비가 '0'이면 DOL= $\dfrac{매출액-변동비}{매출액-변동비-0}$ =1이 됨.
→BEP에 근접함에 따라서 분모인 영업이익이 0에 근접함으로, DOL=∞가 됨. 즉, DOL은 손익분기점 부근에서 가장 커짐.
→DOL은 매출액증가에 따라 점점 감소하여 1에 접근함.
 참고 BEP에 미달할수록 DOL은 -1에 접근함.

4. 차기 예산자료이다. 안전한계율은 얼마인가?

매출액	5,000,000원	공헌이익률	30%
고정원가	1,200,000원		

① 20%   ② 24%
③ 25%   ④ 30%

📍 **내비게이션**

• $\dfrac{매출액-BEP매출액}{매출액}$ = $\dfrac{5,000,000-\dfrac{1,200,000}{30\%}}{5,000,000}$ =20%

단기속성특강 제201강 활동기준원가계산(ABC)

의의	**개요**	•ABC는 활동을 기본적으로 원가대상으로 삼아 원가를 집계하고 이를 토대로 부문이나 제품의 활동 원가동인에 따라 배분하는 계산방법임.
	도입배경	•감소일로에 있는 직접노동시간등을 배부기준으로 하여 증가일로에 있는 OH를 배부하는 것은 제품 원가가 부정확해짐. ▶ 정보수집기술 발달로 활동관련 원가수집이 용이해 짐으로 인하여 ABC가 가능해짐.

	특징	•OH를 활동별로 배부하는 것일뿐, 개별·종합원가계산과 독립된 원가계산 방법이 아님.
		  ⊙주의 즉, ABC는 개별·종합원가계산에 모두 사용가능
		•원가계산이 정확해지나, 원가계산이 복잡하므로 신속성이 떨어짐.
		•다품종 소량생산, OH비중이 큰 제조업체가 적용할 경우 원가계산에 도움이 됨.
		•제조업체뿐만 아니라 서비스업도 적용가능함.
		•비부가가치활동을 감소시킴으로써 원가절감이 가능함.
		  ⊙주의 부가가치활동이더라도 활동을 증가시키는 것은 원가절감방법이 아님.
		•제품의 수 등 비재무적인 측정치를 강조함으로써 장기적으로 회사전체의 효율성이 향상됨.

	계산절차	① 활동분석 ② 각 활동별로 제조간접원가를 집계 ③ 활동별 원가동인(배부기준)의 결정 ④ 활동별 제조간접원가 배부율의 결정 ⑤ 원가대상별 원가계산

세부고찰

🔍 사례 ■ **활동기준원가계산**

❂ 회사는 1월중 작업 #101, #102, #103을 착수하여 완성하였다.

	#101	#102	#1013
직접재료비	₩200,000	₩200,000	₩100,000
직접노무비	₩400,000	₩150,000	₩250,000

회사는 ABC(활동기준원가계산)를 도입하기 위하여 1월중 각 부문에서 발생된 제조간접비를 4가지 활동분야로 구분하여 다음과 같이 집계하였다.

활동분야	원가요인	#101	#102	#103	제조간접비
작업준비	작업준비시간	?	?	?	80,000
설계	작업준비횟수	4회	2회	6회	120,000
재료처리	직접재료사용량	2kg/단위	1kg/단위	4kg/단위	70,000
품질검사	검사횟수	5회	3회	1회	90,000

1월 중 작업 #101,#102,#103의 작업준비횟수는 각각 4회, 2회, 6회이었고 작업준비 1회당 소요시간은 각각 2시간, 3시간, 1시간이다. 1월 중 작업 #101,#102,#103에 의하여 A제품 40단위, B제품 20단위, C제품10단위가 생산됨. 활동별제조간접비배부율과 작업별 총제조원가와 제품단위당원가는?

 풀이

	작업준비활동	$80,000 \div (4회 \times 2 + 2회 \times 3 + 6회 \times 1) = 4,000$
활동별제조간접비배부율	설계활동	$120,000 \div (4회 + 2회 + 6회) = 10,000$
	재료처리활동	$70,000 \div (40단위 \times 2 + 20단위 \times 1 + 10단위 \times 4) = 500$
	품질검사활동	$90,000 \div (5회 + 3회 + 1회) = 10,000$

구분		#101	#102	#103
직접재료비		200,000	200,000	100,000
직접노무비		400,000	150,000	250,000
제조간접비	작업준비	8×4,000	6×4,000	6×4,000
	설계	4×10,000	2×10,000	6×10,000
	재료처리	80×500	20×500	40×500
	품질검사	5×10,000	3×10,000	1×10,000
총제조원가		762,000	434,000	464,000
제품단위당원가		762,000÷40개=19,050	434,000÷20개=21,700	464,000÷10개=46,400

FINAL 객관식뽀개기

기출&적중문제

1. (주)A는 활동기준원가계산제도(ABC)를 사용하며, 작업 활동별 예산자료와 생산관련 자료는 다음과 같다. (주)A가 생산하는 제품 중 보급형 제품의 단위당 제조원가는 얼마인가?

〈작업활동별 예산자료(제조간접원가)〉

작업활동	배부기준	배부기준당 예정원가
포장	생산수량	300원
재료처리	부품의 수	15원
절삭	부품의 수	20원
조립	직접작업시간	150원

〈생산관련자료〉

제품	보급형	특수형
생산수량	5,000개	4,000개
부품의 수	90,000개	80,000개
직접작업시간	6,000시간	4,000시간
직접재료원가	6,000,000원	8,000,000원
직접노무원가	5,000,000원	4,000,000원

① 2,200원 ② 2,671원
③ 3,310원 ④ 4,150원

내비게이션

•(6,000,000+5,000,000+5,000개×300+90,000개×15+90,000개×20+6,000시간×150)÷5,000개=3,310

2. 새로운 제조환경에 적합한 원가계산제도의 하나인 활동기준원가계산 시스템을 도입하였다. 다음의 설명 중 옳지 않은 것은?

① 전통적 원가계산제도보다 더 다양한 원가동인 요소를 고려하며, 제조간접원가의 비중이 과거보다 커진 것이 활동기준원가계산제도를 도입하는 주된 배경 중 하나이다.
② 활동 및 활동원가의 분석을 통하여 원가통제를 보다 효과적으로 수행할 수 있다.
③ 활동기준원가계산은 전통적 원가계산의 문제점인 원가왜곡현상을 개선함으로써 적정한 가격설정을 가능하게 한다.
④ 활동기준원가계산은 개별원가계산과 함께 사용될 수 있으나, 종합원가계산과는 함께 사용될 수 없다.

내비게이션

•ABC시스템은 제조간접비를 활동별로 배부하는 것일 뿐 개별원가계산, 종합원가계산과 독립된 원가계산 방법이 아니다. 즉, ABC는 개별원가계산, 종합원가계산에 모두 사용가능하다.

3. 다음 중 활동기준원가계산제도(ABC)의 목적으로 가장 올바르지 않은 것은?

① 제조간접원가를 활동을 기준으로 배부함으로써 정확한 원가계산이 가능하다.
② 제품별로 보다 정확한 원가분석을 할 수 있다.
③ 활동별로 원가를 분석하고 관리함으로써 효율적인 원가절감을 가능하게 한다.
④ 직접재료가 이외의 모든 원가를 고정원가로 처리하여 원가계산의 간편성을 추구한다.

내비게이션

•④는 초변동원가계산에 대한 설명으로 ABC와는 관련이 없다.

4. 다음의 활동기준원가계산(ABC)과 관련된 설명 중 가장 옳지 않은 것은?

① 제품원가를 계산하기 위한 활동은 분석가능하나 고객·서비스 등의 원가대상에 대해서는 활동분석이 불가능하여 활동기준원가계산을 적용할 수 있다.
② 각 활동별로 적절한 배부기준을 사용하여 원가를 배부하기 때문에 종전에는 제품별로 추적불가능하던 제조간접원가도 개별제품에 추적가능한 직접원가로 인식되어져 원가계산이 보다 정확해진다.
③ 활동기준원가계산을 통해 산출된 정보는 원가계산 뿐만 아니라 관리회계 목적 정보도 제공할 수 있다.
④ 활동분석과 원가동인의 파악에 소요되는 비용과 시간이 크다는 단점이 존재한다.

내비게이션

•ABC는 제조업뿐만 아니라 서비스업에서도 적용이 가능하다.

5. 활동기준원가계산에 대한 설명 중 틀린 것은?

① 원가의 발생에 있어서 다양한 원가유발 요인을 인식하므로 보다 적정한 가격결정에 이용할 수 있다.
② 활동기준원가계산제도는 제조원가 중에서 제조간접원가의 비중이 높은 기업에 적용할 경우 보다 정확한 원가를 도출할 수 있다.
③ 활동분석을 통하여 비부가가치 활동을 제거하거나 감소시킴으로써 생산시간을 단축할 수 있다.
④ 전통적인 원가배분방법과 비교하여 원가집합과 원가동인의 수가 감소되므로 보다 효율적으로 원가를 구할 수 있다.

내비게이션

•원가를 활동별로 구분하므로 더 많은 원가동인이 필요하다.

ANSWER 1. ③ 2. ④ 3. ④ 4. ① 5. ④

단기속성특강 제202강		최신관리회계(ABM·LCC·COQ)

활동기준 경영관리 (ABM)	의의	•활동기준경영관리(ABM)는 활동기준원가계산이 제공하는 정보를 활용하여 기업의 경영성과를 개선하도록 설계된 경영관리시스템임. ▶ 활동기준원가계산정보를 기초로 기업의 가치분석, 예산관리, 전략분석 등을 통하여 여러가지 경영활동을 개선하는데 이용가능함. ▶ 품질·서비스향상, 납기단축, 저원가, 고객만족 등을 통해 고객가치증진 방법을 모색함. •ABM의 실행수단 : 전략분석, 가치분석, 원가분석, 활동기준예산
	가치분석	•공정개선과 원가절감의 관점에서 경영과정을 집중적으로 연구하는 것을 말함.
수명주기 원가계산 (LCC)	의의	•수명주기원가계산(LCC)은 연구개발에서 고객서비스에 이르기까지 제품수명주기의 각 단계별 수익과 비용을 추정함과 동시에 각 단계별로 수익창출 및 원가절감을 위해 취해진 제반 활동의 결과를 평가하기 위한 장기적 관점의 원가계산제도임. 🔎주의 단기적관점의 원가절감을 유도하는 것이 아님.
	특징	•제조이전단계에서 대부분의 제품원가가 결정된다는 인식을 토대로 연구개발단계와 제품설계단계에서부터 원가절감을 위한 노력을 기울여야 한다는 것을 강조함. •제품 또는 서비스의 수명주기 매 단계마다 모든 가치사슬단계에서 발생하는 수익과 비용에 대한 집계를 가능하게 하여 프로젝트 전체에 대한 이해가 향상됨.
품질원가 (COQ)	의의	•품질원가(COQ)란 불량품이 생산되지 않도록 하거나, 불량품이 생산된 결과로써 발생하는 모든 원가를 말함.
	품질원가 종류	❖사전품질원가(＝통제원가) ▶ 통제원가가 클수록 불량률은 작다.(∴역관계) { 예방원가 / 평가원가(발견원가) 표 } ❖사후품질원가(＝실패원가) ▶ 불량률이 클수록 실패원가는 크다.(∴정관계) { 내부실패원가 / 외부실패원가 표 }
	품질원가 최소점	•전통적 관점 : 허용가능품질수준(AQL) •최근의 관점 : 불량률이 0인 무결함수준

사전품질원가 표:

예방원가	평가원가(발견원가)
•불량품 생산을 예방키 위해 발생하는 원가 ▶ 예방원가가 많이 지출될수록 불량품의 발생 가능성은 낮아짐.	•불량품을 적발키 위해 발생하는 원가
① 품질관리시스템 기획원가, 예방설비 유지 ② 공급업체 평가원가, 품질교육원가 ③ 설계·공정·품질 엔지니어링원가	① 원재료나 제품의 검사·시험원가 ② 검사설비 유지원가 ③ 현장·라인검사원가

사후품질원가 표:

내부실패원가	외부실패원가
•불량품이 고객에게 인도되기 전에 발견됨으로써 발생하는 원가	•불량품이 고객에게 인도된 후에 발견됨으로써 발생하는 원가
① 공손품원가 ② 작업폐물원가 ③ 재작업원가, 재검사원가 ④ 작업중단원가	① 고객지원원가, 보증수리원가, 교환원가 ② 반품원가(반품운송,재작업,재검사 포함) ③ 손해배상원가 ④ 판매기회상실에 따른 기회비용

참고 목표원가계산

의의	•목표가격(시장가격)으로부터 목표이익을 차감하여 목표원가를 도출 •제조 이전단계에서 가치공학 등을 수행하여 목표원가를 달성하고자 하는 기법
절차	① 잠재고객의 요구를 충족하는 제품을 개발함. ② 고객이 인지하는 가치와 경쟁기업의 가격 등을 고려하여 목표가격을 산출함. ③ 목표가격에서 목표이익을 고려하여 목표원가를 산출함. ④ 목표원가를 달성하기 위한 가치공학을 수행함.

FINAL 객관식뽀개기

기출 & 적중문제

1. 다음 중 기업의 경쟁력 증대에 크게 기여하는 활동 기준경영관리(ABM)의 실행수단으로 가장 옳지 않은 것은?

① 상태분석   ② 가치분석
③ 활동기준예산의 수립   ④ 전략분석

🔵 내비게이션

•상태분석(X) → 원가분석(O)

2. 다음의 수명주기원가계산(LCC)과 관련된 설명 중 가장 옳지 않은 것은?

① 제조이후단계에서 대부분의 제품원가가 결정된다는 인식을 토대로 생산단계와 마케팅단계에서 원가절감을 위한 노력을 기울여야 한다는 것을 강조한다.
② 제품 또는 서비스의 수명주기 매 단계마다 모든 가치사슬단계에서 발생하는 수익과 비용에 대한 집계를 가능하게 하여 프로젝트 전체에 대한 이해가 향상된다.
③ 프로젝트와 관련하여 언제 어떤 가치사슬단계에서 얼마만큼의 원가가 발생하는 지를(비율로) 알게 됨으로써 상이한 가치사슬단계에서 원가발생의 상호관계 파악이 가능하다.
④ 신제품 개발에서 판매까지의 기간이 점차 짧아짐에 따라 제품의 수명주기 관리에 대한 중요성이 강조되고 있다.

🔵 내비게이션

•LCC는 제조이전단계에서 대부분의 제품원가가 결정된다는 인식을 토대로 연구개발단계와 제품설계단계에서부터 원가절감을 위한 노력을 기울여야 한다는 것을 강조한다.

3. 다음 중 제품의 검사 및 시험 등 필요로 인하여 소요되는 지출로서 불량품을 적발하기 위하여 필요한 품질원가로 가장 옳은 것은?

① 평가원가   ② 예방원가
③ 내부실패원가   ④ 외부실패원가

🔵 내비게이션

•사전품질원가
- 예방원가 : 불량품 생산을 예방하기 위해 발생하는 원가
  (예) 품질교육원가)
- 평가원가 : 불량품을 적발하기 위하여 발생하는 원가
  (예) 제품의 검사시험원가)

4. (주)A는 프린터를 생산하여 판매하고 있다. 다음은 품질원가와 관련한 정보이다. 외부실패원가는 얼마인가?

생산라인 검사원가	3,000원
생산직원 교육원가	1,000원
제품 검사원가	1,500원
반품원가	2,500원
구입재료 검사원가	2,000원
소비자 고충처리비	5,000원

① 1,000원   ② 1,500원
③ 7,500원   ④ 9,000원

🔵 내비게이션

•외부실패원가 : 불량품이 고객에게 인도된 후에 발견됨으로써 발생하는 원가
→2,500(반품원가)+5,000(소비자 고충처리비)=7,500
•예방원가 : 불량품 생산을 예방하기 위해 발생하는 원가
→생산직원 교육원가
•평가원가 : 불량품을 적발하기 위해 발생하는 원가
→생산라인 검사원가, 제품 검사원가, 구입재료 검사원가

5. 다음 중 목표원가계산을 위한 절차로 올바른 것은?

ㄱ. 목표원가를 달성하기 위한 가치공학을 수행한다.
ㄴ. 잠재 고객의 요구를 충족하는 제품을 개발한다.
ㄷ. 목표가격에서 목표이익을 고려하여 목표원가를 산출한다.
ㄹ. 고객이 인지하는 가치와 경쟁기업의 가격 등을 고려하여 목표가격을 산출한다.

① ㄷ→ㄱ→ㄴ→ㄹ   ② ㄱ→ㄴ→ㄷ→ㄹ
③ ㄷ→ㄹ→ㄱ→ㄴ   ④ ㄴ→ㄹ→ㄷ→ㄱ

🔵 내비게이션

•목표원가를 달성하기 위한 가치공학 수행이 마지막 절차이며, 가치공학(value engineering)이란 R&D,설계,제조,마케팅,유통,고객서비스에 이르는 모든 면을 체계적으로 평가,개선하여 고객의 요구를 충족하면서 원가를 절감하는 것을 말한다.

6. 활동기준경영관리(ABM)에서 비부가가치활동을 제거함으로써 고객에게 유리한 서비스를 제공할수 있는 능력을 갖추고 이를 개선하기 위해 공정개선과 원가절감의 관점에서 경영과정을 집중적으로 연구하는 것을 무엇이라고 하는가?

① 가치분석   ② 차이분석
③ 원가동인   ④ 선형계획법

단기속성특강 제203강 　　　　특별주문 수락·거부 의사결정

의사결정 총론	단기의사결정	•특별주문수락·거부 의사결정 등 ▶ 화폐의 시간가치 고려X
	장기의사결정	•자본예산 등 ▶ 화폐의 시간가치 고려O
	관련원가	•여러 대체안 사이에 차이가 발생하는 차액원가로서 의사결정시 직접 관련되는 원가
개요	고려사항	•특별주문으로 증가되는 수익(특별주문가격)과 변동비 •유휴설비능력이 있는 경우 유휴설비의 대체용도를 통한 이익상실분(기회원가) •유휴설비능력이 없는 경우 기존 정규매출감소로 인한 공헌이익상실분 •유휴설비능력이 없는 경우 설비능력 확충시 추가적 설비원가 　○주의 FOH는 특별주문의 수락여부와 관계없이 일정하게 발생하므로 일반적으로 분석에서 　　　제외하나, 조업도 수준에 따라 FOH가 증감하는 경우에는 고려함.
	특별주문수락 의사결정	① 유휴설비능력이 존재하는 경우 <div align="center">증분수익 > 증분원가</div> ② 유휴설비능력이 존재하고 대체적 용도가 있는 경우 <div align="center">증분수익 > 증분원가+기회원가</div> ③ 유휴설비능력이 존재하지 않는 경우 <div align="center">증분수익 > 증분원가+추가설비원가+기존판매량 감소분의 공헌이익</div>

 사례 ■ 특별주문 수락 · 거부 의사결정 ①

❖ 조업도에 따른 FOH는 다음과 같다.

조업도	FOH
0~20,000단위	₩150,000
20,001~30,000단위	230,000
30,001~50,000단위	290,000

•당기에 23,000단위를 생산하여 단위당 ₩250에 판매할 예정이며, 단위당 제조원가는 ₩180이다.
•판매관리비예산 : ₩30×판매량 + ₩140,000

[요구사항] 예산편성 후 B회사가 9,000단위를 ₩220에 구입제의를 해옴. 이 주문을 수락하면 기존시장의 판매량이 10%감소된다. 수락여부는?

풀이

•단위당변동비 : $180 - \dfrac{230,000}{23,000단위} + 30 = @200$

•주문수락시 총생산량은 29,700(23,000+9,000 - 23,000×10%)이므로 FOH는 변하지 않음.(고려X)

•증분수익 : 공헌이익증가 9,000×(220 - 200)　　　　= 180,000
　　　　　정규매출감소 23000×10%×(250 - 200) = (115,000)
　증분손익 : 　　　　　　　　　　　　　　　　　65,000 →∴수락

 사례 ■ 특별주문 수락·거부 의사결정 ②

❖ (주)못먹어도고는 계산기를 개당 ₩2,000에 판매하고 있다. 생산능력은 매기 12,000개, 개당 생산원가는 DM ₩750, DL ₩550, OH(변동비 75%, 회피불능고정비 25%) ₩480이다. 해외바이어가 방문하여 2,500개의 계산기를 특별주문하였다. 이 특별주문에 따른 유일한 판매비용은 운송료로 개당 ₩100이 소요된다. 현재 7,200개를 생산·판매하고 있다. 이 특별주문과 관련하여 받아야 하는 최소금액은?

풀이

•증분수익 : 2,500개×x / 증분비용 : 2,500개×(750+550+480×75%+100)=4,400,000
　증분손익 : 2,500개×x - 4,400,000≧0 에서, $x ≧ 1,760$

FINAL 객관식뽀개기 · 기출&적중문제

1. (주)A는 최근에 제품단위당 10,000원에 100단위를 구입하겠다는 제안을 받았다. 제품과 관련된 자료는 다음과 같으며 위 주문을 수락하더라도 시설이나 고정원가에는 아무런 영향을 초래하지 않으며, 유휴생산능력은 충분하다. 수락여부와 회사의 이익에 미치는 영향은 어떠한가?

구분	제품단위당 원가
직접재료원가	4,000원
직접노무원가	2,000원
변동제조간접원가	1,500원
고정제조간접원가	2,000원
변동판매비와관리비	500원
고정판매비와관리비	1,000원

① 수락, 200,000원의 이익 증가
② 수락, 250,000원의 이익 증가
③ 거절, 50,000원의 손실 발생
④ 거절, 100,000의 손실 발생

◉ 내비게이션

• 특별주문 수락의 경우

증분수익-증가 : 100단위x10,000	=	1,000,000
증분비용-증가 : 100단위x(4,000+2,000+1,500+500) =		(800,000)
증분이익		200,000

2. 다음 중 의사결정에 관한 설명으로 가장 올바르지 않은 것은?

① 고정원가가 당해 의사결정과 관계없이 계속 발생한다면 고정원가는 비관련원가 이다.
② 부품의 자가제조 또는 외부구입 의사결정시 회피가능원가가 외부구입원가보다 큰 경우에는 외부구입하는 것이 바람직하다.
③ 제품라인을 폐지한 후 유휴생산시설을 이용하여 발생시키는 수익은 의사결정시 고려하여야 한다.
④ 현재 시설능력을 100% 활용하고 있는 기업이 특별주문의 수락여부를 고려할 때 동 주문생산에 따른 추가 시설 임차료는 비관련원가이다.

◉ 내비게이션

• 비관련원가이다.(X) → 관련원가이다.(O)

3. (주)A는 계산기를 제조하여 개당 2,000원에 판매하고 있다. (주)A의 생산능력은 매기 12,000개이며, 이때 개당 생산원가는 직접재료원가 750원, 직접노무원가 550원, 제조간접원가(변동비 75%, 회피불능고정비 25%) 480원이다. 해외바이어가 방문하여 2,500개의 계산기를 특별주문하였다. 이 특별주문에 따른 유일한 판매비용은 운송료로 개당 100원이 소요된다. 현재 (주)A는 7,200개를 생산·판매하여 정상적인 판매경로를 통하여 판매하고 있다. (주)A가 이 특별주문을 수락하기 위하여 받아야 하는 단위당 최소금액은 얼마인가?

① 1,760원　　　　② 2,000원
③ 1,660원　　　　④ 1,780원

◉ 내비게이션

• 증분수익- 증가 : 2,500개xx　　　　　　= 2,500x
　증분비용- 증가 : 2,500개x(750+550+480x75%+100) = (4,400,000)
　증분손익　　　　　2,500x -4,400,000
　→∴2,500x -4,400,000≧0에서, x =1,760

4. (주)A는 단일 기계설비를 이용하여 두 종류의 제품 H와 L을 생산·판매해 오고 있다. 월간생산능력은 H제품만 생산할 경우 400개이다. H제품 1개 생산에 소요되는 시간은 L제품의 2배이다. 설비능력 및 시장수요를 감안한 3월 계획은 H제품 300개와 L제품 200개를 생산·판매하는 (즉, 기계설비를 100% 가동하는) 것이다. 최근 L제품 100개를 정규가격 이하인 단위당 50원에 3월 중 납품해 달라는 특별주문을 받았다. 단위당 원가 및 가격자료가 다음과 같을 때 특별주문을 받아들일 경우 (주)A의 이익은 당초 계획에 비해 어떻게 달라지겠는가?

	H 제품	L 제품
정규판매가격	100원	60원
직접재료원가	40원	20원
직접노무원가(변동원가)	20원	15원
변동제조간접원가	10원	5원
고정제조간접원가	20원	10원
합계	90원	50원

① 이익에 변화 없음　　② 1,000원 이익감소
③ 500원 이익감소　　　④ 2,000원 이익감소

◉ 내비게이션

• L제품 100개의 특별주문 수락을 위해 정규매출인 H제품 50개를 감소시켜야 한다.
• 증분수익 - 증가 : 100개×(@50 - @40) = 1,000[1]
　　　　　감소 : 50개×(@100 - @70) = (1,500)[2]
　증분손익　　　　　　　　　　　(500)
　[1]L추가판매에 따른 공헌이익 [2]H판매감소에 따른 공헌이익상실액

단기속성특강 제204강 | 제품라인 유지·폐지 의사결정

개요		
	고려사항	• 회사전체의 이익에 미치는 영향을 기준으로 폐지여부를 결정함. ▶ 제품라인의 유지 또는 폐지 문제에서는 제품라인 자체의 이익을 고려하여 결정하는 것이 아니라, 기업 전체적인 입장(goal congruence)에서 전체 이익에 미치는 영향을 분석해야 함. • 폐지로 인한 회피가능고정비 존재시 이 또한 고려함. ▶ 제품라인을 폐지할 경우 매출액과 변동원가는 사라지지만 고정원가는 회피가능고정원가(avoidable fixed costs)와 회피불가능고정원가(unavoidable fixed costs)로 나눌 수 있기 때문임.
	제품라인폐지 의사결정	제품라인의 공헌이익 < (회피가능고정원가+기회원가)

🔍 사례 ■ 제품라인의 유지 · 폐지 의사결정

❂ A,B,C 3가지 제품을 생산, 판매하고 있다. 올해 제품별 손익계산서는 다음과 같다.

구분		A	B	C	합계
매출액		₩200,000	₩300,000	₩500,000	₩1,000,000
매출원가	직접재료비	₩70,000	₩75,600	₩134,400	₩280,000
	직접노무비	₩48,000	₩64,000	₩88,000	₩200,000
	제조간접비	₩57,600	₩76,800	₩105,600	₩240,000
매출총이익		₩24,400	₩83,600	₩172,000	₩280,000
판매관리비		₩36,000	₩54,000	₩90,000	₩180,000
영업이익(손실)		(₩11,600)	₩29,600	₩82,000	₩100,000

세부고찰

– 매출원가 및 판매관리비에는 각각 고정비가 ₩90,000, ₩60,000이 포함되어 있다.
– VOH(변동제조간접비)는 DL(직접노무비)에 비례하고 변동판매관리비는 매출액에 비례하여 발생한다.
– 손실이 발생하고 있는 A제품을 내년부터 생산하지 않을 것을 검토하고 있다.
– A제품을 생산하지 않을 경우 고정비가 ₩4,500만큼 회피가능하고 A제품을 제조하던 설비를 월간 ₩2,000에 임대할 수 있으며 회사의 주요제품인 C제품의 매출액을 10% 증가시킬 수 있다.

[요구사항] A제품 생산라인을 폐지하여야 하는가?

✏️ **풀이**

• VOH : 240,000(OH)-90,000(FOH)=150,000

제품별 VOH

A	B	C
150,000×24%=36,000	150,000×32%=48,000	150,000×44%=66,000

• 변동판관비 : 180,000(판매관리비)-60,000(고정판관비)=120,000

제품별 변동판관비

A	B	C
120,000×20%=24,000	120,000×30%=36,000	120,000×50%=60,000

• A제품라인을 폐지할 경우 증분손익 분석

증분수익 - 감소 :	공헌이익감소(A) 200,000-70,000-48,000-36,000-24,000=	(22,000)
- 증가 :	임대수익 2,000×12개월=	24,000
- 증가 : 공헌이익증가(C) (500,000-134,400-88,000-66,000-60,000)×10%=		15,160
증분비용 - 감소 :	고정비=	4,500
증분이익		21,660

∴A제품라인을 폐지해야함.

FINAL 객관식뽀개기

기출 & 적중문제

1. ㈜A는 여러 사업부를 운영하고 있는 기업이며, 20x1년의 영업이익은 1,500,000원이다. 여러 사업부 중에서 사업부 갑의 공헌이익은 210,000원이고, 사업부 갑에 대한 공통원가 배분액은 220,000원이다. 공통원가배분액 중 120,000원은 사업부 갑을 폐지하더라도 계속하여 발생하는 것이다. 만약 사업부 갑을 폐지하였다면 영업이익은 얼마로 변하였겠는가?

① 1,350,000원   ② 1,390,000원
③ 1,600,000원   ④ 1,650,000원

◉ 내비게이션

• 증분수익- 감소 : 공헌이익   = (210,000)
  증분비용- 감소 : 공통원가배분액 = 100,000
  증분손실   (110,000)
  →∴영업이익 : 1,500,000-110,000 = 1,390,000

2. 다음은 세 사업부문(A, B, C)을 보유한 ㈜삼일의 손익계산서이다. 다음에 대한 분석으로 가장 올바른 것은? (단위 : 원)

	A사업부	B사업부	C사업부	합계
매출액	4,000	3,000	2,000	9,000
변동원가	2,400	2,000	1,200	5,600
공헌이익	1,600	1,000	800	3,400
회피불능원가	1,900	1,200	400	3,500
이익(손실)	(300)	(200)	400	(100)

① 사업부 A, B를 폐쇄하면 회사의 전체손실은 2,700원이 된다.
② 사업부 A, B를 폐쇄하면 회사의 전체손실은 1,900원이 된다.
③ 사업부 A, B를 폐쇄하면 회사의 전체손실은 2,500원이 된다.
④ 사업부 A, B, C를 폐쇄하면 현재의 전체손실 100원은 발생하지 않는다.

◉ 내비게이션

• A, B를 폐쇄시 전체손익 : 400-(1,900+1,200)=△2,700
[별해] 증분수익 - 감소 : 공헌이익 1,600+1,000=(2,600)
          증분비용 -없음 :   0
          증분손익   (2,600)
      →∴전체손익 : -100-2,600=△2,700
• A, B, C 모두를 폐쇄하면 회피불능원가(1,900+1,200+400)만큼 손실이 커진다.
[별해] 증분수익 - 감소 : 공헌이익 1,600+1,000+800=(3,400)
          증분비용 -없음 :   0
          증분손익   (3,400)
      →∴전체손익 : -100-3,400=△3,500

3. ㈜합격의 프로젝트 A에 대한 매출액은 200,000원, 변동원가는 100,000원이고, 고정원가는 150,000원이다. 고정원가 중 50,000원은 프로젝트 A를 포기하더라도 계속하여 발생하는 금액이다. 만약 ㈜합격이 프로젝트 A를 포기한다면 회사의 순이익은 어떻게 변화하는가?

① 50,000원 증가   ② 100,000원 증가
③ 150,000원 증가   ④ 변함없다.

◉ 내비게이션

• 증분수익 - 감소 : 200,000-100,000=(100,000)
  증분비용 - 감소 : 150,000-50,000= 100,000
  증분손익   0

4. (주)A의 11월 약식 손익계산서는 다음과 같다.

(단위 : 원)

	합계	甲부문	乙부문
매출액	200,000	80,000	120,000
변동원가	116,000	32,000	84,000
공헌이익	84,000	48,000	36,000
추적가능고정비용	60,000	20,000	40,000
부문이익	24,000	28,000	(4,000)
공통고정비	10,000	4,000	6,000
영업이익	14,000	24,000	(10,000)

각 부문이 폐쇄된다면 각 부문의 추적가능 고정비용의 3/4은 회피가능하다. 이 회사는 공통고정비를 각 부문의 매출액에 비례하여 배분하고 있다. 이 회사는 乙부문을 폐쇄할 경우 甲부문의 매출이 10% 감소할 것으로 예측하고 있으나 甲부문을 폐쇄할 경우 乙부문의 매출에는 영향이 없을 것으로 예측하고 있다. 이 회사가 乙부문을 폐쇄하기로 결정한다면 회사 전체의 영업이익은 얼마가 되는가?

① 18,000원   ② 3,200원
③ 13,200원   ④ 8,000원

◉ 내비게이션

• 乙부문 폐쇄시 영업이익에 미치는 효과
  감소(감소하는 공헌이익) : 36,000(乙)+48,000×10%(甲) = (40,800)
  증가(감소하는 고정비) : 40,000×3/4   = 30,000
                                    (10,800)
• 乙부문 폐쇄시 회사의 영업이익
  14,000 - 10,800 = 3,200

단기속성특강 제205강		**자가제조·외부구입 의사결정**

개요	고려사항	•자가제조시 관련원가와 외부구입가격을 고려 　♀주의 자가제조시 증감하는 고정비도 관련원가이므로 이도 고려함(예 자가제조시 추가 고용 감독 　자급료) 　　　i) 회피가능고정비 : 관련원가○　ii) 회피불능고정비 : 관련원가 × •외부구입시 다음을 고려함. 　① 기존설비 임대가 가능한 경우 : 임대수익을 고려 　② 기존설비로 다른제품 생산시 : 관련수익과 변동비를 고려(＝다른제품 공헌이익)
	비재무적정보	•자가제조의 경우는 부품 공급업자에 대한 의존도를 줄일 수 있는 장점이 있음. •자가제조의 경우는 설비투자 등으로 인해 고정비 부담이 증가하는 단점이 있음. •자가제조의 경우는 향후 급격한 주문증가에 대해 별도의 추가적 시설투자가 필요하므로 많은 비 　용이 발생하는 단점이 있음. •제품에 특별한 지식이나 기술이 요구될 때 자가제조를 하면 품질을 유지하기가 용이하지 않음. •외부구입의 경우 부품의 품질유지를 외부공급업자에게 의존하는 위험이 존재함.
	외부구입 의사결정	① 기존설비의 대체용도가 있는 경우 　　증분수익(변동원가＋회피가능고정원가＋기회원가) ＞ 증분비용(외부구입원가) ② 기존설비의 대체용도가 없는 경우 　　증분수익(변동원가＋회피가능고정원가) ＞ 증분비용(외부구입원가)

 사례 ■ **부품의 자가제조 · 외부구입 의사결정**

❖ 전년도 점화플러그 150,000개 자가제조(부문B에서 생산중)의 제조원가는 DM(직접재료비) ₩200,000, DL(직접노무비) ₩150,000, OH(제조간접비) ₩400,000이었다.(∴단위당원가는 ₩5) OH 중 25%가 변동비, FOH(고정제조간접비) 중 ₩150,000은 점화플러그를 생산치 않더라도 변하지 않는 본사 OH 배분액이며 FOH중 ₩100,000은 자가제조 중단시 회피가능하고, 나머지 ₩50,000은 생산감독자급료이다. 자가제조 중단시 부문B의 생산감독자는 같은 급료로 부문A로 자리를 옮기게 되는데 이 경우 회사는 부문 A의 생산감독자를 외부에서 채용하기 위하여 지급하는 급료 ₩40,000을 절약할 수 있다.

[요구사항] 1. 외부공급업자가 단위당 ₩4에 공급 제의시 수락여부는?(단, 올해생산량은 전년도와 다를 수 있다.)
　　　　　2. 제의수락시 부문B의 공장공간을 창고로 사용가능함. 이에 따라 외부창고 보관요금 ₩50,000 절약가능시 수락여부?

세부고찰　🖋풀이

1. 올해생산예정량을 x 라 하면, 외부구입의 경우

증분비용　: 증가 $x \times 4$　　　　　　　＝$(4x)$　　　　┐ i) $x < 140,000$일 때 → 외부구입
　　　　　: 감소 $x \times 3 + 140,000$　＝$\underline{3x + 140,000}$　├ ii) $x = 140,000$일 때 → 무차별
증분손익　　　　　　　　　　　　　＝ $-x + 140,000$　┘ iii) $x > 140,000$일 때 → 자가제조

2. 올해생산예정량을 x 라 하면, 외부구입의 경우

증분비용　: 증가 $x \times 4$　　　　　　　　　　　　＝$(4x)$　　　　　　┐ i) $x < 190,000$일 때 → 외부구입
　　　　　: 감소 $x \times 3 + 140,000 + 50,000$　＝$\underline{3x + 190,000}$　├ ii) $x = 190,000$일 때 → 무차별
증분손익　　　　　　　　　　　　　　　　　　　＝ $-x + 190,000$　┘ iii) $x > 190,000$일 때 → 자가제조

FINAL 객관식뽀개기

기출 & 적중문제

1. ㈜A는 부품의 자가제조 또는 외부구입에 대한 의사 결정을 하려고 한다. 이때 고려해야 하는 비재무적 정보에 대한 설명 중 가장 올바르지 않은 것은?

① 자가제조할 경우 부품의 공급업자에 대한 의존도를 줄일 수 있는 장점이 있다.

② 자가제조할 경우 향후 급격한 주문의 증가에 대해 별도의 투자없이 대처할 수 있는 장점이 있다.

③ 자가제조할 경우 기존 외부공급업자와의 유대관계를 상실하는 단점이 있다.

④ 자가제조할 경우 제품에 특별한 지식이나 기술이 요구될 때 품질을 유지하기 위한 관리가 별도로 필요하게 되는 단점이 있다.

📍 내비게이션

• 부품을 자가제조할 경우 향후 급격한 주문의 증가에 대해 별도의 추가적 시설투자가 필요하므로 많은 비용이 발생하는 단점이 있다.

2. ㈜A는 제조에 필요한 부품을 자가제조할 것인지 아니면 외부구입할 것인지의 여부에 대한 의사결정을 하려고 한다. 다음 설명 중 가장 옳은 것은?

① 변동원가만이 관련원가이다.

② 고정원가가 당해 의사결정과 관계없이 계속 발생한다면 고정원가도 관련원가이다.

③ 당해 의사결정에 따라 회피가능한 고정원가는 관련원가이다.

④ 회피가능고정원가가 외부구입원가보다 큰 경우에는 자가제조하는 것이 바람직하다.

📍 내비게이션

• ① 자가제조 관련원가를 분석할 때는 자가제조와 관련된 변동원가뿐만 아니라 자가제조를 중단하는 경우 회피 가능한 고정원가(avoidable fixed cost)도 고려해야 한다.
• ② 고정원가가 당해 의사결정과 관계없이 계속 발생한다면 고정원가는 비관련원가이다.
• ④ 회피가능고정원가가 외부구입원가보다 큰 경우에는 외부구입하는 것이 바람직하다.

3. ㈜A의 부품제조에 대한 원가자료는 다음과 같다.

직접재료원가	180원/1단위
직접노무원가	70원/1단위
변동제조간접원가	50원/1단위
총고정제조간접원가	300,000원
생산량	10,000단위

외부제조업자가 이 부품의 필요량 10,000단위를 전량 납품하겠다고 제의하였다. 부품을 외부에서 구입할 경우 고정제조간접원가의 1/3을 회피할 수 있다면, 다음 중 ㈜A가 최대한 허용할 수 있는 부품의 단위당 구입가격은 얼마인가?

① 360원   ② 330원

③ 320원   ④ 310원

📍 내비게이션

• 증분비용 – 증가 : (10,000단위×x)
           감소 : 10,000단위×(180+70+50)+300,000/3=3,100,000
  증분손익   3,100,000-10,000x
→3,100,000-10,000$x \geqq 0$에서, $x \leqq 310$

4. 부품을 자가제조하고 있는 어떤 기업이 외부에서 부품을 구입하는 대안을 고려하고 있다고 가정할 경우 가장 부적절한 의사결정은 무엇인가(단, 고정제조간접원가는 당해 부품 생산설비의 감가상각비만 존재한다고 가정한다)?

① 금액적인 증분수익과 증분원가 이외에 외부공급처의 지속적 확보 여부, 품질의 동질성 등 비재무적 요인도 고려하여야 한다.

② 유휴설비를 1년간 임대해 주고 임대료를 받을 수 있는 경우에는 변동제조원가 절감액과 임대료 수입액의 합계에서 외부부품 구입대금을 차감한 금액이 0(영)보다 큰 경우 외부구입 대안을 선택한다.

③ 유휴설비의 다른 용도가 없는 경우에는 변동제조원가 절감액에서 외부구입 대금을 차감한 금액이 0(영)보다 큰 경우 외부구입 대안을 선택한다.

④ 유휴설비를 다른 제품의 생산에 이용할 수 있는 경우에는 변동제조원가 절감액에서 외부부품 구입대금을 차감한 금액이 0(영)보다 큰 경우 외부구입 대안을 선택한다.

📍 내비게이션

• 유휴설비를 다른 제품의 생산에 이용할 수 있는 경우에는 변동제조원가 절감액과 다른 제품 공헌이익의 합계액에서 외부부품 구입대금을 차감한 금액이 0(영)보다 큰 경우 외부구입 대안을 선택한다.

| 단기속성특강 제206강 | 추가가공여부 의사결정 |

개요

결합제품
- 결합제품(연산품)이란 동일한 종류의 원재료를 투입하여 동시에 생산되는 서로 다른 2종 이상의 제품을 말하며, 투입된 원재료의 원가를 결합원가라고 함.
  ▶ 예 정유업의 경우, 원유라는 동일한 원료를 사용하여 공정처리를 거치다가 나중에야 휘발유, 등유, 경유 등으로 분리되어 생산되어짐.(원유원가=결합원가)
  ▶ 결합제품이 개별적으로 식별가능한 시점을 분리점이라고 하며, 분리점 이전에 발생한 원가가 결국 결합원가임.
  ▶ 분리점 이후 개별제품은 즉시 판매할 수도 있고 추가가공하여 판매할 수도 있음.

고려사항
- 이미 투입된 분리점 이전까지의 결합원가는, 분리점에서 판매하든지 추가가공 후에 판매하든지 관계없이 이미 발생한 원가(=매몰원가)이므로 의사결정시 고려되지 않음.

추가가공여부 의사결정
① 다음의 경우는 추가가공함.

| (추가가공 후 판매가격 – 분리점에서의 판매가격) > 추가가공원가 |
| 증분수익   증분비용 |

② 다음의 경우는 즉시판매함.(추가가공하지 않음)

| (추가가공 후 판매가격 – 분리점에서의 판매가격) < 추가가공원가 |
| 증분수익   증분비용 |

세부고찰

 사례 ■ **결합제품의 추가가공여부 의사결정**

✪ Y회사는 A, B, C의 세 가지 결합제품을 생산하고 있으며 결합원가는 분리점에서의 상대적 판매가치에 의해 배분된다. 관련자료는 다음과 같다.

	A	B	C	합계
결합원가	?	₩10,000	?	₩50,000
분리점에서의 판매가치	₩80,000	?	?	₩200,000
추가가공원가	₩3,000	₩2,000	₩5,000	
추가가공후 판매가격	₩85,000	₩42,000	₩90,000	

만약, A, B, C 중 하나만을 추가가공한다면 어느 제품을 추가 가공하는 것이 가장 유리하며, 이 때 추가 가공으로 인한 이익은 얼마인가?

✍풀이
....

- 제품별 증분손익 계산

	A	B	C	합계
분리점에서의 판매가치	80,000	40,000	80,000	200,000
추가가공후 판매가치	85,000	42,000	90,000	
증분수익	5,000	2,000	10,000	
증분비용(추가가공원가)	(3,000)	(2,000)	(5,000)	
증분이익	2,000	0	5,000	

→ ∴C를 추가가공하는 것이 가장 유리함.
  이 경우 추가가공으로 인한 이익 : 5,000

FINAL 객관식뽀개기 · 기출&적중문제

1. (주)A는 유행이 지난 의류 500벌을 보유하고 있다. 이 제품에 대한 총제조원가는 25,000,000원이었으나 현재로는 의류 한 벌당 40,000원에 처분하거나 10,000,000원을 투입하여 개조한 후 의류 한 벌당 65,000원에 판매할 수밖에 없는 상황이다. 다음 설명 중 가장 옳은 것은?

① 개조하여 판매하는 것이 그대로 처분하는 것보다 2,500,000원만큼 유리하다.

② 그대로 의류 한 벌당 40,000원에 처분하면 2,500,000원의 손실이 발생한다.

③ 총제조원가 25,000,000원은 두 가지 대안 중 한 가지 대안을 선택할 경우에 고려하여야 하는 관련원가이다.

④ 10,000,000원의 추가비용을 지출하지 않고 한 벌당 40,000원에 판매하는 것이 가장 유리하다.

🔍 내비게이션

• 개조한 후 판매의 경우

증분수익- 증가 : 500벌x(@65,000-@40,000) = 12,500,000

증분비용- 증가 : 추가가공원가 = (10,000,000)

증분이익   2,500,000

참고 총액접근법

<u>그대로 처분하는 경우 개조후 판매의 경우</u>

매출 20,000,000   매출 32,500,000 →증분수익 12,500,000

원가 <u>25,000,000</u>   원가 <u>35,000,000</u> →증분비용 10,000,000

△ 5,000,000   △ 2,500,000 →증분이익 2,500,000

2. (주)서울은 제1공정에서 제품A와 B를 생산하고 있으며 20x1년 생산량 및 원가자료는 다음과 같다.

	제품A	제품B	계
결합원가	?	?	50,000원
생산량	200단위	300단위	
판매단가	2,000원	2,500원	

제품A는 제2공정에서 제품C 200단위(판매단가 3,000원)로 추가가공할 수 있다. 제품A를 추가가공하는데 소요된 원가는 200,000원이다. 제품A의 판매비는 150,000원이고, 제품C의 판매비는 100,000원이다. 제품A를 모두 제품C로 추가가공하여 판매하는 경우 이익은 얼마나 증가하는가?

① 10,000원   ② 20,000원

③ 50,000원   ④ 60,000원

🔍 내비게이션

• 추가가공하여 판매하는 경우 증분손익

증분수익 - 증가 : 200단위×3,000-200단위×2,000 = 200,000

증분비용 - 증가 : 추가가공원가 = (200,000)

감소 : 150,000-100,000 = 50,000

50,000

∴추가가공하는 경우 이익이 50,000 증가한다.

단기속성특강 제207강 보조부문 유지·폐쇄 의사결정

개요	•보조부문 폐쇄시 외부구입 용역량과 보조부문 가동시 용역량은 차이가 있음. •보조부문 폐쇄시 해당 보조부문의 원가뿐만 아니라 다른 보조부문의 원가도 일부 절감 가능 •보조부문 고정비는 폐쇄와 관계없이 계속 발생하므로 비관련원가임.

구분	보조부문			제조부문	
	A부문	B부문	C부문	X부문	Y부문
A부문	–	40%	20%	20%	20%
B부문	–	–	10%	40%	50%
C부문	50%	–	–	10%	40%

	A부문	B부문	C부문
변동비	₩40,000	₩48,000	₩12,000
고정비	₩80,000	₩52,000	₩68,000
	부문의 기능	원가배분기준	용역생산량
A부문	수선	수선시간	3,000시간
B부문	재료처리	재료처리시간	8,000시간
C부문	전력	kwh	6,000kwh

계산절차
[참고사항]

[요구사항] 필요구입량과 kwh당 최대구입가격?(C보조부문의 폐쇄시 분석)

[1단계] 용역흐름도

[2단계] 필요구입량 계산

① C의 50%가 제조부문에 배분되므로 이는 무조건 필요구입량에 포함(C×50%)
② C의 나머지 50%는 A에 배분되며 이 중,

20%	•C의 폐지로 필요없는 양이므로 고려치 않음.
40%	•제조에 배분되므로 필요구입량에 포함(C×50%×40%)
40%	•B에 배분되며 그 중 90%가 제조에 배분되므로 포함(C×50%×40%×90%)

∴필요구입량 : $6,000 \times 50\% + 6,000 \times 50\% \times 40\% + 6,000 \times 50\% \times 40\% \cdot 90\% = 5,280$kwh

[3단계] 감소되는 변동원가 계산

•C : →∴전액원가감소
•A : $A \times 40\% + A \times 40\% \times 90\% = 0.76A$ →∴24% 원가감소
•B : $B \times 90\% = 0.9B$ →∴10% 원가감소

[4단계] 증분손익 계산

•증분비용 - 증가 : $(5,280\text{kwh} \times x)$
감소 : $\underline{12,000(\text{C폐쇄시변동비})+40,000 \times 24\%(\text{A변동비감소})+48,000 \times 10\%(\text{B변동비감소})}$
•증분손익 $26,400 - 5,280x$

[5단계] 최대구입가격 계산

•증분손익≧0이어야 구입할 것이므로 최대구입가격은 이를 만족시키는 값이어야 함
∴단위당최대구입가격 : $26,400 - 5,280x \geq 0 \rightarrow x \leq 5 \rightarrow \therefore 5$

FINAL 객관식뽀개기

기출&적중문제

1. 특정 제품의 폐지와 관련한 의사결정에서 고려해야 하는 관련정보로 옳지 않은 것은?

① 폐지되는 제품의 변동원가
② 폐지되는 제품의 회피가능고정원가
③ 폐지 여부에 관계없이 발생하는 고정원가
④ 제품 폐지에 따라 발생하는 타제품의 이익감소액

내비게이션

• 폐지 여부에 관계없이 발생하는 고정원가는 비관련원가이므로 고려할 필요가 없다.

2. 어떤 부품을 자가제조할 것인가 아니면 외부구입할 것인가 하는 의사결정에서 고려할 사항이 아닌 것은?

① 직접재료원가와 직접노무원가
② 고정제조간접원가
③ 회피가능 제조간접원가
④ 기회원가

내비게이션

• 의사결정시 고려해야 할 관련원가는 변동원가, 회피가능 고정원가, 기회원가의 세 가지이다. 고정제조간접원가 중에는 회피가능원가만이 관련원가가 된다.

3. 다음 중 특별주문의 수락여부 의사결정시 성격이 다른 하나는 어느 것인가?

① 설비자산에 대한 감가상각비
② 특별주문으로부터 발생하는 추가 고정원가
③ 특별주문으로부터 발생하는 변동원가
④ 특별주문으로부터 발생하는 기회원가

내비게이션

• 설비자산의 감가상각비는 고정원가로서 비관련원가이다.

4. (주)A는 두 개의 제조부문 X, Y와 세 개의 보조부문 A, B, C를 두고 있다. 부문간 용역제공비율 등의 자료는 다음과 같다. 만약 회사가 C 보조부문을 폐쇄하고 대신 외부로부터 구입한다면 얼마나 구입하여야 하는가?

구분	보조부문			제조부문	
	A부문	B부문	C부문	X부문	Y부문
A부문	−	40%	20%	20%	20%
B부문	−	−	10%	40%	50%
C부문	50%	−	−	10%	40%

	부문의 기능	원가배분기준	용역생산량
A부문	수선	수선시간	3,000시간
B부문	재료처리	재료처리시간	8,000시간
C부문	전력	kwh	6,000kwh

① 6,000kwh
② 5,280kwh
③ 4,330kwh
④ 3,260kwh

내비게이션

• [1단계] 용역흐름도

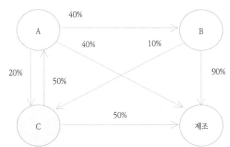

• [2단계] 필요구입량 계산
① C의 50%가 제조부문에 배분되므로 이는 무조건 필요구입량에 포함 (C×50%)
② C의 나머지 50%는 A에 배분되며 이 중,
  i) 20% – C의 폐지로 필요없는 양이므로 고려치 않음
  ii) 40% – 제조에 배분되므로 필요구입량에 포함(C×50%×40%)
  iii) 40% – B에 배분되며 그 중 90%가 제조에 배분되므로 포함 (C×50%×40%×90%)
∴필요구입량 = 6,000×50% + 6,000×50%×40% + 6,000×50%× 40%×90% = 5,280kwh

단기속성특강 제208강 　　　　　제한된 자원의 사용

개요	제한된 자원(제약조건)이 없을 때	• 단위당 공헌이익이 큰 제품을 생산
	제한된 자원이 하나 있을 때	• 제한된 자원단위당 공헌이익이 큰 제품을 생산 ▶ 즉, 제한된 자원 한단위로 얻을 수 있는 공헌이익이 큰 제품을 생산

세부고찰

사례 ■ 이익극대화 생산계획

❂ 세 가지 제품 A, B, C와 관련된 자료는 다음과 같다.

	A	B	C
단위당판매가	100	120	50
단위당비용			
DM	50	37	9
DL	16	20	6
VOH	10	40	20
FOH	2	8	4
판매비(모두변동비)	14	5	4
단위당이익	8	10	7
연간시장수요량	4,000단위	2,000단위	3,000단위

[요구사항]
회사는 VOH를 기계시간당 ₩20, FOH를 기계시간당 ₩4씩 배부하고 있다. A를 1단위 생산하는데 0.5기계시간, B를 1단위 생산하는데 2기계시간, C를 1단위 생산하는데 1기계시간이 소요된다.
이용가능한 기계시간은 연간 7,000시간이다. 이익을 극대화하기 위한 최적생산계획은?

 풀이

	A	B	C
단위당판매가격	100	120	50
단위당변동비	90	102	39
단위당공헌이익	10	18	11
단위당기계시간	÷0.5시간	÷2시간	÷1시간
기계시간당공헌이익	20	9	11

• 기계시간당공헌이익이 큰 순서인 A→C→B의 순으로 생산해야 함

제품	생산량	소요시간	소요시간누계
A	4,000개	4,000개×0.5시간=2,000시간	2,000시간
C	3,000개	3,000개×1시간=3,000시간	5,000시간
B	1,000개	1,000개×2시간=2,000시간	7,000시간

∴A 4,000개, C 3,000개, B 1,000개 생산함.

FINAL 객관식뽀개기　　　기출 & 적중문제

1. A회사는 5가지의 제품을 생산하고 있다. 이 회사는 다른 자원은 충분한데 기계의 가동시간(M)은 한정되어 제약조건이 되고 있다. 각 제품 1단위당 기계소요시간을 Mi 라고 하고, 각 제품의 판매가격은 Ai, 변동비는 Vi 라고 하자. 이 회사의 최적 생산량을 결정하기 위해서는 다음 중 어느 것이 높은 제품을 먼저 생산할 것인가?

① $Aii - Vi$ (제품단위당 공헌이익)

② $\dfrac{Ai - Vi}{Ai}$ (제품단위당 공헌이익률)

③ $\dfrac{Ai - Vi}{Mi}$ (제품의 기계시간당 공헌이익)

④ $\dfrac{(Ai - Vi)/Ai}{Mi}$ (제품의 기계시간당 공헌이익률)

📍 **내비게이션**

• 제약자원이 존재할 때 제약자원 단위당 공헌이익이 가장 큰 것을 먼저 생산해야 하므로, 제약자원인 기계시간당 공헌이익이 가장 큰 것을 우선적으로 생산하여야 한다.

〔예시〕 제품 A, B, C 생산에 기계시간이 제한되어 있는 경우

	A	B	C
공헌이익	16원	25원	25원
단위당기계시간	1.1시간	2시간	0.8시간
기계시간당공헌이익	$\dfrac{16}{1.1}$ =14.5	$\dfrac{25}{2}$ =12.5	$\dfrac{25}{0.8}$ =31.25

→ ∴C를 우선적으로 생산한다.

2. (주)A는 세 가지 제품 X, Y, Z를 생산·판매하고 있다. 매월 이용가능한 기계시간은 총 20,000시간으로 제한되어 있다. 20x1년 4월중 예상되는 각 제품의 단위당 판매가격, 단위당 변동원가, 단위당 소요되는 기계시간 및 최대시장수요량이 다음과 같을 때, 20x1년 4월에 예상할 수 있는 최대 공헌이익은 얼마인가?

	X	Y	Z
단위당판매가격	20원	30원	40원
단위당변동원가	14원	18원	32원
단위당기계시간	3시간	4시간	2시간
최대시장수요량	7,000	5,400	4,000

① 60,000원　　② 64,600원
③ 67,000원　　④ 68,000원

📍 **내비게이션**

• 제한된자원(기계시간) 단위당공헌이익이 가장 큰 제품을 먼저 생산한다.
• 생산우선순위 결정

	X	Y	Z
단위당판매가격	20	30	40
단위당변동비	14	18	32
단위당 공헌이익	6	12	8
단위당기계소요시간	3시간	4시간	2시간
시간당 공헌이익	2	3	4
생산우선순위	3순위	2순위	1순위

• 최대공헌이익

제품	생산량	기계시간	공헌이익
Z	4,000개	8,000시간	4,000개×8 = 32,000
Y	3,000개	12,000시간	3,000개×12 = 36,000
계		20,000시간	68,000

단기속성특강 제209강 　　　　가격결정

의의	중요성		•가격결정은 기업의 수익흐름을 지배하며, 특정재화·용역의 판매가능성은 제품의 가격결정에 의해 직접적으로 영향을 받으므로 중요한 의사결정임.
	고려사항	고객의 반응	•가격인상 → 구매포기(경쟁기업 제품구입이나 저렴한 대체품 구입) •가격인하 → 수요증가
		경쟁기업의 반응	•경쟁이 극심 → 가격인하가 일반적 •경쟁이 전무 → 가격인상이 일반적
		원가행태	•원가보다 낮게 설정 → 기업의 손해 •원가보다 높게 설정 → 판매부진 가능
	♀주의 **제조기술** 　원가절감을 가져오므로 원가에 반영될 수는 있으나 가격결정요소(고려사항)와는 무관함.		

결정방법	경제학적 가격결정방법		•이익극대화점인 '한계수익=한계비용'인 점에서 최적판매가격이 결정됨.
	회계학적 가격결정방법 {원가가산} {가격결정}	공헌이익 접근법 이익가산율	•고정제조간접원가와 고정판관비를 회수하고 적정이익을 얻을 수 있도록 가격을 설정 원가가산항목 ⇒ 　FOH/고정판관비/목표이익 기초(기준) 원가 ⇒ 　변동원가(DM/DL/VOH/변동판관비)
		전부원가 접근법 이익가산율	•판관비를 원가부분에서 고려하는 것이 아니라 원가가산항목으로 포함시키고 적정이익을 얻을 수 있도록 가격을 설정 원가가산항목 ⇒ 　변동판관비/고정판관비/목표이익 기초(기준) 원가 ⇒ 　전부원가(DM/DL/VOH/FOH)
		총원가 접근법 이익가산율	•판관비를 포함한 모든 원가를 기초원가에 포함시키고 원가가산항목은 목표이익만을 고려해주는 것 원가가산항목 ⇒ 　목표이익 기초(기준) 원가 ⇒ 　총원가(DM/DL/VOH/FOH/변동판관비/고정판관비)
	목표(원가) 가격결정방법	의의	•목표원가는 목표이익을 달성해주는 장기적 원가추정치를 말함.
		특징	•원가는 대부분 설계·개발단계에서 결정된다고 보아, 설계·개발단계에서의 원가절감을 강조함. ▶ 즉 목표원가를 먼저 설정한 후 목표원가가 달성되도록 제품을 설계함. ♀주의 제조단계에서 원가절감을 모색하는 것이 아님. •목표원가를 달성하기 위한 가치공학을 수행함.

가격전략	상층흡수가격	•초기시장진입가격은 높게 설정 후, 시장점유율을 높이기 위해 가격을 인하하는 정책
	시장침투가격	•초기에 시장점유율을 높이기 위해 초기시장진입가격을 낮게 설정하는 정책
	약탈가격	•경쟁자를 시장에서 축출하기 위해 일시적으로 가격을 인하하는 정책으로 경쟁자가 없어진 후 다시 가격을 인상하여 이익을 얻기 위한 정책

FINAL 객관식뽀개기

기출 & 적중문제

1. 신제품출시 초기에 높은 시장점유율을 얻기 위한 가격정책으로 초기 시장진입가격을 낮게 설정하는 가격정책을 무엇이라 하는가?

① 약탈가격　　　　　② 입찰가격
③ 상층흡수가격　　　④ 시장침투가격

◉ 내비게이션

•시장침투가격에 대한 설명이다.

2. 가격결정방법 중 공헌이익접근법을 사용하여 제품가격을 결정할 때 이익이 판매량에 관계없이 일정액으로 유지되도록 가격을 설정하려고 하면, 그 가격은 어느 수준에서 설정되어야 하는가?

① 기초원가
② 변동원가
③ 고정 및 변동원가와 목표이익의 합계액
④ 총제조원가

◉ 내비게이션

•판매가격이 변동원가수준에서 설정되면 제품판매량이 증가 혹은 감소하더라도 공헌이익이 증가 혹은 감소되지 않고 항상 ₩0이 된다.

3. 다음 중 가격결정시 고려되는 요소 중 가장 올바르지 않은 것은?

① 고객　　　　　② 제조기술
③ 경쟁자의 행동　④ 원가

◉ 내비게이션

•고려사항 : 고객의 반응, 경쟁기업의 반응, 원가행태

4. 제품의 정상적인 가격결정방법으로 가장 옳지 않은 것은 어느 것인가?

① 원가가산 가격결정방법　　② 목표가격결정방법
③ 경제학적 가격결정방법　　④ 협상가격결정방법

◉ 내비게이션

•협상가격은 정상적인 가격결정방법으로 인정되지 않는다.

5. 다음의 조건에 적합한 가격결정방법은 어느 것인가?

> · 단기이익을 극대화하기 위하여 초기 시장진입가격은 높게 설정하고, 점진적으로 시장점유율을 높이기 위해 가격을 내리는 가격정책
> · 제품의 가격탄력성이 낮고 시장에 제품 진입이 한정되어 있는 제품에 적합한 정책

① 입찰가격　　　　　② 시장침투가격
③ 상층흡수가격　　　④ 약탈가격

◉ 내비게이션

•상층흡수가격에 대한 설명이다.

6. 다음 가격결정 방식 중에서 원가가산 가격결정방법에 대한 설명으로 가장 올바르지 않은 것은?

① 원가에 적정 이윤을 가산하여 결정하기 때문에 적정이윤을 확보할 수 있다.
② 장기적인 관점의 관련원가인 변동원가와 고정원가를 고려하여 가격을 결정한다.
③ 한계수익과 한계비용이 일치하는 점에서 제품의 판매가격이 결정되므로 기업의 이익을 극대화한다.
④ 원가를 계산하는 방법에 따라 공헌이익접근법, 전부원가접근법, 총원가접근법으로 분류한다.

◉ 내비게이션

•경제학적 가격결정방법에 대한 설명이다.

단기속성특강 제210강   대체가격(TP) 일반사항

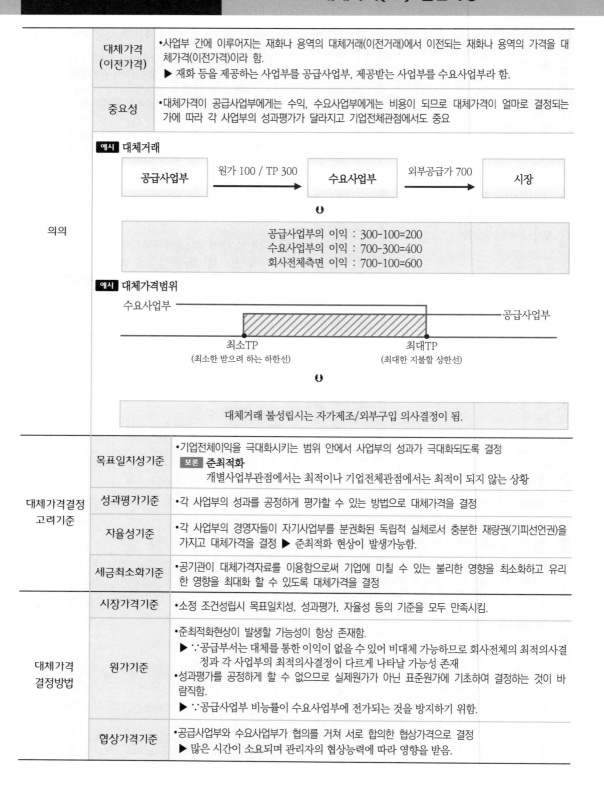

의의	대체가격 (이전가격)	•사업부 간에 이루어지는 재화나 용역의 대체거래(이전거래)에서 이전되는 재화나 용역의 가격을 대체가격(이전가격)이라 함. ▶ 재화 등을 제공하는 사업부를 공급사업부, 제공받는 사업부를 수요사업부라 함.
	중요성	•대체가격이 공급사업부에게는 수익, 수요사업부에게는 비용이 되므로 대체가격이 얼마로 결정되는가에 따라 각 사업부의 성과평가가 달라지고 기업전체관점에서도 중요

예시 대체거래

공급사업부 → 원가 100 / TP 300 → 수요사업부 → 외부공급가 700 → 시장

공급사업부의 이익 : 300-100=200
수요사업부의 이익 : 700-300=400
회사전체측면 이익 : 700-100=600

예시 대체가격범위

수요사업부 ──────────────── 공급사업부

최소TP (최소한 받으려 하는 하한선)   최대TP (최대한 지불할 상한선)

대체거래 불성립시는 자가제조/외부구입 의사결정이 됨.

대체가격결정 고려기준	목표일치성기준	•기업전체이익을 극대화시키는 범위 안에서 사업부의 성과가 극대화되도록 결정 **보론** 준최적화 　개별사업부관점에서는 최적이나 기업전체관점에서는 최적이 되지 않는 상황
	성과평가기준	•각 사업부의 성과를 공정하게 평가할 수 있는 방법으로 대체가격을 결정
	자율성기준	•각 사업부의 경영자들이 자기사업부를 분권화된 독립적 실체로서 충분한 재량권(기피선언권)을 가지고 대체가격을 결정 ▶ 준최적화 현상이 발생가능함.
	세금최소화기준	•공기관이 대체가격자료를 이용함으로써 기업에 미칠 수 있는 불리한 영향을 최소화하고 유리한 영향을 최대화 할 수 있도록 대체가격을 결정
대체가격 결정방법	시장가격기준	•소정 조건성립시 목표일치성, 성과평가, 자율성 등의 기준을 모두 만족시킴.
	원가기준	•준최적화현상이 발생할 가능성이 항상 존재함. ▶ ∵공급부서는 대체를 통한 이익이 없을 수 있어 비대체 가능하므로 회사전체의 최적의사결정과 각 사업부의 최적의사결정이 다르게 나타날 가능성 존재 •성과평가를 공정하게 할 수 없으므로 실제원가가 아닌 표준원가에 기초하여 결정하는 것이 바람직함. ▶ ∵공급사업부 비능률이 수요사업부에 전가되는 것을 방지하기 위함.
	협상가격기준	•공급사업부와 수요사업부가 협의를 거쳐 서로 합의한 협상가격으로 결정 ▶ 많은 시간이 소요되며 관리자의 협상능력에 따라 영향을 받음.

1. (주)합격은 A사업부와 B사업부로 구성되어 있다. B사업부는 A사업부에서 생산되는 부품을 가공하여 완제품을 생산한다. B사업부에서 부품 한 단위를 제품으로 완성하는데 추가로 소요되는 원가가 12,500원이며 완제품의 개당 판매가격은 25,000원이다. 부품의 외부시장가격이 단위당 17,500원일 경우 B사업부가 받아들일 수 있는 최대대체가격은 얼마인가?

① 12,500원　　　　② 15,000원
③ 17,500원　　　　④ 25,000원

🔘 **내비게이션**

• 최대TP : Min[① 외부구입가격 ② 판매가격-대체후 단위당지출원가]
→Min[① 17,500 ② 25,000-12,500=12,500]=12,500

2. 사업부간 대체가격 결정방법에는, 대체재화의 원가를 기준으로 결정하는 원가기준과 대체재화의 시장 가격을 기준으로 결정하는 시장가격기준이 있다. 다음 중 각 방법의 특징으로 가장 옳지 않은 것은?

① 원가기준은 공급사업부가 원가를 통제하도록 하는 경제적인 동기를 제공하지 못한다.
② 원가기준은 이미 회계 시스템에 기록된 원가자료를 이용하므로 적용이 용이하다.
③ 시장가격기준은 많은 시간이 소요되며 사업부 관리자의 협상능력에 따라 영향을 받는다.
④ 시장가격기준은 시장가격이 존재할 경우 객관적이며 적절한 경제적인 동기를 제공한다.

🔘 **내비게이션**

• 많은 시간이 소요되며 사업부 관리자의 협상능력에 따라 영향을 받는 것은 시장가격기준이 아니라 협상가격기준의 단점이다.

3. 다음 중 사내대체가격(transfer price)의 결정기준이 아닌 것은?

① 목표일치성기준　　　　② 공정한 성과평가
③ 합리적인 원가배분　　　　④ 자율성 제고

🔘 **내비게이션**

• 대체가격과 원가배분은 관련이 없다.

4. 대체가격(transfer price)의 결정방법과 관련한 설명이다. 가장 타당하지 않은 설명은 어느 것인가?

① 완전경쟁시장과 각 사업부의 자율성이 존재하는 등의 조건을 충족하는 경우 시장가격은 목표일치성, 성과평가, 자율성 등의 대체가격결정기준을 모두 만족시킨다.
② 시장가격기준 대체가격은 개별사업부의 관점에서는 최적이지만 기업전체의 관점에서는 최적이 되지 않는 준최적화현상이 나타날 가능성이 항상 존재한다.
③ 원가기준 대체가격은 공급사업부의 비능률이 수요사업부로 이전될 수 있으므로 동기부여 및 성과평가에 유용하지 못하다.
④ 협상가격기준 대체가격은 많은 시간과 노력이 소모될 수 있으므로 적용이 용이하지 않다.

🔘 **내비게이션**

• 원가기준 대체가격은 개별사업부의 관점에서는 최적이지만 기업전체의 관점에서는 최적이 되지 않는 준최적화현상이 나타날 가능성이 항상 존재한다.

5. 완전경쟁시장이 존재하는 경우 분권화된 사업부 조직에서 사업부간 공정한 성과평가를 위한 기준으로 가장 적절한 것은?

① 원가 또는 시가 중 낮은 가액
② 시장가격
③ 위탁가격
④ 변동원가

🔘 **내비게이션**

• 시장가격은 시장에서 형성되는 가장 객관적인 가격이므로 각 사업부간 성과평가를 공정하게 할 수 있는 수단으로서 유용하게 이용된다. 다만, 재화나 용역이 거래되는 완전경쟁시장이 존재하지 않는 경우에는 사용할 수 없다.

6. 다음 중 대체가격 결정방법으로 옳지 않은 것은?

① 원가기준　　　　② 조정가격기준
③ 시장가격기준　　　　④ 협상가격기준

🔘 **내비게이션**

• 대체가격 결정방법 : 시장가격기준, 원가기준, 협상가격기준

단기속성특강 제211강 　　　　최대·최소대체가격

수요사업부 최대TP	외부구매시장 없는 경우	• 판매가격 − 대체후단위당지출원가 ▶ 대체후단위당지출원가 = 추가가공원가 + 증분단위당고정비 + 단위당추가판매비
	외부구매시장 있는 경우	• Min[① 외부구입가격 ② 판매가격 − 대체후단위당지출원가] 🔎주의 대체후지출없이 판매시 일반적으로 판매가>외부구입가, 즉, 최대TP=외부구입가

🔍 사례 ▪ 수요사업부 최대TP 계산

❂ B사업부는 A사업부 부품을 가공하여 완제품을 생산함. 이 때 추가가공원가는 단위당 ₩52, 판매가격은 단위당 ₩100, 각 사업부는 판매처 등 자율선택가능. A부품 외부시장가가 @40일 때 B의 최대TP?
→Min[40, 100 − 52] = 40

공급사업부 최소TP	외부판매시장 없는 경우	• 대체시단위당지출원가 − 대체시절감원가 ▶ 대체시단위당지출원가 = 단위당변동비 + 증분단위당고정비
	외부판매시장 있는 경우	❖유휴시설이 없는 경우 • 대체시단위당지출원가 + 정규매출상실공헌이익 − 대체시절감원가 ❖유휴시설이 있는 경우 • 대체시단위당지출원가 + 타용도사용포기이익 − 대체시절감원가

🔍 사례 ▪ 공급사업부 최소TP 계산

❂ A는 부품을 외부시장에 판매하거나 B로 대체가능함. B는 연간 A의 부품2 100단위가 필요함.

> [A의 관련자료] 연간최대생산능력 1,000단위, 단위당외부시장가격 ₩40
> 단위당변동비(변동판관비포함) ₩26, 단위당고정비(1,000단위기준) ₩10

1. A부품의 외부시장수요가 연간 1,000단위일 때 최소TP?
2. A부품의 외부시장수요가 연간 900단위일 때 최소TP?
3. A부품의 외부시장수요가 연간 1,000단위이상이나 사내대체시 ₩3의 변동판관비 절감가능시 최소TP?
→1. 26+(40−26)=40　2. 26　3. 26+(40−26)−3=37

기업 전체관점	**최대TP>최소TP (대체)** ▶ 공급사업부 : (A−최소TP)만큼 이익, 수요사업부 : (최대TP−A)만큼 이익 ▶ 회사전체 : (최대TP−최소TP)만큼 이익
	최대TP<최소TP (비대체) ▶ 공급사업부 : (최소TP−A)만큼 손실, 수요사업부 : (A−최대TP)만큼 손실 ▶ 회사전체 : (최소TP−최대TP)만큼 손실

FINAL 객관식뽀개기

기출&적중문제

1. (주)합격은 A사업부(부품생산)와 B사업부(가공하여 완제품 생산)로 이루어져 있다. 부품은 자체적으로 외부에 판매가 가능하다. A사업부의 경영자는 부품판매가격을 150원에서 140원으로 낮추어 판매량이 1,000단위가 되게하는 대안과 600단위는 150원에 판매하고 400단위는 B사업부에 대체하는 대안이 A사업부에 동일한 이익을 가져올 것이라고 생각한다. B사업부에 제안하게 될 적절한 대체가격은?

완제품판매가격 200원	부품판매가격	150원
A사업부 부품변동비		100원
B사업부 완성원가(변동비)		100원

① 50원 ② 110원
③ 135원 ④ 125원

📍 내비게이션

- 1,000단위×(@140 - @100) = 600단위×(@150 - @100) + 400단위대체이익
  → 400단위대체이익 = 10,000
  → 즉, 400단위 대체로 인한 이익이 10,000이 되도록 결정하면 됨
  ∴(TP - @100)×400단위 = 10,000, TP = 125

2. (주)A의 반도체사업부는 반도체를 생산하고 있으며 연간 생산능력은 100,000단위이다. (주)A의 반도체사업부 원가자료는 아래와 같다. 고정원가는 생산량과 관련없이 연간 일정하게 발생한다.

단위당 외부판매가격	600원
단위당 변동원가	400원
단위당 고정원가(연간 100,000단위 기준)	100원

(주)A의 가전사업부에서는 연간 20,000단위의 반도체를 외부에서 580원에 조달하고 있다. 반도체사업부가 생산하는 제품 전량을 외부시장에 판매가능하고 내부대체시 단위당 변동원가를 30원 절감할 수 있는 경우, 회사 전체의 이익극대화를 위한 반도체의 단위당 최소대체가격은 얼마인가?

① 400원 ② 500원
③ 570원 ④ 600원

📍 내비게이션

- 공급사업부(반도체사업부)최소TP
  =대체시지출원가+정규매출상실공헌이익-대체시절감원가
- 대체시지출원가(단위당변동비+증분단위당고정비) : 400+0=400
  정규매출상실공헌이익 : 600-400=200(전량을 외부에 판매가능하므로 이를 대체시 외부판매를 포기해야 함)
  대체시절감원가 : 30
- 최소TP : 400+200-30=570

3. 밸브 생산능력이 100,000단위인 (주)A의 단위당 자료는 다음과 같다.

밸브 시장가격	300원	변동비 160원
고정비(생산능력기준)		90원

이 회사는 밸브를 이용한 펌프제작공장을 보유하고 있다. 이 공장은 현재 연간 10,000단위의 밸브를 290원에 외부로부터 조달하고 있다. 회사가 생산하는 밸브의 전량을 외부에 판매할 수도 있고 사내대체할 수도 있으며 사내대체시 단위당 30원의 변동비를 절감할 수 있다. (주)A가 이익을 극대화할 수 있는 두 부문의 대체가격으로 옳은 것은?

① 270원 ② 250원
③ 310원 ④ 300원

📍 내비게이션

- 공급사업부의 최소TP
  외부판매시장 O, 외부시장수요가 충분하여 유휴시설이 없는 경우임.
  → ∴160+(300 - 160) - 30 = 270
- 수요사업부의 최대TP : 외부구매시장 O
  → ∴Min[i)290 ii)판매가격 - 이] = 290
- 대체가격의 범위 : 270≤TP≤290

4. (주)합격은 A사업부와 B사업부로 이루어져 있다. A사업부는 부품을 생산하고 B사업부는 이를 가공하여 완제품을 제조하는데, 이들 부품과 완제품은 모두 시장에서 거래되고 있다. 회사는 사업부별 책임회계제도를 채택하고 있으며 수익과 원가자료는 다음과 같다.

완제품의 단위당 시장가격	500원
부품의 단위당 시장가격	300원
A사업부의 부품 생산원가(변동비)	150원
B사업부의 추가가공원가(변동비)	100원

A사업부의 최대생산능력은 월간 1,000단위이고 부품의 시장수요는 월간 800단위이다. A사업부가 B사업부에 나머지 200단위를 대체할 때 적용할 수 있는 대체가격이 될 수 없는 것은?

① 150원 ② 200원
③ 250원 ④ 350원

📍 내비게이션

- 공급사업부의 최소TP : 외부판매시장 O 유휴시설 O
  → ∴150 - 0 - 0 = 150
- 수요사업부의 최대TP : 외부구매시장 O
  → ∴Min[i)300 ii)500 - 100 = 400] = 300
- 대체가격의 범위 : 150≤TP≤300

단기속성특강 제212강 　자본예산과 현금흐름의 추정

기본원칙	증분기준	•투자안의 채택시와 비채택시의 차액(증분)현금흐름을 사용함.
	감가상각비	•감가상각비는 현금유출이 아니나, 감가상각비의 절세효과는 현금유입처리 함.
	이자비용	•자본비용(할인율)에 반영되어 있으므로 이자비용은 고려하지 않음.
	세후기준	•세금을 차감한 후의 현금기준으로 함.
	인플레이션	•명목현금흐름은 명목할인율로, 실질현금흐름은 실질할인율로 할인해야 함.
투자시점 현금흐름 { 일반적으로 기초발생가정 }	투자금액	•현금유출처리
	투자세액공제	•현금유입처리
	구자산처분	•자산처분손익의 법인세효과를 고려하여 현금유입처리 $$처분가-(처분가-장부가)\times세율=S-(S-B)\times t$$
	운전자본	•신자산취득시 운전자본에 대한 추가투자(재고자산증가, 매출채권증가)가 일반적 •운전자본소요액은 투자시점의 현금유출처리 ▶ 투자종료시점에 전액 회수되는 것으로 가정하여 현금유입처리
투자기간 현금흐름 { 일반적으로 기말발생가정 }	영업현금흐름	•매출증가액, 현금비용증가액 등 ▶ 법인세 차감 후 금액을 현금유입·유출 처리
	감가상각비 절세효과	•현금유입처리 ▶ 감가상각비×세율
	원가절감액	•투자로 인한 원가절감액을 현금유입처리 •원가절감액(비용감소액)으로 인한 증세효과를 현금유출처리 ▶ 원가절감액×세율
종료시점 현금흐름	잔존가치처분	•투자종료시점의 자산처분손익의 법인세효과를 고려하여 현금유입처리 $$처분가-(처분가-장부가)\times세율=S-(S-B)\times t$$
	운전자본회수	•종료시점의 운전자본총액을 현금유입처리

🔎 사례 ■ 현금흐름 추정

❖ (주)A에는 잔존가치(장부금액)가 ₩300,000인 수동기계가 있다. 당해 연도에 자동기계로 대체할 것을 검토하고 있다. 자동기계의 구입가격은 ₩500,000(정액법 상각)이고 내용연수는 2년, 잔존가치는 ₩0이다. 자동기계를 사용시 연간 ₩300,000의 현금운영비가 절감되리라 예상되며 현재 수동기계를 매각하면 ₩200,000을 받을 수 있다. 회사의 최저필수수익률은 10%이고 법인세율은 40%이다.

	1년	2년	3년
현가계수(10%)	0.909	0.826	0.751

자동기계로 대체할 경우 기대되는 순현재가치는 얼마인가? (2년후 수동·자동기계 처분은 없다고 가정)

📝풀이

	0	1~2
구입가	(500,000)	-
구자산처분	200000-(200,000-300,000)×40%=240,000	-
운영비절감	-	300,000×(1-40%)=180,000
감가상각비절세효과	-	250,000×40%=100,000

→∴280,000×0.909+280,000×0.826-260,000 = 225,800

FINAL 객관식뽀개기

기출 & 적중문제

1. 다음 중 자본예산을 편성하기 위해 현금흐름을 추정할 때 주의해야 할 사항으로 옳지 않은 것은?

① 과거의 투자결정을 통해서 이미 현금유출이 이루어진 매몰원가는 고려하지 말아야 한다.

② 고정자산에 대한 실제 현금유출은 이미 그 투자시점에 전액 현금유출로 파악되었으므로 감가상각비를 다시 현금유출로 계상하는 것은 이중계산이 된다.

③ 감가상각비를 계상함으로써 발생하는 세금의 절약분인 감가상각비 감세효과는 현금흐름을 파악할 때 반드시 고려해야 한다.

④ 이자비용은 현금흐름 추정시 항상 할인율이 아닌 현금흐름에 반영해야 한다.

내비게이션

• 금융비용은 현금의 유출이지만, 타인자본에 대한 자본비용인 이자비용은 현재가치를 계산할 때 사용되는 할인율(자본비용)을 통해 반영되는 항목이므로 현금흐름의 계산에서 이자비용을 계산하고 다시 할인율을 적용하는 것은 이중계산이 된다. 따라서 이자비용이 전혀 없는 상황을 가정하여 현금흐름을 추정해야 한다.

2. 장기의사결정시에는 미래현금흐름을 추정한다. 다음 중 장기의사결정을 위한 현금흐름 추정의 기본원칙이 아닌 것은?

① 증분기준에 의한 현금흐름을 추정하여야 한다.

② 이자비용은 할인율을 통해 반영되므로 현금흐름 산정시 이자비용을 반영하지 않는다.

③ 법인세는 회사가 통제할 수 없기 때문에 현금흐름을 추정할 때 고려해서는 안 된다.

④ 감가상각비 감세효과는 현금흐름을 추정할 때 고려해야 한다.

내비게이션

• 법인세를 납부하는 것은 명백한 현금의 유출에 해당하므로 현금흐름을 파악할 때에는 반드시 법인세를 차감한 후의 세후 현금기준으로 고려해야 한다.

3. 다음 중 자본예산을 편성하기 위해 현금흐름을 추정할 때 주의해야 할 사항으로 가장 올바르지 않은 것은?

① 명목현금흐름은 명목할인율로 할인해야 하며, 실질현금흐름은 실질할인율로 할인하여야 한다.

② 세금을 납부하는 것은 현금의 유출에 해당하므로 세금을 차감한 후 현금흐름을 기준으로 추정하여야 한다.

③ 이자비용은 명백한 현금유출이므로 현금흐름 추정에 반영해야 한다.

④ 감가상각비를 계상함으로써 발생하는 세금의 절약분인 감가상각비 절세효과는 현금흐름을 파악할 때 반드시 고려하여야 한다.

내비게이션

• 이자비용은 자본비용(할인율)에 반영되어 있으므로 고려하지 않는다.

4. ㈜A의 경영진은 새로운 투자안을 검토 중이며, 경영진이 분석한 이 투자안의 순현재가치(NPV)는 영(0)보다 큰 값이 산출되었다. 그러나 재무담당자인 김하준 팀장이 분석해 보았을 때는, 이 투자안의 순현재가치(NPV)가 영(0)보다 작아 경제성이 없는 것으로 판단하였다. 김하준 팀장의 분석이 옳다고 가정했을 때, 이 기업의 경영진은 순현재가치(NPV)를 산출하는 과정에서 어떤 오류를 범하였을 가능성이 있겠는가?

① 세금을 차감하기 전의 금액을 기준으로 계산하였다.

② 투자종료시점의 투자안의 처분가치를 너무 낮게 추정하였다.

③ 자본비용을 너무 높게 추정하였다.

④ 투자시점의 투자세액공제액을 현금흐름에 포함시키지 않았다.

내비게이션

• ① 세금을 차감하기 전의 금액을 기준으로 계산하면 NPV가 커진다.

② 투자종료시점의 투자안의 처분가치를 너무 낮게 추정하면 NPV가 작아진다.

③ 자본비용을 너무 높게 추정하면 NPV가 작아진다.

④ 투자시점의 투자세액공제액을 현금흐름에 포함시키지 않으면 NPV가 작아진다.

단기속성특강 제213강 　자본예산모형(회수기간법·ARR법)

분류	비할인모형 (화폐의 시간가치 고려X)	•회계적이익률법	비현금모형 (I/S상 순이익에 기초)
		•회수기간법	
	할인모형 (화폐의 시간가치 고려O)	•순현재가치법	현금모형 (실제현금흐름에 기초)
		•내부수익률법	
		•수익성지수법	

보론 ① 상호독립적 투자안 : 투자안 A선택이 투자안 B와 무관한 경우를 말함.
② 상호배타적 투자안 : 투자안 A선택시 투자안 B가 기각되는 경우를 말함.

회수기간법	의의	•현금유입으로 투자비용을 회수시 소요기간으로 평가 회수기간 = 투자액 ÷ 연간현금유입액 예시 회수기간계산 ▶ 회수기간 = 2년+1년× $\dfrac{6,000-(2,000+1,000)}{4,000}$ = 2.75년
	의사결정	상호독립적 투자안 ⎯ •'회수기간 < 목표(기준)회수기간'이면 채택
		상호배타적 투자안 ⎯ •회수기간이 가장 짧은 투자안 채택
	단점	•회수기간 이후의 현금흐름을 무시 •화폐의 시간가치를 무시 •목표회수기간을 설정하는데 자의적 판단이 개입

참고 ① 손익분기기간(손익분기법) : '유출액현가=유입액현가'가 되는 기간
② 긴급회수기간(손실회피회수기간법) : '투자액=유입액+처분가'가 되는 기간

ARR법 (회계적 이익률법)	회계적이익률	최초투자액기준 APR	평균투자액기준 APR
		$\dfrac{연평균순이익}{최초투자액}$	$\dfrac{연평균순이익}{연평균투자액(=\dfrac{최초투자액+잔존가}{2})}$
		▶ 연평균순이익은 감가상각후/세후금액임. ○주의 현금흐름표에서 '영업현금흐름 = 순이익+감가상각비'이므로 →∴순이익 = 영업현금흐름-감가상각비	
	의사결정	상호독립적 투자안 ⎯ •'투자안의 ARR > 목표ARR'이면 채택	
		상호배타적 투자안 ⎯ •ARR이 가장 큰 투자안 채택	
	단점	•화폐의 시간가치를 무시 •현금흐름이 아닌 회계이익에 기초하므로 회계처리방법에 따라 이익이 상이 •목표수익률을 설정하는데 자의적 판단이 개입	

FINAL 객관식뽀개기

기출 & 적중문제

1. 투자대안의 전체 내용년수 동안의 현금흐름을 고려하는 자본예산기법은 무엇인가?

① 내부수익률법, 순현재가치법
② 내부수익률법, 회수기간법
③ 순현재가치법, 회수기간법
④ 내부수익률법, 순현재가치법, 회수기간법

⊙ 내비게이션

• 회수기간법은 회수기간 이후의 현금흐름을 고려하지 않는다.

2. 다음은 투자안 타당성 평가와 관련한 담당이사들의 대화내용이다. 각 담당이사별로 선호하는 모형을 올바르게 짝지은 것은?

> 최이사 : 저는 투자안 분석의 기초자료가 재무제표이기 때문에 자료확보가 용이한 (A)모형을 가장 선호합니다.
> 박이사 : (A)모형의 경우 현금흐름이 아닌 회계이익에 기초하고 있다는 단점이 있습니다. 그래서 저는 현금흐름을 기초로 화폐의 시간가치를 고려하는 (B)모형을 선호합니다. 이 모형은 투자기간 동안 자본비용으로 재투자된다고 보기 때문에 가장 현실적인 가정을 하고 있습니다.

	(A)	(B)
①	내부수익률법	순현재가치법
②	회계적이익률법	순현재가치법
③	회수기간법	내부수익률법
④	회계적이익률법	회수기간법

3. 장기의사결정을 위한 방법 중 회수기간법은 여러 가지 이론적인 단점에도 불구하고 실무상 많이 사용되고 있다. 다음 중 회수기간법이 실무에서 많이 사용되는 이유로 가장 타당하지 않은 것은?

① 비현금자료도 반영되는 포괄적 분석기법이다.
② 기업의 유동성확보 관련 의사결정에 유용하다.
③ 화폐의 시간적 가치를 고려하지 않으므로 순현재가치법, 내부수익률법에 비해서 적용하기가 쉽다.
④ 투자후반기의 현금흐름이 불확실한 경우에는 유용한 평가방법이 될 수 있다.

⊙ 내비게이션

• 회수기간법은 비현금자료가 반영되지 않는다.

4. 기업실무조사를 한 결과 이론적인 단점에도 불구하고 투자안을 평가할 때 회수기간법이 많이 사용되고 있다. 다음 중 회수기간법의 장점을 올바르게 설명한 것은?

① 기업의 유동성 확보와 관련된 의사결정에 유용하다.
② 회수기간 이후의 현금흐름을 고려하므로 기업의 장기적 성장을 가져오는 투자안을 올바르게 평가할 수 있다.
③ 목표회수기간을 설정하는데 자의적인 판단을 배제한다.
④ 비현금자료도 반영되는 포괄적 분석기법이다.

⊙ 내비게이션

• ② 회수기간 이후의 현금흐름을 고려하지 않는다.
  ③ 목표회수기간을 설정하는 데 자의적인 판단이 개입된다.
  ④ 비현금자료가 반영되지 않는다.

5. (주)A는 10,000,000원의 기계장치를 구입하려고 하고 있다. 이 기계장치를 구입함으로써, 각 년도별로 (주)A가 절약할 수 있는 현금은 아래와 같다. 이 기계장치의 회수기간은 얼마인가? 단, 법인세와 감가상각비는 무시한다.

1년째 2,000,000원, 2년째 2,000,000원
3년째 5,000,000원, 4년째 1,000,000원
5년째 3,000,000원

① 3년 ② 3.5년
③ 4년 ④ 4.5년

⊙ 내비게이션

• 2,000,000+2,000,000+5,000,000+1,000,000=10,000,000, 따라서, 4년이다.

6. (주)A는 20,000원에 기계를 구입할 예정이며 기계를 사용할 때 원가절감액은 다음과 같다. 연중 현금흐름이 고르게 발생한다고 가정하고 이 투자안의 회수기간을 계산하면 얼마인가?

	20×1년	20×2년	20×3년	20×4년
원가절감액	5,000원	9,000원	8,000원	6,000원

① 2.75년 ② 2.95년
③ 3.05년 ④ 3.45년

⊙ 내비게이션

• $2년 + \dfrac{20,000 - (5,000 + 9,000)}{8,000} = 2.75년$

| 단기속성특강 제214강 | 자본예산모형(NPV법·IRR법·PI법) |

NPV법 (순현재가치법)	의의	NPV = 현금유입의 현가 — 현금유출의 현가	
		보론 할인율 : 자본비용(=최저필수수익률 =최저요구수익률)	
	의사결정	상호독립적 투자안	•'NPV > 0'인 투자안 채택
		상호배타적 투자안	•NPV가 가장 큰 투자안 채택
	장점	•자본비용으로 재투자된다고 가정하므로 현실적임. •현금흐름과 화폐가치 고려 •가치가산원칙[NPV(A+B) = NPV(A)+NPV(B)]이 성립 •기업가치극대화 만족 •계산이 간단하며, 회계적 수치와 무관하므로 자의성 제거가능	
	단점	•정확한 자본비용의 추정에 어려움이 있음. •확실성하에서만 성립하는 모형	
IRR법 (내부수익률법)	의의	IRR : '현금유입의 현가 = 현금유출의 현가'로 만드는 할인율	
		주의 결국, IRR은 'NPV=0'인 할인율임. 보론 IRR은 자본비용의 손익분기점이라는 의미를 갖음.(즉, 자본비용보다 크면 이익)	
	의사결정	상호독립적 투자안	•'IRR > 자본비용'이면 채택
		상호배타적 투자안	•IRR이 가장 큰 투자안 채택
	장점	•현금흐름과 화폐가치 고려 •회계적 수치와 무관하므로 자의성 제거가능	
	단점	•내부수익률로 재투자된다고 가정하므로 지나치게 낙관적이라는 문제점 있음. •IRR을 계산하기가 어렵다. •IRR은 금액이 아닌 비율(투자규모 무시)이므로 가치가산원칙이 성립치 않음. •현금흐름에 따라서는 IRR이 복수이거나, IRR이 존재치 않을 수 있는 문제점 있음.	

보론 **NPV법의 우월성**

NPV법	IRR법
•계산이 간단 •자본비용으로 재투자된다고 가정하므로 현실적임. •금액으로 투자결정 •가치가산원칙이 성립	•계산이 복잡 •내부수익률로 재투자된다고 가정하므로 지나치게 낙관적임. •비율로 투자결정 •가치가산원칙이 불성립

PI법 (수익성지수법)	의의	PI(수익성지수) = 현금유입의 현가 ÷ 현금유출의 현가	
		주의 PI=1이면, NPV=0	
	의사결정	상호독립적 투자안	•'PI > 1'이면 채택
		상호배타적 투자안	•PI가 가장 큰 투자안 채택

FINAL 객관식뽀개기

기출 & 적중문제

1. 순현재가치법(NPV법)에 대한 설명으로 가장 적절한 것은?

① 투자안에 대한 회계적이익을 고려하여 계산하기 간편하다.
② 상호 독립적인 투자안의 경우에는 가치가산의 원칙이 성립하지 않는다.
③ 순현재가치법에 의하면 기업의 가치를 극대화할 수 있는 투자안을 선택할 수 있다.
④ 투자기간 동안의 현금흐름을 내부수익률로 재투자한다고 가정한다.

내비게이션

- ① NPV법은 회계적이익이 아니라 현금흐름을 고려한다.
  ② 가치가산의 원칙이 성립한다.
  ④ 내부수익률(X) → 자본비용(O)

2. ㈜A는 내용연수가 3년인 기계장치에 투자하려고 하고 있다. 기계장치를 구입하면, 처음 2년 동안은 매년 10,000,000원, 그리고 3년째에는 6,000,000원의 현금지출운용비를 줄일 수 있을 것으로 판단하고 있다. ㈜A는 12%의 할인율을 사용하고 기계장치에 대한 투자액의 현재가치는 16,000,000원이라고 할 때, 기계장치에 대한 투자안의 NPV는 얼마인가(단, 이자율 12%의 1원당 현재가치는 1년은 0.89, 2년은 0.8, 3년은 0.71이며 법인세는 없는 것으로 가정한다)?

① 5,160,000원
② 7,300,000원
③ 10,000,000원
④ 12,100,000원

내비게이션

- (10,000,000×0.89+10,000,000×0.8+6,000,000×0.71)-16,000,000
  =5,160,000

3. 다음은 순현재가치법과 내부수익률법에 대한 설명이다. 가장 옳지 않은 설명은?

① 내부수익률법은 투자기간 동안의 현금흐름을 자본비용으로 재투자한다고 가정하고 있다.
② 두 방법 모두 화폐의 시간적 가치를 고려하는 방법이다.
③ 내부수익률법은 투자안의 내부수익률이 자본비용 이하이면 그 투자안을 기각한다.
④ 순현재가치법은 투자안의 순현재가치가 0 보다 작으면 그 투자안을 기각한다.

내비게이션

- 내부수익률법은 현금흐름을 내부수익률로 재투자한다고 가정한다.

4. ㈜A는 컴퓨터지원 설계 및 제조시스템 도입을 검토하고 있다. 동 시스템의 도입시 20,000시간의 직접노동시간을 절감할수 있을 것이며 시간당 임률은 20,000원이다. 또한 480,000,000원의 원초 투자액이 소요되며, 연간 200,000,000원의 추가운용비용이 발생될 것으로 추정되어 있다. 동 시스템의 내용연수는 6년, 잔존가치는 없으며 정액법에 의해 감가상각을 할 예정이다. 세율은 30%이며, 자본비용은 20%이다. 이 경우 연간 세후 순현금유입액은 얼마인가?

① 120,000,000원
② 136,000,000원
③ 146,000,000원
④ 164,000,000원

내비게이션

- 매년 감가상각비 : $\frac{480,000,000}{6년}$ =80,000,000

- 매년 노무비 절감액 : 20,000시간×@20,000 = 400,000,000

- 매년 현금흐름

노무비절감액	:	400,000,000
노무비절감 세금효과	: 400,000,000x30% =	(120,000,000)
추가운용비용	:	(200,000,000)
추가운용비용 세금효과	: 200,000,000x30% =	60,000,000
감가상각비 절세효과	: 80,000,000x30% =	24,000,000
		164,000,000

5. ㈜상일은 10,000원에 기계를 구입할 예정이며, 이 기계를 정액법에 의하여 5년간 감가상각하기로 하고 잔존가치는 없을 것으로 추정하고 있다. 이 기계는 매년 법인세비용차감전 기준으로 5,000원의 현금유입을 발생시킬 수 있다. 이 투자안의 회수기간은 얼마인가(단, 감가상각비 이외에 추가적인 비용은 발생하지 않으며, 법인세율은 40%이다)?

① 약 3.65년
② 약 2.63년
③ 약 4.11년
④ 약 4.25년

내비게이션

- 매년 현금유입 : ㉠+㉡=3,800
  ㉠ 법인세차감후 현금유입 : 5,000x(1-40%)=3,000
  ㉡ 감가상각비 절세효과 : (10,000 ÷ 5년)x40%=800
- 회수기간 : 2년+1년x $\frac{10,000 - (3,800 + 3,800)}{3,800}$ =약 2.63년

단기속성특강 제215강　　　원가중심점 성과평가

AQ × AP	AQ × SP	AQ' × SP	SQ × SP
		배합차이	수율차이
가격차이		능률차이	

* AQ' : 표준배합으로 표시한 실제수량

🔍 사례 ■ 직접재료비차이의 분해

DM 차이분해

원재료	표준수량	표준가격	표준원가
P	6kg	20	120
Q	4kg	10	40

• 20x1년 중 500개 생산하였으며 실제발생 DM은,
P : 3,700Kg×18 = 66,600
Q : 1,800Kg×15 = 27,000

✏️ 풀이

AQ×AP	AQ×SP	AQ'×SP	SQ×SP
3,700kg×18 = 66,600	3,700×20 = 74,000	5,500×60%×20 = 66,000	500개×6kg×20 = 60,000
1,800kg×15 = 27,000	1,800×10 = 18,000	5,500×40%×10 = 22,000	500개×4kg×10 = 20,000
93,600	92,000	88,000	80,000

배합차이 4,000U　　　수율차이 8,000U
가격차이 1,600U　　　능률차이 12,000U

AQ × AP	AQ × SP	AQ' × SP	SQ × SP
		배합차이	수율차이
가격(임률)차이		능률차이	

* DL배합차이 : 실제총투입량(시간)은 일정유지가정(배합비율은 다름)
* DL수율차이 : 표준배합비율은 일정유지가정(총투입량은 다름)

🔍 사례 ■ 직접노무비차이의 분해

DL 차이분해

종업원	표준시간	표준임률	표준원가
숙련공	2시간	30	60
미숙련공	3시간	10	30

• 20x1년 중 100개 생산하였으며 실제발생 DL은,
숙련공 : 180시간×35 = 6,300
미숙련공 : 240시간×12 = 2,880

✏️ 풀이

AQ×AP	AQ×SP	AQ'×SP	SQ×SP
180×35 = 6,300	180×30 = 5,400	420×40%×30 = 5,040	100개×2시간×30 = 6,000
240×12 = 2,880	240×10 = 2,400	420×60%×10 = 2,520	100개×3시간×10 = 3,000
9,180	7,800	7,560	9,000

배합차이 240U　　　수율차이 1,440F
가격차이 1,380U　　　능률차이 1,200F

보론 배합차이의 발생원인
배합차이의 발생원인은 투입요소의 대체성 때문이다.
① DM : P를 많이 Q를 적게 투입가능(또는 P를 적게 Q를 많이 투입가능)
② DL : 숙련공, 미숙련공을 서로 대체하여 생산가능

FINAL 객관식뽀개기

기출&적중문제

1. 다음 중 책임회계제도에 관한 설명으로 가장 올바르지 않은 것은?

① 책임중심점이란 경영관리자가 특정활동에 대해 통제할 책임을 지는 조직의 부문을 말한다.

② 책임회계제도가 그 기능을 효율적으로 수행하기 위해서는 각 책임중심점의 경영자가 권한을 위임받은 원가항목들에 대해 통제권을 행사할 수 없어야 한다.

③ 책임중심점은 책임의 성격 및 책임범위에 따라 원가중심점, 수익중심점, 이익중심점, 투자중심점으로 분류할 수 있다.

④ 책임회계제도 하에서는 권한을 위임 받은 관리자가 책임범위 내에서 독자적인 의사결정을 내릴 수 있다.

📍 내비게이션

• 통제권을 행사할 수 없어야 한다.(X)
→ 통제권을 행사할 수 있어야 한다.(O)

2. (주)A에 새로 부임한 최이사는 올해 철저한 성과평가제도의 도입을 검토하고 있다. 성과평가제도의 도입과 관련하여 가장 옳지 않은 주장을 펼치는 실무 담당자는 누구인가?

> 정부장 : 효율적인 성과평가제도는 기업 구성원들의 성과극대화 노력이 기업전체 목표의 극대화로 연결될 수 있도록 설계되어야 합니다.
>
> 유차장 : 각 책임중심점의 성과평가를 수행하는 과정에서 성과측정의 오류가 발생하는 것이 일반적인데, 효율적인 성과평가제도는 성과평가치의 성과측정오류가 최소화되도록 설계되어야 합니다.
>
> 황대리 : 많은 시간과 비용을 투입할수록 더욱 정확하고 공정한 성과평가가 가능하므로 성과평가제도의 운영을 적시성 및 경제성의 잣대로 바라보지 않도록 주의해야 합니다.
>
> 김사원 : 성과평가를 한다는 사실 자체가 피평가자의 행위에 영향을 미치는 현상도 고려하여 이를 적절히 반영해야 합니다.

① 정부장　　　　② 유차장
③ 황대리　　　　④ 김사원

📍 내비게이션

• 적시성 및 경제성이 떨어지는 성과평가제도는 그 자체로 제 역할을 할수 없다.

3. 책임회계제도에 대한 다음 설명 중 가장 잘못된 것은?

① 책임중심점이란 경영관리자가 특정활동에 대해 통제할 책임을 지는 조직의 부문을 말한다.

② 책임회계제도가 도입되면 사전에 설정된 예산과 실제 성과를 비교하여 각 책임중심점의 성과평가를 하게 된다. 이때, 고정예산이란 원가행태 분류 상 고정원가로 분류된 원가항목에 대한 예산이며 변동예산이란 변동원가로 분류된 원가항목에 대한 예산을 의미한다.

③ 분권화된 환경에서 소규모 부문 경영자들은 상위 경영자들보다 더 융통성 있고 민첩하게 시장 기회에 적응할 수 있다.

④ 책임중심점은 책임의 성격 및 책임범위에 따라 원가중심점, 수익중심점, 이익중심점 및 투자중심점으로 분류할 수 있다.

📍 내비게이션

• 고정예산 : 특정조업도를 기준으로 하여 사전에 수립되는 예산
• 변동예산 : 실제조업도를 기준으로 하여 사후에 조정되는 예산

4. 다음 자료에 의할 때 재료배합차이와 재료수율차이는 각각 얼마인가?

> (1) 원재료에 관한 단위당 표준원가
> - 원재료 A : 2kg(₩20/kg), 원재료 B : 3kg(₩10/kg)
> (2) 당기 중 8,000단위의 제품이 완성되었고, 기초재공품과 기말재공품은 없었다.
> (3) 원재료의 실제 사용량
> - 원재료 A : 14,000kg(₩22/kg)
> - 원재료 B : 28,000kg(₩9/kg)

	재료배합차이	재료수율차이
①	28,000원 유리	28,000원 불리
②	28,000원 불리	28,000원 유리
③	36,400원 유리	28,400원 유리
④	36,400원 불리	28,400원 불리

📍 내비게이션

• 배합차이
$(14,000kg \times 20 + 28,000kg \times 10) - (42,000kg \times 40\% \times 20 + 42,000kg \times 60\% \times 10) = -28,000(유리)$
• 수율차이
$(42,000kg \times 40\% \times 20 + 42,000kg \times 60\% \times 10) - (8,000 \times 2kg \times 20 + 8,000 \times 3k \times 10) = 28,000(불리)$

단기속성특강 제216강   수익중심점 성과평가

매출조업도 차이분해

| AQ × AP | AQ × SP | AQ' × SP | SQ × SP |

매출배합차이   매출수량차이

매출가격차이   매출조업도차이

* 매출배합차이 : 실제판매수량 하에서 실제와 예산매출배합의 차이가 공헌이익에 미치는 영향을 나타냄
* 매출수량차이 : 예산매출배합이 그대로 유지 가정시 실제판매량과 예산판매량의 차이가 공헌이익에 미치는 영향을 나타냄

주의 ① 매출가격차이 ▶ 단위당판매가격으로 측정
② 매출조업도차이 ▶ 단위당예산공헌이익으로 측정

사례 ■ 매출조업도차이의 분해

❂ A, B 두 품목의 카메라를 제조하고 있음. 예산고정비 ₩30,000, 실제고정비 ₩20,000

예산자료					실제자료				
제품	@판매가	@변동비	@공헌이익	판매량	제품	@판매가	@변동비	@공헌이익	판매량
A	100	30	70	600	A	90	40	50	400
B	40	20	20	400	B	30	20	10	800

풀이

AQ × AP	AQ × SP	AQ' × SP	SQ × SP
400×90= 36,000	400×100= 40,000		
800×30= 24,000	800×40= 32,000		

매출가격차이 12,000U

| | 400×70= 28,000 | 1,200×60%×70= 50,400 | 600×70= 42,000 |
| | 800×20= 16,000 | 1,200×40%×20= 9,600 | 400×20= 8,000 |

매출배합차이 16,000U   매출수량차이 10,000F

매출조업도차이 6,000U

매출수량 차이분해

| AQ × AP | AQ × SP | SQ × SP |
| 실제규모×실제점유율×단위당가중평균예산공헌이익 | 실제규모×예산점유율×단위당가중평균예산공헌이익 | 예산규모×예산점유율×단위당가중평균예산공헌이익 |

시장점유율차이 (통제가능한 차이임!)   시장규모차이 (통제불가능한 차이임!)

매출수량차이

* 시장점유율차이 : 실제시장규모하에서 실제와 예산시장점유율의 차이가 공헌이익에 미치는 영향
* 시장규모차이 : 예산시장점유율이 그대로 유지된다고 가정시 실제와 예산시장규모가 공헌이익에 미치는 영향

사례 ■ 매출수량차이의 분해

❂ 위 사례의 자료에서 시장조사기관이 예측한 전체카메라 시장규모 10,000개와 판매부문에서 추정한 10%의 예산시장점유율을 기준으로 예산을 수립한 것인데 실제시장규모가 12,500개로 보고되었다. (단, 10,000개는 A형 6,000, B형 4,000, 12,500개는 A형 6,500, B형 6,000이다.)

풀이

• 시장점유율차이 : $(12,500^{3)} \times 9.6\%^{2)} \times 50^{1)}) - (12,500 \times 10\% \times 50) = 2,500U$

• 시장규모차이 : $(12,500 \times 10\% \times 50) - (10,000^{4)} \times 10\% \times 50) = 12,500F$

$^{1)} 70 \times \frac{600}{1,000} + 20 \times \frac{400}{1,000} = 50$ $^{2)} \frac{1,200}{12,500} = 9.6\%$ $^{3)} 6,500 + 6,000 = 12,500$ $^{4)} 6,000 + 4,000 = 10,000$

FINAL 객관식뽀개기

기출 & 적중문제

1. ㈜합격이 제조·판매하고 있는 제품 A와 제품 B에 관련된 자료는 다음과 같다. 회사의 매출가격차이와 매출조업도 차이에 대한 설명으로 가장 옳지 않은 것은?

	제품 A	제품 B
단위당예산판매가격	2,000원	3,000원
단위당예산변동원가	1,200원	2,000원
단위당실제판매가격	2,200원	2,900원
예산매출수량	200단위	150단위
실제매출수량	180단위	180단위

① 회사가 제품 A에 대해 예산보다 높은 가격으로 판매한 결과 유리한 매출가격차이가 발생하였다.

② 제품 A의 경우, 예산보다 실제판매가격은 높았으나 당초 예산매출수량을 달성하지 못하여 불리한 매출 조업도차이가 발생하였다.

③ 제품 B의 경우, 실제판매가격이 예산에 미치지 못 하므로 불리한 매출총차이가 발생하였다.

④ 제품 B는 불리한 매출가격차이를 초래하였지만, 매출수량의 증가로 유리한 매출조업도차이를 보이고 있다.

◉ 내비게이션

• 제품 A
- 매출가격차이 : (180×2,200)-(180×2,000)=36,000(유리)
- 매출조업도차이 : (180×800)-(200×800)=-16,000(불리)
- 매출총차이 : 36,000-16,000=20,000(유리)
• 제품 B
- 매출가격차이 : (180×2,900)-(180×3,000)=-18,000(불리)
- 매출조업도차이 : (180×1,000)-(150×1,000)=30,000(유리)
- 매출총차이 : -18,000+30,000=12,000(유리)

2. 다음 중 성과평가시 고려해야할 사항으로 가장 적절하지 않은 것은?

① 통제불능 항목은 성과평가시 제외되어야 한다.

② 성과평가는 회사에 실행되고 피드백되어야 한다.

③ 성과평가는 객관적인 결과에 기초하여야 하므로 종업원 만족도나 동기부여 등 주관적 요소는 성과평가시 냉정하게 배제되어야 한다.

④ 성과평가기준이 각 책임중심점의 행동에 영향을 미칠 수 있음을 고려하여야 한다.

◉ 내비게이션

• 종업원 만족도나 동기부여 등 주관적 요소도 고려해야 한다.

3. 책임회계에 근거한 성과보고서에 대한 설명 중 가장 올바른 것은?

① 통제가능원가의 실제발생액과 예산과의 차이를 하부 경영자에게 비밀로 하는 것이 바람직하다.

② 예외에 의한 관리가 가능하도록 작성하여야 한다.

③ 회사의 비공식적인 조직상의 권한과 책임에 따라 보고서를 작성하는 것이 바람직하다.

④ 통제가능원가와 통제불능원가를 반드시 구분할 필요는 없다.

◉ 내비게이션

• ① 비밀로 하는 것이 바람직(X) → 공개하는 것이 바람직(O)
③ 비공식적인 조직(X) → 공식적인 조직(O)
④ 구분할 필요는 없다.(X) → 구분하여야 한다.(O)

4. 다음은 올해 처음 성과평가제도를 실시한 ㈜책임의 성과평가에 관한 내용이다. 가장 올바르게 성과평가가 이루어진 경우를 고르면?

① 구매팀장 : 최근 중동지방의 민주화 시위로 인해 원유가격이 크게 올라 ㈜책임의 구매원가 상승으로 이어지자, 다른 부서와 달리 구매팀장의 임금을 동결하였다.

② 영업부장 : ㈜책임의 영업부장은 기말에 매출액을 늘리기 위해 대리점으로 밀어내기식 매출을 감행하여 매출액을 무려 120% 인상시키는 공로를 세워 이사로 승진하였다.

③ 부산공장장 : 태풍의 피해로 부산공장가동이 10여일간 중단되어 막대한 손실을 입은 ㈜책임은 그 책임을 물어 공장장을 해고하였다.

④ 채권회수팀장 : 채권회수율과 고객관계(고객불만 전화의 횟수로 측정됨)에 의하여 성과평가를 받았으며 자체적으로 매너교육을 실시하여 채권회수율을 증가시킴과 동시에 고객불만 전화를 크게 감소시켜 좋은 성과평가 점수를 얻었다.

◉ 내비게이션

• ①, ②, ③은 공정성과 합리성에 문제를 가지고 있는 성과평가이다.

| 단기속성특강 제217강 | 투자중심점 성과평가 |

투자수익률 (ROI)	의의	$$\text{ROI} = \frac{\text{영업이익}}{\text{영업자산(투자액)}} = \frac{\text{영업이익}}{\text{매출액}} \times \frac{\text{매출액}}{\text{영업자산}} = \text{매출액영업이익률} \times \text{자산회전율}$$
	장점	•비율로 표시되므로 투자규모가 서로 다른 투자중심점간의 성과평가 및 비교에 유용
	단점	•준최적화현상이 발생함. ▶ 회사전체 최저필수수익률을 상회하는 좋은 투자안이 개별투자중심점의 투자수익률보다 낮기 때문에 투자가 포기되어 회사전체이익에 불리한 의사결정이 이루어짐 → '잔여이익'으로 해결가능 •회계적이익에 기초하므로 성과평가와 의사결정(현금흐름에 기초)의 일관성이 결여 •화폐의 시간가치를 고려하지 않음.(단기적 성과 강조)
	ROI 증대방안	•매출액증대와 원가의 감소 •진부화된 투자자산의 처분(감소)
잔여이익 (RI)	의의	$$\text{RI} = \text{영업이익} - \text{영업자산(투자액)} \times \text{최저필수수익률}$$ 🔍주의 ROI에 의한 의사결정과 RI에 의한 의사결정은 일치하지 않음. →즉, ROI에서는 채택되어도 RI에서는 기각가능
	장점	•준최적화현상이 발생하지 않음 ▶ 각 사업부의 경영자는 최저필수수익률을 초과하는 모든 투자안을 수락하게 되므로 투자중심점과 회사전체의 이익을 동시에 극대화 가능
	단점	•금액으로 표시하므로 각 사업부의 투자규모가 상이할 경우에는 사업부간 성과비교에 한계가 있음. •ROI와 마찬가지로 회계적이익에 기초하므로 성과평가와 의사결정의 일관성이 결여
세부고찰		사례 ■ **ROI와 RI에 의한 성과평가** ✿ (주)강남스타일에는 A와 B 두 개의 사업부가 있는데, 다음은 성과평가와 관련된 자료이다.

구분	A사업부	B사업부
투자액	2,000억원	4,000억원
영업이익	400억원	720억원

(주)강남스타일의 자본비용은 10%이다. (주)강남스타일이 사업부를 투자수익률, 잔여이익으로 평가하는 경우 어떠한 평가가 이루어지겠는가?

✎풀이 ......

	A사업부	B사업부	성과평가
투자수익률	400억÷2,000억=20%	720억÷4,000억=18%	A가 우월
잔여이익	400억-2,000억×10%=200억	720억-4,000억×10%=320억	B가 우월

 사례 ■ **잔여이익 추정**

✿ ROI는 15%, 자본비용은 10%, 평균영업용자산은 ₩450,000이라면 잔여이익은?

✎풀이 ......

•15%=영업이익÷450,000에서, 영업이익=67,500 →∴잔여이익=67,500-450,000×10%=22,500 |

FINAL 객관식뽀개기

기출 & 적중문제

1. 투자수익률을 극대화하기 위해서는 다음의 어떤 사항이 바른 설명인가?

① 자산회전율과 매출액이익률이 증가해야 한다.
② 자산회전율은 증가하고 매출액이익률은 감소해야 한다.
③ 자산회전율과 매출액이익률이 감소해야 한다.
④ 자산회전율은 감소하고 매출액이익률은 증가해야 한다.

◉ **내비게이션**

• 'ROI=매출액이익률x자산회전율'이므로 자산회전율과 매출액이익률이 증가해야 한다.

2. 분권화와 책임회계, 성과평가와 관련된 다음의 설명 중 가장 올바르게 설명한 것은?

① 잔여이익에 의하여 채택되는 투자안은 투자수익률법에 의해서도 항상 채택된다.
② 하부경영자가 자신의 성과측정치를 극대화할 때 기업의 목표도 동시에 극대화될 수 있도록 하부경영자의 성과측정치를 설정해야 하는데, 이를 목표일치성이라고 한다.
③ 잔여이익이 갖고 있는 준최적화의 문제점을 극복하기 위하여 투자수익률이라는 개념이 출현하였으므로 투자수익률에 의한 성과평가기법이 잔여이익 보다 더 우월하다고 볼 수 있다.
④ 투자수익률법은 투자규모가 다른 투자중심점을 상호 비교하기가 어렵다는 문제점이 있는 반면에 잔여이익법에는 이런 문제점이 없다.

◉ **내비게이션**

• ① RI는 금액, ROI는 비율에 의하므로 채택되는 투자안이 다를 수 있다.
③ ROI가 갖는 준최적화의 문제점을 극복키 위해 RI가 출현하였다.
④ ROI는 비율로 표시되므로 투자규모가 다른 투자중심점간의 성과평가 및 비교에 유용하다는 장점이 있다.

3. 다음은 ㈜A의 컨설팅부문 20x1년 재무자료이다. ㈜A의 컨설팅 부문 20x1년 잔여이익은 얼마인가?

| 매출액 | 100,000,000원 | 영업이익 | 7,000,000원 |
| 자산회전율 | 5회 | 최저필수수익률 | 15% |

① 900,000원
② 3,000,000원
③ 4,000,000원
④ 7,000,000원

◉ **내비게이션**

• 자산회전율(5회)= $\frac{매출액(100,000,000)}{영업자산(투자액)}$ 에서, 영업자산=20,000,000

• 잔여이익 : 7,000,000-20,000,000×15%=4,000,000

4. 현재 투자수익률이 각각 17%와 16%인 마포사업부와 용산사업부는 모두 신규투자안을 고려하고 있다. 마포사업부와 용산사업부가 고려하고 있는 신규투자안은 기대투자수익률이 각각 15%와 17%이고, 자본비용은 각각 14%와 18%이다. 이 경우 각 사업부가 잔여이익 극대화를 목표로 한다면 각 부문은 어떤 의사결정을 하여야 하는가?

	마포사업부	용산사업부
①	채택	채택
②	채택	기각
③	기각	채택
④	기각	기각

◉ **내비게이션**

• 마포사업부 : 자본비용을 초과하는 수익률이 기대된다.
→따라서, '영업이익〉투자액×자본비용'이므로 잔여이익이 (+)이므로 채택
• 용산사업부 : 자본비용에 미달하는 수익률이 기대된다.
→따라서, '영업이익〈투자액×자본비용'이므로 잔여이익이 (-)이므로 기각

5. ㈜A는 선박을 생산하여 판매하는 조선회사로서, 분권화된 세 개의 제품별 사업부를 운영하고 있다. 이들은 모두 투자중심점으로 설계되어 있으며 회사의 최저필수수익률은 10%이다. 각 사업부의 영업자산, 영업이익, 매출액에 관한 정보는 다음과 같다. 각 사업부를 잔여이익법으로 평가할 경우 잔여이익이 높은 사업부의 순서로 가장 옳은 것은?

구분	군함 사업부	여객선 사업부	화물선 사업부
평균영업자산	500,000원	1,000,000원	2,000,000원
영업이익	100,000원	170,000원	230,000원
매출액	1,000,000원	3,000,000원	2,000,000원

① 군함〉여객선〉화물선
② 여객선〉군함〉화물선
③ 화물선〉여객선〉군함
④ 군함〉화물선〉여객선

◉ **내비게이션**

• 군함사업부 : 100,000-500,000×10% =50,000
여객선사업부 : 170,000-1,000,000×10%=70,000
화물선사업부 : 230,000-2,000,000×10%=30,000

단기속성특강 제218강		균형잡힌성과표(BSC)

의의	도입배경	•전통적인 성과평가시스템이 영업실적, 이익 등과 같은 단기적 성과에만 치중함으로써 준최적화를 초래하고 있고 기업에게 정보나 지식, 핵심역량 같은 무형자산의 중요성이 증가하고 있으나 기존의 재무적 성과지표로는 준최적화를 해결할 수 없을 뿐만 아니라 무형자산의 가치를 반영할 수 없어 새로운 성과측정치의 필요성이 대두됨. •위의 문제점을 해결하고 기업의 전략목표를 효과적으로 달성할 수 있도록 주요 성공요소 및 성과측정치간의 균형있는 관리를 도모하고자 Kaplan과 Norton에 의해 개발된 것이 균형성과표 (BSC)임. •균형성과표는 기업이 전략목표 및 주요 성공요인을 달성하는데 공헌할 수 있도록 전통적인 재무적 지표와 비재무적 지표들을 균형있게 반영하여 하나로 통합한 종합적인 측정, 관리시스템이라고 할 수 있음.
	BSC 균형요소	•균형성과표는 성과평가를 할 때 다음의 항목들이 균형을 이루도록 함. ① 재무적측정치와 비재무적 측정치 ② 외부적측정치(재무적관점, 고객관점)와 내부적측정치(내부프로세스관점, 학습과 성장관점) ③ 과거의 노력에 의한 측정치와 미래성과를 향상시키는 측정치 ④ 계량화된 객관적측정치와 주관적측정치 ⑤ 단기적성과관점(재무적관점)과 장기적성과관점(고객관점, 내부프로세스관점, 학습과 성장관점)
BSC 구성요소	재무적관점 [가장 중시사항]	•재무적 지표는 모든 이해관계자에 대한 기업의 성과를 나타내는 중요한 지표임. ▶ 성과측정치 : ROI, RI, EVA, 매출액증가율, 매출액 이익률, 제품별수익성
	고객관점	•기업의 가치는 궁극적으로 고객으로부터 창출되기 때문에 고객의 관점에서 성과측정치의 설정이 필요함. ▶ 성과측정치 : 시장점유율, 고객충성도, 고객만족도, 신규고객수, 기존고객유지율
	내부프로세스관점	•내부프로세스지표는 기업의 프로세스의 효율성과 효과성을 측정할 수 있도록 설정되어야 하며 지속적 개선활동과 연계되어야만 함. •구성요소 및 성과측정시 ① 혁신프로세스 : 새로운 제품과 서비스를 만들어 내는 과정 ▶ 성과측정치 : 신제품 개발수, 신제품 개발기간, 특허취득건수 ② 운영프로세스 : 효율적 생산으로 고객에게 확실·신속하게 인도하는 과정 ▶ 성과측정치 : 수율, 능률차이, 불량률, 품질원가, 적시배송률(주문·배달기간) ③ 판매후 서비스 프로세스 : 고객평가에 주의, A/S등을 통하여 고객을 만족시키는 과정 ▶ 성과측정치 : 불량건수, 불량품 교체시간, 첫통과율, 서비스 대응시간
	학습과 성장관점	•위의 세 가지 관점에서 설정한 목표를 달성하기 위해서는 조직의 학습과 성장역량이 필수적이며 조직의 학습과 성장은 구성원 역량과 시스템역량, 조직역량으로부터 생성됨. 따라서 학습과 성장관점의 성과측정치는 이들의 역량을 증진시킬 수 있도록 하기 위한 것임. ▶ 성과측정치 : 종업원만족도, 종업원유지도, 이직률, 종업원생산성, 기술수준

보론 **BSC의 단점**
비재무적 측정치에 대해서는 여전히 객관적인 측정이 어렵다는 문제점을 갖고 있으며, 정형화된 측정수단을 제공해 주지 못한다는 단점을 지님.

FINAL 객관식뽀개기

기출&적중문제

1. 다음 중 균형성과표(BSC)가 기존의 성과측정지표와 구분되는 차이에 대한 설명으로 옳지 않은 것은?

① 기존의 측정 지표들이 기업전략과 관계없이 하의상달식 지표들인 데 반해, 균형성과표에서 사용하는 측정지표들은 기업이 추구하는 전략적 목표와 경쟁상황 등의 다양한 변수를 고려하여 개발된다.

② 기존의 성과지표와 달리 균형성과표는 과거의 재무자료와 객관적 측정치를 주로 활용하여, 기업의 지속적인 개선과 혁신 활동을 창조한다.

③ 균형성과표에서 제시된 정보는 기존의 측정지표와 달리 영업이익과 같은 외부 성과지표와 신제품 개발과 같은 내부 성과지표 사이의 균형을 제공한다.

④ 종전의 기업경영활동이 주로 예산 편성에 의해 제약을 받았으나, 균형성과표는 프로그램의 우선순위의 결정과 조직 내 확산을 위한 노력을 한 곳에 집중시키는 역할을 수행한다.

⊙ 내비게이션

• BSC는 영업이익과 같은 외부 성과지표와 신제품 개발과 같은 내부 성과지표 사이의 균형을 모색하며, 재무적 측정치와 비재무적 측정치의 균형을 강조한다.

2. 다음 중 균형성과표(BSC)의 장점으로 가장 올바르지 않은 것은?

① 재무적 측정치와 고객, 기업내부 프로세스, 학습과 성장 관점에 의한 비재무적 측정치 간의 균형있는 성과평가를 달성할 수 있다.

② 재무적 관점, 고객관점에 의한 외부적 측정치와 기업내부프로세스 관점, 학습과 성장 관점에 의한 내부측정치 간의 균형을 이룰 수 있다.

③ 비재무적 측정치에 대한 객관적인 측정이 가능하며, 업종을 불문하고 정형화된 측정수단까지도 제공한다.

④ 투자수익률 등의 후행지표와 종업원 교육시간 등과 같은 선행지표 간의 연계관계를 이해하는데 도움을 준다.

⊙ 내비게이션

• 균형성과표의 단점
 - 비재무적 측정치에 대해 객관적인 측정이 어렵다.
 - 정형화된 측정수단을 제공해 주지 못한다.

3. (주)A의 사장은 새로운 성과측정지표를 도입하고자 (주)대전컨설팅의 컨설턴트와 협의 중이다. 다음의 사장과 컨설턴트의 대화에서 괄호 안에 들어갈 말로 가장 올바르지 않은 것은?

사 장 :	우리 회사는 기존의 손익계산서상 순이익이 아닌 새로운 성과지표를 도입하고 싶습니다.
컨설턴트 :	사장님, 많은 기업들이 균형성과표(BSC)를 활용하고 있습니다.
사 장 :	균형성과표(BSC)는 어떤 성과지표입니까?
컨설턴트 :	균형성과표(BSC)는 ( )

① 재무적 관점외에 고객, 내부프로세스, 학습과 성장이라는 비재무적 관점도 함께 고려하여 조직의 전략과 성과를 종합적, 균형적으로 관리, 평가할 수 있는 효과적인 가치중심 성과관리 기법입니다.

② 조직의 수익성을 최종적인 목표로 설정하기 때문에 4가지 관점의 성과지표 중에서 고객관점의 성과지표를 가장 중시합니다.

③ 기업이 추구하는 전략적 목표의 경영상황 등의 다양한 변수를 고려하여 성과측정지표들을 개발합니다.

④ 매출액 등 계량적인 측정치는 물론 종업원의 능력 등과 같은 주관적인 측정치도 함께 고려합니다.

⊙ 내비게이션

• 기업의 목표는 궁극적으로 재무적 성과를 향상시키는 것이므로 재무적 관점의 성과측정치는 여전히 중요한 성과지표이다. 균형성과표는 4가지 관점의 성과지표 중에서 재무적 관점의 성과지표를 가장 중시한다.

4. 균형잡힌 성과기록표(Balanced Sorecard)에 대한 내용 중 옳지 않은 것은?

① Kaplan과 Norton에 의해 개발된 개념으로 재무적 관점, 고객의 관점, 내부 프로세스 관점 학습과 성과의 관점에서 성과를 측정한다.

② 조직의 전략과 성과평가시스템을 연계하는 점이 강조된다.

③ 재무적 관점은 경제적 부가가치(EVA), 고객관점은 시장점유율로, 내부프로세스 관점은 수율(yield rate)로 측정할 수 있다.

④ 균형 잡힌 성과기록표의 장점은 계량화된 객관적인 측정치만을 사용하는 것이다.

⊙ 내비게이션

• 균형 잡힌 성과기록표는 계량화된 객관적인 측정치뿐만 아니라 비계량적인 비재무적 측정치도 사용한다.

단기속성특강 제219강	경제적부가가치(EVA)

의의	특징	•EVA는 타인자본비용(이자비용)뿐 아니라 자기자본비용(배당금)도 비용으로 고려하는 성과지표임. 🔎주의 ∴EVA는 I/S상 순이익보다 낮음. 🔎주의 EVA는 비재무적 측정치는 고려하지 않음.
	EVA계산	■ EVA(경제적부가가치) = 세후영업이익 - 투하자본(투자액)×가중평균자본비용 　　　　　　　　　　　　 = 세후영업이익 - (총자산 - 유동부채)×가중평균자본비용 　　　　　　　　　　　　 = 세후영업이익 - (비유동부채 + 자기자본)×가중평균자본비용 　　　　　　　　　　　　 = 세후영업이익 - (순운전자본 + 비유동자산)×가중평균자본비용 *투하자본 계산시 비영업자산은 제외 *유동부채 계산시 영업부채가 아닌 이자발생부채인 단기차입금·유동성장기차입금 제외 *순운전자본 = 유동자산 - 유동부채 보론 **가중평균자본비용** $$\frac{부채의시장가치}{부채의시장가치 + 자본의시장가치} \times 부채이자율(1-t)$$ $$+$$ $$\frac{자본의시장가치}{부채의시장가치 + 자본의시장가치} \times 자기자본비용(\%)$$ $$\Downarrow$$ $$\frac{부채의시장가치 \times 부채이자율(1-t) + 자본의시장가치 \times 자기자본비용(\%)}{부채의시장가치 + 자본의시장가치}$$ 참고 **투하자본 계산시 재무상태표 도해** 순운전자본 { 유동자산 / 비유동자산, 유동부채 / 비유동부채 / 자기자본 투하자본 = 총자산-유동부채 = 순운전자본+비유동자산

🔍 사례 ■ **EVA 계산**

⚙ 다음 자료에 의해 EVA를 계산하면?

세전영업이익	₩200,000	총자산	₩750,000	유동부채	₩30,000
부채의 이자비용	15%	부채의 시장가치	₩60,000	자본의 장부금액	₩690,000
자본의 시장가치	₩90,000	자기자본비용	18%	법인세율	30%

✏ 풀이

•가중평균자본비용 : $\dfrac{60,000 \times 15\% \times (1-30\%) + 90,000 \times 18\%}{60,000 + 90,000} = 15\%$

•EVA=200,000×(1-30%)-(750,000-30,000)×15%=32,000

EVA 증대방안	세후영업이익 증대	•매출증대, 제조원가·판관비 절감
	투하자본 감소	•재고·고정자산 매출채권의 적정유지나 감소, 유휴설비 처분 •매출채권회전율을 높임(매출채권 회수기일단축), 재고자산회전율을 높임.
	가중평균자본비용 개선	•고율의 차입금 상환

FINAL 객관식뽀개기   기출 & 적중문제

1. 다음 중 경제적부가가치(EVA)에 의한 성과평가의 의의로 가장 옳지 않은 것은?

① 영업활동으로 인한 결과를 평가하는 성과평가기법이다.
② 기업의 내재가치를 측정할 수 있는 지표이다.
③ 기업의 각 사업단위, 부문, 팀과 개인을 성과평가 할 수 있으므로 합리적인 성과 보상이 가능하다.
④ 자기자본비용만을 반영하는 성과평가기법이다.

📍 **내비게이션**

•EVA는 타인자본비용 뿐만 아니라 자기자본비용까지 보전한 후의 유보이익이므로 진정한 기업가치를 측정하는 수익성 지표이다.

2. 다음 자료를 이용하여 가중평균자본비용을 구하면?(단, 법인세 무시)

투하자본 20억원(차입금 14억원, 자기자본 6억원)	
차입금이자율	12%
자기자본이자율	18%

① 12.1%   ② 12.8%
③ 13.1%   ④ 13.8%

📍 **내비게이션**

• $\dfrac{14억\ 원 \times 12\% + 6억\ 원 \times 18\%}{14억\ 원 + 6억\ 원}$=13.8%

3. 다음 중 경제적부가가치(EVA)와 관련된 설명으로 가장 올바르지 않은 것은?

① 매출채권회전율이 감소하면 일반적으로 경제적부가가치(EVA)는 증가한다.
② 재고자산회전율을 높이면 일반적으로 경제적부가가치(EVA)는 증가한다.
③ 투하자본에 대한 자본비용이 높아지고, 세후순영업이익은 변동이 없다면 경제적부가가치(EVA)는 일반적으로 감소한다.
④ 경제적부가가치(EVA)를 증가시키기 위해서는 영업이익률을 높이거나, 투하자본의 회전율을 높이는 것이 바람직하다.

📍 **내비게이션**

•매출채권회전율을 높이면(매출채권 회수기일 단축) 투하자본이 감소하여 EVA가 증가한다.

4. 다음 중 경제적부가가치(EVA)에 대한 설명으로 올바르지 않은 것은?

① 경제적부가가치는 외부보고를 위한 목적보다는 사업부의 성과평가를 위한 내부 관리회계 필요성에서 대두된 개념이다.
② 기업이 영업활동상의 모든 비용을 지불할 수만 있다면 최종적으로 자본에 대한 대가를 충분히 지불할 수 없는 경우에도 경제적부가가치는 0보다 크게 계산된다.
③ 경제적부가가치분석은 기업의 사업구조조정과 관련된 의사결정에도 활용될 수 있다.
④ 경제적부가가치는 기업의 비재무적 측면을 고려하지 않았다는 한계를 가지고 있다.

📍 **내비게이션**

•EVA가 0보다 크다는 것은 영업활동상의 모든 비용은 물론 자본에 대한 대가(이자 및 배당)까지 지불하고도 유보되는 경제적이익이 있다는 것을 의미한다.(왜냐하면 EVA가 0보다 크다는 것은 세후순영업이익이 투하자본에 대한 자본비용보다 크다는 것이므로)

5. 경제적부가가치와 관련하여 다음 중 맞는 설명은 무엇인가?

① 자본비용이 높아지고 세후순영업이익은 변동이 없다면 경제적부가가치는 일반적으로 감소한다.
② 세후순영업이익계산시 감가상각비만큼 재투자된다고 간주하여 감가상각비는 별도로 차감하지 않으므로 운용리스자산의 감가상각비도 따로 고려해 줄 필요가 없다.
③ 투하자본이 증가하면 반드시 실질 기업가치가 증가한다.
④ 경제적부가가치는 손익계산서상의 당기순이익보다 항상 높다.

📍 **내비게이션**

•① 'EVA=세후영업이익-투하자본x가중평균자본비용'이므로 (가중평균)자본비용이 높아지고 세후순영업이익은 변동이 없다면 EVA는 일반적으로 감소한다.
② NOPLAT(세후순영업이익)는 감가상각비를 차감하여 계산한 EBIT(세전영업이익)에서 법인세비용등을 차감한 영업상의 이익이다.
③ 'EVA=세후영업이익-투하자본×가중평균자본비용'에서 투하자본이 증가하면 EVA가 감소하므로 실질 기업가치가 감소한다.
④ EVA는 타인자본비용(이자비용)뿐만 아니라 자기자본비용(배당금)도 고려하는 성과지표이므로 손익계산서상의 순이익보다 낮다.

3P FINAL

POTENTIALITY
PASSION
PROFESSION

3P는 여러분의 무한한 잠재적 능력과
반드시 성취하겠다는 열정을 토대로 전
문가와 같은 1의가능 에듀아이언스 파
이널시리즈의 학습 정신입니다.

수험생 여러분의 합격을 응원합니다.

재경관리사 고득점 단기합격 최적기본서

CAM [Certified Accounting Manager]

FINAL

FINALLY FINAL

합본 1. 신유형기출문제
부록 2. 10개년기출오답노트

SEMOOLICENCE

POTENTIALITY
PASSION
PROFESSION

3P는 여러분의 무한한 잠재적 능력과 반드시 성취하겠다는 열정을 토대로 전문가
의 길로 나아가는 세무라이선스 파이널시리즈의 학습정신입니다.
세무라이선스는 여러분의 무한한 잠재력과 열정을 믿습니다.
수험생 여러분의 합격을 응원합니다.

재경관리사 한권으로끝장

FINAL

Certified Accounting Manager

합본부록1

신유형기출문제

SEMOOLICENCE

| 신유형기출문제 | 국제회계기준의 도입효과 | 난이도 ★ ★ ☆ | 정답 ① |

우리나라는 2011년부터 모든 상장사에 대하여 국제회계기준을 전면 도입하였다. 다음 중 이에 따른 효과에 대한 설명으로 가장 올바르지 않은 것은?

① 회계정보의 국제적 비교가능성이 제고된 반면 재무제표에 대한 신뢰성은 낮아졌다.
② 각국의 회계기준이 별도로 운영됨에 따라 발생했던 비용손실이 절감되었다.
③ 국제적 합작계약 등에서 상호이해가능성이 증가되었다.
④ 해외사업 확장을 촉진하여 자본시장의 활성화에 기여할 수 있었다.

해설

• 통일된 회계기준에 의하여 재무제표가 작성되므로 회계정보의 국제적 비교가능성은 물론 재무제표에 대한 신뢰성도 증가되었다.

ⓘ 관련이론 국제회계기준의 필요성과 도입효과

필요성	• 오늘날에는 세계화로 인하여 글로벌 경영이 보편화되면서 자금조달이나 해외증시에 상장을 위하여 자국의 회계원칙에 따라 작성된 재무제표를 다른 국가의 회계원칙에 따라 수정해야 하는 일이 흔하게 되었다. 이에 따라 각국의 회계기준이 별도로 운영됨에 따른 비용손실이 매우 커지게 되었으며 국경을 초월하여 투자를 하고 있는 국제적인 투자자들에게도 각국 재무제표의 비교가능성과 투명성의 부족은 자본자유화의 걸림돌이 되었다.
도입효과	• 국제적으로 통일된 회계기준에 의하여 재무제표가 작성되면 해외자금조달이나 투자시 추가적으로 다른 국가의 회계원칙에 따라 재무제표를 재작성할 필요가 없으므로 이에 대한 노력과 비용을 절감할 수 있고, 회계정보의 국제적 비교가능성과 신뢰성이 제고될 수 있다. 뿐만 아니라 국제적 합작계약에서 상호이해가능성을 증진시킬 수 있다. 가속화된 자본자유화 추세에 발맞추어 해외사업확장을 촉진하여 자본시장의 활성화에도 기여할 수 있을 것으로 기대된다.

| 신유형기출문제 | 기타포괄손익의 당기손익 재분류 여부 | 난이도 ★ ★ ☆ | 정답 ① |

다음 중 기타포괄손익 항목 중 후속적으로 당기손익으로 재분류 되지 않는 항목은?

① 재평가잉여금의 변동
② 해외사업장의 재무재표 환산으로 인한 손익
③ 현금흐름위험회피의 위험회피수단평가손익 중 효과적인 부분
④ 관계기업의 재분류되는 기타포괄손익에 대한 지분

해설

• K-IFRS에서는 유형자산의 재평가시 인식하는 재평가잉여금에 대하여 후속적으로 당기손익으로 재분류(대체)하지 못하도록 규정하고 있다.(단, 관련 유형자산이 제거될 때 재평가잉여금을 이익잉여금으로 직접 대체할 수는 있음.)

★ **저자주** 참고로, 재평가잉여금을 후속적으로 당기손익으로 재분류하지 못하도록 규정하고 있는 이유는 재평가잉여금을 인식했던 자산을 선택적으로 처분함으로써 당기손익을 수월하게 조작할 수 있는 문제점을 방지하기 위함입니다.

ⓘ 관련이론 기타포괄손익의 종류와 후속적인 당기손익으로의 재분류 여부

재분류O	• FVOCI금융자산 평가손익(채무상품), 해외사업장 외화환산차이 • 현금흐름위험회피 파생상품평가손익(위험회피에 효과적인 부분) • 지분법자본변동(관계기업·공동기업의 재분류되는 기타포괄손익에 대한 지분)
재분류X	• 재평가잉여금의 변동, 확정급여제도 재측정요소, FVOCI 선택 지분상품 금융자산 평가손익 • FVPL 지정 금융부채의 신용위험 변동에 따른 공정가치 평가손익 • 지분법자본변동(관계기업·공동기업의 재분류되지 않는 기타포괄손익에 대한 지분)

신유형기출문제 | 중간재무보고서 작성 | 난이도 ★★★ 정답 ④

기업은 회계정보의 적시성 확보를 위하여 중간재무보고서를 작성한다. 다음 중 이와 관련된 설명으로 가장 올바르지 않은 것은?

① 연차재무제표에 적용하는 회계정책을 일관성 있게 적용하여 작성하여야 한다.
② 중간재무보고에는 주관이 많이 개입되므로 회계정보의 신뢰성을 낮출 수 있다는 문제점이 있다.
③ 최종적인 연차재무제표의 결과는 보고기간 중 몇 번의 중간보고가 이루어지는지와 무관하다.
④ 요약재무상태표, 요약포괄손익계산서, 요약자본변동표, 요약현금흐름표 및 연차재무제표에서 요구하는 모든 주석사항이 포함되어야 한다.

해설

• 적시성과 재무제표 작성 비용의 관점에서 또한 이미 보고된 정보와의 중복을 방지하기 위하여 연차재무제표에 비하여 적은 정보를 공시할 수 있다. 중간재무보고서의 최소 내용은 요약재무제표와 선별적 주석을 포함하는 것으로 본다.
• 직전의 전체 연차재무제표를 갱신하는 정보를 제공하기 위하여 작성한 것으로 본다. 따라서 중간재무보고서는 새로운 활동, 사건, 환경에 중점을 두며 이미 보고정보를 반복하지 않는다.

★ **저자주** 세무사·회계사 시험에서 가볍게 언급되는 내용들로서, 재경관리사 시험수준을 초과하는 내용들입니다.

신유형기출문제 | 재고자산 수량결정방법 | 난이도 ★★☆ 정답 ③

다음 중 재고자산의 수량결정방법과 관련된 설명으로 가장 올바르지 않은 것은?

① 계속기록법에서는 장부상의 재고잔량을 기말재고수량으로 결정한다.
② 계속기록법에서는 기중 언제라도 장부상에서 재고수량을 파악할 수 있다.
③ 실지재고조사법에서는 실지재고조사를 통해 기말재고수량을 파악하므로 재고장에 입고기록 및 출고기록을 일절 수행하지 않는다.
④ 실지재고조사법에서는 기말재고를 먼저 확정한 뒤에 당기판매수량을 계산한다.

해설

• 실지재고조사법(periodic inventory method)은 상품재고장에 입고기록만 할 뿐, 출고기록을 하지 않는다.
→계속기록법(perpetual inventory method)은 상품의 입·출고시마다 수량을 계속적으로 기록한다.

ℹ️ **관련이론** 재고자산의 수량결정

계속기록법	• 상품의 입·출고시마다 수량을 계속적으로 기록하는 방법으로 장부상 재고잔량을 기말재고수량으로 결정하는 방법임. 계속기록법 산식은 다음과 같음. ▫ 기초재고수량+당기매입수량 - 당기판매수량 = 기말재고수량 →계속기록법에 의할 경우 기초재고수량, 당기매입수량, 당기판매수량이 모두 기입되므로 언제든지 장부상의 재고수량을 파악할 수 있음.
실지재고조사법	• 정기적으로 실지재고조사를 통하여 재고수량을 파악하는 방법으로 상품재고장에 입고기록만 할 뿐, 출고기록을 하지 않음. 실지재고조사법 산식은 다음과 같음. ▫ 기초재고수량+당기매입수량 - 기말재고수량(실사) = 당기판매수량 →즉, 기초재고수량과 당기매입수량만 기록하고 당기판매수량은 기말에 실지재고조사를 한 후에 일괄적으로 파악하는 방법임.

신유형기출문제 | **재고자산평가방법과 상대적 크기 분석** | 난이도 ★ ★ ★ | 정답 ②

다음은 ㈜삼일의 20X1년 재고수불부이다. ㈜삼일은 20X1년 1월 1일에 설립되었으며, ㈜삼일의 김사장은 기말재고자산을 총평균법으로 평가할지 선입선출법으로 평가할지 고민 중이다. 재고자산평가방법에 대한 다음의 설명 중 가장 올바르지 않은 것은?

	수량	단가	금액
5/5 구입	3,000개	2,000원	6,000,000원
6/6 구입	7,000개	3,000원	21,000,000원
9/9 판매	8,500개		
기말	1,500개		
(단, 매출총이익률=매출총이익/매출액)			

① 기말재고자산금액은 선입선출법을 적용했을 때보다 총평균법을 적용하였을 경우 450,000원만큼 작다.
② 매출총이익률은 선입선출법을 적용했을 때보다 총평균법을 적용했을 경우 상대적으로 더 크다.
③ 매출원가는 선입선출법을 적용했을 때보다 총평균법을 적용하였을 경우 450,000원만큼 크다.
④ 당기순이익은 선입선출법을 적용했을 때보다 총평균법을 적용하였을 경우 450,000원만큼 작다.

해설

- 매출액을 A라 가정하며, 매출액은 총평균법, 선입선출법 모두 동일하다.
  총평균법의 평균단가 : $\dfrac{6,000,000 + 21,000,000}{3,000개 + 7,000개} = @2,700$
- 기말재고 – ㉠ 총평균법 : 1,500개×@2,700 = 4,050,000 ㉡ 선입선출법 : 1,500개×@3,000 = 4,500,000
  →∴선입선출법을 적용했을 때보다 총평균법을 적용하였을 경우 450,000원 만큼 작다.
- 매출원가 – ㉠ 총평균법 : 27,000,000 – 4,050,000 = 22,950,000 ㉡ 선입선출법 : 27,000,000 – 4,500,000 = 22,500,000
  →∴선입선출법을 적용했을 때보다 총평균법을 적용하였을 경우 450,000원 만큼 크다.
- 매출총이익(당기순이익) – ㉠ 총평균법 : A – 22,950,000(매출원가) ㉡ 선입선출법 : A – 22,500,000(매출원가)
  →∴선입선출법을 적용했을 때보다 총평균법을 적용하였을 경우 450,000원 만큼 작다.
- 매출총이익률 – ㉠ 총평균법 : $\dfrac{A - 22,950,000}{A}$ ㉡ 선입선출법 : $\dfrac{A - 22,500,000}{A}$
  →∴선입선출법을 적용했을 때보다 총평균법을 적용했을 경우 상대적으로 더 작다.

신유형기출문제 | **재고자산 저가법과 재평가(환입)** | 난이도 ★ ★ ☆ | 정답 ①

재고자산은 매년 결산일 현재의 순실현가능가치와 취득원가를 비교하여 둘 중 낮은 금액으로 측정한다. 다음 중 이와 관련된 설명으로 가장 올바르지 않은 것은?

① 한번 손상된 재고자산은 그 후속기간에 환입될 수 없다.
② 저가법은 원칙적으로 재고자산 항목별로 적용한다.
③ 기업은 매 후속기간에 순실현가능가치를 재평가한다.
④ 순실현가능가치의 중요한 하락은 물리적 손상뿐만 아니라 기술적 진부화에 의해서도 발생할 수 있다.

해설

- 매 후속기간에 순실현가능가치를 재평가한다. 재고자산의 감액을 초래했던 상황이 해소되거나 경제상황의 변동으로 순실현가능가치가 상승한 명백한 증거가 있는 경우에는 최초의 장부금액을 초과하지 않는 범위 내에서 평가손실을 환입한다. 그 결과 새로운 장부금액은 취득원가와 수정된 순실현가능가치 중 작은 금액이 된다. 판매가격의 하락 때문에 순실현가능가치로 감액한 재고항목을 후속기간에 계속 보유하던 중 판매가격이 상승한 경우가 이에 해당한다.[K-IFRS 제1002호 문단33]

제1편
[단기속성특강] 재무회계

제2편
[단기속성특강] 세무회계

제3편
[단기속성특강] 원가관리회계

합본부록1
신유형기출문제

합본부록2
10개년기출오답노트

| 신유형기출문제 | 매출원가(신) 계산 | 난이도 ★ ★ ★ | 정답 ② |

다음 자료에서 재고자산평가손실은 ㈜삼일의 재고자산이 진부화되어 발생하였다. 다음 중 ㈜삼일의 20X2년 포괄손익계산서상 매출원가는 얼마인가? 단, ㈜삼일은 재고자산감모손실과 재고자산평가손실을 모두 매출원가에 반영한다.

20X1년 12월 31일 재고자산	400,000원
20X2년 매입액	1,000,000원
20X2년 재고자산평가손실	550,000원
20X2년 재고자산감모손실(정상감모)	20,000원
20X2년 12월 31일 재고자산(평가손실과 감모손실 차감 후)	300,000원

① 1,000,000원　　　② 1,100,000원　　　③ 1,120,000원　　　④ 1,670,000원

해설

• 이하 도표에 해당 금액을 대입하여 매출원가(구)를 먼저 계산한다.

기초재고	400,000
당기매입	1,000,000

‖

① 매출원가(구)[평가·감모손실 반영전](?)	530,000
② 평가손실	550,000
③ 정상감모손실	20,000
④ 비정상감모손실	0
⑤ 기말재고[평가·감모손실 반영후]	300,000

• 매출원가(신) = ①+②+③+④ : 530,000+550,000+20,000+0 = 1,100,000

| 신유형기출문제 | 유형자산 취득과 장기미지급금 | 난이도 ★ ★ ★ | 정답 ④ |

㈜삼일은 20X1년 1월 1일에 기계장치를 총 8,000,000원을 지급하는 조건으로 취득하였다. 단, 지급조건은 기계장치 구입시점에 현금 5,000,000원을 지급하고 나머지 3,000,000원은 무이자부 약속어음을 발행하여 지급하는 것이다. 이 약속어음은 매연도말에 1,000,000원씩 3회 분할지급하는 조건이며, 약속어음 발행당시의 시장이자율은 연 12%이다. 이자율 12%, 기간 3년일 경우 정상연금 현재가치계수는 2.4018이고, 1원의 현재가치계수는 0.7118이다. ㈜삼일의 기계장치 취득을 기록하기 위한 회계처리에 대한 설명으로 가장 옳은 것은(단, ㈜삼일은 현재가치할인차금 계정을 사용하여 회계처리하는 방법을 선택하고 있다)?

① 기계장치의 취득원가는 8,000,000원이며 장기미지급금 계정(대변)에 기록되는 금액은 3,000,000원이다.
② 장기미지급금 계정(대변)에 기록되는 금액은 2,401,800원이고, 현재가치할인차금 계정 대변에 598,200원이 기록된다.
③ 기계장치의 취득원가는 7,135,400원이고, 현재가치할인차금 계정의 차변에는 864,600원이 기록된다.
④ 기계장치의 취득원가는 7,401,800원이다.

해설

• 현재가치 : 5,000,000+1,000,000×2.4018 = 7,401,800

20x1년 1월 1일	(차) 기계장치	7,401,800	(대) 현금	5,000,000
	현재가치할인차금	598,200	장기미지급금	3,000,000

• ① 기계장치의 취득원가는 7,401,800원이다.
　② 장기미지급금 계정(대변)에 기록되는 금액은 3,000,000원이다.
　③ 기계장치의 취득원가는 7,401,800원이고, 현재가치할인차금 계정의 차변에는 598,200원이 기록된다.

신유형기출문제	유형자산 감가상각 일반사항	난이도 ★ ☆ ☆	정답 ②

다음 중 유형자산의 감가상각에 관한 설명으로 가장 올바르지 않은 것은?

① 감가상각방법은 자산의 미래경제적효익이 소비될 것으로 예상되는 형태를 반영한다.

② 감가상각방법은 적어도 매 회계연도 말에 재검토하며, 재검토 결과 자산에 내재된 미래경제적효익의 예상되는 소비형태에 유의적인 변동이 있다면 이를 반영하기 위하여 감가상각방법을 변경한다. 이러한 변경은 회계정책의 변경으로 회계처리한다.

③ 채석장이나 매립지 등을 제외하고는 토지의 내용연수가 무한하므로 감가상각하지 않는다.

④ 정률법은 내용연수 초기에 감가상각비를 많이 계상하다가 내용연수 후기로 갈수록 감가상각비를 적게 계상하는 방법인데, 이를 체감잔액법이라고도 한다.

해설

• 자산에 내재된 미래경제적효익의 예상되는 소비형태가 유의적으로 달라졌다면 달라진 소비형태를 반영하기 위하여 감가상각방법을 변경하며, 그러한 변경은 회계추정의 변경으로 회계처리한다.[K-IFRS 제1016호 문단61]

ⓘ 관련이론 유형자산 감가상각

의의	• 자산 이용에 따라 효익이 발생하는 기간에 체계적·합리적 방법에 의한 원가의 배분과정 →감가상각대상액 = 취득원가 − 잔존가치
상각방법	• 미래경제적효익의 예상 소비형태를 가장 잘 반영하는 방법에 따라 선택함. →적어도 매 회계기간말에 재검토하며, 감가상각방법의 변경은 회계추정의 변경으로 처리함.
동시취득	• 토지·건물을 동시 취득시에도 분리가능한 자산이므로 별개의 자산으로 회계처리함. →건물이 위치한 토지 가치가 증가하더라도 건물의 감가상각대상금액에는 영향을 미치지 않음.
토지	• 원칙적으로 채석장·매립지 등을 제외하고는 토지의 내용연수는 무한하므로 감가상각하지 않음.

신유형기출문제	자본화 차입원가(일반+특정)	난이도 ★ ★ ★	정답 ②

㈜삼일은 20X1년 1월 1일 임직원 연수동의 건설에 착공하였다. 회사가 20X1년 중 동 연수동 신축과 관련하여 지출한 금액은 다음과 같으며 완공까지는 약 3년이 소요될 예정이다.

지출일	지출액	비고
20X1년 1월 1일	10,000,000원	공사착공
20X1년 7월 1일	8,000,000원	
20X1년 9월 1일	9,000,000원	

한편, 회사의 차입금 현황은 다음과 같다.

차입처	차입일	차입금	연이자율	용도
K은행	20X1.01.01	8,000,000	10%	특정목적차입금
S은행	20X1.07.01	20,000,000	8%	일반목적차입금

㈜삼일이 20X1년에 자본화 할 차입원가는 얼마인가?

① 800,000원 ② 1,520,000원 ③ 1,600,000원 ④ 2,400,000원

해설

• 연평균지출액 : $10,000,000 \times \frac{12}{12} + 8,000,000 \times \frac{6}{12} + 9,000,000 \times \frac{4}{12} = 17,000,000$

• 자본화이자율 : $\frac{20,000,000 \times 8\% \times 6/12 = 800,000}{20,000,000 \times 6/12 = 10,000,000} = 8\%$

• 자본화 차입원가 : ㉠+㉡=1,520,000

㉠ 특정 : $8,000,000 \times 10\% \times \frac{12}{12} = 800,000$

㉡ 일반 : $(17,000,000 - 8,000,000 \times \frac{12}{12}) \times 8\% = 720,000$ [한도] 800,000(자본화이자율의 분자금액)

신유형기출문제	유형자산 손상 일반사항	난이도 ★ ★ ★	정답	③

다음 중 유형자산의 손상에 관한 설명으로 가장 옳은 것은?

① 유형자산에 대해 재평가모형을 적용하는 경우 손상차손을 인식하지 않는다.

② 자산의 회수가능액은 순공정가치와 사용가치 중 작은 금액이다.

③ 기업은 매 보고기간말마다 자산손상을 시사하는 징후가 있는지를 검토하여야 한다.

④ 자산손상을 시사하는 징후가 있는지를 검토할 때는 경제상황과 같은 외부정보는 고려하지 않는다.

해설

- ① 유형자산에 대해 재평가모형을 적용하는 경우에도 손상차손을 인식한다.
  → 재평가잉여금을 감소시키고 그 차액을 손상차손으로 인식한다.
- ② 자산의 회수가능액은 순공정가치와 사용가치 중 큰 금액이다.
- ④ 자산손상을 시사하는 징후가 있는지를 검토할 때는 내부정보(내부정보원천)와 외부정보(외부정보원천)를 모두 고려한다.

참고 자산손상 징후 검토시 최소한 고려할 사항

내부정보 (내부정보원천)	• ㉠ 자산이 진부화하거나 물리적으로 손상된 증거를 얻을 수 있다. ㉡ 자산의 사용 범위나 사용 방법에서 기업에 불리한 영향을 미치는 유의적 변화가 회계기간 중에 일어났거나 가까운 미래에 일어날 것으로 예상된다. 이 변화에는 자산의 유휴화, 자산을 사용하는 영업부문을 중단하거나 구조 조정할 계획, 예상 시점보다 앞서 자산을 처분할 계획, 비한정 내용연수를 유한 내용연수로 재평가하기 등을 포함한다. ㉢ 자산의 경제적 성과가 예상수준에 미치지 못하거나 못할 것으로 예상되는 증거를 내부보고에서 얻을 수 있다.
외부정보 (외부정보원천)	• ㉠ 회계기간 중에 자산의 시장가치가 시간의 경과나 정상적인 사용에 따라 하락할 것으로 예상되는 수준보다 유의적으로 더 하락하였다는 관측가능한 징후가 있다. ㉡ 기업이 영업하는 기술·시장·경제·법률 환경이나 해당 자산을 사용하여 재화나 용역을 공급하는 시장에서 기업에 불리한 영향을 미치는 유의적 변화가 회계기간 중에 일어났거나 가까운 미래에 일어날 것으로 예상된다. ㉢ 시장이자율이 회계기간 중에 상승하여 자산의 사용가치를 계산할 때 사용하는 할인율에 영향을 미쳐 자산의 회수가능액이 중요하게 감소할 가능성이 높다. ㉣ 기업의 순자산 장부금액이 기업의 시가총액보다 많다.

| 신유형기출문제 | 유형자산 제거와 회계처리 추정 | 난이도 | ★ ★ ★ | 정답 | ② |

제조업을 영위하는 ㈜삼일은 20X1년 1월 1일에 경리과장이 사용할 컴퓨터를 5,000,000원에 취득해서 사용하다가 20X3년 7월 1일에 3,500,000원에 처분하면서 다음과 같이 500,000원의 처분이익을 계상하였다. ㈜삼일은 이 컴퓨터에 대해 내용연수 5년, 잔존가치 0원, 정액법을 적용하여 감가상각해 왔다. 당신이 ㈜삼일의 담당회계사라면 이 회계처리에 대해 ㈜삼일의 경리과장에게 바르게 조언한 것은?

| (차) | 현금 | 3,500,000 | (대) | 컴퓨터 | 5,000,000 |
| | 감가상각누계액 | 2,000,000 | | 유형자산처분이익 | 500,000 |

① 회사는 처분한 컴퓨터의 전기말 재무상태표상 장부금액과 당기중 처분가액과의 차액을 처분이익으로 계상하였으므로 회사의 회계처리는 적정합니다.
② 회사는 당기 6개월분에 대한 감가상각비 500,000원을 계상하지 않았으며, 유형자산처분이익 500,000원을 과소계상 하였으므로 당기순이익에 미치는 영향은 없습니다.
③ 포괄손익계산서에 유형자산처분이익으로 1,500,000원이 계상되어야 적정하지만 금액적으로 차액이 별로 중요하지 않은 것으로 판단됩니다.
④ ①, ②, ③ 모두 올바른 조언임.

해설

- 20x1년/20x2년 감가상각누계액 : (5,000,000 - 0)×2년/5년 = 2,000,000
- 20x3년 7월 1일 처분시점 감가상각비 : [(5,000,000 - 0)÷5년]×6/12 = 500,000
  →∴회사는 처분시점 감가상각비 500,000을 누락하여, 감가상각누계액을 2,000,000을 상계하였다.
- 올바른 회계처리

| 처분시 회계처리 | (차) | 현금 | 3,500,000 | (대) | 비품(컴퓨터) | 5,000,000 |
| | | 감가상각누계액 | 2,500,000 | | 유형자산처분이익 | 1,000,000 |

- 이익에 미치는 영향 분석

회사의 처리	올바른 처리
감가상각비 : 0 / 처분이익 : 500,000	감가상각비 : 500,000 / 처분이익 : 1,000,000

∴이익에의 영향은 없음

신유형기출문제 | **무형자산 상각 [1]** | 난이도 ★ ★ ☆ | 정답 ①

다음 중 무형자산의 상각에 관한 설명으로 가장 올바르지 않은 것은?

① 내용연수가 비한정인 무형자산은 상각하지 않고, 내용연수가 유한한 무형자산으로 변경할 수 없다.
② 내용연수가 유한한 무형자산은 자산을 사용할 수 있는 때부터 상각한다.
③ 내용연수가 유한한 무형자산의 상각방법은 자산의 경제적 효익이 소비되는 형태를 반영한 방법이어야 한다.
④ 내용연수가 유한한 무형자산의 상각기간과 상각방법은 적어도 매 회계연도 말에 검토한다.

해설

• 내용연수가 비한정인 무형자산(=상각하지 않는 무형자산)에 대하여 사건과 상황이 그 자산의 내용연수가 비한정이라는 평가를 계속하여 정당화하는지를 매 회계기간에 검토한다. 사건과 상황이 그러한 평가를 정당화하지 않는 경우에 비한정 내용연수를 유한 내용연수로 변경하는 것은 회계추정의 변경으로 회계처리한다.[K-IFRS 제1038호 문단109]

ℹ 관련이론 무형자산 상각 세부고찰

비한정 내용연수 상각여부	• 내용연수가 비한정인 무형자산은 상각하지 않음.(매년, 손상징후가 있을 때 손상검사를 수행함.) →'비한정'이라는 용어는 '무한(infinite)'을 의미하지 않음.
잔존가치 증감	• 잔존가치는 해당자산의 장부금액과 같거나 큰 금액으로 증가할 수도 있으며, 잔존가치가 이후에 장부금액보다 작은 금액으로 감소될 때까지는 상각액은 영(0)이 됨.
상각중지	• 매각예정으로 분류되는 날과 재무상태표에서 제거되는 날 중 이른 날에 중지함. →즉, 더 이상 사용하지 않을 때도 상각을 중지하지 아니함. 다만, 완전히 상각하거나 매각예정으로 분류되는 경우에는 상각을 중지함.
검토와 변경	• 잔존가치·상각기간·상각방법 : 적어도 매 회계기간말에 검토함. / 변경은 회계추정변경으로 처리

신유형기출문제 | **무형자산 상각 [2]** | 난이도 ★ ★ ★ | 정답 ④

다음 중 무형자산의 상각에 대한 설명으로 가장 올바르지 않은 것은?

① 내용연수가 유한한 무형자산은 내용연수동안 상각하지만 내용연수가 비한정인 무형자산은 상각하지 않는다.
② 무형자산의 잔존가치는 처분으로 회수가능한 금액을 근거로 하여 추정하며, 적어도 매 회계기간말에 검토한다.
③ 무형자산의 상각방법을 변경하는 경우에는 회계추정의 변경으로 본다.
④ 내용연수가 비한정인 무형자산이란 내용연수가 무한하여 미래 경제적 효익이 무한할 것으로 기대되는 무형자산을 의미한다.

해설

• 무형자산의 내용연수가 '비한정'이라는 용어는 '무한(infinite)'을 의미하지 않는다.[K-IFRS 제1038호 문단91]
→왜냐하면, 무형자산의 내용연수를 추정하는 시점에서 여러 가지 요인을 종합적으로 고려하여 볼 때 미래경제적효익의 지속연수를 결정하지 못할 뿐이지, 그렇다고 해서 미래경제적효익이 무한히 지속될 것으로 보는 것은 아니기 때문이다.(참고로, K-IFRS의 적용사례에는 무형자산의 내용연수 평가에 대한 다양한 사례를 제시하고 있다.)

신유형기출문제	무형자산 재평가	난이도 ★ ★ ★ 정답 ③

다음 중 무형자산의 후속 측정에 관한 설명으로 가장 올바르지 않은 것은?

① 내용연수가 비한정인 무형자산은 최소한 1년에 1회 이상의 손상검사가 이루어져야 한다.
② 손상검토시 회수가능액은 순공정가치와 사용가치 중 큰 금액을 기준으로 판단한다.
③ 자산의 장부금액이 재평가로 인하여 증가된 경우 원칙적으로 그 증가액은 당기손익(재평가이익)으로 인식한다.
④ 특정 무형자산을 재평가할 때, 동일한 유형 내의 무형자산 유형 전체를 재평가한다.

해설

• 무형자산의 장부금액이 재평가로 인하여 증가된 경우에 그 증가액은 기타포괄손익으로 인식하고 재평가잉여금의 과목으로 자본에 가산한다. 그러나 그 증가액 중 그 자산에 대하여 이전에 당기손익으로 인식한 재평가감소에 해당하는 금액이 있다면 그 금액을 한도로 당기손익으로 인식한다.[K-IFRS 제1038호 문단85]

ⓘ 관련이론 무형자산 재평가 세부고찰

재평가모형 불허사항		⊙ 이전에 자산으로 인식하지 않은 무형자산의 재평가는 허용되지 않음. ⓛ 원가가 아닌 금액으로 무형자산을 최초 인식시는 재평가가 허용되지 않음.
적용 특수사례		• 재평가모형은 자산을 원가로 최초에 인식한 후에 적용하나, 다음의 특수사례가 있음.
	일부인식시	• 일부 과정이 종료될 때까지 인식기준을 충족하지 않아서 원가의 일부만 자산 인식시는 그 자산 전체에 대하여 재평가모형을 적용할 수 있음.
	정부보조 취득시	• 공정가치가 아닌 명목상 금액으로 인식한 무형자산에 대해서도 재평가모형을 적용할 수 있음.
활성시장 특수사례	동일분류내 재평가 불가시	• 재평가 자산과 같은 분류내의 자산을 활성시장이 없어서 재평가할 수 없는 경우 원가에서 상각누계액·손상차손누계액을 차감한 금액으로 표시함.
	공정가치 결정불가시	• 재평가한 자산의 공정가치를 더 이상 활성시장을 기초로 측정할 수 없는 경우에는 장부금액은 활성시장을 기초로 한 최종 재평가일의 재평가금액에서 이후의 상각누계액·손상차손누계액을 차감한 금액으로 함.
	추후 공정가치 결정가능시	• 자산의 공정가치를 이후의 측정일에 활성시장을 기초로 하여 결정할 수 있는 경우에는 그 날부터 재평가모형을 적용함.
회계처리		• 기본적으로 유형자산 재평가와 동일함.

| 신유형기출문제 | 다양한 무형자산의 집계 | 난이도 ★ ★ ★ | 정답 ① |

다음 나열된 항목 중 무형자산에 해당되는 금액의 합계는 얼마인가?

미래의 기술에 관한 지식 탐구활동 지출액	140,000원
내부적으로 창출된 브랜드의 가치평가금액	200,000원
천연가스의 탐사 권리 취득을 위한 지출액	160,000원
개발단계 지출로 자산인식 조건을 만족하는 금액	320,000원
사업결합으로 취득한 고객목록 평가금액	180,000원

① 660,000원　　② 800,000원　　③ 820,000원　　④ 1,000,000원

해설

- 미래의 기술에 관한 지식 탐구활동 지출액
  - 연구단계활동(연구결과나 기타 지식을 탐색하는 활동)에 해당하므로 '연구비' 과목으로 비용처리한다.
- 내부적으로 창출된 브랜드의 가치평가금액
  - 사업을 전체적으로 개발하는데 발생한 원가와 구별할 수 없으므로 무형자산으로 인식하지 않는다.
- 천연가스의 탐사 권리 취득을 위한 지출액
  - 탐사 권리 취득을 위한 지출액은 탐사평가자산의 최초 인식액에 해당하므로 무형자산('시추권') 처리한다.
- 개발단계 지출로 자산인식 조건을 만족하는 금액
  - 자산요건을 충족하는 개발단계활동 지출은 '개발비' 과목으로 무형자산 처리한다.
- 사업결합으로 취득한 고객목록 평가금액
  - 내부창출이 아닌 사업결합으로 유상취득한 고객목록이므로 영업권과 분리하여 무형자산 처리한다.
- ∴무형자산에 해당하는 금액의 합계 : 160,000(탐사평가자산)+320,000(개발비)+180,000(고객목록)=660,000

ⓘ 관련이론 탐사평가자산 일반사항[K-IFRS 제1106호]

의의	• 탐사평가자산이란 광물자원에 대한 탐사권리를 획득한 때부터 광물자원 추출의 기술적 실현가능성·상업화가능성을 제시할 수 있는 시점까지의 사이에 발생한 지출로서, 기업의 회계정책에 따라 자산으로 인식한 것을 말함.
최초인식	• 인식시점에 원가로 측정하며, 최초로 측정할 때 포함할 수 있는 지출의 예는 다음과 같음. 　❏ 탐사 권리의 취득, 지형학적 등 연구, 탐사를 위한 시추, 굴착, 표본추출, 평가관련 활동
분류	• 탐사평가자산은 유형자산이나 무형자산으로 분류하고 이 분류를 일관되게 적용함. 　→무형자산을 개발하기 위해 소모된 유형자산 금액은 무형자산원가를 구성함. 그러나 무형자산을 개발하기 위해 유형자산을 사용하더라도 유형자산에서 무형자산으로 변경되는 것은 아님.
후속측정	• 탐사평가자산을 인식한 후에는 원가모형이나 재평가모형을 적용함.
재분류	• 광물자원 추출에 대한 기술적 실현가능성·상업화가능성을 제시할 수 있는 시점에는 더 이상 탐사평가자산으로 분류하지 아니함. 　→재분류하기 전에 손상을 검토하여 손상차손을 인식함.

ⓘ 관련이론 브랜드·고객목록 회계처리

내부적으로 창출한 것	• 무형자산으로 인식하지 않음.
사업결합(또는 외부구입)으로 취득한 것	• 영업권과 분리하여 무형자산으로 인식함.

참고 브랜드, 고객목록에 대한 취득후(또는 완성후)의 지출은 항상 발생시점에 당기손익으로 인식함.
　→이는 내부에서 창출하였는지 사업결합(외부구입)으로 취득하였는지에 관계없이 당기손익 처리함.

신유형기출문제	투자부동산의 후속측정	난이도 ★ ★ ★	정답 ④

다음 중 투자부동산의 후속적 측정에 대한 설명으로 가장 올바르지 않은 것은?

① 원가모형으로 측정해 오던 투자부동산이 매각예정으로 분류된다면 별도의 기준서에 따라 처리하여야 한다.

② 최초 인식 이후 원가모형으로 선택한 경우에는 모든 투자부동산에 대하여 원가모형을 적용한다.

③ 공정가치모형을 선택한 경우에는 해당 투자부동산이 감가상각대상자산인 경우에도 감가상각은 수행하지 않는다.

④ 공정가치모형에서 공정가치를 산정할 때에는 매각, 또는 다른 형태의 처분으로 발생할 수 있는 거래원가를 차감하여야 한다.

해설

• 투자부동산의 공정가치를 산정할 때에는 매각이나 다른 형태의 처분으로 발생할 수 있는 거래원가를 차감하지 않고 산정한다.

★ **저자주** 다소 지엽적인 내용에 대한 출제로 사료됩니다. '관련이론'위주로 참고하여 재출제에 대비하기 바랍니다.

ⓘ 관련이론 투자부동산 인식 후의 측정 세부고찰

회계정책 선택	• 최초 인식후 공정가치모형과 원가모형 중 하나를 선택하여 모든 투자부동산에 적용함.
원가모형	• 최초 인식후 평가방법을 원가모형으로 선택한 경우에는 모든 투자부동산에 대하여 유형자산 원가모형에 따라 측정함. →감가상각대상자산인 경우 유형자산과 동일하게 감가상각비를 인식함. →매각예정으로 분류하는 조건을 충족하는 경우에는 기준서 제1105호 '매각예정비유동자산과 중단영업'에 따라 처리함.
공정가치모형	• 공정가치모형을 선택한 경우에는 최초 인식후 모든 투자부동산을 공정가치로 측정함. →공정가치 변동으로 발생하는 손익은 발생한 기간의 당기손익에 반영함.(감가상각대상자산인 경우에도 감가상각은 수행하지 않음.) →공정가치는 측정일에 시장참여자 사이의 정상거래에서 자산을 매도할 때 받거나 부채를 이전할 때 지급하게 될 가격을 말함. 투자부동산의 공정가치를 산정할 때에는 매각이나 다른 형태의 처분으로 발생할 수 있는 거래원가를 차감하지 않고 산정함. →투자부동산을 공정가치로 측정해 온 경우라면 비교할만한 시장의 거래가 줄어들거나 시장가격 정보를 쉽게 얻을 수 없게 되더라도, 당해 부동산을 처분할 때까지 또는 자가사용부동산으로 대체하거나 통상적인 영업과정에서 판매하기 위하여 개발을 시작하기 전까지는 계속하여 공정가치로 측정함.

신유형기출문제 | **투자부동산 계정대체 회계처리** | 난이도 ★ ★ ★ | 정답 ②

다음 중 투자부동산의 계정대체에 관한 설명으로 가장 올바르지 않은 것은?

① 원가모형 적용 임대수익 목적의 건물을 자가사용으로 전환하면 유형자산으로 분류하고 별도의 손익은 인식하지 않는다.

② 공정가치모형 적용 임대수익 목적의 건물을 자가사용으로 전환하면 유형자산으로 분류하고 대체시점에서 발생한 재평가차액을 기타포괄손익으로 인식한다.

③ 자가사용건물을 제3자에게 운용리스로 제공하는 경우에는 투자부동산으로 분류한다.

④ 자가사용건물의 사용이 종료되면 투자부동산으로 대체한다.

해설

• 공정가치모형 적용 임대수익 목적의 건물을 자가사용으로 전환하면 유형자산으로 분류하고, 변경시점에 투자부동산평가손익을 인식 후 공정가치로 대체한다.

ℹ️ **관련이론 투자부동산 계정대체 세부고찰(회계처리)**

투자부동산에 원가모형 적용시	• 대체전 자산의 장부금액으로 대체함.(∴별도 손익이 발생하지 않음)	
투자부동산에 공정가치모형 적용시	투자부동산 ▶ 자가사용부동산 투자부동산 ▶ 재고자산	• 변경시점에 투자부동산평가손익 인식후 공정가치로 대체
	자가사용부동산 ▶ 투자부동산	• 변경시점의 장부금액과 공정가치의 차액은 유형자산 재평가모형과 동일한 방법으로 회계처리
	재고자산 ▶ 투자부동산	• 재고자산 장부금액과 대체시점의 공정가치의 차액은 당기손익으로 인식

신유형기출문제 | **투자부동산의 유형자산으로의 계정대체** | 난이도 ★ ★ ★ | 정답 ③

㈜삼일은 20X1년 3월 1일에 임대수익을 얻을 목적으로 건물을 1,000,000원에 취득하여 공정가치 모형을 적용하여 회계처리하기로 하였다. ㈜삼일은 동 건물을 20X2년 10월 1일에 본사사옥으로 사용 목적을 변경하고, 즉시 사용하기 시작하였다. 동 건물의 20X1년 12월 31일과 20X2년 10월 1일의 공정가치는 각각 900,000원과 1,100,000원이었으며, 유형자산으로 대체된 상기 건물에 대해서 ㈜삼일은 원가모형을 적용하기로 하였다. 20X2년 10월 1일 현재 동 건물의 내용연수는 10년이고, 잔존가치는 없는 것으로 추정하였다. 상기 건물에 대한 회계처리가 ㈜삼일의 20X2년 당기순손익에 미치는 영향은(단, 감가상각비의 계산이 필요한 경우 정액법으로 월할 계산하기로 한다)?

① 당기순이익 90,000원 감소

② 당기순이익 27,500원 감소

③ 당기순이익 172,500원 증가

④ 당기순이익 200,000원 증가

해설

• 투자부동산을 변경시점(대체시점)에 공정가치로 평가하여 평가손익을 먼저 인식한 후, 유형자산(건물)으로 대체한다.

20x1년 3월 1일	(차) 투자부동산	1,000,000	(대) 현금	1,000,000
20x1년 12월 31일	(차) 투자부동산평가손실	100,000[1]	(대) 투자부동산	100,000
20X2년 10월 1일	(차) 투자부동산	200,000[2]	(대) 투자부동산평가이익	200,000
	(차) 건물	1,100,000	(대) 투자부동산	1,100,000
20X2년 12월 31일	(차) 감가상각비	27,500[3]	(대) 감가상각누계액	27,500

[1] 900,000 - 1,000,000 = △100,000(평가손실) [2] 1,100,000 - 900,000 = 200,000(평가이익) [3] (1,100,000 ÷ 10년) × 3/12 = 27,500
∴ 20x2년 당기순손익에 미치는 영향 : 200,000(투자부동산평가이익) - 27,500(감가상각비) = 172,500(증가)

신유형기출문제	금융상품 일반사항	난이도 ★ ★ ★	정답 ②

다음 중 금융상품에 대한 설명으로 가장 올바르지 않은 것은?

① 금융상품은 금전신탁, 중개어음 등 금융기관의 정형화된 상품뿐만 아니라 비정형적인 계약상의 권리(의무)를 포함한다.

② 사용권자산과 무형자산(예: 특허권, 상표권)은 금융자산에 해당한다.

③ 금융리스는 금융상품에 해당하지만 운용리스는 금융상품에 해당하지 않는다.

④ 미래경제적효익이 현금 등 금융자산을 수취할 권리가 아니라 재화나 용역의 수취인 자산은 금융자산이 아니다.

해설

• 사용권자산과 무형자산(예 : 특허권, 상표권)은 금융자산이 아니다.

금융자산 O	• 현금및현금성자산, 대여금, 매출채권, 미수금, 미수수익, FVPL금융자산, FVOCI금융자산, AC금융자산, 금융기관취급 기타금융상품
금융자산 X	• 재고자산, 유형자산, 무형자산, 사용권자산, 선급비용, 선급금, 계약에 의하지 않은 자산, 법인세관련 자산(이연법인세자산)

참고 금융상품에 포함여부

㉠ 금융리스의 경우 대출약정에 따른 원금과 이자의 지급액을 혼합한 것과 실질적으로 동일한 일련의 지급액을 수취할 권리와 지급할 의무가 각각 리스제공자와 리스이용자에게 있다. 반면에 운용리스의 경우 리스제공자는 미래 기간에 자산을 사용하게 하는 대가로 용역수수료와 유사한 대가를 수취하게 된다. 따라서 금융리스는 금융상품에 해당하지만 운용리스는 금융상품에 해당되지 않는다.
→그러나 실물자산(예 재고자산, 유형자산), 사용권자산과 무형자산(예 특허권, 상표권)은 금융자산이 아니다. 그 이유는 이러한 실물자산이나 무형자산에 대한 통제는 현금 등 금융자산이 유입될 기회를 제공하지만, 현금 등 금융자산을 수취할 현재의 권리를 발생시키지 않기 때문이다.

㉡ 미래경제적효익이 현금 등을 수취할 권리가 아니라 재화·용역의 수취인 자산(예 선급비용)은 금융자산이 아니다.
→마찬가지로 선수수익과 대부분의 품질보증의무와 같은 항목도 현금 등 금융자산을 지급할 계약상 의무가 아니라 재화나 용역의 인도를 통하여 당해 항목과 관련된 경제적효익이 유출될 것이므로 금융부채가 아니다.
→그러나, 미지급비용과 미수수익은 미래경제적효익이 현금 등 금융자산을 지급하거나 수취할 계약상 권리나 의무이므로 금융부채와 금융자산이다.

㉢ 계약에 의하지 않은 부채나 자산은 금융부채나 금융자산이 아니다. 이러한 예로는 정부가 부과하는 법적 요구사항에 따라 발생하는 법인세와 관련된 부채를 들 수 있다. 충당부채에서 정의하고 있는 의제의무도 계약에서 발생한 것이 아니며 금융부채가 아니다.

신유형기출문제	금융자산 손상대상과 인식	난이도 ★★★ 정답 ③

다음 중 금융자산의 손상에 대한 설명으로 가장 올바르지 않은 것은?

① 신용이 손상되지 않은 경우 금융상품의 신용위험이 유의적으로 증가하지 않았다면 보고기간 말에 12개월 기대 신용손실금액에 해당하는 금액으로 손실충당금을 측정한다.

② 상각후원가측정금융자산의 손상차손은 당기비용 처리하고 손실충당금을 설정한다.

③ 기타포괄손익-공정가치측정금융자산으로 분류되는 채무상품의 손상차손은 손실충당금을 설정하여 금융상품 의 장부금액에서 차감하여 표시한다.

④ 상각후원가측정금융자산과 기타포괄손익-공정가치측정금융자산으로 분류되는 채무상품에 대해서 손상차손 을 인식할 수 있다.

해설

• 기타포괄손익-공정가치측정금융자산의 손실충당금을 인식하고 측정하는데 손상 요구사항을 적용한다. 그러나 해당 손실충당금은 기타포괄손익에서 인식하고 재무상태표에서 금융자산의 장부금액을 줄이지 아니한다.[K-IFRS 제1109호 문단5.5.2] 즉, FVOCI금 융자산에 대해서 인식하는 손상차손은 손실충당금으로 인식하지 않고 기타포괄손익(FVOCI금융자산평가손익)에서 조정한다.

→[이유] FVOCI금융자산의 보고기간말 장부금액은 공정가치로 표시되어야 하는데, 손상차손을 인식하면서 이를 손실충당금의 변 동으로 회계처리하면 장부금액(손실충당금이 차감된 순액)이 공정가치와 다른 금액으로 표시되는 문제가 발생한다. 따라서 기타포괄손익으로 인식했던 평가손익에서 조정한다. 이렇게 회계처리하면 공정가치로 인식했던 재무상태표상 금융자산의 장부금액은 줄어들지 않는다.

ⓘ 관련이론 금융자산 손상대상과 기대신용손실 인식방법

손상대상 · 회계처리	• ㉠ AC금융자산[=상각후원가금융자산] →(차) 손상차손(당기손익) ××× (대) 손실충당금(자산차감) ××× ㉡ FVOCI금융자산(채무상품)[=기타포괄손익-공정가치측정금융자산(채무상품)] →(차) 손상차손(당기손익) ××× (대) 평가이익(기타포괄손익) ×××		
기대신용손실 (손실충당금) 인식방법	신용손상 O	• 전체기간 기대신용손실을 손실충당금으로 인식	
	신용손상 X	신용위험 유의적 증가 O	• 전체기간 기대신용손실을 손실충당금으로 인식
		신용위험 유의적 증가 X	• 12개월 기대신용손실을 손실충당금으로 인식

신유형기출문제	FVOCI금융자산(지분상품) 처분의 손익효과	난이도 ★ ★ ★ 정답 ①

㈜삼일은 20X1년 1월 1일 ㈜광주가 발행한 주식 100주를 주당 10,000원에 취득하고, 기타포괄손익-공정가치측정 금융자산으로 분류하였다. 20X1년말 ㈜광주가 발행한 주식의 주당 공정가치는 12,000원이다. ㈜삼일은 동 주식 전부를 20X2년 6월 30일에 주당 13,000원에 처분하였다. 주식의 취득과 처분시 거래원가는 발생하지 않았다고 가정할 때, 상기 주식에 대한 회계처리가 ㈜삼일의 20X2년도 당기순손익과 기타포괄손익에 미치는 영향은 각각 얼마인가?

① 당기순손익 영향없음, 기타포괄손익 100,000원 증가
② 당기순손익 100,000원 증가, 기타포괄손익 100,000원 증가
③ 당기순손익 200,000원 증가, 기타포괄손익 100,000원 증가
④ 당기순손익 300,000원 증가, 기타포괄손익 100,000원 증가

해설

• FVOCI금융자산(지분상품)은 손상차손은 물론 처분손익도 인식하지 않는다.(이로 인해 기타포괄손익인 평가손익을 다른 자본 계정으로 대체하지 않는 한 평가손익이 그대로 재무상태표에 남아있게 된다.)
• 회계처리

20x1년 1월 1일	(차) FVOCI금융자산	1,000,000	(대) 현금	1,000,000
20x1년 12월 31일	(차) FVOCI금융자산	200,000	(대) 평가이익	200,000[1]
20x2년 6월 30일	(차) FVOCI금융자산	100,000	(대) 평가이익	100,000[2]
	(차) 현금	1,300,000[3]	(대) FVOCI금융자산	1,300,000

[1] 100주×(12,000 – 10,000)=200,000   [2] 100주×(13,000 – 12,000)=100,000   [3] 100주×13,000=1,300,000
• 20x2년도 당기순손익에 미치는 영향 : 처분손익을 인식하지 않으므로 당기순손익에 미치는 영향은 없다.
  20x2년도 기타포괄손익에 미치는 영향 : 100,000(평가이익) 증가

ⓘ 관련이론 FVOCI금융자산(지분상품) 평가와 처분

평가손익	자본처리	• 공정가치와 장부금액의 차액 : 기타포괄손익(자본)으로 처리함. ⚲주의 평가이익과 평가손실은 발생시 상계하여 표시함.
	재분류불가	• 평가손익은 후속적으로 당기손익으로 재분류하지 않음.(재순환 불가) →즉, 다른 자본계정(이익잉여금)으로 대체는 가능함. **비교** FVOCI금융자산(채무상품)평가손익은 제거시 당기손익으로 재분류함.
처분손익	선평가	• 처분시 공정가치(=처분금액)로 먼저 평가하여 평가손익을 인식함.
	처분손익 인식불가	• 처분손익을 인식하지 않음. **예시** 장부금액 ₩90, 처분금액(=공정가치) ₩100인 경우 | 선평가	(차) FVOCI금융자산	10	(대) 평가이익	10
처 분	(차) 현금	100	(대) FVOCI금융자산	100	

신유형기출문제	**FVOCI금융자산 취득원가 및 거래원가**	난이도 ★ ★ ★	정답 ④

㈜삼일은 20X1년 1월 1일 다음과 같은 조건의 회사채에 투자하기로 하였다. 동 투자사채의 취득과 관련하여 유출될 현금은 얼마인가(소수점 이하 첫째 자리에서 반올림한다.)? 단, ㈜삼일은 동 투자사채를 기타포괄손익-공정가치측정금융자산으로 분류하였다.

ㄱ. 액면금액 : 200,000,000원	ㄴ. 만기일 : 20X2년 12월 31일
ㄷ. 액면이자율 : 12%, 매년 말 지급 조건	ㄹ. 시장이자율 : 8%
ㅁ. 금융거래 수수료 : 액면금액의 0.5%	

① 186,479,592원　　　② 200,000,000원　　　③ 214,266,118원　　　④ 215,266,118원

해설

- 액면이자 : 200,000,000×12% = 24,000,000
- 현재가치(= 취득과 관련하여 유출될 현금 = 취득원가) : $\dfrac{24,000,000}{1.08} + \dfrac{24,000,000 + 200,000,000}{1.08^2} = 214,266,118$
- 거래원가(금융거래수수료) : 200,000,000×0.5% = 1,000,000 → 취득원가(공정가치)에 가산한다.
∴ 취득과 관련하여 유출될 현금(= 취득원가) : 214,266,118 + 1,000,000 = 215,266,118

★ **저자주** 현가계수가 주어지지 않은 경우이므로, 직접 현금흐름을 할인하여 구해야 합니다.

ℹ **관련이론** 금융자산 인식시 거래원가 처리

FVPL금융자산(당기손익-공정가치측정금융자산)	• 발생 즉시 당기비용으로 인식
그 외 금융자산	• 공정가치에 가산

신유형기출문제	FVOCI금융자산(채무상품) 처분손익	난이도 ★★★ 정답 ④

㈜삼일은 20X1년 1월 1일에 다음과 같은 조건의 회사채를 취득하였으며, 이 사채를 기타포괄손익-공정가치 측정 금융자산으로 분류하였다. ㈜삼일이 이 회사채를 20X2년 1월 1일에 현금 990,000원에 처분하였다. ㈜삼일이 처분시점에서 인식해야 할 금융자산처분손익은 얼마인가(단, 계산금액은 소수점 첫째자리에서 반올림하고, 가장 근사치를 답으로 선택한다.)?

ㄱ. 발행일 : 20X1년 1월 1일
ㄴ. 액면가액 : 1,000,000원
ㄷ. 만기일 : 20X3년 12월 31일
ㄹ. 표시이자율 : 10%(매년 말 지급조건)
ㅁ. 취득원가 : 951,963원(유효이자율 12%)
ㅂ. 20X1년 12월 31일 사채의 공정가치 : 980,000원

① 금융자산처분손실 10,000원
② 금융자산처분이익 10,000원
③ 금융자산처분손실 23,801원
④ 금융자산처분이익 23,801원

해설

- 회계처리

20x1년 1월 1일	(차) FVOCI금융자산	951,963	(대) 현금	951,963
20x1년 12월 31일	(차) 현금	100,000[1]	(대) 이자수익	114,236[2]
	FVOCI금융자산	14,236		
	(차) FVOCI금융자산	13,801	(대) 평가이익(기타포괄손익)	13,801[3]
20x2년 1월 1일 (처분시점)	(차) FVOCI금융자산	10,000[4]	(대) 평가이익(기타포괄손익)	10,000
	(차) 현금	990,000	(대) FVOCI금융자산	990,000
	(차) 평가이익	23,801[5]	(대) **처분이익**	**23,801**

[1] $1,000,000 \times 10\% = 100,000$　[2] $951,963 \times 12\% = 114,236$　[3] $980,000 - (951,963 + 14,236) = 13,801$
[4] $990,000 - 980,000 = 10,000$　[5] $13,801 + 10,000 = 23,801$

고속철 원가법(상각후원가)에 의한 처분손익과 동일함. →$990,000 - (951,963 + 14,236) = 23,801$(이익)

저자주 문제의 명확한 성립을 위해 누락된 단서인 '단, 기대신용손실은 없다고 가정한다.'를 추가하기 바랍니다.

ⓘ 관련이론 FVOCI금융자산(채무상품) 평가와 처분

평가손익	산식	❑ 최초평가시 평가손익 = 당기공정가치 - 총장부금액 ❑ 최초평가후 평가손익 = 당기공정가치 - (전기공정가치 + 상각액)
		• 평가손익(발생시 상계)은 기타포괄손익 처리하며, 자산 제거시 당기손익으로 재분류함. **비교** FVOCI금융자산(지분상품)의 평가손익은 당기손익으로 재분류하지 않음.
기대신용손실		• 신용이 손상되지 않은 경우에도 손상차손(당기손익)과 평가손익(기타포괄손익)을 인식함. **비교** AC금융자산 : 손상차손(당기손익)과 손실충당금(자산차감)을 인식함. • 전기말 기대신용손실과의 차액을 손상차손(환입)으로 인식함.
처분손익		• 처분시 공정가치(=처분금액)로 먼저 선평가하여 평가손익(기타포괄손익)을 인식함.
	선평가	(차) FVOCI금융자산　xxx　(대) 평가이익(기타포괄손익)　xxx
	처분	(차) 현금　xxx　(대) FVOCI금융자산　xxx
	재분류	(차) 평가이익(기타포괄손익누계)　xxx　(대) 처분이익　xxx

| 신유형기출문제 | AC금융자산의 재분류 | 난이도 ★ ★ ★ 정답 ④ |

다음 중 상각후원가측정금융자산에 관한 설명으로 가장 올바르지 않은 것은?

① 상각후원가측정금융자산을 당기손익-공정가치측정금융자산으로 재분류하는 경우 재분류일 공정가치로 대체한다.

② 원리금 수취와 매도가 목적인 채무상품은 기타포괄손익-공정가치측정금융자산으로 분류한다.

③ 상각후원가측정금융자산을 기타포괄손익-공정가치측정금융자산으로 재분류하는 경우 공정가치로 대체하되 평가손익을 기타포괄손익으로 인식한다.

④ 상각후원가측정금융자산을 재분류할 때 최초 취득일의 액면이자율을 사용하고 조정하지 않는다.

해설

• AC금융자산의 재분류 후 이자수익 인식〈금액은 임의 가정치임〉

㉠ FVPL금융자산으로 재분류한 경우 : 취득일의 액면이자율을 사용하여 인식한다.

| (차) 현금 | 6,000 | (대) 이자수익 | 액면금액 × 액면이자율 = 6,000 |

㉡ FVOCI금융자산으로 재분류한 경우 : 취득일의 유효이자율을 사용하여 인식하고 조정하지 않는다.

| (차) 현금 | 6,000 | (대) 이자수익 | 장부금액 × 유효이자율(취득일) = 9,306 |
| FVOCI금융자산 | 3,306 | | |

→AC금융자산을 재분류할 때, FVOCI금융자산으로 재분류시는 취득일의 유효이자율을 사용한다.

비교 FVPL금융자산을 AC금융자산이나 FVOCI금융자산으로 재분류한 경우에는 재분류일의 현행 시장이자율을 사용하여 조정한다.(즉, 유효이자율 재산정 필요)

ⓘ 관련이론 AC금융자산의 재분류

AC ▶ FVPL	재분류금액	• 재분류일의 공정가치로 측정함.
	재분류손익	• 공정가치와 재분류 전 장부금액의 차액은 당기손익 처리
AC ▶ FVOCI	재분류금액	• 재분류일의 공정가치로 측정함.
	재분류손익	• 공정가치와 재분류 전 장부금액의 차액은 기타포괄손익 처리
	재분류이후 이자수익	• 재분류 전 장부금액과 유효이자율을 그대로 적용함.(처음부터 FVOCI금융자산인 것처럼 처리) →재분류 전 유효이자율을 변경하지 않고 그대로 사용함.

| 신유형기출문제 | 위험·보상의 이전 및 보유 사례 | 난이도 | ★ ★ ★ | 정답 | ① |

다음 중 양도자가 소유에 따른 위험과 보상의 대부분을 이전하는 경우에 해당하는 예로 가장 옳은 것은?

① 금융자산을 아무런 조건이 없이 매도한 경우
② 유가증권대여계약을 체결한 경우
③ 양도자가 매도 후에 미리 정한 가격 또는 매도가격에 양도자에게 금전을 대여하였더라면 그 대가로 받았을 이자수익을 더한 금액으로 양도자산을 재매입하는 거래의 경우
④ 양도자가 양수자에게 발생가능성이 높은 대손의 보상을 보증하면서 단기 수취채권을 매도한 경우

해설

• 금융자산을 아무런 조건 없이 매도한 경우는 양도자가 소유에 따른 위험과 보상의 대부분을 이전하는 경우에 해당하는 예이다.

> **참고** 양도자가 위험과 보상의 대부분을 보유하는 경우의 예(즉, 금융자산을 제거하지 않고 계속 인식)
>
> ⊙ 양도자가 매도 후에 미리 정한 가격으로 또는 매도가격에 양도자에게 금전을 대여하였더라면 그 대가로 받았을 이자수익을 더한 금액으로 양도자산을 재매입하는 거래의 경우
> ⓛ 유가증권대여계약을 체결한 경우
> ⓒ 시장위험 익스포저를 양도자에게 다시 이전하는 총수익스왑 체결과 함께 금융자산을 매도한 경우
> ⓔ 양도자가 매도한 금융자산에 대한 콜옵션을 보유하고 있거나 양수자가 해당 금융자산에 대한 풋옵션을 보유하고 있으며, 해당 콜옵션이나 풋옵션이 현재까지 깊은 내가격 상태이기 때문에 만기 이전에 해당 옵션이 외가격 상태가 될 가능성이 매우 낮은 경우(=행사가능성 높음)
> ⓜ 양도자가 발생가능성이 높은 신용손실의 보상을 양수자에게 보증하면서 단기 수취채권을 매도한 경우

ⓘ 관련이론 금융자산의 제거조건

권리소멸	• 금융자산의 현금흐름에 대한 계약상 권리가 소멸한 경우		
현금흐름양도	• 금융자산의 현금흐름을 수취할 계약상 권리를 양도한 경우 →본 조건을 만족시는 이하의 위험과 보상의 이전여부를 추가로 고려함		

	위험과 보상		회계처리
	이전O		• 금융자산을 제거
	보유O		• 금융자산을 계속인식
이전X/보유X		금융자산을 통제X	• 금융자산을 제거
		금융자산을 통제O	• 지속적관여 정도까지 금융자산을 계속인식

| 이전과 통제 | ① 양도자가 위험과 보상의 대부분을 이전하는 경우의 예는 다음과 같음.

• 금융자산을 아무런 조건 없이 매도한 경우
• 양도자가 매도한 금융자산을 재매입시점의 공정가치로 재매입할 수 있는 권리를 보유하고 있는 경우
• 양도자가 매도한 금융자산에 대한 콜옵션을 보유하고 있거나 양수자가 당해 금융자산에 대한 풋옵션을 보유하고 있지만, 당해 콜옵션이나 풋옵션이 깊은 외가격 상태이기 때문에 만기 이전에 당해 옵션이 내가격 상태가 될 가능성이 매우 낮은 경우

② 양수자가 자산을 제3자에게 매도할수 있는 실질적 능력을 가지고 있으면 양도자는 양도자산에 대한 통제를 상실한 것임. |

신유형기출문제   **금융부채·지분상품 분류**   난이도 ★ ★ ★   정답 ①

다음 중 한국채택국제회계기준에 의한 금융상품의 발행자가 금융상품을 금융부채(financial liability)와 지분상품 (equity instrument)으로 분류할 때에 관한 설명으로 가장 올바르지 않은 것은?

① 잠재적으로 불리한 조건으로 거래상대방과 금융자산이나 금융부채를 교환하기로 한 계약상 의무는 금융자산으로 분류한다.

② 향후 현대자동차 에쿠스 5대의 가치에 해당하는 확정되지 않은 금액의 현금을 대가로 자기지분상품 380주를 인도하는 계약은 지분상품으로 분류하지 않는다.

③ 발행자가 보유자에게 미래의 시점에 확정된 금액을 의무적으로 상환해야 하는 의무가 있는 우선주는 금융부채로 분류한다.

④ 삼일회계법인과 동일한 공정가치에 해당하는 자기지분상품을 인도할 계약은 인도할 자기지분상품의 수량이 확정되지 않았으므로 금융부채로 분류한다.

해설

- ① 잠재적으로 불리한 조건으로 거래상대방과 금융자산이나 금융부채를 교환하기로 한 계약상 의무는 금융자산이 아니라 금융부채로 분류한다.
  ② '미확정금액 & 확정수량(380주)' 이므로 금융부채로 분류한다.

	수량이 확정(확정수량)	수량이 미확정(미확정수량)
미래수취대가 확정(확정금액)	지분상품	금융부채
미래수취대가 미확정(미확정금액)	금융부채	금융부채

  ③ 보유자에 대한 상환의무가 있거나 보유자가 상환청구권이 있는 상환우선주는 금융부채로 분류한다.
  ④ '미확정수량' 이므로 미래 수취대가 확정·미확정 불문하고 금융부채로 분류한다.(위 ②의 표 참조)

신유형기출문제   **금융부채와 지분상품 구분**   난이도 ★ ★ ★   정답 ③

다음 중 지분상품으로 분류될 수 있는 계약으로 가장 옳은 것은?

① 100억의 가치에 해당하는 지분상품을 인도할 계약

② 100킬로그램의 금의 가치에 해당하는 현금에 상응하는 지분상품을 인도할 계약

③ 액면 100억의 사채에 대한 상환 대신 1만주의 주식으로 교환할 계약

④ 공모가액의 80% 해당하는 현금을 대가로 주식 1만주를 인도할 계약

해설

- 자기지분상품으로 결제되는 파생상품 계약의 구분

	수량이 확정(확정수량)	수량이 미확정(미확정수량)
미래수취대가 확정(확정금액)	지분상품	금융부채
미래수취대가 미확정(미확정금액)	금융부채	금융부채

  ① '확정금액(100억) & 미확정수량' 이므로 금융부채로 분류한다.
  ② '미확정금액 & 미확정수량' 이므로 금융부채로 분류한다.
  ③ '확정금액(100억) & 확정수량(1만주)' 이므로 지분상품으로 분류한다.
  ④ '미확정금액 & 확정수량(1만주)' 이므로 금융부채로 분류한다.

신유형기출문제 | **사채할증발행과 사채상환** | 난이도 ★ ★ ★ 정답 ②

다음 중 ㈜삼일의 20X1년 12월 31일 사채 관련 분개에 관한 설명으로 가장 옳은 것은(소수점 이하는 반올림한다)?

> ㈜삼일은 20X1년 1월 1일 사채(액면 100,000원, 표시이자율 10%, 이자는 매년 말에 지급, 만기일은 20X3년 12월 31일이고, 유효이자율은 8%)를 발행하였다. 20X1년 12월 31일에 사채를 105,000원에 상환하였다.(가치계산표 : 3년 8% 단일금액의 현재가치=0.7938, 3년 8% 정상연금의 현재가치=2.5771)

① 3년동안 사채의 총이자비용은 8,412원이다.
② 사채의 장부금액은 103,563원이다.
③ 사채상환손실은 3,563원이다.
④ 사채할증발행차금상각액은 2,000원이다.

해설

★**저자주** 문제의 명확한 성립을 위해 선지 ②,③,④에 누락된 '20x1년말'을 추가하기 바랍니다.
- 발행금액(현재가치) : 10,000×2.5771+100,000×0.7938=105,151
- 사채할증발행차금 : 105,151 - 100,000 = 5,151
- 유효이자율법에 의한 상각표

일자	액면이자(10%)	유효이자(8%)	상각액	장부금액
20x1년 1월 1일				105,151
20x1년 12월 31일	10,000	105,151×8%=8,412	10,000-8,412=1,588	105,151-1,588=103,563

- ① **고속철** 할증발행시 총이자비용=총액면이자-총사채할증발행차금
  →총액면이자(10,000×3년) - 총사채할증발행차금(5,151) = 24,849
- ② 20x1년말 장부금액 : 103,563〈유효이자율법에 의한 상각표 참조!〉
- ③ 20x1년말 사채상환손익 : 장부금액(103,563) - 상환금액(105,000) = △1,437(상환손실)
- ④ 20x1년말 사채할증발행차금상각액 : 1,588〈유효이자율법에 의한 상각표 참조!〉

★**참고** 회계처리

20x1년 1월 1일	(차) 현금	105,151	(대) 사채	100,000
			사채할증발행차금	5,151
20x1년 12월 31일	(차) 이자비용	8,412	(대) 현금	10,000
	사채할증발행차금	1,588		
	(차) 사채	100,000	(대) 현금	105,000
	사채할증발행차금	3,563		
	사채상환손실	1,437		

제1편
[단기속성특강] 재무회계

제2편
[단기속성특강] 세무회계

제3편
[단기속성특강] 원가관리회계

합본부록1
신유형기출문제

합본부록2
10개년/기출오답노트

| 신유형기출문제 | **이자지급일·결산일 불일치 사채상환** | 난이도 | ★ ★ ★ | 정답 | ① |

20X1년 4월 1일 발행한 사채(액면 1,000,000원, 표시이자율 10%, 이자지급일 매년 3월 31일 후급, 만기 20X4년 3월 31일)를 20X2년 4월 1일 공정가치(단, 공정가치는 아래의 현가계수 자료를 이용해서 계산하시오)로 상환할 경우 이 사채의 조기상환손익은 얼마인가(단, 단수차이로 인해 오차가 있다면 가장 근사치를 선택하며, 20X1년 4월 1일과 20X2년 4월 1일의 시장이자율은 각각 8%와 10%이다)?

	8%		10%	
	1원의 현가계수	연금현가계수	1원의 현가계수	연금현가계수
2년	0.8573	1.7833	0.8264	1.7355
3년	0.7938	2.5771	0.7513	2.4868

① 사채상환이익 35,680원   ② 사채상환이익 90,780원
③ 사채상환손실 35,680원   ④ 사채상환손실 90,780원

해설

- 발행금액(현재가치) : 100,000×2.5771+1,000,000×0.7938=1,051,510
- 사채할증발행차금 : 1,051,510 − 1,000,000 = 51,510
- 유효이자율법에 의한 상각표

일자	액면이자(10%)	유효이자(8%)	상각액	장부금액
20x1년 4월 1일				1,051,510
20x2년 3월 31일	100,000	1,051,510×8%=84,120	100,000−84,120=15,880	1,051,510−15,880=1,035,630

- 20x2년 4월 1일 공정가치(=미래 2년분 현금흐름을 10%로 할인한 현재가치)⇒상환금액
  100,000×1.7355+1,000,000×0.8264=999,950
- 20x2년 4월 1일 사채상환손익 : 장부금액(1,035,630) − 상환금액(999,950) = 35,680(상환이익)

참고 회계처리

20x1년 4월 1일	(차) 현금	1,051,510	(대) 사채	1,000,000
			사채할증발행차금	51,510
20x1년 12월 31일	(차) 이자비용 사채할증발행차금	63,090[1] 11,910[3]	(대) 미지급이자	75,000[2]
20x2년 3월 31일	(차) 이자비용 미지급이자 사채할증발행차금	21,030[4] 75,000 3,970[5]	(대) 현금	100,000
	(차) 사채 사채할증발행차금	1,000,000 35,630	(대) 현금 사채상환이익	999,950 35,680

[1] $1,051,510 \times 8\% \times \frac{9}{12} = 63,090$ [2] $100,000 \times \frac{9}{12} = 75,000$ [3] $15,880 \times \frac{9}{12} = 11,910$

[4] $1,051,510 \times 8\% \times \frac{3}{12} = 21,030$ [5] $15,880 \times \frac{3}{12} = 3,970$

신유형기출문제	금융부채 일반사항	난이도 ★ ★ ☆ 정답 ④

다음 중 금융부채에 관한 설명으로 가장 올바르지 않은 것은?

① 금융부채는 원칙적으로 최초인식시 공정가치로 인식한다.
② 당기손익-공정가치측정 금융부채와 관련되는 거래원가는 당기손익으로 처리한다.
③ 사채의 상환손익이 발생하는 이유는 상환일의 시장이자율이 발행일의 시장이자율과 다르기 때문이다.
④ 연속상환사채의 발행금액은 사채로부터 발생하는 미래현금흐름의 사채 상환시점의 시장이자율로 할인한 현재가치가 된다.

해설 🖋

• 연속상환사채의 발행금액은 일반사채와 동일하게 사채로부터 발생하는 미래현금흐름의 사채 발행시점의 시장이자율로 할인한 현재가치이다.

"참고 사채상환손익이 발생하는 이유

❑ 사채상환시점의 시장이자율이 변동되어 현재가치(사채의 실질가치)가 변동되기 때문임.
→즉, 현재가치(=사채의 실질가치=사채가격) : $\dfrac{이자}{(1+r)} + \cdots\cdots + \dfrac{이자+원금}{(1+r)^n}$

  ㉠ 시장이자율(r)이 상승하면 현재가치(사채의 실질가치) 하락으로 싼가격에 상환하므로 상환이익이 발생함.
  ㉡ 시장이자율(r)이 하락하면 현재가치(사채의 실질가치) 상승으로 비싼가격에 상환하므로 상환손실이 발생함.

ℹ 관련이론 금융부채 인식

최초인식	• 금융부채는 금융상품의 계약당사자가 되는 때에만 재무상태표에 인식함. • 최초 인식시점에는 공정가치로 측정함.				
거래원가	FVPL금융부채	• 발생즉시 당기비용으로 인식			
		(차) 현금	100	(대) 금융부채	100
		수수료비용	10	현금	10
	그 외 금융부채	• 공정가치에서 차감			
		(차) 현금	100	(대) 금융부채	100
		할인차금	10	현금	10

| 신유형기출문제 | 복합금융상품의 종류 | 난이도 ★ ★ ☆ | 정답 ③ |

다음 중 복합금융상품의 종류와 그에 대한 설명으로 가장 올바르지 않은 것은?

① 전환사채란 유가증권 소유자가 일정한 조건하에 보통주로의 전환권을 행사할 수 있는 사채로서, 전환권을 행사하면 보통주로 전환되는 사채이다.

② 신주인수권부사채란 유가증권의 소유자가 일정한 조건하에 신주인수권을 행사하여 보통주 발행을 청구할 수 있는 권리가 부여된 사채이다.

③ 전환우선주란 유가증권의 소유자가 일정한 조건하에 우선권을 행사할 수 있는 우선주로서, 우선권을 행사하면 보통주로 전환되는 우선주이다.

④ 교환사채란 유가증권의 소유자가 사채발행자가 보유하고 있는 유가증권과 교환을 청구할 수 있는 권리가 부여된 사채이다.

해설

• 우선권(X) → 전환권(O)
(즉, 전환우선주란 유가증권의 소유자가 일정한 조건하에 전환권을 행사할 수 있는 우선주로서, 전환권을 행사하면 보통주로 전환되는 우선주이다.)

ⓘ 관련이론 복합금융상품의 종류

전환사채	• 유가증권의 소유자가 일정한 조건하에 보통주로의 전환권을 행사할 수 있는 사채로서, 전환권을 행사하면 보통주로 전환되는 사채
신주인수권부사채	• 유가증권의 소유자가 일정한 조건하에 신주인수권을 행사하여 보통주 발행을 청구할 수 있는 권리가 부여된 사채
전환우선주	• 유가증권의 소유자가 일정한 조건하에 전환권을 행사할 수 있는 우선주로서, 전환권을 행사하면 보통주로 전환되는 우선주
교환사채	• 유가증권의 소유자가 사채발행자가 보유하고 있는 유가증권과 교환을 청구할 수 있는 권리가 부여된 사채

＊ **참고** 회사채와 영구채

회사채	• 기업이 시설투자나 운영 등의 장기자금을 조달하기 위해 발행하는 채권을 말함.
영구채	• 원금상환 없이 이자만 영구히 지급하는 채권을 말함. →즉, 만기가 없는 채권으로 신종자본증권(하이브리드채권)이라고도 함.

| 신유형기출문제 | 전환사채의 부채요소와 자본요소 | 난이도 ★ ★ ☆ | 정답 ④ |

전환사채의 발행금액이 3,000,000원이고 전환사채의 발행요건과 동일한 요건으로 발행하되 전환권이 부여되지 않은 사채의 가치가 2,500,000원인 경우, 전환사채의 발행금액 중 2,500,000원은 (ㄱ)(으)로, 전환권가치인 500,000원은 (ㄴ)(으)로 분리하여 표시한다. 다음 중 ㄱ, ㄴ에 들어갈 가장 올바른 용어들로 짝지어진 것은?

	ㄱ	ㄴ
①	금융부채	금융부채
②	지분상품(자본)	지분상품(자본)
③	지분상품(자본)	금융부채
④	금융부채	지분상품(자본)

해설

• 전환사채는 부채요소와 자본요소를 모두 가지고 있는 복합금융상품이다.

| 요소구분 | ☐ ㉠ 부채요소(금융부채) = 일반사채 : 현금 등 금융자산을 인도하기로 하는 계약
　 ㉡ 자본요소(지분상품) = 전환권 : 확정수량 보통주로 전환 권리를 보유자에게 부여하는 콜옵션
☐ 자본요소는 잔여지분이라는 정의와 일관되도록 하기 위해, 부채요소해당액(사채현재가치)을 먼저 측정하고, 발행금액에서 부채요소해당액을 차감한 금액으로 자본요소해당액을 측정하도록 규정하고 있다.
　→ 발행금액 – 부채요소해당액(현재가치) = 자본요소해당액(전환권가치) |

• 전환권대가 : 3,000,000 – 2,500,000 = 500,000, 부채(금융부채) : 3,000,000 – 500,000(전환권대가) = 2,500,000
　자본(지분상품) : 500,000(전환권대가)

전환사채 총괄 회계처리[1] 난이도 ★ ★ ★ 정답 ④

㈜삼일은 20X1년 1월 1일에 다음과 같은 조건으로 전환사채를 발행하였다. 전환사채 발행에 관한 설명으로 가장 올바르지 않은 것은?

ㄱ. 액면금액 : 1,000,000원	ㄴ. 액면이자율 : 10%(매년말 이자지급)
ㄷ. 발행금액 : 1,000,000원	ㄹ. 상환할증금 : 100,000원
ㅁ. 동일한 조건의 일반사채의 경우의 발행금액 : 900,000원	ㅂ. 만기 : 3년

① 사채발행일에는 전환사채 발행으로 부채가 900,000원 증가한다.
② 사채발행일에는 전환사채 발행으로 자본(전환권대가)이 100,000원 증가한다.
③ 이 전환사채와 관련한 이자비용은 동일한 조건의 일반사채에 대한 유효이자율을 적용하여 산정한다.
④ 만기에 지급하는 금액은 액면금액에 이자비용과 상환할증금을 포함한 1,100,000원이다.

해설

- 상환할증금 : 100,000 →전환사채에 가산하는 형식으로 기재
  현재가치 : 900,000 →동일한 조건의 일반사채의 경우의 발행금액 = 일반사채 유효이자율로 할인한 금액
  전환권대가 : 1,000,000(발행금액) - 900,000(현재가치) = 100,000
  전환권조정 : 100,000(전환권대가) + 100,000(상환할증금) = 200,000 →전환사채에서 차감하는 형식으로 기재

발행시점 회계처리	(차) 현금	1,000,000	(대) 전환사채(액면 = 발행금액)	1,000,000
	(차) 전환권조정	200,000	(대) 전환권대가(발행금액 – 현재가치)	100,000
			상환할증금	100,000

발행일 부분재무상태표(액면발행/할증상환조건)

부채	전환사채	1,000,000
	전환권조정	(200,000)
	상환할증금	100,000
		900,000
기타자본요소	전환권대가	100,000

- 만기에 지급하는 금액
  ㉠ 미전환의 경우 : 100,000(액면이자) + 1,000,000(원금) + 100,000(상환할증금) = 1,200,000
  ㉡ 40%전환의 경우 : 1,200,000(미전환시 지급액) × 60% = 720,000
  →∴만기지급액은 고정액 1,100,000원이 아니라 전환권 행사 여부에 따라 상이하다.

신유형기출문제 | **전환사채 총괄 회계처리[2]** | 난이도 ★ ★ ★ 정답 ④

㈜삼일은 20X1년 1월 1일에 다음과 같은 조건으로 전환사채를 발행하였다. 다음 중 동 전환사채에 관한 설명으로 가장 올바르지 않은 것은?

> ㄱ. 액면금액 : 10,000,000원
> ㄴ. 액면이자율 : 5%(매년 말 이자지급)
> ㄷ. 발행금액 : 10,000,000원
> ㄹ. 상환할증금 : 1,000,000원(만기까지 주식으로 전환하지 않을 경우 만기에 지급)
> ㅁ. 동일한 조건의 일반사채인 경우의 발행가액 : 8,200,000원
> ㅂ. 만기 : 3년
> ㅅ. 발행시 사채발행비는 발생하지 아니함.
> ㅇ. 전환권대가는 자본으로 분류됨.

① 동 전환사채의 발행금액 10,000,000원에는 전환권대가 1,800,000원이 포함되어 있다.
② 상환할증금을 지급하는 조건이므로 보장수익률은 액면이자율 5%보다 높을 것이다.
③ 동 전환사채와 관련한 이자비용은 동일한 조건의 일반사채에 대한 유효이자율을 적용하여 산정한다.
④ 전환권 행사시 ㈜삼일의 총자산은 증가한다.

해설

• 전환사채는 전환사채보유자의 요구에 따라 주식으로 전환할 수 있는 권리가 내재되어 있어 일반적으로 일반사채보다 액면이자가 낮게 책정되어 발행된다.(전환권 부여로 인해 액면이자율을 낮게 하여 발행할 수 있음.)
  → ∴액면이자율 〈 보장수익률 〈 유효이자율
• 상환할증금 : 1,000,000 →전환사채에 가산하는 형식으로 기재
 현재가치 : 8,200,000 →동일한 조건의 일반사채의 경우의 발행금액 = 일반사채 유효이자율로 할인한 금액
 전환권대가 : 10,000,000(발행금액) - 8,200,000(현재가치) = 1,800,000
 전환권조정 : 1,800,000(전환권대가) + 1,000,000(상환할증금) = 2,800,000 →전환사채에서 차감하는 형식으로 기재

발행시점 회계처리	(차) 현금	10,000,000	(대) 전환사채(액면 = 발행금액)	10,000,000
	(차) 전환권조정	2,800,000	(대) 전환권대가(발행금액 - 현재가치)	1,800,000
			상환할증금	1,000,000

발행일 부분재무상태표(액면발행/할증상환조건)

부채	전환사채	10,000,000
	전환권조정	(2,800,000)
	상환할증금	1,000,000
		8,200,000
기타자본요소	전환권대가	1,800,000

• 전환권이 행사되면 자본금이 증가하고 부채(사채)가 소멸한다. 즉, 전환 전의 부채·자본 합계액은 전환 후 부채·자본 합계액과 동일하다.
  → ∴전환권이 행사되어도 자산에는 영향이 없다.

전환권 행사 회계처리	(차) 전환사채	×××	(대) 전환권조정(미상각액)	×××
	상환할증금	×××	자본금	×××
	전환권대가	×××	주식발행초과금(대차차액)	×××

| 신유형기출문제 | 충당부채 인식사례 | 난이도 ★ ★ ☆ | 정답 ④ |

다음 중 충당부채로 인식될 수 있는 사례로 가장 올바르지 않은 것은(단, 해당 의무를 이행하기 위하여필요한 금액을 신뢰성있게 추정할 수 있다고 가정한다)?

① 회사의 소비자 소송사건에 대하여 패소가능성이 높다는 법률전문가의 의견이 있는 경우
② 토지 오염원을 배출하고 있는 회사에 대하여 토지의 정화에 관한 법률 제정이 확실시 되는 경우
③ 제품에 대해 만족하지 못하는 고객에게 법적의무가 없음에도 불구하고 환불해주는 정책을 펴고 있으며, 고객에게 이 사실이 널리 알려져 있는 경우
④ 회사의 특정 사업부문의 미래 영업손실이 예상되는 경우

해설

• 충당부채 인식여부 분석

①	현재의무	법률전문가의 의견에 근거하여 볼 때 현재의무가 존재한다.
	유출가능성	가능성이 높다.
	인식여부	의무를 이행하기 위한 금액에 대한 최선의 추정치로 충당부채를 인식한다.
②	현재의무	토지 정화를 요구하는 법률 제정이 확실하므로 의무발생사건은 토지의 오염이다.
	유출가능성	가능성이 높다.
	인식여부	토지 정화원가에 대한 최선의 추정치로 충당부채를 인식한다.
③	현재의무	판매한 제품을 기업이 환불해 줄 것이라는 정당한 기대를 고객이 갖게 되기 때문에 제품판매는 의제의무를 생기게 하는 의무발생사건이다.
	유출가능성	가능성이 높다. 일정비율의 제품이 환불을 통해 반품된다.
	인식여부	환불원가의 최선의 추정치로 충당부채를 인식한다.
④	미래의 예상 영업손실은 충당부채로 인식하지 아니한다.
→미래의 예상 영업손실은 부채의 정의에 부합하지 않을 뿐만 아니라 충당부채의 인식기준도 충족하지 못한다.(즉, 현재의무가 없다.) 한편, 미래에 영업손실이 예상되는 경우에는 영업과 관련된 자산이 손상되었을 가능성이 있으므로 '자산손상'에 따라 손상검사를 수행한다.	

관련이론 충당부채와 우발부채의 인식

개요	금액추정가능성 / 자원유출가능성	신뢰성있게 추정가능	추정불가능
	가능성이 높음	충당부채로 인식	우발부채로 주석공시
	가능성이 어느 정도 있음	우발부채로 주석공시	
	가능성이 아주 낮음(거의 없음)	공시하지 않음	공시하지 않음

비교 충당부채는 재무제표에 부채로 인식하나, 우발부채는 부채로 인식하지 않음.

| 충당부채 인식요건 | • 과거사건의 결과로 현재의무(법적의무나 의제의무)가 존재한다.
• 해당 의무를 이행하기 위하여 경제적효익이 있는 자원이 유출될 가능성이 높다.
• 해당 의무의 이행에 소요되는 금액을 신뢰성있게 추정할 수 있다. |

신유형기출문제 | **충당부채의 인식과 측정** | 난이도 ★ ★ ★ | 정답 ④

다음 중 충당부채에 관한 설명으로 가장 올바르지 않은 것은?

① 미래의 예상 영업손실은 부채의 정의에 부합하지 못할 뿐 아니라 충당부채의 인식기준도 충족하지 못하기 때문에 충당부채로 인식하지 않는다.
② 계약상의 의무에 따라 발생하는 회피 불가능한 원가가 당해 계약 때문에 받을 것으로 기대되는 경제적 효익을 초과하는 계약을 체결한 경우에는 관련된 현재의무를 충당부채로 인식한다.
③ 구조조정을 완료하는 날까지 발생할 것으로 예상하는 영업손실은 충당부채로 인식하지 않지만 손실부담계약과 관련된 예상영업손실은 충당부채로 인식한다.
④ 구조조정의 일환으로 관련 자산을 매각할 때 예상처분이익은 구조조정충당부채를 측정하는 데 반영한다.

해설

• ③ 구조조정을 완료하는 날까지 생길 것으로 예상되는 영업손실은 충당부채로 인식하지 아니한다. 다만 손실부담계약과 관련된 예상 영업손실은 충당부채로 인식한다.[K-IFRS 제1037호 문단82]
• ④ 구조조정의 일환으로 자산의 매각을 계획하는 경우라도 구조조정과 관련하여 예상되는 자산 처분이익은 문단51(예상되는 자산 처분이익은 충당부채를 측정하는 데 고려하지 아니한다.)에 따라 구조조정충당부채를 측정하는데 고려하지 아니한다.[K-IFRS 제1037호 문단83]

★ **저자주** ③과 ④는 세무사·회계사 시험에서 언급되는 내용들로서, 재경관리사 시험수준을 초과하는 내용입니다. 그러나 출제가 된 만큼 문구정도만 숙지하여 재출제에 대비하기 바랍니다.

ⓘ **관련이론** 손실부담계약 세부고찰

의의	• 손실부담계약이란 계약상의 의무에 따라 발생하는 회피 불가능한 원가가 당해 계약에 의하여 받을 것으로 기대되는 경제적효익을 초과하는 계약을 말함. →예 손실이 예상되는 확정매입계약
충당부채 인식	• 손실부담계약을 체결한 경우에는 관련된 현재의무를 충당부채로 인식함.
회피불가능한 원가	☐ Min { 계약을 이행하기 위하여 필요한 원가 계약을 이행하지 못하였을때 지급하여야 할 보상금 또는 위약금 }

신유형기출문제 | **기댓값에 의한 충당부채 계상** | 난이도 ★ ★ ★ | 정답 ③

㈜삼일은 제조상의 결함이나 하자에 대하여 1년간 제품보증을 시행하고 있다. 20X1년에 판매된 5,000,000원의 제품에서 중요하지 않은 결함이 발견된다면 50,000원의 수리비용이 발생하고, 치명적인 결함이 발생하면 200,000원의 수리비용이 발생할 것으로 예상한다. 20X1년의 매출액 5,000,000원에 대하여 판매된 제품의 80%에는 하자가 없을 것으로 예상하고, 제품의 15%는 중요하지 않은 결함이 발견될 것으로 예상하고, 5%는 치명적인 결함이 있을 것으로 예상하였다. ㈜삼일이 20X1년말에 인식할 충당부채의 금액은 얼마인가?

① 7,500원　　　　② 10,000원　　　　③ 17,500원　　　　④ 32,500원

해설

• 충당부채로 인식하여야 하는 금액과 관련된 불확실성은 상황에 따라 판단한다. 다수의 항목과 관련되는 충당부채를 측정하는 경우에 해당 의무는 가능한 모든 결과에 관련된 확률을 가중평균하여 추정한다.(이러한 통계적 추정방법을 '기댓값'이라고 함.) 따라서 특정 금액의 손실이 생길 확률(예 60%나 90%)에 따라 충당부채로 인식하는 금액은 달라지게 된다.[K-IFRS 제1037호 문단39]
• 수리비용과 발생확률

구분	수리비용	발생확률
하자가 없는 경우(전혀 결함이 발생하지 않는 경우)	0원	80%
중요하지 않은(사소한) 결함이 발생할 경우	50,000원	15%
치명적인(중요한) 결함이 발생할 경우	200,000원	5%

→충당부채(수리비용의 기댓값) : (0원×80%)+(50,000원×15%)+(200,000원×5%)=17,500원

★ **저자주** K-IFRS 제1037호 문단39의 사례를 문제화한 것으로 재경관리사 시험수준을 고려할 때 다소 무리한 출제로 사료됩니다. 다만, 회계사·세무사 등 전문직 시험에서는 빈출되고 있는 문제입니다.

| 신유형기출문제 | 충당부채 변제와 자산인식액 | 난이도 ★ ★ ★ | 정답 ③ |

㈜삼일은 소송에 패소할 경우를 대비하여 의무이행을 위하여 지급할 금액을 보험회사가 변제해주는 보험에 가입하였다. ㈜삼일이 소송으로 지급할 금액이 10억원이며 보험회사로부터 11억원을 변제 받을 것이 확실한 경우, 변제받을 금액과 관련하여 ㈜삼일이 재무상태표상 자산으로 인식할 금액은 얼마인가?

① 0원 　　　② 1억원 　　　③ 10억원 　　　④ 11억원

해설

• 제3자가 변제할 것이 확실한 금액(11억원)을 자산(미수금)으로 인식하되, 자산인식금액은 충당부채(10억원) 금액을 초과할 수 없으므로 자산인식액은 10억원이 된다.

회계처리							
방법[1]				방법[2]			
(차) 비용	10억원	(대) 충당부채	10억원	(차) 미수금	10억원	(대) 충당부채	10억원
미수금	10억원	수익	10억원				

관련이론 충당부채 변제

재무상태표 (총액인식)	• 의무금액 총액을 부채로 인식 • 제3자가 변제할 것이 확실한 금액만 자산으로 인식 　→단, 자산인식금액은 충당부채금액 초과불가함. 　주의 ∴충당부채와 제3자 변제관련자산을 상계치 않음.							
손익계산서 (순액인식가능)	• 수익은 충당부채의 인식과 관련된 비용과 상계가능함.							
	방법[1]				방법[2]			
	(차) 비용	1,000	(대) 충당부채	1,000	(차) 비용	800	(대) 충당부채	1,000
	미수금	200	수익	200	미수금	200		

신유형기출문제 · **충당부채기준서 실무적용지침사례** · 난이도 ★ ★ ★ · 정답 ②

● 다음은 소송사건 사례에 대한 자료이다. 소송사건과 관련하여 해당연도에 해당하는 충당부채 또는 우발부채로 인식하는 방법에 대한 설명으로 올바르지 않은 것은?

> 20X0년 결혼식 후에 10명이 사망하였는데, 기업이 판매한 제품 때문에 식중독이 생겼을 가능성이 있다. 그 기업에 손해배상을 청구하는 법적 절차가 시작되었으나, 기업은 그 책임에 대해 이의를 제기하였다. 법률 전문가는 20X0년 12월 31일로 종료하는 연차 재무제표의 발행승인일까지는 기업에 책임이 있는지 밝혀지지 않을 가능성이 높다고 조언하였다. 그러나 법률 전문가는 20X1년 12월 31일로 종료하는 연차 재무제표를 작성할 때에는 소송 사건의 진전에 따라 기업에 책임이 있다고 밝혀질 가능성이 높다고 조언하였다.

① 20X0년 12월 31일 과거 의무발생사건의 결과로 생기는 현재의무는 재무제표가 승인되는 시점에 사용 가능한 증거에 따르면 과거 사건의 결과로 생기는 의무는 없다.
② 20X0년 12월 31일 충당부채를 인식하지 아니한다. 다만 유출될 가능성이 희박하지 않다면 그 사항을 충당부채로 공시한다.
③ 20X1년 12월 31일 과거 의무발생사건의 결과로 생기는 현재의무는 사용 가능한 증거에 따르면 현재의무가 존재한다.
④ 20X1년 12월 31일 의무를 이행하기 위한 금액의 최선의 추정치로 충당부채를 인식한다.

해설

• 20x0년 12월 31일 충당부채를 인식하지 아니한다. 다만, 유출될 가능성이 희박하지 않다면 그 사항을 우발부채로 공시한다.

참고 본 문제는 K-IFRS 제1037호에서 제시한 적용사례이다. 구체적인 분석을 하면 다음과 같다.

㉠ 20x0년 12월 31일

현재의무	• 재무제표(F/S) 승인시점에 사용가능한 증거에 근거하여 볼 때 과거사건에 따른 의무는 없다.
결론	• 충당부채를 인식하지 아니한다. →유출될 가능성이 희박하지 않다면(=유출가능성이 어느 정도 있음) 그러한 사항을 우발부채로 공시한다.

㉡ 20x1년 12월 31일

현재의무	• 사용가능한 증거에 근거하여 볼 때 현재의무가 존재한다.
유출가능성	• 가능성이 높다.
결론	• 의무를 이행하기 위한 금액에 대한 최선의 추정치로 충당부채를 인식한다.

신유형기출문제 | **제품보증충당부채 기말잔액** | 난이도 ★ ★ ★ | 정답 ②

㈜삼일은 판매일로부터 1년간 판매한 제품에 발생하는 하자를 무상으로 수리해주는 제품보증정책(확신유형의 보증)을 시행하고 있다. 제품보증비용은 매출액의 2%가 발생할 것으로 예측된다. 각 회계연도의 매출액과 실제 제품보증 발생액이 다음과 같은 경우 20X2년 말 재무상태표상 제품보증충당부채로 계상할 금액은 얼마인가?

	20X1년	20X2년
매출액	10,000,000원	14,000,000원
20X1년 판매분에 대한 제품보증비용	50,000원	100,000원
20X2년 판매분에 대한 제품보증비용	-	120,000원

① 60,000원 ② 160,000원 ③ 180,000원 ④ 280,000원

해설

• 1년간 보증조건이므로, 20x1년 매출분에 대하여는 20x2년말 계상할 제품보증충당부채는 없다.
 →따라서, 20x2년 매출분에 대하여만 제품보증충당부채 잔액을 계산하여야 한다.
• 20x2년말 제품보증충당부채 : 14,000,000×2% - 120,000(실제 제품보증비 발생액) = 160,000

참고 회계처리

20x1년	매출시	(차) 현금(매출채권)	10,000,000	(대) 매출	10,000,000
	보증시	(차) 보증비	50,000	(대) 현금	50,000
	결산시	(차) 보증비	150,000	(대) 제품보증충당부채	150,000[1]
20x2년	매출시	(차) 현금(매출채권)	14,000,000	(대) 매출	14,000,000
	보증시	(차) 제품보증충당부채 보증비	100,000 120,000	(대) 현금	220,000
	결산시	(차) 제품보증충당부채 (차) 보증비	50,000 160,000	(대) 제품보증충당부채환입 (대) 제품보증충당부채	50,000[2] 160,000[3]

[1] 10,000,000×2% - 50,000 = 150,000 [2] 150,000 - 100,000 = 50,000 [3] 14,000,000×2% - 120,000 = 160,000

| 신유형기출문제 | 자기주식거래 | 난이도 ★ ★ ★ | 정답 ④ |

㈜삼일은 20X1년 10월 1일에 자기주식 150주(주당 액면 5,000원)를 주당 6,000원에 취득하고, 20X1년 11월 2일 50주를 주당 7,000원에, 50주는 20X1년 12월 5일 주당 5,500에 매각하였다. 나머지 50주는 20X1년 12월 31일 주당 6,500원에 매각하였다. 다음 설명 중 가장 옳은 것은?(단, 20X1년 10월 이전에 자기주식 거래는 없었다.)

① 20X1년 10월 1일 거래로 자본이 100,000원 증가한다.
② 20X1년 11월 2일 거래로 자본잉여금이 100,000원 증가한다.
③ 20X1년 12월 5일 거래로 자본이 75,000원이 감소한다.
④ 20X1년 12월 31일 거래로 자본이 325,000원 증가한다.

해설

• 20x1년 회계처리

10/1	(차) 자기주식(자본감소)	150주×6,000=900,000	(대) 현금	900,000
11/2	(차) 현금	50주×7,000=350,000	(대) 자기주식(자본증가)	300,000
			자기주식처분이익(자본증가)	50,000
12/5	(차) 현금	50주×5,500=275,000	(대) 자기주식(자본증가)	300,000
	자기주식처분이익(자본감소)	25,000		
12/31	(차) 현금	50주×6,500=325,000	(대) 자기주식(자본증가)	300,000
			자기주식처분이익(자본증가)	25,000

• ① 20x1년 10월 1일 거래로 자본이 900,000원 감소한다.
  → [고속철] 자본증감액 = 현금유출입액 → 현금감소 900,000(자본감소)
② 20x1년 11월 2일 거래로 자본잉여금(자기주식처분이익)이 50,000원 증가한다.
③ 20x1년 12월 5일 거래로 자본이 275,000원 증가한다.
  → [고속철] 자본증감액 = 현금유출입액 → 현금증가 275,000(자본증가)
④ 20x1년 12월 31일 거래로 자본이 325,000원 증가한다.
  → [고속철] 자본증감액 = 현금유출입액 → 현금증가 325,000(자본증가)

| 신유형기출문제 | 이익잉여금 처분 일반사항 | 난이도 ★ ★ ☆ | 정답 ③ |

다음 중 이익잉여금 처분에 관한 설명으로 가장 올바르지 않은 것은?

① 이익준비금은 현금배당의 10% 이상을 자본금의 1/2이 될 때까지 의무적립한다.
② 현금배당은 자산과 자본의 감소를 유발한다.
③ 주식할인발행차금 상각으로 이익잉여금을 처분하면 자본금은 증가하고 자본총계는 변함이 없다.
④ 주식배당은 자본금은 증가하나 자본총계는 변함이 없다.

해설

• ② (차) 이익잉여금(자본감소) xxx (대) 현금(자산감소) xxx →자산과 자본 모두 감소
  ③ (차) 이익잉여금(자본감소) xxx (대) 주식할인발행차금(자본증가) xxx →자본금·자본총계에 영향없음.
  ④ (차) 이익잉여금(자본감소) xxx (대) 자본금(자본증가) xxx →자본총계는 불변이나, 자본금은 증가

참고 이익잉여금처분계산서 양식

이익잉여금처분계산서		
20x1년 1월 1일부터 12월 31일까지		
xxx회사		처분확정일 : 20x2. 2. 22
I. 미처분이익잉여금		xxx
전기이월미처분이익잉여금	xxx	
회계정책변경누적효과/전기오류수정손익	xxx	
중간배당액	(xxx)	
당기순이익	xxx	
II. 임의적립금이입액		xxx
합계		xxx
III. 이익잉여금처분액		(xxx)
〈1순위〉 이익준비금	xxx	
〈2순위〉 기타법정적립금	xxx	
〈3순위〉 이익잉여금처분에 의한 상각액	xxx	
〈4순위〉 배당금(현금배당과 주식배당 구분기재)	xxx	
〈5순위〉 임의적립금	xxx	
IV. 차기이월미처분이익잉여금		xxx

신유형기출문제 | **손실예상 건설계약 회계처리** | 난이도 ★ ★ ☆ 정답 ①

㈜서울은 ㈜마포로부터 건설공사를 수주하였다. ㈜마포와 체결한 건설공사에서 손실이 발생할 것으로 예상되는 경우 ㈜서울이 수행할 회계처리로 가장 옳은 것은?

① 건설계약에서 예상되는 손실액은 당기에 즉시 비용으로 인식한다.
② 건설계약에서 예상되는 손실액은 진행률에 따라 비용으로 인식한다.
③ 건설계약에서 예상되는 손실액은 공사완료시점에 비용으로 인식한다.
④ 건설계약에서 예상되는 손실액은 전기에 인식했던 수익에서 직접 차감한다.

해설

• 총계약원가가 총계약수익을 초과할 가능성이 높은 경우(건설계약 총예상손실)에 예상되는 손실은 즉시 당기비용으로 인식한다.
  →계약 전체에서 손실발생이 예상되는 경우 예상되는 손실을 즉시 인식한다. 즉, 보수적인 관점에서 예상손실을 진행된 부분만큼 인식하지 않고 예상시점에 조기 인식하는 것이다.

★ **저자주** 참고로, K-IFRS 제1115호 '고객과의 계약에서 생기는 수익'에서는 계약 전체에서 손실 발생이 예상되는 경우에 대한 회계처리를 명시적으로 언급하고 있지 않습니다.(K-IFRS 제1115호 '고객과의 계약에서 생기는 수익'이 공포되면서 종전 K-IFRS 제1011호 '건설계약'은 더 이상 적용되지 않습니다. 그러나 제1115호에서는 건설계약의 회계처리에 적용할 구체적인 계정이나 분개 등이 언급되어 있지 않아 제1115호의 내용만으로는 건설계약을 어떻게 회계처리해야 하는지 명확하지 않은 상태이긴 하나, 종전 제1011호에 의한 회계처리를 실제 적용하더라도 문제는 없을 것으로 판단하고 있는 것이 현재 회계학계의 입장입니다.)

| 신유형기출문제 | 확정급여제도 손익 구분 | 난이도 ★ ★ ☆ | 정답 ② |

음의 빈칸에 들어갈 말로 가장 적절한 것끼리 묶인 것은?

> 확정급여제도의 회계처리에서 당기근무원가, 과거근무원가와 정산으로 인한 손익, 순확정급여부채 및 사외적
> 립자산의 순이자는 (㉠)으로 인식한다.
> 보험수리적손익, 순확정급여부채(자산)의 순이자에 포함된 금액을 제외한 사외적립자산의 수익, 순확정급여부
> 채(자산)의 순이자에 포함된 금액을 제외한 자산인식상한 효과의 변동은 (㉡)으로 인식한다.

	㉠	㉡
①	당기손익	당기손익
②	당기손익	기타포괄손익
③	기타포괄손익	당기손익
④	기타포괄손익	기타포괄손익

해설

- 다음은 당기손익으로 인식한다.
  ㉠ 당기근무원가
    → (차) 퇴직급여(당기손익) xxx (대) 확정급여채무 xxx
  ㉡ 과거근무원가
    → (차) 퇴직급여(당기손익) xxx (대) 확정급여채무 xxx
  ㉢ 정산으로 인한 손익
    → (차) 확정급여채무 xxx (대) 사외적립자산 xxx
        정산손실(당기손익) xxx   현금 xxx
  ㉣ 순확정급여부채 및 사외적립자산의 순이자
    → (차) 퇴직급여(이자원가) xxx (대) 확정급여채무 xxx
      (차) 사외적립자산 xxx (대) 퇴직급여(이자수익) xxx
- 재측정요소의 다음 3가지는 기타포괄손익으로 인식한다.
  ㉠ 확정급여채무의 재측정손익(보험수리적손익)
    → (차) 재측정손실(기타포괄손익) xxx (대) 확정급여채무 xxx
  ㉡ 사외적립자산의 재측정손익(투자손익 : 실제수익 - 기대수익)
    → (차) 사외적립자산 xxx (대) 재측정이익(기타포괄손익) xxx
  ㉢ 순확정급여자산('사외적립자산〉확정급여채무'인 경우)의 자산인식상한 초과액
    → (차) 재측정손실(기타포괄손익) xxx (대) 사외적립자산조정충당금 xxx

★ **저자주** 본 문제는 세무사 기출문제의 지문을 그대로 인용한 문제로, 재측정요소에 대한 구체적인 내용은 재경관
리사 시험수준을 초과하므로 참고만 하기 바랍니다.

신유형기출문제 | **확정급여제도와 당기비용** | 난이도 ★ ★ ★ 정답 ②

㈜삼일은 확정급여형 퇴직급여제도를 시행하고 있다. 확정급여채무의 현재가치와 사외적립자산의 공정가치 변동내역이 다음과 같을 경우 20X1년 당기비용으로 인식할 금액은 얼마인가?

〈확정급여채무의 현재가치〉	
20X1.1.1	100,000원
당기근무원가	10,000원
이자원가	3,000원
보험수리적손익	200원
20X1.12.31	113,200원

〈사외적립자산의 공정가치〉	
20X11.1	50,000원
사외적립자산의 적립	5,000원
사외적립자산의 기대수익	1,000원
재측정요소	0원
20X1.12.31	56,000원

① 11,000원   ② 12,000원   ③ 12,200원   ④ 13,000원

해설

• 회계처리

사외적립자산 적립	(차) 사외적립자산	5,000	(대) 현금	5,000
확정급여채무 이자원가	(차) 퇴직급여	3,000	(대) 확정급여채무	3,000
확정급여채무 당기근무원가	(차) 퇴직급여	10,000	(대) 확정급여채무	10,000
확정급여채무 재측정요소(보험수리적손익)	(차) 재측정손실(기타포괄손익)	200	(대) 확정급여채무	200
사외적립자산 기대수익(이자수익)	(차) 사외적립자산	1,000	(대) 퇴직급여	1,000

∴20x1년 당기비용 : 3,000 + 10,000 - 1,000 = 12,000

신유형기출문제 | **주식기준보상 용어의 정의** | 난이도 ★ ★ ☆ 정답 ②

다음에서 제시하고 있는 주식기준보상의 내용 중 (가), (나), (다)에 들어갈 용어들로 올바르게 짝지어진 것은?

주식기준보상약정에 따라 거래상대방이 기업의 지분상품 등을 받을 권리를 획득하게 하는 용역을 기업이 제공받는지를 결정짓는 조건을 (가)이라 하며, 여기에는 (나)와(과) 특정기간 중 용역을 제공하고 특성 성과목표를 달성해야하는 (다)으로 구분된다.

	(가)	(나)	(다)
①	보상원가	용역제공조건	성과조건
②	가득조건	용역제공조건	성과조건
③	주식선택권	보상원가	가득조건
④	성과조건	보상원가	가득조건

해설

• 가득조건에 대한 K-IFRS 용어정의는 다음과 같다.

가득조건 정의	• 가득조건이란 주식기준보상약정에 따라 거래상대방이 현금, 그 밖의 자산, 또는 기업의 지분상품을 받을 권리를 획득하게 하는 용역을 기업이 제공받을지를 결정짓는 조건을 말한다.
가득조건 구분	• 가득조건은 다음과 같이 용역제공조건과 성과조건으로 구분된다.
	용역제공조건 • 거래상대방에게 특정기간 기업에 용역을 제공하도록 요구하는 가득조건
	성과조건 • 거래상대방이 특정기간 용역을 제공하고 특정 성과목표를 달성할 것을 요구하는 가득조건

참고 성과조건은 다시 시장성과조건과 비시장성과조건으로 구분된다.
ㄱ 시장성과조건 : 지분상품 시장가격과 관련되는 조건 →예 주가
ㄴ 비시장성과조건 : 지분상품 시장가격과 관련없는 영업관련 조건 →예 판매액(매출), 이익, 시장점유율

신유형기출문제	이연법인세자산 인식여부와 영향	난이도 ★ ★ ★	정답 ②

㈜삼일은 결손이 누적되고 미래 과세소득이 발생하지 않을 것이라 판단하여 미사용 세무상 결손금에 대하여 더 이상 이연법인세자산을 인식하지 않기로 하였다. 전기까지 인식하였던 세무상 결손금에 대한 이연법인세자산을 더 이상을 인식하지 않을 경우 ㈜삼일의 재무제표에 미치는 영향으로 가장 옳은 것은?

① 부채비율(부채/자본)의 감소
② 당기순이익의 감소
③ 법인세비용의 감소
④ 법인세비용차감전순이익의 감소

해설

- 전기까지 인식하였던 세무상 결손금에 대한 이연법인세자산을 더 이상 인식하지 않는 회계처리를 할 경우 이연법인세자산이 제거되고 법인세비용이 증가한다.

(차) 법인세비용(비용증가) xxx (대) 이연법인세자산(자산감소) xxx

- ㉠ 법인세비용 증가 → 당기순이익 감소 → 이익잉여금 감소 → 자본 감소 → 부채비율($=\dfrac{부채}{자본}$) 증가
  ㉡ 법인세비용차감전순이익에는 영향이 없다.

신유형기출문제	이연법인세자산·부채 도출과 법인세비용	난이도 ★ ★ ★	정답 ①

㈜삼일의 20X1년도 법인세와 관련한 세무조정사항은 다음과 같다. 20X0년 12월 31일 현재 이연법인세자산과 이연법인세부채의 잔액은 없었다. 법인세법상 당기손익-공정가치측정금융자산평가이익은 익금불산입하고 기타 법인세법과의 차이는 손금불산입한다. 20X1년도의 포괄손익계산서의 법인세비용은 얼마인가(단, 이연법인세자산의 실현가능성은 높으며, 법인세율은 20%이고 이후 변동이 없다고 가정한다.)?

법인세비용차감전순이익 : 2,000,000원	기업업무추진비(접대비) 한도초과액 : 100,000원
감가상각비 한도초과액 : 60,000원	당기손익-공정가치측정금융자산평가이익 : 20,000원

① 420,000원 ② 424,000원 ③ 436,000원 ④ 440,000원

해설

- 세무조정 내역
  - 손금불산입 기업업무추진비(접대비)한도초과액 100,000(기타사외유출)
  - 손금불산입 감가상각비한도초과액 60,000(유보)
  - 익금불산입 FVPL금융자산평가이익 20,000(△유보)
- 미지급법인세(당기법인세) : (2,000,000 + 100,000 + 60,000 - 20,000) × 20% = 428,000
- 이연법인세자산 : 60,000(유보) × 20% - 20,000(△유보) × 20% = 8,000

- 회계처리

(차) 법인세비용(대차차액)	420,000	(대) 미지급법인세(당기법인세)	428,000
이연법인세자산	8,000		

★ **저자주** 본 문제는 관세사 기출문제로서, 재경관리사 시험에 그대로 출제되었습니다.

ⓘ **관련이론** 이연법인세 계산구조

대상	• 일시적차이(유보)
공시	• 이연법인세자산(부채)는 비유동자산(부채)로만 표시하고 소정 요건을 충족하는 경우 상계하여 표시 • 현재가치평가를 하지 않음.

절차	• **[1단계]** 미지급법인세(과세소득 × 당기세율) = (세전순이익 ± 영구적차이 ± 일시적차이) × 당기세율
	  [2단계] 이연법인세자산(부채) = 유보(△유보) × 미래예상세율(평균세율)
	  [3단계] 법인세비용 = 대차차액에 의해 계산
	 🔍주의 이연법인세자산(부채)은 당기세율이 아니라 소멸시점의 미래예상세율을 적용함.

신유형기출문제   **법인세회계 표시·공시**   난이도 ★ ★ ☆ 정답 ②

다음 중 법인세 관련 자산, 부채, 비용(수익)의 재무제표 표시와 공시에 관한 설명으로 가장 올바르지 않은 것은?

① 과거기간의 당기법인세에 대하여 당기에 인식한 조정사항은 주석으로 공시한다.
② 당기법인세자산과 당기법인세부채는 항상 상계하여 표시한다.
③ 이연법인세자산(부채)은 비유동으로 구분한다.
④ 당기법인세자산(부채)은 유동으로 구분한다.

해설

- ① 과거기간의 당기법인세에 대하여 당기에 인식한 조정사항은 주석으로 공시한다.[K-IFRS 제1012호 문단80]
  - → **저자주** K-IFRS 제1012호 문단80의 공시사항에 규정된 내용입니다. 지엽적이므로 참고만하기 바랍니다.
- ② 당기법인세자산과 당기법인세부채는 항상 상계하여 표시하는 것이 아니라, K-IFRS 제1012호 문단71에 규정하고 있는 소정의 요건을 모두 충족하는 경우에만 상계하여 표시한다.(이하 '가이드' 참조!)
- ③ 이연법인세자산(이연법인세부채)는 비유동자산(비유동부채)로 계상한다.
  - → **저자주** K-IFRS 제1012호(법인세)에서는 이연법인세자산·부채의 유동·비유동 구분에 대하여 규정하고 있지 않습니다. 그러나 K-IFRS 제1001호(재무제표 표시)에 따라 기업이 자산과 부채를 유동·비유동 구분법을 선택한 경우에는 이연법인세자산·부채를 비유동항목으로 분류하여야 합니다.
    - →기업이 재무상태표에 유동자산과 비유동자산, 그리고 유동부채와 비유동부채로 구분하여 표시하는 경우, 이연법인세자산(부채)은 유동자산(부채)으로 분류하지 아니한다.[K-IFRS 제1001호 문단56]
- ④ 당기법인세자산(유동자산) : 과거기간 납부금액이 납부할 금액을 초과시 환급받을 미수법인세를 의미
  - 당기법인세부채(유동부채) : 당기 및 과거기간에 대한 당기법인세 중 납부되지 않은 미지급법인세를 의미

ⓘ 관련이론 법인세회계의 상계표시

당기법인세자산
당기법인세부채
	• 다음 조건을 모두 충족하는 경우에만 상계하여 유동자산(부채)로 분류함.
	  ㉠ 인식된 금액에 대한 법적으로 집행가능한 상계권리를 가지고 있다.
	  ㉡ 순액결제하거나, 자산을 실현하는 동시에 부채를 결제할 의도가 있다.

이연법인세자산
이연법인세부채
	• 다음 조건을 모두 충족하는 경우에만 상계하여 비유동자산(부채)로 분류함.
	  ㉠ 당기법인세자산·부채를 상계할 수 있는 법적으로 집행가능한 권리를 가지고 있다.
	  ㉡ 이연법인세자산과 이연법인세부채가 다음의 각 경우에 동일한 과세당국에 의해서 부과
	    되는 법인세와 관련되어 있다.
	    ⓐ 과세대상기업이 동일한 경우
	    ⓑ 과세대상기업은 다르지만 당기법인세 부채와 자산을 순액결제할 의도가 있거나, 유
	      의적금액의 이연법인세부채가 결제되거나 이연법인세자산이 회수될 미래의 각 회계
	      기간마다 자산을 실현하는 동시에 부채를 결제할 의도가 있는 경우

| 신유형기출문제 | **기말재고자산 오류수정과 이익분석[1]** | 난이도 ★ ★ ★ | 정답 ④ |

㈜삼일은 20X2년에 처음으로 회계감사를 받았는데, 기말상품재고에 대하여 다음과 같은 오류가 발견되었다. 20X1년 및 20X2년에 ㈜삼일이 보고한 당기순이익이 다음과 같을 때, 20X2년의 오류수정 후 당기순이익은 얼마인가?(단, 법인세효과는 무시한다)

	당기순이익	기말상품재고오류
20X1년	30,000원	3,000원 과대평가
20X2년	35,000원	2,000원 과소평가

① 30,000원　　② 36,000원　　③ 38,000원　　④ 40,000원

해설

• 오류분석

	20x1년	20x2년
20x1년 기말과대 3,000	이익과대 3,000[1]	이익과소 3,000[2]
20x2년 기말과소 2,000	-	이익과소 2,000[3]
합계	**이익과대 3,000**	**이익과소 5,000**

[1] 20x1년 매출원가과소 3,000 → 20x1년 이익과대 3,000
[2] 20x2년 기초과대 3,000 → 20x2년 매출원가과대 3,000 → 20x2년 이익과소 3,000
[3] 20x2년 매출원가과대 2,000 → 20x2년 이익과소 2,000

• 20x2년 오류수정후 당기순이익
20x2년 이익과소 5,000이므로 이익이 5,000만큼 증가되어야 한다. → ∴35,000 + 5,000 = 40,000

참고 이익잉여금에의 영향

☐ 2년에 걸쳐 총이익 2,000 과소계상(= 20x1년 이익과대 3,000 + 20x2년 이익과소 5,000)이므로, 오류수정후 이익잉여금은 2,000 증가되어야 한다.

| 신유형기출문제 | 기말재고자산 오류수정과 이익분석[2] | 난이도 ★ ★ ★ | 정답 ④ |

㈜삼일의 20X3년말 회계감사과정에서 발견된 기말재고자산 관련 오류사항은 다음과 같다.

20X1년말	20X2년말	20X3년말
5,000원 과대	2,000원 과대	3,000원 과대

위의 오류사항을 반영하기 전 20X3년말 이익잉여금은 100,000원, 20X3년도 당기순이익은 30,000원이었다. 오류를 수정한 후의 20X3년말 이익잉여금(A)과 20X3년도 당기순이익(B)은 각각 얼마인가(단, 오류는 중요한 것으로 가정한다)?

	(A)	(B)
①	90,000원	27,000원
②	97,000원	27,000원
③	90,000원	29,000원
④	97,000원	29,000원

해설

• 오류분석

	20x1년	20x2년	20x3년
20x1년 기말과대 5,000	이익과대 5,000[1)	이익과소 5,000[2)	-
20x2년 기말과대 2,000	-	이익과대 2,000[3)	이익과소 2,000[4)
20x3년 기말과대 3,000	-	-	이익과대 3,000[5)
합계	이익과대 5,000	이익과소 3,000	이익과대 1,000

[1)]20x1년 매출원가과소 5,000 → 20x1년 이익과대 5,000
[2)]20x2년 기초과대 5,000 → 20x2년 매출원가과대 5,000 → 20x2년 이익과소 5,000
[3)]20x2년 매출원가과소 2,000 → 20x2년 이익과대 2,000
[4)]20x3년 기초과대 2,000 → 20x3년 매출원가과대 2,000 → 20x3년 이익과소 2,000
[5)]20x3년 매출원가과소 3,000 → 20x3년 이익과대 3,000

• 20x3년 오류수정후 당기순이익
20x3년 이익과대 1,000이므로 이익이 1,000만큼 감소되어야 한다. →∴30,000 - 1000 = 29,000
• 20x3년 오류수정후 이익잉여금
3년에 걸쳐 총이익 3,000 과대계상(= 20x1년 이익과대 5,000+20x2년 이익과소 3,000+20x3년 이익과대 1,000)이므로, 오류수정후 이익잉여금은 3,000 감소되어야 한다. →∴100,000 - 3000 = 97,000

| 신유형기출문제 | EPS·PER를 이용한 주가 계산 | 난이도 ★ ★ ☆ | 정답 ④ |

다음 정보를 이용하여 ㈜삼일의 주가를 계산하시오.

1. 업종 평균 주가수익률(PER)=10배
2. ㈜삼일의 주당이익(EPS)=500원

① 5원　② 50원　③ 500원　④ 5,000원

해설

• 주가수익비율(PER) : 주가가 EPS의 몇 배인지를 나타내는 지표 → PER = 주가 ÷ EPS
• PER(10) = 주가 ÷ EPS(500)
→∴주가 = 5,000

신유형기출문제　　**EPS계산시 발행주식수·유통주식수의 구분**　　난이도 ★ ★ ★　정답 ②

㈜삼일의 20X1년초 자본의 일부 내역은 다음과 같다.

	보통주	우선주
액면금액	5,000원	5,000원
발행주식수	15,000주	2,000주
자기주식	1,000주	0주

다음은 20X1년 중 주식수의 변동내역이다.

20X1년 4월 30일	보통주 유상증자 1,000주 발행	20X1년 10월 31일	보통주 자기주식 300주 취득
20X1년 6월 30일	보통주 유상증자 500주 발행	20X1년 11월 30일	보통주 자기주식 160주 재발행

20X1년의 가중평균유통보통주식수는 얼마인가(단, 유통발행주식수는 월수로 계산하여 가장 근사치를 선택한다)?

① 14,853주　　　② 14,880주　　　③ 15,000주　　　④ 15,200주

해설

- 가중평균유통보통주식수 계산과 관련하여 발행주식수와 유통주식수는 동일할 수도 있지만 다를 수도 있다.
  →예 기초시점에 1,000주를 발행한 상태에서 100주를 재매입하여 자기주식으로 보유하고 있다면 발행주식수는 1,000주이나 유통주식수는 900주이다.
- 가중평균유통보통주식수 계산

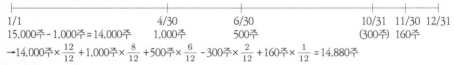

1/1　　　　　　4/30　　　6/30　　　　　　10/31 11/30 12/31
15,000주 - 1,000주 = 14,000주　1,000주　500주　　(300주) 160주

$$\rightarrow 14{,}000주 \times \frac{12}{12} + 1{,}000주 \times \frac{8}{12} + 500주 \times \frac{6}{12} - 300주 \times \frac{2}{12} + 160주 \times \frac{1}{12} = 14{,}880주$$

ⓘ 관련이론 가중평균유통보통주식수의 산정

우선주	• 발행된 총주식수에서 우선주식수를 차감
자기주식	• 보유기간(취득~매각)동안 유통보통주식수에서 제외 🔾주의 기초에 발행주식수 10주, 자기주식수 1주인 경우 유통주식수 9주로 계산
무상증자·주식배당·주식분할	• 기초에 실시된 것으로 간주 →단, 기중 유상증자 발행신주는 유상증자의 납입일에 실시된 것으로 간주
유상증자	• 일반적인 경우(공정가치이상 유상증자) 납입일을 기준으로 가중평균

신유형기출문제 | **유의적 영향력과 지분법 적용** | 난이도 ★ ★ ★ 정답 ②

다음 중 지분법과 관련된 설명으로 가장 올바르지 않은 것은?

① 투자자가 직접 또는 간접으로 피투자자에 대한 의결권의 20% 이상을 소유하고 있다면 명백한 반증이 없는 한 유의적인 영향력이 있는 것으로 본다.

② 기업이 해당 피투자자에 대하여 유의적인 영향력이 있는지 여부를 평가할 때에는 다른 기업이 보유한 잠재적 의결권은 고려하지 않는다.

③ 투자자의 보고기간종료일과 관계기업의 보고기간종료일이 다른 경우, 관계기업은 투자자의 재무제표와 동일한 보고기간종료일의 재무제표를 재작성한다.

④ 유의적인 영향력이란 투자자가 피투자자의 재무정책과 영업정책에 관한 의사결정에 참여할 수 있는 능력을 말한다.

해설

• 기업이 해당 피투자자에 대하여 유의적인 영향력이 있는지 여부를 평가할 때에는 다른 기업이 보유한 잠재적 의결권도 고려하여야 한다.

ⓘ 관련이론 지분율기준 유의적 영향력 세부고찰

원칙	• 투자자가 직접으로 또는 간접(예 종속기업을 통하여)으로 피투자자에 대한 의결권의 20%이상을 소유하고 있다면 명백한 반증이 있는 경우를 제외하고는 유의적인 영향력이 있는 것으로 보아 지분법을 적용함.
고려사항	• 유의적인 영향력 판단을 위한 지분율 계산에 고려할 사항은 다음과 같음. 　㉠ 유의적인 영향력을 판단함에 있어 피투자자에 대한 의결권은 투자자의 지분율과 종속기업이 보유하고 있는 지분율의 단순합계로 계산함. 　㉡ 기업이 해당 피투자자에 대하여 유의적인 영향력이 있는지 여부를 평가할 때에는, 다른 기업이 보유한 잠재적 의결권(예 주식매입권, 주식콜옵션, 보통주식으로 전환할 수 있는 채무상품이나 지분상품, 또는 그 밖의 유사한 금융상품)을 포함하여 현재 행사할 수 있거나 전환할 수 있는 잠재적 의결권의 존재와 영향을 고려하여야 함.

참고 '간접'의 의미와 지분율 계산 사례

개요	• 종속기업을 통하여 피투자자에 대한 의결권을 소유하는 것을 말함. →즉, 아래에서 A는 반드시 모회사의 종속기업이어야 함. 모회사 —60%→ A(종속기업) —10%(간접)→ B 모회사 —10%(직접)→ B
지분율 계산	• 단순하게 합산하여 판단함. →위에서 10%(직접)+10%(간접)=20%이므로, 모회사는 B에 대해 유의적인 영향력 있음.

저자주 본 문제는 회계사·세무사 시험에서는 빈출되고 있는 문제에 해당하나, 재경관리사 시험수준을 고려할 때 다소 무리한 출제로 사료됩니다. 출제가 된 만큼 문구 정도 숙지 바랍니다.

신유형기출문제	지분법적용과 평가차액 조정	난이도 ★ ★ ★ 정답 ②

20X1년초에 ㈜삼일은 ㈜용산의 주식 30%를 1,000,000원에 취득하면서 ㈜용산에 대해 유의적인 영향력을 갖게 되었다. 20X1년초 ㈜용산의 순자산 장부금액은 2,000,000원이었으며, 건물을 제외한 자산과 부채에 대해서는 공정가치와 장부금액이 일치하였다. 동 건물의 공정가치는 장부금액보다 200,000원 높게 평가되었으며, 잔존내용연수 5년, 잔존가치 0원, 정액법으로 감가상각하고 있다. ㈜용산의 20X1년 당기순이익이 300,000원 일 경우, ㈜삼일의 20X1년말 재무제표상 관계기업투자주식의 장부금액은 얼마인가?

① 98,000원   ② 1,078,000원   ③ 1,090,000원   ④ 1,102,000원

해설

• 건물의 평가차액(200,000)을 ㈜용산의 감가상각시에 평가차액 조정액[(200,000×지분율)÷내용연수]을 관계기업투자주식에서 차감한다. →(차) 지분법이익(지분법손실) ××× (대) 관계기업투자주식 ×××

• 20x1년말 관계기업투자주식 장부금액 계산

취득원가	:	= 1,000,000
당기순이익	: 300,000×30% =	90,000
평가차액조정액	: (200,000×30%)÷5년 =	(12,000)
		1,078,000

참고 ㈜삼일 회계처리

취득시(20x1년초)	(차)관계기업투자주식	1,000,000	(대)현금	1,000,000
당기순이익 보고시(20x1년말)	(차)관계기업투자주식	90,000	(대)지분법이익	90,000
평가차액조정(20x1년말)	(차)지분법이익	12,000	(대)관계기업투자주식	12,000

저자주 지분법 적용과 관련하여 평가차액의 조정을 묻는 문제로서, 재경관리사 시험수준을 초과하는 무리한 출제로 사료됩니다. 다만, 회계사·세무사 등 전문직 시험에서는 빈출되고 있는 문제입니다.

관련이론 평가차액 조정

산식	취득원가 - 순자산장부가×지분율 = (순자산공정가 - 순자산장부가)×지분율 + 영업권 '더 지불한 금액' '내가 과대평가한 금액' ⇒ 평가차액 '추가지불액' ⇒ 투자차액 🔍주의 순자산공정가와 순자산장부가가 일치하는 경우는 차이 전액이 영업권이 됨.	
평가차액	• 평가차액은 실현(비용화)되는 방법에 따라 상각하여 투자주식에 차감함. →회계처리 : (차) 지분법이익(지분법손실) ××× (대) 관계기업투자주식 ×××	

대상	조정시점	조정액
재고자산	매출시 (∵재고과소→매출원가과소→이익과대→투자주식과대)	평가차액×지분율
건물	감가상각시 (∵건물과소→감가상각비과소→이익과대→투자주식과대)	(평가차액×지분율)÷내용연수
토지	처분시 (∵토지과소→처분이익과대→이익과대→투자주식과대)	평가차액×지분율

신유형기출문제	기능통화와 표시통화	난이도 ★ ★ ★	정답 ①

㈜삼일은 기계장치를 제조 판매하는 기업이다. 아래 자료를 이용하여 물음에 답하라.

> ㄱ. ㈜삼일이 생산하는 기계장치의 수요자 중 90%는 유럽연합(EU)에 속한 국가의 회사이고, 나머지 10%는 미국의 회사이다. 따라서 ㈜삼일은 영업활동이 이루어지는 주된 경제 환경인 유럽의 법규와 제품규격에 맞게 제품을 생산하며, 제품의 가격 역시 해당 기준 충족 여부에 따라 차이가 있다.
>
> ㄴ. ㈜삼일의 매매계약서에 표시된 기계장치 제품의 가격은 수요자가 속한 국가의 통화인 유로(€) 또는 달러($)로 표시하고, 제품이 판매되는 거래일의 국제환율을 적용하여 구매자로부터 유럽 통화인 유로(€)로 수령하여 보유 관리한다. ㈜삼일이 기계장치를 제조하는데 필요한 부품의 매입과 제작에 종사하는 근로자의 임금지급 결제통화는 한국통화인 원(₩)이다.

기능통화, 표시통화의 정의와 ㈜삼일의 경영환경을 고려하여 자료에서 제시된 통화들을 모두 분류할 때 다음 중 가장 옳은 것은?

	기능통화	표시통화
①	유로	원
②	유로	달러
③	달러	원
④	원	달러

해설

- 기능통화(영업활동이 이루어지는 주된 경제환경의 통화) : 주요지표(이하 '참고')에 의해 유로화이다.
- 표시통화(재무제표를 표시할 때 사용하는 통화) : ㈜삼일은 우리나라 기업이므로 원화이다.
- 외화 : 기능통화 이외의 통화인 원화와 달러화이다.

참고 기능통화 결정

주된 경제환경	• 일반적으로 영업활동이 이루어지는 주된 경제환경은 주로 현금을 창출하고 사용하는 환경을 말함.		
기능통화 결정의 필요성	• 기능통화가 결정되어야 외화의 범위가 결정되고 이에 따라 기업이 외화거래를 하고 있는지를 결정할 수 있음.		
기능통화 결정시 고려사항	❖기능통화를 결정할 때는 다음의 사항을 고려함.		
		주요지표	• ㉠ 재화·용역의 공급가격에 주로 영향을 미치는 통화 ㉡ 위 공급가격을 주로 결정하는 경쟁요인·법규가 있는 국가의 통화 ㉢ 재화를 공급하거나 용역을 제공하는데 드는 노무원가, 재료원가와 그 밖의 원가에 주로 영향을 미치는 통화
		보조지표	• 다음 사항도 기능통화의 증거가 될 수 있음. ㉠ 재무활동(즉, 채무상품이나 지분상품의 발행)으로 조달되는 통화 ㉡ 영업활동에서 유입되어 통상적으로 보유하는 통화

저자주 본 문제는 공인회계사 기출문제로서, 재경관리사 시험수준을 고려할 때 다소 무리한 출제로 사료됩니다.

| 신유형기출문제 | 비상각자산(토지) 재평가모형 외화환산 | 난이도 ★ ★ ★ | 정답 ④ |

㈜삼일은 20X1년 4월 1일에 유형자산으로 분류되는 토지를 $10,000에 취득하였다. ㈜삼일은 유형자산에 대해 재평가모형을 적용하고 있으며, 매년 말에 공정가치로 재평가한다. 20X1년말 토지의 공정가치가 $15,000일 경우, ㈜삼일이 20X1년말에 인식할 재평가잉여금(기타포괄손익)은 얼마인가(단, ㈜삼일의 기능통화는 원화이며, 관련 환율은 다음과 같다)?

일자	20X1년 4월 1일	20X1년 12월 31일
환율(₩/$)	1,000	1,200

① 2,000,000원　　② 3,000,000원　　③ 5,000,000원　　④ 8,000,000원

해설

• 20x1년말 재평가잉여금(기타포괄손익) : ($15,000×1,200) - ($10,000×1,000) = 8,000,000

20x1년 4월 1일(환율 : 1,000/1$)	(차) 외화토지	10,000,000	(대) 현금	10,000,000
20x1년 12월 31일(환율 : 1,200/1$)	(차) 외화토지	8,000,000	(대) 재평가잉여금	8,000,000

★저자주 비상각자산 재평가모형 외화환산은 난이도 자체를 떠나 재경관리사 시험과는 어울리지 않는 어색한 출제로서, 적절하지 않은 무리한 출제로 사료됩니다. 다만, 출제가 된 만큼 이하 '참고'에서 구체적 내용은 제시하도록 하겠습니다.

★참고 비상각자산(토지) 외화환산

환산방법	원가모형	거래일환율	• 환율변동효과(외환차이) 없음.
	재평가모형	공정가치 결정일환율	• 손익을 당기손익(재평가손실)으로 인식하는 경우 →그 손익에 포함된 환율변동효과(외환차이)도 당기손익 • 손익을 기타포괄손익(재평가잉여금)으로 인식하는 경우 →그 손익에 포함된 환율변동효과(외환차이)도 기타포괄손익

예시 공정가치결정일환율을 적용한다 함은 장부금액이 언제의 금액인지를 검토하여 그때의 환율을 적용함을 의미함.(무조건 기말환율을 적용하는 화폐성항목과 다름.)

	20x1년초(거래일)	20x1년말(재평가O)	20x2년말(재평가X)
장부금액	$100	$130	$130
환율적용	20x1년초 환율	20x1년말 환율	20x1년말 환율 (∴회계처리 없음)

[기타] '그 손익에 포함된 환율변동효과도 기타포괄손익'의 의미

→ B 를 기타포괄손익으로 인식하는 경우 A , B , C 전체를 기타포괄손익 처리함.

신유형기출문제 · 위험회피유형 구분 · 난이도 ★ ★ ★ · 정답 ②

㈜삼일은 6개월 후에 $2,000의 재고자산을 구입할 예정이며 현재 환율은 1,000원/$ 이다. 그러나 6개월 후에 환율이 1,100원/$ 으로 상승한다면 재고자산의 매입으로 인한 현금 유출액은 당초 계획보다 증가하게 될 것이다. ㈜삼일은 이를 회피하기 위하여 6개월 후에 $2,000를 $1당 1,050원에 매입하는 통화선도계약을 체결하였다. 해당 거래의 위험회피유형으로 가장 옳은 것은?

① 공정가치위험회피
② 현금흐름위험회피
③ 해외사업장순투자위험회피
④ 매매목적위험회피

해설

- 현금흐름위험회피 : 위험회피대상항목이 미래에 예상되는 거래로서 당해 거래에 따른 미래현금흐름변동을 상쇄(회피)하기 위하여 파생상품을 이용하는 것을 말함.
  ㉠ 6개월 후에 $2,000의 재고자산을 구입할 예정
    →위험회피대상항목이 미래에 예상되는 거래
  ㉡ 6개월 후에 $2,000를 $1당 1,050원에 매입하는 통화선도계약을 체결
    →미래현금흐름변동을 상쇄(회피)하기 위하여 파생상품을 이용

ⓘ 관련이론 공정가치위험회피 사례 비교검토

거래내용	• ㈜삼일은 상품 $1,000를 외상으로 매입하고 대금을 6개월 후에 달러($)로 지급하기로 하였다. 이 경우 ㈜삼일은 외화매입채무 $1,000가 환율변동위험에 노출되게 되어 이를 회피하기 위하여 약정된 환율로 6개월 후 $1,000를 매입하는 통화선도계약을 체결하였다.

- 공정가치위험회피 : 위험회피대상항목이 자산, 부채, 확정계약으로서 당해 항목의 공정가치변동을 상쇄(회피)하기 위하여 파생상품을 이용하는 것을 말함.
  ㉠ 상품 $1,000를 외상으로 매입하고 대금을 6개월 후에 달러($)로 지급
    →위험회피대상항목이 부채(매입채무)
  ㉡ 약정된 환율로 6개월 후 $1,000를 매입하는 통화선도계약을 체결
    →부채(매입채무)의 공정가치변동을 상쇄(회피)하기 위하여 파생상품을 이용

신유형기출문제 | 리스 용어의 정의 | 난이도 ★ ★ ☆ | 정답 ④

다음 중 리스와 관련된 용어에 대한 설명으로 가장 올바르지 않은 것은?

① 리스총투자는 금융리스에서 리스제공자가 받게 될 리스료와 무보증잔존가치의 합계액을 말한다.

② 리스순투자는 리스총투자를 리스의 내재이자율로 할인한 금액을 말하며, 리스개시일 현재 기초자산의 공정가치와 리스제공자가 지출한 리스개설직접원가로 구성된다.

③ 변동리스료는 리스기간 중에 기초자산의 사용권에 대하여 리스이용자가 리스제공자에게 지급하는 리스료의 일부로서 시간의 경과가 아닌 리스개시일 후 사실이나 상황의 변화 때문에 달라지는 부분을 말한다.

④ 내재이자율은 리스제공자의 목표수익률을 의미하며, 내재이자율 산정 시에는 리스료만을 고려하고 무보증잔존가치는 제외한다.

해설

• 내재이자율은 리스료 및 무보증잔존가치의 현재가치 합계액을 기초자산의 공정가치와 리스제공자의 리스개설직접원가의 합계액과 동일하게 하는 할인율을 말한다.
→내재이자율은 엄밀히 말해 목표수익률과 동일한 개념이 아니며, 내재이자율은 리스료와 무보증잔존가치 모두를 고려하여 산정된다.

ℹ️ 관련이론 **내재이자율 세부고찰**

계산구조	• 소유권이전이 확실하지 않은 경우 다음 산식을 성립시키게 하는 할인율
	(리스료+무보증잔존가치)의 현재가치 = 공정가치+리스개설직접원가(리스제공자)
	'리스총투자' '리스순투자'

비교분석 →참고사항	목표수익률 (목표투자수익률)	• 리스료를 산정하기 위하여 리스제공자가 사전적(ex-ante)으로 설정한 이자율을 말함.
	내재이자율	• 리스료가 결정된 이후 사후적(ex-post)으로 해당 리스거래에서 리스제공자가 얻게 되는 수익률을 말함.

| 신유형기출문제 | 판매형리스 일반사항 | 난이도 ★ ★ ★ | 정답 ② |

다음 중 제조자나 판매자인 리스제공자의 금융리스에 관한 설명으로 가장 올바르지 않은 것은?

① 리스제공자가 인식할 매출액은 기초자산의 공정가치와 리스료의 현재가치 중 적은 금액으로 한다.

② 리스제공자가 인식할 매출액 계산시 리스료의 현재가치는 리스제공자의 증분차입이자율로 할인하여 계산한다.

③ 리스제공자가 인식할 매출원가는 원칙적으로 기초자산의 원가에서 무보증잔존가치의 현재가치를 차감한 금액으로 한다.

④ 리스제공자가 인식할 매출원가의 계산시 리스자산의 원가와 리스자산의 장부금액이 다를 경우에는 기초자산의 장부금액에서 무보증잔존가치의 현재가치를 차감한 금액을 매출원가로 한다.

해설

• 판매형리스에서 리스제공자가 인식할 매출액 계산시 리스료의 현재가치는 시장이자율로 할인하여 계산한다.

ℹ️ 관련이론 판매형리스 회계처리

거래형태	• 제조자나 판매자가 제조·구매한 자산을 금융리스방식으로 판매하는 경우의 리스를 말함. →∴리스자산을 정상판매시 매출손익과 리스기간 이자수익의 두 종류의 이익이 발생함.
매출액	• (차) 리스채권　　　xxx　(대) 매출　　　xxx <table><tr><td>매출액</td><td>☐ Min[리스료를 시장이자율로 할인한 현재가치, 공정가치]</td></tr></table>
매출원가	• (차) 매출원가　　　xxx　(대) 상품　　　xxx <table><tr><td>매출원가</td><td>☐ 취득(제조)원가 - 무보증잔존가치를 시장이자율로 할인한 현재가치 →취득(제조)원가 : 장부금액과 다른 경우에는 장부금액 적용</td></tr></table>
보고기간말	• (차) 현금　　　xxx　(대) 이자수익　　　xxx 　　　　　　　　　　　　리스채권　　　xxx <table><tr><td>이자수익</td><td>☐ 리스채권 장부금액×시장이자율</td></tr></table>

현금흐름표의 유용성 난이도 ★ ★ ☆ 정답 ③

다음 중 흑자도산하는 기업을 조기에 파악하기 위한 적합한 재무제표로 가장 옳은 것은?
① 재무상태표 ② 포괄손익계산서
③ 현금흐름표 ④ 자본변동표

해설

• 순이익이 크게 보고된 기업이라 할지라도 현금유동성(현금보유량)이 작은 경우에는 이익의 질(quality of profit)이 떨어져 흑자경영인 상태에서 도산할 수 있는 위험이 존재한다. 현금흐름표는 이러한 현금유동성에 대한 구체적 정보를 제공해 준다.

관련이론 현금흐름표의 유용성

영업활동현금흐름·당기순이익 차이에 관한 정보	• 간접법을 적용하여 작성된 현금흐름표에서는 포괄손익계산서상의 당기순이익에 현금의 유출이 없는 비용 등을 가산하고, 현금의 유입이 없는 수익 등을 차감하여 영업활동에서 조달된 현금을 파악함으로써 기업의 가장 중요한 활동인 수익 획득활동으로부터 조달된 현금에 대한 유용한 정보를 제공한다. →예를 들어, 유형자산에 대한 감가상각비는 비록 포괄손익계산서에 비용으로 보고되기는 하나 실제 현금지출을 수반하지 않는다.
투자활동에 관한 정보	• 조달된 현금을 어떠한 투자활동에 사용하였는가에 대한 구체적인 정보를 제공해 주며, 투자활동과 관련된 자산의 감소를 통하여 유입된 현금의 내역에 관한 정보를 제공한다.
재무활동에 관한 정보	• 회사의 고유한 영업활동(수익창출활동) 이외에 재무활동 현금흐름의 내역을 보여준다. →즉, 어떠한 재무활동에 의해 현금이 조달되었고, 장기부채의 상환 등 어떠한 재무활동에 얼마만큼의 현금을 사용하였는가에 관한 정보를 제공한다.
미래현금흐름에 관한 정보	• 포괄손익계산서와 함께 이용함으로써 미래의 현금흐름액, 시기 및 불확실성을 예측하는 데 도움을 준다. →즉, 발생주의에 의하여 인식·측정된 당기순이익과 현금흐름과의 상관관계와 차이의 원인을 설명해 줌으로써 기업의 미래현금창출능력과 실현시기에 대한 예측을 가능하게 한다.
부채상환능력과 배당금지급능력에 관한 정보	• 기업의 현금창출능력에 대한 정보를 제공함으로써 부채상환능력과 배당의 지급과 같은 지속적인 영업활동 가능여부에 대한 판단을 가능하게 한다.

| 신유형기출문제 | 현금흐름표 작성 일반사항 | 난이도 | ★ ★ ☆ | 정답 | ③ |

다음 중 현금흐름표의 작성에 관한 설명으로 가장 올바르지 않은 것은?

① 자산 취득시 직접 관련된 부채를 인수하는 경우는 비현금거래로 현금흐름표에서 제외한다.
② 영업활동 현금흐름을 직접법으로 보고하면 간접법에 비해 미래현금흐름을 추정하는데 보다 유용한 정보를 제공한다.
③ 단기매매목적으로 보유하는 계약에서 발생하는 현금유출입은 투자활동 현금흐름이다.
④ 주식의 취득이나 상환에 따른 소유주에 대한 현금유출은 재무활동 현금흐름이다.

해설

• 단기매매목적으로 보유하는 계약에서 발생하는 현금유출입은 영업활동 현금흐름이다.
• 기업은 단기매매목적으로 유가증권이나 대출채권을 보유할 수 있으며, 이 때 유가증권이나 대출채권은 판매를 목적으로 취득한 재고자산과 유사하다. 따라서 단기매매목적으로 보유하는 유가증권의 취득과 판매에 따른 현금흐름은 영업활동으로 분류한다. 마찬가지로 금융회사의 현금 선지급이나 대출채권은 주요 수익창출활동과 관련되어 있으므로 일반적으로 영업활동으로 분류한다.[K-IFRS 제1007호 문단15]
• 직접법은 당기순이익에서 조정을 거쳐 현금의 흐름을 사후적으로 확인하는 간접법에 비하여 영업거래의 다양한 원천별 현금의 흐름 내역을 일목요연하게 제시해 줌으로써 진정한 의미에서의 현금흐름을 파악할 수 있는 방법으로 미래현금흐름을 추정하는 데 보다 유용한 정보를 제공한다.

ⓘ 관련이론 영업활동 현금흐름 사례[K-IFRS 제1007호 문단14]

> ㉠ 재화의 판매와 용역 제공에 따른 현금유입
> ㉡ 로열티, 수수료, 중개료 및 기타수익에 따른 현금유입
> ㉢ 재화와 용역의 구입에 따른 현금유출
> ㉣ 종업원과 관련하여 직·간접으로 발생하는 현금유출
> ㉤ 법인세의 납부 또는 환급. 다만 재무활동과 투자활동에 명백히 관련되는 것은 제외한다.
> **㉥ 단기매매목적으로 보유하는 계약에서 발생하는 현금유입과 현금유출**

| 신유형기출문제 | 리스부채 원금상환 현금흐름 활동 분류 | 난이도 | ★ ☆ ☆ | 정답 | ③ |

다음 중 리스이용자의 리스부채 원금상환에 따라 발생하는 현금흐름의 분류로 가장 옳은 것은?

① 영업활동
② 투자활동
③ 재무활동
④ 영업활동, 투자활동 또는 재무활동 중 기업의 자율선택

해설

• 리스부채 원금상환에 따라 발생하는 현금흐름은 재무활동 현금흐름으로 분류한다.

ⓘ 관련이론 재무활동 현금흐름 사례[K-IFRS 제1007호 문단17]

> ㉠ 주식이나 기타 지분상품의 발행에 따른 현금유입
> ㉡ 주식의 취득이나 상환에 따른 소유주에 대한 현금유출
> ㉢ 담보·무담보부사채 및 어음의 발행과 기타 장·단기차입에 따른 현금유입
> ㉣ 차입금의 상환에 따른 현금유출
> **㉤ 리스이용자의 리스부채 상환에 따른 현금유출**

신유형기출문제	현금주의 이자비용 유출액	난이도 ★ ★ ★	정답 ②

㈜삼일의 20X1년도 포괄손익계산서상 이자비용은 100,000원이다. 다음 자료를 이용하여 ㈜삼일이 20X1년도에 현금으로 지급한 이자금액을 계산하면 얼마인가?

구분	20X0년 12월 31일	20X1년 12월 31일
미지급이자	10,000원	25,000원
선급이자	10,000원	5,000원

① 70,000원　　　② 80,000원　　　③ 90,000원　　　④ 100,000원

해설

- 유출액 분석이므로 분석시 (-)로 출발한다.
- 이자지급액(현금주의 유출액) 계산

발생주의 이자비용	(100,000)
미지급이자 증가	15,000
선급이자 감소	5,000
현금주의 이자비용	(80,000)

ⓘ 관련이론 발생주의의 현금주의 전환 : 이자비용

이자비용 유출액	• (-)로 출발하며, 자산의 증감은 역방향으로, 부채의 증감은 순방향으로 가감하여 분석

<table>
<tr><td colspan="3">이자비용 유출액〈금액은 가정치임〉</td></tr>
<tr><td>발생주의이자비용</td><td>(10,000)</td><td>→ (-)로 출발함에 주의!</td></tr>
<tr><td>사채할인발행차금(현재가치할인차금)상각액</td><td>1,000</td><td></td></tr>
<tr><td>미지급이자증가(or선급이자감소)</td><td>2,000</td><td></td></tr>
<tr><td>유출액(현금주의이자비용)</td><td>(7,000)</td><td></td></tr>
</table>

➡ (차) 이자비용　　　　100　　(대) 현금　　　　　　　　　80
　　　　　　　　　　　　　　　　　　　사채할인발행차금　　20

직접법	• 사채할인발행차금을 계산시 가산
간접법	• 사채할인발행차금을 당기순이익에 가산

신유형기출문제 | 투자활동 순현금흐름 | 난이도 ★ ★ ★ | 정답 ②

㈜삼일은 20X1년 기계장치와 관련하여 감가상각비 15,000원, 처분이익 30,000원을 보고하였다. 다음 자료를 이용하여 기계장치 처분으로 인한 투자활동 순현금흐름을 계산하면 얼마인가?(단, 기중 기계장치의 취득은 없다)

구분	20X0년 12월 31일	20X1년 12월 31일
기계장치	100,000원	60,000원
감가상각누계액	(30,000원)	(25,000원)
장부금액	70,000원	35,000원

① 45,000원 유입   ② 50,000원 유입   ③ 65,000원 유입   ④ 70,000원 유입

해설

• **고속철** 다음의 계정에 관련 자료를 기입하여 대차차액으로 처분순액(장부금액)을 먼저 계산한다.

기초순액(장부금액)	70,000	처분순액(장부금액)	A
		감가상각비	15,000
취득	0	기말순액(장부금액)	35,000

→A(처분된 기계장치 장부금액) = 20,000

• 처분 회계처리 추정

(차) 현금(처분금액)   ?(50,000) (대) 기계장치(장부금액)   20,000
                                    기계장치처분이익   30,000

∴현금유입(처분금액) = 50,000, 현금유출(취득) = 0 →순현금흐름 : 50,000 - 0 = 50,000(유입)

신유형기출문제 | 현금흐름표 분석 | 난이도 ★ ★ ★ | 정답 ①

다음은 ㈜삼일의 현금흐름표상 활동별 현금유출·입을 표시한 것이다. 다음 중 ㈜삼일의 현금흐름표에 대한 분석으로 가장 올바르지 않은 것은?

영업활동 현금흐름	투자활동 현금흐름	재무활동 현금흐름
현금유입(+)	현금유출(-)	현금유출(-)

① 영업활동 현금흐름이 (+)이므로, 분명 당기순이익이 발생했을 것이다.
② 유형자산의 처분으로 투자활동 현금흐름을 (+)로 만들 수 있다.
③ 영업활동 현금흐름을 증가시키기 위해 배당금의 지급은 재무활동 현금흐름으로 분류할 수 있다.
④ 재무활동 현금흐름이 (-)이니 차입금상환, 배당금지급 등이 있었을 것이다.

해설

• ① 당기순손익에서 출발하여 조정사항을 가감하여 영업활동현금흐름을 도출하므로, 당기순손실인 경우에도 조정사항 가감액의 크기에 따라 영업활동현금흐름이 (+)가 될 수 있다. 따라서, 당기순이익이 발생했을 것이라고 단정지을 수 없다.
② 유형자산의 처분은 투자활동 현금유입이므로, (-)상황을 (+)로 만드는 것이 가능하다.
③ 배당금지급은 영업활동 또는 재무활동으로 분류가능하며, 만약 배당금지급을 영업활동으로 분류한 경우라면 이를 재무활동으로 분류하여 영업활동 현금유출의 감소를 통한 영업활동현금흐름의 증가가 가능하다.
④ (-)의 재무활동현금흐름을 야기시킨 원인으로, 재무활동 현금유출인 차입금상환과 배당금지급(재무활동으로 분류한 경우)이 있었다고 추정할 수 있다.

신유형기출문제 | **과세요건 적용사례** | 난이도 ★ ★ ☆ | 정답 ④

과세요건이란 납세의무 성립에 필요한 법률상의 요건을 말한다. 다음 자료를 이용하여 창문세의 과세요건을 정의할 경우 가장 올바르지 않은 것은?

> (1) 창문세는 1696년에 도입된 영국의 조세제도로, 집에 붙어 있는 창문의 수에 따라 세금이 결정되었다.
> (2) 여섯 개가 넘는 창문을 가진 집만 과세대상이 되었으며, 일곱 개에서 아홉 개까지의 창문이 달린 집은 창문당 2실링, 열 개 이상의 창문이 달린 집은 창문당 4실링의 세금을 내야 했다.
> (3) 창문세는 1851년 주택세를 만들 때까지 지속되었고, 그 시기 창문세를 피하기 위해 사람들이 건물의 창문을 막아버리면서, 영국에는 창문이 없는 옛 건물을 볼 수 있다.

① 납세의무자 : 집주인(또는 해당 집의 거주자) ② 과세물건(과세대상) : 창문
③ 과세표준 : 창문의 개수 ④ 세율 : 10%

해설

• 창문의 개수가 과세표준이므로 종가세가 아닌 종량세(세액 = 창문 개수당 일정액)에 해당한다.
→따라서, 세율은 10%가 될 수 없다.

> **참고** 창문세(Window Tax)
>
> ☐ 1696년에 영국 정부가 주택에 달린 창문의 개수에 따라 부여한 조세제도를 말한다. 본래 1303년 프랑스에서 필립 4세에 의해 처음 고안되었지만 오래 지속되지 못하고 폐지된 이후 영국 정부가 이를 도입하면서 널리 알려지게 되었다. 영국에서는 1851년 주택세 제도가 도입되기까지 약 150년 동안 지속되었다.
> ☐ 영국에서 처음 창문세가 도입되고 몇 차례에 걸친 세율 및 구간 조정이 있은 후 창문 개수가 7개 이상인 집이 과세대상이 되었으며 창문이 많을수록 세금이 많이 부과되었다. 창문세 도입 이전에는 주택이 보유한 벽난로 개수에 따라 세금을 부여하는 난로세가 있었는데, 징수를 위해 집안에 들어가 난로 개수를 일일이 세기가 현실적으로 쉽지 않자 이를 대체하기 위해 영국 정부가 채택한 제도가 바로 창문세였다. 당시에는 유리의 대량생산이 어려워 유리창이 부유함의 상징이었고 외관상으로도 확인이 용이했기 때문이다. 그러나 사람들은 세금을 줄이거나 피하기 위해 창문을 합판 등으로 가려 숨기거나 아예 창문을 막아버리는 선택을 하는 경우가 많았다. 이로 인해 세수는 영국 정부의 의도대로 잘 걷히지 않았으며 영국 국민들은 햇빛이 들지 않는 건물에 사는 불편함을 겪게 됨으로써 창문세는 잘못된 조세정책을 대표하는 하나의 사례로 평가된다.

| 신유형기출문제 | 국세부과의 원칙 항목의 개념 | 난이도 | ★ ☆ ☆ | 정답 | ① |

다음 내용과 가장 밀접한 관련이 있는 국세부과의 원칙으로 가장 옳은 것은?

- 사업자등록명의자와는 별도로 사실상의 사업자가 있는 경우에는 사실상의 사업자를 납세의무자로 본다(국기통 14 - 0…1).
- 회사의 주주로 명부상 등재되어 있더라도 회사의 대표자가 임의로 등재한 것일 뿐 회사의 주주로서 권리행사를 한 사실이 없는 경우에는 그 명의자인 주주를 세법상 주주로 보지 않는다(국기통 14 - 0…3).
- 공부상 등기·등록 등이 타인의 명의로 되어 있더라도 사실상 당해 사업자가 취득하여 사업에 공하였음이 확인되는 경우에는 이를 그 사실상 사업자의 사업용자산으로 본다(국기통 14 - 0…4).
- 명의신탁부동산을 매각처분한 경우에는 양도의 주체 및 납세의무자는 명의수탁자가 아니고 명의신탁자이다(국기통 14 - 0…6).

① 실질과세의 원칙 ② 근거과세의 원칙
③ 조세감면사후관리의 원칙 ④ 신의성실의 원칙

해설

- 귀속이 명의일 뿐 사실상의 귀속자가 따로 있는 경우에는 사실상의 귀속자를 납세의무자로 하여 적용한다는 실질과세원칙의 사례들이다.

ⓘ 관련이론 실질과세원칙[형식·외관에 불구하고 실질에 따라 과세]

귀속에 관한 실질과세	• 납세의무자의 판정시 실질에 따름. →귀속이 명의일 뿐이고 사실상 귀속되는 자가 따로 있는 때에 사실상 귀속자를 납세의무자로 하여 적용
거래내용에 관한 실질과세	• 과세물건의 판정시 실질에 따름.

참고 조세회피방지 위한 경제적 실질주의
- 제3자를 통한 간접적인 방법이나 둘 이상의 행위 또는 거래를 거치는 방법으로 이 법 또는 세법의 혜택을 부당하게 받기 위한 것으로 인정되는 경우에는 그 경제적 실질 내용에 따라 당사자가 직접 거래를 한 것으로 보거나 연속된 하나의 행위 또는 거래를 한 것으로 보아 이 법 또는 세법을 적용한다.

신유형기출문제	국세부과원칙의 실무사례	난이도 ★ ★ ☆	정답 ①

다음 내용과 관련이 있는 국세부과의 원칙으로 가장 옳은 것은?

〈사실관계〉
- '론스타 펀드 Ⅲ-버뮤다'와 '론스타 펀드 Ⅲ-US'(이하 "원고"라 함)가 각각 37.99%, 60%를 투자하여 벨기에 설립한 스타홀딩스는 스타타워 주식 전부를 20x1년 12월 28일에 매각하여 양도차익 2,451억원을 실현함.
- 스타홀딩스는 벨기에 거주자로서 한-벨 조세조약에 의거하여 주식양도로 인한 소득에 대하여 비과세·면세 신청서를 제출함.
- 과세관청(피고)은 스타홀딩스를 실질적인 소득, 자산의 지배와 관리권이 없이 조세회피목적을 위해 설립된 도관회사로 보아 한-벨 조세조약을 적용하지 아니하고, 실질적인 귀속자인 원고를 하나의 비거주자로 보아 부동산주식(소법 §119 9호)의 양도로 인한 소득에 대하여 소득세를 부과함.

① 실질과세의 원칙　　② 근거과세의 원칙　　③ 소급과세 금지의 원칙　　④ 신의성실의 원칙

해설

- 사건의 실제내용

지난 2000년에 론스타펀드Ⅲ(버뮤다)와 론스타펀드Ⅲ(미국), 허드코파트너스코리아로 구성된 론스타펀드Ⅲ는 벨기에 설립한 스타홀딩스를 통해 서울 역삼동 스타타워를 인수했다가 되팔아 2천 450억원의 차익을 남겼다. 스타홀딩스는 벨기에 거주자로서 한국·벨기에 조세조약에 따라 주식양도 소득세면제신청서를 제출하였다. 역삼세무서는 스타홀딩스를 조세회피를 위한 회사로 보아 한-벨 조세조약을 적용하지 않고 자산의 지분 38%와 60%를 가진 론스타펀드Ⅲ(버뮤다)와 론스타펀드Ⅲ(미국)에 양도소득세 388억 4천여만원과 613억 6천여만원을 각각 부과하였다.

- 형식이나 외관에 불구하고 거래의 실질에 따라 세법을 해석해야 한다는 실질과세원칙에 대한 내용이다.
  →즉, 양도차익을 실제 갖는 주체가 론스타펀드Ⅲ인지, 론스타펀드Ⅲ가 벨기에 세운 스타홀딩스인지의 쟁점에 대하여 벨기에 스타홀딩스는 거주지인 벨기에에서는 정상적인 사업활동이 없고 형식상 거래 당사자의 역할만 수행한 회사로서 론스타펀드Ⅲ가 국내에서 조세를 회피하기 위해 설립한 도관회사에 불과하므로 양도소득의 실질귀속자에 해당한다고 볼 수 없다는 실질과세원칙에 따른 부과 내용이다.
- **저자주** 하위 시험인 회계관리1급에 출제되었던 문제로서, 재경관리사 시험에 그대로 다시 출제되었습니다.

신유형기출문제	신의성실원칙과 공적견해 표명 판단기준	난이도 ★ ★ ★	정답 ②

다음은 신의성실의 원칙의 적용요건에 관한 설명이다. 신의성실의 원칙을 적용하기 위한 과세관청의 "공적인 견해표현"에 해당하는 것은?

ㄱ. 납세자의 신뢰의 대상이 되는 과세관청의 공적견해표시가 있어야 한다.
ㄴ. 납세자가 과세관청의 견해표시를 신뢰하고, 그 신뢰에 납세자의 귀책사유가 없어야 한다.
ㄷ. 납세자가 과세관청의 견해표시에 대한 신뢰를 기초로 하여 어떤 행위를 하여야 한다.
ㄹ. 과세관청이 당초의 견해표시에 반하는 적법한 행정처분을 하여야 한다.
ㅁ. 과세관청의 그러한 배신적 처분으로 인하여 납세자가 불이익을 받아야 한다.

① 세무서담당자의 구두설명　　　　　　② 국세청법규과의 서면질의회신
③ 국세상담센터의 전화안내　　　　　　④ 홈택스사이트의 Q&A

해설

- 과세관청의 공적인 견해표시(표명)는 원칙적으로 일정한 책임있는 지위에 있는 세무공무원에 의하여 명시적으로 이루어짐을 필요로 한다.[대법원 판결]

공적인 견해표시에 해당O	• 예 국세청법규과의 서면질의 회신
공적인 견해표시에 해당X	• 예 국세종합상담센터 전화안내, 홈택스 Q&A, 세무서 담당자의 구두설명

| 신유형기출문제 | 소급과세금지원칙 | 난이도 | ★ ★ ☆ | 정답 | ③ |

다음 중 소급과세의 금지 원칙에 대한 설명으로 가장 올바르지 않은 것은?

① 국세를 납부할 의무가 성립한 소득에 대하여 그 성립 후의 새로운 법에 따라 소급하여 과세할 수 없다.
② 국세청의 해석이 일반적으로 납세자에게 받아들여진 후에는 새로운 해석에 의하여 소급하여 과세할 수 없다.
③ 납세자에게 불리한 소급효 뿐만 아니라 유리한 소급효 역시 인정되지 않는 것이 통설이다.
④ 과세기간 중에 법률의 개정이 있는 경우 이미 진행한 과세기간분에 대해 소급과세하는 부진정 소급효는 허용된다.

해설

• 유리한 소급효는 인정되는 것이 통설이다.(즉, 소급과세가 납세자에게 유리한 경우 소급과세를 인정)
  →소급과세금지의 원칙은 납세자의 법적 안정성과 신뢰이익을 보호하기 위한 것인데, 납세자에게 오히려 유리한 소급효는 이러한 취지에 반하지 않기 때문이다.

ⓘ 관련이론 소급과세금지원칙

| 입법상 소급과세금지 | • 국세를 납부할 의무가 성립한 소득·수익·재산·행위 또는 거래에 대해서는 그 성립 후의 새로운 세법에 따라 소급하여 과세치 않음. |
| 행정(해석)상 소급과세금지 | • 세법의 해석이나 국세행정의 관행이 일반적으로 납세자에게 받아들여진 후에는 그 해석이나 관행에 의한 행위 또는 계산은 정당한 것으로 보며 새로운 해석이나 관행에 의하여 소급하여 과세치 않음. |

*👁주의 유리한 소급효는 인정(통설) / 부진정소급(성립전 시행) 허용
  →부진정소급과세 : 과세기간 중 세법이 개정되는 경우 개정된 세법을 그 과세기간개시일부터 적용하는 것을 말함.(예 20x1년 9월 소득세율이 고율로 개정된 경우 고율의 세율을 20x1.1.1분부터 적용)

| 신유형기출문제 | 과다납부의 구제 | 난이도 | ★ ★ ☆ | 정답 | ④ |

㈜삼일은 법인세를 신고납부하면서 원천징수당한 기납부세액을 차감하지 않고 법인세를 과오납부하였음을 신고 직후에 알게 되었다. 이 경우 과오납한 세금을 환급받기 위한 조치에 관한 설명으로 가장 옳은 것은?

① 이의신청·심사청구 또는 심판청구를 통해서만 환급받을 수 있다.
② 법인세는 신고납부제도를 취하고 있으므로 당초의 신고를 경정하기 위하여 수정신고를 하여야 한다.
③ 당초 신고를 잘못하였으므로 환급받을 수 없다.
④ 당초에 신고한 과세표준과 세액의 경정을 청구하면 환급받을 수 있다.

해설

• 당초 납세자에게 불리하게 과다납부한 경우에는 경정청구를 통해 환급받을 수 있다.

| 경정청구 의의 | • 이미 신고한 과세표준·세액이 과대(또는 이미 신고한 결손금액·환급세액이 과소)한 경우 과세관청으로 하여금 이를 정정하여 결정·경정하도록 촉구하는 납세의무자의 청구를 말한다. |
| 경정청구 청구권자 | • 당초 법정신고기한까지 과세표준신고서를 제출한 경우 및 기한후신고를 한 경우 경정청구가 가능하다.(무신고자로서 기한후신고를 한 자도 경정청구가 가능하다.) |

  →경정청구 : 이미 신고한 과세표준 및 세액이 과대(또는 이미 신고한 결손금액 또는 환급세액이 과소)한 경우 과세관청으로 하여금 이를 정정하여 결정·경정하도록 촉구하는 납세의무자의 청구를 말한다.
• ① 과세관청의 부과처분이 없는 상태에서는 반드시 경정청구를 거친 후 조세쟁송불복절차(이의신청·심사청구 또는 심판청구 등)로 이행하여야 한다.
  →경정청구가 받아들여지는 경우 조세쟁송에 의하지 아니하고도 과다납부한 세액을 환급받을 수 있으며, 과세관청이 적법한 경정청구에 거부시에는 거부처분이 성립되므로 조세쟁송을 통해 구제받을 수 있다.
② 수정신고는 당초 납세자에게 유리하게 과소납부한 경우 행하는 절차이므로 환급과 무관하다.
③ 과다납부한 세액을 경정청구를 통해 환급받을 수 있다.

| 신유형기출문제 | 무신고가산세 적용시 부정행위 | 난이도 ★ ★ ☆ | 정답 ④ |

다음 중 국세기본법상 무신고가산세 또는 과소신고가산세 부과시 부정행위로 보는 것이 아닌 것은?

① 이중장부의 작성
② 거짓 증빙의 수취
③ 고의적으로 장부를 비치하지 아니하는 행위
④ 세법상의 신고를 하지 아니하는 행위

해설

• 세법상의 신고를 하지 아니하는 행위는 조세의 부과와 징수를 불가능하게 하거나 현저히 곤란하게 하는 적극적 행위로 보지 아니하며 일반적인 무신고가산세를 적용한다.

🛈 관련이론 무신고가산세

가산세액	• ㉠ 부정행위로 인한 무신고가 아닌 경우 : 일반적인 경우 →무신고납부세액×20% • ㉡ 부정행위로 인한 무신고인 경우 : 일반적인 경우 →무신고납부세액×40%
부정행위	• 이중장부의 작성 등 장부의 거짓 기장, 거짓 증빙 또는 거짓 문서의 작성·수취 • 장부와 기록의 파기, 재산의 은닉, 소득·수익·행위·거래의 조작 또는 은폐 • 고의적으로 장부를 작성하지 않거나 비치하지 않는 행위 등

| 신유형기출문제 | 가산세 감면 일반사항 | 난이도 ★ ★ ★ | 정답 ② |

다음 중 국세기본법상 가산세의 감면에 관한 설명으로 가장 옳은 것은?

① 국세를 감면하는 경우에 가산세는 그 감면하는 국세에 포함한다.
② 법인세 과세표준과 세액의 경정이 있을 것을 미리 알고 수정신고를 한 경우에 가산세를 감면하지 아니한다.
③ 가산세의 감면을 받고자 하는 경우에도 가산세 감면신고서를 제출하지 않아도 된다.
④ 법정신고기한이 지난 후 3년이 되는 날에 수정신고를 한 경우 과소신고가산세의 감면을 받을 수 있다.

해설

• ① 국세를 감면하는 경우에 가산세는 그 감면대상에 포함시키지 아니하는 것으로 한다.
  →즉, 국세의 감면과 가산세의 감면은 독립적인 별도의 사항이다.(가산세의 감면을 받고자 하는 경우에 가산세 감면신고서를 제출하여야 한다.)
 ③ 가산세의 감면을 받고자 하는 경우에는 가산세 감면신고서를 제출하여야 한다.
 ④ 법정신고기한이 지난 후 2년 내에 수정신고 한 경우에만 과소신고가산세의 감면을 받을 수 있다.

수정신고 가산세감면	• 과소신고가산세·영세율과세표준신고불성실가산세를 다음과 같이 감면함.				
	1개월이내	90%	6개월초과 1년이내	30%	
	1개월초과 3개월이내	75%	1년초과 1년 6개월이내	20%	
	3개월초과 6개월이내	50%	1년 6개월초과 2년이내	10%	
	🔍주의 경정할 것을 미리 알고 수정신고서를 제출한 경우에는 가산세를 감면하지 않음.				

신유형기출문제	미환류소득에 대한 법인세 일반사항	난이도 ★ ★ ★	정답 ④

다음 중 법인세법상 미환류소득 법인세에 관한 설명으로 가장 올바르지 않은 것은?

① 미환류소득에 대한 법인세 납부의무가 있는 법인은 각사업연도의소득에 대한 법인세액에 추가하여 미환류소득에 대한 법인세를 납부해야 한다.

② 독점규제 및 공정거래에 관한 법률의 상호출자제한기업집단에 속하는 내국법인이 적용대상 법인이다.

③ 미환류소득에서 차기환류적립금, 이월된 초과환류액을 차감한 금액의 20%를 미환류소득 법인세로 납부한다.

④ 초과환류액 발생시 그 다음 5개 사업연도 동안 미환류소득에서 공제할 수 있다.

해설

• 해당 사업연도에 초과환류액이 있는 경우에는 그 초과환류액을 그 다음 2개 사업연도까지 이월하여 그 다음 2개 사업연도 동안 미환류소득에서 공제할 수 있다.

★ **저자주** 미환류소득법인세는 한시적 규정인 관계로 회계사·세무사 시험에서도 잘 다뤄지지 않는 분야(각각 1번 출제됨)로 재경관리사 시험수준을 고려할 때 다소 어색한 출제에 해당합니다. 이런 문제 대신에 실무적 응력을 높일 수 있는 목적적합한 문제개발이 필요하다고 사료됩니다.

ⓘ 관련이론 미환류소득에 대한 법인세[2025년말까지 한시적으로 적용]

개요	• 상호출자제한기업집단에 속하는 내국법인이 투자, 임금, 상생협력출연금 등으로 사회에 환류하지 않은 소득(=미환류소득)이 있는 경우 일반법인세에 추가납부해야 함. →취지 : 기업소득이 투자로 이어지고 임금증가를 위해 흘러가는 선순환 구조를 유도
적용대상법인 (납세의무자)	• 각 사업연도종료일 현재 상호출자제한기업집단에 속하는 내국법인에 대해서만 과세함. **참고** '자기자본 500억 초과 법인(중소기업 등 제외)'은 세법개정으로 적용대상에서 삭제됨.
미환류소득 계산	• 다음 중 한 가지를 선택하여 신고해야 함. ㉠ 투자포함방법 : (기업소득×70%) - 환류액(투자액 +임금증가액+상생협력출연금) ㉡ 투자제외방법 : (기업소득×15%) - 환류액(임금증가액+상생협력출연금) →{계산금액이 (+)인 경우 : 미환류소득 계산금액이 (−)인 경우 : 초과환류액 →다음 2개 사업연도연도까지 이월공제가능
미환류소득법인세 계산구조	미환류소득 →기업소득×70%(or15%) - 환류액 = (+)미환류소득 (-) 차기환류적립금 →당기 미환류소득을 차기·차차기에 환류를 위해 적립한 금액 (-) 이월된 초과환류액 →전기·전전기 초과환류액 중 당기로 이월된 금액 과세대상 미환류소득 (×) 세율(20%) 미환류소득법인세 →일반법인세에 추가하여 납부

| 신유형기출문제 | 법인의 사업연도 | 난이도 ★ ★ ☆ | 정답 ③ |

다음 중 법인세법상 사업연도에 관한 설명으로 가장 옳은 것은?

① 법인의 사업연도는 법령 또는 정관상에서 정하고 있는 회계기간을 우선적으로 적용하며 원칙적으로 1년을 초과할 수 있다.

② 법령 또는 정관상에 회계기간이 규정되어 있지 않은 법인의 사업연도는 일률적으로 1월 1일부터 12월 31일까지로 한다.

③ 사업연도를 변경하려는 법인은 직전 사업연도 종료일로부터 3개월 이내에 사업연도변경신고서를 제출하여 이를 납세지 관할세무서장에게 신고하여야 한다.

④ 법인설립 이전에 발생한 손익은 법인세 과세대상 손익에서 제외한다.

해설

- ① 법인의 사업연도는 원칙적으로 1년을 초과할 수 없다.
  ② 법령 또는 정관상에 회계기간이 규정되어 있지 않은 법인의 사업연도는 법인설립신고 또는 사업자등록시 신고한 사업연도로 한다.
  ④ 최초사업연도 개시일 전에 생긴 손익을 사실상 그 법인에 귀속시킨 것이 있는 경우, 조세포탈의 우려가 없는 때에는 최초사업연도의 기간이 1년을 초과하지 않는 범위 내에서 이를 해당 법인의 최초사업연도의 손익에 산입할 수 있다.

ℹ 관련이론 법인의 사업연도

사업연도	〈1순위〉	• 법령·정관에서 정하는 1회계기간으로 하되 1년 초과 불가 →예 회계기간이 1년 6개월이면 1년과 6월을 각각의 사업연도로 봄. 주의 ∴사업연도로 임의기간을 선택 가능
	〈2순위〉	• 규정이 없는 경우는 법인설립신고 또는 사업자등록과 함께 사업연도를 신고
	〈3순위〉	• 신고도 없는 경우는 1월 1일부터 12월 31일을 사업연도로 함. 주의 단, 신설법인의 최초사업연도는 설립등기일부터 12월 31일 보론 신설법인의 최초사업연도 개시일은 설립등기일로 함. 다만, 최초사업연도 개시일 전에 생긴 손익을 사실상 그 법인에 귀속시킨 것이 있는 경우, 조세포탈의 우려가 없는 때에는 최초사업연도의 기간이 1년을 초과하지 않는 범위 내에서 이를 해당 법인의 최초사업연도의 손익에 산입할 수 있음. 이 경우 최초사업연도의 개시일은 해당 법인에 귀속시킨 손익이 최초로 발생한 날로 함.
사업연도 변경		• 직전사업연도 종료일부터 3월 이내 신고(예 20x3년부터 변경시 : 20x3.3.31까지 신고) 주의 변경하고자 하는 사업연도 종료일부터 3월 이내 신고가 아님.

신유형기출문제 | **사업연도 변경 사례적용** | 난이도 ★ ★ ★ 정답 ③

㈜삼일은 20x2년부터 사업연도를 변경하기로 하고 20x2년 4월 20일에 사업연도 변경신고를 하였다. 다음 중 법인세법상 사업연도의 구분으로 가장 옳은 것은(단, ㈜삼일은 법령에 따라 사업연도가 정하여지는 법인이 아님)?

> (1) 변경 전 사업연도(제13기) : 20x1년 1일 1일 - 20x1년 12월 31일
> (2) 변경하려는 사업연도 : 7월 1일 - 다음 연도 6월 30일

① 제14기 : 20x2년 1월 1일 - 20x2년 4월 20일
② 제14기 : 20x2년 1월 1일 - 20x2년 6월 30일
③ 제14기 : 20x2년 1월 1일 - 20x2년 12월 31일
④ 제15기 : 20x2년 4월 21일 - 20x2년 12월 31일

해설

• 사업연도를 변경하려는 법인은 그 법인의 직전 사업연도 종료일부터 3개월 이내에 납세지 관할세무서장에게 이를 신고하여야 한다.[법인법 7①]〈예 20x3년부터 변경시 : 20x3.3.31까지 신고〉
  →법인이 위 신고를 기한까지 하지 아니한 경우에는 그 법인의 사업연도는 변경되지 아니한 것으로 본다. 다만, 법령에 따라 사업연도가 정하여지는 법인의 경우 관련 법령의 개정에 따라 사업연도가 변경된 경우에는 신고를 하지 아니한 경우에도 그 법령의 개정 내용과 같이 사업연도가 변경된 것으로 본다.[법인법 7②]
• 변경신고기한을 지난 후 변경신고를 하였으므로 제14기에는 변경되지 않고, 그 다음 사업연도부터 사업연도가 변경된다. 본 문제에 대한 사업연도의 적용은 다음과 같다.

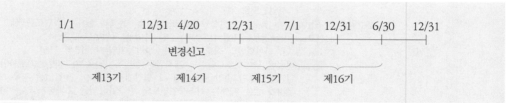

★ **저자주** 본 문제는 세무사 기출문제로서 재경관리사 시험에 그대로 출제되었습니다. 문제의 난이도를 떠나 기한내 미신고에 대한 법인세법 규정(법인법 7②)은 재경관리사 시험수준을 초과하는 내용에 해당합니다.

ℹ️ 관련이론 법인의 사업연도 변경

개요		• 직전사업연도 종료일부터 3월 이내 신고(예 20x3년부터 변경시 : 20x3.3.31) 　🔍주의 변경하고자 하는 사업연도 종료일부터 3월 이내 신고가 아님.
세부고찰 →참고사항	기한내 미신고	• 변경신고기한 내에 신고하지 않은 경우에는 변경되지 않은 것으로 봄. 　→그 다음 사업연도부터 변경됨.
	사업연도의제	• 사업연도가 변경된 경우 종전사업연도개시일부터 변경사업연도개시일 전날까지를 1사업연도로 함. 　→단, 그 기간이 1개월 미만시 변경된 사업연도에 그 기간을 포함함. 　　(∴이 경우에는 예외적으로 사업연도가 1년을 초과할 수 있음)
	자동변경	• 법령에 따라 사업연도가 정하여지는 법인의 경우 관련 법령의 개정에 따라 사업연도가 변경된 경우에는 변경신고를 하지 아니한 경우에도 그 법령의 개정내용과 같이 사업연도가 변경된 것으로 봄.

| 신유형기출문제 | 유보(을표 관리 항목)의 발생여부 | 난이도 ★ ★ ★ | 정답 ④ |

다음은 제조업을 영위하는 영리내국법인 ㈜상일의 제14기 사업연도 세무조정(모두 적법한 세무조정임) 내역이다. 다음 세무조정 중 『자본금과 적립금조정명세서(을)』에 적어서 관리하여야 하는 것이 아닌 것은?

① 「보험업법」등 법률에 의하지 않은 고정자산의 평가차익을 수익으로 계상함에 따라 이를 익금불산입하였다.

② 당기말 현재 건설 중인 공장건물의 취득에 소요되는 특정차입금에 대한 지급이자를 이자비용으로 계상함에 따라 이를 손금불산입하였다.

③ 국고보조금을 지급받아 사업용 고정자산을 취득하는 데에 사용하였으며, 과세이연 요건을 충족함에 따라 일시상각충당금을 손금산입하였다.

④ 채무의 출자전환으로 발생한 채무면제이익(수익으로 계상함)을 이월결손금(제10기 발생분)을 보전하는 데에 충당하고 익금불산입하였다.

해설

- 자본금과적립금조정명세서(을) : 유보(△유보)를 관리하는 서식
- ① 보험업법이나 그 밖의 법률에 따른 유형·무형자산 평가이익은 익금산입항목에 해당하나, 보험업법이나 그 밖의 법률에 의하지 않은 임의평가증은 익금으로 인정되지 않으므로 회사가 이를 수익으로 계상한 경우 익금불산입(소득처분 : △유보)한다.
- ② 당기말까지 건설이 완료되지 않은 상각자산의 특정차입금 이자를 비용계상한 경우에는 당기에 손금불산입(소득처분 : 유보)한다.
  →동 금액은 차기 이후에는 건설완료 후 상각부인액으로 의제한다.(즉, 상각부인액으로 간주하여 건설완료 연도 상각범위액에 포함하여 시부인한다.)
- ③ 국고보조금은 법인세법상 익금에 해당한다. 그러나 일시상각충당금을 손금산입(소득처분 : △유보)하여 세부담의 증가를 상쇄할 수 있다.
  →결산조정[전입액(비용) xxx / 일시상각충당금 xxx]과 신고조정[손금산입(△유보)] 모두 가능하다.
  →이처럼 미리 손금산입한 금액은 추후 감가상각비와 상계되거나 처분이익에 포함되어 세부담증가를 가져오므로, 차기이후 비용을 미리 인정함으로써 법인세 부담을 이연시키기 위한 제도라고 할 수 있다.
- ④ 채무면제이익(채무의 출자전환시 채무면제이익을 포함) 중 발생연도에 제한없는 세무상 이월결손금 보전에 충당시 이를 익금불산입(소득처분 : 기타)한다.

일반적인 출자전환 회계처리	(차) 차입금(채무액 = 발행가액)	10,000	(대) 자본금(액면가액)	5,000
			주식발행초과금(시가 - 액면가액)	2,000
			채무면제이익(채무액 - 시가)	3,000

★ **저자주** 일시상각충당금(③)과 채무의 출자전환(④)에 대한 구체적 내용은 세무사·회계사 시험에서 언급되는 내용들로서, 재경관리사 시험수준을 초과하는 사항들입니다.

신유형기출문제	익금 해당여부	난이도 ★ ★ ★ 정답 ①

● 다음 중 법인세법 상 익금에 관한 설명으로 가장 옳은 것은?

① 내국법인이 외국자회사로부터 수입배당금액을 받은 경우 그 외국자회사의 소득에 대하여 부과된 외국법인세액 중 그 수입배당금액에 대응하는 금액이 세액공제된 경우에는 이를 익금으로 간주한다.

② 영리내국법인이 특수관계인인 법인으로부터 유가증권을 시가보다 낮은 가액으로 매입하여 보유하는 경우 시가와 매입가액의 차액은 그 유가증권을 매입한 사업연도의 익금으로 본다.

③ 채무의 출자전환으로 주식을 발행함에 있어서 그 주식의 시가를 초과하여 발행된 금액은 이월결손금 보전에 충당하더라도 익금에 산입한다.

④ 영리내국법인이 보유하던 주식에 대하여 받은 주식배당은 익금에 산입하지 아니한다.

해설

• ① 내국법인은 국내·외소득을 불문하고 우리나라 법인세가 과세되므로, 국외소득에 대해 우리나라 법인세와 원천지국의 법인세를 동시에 부담하는 국제적 이중과세가 발생한다. 따라서, 이러한 국제적 이중과세를 조정하기 위해 외국납부세액공제를 규정하고 있다. 즉, 과세표준에 국외원천소득이 포함되어 있는 경우로서 그 국외원천소득에 대하여 외국법인세액을 납부한 경우에는 외국납부세액을 세액공제(외국납부세액공제)할 수 있다.

외국법인세액 범위	직접납부외국법인세액	• 내국법인 자신이 납부한 외국법인세액
	간접납부외국법인세액	• 내국법인 소득금액에 외국자회사로부터의 수입배당금액이 포함되어 있는 경우, 외국자회사가 납부한 외국법인세액 (=외국법인세액 중 수입배당금액에 대응하는 금액) • 간접납부외국법인세액(세액공제된 경우에 한정함)은 익금으로 간주하여 소득금액에 합산한다. **참고** 외국자회사 수입배당금익금불산입 규정이 적용되는 경우에는 외국납부세액공제를 적용하지 아니함.

참고 간접납부외국법인세액을 익금으로 간주하는 이유
□ 본래 수입배당금액은 외국자회사의 외국법인세가 차감된 후의 금액인데, 이것을 그 법인세가 차감되기 전의 상태로 복귀시켜 우리나라 법인세를 계산한 후 외국자회사의 법인세를 세액공제해 주어야 외국법인세의 과세효과가 완전히 취소될 수 있기 때문이다.

② 특수관계있는 개인으로부터 유가증권을 시가보다 저가매입시 그 차액을 익금산입(유보)한다.
→매입처가 개인이 아니라 법인이다.
→세무조정 : 없음.(저가매입액을 그대로 유가증권 취득가로 인정한다.)

예시 대표이사로부터 유가증권 매입 : 취득가액 80(시가 100), 처분가 60
□ ㉠ 취득시 →세무조정 : 익금산입 20(유보)

	회사				세법		
(차) 유가증권	80	(대) 현금	80	(차) 유가증권	100	(대) 현금	80
						수익(익금)	20

㉡ 처분시 →세무조정 : 손금산입 20(△유보)

	회사				세법		
(차) 현금	60	(대) 유가증권	80	(차) 현금	60	(대) 유가증권	100
손실	20			손실	40		

③ 익금항목인 채무면제이익(채무의 출자전환으로 주식을 발행함에 있어서 그 주식의 시가를 초과하여 발행된 금액) 중 세무상 이월결손금에 충당된 금액은 익금불산입항목이다.

일반적인 출자전환 회계처리	(차) 차입금[발행가액(채무액)]	8,500	(대) 자본금(액면가액)	5,000
			주식발행초과금(시가 – 액면가액)	1,500
			채무면제이익(발행가액 – 시가)	2,000

④ 잉여금의 자본전입인 주식배당은 법인세법상 의제배당에 해당하므로 익금에 산입된다.

신유형기출문제	채무의 출자전환 회계처리	난이도 ★ ★ ★ 정답 ②

㈜상일은 제17기(20x1년 1월 1일~20x1년 12월 31일)에 채무에 대한 출자전환을 하였는데, 채무의 가액은 8,500원, 발행 당시 주식의 시가는 6,500원 그리고 주식의 액면가액은 5,000원이었다. ㈜상일의 제17기에 법인세법상 주식발행액면초과액과 채무면제이익은 각각 얼마인가?

	주식발행액면초과액	채무면제이익
①	1,000원	1,500원
②	1,500원	2,000원
③	1,000원	2,000원
④	1,500원	1,500원

해설

- 주식발행액면초과액 : 6,500(시가) - 5,000(액면가액) = 1,500
- 채무면제이익 : 8,500(발행가액 = 채무액) - 6,500(시가) = 2,000

★ 저자주 세무회계 시험에서 채무의 출자전환에 관한 회계처리를 묻는 것은 상당히 부적절한 어색한 출제에 해당합니다. 굳이 법인세법상 의미를 찾는다면 채무의 출자전환시 발생하는 채무면제이익(기업회계상으로는 채무조정이익)이 법인세법상 규정된 익금산입항목인 채무면제이익과 동일하게 취급된다는 것이며 익금불산입항목인 주식발행초과금에는 채무의 출자전환에 따른 채무면제이익은 제외된다는 것이 되겠습니다.

ⓘ 관련이론 채무의 출자전환시 회계처리와 주식발행가액의 법인세법상 취급

일반적인 출자전환 회계처리	(차) 차입금[발행가액(채무액)]		8,500	(대) 자본금(액면가액)		5,000
				주식발행초과금(시가 - 액면가액)		1,500
				채무면제이익[발행가액(채무액) - 시가]		2,000
주식발행가액의 법인세법상 취급	구분		구성요소		과세여부	
	자본금		액면가액		익금제외	
	발행가액(채무액) - 액면가액	주식발행초과금	시가 - 액면가액		익금불산입항목	
		채무면제이익	발행가액 - 시가		익금산입항목	

| 신유형기출문제 | 임원 인건비 세무조정 | 난이도 | ★ ★ ★ | 정답 | ② |

다음 자료에 의할 경우 ㈜삼일의 제17기(20x1년 1월 1일~20x1년 12월 31일)에 김삼일 이사(주주에 해당함)의 인건비 중 손금불산입되는 금액은 얼마인가?

> ㄱ. 김삼일 이사는 ㈜삼일에 3년 9개월간 근무하다가 20x1년 12월 31일에 퇴직하였다.
> ㄴ. ㈜삼일은 김삼일 이사에게 퇴직급여 15,000,000원을 지급하였다. ㈜삼일은 퇴직급여충당금을 설정하지 않으며, 임원퇴직급여 규정도 두고 있지 않다.
> ㄷ. 퇴직직전 1년간 김삼일 이사에게 지급한 급여액은 24,000,000원이며 상여금은 10,000,000원(정관규정의 지급한도를 초과한 2,000,000원 포함)
> ㄹ. 급여액 등 인건비는 모두 손익계산서상 비용으로 회계처리되었다.

① 2,000,000원 ② 5,000,000원 ③ 6,000,000원 ④ 8,000,000원

해설

• 손금불산입금액 : ㉠+㉡=5,000,000
  ㉠ 임원상여금한도초과액 : 손금불산입 2,000,000(상여)
  ㉡ 퇴직급여규정이 없으므로 한도산식(=퇴직전 1년 총급여×10%×근속연수)에 의해 한도를 계산한다.
    - 총급여(임원상여금한도초과액·비과세 제외) : 24,000,000+(10,000,000-2,000,000)=32,000,000
    - 근속연수(1월 미만 절사) : $3\frac{9}{12}$ 년
    - 임원퇴직금한도액 : $32,000,000 \times 10\% \times 3\frac{9}{12} = 12,000,000$
    - 임원퇴직금한도초과액 : 손금불산입 15,000,000-12,000,000=3,000,000(상여)

| 신유형기출문제 | 업무무관경비 일반사항 | 난이도 ★ ★ ☆ | 정답 ④ |

다음 중 법인세법상 업무무관경비 관련 손금불산입항목에 관한 설명으로 가장 올바르지 않은 것은?

① 업무무관경비 관련 손금불산입항목의 범위에는 업무무관부동산 및 업무무관자산의 취득과 관리에 따른 비용, 유지비, 수선비와 이에 관련있는 비용이 포함된다.

② 출자자(소액주주 제외)나 출연자인 임원 또는 그 친족이 사용하고 있는 사택의 유지비, 사용료 및 이에 관련되는 지출금은 업무무관경비에 속한다.

③ 업무무관부동산 및 업무무관자산을 취득하기 위한 자금의 차입과 관련있는 비용 또한 업무무관경비에 포함된다.

④ 업무무관자산의 취득에 따른 취득세 등은 취득부대비용으로 인정하지 아니하므로 자산의 취득가액에 산입하지 아니한다.

해설

• 업무무관자산이라도 취득에 따른 취득세 등은 취득부대비용이므로 자산의 취득가액에 산입한다.
 →만약, 회사가 업무무관자산 취득세 등을 비용계상한 경우 손금불산입(유보)로 세무조정한다.

ⓘ 관련이론 업무무관경비 손금불산입 항목

업무무관자산 취득·관리비용	• 업무무관부동산 및 업무무관자산을 취득·관리함으로써 생기는 비용·유지비·수선비 및 이와 관련되는 비용
타인사용 장소 등의 비용	• 법인이 직접 사용하지 않고 다른 사람(비출자임원과 소액주주임원 및 직원은 제외)이 주로 사용하고 있는 장소·건축물·물건 등의 유지비·관리비·사용료와 이와 관련되는 지출금
사택관련 비용	• 주주 등(소액주주 제외)이거나 출연자인 임원 또는 그 친족이 사용하고 있는 사택의 유지비·관리비·사용료와 이와 관련되는 지출금
업무무관자산 차입비용	• 업무무관부동산 및 업무무관자산을 취득하기 위한 자금의 차입과 관련되는 비용
뇌물	• 뇌물(외국공무원에 대한 뇌물 포함)에 해당하는 금전과 금전 이외의 자산 및 경제적 이익의 합계액
노조전임자 급여	• 노동조합 및 노동관계조정법을 위반하여 노조전임자에게 지급하는 급여 **참고** 노동조합 및 노동관계조정법에서는 노조전임자(=노동조합 업무에만 종사하는 자)는 사용자로부터 어떠한 급여도 지급받아서는 안된다고 규정하고 있는데, 이 규정에도 불구하고 노조전임자에게 지급하는 급여는 위법비용이므로 업무무관비용으로 손금불산입함.

ⓘ 관련이론 업무무관자산의 단계별 세무조정

구분	세법상 처리방법	세무조정
취득단계	• 업무무관자산이라도 취득세 등은 취득부대비용이므로 자산의 취득가액에 가산함.	[손금불산입] 취득세 등 (유보)
보유단계	• 업무무관 자산에 대한 감가상각비·유지비·수선비·관리비·재산세 등은 업무무관자산의 유지비용이므로 손금불산입함.	[손금불산입] 수선비·관리비·재산세(기타사외유출) [손금불산입] 감가상각비(유보)
처분단계	• 법인의 순자산을 감소시키므로 그 자산의 장부가액을 손금에 산입함.	[손금산입] 업무무관자산(△유보)

| 신유형기출문제 | 조세공과금의 손금 인정여부 | 난이도 | ★ ★ ★ | 정답 | ④ |

다음의 조세공과금 중 손금으로 인정되는 것으로 가장 옳은 것은?

① 법인세 및 법인지방소득세
② 징벌적 목적의 손해배상금
③ 비사업용토지에 대한 재산세
④ 부가가치세법에 따라 공제되지 않는 매입세액(의무불이행이나 사업과 관련 없는 경우에 해당하지 않음)

해설

• ① 법인세(지방소득세)는 조세 중 대표적인 손금불산입항목이다.
  ② 법소정 징벌적 목적의 손해배상금은 손금불산입항목이다.
  ③ 재산세는 손금산입항목에 해당하나, 업무무관부동산(비사업용토지)에 대한 재산세는 손금불산입항목이다.
  ④ 부가가치세법에 따른 일반적인 불공제매입세액은 손금산입항목에 해당한다.(단, 의무불이행이나 사업과 관련 없는 경우 매입세액은 손금불산입항목이다.)

ⓘ 관련이론 조세·공과금 중 손금산입 및 손금불산입항목

손금산입	• 재산세, 종합부동산세, 지체상금, 연체금, 연체이자, 연체료, 연체가산금 🔎주의 업무무관부동산 재산세·종합부동산세 : 손금불산입항목
손금불산입	• 법인세(지방소득세, 농어촌특별세), 가산세, 가산금, 강제징수비, 벌금, 과태료, 임의출연금, 폐수배출부담금, 징벌목적 손해배상금, VAT매입세액 🔎주의 부가가치세법상 불공제매입세액의 손금 인정여부 　　　㉠ 일반적인 경우(비영업용소형승용차·기업업무추진비·면세사업·토지 관련) : 손금산입 　　　㉡ 의무불이행(세금계산서관련·사업자등록신청전 매입세액), 사업무관매입세액 : 손금불산입

| 신유형기출문제 | 조세 및 환급금·환급금이자 세무조정 | 난이도 | ★ ★ ☆ | 정답 | ③ |

다음 자료를 바탕으로 ㈜삼일이 제20기에 수행하여야 하는 세무조정으로 가장 옳은 것은?

(1) ㈜삼일은 제19기에 업무용 건물의 재산세 200만원을 현금으로 납부하였고 다음과 같이 회계처리하였다.
  - (차) 세금과공과(재산세) 2,000,000원 (대) 현금 2,000,000원
(2) 제20기에 재산세 과오납 사유가 발생하여 100만원의 재산세 환급금과 10만원의 과오납급의 환급가산금을 지급받았고 다음과 같이 회계처리하였다.
  - (차) 현금 1,100,000원 (대) 잡이익 1,100,00원

① (익금산입) 100,000원　　　　　　　　② (익금산입) 1,100,000원
③ (익금불산입) 100,000원　　　　　　　④ (익금불산입) 1,100,00원

해설

• 제19기
　재산세는 손금산입항목이다. 회사가 세금과공과로 비용처리했으므로 세무조정은 없다.
• 제20기
　㉠ 전기분 재산세 환급액은 재산세가 손금산입항목이므로 환급액은 반대로 익금산입항목이다. 회사가 잡이익으로 수익처리했으므로 세무조정은 없다.

환입(환급)액	손금산입 되었던 경우(예 재산세)	• 환입(환급)시 익금산입
	손금불산입 되었던 경우(예 법인세)	• 환입(환급)시 익금불산입

　㉡ 국세·지방세의 환급금에 대한 이자는 국세·지방세의 환급액 자체가 익금에 해당하는지의 여부에 관계없이 무조건 익금불산입항목이다.(∵국가 등이 초과징수한 것에 대한 보상의 일종이므로) 회사가 잡이익으로 수익처리했으므로 세무조정을 한다.
　→[세무조정] 익금불산입 100,000(기타)

★ **저자주** 환급금이자의 세법상 용어는 국세이면 '환급가산금', 지방세이면 '환부이자'가 되겠습니다. 따라서, 재산세는 지방세이므로 문제 자료 (2)의 '환급가산금'을 '환부이자'로 수정바랍니다.

| 신유형기출문제 | 손익귀속사업연도 일반원칙 | 난이도 ★ ★ ☆ | 정답 ④ |

다음 중 법인세법상 손익귀속사업연도의 일반원칙으로 가장 올바르지 않은 것은?

① 기업회계에서 발생주의 및 실현주의를 채택하고 있는 것에 반해, 법인세법에서는 권리의무확정주의를 채택하고 있다.
② 위탁매매에 있어서의 판매손익 귀속시기는 수탁자가 위탁 재화를 판매한 시점이다.
③ 건설업의 수익·비용 귀속시기는 진행기준이 원칙이나 중소기업인 법인이 수행하는 계약기간 1년 미만의 건설의 경우에는 그 건설 목적물의 인도일이 속하는 사업연도로 할 수 있다.
④ 일반법인에 대한 지급이자의 비용 귀속시기는 기간경과분을 비용으로 계상한 경우에도 불구하고 실제로 지급한 날 또는 지급하기로 한 날이 속하는 사업연도이다.

해설

- ① 권리의무확정주의 : 법인세법은 각 사업연도의 익금·손금의 귀속사업연도는 그 익금·손금이 확정된 날이 속하는 사업연도로 한다. 즉, 원칙적으로 익금은 권리가 확정된 시점에 귀속되고 손금은 의무가 확정된 시점에 귀속된다.
  →권리의무확정주의는 회계상의 발생주의(수익은 실현주의, 비용은 수익·비용대응원칙)에 대응하는 개념으로서 회계상의 발생주의 및 실현주의가 기업의 경제활동을 파악하고 성과를 측정하기 위한 회계기술적 측면에서 생긴 것이며 회계담당자의 주관이 개입될 위험이 많은데 반해 권리의무확정주의는 어떠한 시점에서 익금과 손금을 확실히 인식할 수 있을 것인가를 법률적 측면에서 포착하기 위한 것이다.
- ② 위탁판매란 상품 등의 판매를 타인에게 위탁하고 수수료를 지급하는 판매형태이므로 위탁자가 수탁자에게 상품 등을 적송한 것은 아직 인도하였다고 볼 수 없다. 따라서 위탁자의 입장에서는 위탁매매인, 즉 수탁자가 상품 등을 판매한 날에 손익을 인식하여야 할 것이며, 이 점에 대하여는 기업회계나 세법에서 동일하게 규정하고 있다.
- ③ 건설업(용역제공)의 익금(수익)·손금(비용) 귀속시기는 진행기준이 원칙이다. 다만, 다음 중 어느 하나에 해당하는 경우에는 그 목적물의 인도일이 속하는 사업연도의 익금과 손금에 산입할 수 있다.
  ㉠ 중소기업인 법인이 수행하는 계약기간이 1년 미만인 건설 등의 경우
  →이는 중소기업이 단기건설 등을 기업회계의 진행기준에 따라 결산서에 수익과 비용으로 회계처리한 경우에도 인도기준으로 신고조정할 수 있다는 것이다.
  ㉡ 기업회계기준에 따라 그 목적물의 인도일이 속하는 사업연도의 수익과 비용으로 계상한 경우
  →기업회계기준에서 분양공사 등의 예약매출은 인도기준으로 분양수익과 분양원가를 인식해야 하는데, 이처럼 기업회계기준에 따라 인도기준으로 수익과 비용을 계상한 경우에는 법인세법에서도 인도기준을 적용하여 익금과 손금을 인식할 수 있다.
- ④ 이자비용(지급이자)은 소득세법에 따른 이자소득의 수입시기가 속하는 사업연도의 손금으로 한다.(실제로 지급한 날 또는 지급하기로 한 날) 다만, 결산을 확정할 때 이미 경과한 기간에 대응하는 이자(=미지급이자)를 해당 사업연도의 손비로 계상한 경우에는 그 계상한 사업연도의 손금으로 한다.

ⓘ 관련이론 이자소득·이자비용·배당수익·임대료수익의 손익귀속

이자수익	• 원칙 : 소득세법에 따른 이자소득의 수입시기(실제로 받은 날 또는 받기로 한 날) 　→현금주의 또는 권리확정주의 　　보론 금융·보험업 : 현금주의(실제로 수입한 날)에 의하되, 선수입이자는 제외함. • 특례 : 기간경과분(미수이자)을 수익계상시 원천징수되지 않는 이자수익(예 국외이자)에 한하여 인정 　　보론 금융·보험업 : 기간경과분을 수익계상시 원천징수되지 않는 이자수익(대부분임)에 한하여 인정
이자비용	• 원칙 : 소득세법에 따른 이자소득의 수입시기(실제로 지급한 날 또는 지급하기로 한 날) 　→현금주의 또는 지급의무확정주의 • 특례 : 기간경과분(미지급이자)을 비용계상시 이를 인정〈발생주의 수용〉 　☞주의 이자비용은 이자수익의 경우와는 달리 발생주의에 따른 회계처리가 제한없이 허용됨.
배당소득	• 소득세법에 따른 배당소득의 수입시기(실제로 받은 날, 잉여금처분결의일 등)
금융·보험업 수입보험료	• 원칙 : 현금주의(실제로 수입한 날)에 의하되, 선수입보험료는 제외함. • 특례 : 기간경과분(미수보험료)을 수익계상시 이를 인정
임대료수익	• 원칙 : 지급일(지급약정일) →단, 계약에 지급일이 정해지지 않은 경우는 실제 지급받은 날 • 특례 : ㉠ 기간경과분(미수임대료)을 회계기준에 따라 수익계상시 이를 인정〈발생주의 수용〉 　　　　 ㉡ 임대료지급기간이 1년을 초과(예 2년치를 2년후 일시지급시 임대료지급기간은 2년)하는 경우 기간경과분(미수임대료)을 수익으로 인식〈발생주의 강제〉 　　　　　→즉, 1년 초과시 회사 계상여부에 관계없이 미수임대료를 무조건 익금산입함.

*참고 금융·보험업의 위 이자수익·수입보험료의 귀속시기(현금주의)에도 불구하고, 보험회사가 보험계약과 관련하여 수입하거나 지급하는 이자·할인액 및 보험료 등으로서 보험업법에 따른 책임준비금 산출에 반영되는 항목은 보험감독회계기준에 따라 수익·손비로 계상한 사업연도의 익금·손금으로 함.〈발생주의 수용〉

| 신유형기출문제 | 장기할부판매 손익의 귀속 | 난이도 ★ ☆ ☆ | 정답 ① |

다음 법인세법상 손익귀속에 대한 설명으로 가장 올바르지 않은 것은?

① 장기할부판매손익은 실제 현금이 회수되는 기간에 인식하는 것이 원칙이다.
② 장기할부조건의 경우 인도한 사업연도에 채권의 현재가치평가금액을 익금으로 할 수 있다.
③ 단기용역제공계약의 경우 작업진행률을 기준으로 하여 계산한 수익과 비용을 각 사업연도 익금과 손금에 산입한다.
④ 장기할부판매의 경우 회수하였거나 회수할 금액과 이에 대응하는 비용을 익금과 손금으로 회계처리한 경우 이를 인정한다.

해설

• 장기할부판매에 대하여는 명목가치인도기준, 현재가치인도기준, 회수기일도래기준이 인정된다.
→현금회수기준은 인정되지 아니한다.

ⓘ 관련이론 장기할부판매 손익의 귀속

장기할부판매 요건	• 자산의 판매·양도로서 다음의 요건을 모두 갖춘 것을 말함. ⓐ 판매금액·수입금액을 월부·연부 기타의 지불방법에 따라 2회 이상으로 분할하여 수입 ⓑ 인도일의 다음 날부터 최종할부금의 지급일까지의 기간이 1년 이상
원칙 명목가치인도기준	• 자산판매·양도의 일반원칙에 따라 인도기준에 의해 손익을 인식하도록 규정함. **명목가치인도기준 회계처리(1차연도)** (차) 장기매출채권　6,000,000　(대) **매출**　6,000,000 (차) 현금(회수액)　2,000,000　(대) 장기매출채권　2,000,000
특례 현재가치인도기준	• 회계기준에 따른 현재가치평가액과 현재가치할인차금(유효이자율법)을 익금에 산입가능 **현재가치인도기준 회계처리(1차연도)** (차) 장기매출채권　6,000,000　(대) **매출**　4,973,800 　　　　　　　　　　　　　　　현재가치할인차금　1,026,200 (차) 현금(회수액)　2,000,000　(대) 장기매출채권　2,000,000 (차) 현재가치할인차금(상각액)　497,380　(대) **이자수익**　497,380
특례 회수기일도래기준 (=회수약정일기준)	• 장부상 회수하였거나 회수할 금액과 이에 대응하는 비용을 각각 익금(수익)과 손금(비용)으로 회계처리한 경우에는 이를 인정함. **참고** '회수하였거나 회수할 금액'의 의미 ☐ '회수하였거나 회수할 금액'이란 회수기일이 도래한 금액을 의미한다. 즉, 회수한 금액은 회수기일이 도래한 금액 중 실제로 회수한 금액을 가리키며, 회수할 금액은 회수기일이 도래하였으나 기말 현재 아직 회수하지 못한 금액을 가리키는 것이다.(따라서, 미회수분은 포함하되 선회수분은 포함하지 않음) **보론** 중소기업은 인도기준으로 인식시에도 회수기일도래기준으로 신고조정할 수 있음.

| 신유형기출문제 | 이자수익의 손익귀속 | 난이도 ★ ★ ★ | 정답 ② |

제조업을 영위하는 ㈜삼일은 제21기 사업연도(20x1년 1월 1일~12월 31일) 7월 1일에 1년 만기 정기적금(이자는 만기 수령조건)에 가입하였다. 당해 적금의 만기시 이자수령액은 12,000,000원이고, 회사는 제21기 기말 결산시 손익계산서에 기간경과분 이자수익을 계상하였다. 이러한 회계처리에 대한 회사의 제22기 사업연도의 세무조정으로 옳은 것은(단, 정기적금 이자는 원천징수 대상에 해당한다)?

① 세무조정 없음
② (익금산입) 이자수익 6,000,000원(유보)
③ (익금불산입) 이자수익 6,000,000원(△유보)
④ (익금산입) 이자수익 12,000,000원(유보)

해설

• 제21기 세무조정〈원천징수대상은 기간경과분 이자수익을 인정하지 않음.〉

회사	세법
(차) 미수이자 6,000,000 (대) 이자수익 6,000,000	-

→[세무조정] 익금불산입 6,000,000(△유보)

• 제22기 세무조정〈제21기 △유보를 반대 세무조정으로 유보추인한다.〉

회사	세법
(차) 현금 12,000,000 (대) 미수이자 6,000,000 이자수익 6,000,000	(차) 현금 12,000,000 (대) 이자수익 12,000,000

→[세무조정] 익금산입 6,000,000(유보)

참고 if, 원천징수대상이 아닌 경우는 기간경과분 이자수익을 인정하므로 제21기와 제22기에 세무조정은 없다.

| 신유형기출문제 | 세무조정의 적정성 여부 | 난이도 | ★ ★ ★ | 정답 | ② |

다음은 ㈜삼일(금융업을 영위함)의 세무조정 과정에서 작성된 소득금액조정합계표 양식과 세무조정 근거를 서술한 것이다. 세무조정을 수행한 다음 항목 중 법인세법상 가장 올바르지 않은 것은?

〈소득금액조정합계표〉

익금산입 및 손금불산입			손금산입 및 익금불산입		
과목	금액	소득처분	과목	금액	소득처분
임원상여금한도초과	1,500,000원	상여	미수이자	1,000,000원	유보
외화환산손실	500,000원	유보	법인세환급액	400,000원	기타
합계	1,500,000원			1,400,000원	

〈세무조정 근거〉

ㄱ) 임원상여금한도초과
   –임원에게 특별한 사유없이 급여지급기준에 의한 상여금을 초과하여 지급한 금액을 손금불산입하였다.
ㄴ) 외화환산손실
   –외화매출채권을 기준환율로 평가하여 계상한 외화환산손실은 세무상 손금이 아니므로 이를 손금불산입하였다.
ㄷ) 미수이자
   –국내은행에 가입한 정기예금으로부터 발생한 기간경과분 미수이자 해당액을 익금불산입하였다.
ㄹ) 법인세환급액
   –작년에 납부한 법인세에 대한 당기 환급액을 회계상 수익으로 인식하여 이를 익금불산입하였다.

① 임원상여금한도초과　　② 외화환산손실　　③ 미수이자　　④ 법인세환급액

해설

- ㄱ) 임원상여금한도초과
  직원상여금은 전액 손금으로 인정하나, 임원상여금은 한도초과액을 손금으로 인정하지 아니한다.
  →∴손금불산입하고 상여로 소득처분한다.
- ㄴ) 외화환산손실
  ㈜삼일이 금융회사이므로 화폐성외화자산·부채는 사업연도종료일 현재의 매매기준율(=기준환율) 등에 의해 평가하며 외화환산손익은 익금·손금으로 인정한다.
  →∴세무조정은 없다.
- ㄷ) 미수이자
  기간경과분(미수이자)을 수익계상시 원천징수되지 않는 이자수익(예 국외이자)에 한하여 익금으로 인정한다.
  →∴원천징수대상인 국내은행 정기예금이자에 대해 인식한 미수이자는 익금불산입하고 △유보로 소득처분한다.
- ㄹ) 법인세환급액
  전기분 법인세 환급액은 법인세가 손금불산입항목이므로 환급액은 반대로 익금불산입항목이다.
  →∴수익으로 계상하였으므로 익금불산입하고 기타로 소득처분한다.

ⓘ 관련이론 외화환산손익과 외환차손익[화폐성외화자산·부채]

외화환산손익	일반법인	• 거래일환율평가방법(취득일·발생일 현재의 매매기준율 등으로 평가)과 마감환율평가방법(사업연도종료일 현재의 매매기준율 등으로 평가) 중 신고해야 함. 　→단, 최초로 마감환율평가방법을 신고하여 적용하기 이전에는 거래일환율평가방법을 적용해야함. **참고** 매매기준율=기준환율=시장평균환율 • 마감환율평가방법을 신고한 경우에만 평가손익(환산손익)을 익금·손금으로 인정함. 　→신고한 평가방법은 그 후의 사업연도에도 계속하여 적용해야 함. 다만, 신고한 평가방법을 적용한 사업연도를 포함하여 5개 사업연도가 지난 후에는 다른 방법으로 신고를 하여 변경된 평가방법을 적용할 수 있음.
	금융회사	• 사업연도종료일 현재의 매매기준율 등에 의해 평가함.
외환차손익		• 내국법인이 회수하거나 상환하는 외화채권·채무의 원화금액과 원화기장액의 차익·차손은 당해 사업연도의 익금·손금에 산입함. 　→즉, 일반법인·금융회사 모두 사업연도종료일 현재의 매매기준율 등에 의해 평가함.

| 신유형기출문제 | 재고자산·유가증권 평가 | 난이도 ★ ★ ☆ | 정답 ① |

다음 중 법인세법상 재고자산 및 유가증권의 평가방법에 관한 설명으로 가장 올바르지 않은 것은?

① 법인이 보유한 주식의 평가는 선입선출법, 총평균법, 이동평균법 중 법인이 납세지 관할 세무서장에게 신고한 방법에 의한다.

② 법인의 재고자산평가는 원가법과 저가법 중 법인이 납세지 관할세무서장에게 신고한 방법에 의한다.

③ 법인의 재고자산평가는 자산과목별로 구분하여 종류별·영업장별로 각각 다른 방법으로 평가할 수 있다.

④ 법인이 재고자산평가와 관련하여 신고한 평가방법 이외의 방법으로 평가한 경우에는 무신고 시의 평가방법과 당초에 신고한 방법 중 평가가액이 큰 평가방법에 의한다.

해설

• ① 법인이 보유한 유가증권의 평가는 원가법에 의하며 구체적으로 다음과 같은 방법으로 평가한다.
  ㉠ 채권인 경우 : 개별법, 총평균법, 이동평균법
  ㉡ 채권 외의 유가증권(주식)인 경우 : 총평균법, 이동평균법
      →∴선입선출법은 유가증권(채권/주식) 평가방법으로 인정되지 않는다.

② 재고자산평가는 원가법(개별법, 선입선출법, 후입선출법, 총평균법, 이동평균법, 매출가격환원법)과 저가법 중 선택하여 신고한 방법에 의한다.
    →◐주의 따라서, 회계기준에 의해 저가법평가손실을 계상하였더라도 세법상 원가법을 채택한 경우라면 평가손실을 손금으로 인정하지 않는다.

③ 재고자산평가는 호별(자산과목별)로 구분하여 종류별·영업장별로 각각 다른 방법으로 평가할 수 있다.
    →호별 : 〈제1호〉 제품·상품 〈제2호〉 반제품·재공품 〈제3호〉 원재료 〈제4호〉 저장품

예시 재고자산평가방법의 적용

㉠ 호별(자산과목별)	㉡ 종류별	㉢ 영업장별
〈제1호〉 제 품 : 선입선출법	제품 $\begin{cases} A제품 : 선입선출법 \\ B제품 : 총평균법 \end{cases}$	A제품 $\begin{cases} 갑공장 : 선입선출법 \\ 을공장 : 이동평균법 \end{cases}$
〈제3호〉 원재료 : 개 별 법		

④ 무신고와 임의변경(신고한 평가방법 이외의 방법으로 평가)시 평가

구분	무신고시	임의변경시
재고자산	선입선출법	$Max \begin{cases} 무신고시 평가방법에 의한 가액 \\ 당초신고방법에 의한 가액 \end{cases}$
유가증권	총평균법	
재고자산 중 매매목적용 부동산	개별법	

| 신유형기출문제 | 재고자산평가(임의변경/착오계상) | 난이도 | ★ ★ ★ | 정답 | ③ |

다음 자료에 의하여 제조업을 영위하는 ㈜상일의 제20기(20x1년 1월 1일~12월 31일) 세법에 따른 재고자산평가액으로 옳은 것은?

ㄱ. 회사는 제20기 10월 20일에 제품의 평가방법을 총평균법에서 이동평균법으로 변경신고하고, 실제로 장부에 이동평균법에 따른 평가액을 기록하였다.
ㄴ. 저장품은 신고한 평가방법인 총평균법으로 평가하였으나, 계산 실수로 500,000원을 과소계상하였다.
ㄷ. 제20기 재고자산에 대한 총평균법, 이동평균법, 선입선출법에 따른 평가액은 다음과 같다.

구분	총평균법	이동평균법	선입선출법
제품	19,000,000원	18,000,000원	20,000,000원
저장품	8,000,000원	6,800,000원	8,800,000원

① 26,500,000원　　② 27,000,000원　　③ 28,000,000원　　④ 28,500,000원

해설

- 임의변경 사유
  ㉠ 당초 신고한 평가방법 외의 방법으로 평가한 경우
  ㉡ 변경신고기한 후에 변경신고하고 변경신고한 방법으로 평가한 경우
- 제 품 : 변경신고기한(제20기 9월 30일) 후에 변경신고하였으므로 세법상 제20기는 그대로 총평균법, 제21기부터 이동평균법이 적용된다. 한편, 회사는 변경신고 후에 변경신고한 방법인 이동평균법을 적용하였으므로 임의변경에 해당한다.

회사 평가액	• 이동평균법 18,000,000
세법 평가액	• Max[㉠ 총평균법 : 19,000,000 ㉡ 선입선출법 : 20,000,000] = **20,000,000**

　　참고 [세무조정] 손금불산입 재고자산평가감(기말과소=매출원가과대) 2,000,000(유보)
- 저장품 : 당초 신고방법에 의한 계산착오는 임의변경으로 보지 아니하며 그 차액만을 세무조정한다.

회사 평가액	• 총평균법 8,000,000 - 500,000 = 7,500,000
세법 평가액	• 총평균법 **8,000,000**

　　참고 [세무조정] 손금불산입 재고자산평가감(기말과소=매출원가과대) 500,000(유보)
∴세법에 따른 재고자산평가액 : 20,000,000(제품) + 8,000,000(저장품) = 28,000,000

ⓘ 관련이론 재고자산·유가증권 평가

평가방법 신고	신고기한	• 설립일·수익사업개시일이 속하는 사업연도의 과세표준 신고기한 내 →예 20x1.1.1에 설립시 20x2.3.31까지 신고 **참고** 기한 경과후 신고시는 그 신고일이 속하는 사업연도까지는 무신고의 평가방법에 따르고 그 다음 사업연도부터 신고한 평가방법에 의함. →예 20x1년초 설립. 20x3.3.31 총평균법 최초신고시 20x3년까지는 무신고로 보아 선입선출법으로 평가하고 20x4년부터 총평균법으로 평가
	변경신고	• 적용하고자 하는 사업연도의 종료일 이전 3월이 되는 날까지〈승인·요건 불요〉 →예 20x1년에 적용하고자 할 때 20x1.9.30까지 신고 🔎주의 기한 경과후 신고시는 당기는 신고가 없는 것으로 보며 차기부터 적용함. 따라서, 기한 경과후 신고한 방법으로 평가시는 임의변경에 해당함.

무신고·임의변경 평가	구분	무신고시 평가방법	임의변경시 평가방법
	재고자산	선입선출법	Max { 당초 신고방법에 의한 가액 무신고시 평가방법에 의한 가액 }
	유가증권	총평균법	
	매매목적용 부동산	개별법	

🔎주의 당초 신고방법에 의한 계산착오 : 임의변경이 아니며 그 차액만을 세무조정함.

법인세법상 감가상각의 특징 난이도 ★ ★ ☆ 정답 ①

다음 중 법인세법상 감가상각의 특징에 관한 설명으로 가장 올바르지 않은 것은?

① 과대상각과 과소상각 모두 허용되지 않는다.
② 법인이 각 사업연도에 감가상각자산에 대한 감가상각을 할 것인가의 여부는 법인의 내부의사결정에 의한다.
③ 내용연수를 법정화하여 추정을 배제한다.
④ 감가상각 방법으로 정액법·정률법·생산량비례법을 허용한다.

해설

- 법인세법상 감가상각은 과소상각은 허용되나, 과대상각은 허용되지 않는다.
  → 법인이 각 사업연도에 감가상각자산에 대한 감가상각을 할 것인가의 여부는 법인의 내부의사결정에 의하며('임의상각제도'), 법인이 감가상각비를 손금에 계상하더라도 동 손금이 모두 용인되는 것이 아니라 법에서 정한 감가상각비의 한도액을 초과하여 계상한 금액은 손금불산입된다.

ⓘ 관련이론 회계상 감가상각과의 비교사항

	회계	세법
잔존가액	• 추정잔존가액	• 원칙 : 0(영)
내용연수	• 경제적내용연수	• 법정화하여 추정을 배제
감가상각방법	• 정액법, 정률법, 생산량비례법 기타 합리적인 방법	• 정액법, 정률법, 생산량비례법
감가상각용인	• 과소상각 불허, 과대상각 불허	• 과소상각 허용, 과대상각 불허

| 신유형기출문제 | 감가상각범위액 결정요소 | 난이도 | ★ ★ ☆ | 정답 | ① |

다음 중 법인세법상 감가상각범위액의 결정요소에 관한 설명으로 가장 올바르지 않은 것은?

① 감가상각자산의 내용연수는 법인세법시행규칙 〈별표〉에서 자산별·업종별로 규정하고 있는 기준내용연수를 일괄적으로 적용한다.

② 세법은 유형·무형자산의 구분없이 잔존가액을 0(영)으로 하고 있다.

③ 사업의 폐지로 임대차계약에 따라 임차한 사업장의 원상회복을 위하여 시설물을 철거하는 경우 당해 자산의 장부가액에서 1천원을 공제한 금액을 폐기일이 속하는 사업연도의 손금에 산입할 수 있다.

④ 감가상각자산의 취득가액은 취득당시의 자산가액과 법인이 자산을 취득하여 법인 고유의 목적사업에 사용할 때까지의 제반비용을 포함하며, 건설자금이자도 포함한다.

해설

• ① 감가상각자산의 내용연수는 원칙적으로 신고내용연수를 우선적으로 적용하며, 내용연수를 신고하지 않은 경우 법인세법시행규칙의 〈별표〉에서 자산별·업종별로 규정하고 있는 기준내용연수를 적용한다.

기준내용연수		• 감가상각자산의 내용연수는 법인세법시행규칙의 〈별표〉에서 자산별·업종별로 내용연수를 세분하여 자세히 규정하고 있으며, 이를 기준내용연수라 함.
신고내용연수	선택신고	• 기준내용연수 상하 25% 범위(='내용연수범위') 내에서 선택하여 신고 →예 기준내용연수가 8년인 경우 : 6년 ~ 10년 사이에서 선택하여 신고 ♀주의 무신고시는 기준내용연수를 적용(적용한 신고·기준내용연수는 이후 계속적용)
	적용배제	• 시험연구용자산과 무형자산(개발비,사용수익기부자산 제외)은 기준내용연수만 적용함.

② 유형·무형자산의 구분없이 잔존가액을 0(영)으로 하고 있다.(다만, 정률법상각시 잔존가액특례를 규정하고 있다.)

원칙	• 유형·무형자산의 구분없이 잔존가액은 0(영)으로 함.
정률법상각시 잔존가액특례	• 취득가액의 5%를 잔존가액으로 한 상각률을 적용하여 상각범위액을 계산하되, 미상각잔액이 최초로 취득가액의 5% 이하가 되는 사업연도에 미상각잔액을 상각범위액에 가산하여 시부인함.

③ 다음 중 어느 하나에 해당하는 경우에는 해당 자산의 장부가액에서 1천원(비망가액)을 공제한 금액을 폐기일이 속하는 사업연도의 손금에 산입할 수 있다.

  □ 시설의 개체 또는 기술의 낙후로 인하여 생산설비의 일부를 폐기한 경우
  □ 사업의 폐지로 또는 사업장의 이전으로 임대차계약에 따라 임차한 사업장의 원상회복을 위하여 시설물을 철거하는 경우

④ 감가상각자산의 취득가액은 취득당시의 자산가액과 법인이 자산을 취득하여 법인 고유의 목적사업에 직접 사용할 때까지의 제반비용을 포함한다. 즉, 자산이 고유기능을 발휘할 수 있는 시점까지 투입된 비용은 자본화하는 것이며, 이에는 건설자금이자도 포함한다.

신유형기출문제	기부금의제 고가매입	난이도 ★ ★ ★	정답 ②

㈜삼일은 특수관계인이 아닌 다른 법인으로부터 사업용 토지를 15억원(시가 10억원)에 매입하였다. 다음 중 당해 토지매입거래에 관한 설명으로 가장 옳은 것은?

① 토지의 세무상 취득가액은 실제로 지급한 15억원이다.
② 의제기부금은 2억원이며, 이에 대하여는 별도의 세무조정을 하여야 한다.
③ 시가를 초과하여 지급한 대가에 해당하는 5억원을 손금불산입하여야 한다.
④ 세무조정이 불필요하다.

해설

- 특수관계없는 자(다른 법인)로부터의 고가매입에 해당하므로, 매입가액과 정상가액의 차액은 기부금으로 본다.
- 고가매입 의제기부금 : 매입가액(15억원) - 정상가액(10억원×130%=13억원) = 2억원
- 세무조정(건물의 장부가액을 50억원으로 가정)

회사				세법			
(차) 토지	15억원	(대) 현금	15억원	(차) 토지	13억원	(대) 현금	15억원
				기부금	2억원		

㉠ 손금산입 기부금 2억원(△유보)
㉡ 위 세무조정으로 손금산입한 기부금이 어떤 기부금인가에 따라 추가적 세무조정을 한다.
　ⅰ) 특례기부금이나 일반기부금인 경우 : 추가적인 세무조정없이 기부금 한도계산으로 이행한다.
　ⅱ) 비지정기부금인 경우 : 추가적인 세무조정을 한다.(손금불산입 비지정기부금 2억원)
　　→비지정기부금은 손금불산입하고 기부받은 자의 구분에 따라 다음과 같이 소득처분한다.(기본통칙)

주주·출자자(출자임원 제외)	• 배당
임원·직원	• 상여
그 외의 자	• 기타사외유출

* **저자주** 만약, 매입가액이 13억원이라면 정상가액(10억 ×130%=13억원)과 동일하므로 세무조정은 없습니다.
- ① 토지의 세무상 취득가액은 실제로 지급한 15억원에서 의제기부금 2억원을 차감한 13억원이다.
　② 의제기부금은 2억원이며, 이에 대하여는 별도의 세무조정[손금산입 기부금 2억원(△유보)]을 하여야 한다.
　③ 시가를 초과하여 지급한 대가에 해당하는 5억원을 손금불산입하는 것이 아니다.
　④ 세무조정이 필요하다.

ℹ 관련이론 기부금의제와 부당행위계산부인 비교

특수관계 X (기부금의제)	• ㉠ 고가매입 : (매입가액 - 정상가액) →정상가액 = 시가×130% • ㉡ 저가양도 : (정상가액 - 양도가액) →정상가액 = 시가×70%	정상가액과 비교
특수관계 O (부당행위계산부인)	• ㉠ 고가매입 : (매입가액 - 시가) • ㉡ 저가양도 : (시가 - 양도가액)	시가와 비교

| 신유형기출문제 | 퇴직연금충당금 일반사항 | 난이도 | ★ ★ ★ | 정답 | ① |

다음 중 퇴직연금충당금에 관한 설명으로 가장 올바르지 않은 것은?

① 확정기여형 퇴직연금에 가입한 경우 일정 한도액의 범위 내에서 퇴직연금충당금을 손금산입한다.

② 퇴직급여추계액은 퇴직연금충당금 손금한도액에 영향을 미친다.

③ 퇴직연금충당금은 신고조정사항이므로 이를 결산시 비용으로 계상하지 않았더라도 세무상 손금산입 한도액까지는 신고조정에 의해 손금산입할 수 있다.

④ 퇴직연금운용자산 당기말 잔액이 0원인 경우에는 확정급여형 퇴직연금충당금 설정한도액이 0원이 된다.

해설

• 확정기여형 퇴직연금에 가입한 경우 법인이 부담한 기여금을 전액 손금에 산입하나, 확정급여형 퇴직연금에 가입한 경우에는 일정 한도액의 범위 내에서 손금산입한다.
  → ㉠ 확정기여형(DC : Defined Contribution) : 전액 손금인정
  　 ㉡ 확정급여형(DB : Defined Benefit) : 한도내 손금인정

ⓘ 관련이론 퇴직연금충당금[확정급여형 퇴직연금부담금의 손금산입]

신고조정사항	• 부담금을 한도(손금산입범위액)에 미달하여 비용계상시에도 신고조정으로 손금산입함. →세무조정 : 비용계상한 부담금 − 한도(손금산입범위액) ⇒ $\begin{cases}(+)이면, 손금불산입(유보)\\(-)이면, 손금산입(\triangle유보)\end{cases}$ **비교** 확정기여형 퇴직연금은 법인이 부담한 기여금을 전액 손금에 산입함.
한도 (손금산입범위액)	□ Min $\begin{cases}퇴직급여추계액 − 세무상기말퇴충잔액\\기말퇴직연금운용자산잔액\end{cases}$ (−) 세무상이월퇴연충잔액 🔍주의∴기말퇴직연금운용자산이 0원이면 (−)이므로 한도는 0원이 됨.

퇴직급여추계액	• Max[㉠ 일시퇴직기준 ㉡ 보험수리기준]
세무상기말퇴충잔액	• 기말F/P퇴충 − 기말부인액누계
기말퇴직연금운용자산잔액	• 기초잔액 − 기중감소액(기중수령) + 기중납입액
세무상이월퇴연충잔액	• 기초F/P퇴연충 − 기중감소액 − 부인액누계 + 신고조정손금산입액(△유보잔액)

| 신유형기출문제 | 대손충당금 설정대상채권 포함여부 | 난이도 ★ ☆ ☆ | 정답 ④ |

다음 중 법인세법상 대손충당금 설정대상 채권이 아닌 것은?

① 소비대차계약에 의하여 타인에게 대여한 금액
② 금전소비대차계약에 의하여 타인에게 대여한 금액
③ 상품의 판매가액의 미수액
④ 매각거래에 해당하는 배서양도어음

해설

• 매각거래에 해당하는 배서양도어음은 실질적으로 당해 법인의 채권이 아니므로 설정대상채권에 포함하지 않는다.
  → **참고** 소비대차계약 : 당사자의 일방[대주(貸主)]이 금전 기타 대체물의 소유권을 상대방[차주(借主)]에게 이전할 것을 약정하고 상대방은 이전받은 물건을 전량 소비한 뒤, 이후 동종·동질·동량의 물건으로 대신 갚을 것을 약정함으로써 성립하는 계약을 말한다.(예 돈이나 쌀 등을 빌려 소비하고, 나중에 다른 돈이나 쌀로 갚는 경우) 금전소비대차는 그 가운데 가장 대표적인 것이다. 한편, 차주(借主)가 빌린 물건 그 자체를 반환하지 않고 다른 동종·동질·동량의 것으로 반환하는 점에서 사용대차나 임대차와 구별된다.

ⓘ 관련이론 대손충당금 설정대상채권의 범위

설정대상채권 O	설정대상채권 X
㉠ 매출채권 : 상품판매가액·용역사업수입금액 미수액	㉠ 특수관계인에 대한 업무무관가지급금
㉡ 대여금 : 소비대차계약 대여액, 금전소비대차 대여액	㉡ 채무보증(보증채무의 대위변제)으로 인한 구상채권
㉢ 기타채권 : 어음상 채권(받을어음), 미수금	㉢ 매각거래에 해당하는 할인어음과 배서양도어음
참고 부도어음 등 결산조정대손사유를 충족한 채권이라도 결산상 대손처리하지 않은 경우에는 설정대상채권에 포함함.	㉣ 특수관계있는 자로부터 자산을 고가로 매입함으로써 매수법인에게 부당행위계산부인이 적용되는 경우 매도법인의 시가초과액 상당의 채권
	참고 ㉠,㉡,㉢ : 대손처리불가 채권
	㉣ : 대손처리가능 채권(즉, 대손처리시 인정)

| 신유형기출문제 | 부당행위계산부인 고가매입과 감가상각 | 난이도 ★ ★ ★ | 정답 ① |

다음 자료를 이용하여 제조업을 영위하는 ㈜삼일의 제7기 사업연도(20x1년 1월 1일~12월 31일) 각사업연도소득금액을 계산하면 얼마인가?

> (1) ㈜삼일은 제7기 사업연도 7월에 특수관계인(개인주주)으로부터 시가 1억원인 건물을 2억원에 매입하고 대가를 전액 지불하였다.
> (2) ㈜삼일은 건물의 취득가액을 장부상 2억원으로 계상하고, 신고내용연수(20년)에 따라 5,000,000원을 감가상각비로 계상하였다.
> (3) 결산서상 당기순이익은 50,000,000원이며, 위 자료 외의 다른 세무조정은 없는 것으로 가정한다.

① 52,500,000원   ② 65,000,000원   ③ 152,500,000원   ④ 155,000,000원

해설

• 특수관계인으로부터 시가를 초과하여 고가매입시 동 시가초과액은 이익의 분여로 인정되므로 익금산입하며 상여 등으로 소득처분하고 동시에 동액은 자산과대평가분에 해당하므로 손금산입(△유보)으로 소득처분한다.
• 고가매입 부당행위계산부인 대상 금액 : 매입가액(2억원) – 시가(1억원) = 1억원

회사			세법		
(차) 건물	2억원	(대)현금 2억원	(차) 건물(시가)	1억원	(대) 현금 2억원
			부당행위	1억원	

→ **참고** 부당행위계산부인 적용요건 : ㉠ 특수관계 ㉡ 조세부당감소 ㉢ 현저한이익(고가매입·저가양도시)
→현저한이익요건 추가검토 : (2억원 – 1억원)≧1억원×5% 또는 (거래가 – 시가)≧3억원

【1단계】 취득시	• [세무조정] 손금산입 1억원(△유보) : 자산감액 세무조정 　　　　　　 익금산입 1억원(배당) : 상쇄세무조정〈귀속이 개인주주〉
【2단계】 감가상각시	• 회사의 감가상각비 5,000,000 중 50%(=$\frac{1억원}{2억원}$)는 세법상 인정되는 감가상각비 자체가 아님. • [세무조정] 손금불산입 5,000,000×50% = 2,500,000(유보)
【3단계】 감가상각시부인	• 회사감가상각비 : 5,000,000 – 2,500,000(위 손금불산입액) = 2,500,000 　상각범위액 : (1억원÷20년)×$\frac{6}{12}$ = 2,500,000 • [세무조정] 없음

∴각사업연도소득금액 : 50,000,000 – 1억원(손금산입)+1억원(익금산입)+2,500,000(손금불산입) = 52,500,000

★ **저자주** 본 문제에서는 감가상각방법을 언급하고 있지 않습니다. 건물은 법인세법상 신고가능한 방법이 정액법이며 무신고시에도 정액법이기 때문입니다.(즉, 무조건 정액법이 적용됨)

| 신유형기출문제 | 최대분납가능금액과 분납기한 | 난이도 ★ ★ ★ | 정답 ② |

중소기업인 ㈜상일의 제21기(20x1년 1월 1일~12월 31일)사업연도의 법인세 납부세액은 30,000,000원이다. ㈜상일의 최대 분납가능금액과 분납기한을 가장 올바르게 연결한 것은[단, 국세기본법에 따른 기한 연장의 특례(기한이 공휴일, 토요일, 일요일 등인 경우 그 다음날)는 고려하지 않을 것]?

	최대 분납가능금액	분납기한		최대 분납가능금액	분납기한
①	15,000,000원	20x2.4.30	②	15,000,000원	20x2.5.31
③	20,000,000원	20x2.4.30	④	20,000,000원	20x2.5.31

해설

• 분납기한
  법인세납부기한(20x2년 3월 31일)이 지난 날부터 1개월(중소기업은 2개월) 이내에 분납한다.
  →∴중소기업이므로 법인세납부기한(20x2년 3월 31일)이 지난 날부터 2개월이 되는 20x2년 5월 31일이 분납기한이 된다.
  비교 일반기업인 경우 분납기한 : 20x2년 4월 30일
• 최대분납가능금액
  납부할 세액이 2천만원을 초과하는 경우 분납가능금액은 해당 세액의 50% 이하의 금액이다.
  →∴최대분납가능금액 : 30,000,000×50%=15,000,000
  〈즉, 15,000,000원은 3월 31일까지 납부, 최대분납가능금액 15,000,000원은 5월 31일까지 납부〉

| 신유형기출문제 | 법인세법상 신고납부기한 종합 | 난이도 ★ ★ ☆ | 정답 ③ |

다음 중 사업연도가 1월 1일~12월 31일인 법인(중소기업 아님)의 20x1년 사업연도에 대한 법인세 관련 신고·납부기한을 표시한 것으로 가장 올바르지 않은 것은(단, 아래의 날짜는 공휴일 또는 토요일이 아닌 것으로 가정함)?

	구분	신고·납부기한
①	중간예납 신고	20x1년 8월 31일
②	과세표준 확정신고	20x2년 3월 31일
③	법인세 분납	20x2년 5월 31일
④	성실신고확인서 제출대상인 경우의 과세표준 확정신고	20x2년 4월 30일

해설

• ① 중간예납 : 중간예납기간(사업연도개시일부터 6월)이 지난 날부터 2개월 이내에 신고·납부
  →∴당기 6월 30일이 지난 날부터 2개월이 되는 당기 8월 31일이 신고·납부기한이다.
  ② 과세표준확정신고(성실신고확인서 제출대상X) : 각사업연도종료일이 속하는 달의 말일부터 3개월이내에 신고·납부
  →∴당기 12월 31일이 속하는 달의 말일부터 3개월이 되는 차기 3월 31일이 신고·납부기한이다.
  ③ 법인세 분납 : 법인세납부기한(차기 3월 31일)이 지난 날부터 1개월(중소기업은 2개월) 이내에 분납
  →∴중소기업이 아니므로 법인세납부기한(차기 3월 31일)이 지난 날부터 1개월이 되는 차기 4월 30일이 분납기한이 된다.
  비교 중소기업인 경우 분납기한 : 차기 5월 31일
  ④ 과세표준확정신고(성실신고확인서 제출대상O) : 각사업연도종료일이 속하는 달의 말일부터 4개월이내에 신고·납부
  →∴당기 12월 31일이 속하는 달의 말일부터 4개월이 되는 차기 4월 30일이 신고·납부기한이다.

ⓘ 관련이론 세법상 기한 총정리

국세기본법	수정신고	• 결정 또는 경정하여 통지하기 전까지
	경정청구	• 원칙 : 법정신고기한이 지난 후 5년 이내
	기한후신고	• 결정하여 통지하기 전까지
	과세전적부심사 청구	• 청구대상이 된 통지를 받은 날부터 30일 이내
법인세법	사업연도변경 신고	• 직전사업연도 종료일부터 3월 이내
	납세지변경 신고	• 변경일로부터 15일 이내

	재고자산·유가증권 평가방법 신고	• 설립일·수익사업개시일이 속하는 사업연도의 과세표준신고기한
	재고자산·유가증권 평가방법 변경신고	• 적용하고자 하는 사업연도의 종료일 이전 3월이 되는 날까지
	감가상각 내용연수신고	• 취득일이 속하는 사업연도 과세표준 신고기한까지
	감가상각방법 신고	• 영업개시일(취득일)이 속하는 사업연도 과세표준 신고기한 이내
	법인세 중간예납	• 중간예납기간(개시일부터 6월)이 지난 날부터 2개월 이내
	과세표준 확정신고	• 각사업연도종료일이 속하는 달의 말일부터 3개월 이내 (성실신고확인서 제출대상은 4개월 이내)
	법인세 분납	• 법인세납부기한이 지난 날부터 1개월(중소기업 2개월) 이내
소득세법	납세지 변경신고	• 변경일로부터 15일 이내
	원천징수 납부	• 징수일의 다음달 10일까지
	소득세 중간예납	• 11월 30일까지
	매매차익 예정신고	• 매매일이 속하는 달의 말일부터 2월 이내
	사업장현황신고	• 과세기간종료일의 다음연도 2월 10일
	종합소득세 확정신고	• 다음연도 5월 31일까지
	소득세 분납	• 소득세납부기한이 지난 날부터 1개월(중소기업 2개월) 이내
	양도소득세 예정신고	• 부동산 등 : 양도일이 속하는 달의 말일부터 2월 이내 • 주식 : 양도일이 속하는 반기의 말일부터 2월 이내
부가가치세법	사업자등록	• 사업개시일로부터 20일 이내
	사업자등록증 발급	• 신청일로부터 2일 이내
	임시사업장 개설·폐쇄신고	• 개설 : 개시일로부터 10일 이내, 폐쇄 : 개시일로부터 10일 이내
	주사업장총괄납부 신청	• 총괄납부하고자 하는 과세기간 개시 20일 전까지
	전자세금계산서 전송	• 발급일의 다음 날까지
	매입자발행세금계산서 신청	• 공급 과세기간 종료일로부터 1년 이내
	예정·확정신고	• 예정신고기간·과세기간이 끝난 후 25일 이내
	간이과세포기신고	• 일반과세의 적용을 받고자 하는 달의 전달 마지막 날까지

| 신유형기출문제 | 금융소득금액(Gross-up 고려X) | 난이도 ★ ★ ☆ | 정답 ③ |

다음의 자료를 이용하여 거주자 김상일씨의 소득 중 종합과세할 총금융소득금액을 계산하면 얼마인가(단, Gross-up은 고려하지 않는다)?

ㄱ. 비상장법인인 A법인의 소액주주로서 받은 현금배당금	:	10,000,000원
ㄴ. 주권상장법인인 B법인의 소액주주로서 받은 현금배당금	:	8,000,000원
ㄷ. C은행의 정기예금이자	:	3,000,000원
ㄹ. 비실명이자소득금액	:	5,000,000원

① 3,000,000원   ② 18,000,000원   ③ 21,000,000원   ④ 26,000,000원

해설

• 금융소득 구분
  ㄱ. 비상장법인인 A법인의 소액주주로서 받은 현금배당금 10,000,000원 : 조건부종합과세대상
  ㄴ. 주권상장법인인 B법인의 소액주주로서 받은 현금배당금 8,000,000원 : 조건부종합과세대상
  ㄷ. C은행의 정기예금이자 3,000,000원 : 조건부종합과세대상
  ㄹ. 비실명 이자소득금액 5,000,000원 : 무조건분리과세대상
• 판정대상액 : 무조건종합과세대상(0) + 조건부종합과세대상(21,000,000) = 21,000,000
  →판정대상액이 2천만원을 초과하므로 모두 종합과세한다.
∴종합과세할 총금융소득금액(Gross-up 고려X) : 21,000,000(금융소득 총수입금액)

참고   Gross-up을 고려하는 경우 금융소득금액 계산

☐ 판정대상액이 2천만원을 초과하므로 모두 종합과세한다.

〈3순위〉 Gross-up대상인 배당소득 1,000,000	➡ Gross-up
〈3순위〉 Gross-up대상인 배당소득 17,000,000	
〈2순위〉 Gross-up대상아닌 배당소득 0	
〈1순위〉 이자소득 3,000,000	

∴종합과세할 총금융소득금액(Gross-up 고려O) : 21,000,000 + 1,000,000 × 10% = 21,100,000

신유형기출문제	근로소득 과세항목	난이도 ★ ★ ★ 정답 ④

다음 중 근로소득으로 과세되는 항목을 모두 고른 것은 무엇인가?

> ㄱ. 법인세법에 의해 상여로 처분된 금액(인정상여)
> ㄴ. 연 또는 월단위로 받는 여비
> ㄷ. 종업원이 출퇴근을 위하여 차량을 제공받는 경우의 운임
> ㄹ. 사내근로복지기금으로부터 무주택근로자가 지급받는 주택보조금
> ㅁ. 회사에 기여한 공로를 인정받아 지급받는 공로금

① ㄱ, ㄴ ② ㄱ, ㄷ, ㄹ ③ ㄴ, ㄷ, ㅁ ④ ㄱ, ㄴ, ㅁ

해설

• 인정상여(ㄱ), 여비(ㄴ), 공로금(ㄹ)은 근로소득으로 과세되는 항목으로 규정되어 있다.

ⓘ 관련이론 근로소득으로 보지 않는 항목

근로자 교육훈련비	• 사용자가 근로자의 업무능력향상 등을 위하여 연수기관 등에 위탁하여 연수를 받게 하는 경우에 근로자가 지급받는 교육훈련비
차량운임	• 종업원이 출·퇴근을 위하여 차량을 제공받는 경우의 운임
장학금·주택보조금	• 사내근로복지기금으로부터 근로자 또는 근로자의 자녀가 지급받는 장학금(학자금)과 무주택근로자가 지급받는 주택보조금 등
경조금	• 근로자에게 지급한 경조금 중 사회통념상 타당하다고 인정되는 금액
퇴직급여적립액	• 퇴직급여로 지급되기 위하여 적립되는 급여(근로자가 적립금액 등을 선택할 수 없는 것으로서 기획재정부령으로 정하는 방법에 따라 적립되는 경우에 한정)

신유형기출문제 | **근로소득 과세여부** | 난이도 ★ ★ ☆ | 정답 ③

다음 중 소득세가 과세되는 근로소득은?

① 고용보험법에 따라 받는 육아기 근로시간 단축 급여
② 월 20만원의 6세 이하 자녀에 대한 보육비
③ 근로자 자녀에 대한 장학금 지급액
④ 월정액급여 210만원인 생산직근로자(직전 과세기간 총급여는 2,500만원)가 1년간 받은 야간근로수당 240만원

해설

• 근로자 자녀에 대한 장학금(학자금)은 근로소득에 포함하는 항목으로 규정되어 있다.[소득령 38①]

ⓘ 관련이론 장학금(=학자금)에 대한 근로소득 과세여부 정리

[소득령 38①]	• 종업원이 받는 학자금·장학금(종업원의 수학중인 자녀가 사용자로부터 받는 학자금·장학금을 포함)은 근로소득에 포함되는 것으로 함.
[세법해석례-소득]	• 사내근로복지기금으로부터 근로자(자녀)가 받는 장학금(학자금)은 근로소득으로 보지 아니함.
[소득령 11]	• 초·중등교육법(예초·중·고) 및 고등교육법(예대학교)에 따른 학교와 직업훈련시설의 입학금·수업료·수강료·공납금 중 다음 요건을 갖춘 근로자 본인의 학자금은 비과세 근로소득으로 함. ⓐ 업무와 관련 있는 교육·훈련일 것 ⓑ 지급기준에 따라 받을 것 ⓒ 교육·훈련기간이 6월 이상인 경우 교육·훈련 후 당해교육기간을 초과하여 근무하지 않는 경우 지급받은 금액을 반납할 것
[소득법 12(3)]	• 교육기본법 따라 받는 장학금 중 대학생이 근로를 대가로 지급받는 장학금(대학에 재학하는 대학생에 한정)은 비과세 근로소득으로 함.

ⓘ 관련이론 생산직근로자 초과근로수당 비과세

☐ 월정액급여 210만원 이하로서 직전과세기간 총급여액이 3,000만원 이하인 근로자가 받는 다음의 금액

구분	비과세대상 초과근로수당	비과세 한도
생산직근로자	연장·야간·휴일근로수당	연 240만원
광산근로자, 일용근로자	연장·야간·휴일근로수당	전액 비과세
선원근로자	선원법에 따라 받는 생산수당	연 240만원

신유형기출문제 | 근로소득 과세여부[2] | 난이도 ★ ★ ☆ | 정답 ①

다음 중 소득세가 과세되는 근로소득은?

① 연·월차수당으로서 100만원 이내의 금액
② 여비로서 실비변상정도의 지급액
③ 소방공무원이 받는 월 20만원 이내의 화재진화수당
④ 기자의 취재수당으로서 월 20만원 이내의 금액

해설

• ① 연·월차수당은 전액 근로소득 과세대상이다.
• ② 여비의 명목으로 지급되는 연액 또는 월액의 급여는 근로소득에 포함되나, 일직료·숙직료 또는 여비로서 실비변상 정도의 금액은 비과세한다.[소득령 38①][소득령 12]

ⓘ 관련이론 근로소득 비과세 기타사항 정리

☐ 월 20만원 이내 자가운전보조금 : 종업원소유(임차) 차량으로 직접 사업주의 업무를 수행하고 실제여비를 지급받지 않으면서 별도 지급기준에 따라 받는 금액
☐ 월 20만원 이내의 기자의 취재수당, 월 20만원 이내의 시행령상 벽지수당
☐ 월 20만원 이내 소방공무원 함정근무수당·화재진화수당 등, 월 20만원 이내 초·중등법 교원 연구보조비
☐ 천재·지변 기타 재해로 인하여 받는 급여, 영유아보육법시행령에 따라 사업주가 부담하는 보육비용
☐ 고용보험법상 실업급여, 육아휴직급여, 육아기 근로시간 단축급여, 출산전후휴가급여
☐ 국민건강보험법, 고용보험법, 노인장기요양보험법에 따라 국가·지자체·사용자가 부담하는 보험료
☐ 근로자·배우자의 출산, 6세 이하(과세기간 개시일 기준) 자녀 보육관련 월 20만원 이내의 금액
☐ 직무발명보상금으로 연 700만원 이하의 금액(단, 지배주주 및 친족관계자가 받는 금액은 제외)
☐ 단체순수보장성보험과 단체환급부보장성보험의 보험료 중 연 70만원 이하 사용자부담 보험료
☐ 공무원이 국가·지자체로부터 공무 수행과 관련하여 받는 상금과 부상 중 연 240만원 이내의 금액

| 신유형기출문제 | 근로소득 수입시기와 과세금액 집계 | 난이도 | ★ ★ ★ | 정답 | ③ |

다음은 김상일씨에게 지급된 상여금과 ㈜상일의 법인세 신고시 김상일씨에게 처분된 것으로 인정된 익금산입액에 대한 명세서 내용이다. 주어진 내용에 따라 김상일씨의 20x2년 근로소득 과세금액을 구하면 얼마인가?

ㄱ. 주주총회에서 잉여금 처분결의에 따라 지급된 상여금 내역

대상사업연도	처분결의일	지급일	금액
20x1년도	20x2.2.20	20x2.3.10	2,000,000원
20x2년도	20x3.2.15	20x3.6.25	1,800,000원

ㄴ. 법인세 신고시 익금산입으로 인정된 금액에 대한 명세서 내역

대상사업연도	결산확정일	법인세신고일	금액
20x1년도	20x2.2.20	20x2.3.10	3,000,000원
20x2년도	20x3.2.15	20x3.3.25	1,800,000원

① 1,800,000원   ② 3,000,000원   ③ 3,800,000원   ④ 6,800,000원

해설

• 근로소득 수입시기 – ㉠ 잉여금처분상여 : 잉여금처분결의일 ㉡ 인정상여 : 근로를 제공한 날
∴당기 근로소득 과세금액 : 2,000,000(잉여금처분상여)＋1,800,000(인정상여)＝3,800,000

ⓘ 관련이론 근로소득 수입시기와 지급시기의제

근로소득 수입시기	급여	• 근로를 제공한 날
	잉여금처분상여	• 해당 법인의 잉여금처분결의일
	인정상여	• 해당 사업연도 중의 근로를 제공한 날
	임원퇴직소득 소득세법상 한도초과 근로소득 의제액	• 주식매수선택권을 행사한 날
	주식매수선택권	• 지급받거나 지급받기로 한 날
지급시기의제	1월부터 11월분을 12월말까지 미지급한 경우	• 12월 31일에 지급한 것으로 보아 원천징수함.
	12월분을 다음연도 2월말까지 미지급한 경우	• 2월 말일에 지급한 것으로 보아 원천징수함.

| 신유형기출문제 | 기타소득 범위 | 난이도 | ★ ★ ☆ | 정답 | ④ |

다음 중 기타소득에 관한 설명으로 가장 올바르지 않은 것은?

① 저작자가 아닌 자가 저작권 사용료를 받는 경우는 기타소득에 해당하지만 저작자인 경우에는 사업소득에 해당한다.

② 계약의 위약으로 인하여 받는 위약금은 기타소득에 해당한다.

③ 사례금은 기타소득에 해당한다.

④ 일시적인 문예창작소득은 사업소득에 해당한다.

해설

• ① 저작자 외의 자가 저작권의 양도 또는 사용의 대가로 받는 금품은 기타소득으로 하며, 구체적으로 다음과 같이 구분된다.

저작권 등 사용료	저작자 자신에게 귀속	• 사업소득
	저작자 외의 자에게 귀속	• 기타소득

② 계약의 위약 또는 해약으로 인하여 받는 소득으로서 다음의 항목은 기타소득으로 한다.

ㄱ 위약금 ㄴ 배상금 ㄷ 부당이득반환시 지급받는 이자(주택입주지체상금 등)

③ 사례금은 기타소득으로 한다.

→ **참고** 여기서 사례금이란 사무처리·역무제공 등과 관련하여 사례의 뜻으로 지급받는 금품을 말한다.

④ 문예창작소득(문예·학술·미술·음악·사진에 속하는 창작품에 대한 원작자로서 받는 소득으로서 원고료, 저작권사용료인 인세, 미술·음악·사진에 속하는 창작품에 대하여 받는 대가)은 기타소득으로 하며, 소득분류의 구체적인 사례는 다음과 같다.

소설가가 소설을 쓰고 받는 원고료	• 사업소득
업무와 관계있는 사보게재 원고료, 신규채용시험·사내교육출제수당	• 근로소득
사원이 업무와 관계없이 독립된 자격에 의해 사보 등에 원고를 게재하고 받는 대가	• 기타소득
고용관계없는 타회사의 신규채용시험·사내교육출제수당	• 기타소득

| 신유형기출문제 | 신용카드사용소득공제 일반사항 | 난이도 | ★ ★ ★ | 정답 | ① |

신용카드 등 사용금액 소득공제에 관한 다음 설명 중 가장 올바르지 않은 것은?

① 해외에서 지출한 신용카드 사용액도 신용카드 소득공제 대상에 포함된다.

② 신용카드 사용액이 총급여의 25%를 초과하는 경우에만 소득공제액이 발생한다.

③ 신용카드 사용금액은 본인뿐만 아니라 나이요건을 불문한 기본공제대상인 배우자, 부양가족 사용분(형제자매는 제외)을 포함한다.

④ 도서, 공연, 박물관, 미술관 사용분에 대해서는 일반 신용카드 사용분보다 높은 공제율이 적용된다.

해설

• 신용카드 등 사용금액에서 국외사용금액은 제외한다.(즉, 공제대상이 아니다.)

ⓘ 관련이론 신용카드사용소득공제 개괄

공제조건	• 신용카드·현금영수증·직불카드 등 연간 사용금액이 총급여의 25%를 초과하는 경우 적용함.
카드사용자	• 근로소득자 본인, 기본공제대상 배우자, 연령제한 없는 기본공제대상 직계존속·직계비속
공제우대사항	• 전통시장, 대중교통, 도서·공연·박물관 등 사용액은 일반사용액보다 높은 공제율을 적용함.
공제배제 사용액	• 국외사용액, 각종 보험료, 수업료 등의 각종 교육비, 제세공과금(국세·지방세 등), 리스료, 상품권 등 유가증권 구입비, 취득세 등 부과 재산 구입비용, 국가 등에 지급하는 사용료·수수료(단, 우정사업조직 소포우편물 방문접수 배달용역은 공제대상임), 차입금 이자상환액, 정치자금, 사업성소득의 비용 등

| 신유형기출문제 | 종합소득 과세표준(금융소득 포함) | 난이도 ★ ★ ★ | 정답 ③ |

다음 자료는 거주자 김상일씨의 20x1년도 소득금액이다. 김상일씨의 20x1년 종합소득 과세표준을 계산하면 얼마인가?

• 정기예금 등 이자소득	5,000,000원
• 비영업대금이익	10,000,000원
• 비상장법인배당소득	6,000,000원
• 사업소득금액	100,000,000원
• 종합소득공제	20,000,000원

① 81,000,000원 ② 101,000,000원 ③ 101,100,000원 ④ 101,660,000원

해설

• 금융소득금액 계산
  ㉠ 금융소득 구분
    ㄱ. 정기예금 등 이자소득 5,000,000원 : 조건부종합과세대상
    ㄴ. 비영업대금이익 10,000,000원 : 조건부종합과세대상
    ㄷ. 비상장법인 배당소득 6,000,000원 : 조건부종합과세대상
  ㉡ 판정대상액 : 무조건종합과세대상(0) + 조건부종합과세대상(21,000,000) = 21,000,000
    →판정대상액이 2천만원을 초과하므로 모두 종합과세한다.

〈3순위〉 Gross-up대상인 배당소득 1,000,000	➡ Gross-up
〈3순위〉 Gross-up대상인 배당소득 5,000,000	
〈2순위〉 Gross-up대상아닌 배당소득 0	
〈1순위〉 이자소득 15,000,000	

  ㉢ 종합과세할 금융소득금액(Gross-up 고려O) : 21,000,000 + 1,000,000 × 10% = 21,100,000
• 종합소득금액 : 21,100,000(금융소득금액) + 100,000,000(사업소득금액) = 121,100,000
∴과세표준 : 121,100,000(종합소득금액) - 20,000,000(종합소득공제) = 101,100,000

ⓘ 관련이론 금융소득종합과세의 적용

☐ 판정대상액 = 무조건종합과세대상 + 조건부종합과세대상
☐ 종합과세되는 금융소득 구성순서 : 이자소득 → G·U대상아닌 배당소득 → G·U대상인 배당소득

구분	분리과세 금융소득	종합과세되는 금융소득		세율적용
판정대상액>2천만원	-	조건부종합과세대상 무조건종합과세대상	2천만원 초과분 〈Gross-up O〉	기본세율
			2천만원 〈Gross-up X〉	14%세율
판정대상액≦2천만원	조건부종합과세대상	무조건종합과세대상		14%세율

신유형기출문제	금융소득종합과세시 세액계산특례	난이도 ★★★	정답 ①

다음 자료는 거주자 김상일씨의 20x1년 소득금액이다. 종합소득산출세액을 계산하면 얼마인가(단, 모든 소득은 국내에서 발생한 것이다)?

ㄱ. 이자소득금액(비영업대금의 이익이 아님)	: 10,000,000원
ㄴ. 배당소득금액(현금배당)	: 20,000,000원
ㄷ. 근로소득금액	: 80,000,000원
ㄹ. 부동산임대사업소득금액	: 20,000,000원
ㅁ. 기타소득금액(분리과세 대상이 아님)	: 30,000,000원
ㅂ. 종합소득공제	: 20,000,000원

*배당소득 가산율은 10%이다.

〈종합소득세율〉

종합소득 과세표준	세율
5,000만원 초과 8,800만원 이하	624만원＋5,000만원 초과금액의 24%
8,800만원 초과 1억 5,000만원 이하	1,536만원＋8,800만원 초과금액의 35%

① 29,710,000원　　② 31,370,000원　　③ 34,100,000원　　④ 34,870,000원

해설

★ 저자주　출제오류를 바로잡기 위해 문제 자료 'ㄴ. 배당소득금액(현금배당)'을 'ㄴ. 국내상장법인 배당소득(현금배당)'으로 수정바랍니다.

• 금융소득금액 계산
　㉠ 금융소득 구분
　　ㄱ. 이자소득금액(비영업대금의 이익이 아님) 10,000,000원 : 조건부종합과세대상
　　ㄴ. 상장법인 배당소득(현금배당) 20,000,000원 : 조건부종합과세대상
　㉡ 판정대상액 : 무조건종합과세대상(0)＋조건부종합과세대상(30,000,000) = 30,000,000
　　→판정대상액이 2천만원을 초과하므로 모두 종합과세한다.

〈3순위〉 Gross-up대상인 배당소득	10,000,000	➡ Gross-up
〈3순위〉 Gross-up대상인 배당소득	10,000,000	
〈2순위〉 Gross-up대상아닌 배당소득	0	
〈1순위〉 이자소득	10,000,000	

　㉢ 종합과세할 금융소득금액(Gross-up 고려O) : 30,000,000(금융소득총수입금액)＋10,000,000×10% = 31,000,000
• 종합소득금액 : 31,000,000(금융)＋80,000,000(근로)＋20,000,000(부동산임대)＋30,000,000(기타) = 161,100,000
• 과세표준 : 161,000,000(종합소득금액) - 20,000,000(종합소득공제) = 141,000,000
• 산출세액 : Max[㉠=일반산출세액, ㉡=비교산출세액] = 29,710,000
　㉠ 2천만원×14%＋(141,000,000 - 2천만원)×기본세율
　　→2,800,000＋[15,360,000＋(121,000,000 - 88,000,000)×35%] = 29,710,000
　㉡ 30,000,000×14%＋(141,000,000 - 31,000,000)×기본세율
　　→4,200,000＋[15,360,000＋(110,000,000 - 88,000,000)×35%] = 27,260,000

ⓘ 관련이론 금융소득종합과세시 세액계산특례

판정대상액 2천만원초과	▫ 산출세액계산 : Max[㉠=일반산출세액, ㉡=비교산출세액]　㉠ 2천만원×14%＋(과세표준 - 2천만원)×기본세율　㉡ 금융소득총수입금액×14%(비영업대금이익 25%)＋(과세표준 - 금융소득금액)×기본세율　→금융소득총수입금액 : Gross-up이 제외된 금액　→금융소득금액 : Gross-up이 제외된 금액 & 사업소득결손금 공제 전의 금액
판정대상액 2천만원이하 →참고사항	▫ 산출세액계산　금융소득총수입금액×14%(비영업대금이익 25%)＋(과세표준 - 금융소득금액)×기본세율

| 신유형기출문제 | 특별세액공제 일반사항 | 난이도 ★ ★ ☆ | 정답 ④ |

다음 중 소득세법상 특별세액공제에 관한 설명으로 가장 옳은 것은?

① 특별세액공제에는 보험료, 의료비, 교육비, 신용카드공제 등이 포함된다.
② 근로소득자는 표준세액공제를 선택 할 수 없다.
③ 연간 소득금액이 1,000만원인 자녀에 대해서도 자녀세액공제를 신청할 수 있다.
④ 근로소득이 없는 사업소득자는 보험료 세액공제를 받을 수 없다.

해설

- ① 특별세액공제에는 보험료, 의료비, 교육비, 기부금 등이 포함된다.
  ② 근로소득자도 표준세액공제(13만원)를 선택 할 수 있다.
  ③ 자녀세액공제는 특별세액공제와 무관하다.(자녀세액공제는 일반세액공제에 해당한다.)

관련이론 특별세액공제 적용방법

근로소득O		• '항목별세액공제·특별소득공제·월세세액공제'와 '표준세액공제(13만원)' 중 선택 →항목별세액공제 : 보험료세액공제, 의료비세액공제, 교육비세액공제, 기부금세액공제 →특별소득공제 : 보험료공제(건강보험료 등), 주택자금공제
근로소득X	일반적인 경우	• 표준세액공제(7만원)+기부금세액공제 🔍주의 사업소득만 있는자는 표준세액공제만 적용하며 기부금은 필요경비 산입함. 　참고　성실신고확인대상사업자로서 성실신고확인서 제출자 ☐ 다음 중 선택 　㉠ 표준세액공제(7만원)+기부금세액공제 　㉡ 조특법상 의료비·교육비·월세세액공제+기부금세액공제
	소득세법상 성실사업자	조특법상 추가요건 갖춘 성실사업자
		기타 성실사업자

근로소득X	소득세법상 성실사업자	조특법상 추가요건 갖춘 성실사업자	• 다음 중 선택 　㉠ 표준세액공제(12만원)+기부금세액공제 　㉡ 조특법상 의료비·교육비·월세세액공제+기부금세액공제
		기타 성실사업자	• 표준세액공제(12만원)+기부금세액공제 　참고　성실신고확인대상사업자로서 성실신고확인서 제출자 ☐ 다음 중 선택 　㉠ 표준세액공제(12만원)+기부금세액공제 　㉡ 조특법상 의료비·교육비·월세세액공제+기부금세액공제

신유형기출문제	특별세액공제 세부고찰	난이도 ★ ★ ★	정답 ③

다음 중 소득세법상 특별세액공제에 관한 설명으로 가장 올바르지 않은 것은?

① 외국의 의료기관에 지출하는 의료비는 의료비세액공제 대상에서 제외된다.
② 소득세 또는 증여세가 비과세 되는 소득으로 지출한 교육비는 교육비세액공제 대상에서 제외된다.
③ 보험료, 의료비, 교육비세액공제액의 합계액이 근로소득에 대한 종합소득산출세액을 초과하는 경우 그 초과금액은 5년간 이월하여 세액공제가 가능하다.
④ 의료비와 교육비세액공제는 나이 요건을 충족하지 못한 기본공제대상자에 대한 지출액도 대상금액에 포함된다.

해설

• 근로소득이 있는 거주자에게 적용되는 보장성보험료세액공제, 의료비세액공제, 교육비세액공제 및 월세세액공제 규정에 따른 세액공제액의 합계액이 그 거주자의 해당 과세기간의 근로소득에 대한 종합소득산출세액(=종합소득산출세액 $\times \frac{근로소득금액}{종합소득금액}$)을 초과하는 경우 그 초과하는 금액은 없는 것으로 한다.[소득법 61①]

신유형기출문제	퇴직소득 범위	난이도 ★ ★ ☆	정답 ④

다음 중 소득세법상 퇴직소득으로 과세되는 항목으로 묶인 것은 무엇인가?

> ㄱ. 국민연금법에 따라 받는 일시금
> ㄴ. 사용인부담금을 기초로 하여 비현실적인 퇴직을 원인으로 지급받는 소득
> ㄷ. 퇴직소득 지연지급에 따른 이자

① ㄱ ② ㄱ, ㄴ ③ ㄴ, ㄷ ④ ㄱ, ㄷ

해설

• 사용자부담금을 기초로 하여 비현실적 퇴직이 아니라 현실적 퇴직을 원인으로 지급받는 소득을 퇴직소득으로 한다.

ℹ 관련이론 퇴직소득 개괄

퇴직소득 범위	공적연금	• 공적연금 관련법에 따라 받는 일시금(지연지급 이자 포함)
	현실적퇴직	• 사용자부담금을 기초로 현실적퇴직을 원인으로 지급받는 소득
	유사소득	• 과학기술발전장려금, 건설근로자의 퇴직공제금
퇴직소득 과세방법	원천징수	• 퇴직소득 지급시 원천징수의무자가 원천징수하여 납부함.
	확정신고	• 원천징수O → 다음달 10일까지 납부 → 확정신고X
퇴직소득 수입시기	• 퇴직한 날 →국민연금일시금, 건설근로자의 퇴직공제금은 지급받은 날	

| 신유형기출문제 | **원천징수의 장점** | 난이도 ★ ★ ☆ | 정답 ④ |

다음 중 소득세법상 원천징수에 관한 설명으로 가장 올바르지 않은 것은?

① 원천징수는 세원의 원천에서 세금을 일괄 징수하여 세원의 탈루를 최소화할 수 있다.
② 원천징수는 조세수입의 조기확보와 정부재원조달의 평준화를 기한다.
③ 원천징수는 징세비용절약과 징수사무의 간소화를 기한다.
④ 원천징수는 납세의무자 입장에서 세금부담을 집중시킨다.

해설

• 납세의무자의 입장에서 원천징수는 세금부담을 집중시키는 것이 아니라 세금부담을 분산시킨다.
　→∵원천징수는 소득이 발생하는 원천에서 직접 세금을 납부하므로 세금을 일시에 큰 금액으로 납부하는 부담을 줄일 수 있기 때문이다.

관련이론 **원천징수의 장점[원천징수제도가 채택되고 있는 이유]**

탈세방지	• 납세의무자의 숫자가 대단히 많아 일괄적 세원관리가 어려운 문제점을 해결하기 위해 그 세원이 발생하는 원천에서 세금을 일괄징수하여 세원의 탈루를 최소화할 수 있다는 측면에서 광범위하게 활용되고 있음.
조세수입 조기확보와 평준화	• 정부에서는 소득이 발생할 때마다 원천징수를 함으로써 조세수입을 조기확보할 수 있고 정부재원조달의 평준화를 기할 수 있음.
징세비용절약과 징수사무간소화	• 원천징수의무자가 정부를 대신하여 원천징수를 하게 되므로 징세비용절약과 징수사무의 간소화를 기할 수 있음.
납세의무자의 세금부담 분산	• 납세의무자의 입장에서 원천징수는 세금부담을 분산시킴.

| 신유형기출문제 | **소득세 원천징수와 원천징수세율** | 난이도 ★ ☆ ☆ | 정답 ③ |

다음은 소득세법상 원천징수세율에 관한 내용이다. 틀린 것은?

① 일반적인 이자소득과 배당소득의 원천징수세율은 지급액의 14%이다.
② 비영업대금의 이익의 경우 원천징수세율은 25%이다.
③ 일용근로자의 근로소득의 원천징수세율은 8%이다.
④ 실지명의가 확인되지 아니하는 이자소득의 경우의 원천징수세율은 45%이다.

해설

• 일용근로자의 근로소득의 원천징수세율은 6%이다.

관련이론 **원천징수대상과 원천징수세율 주요사항**

금융소득	• 직장공제회 초과반환금	기본세율
	• 비실명금융소득(비실명이자소득, 비실명배당소득)	45%(90%)
	• 법원보증금 이자, 1거주자로 보는 법인 아닌 단체(무분배)의 금융소득	14%
	• 출자공동사업자 배당소득	25%
	• 일반적 이자소득, 일반적 배당소득	14%
	• 비영업대금의 이익	25%
사업소득	• 인적용역과 의료보건용역	3%
	• 봉사료	5%
근로소득	• 일반근로자	기본세율
	• 일용근로자	6%
연금소득	• 공적연금	기본세율
	• 사적연금	다양
기타소득	• 일반적인 경우(3억원 초과 복권당첨소득)	20%(30%)
분류과세	• ㉠ 퇴직소득 : 기본세율 ㉡ 양도소득 : 원천징수 없음	

| 신유형기출문제 | 양도소득세 일반사항[1] | 난이도 | ★ ★ ☆ | 정답 | ③ |

다음 중 양도소득에 관한 설명으로 가장 올바르지 않은 것은?

① 상장주식에 대하여는 원칙적으로 양도소득세 대상이 아니나, 대주주 거래분과 장외거래분에 한해서 양도소득세를 과세한다.

② 1세대 1주택(고가주택 제외)과 그 부수토지의 양도로 인한 소득에 대해서는 비과세를 적용한다.

③ 소유권이전의 형식을 띠고 있는 양도담보는 양도소득세 과세대상에 포함된다.

④ 거주자가 토지 및 건물을 양도한 경우 양도한 날이 속하는 달의 말일부터 2개월 이내에 양도소득세 신고 및 납부하여야 한다.

해설

• 양도란 자산에 대한 등기 또는 등록과 관계없이 매도, 교환, 법인에 대한 현물출자 등을 통하여 그 자산을 유상으로 사실상 이전하는 것을 말한다. 그러나 환지처분, 양도담보는 양도로 보지 아니한다.

참고 환지처분과 양도담보
❑ 환지처분 : 도시개발사업 등에 의하여 사업구역 내의 토지소유자에게 종전의 토지 대신에 그 구역 내의 다른 토지로 바꾸어주는 처분을 환지처분이라 하며, 이는 사실상의 유상이전을 수반하므로 본래 양도에 해당하지만 공익사업의 원활한 수행을 위하여 이를 특별히 양도의 범위에서 제외하고 있다.
❑ 양도담보 : 양도담보란 다음 거래의 경우, 채무이행시 소유권을 반환받는 것을 말한다.(∴실질적 양도가 아님)

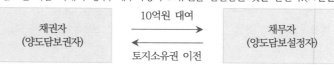

양도담보는 비록 소유권이전의 형식을 띠고 있기는 하지만 그 실질이 채권담보에 지나지 않으므로 이를 양도의 범위에서 제외하고 있다.(다만, 양도담보계약을 체결한 후 채무불이행으로 인하여 변제에 충당한 때에는 그 때에 이를 양도한 것으로 본다.)

| 신유형기출문제 | 양도소득세 일반사항[2] | 난이도 | ★ ★ ☆ | 정답 | ③ |

다음 중 양도소득세에 대하여 가장 올바르지 않은 주장을 하는 사람은 누구인가?

① 김철수 : 취득시기 및 양도시기는 원칙적으로 "대금청산일"을 기준으로 한다.

② 김영희 : KOSPI 200선물의 거래로 발생하는 소득에 대해서는 양도소득세가 과세된다.

③ 김영수 : 주식시장을 활성화하기 위하여 상장주식에 대해서는 양도소득세를 비과세한다.

④ 김순희 : 거주자가 20x1년 5월 8일에 토지를 양도한 경우 20x1년 7월 31일까지 양도소득 예정신고를 하여야 한다.

해설

• 주식시장의 활성화를 위하여 상장주식에 대하여는 원칙적으로 양도소득세를 과세하지 않는다. 그러나 이러한 점을 이용해 변칙증여를 하는 경우가 있으므로 이를 방지하기 위하여 대주주 거래분(=대주주 장내 양도분)과 장외 양도분은 양도소득세를 과세한다.

ⓘ 관련이론 양도소득세 과세대상 세부고찰[주식·파생상품·신탁수익권]

용어정의	증권시장	• 코스피시장(=유가증권시장 : 대기업. 중견기업), 코스닥시장(중소기업, 벤쳐기업), 코넥스시장(초기 중소기업)
	(주권)상장주식	• 증권시장에 상장된 주식
	장외거래	• 증권시장에서의 거래에 의하지 않은 거래
주식	비상장주식	• 원칙적으로 대주주·소액주주 불문하고 모두 과세
	상장주식	• ㉠ 대주주 장내 양도분 ㉡ 장외 양도분 🔎주의 ∴장내 대주주 이외의 자 양도분은 과세하지 않음.
파생상품		• 국내 장내파생상품 →㉔ 코스피200선물, 코스피200옵션 등 • 해외 장내파생상품, 주가지수 관련 장외파생상품
신탁수익권		• 신탁의 이익을 받을 권리(수익증권 및 투자신탁의 수익권 등은 제외)

| 신유형기출문제 | 총부가가치 계산 | 난이도 | ★ ★ ☆ | 정답 | ③ |

원재료 생산업자가 생산한 원료를 ㈜삼일에게 2,000,000원에 판매하고, ㈜삼일은 제품을 생산하여 도매업자인 ㈜용산에게 5,000,000원에 판매하였다. 그 후 ㈜용산은 소매업자인 ㈜강남에게 7,000,000원에 판매하고, ㈜강남은 소비자 김삼일에게 10,000,000원에 판매한 경우 전체 거래에서 창출된 총 부가가치금액을 구하면 얼마인가?

① 1,000,000원 　　　② 8,000,000원 　　　③ 10,000,000원 　　　④ 24,000,000원

해설

- 부가가치란 사업자가 생산활동 또는 유통과정을 통하여 새로이 창출한 가치의 증가액을 말하는 것으로서 일반적으로는 재화 또는 용역의 매출액에서 원재료 등 외부로부터 구입한 중간생산물의 가치를 차감한 순생산액으로 정의된다.(예 어떤 도매상이 생산자로부터 상품을 15,000원에 매입한 후 이를 소비자에게 20,000원에 파는 경우 부가가치는 가치의 상승액인 5,000원)

- 창출된 총부가가치(= 누적된 부가가치 총액)는 각 단계별 부가가치 합계로서 최종공급가액(10,000,000원)과 동일하다.

　→ 원재료 생산업자 　: 　　　　　　　　　　 2,000,000
　　㈜삼일 　　　　　: 　5,000,000 - 2,000,000 = 3,000,000
　　㈜용산(도매업자) 　: 　7,000,000 - 5,000,000 = 2,000,000
　　㈜강남(소매업자) 　: 10,000,000 - 7,000,000 = 3,000,000
　　　　　　　　　　　　　　　　　　　　　　 10,000,000

| 신유형기출문제 | 부가가치세 일반사항 | 난이도 ★ ★ ☆ 정답 ① |

다음 중 부가가치세에 관한 설명으로 가장 올바르지 않은 것은?

① 부가가치세의 납세의무자는 재화 또는 용역을 공급하는 사업자이므로 일반 개인이 수입하는 재화에 대하여는 부가가치세가 과세되지 아니한다.
② 부수재화 또는 용역의 과세범위, 공급장소, 공급시기 등은 모두 주된 재화 또는 용역의 공급에 따라 판단한다.
③ 금융업(면세)을 영위하는 사업자가 사업용 고정자산(과세)을 매각한 경우 부가가치세가 과세되지 아니한다.
④ 건설업은 주된 재화의 일부 또는 전부를 사업자가 공급하더라도 용역의 공급으로 본다.

해설

• 재화를 수입할 때 수입자는 공급받는 자에 지나지 않으므로, 사업자 해당여부 또는 사용목적 등에 관계없이 부가가치세를 납부할 의무가 있다. 즉, 재화의 수입의 경우에는 수입자가 사업자인지 여부를 불문하고 과세대상으로 한다. 따라서, 개인이 수입하는 재화에 대하여도 재화의 수입으로 과세된다.(예 외국여행 중에 구입한 카메라, TV 등을 국내에 반입하는 경우에도 재화의 수입으로 보아 부가가치세가 과세됨)
  →이는 수입하는 재화에 대하여도 국내생산 재화의 경우와 동일한 세부담이 되도록 함으로써 국내생산 재화와의 과세형평을 유지하고 국내산업을 보호하기 위한 것이다.

ℹ 관련이론 부수재화·용역의 과세·면세 여부

㉠ 주된 거래(공급)에 부수하여 공급되는 재화·용역
 - 해당 대가가 주된 재화·용역의 공급에 대한 대가에 통상적으로 포함되어 공급되는 것
 - 거래관행으로 보아 통상적으로 주된 재화·용역의 공급에 부수하여 공급되는 것으로 인정되는 것

주된재화·용역	부수재화·용역	부수재화·용역의 과세·면세여부
과세대상(예 피아노)	과세대상(예 의자)	과세
과세대상(예 조경공사)	면세대상(예 수목)	과세
면세대상(예 미술학원)	과세대상(예 실습도구)	면세
면세대상(예 생선)	면세대상(예 소금)	면세

㉡ 주된 사업에 부수하여 공급되는 재화·용역
 - 주된 사업과 관련하여 우연히 또는 일시적으로 공급되는 것
 - 주된 사업과 관련하여 주된 재화·용역의 생산·제공 과정에서 필연적으로 생기는 재화(부산물 등)

주된사업	부수재화·용역	부수재화·용역의 과세·면세여부
과세사업(예 제조업)	과세대상(예 건물매각)	과세
과세대상(예 제조업)	면세대상(예 토지매각)	**면세**
면세대상(예 은행업)	과세대상(예 건물매각)	면세
면세대상(예 은행업)	면세대상(예 토지매각)	면세

신유형기출문제　　　　　　**부가가치세법상 사업자 일반사항[2]**　　　난이도 ★ ★ ☆　정답 ③

다음 중 부가가치세 납세의무자인 사업자에 관한 설명으로 가장 옳은 것은?

① 면세사업자는 매출세액을 거래 징수할 필요는 없으나 매입세액 공제는 받는다.
② 면세사업자는 부가가치세법상 사업자등록 후 면세사업자 신청을 해야 한다.
③ 겸영사업자는 일반과세사업과 면세사업(비과세사업 포함)을 함께 영위하는 자를 말한다.
④ 집에 있는 폐품을 일시적으로 파는 경우에는 사업성이 있는 경우에 해당한다.

해설

- ① 면세사업자는 매출세액을 거래 징수할 필요는 없으며 매입세액을 공제받지 못한다.
  ② 면세사업자는 부가가치세법상 사업자가 아니므로 납세의무를 지지 않으며 협력의무도 지지 않는다.
  →따라서, 소득세·법인세법 규정에 따라 사업자등록, 장부작성, 계산서 발급과 제출 등의 협력의무를 지게 된다.
  ③ 겸영사업자는 일반과세사업과 면세사업(비과세사업 포함)을 함께 영위하는 자를 말한다.
  →**참고** 여기서 '비과세사업'이란 부가가치세가 과세되지 아니하는 재화 또는 용역을 공급하는 사업을 말한다.[부가법 10①] 그
  예로는 카지노업이나 금융지주회사의 자회사 자금대여와 같이 재화·용역의 성격상 부가가치 창출이 발생할 수 없는 경
  우와 용역을 무상공급하는 경우를 들 수 있다.[대법원판결]
  ④ 집에 있는 폐품을 일시적으로 파는 경우에는 사업성이 있는 경우에 해당하지 않는다. 부가가치세법은 계속·반복성에 대해 언급하
  지 않고 있으나, 재화 또는 용역의 공급행위가 계속·반복적이어야 사업자가 될 수 있다는 것이 학설과 판례의 일치된 견해이다.

| 신유형기출문제 | 사업자등록의무 여부 | 난이도 ★ ★ ★ | 정답 ③ |

다음 중 새롭게 부가가치세법상 사업자등록을 해야 하는 사람을 모두 고르면?

> 김순희 : 이번에 초등학생을 대상으로 한 수학학원을 오픈할 예정이예요. 정부인허가 받는데 시간이 꽤 걸렸지만 아이들을 위해 수업할 생각을 하니 너무 기쁘네요.
>
> 김영희 : 저희 지역사회를 위한 신문을 반기별로 발간하려고 해요. 신문 구독료만으로는 운영이 어려워 광고도 함께 할 생각입니다.
>
> 김영수 : 이번 시즌 화장품에 대한 반응이 좋아서 이달 안으로 용산구에 직매장을 추가로 설치해서 판매량을 더욱 더 늘릴 예정입니다.
>
> 김철수 : 의류재고가 계속 늘어나 현재 창고로는 수용하기가 힘들어 새롭게 보관만을 목적으로 한 창고를 임차하여 세무서에 설치신고를 완료했습니다.

① 김순희, 김철수   ② 김순희, 김영수   ③ 김영희, 김영수   ④ 김영희, 김철수

해설

- 김순희 : 인허가 받는 교육용역(학원, 강습소, 훈련원 등)은 면세대상이므로 부가가치세법상의 사업자등록의무는 없다.(소득세·법인세법상의 사업자등록을 한다.)
- 김영희 : 신문은 면세이며 광고는 과세대상이므로 겸영사업자에 해당한다. 겸영사업자는 과세사업자로 보므로 부가가치세법상의 사업자등록을 해야 한다.
- 김영수 : 직매장은 사업장으로 보므로 사업장별 과세원칙에 따라 별도로 사업자등록을 해야 한다.
- 김철수 : 하치장은 사업장으로 보지 않으므로 사업자등록의무는 없다.(하치장을 둔 날부터 10일 이내에 하치장 관할세무서장에게 하치장 설치신고서를 제출하는 것으로 족하다.)

관련이론 직매장·하치장·임시사업장

직매장	• 직매장이란 사업자가 자기의 사업과 관련하여 생산 또는 취득한 재화를 직접 판매하기 위하여 판매시설을 갖춘 장소를 말함. 주의 직매장은 사업장으로 봄.(∴사업자등록 필요) • 판매목적 타사업장 반출(직매장반출)은 재화의 공급으로 간주함. →단, 주사업장총괄납부·사업자단위과세사업자의 직매장반출은 재화의 공급으로 보지 않음
하치장	• 재화를 보관하고 관리할 수 있는 시설만을 갖춘 장소로서 사업자가 관할세무서장에게 그 설치신고(하치장을 둔 날부터 10일 이내)를 한 장소를 말함. 주의 하치장은 사업장으로 보지 않음.
임시사업장	• 기존사업장을 가지고 있는 사업자가 기존사업장 외에 각종 경기대회나 박람회 등 행사가 개최되는 장소에 개설한 임시사업장으로서 그 개설신고된 장소를 말함. 주의 임시사업장은 사업장으로 보지 않음.(즉, 기존사업장에 포함되는 것으로 함) <table><tr><td>개설신고</td><td>• 개시일부터 10일 이내〈설치기간이 10일 이내인 경우는 개설신고 생략가능〉</td></tr><tr><td>폐쇄신고</td><td>• 폐쇄일부터 10일내</td></tr></table>

| 신유형기출문제 | 과세기간 일반사항 | 난이도 | ★ ★ ★ | 정답 | ④ |

다음 중 부가가치세법상 과세기간에 관한 설명으로 가장 올바르지 않은 것은?

① 신규사업자의 경우 사업개시일부터 개시일이 속하는 과세기간의 종료일까지를 최초 과세기간으로 한다.

② 폐업자의 경우 폐업일이 속하는 과세기간 개시일부터 폐업일까지를 최종 과세기간으로 한다.

③ 공급대가의 변동으로 간이과세자가 일반과세자로 변경되는 경우 그 변경되는 연도의 1월 1일부터 6월 30일까지는 간이과세규정이 적용된다.

④ 확정신고시에는 예정신고시 이미 신고한 과세표준과 세액을 포함하여 과세기간의 말일부터 25일 이내에 각 사업장 관할세무서장에게 과세표준과 세액을 신고·납부하여야 한다.

해설

• 확정신고시에는 예정신고시 이미 신고한 과세표준과 세액을 제외한다.
   →단, 예정신고시 누락분은 포함한다.

ⓘ 관련이론 과세유형변경과 과세기간 적용

과세유형 적용기간	• 1년의 공급대가 수준에 따라 다음 해의 7/1부터 그 다음 해의 6/30까지를 일반과세 또는 간이과세를 적용함.

• **예시1** 일반과세자의 20x1년 '공급대가 〈 1억400만원' 인 경우【일반과세자 ➡ 간이과세자】
   ㉠ 간이과세 적용기간 : 20x2.7.1~20x3.6.30
   ㉡ 따라서, 20x2년의 과세유형 적용은 다음과 같음.
      i) 20x2.1.1~6.30 : 일반과세 ii) 20x2.7.1~12.31 : 간이과세(과세기간 6개월이라는 특례가 적용됨.)

∴과세유형이 변경되는 해에 간이과세규정이 적용되는 과세기간 : 그 변경이후 7/1~12/31까지

• **예시2** 간이과세자의 20x1년 '공급대가≧1억400만원' 인 경우【간이과세자 ➡ 일반과세자】
   ㉠ 일반과세 적용기간 : 20x2.7.1~20x3.6.30
   ㉡ 따라서, 20x2년의 과세유형 적용은 다음과 같음.
      i) 20x2.1.1~6.30 : 간이과세(과세기간 6개월이라는 특례가 적용됨.) ii) 20x2.7.1~12.31 : 일반과세

∴과세유형이 변경되는 해에 간이과세규정이 적용되는 과세기간 : 그 변경이전 1/1~6/30까지

신유형기출문제 **사업장 관련 기본개념** 난이도 ★ ★ ★ 정답 ②

다음 중 사업장에 관한 설명으로 가장 옳은 것은?

① 사업장이란 사업을 하기 위하여 거래의 전부가 일어나야 하며, 거래의 일부를 하는 고정된 장소는 사업장으로 볼 수 없다.

② 부가가치세 납세지란 납세의무를 이행함에 있어서 기준이 되는 장소로서 세법에서 정한 각종 신고의무를 이행하고 세액을 납부하기 위한 관할세무서를 결정하는 의미를 가지고 있으며, 납세지는 원칙적으로 각 사업장이다.

③ 총괄납부신청을 한 경우에는 신고는 주된 사업장에서 할 수 있고, 납부는 각 사업장에서 하여야 한다.

④ 수탁자가 납세의무자가 되는 경우 해당 신탁재산의 등기부상 소재지 또는 그 사업에 관한 업무를 총괄하는 장소는 사업장이 될 수 없다.

해설

- ① 사업장이란 사업을 하기 위하여 거래의 전부 또는 일부를 하는 고정된 장소를 말한다.
  →∴사업을 하기 위하여 거래의 전부가 일어나야 하는 것은 아니므로, 거래의 일부를 하는 고정된 장소도 사업장으로 볼 수 있다.
  ③ 주사업장총괄납부신청을 한 경우에는 납부에 국한하여 주된 사업장에서 행한다
  →∴신고, 사업자등록, 세금계산서 작성·발급, 과세표준과 세액계산, 결정·경정 등은 각 사업장별로 하여야 한다.
  ④ 신탁재산(신탁법 등에 따른 신탁재산을 말하며, 신탁재산의 관리·처분·운용 등을 통해 발생한 소득·재산을 포함함)과 관련된 재화·용역을 공급하는 때에는 수탁자가 신탁재산별로 각각 별도의 납세의무자로서 부가가치세를 납부할 의무가 있다.(예 수탁자 명의로 임대하는 경우의 부동산관리신탁은 수탁자가 납세의무 짐.) 이 경우 수탁자는 해당 수탁재산을 사업장으로 보아 신탁재산별로 사업자등록을 신청해야 하며, 신청시 신탁재산의 등기부상소재지 또는 신탁업무총괄장소를 사업장으로 한다.

ℹ️ **관련이론** 부가가치세 납세지 기본사항

납세지의 의미	• 납세의무를 이행함에 있어서 기준이 되는 장소로서 세법에서 정한 각종 신고의무를 이행하고 세액을 납부하기 위한 관할세무서를 결정하는 의미를 가짐.
사업장별 과세원칙	• 부가가치세의 납세지는 원칙적으로 각 사업장임.(각 사업장마다 신고·납부·사업자등록) 예외 주사업장총괄납부, 사업자단위과세
사업장의 개념	• 사업을 하기 위하여 거래의 전부 또는 일부를 하는 고정된 장소를 말함. 🔍주의 사업장이란 사업을 하기 위하여 거래의 전부가 일어나야 하는 것은 아님. →거래라 함은 과세대상 재화·용역을 공급하는 것을 의미하므로 단순한 업무연락·원재료 생산·재고자산 보관만을 하는 장소는 사업장에 해당하지 않음.
신탁과 사업장 →참고사항	• 신탁재산과 관련된 공급시에는 수탁자가 신탁재산별로 각각 별도의 납세의무자로서 부가가치세를 납부할 의무가 있음.(예 수탁자 명의로 임대시의 부동산관리신탁) • 수탁자는 수탁재산을 사업장으로 보아 신탁재산별로 사업자등록을 신청해야 하며, 신청시 신탁재산의 등기부상소재지 또는 신탁업무총괄장소를 사업장으로 함.

★ **저자주** 본 문제 선지 ④번의 신탁관련 부가가치세 납세의무자 및 사업장에 대한 내용은 회계사·세무사 시험용으로서 재경관리사 시험수준을 고려할 때 다소 어색한 출제에 해당합니다. 이런 문제 대신에 실무적응력을 높힐수 있는 목적적합한 문제개발을 도모하기를 시험주관처에 권장해 봅니다.

신유형기출문제 | 재화의 공급 및 특례 | 난이도 ★ ★ ☆ 정답 ③

다음 중 부가가치세법에 따른 재화의 공급에 대한 설명으로 가장 올바르지 않은 것은?

① 재화의 공급은 계약상 또는 법률상의 모든 원인에 의해 재화를 인도 또는 양도하는 것으로 한다.

② 위탁매매 또는 대리인에 의한 매매를 할 때에는 위탁자 또는 본인이 직접 재화를 공급하거나 공급받은 것으로 본다. 다만, 위탁자 또는 본인을 알 수 없는 경우에는 그렇지 않다.

③ 질권·저당권 또는 양도담보의 목적으로 동산·부동산 및 부동산상의 권리를 제공하는 경우 재화의 공급으로 본다.

④ 세금계산서를 발급받지 않아 매입세액을 공제받지 못한 재화를 면세사업에 사용하는 경우에는 재화의 공급에 해당하지 않는다.

해설

- ② 위탁자를 알 수 없는 익명 거래시에는 위탁자는 수탁자에게, 수탁자는 거래상대방에게 각각 세금계산서를 발급한다
- ③ 재화를 담보로 제공하는 것은 재화의 공급으로 보지 아니한다. 담보의 제공이란 질권, 저당권 또는 양도담보의 목적으로 동산·부동산 및 부동산상의 권리를 제공하는 것을 말한다. 이는 외형상 재화의 인도가 있는 것으로 보이나 담보권자가 채권의 우선변제권을 획득하는 것일 뿐 실질적으로 재화의 소비권을 취득하는 것이 아니므로 재화의 공급으로 보지 않는 것이다.

ℹ️ 관련이론 재화의 공급으로 보지 않는 특례

담보제공	• 질권·저당권·양도담보의 목적으로 동산·부동산·부동산상의 권리를 제공하는 것
사업양도	• 사업장별로 그 사업에 관한 모든 권리와 의무를 포괄적으로 승계시키는 것(이 경우 미수금, 미지급금, 업무무관자산을 포함하지 않고 승계시킨 경우에도 그 사업을 포괄적으로 승계시킨 것으로 봄.) ◻ 세금계산서 발급X & 양수자 매입세액공제X • 다만, 사업양수시 양수자 대리납부제도에 따라 그 사업을 양수받는 자가 대가를 지급하는 때에 그 대가를 받은 자로부터 부가가치세를 징수하여 납부한 경우에는 재화의 공급으로 봄. ◻ 세금계산서 발급O & 양수자 매입세액공제O
조세의 물납	• 사업용 자산을 상속증여세법·지방세법에 따라 물납하는 것
신탁재산 소유권이전	• ㉠ 위탁자로부터 수탁자에게 신탁재산을 이전하는 경우 ㉡ 신탁의 종료로 인하여 수탁자로부터 위탁자에게 신탁재산을 이전하는 경우 ㉢ 수탁자가 변경되어 새로운 수탁자에게 신탁재산을 이전하는 경우
사용·소비·반출	• 사업자가 자기 사업과 관련하여 생산하거나 취득한 재화를 자기의 과세사업을 위하여 다음의 예시와 같이 사용하거나 소비하는 경우에는 재화의 공급으로 보지 않음. ㉠ 자기의 다른 사업장에서 원료·자재 등으로 사용·소비하기 위하여 반출하는 경우 ㉡ 자기 사업상의 기술개발을 위하여 시험용으로 사용·소비하는 경우 ㉢ 수선비 등에 대체하여 사용·소비하는 경우 ㉣ 사후무료 서비스제공을 위하여 사용·소비하는 경우 ㉤ 불량품교환·광고선전상품진열 등의 목적으로 다른 사업장으로 반출하는 경우
법률상 공매·경매·수용	• 국세징수법상 공매, 민사집행법상 경매, 도시·주거환경정비법 등에 의한 수용

신유형기출문제	간주공급(공급의제) 유형	난이도 ★ ★ ★ 정답 ②

다음 중 재화의 간주공급에 대한 설명으로 가장 올바르지 않은 것은?

① 자가공급 : 사업자가 자기의 과세사업을 위하여 취득한 재화를 자기의 면세사업을 위하여 직접 사용하는 것은 매입세액 공제만 받고 면세로 재화를 공급하는 효과가 있으므로 간주공급으로 본다.

② 개인적 공급 : 사업자가 생산한 햄세트를 종업원에게 추석 선물로 제공하는 것은 부가가치세 부담없이 재화를 개인적인 목적으로 사용하는 효과가 있으므로 금액에 상관없이 간주공급으로 본다.

③ 사업상 증여 : 사업자가 자기가 생산한 TV를 자기의 고객에게 무상으로 증여하는 것은 부가가치세 부담 없이 재화를 공급하는 효과가 있으므로 간주공급으로 본다.

④ 폐업시 잔존재화 : 사업자가 사업을 폐업할 때에 자기가 취득한 재화 중 남아 있는 재화는 부가가치세 매입세액 공제만 받고 부가가치세 부담이 없어지는 효과가 있으므로 간주공급으로 본다.

해설

• 개인적 공급은 간주공급(공급의제)으로 과세대상에 해당하나, 실비변상적이거나 복리후생목적인 다음의 경우는 재화의 공급으로 보지 않는다.

> ❏ ㉠ 사업을 위해 착용하는 작업복, 작업모 및 작업화를 제공하는 경우
> ㉡ 직장연예 및 직장문화와 관련된 재화를 제공하는 경우
> ㉢ 경조사와 관련된 재화를 제공하는 경우〈단, 1명당 연간 10만원한도〉
> ㉣ 설날·추석, 창립기념일 및 생일 등과 관련된 재화를 제공하는 경우〈단, 1명당 연간 10만원한도〉
> *○주의 ∴㉢, ㉣의 경우 10만원을 초과하는 경우 해당 초과액에 대해서는 재화의 공급으로 봄.

∴사업자가 생산한 햄세트를 종업원에게 추석 선물로 제공하는 것은 1명당 연간 10만원한도까지는 재화의 공급으로 보지 않으며, 10만원을 초과하는 경우 해당 초과액에 대해서는 재화의 공급으로 본다.

신유형기출문제　　　　　**과세대상거래 여부**　　　난이도 ★ ★ ★ 　정답 ②

다음 중 부가가치세법의 과세대상거래에 관한 설명으로 가장 올바르지 않은 것은?

① 사업자가 자기재화의 판매촉진을 위하여 거래상대자의 판매실적에 따라 일정률의 장려금품을 재화로 제공하는 것은 재화의 공급으로 본다.

② 신탁재산을 위탁자로부터 수탁자로 이전하거나 수탁자로부터 위탁자로 이전하는 경우에는 각각 재화의 공급으로 본다.

③ 사업자가 자기의 사업과 관련하여 생산하거나 취득한 재화를 수선비 등에 대체하여 사용하거나 소비하는 경우에는 재화의 공급으로 보지 않는다.

④ 사업자가 자기의 사업과 관련하여 사업장 내에서 그 사용인에게 음식용역을 무상으로 제공하는 것은 용역의 자가공급으로 보아 부가가치세를 과세하지 않는다.

해설

• ① 판매장려물품지급분은 재화의 공급(사업상증여)으로 보며 시가를 공급가액에 포함한다.

→ **비교** ㉠ 판매장려금수입액 : 공급가액에 포함치 않는다. ㉡ 판매장려금지급액 : 공급가액에서 차감하지 않는다.

② 다음과 같은 신탁재산의 소유권 이전은 재화의 공급으로 보지 않는다.

> ㉠ 위탁자로부터 수탁자에게 신탁재산을 이전하는 경우
> ㉡ 신탁의 종료로 인하여 수탁자로부터 위탁자에게 신탁재산을 이전하는 경우
> ㉢ 수탁자가 변경되어 새로운 수탁자에게 신탁재산을 이전하는 경우

③ 사업자가 자기 사업과 관련하여 생산하거나 취득한 재화를 자기의 과세사업을 위하여 다음의 예시와 같이 사용하거나 소비하는 경우에는 재화의 공급으로 보지 않는다.

> ㉠ 자기의 다른 사업장에서 원료·자재 등으로 사용·소비하기 위하여 반출하는 경우
> ㉡ 자기 사업상의 기술개발을 위하여 시험용으로 사용·소비하는 경우
> ㉢ 수선비 등에 대체하여 사용·소비하는 경우
> ㉣ 사후무료 서비스제공을 위하여 사용·소비하는 경우
> ㉤ 불량품교환·광고선전상품진열 등의 목적으로 다른 사업장으로 반출하는 경우

④ 자기의 사업을 위해 용역을 공급(예 사용인에게 음식용역 무상제공, 사용인 질병·부상을 무상치료, 다른 사업장에 용역을 공급)하는 경우 용역의 자가공급으로 보며, 단, 현행 자가공급으로 과세되는 용역을 규정하지 않고 있으므로 부가가치세를 과세하지 않고 있다.

신유형기출문제	거래형태별 공급시기	난이도 ★ ★ ★	정답 ②

다음은 제조업을 영위하는 ㈜상일의 거래내역이다. 20x1년 제2기 예정신고기간(20x1년 7월 1일 ~ 20x1년 9월 30일)의 과세표준은 얼마인가?

> (1) 20x1년 6월 5일에 제품을 반환조건부로 판매(인도)하고, 그 대금 1,500,000원을 수령함. 20x1년 7월 5일에 반환기간이 종료되어 판매가 확정됨.
> (2) 20x1년 7월 5일에 제품을 장기할부판매하고 그 대금을 7월 5일부터 20회에 걸쳐 매월 1,000,000원씩 회수하기로 약정함.
> (3) 20x1년 7월 5일에 제품을 다음의 조건으로 판매함.
>   가. 계약금 2,000,000원을 20x1년 7월 5일에 수령
>   나. 중도금 3,000,000원을 20x1년 9월 5일에 수령
>   다. 잔금 5,000,000원을 20x1년 11월 5일에 수령하고 제품을 인도

① 3,000,000원   ② 4,500,000원   ③ 8,000,000원   ④ 9,500,000원

해설

- (1) 조건부판매의 공급시기 : 조건이 성취되어 판매가 확정되는 때
  →∴공급시기가 7/5이므로 1,500,000원은 예정신고기간(7/1~9/30)의 과세표준에 포함된다.
  (2) 장기할부판매의 공급시기 : 대가의 각 부분을 받기로 한 때
  →∴공급시기가 7/5, 8/5, 9/5이므로 3,000,000원은 예정신고기간(7/1~9/30)의 과세표준에 포함된다.
  (3) 현금판매의 공급시기 : 인도되는 때
  →∴공급시기가 11/5이므로 10,000,000원은 예정신고기간(7/1~9/30)의 과세표준에 포함되지 않는다.
  →⊙주의 6월(계약금 다음날부터 인도일) 이상이 아니므로 중간지급조건부공급이 아니며, 분할 수령 전 제품인도가 아니므로 할부판매도 아니다. 단순히 선수금을 수령한 일반적인 현금판매에 해당한다.
- 예정신고기간(7/1~9/30) 과세표준 : 1,500,000 + 3,000,000 = 4,500,000

★ **저자주** 문제의 명확한 성립을 위해 누락된 단서인 '단, 거래내역의 금액은 부가가치세를 포함하지 않은 금액이다.'를 추가하기 바랍니다.

ℹ 관련이론 장기할부판매·중간지급·완성도기준지급조건부공급 <공급시기 : 대가의 각 부분을 받기로 한 때>

장기할부판매	• 할부판매란 재화를 공급하고(인도하고) 대가를 2회 이상 분할하여 지급하는 것으로 이 중 인도일 다음날부터 최종할부금지급기일까지의 기간이 1년 이상인 것을 장기할부판매라고 함. 예 차량을 1/1에 인도하고 대금을 3회 분할하여 매년 말 500만원씩 회수
중간지급조건부공급	• 계약금을 받기로 한 날의 다음 날부터 재화를 인도하는 날까지 기간이 6개월 이상으로서, 그 기간 이내에 계약금 외의 대가를 분할하여 받는 경우를 말함. 예 1/1 계약금, 5/1 중도금, 9/1 잔금받고 차량을 인도
완성도기준지급조건부공급	• 재화의 완성비율에 따라 대금을 지급받는 것을 말함. 예 선박건조대금 10억원 : 계약시 10%, 50%완성시 60%, 인도시 30% 지급약정

| 신유형기출문제 | 세금계산서 발급 일반사항 | 난이도 | ★ ★ ★ | 정답 | ④ |

다음 중 부가가치세법상 세금계산서에 관한 설명으로 가장 올바르지 않은 것은?

① 공급시기가 되기 전에 세금계산서를 발급하고 그 세금계산서 발급일부터 7일 이내에 대가를 받으면 해당 세금계산서를 발급한 때를 재화 또는 용역의 공급시기로 본다.

② 위탁판매의 경우 수탁자가 재화를 인도할 때에는 수탁자가 위탁자를 공급하는 자로 하여 세금계산서를 발급하는 것이 원칙이다.

③ 공급시기가 되기 전에 재화 또는 용역에 대한 대가의 전부 또는 일부를 받고, 이와 동시에 그 받은 대가에 대하여 세금계산서를 발급하면 그 세금계산서를 발급하는 때를 공급시기로 본다.

④ 법인사업자와 전자세금계산서 의무발급 개인사업자 외의 사업자는 전자세금계산서를 발급하고 전송할 수 없다.

해설

• 전자세금계산서의 의무발급대상자가 아닌 사업자도 원하면 전자세금계산서를 발급할 수 있다.(즉, 의무발급대상자가 아닌 개인사업자는 선택에 의해 발급가능하다.)

관련이론 세금계산서 선발급·후발급 특례

선발급 특례	• 다음의 경우 세금계산서를 발급한 때를 공급시기로 봄. ㉠ 공급시기 전에 대가의 전부·일부를 받고 세금계산서(영수증)를 발급한 경우 ㉡ 공급시기 전에 발급하고 발급일로부터 7일 이내에 대가를 받은 경우 ㉢ 공급시기 전에 발급하고 발급일로부터 7일후 대가를 받은 경우에도 다음 중 하나에 해당하는 경우 　i) 계약서 등에 대금청구시기와 지급시기를 따로 적고 그 사이의 기간이 30일 이내 　ii) 발급일이 속하는 과세기간에 재화·용역의 공급시기가 도래 • 다음의 경우에는 대가 수령여부를 불문하고 세금계산서를 발급한 때를 공급시기로 봄. ㉠ 장기할부판매로 재화를 공급하거나 장기할부조건부로 용역을 공급 ㉡ 전력이나 그 밖의 공급단위 구획불가 재화를 계속적으로 공급 ㉢ 공급단위 구획불가 용역을 계속적으로 공급
후발급 특례	• 다음의 경우 공급일이 속하는 달의 다음달 10일까지 세금계산서 발급 가능 ㉠ 거래처별로 달의 1일부터 말일까지 공급가액을 합하여 말일 자를 작성연월일로 발급 ㉡ 거래처별로 달의 1일부터 말일까지 기간 이내에서 사업자가 임의로 정한 기간의 공급가액을 합하여 그 기간 종료일을 작성연월일로 발급 ㉢ 관계증빙에 의해 실제거래사실이 확인되는 경우로서 거래일자를 작성연월일로 발급

| 신유형기출문제 | 부가가치세 가산세 | 난이도 ★ ★ ★ | 정답 ③ |

다음 중 부가가치세법상 가산세에 관한 설명으로 가장 올바르지 않은 것은?

① 예정신고와 납부에 있어서는 해당 예정신고기간에 대한 과세표준과 납부세액으로 하되 가산세는 제외한다.

② 매출처별세금계산서합계표를 제출하지 않은 경우에는 가산세가 부과되나 매입처별세금계산서합계표를 제출하지 않은 경우에는 가산세가 부과되지 않는다.

③ 전자세금계산서 발급의무자가 발급기간 내에 종이세금계산서를 발급하면 가산세가 부과되지 않는다.

④ 사업개시일부터 20일 이내에 사업자등록을 신청하지 아니한 경우에는 미등록가산세가 부과된다.

해설

- ① 확정신고시에만 적용되는 사항(=예정신고시에는 적용되지 않는 사항) : 대손세액공제, 전자신고세액공제, 가산세
- ② 매입처별세금계산서합계표의 미제출(스스로 매입세액공제를 포기)에 대하여는 가산세가 부과되지 않는다. 다만, 경정시 제출 등으로 매입세액공제를 받는 등의 법소정 사유가 있는 경우에는 가산세가 부과된다.
- ③ 전자세금계산서발급의무자가 전자세금계산서를 발급하지 않고 세금계산서 발급시기에 전자세금계산서 외의 세금계산서(에 종이세금계산서)를 발급한 경우 가산세가 부과된다.

ⓘ 관련이론 전자세금계산서 관련 가산세

지연전송	• 전자세금계산서발급명세 전송기한(=발급일의 다음 날)이 지난 후 공급시기 과세기간에 대한 확정신고기한까지 전송한 경우	공급가액×0.3%
미전송	• 전자세금계산서발급명세 전송기한(=발급일의 다음 날)이 지난 후 공급시기 과세기간에 대한 확정신고기한까지 전송하지 않은 경우	공급가액×0.5%
미발급	• 전자세금계산서발급의무자가 세금계산서 발급시기에 전자세금계산서 외의 세금계산서(에 종이세금계산서)를 발급한 경우	공급가액×1%

| 신유형기출문제 | 원가회계의 한계점 | 난이도 | ★ ★ ☆ | 정답 | ③ |

다음 중 원가회계의 한계점 등에 대한 설명으로 올바르지 않은 것은?

① 원가회계가 제공하는 정보는 화폐단위로 표시되는 계량적 자료로서, 비화폐성 정보와 질적인 정보는 제공하지 못한다.

② 원가회계는 객관적으로 측정가능한 회계자료를 기초로 수익과 비용을 인식한다. 그러나 재무회계는 경영자의 목적에 따라 다양한 회계절차를 적용해야 하는 어려움이 있다.

③ 제품의 원가는 기업이 채택하고 있는 원가회계방법에 의하여 자동적으로 계산되기 때문에 특정한 시점에서 원가회계가 모든 의사결정에 목적적합한 원가정보를 제공할 수는 없다.

④ 경영자는 어떤 의사결정을 할 때 원가회계가 제공하는 정보가 그 의사결정에 부합되는 정보인지 여부를 사전에 충분히 검토해야 한다.

해설

• 재무회계는 객관적으로 측정가능한 회계자료를 기초로 수익과 비용을 인식하며 정해진 회계절차를 적용한다. 그러나 원가회계는 경영자의 목적에 따라 다양한 회계절차를 적용해야 하는 어려움이 있다.

ℹ️ 관련이론 | 원가회계의 한계점

계량적 정보	• 원가회계가 제공하는 정보는 화폐단위로 표시되는 계량적 자료이나, 경영자가 계획을 수립하고 통제를 수행할 때는 질적인 정보와 함께 기업의 외부정보도 필요함. →원가회계는 비화폐성 정보와 질적인 정보는 제공하지 못함.
다양한 회계절차	• 재무회계는 객관적으로 측정가능한 회계자료를 기초로 수익과 비용을 인식함. →원가회계는 경영자의 목적에 따라 다양한 회계절차를 적용해야 하는 어려움이 있음.
목적적합성 불충족	• 제품의 원가는 기업이 채택하고 있는 원가회계방법에 의하여 자동적으로 계산되는 것이기 때문에 특정한 시점에서 원가회계가 모든 의사결정에 목적적합한 원가정보를 제공할 수는 없음. →따라서 경영자는 어떤 의사결정을 할 때 원가회계가 제공하는 정보가 그 의사결정에 부합되는 정보인지를 사전에 충분히 검토해야 함.
비경제적 정보생산	• 경영자는 비용과 효익을 분석하여 원가정보의 양을 적절히 정해야 하며, 특히 원가회계책임자는 비경제적인 정보생산이 일어나지 않도록 항상 유의해야 함.

신유형기출문제 | **원가의 분류와 원가종류** | 난이도 ★ ☆ ☆ | 정답 ③

원가는 경영자의 의사결정 목적에 따라 다음과 같이 여러 가지로 분류할 수 있다. 다음 중 원가 분류가 올바른 것으로 짝지어진 것은?

> ㄱ. 의사결정과의 관련성에 따른 분류
> ㄴ. 실제지출유무에 따른 분류
> ㄷ. 원가 발생시점에 따른 분류
> ㄹ. 원가의 회피가능성에 대한 분류

> A. 지출원가와 기회원가
> B. 회피가능원가와 회피불가능원가
> C. 매몰원가와 미래원가
> D. 관련원가와 비관련원가

	원가의 분류	원가 종류
①	ㄱ	A
②	ㄴ	B
③	ㄷ	C
④	ㄹ	D

해설

- ㄱ. 의사결정과의 관련성에 따른 분류 : 관련원가와 비관련원가(D)
  ㄴ. 실제지출유무에 따른 분류 : 지출원가와 기회원가(A)
  ㄷ. 원가 발생시점에 따른 분류 : 매몰원가와 미래원가(C)
  ㄹ. 원가의 회피가능성에 따른 분류 : 회피가능원가와 회피불가능원가(B)

i 관련이론 의사결정시 필요한 원가용어와 정의

의사결정 관련성	관련원가	• 대안간에 차이가 나는 미래원가〈의사결정과 관련O〉
	비관련원가	• 과거원가이거나 대안 간에 차이가 나지 않는 미래원가〈의사결정과 관련X 〉
실제지출유무	지출원가	• 미래에 현금 등의 지출을 수반하는 원가(실제지출O)
	기회원가	• 자원을 현재 용도 이외의 다른 용도에 사용할 경우 얻을 수 있는 최대금액(실제지출X)〈관련원가〉
발생시점	매몰원가	• 과거 발생한 역사적 원가로서 현재·미래에 회수불가한 원가〈비관련원가〉
	미래원가	• 미래에 발생할 원가
회피가능성	회피가능원가	• 의사결정에 따라 절약할 수 있는(피할 수 있는) 원가〈관련원가〉
	회피불능원가	• 특정대안을 선택하는 것과 관계없이 동일하게 발생하는 원가〈비관련원가〉

제1편 〔단기속성특강〕 재무회계

제2편 〔단기속성특강〕 세무회계

제3편 〔단기속성특강〕 원가관리회계

합본부록1 신유형기출문제

합본부록2 1이개년기출유형노트

신유형기출문제 | **제조기업의 원가흐름** | 난이도 ★ ★ ☆ | 정답 ①

20X1년 1월 5일에 영업을 시작한 ㈜상일은 20X1년 12월 31일에 직접재료재고 5,000원, 재공품재고 10,000원, 제품재고 20,000원을 가지고 있다. 그런데 20X2년 들어 영업실적이 부진하자 동년 6월에 재료와 재공품 재고를 남겨두지 않고 제품으로 생산한 뒤 싼 가격으로 제품을 모두 처분하고 공장을 폐쇄하였다. ㈜상일의 20X2년의 원가를 큰 순서대로 정리하면?

① 매출원가 〉 당기제품제조원가 〉 당기총제조원가
② 매출원가 〉 당기총제조원가 〉 당기제품제조원가
③ 당기총제조원가 〉 당기제품제조원가 〉 매출원가
④ 모두 금액이 같다.

해설

• 당기제품제조원가 : 당기총제조원가+기초재공품(10,000) - 기말재공품(0)
  매출원가 : 당기제품제조원가+기초제품(20,000) - 기말제품(0)
∴매출원가 〉 당기제품제조원가 〉 당기총제조원가

★ 저자주 본 문제는 회계사 기출문제로서, 재경관리사 시험에 그대로 출제되었습니다.

ℹ 관련이론 제조기업의 원가흐름

계정흐름	원재료		재공품		제품	
	기초원재료 당기매입	사용액(DM) 기말원재료	기초재공품 당기총제조원가	당기제품제조원가 기말재공품	기초제품 당기제품제조원가	제품매출원가 기말제품
당기총제조원가	• 직접재료원가(DM)+직접노무원가(DL)+제조간접원가(OH)					
당기제품제조원가	• 기초재공품+당기총제조원가 - 기말재공품					
제품매출원가	• 기초제품+당기제품제조원가 - 기말제품					

| 신유형기출문제 | 매출총이익률을 통한 기말제품 추정 | 난이도 | ★ ★ ★ | 정답 | ② |

㈜삼일의 원가자료가 다음과 같을 때 기말제품재고액은 얼마인가?

매출액	200,000원	제조간접원가	32,000원
매출총이익률	30%	기초재공품재고	25,000원
기초제품재고액	10,000원	기말재공품재고	8,000원

*직접재료원가는 기본원가의 50%이고, 직접노무원가는 가공원가의 60%이다.

① 13,000원 ② 15,000원 ③ 21,000원 ④ 28,000원

해설

• 매출총이익률을 A 라 하면, '매출원가 = 매출액 × (1 - A)' → 매출원가 : 200,000 × (1 - 30%) = 140,000

| 매출총이익률이 주어진 경우 매출원가 계산 | • 매출원가 = 매출액 × (1 - 매출총이익률) |
| 원가가산이익률이 주어진 경우 매출원가 계산 | • 매출원가 = $\dfrac{\text{매출액}}{1 + \text{원가가산이익률}}$ |

• 직접노무원가(DL)는 가공원가(DL + OH)의 60%이므로, DL = (DL + 32,000) × 60% → DL = 48,000
• 직접재료원가(DM)는 기본원가(DM + DL)의 50%이므로, DM = (DM + 48,000) × 50% → DM = 48,000
• 당기총제조원가 : 48,000(DM) + 48,000(DL) + 32,000(OH) = 128,000
• 당기제품제조원가 : 25,000(기초재공품) + 128,000(당기총제조원가) - 8,000(기말재공품) = 145,000
• 기말제품 : 10,000(기초제품) + 145,000(당기제품제조원가) - 140,000(매출원가) = 15,000

★ 고속철 실전에서는 다음의 계정에 해당액을 직접 기입하여 대차차액으로 구한다.

기초재공품	25,000	매출원가	200,000 × (1 - 30%) = 140,000
기초제품	10,000		
직접재료원가	48,000		
직접노무원가	48,000	기말재공품	8,000
제조간접원가	32,000	기말제품	?

신유형기출문제　　　　　　**준변동원가 원가함수 분석**　　　난이도 ★ ★ ☆　정답 ①

㈜삼일의 과거 원가자료를 바탕으로 총제조간접원가를 추정한 원가함수는 다음과 같다. 이에 관한 설명으로 가장 올바르지 않은 것은?(단, 조업도는 기계시간이다.)

$$y = 200,000 + 38x$$

① 200,000은 기계시간당 고정제조간접원가를 의미한다.
② x는 기계시간을 의미한다.
③ 38은 기계시간당 변동제조간접원가를 의미한다.
④ 조업도가 1,000기계시간일 경우 총제조간접원가는 238,000원으로 추정된다.

해설

• ① 200,000은 기계시간당 고정제조간접원가를 의미하는 것이 아니라 총고정제조간접원가를 의미한다.
　→조업도수준에 관계없이[조업도(x)=0인 경우에도] 일정액이 발생하는 고정원가

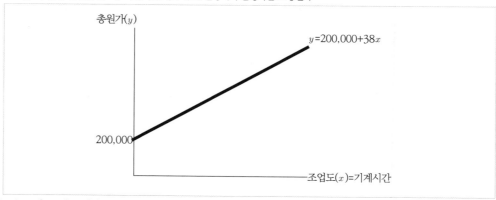

② x는 조업도로서, 독립변수(원가동인)인 기계시간을 의미한다.
③ 38은 원가함수(1차함수)의 기울기로서, 조업도단위당(=기계시간당) 변동제조간접원가를 의미한다.
④ y=200,000+38x 에서, x(조업도)에 1,000을 대입하면 y(총원가=총제조간접원가)는 238,000이 된다.

원가추정 일반사항 난이도 ★ ★ ☆ 정답 ④

다음 중 원가추정에 대한 설명으로 가장 올바르지 않은 것은?

① 원가추정의 목적은 계획과 통제 및 의사결정에 유용한 미래원가를 추정하기 위함이다.
② 원가추정은 조업도와 원가 사이의 관계를 규명하여 원가함수를 추정하는 것이다.
③ 원가추정시 원가에 영향을 미치는 요인은 조업도 뿐이라고 가정한다.
④ 원가추정시 전범위에서 단위당 변동원가와 총고정원가가 일정하다고 가정한다.

해설

• 원가행태는 관련범위 내에서 선형(직선)이라고 가정한다.(즉, 관련범위 내에서 단위당변동원가와 총고정원가가 일정)
→여기서 관련범위는 원가행태의 회계적 추정치가 타당한 조업도의 범위(현실적으로 달성할 수 있는 최대조업도와 최저조업도)를 말하며, 관련범위를 벗어나는 경우 실제로는 비선형(곡선)원가함수가 될 수도 있으므로 전 범위가 아니라 관련범위 내에서는 선형이라고 가정하는 것이다.

★ 저자주 실제로 독립변수와 종속변수간의 관계는 선형이 아닌 경우가 일반적이며, 이러한 비선형원가함수의 대표적인 예가 '학습곡선'입니다. 이는 세무사·회계사 시험수준에 해당하므로 설명은 생략합니다.

ⓘ 관련이론 원가추정 개괄

의의	• 조업도(독립변수x)와 원가(종속변수y) 사이의 관계를 규명하여 원가함수($y=a+bx$)를 추정하는 것
목적	• 계획과 통제 및 의사결정에 유용한 미래원가를 추정하기 위함. →예 원가함수($y=a+bx$)를 추정하여, 만약 x(조업도)=1,000시간일 경우 y(원가)의 계산
가정	• ㉠ 원가에 영향을 미치는 요인은 조업도뿐임. →즉, 조업도만이 유일한 독립변수임. ㉡ 원가행태는 관련범위 내에서 선형임. →즉, 관련범위 내에서 단위당변동원가와 총고정원가가 일정

| 신유형기출문제 | 원가추정방법과 장·단점 | 난이도 | ★ ★ ★ | 정답 | ② |

원가를 추정하는 방법 중 변동비와 고정비의 분류에 있어서 원가담당자의 주관이 개입될 수 있다는 단점을 가진 원가추정방법은 무엇인가?

① 공학적 분석방법　　　② 계정분석법　　　③ 고저점법　　　④ 회귀분석법

해설

• 계정분석법과 산포도법은 분석자의 주관적 판단이 개입될 수 있다는 단점이 있다.

저자주 원가추정방법에 대한 내용은 고저점법을 제외하고는 재경관리사 시험수준에 비추어 매우 지엽적인 사항에 해당합니다. 그러나 출제가 된 만큼 이하 '관련이론' 정도 참고로 숙지 바랍니다.

관련이론 원가추정방법

공학적 방법	개요	• 투입과 산출 사이의 관계를 계량적으로 분석하여 원가함수를 추정하는 방법 • 과거자료를 이용할 수 없는 경우에도 이용 가능한 유일한 방법임. 　(이하 방법은 과거자료를 이용하여 추정하는 방법임)
	장점	• 정확성이 높고, 과거의 원가자료를 이용할 수 없는 경우에도 사용가능함.
	단점	• 제조간접원가의 추정에는 적용이 어렵고, 시간과 비용이 많이 소요됨.
계정분석법	개요	• 분석자의 전문적인 판단에 따라 각 계정과목에 기록된 원가를 변동원가와 고정원가로 분석하여 추정하는 방법
	장점	• 시간과 비용이 적게 소요됨.
	단점	• 단일기간 원가자료를 이용하므로 비정상적인 상황이 반영될 수 있고, 분석자의 주관적 판단이 개입될 수 있음.
산포도법	개요	• 조업도와 원가의 실제치를 도표에 점으로 표시하고 눈대중으로 이러한 점들을 대표하는 원가추정선을 도출하여 원가함수를 추정하는 방법
	장점	• 적용이 간단하고 이해하기 쉽고, 시간과 비용이 적게 소요되며, 예비적 검토시 많이 활용될 수 있음.
	단점	• 분석자의 주관적 판단이 개입될 수 있음.
회귀분석법	개요	• 독립변수가 한 단위 변화함에 따른 종속변수의 평균적 변화량을 측정하는 통계적 방법에 의하여 원가함수를 추정하는 방법
	장점	• 객관적이고, 정상적인 원가자료를 모두 이용하며, 다양한 통계자료를 제공함.
	단점	• 통계적 가정이 충족되지 않을 경우에는 무의미한 결과가 산출될 수 있으며, 적용이 어려움.
고저점법	개요	• 최고조업도와 최저조업도의 원가자료를 이용하여 원가함수를 추정하는 방법
	장점	• 객관적이고, 시간과 비용이 적게 소요됨.
	단점	• 비정상적인 결과가 도출될 수 있으며, 원가함수가 모든 원가자료를 대표하지 못함.

| 신유형기출문제 | 고저점법에 의한 총제조원가 추정 | 난이도 ★ ★ ☆ | 정답 ③ |

㈜삼일의 월별 원가자료이다. 고저점법을 이용하여 5월달 직접노동시간이 9,500시간으로 예상된다면 총제조원가를 추정하면 얼마인가?

월별	직접노동시간	총제조원가
1월	8,000시간	1,150,000원
2월	12,000시간	1,400,000원
3월	6,000시간	500,000원
4월	4,000시간	600,000원

① 950,000원　　② 1,025,000원　　③ 1,150,000원　　④ 1,300,000원

해설

- 고저점법은 최고조업도와 최저조업도의 원가자료를 이용하여 원가함수를 추정하는 방법이다.
- 고저점법에 의한 원가함수($y = a + bx$) 추정
  - b(시간당변동원가) $= \dfrac{1,400,000 - 600,000}{12,000시간 - 4,000시간} = 100$

    →따라서, 추정함수는 $y = a + 100x$
  - 임의의 점($x = 4,000$시간, $y = 600,000$)을 '$y = a + 100x$'에 대입하면 $a = 200,000$

    →따라서, 추정함수는 $y = 200,000 + 100x$
- ∴5월달 총제조원가 추정액 : $200,000 + 100 \times 9,500시간 = 1,150,000$

★저자주 저자는 1차함수를 추정하는 본 내용을 이해할 수 없다고 호소하는 수험생을 종종 보며 난감해지곤 합니다. 중학교 1학년 수학을 다시 검토해 주시기 바랍니다.

ⓘ 관련이론 고저점법에 의한 원가함수 추정

의의	• 최고조업도와 최저조업도의 원가자료로 원가함수($y = a + bx$)를 추정
단위당변동원가 추정	• 단위당변동원가 $= \dfrac{최고조업도원가 - 최저조업도원가}{최고조업도 - 최저조업도}$
최고·최저점 선택	• 조업도를 기준으로 최고조업도, 최저조업도인 점을 선택함. ○주의 최고원가, 최저원가를 기준으로 선택하는 것이 아님.

| 신유형기출문제 | 개별원가계산의 절차 세부고찰 | 난이도 | ★ ★ ★ | 정답 | ① |

● 다음 중 개별원가계산의 절차에 관한 설명으로 가장 올바르지 않은 것은?

① 개별원가계산에서 작업원가표는 통제계정이며 재공품 계정은 보조계정이 된다.
② 원가가 작업원가표에 기재되면 동일한 금액이 재공품계정의 차변에 기록된다.
③ 제조원가 중 직접원가는 발생시점에 작업원가표에 기록된다.
④ 재료출고청구서로 생산부서에 출고된 원재료가 간접재료원가일 경우에는 제조간접원가 통제계정에 기입한다.

해설

• ① 개별원가계산에서 재공품계정은 통제계정이 되고 각각의 작업원가표는 보조계정이 된다.
→즉, 작업원가표는 재공품계정에 의해서 통제되는 보조기록인 것이다. 진행 중인 모든 작업에 대한 작업원가표는 하나의 독립된 보조원장이 되고 진행 중인 모든 작업의 작업원가표상 원가잔액의 합계액은 재공품계정의 잔액과 일치하게 된다.
② 원가가 작업원가표에 기재되면 동일한 금액이 재공품계정의 차변에 기록되며, 제품이 완성되면 그에 해당하는 작업원가가 재공품계정에서 제품계정으로 대체된다.
③ 제조원가 중 직접원가에 해당하는 재료원가와 노무원가는 발생시점에 작업원가표에 기록된다.
→그러나, 제조간접원가는 개별작업별로 직접 대응이 불가능하기 때문에 원가계산 기말에 일정한 배부기준에 의한 배부율에 의해 작업원가표에 기록된다.
④ 직접재료는 재료출고청구서에 의해 생산부서로 출고된다. 이 재료출고청구서에는 출고되는 재료의 종류, 수량, 단위당 원가 등이 기록되며, 출고된 재료가 어떤 작업지시서와 관련이 있는지 명시된다. 출고된 재료가 직접원가를 구성할 경우에는 해당 작업의 재공품계정에 바로 기입하고 간접원가일 경우에는 제조간접원가 통제계정에 기입한다.

| (차) | 재공품(직접재료원가) | xxx | (대) | 원재료 | xxx |
| | 제조간접원가(간접재료원가) | xxx | | | |

신유형기출문제 | **보조부문원가 단계배부법과 직접배부법** | 난이도 ★ ★ ★ | 정답 ④

㈜삼일은 보조부문원가를 배부하는 방법으로 단계배부법과 직접배부법을 검토하고 있다. 단계배부법을 적용하는 경우 동력부문원가부터 먼저 적용한다. 다음 설명 중 가장 옳은 것은?

구분	제조부문		보조부문	
	기계가공부문	조립부문	공장관리부문	동력부문
발생원가	64,000원	73,000원	48,000원	69,000원
공장면적	2,400㎡	1,600㎡	800㎡	500㎡
전력량	1,200kw	800kw	300kw	200kw

① 기계가공부문에 대체된 동력부문 대체액은 단계배부법이 직접배부법보다 크다.
② 기계가공부문에 대체된 공장관리부문 대체액은 직접배부법이 단계배부법보다 크다.
③ 조립부문에 대체된 동력부문 대체액은 두 방법 간에 5,400원의 차이가 있다.
④ 조립부문에 대체된 공장관리부문 대체액은 두 방법 간에 3,600원의 차이가 있다.

해설

- 공장관리부문은 공장면적, 동력부문은 전력량에 따라 배분한다.
  - 🔍주의 자가부문소비가 있는 경우 자신의 사용비율은 제외시키고 나머지 부문 사용비율로 배분한다.
  - 〈그 이유에 대하여는 저자의 FINAL '세무사·회계사 회계학(강경석 저, 도서출판 탐진) 참조!〉
- 직접배부법

	동력부문	공장관리부문	기계가공부문	조립무문
배분전원가	69,000	48,000	64,000	73,000
동력부문	(69,000)	-	$69,000 \times \dfrac{1,200}{1,200+800} = 41,400$	$69,000 \times \dfrac{800}{1,200+800} = 27,600$
공장관리부문	-	(48,000)	$48,000 \times \dfrac{2,400}{2,400+1,600} = 28,800$	$48,000 \times \dfrac{1,600}{2,400+1,600} = 19,200$
배분후원가	0	0	134,200	119,800

- 단계배부법

	동력부문	공장관리부문	기계가공부문	조립무문
배분전원가	69,000	48,000	64,000	73,000
동력부문	(69,000)	$69,000 \times \dfrac{300}{1,200+800+300}$ $=9,000$	$69,000 \times \dfrac{1,200}{1,200+800+300}$ $=36,000$	$69,000 \times \dfrac{800}{1,200+800+300}$ $=24,000$
공장관리부문	-	(57,000)	$57,000 \times \dfrac{2,400}{2,400+1,600}$ $=34,200$	$57,000 \times \dfrac{1,600}{2,400+1,600}$ $=22,800$
배분후원가	0	0	134,200	119,800

- ① 기계가공부문에 대체된 동력부문 대체액은 단계배부법(36,000)이 직접배부법(41,400)보다 작다.
- ② 기계가공부문에 대체된 공장관리부문 대체액은 직접배부법(28,800)이 단계배부법(34,200)보다 작다.
- ③ 조립부문에 대체된 동력부문 대체액은 두 방법 간에 3,600원(= 27,600 - 24,000)의 차이가 있다.
- ④ 조립부문에 대체된 공장관리부문 대체액은 두 방법 간에 3,600원(= 22,800 - 19,200)의 차이가 있다.

⭐**저자주** 본 문제는 회계사·세무사 시험에서 출제되는 '자가부문소비용역'을 포함시킨 문제로, 출제자가 재경관리사 시험내용에 대한 검토없이 시험수준을 간과하고 출제한 것으로서 충분한 검토과정과 신중한 출제가 필요하다고 사료됩니다.

| 신유형기출문제 | 종합원가계산 회계처리 | 난이도 | ★ ★ ☆ | 정답 | ④ |

종합원가계산의 회계처리에서 원가흐름을 2개의 공정을 가정하고 분개하였다. 다음 중 각 상황에 대한 분개의 예시가 가장 올바르지 않은 것은?

① 제1공정에서 원가 발생시
  (차) 재공품(1공정)　　　　xxx　(대) 재료　　　　　　　　xxx
　　　　　　　　　　　　　　　　　　미지급임금　　　　　xxx
　　　　　　　　　　　　　　　　　　제조간접원가　　　　xxx

② 제1공정에서 제2공정으로 대체시
  (차) 재공품(2공정)　　　　xxx　(대) 재공품(1공정)　　　xxx
　　　 (전공정대체원가)　　　　　　　　 (차공정대체원가)

③ 제2공정에서 원가발생시
  (차) 재공품(2공정)　　　　xxx　(대) 재료　　　　　　　　xxx
　　　　　　　　　　　　　　　　　　미지급임금　　　　　xxx
　　　　　　　　　　　　　　　　　　제조간접원가　　　　xxx

④ 제2공정에서 완성품원가의 대체시
  (차) 배분제조비　　　　　xxx　(대) 재공품(2공정)　　　xxx

해설

- 종합원가계산에서는 제조과정에서 발생한 원가를 회계처리하기 위하여 재공품계정을 설정하며, 이 경우 공정이 단순할 경우에는 하나의 재공품계정만 설정하여도 되지만 공정이 많을 경우에는 공정별로 재공품계정을 설정하여 회계처리하여야 한다.
- 제조공정이 2개인 경우 완성품원가는 다음과 같이 회계처리한다.

| 제2공정에서 완성품원가의 대체시 | (차) 제품 | xxx | (대) 재공품(2공정) | xxx |
| 제품의 매출시 | (차) 매출원가 | xxx | (대) 제품 | xxx |

제1편
[단기속성특강] 재무회계

제2편
[단기속성특강] 세무회계

제3편
[단기속성특강] 평가문제관리회계

합본부록1
신유형기출문제

합본부록2
10개년/기출오답노트

| 신유형기출문제 | 평균법·선입선출법 금액계산 비교 | 난이도 ★ ★ ★ | 정답 ④ |

㈜상일은 종합원가계산방법을 사용하고 있다. 재료는 공정초기에 전량 투입되며, 가공원가는 공정전반에 걸쳐 균등하게 발생한다. 기초재공품의 가공원가 완성도는 60%였고, 기말재공품의 가공원가 완성도는 40%였다. 다음 설명 중 가장 올바르지 않은 것은?

	물량자료	재료원가	가공원가
기초재공품	100개	20,000원	9,000원
당기착수	200개	52,000원	34,200원
당기완성량	200개		
기말재공품	100개		

① 선입선출법의 완성품환산량은 재료원가 200개, 가공원가 180개이며 기초재공품의 완성품환산량은 재료원가 100개, 가공원가 60개이다. 선입선출법 완성품환산량에 기초재공품완성품환산량을 가산하면 평균법 완성품환산량이다.
② 선입선출법의 경우 전기의 완성품환산량 단위당 원가는 재료원가 200원, 가공원가 150원이며, 당기의 완성품환산량 단위당 원가는 재료원가 260원, 가공원가 190원이다.
③ 선입선출법의 완성품에 포함된 재료원가가 평균법보다 작다.
④ 평균법의 완성품에 포함된 가공원가가 선입선출법보다 작다.

해설

• 평균법
[1단계] 물량흐름　　　　　　　　　　[2단계] 완성품환산량

		재료비	가공비
완성	200	200	200
기말	100(40%)	100	100×40%=40
	300	300	240

[3단계] 총원가요약
기초		20,000	9,000
당기발생		52,000	34,200
		72,000	43,200
[4단계] 환산량단위당원가(cost/unit)		÷300	÷240
		@240	@180

• 선입선출법
[1단계] 물량흐름　　　　　　　　　　[2단계] 완성품환산량

		재료비	가공비
기초완성	100(60%)	0	100×(1-60%)=40
당기완성	200-100=100	100	100
기 말	100(40%)	100	100×40%=40
	300	200	180

[3단계] 총원가요약
당기발생		52,000	34,200
		52,000	34,200
[4단계] 환산량단위당원가(cost/unit)		÷200	÷180
		@260	@190

• ① 기초재공품(전기작업분) 100개(60%) 자체의 완성품환산량은 재료원가 100개, 가공원가 100×60%=60개이다.
　→㉠ 재료가 : 200(선입선출법완성품환산량)+100(기초재공품완성품환산량)=300(평균법완성품환산량)
　　㉡ 가공원가 : 180(선입선출법완성품환산량)+60(기초재공품완성품환산량)=240(평균법완성품환산량)
② 선입선출법 전기 완성품환산량단위당가 →㉠ 재료원가 : 20,000÷100개=200 / ㉡ 가공원가 : 9,000÷60개=150
③ 완성품에 포함된 재료원가 →㉠ 평균법 : 200개×@240=48,000 / ㉡ 선입선출 : 20,000+100개×@260=46,000
④ 완성품에 포함된 가공원가 →㉠ 평균법 : 200개×@180=36,000 / ㉡ 선입선출 : 9,000+140개×@190=35,600

| 신유형기출문제 | 표준원가계산의 유용성과 한계 | 난이도 | ★ ☆ ☆ | 정답 | ④ |

다음 중 표준원가와 표준원가계산제도에 관한 설명으로 가장 올바르지 않은 것은?

① 표준원가란 특정제품을 생산하는데 발생할 것으로 예상되는 원가를 사전에 결정한 것이다.
② 예산수립에 사용될 수 있다.
③ 표준원가와 실제원가의 차이를 분석함으로써 효과적인 원가통제를 수행할 수 있다.
④ 계량정보와 비계량정보를 모두 포함하는 종합적인 원가계산제도이다.

해설

• 표준원가계산제도를 채택할 경우 비계량적인 정보를 무시할 가능성이 있다. 예를 들어 표준원가달성을 지나치게 강조할 경우 제품의 품질을 희생시킬 수 있고, 납품업체에 표준원가를 기초로 지나친 원가절감을 요구할 경우 관계가 악화될 수도 있다.
  →한편, 표준원가계산제도는 계량적 정보에 의해서만 성과평가가 이루어진다.

ℹ️ 관련이론 표준원가계산의 한계점

산정의 객관성 문제	• 표준원가는 사전에 과학적·통계적 방법으로 적정원가를 산정하는 것이 필수적이나, 적정원가 산정에 객관성이 보장되기 힘들고 많은 비용이 소요됨.
수시 수정 필요	• 표준원가는 한번 설정된 영구불변의 원가가 아니라 내적요소·외부환경 변화에 따라 수시로 수정을 필요로 하는 원가임. 만약, 이러한 표준원가의 적정성을 사후 관리하지 않을 경우 미래원가 계산을 왜곡할 소지가 있음.
비계량정보 무시	• 표준원가계산제도를 채택할 경우 비계량적인 정보를 무시할 가능성이 있음. 예 표준원가달성을 지나치게 강조할 경우 제품의 품질을 희생시킬 수 있고, 납품업체에 표준원가를 기초로 지나친 원가절감을 요구할 경우 관계가 악화될 수도 있음.
질적 예외사항 무시	• 예외에 의한 관리기법을 사용할 때에는 어느 정도의 예외사항을 중요한 예외사항으로 판단하여 관리할 것인가를 결정해야 하나, 이러한 예외사항에 대해서 객관적인 기준이 없을 경우 대개 양적인 정보만으로 판단하기 때문에 질적인 예외사항을 무시하기 쉬움. 또한, 중요한 예외사항에 대해서만 관심을 집중하게 되면 허용범위 내에서 발생하는 실제원가의 증감추세와 같은 중요한 정보를 간과할 수 있음.
동기부여 문제	• 예외에 의한 관리는 근로자에게 동기부여 측면에서 문제가 발생할 수 있음. 만일 성과평가가 중요한 예외사항에 의해서만 결정된다면 근로자는 자신에게 불리한 예외사항을 숨기려고 할 것이고, 원가가 크게 절감된 예외사항에 대해서 보상을 받지 못한다면 이에 대한 불만이 누적되고 동기부여가 되지 않을 수 있기 때문임.

신유형기출문제 | **직접노무원가 능률차이 발생원인** | 난이도 ★ ★ ★ | 정답 ④

다음 중 직접노무원가 능률차이에 대한 설명으로 가장 올바르지 않은 것은?

① 투입되는 재료의 품질에 따라 직접노무원가 능률차이가 발생할 수 있다.
② 생산부문 책임자의 감독소홀에 의해 직접노무원가 능률차이가 발생할 수 있다.
③ 기술 수준이 낮은 근로자를 투입했을 경우에 직접노무원가 능률차이가 발생할 수 있다.
④ 작업량 증가에 따른 초과근무 수당이 지급될 경우 직접노무원가 능률차이가 발생할 수 있다.

해설

• 작업량 증가에 따른 초과근무 수당이 지급될 경우 시간당임률이 증가되어('AP〉SP') 직접노무원가 가격차이가 발생할 수 있다.

ⓘ 관련이론 **직접노무원가 차이의 발생원인**

가격차이
발생원인
	• ㉠ 생산에 투입되는 노동력의 질에 따라 발생할 수 있음.
	  →예 저임률의 비숙련노동자가 투입되어도 될 작업에 고임률의 숙련노동자를 투입할 경우
	  ㉡ 생산부문에서 작업량의 증가에 따라 초과근무수당을 지급할 경우
	  ㉢ 노사협상 등에 의하여 임금이 상승할 경우

능률차이
발생원인
	• ㉠ 노동의 비능률적인 사용으로 인하여 발생할 수 있음.
	  →예 기술수준이 높은 근로자에 비해 기술수준이 낮은 근로자는 작업수행에 보다 많은 시간을
	     필요로 할 것이므로 능률차이가 발생하게 됨.
	  ㉡ 생산에 투입되는 원재료의 품질정도에 따라 투입되는 노동시간이 영향을 받으므로 이에 의해서
	     도 발생할 수 있음.
	  ㉢ 생산부문 책임자의 감독소홀이나 일정계획 등의 차질로 인하여 발생할 수 있음.

신유형기출문제 | **기준조업도의 개념** | 난이도 ★ ★ ★ | 정답 ②

다음 표준제조간접원가를 결정하기 위한 기준조업도와 관련된 내용 중 가장 올바르지 않은 것은?

① 기준조업도는 단순하고 이해하기 쉬워야 한다.
② 기준조업도는 물량 기준보다는 금액 기준으로 설정하는 것이 바람직하다.
③ 기준조업도와 제조간접원가의 발생 사이에는 인과관계가 존재하여야 한다.
④ 사전에 설정된 제조간접원가 예산을 기준조업도로 나누어 표준배부율을 계산한다.

해설

• ② 기준조업도는 될 수 있으면 금액보다는 물량기준으로 설정해야 한다.
  →왜냐하면 금액을 기준조업도로 사용할 경우에는 물가변동의 영향을 받기 때문이다.
• ④ 고정제조간접원가배부율$(f) = \dfrac{F(FOH예산)}{N(기준조업도)}$, 변동제조간접원가배부율$(v) = \dfrac{V(VOH예산)}{N(기준조업도)}$

참고 기준조업도란 기준조업도에서 설정한 예산투입량 단위당 표준고정제조간접원배부액을 산출하기 위하여 사용되는 조업도이다. 다시 말하면 제품에 대한 원가계산을 하기 위한 목적으로 선정되는 것이 기준조업도이다. 제품원가계산을 위한 기준조업도의 선택은 최고경영자가 내리는 판단의 문제로서 제품원가가 제품가격결정 등과 같은 경영의사결정에 크게 영향을 미치는 경우에는 기준조업도 선정에 의해 제품원가(배액)가 달라지므로 기준조업도의 선택 문제는 대단히 중요해 진다. 최근의 추세에 의하면 이론적 최대조업도, 실제적 최대조업도 보다는 정상조업도나 종합예산조업도(연간기대조업도)가 많이 선택되어지고 있다.

ⓘ 관련이론 **기준조업도 선정시 주의사항**

인과관계	• 기준조업도와 제조간접원가의 발생간에 인과관계가 존재해야 함.
물량기준	• 기준조업도는 될 수 있으면 금액보다는 물량기준으로 설정해야 한다. →왜냐하면 금액을 기준조업도로 사용할 경우에는 물가변동의 영향을 받기 때문임.
단순성	• 기준조업도는 단순하고 이해하기 쉬워야 함.

신유형기출문제 | **2분법 차이분석 구조** | 난이도 ★ ★ ☆ | 정답 ②

다음 중 2분법에 의한 제조간접원가차이 분석에 대한 설명으로 가장 옳은 것은?

① 예산차이에는 변동제조간접원가차이만이 포함되며, 조업도차이에는 고정제조간접원가차이만이 포함된다.

② 예산차이에는 변동제조간접원가차이와 고정제조간접원가차이의 일부가 포함되며, 조업도차이에는 고정제조간접원가차이의 일부만이 포함된다.

③ 예산차이에는 변동제조간접원가차이의 일부만이 포함되며, 조업도차이에는 변동제조간접원가차이의 일부와 고정제조간접원가차이가 포함된다.

④ 예산차이와 조업도차이에는 모두 변동제조간접원가차이와 고정제조간접원가차이가 포함된다.

해설

• ① 예산차이에는 고정제조간접원가차이(FOH예산차이)도 포함된다.
  ② 예산차이에는 변동제조간접원가차이(VOH소비차이/VOH능률차이)와 고정제조간접원가차이의 일부(FOH예산차이)가 포함되며, 조업도차이에는 고정제조간접원가차이의 일부(FOH조업도차이)만이 포함된다.
  ③ 예산차이에는 변동제조간접원가차이의 모두(VOH소비차이/VOH능률차이)가 포함되며, 조업도차이에는 변동제조간접원가차이는 포함되지 않는다.
  ④ 예산차이에는 모두 변동제조간접원가차이와 고정제조간접원가차이가 포함되나, 조업도차이에는 변동제조간접원가차이가 포함되지 않는다.

ℹ️ 관련이론 제조간접원가(OH) 차이분석방법〈변동제조간접원가(VOH)와 고정제조간접원가(FOH)〉

4분법	3분법	2분법	1분법
VOH소비차이	소비차이	예산차이	OH배부차이(총차이)
FOH예산차이			
VOH능률차이	능률차이		
FOH조업도차이	조업도차이	조업도차이	

| 신유형기출문제 | **원가차이의 배분방법** | 난이도 | ★ ★ ★ | 정답 | ① |

다음 중 원가차이의 배분 방법에 관한 설명으로 가장 올바르지 않은 것은?

① 매출원가조정법이란 모든 원가차이를 매출원가에 가감하는 방법으로서, 불리한 원가차이는 매출원가에 차감하고 유리한 원가차이는 매출원가에서 가산한다.

② 기타손익법은 표준은 정상적 공손이나 비능률을 감안하여 설정한 것이기 때문에 이를 벗어난 차이에 대해서는 원가성이 없다고 보는 견해이다.

③ 총원가 비례배분법은 재고자산 계정과 매출채권 계정의 총원가(기말잔액)를 기준으로 원가차이를 배분하는 방법이다.

④ 원가요소별 비례배분법은 재고자산 계정과 매출원가 계정의 원가요소를 기준으로 각 해당되는 원가요소의 원가차이를 배분하는 방법이다.

해설

• 매출원가조정법의 경우 불리한 차이는 매출원가에 가산하고 유리한 차이는 매출원가에서 차감한다.

ⓘ 관련이론 표준원가계산 원가차이 배분(조정)방법

매출원가조정법	• 모든 원가차이를 매출원가에 가감하는 방법(원가차이가 중요치 않은 경우 적용) →㉠ 불리한 차이 : 매출원가에 가산 ㉡ 유리한 차이 : 매출원가에서 차감 <table><tr><td rowspan="2">원가차이 분석</td><td>(차) 재공품(SQ×SP)</td><td>70,000</td><td>(대) 원재료(AQ×AP)</td><td>100,000</td></tr><tr><td>가격차이(불리)</td><td>40,000</td><td>능률차이(유리)</td><td>10,000</td></tr><tr><td rowspan="2">원가차이 배분</td><td>(차) 매출원가</td><td>40,000</td><td>(대) 가격차이(불리)</td><td>40,000</td></tr><tr><td>(차) 능률차이(유리)</td><td>10,000</td><td>(대) 매출원가</td><td>10,000</td></tr></table>• 모두 매출원가에서 조정되므로 재공품과 제품계정은 모두 표준원가로 계속 기록됨.
총원가비례배분법	• 재고자산(재공품, 제품)과 매출원가의 총원가를 기준으로 원가차이를 배분하는 방법
원가요소별비례배분법	• 재고자산(재공품, 제품)과 매출원가의 원가요소(DM,DL,OH)를 기준으로 각 해당하는 원가요소의 원가차이를 배분하는 방법
기타손익법 (영업외손익법)	• 모든 원가차이를 기타손익으로 처리하는 방법 →㉠ 불리한 차이 : 기타비용 ㉡ 유리한 차이 : 기타수익 • 이론적 근거는 표준은 정상적인 공손이나 비능률을 감안하여 설정되므로 이를 벗어난 차이는 원가성이 없다고 보아 별도항목인 기타손익으로 표시해야 한다는 것임.

신유형기출문제		변동원가계산의 유용성	난이도	★ ★ ☆	정답	④

다음 중 변동원가계산의 유용성에 관한 설명으로 가장 올바르지 않은 것은?

① 원가통제와 성가평가에 유용하게 활용할 수 있다.
② 고정원가가 이익에 미치는 영향을 비교적 쉽게 파악할 수 있다.
③ 이익계획과 예산편성에 필요한 CVP 관련 자료를 쉽게 확보할 수 있다.
④ 고정원가를 부문이나 제품에 배분하지 않기 때문에 부문별, 제품별 의사결정 문제에 왜곡을 초래할 수 있다.

해설

• 변동원가계산은 공통적인 고정원가를 부문이나 제품별로 배분하지 않기 때문에 부문별, 제품별 의사결정 문제에 왜곡을 초래하지 않는다.(즉, 변동원가와 고정원가가 분리되고 공헌이익도 제시되므로 증분이익 분석이 용이해져 의사결정에 유용함.)
   →반면, 전부원가계산은 공통적인 고정원가를 부문이나 제품별로 배부하기 때문에 부문별, 제품별 의사결정 문제에 왜곡을 초래할 가능성이 존재한다.

🛈 관련이론 변동원가계산의 유용성

CVP자료 확보 용이	• 이익계획과 예산편성에 필요한 CVP(원가 – 조업도 – 이익)에 관련된 자료를 변동원가계산제도에 의한 공헌손익계산서로부터 쉽게 얻을 수 있음.
이익은 판매량의 함수	• 특정기간의 이익이 생산량에 의해 영향을 받지 않음. →즉, 제품의 판매가격, 원가, 매출배합 등이 일정하다면 이익은 오직 판매량에 의해 결정되기 때문에 매출액의 변동과 동일한 방향으로 변화하게 됨.
높은 이해가능성	• 이익은 매출액과 동일한 방향으로 움직이므로 경영자의 입장에서 이해하기 쉬움.
의사결정 왜곡차단	• 공통적인 고정원가를 부문이나 제품별로 배분하지 않기 때문에 부문별, 제품별 의사결정 문제에 왜곡을 초래하지 않음.
고정원가 영향파악 용이	• 특정기간의 고정원가가 손익계산서에 총액으로 표시되기 때문에 고정원가가 이익에 미치는 영향을 쉽게 알 수 있음.
원가통제·성과평가에 유용	• 변동원가계산을 표준원가 및 변동예산과 같이 사용하면 원가통제와 성과평가에 유용하게 활용할 수 있다.

| 신유형기출문제 | **변동원가계산의 한계점** | 난이도 ★ ★ ☆ | 정답 ④ |

다음 중 변동원가계산의 한계에 관한 설명으로 가장 올바르지 않은 것은?

① 원가행태의 구분이 현실적으로 쉽지 않다.
② 일반적으로 인정된 회계원칙에 의한 외부보고용 회계정보로 활용될 수 없다.
③ 고정원가의 중요성을 간과할 수 있어 가격결정과 관련된 잘못된 의사결정을 할 수 있다.
④ 공통적인 고정원가를 부문이나 제품에 배부하므로 부문별, 제품별 의사결정 문제에 왜곡을 초래할 수 있다.

해설

• 변동원가계산은 공통적인 고정원가를 부문이나 제품별로 배분하지 않기 때문에 부문별, 제품별 의사결정 문제에 왜곡을 초래하지 않는다.(즉, 변동원가와 고정원가가 분리되고 공헌이익도 제시되므로 증분이익 분석이 용이해져 의사결정에 유용함.)
  →반면, 전부원가계산은 공통적인 고정원가를 부문이나 제품별로 배부하기 때문에 부문별, 제품별 의사결정 문제에 왜곡을 초래할 가능성이 존재한다.

ⓘ **관련이론** 변동원가계산의 한계점

고정원가 중요성 간과	• 변동원가계산만을 의사결정에 사용하면 고정원가의 중요성을 간과하기 쉬워 잘못된 의사결정을 할 수 있음. →즉, 제품의 가격은 고정원가를 회수할 수 있도록 결정되어야 하나 변동원가만을 이용하면 장기적인 가격결정에 왜곡이 생길 수 있음.
외부보고자료로 이용불가	• GAAP가 아니므로 기업회계측면의 외부보고자료로서 이용될 수 없음.
원가행태 구분의 어려움	• 변동원가계산의 기초가 되는 원가행태구분이 쉽지 않음. →즉, 전체원가 중에서 변동·고정원가를 구분해내기가 현실적으로 어려움.
비용의 변동원가화	• 장기계획에서는 거의 모든 비용들을 변동원가로 간주할 수 있음. →왜냐하면 단기적으로는 고정원가라 하더라도 장기적인 관점에서는 계획생산량에 필요한 수준으로 고정원가를 조정할 수 있기 때문임.

| 신유형기출문제 | **목표이익을 위한 매출액** | 난이도 ★ ★ ★ | 정답 ④ |

㈜삼일의 식품사업부를 총괄하는 김철수 전무는 해외식품사업부의 김영수 부장에게 총 매출액의 20%의 이익 달성을 지시하였다. 김영수 부장의 분석 결과 해외식품사업부의 변동비는 매출액의 70%, 연간 고정비는 30,000원이다. 총 매출액의 20%의 이익을 달성하기 위한 목표 매출액은 얼마인가?

① 150,000원 　　② 200,000원 　　③ 250,000원 　　④ 300,000원

해설

• 공헌이익률 : 1 - 변동비율(70%) = 30%
• 목표이익을 위한 매출액을 S라고 하면, $S = \dfrac{\text{고정원가}(30{,}000) + \text{목표이익}(S \times 20\%)}{\text{공헌이익률}(30\%)}$ 에서, $S = 300{,}000$

★ **고속철** 다음 산식에 의해 바로 계산할 수 있다. 가능한 산식을 암기할 것을 권장한다.

$$\text{목표이익률}(20\%)\text{을 위한 매출액} = \frac{\text{고정원가}}{\text{공헌이익률} - \text{목표이익률}} \rightarrow \frac{30{,}000}{30\% - 20\%} = 300{,}000$$

| 신유형기출문제 | 활동기준원가계산(ABC)의 장·단점 | 난이도 | ★ ★ ☆ | 정답 | ② |

다음 중 활동기준원가계산의 장점으로 가장 올바르지 않은 것은?

① 제조간접원가를 활동을 기준으로 배부함으로써 원가계산이 정확해진다.
② 활동분석과 원가동인의 파악에 소요되는 비용과 시간이 거의 발생하지 않는다.
③ 활동기준원가계산으로 인한 원가절감이 가능하다.
④ 활동기준원가계산은 장기적으로 회사 전체의 효율성을 향상시킨다.

해설

• 활동기준원가계산(ABC)은 활동분석과 원가동인의 파악에 소요되는 비용과 시간이 크다는 단점이 있다.

ⓘ 관련이론 활동기준원가계산의 장점과 단점

장점	• ⊙ 제조간접원가를 활동을 기준으로 배부함으로써 원가계산이 정확해짐. ⓛ 활동기준원가계산으로 인한 원가절감이 가능함. ⓒ 활동기준원가계산은 의사결정과 성과평가에 유용함. ⓔ 활동기준원가계산은 장기적으로 회사 전체의 효율성을 향상시킴. ⓜ 종전 제조간접원가 배부방법은 재무회계 목적의 원가정보만을 제공하였으나, 활동기준원가계산은 활동에 대한 정보를 제공함으로써 관리회계 목적의 정보도 제공할 수 있음.
단점	• ⊙ 활동분석과 원가동인의 파악에 소요되는 비용과 시간이 큼. ⓛ 제조간접원가 중 원가동인을 파악할 수 없는 설비유지활동(예 공장의 감독자급료, 공장 감가상각비)에 대해서는 직접노무원가, 직접노동시간, 기계시간 등과 같은 전통적 배부기준을 사용하여 배부할 수 밖에 없음. ⓒ 제조간접원가를 발생시키는 기업의 활동을 명확하게 정의하고 구분하는 기준이 존재하지 않음. ⓔ 새로운 체제로 전환하게 되면 기존 체제에 익숙한 구성원들이 반발할 수 있음.

| 신유형기출문제 | 활동기준원가계산(ABC) 활동의 구분 | 난이도 ★ ★ ★ | 정답 ① |

활동기준원가계산의 첫 번째 절차는 활동분석을 실시하여 활동을 4가지로 분류하는 것이다. 다음에서 설명하고 있는 활동중심점으로 가장 옳은 것은?

> • 제품종류에 따라 특정제품을 회사의 생산품목으로 유지하는 활동
> (예) 특정제품의 설계와 연구개발 및 A/S 활동

① 제품유지활동　　　② 배치(batch)수준활동　　　③ 단위수준활동　　　④ 설비유지활동

해설

• 제품종류에 따라 특정제품을 회사의 생산품목으로 유지하는 활동(예 특정제품 설계와 연구개발 및 A/S활동)
→제품유지활동에 대한 설명이다.

★ **저자주** 본 문제는 회계사·세무사 시험에서는 빈출되고 있는 활동원가계층구조에 대한 문제로서, 재경관리사 시험수준을 고려할 때 다소 무리한 출제로 사료됩니다. 출제가 된 만큼 가볍게 숙지 바랍니다.

ⓘ **관련이론** 활동의 구분

활동중심점(활동원가계층구조)	원가동인	추적가능한 원가
단위수준활동 〈제품생산량에 따라 비례하는 활동〉 예 직접재료원가투입활동, 동력소비활동, 직접노동활동, 기계활동 등	기계시간 노동시간 생산량	노무원가 동력원가 공장소모품
배치수준활동(묶음수준활동) 〈일정량(batch : 묶음)에 대한 생산이 이루어질 때마다 수행되는 활동〉 예 구매주문활동, 작업준비활동, 품질검사활동, 금형교환활동 등	주문횟수 검사시간 작업준비횟수	주문원가 품질검사원가 작업준비노무원가 재료취급원가
제품유지활동 〈제품종류에 따라 특정제품을 회사의 생산 품목으로 유지하는 활동〉 예 특정제품의 설계와 연구개발 및 A/S활동 등	시험횟수 시험시간 부품종류수	제품설계원가 설비시험원가 부품관리원가
설비유지활동(설비유지수준활동) 〈다양한 제품생산을 위하여 기본적인 설비유지를 위한 활동〉 예 공장관리활동, 건물임차활동, 안전유지활동 등	기계시간 노동시간 종업원수	공장감독자급여 공장감가상각비 종업원훈련원가

신유형기출문제 | **목표원가계산의 절차** | 난이도 ★ ★ ★ | 정답 ②

다음의 목표원가계산의 절차를 올바르게 나타낸 것은 무엇인가?

> ⓐ 목표원가 달성을 위한 가치공학을 수행
> ⓑ 잠재 고객의 요구를 충족하는 제품의 개발
> ⓒ 목표가격에서 목표이익을 고려하여 목표원가를 산출
> ⓓ 고객이 인지하는 가치와 경쟁기업의 가격 등을 고려하여 목표가격을 선택

① ⓐ → ⓑ → ⓒ →ⓓ   ② ⓑ → ⓓ → ⓒ →ⓐ
③ ⓒ → ⓑ → ⓐ →ⓓ   ④ ⓓ → ⓐ → ⓒ →ⓑ

해설

• 목표원가계산(Target Costing, 원가기획)은 목표가격으로부터 목표원가를 도출하고, 제조이전단계에서 가치공학 등을 수행하여 목표원가를 달성하고자 하는 원가관리기법으로 제조단계가 아닌 제조이전단계(설계·개발단계)에서의 원가절감을 강조한다.
• 목표원가계산의 절차

【1단계】	• 잠재 고객의 요구를 충족하는 제품의 개발한다.
【2단계】	• 고객이 인지하는 가치와 경쟁기업의 가격 등을 고려하여 목표가격을 선택한다.
【3단계】	• 목표가격에서 목표이익을 고려하여 목표원가를 산출한다.
【4단계】	• 목표원가 달성을 위한 가치공학(value engineering)을 수행한다. **보론** 가치공학 : R&D, 설계, 제조, 마케팅, 유통 및 고객서비스에 이르는 모든 면을 체계적으로 평가, 개선하여 고객의 요구를 충족하면서 원가를 절감하는 것

| 신유형기출문제 | 제한된 자원과 생산의 우선순위 | 난이도 ★ ★ ★ | 정답 ③ |

다음은 ㈜상일의 제품별 예산자료의 일부이다. 사용가능한 총 기계시간이 연간 300시간일 때, 이익을 극대화하기 위해서는 세 제품을 각각 몇 단위씩 생산·판매하여야 하는가?

	제품 A	제품 B	제품 C
단위당 공헌이익	200원	150원	300원
단위당 기계시간	4시간	2시간	5시간
최대 수요량(연간)	50단위	100단위	50단위

	제품 A	제품 B	제품 C
①	50단위	50단위	0단위
②	0단위	25단위	50단위
③	0단위	100단위	20단위
④	12단위	0단위	50단위

해설

- 제한된 자원이 존재할 때 제한된 자원단위당 공헌이익이 가장 큰 것을 먼저 생산해야 하므로, 제한된 자원인 기계시간당 공헌이익이 가장 큰 것을 우선적으로 생산하여야 한다.

	제품A [최대수요량 50단위]	제품B [최대수요량 100단위]	제품C [최대수요량 50단위]
단위당공헌이익	200	150	300
단위당기계시간	4시간	2시간	5시간
기계시간당 단위당공헌이익	$\frac{200}{4시간}=50$	$\frac{150}{2시간}=75$	$\frac{300}{5시간}=60$
생산우선순위	【3순위】	【1순위】	【2순위】

- 이익극대화 생산량 〈제한된 자원 : 300기계시간〉

제품	생산량	소요기계시간	공헌이익
제품B	100단위	100단위×2시간=200시간	100단위×150=15,000
제품C	20단위	20단위×5시간=100시간	20단위×300=6,000
제품A	0단위	-	-
계		300시간	21,000

★ **저자주** 회계사·세무사 시험에서는 일반적으로 '달성가능한 최대공헌이익'을 묻습니다.(정답 : 21,000)

ⓘ **관련이론** 제한된 자원의 사용

제한된 자원(제약조건)이 없을 때	• 단위당 공헌이익이 큰 제품을 생산
제한된 자원이 하나 있을 때	• 제한된 자원단위당 공헌이익이 큰 제품을 생산 →즉, 제한된 자원 한단위로 얻을 수 있는 공헌이익이 큰 제품을 생산

신유형기출문제	원가가산가격결정(회계학적 가격결정)	난이도	★ ★ ★	정답	③

다음 중 가격결정방식 중에서 원가가산가격결정방법에 대한 설명으로 가장 올바르지 않은 것은?

① 원가에 적정 이윤을 가산하여 결정하기 때문에 적정이윤을 확보할 수 있다.

② 장기적인 관점의 관련원가인 변동원가와 고정원가를 고려하여 가격을 결정한다.

③ 한계수익과 한계비용이 일치하는 점에서 제품의 판매가격이 결정되므로 기업의 이익이 극대화된다.

④ 원가를 계산하는 방법에 따라 공헌이익접근법, 전부원가접근법, 총원가접근법으로 분류된다.

해설

• 한계수익(MR)과 한계비용(MC)이 일치하는 점에서 제품의 판매가격이 결정되는 것은 경제학적 가격결정방법이다.

ⓘ 관련이론 **가격결정방법**

경제학적 가격결정		• 한계수익과 한계비용이 일치하는 점에서 기업이익이 극대화된다고 가정하므로, 최적판매가격은 한계수익과 한계비용이 일치하는 점에서 결정됨.		
원가가산 가격결정	공헌이익 접근법	• FOH와 고정판관비를 회수하고 적정이익을 얻을 수 있도록 가격을 설정		
		이익가산율	이익가산항목 ⇒	FOH/고정판관비/목표이익
			기준원가 ⇒	변동원가(DM/DL/VOH/변동판관비)
	전부원가 접근법	• 판관비를 원가부분에서 고려하는 것이 아니라 원가가산항목(이익가산항목)으로 포함시키고 적정이익을 얻을 수 있도록 가격을 설정		
		이익가산율	이익가산항목 ⇒	변동판관비/고정판관비/목표이익
			기준원가 ⇒	전부원가(DM/DL/VOH/FOH)
	총원가 접근법	• 판관비를 포함한 모든 원가를 기준원가(기초원가)에 포함시키고 원가가산항목(이익가산항목)은 목표이익만을 고려해주는 것		
		이익가산율	이익가산항목 ⇒	목표이익
			기준원가 ⇒	총원가(DM/DL/VOH/FOH/변동판관비/고정판관비)
목표(원가) 가격결정		• 시장지향적인 가격결정방법으로서, 시장에서 경쟁우위를 확보할 수 있는 목표가격(잠재고객이 기꺼이 지불할 용의가 있는 가격)을 판매가격으로 결정하는 것을 말함.		

신유형기출문제 | **유휴시설 여부와 내부대체 결정** | **난이도** ★ ★ ★ | **정답** ③

㈜삼일은 두 개의 사업부 A, B로 구성되어 있다. A사업부는 단위당 변동비가 100원인 부품을 제조하고 있는데 이를 170원에 외부에 판매할 수도 있고 B사업부에 대체할 수도 있다. B사업부가 이 부품을 외부에서 구입할 수 있는 가격은 180원이다. 회사전체의 이익극대화를 위한 B사업부의 의사결정으로 가장 옳은 것은?

① 외부에서 구입하는 경우와 A사업부에서 구입하는 경우 차이가 없다.
② 외부에서 구입하여야 한다.
③ A사업부에서 구입하여야 한다.
④ 유휴생산시설이 있으면 외부에서 구입한다.

해설

- 수요사업부(B사업부)의 최대대체가격 : 외부구매시장이 있음 →최대TP = 180
- 공급사업부(A사업부) 최소대체가격 : 외부판매시장이 있음
  ㉠ 유휴생산시설이 없는 경우 : 100 + (170 - 100) = 170

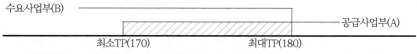

→A : '대체가격 - 170'만큼 이익, B : '180 - 대체가격'만큼 이익, 회사전체 : '180 - 170'만큼 이익
  따라서, 대체(A사업부에서 구입)
  ㉡ 유휴생산시설이 있는 경우 : 100

→A : '대체가격 - 100'만큼 이익, B : '180 - 대체가격'만큼 이익, 회사전체 : '180 - 100'만큼 이익
  따라서, 대체(A사업부에서 구입)
∴회사전체의 이익극대화를 위해 어떤 경우이든 B사업부는 A사업부에서 구입하여야 한다.

관련이론 최대·최소대체가격(TP) 계산

최대대체가격 [수요사업부]	외부구매시장 없는 경우	□ 판매가격 - 대체후단위당지출원가 →대체후단위당지출원가 = 추가가공원가 + 증분단위당고정비 + 단위당추가판매비
	외부구매시장 있는 경우	□ Min[① 외부구입가격 ② 판매가격 - 대체후단위당지출원가] ⌕주의 대체후지출없이 판매시 일반적으로 판매가>외부구입가, 즉, 최대TP=외부구입가
최소대체가격 [공급사업부]	외부판매시장 없는 경우	□ 대체시단위당지출원가 - 대체시절감원가 →대체시단위당지출원가 = 단위당변동비 + 증분단위당고정비
	외부판매시장 있는 경우	㉠ 유휴시설이 없는 경우 □ 대체시단위당지출원가 + 정규매출상실공헌이익 - 대체시절감원가 ㉡ 유휴시설이 있는 경우 □ 대체시단위당지출원가 + 타용도사용포기이익 - 대체시절감원가

신유형기출문제	대체가격(TP)결정	난이도 ★ ★ ★ 정답 ④

㈜삼일은 A, B 두 개의 사업부를 갖고 있다. 사업부 A는 부품을 생산하여 사업부 B에 대체하거나 외부에 판매할 수 있다. 완제품을 생산하는 사업부 B는 부품을 사업부 A에서 매입하거나 외부시장에서 매입할 수 있다. 사업부 A와 B의 단위당 자료는 다음과 같다. A, B 두 사업부 사이의 대체가격결정과 관련된 다음의 설명 중 가장 옳은 것은?

사업부 A		사업부 B	
부품 외부판매가격	11,000원	최종제품 외부판매가격	25,000원
변동원가	7,000원	추가변동원가	10,000원
고정원가	3,000원	고정원가	3,000원

① 사업부 A는 부품을 외부에 단위당 11,000원에 팔 수 있으므로 사업부 B에 11,000 원 이하로 공급해서는 안 된다.

② 사업부 B는 외부에서 부품을 단위당 11,000원에 매입할 수 있더라도 사업부 A로부터 부품을 단위당 12,000원 이하로 구입하면 이익을 올릴 수 있으므로 대체가격을 12,000원 이하로 결정하면 된다.

③ 사업부 A에 유휴생산시설이 없는 경우 사업부 B가 외부에서 부품을 단위당 10,000원에 매입할 수 있더라도 회사 전체의 이익을 위해서 두 사업부는 내부대체를 하여야 한다.

④ 사업부 B가 외부공급업체로부터 부품을 구입할 수 없다면 사업부 A는 유휴생산시설이 없더라도 외부판매를 줄이고 사업부 B에 부품을 공급하는 것이 회사전체의 이익에 도움이 된다.

해설

- ① 공급사업부(A)의 최소대체가격(최소TP)은 유휴시설 유무에 따라 다음과 같이 달라진다.
  - ㉠ 유휴시설이 없는 경우 최소TP : 7,000+(11,000-7,000) - 0 = 11,000
  - ㉡ 유휴시설이 있는 경우 최소TP : 7,000+0 - 0 = 7,000 →∴11,000이하도 가능
- ② 수요사업부(B)의 최대TP(외부구매시장 있음) : Min[㉠ 11,000 ㉡ 25,000-10,000] = 11,000
  공급사업부(A)의 최소TP(외부판매시장 있음) : 위 ①과 같이 11,000(or 7,000)

수요사업부(B) ──────────────────────────────
                                            ├── 공급사업부(A)
 ──
    최소TP(11,000 or 7,000)   최대TP(11,000)

→∴대체가격은 11,000(or 7,000)에서 11,000 사이에서 결정되어야 한다.

- ③ 수요사업부(B)의 최대TP(외부구매시장 있음) : Min[㉠ 10,000 ㉡ 25,000-10,000] = 10,000
  공급사업부(A)의 최소TP(외부판매시장 있음 & 유휴시설이 없음) : 7,000+(11,000-7,000) - 0 = 11,000

수요사업부(B) ──────────────┐
                                            ┌── 공급사업부(A)
 ──
    최대TP(10,000)   최소TP(11,000)

→∴회사 전체의 이익을 위해서 두 사업부는 내부대체를 하지 않는 것이 유리하다.

- ④ 수요사업부(B)의 최대TP(외부구매시장 없음) : 25,000-10,000 = 15,000
  공급사업부(A)의 최소TP(외부판매시장 있음 & 유휴시설이 없음) : 7,000+(11,000-7,000) - 0 = 11,000

수요사업부(B) ──────────────────────────────
                                            ├── 공급사업부(A)
 ──
    최소TP(11,000)   최대TP(15,000)

→∴회사 전체의 이익을 위해서 두 사업부는 내부대체를 하는 것이 유리하다.

저자주 본 문제는 세무사 기출문제로서, 금액만 일부 바꿔 재경관리사 시험에 그대로 출제되었습니다. 본 문제의 난이도는 별개로 하더라도 재경관리사 시험에는 다소 어울리지 않는 무리한 출제로 사료됩니다.

신유형기출문제 ┃ 최대·최소대체가격과 회사전체이익 ┃ 난이도 ★ ★ ★ ┃ 정답 ①

㈜상일은 A, B 두 개의 사업부를 가지고 있다. A사업부는 부품 갑을 생산하여 외부에 판매하거나 B사업부에 내부대체할 수 있다. A사업부의 연간 생산 및 판매자료는 다음과 같다.

최대생산능력	10,000개
외부수요량	7,000개
단위당 판매가격	400원
단위당 변동원가	170원

B사업부는 부품 갑을 필요한 수량만큼 외부시장에서 420원에 구입할 수 있다. 만약 A사업부가 2,000개의 부품을 B사업부에 내부대체한다면 대체수량 1개당 회사전체이익이 얼마만큼 증가 또는 감소하겠는가?

① 250원 증가 　　② 250원 감소 　　③ 270원 증가 　　④ 270원 감소

해설

• 수요사업부(B)의 최대TP(외부구매시장 있음) : 420(외부구입가)
• 공급사업부(A)의 최소TP(외부판매시장 있음 & 내부대체량이 최대생산능력 내에 있으므로 유휴생산시설이 있는 경우임) : 170(대체시 단위당지출원가=단위당변동원가)

→ ∴회사 전체의 이익을 위해서 두 사업부는 내부대체를 하는 것이 유리하다.
　　㉠ 수요사업부(B) : (최대TP - 대체가격) 만큼 이익
　　㉡ 공급사업부(A) : (대체가격 - 최소TP) 만큼 이익
　　㉢ 회사전체 : 420 - 170 = 250 만큼 1개당 이익 증가

신유형기출문제 ┃ 자본예산 일반사항 ┃ 난이도 ★ ★ ☆ ┃ 정답 ③

다음 중 자본예산에 관한 설명으로 가장 올바르지 않은 것은?

① 자본예산은 고정자산에 대한 효율적인 투자 수행을 위해 투자안의 타당성을 평가하는 기법이다.
② 자본예산은 고정자산에 대한 투자안의 현금흐름이나 이익에 미치는 영향을 평가하는 기법이다.
③ 자본예산은 기업의 장·단기적 경영계획에 바탕을 둔 장·단기투자에 관한 의사결정이다.
④ 자본예산에 의한 투자는 불확실성(경제상황, 소비자 선호, 기술진보 등)으로 인한 위험이 크다.

해설

• 자본예산은 기업의 장기적 경영계획에 바탕을 둔 장기투자에 관한 의사결정이다.

ⓘ 관련이론 ┃ 자본예산의 의의와 특징

의의	• 자본예산(capital budgeting)이란 고정자산에 대한 효율적인 투자 수행을 위해 투자안의 타당성을 평가하고 투자안의 현금흐름이나 이익에 미치는 영향을 평가하는 기법임. • 자본예산은 기업의 장기적 경영계획에 바탕을 둔 장기투자에 관한 의사결정으로서 건물 또는 생산시설에 대한 투자 등 투자에 의한 영향이 1년 이상에 걸쳐 나타남.
특징	• ㉠ 자본예산에 의한 투자는 거액의 자금이 동원되므로, 투자의 성패가 기업운명을 좌우할 수 있음. ㄴ 자본예산에 의한 투자는 장기간이 소요되므로 투자된 자금이 장기간 고정됨. ㄷ 자본예산에 의한 투자는 기업의 장기 예측에 따른 의사결정이므로 불확실성(경제상황, 소비자 선호, 기술진보 등)으로 인한 위험이 큼.

신유형기출문제 | **자본예산 분석기법별 특징** | 난이도 ★ ★ ☆ | 정답 ①

다음 중 자본예산의 분석기법에 대한 설명으로 가장 올바르지 않은 것은?

① 회계적이익률법은 현금흐름을 투자액으로 나누어 계산하여 투자안을 평가하는 방법이다.
② 순현재가치법은 기업가치의 증가분을 화폐액으로 평가하기 때문에 가치가산의 법칙이 적용된다.
③ 회수기간법에 의한 투자안의 평가는 각 투자안의 회수기간을 계산하여 회수기간이 가장 짧은 투자안을 선택하는 방법이다.
④ 내부수익률법은 복수의 내부수익률이 존재할 수 있다.

해설

- ① 회계적이익률법(연평균순이익 ÷ 연평균투자액)은 현금흐름이 아니라 회계적이익을 투자액으로 나누어 계산하여 투자안을 평가하는 방법이다.
- ② 순현재가치법(현금유입의 현재가치 – 현금유출의 현재가치)은 가치가산의 원칙이 성립한다는 장점이 있다.
  →가치가산의 원칙(value additivity principle) : 상호 독립적인 투자안 A와 B가 있을 때, 두 투자안의 결합순현재가치는 각 투자안의 순현재가치의 합과 같은 것을 말한다. →NPV(A+B) = NPV(A)+NPV(B)
- ③ 회수기간법(투자액 ÷ 연간현금유입액)은 현금유입으로 투자비용을 회수시 소요기간으로 평가하기 때문에 일반적으로(상호배타적 투자안) 회수기간이 가장 짧은 투자안을 선택하는 의사결정을 한다.
- ④ 일반적으로 내부수익률('현금유입의 현재가치=현금유출의 현재가치'로 만드는 할인율)은 하나만 존재하지만 투자기간 동안 현금의 유입과 유출이 반복되는 등의 특수한 경우에는 내부수익률이 복수 존재하게 되어 정확한 투자안 평가가 어렵다는 단점이 있다.
  [예] 최초투자액이 1,600원이며 투자시점에서 1년 후에는 10,000원의 현금유입을 얻을 수 있고 2년 후에는 10,000원의 현금유출이 있을 것으로 예측되는 경우
  →'$\frac{10,000}{(1+r)} = 1,600 + \frac{10,000}{(1+r)^2}$'로 만드는 할인율(내부수익률) r은 25%와 400% 2개이다.

신유형기출문제 | **예산의 종류** | 난이도 ★ ☆ ☆ | 정답 ①

기업은 미래의 불확실성에 대처하기 위하여 계획을 수립하며, 이러한 계획의 일부분으로서 예산을 편성한다. 예산은 다양하게 분류할 수 있는데 조업도의 변동에 따라 조정되어 작성되는 예산을 무엇이라 하는가?

① 변동예산   ② 고정예산   ③ 종합예산   ④ 운영예산

해설

- 조업도의 변동에 따라 조정되어 작성되는 예산은 변동예산이다.
  →즉, 변동예산은 일정 범위의 조업도 변동에 따라 사후에 조정되어 작성되는 예산이다.

[예시] 실제생산량이 2,500단위, 실제 단위당원가가 @10인 경우

실제	변동예산	고정예산
2,500단위	2,500단위	2,000단위
2,500단위×@10	2,500단위×@15	2,000단위×@15

비교(변동예산)
비교(고정예산)

ⓘ 관련이론 예산의 종류

예산편성대상	종합예산	• 기업전체를 대상으로 작성되는 예산으로서, 모든 부문예산을 종합한 것
	부문예산	• 기업내의 특정부문을 대상으로 작성되는 예산
예산편성성격	운영예산	• 구매·생산·판매 등의 영업활동에 대한 예산
	재무예산	• 설비투자·자본조달 등의 투자와 재무활동에 대한 예산
예산편성방법	고정예산	• 조업도의 변동을 고려하지 않고 특정조업도를 기준으로 작성되는 예산
	변동예산	• 조업도의 변동에 따라 조정되어 작성되는 예산

신유형기출문제 | **고정예산과 변동예산의 차이** | 난이도 ★ ★ ☆ | 정답 ①

다음 중 고정예산과 변동예산의 차이에 관한 설명으로 가장 옳은 것은?

① 고정예산은 특정 조업도 수준에 대하여 편성한 예산이고, 변동예산은 관련범위 내의 여러 조업도 수준에 대하여 편성한 예산이다.

② 변동예산은 변동원가만을 고려하고, 고정예산은 변동원가와 고정원가 모두를 고려한다.

③ 고정예산의 범위는 회사전체인 반면, 변동예산의 범위는 특정부서에 한정된다.

④ 변동예산에서는 권한이 하부 경영자들에게 위양되나, 고정예산에서는 그렇지 않다.

해설

- ② 변동예산과 고정예산은 동일하게 변동원가와 고정원가 모두를 고려하여 편성한다.
  ③ 고정예산은 목표달성도(효과성) 측정에 이용할 수 있으므로 이익중심점(판매부문)을 범위로 하며, 변동예산은 실제조업도에 허용된 변동예산과 실제결과를 비교하여 원가통제를 할 수 있으므로 원가중심점(생산부문)을 범위로 한다.
  ④ 고정예산은 분권적 조직에서 분권화의 이점을 최대한 활용할 수 있는 책임중심점인 이익중심점을 범위로 하므로 권한이 하부 경영자들에게 위양된다. 그러나 변동예산은 그렇지 않다.

★ **저자주** 문제의 선지 ③,④는 재경관리사 시험내용에서 벗어나므로 참고만 하기 바랍니다.

ⓘ **관련이론** 고정예산과 변동예산

고정예산 (static budget)	• 특정조업도를 기준으로 하여 사전에 수립되는 단일 예산 　→특정기간동안의 조업도(생산량)의 변화여부를 고려하지 않고 하나의 조업도수준을 기준으로 편성하는 예산 　→실제 결과는 사전에 수립된 조업도 수준에서의 예산과 비교됨. • 예산설정 기간에 예상된 특정조업도의 목표달성 정도에 대한 정보만 제공할 뿐 특정산출량에 대하여 사용된 투입량의 정도에 대한 정보를 제공하지 못함. • 통제를 위한 정보로서는 부적합하며, 경영관리적 측면에서도 큰 의미를 갖지 못함.
변동예산 (flexible budget)	• 일정 범위의 조업도 변동에 따라 사후에 조정되어 작성되는 예산 　→실제원가를 실제조업도수준의 예산원가와 비교함. • 사전에 계획된 목표의 달성정도는 물론 특정산출량에 대하여 사용된 투입량 정도에 관한 정보도 제공함. • 경영관리적 측면에서 성과평가 및 통제에 유용함. • 고정예산은 총액 개념이고, 변동예산은 단위당 개념으로 구분할 수 있음. • 변동예산과 고정예산은 동일하게 변동원가와 고정원가 모두를 고려하여 편성함. **예시** 실제생산량이 2,500단위, 실제 단위당원가가 @10인 경우 <table><tr><td>실제</td><td>변동예산</td><td>고정예산</td></tr><tr><td>2,500단위</td><td>2,500단위</td><td>2,000단위</td></tr><tr><td>2,500단위×@10</td><td>2,500단위×@15</td><td>2,000단위×@15</td></tr></table>비교(변동예산) 비교(고정예산)

| 신유형기출문제 | 종합예산 : 판매예산 | 난이도 | ★ ★ ★ | 정답 | ② |

책상을 생산해서 판매하는 ㈜삼일은 20X1년의 종합예산을 편성하고자 한다. 이를 위해 수집한 자료는 다음과 같다.

> (1) 20X0년도의 책상의 판매가격은 10,000원, 판매량은 1,000개였다. 20X1년도 판매가격은 20X0년 실질GDP 성장률 10%만큼을 인상하여 판매하고, 예상판매량도 실질GDP 성장률만큼 증가하리라 예상하고 있다.
> (2) 제품의 기말재고 수량은 당해 예상판매량의 10% 수준을 유지하도록 한다.

다음 중 ㈜삼일의 20X1년의 판매예산으로 가장 옳은 것은?

① 11,900,000원　　　② 12,100,000원　　　③ 12,400,000원　　　④ 12,600,000원

해설

• 판매예산(= 예산매출액) : (1,000개×110%)×(10,000원×110%) = 12,100,000
  →자료 '(2)'는 판매예산의 다음 단계인 생산량예산(제조예산, 기말재고예산)에 필요한 자료이므로, 판매예산을 계산시에는 현혹자료에 해당한다.

★ 저자주 종합예산의 편성 및 계산과 관련된 내용은 세무사·회계사 시험에서는 빈출되고 있는 문제에 해당하나, 재경관리사 시험수준을 고려할 때 난이도와는 별개로 다소 어울리지 않는 어색한 출제로 사료됩니다.

| 신유형기출문제 | 책임중심점과 책임범위 | 난이도 | ★ ★ ☆ | 정답 | ② |

다음 중 책임중심점과 책임범위에 대하여 잘못 짝지어진 것은?

① 원가중심점 – 통제가능한 원가
② 수익중심점 – 매출액, 매출원가
③ 이익중심점 – 수익, 원가
④ 투자중심점 – 수익, 원가, 투자 의사결정

해설

• 수익중심점은 매출액에 대해서만 통제책임을 진다.
  →수익중심점은 산출물만을 화폐로 측정하여 통제할 뿐 투입물과 산출물 모두에 의해 결정되는 이익(매출액 - 매출원가)에 대해서는 책임을 지지 않는다.

ⓘ 관련이론 책임중심점의 분류

원가중심점	• 통제가능한 원가의 발생만 책임을 지는 가장 작은 활동단위로서의 책임중심점(예 제조부문)
수익중심점	• 매출액에 대해서만 통제책임을 지는 책임중심점(예 판매부서 및 영업소) →수익중심점은 산출물만을 화폐로 측정하여 통제할 뿐 투입물과 산출물 모두에 의해 결정되는 이익에 대해서는 책임을 지지 않음. →그러나 매출액만으로 성과평가를 하게 되면 기업전체적으로 잘못된 의사결정을 야기 가능함.(불량채권의 발생, 원가절감의 경시 등 여러 가지 문제점에 노출될 수 있기 때문임.)
이익중심점	• 원가와 수익 모두에 대해서 통제책임을 지는 책임중심점 →이익중심점은 전체 조직이 될 수도 있지만 조직의 한 부분, 즉 판매부서, 각 지역(점포)단위 등으로 설정될 수도 있는데 이 경우 책임중심점이란 이익중심점을 뜻하는 것이 일반적임. →이익중심점은 수익중심점에 비해 유용한 성과평가기준이 됨. 성과평가의 기준을 이익으로 할 경우 해당 경영자는 공헌이익 개념에 의해서 관리를 수행할 것이고 이로 인해 회사전체적 입장에서 최적의 의사결정에 근접할 수 있음.
투자중심점	• 원가수익 및 투자의사결정도 책임지는 책임중심점으로 가장 포괄적 개념임. →기업이 제품별 또는 지역별로 별도의 독립적인 조직으로 분리될 정도로 규모가 커져 제품별 또는 지역별 사업부로 분권화된 경우, 이 분권화조직이 투자중심점에 해당함.

신유형기출문제 | **책임회계제도의 장점** | 난이도 ★ ★ ★ 정답 ③

다음 중 책임회계제도에 관한 설명으로 가장 올바르지 않은 것은?

① 책임회계는 분권화된 조직행태로 이루어지기 쉬운데 이 경우 신속한 의사결정 및 대응, 부문관리자 동기부여의 장점이 있다.

② 책임회계는 각 개인 및 조직단위별로 경영계획과 통제가 이루어지는 관리통제시스템의 최종단계이다.

③ 책임회계는 제품원가계산과 재무보고 목적을 위해 원가정보를 제공한다.

④ 책임회계제도는 실제 성과와 예산과의 차이를 쉽게 파악할 수 있게 해준다.

해설

• 제품원가계산과 재무보고 목적을 위해 원가정보를 제공하는 것은 책임회계가 아니라 전통적 회계이다.

ⓘ 관련이론 책임회계제도의 장점

분권화의 장점 공유	• 책임회계제도실시는 곧 권한과 책임의 위임을 의미함. 따라서 책임회계는 분권화된 조직형태로 이루어지기 쉬운데 이 경우 신속한 의사결정 및 대응, 부문관리자에의 동기부여 등 분권화 경영이 갖는 제반 장점도 갖게 됨.
관리통제의 최종단계	• 책임회계는 각 개인 및 조직단위별로 경영계획과 통제가 이루어지는 관리통제시스템의 최종단계임. 따라서 책임회계단계에서는 책임회계 이전의 단계에서 적용된 공헌이익접근법, 변동원가·표준원가계산 등의 모든 관리기법이 적용될 수 있음.
원가·수익관리의 효율성	• 전통적 회계에서는 제품원가계산과 재무보고목적을 위해 원가정보를 제공하였으나, 책임회계제도에서는 특정원가나 수익에 대해서 누가 책임져야 할 것인가를 명확히 규정하기 때문에 그 책임자로 하여금 원가와 수익의 관리를 효율적으로 수행할 수 있게 해줌.
예외에 의한 관리 가능	• 책임회계제도는 실제성과와 예산과의 차이를 쉽게 파악할 수 있게 해줌으로써 경영자가 각 개인 및 조직단위별로 발생한 차이 중 어떤 부분에 더 많은 관심과 노력을 투입해야 하는지를 쉽게 알 수 있어 예외에 의한 관리가 가능함.

| 신유형기출문제 | 사업부별 성과평가시 포함할 고정원가 | 난이도 | ★ ★ ☆ | 정답 | ④ |

사업부별 성과평가시 사업부경영자의 성과를 평가할 때 포함하여야 하는 원가는 무엇인가?

① 추적불가능한 고정원가
② 공통 고정원가
③ 통제불가능한 고정원가
④ 추적가능하고 통제가능한 고정원가

해설

• 특정사업부의 경영자에 대한 성과평가시 추적가능하고 통제가능한 원가만을 포함하는 것이 바람직하다.

ⓘ 관련이론 사업부별 성과평가 고려사항

원가구분	• 통제가능원가·통제불능원가를 반드시 구분해야 하며, 통제불능항목은 성과평가시 제외되어야 함. • 추적가능성에 따라 사업부별 추적가능고정원가와 공통고정원가로 구분하는 것이 바람직함. 고정원가의 분류		
	원가의 종류	추적가능성	통제가능성
	통제가능고정원가	**추적가능**	**통제가능**
	통제불능고정원가	추적가능	통제불능
	공통고정원가	추적불능	통제불능
	→사업부 경영자에 대한 성과평가시 추적가능하고 통제가능한 원가만을 포함하는 것이 바람직함.		
공통고정원가	• 공통고정원가란 여러 사업부에서 공통적으로 사용되는 고정원가로서 특정사업부에 추적이 불가능한 원가임.(예 본사건물 감가상각비, 회사전체적인 광고선전비, 최고경영자의 급료) →이러한 공통고정원가는 여러 사업부에서 공통적으로 사용되는 고정원가이므로 특정사업부에 부과시키거나 임의로 배분해서는 안되며 총액으로 관리해야 함.		

| 신유형기출문제 | 사업부별 성과평가측정치 | 난이도 ★ ★ ★ | 정답 ② |

다음은 ㈜삼일의 20X1년도 이익중심점으로 분류되는 A사업부의 요약손익계산서이다. A사업부 경영자의 성과평가목적에 가장 적합한 이익은 얼마인가?

공헌이익	₩1,000,000
추적가능통제가능고정원가	100,000
사업부경영자공헌이익	₩900,000
추적가능통제불능고정원가	200,000
사업부공헌이익	₩700,000
공통고정원가배분액	300,000
순이익	₩400,000

① 공헌이익 1,000,000원

② 사업부경영자공헌이익 900,000원

③ 사업부공헌이익 700,000원

④ 순이익 400,000원

해설

• 특정사업부의 경영자에 대한 성과평가시 추적가능하고 통제가능한 원가만을 포함하는 것이 바람직하다.

→사업부경영자공헌이익은 공헌이익에서 사업부경영자가 통제할 수 있는 고정원가를 차감한 것으로 사업부경영자 개인의 성과평가목적에 가장 적합한 이익개념이다.

비교 사업부의 성과평가목적에 가장 적합한 이익개념 : 사업부공헌이익

ℹ️ 관련이론 성과평가측정치로서의 이익 분류

공헌이익	• 매출액에서 변동원가를 차감한 금액으로, 목표이익달성을 위한 조업도 선택, 제품배합의 결정 등 단기적 계획설정에 유용한 이익개념 →그러나 고정원가 중 일부는 통제가능원가이고 고정원가와 변동원가의 비율을 어느 정도 조절할 수 있기 때문에 사업부경영자의 성과평가에는 유용하지 못함.
사업부경영자공헌이익	• 공헌이익에서 사업부경영자가 통제할 수 있는 고정원가를 차감한 것으로 사업부경영자의 성과평가목적에 가장 적합한 이익개념 →왜냐하면, 부문경영자가 통제가능한 모든 활동이 여기에 포함되어 있기 때문임.
사업부공헌이익	• 사업부경영자공헌이익에서 사업부가 단기적으로 통제할 수 없으나 사업부에 직접 추적 또는 배분가능한 고정원가를 차감한 것으로 사업부의 성과평가목적에 가장 적합한 이익개념 →'사업부마진'이라고도 하며, 특정사업부에서 발생한 모든 수익과 원가가 포함되기 때문에 사업부 자체의 수익성을 평가하는 데 유용함. 특히 특정사업부의 설비대체, 투자안 분석, 투자수익률분석 등 장기적 의사결정에 중요한 정보를 제공함.
순이익	• 사업부공헌이익에서 공통고정원가(추적불능/통제불능)와 법인세비용을 차감한 이익

| 신유형기출문제 | 경제적부가가치(EVA) 계산[1] | 난이도 ★ ★ ★ | 정답 ④ |

다음은 ㈜상일의 재무상태표와 포괄손익계산서 자료의 일부이다.

항목	금액	항목	금액
유동자산(영업자산)	12,000원	유동부채(무이자부채)	6,000원
비유동자산(영업자산)	8,000원	세전영업이익	4,000원

㈜상일의 가중평균자본비용 계산에 관련된 자료가 다음과 같을 때 경제적부가가치(EVA)는?(단, 법인세율은 30%이다.)

타인자본	14,000원	이자율 10%
자기자본	14,000원	자기자본비용 14%

① 600원　　　　② 840원　　　　③ 1,270원　　　　④ 1,330원

해설

- 세후영업이익 : $4,000 \times (1 - 30\%) = 2,800$
- 투하자본 : 총자산(영업자산) - 유동부채 →$(12,000 + 8,000) - 6,000 = 14,000$
- 가중평균자본비용 : $\dfrac{14,000 \times 10\%(1-30\%) + 14,000 \times 14\%}{14,000 + 14,000} = 10.5\%$
- 경제적부가가치(EVA) : $2,800 - 14,000 \times 10.5\% = 1,330$

i 관련이론 경제적부가가치(EVA) 계산

특징	- 타인자본비용(이자비용)뿐 아니라 자기자본비용(배당금)도 비용으로 고려하는 성과지표임.
	  ♀주의.∴EVA는 I/S상 순이익보다 낮음.
	  ♀주의 EVA는 비재무적측정치는 고려하지 않음.

계산산식	□ 경제적부가가치(EVA)　= 세후영업이익 - 투하자본(투자액)×가중평균자본비용 　　　　　　　　　　　　= 세후영업이익 - (총자산 - 유동부채)×가중평균자본비용 　　　　　　　　　　　　= 세후영업이익 - (비유동부채+자기자본)×가중평균자본비용 　　　　　　　　　　　　= 세후영업이익 - (순운전자본+비유동자산)×가중평균자본비용 - 가중평균자본비용 = $\dfrac{부채의시장가치 \times 부채이자율(1-t) + 자본의시장가치 \times 자기자본비용(\%)}{부채의시장가치 + 자본의시장가치}$ - 투하자본 계산시 비영업자산은 제외하며, 유동부채 계산시 영업부채가 아닌 이자발생부채인 단기차입금·유동성장기차입금 제외 **참고** 투하자본 계산시 재무상태표 도해 |	유동자산	유동부채
순운전자본 {		비유동부채	투하자본 ‖ 총자산-유동부채 ‖ 순운전자본+비유동자산
	비유동자산	자기자본	

경제적부가가치(EVA) 계산[2] 난이도 ★ ★ ★ 정답 ②

㈜삼일은 X, Y 사업부로 구성되어 있다. 각 사업부는 투자중심점으로 운영되고 있으며, 경제적부가가치로 성과평가를 받고 있다. 각 사업부의 20X1년 실제자료는 다음과 같다(단, 총자산은 모두 영업자산이며, 유동부채는 모두 무이자부채이다).

구분	X사업부	Y사업부
총 자 산	100,000원	400,000원
유동부채	20,000원	100,000원
영업이익	40,000원	80,000원

㈜삼일의 가중평균자본비용 계산과 관련된 자료는 다음과 같다.

	시장가액	자본비용
타인자본	750,000원	10%
자기자본	250,000원	20%

법인세율이 20%일 때 Y사업부의 경제적부가가치는 얼마인가?

① 30,000원　　　　② 31,000원　　　　③ 32,000원　　　　④ 33,000원

해설

- 경제적부가가치(EVA) = 세후영업이익 - (총자산 - 유동부채)×가중평균자본비용
- 세후영업이익(Y사업부) : $80,000 \times (1-20\%) = 64,000$
- 가중평균자본비용 : $\dfrac{750,000 \times 10\% \times (1-20\%) + 250,000 \times 20\%}{750,000 + 250,000} = 11\%$
- 경제적부가가치(EVA) : $64,000 - (400,000 - 100,000) \times 11\% = 31,000$
- ★ 저자주 본 문제는 회계사 기출문제로서, 재경관리사 시험에 그대로 출제되었습니다.

경제적부가가치와 영업이익 추정 난이도 ★ ★ ★ 정답 ②

㈜삼일의 분권화된 자동차 사업부는 투자중심점으로 간주된다. 자동차 사업부의 영업활동과 관련된 자료가 다음과 같을 경우 영업이익은 얼마인가?

총자산	2,000,000원
영업관련유동부채	500,000원
경제적부가가치	30,000원
영업이익	(?)원

*투하자본은 40%의 타인자본(이자율 15%)과 60%의 자기자본(자기자본비용 20%)으로 구성되어 있으며 법인세는 존재하지 않는다.

① 250,000원　　　　② 300,000원　　　　③ 350,000원　　　　④ 400,000원

해설

- 투하자본을 A 라 하면, 가중평균자본비용 : $\dfrac{0.4A \times 15\% + 0.6A \times 20\%}{0.4A + 0.6A} = 18\%$
- 경제적부가가치(30,000) = 영업이익 - (2,000,000 - 500,000) × 18% → ∴영업이익 = 300,000

10개년 동안의 서술형 기출문제에서 답으로 등장한 오답 문구를 빠짐없이 정리하여 제시함으로써 수험생들의 오답노트 작성의 수고로움을 덜도록 하였으며, 혼동할 수 있는 문구를 다시 한번 확인 및 최종 점검할 수 있도록 하였습니다. 시험 막판 손쉽게 50점 이상을 UP시킬 수 있도록 편제하였으므로 필히 숙지하여야 합니다.

재경관리사 한권으로끝장

FINAL

Certified Accounting Manager

합본부록2

10개년/기출오답노트

재무회계 기출문제오답노트

● 개념체계와 한국채택국제회계기준이 상충되는 경우에는 개념체계가 한국채택국제회계기준보다 우선한다.

  [X] : 개념체계는 회계기준이 아니다. 따라서 개념체계의 어떠한 내용도 회계기준이나 회계기준의 요구사항에 우선하지
  아니한다.
    → ∴개념체계와 한국채택국제회계기준이 상충될 경우에는 한국채택국제회계기준이 개념체계보다 우선한다.

● 기업내부의 정보이용자를 위한 회계가 재무회계이고 기업외부의 정보이용자를 위한 회계가 관리회계이다.

  [X] : 반대의 설명이다.

● 관리회계는 내부보고 보다는 외부보고에 사용된다.

  [X] : 관리회계는 외부보고 보다는 내부보고에 사용된다.

● 재무제표는 경영자 등 내부 이해관계자의 경제적 의사결정에 유용한 기업의 정보를 제공하기 위하여 작성된다.

  [X] : 재무제표는 투자자, 채권자 등 일반적인 외부이해관계자에게 경제적 의사결정에 유용한 기업의 정보를 제공하기 위
  하여 작성된다.

● 재무제표는 특정한 범주의 정보이용자에 한하여 경제적 의사결정에 유용한 기업의 정보를 제공하기 위하여 작성된다.

  [X] : 재무제표는 투자자, 채권자 등 일반적인 외부이해관계자에게 경제적 의사결정에 유용한 기업의 정보를 제공하기 위
  하여 작성된다.

● 재무회계는 의사결정을 위한 내부보고가 목적이다.

  [X] : 재무회계(X) → 관리회계(O)

● 재무회계는 재무제표를 통해 보고하며 관리회계는 일반적으로 인정된 회계원칙에 따라 정해진 양식으로 보고하여야 한다.

  [X] : 관리회계는 법적 강제력이 없으므로 일정한 양식이 없다.

● K-IFRS에는 관리회계에 대한 기준서가 존재하며, 이를 통해서 관리회계 회계처리가 이루어진다.

  [X] : 관리회계(X) → 재무회계(O)

●— 주주와 채권자는 재무정보를 필요로 하지만 종업원의 경우는 해당되지 않는다.

[X] : 종업원도 재무정보이용자(회계정보이용자)에 해당한다.

●— 종업원이 급여인상에 대한 협상을 할 때는 재무정보를 필요로 하지 않는다.

[X] : 종업원은 자신들이 회사에 기여한 생산성과 회사가 그 대가를 지급할 수 있는지의 능력을 판단하여 급여인상에 대한 협상을 한다. 또한 다른 회사로 옮기는 것이 나은지 아니면 계속 현재의 회사에서 일하는 것이 나은지에 대한 판단을 해야 할 때가 있다. 이러한 의사결정을 위해서 회사에 대한 재무적 정보를 필요로 한다.

●— 종업원이나 경영자는 외부 이해관계자가 아닌 내부 이해관계자이므로 재무정보를 필요로 하지 않는다.

[X] : 종업원은 급여인상에 대한 협상이나 이직에 대한 의사결정을 위해 회사에 대한 재무적 정보를 필요로 하며, 경영자는 필요 자금이나 미래의 성장과 같은 예측을 위해 회사의 재무적 정보를 필요로 한다.

주주	• 주주는 투자한 주식의 주가가 상승할 경우 이를 매각하여 처분이익을 얻으려고 하거나, 보유하는 동안 주식을 통해 배당을 받고자 함. →따라서, 주주는 새로운 회사에 투자할 것인가의 여부와 기존투자액을 변경 또는 유지할 것인가를 결정하기 위해서 회사의 재무적 정보를 필요로 함.
채권자	• 채권자는 회사에 자금을 빌려주고 일정기간동안 이자를 받으며 빌려준 돈을 상환받는 데 관심이 있음. →따라서, 채권자는 자금을 더 빌려줄 것인가의 여부를 결정짓고 회사의 상환능력을 평가하기 위한 재무적 정보를 필요로 함.
정부(국세청 등)	• 정부는 과세를 위한 과세표준 결정 등을 위해 회사의 재무적 정보를 필요로 함.
종업원	• 종업원은 자신들이 회사에 기여한 생산성과 회사가 그 대가를 지급할 수 있는지의 능력을 판단하여 급여인상에 대한 협상을 함. 또한 다른 회사로 이직하는 것이 나은지 아니면 계속 현재의 회사에서 일하는 것이 나은지에 대한 판단을 해야 할 때가 있음. →따라서, 이러한 의사결정을 위해서 회사에 대한 재무적 정보를 필요로 함.
경영자	• 경영자는 올바른 경영을 하기 위해서 회사가 필요로 하는 자금은 얼마인지 또한 회사가 미래에 어디까지 성장할 수 있는지를 예측하여야만 함. →따라서, 이와 같은 예측을 위해서 회사의 재무적 정보를 필요로 함.

●— 관리회계는 회계기준에 따라 지정된 형식으로 지정된 시점(보통 1년단위)에 공시가 된다.

[X] : 관리회계(X) → 재무회계(O)

- 현재 및 잠재적 투자자, 대여자 및 기타채권자에 해당하지 않는 기타 당사자들(예를 들어 감독당국)이 일반목적재무보고서가 유용하다고 여긴다면 이들도 일반목적재무보고의 주요대상에 포함된다.

  [X] : 현재 및 잠재적 투자자, 대여자 및 그 밖의 채권자는 정보를 제공하도록 직접 요구할 수 없고, 필요로 하는 정보의 많은 부분을 일반목적재무보고서에 의존해야만 한다. 따라서 그들이 주요이용자이다.
  →보고기업의 경영진도 해당 기업에 대한 재무정보에 관심이 있다. 그러나 경영진은 그들이 필요로 하는 재무정보를 내부에서 구할 수 있기 때문에 일반목적재무보고서에 의존할 필요가 없다.
  →그 밖의 당사자들, 예를 들어 규제기관(감독당국) 그리고(투자자, 대여자와 그 밖의 채권자가 아닌) 일반대중도 일반목적재무보고서가 유용하다고 여길 수 있다. 그렇더라도 일반목적재무보고서는 이러한 그 밖의 집단을 주요 대상으로 한 것이 아니다.
  ∴규정상 감독당국(규제기관), 경영진, 일반대중은 일반목적재무보고의 주요대상에 포함하지 않는다.

- 경영진은 필요로 하는 재무정보를 내부에서 구할 수 있기 때문에 의사결정을 위하여 일반목적재무보고서에 의존한다.

  [X] : 경영진은 필요로 하는 재무정보를 내부에서 구할 수 있기 때문에 일반목적재무보고서에 의존할 필요가 없다.

- 보고기업의 경영진도 해당 기업에 대한 재무정보에 관심이 있기 때문에 일반목적재무보고서에 의존할 필요가 있다.

  [X] : 경영진은 필요로 하는 재무정보를 내부에서 구할 수 있기 때문에 일반목적재무보고서에 의존할 필요가 없다.

- 일반목적재무보고서는 미래의 현금흐름에 대한 예측이 반영된 재무정보를 제공한다.

  [X] : 과거 현금흐름이 반영된 재무성과에 관한 정보의 제공을 통해 기업의 미래 순현금유입 창출 능력을 평가하는데 도움이 되는 것이며, 미래의 현금흐름에 대한 예측이 이미 반영된 재무정보를 제공하는 것은 아니다.

- 국제회계기준은 규정중심의 회계기준으로 상세하고 구체적인 회계처리방법을 제시한다.

  [X] : 원칙중심의 회계기준이다.

- 한국채택국제회계기준은 재무제표의 구체적인 양식이나 계정과목을 정형화하고 있다.

  [X] : 한국채택국제회계기준은 상세하고 구체적인 회계처리 방법을 제시하지 않는 원칙중심의 회계기준이다.
  →회계처리, 재무제표의 구체적인 양식이나 계정과목을 정형화하지 않고 다양성과 재량을 부여한다.

- 모든 기업의 재무상태표는 통일양식으로 작성된다.

  [X] : 기업마다 재무상태표의 양식을 재량적으로 결정 가능하다.

●— 국제회계기준은 개별재무제표를 기본 재무제표로 제시하고 있다.

[X] : 국제회계기준은 연결재무제표를 기본 재무제표로 제시하고 있다.

●— 국제회계기준을 적용한 후 주석공시 양이 줄어들었다.

[X] : 국제회계기준은 공시강화가 특징이므로 적용 후 주석공시 양이 증가하였다.

●— 국제회계기준은 원칙적으로 자산·부채에 대해 공정가치 측정을 할 수 없다.

[X] : 원칙적으로 공정가치로 측정할 것을 요구하고 있다.

●— 국제회계기준의 도입으로 회계정보의 국제적 비교가능성이 제고된 반면 재무제표에 대한 신뢰성은 낮아졌다.

[X] : 통일된 회계기준에 의하여 재무제표가 작성되므로 회계정보의 국제적 비교가능성은 물론 재무제표에 대한 신뢰성도 증가되었다.

●— 목적적합성과 표현충실성은 보강적 질적특성에 해당한다.

[X] : 보강적 질적특성(X) → 근본적 질적특성(O)

●— 재무정보가 과거 평가에 대해 피드백을 제공, 즉 확인하거나 변경시킨다면 예측가치를 가진다.

[X] : 예측가치(X) → 확인가치(O)

●— 정보가 예측가치를 지니기 위해서는 그 자체가 예측치이어야 한다.

[X] : 정보가 예측가치를 가지기 위해서는 그 자체가 예측치일 필요는 없다.

●— 거래 성격별 정보의 중요성 기준은 산업의 특유한 측면을 반영하여 회계기준 상에 명시되어 있다.

[X] : 중요성에 대한 획일적인 계량 임계치를 정하거나 특정한 상황에서 무엇이 중요한 것인지를 미리 결정할 수 없다. 즉, 중요성은 기업마다 다르므로 회계기준위원회가 사전에 규정할 수 없다.

●— 표현충실성은 모든 면에서 정확한 것을 의미한다.

[X] : 표현충실성은 모든 면에서 정확한 것을 의미하지는 않는다.[개념체계 문단2.18]

●── 오류가 없다는 것은 보고 정보를 생산하는데 사용되는 절차의 선택과 적용시 절차상 오류가 없음을 의미하며, 모든 면에서 완벽하게 정확하다는 것을 의미한다.

[X] : 오류가 없다는 것은 모든 면에서 완벽하게 정확하다는 것을 의미하지는 않는다.

●── 적시성과 이해가능성은 근본적 질적특성에 해당한다.

[X] : 근본적 질적특성(X) → 보강적 질적특성(O)

●── 정보는 오래될수록 유용성이 떨어지므로 보고기간 말 후에는 적시성이 사라지게 된다.

[X] : 일부 정보이용자는 추세를 식별하고 평가할 필요가 있을 수 있기 때문에, 일부 정보는 보고기간 말 후에도 오랫동안 적시성이 있을 수 있다.

●── 분·반기재무제표를 작성·공시하는 것은 재무제표의 근본적 질적특성을 충족시키기 위한 것이다.

[X] : 분·반기재무제표를 작성하여 공시하는 것은 보강적 질적특성의 적시성에 해당한다.

●── 보강적 질적특성은 가능한 극대화 되어야 하며 근본적 질적특성의 극대화를 위해 감소되거나 포기될 수 없다.

[X] : 보강적 질적특성은 가능한 한 극대화되어야 한다. 그러나 보강적 질적특성은 정보가 목적적합하지 않거나 나타내고자 하는 바를 충실하게 표현하지 않으면, 개별적으로든 집단적으로든 그 정보를 유용하게 할 수 없다. 한편, 보강적 질적특성을 적용하는 것은 어떤 규정된 순서를 따르지 않는 반복적인 과정이며, 때로는 하나의 보강적 질적특성이 다른 질적 특성의 극대화를 위해 감소되어야 할 수도 있다.

●── 재무정보가 제공되기 위해서는 해당 정보 보고의 효익이 관련 원가를 정당화할 수 있어야 하는 것은 아니다.

[X] : 원가는 재무보고로 제공될 수 있는 정보에 대한 포괄적 제약요인이다. 재무정보의 보고에는 원가가 소요되고, 해당 정보 보고의 효익이 그 원가를 정당화한다는 것이 중요하다.

●── 재무상태 측정에 가장 관련이 되는 요소는 수익, 비용, 이익이다.

[X] : 재무상태 관련요소는 자산, 부채, 자본이다.

●── 재무상태에 관한 정보는 주로 포괄손익계산서, 성과에 관한 정보는 재무상태표에서 얻을 수 있다.

[X] : 재무상태에 관한 정보는 주로 재무상태표, 성과에 관한 정보는 포괄손익계산서에서 얻을 수 있다.

● 특정시점의 재무상태는 어디까지나 과거사건에 대한 기록이므로 이를 통해 미래현금창출능력을 예측하기는 어렵다.

[X] : 미래현금창출능력을 예측하기는 어렵다.(X) → 미래현금창출능력을 예측할 수 있다.(O)

● 기업의 수익성과 관련된 정보는 추가적인 자원을 효과적으로 동원할 수 있는지 판단하는데 유용하지 않다.

[X] : 판단하는데 유용하지 않다.(X) → 판단하는데 유용하다.(O)

● 자산은 과거사건의 결과로 기업이 경제적 자원을 이전해야 하는 현재의무이다.

[X] : 부채의 정의에 대한 설명이다.

● 부채는 과거사건의 결과로 기업이 통제하는 현재의 경제적 자원이다.

[X] : 자산의 정의에 대한 설명이다.

● 증여받은 재화는 관련된 지출이 없으므로 자산으로 인식할 수 없다.

[X] : 지출의 발생과 자산의 취득은 밀접하게 관련되어 있으나 양자가 반드시 일치하는 것은 아니다.

● 지출이 발생하였으나 당해 회계기간 후에 관련된 경제적 효익이 기업에 유입될 가능성이 높지 않다고 판단되는 경우에는 재무상태표에 우발자산을 인식한다.

[X] : 지출이 발생하였으나 당해 회계기간 후에 관련된 경제적 효익이 기업에 유입될 가능성이 높지 않다고 판단되는 경우에는 재무상태표에 자산으로 인식하지 아니하며, 대신에 그러한 거래는 포괄손익계산서에 비용으로 인식한다.

● 현행원가는 기업이 부채를 이행할 때 이전해야 하는 현금이나 그 밖의 경제적자원의 현재가치이다.

[X] : 현행원가(X) → 이행가치(O)

● 이행가치는 기업이 부채를 이행할 때 이전해야 하는 현금이나 그 밖의 경제적자원의 할인하지 아니한 금액이다.

[X] : 할인하지 아니한 금액(X) → 현재가치(O)

● 한국채택국제회계기준 개념체계는 계속기업과 발생주의를 기본가정으로 하고 있다.

[X] : K-IFRS는 계속기업을 유일한 기본가정으로 규정하고 있다.

● 기업이 경영활동을 청산할 의도나 필요성이 있더라도 계속기업의 가정에 따라 재무제표를 작성한다.

　　[X] : 청산할 의도나 필요가 있다면 계속기업과는 다른 기준에 따라 작성되어야 한다.

● 모든 재무제표는 발생기준회계를 사용하여 작성한다.

　　[X] : 현금흐름정보를 제외하고는 발생기준 회계를 사용하여 재무제표를 작성한다.

● 재무상태표 작성과 관련하여 중요하지 않은 항목이더라도 성격이나 기능이 유사한 항목끼리 통합하여 표시할 수 없다.

　　[X] : 중요치 않은 항목은 성격이나 기능이 유사한 항목과 통합하여 표시할 수 있다.

● 재무제표 본문과 주석에 적용하는 중요성의 기준은 항상 일치하여야 한다.

　　[X] : 재무제표와 주석에 적용하는 중요성의 기준은 다를 수 있다.
　　　→즉, 재무제표에는 중요하지 않아 구분하여 표시하지 않은 항목이라도 주석에서는 구분 표시해야 할 만큼 충분히 중요할 수 있다.

● 자산·부채 및 자본은 상계하여 순액에 의하여 기재함을 원칙으로 한다.

　　[X] : 총액기재가 원칙이다.

● 재무제표 표시와 관련하여 매출채권에 대한 대손충당금을 차감하여 순액으로 표시하는 것은 상계표시에 해당한다.

　　[X] : K-IFRS에서 요구하거나 허용하지 않는 한 자산과 부채 그리고 수익과 비용은 상계하지 아니한다.
　　　→ 단, 재고자산에 대한 재고자산평가충당금과 매출채권에 대한 대손충당금과 같은 평가충당금을 차감하여 관련 자산을 순액으로 측정하는 것은 상계표시에 해당하지 아니한다.

● 재무상태표에는 가지급금이나 가수금 등 미결산항목이 표시될 수 있으나, 이러한 임시계정은 주석으로 공시해야 한다.

　　[X] : 재무상태표에는 가지급금이나 가수금 등 미결산항목이 표시될 수 없다.

● 재무상태표에 포함될 항목은 세부적으로 명시되어 있으며, 기업의 재량에 따라 추가 또는 삭제하는 것은 허용되지 않는다.

　　[X] : 기업마다 재무상태표의 양식 및 재무상태표에 포함할 항목 등을 재량적으로 결정가능하다.

● 재무상태표의 형식이나 계정과목순서에 대해서 강제규정을 두고 있다.

　　[X] : 기업마다 재무상태표의 양식 및 재무상태표에 포함할 항목 등을 재량적으로 결정가능하다.

●── 재무상태표를 작성할 때 반드시 유동성배열법을 사용하여야 한다.

[X] : 유동성 순서에 따른 표시방법(=유동성배열법)이 신뢰성 있고 더욱 목적적합한 정보를 제공하는 경우를 제외하고는 유동자산과 비유동자산, 유동부채와 비유동부채로 재무상태표에 구분하여 표시(=유동성·비유동성 구분법)한다.

●── 보고기간 현재의 결제기간이 12개월 이내의 장기차입금에 대해 보고기간후 재무제표 발행승인일 전에 지급기일을 장기로 재조정하는 약정이 체결되었다면 비유동부채로 분류한다.

[X] : 보고기간후 재무제표발행승인일 전에 지급기일 장기 재조정약정이 체결되었더라도, 보고기간일 현재 기준으로 12개월 이내에 결제일이 도래하면 유동부채로 분류한다.

●── 포괄손익계산서 작성시 법인세비용은 꼭 표시하여야 하는 것은 아니며 중요하다고 생각되는 경우 표시하여야 하는 항목이다.

[X] : K-IFRS에서는 수익, 금융원가, 법인세비용 등을 포괄손익계산서에 반드시 포함하도록 규정하고 있다.(즉, 표시하여야 하는 최소한의 항목으로 수익, 금융원가, 법인세비용 등이 있다.)

●── 한국채택국제회계기준은 비용을 기능별 분류만 규정하고 있다.

[X] : 비용의 성격별 또는 기능별 분류방법 중에서 신뢰성 있고 더욱 목적적합한 정보를 제공할 수 있는 방법을 적용하여 표시한다.

●── 포괄손익계산서에서 비용을 표시할 때 반드시 기능별로 분류하여 표시한다.

[X] : 성격별 또는 기능별 분류방법 중에서 선택 적용한다.

●── 비용을 성격별로 분류하여 손익계산서를 작성한 기업은 비용의 기능별 배부에 대한 내용을 주석에 추가적으로 공시하여야 한다.

[X] : 비용을 기능별로 분류하는 기업은 감가상각비, 기타 상각비와 종업원급여비용을 포함하여 비용의 성격에 대한 추가 정보를 공시한다.[K-IFRS 제1001호 문단104]

●── 기타포괄손익 항목은 관련 법인세 효과를 차감한 순액으로 표시해야만 한다.

[X] : 기타포괄손익 구성요소는 다음 중 한 가지 방법으로 표시할수 있다.

> ① 관련 법인세효과를 차감한 순액으로 표시
> ② 법인세효과 반영전 금액으로 표시하고, 법인세효과는 단일금액으로 합산표시

● 주석은 특수한 형태의 재무제표로서 재무보고를 위한 개념체계의 적용을 받지 아니한다.

> [X] : 주석은 특수한 형태의 재무제표가 아니라 일반적인 재무제표 중의 하나이므로, 동일하게 재무보고를 위한 개념체계의 적용을 받는다.

● 수정을 요하는 보고기간후사건이란 보고기간 후에 발생한 상황을 나타내는 사건을 말한다.

> [X] : 수정을 요하는 보고기간후사건이란 보고기간말에 존재하였던 상황에 대해 증거를 제공하는 사건을 말한다.(수정을 요하지 않는 보고기간후사건 : 보고기간 후에 발생한 상황을 나타내는 사건)

● 수정을 요하는 보고기간후사건이란 재무제표 발행 승인일 후에 발생한 상황을 나타내는 사건을 말한다.

> [X] : 수정을 요하는 보고기간후사건이란 보고기간말에 존재하였던 상황에 대해 증거를 제공하는 사건을 말한다.(수정을 요하지 않는 보고기간후사건 : 보고기간 후에 발생한 상황을 나타내는 사건)

● 보고기간후사건이란 보고기간말과 재무제표 발행승인일 사이에 발생한 유리한 사건만을 말한다.

> [X] : 유리하거나 불리한 사건을 말한다.

● 보고기간말 이전에 계류중인 소송사건이 보고기간후에 확정되어 금액수정을 요하는 경우 재무제표의 수정이 불필요하다.

> [X] : 재무제표를 수정할 필요가 있는 사건에 해당한다.

● 투자자산의 시장가치가 하락한 경우는 수정을 요하는 보고기간 후 사건이다.

> [X] : 보고기간말과 재무제표 발행승인일 사이에 투자자산의 공정가치(시장가치) 하락은 수정을 요하지 않는 보고기간후사건의 대표적인 사례에 해당한다.
> → 공정가치의 하락은 일반적으로 보고기간말의 상황과 관련된 것이 아니라 보고기간 후에 발생한 상황이 반영된 것이므로, 그 투자자산에 대해서 재무제표에 인식된 금액을 수정하지 아니한다.

● 보고기간 후에 배당을 선언한 경우, 그 배당금을 보고기간말의 부채로 인식한다.

> [X] : 그 배당금을 보고기간말의 부채(미지급배당금)로 인식하지 아니한다. 따라서, 보고기간말 재무상태표 이익잉여금은 이익잉여금금처분전의 재무상태를 표시한다.

● 보고기간후에 기업의 청산이 확정되었더라도 재무제표는 계속기업의 기준에 기초하여 작성하고 청산관련 내용을 주석에 기재한다.

> [X] : 보고기간 후에 기업의 청산이 있는 경우 계속기업의 기준하에 재무제표를 작성해서는 안되며, 이 경우 이를 공시한다.

● 보고대상기간 중에 아무런 거래도 존재하지 않았다면 지배기업과 종속기업 사이의 관계에 대한 공시는 생략할 수 있다.

[X] : 지배기업과 그 종속기업 사이의 관계는 거래의 유무에 관계없이 공시한다.

● 특수관계자와의 거래가 없을 때는 특수관계에 대한 주석기재를 생략할 수 있다.

[X] : 특수관계자거래가 없더라도 특수관계 자체가 기업의 당기순손익과 재무상태에 영향을 줄 수 있다. 지배기업과 그 종속기업 사이의 관계는 거래의 유무에 관계없이 공시한다.

● 특수관계자 공시에 있어 최상위 지배자와 지배기업이 다른 경우에는 최상위 지배자의 명칭은 공시하지 않는다.

[X] : 최상위 지배자와 지배기업이 다른 경우에는 최상위 지배자의 명칭도 공시한다.

● 특수관계자 공시에 있어 최상위 지배자와 지배기업이 다른 경우에는 최상위 지배자의 명칭만 공시한다.

[X] : 최상위 지배자의 명칭만 공시한다.(X) → 최상위 지배자의 명칭도 공시한다.(O)

● 특수관계자 공시에 있어 주요 경영진 보상에 관해서는 주식기준보상액만 공시한다.

[X] : 주요 경영진에 대한 보상의 총액과 분류별 금액(단기종업원급여, 퇴직급여, 기타장기급여, 해고급여, 주식기준보상)을 공시한다.

● 특수관계자 공시에 있어 주요 경영진에 대한 보상에는 단기종업원급여와 퇴직급여만을 포함한다.

[X] : 주요 경영진에 대한 보상에는 단기종업원급여, 퇴직급여, 기타장기급여, 해고급여, 주식기준보상을 포함한다.

● 특수관계자와의 거래가 있는 경우의 주석공시는 거래 금액에 대한 정보만 기재하면 된다.

[X] : 특수관계자거래가 있는 경우, 기업은 이용자가 재무제표에 미치는 특수관계의 잠적 영향을 파악하는 데 필요한 거래, 약정을 포함한 채권·채무잔액에 대한 정보뿐만 아니라 특수관계의 성격도 공시한다.

● 당해기업과 통상적인 업무관계를 맺고 있는 자금제공자는 당해기업의 특수관계자이다.

[X] : 기업과 단순히 통상적인 업무 관계를 맺고 있는 자금제공자, 노동조합, 공익기업 그리고 보고기업에 지배력, 공동지배력 또는 유의적인 영향력이 없는 정부부처와 정부기관(기업 활동의 자율성에 영향을 미치거나 기업의 의사결정과정에 참여할 수 있다 하더라도 상관없음)은 특수관계자가 아니다.

●─ 보고기업에 유의적인 영향력을 행사할 수 있는 개인은 보고기업과 특수관계자가 아니다.

[X] : 개인의 경우 다음 중 어느 하나에 해당한다면 보고기업과 특수관계가 있는 것으로 본다.

> ㉠ 보고기업에 지배력 또는 공동지배력이 있는 경우
> ㉡ 보고기업에 유의적인 영향력이 있는 경우
> ㉢ 보고기업 또는 그 지배기업의 주요 경영진의 일원인 경우

●─ 중간재무보고서는 당해 회계연도 누적기간을 직전 연차보고기간 말과 비교하는 형식으로 작성한 재무상태표를 포함하여야 한다.

[X] : 당해 회계연도 누적기간(X) → 당해 중간보고기간말(O)

●─ 중간재무보고서의 포괄손익계산서는 당해 중간보고기간말과 직전 연차보고기간말을 비교하는 형식으로 작성한다.

[X] : 포괄손익계산서는 중간기간과 누적기간을 직전회계연도의 동일기간과 비교하는 형식으로 작성한다.

●─ 특정 중간기간에 보고된 추정금액이 최종 중간기간에 중요하게 변동하였지만 최종 중간기간에 대하여 별도의 재무보고를 하지 않는 경우 추정의 변동내용과 금액을 해당 회계연도의 연차재무제표에 주석으로 공시되지 않는다.

[X] : 추정의 변동내용과 금액을 해당 회계연도의 연차재무제표에 주석으로 공시한다.

●─ 정상영업과정에서 단기간에 판매키 위해 보유하고 있는 토지는 투자부동산으로 분류한다.

[X] : 재고자산으로 분류한다.

●─ 정상영업과정에서 단기간에 판매키 위해 보유하고 있는 토지는 투자부동산으로 분류한다.

[X] : 투자부동산(X) → 재고자산(O)

●─ 재고자산의 취득원가와 관련하여 매입시 발생한 매입운임은 당기비용으로 처리하며, 판매시 발생한 판매비용은 매입가격에 가산한다.

[X] : 매입운임은 매입원가에 가산하며, 판매비용은 판매비와관리비로 처리한다.

●─ 재고자산 구입후 상품의 하자로 인해 매입대금을 할인받는 경우 항상 당기수익으로 인식한다.

[X] : 매입에누리(재고자산 구입후 상품의 하자로 인해 매입대금을 할인받는 경우)는 매입원가를 결정할 때 차감한다.

●─ 재고자산의 매입할인, 리베이트 및 기타 유사한 항목은 매입원가를 결정할 때 차감하지 않는다.

[X] : 매입할인, 리베이트 및 기타 유사한 항목은 매입원가를 결정할 때 차감한다.

●— 재료원가나 노무원가 중 비정상적으로 낭비된 부분도 취득에 필요한 부대비용으로 보고 재고자산의 취득원가에 포함한다.

  [X] : 발생기간의 비용으로 처리한다.

●— 재료원가, 노무원가 및 기타 제조원가 중 비정상적으로 낭비된 부분과 후속 생산단계에 투입하기 전에 보관이 필요한 경우 이외에 발생하는 보관원가도 취득원가에 산입한다.

  [X] : 발생기간의 비용으로 처리한다.

●— 재고자산의 취득과정에서 정상적으로 발생한 매입부대비용 외에 매입 후 보관단계에서 발생한 보관비용과 비효율적 사용으로 인한 지출도 취득원가에 산입한다.

  [X] : 재료원가, 노무원가 및 기타 제조원가 중 비정상적으로 낭비된 부분과 후속 생산단계에 투입하기 전에 보관이 필요한 경우 이외에 발생하는 보관원가는 발생기간의 비용으로 처리한다.

●— 재고자산을 현재의 장소에 현재의 상태로 이르게 하는데 기여하지 않은 관리간접원가는 재고자산의 취득원가에 포함한다.

  [X] : 취득원가에 포함하지 않고 비용처리한다.

●— 재고수량 결정방법을 계속기록법에서 실지재고조사법으로 변경하면 장부상의 재고수량은 수시로 파악가능하게 된다.

  [X] : 재고수량을 수시로 파악가능한 것은 계속기록법이다.

●— 실지재고조사법에서는 실지재고조사를 통해 기말재고수량을 파악하므로 재고장에 입고기록 및 출고기록을 일절 수행하지 않는다.

  [X] : 실지재고조사법(periodic inventory method)은 상품재고장에 입고기록만 할 뿐, 출고기록을 하지 않는다.
     →계속기록법(perpetual inventory method)은 상품의 입·출고시마다 수량을 계속적으로 기록한다.

계속기록법	• 상품의 입·출고시마다 수량을 계속적으로 기록하는 방법으로 장부상 재고잔량을 기말재고수량으로 결정하는 방법임. 계속기록법 산식은 다음과 같음. □ 기초재고수량+당기매입수량 – 당기판매수량=기말재고수량 →계속기록법에 의할 경우 기초재고수량, 당기매입수량, 당기판매수량이 모두 기입되므로 언제든지 장부상의 재고수량을 파악할 수 있음.
실지재고조사법	• 정기적으로 실지재고조사를 통하여 재고수량을 파악하는 방법으로 상품재고장에 입고기록만 할 뿐, 출고기록을 하지 않음. 실지재고조사법 산식은 다음과 같음. □ 기초재고수량+당기매입수량 – 기말재고수량(실사) = 당기판매수량 →즉, 기초재고수량과 당기매입수량만 기록하고 당기판매수량은 기말에 실지재고조사를 한 후에 일괄적으로 파악하는 방법임.

●— 재고자산 단위원가는 개별법, 선입선출법, 후입선출법 및 가중평균법을 사용하여 결정한다.

   [X] : K-IFRS에서는 후입선출법이 인정되지 않는다.

●— 재고자산 선입선출법은 실제 물량흐름을 고려하여 기말재고액을 결정하는 방법이다.

   [X] : 선입선출법은 먼저 매입된 재고자산이 먼저 판매된다는 가정하에 가장 최근에 매입된 항목을 기말재고액으로 결정
         하는 방법이다.
         →선입선출 가정은 실제 물량흐름과 유사하므로 개별법과 유사한 결과를 얻을 수 있다는 장점이 있을 뿐, 선입선출
          법 자체가 실제 물량흐름을 고려하여 기말재고액을 결정하는 방법인 것은 아니다.(에 모래, 시멘트, 석탄 등 야적
          해서 판매하는 재고의 실제 물량흐름은 나중에 매입한 것이 먼저 판매됨)

●— 선입선출법하에서 실지재고조사법과 계속기록법에 의한 기말재고자산 금액은 다르게 측정된다.

   [X] : 선입선출법하에서 실지재고조사법, 계속기록법에 의한 기말재고금액은 동일하다.

●— 재고자산에 이동평균법을 적용할 때 매출원가가 총평균법보다 높게 평가된다.

   [X] : 일반적으로 이동평균법을 적용할 때 매출원가가 총평균법보다 낮게 평가된다.
         →재고자산 원가흐름의 가정별 상대적 크기[물가상승 & 기초재고수량〈기말재고수량]

기말재고자산	• 선입선출법 〉이동평균법 ≧ 총평균법
매출원가	• 선입선출법 〈 이동평균법 ≦ 총평균법
당기순이익	• 선입선출법 〉이동평균법 ≧ 총평균법

●— 재고자산에 대해서는 저가법을 적용할 수 없다.

   [X] : 저가법 적용을 강제하고 있다.

●— 재고자산은 취득원가와 순실현가능가치 중 높은 금액으로 측정한다.

   [X] : 취득원가와 순실현가능가치 중 낮은 금액으로 측정한다.(저가법)

●— 원재료의 현행대체원가가 장부금액보다 낮게 추정된다면 예외 없이 재고자산평가손실이 발생한다.

   [X] : 완성될 제품이 원가이상으로 판매예상하는 경우에는 예외적으로 그 생산에 투입하기 위해 보유하는 원재료를 감액
         하지 않는다. →즉, 평가손실을 인식하지 않는다.

●── 한번 손상된 재고자산은 그 후속기간에 환입할 수 없다.

[X] : 매 후속기간에 순실현가능가치를 재평가한다. 재고자산의 감액을 초래했던 상황이 해소되거나 경제상황의 변동으로 순실현가능가치가 상승한 명백한 증거가 있는 경우에는 최초의 장부금액을 초과하지 않는 범위 내에서 평가손실을 환입한다. 그 결과 새로운 장부금액은 취득원가와 수정된 순실현가능가치 중 작은 금액이 된다. 판매가격의 하락 때문에 순실현가능가치로 감액한 재고항목을 후속기간에 계속 보유하던 중 판매가격이 상승한 경우가 이에 해당한다.[K-IFRS 제1002호 문단33]

●── 토지 및 건물 등의 부동산은 재고자산으로 분류될 수 없으며 모든 기업에서 유형자산으로 분류한다.

[X] : 부동산매매업의 토지·건물은 판매목적 보유자산이므로 유형자산이 아닌 재고자산으로 분류된다.

●── 일상적인 수선유지와 관련하여 발생한 원가는 해당 유형자산의 장부금액에 포함한다.

[X] : 일상적인 수선·유지와 관련하여 발생하는 원가는 해당 유형자산의 장부금액에 포함하여 인식하지 아니한다. 이러한 원가는 발생시점에 당기손익으로 인식한다.[K-IFRS 제1016호 문단12]

●── 기계장치 주요부품의 교체시 유형자산의 인식기준 충족여부와 상관없이 동 지출은 발생시점에 비용으로 인식한다.

[X] : 유형자산의 인식기준 충족여부에 따라 장부금액에 포함하거나 발생시점에 비용으로 인식한다.

●── 유형자산의 정기적인 종합검사 과정에서 발생하는 원가가 인식기준을 충족한다면 해당 유형자산의 일부가 대체되는 것으로 본다.

[X] : 정기적인 종합검사과정에서 발생하는 원가가 인식기준을 충족하는 경우에는 유형자산의 일부가 대체되는 것으로 보아 해당 유형자산의 장부금액에 포함하여 인식한다. 이 경우 직전에 이루어진 종합검사에서의 원가와 관련되어 남아 있는 장부금액을 제거한다.[K-IFRS 제1016호 문단14]

●── 보유중인 건물에 대하여 부과되는 재산세는 취득원가에 포함한다.

[X] : 비용처리한다.

●── 외부에서 구입한 유형자산의 취득원가에는 관세 및 환급불가능한 취득 관련 세금을 차감하고 리베이트 등을 가산한다.

[X] : 관세 및 환급불가능한 취득 관련 세금을 가산하고 리베이트 등을 차감한다.

●── 토지와 건물 일괄구입 후 기존건물 철거로 발생한 폐자재들을 처리하는 비용이 발생하는 경우 당기손실로 처리한다.

[X] : 토지와 건물 일괄구입 후 기존건물 철거로 발생한 건물철거비용(폐자재처분수입은 차감, 폐자재처리비용은 가산)은 토지의 취득원가로 처리한다.
→ ∴폐자재들을 처리하는 비용이 발생하는 경우 이는 당기손실이 아닌 토지의 취득원가로 처리한다.

● 정부보조금은 관련 자산에서 차감하는 방법으로 처리한다.

[X] : 정부보조금은 재무상태표에 이연수익으로 표시하거나, 관련 자산에서 차감하는 방법 중 한 가지 방법을 선택할 수 있다.

● 정부보조금을 관련 자산에서 차감하는 방법으로 표시하는 경우 유형자산의 장부금액은 유형자산 취득금액으로 한다.

[X] : 유형자산 취득금액(X) → 유형자산 취득금액에서 정부보조금을 차감한 금액(X)

● 수익관련보조금은 자산의 장부금액에서 차감하여 표시하고 자산의 내용연수에 걸쳐 감가상각비를 감소하는 방식으로 당기손익에 인식할 수 있다.

[X] : 수익관련보조금은 이연수익(부채) 처리후 비용과 상계 또는 수익에 가산한다.

● 토지와 건물을 같이 취득하였다면 단일 자산으로 계정분류한다.

[X] : 토지와 건물을 동시에 취득하는 경우에도 이들은 분리가능한 자산이므로 별개의 자산으로 회계처리한다.[K-IFRS 제1016호 문단58]

● 보유하고 있는 토지의 시장가치의 증가는 건물의 감가상각대상금액에 영향을 미친다.

[X] : 건물이 위치한 토지의 가치가 증가하더라도 건물의 감가상각대상금액에는 영향을 미치지 않는다.[K-IFRS 제1016호 문단58]

● 소비형태를 신뢰성 있게 결정할 수 없는 경우에는 감가상각은 정률법을 사용해야 한다.

[X] : 소비형태를 신뢰성 있게 결정할 수 없다하여 특정 감가상각방법을 강제 적용하지는 아니하며, 미래경제적효익의 예상 소비형태를 추정하여 가장 잘 반영하는 방법을 선택하여야 한다.

● 유형자산 감가상각방법은 예상소비형태를 가장 잘 반영할 수 있는 방법을 선택하여 일관성 있게 적용하여야 하고 후속기간에 이를 변경할 수 없다.

[X] : 자산에 내재된 미래경제적효익의 예상되는 소비형태가 유의적으로 달라졌다면 달라진 소비형태를 반영하기 위하여 감가상각방법을 변경하며, 그러한 변경은 회계추정의 변경으로 회계처리한다.[K-IFRS 제1016호 문단61]

● 유형자산의 감가상각방법의 변경은 회계정책의 변경에 해당한다.

[X] : 회계추정의 변경에 해당한다.

● 감가상각방법의 변경과 관련하여 비교표시되는 전기 재무제표를 재작성해야 한다.

 [X] : 회계추정의 변경은 전진법을 적용하므로 전기 재무제표를 재작성하지 않는다.

● 유형자산 평가모형을 원가모형에서 재평가모형으로의 변경은 회계추정의 변경이다.

 [X] : 평가모형을 변경하는 것은 회계정책의 변경에 해당한다.

● 유형자산의 재평가모형과 관련하여 재평가 결과 발생한 평가손익은 재평가잉여금의 과목으로 자본(기타포괄손익)으로 인식한다.

 [X] : 원칙적으로, 평가이익은 재평가잉여금(자본)으로 처리하며, 평가손실은 재평가손실(당기손익)로 처리한다.

● 유형자산 재평가로 인하여 자산이 감소된 경우 그 감소액은 기타포괄손실로 인식하고 재평가잉여금의 과목으로 자본(기타포괄손익누계액)에 차감한다.

 [X] : 재평가로 인하여 자산이 감소된 경우 재평가손실의 과목으로 당기손익 처리한다.(단, 재평가잉여금이 계상되어 있는 경우는 재평가잉여금과 상계한 후 재평가손실을 인식한다.)

● 자산의 회수가능액은 순공정가치와 사용가치 중 작은 금액이다.

 [X] : 작은 금액(X) → 큰 금액(O)

● 유형자산에 대해 재평가모형을 적용하는 경우 손상차손을 인식하지 않는다.

 [X] : 유형자산에 대해 재평가모형을 적용하는 경우에도 손상차손을 인식한다.
  →재평가잉여금을 감소시키고 그 차액을 손상차손으로 인식한다.

● 자산손상을 시사하는 징후가 있는지를 검토할 때는 경제상황과 같은 외부정보는 고려하지 않는다.

 [X] : 내부정보(내부정보원천)와 외부정보(외부정보원천)를 모두 고려한다.

● 유형자산에 대하여 손상차손 또는 손상차손환입을 인식한 후에는 재평가모형을 적용한 경우에만 수정된 장부금액에서 잔존가치를 차감한 금액에 기초하여 잔존내용연수에 걸쳐 감가상각을 한다.

 [X] : 유형자산에 대하여 손상차손 또는 손상차손환입을 인식한 후에는 원가모형을 적용하든 재평가모형을 적용하든 관계없이 수정된 장부금액에서 잔존가치를 차감한 금액에 기초하여 잔존내용연수에 걸쳐 감가상각을 한다.

● 당해 유형자산이 폐기되거나 제거될 때에는 해당 자산과 관련하여 자본(기타포괄손익누계액)에 계상된 재평가잉여금을 당기손익으로 재분류한다.

　　[X] : 어떤 유형자산 항목과 관련하여 자본에 계상된 재평가잉여금은 그 자산이 제거될 때 이익잉여금으로 직접 대체할 수 있다. 자산이 폐기되거나 처분될 때에 재평가잉여금 전부를 이익잉여금으로 대체하는 것이 그러한 경우에 해당될 수 있다.[K-IFRS 제1016호 문단41]
　　　　→즉, 재평가잉여금은 재분류조정이 발생하지 않는 기타포괄손익이므로 자산이 폐기되거나 제거될 때 재평가잉여금을 당기손익으로 재분류할 수 없다. 다만, 이익잉여금으로 대체하는 것은 가능하다.

● 내부적으로 창출한 고객목록, 브랜드 등은 개별 식별이 어렵기 때문에 영업권으로 인식한다.

　　[X] : 내부적으로 창출한 브랜드, 제호, 출판표제, 고객 목록과 이와 실질이 유사한 항목은 사업을 전체적으로 개발하는 데 발생한 원가와 구별할 수 없으므로 무형자산으로 인식하지 아니한다.[K-IFRS 제1038호 문단64]
　　　　→브랜드, 제호, 출판표제, 고객목록, 그리고 이와 실질이 유사한 항목(외부에서 취득하였는지 또는 내부적으로 창출하였는지에 관계없이)에 대한 취득이나 완성 후의 지출은 발생시점에 항상 당기손익으로 인식한다. 왜냐하면 그러한 지출은 사업을 전체적으로 개발하기 위한 지출과 구분할 수 없기 때문이다.[K-IFRS 제1038호 문단20]

● 사업결합으로 취득한 영업권(유상취득 영업권)은 무형자산으로 인식하지 아니한다.

　　[X] : 사업결합으로 취득한 영업권(유상취득 영업권)은 무형자산으로 인식하며, 내부창출 영업권은 자산으로 인식하지 아니한다.

● 내부적으로 창출한 영업권은 일정 요건을 충족하는 경우 무형자산으로 인식한다.

　　[X] : 사업결합으로 취득한 영업권[=외부구입(유상취득) 영업권]은 신뢰성있는 측정이 가능하므로 무형자산으로 인식한다. 반면, 내부적으로 창출한 영업권은 원가를 신뢰성있게 측정할 수 없고 기업이 통제하고 있는 식별가능한 자원이 아니기 때문에 무형자산으로 인식하지 않는다.

● 무형자산을 창출하기 위한 내부 프로젝트를 연구단계와 개발단계로 구분할 수 없는 경우에는 그 프로젝트에서 발생한 지출은 모두 개발단계에서 발생한 것으로 본다.

　　[X] : 개발단계에서 발생한 것으로 본다.(X) → 연구단계에서 발생한 것으로 본다.(O)

● 재료, 장치, 제품, 공정, 시스템이나 용역에 대한 여러가지 대체안을 탐색하는 활동은 미래경제적효익이 창출될 것으로 예상되므로 무형자산으로 인식한다.

　　[X] : 연구단계활동이므로 그 지출은 당기비용으로 처리한다.

●— 내용연수가 유한한 무형자산은 경제적효익이 소비되는 형태를 신뢰성있게 결정할 수 없는 경우에는 정률법을 적용하여 상각한다.

  [X] : 무형자산의 상각방법은 자산의 경제적 효익이 소비될 것으로 예상되는 형태를 반영한 방법이어야 한다. 다만, 그 형태를 신뢰성있게 결정할 수 없는 경우에는 정액법을 사용한다.[K-IFRS 제1038호 문단97]

●— 무형자산의 상각기간, 상각방법을 변경하는 경우에는 회계정책의 변경으로 본다.

  [X] : 내용연수가 유한한 무형자산의 상각기간과 상각방법은 적어도 매 회계연도 말에 검토한다. 자산의 예상 내용연수가 과거의 추정치와 다르다면 상각기간을 이에 따라 변경한다. 자산이 갖는 미래경제적효익의 예상소비형태가 변동된다면, 변동된 소비형태를 반영하기 위하여 상각방법을 변경한다. 그러한 변경은 회계추정의 변경으로 회계처리한다.[K-IFRS 제1038호 문단104]

●— 무형자산의 잔존가치와 상각기간, 상각방법을 적어도 매 회계연도 말에 검토하며, 검토결과 잔존가치, 상각기간, 상각방법을 변경하는 경우에는 회계추정의 변경으로 보고 소급적용하여 회계처리한다.

  [X] : 회계추정의 변경은 전진법으로 회계처리한다.(회계정책의 변경은 소급법으로 회계처리한다.)

●— 내용연수가 비한정인 무형자산은 상각하지 않고, 내용연수가 유한한 무형자산으로 변경할 수 없다.

  [X] : 내용연수가 비한정인 무형자산(=상각하지 않는 무형자산)에 대하여 사건과 상황이 그 자산의 내용연수가 비한정이라는 평가를 계속하여 정당화하는지를 매 회계기간에 검토한다. 사건과 상황이 그러한 평가를 정당화하지 않는 경우에 비한정 내용연수를 유한 내용연수로 변경하는 것은 회계추정의 변경으로 회계처리한다.[K-IFRS 제1038호 문단109]

●— 내용연수가 비한정인 무형자산이란 내용연수가 무한하여 미래 경제적 효익이 무한할 것으로 기대되는 무형자산을 의미한다.

  [X] : 무형자산의 내용연수가 '비한정'이라는 용어는 '무한(infinite)'을 의미하지 않는다.[K-IFRS 제1038호 문단91]
     →왜냐하면, 무형자산의 내용연수를 추정하는 시점에서 여러 가지 요인을 종합적으로 고려하여 볼 때 미래경제적효익의 지속연수를 결정하지 못할 뿐이지, 그렇다고 해서 미래경제적효익이 무한히 지속될 것으로 보는 것은 아니기 때문이다.

●— 무형자산의 장부금액이 재평가로 인하여 증가된 경우 원칙적으로 그 증가액은 당기손익(재평가이익)으로 인식한다.

  [X] : 무형자산의 장부금액이 재평가로 인하여 증가된 경우에 그 증가액은 기타포괄손익으로 인식하고 재평가잉여금의 과목으로 자본에 가산한다. 그러나 그 증가액 중 그 자산에 대하여 이전에 당기손익으로 인식한 재평가감소에 해당하는 금액이 있다면 그 금액을 한도로 당기손익으로 인식한다.[K-IFRS 제1038호 문단85]
     →무형자산의 재평가 회계처리는 기본적으로 유형자산과 동일함.

●— 내용연수가 비한정인 무형자산은 최소한 3년에 1회 이상의 손상검사가 이루어져야 한다.

    [X] : 다음의 각 경우에 회수가능액과 장부금액을 비교하여 내용연수가 비한정인 무형자산의 손상검사를 수행하여야 한다.[K-IFRS 제1038호 문단108]

㉠ 매년	㉡ 무형자산의 손상을 시사하는 징후가 있을 때

●— 무형자산 손상검토시 회수가능액은 순공정가치와 사용가치 중 작은 금액을 기준으로 판단한다.

    [X] : 작은 금액(X) → 큰 금액(O)

●— 투자부동산은 보고기간말에 공정가치모형과 원가모형 중 하나를 선택하여 각각의 투자부동산에 다르게 선택하여 적용할 수 있다.

    [X] : 투자부동산은 공정가치모형과 원가모형 중 하나를 선택하여 모든 투자부동산에 적용한다.

●— 투자부동산은 원가모형만 적용이 가능하다.

    [X] : 투자부동산은 공정가치모형의 적용도 가능하다.(∵공정가치모형과 원가모형 중 하나를 선택하므로)

●— 투자부동산의 공정가치모형 적용시 공정가치 변동으로 발생하는 손익은 당기손익에 반영하지 않는다.

    [X] : 공정가치모형의 평가손익은 당기손익으로 인식한다.

●— 투자부동산에 공정가치모형을 적용할 경우 공정가치 변동으로 인한 손익은 기타포괄손익으로 반영한다.

    [X] : 공정가치모형의 평가손익은 당기손익으로 인식한다.

●— 투자부동산의 공정가치모형에서 공정가치를 산정할 때에는 매각, 또는 다른 형태의 처분으로 발생할 수 있는 거래원가를 차감하여야 한다.

    [X] : 투자부동산의 공정가치를 산정할 때에는 매각이나 다른 형태의 처분으로 발생할 수 있는 거래원가를 차감하지 않고 산정한다.

●— 통상적인 영업과정에서 판매를 위한 부동산이나 이를 위하여 건설 또는 개발 중인 부동산은 투자부동산으로 분류하여야 한다.

    [X] : 통상적인 영업과정에서 판매를 위한 부동산이나 이를 위하여 건설 또는 개발 중인 부동산은 투자부동산에 해당하지 않는다.

●── 투자부동산은 매 회계기간마다 원가모형과 공정가치모형을 다르게 선택할 수 있다.

[X] : 모든 회계정책은 일관성있게 적용하며, 평가모형의 변경은 회계정책의 변경에 따른다.

●── 재고자산을 공정가치모형으로 처리하는 투자부동산으로 대체시에는 재고자산의 장부금액으로 대체한다.

[X] : 공정가치로 대체하고 재고자산 장부금액과의 차액은 당기손익으로 처리한다.

●── 공정가치모형 적용 임대수익 목적의 건물을 자가사용으로 전환하면 유형자산으로 분류하고 대체시점에서 발생한 재평가차액을 기타포괄손익으로 인식한다.

[X] : 공정가치모형 적용 임대수익 목적의 건물을 자가사용으로 전환하면 유형자산으로 분류하고, 변경시점에 투자부동산평가손익을 인식 후 공정가치로 대체한다.

●── 사용권자산과 무형자산(예 : 특허권, 상표권)은 금융자산에 해당한다.

[X] : 사용권자산과 무형자산(예 : 특허권, 상표권)은 금융자산이 아니다.

금융자산 O	• 현금및현금성자산, 대여금, 매출채권, 미수금, 미수수익, FVPL금융자산, FVOCI금융자산, AC금융자산, 금융기관취급 기타금융상품
금융자산 X	• 재 고자산, 유형자산, 무형자산, 사용권자산, 선급비용, 선급금, 계약에 의하지 않은 자산, 법인세관련 자산(이연법인세자산)

●── 잠재적으로 유리한 조건으로 거래상대방과 금융자산이나 금융부채로 교환하기로 한 계약상 권리는 금융부채이다.

[X] : 잠재적으로 유리한 조건으로 거래상대방과 금융자산이나 금융부채를 교환하기로 한 계약상 권리는 금융자산이다.

●── 기업이 자신의 지분으로 결제되거나 결제될 수 있는 계약으로서 수취할 자기지분상품의 수량이 확정된 파생상품은 금융자산에 해당하지 않는다.

[X] : 확정된 파생상품(X) → 변동가능한 비파생상품(O)

●── 원칙적으로 모든 채무상품은 상각후원가측정금융자산으로 분류한다.

[X] : 사업모형과 충족조건에 따라 AC금융자산, FVOCI금융자산, FVPL금융자산 모두로 분류된다.

●── 단기매매목적의 채무상품은 기타포괄손익-공정가치측정금융자산으로 분류한다.

[X] : 상각후원가측정금융자산(AC금융자산)과 기타포괄손익-공정가치측정금융자산(FVOCI금융자산)의 충족조건을 만족시키지 못하는 그 외 모든 금융자산(예 매매목적 채무상품)은 당기손익-공정가치측정금융자산(FVPL금융자산)으로 분류한다.

제1편
[단기속성특강] 재무회계

제2편
[단기속성특강] 세무회계

제3편
[단기속성특강] 원가관리회계

합본부록1
신유형기출문제

합본부록2
10개년/기출오답노트

●── 매매목적의 파생상품은 기타포괄손익-공정가치측정금융자산으로 분류한다.

[X] : 파생상품은 '상각후원가측정금융자산(AC금융자산)과 기타포괄손익-공정가치측정금융자산(FVOCI금융자산)의 충족 조건을 만족시키지 못하는 그 외 모든 금융자산'에 해당하므로 당기손익-공정가치측정금융자산(FVPL금융자산)으로 분류한다.

●── 단기매매 목적으로 보유하는 지분상품에 대한 공정가치 변동을 기타포괄손익으로 인식하기로 선택한 경우 기타포괄손익-공정 가치측정금융자산으로 분류한다.

[X] : 단기매매목적 외의 지분상품에 대한 공정가치 변동을 기타포괄손익으로 인식하기로 선택한 경우 FVOCI금융자산 (기타포괄손익-공정가치측정금융자산)으로 분류한다.
→단기매매목적 외의 지분상품 중 FVOCI금융자산(기타포괄손익-공정가치측정금융자산)으로 지정한 것을 제외하 고는 FVPL금융자산(당기손익-공정가치측정금융자산)으로 분류한다.

	• 사업모형과 현금흐름특성에 근거하여 다음과 같이 분류·측정함.		
	분류·측정	충족조건	해당증권
원칙	AC금융자산 [상각후원가측정]	• ⊙ 현금흐름수취목적 사업모형일 것 ⓒ 원리금지급만으로 구성된 현금흐름일 것	채무상품
	FVOCI금융자산 [기타포괄손익-공정가치측정]	• ⊙ 현금흐름수취와 금융자산매도목적 사업모형일 것 ⓒ 원리금지급만으로 구성된 현금흐름일 것	채무상품
	FVPL금융자산 [당기손익-공정가치측정]	• 그 외 모든 금융자산 →예 단기매매항목	지분상품 채무상품 파생상품
	• 최초인식시점에 다음과 같이 측정하기로 선택할 수 있음.		
	분류·측정	충족조건	해당증권
선택	FVOCI금융자산 [기타포괄손익-공정가치측정]	• 단기매매항목이 아닐 것	지분상품
	FVPL금융자산 [당기손익-공정가치측정]	• 회계불일치를 제거하거나 유의적으로 줄이기 위한 경우일 것	지분상품 채무상품

●── 기타포괄손익-공정가치측정금융자산의 취득시 지출한 거래원가는 당기비용으로 인식한다.

[X] : 당기손익-공정가치측정금융자산의 거래원가만 당기비용으로 인식하며 그 외의 금융자산은 공정가치(취득원가)에 가산한다.

●── 기타포괄손익-공정가치측정금융자산에 대한 손상차손은 인식하지 않는다.

[X] : FVOCI금융자산 중 채무상품은 손상차손 인식대상에 해당한다.

●── 유동부채가 유동자산을 초과하는 경우도 금융자산의 손상 발생에 대한 객관적인 증거이다.

[X] : 손상 발생의 객관적인 증거로 열거된 사항에 해당하지 않는다.

●— 상각후원가측정금융자산 최초 취득시 지급한 거래원가는 당기비용으로 인식한다.

　　[X] : 최초 인식하는 공정가치에 가산한다.

●— 상각후원가측정금융자산의 손상차손은 당기손익이 아닌 기타포괄손익으로 인식한다.

　　[X] : 당기손익으로 인식한다.

●— 기타포괄손익-공정가치측정금융자산은 공정가치로 평가하여 평가손익을 당기손익에 반영한다.

　　[X] : 당기손익에 반영한다.(X) → 기타포괄손익에 반영한다.(O)

●— 기타포괄손익-공정가치측정금융자산으로 분류되는 채무상품의 손상차손은 손실충당금을 설정하여 금융상품의 장부금액에서 차감하여 표시한다.

　　[X] : 기타포괄손익-공정가치측정금융자산의 손실충당금을 인식하고 측정하는데 손상 요구사항을 적용한다. 그러나 해당 손실충당금은 기타포괄손익에서 인식하고 재무상태표에서 금융자산의 장부금액을 줄이지 아니한다.[K-IFRS 제 1109호 문단5.5.2] 즉, FVOCI금융자산에 대해서 인식하는 손상차손은 손실충당금으로 인식하지 않고 기타포괄손익(FVOCI금융자산평가손익)에서 조정한다.

　　　　→[이유] FVOCI금융자산의 보고기간말 장부금액은 공정가치로 표시되어야 하는데, 손상차손을 인식하면서 이를 손실충당금의 변동으로 회계처리하면 장부금액(손실충당금이 차감된 순액)이 공정가치와 다른 금액으로 표시되는 문제가 발생한다. 따라서 기타포괄손익으로 인식했던 평가손익에서 조정한다. 이렇게 회계처리하면 공정가치로 인식했던 재무상태표상 금융자산의 장부금액은 줄어들지 않는다.

●— 채무상품인 당기손익-공정가치측정금융자산은 다른 금융상품으로 재분류할 수 없다.

　　[X] : 금융자산의 재분류는 채무상품만 가능하며 지분상품은 재분류가 불가하다.

　　　　→ 따라서, 채무상품인 FVPL금융자산은 다른 금융상품(AC금융자산, FVOCI금융자산)으로 재분류할 수 있다.

●— 상각후원가측정금융자산을 재분류할 때 최초 취득일의 액면이자율을 사용하고 조정하지 않는다.

　　[X] : AC금융자산의 재분류 후 이자수익 인식은 다음과 같다.〈금액은 임의 가정치임〉

　　　　㉠ FVPL금융자산으로 재분류한 경우 : 취득일의 액면이자율을 사용하여 인식한다.

(차) 현금	6,000	(대) 이자수익	액면금액×액면이자율=6,000

　　　　㉡ FVOCI금융자산으로 재분류한 경우 : 취득일의 유효이자율을 사용하여 인식하고 조정하지 않는다.

(차) 현금	6,000	(대) 이자수익	장부금액×유효이자율(취득일)=9,306
FVOCI금융자산	3,306		

　　　　→∴AC금융자산을 재분류할 때, FVOCI금융자산으로 재분류시는 취득일의 유효이자율을 사용한다.

제1편
[단기속독특강] 재무회계

제2편
[단기속독특강] 세무회계

제3편
[단기속독특강] 원가관리회계

합본부록1
신유형기출문제

합본부록2
10개년/기출오답노트

●── 기타포괄손익-공정가치측정금융자산으로 분류되는 채무상품은 당기손익-공정가치측정금융자산으로 분류변경할 수 없다.

> [X] : 기타포괄손익-공정가치측정금융자산으로 분류되는 채무상품은 당기손익-공정가치측정금융자산이나 상각후원가측정금융자산으로 분류변경(재분류)할 수 있다.

●── 금융자산의 현금흐름에 대한 계약상 권리는 양도하였지만 양도자가 매도 후 일정기간 후에 당해 금융자산을 재매입하기로 한 경우에는 당해 금융자산을 제거한다.

> [X] : 양도자가 매도한 금융자산을 재매입시점의 '공정가치로 재매입'할 수 있는 권리를 보유하고 있는 경우에 위험과 보상의 대부분이 이전된 것으로 보아 금융자산을 제거하며, 단순한 재매입약정은 금융자산에 대한 권리를 양도하였다고 할 수 없으므로 금융자산을 계속 인식한다.

●── 매입채무와 미지급금은 금융부채에 해당하지 않는다.

> [X] : 매입채무와 미지급금은 금융부채에 해당한다.

금융자산 해당여부	금융자산 O	• 현금및현금성자산, 대여금, 매출채권, 미수금, 미수수익, FVPL금융자산, FVOCI금융자산, AC금융자산, 금융기관취급 기타금융상품
	금융자산 X	• 재고자산, 유형자산, 무형자산, 사용권자산, 선급비용, 선급금, 계약에 의하지 않은 자산, 법인세관련 자산(이연법인세자산)
금융부채 해당여부	금융부채 O	• 매입채무, 지급어음, 차입금, 사채, 미지급금, 미지급비용, 금융리스부채, 금융보증계약, 상환우선주(보유자에게 상환청구권이 있는 경우)
	금융부채 X	• 선수금, 선수수익, 품질보증의무, 당기법인세부채(미지급법인세), 이연법인세부채, 충당부채, 의제의무

●── 매입채무와 미지급금, 미지급법인세는 금융부채에 해당한다.

> [X] : 미지급법인세는 금융부채에 해당하지 아니한다.
>> →계약에 의하지 않은 부채나 자산은 금융부채나 금융자산이 아니다. 이러한 예로는 정부가 부과하는 법적 요구사항에 따라 발생하는 법인세와 관련된 부채(미지급법인세)를 들 수 있다.

●── 현재의무를 이행하는데 소요되는 현금지출에 대한 추정치로 측정한 충당부채도 당기손익-공정가치측정금융부채로 지정할 수 있다.

> [X] : 충당부채는 금융부채에 해당하지 않는다.

●── 잠재적으로 불리한 조건으로 거래상대방과 금융자산이나 금융부채를 교환하기로 한 계약상 의무는 금융자산으로 분류한다.

> [X] : 금융자산으로 분류한다.(X) → 금융부채로 분류한다.(O)

●— 부채가 단기매매활동의 자금조달에 사용된다는 사실만으로도 당해 부채를 단기매매금융부채로 분류하기에 충분하다.

　　[X] : 부채가 단기매매활동의 자금조달에 사용된다는 사실만으로는 당해 부채를 단기매매금융부채로 분류할 수 없다.

●— 당기손익-공정가치측정금융부채의 거래원가는 최초인식하는 공정가치에 차감하여 측정한다.

　　[X] : 당기손익-공정가치측정금융부채의 거래원가는 발생즉시 당기비용으로 인식한다.

●— 사채할인발행차금 상각액은 매기 감소한다.

　　[X] : 상각액은 할인발행이나 할증발행 모두에서 매기 증가한다.

●— 연속상환사채의 발행금액은 사채로부터 발생하는 미래현금흐름의 사채 상환시점의 시장이자율로 할인한 현재가치가 된다.

　　[X] : 연속상환사채의 발행금액은 일반사채와 동일하게 사채로부터 발생하는 미래현금흐름의 사채 발행시점의 시장이자율로 할인한 현재가치이다.

●— 전환사채는 유가증권의 소유자가 사전에 약정된 가격으로 보통주의 발행을 청구할 수 있는 권리가 부여된 사채를 의미한다.

　　[X] : 보통주의 발행을 청구할 수 있는 권리가 부여된 사채는 신주인수권부사채이다.

전환사채	• 유가증권의 소유자가 일정한 조건하에 보통주로의 전환권을 행사할 수 있는 사채로서, 전환권을 행사하면 보통주로 전환되는 사채
신주인수권부사채	• 유가증권의 소유자가 일정한 조건하에 신주인수권을 행사하여 보통주 발행을 청구할 수 있는 권리가 부여된 사채

●— 전환사채는 부채요소와 자산요소를 모두 가지고 있는 복합금융상품이다.

　　[X] : 전환사채는 부채요소와 자본요소를 모두 가지고 있는 복합금융상품이다.

요소구분	❑ ㉠ 부채요소(금융부채) = 일반사채 : 현금 등 금융자산을 인도하기로 하는 계약 　㉡ 자본요소(지분상품) = 전환권 : 확정수량 보통주로 전환할 수 있는 권리를 보유자에게 부여하는 콜옵션 ❑ 자본요소는 잔여지분이라는 정의와 일관되도록 하기 위해, 부채요소해당액(사채현재가치)을 먼저 측정하고, 발행금액에서 부채요소해당액을 차감한 금액으로 자본요소해당액을 측정하도록 규정하고 있다. 　→발행금액 – 부채요소해당액(현재가치) = 자본요소해당액(전환권가치)

● 복합금융상품의 발행금액에서 지분상품(자본)의 공정가치를 차감한 잔액은 금융부채로 인식한다.

> [X] : 전환사채는 부채요소(금융부채,현재가치)와 자본요소(지분상품,전환권대가)를 모두 가지고 있는 복합금융상품이다.
>
> 〈발행금액 – 부채요소(금융부채,현재가치) = 자본요소(지분상품,전환권대가)〉
>
> →자본요소(전환권대가)는 잔여지분이라는 정의와 일관되도록 하기 위해, 부채요소(현재가치)을 먼저 측정하고, 발행금액에서 부채요소를 차감한 금액으로 자본요소를 측정하도록 규정하고 있다.
>
> →∴발행금액에서 금융부채의 공정가치를 차감한 잔액을 지분상품(자본)으로 인식한다.

● 상환할증금지급조건에 의해 발행된 상환할증금은 전환사채의 액면금액에서 차감하여 표시한다.

> [X] : 상환할증금은 전환사채에 가산하여 표시한다.

● 전환권대가는 자본으로 인식하지 않고 일반사채와 마찬가지로 전액 부채로 계상한다.

> [X] : 전환권대가는 자본의 가산항목이다.

● 전환사채 만기에 주식으로 전환되지 못했을 경우 투자자에게 지급되는 상환할증금은 지급이 확정된 시점에서 인식한다.

> [X] : 지급이 확정된 시점에서 인식한다.(X) → 발행시점에서 인식한다.(O)

● 복합금융상품의 발행금액에서 지분상품의 공정가치를 차감한 잔액을 금융부채로 인식한다.

> [X] : 복합금융상품 발행금액에서 금융부채현재가치(부채요소)를 차감한 잔액을 지분상품(자본요소)으로 인식한다.

● 전환우선주란 유가증권의 소유자가 일정한 조건하에 우선권을 행사할 수 있는 우선주로서, 우선권을 행사하면 보통주로 전환되는 우선주이다.

> [X] : 우선권(X) → 전환권(O)
>
> (즉, 전환우선주란 유가증권의 소유자가 일정한 조건하에 전환권을 행사할 수 있는 우선주로서, 전환권을 행사하면 보통주로 전환되는 우선주이다.)

● 충당부채란 자원의 유출가능성이 높고 지출 금액이 불확실하지만 지출 시기는 확정되어 있는 의무를 의미한다.

> [X] : 충당부채는 지출의 시기와 금액이 모두 불확실한 부채이다.

●── 화재, 폭발 또는 기타 재해에 의한 재산상의 손실에 대비한 보험에 가입하고 있지 않은 경우 이의 멸실에 대비하여 충당부채를 계상한다.

> [X] : 화재 등으로 인한 미래 멸실액은 충당부채 인식요건을 충족하지 않으므로 충당부채를 계상하지 않는다.
> →충당부채는 다음의 요건을 모두 충족하는 경우에 인식한다.
> ㉠ 과거사건의 결과로 현재의무(법적의무나 의제의무)가 존재한다.
> ㉡ 해당 의무를 이행하기 위하여 경제적효익이 있는 자원을 유출할 가능성이 높다.
> ㉢ 해당 의무를 이행하기 위하여 필요한 금액을 신뢰성있게 추정할 수 있다.

●── 충당부채를 반드시 재무상태표에 금액으로 인식할 필요는 없으며 주석으로 공시해도 된다.

> [X] : 충당부채는 반드시 재무제표에 인식하여야 한다.

●── 충당부채의 명목금액과 현재가치의 차이가 중요하다더라도 예상되는 지출액의 명목금액으로 인식한다.

> [X] : 충당부채의 명목금액과 현재가치의 차이가 중요한 경우에는 현재가치로 평가한다.

●── 구조조정의 일환으로 관련 자산을 매각할 때 예상처분이익은 구조조정충당부채를 측정할 때 반영한다.

> [X] : 구조조정의 일환으로 자산의 매각을 계획하는 경우라도 구조조정과 관련하여 예상되는 자산 처분이익은 문단51(예상되는 자산 처분이익은 충당부채를 측정하는 데 고려하지 아니한다.)에 따라 구조조정충당부채를 측정하는데 고려하지 아니한다.[K-IFRS 제1037호 문단83]

●── 충당부채의 일부를 제3자가 변제할 것이 거의 확실시 되는 경우 변제금액을 제외한 잔액에 대해서만 충당부채를 인식한다.

> [X] : 의무금액 총액을 충당부채로 인식하며, 제3자가 변제할 것이 확실한 금액은 자산으로 인식한다.

●── 미래의 예상영업손실은 최선의 추정치를 금액으로 하여 충당부채를 인식한다.

> [X] : 미래의 예상영업손실은 충당부채로 인식하지 않는다.

●── 손실부담계약을 체결하고 있는 경우에는 관련된 현재의무를 충당부채로 인식하지 않는다.

> [X] : 손실부담계약이란 계약상의 의무에 따라 발생하는 회피 불가능한 원가가 당해 계약에 의하여 받을 것으로 기대되는 경제적효익을 초과하는 계약을 말하며, 이러한 손실부담계약을 체결한 경우에는 관련된 현재의무를 충당부채로 인식한다.

● 손실부담계약의 경우 회피불가능한 원가는 계약을 이행하기 위하여 소요되는 원가와 계약을 이행하지 못하였을 때 지급하여야 할 위약금 중 큰 금액이다.

  [X] : 큰 금액(X) → 작은 금액(O)

● 과거 사건의 결과로 인한 현재의무가 존재하고 당해 의무를 이행하기 위하여 자원이 유출될 가능성이 높다면 그 금액을 신뢰성있게 추정할 수 있더라도 우발부채로 인식할 수 있다.

  [X] : 과거 사건의 결과로 인한 현재의무가 존재하고 당해 의무를 이행하기 위하여 자원이 유출될 가능성이 높으며 그 금액을 신뢰성있게 추정할 수 있는 경우는 충당부채로 인식한다.

● 우발부채는 재무제표상 부채로 인식하고, 유형별로 그 성격을 주석에 추가적으로 설명한다.

  [X] : 우발부채는 재무제표상 부채로 인식할 수 없으며 주석으로 공시한다.

● 우발부채는 자원이 유출될 가능성이 아주 낮더라도 주석으로 기재해야만 한다.

  [X] : 우발부채는 당해 의무이행 위해 자원이 유출될 가능성이 아주 낮은 경우는 공시하지 않는다.

● 주식발행비는 주식발행가액에서 직접 차감하지 아니하고 비용으로 회계처리한다.

  [X] : 신주발행시에 직접 발생한 주식발행비는 주식발행가액에서 직접 차감한다.

● 주식할인발행차금 상각으로 이익잉여금을 처분하면 자본금은 증가한다.

  [X] : 자본금의 증감과 무관하다. 즉, 자본금에 영향을 미치지 않는다.

● 주식할인발행차금을 상각하는 것은 액면금액에 미달한 자본을 불입하는 것이다.

  [X] : 주식할인발행차금을 상각하는 것은 자본의 불입과 무관하다.

● 무상증자를 실시하면 총자본에 증감이 발생한다.

  [X] : (차) 이익잉여금 xxx (대) 자본금 xxx
      →총자본 불변

● 자기주식을 처분하는 경우 자기주식처분손익은 당기손익에 반영한다.

  [X] : 자기주식처분손익은 당기손익이 아니라 자본에 가감하는 항목이다.

●── 자기주식을 처분하는 경우 처분가액과 취득원가와의 차액을 자기주식처분손익으로 기타포괄손익에 반영한다.

[X] : 자기주식처분손익은 기타포괄손익이 아니라 자본에 가감하는 항목이다.

●── 자기주식의 매각이나 소각에 따른 손실은 자기주식처분이익으로 우선 상계한다.

[X] : 자기주식의 매각(재발행)에 따른 손실(자기주식처분손실)은 자기주식처분이익으로 우선 상계하며, 자기주식의 소각에 따른 손실(감자차손)은 감자차익으로 우선 상계한다.

●── 주식병합으로 자본금과 총자본이 증가한다.

[X] : 주식병합(예 5,000원 주식 2주를 10,000원 주식 1주로 합치는 것)으로 자본금, 이익잉여금, 총자본 모두 불변이다.

●── 자본변동표는 재무상태표에 표시되어 있는 자본의 기말잔액만 제시하고 기초잔액은 제공하지 않는다.

[X] : 자본변동표는 자본의 각 항목별 기초잔액, 변동사항, 기말잔액을 표시해 주는 재무보고서로서, 자본을 구성하고 있는 각 분류별 납입자본, 각 분류별 기타포괄손익의 누계액과 이익잉여금의 누계액 등에 대한 포괄적인 정보를 제공해 준다.

●── 주식할인발행차금 상각으로 이익잉여금을 처분하면 자본금은 증가하고 자본총계는 변함이 없다.

[X] : (차) 이익잉여금(자본감소) xxx (대) 주식할인발행차금(자본증가) xxx
　　　→∴자본금과 자본총계 모두에 영향이 없다.

●── 고객에게 이전할 재화나 용역에 대하여 받을 권리를 갖게 될 대가의 회수가능성이 높지 않더라도 계약에 상업적 실질이 존재하고 이전할 재화나 용역의 지급조건을 식별할 수 있으면 고객과의 계약으로 회계처리한다.

[X] : 다음 기준을 모두 충족하는 때에만, K-IFRS 제1115호 '고객과의 계약에서 생기는 수익'의 적용범위에 포함되는 고객과의 계약으로 회계처리한다. 따라서, 고객에게 이전할 재화나 용역에 대하여 받을 권리를 갖게 될 대가의 회수가능성이 높은 경우에만 고객과의 계약으로 회계처리한다.[K-IFRS 제1115호 문단9]

승인과 확약	• 계약 당사자들이 계약을 서면으로, 구두로, 그 밖의 사업 관행에 따라 승인하고 각자의 의무를 수행하기로 확약한다.
권리 식별가능	• 이전할 재화나 용역과 관련된 각 당사자의 권리를 식별할 수 있다.
지급조건 식별가능	• 이전할 재화나 용역의 지급조건을 식별할 수 있다.
상업적실질 존재	• 계약에 상업적 실질이 있다. →계약의 결과로 기업의 미래현금흐름의 위험·시기·금액이 변동될 것으로 예상된다.
높은 회수가능성	• 고객에게 이전할 재화·용역에 대하여 받을 권리를 갖게 될 대가의 회수가능성이 높다. →대가의 회수 가능성이 높은지를 평가할 때에는 지급기일에 고객이 대가(금액)를 지급할 수 있는 능력과 지급할 의도만을 고려한다. 기업이 고객에게 가격할인(price concessions)을 제공할 수 있기 때문에 대가가 변동될 수 있다면, 기업이 받을 권리를 갖게 될 대가는 계약에 표시된 가격보다 적을 수 있다.

●— 매출에 대해 확신유형의 보증을 제공하는 경우 총판매금액 중 일부를 보증의무에 배분하여 별도 수행의무별 수익을 인식한다.

　　[X] : 확신유형의 보증 회계처리는 다음과 같다.
　　　　- 고객이 보증을 별도로 구매할 수 있는 선택권이 있는 경우는 수행의무로 회계처리(수행의무에 거래가격을 배분
　　　　　함.)하나, 고객이 보증을 별도로 구매할 수 있는 선택권이 없는 경우에는 예상원가를 충당부채로 인식한다.

●— 거래가격 산정시 제3자를 대신해서 회수한 금액도 포함되어야 하며, 변동대가, 비현금대가 및 고객에게 지급할 대가 등이
　　미치는 영향을 고려하여야 한다.

　　[X] : 거래가격은 고객에게 약속한 재화나 용역을 이전하고 그 대가로 기업이 받을 권리를 갖게 될 것으로 예상하는 금액
　　　　이며, 제3자를 대신해서 회수한 금액(예 일부 판매세)은 제외한다.[K-IFRS 제1115호 문단47]

●— 자산은 고객이 그 자산을 통제하지 않더라도 인도하였을 때 이전된다.

　　[X] : 고객에게 약속한 재화나 용역, 즉 자산을 이전하여 수행의무를 이행할 때(또는 기간에 걸쳐 이행하는 대로) 수익을
　　　　인식한다. 자산은 고객이 그 자산을 통제할 때(또는 기간에 걸쳐 통제하게 되는 대로) 이전된다.[K-IFRS 제1115호
　　　　문단31]

●— 장기할부판매의 경우 판매대금을 회수하는 시점에 수익을 인식한다.

　　[X] : 장기할부판매는 판매시점(인도시점)에 수익을 인식한다.

●— 장기할부판매의 경우 수익은 재화의 인도여부와 관계없이 회수기일도래기준에 따라 인식한다.

　　[X] : 인도기준에 따라 인식한다.

●— 장기할부판매로 인한 매출채권의 명목금액과 현재가치의 차이가 중요하더라도 매출채권의 장부금액은 명목금액으로 한다.

　　[X] : 현재가치로 평가하여 명목금액에서 현재가치할인차금을 차감한 금액을 장부금액으로 한다.

●— 장기할부판매에서 구분된 이자부분은 정액법을 사용하여 가득하는 시점에 수익으로 인식한다.

　　[X] : 정액법(X) → 유효이자율법(O)

●— 위탁매출은 수탁자에게 상품을 발송한 시점에 수익을 인식한다.

　　[X] : 수탁자가 판매한 시점에 수익을 인식한다.

●— 자동차회사에서 구매고객에게 일정기간 동안 무상수리를 제공하는 무상수리제도는 고객충성제도에 대한 예에 해당한다.

[X] : 무상수리제도는 판매와 직접 관련하여 발생하는 추가적인 원가부담 예상액으로서 현재의무이므로 '판매보증충당부채'의 회계처리가 적용된다.

●— 고객충성제도에서 기업이 직접 보상을 제공한다면 보상점수의 회수 전 최초의 매출거래가 발생할 때 보상점수에 배분된 대가를 수익으로 인식한다.

[X] : 기업이 직접 보상을 제공하는 경우 매출거래가 발생할 때 보상점수에 배분된 대가는 계약부채(이연매출)로 인식한 후 보상점수가 회수되고 의무를 이행한 때에 수익으로 인식한다.

●— 판매자가 아닌 제3자가 보상을 제공하는 경우에는 고객충성제도에 해당하지 않는다.

[X] : 고객충성제도는 기업이 보상을 제공하는 경우와 제3자가 보상을 제공하는 경우 모두에 적용한다.

●— 재화를 설치하는 조건으로 판매하는 경우 설치용역이 별도 구분되는 수행의무인 경우 설치와 재화를 하나의 수행의무로 보아 수익으로 인식합니다.

[X] : 설치용역이 재화와 별도 구분(구별)되는 경우에는 별도의 수행의무로 보아 개별판매가격 비율로 배분하여 각각 수익을 인식한다. 이 경우 설치용역은 기간에 걸쳐 수행되는 수행의무이므로 진행기준을 적용한다.

●— 설치용역이 재화판매에 부수적으로 제공된 경우 설치용역수수료를 진행기준으로 수익인식한다.

[X] : 설치용역수수료의 수익인식은 다음과 같다.

설치용역이 재화와 구별O	• 별도수행의무로 보아 개별판매가격비율로 배분하여 각각 수익인식 → 설치용역은 기간에 걸쳐 수행되는 수행의무이므로 진행기준 적용
설치용역이 재화와 구별X (부수제공)	• 단일수행의무로 보아 재화의 통제가 이전되는 시점에 수익인식

●— 검사조건부판매의 경우 재화나 용역이 합의된 규격에 부합하는지 객관적으로 판단이 가능한 경우에는 고객이 인수한 시점에 수익을 인식한다.

[X] : 검사조건부판매의 수익인식은 다음과 같다.

합의한 규격에 따른 것인지를 객관적으로 판단할 수 있는 경우	• 고객의 인수는 형식적인 것이므로 고객의 인수여부와 관계없이 수익을 인식함. → 즉, 인수수락 여부에 관계없이 인수 전이라도 이전시점에 수익을 인식함.
합의한 규격에 따른 것인지를 객관적으로 판단할 수 없는 경우	• 고객이 인수하는 시점에 수익을 인식함.

● 건설계약에서 계약원가는 계약체결일로부터 계약의 최종완료일까지의 기간에 당해 계약에 귀속되는 직접원가만을 포함한다.

[X] : 계약원가는 계약직접원가와 계약공통원가(보험료, 건설간접원가, 차입원가 등)로 구성된다.

● 건설계약에 있어 하도급계약에 따라 수행될 공사에 대해 하도급자에게 선급한 금액은 진행률 산정을 위한 누적발생계약원가에 포함시켜야 한다.

[X] : 하도급자에게 선급한 금액은 진행률 산정을 위한 누적발생계약원가에서 제외시켜야 한다.

● 건설계약에 있어 계약체결 전에 발생한 원가는 계약의 체결이후에 발생한 원가가 아니므로 계약원가로 포함될 수 없다.

[X] : 계약에 직접 관련되며 일정요건(식별가능, 측정가능, 계약체결 가능성이 높음.)을 충족시 계약원가에 포함한다.

● 계약수익은 진행률과 관계없이 청구한 금액으로 인식한다.

[X] : 건설계약의 결과를 신뢰성있게 추정할 수 있는 경우, 건설계약과 관련한 계약수익과 계약원가는 보고기간말 현재 계약활동의 진행률을 기준으로 각각 수익과 비용으로 인식한다.

● 건설계약의 결과를 신뢰성 있게 추정할 수 없는 경우, 건설계약과 관련한 계약수익과 계약원가는 보고기간 말 현재 계약활동의 진행률을 기준으로 각각 수익과 비용으로 인식한다.

[X] : 건설계약의 결과를 신뢰성있게 추정할 수 없는 경우, 계약수익은 계약원가의 범위 내에서 회수가능성이 높은 금액만 인식하며, 발생한 원가는 모두 당해 기간의 비용으로 인식한다.

● 진행률 계산시 발주자에게서 받은 기성금과 선수금도 공사의 정도를 반영하기 때문에 포함해야 한다.

[X] : 계약의 진행률은 계약의 성격에 따라 원가비율, 측량비율(예노동시간비례법), 물리적 완성비율 등으로 측정할 수 있다. 그러나 발주자에게서 수령한 기성금과 선수금은 수행의무의 이행정도를 반영하지 못하므로 진행률로 사용할 수 없다.

● 비화폐성급여는 단기종업원급여에 포함되지 않는다.

[X] : 의료, 주택, 자동차, 무상 또는 일부 보조로 제공되는 재화나 용역과 같은 현직종업원을 위한 비화폐성급여도 단기종업원급여에 포함한다.

● 확정급여제도에서 가입자의 미래급여금액은 사용자나 가입자가 출연하는 기여금과 기금의 운영 효율성 및 투자수익에 따라 결정된다.

[X] : 확정급여제도(X) → 확정기여제도(O)

●— 확정기여제도는 보험수리적 평가기법에 따라 퇴직 후 예상급여를 확정시키고 이에 대한 지급을 기업이 보증하는 형태이다.

　[X] : 확정기여제도(X) → 확정급여제도(O)

●— 확정급여제도는 기업이 종업원 퇴직시 약정된 퇴직급여의 지급을 약속한 것으로 그 운용과 위험을 종업원이 부담한다.

　[X] : 확정급여제도는 그 운용과 위험을 기업이 부담한다.

●— 확정급여제도란 보험수리적 위험과 투자위험을 종업원이 부담하는 퇴직급여제도를 의미한다.

　[X] : 확정급여제도는 보험수리적 위험과 투자위험을 기업이 부담하는 퇴직급여제도이다.

●— 확정기여제도를 도입한 기업은 기여금의 운용결과에 대한 납부의무가 있다.

　[X] : 확정기여제도에서의 기업의 부담은 출연금액에 한정된다.

●— 확정급여제도는 기업이 기여금을 불입함으로써 퇴직급여와 관련된 모든 의무가 종료된다.

　[X] : 기업이 기여금을 불입함으로써 퇴직급여 관련 모든 의무가 종료되는 것은 확정기여제도이다.

●— 보고기간말 현재 근로기준법에 따라 전임직원에게 지급할 급여를 계산하여 퇴직급여충당부채를 계상한다.

　[X] : 예상 미래지급액의 현재가치로 부채를 계상한다.

●— 확정급여채무의 현재가치를 계산할 때 종업원 이직률, 임금상승률, 할인율 등의 가정은 상황 변화에 관계없이 동일한 값을 적용한다.

　[X] : 보험수리적 가정은 상황변화에 따라 상이한 값을 적용한다.

●— 확정급여제도에서는 사외적립자산을 출연하는데 이때 사외적립자산은 장부금액으로만 측정한다.

　[X] : 사외적립자산은 기금(보험회사)이 보유하고 있는 자산을 말하며, 보고기간말에 공정가치로 측정하고 재무상태표에
　　　 확정급여채무에서 차감하여 표시한다.

●— 확정급여제도의 경우 사외적립자산은 공정가치로 측정하여 재무상태표에 인식되는 순확정급여부채를 결정할 때 가산한다.

> [X] : 가산한다.(X) → 차감한다(O)

재무상태표	• 확정급여채무(현재가치)에서 사외적립자산(공정가치)을 차감금액을 순확정급여부채로 표시 ❑ 순확정급여부채 = 확정급여채무(현재가치) – 사외적립자산(공정가치)
포괄손익계산서	• 포괄손익계산서에는 다음의 금액을 퇴직급여로 계상함. ❑ 퇴직급여 = 당기근무원가 + (확정급여채무 이자원가 – 사외적립자산의 수익)

●— 확정급여제도하에서 당해 회계기간에 대하여 사외에 적립한 기여금은 비용으로 인식한다.

> [X] : 당해 회계기간에 대하여 회사가 적립한 기여금은 자산으로 인식한다.
> →(차) 사외적립자산 xxx (대) 현금 xxx

●— 확정급여제도하에서 사외적립자산과 확정급여채무는 차감하지 않고 재무상태표에 각각 자산과 부채로 표시한다.

> [X] : 사외적립자산은 공정가치로 측정하며, 확정급여채무의 현재가치에서 차감하여 순확정급여부채(자산)의 과목으로 하
> 여 재무상태표에 표시한다.
> →확정급여채무(현재가치) – 사외적립자산(공정가치) = 순확정급여부채

●— 확정급여제도하에서 사외적립자산은 재측정요소가 발생하지 않는다.

> [X] : 사외적립자산은 재측정요소가 발생한다.(재측정손익 : 사외적립자산실제투자수익 – 사외적립자산이자수익)
> →재측정요소는 사외적립자산의 예상치 못한 변동을 말하며 기타포괄손익으로 인식한다.

●— 주식기준보상거래는 종업원에게만 부여하고 거래상대방에게 부여하지는 않는다.

> [X] : 주식기준보상약정은 특정 가득조건이 있다면 그 가득조건이 충족되는 때에 거래상대방에게 대가를 받을 권리를 획
> 득하게 하는 기업과 종업원을 포함한 거래상대방 사이의 계약이므로, 주식기준보상거래는 종업원과 거래상대방 모
> 두에게 부여한다.

●— 종업원에게 제공받은 용역의 보상원가는 부여일 이후 지분상품 공정가치 변동을 반영하여 측정한다.

> [X] : 종업원으로부터 제공받는 용역의 공정가치는 일반적으로 신뢰성있게 측정할 수 없을 것이기 때문에 부여일의 지분
> 상품의 공정가치에 기초하여 측정하며, 부여한 지분상품의 공정가치는 추후 가치가 변동하는 경우에도 추정치를 변
> 경하지 않는다. 즉, 재측정하지 않는다.

●── 주식결제형 주식기준보상거래의 보상원가 산정시 지분상품의 공정가치는 부여일 현재로 측정하고 이 후에 공정가치가 변동되는 경우 변동분을 반영한다.

　　[X] : 재측정없이 부여일 공정가치로 측정하고 기대권리소멸률을 반영한 보상원가를 용역제공비율(=당기말까지 기간÷ 용역제공기간)에 따라 가득기간에 걸쳐 인식한다.

●── 현금결제형 주식기준보상거래는 기업이 재화나 용역을 제공받는 대가로 자신의 지분상품을 부여하는 거래이다.

　　[X] : 기업이 재화나 용역을 제공받는 대가로 자신의 지분상품을 부여하는 것은 주식결제형 주식기준보상거래이다.

●── 이연법인세자산·부채를 계산할 때 미수이자와 같은 일시적차이는 제외하고 영구적차이만 고려한다.

　　[X] : 영구적차이는 제외하고 일시적차이만 고려한다.

●── 이연법인세자산은 유동자산과 비유동자산으로 구분된다.

　　[X] : 이연법인세자산(부채)는 비유동자산(부채)로만 표시한다.

●── 이연법인세자산과 부채는 현재가치로 할인한다.

　　[X] : 이연법인세 자산과 부채는 할인하지 아니한다.
　　　→이연법인세 자산과 부채를 신뢰성 있게 현재가치로 할인하기 위해서는 각 일시적차이의 소멸시점을 상세히 추정하여야 한다. 많은 경우 소멸시점을 실무적으로 추정할 수 없거나 추정이 매우 복잡하다. 따라서 이연법인세 자산과 부채를 할인하도록 하는 것은 적절하지 않다. 또한 할인을 강요하지 않지만 허용한다면 기업 간 이연법인세 자산과 부채의 비교가능성이 저해될 것이다. 따라서 K-IFRS에서는 이연법인세 자산과 부채를 할인하지 않도록 하였다.

●── 이연법인세자산(부채)에 적용되는 세율은 차이 발생시점의 한계세율로 인식한다.

　　[X] : 소멸시점의 평균세율로 인식한다.

●— 당기법인세자산과 당기법인세부채는 항상 상계하여 표시한다.

[X] : 당기법인세자산과 당기법인세부채는 항상 상계하여 표시하는 것이 아니라, K-IFRS 제1012호 문단71에 규정하고 있는 소정의 요건을 모두 충족하는 경우에만 상계하여 표시한다. 상계표시와 관련된 내용은 다음과 같다.

당기법인세자산 당기법인세부채	• 다음 조건을 모두 충족하는 경우에만 상계하여 유동자산(부채)로 분류함. ㉠ 인식된 금액에 대한 법적으로 집행가능한 상계권리를 가지고 있다. ㉡ 순액결제하거나, 자산을 실현하는 동시에 부채를 결제할 의도가 있다.
이연법인세자산 이연법인세부채	• 다음 조건을 모두 충족하는 경우에만 상계하여 비유동자산(부채)로 분류함. ㉠ 당기법인세자산·부채를 상계할 수 있는 법적으로 집행가능한 권리를 가지고 있다. ㉡ 이연법인세자산과 이연법인세부채가 다음의 각 경우에 동일한 과세당국에 의해서 부과되는 법인세와 관련되어 있다. ⓐ 과세대상기업이 동일한 경우 ⓑ 과세대상기업은 다르지만 당기법인세 부채와 자산을 순액결제할 의도가 있거나, 유의적 금액의 이연법인세부채가 결제되거나 이연법인세자산이 회수될 미래의 각 회계기간마다 자산을 실현하는 동시에 부채를 결제할 의도가 있는 경우

●— 재고자산 원가흐름의 가정을 선입선출법에서 가중평균법으로 변경하는 것은 회계추정의 변경에 해당한다.

[X] : 재고자산 원가흐름의 가정변경은 회계정책의 변경이다.

●— 유형자산의 측정기준을 원가모형에서 재평가모형으로 변경하는 것은 회계추정의 변경에 해당한다.

[X] : 회계정책의 변경에 해당한다.

●— 재고자산의 진부화 여부에 대한 판단추정치를 변경하는 것은 회계정책의 변경에 해당한다.

[X] : 회계추정의 변경에 해당한다.

●— 회계변경이 회계정책의 변경인지 회계추정의 변경인지 구분하는 것이 어려운 경우에는 이를 회계정책의 변경으로 본다.

[X] : 회계추정의 변경으로 본다.

●— 감가상각방법을 변경한 경우에는 비교 표시되는 전기 재무제표를 재작성해야 한다.

[X] : 회계추정의 변경은 전진법을 적용하므로 전기 재무제표를 재작성하지 않는다.

●— 재고자산 단위원가 결정방법을 선입선출법에서 가중평균법으로 변경하는 것은 오류수정에 해당된다.

[X] : 회계정책의 변경에 해당한다.

● 중요한 오류가 발생한 과거기간의 재무제표가 비교표시되는 경우에도 그 재무정보를 재작성할 필요는 없다.

　　[X] : 당기 중에 발견한 당기 잠재적 오류는 재무제표의 발행승인일 전에 수정한다. 그러나, 중요한 오류를 후속기간에 발견하는 경우 이러한 전기오류는 해당 후속기간의 재무제표에 비교표시된 재무정보를 재작성하여 수정한다.

● 전기오류의 수정은 반드시 오류가 발견된 기간의 당기손익으로 보고한다.

　　[X] : 전기오류의 수정은 오류가 발견된 기간의 당기손익으로 보고하지 않는다. 따라서 과거 재무자료의 요약을 포함한 과거기간의 정보는 실무적으로 적용할 수 있는 최대한 앞선 기간까지 소급재작성한다.

● 전기오류수정은 중요한 오류라 할지라도 당기손익에 반영한다.

　　[X] : 전기오류의 수정은 오류가 발견된 기간의 당기손익으로 보고하지 않는다. 따라서 과거 재무자료의 요약을 포함한 과거기간의 정보는 실무적으로 적용할 수 있는 최대한 앞선 기간까지 소급재작성한다.

● 재고자산을 선입선출법에서 가중평균법으로 변경하는 것은 오류수정에 해당된다.

　　[X] : 회계정책의 변경에 해당된다.

● 자기주식을 취득하면 기본주당이익을 감소시키는 효과가 생긴다.

　　[X] : 자기주식을 취득하면 유통보통주식수가 감소하므로 기본주당이익을 증가시킨다.

● 주당이익 계산시 가중평균유통보통주식수에는 결산기말 현재 발행된 우선주식수를 포함해야 한다.

　　[X] : 우선주식수는 제외한다.

● 주당이익 계산시 당기 중 무상증자를 실시한 경우 무상증자를 실시한 날짜를 기준일로 하여 가중평균유통주식수를 계산한다.

　　[X] : 기초에 실시된 것으로 간주하여 주식수를 조정한다.

● 주당이익 계산시 주식분할이 실시된 경우에는 주식분할이 이루어진 날을 기준으로 가중평균유통보통주식수를 구한다.

　　[X] : 당기 중에 무상증자, 주식배당, 주식분할 및 주식병합이 실시된 경우에는 기초에 실시된 것으로 간주하여 가중평균 유통보통주식수를 증가 또는 감소시켜 주며 다만, 기중에 유상증자 등으로 발행된 신주에 무상증자 등이 실시된 경우에는 당해 유상신주의 납입일에 실시된 것으로 간주해 가중평균유통보통주식수를 조정한다.

● 주당이익 계산시 당기 중 유상증자로 보통주가 발행된 경우 기초에 실시된 것으로 간주하여 주식수를 조정한다.

　　[X] : 그 납입일을 기준으로 주식수를 조정한다.

●── 기본주당이익의 계산시 당해 회계기간과 관련된 누적적 우선주에 대한 세후배당금은 배당금의 지급이 결의된 경우에만 당기순손익에서 차감한다.

[X] : 누적적 우선주는 배당금을 지급하지 못하였을 경우 그 부족액을 후년도의 이익에서 충당할 수 있는 우선주를 말하며, 누적적 우선주의 배당금은 배당결의 여부에 관계없이 손실이 발생한 경우에도 당해 회계기간과 관련된 세후배당금을 차감하여 산정한다.

> **예시** 전기당기순손실 50,000원, 당기순이익 200,000원, 전기,당기 모두 유통보통주식은 1,000주, 우선주는 비참가적, 누적적 우선주. 당기에 전기분과 당기분 우선주배당 30,000원씩 60,000원을 배당키로 결의함.
>
> - 전기 기본EPS : $\dfrac{-50,000-30,000}{1,000주} = -80$
>
> - 당기 기본EPS : $\dfrac{200,000-30,000}{1,000주} = 170 \rightarrow \dfrac{200,000-60,000}{1,000주} = 140(X)$
>
> *배당결의하지 않은 경우에도 위와 동일함!

●── 유의적인 영향력을 판단함에 있어 피투자자에 대한 의결권은 투자자의 지분율과 지배기업이 보유하고 있는 지분율의 합계로 계산한다.

[X] : 지배기업(X) → 종속기업(O)

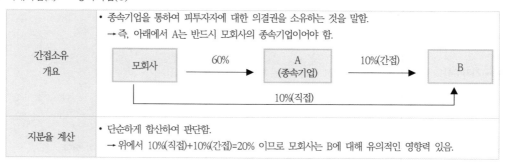

간접소유 개요	• 종속기업을 통하여 피투자자에 대한 의결권을 소유하는 것을 말함. → 즉, 아래에서 A는 반드시 모회사의 종속기업이어야 함.
지분율 계산	• 단순하게 합산하여 판단함. → 위에서 10%(직접)+10%(간접)=20% 이므로 모회사는 B에 대해 유의적인 영향력 있음.

●── 지분법과 관련하여 기업이 해당 피투자자에 대하여 유의적인 영향력이 있는지 여부를 평가할 때에는 다른 기업이 보유한 잠재적 의결권은 고려하지 않는다.

[X] : 기업이 해당 피투자자에 대하여 유의적인 영향력이 있는지 여부를 평가할 때에는 다른 기업이 보유한 잠재적 의결권도 고려하여야 한다. 지분율기준 유의적 영향력의 세부내용은 다음과 같다.

원칙	• 투자자가 직접으로 또는 간접(예 종속기업을 통하여)으로 피투자자에 대한 의결권의 20%이상을 소유하고 있다면 명백한 반증이 있는 경우를 제외하고는 유의적인 영향력이 있는 것으로 보아 지분법을 적용함.
고려사항	• 유의적인 영향력 판단을 위한 지분율 계산에 고려할 사항은 다음과 같음. ㉠ 유의적인 영향력을 판단함에 있어 피투자자에 대한 의결권은 투자자의 지분율과 종속기업이 보유하고 있는 지분율의 단순합계로 계산함. ㉡ 기업이 해당 피투자자에 대하여 유의적인 영향력이 있는지 여부를 평가할 때에는, 다른 기업이 보유한 잠재적 의결권(예 주식매입권, 주식콜옵션, 보통주식으로 전환할 수 있는 채무상품이나 지분상품, 또는 그 밖의 유사한 금융상품)을 포함하여 현재 행사할 수 있거나 전환할 수 있는 잠재적 의결권의 존재와 영향을 고려하여야 함.

●— 지분법은 취득시점에 관계기업투자주식을 공정가치로 측정한다.

    [X] : 공정가치(X) → 취득원가(O)

●— 지분법 회계처리에서 취득시점 이후 발생한 피투자회사의 순자산 변동액은 투자주식 계정에 반영하지 않는다.

    [X] : 반영하지 않는다.(X) → 반영한다.(O)

●— 지분법 적용에 있어 배당금수취시 투자수익을 즉시 인식하므로 투자주식 계정이 증가한다.

    [X] : 배당금 수취시는 투자주식을 감소시킨다.

●— 지분법 적용에 있어 투자회사가 수취하게 될 배당금 금액은 취득한 기간의 당기순손익에 포함한다.

    [X] : 배당금 수취시는 투자주식을 감소시킨다.

●— 지분법 적용에 있어 피투자회사가 배당금지급을 결의한 시점에 투자회사가 수취하게 될 배당금 금액을 당기순이익으로 인식한다.

    [X] : 피투자회사(관계기업)가 배당금지급을 결의한 시점에 투자회사가 수취하게 될 배당금 금액을 당기순이익으로 인식하는 것이 아니라, 투자주식계정에서 직접 차감한다. 취득일 이후 지분법 회계처리는 다음과 같다.

당기순이익 보고시	• '피투자회사의 순이익×지분율'만큼 지분법이익(당기손익)을 인식함. →(차) 관계기업투자주식 xxx (대) 지분법이익　　　 xxx
배당시	• 배당결의시 : (차) 미수배당금 xxx (대) 관계기업투자주식 xxx • 배당수령시 : (차) 현금　　 xxx (대) 미수배당금　　 xxx ○주의 지분법에서는 피투자회사가 배당을 하면 순자산이 감소하므로 투자주식을 감소시키는 처리를 하며, 배당금수익을 인식하는 것이 아님.
기타포괄손익 증감시	• '피투자회사의 기타포괄손익×지분율'만큼 지분법자본변동(기타포괄손익)을 인식함. →(차) 관계기업투자주식 xxx (대) 지분법자본변동　 xxx

●— 투자자와 관계기업 사이의 상향거래나 하향거래에서 발생한 당기손익에 대하여 투자자는 그 관계기업에 대한 투자지분과 관련된 손익까지만 투자자의 재무제표에 인식한다.

    [X] : 투자자와 관계기업 사이의 상향거래(관계기업이 투자자에게 판매하는 등의 거래)나 하향거래(투자자가 관계기업에게 판매하는 등의 거래)에서 발생한 당기손익에 대하여 투자자는 그 관계기업에 대한 투자지분과 무관한 손익까지만 투자자의 재무제표에 인식한다.
    →즉, 내부거래로 발생한 관계기업의 당기손익 중 투자자의 지분은 제거한다.

●— 기능통화란 영업활동이 이루어지는 주된 경제환경의 통화로서 기업의 본사가 속해있는 국가의 통화이다.

    [X] : 기능통화란 영업활동이 이루어지는 주된 경제환경의 통화로, 장부에 기록(거래인식)하는 통화이다.

●— 표시통화와 기능통화를 동일한 화폐로 결정할 수 없다.

  [X] : 국내 영업기업의 기능통화는 원화로서 이는 표시통화와 동일하다.

●— 표시통화와 기능통화는 반드시 동일한 화폐로 사용하여야 한다.

  [X] : 기업은 어떤 통화든지 표시통화로 사용할 수 있다.(기능통화와 표시통화가 다른 경우에는 기능통화를 표시통화로
      환산하여 재무제표에 보고해야 함.)
      →표시통화와 기능통화는 반드시 동일한 화폐로 사용하여야 하는 것은 아니다.

●— 기업의 표시통화와 기능통화가 다른 경우에는 경영성과와 재무상태를 기능통화로 환산하여 재무제표에 보고한다.

  [X] : 기업의 표시통화와 기능통화가 다른 경우에는 경영성과와 재무상태를 표시통화로 환산하여 재무제표에 보고한다.

●— 기능통화와 표시통화가 다른 경우 기능통화로 회계거래를 인식하며 표시통화로 회계장부에 기록한다.

  [X] : 기능통화와 표시통화가 다른 경우에는 기능통화를 표시통화로 환산하여 재무제표에 보고해야 한다.(즉, 반드시 환
      산하는 절차가 필요하다.)

●— 화폐성 외화자산·부채의 환산시 발생하는 외화환산이익·손실은 기타포괄손익으로 처리한다.

  [X] : 기타포괄손익(X) → 당기손익(O)

●— 역사적원가로 측정하는 비화폐성 외화항목은 마감환율로 매 보고기간말 환산한다.

  [X] : 마감환율(X) → 거래일의 환율(O)

●— 비화폐성 외화자산·부채 중 공정가치로 측정하는 항목은 당해 자산·부채의 최초 거래일의 환율로 환산한다.

  [X] : 거래일의 환율(X) → 공정가치 결정일의 환율(O)

●— 외화표시재무제표를 원화로 환산시 환산에서 생기는 외환차이는 당기손익으로 처리한다.

  [X] : 기타포괄손익으로 처리한다.

●— 재무제표의 외화환산과 관련하여 포괄손익계산서의 수익과 비용은 마감환율을 적용한다.

  [X] : 포괄손익계산서의 수익과 비용은 해당 거래일의 환율을 적용하되 환율이 유의적으로 변동하지 않을 경우에는 해당
      기간의 평균환율을 적용할 수 있다.

●— 선물의 경우에는 권리나 의무 중 하나만 부담하지만 옵션의 경우에는 거래시 권리와 의무를 모두 부담한다.

　[X] ： 선물의 경우에는 권리와 의무를 모두 부담하지만 옵션의 경우에는 거래시 권리나 의무 중 하나만 부담한다.

●— 미국형 옵션은 만기일에만 권리를 행사할 수 있는 옵션이며, 유럽형 옵션은 만기일 이전에는 언제라도 권리를 행사할 수 있는 옵션이다.

　[X] ： 유럽형 옵션은 만기일에만 권리를 행사할 수 있으나, 미국형 옵션은 만기일 이전에 언제라도 권리를 행사할 수 있다.

●— 위험회피수단으로 지정된 파생상품의 평가손익은 위험회피유형별로 회계처리가 동일하다.

　[X] ： 위험회피수단으로 지정된 파생상품 평가손익은 위험회피 유형별로 다음과 같이 처리한다.

보유목적	평가손익	
공정가치위험회피	• 당기손익	
현금흐름위험회피	위험회피에 효과적O	• 기타포괄손익
	위험회피에 효과적X	• 당기손익

●— 위험회피수단으로 지정되지 않고 매매목적으로 보유하고 있는 파생상품의 평가손익은 자본조정으로 인식한다.

　[X] ： 자본조정(X) → 당기손익(O)

●— 위험회피수단으로 지정되지 않고 매매목적 등으로 보유하고 있는 파생상품의 평가손익은 기타포괄손익으로 계상해야 한다.

　[X] ： 기타포괄손익(X) → 당기손익(O)

●— 공정가치위험회피회계란 인식된 자산이나 부채 또는 미인식된 확정계약의 전체 또는 일부의 현금흐름 변동에 대한 위험회피를 의미한다.

　[X] ： 현금흐름 변동(X) → 공정가치 변동(O)

●— 공정가치위험회피를 적용하는 경우 위험회피수단에 대한 손익은 기타포괄손익으로 인식한다.

　[X] ： 기타포괄손익(X) → 당기손익(O)

●— 현금흐름위험회피회계란 인식된 자산이나 부채 또는 발생가능성이 매우 높은 예상거래의 공정가치변동에 대한 위험회피를 의미한다.

　[X] ： 공정가치 변동(X) → 미래현금흐름 변동(O)

제1편
[단기속독트집] 재무회계

제2편
[단기속독트집] 세무회계

제3편
[단기속독트집] 원가관리회계

합본부록1
신유형기출문제

합본부록2
10개년/기출오답노트

● 위험회피대상항목이 미래에 예상되는 거래로서 당해 거래에 따른 미래현금흐름 변동을 상쇄하기 위해 파생상품을 이용하는 경우에는 공정가치위험회피회계를 적용한다.

   [X] : 공정가치위험회피회계(X) → 현금흐름위험회피회계(O)

● 현금흐름위험회피를 적용하는 경우 위험회피수단에 대한 손익 중 위험회피에 효과적인 부분은 당해 회계연도의 당기손익으로 인식한다.

   [X] : 당기손익(X) → 기타포괄손익(O)

● 현금흐름 위험회피회계에서 위험회피에 효과적이지 않은 부분은 당해 회계연도의 기타포괄손익으로 인식한다.

   [X] : 기타포괄손익(X) → 당기손익(O)

● 파생상품 회계처리와 관련하여 현금흐름 위험회피회계시 손익은 모두 당기손익으로 계상한다.

   [X] : 위험회피에 효과적인 부분은 기타포괄손익, 위험회피에 효과적이지 못한 부분은 당기손익 처리한다.

● 리스이용자는 각 리스를 운용리스나 금융리스로 분류한다.

   [X] : 리스제공자는 금융리스나 운용리스로 분류하나, 리스이용자는 분류하지 않는다.

● 계약의 다른 속성들을 고려할 때 기초자산의 소유에 따른 위험과 보상의 대부분을 이전하지 않는다는 점이 분명한 경우는 리스가 일반적으로 금융리스로 분류되는 상황의 사례이다.

   [X] : 계약의 다른 속성들을 고려할 때 기초자산의 소유에 따른 위험과 보상의 대부분을 이전하지 않는다는 점이 분명하다면 그 리스는 운용리스로 분류한다.

● 운용리스란 기초자산의 소유에 따른 위험과 보상의 대부분을 리스이용자에게 이전하는 리스를 말한다.

   [X] : 운용리스(X) → 금융리스(O)

● 리스이용자가 리스를 해지시 손실을 리스이용자가 부담하는 경우 금융리스로 분류한다.

   [X] : 리스이용자가 리스를 해지할 경우 해지로 인한 리스제공자의 손실을 리스이용자가 부담하는 경우는 금융리스로 분류될 가능성이 있는 것이지, 반드시 금융리스로 분류하는 것은 아니다.

● 금융리스의 경우 리스이용자의 입장에서 보증잔존가치와 무보증잔존가치는 모두 리스료에 포함한다.

   [X] : 무보증잔존가치는 리스료의 구성항목에 포함되지 않는다.

● 지수나 요율(이율)에 따라 달라지는 변동리스료는 리스료에 포함되지 않는다.

[X] : 변동리스료는 리스료의 구성항목에 포함된다.

● 금융리스이용자 입장에서는 무보증잔존가치는 지급의무가 없으나 리스료에는 포함된다.

[X] : 무보증잔존가치는 리스료에 포함되지 않는다.

● 내재이자율은 리스제공자의 목표수익률을 의미하며, 내재이자율 산정시에는 리스료만을 고려하고 무보증잔존가치는 제외한다.

[X] : 내재이자율은 리스료 및 무보증잔존가치의 현재가치 합계액을 기초자산의 공정가치와 리스제공자의 리스개설직접 원가의 합계액과 동일하게 하는 할인율을 말한다.

→내재이자율은 엄밀히 말해 목표수익률과 동일한 개념은 아니며, 리스료와 무보증잔존가치 모두를 고려하여 산정 된다.

계산구조	• 소유권이전이 확실하지 않은 경우 다음 산식을 성립시키게 하는 할인율 (리스료+무보증잔존가치)의 현재가치 = 공정가치 + 리스개설직접원가(리스제공자) '리스총투자'　　　　　　　　　　　　'리스순투자'	
비교분석 → 참고사항	목표수익률 (목표투자수익률)	• 리스료를 산정하기 위하여 리스제공자가 사전적(ex-ante)으로 설정한 이 자율을 말함.
	내재이자율	• 리스료가 결정된 이후 사후적(ex-post)으로 해당 리스거래에서 리스제공 자가 얻게 되는 수익률을 말함.

● 무보증잔존가치가 있는 경우에도 리스이용자의 리스부채와 리스제공자의 리스채권의 금액은 같다.

[X] : 무보증잔존가치가 있는 경우 리스부채와 리스채권 금액은 다르다.
 - 리스부채 : 리스료의 현가
 - 리스자산 : '리스료+무보증잔존가치'의 현가

● 금융리스의 경우 리스제공자가 금융리스자산과 관련된 감가상각비를 계상한다.

[X] : 리스제공자는 감가상각이 없다.

● 판매형리스에서 리스제공자가 인식할 매출액 계산시 리스료의 현재가치는 리스제공자의 증분차입이자율로 할인하여 계산한다.

[X] : 리스제공자의 증분차입이자율(X) → 시장이자율(O)

● 운용리스의 경우 리스이용자는 리스자산과 리스부채를 동시에 계상한다.

[X] : 리스자산(X) → 사용권자산(O)

● 현금흐름표는 영업활동현금흐름, 투자활동현금흐름, 관리활동현금흐름 및 재무활동현금흐름으로 구분하여 표시한다.

  [X] : 현금흐름표에는 관리활동현금흐름은 표시하지 않는다.

● 현금흐름표는 영업활동현금흐름, 투자활동현금흐름, 잉여현금흐름 및 재무활동현금흐름으로 구분하여 표시한다.

  [X] : 현금흐름표에는 잉여현금흐름은 표시하지 않는다.

● 이자수입은 손익의 결정에 영향을 미치므로 영업활동 현금흐름으로만 분류해야 한다.

  [X] : 이자수입과 배당수입은 투자활동 현금흐름으로도 분류할 수 있다.

● 법인세로 인한 현금흐름은 반드시 영업활동으로 인한 현금흐름으로 분류한다.

  [X] : 법인세로 인한 현금흐름은 재무활동·투자활동에 명백히 관련되지 않는 한 영업활동 현금흐름으로 분류한다.
     →즉, 영업활동으로 분류가 원칙이며, 투자활동이나 재무활동으로의 분류도 가능하다.

● 법인세로 인한 현금흐름은 영업활동과 투자활동에 명백히 관련되지 않는 한 재무활동 현금흐름으로 분류한다.

  [X] : 법인세로 인한 현금흐름은 재무활동·투자활동에 명백히 관련되지 않는 한 영업활동 현금흐름으로 분류한다.
     →즉, 영업활동으로 분류가 원칙이며, 투자활동이나 재무활동으로의 분류도 가능하다.

● 단기매매목적으로 보유하는 계약에서 발생하는 현금유출입은 투자활동 현금흐름이다.

  [X] : 영업활동 현금흐름이다.

● 단기매매목적으로 보유하는 유가증권의 취득과 판매에 따른 현금흐름은 투자활동으로 분류한다.

  [X] : 영업활동으로 분류한다.

● 장·단기차입금에 따른 현금유입은 영업활동 현금흐름이다.

  [X] : 재무활동 현금흐름이다.

● 간접법을 적용하여 표시한 영업활동 현금흐름은 직접법에 의한 영업활동 현금흐름에서는 파악할 수 없는 정보를 제공하기 때문에 미래현금흐름을 추정하는 데 보다 유용한 정보를 제공한다.

[X] : 직접법은 당기순이익에서 조정을 거쳐 현금의 흐름을 사후적으로 확인하는 간접법에 비하여 영업거래의 다양한 원천별 현금의 흐름내역을 일목요연하게 제시해 줌으로써 진정한 의미에서의 현금흐름을 파악할 수 있는 방법으로 미래현금흐름을 추정하는 데 보다 유용한 정보를 제공한다.

→즉, 현금유입의 발생원천과 현금유출의 운용에 관한 개별정보는 미래현금흐름의 예측에 더 유용하다.

→한편, 직접법은 현금흐름을 개별 항목별로 파악할 수 있기 때문에 전문회계지식이 없더라도 그 내용을 쉽게 파악할 수 있다.

● 직접법과 간접법은 영업활동뿐만 아니라 투자활동 및 재무활동도 현금흐름표상의 표시방법이 다르다.

[X] : 직접법, 간접법은 영업활동을 표시하는 방법이므로, 직접법과 간접법 모두에서 투자활동, 재무활동 표시방법은 동일하다.

세무회계 기출문제오답노트

● 공공단체가 공공사업에 필요한 경비에 충당하기 위하여 부과하는 공과금도 조세에 해당한다.

　[X] : 공공단체가 공공사업에 필요한 경비에 충당하기 위하여 부과하는 공과금은 조세가 아니다.
　　　→∵조세는 부과하는 주체가 국가 또는 지방자치단체이다.

● 위법행위에 대한 제재를 목적을 두고 있는 벌금, 과태료는 조세에 해당한다.

　[X] : 조세는 국가 또는 지방자치단체의 경비충당을 위한 재정수입을 조달할 목적으로 부과되므로, 위법행위에 대한 제재에 그 목적을 두고 있는 벌금·과료·과태료는 조세가 아니다.

● 조세는 위법행위에 대한 제재에 목적을 두고 있는 과태료와 그 성격이 매우 유사하다.

　[X] : 조세는 위법행위에 대한 제재에 목적을 두고 있는 과태료와 그 성격이 다르다.
　　　→∵조세의 목적은 국가 또는 지방자치단체의 경비충당을 위한 재정수입 조달이다.

● 세금은 직접적인 반대급부 없이 부과되므로 개별보상에 해당한다.

　[X] : 조세는 직접적인 반대급부 없이 부과된다. 물론 납세의무자는 국가가 제공하는 국방·치안 기타 사회복지의 혜택을 받지만, 이것은 자기가 납부한 조세와 비례하여 주어지는 직접적 반대급부(개별보상)는 아니다. 조세는 단지 일반적 보상만을 제공한다.

● 조세는 납부하는 금액에 비례하여 반대급부가 제공된다.

　[X] : 조세는 직접적인 반대급부 없이 부과된다.

● 세법에 의하여 국세를 납부할 의무(국세를 징수하여 납부할 의무를 포함)가 있는 자를 납세자라고 하며 과세요건에 해당한다.

　[X] : 과세요건에 해당하는 자는 납세의무자이지 납세자가 아니다.
　　　→납세의무자란 세법에 의하여 국세를 납부할 의무(국세를 징수하여 납부할 의무를 제외)가 있는 자를 말한다.(즉, 법률상 조세채무를 부담하는 자를 납세의무자라고 한다.)
　　　→납세자＝납세의무자＋징수납부의무자

● 조세는 과세권자에 따라 국세와 관세로 나뉜다.

　[X] : 과세권자에 따라 국세와 지방세로 나뉜다.

● — 세금은 그 과세권자가 누구인지에 따라서 국세, 지방세, 관세의 3가지로 분류한다.

　　[X] : 조세는 그 과세권자가 누구인지에 따라 국세, 지방세로 나누어진다.(국세는 다시 내국세, 관세, 부가세로 분류된다.)

● — 부가가치세는 입법상 조세부담의 전가를 예상하고 있는 직접세에 해당한다.

　　[X] : 직접세(X) → 간접세(O)

● — 법인세는 조세의 사용용도가 정해진 목적세에 해당한다.

　　[X] : 법인세는 사용용도가 특정되지 아니한 보통세에 해당한다.

● — 목적세란 세수의 용도를 특정하여 징수하는 조세로, 현재 우리나라의 목적세로는 교육세, 농어촌특별세, 소득세, 법인세가 있다.

　　[X] : 소득세, 법인세는 세수의 용도가 특정되지 아니한 보통세에 해당한다.

● — 조세법률주의에 따르면 법률에 의하지 않고 조세당국이 조세를 부과·징수하는 경우에도 국민은 조세를 납부할 의무가 있다.

　　[X] : 조세법률주의에 따르면 법률에 의하지 않고서는 조세당국이 조세를 부과·징수할 수 없으며 국민은 조세를 납부할 의무가 없다.

● — 국세기본법에서 규정하고 있는 실질과세의 원칙에 반하는 규정을 다른 세법에서 규정하고 있는 경우 국세기본법에서 규정하고 있는 실질과세의 원칙을 우선하여 적용한다.

　　[X] : 국세기본법에서 규정하고 있는 실질과세의 원칙에 반하는 규정을 다른 세법에서 규정하고 있는 경우, 다른 세법에서 규정하고 있는 실질과세의 원칙을 우선하여 적용한다.[예] 상속증여세법에 따른 명의신탁재산의 증여의제규정(권리의 이전이나 그 행사에 등기 등이 필요한 재산의 실제소유자와 명의자가 다른 경우에는 실질과세원칙에도 불구하고 그 명의자로 등기를 한 날에 그 재산의 가액을 명의자가 실제 소유자로부터 증여를 받은 것으로 간주하고 증여세를 부과함.)]

　　　→국세에 관하여 세법에 별도의 규정이 있는 경우를 제외하고는 국세기본법에서 정하는 바에 따른다.[국세기본법 제3조 ①] 즉, 국세기본법에 정한 모든 규정에 대해서 다른 세법에 별도 규정이 있는 경우 그 다른 세법이 우선 적용된다.

● — 기간계산은 반드시 국세기본법 또는 세법의 규정에 따른다.

　　[X] : 기간계산은 국세기본법 또는 그 세법에 특별한 규정이 있는 것을 제외하고는 민법의 역법적 계산방법에 따른다.

●── 세법에서 규정하는 기간의 계산은 민법 규정에 의하므로 초일을 산입하여 계산해야 한다.

    [X] : 기간의 계산은 국세기본법 또는 그 세법에 특별한 규정이 있는 것을 제외하고는 민법에 따르므로 규정이 있는 경우는 민법보다 우선 적용한다. 또한 초일불산입이 원칙이다.

●── 기간을 일·주·월·연으로 정한 때에는 기간의 초일은 기간 계산시 산입하는 것을 원칙으로 한다.

    [X] : 기간을 일·주·월·연으로 정한 때에는 기간의 초일은 기간 계산시 산입하지 않는 것을 원칙으로 한다.(초일불산입 원칙)

●── 기간말일이 공휴일에 해당하는 경우 그 전일이 기간 만료일이다.

    [X] : 기간말일이 공휴일에 해당하는 경우 그 다음날이 기간 만료일이다.

●── 기한이란 일정한 시점의 도래로 인하여 법률효과가 발생·소멸하거나 또는 일정한 시점까지 의무를 이행하여야 하는 경우에 그 기간을 말한다.

    [X] : 그 기간을 말한다.(X) → 그 시점을 말한다.(O)

●── 20x1년 12월 31일로 사업연도가 종료하는 법인은 20x2년 3월 31일까지 법인세를 신고·납부하여야 하는데 공교롭게도 20x2년 3월 31일이 토요일인 경우에는 그 전 날인 20x2년 3월 30일까지 법인세를 신고·납부하여야 한다.

    [X] : 신고·신청·청구·서류제출·통지·납부·징수의 기한이 공휴일, 토요일, 근로자의 날(5월 1일)에 해당하는 때에는 기한특례에 의해 그 다음 날을 기한으로 한다.

●── 우편으로 과세표준신고서를 제출한 경우에는 도착한 날에 신고된 것으로 본다.

    [X] : 우편으로 과세표준신고서, 과세표준수정신고서, 경정청구서 또는 과세표준신고·과세표준수정신고·경정청구와 관련된 서류를 제출한 경우 우편법에 따른 우편날짜도장이 찍힌 날에 신고되거나 청구된 것으로 본다. →즉, 발신주의에 의한다.

●── 국세기본법 또는 세법에 규정하는 서류는 그 명의인의 주소에만 송달하여야 한다.

    [X] : 국세기본법 또는 세법에서 규정하는 서류는 그 명의인(서류에 수신인으로 지정되어 있는 자를 말함.)의 주소, 거소, 영업소 또는 사무소(전자송달인 경우에는 명의인의 전자우편주소를 말함.)에 송달한다.

●— 전자신고의 경우에 해당 신고서 등이 국세정보통신망에 입력된 때에 신고된 것으로 보지만, 전자송달의 경우에는 송달받을 자가 지정한 전자우편주소에 입력된 후 수신확인이 되었을 때 도달된 것으로 본다.

　[X] : 전자송달의 경우에는 송달받을 자가 지정한 전자우편주소에 입력된 때(국세정보통신망에 저장하는 경우에는 저장된 때)에 그 송달을 받아야 할 자에게 도달한 것으로 본다. 수신확인 여부와 무관하다.

　　→여기서 도달은 상대방의 지배권 내에 들어가 사회통념상 일반적으로 그 사실을 알 수 있는 상태에 있음으로 족하다.(국세기본법 기본통칙)

●— 서류의 송달에 대한 효력은 원칙적으로 발송주의에 의한다.

　[X] : 송달의 효력발생시기는 다음과 같다.

원칙	• 도달한 때에 효력이 발생한다.(도달주의)
예외	• ㉠ 송달받을 자가 지정한 전자우편주소에 입력된 때에 도달한 것으로 본다. ㉡ 서류의 주요내용을 공고한 날부터 14일이 지나면 송달이 된 것으로 본다.

●— 공시송달의 경우에는 서류의 요지를 공고한 날에 서류의 송달이 있은 것으로 본다.

　[X] : 공고한 날(X) → 공고일부터 14일 경과한 날(O)

●— 정보통신망의 장애로 납부고지서의 전자송달이 불가능한 경우에는 교부에 의해서만 송달할 수 있다.

　[X] : 정보통신망의 장애로 납부고지서의 전자송달이 불가능한 경우에는 교부 또는 우편의 방법으로 송달할 수 있다.

　　★ 저자주 재경관리사 시험수준을 초과하는 내용이나 출제가 된 만큼 가볍게 검토 바랍니다.

●— 세법상 특수관계인은 어느 일방을 기준으로 특수관계에 해당하더라도 상대방의 특수관계인 여부에는 직접 영향을 미치지 않는 일방관계가 적용된다.

　[X] : 특수관계는 일방관계가 아니라 쌍방관계로 판단한다. 즉, 어느 일방입장에서 특수관계에 해당하면 이들 상호간은 특수관계인에 해당한다.

　　특수관계인의 판단과 범위를 정리하면 다음과 같다.

판단		• 쌍방관계로 판단함. →즉, A입장에서 B가 특수관계인이 아니어도 B입장에서 A가 특수관계인이면 A입장에서도 B는 특수관계인이다.
범위	친족관계	• 4촌이내 혈족, 3촌이내 인척, 배우자(사실혼 포함) 등
	경제적관계	• 임원·사용인 등 ♀주의 법인 출자자는 모두 특수관계인이나, 소액주주(1%미만)는 특수관계인에서 제외(단, 소액주주라 하더라도 지배주주와 특수관계에 있으면 특수관계인에 해당함)
	지배관계	• 30%이상 출자자와 사실상 영향력 행사자 등

●— 국세기본법상 본인이 개인인 경우 해당 개인의 4촌 이내의 인척은 특수관계인에 해당한다.

　[X] : 4촌이내의 인척(X) → 3촌이내의 인척(O)

제1편
[단기속성특강] 재무회계

제2편
[단기속성특강] 세무회계

제3편
[단기속성특강] 원가관리회계

합본부록1
신유형기출문제

합본부록2
10개년/기출오답노트

●── 국세기본법상 특수관계인인 배우자는 사실혼 관계에 있는 자를 제외한다.

　　[X] : 특수관계인인 배우자는 사실상의 혼인관계에 있는 자를 포함한다.

●── 국세기본법상 본인이 법인인 경우 해당 법인의 소액주주는 특수관계인에 해당한다.

　　[X] : 소액주주는 특수관계인에서 제외한다.

●── 국세기본법에서 규정하고 있는 실질과세의 원칙에 반하는 규정을 다른 세법에서 규정하고 있는 경우 국세기본법에서 규정하고 있는 실질과세의 원칙을 우선하여 적용한다.

　　[X] : 국세에 관하여 세법에 별도의 규정('특례규정')이 있는 경우를 제외하고는 국세기본법에서 정하는 바에 따른다. 즉, 국세기본법에서 정한 모든 규정에 대해서 세법의 별도 규정이 우선 적용된다.

●── 신의성실의 원칙이란 세무공무원이 직무를 수행함에 있어서 성실히 임하여야 한다는 원칙이다.

　　[X] : 세무공무원(X) → 납세자 및 세무공무원(O)

●── 세무공무원이 그 의무를 이행할 때에 신의에 따라 성실하게 할 것을 요구하는 신의성실의 원칙은 납세자에게는 적용되지 않는다.

　　[X] : 신의성실의 원칙은 납세자와 세무공무원 쌍방에 요구되는 원칙이다.

●── 신의성실의 원칙이란 납세자가 그 의무를 이행할 때에는 신의에 따라 성실하게 하여야 한다는 원칙으로 세무공무원의 직무수행에는 적용되지 않는다.

　　[X] : 신의성실의 원칙은 납세자와 세무공무원 쌍방에 요구되는 원칙이다.

●── 신의성실의 원칙이란 납세자가 그 의무를 이행할 때에는 신의에 따라 성실하게 하여야 한다는 것으로, 납세자의 직무수행에만 적용된다.

　　[X] : 신의성실의 원칙은 납세자와 세무공무원 쌍방에 요구되는 원칙이다.
　　　　* 저자주 동일한 오답지문이 문구만 조금씩 바꾸어 지속적으로 출제되고 있습니다.

●── 과세관청이 당초의 견해표시에 해당하는 적법한 행정처분을 하여야 함은 신의성실의 원칙을 적용하기 위한 요건 중의 하나이다.

　　[X] : 당초의 견해표시에 해당하는(X) → 당초의 견해표시와 다른(O)

●── 과세관청이 당초의 견해표시에 반하는 위법한 행정처분을 하여야 함은 신의성실의 원칙을 적용하기 위한 요건 중의 하나이다.

   [X] : 과세관청이 당초의 견해표시와 다른(당초의 견해표시에 반하는) 적법한 행정처분을 하여야 한다.

●── 근거과세의 원칙은 국세기본법상 세법적용의 원칙의 하부원칙이다.

   [X] : 근거과세원칙은 국세기본법상 국세부과원칙의 하부원칙이다.
     →국세부과원칙 : ㉠ 실질과세원칙 ㉡ 신의성실원칙 ㉢ 근거과세원칙 ㉣ 조세감면사후관리

●── 국세를 납부할 의무가 성립한 소득, 수입, 재산, 행위 또는 거래에 대하여 그 성립 후의 새로운 세법에 따라 소급하여 과세될 수 있다.

   [X] : 국세를 납부할 의무가 성립한 소득·수익·재산·행위 또는 거래에 대해서는 그 성립 후의 새로운 세법에 따라 소급하여 과세하지 아니한다.(='입법상 소급과세금지')

●── 일반적으로 납세자에게 받아들여진 세법의 해석이 변경된 경우 종전의 해석에 따른 과세는 소급하여 수정되어야 한다.

   [X] : 세법의 해석이나 국세행정의 관행이 일반적으로 납세자에게 받아들여진 후에는 그 해석이나 관행에 의한 행위 또는 계산은 정당한 것으로 보며 새로운 해석이나 관행에 의하여 소급하여 과세되지 아니한다.['행정(해석)상 소급과세금지']

●── 소급과세금지의 원칙에서는 소급 적용하는 것이 납세자에게 더 유리한 경우라고 할지라도 소급과세는 불가능하다.

   [X] : 유리한 소급효는 인정되는 것이 통설이다.(즉, 소급과세가 납세자에게 유리한 경우 소급과세를 인정)
     →소급과세금지의 원칙은 납세자의 법적 안정성과 신뢰이익을 보호하기 위한 것인데, 납세자에게 오히려 유리한 소급효는 이러한 취지에 반하지 않기 때문이다.

●── 소급과세의 금지 원칙과 관련하여 납세자에게 불리한 소급효 뿐만 아니라 유리한 소급효 역시 인정되지 않는 것이 통설이다.

   [X] : 유리한 소급효는 인정되는 것이 통설이다.(즉, 소급과세가 납세자에게 유리한 경우 소급과세를 인정)
     →소급과세금지의 원칙은 납세자의 법적 안정성과 신뢰이익을 보호하기 위한 것인데, 납세자에게 오히려 유리한 소급효는 이러한 취지에 반하지 않기 때문이다.

●── 과세기간 중에 법률개정이나 해석의 변경이 있는 경우에도 이미 진행한 과세기간분에 대해 소급과세하는 부진정 소급효는 허용되지 않는다.

   [X] : 과세기간 중에 법률개정이나 해석의 변경이 있는 경우 이미 진행한 과세기간분에 대해 소급과세하는 부진정소급효가 허용된다.

●— 과다하게 신고·납부된 법인세는 경정청구 혹은 수정신고를 통해 환급받을 수 없다.

[X] : 과다하게 신고·납부된 법인세는 경정청구를 통해 환급받을 수 있다.(수정신고는 당초 납세자에게 유리하게 과소납부한 경우 행하는 절차이므로 환급과 무관하다.)

●— 수정신고기한은 따로 규정되어 있지 않고 관할세무서장이 결정 또는 경정하여 통지하기 전까지 제척기간과 관계없이 수정신고할 수 있다.

[X] : 수정신고기한은 따로 규정되어 있지 않고 관할세무서장이 결정 또는 경정하여 통지하기 전으로서 부과제척기간이 끝나기 전까지 수정신고할 수 있다.

●— 법정신고기한 내에 과세표준신고를 한 납세의무자에 한하여 수정신고 혹은 경정청구를 할 수 있다.

[X] : 법정신고기한까지 과세표준신고를 한 납세의무자 및 기한후신고를 한 납세의무자는 수정신고 혹은 경정청구를 할 수 있다.

●— 법정신고기한이 지난 후 3년이 되는 날에 수정신고를 한 경우 과소신고가산세의 감면을 받을 수 있다.

[X] : 법정신고기한이 지난 후 2년 내에 수정신고 한 경우에만 과소신고가산세의 감면을 받을 수 있다.

수정신고 가산세감면	• 과소신고가산세·영세율과세표준신고불성실가산세를 다음과 같이 감면함.			
	1개월이내	90%	6개월초과 1년이내	30%
	1개월초과 3개월이내	75%	1년초과 1년 6개월이내	20%
	3개월초과 6개월이내	50%	1년 6개월초과 2년이내	10%
	♀주의 경정할 것을 미리 알고 수정신고서를 제출한 경우에는 가산세를 감면하지 않음.			

●— 당초 법정신고기한까지 과세표준신고서를 제출하지 아니한 경우에는 경정청구가 불가능하다.

[X] : 무신고자로서 기한후신고를 한 자도 경정청구가 가능하다.

●— 결정 또는 경정으로 인하여 증가된 과세표준 및 세액에 대해서는 해당 처분이 있음을 안 날로부터 60일 이내에 경정청구를 할 수 있다.

[X] : 60일(X) → 90일(O)

●— 기한후신고제도를 활용하여 신고·납부한 자는 당초분 무신고가산세를 부담하지 아니한다.

[X] : 무신고가산세를 부담한다. 다만, 법정신고기한이 지난 후 기한후 신고일의 기간에 따라 무신고가산세를 감면한다.

●— 법정신고기한이 지난 후 1개월 이내에 기한후신고를 한 경우 무신고가산세의 경감 혜택은 없다.

　　[X] : 무신고가산세의 50%를 감면한다.

1개월이내	50%
1개월초과 3개월이내	30%
3개월초과 6개월이내	20%

　　◯주의 결정할 것을 미리 알고 기한후신고한 경우는 감면을 적용하지 않는다.

●— 법정신고기한이 지난 후 1개월 이내에 기한후신고를 한 경우 무신고가산세의 20%를 감면한다.

　　[X] : 20%(X) → 50%(O)

●— 법정신고기한이 지난 후 1개월 초과 6개월 이내 기한후 신고납부를 한 경우 무신고가산세의 10%를 감면한다.

　　[X] : 10%(X) → 30%(O)

●— 법정신고기한이 지난 후 3개월 뒤 기한후신고를 한 경우 무신고가산세를 감면하지 않는다.

　　[X] : 법정신고기한이 지난 후 3개월 초과 6개월 이내에 기한후신고 한 경우에는 무신고가산세의 20%를 감면한다.

●— 납세자에게 체납된 국세가 있는 경우에도 국세환급금은 체납된 국세에 충당할 수 없다.

　　[X] : 납세자에게 체납된 국세가 있는 경우에는 국세환급금은 체납된 국세에 충당해야 한다.

●— 납세자의 국세환급금에 관한 권리는 이를 행사할 수 있는 때로부터 10년간 행사하지 않으면 소멸시효가 완성한다.

　　[X] : 국세환급금과 국세환급가산금에 관한 권리는 행사할 수 있는 때부터 5년간 행사하지 않으면 소멸시효가 완성된다.

●— 국세환급가산금에 대한 권리는 행사할 수 있는 때로부터 3년간 행사하지 않으면 소멸시효가 완성된다.

　　[X] : 국세환급금과 국세환급가산금에 관한 권리는 행사할 수 있는 때부터 5년간 행사하지 않으면 소멸시효가 완성된다.

●— 정부는 과세전적부심사 결정·통지기간에 그 결과를 통지하지 아니한 경우에는 해당 가산세액을 전액 감면한다.

　　[X] : 전액 감면한다.(X) → 50% 감면한다.(O)

●— 세무조사결과통지 또는 과세예고통지를 받은 납세자는 과세전적부심사를 90일 이내에 청구할 수 있으며 청구받은 과세관청은 이에 대해서 30일 이내에 결정하여야 한다.

[X] : 세무조사 결과에 대한 서면통지나 과세예고통지를 받은 자는 통지를 받은 날부터 30일 이내에 과세전적부심사(사전적 권리구제제도)를 청구할 수 있으며, 과세전적부심사 청구를 받은 세무서장·지방국세청장 또는 국세청장은 각각 국세심사위원회의 심사를 거쳐 결정(심사거부/불채택/채택)하고 그 결과를 청구를 받은 날부터 30일 이내에 청구인에게 통지해야 한다.

●— 과다하게 신고·납부된 법인세는 행정소송을 통해서만 환급받을 수 있다.

[X] : 과세관청의 부과처분이 없는 상태에서는 반드시 경정청구를 거친 후 조세쟁송불복절차(이의신청·심사청구·심판청구·행정소송 등)로 이행하여야 한다.
→경정청구가 받아들여지는 경우 조세쟁송에 의하지 아니하고도 과다납부한 세액을 환급받을 수 있으며, 과세관청이 적법한 경정청구에 거부시에는 거부처분이 성립되므로 조세쟁송을 통해 구제받을 수 있다.

●— 납세자가 심사청구 또는 심판청구를 하기 위해서는 이의신청을 거쳐야만 한다.

[X] : 사후적(국세처분후) 권리구제의 선택가능한 불복절차는 다음과 같다.〈모두 90일내 청구〉
㉠ 이의신청 → 심사청구 또는 심판청구 → 행정소송
㉡ 심사청구 또는 심판청구 → 행정소송
㉢ 감사원심사청구 → 행정소송
∴이의신청을 거치지 아니하고 곧바로 심사청구 또는 심판청구를 할 수 있다. 따라서, 이의신청은 임의적 절차에 해당한다.

●— 이의신청을 하려면 납부고지서를 받은 날로부터 30일 이내에 신청하여야 한다.

[X] : 이의신청은 해당 처분이 있음을 안 날(처분의 통지를 받은 때에는 그 받은 날)부터 90일 이내에 제기해야 한다.

●— 행정소송은 조세심판원에 제기하여야 하며, 조세심판원 이외에 제기한 경우 행정소송의 효력이 발생하지 아니한다.

[X] : 행정소송은 행정법원에 제기하여야 한다.

	이의신청	심사청구	심판청구	감사원심사청구	행정소송
불복청구서 제출처	세무서장·지방국세청장	국세청장	조세심판원장	감사원장	행정법원

●— 국세를 감면하는 경우에는 가산세는 그 감면하는 국세에 포함한다.

[X] : 국세를 감면하는 경우에는 가산세는 그 감면대상에 포함시키지 아니하는 것으로 한다.
→즉, 국세의 감면과 가산세의 감면은 독립적인 별도의 사항이다.(가산세의 감면을 받고자 하는 경우에 가산세 감면신고서를 제출하여야 한다.)

●── 무신고가산세는 납세의무자가 법정신고기한까지 세법에 따른 국세의 과세표준 신고를 하지 아니한 경우로서 해당 무신고가 부정행위로 인한 경우에는 무신고납부세액의 20%가 된다.

[X] : 무신고가 부정행위로 인한 경우 무신고가산세는 일반적으로 무신고납부세액의 40%가 된다.

●── 가산세의 감면을 받고자 하는 경우에도 가산세 감면신고서를 제출하지 않아도 된다.

[X] : 가산세의 감면을 받고자 하는 경우에는 가산세 감면신고서를 제출하여야 한다.

●── 외국에 본점을 둔 단체로서 국내에 사업의 실질적 관리장소가 소재한 경우에는 이를 외국법인으로 본다.

[X] : 외국법인은 본점·주사무소가 외국에 있는 단체(국내에 사업의 실질적 관리장소가 소재하지 않은 경우에만 해당함)로서 시행령의 기준에 해당하는 법인을 말한다. 따라서, 외국에 본점을 둔 단체이더라도 국내에 사업의 실질적 관리장소가 소재한 경우에는 이를 내국법인으로 본다.

●── 외국법인은 토지 등 양도소득에 대한 법인세 납세의무가 없다.

[X] : 외국법인도 토지 등 양도소득에 대한 법인세 납세의무가 있다.

	각사업연도소득	청산소득	토지 등 양도소득
영리내국법인	국내외 모든소득	과세	과세
비영리내국법인	국내외 수익사업소득	비과세	과세
영리외국법인	국내원천소득	비과세	과세
비영리외국법인	국내원천 수익사업소득	비과세	과세

●── 청산소득이란 모든 법인이 해산(합병 또는 분할에 의한 해산 제외)하는 경우에 발생하는 소득을 말한다.

[X] : 모든 법인(X) → 영리내국법인(O)

●── 외국법인에 대해서도 청산소득에 대한 법인세가 과세된다.

[X] : 외국법인은 본점이 있는 외국에서 해산을 하기 때문에 국내에서 청산소득이 발생하지 않아 청산소득에 대한 납세의무가 없다.(영리내국법인에게만 청산소득에 대한 법인세 납세의무가 있다.)

참고	영리내국법인에게만 청산소득에 대한 법인세 납세의무를 지우는 이유

☐ 비영리법인의 경우에는 해산으로 인한 잔여재산을 구성원에게 분배할 수 없고 보통 이를 다른 비영리법인이나 국가에 인도해야 하기 때문에, 그리고 외국법인의 경우에는 해산이 본점소재지인 외국에서 행해지기 때문에 청산소득에 대해 법인세를 부과할 수 없는 것이다.

● 영리외국법인은 각사업연도소득(국내원천소득)과 청산소득 및 토지등 양도소득에 대해서 납세의무를 진다.

    [X] : 영리외국법인(외국영리법인)은 청산소득에 대한 납세의무가 없다.
        →영리내국법인에 한하여 청산소득에 대한 법인세 납세의무를 진다.

● 비영리내국법인은 각사업연도소득과 청산소득에 대하여 납세의무를 진다.

    [X] : 영리내국법인에 한하여 청산소득에 대한 법인세 납세의무가 있다.

● 청산소득에 대한 법인세는 내국법인·외국법인에 관계없이 영리법인만 부담한다.

    [X] : 영리내국법인에 한하여 청산소득에 대한 법인세 납세의무가 있다.

● 외국의 정부는 국내에서 수익사업을 하는 경우라도 법인세의 납세의무를 지지 않는다.

    [X] : 외국정부는 비영리외국법인으로 보므로 국내원천 수익사업소득에 대한 법인세 납세의무를 진다.
        →㉠ 법인으로 보는 법인격없는 단체 : 비영리내국법인
          ㉡ 외국정부·지자체 : 비영리외국법인
          ㉢ 국가·지자체 : 비과세법인(일체의 납세의무 없음)

● 외국영리법인도 미환류소득에 대한 법인세 납세의무가 있다.

    [X] : 미환류소득은 기업소득 중 일정금액 이상을 투자, 임금 등으로 사회에 환류하지 않은 소득을 말하며, 영리내국법인
        (단, 상호출자제한기업집단에 속하는 법인)에 한하여 납세의무가 있다.

● 미환류소득에 대한 법인세와 관련하여 초과환류액 발생시 그 다음 5개 사업연도 동안 미환류소득에서 공제할 수 있다.

    [X] : 해당 사업연도에 초과환류액이 있는 경우에는 그 초과환류액을 그 다음 2개 사업연도까지 이월하여 그 다음 2개
        사업연도 동안 미환류소득에서 공제할 수 있다.

● 법인세의 과세기간은 모든 법인에 대해 매년 1월 1일부터 12월 31일까지 동일하다.

    [X] : 법인세의 과세기간(사업연도)은 1년내에서 임의 선택이 가능하다.

● 법인의 사업연도는 법령 또는 정관상에서 정하고 있는 회계기간을 우선적으로 적용하며 원칙적으로 1년을 초과할 수 있다.

    [X] : 법인의 사업연도는 원칙적으로 1년을 초과할 수 없다.

● 법령 또는 정관상에 회계기간이 규정되어 있지 않은 법인의 사업연도는 일률적으로 1월 1일부터 12월 31일까지로 한다.

  [X] : 법령 또는 정관상에 회계기간이 규정되어 있지 않은 법인의 사업연도는 법인설립신고 또는 사업자등록시 신고한 사업연도로 한다.

● 법령 또는 정관상에 회계기간이 규정되어있지 않는 법인의 경우, 해당 법인이 관할세무서장에게 신고한 사업연도를 적용하며 이 경우 신고에 따라 회계기간이 1년을 초과할 수도 있다.

  [X] : 법령 또는 정관상에 회계기간이 규정되어 있지 않은 법인의 사업연도는 법인설립신고 또는 사업자등록시 신고한 사업연도로 하며, 이 경우에도 신고에 따라 사업연도가 1년을 초과할 수 없다.

● 법인설립 이전에 발생한 손익은 발기인의 소득이므로 신설법인의 최초사업연도에 귀속시킬 수 없다.

  [X] : 최초사업연도 개시일 전에 생긴 손익을 사실상 그 법인에 귀속시킨 것이 있는 경우, 조세포탈의 우려가 없는 때에는 최초사업연도의 기간이 1년을 초과하지 않는 범위 내에서 이를 해당 법인의 최초사업연도의 손익에 산입할 수 있다.

● 법인설립 이전에 발생한 손익은 법인세 과세대상 손익에서 제외한다.

  [X] : 최초사업연도 개시일 전에 생긴 손익을 사실상 그 법인에 귀속시킨 것이 있는 경우, 조세포탈의 우려가 없는 때에는 최초사업연도의 기간이 1년을 초과하지 않는 범위 내에서 이를 해당 법인의 최초사업연도의 손익에 산입할 수 있다.

● 사업연도를 변경하려는 법인은 변경하려는 사업연도의 종료일 전 3개월 이내에 사업연도변경신고서를 관할세무서장에게 제출하여 신고하여야 한다.

  [X] : 사업연도를 변경하려는 법인은 직전사업연도 종료일부터 3월 이내 사업연도변경신고서를 관할세무서장에게 제출하여 신고하여야 한다.(예 20x3년부터 변경시 : 20x3.3.31)

● 사업연도를 변경하려는 법인은 적용 사업연도의 개시일 3개월 전에 사업연도변경신고서를 제출하여 납세지 관할세무서장에게 신고하여야 한다.

  [X] : 사업연도를 변경하려는 법인은 직전사업연도 종료일부터 3월 이내 사업연도변경신고서를 관할세무서장에게 제출하여 신고하여야 한다.(예 20x3년부터 변경시 : 20x3.3.31까지 신고)

● 본래의 세무조정은 결산조정만을 의미한다.

[X] : 결산조정은 회사의 결산서(장부)에 반영하는 것이므로, 본래의 세무조정은 세무조정계산서에 익금 또는 손금을 계상하는 신고조정만을 의미한다.

→즉, 결산조정은 엄격히 말해서 결산절차에 관한 것이며 세무조정이라고 볼 수 없다. 따라서 본래의 세무조정(좁은 의미의 세무조정)은 신고조정만을 가리키는 것이다.

결산조정사항	• 결산조정사항이란 반드시 장부에 기장처리해야만 세무회계상 손금으로 인정받을 수 있는 사항 즉, 결산과정에서 세무조정하는 항목을 말한다.
신고조정사항	• 신고조정사항은 기업회계 결산시 기장처리하지 않고 법인세 과세표준신고의 과정에서 세무조정계산서에만 계상함으로써 세무회계상 인정받을 수 있는 세무조정사항이다.

● 신고조정사항은 원칙적으로 장부에 기장처리해야만 세무회계상 손금으로 인정받을 수 있는 사항이다.

[X] : 신고조정사항(X) → 결산조정사항(O)

● 결산조정사항은 기업회계 결산시 회계처리하지 않고 법인세 과세표준신고의 과정에서 세무조정계산서에만 계상함으로써 손금으로 인정받을 수 있다.

[X] : 결산조정사항(X) → 신고조정사항(O)

● 결산조정사항을 결산시 손금으로 산입하지 않고 법인세 신고기한이 경과한 경우에는 경정청구를 통해 정정이 가능하다.

[X] : 결산조정은 결산상 회계처리한 경우에만 손금으로 인정하는 항목으로 회계처리에 의하여 손금귀속시기를 조절할 수 있으며, 손금산입 세무조정이 불가하므로 경정청구도 불가하다. 반면, 신고조정은 손금산입이 가능하므로 이를 못한 경우 경정청구가 가능하다.

● 신고조정사항은 법인세신고기한 후 경정청구 대상에서 제외된다.

[X] : 결산조정은 결산상 회계처리한 경우에만 손금으로 인정하는 항목으로 회계처리에 의하여 손금귀속시기를 조절할 수 있으며, 손금산입 세무조정이 불가하므로 경정청구도 불가하다. 반면, 신고조정은 손금산입이 가능하므로 이를 못한 경우 경정청구가 가능하다.

● 퇴직급여충당금은 원칙적으로 신고조정사항에 포함된다.

[X] : 퇴직급여충당금은 결산조정사항이다.

● 시설의 개체 또는 기술의 낙후로 인하여 생산설비의 일부를 폐기한 경우 시부인 계산과정을 거치지 않고 해당 자산의 장부가액 전액을 손금으로 인정할 수 있다.

[X] : 시설의 개체 또는 기술의 낙후로 인하여 생산설비의 일부를 폐기한 경우 시부인 계산과정을 거치지 않고 해당 자산의 장부가액에서 1천원을 공제한 금액을 손금에 산입할 수 있다.

●— 소득의 귀속자가 출자임원인 경우 배당으로 소득처분한다.

[X] : 배당(X) → 상여(O)

●— 출자자 및 출자임원에게 귀속되는 소득은 모두 배당으로 처분한다.

[X] : 출자자(개인주주)는 배당으로, 출자임원은 상여로 소득처분한다.(단, 법인주주 : 기타사외유출)

●— 자본거래를 통해 특수관계인으로부터 분여받은 이익은 익금에 산입하지 않는다.

[X] : 법인이 자본거래(증자, 감자, 합병 등)를 통해 특수관계인으로부터 분여받은 이익은 익금으로 본다.
　　→이는 자본거래와 관련한 특수관계인간의 이익분여행위에 대하여 부당행위계산부인을 할 수 있도록 함으로써 동
　　일거래에 대한 개인주주의 증여세 과세와 형평을 유지할 수 있도록 한 규정이다.
　　→ 참고 불공정자본거래 세무상 처리

이익을 분여한 자(손실을 입은 자)	이익을 분여받은 자
• 【영리법인】 부당행위계산부인 적용 　→익금산입(기타사외유출[*]) : 소득처분특례 　[*] 귀속자가 개인 등인 경우로서 귀속자에게 증여세가 　과세되지 않으면 배당·상여로 소득처분함. • 【개인·비영리법인】 세무상 문제 없음	• 【영리법인】 법인세 과세 　→익금산입(유보) : 취득가액에 포함 • 【개인·비영리법인】 증여세 과세(증여의제)

●— 관계회사로부터 시가 10억원인 기계장치를 8억원에 매입한 경우 2억원을 익금산입한다.

[X] : 저가매입은 '특수관계 있는 개인으로부터 저가 매입한 유가증권'에 한하여 세무조정을 한다.

●— 영리내국법인이 특수관계인인 법인으로부터 유가증권을 시가보다 낮은 가액으로 매입하여 보유하는 경우 시가와 매입가액의
차액은 그 유가증권을 매입한 사업연도의 익금으로 본다.

[X] : 매입처가 개인이 아니라 법인이므로 세무조정은 없다.(저가매입액을 그대로 유가증권 취득가로 인정한다.)

●— 법인이 특수관계인인 개인 또는 법인으로부터 유가증권을 시가보다 낮은 가액으로 매입하는 경우 동 매입가액과 시가의 차액은
익금으로 본다.

[X] : 개인 또는 법인(X) → 개인(O)

●— 고정자산(유형·무형자산)의 평가차익은 모두 익금에 산입하지 아니한다.

[X] : 보험업법 기타 법률에 의한 고정자산의 평가증은 익금에 산입한다.

●── 채무의 출자전환으로 주식을 발행함에 있어서 그 주식의 시가를 초과하여 발행된 금액은 이월결손금 보전에 충당하더라도 익금에 산입한다.

[X] : 익금항목인 채무면제이익(채무의 출자전환으로 주식을 발행함에 있어서 그 주식의 시가를 초과하여 발행된 금액) 중 세무상 이월결손금에 충당된 금액은 익금불산입항목이다.

일반적인 출자전환 회계처리	(차) 차입금[발행가액(채무액)]	8,500	(대) 자본금(액면가액)	5,000
			주식발행초과금(시가 – 액면가액)	1,500
			채무면제이익(발행가액 – 시가)	2,000

●── 부동산임대업을 주업으로 하지 않는 법인도 임대보증금에 일정 이자율을 곱한 금액을 익금에 산입하여야 한다.

[X] : 간주익금의 대상은 부동산임대업을 주업으로 하는 차입금과다 내국영리법인이다.

●── 의제배당은 상법상 이익의 배당이 아니므로 익금에 산입하지 않는다.

[X] : 의제배당이란 법인의 잉여금 중 사내에 유보되어 있는 이익이 일정한 사유로 주주나 출자자에게 귀속되는 경우 형식상 배당이 아니더라도 이를 실질적으로 현금배당과 유사한 경제적 이익으로 보아 과세하는 제도로서, 의제배당은 익금산입항목이다.(즉, 상법상의 이익배당이나 잉여금의 분배절차에 의한 것은 아니지만, 법인의 이익적립금에 상당하는 자산이 주주 등에게 귀속되는 경우에는 이익의 배당을 한 것과 동일한 경제적 효과를 가지므로 이를 배당소득으로 간주하여 익금항목으로 규정하고 있다.)

●── 영리내국법인이 보유하던 주식에 대하여 받은 주식배당은 익금에 산입하지 아니한다.

[X] : 잉여금의 자본전입인 주식배당은 법인세법상 의제배당에 해당하므로 익금에 산입된다.

| 의제배당
사유 | • ① 잉여금의 자본전입으로 인한 의제배당(무상주배당)
　♀주의 일반적인 주식발행초과금의 자본전입은 의제배당이 아님.
② 자본감소 · 해산 · 합병 · 분할 등으로 인한 의제배당
　수령한 금전 등 재산가액이 동 주식을 취득시 금액을 초과시 그 차액이 의제배당 | |
| 세무조정 | <div>회사의 처리</div>－ 회계처리없음 －
→세무조정 : 익금산입 xxx(유보)
♀주의 의제배당은 세무상으로 주식의 취득원가를 구성함. | <div>세무상 처리</div>(차) 주식　　xxx　(대) 배당수익　　xxx |

●── 법인이 자본잉여금을 자본전입하여 주주인 법인이 취득하는 주식은 배당으로 의제한다.

[X] : 자본잉여금을 자본전입한 경우 모두 의제배당에 해당되는 것이 아니라, 일부 자본잉여금(예 일반적인 주식발행초과금)의 경우는 자본전입시에도 의제배당에 해당되지 않는다.

●— 자기주식소각이익은 익금에 산입한다.

[X] : 자기주식소각이익은 감자차익이므로 익금불산입항목에 해당한다.

●— 전기분 재산세 환급액은 익금불산입으로 세무조정한다.

[X] : 전기분 재산세 환급액은 재산세가 손금산입항목이므로 환급액은 반대로 익금산입항목이다.

환입(환급)액	손금산입 되었던 경우(예 재산세)	• 환입(환급)시 익금산입
	손금불산입 되었던 경우(예 법인세)	• 환입(환급)시 익금불산입

●— 전기분 법인세 환급액은 익금산입으로 세무조정한다.

[X] : 법인세가 손금불산입항목이므로 법인세 환급액은 반대로 익금불산입항목이다.

●— 전기오류수정이익(영업외수익)으로 인식한 전기 재산세 환급액(환부이자 제외)은 익금불산입으로 세무조정한다.

[X] : 재산세는 손금항목이므로 환급액은 반대로 익금항목에 해당한다. 따라서, 회사가 환급액을 수익으로 계상했으므로 세무조정은 없다.

●— 지방세 과오납금에 대한 환부이자를 수령한 것으로 이를 이자수익으로 처리한 경우 이는 세무상 익금에 해당하므로 세무조정을 할 필요가 없다.

[X] : 익금불산입의 세무조정이 필요하다.

●— 판매한 제품의 판매장려금으로서 사전약정 없이 지급한 금액은 손금에 산입하지 아니한다.

[X] : 판매한 상품·제품의 판매장려금 및 판매수당 등 판매와 관련된 부대비용(판매장려금 및 판매수당의 경우 사전약정 없이 지급하는 경우를 포함)은 손금에 산입한다.[법인령19]
→ 저자주 재경관리사 시험내용을 초과하나, 출제가 된 만큼 가볍게 숙지하기 바랍니다.

●— 법인이 업무용 자산을 임차하고 지급하는 임차료는 손금불산입하고 유보로 소득처분한다.

[X] : 자산의 임차료는 대표적인 손금항목이므로 비용으로 계상한 경우 세무조정은 없다.

●— 비상근임원에게 지급하는 보수는 법인세법상 모두 손금불산입한다.

[X] : 비상근임원에게 지급하는 보수는 손금에 산입하는 것이 원칙이나, 부당행위계산부인에 해당하는 경우에는 손금불산입한다.

●── 지배주주 및 그와 특수관계가 있는 임직원에게 지급한 인건비는 법인세법상 모두 손금불산입한다.

  [X] : 지배주주 및 그와 특수관계에 있는 임직원에게 정당한 사유없이 동일직위에 있는 지배주주 등 외의 임직원에게 지급하는 금액을 초과하여 지급한 경우 그 초과금액은 이를 손금불산입한다.

●── 법인의 임원 또는 직원이 아닌 지배주주에게 지급한 여비는 손금에 산입한다.

  [X] : 법인이 임원 또는 직원(사용인)이 아닌 지배주주 등(특수관계에 있는 자를 포함)에게 지급한 여비는 해당 사업연도의 소득금액을 계산할 때 손금에 산입하지 아니한다.[법인령46]
  →저자주 재경관리사 시험내용을 초과하나, 출제가 된 만큼 가볍게 숙지하기 바랍니다.

●── 이사회 결의에 의하여 결정된 직원에 대한 상여금 지급기준 초과액은 법인세법상 손금불산입 항목에 해당한다.

  [X] : 임원에게 지급하는 상여금 중 정관·주주총회(사원총회) 또는 이사회의 결의에 의하여 결정된 급여지급기준에 의하여 지급하는 금액을 초과하여 지급한 경우 그 초과금액은 이를 손금불산입한다. 그러나 직원에게 지급하는 상여금은 이러한 제한을 받지 아니하고 전액 손금으로 인정된다.

●── 직원(사용인)에게 지급하는 상여금 중 급여지급기준에 의한 상여금 지급액만 손금으로 인정한다.

  [X] : 직원(사용인)에게 지급하는 상여금은 한도없이 전액 손금으로 인정된다.

●── 법인이 임원 또는 직원(사용인)에게 지급하는 상여금 중 이사회의 결의에 의하여 결정된 급여지급기준을 초과하여 지급한 경우 그 초과금액은 손금에 산입하지 아니한다.

  [X] : 직원(사용인)에게 지급하는 상여금은 한도없이 전액 손금으로 인정된다.

●── 임원에게 지급한 퇴직금은 전액 손금불산입한다.

  [X] : 임원퇴직금은 전액 손금불산입 대상이 아니며, 법인세법상 임원퇴직금 한도액까지는 손금으로 인정된다.

임원퇴직금 한도액	
❏ 정관·(정관의 위임)퇴직급여규정 : 그 금액	
❏ 그 외 : 퇴직전 1년 총급여(손금불산입인건비·비과세 제외)×10%×근속연수(1월 미만 절사)	

●── 이사회에서 정한 퇴직금지급규정이 존재하는 경우 세법에 정하는 퇴직금 한도에 우선하여 적용된다.

  [X] : 세법에 정하는 퇴직금한도(정관 또는 정관의 위임에 따라 주주총회에서 정한 퇴직급여규정)가 적용된다.
  →참고 상여금은 정관·주주총회에서 정한 급여규정뿐만 아니라 이사회에서 정한 급여규정도 인정된다.

●— 직원이 사용하고 있는 사택의 유지비, 사용료와 이와 관련되는 지출금은 손금에 산입하지 아니한다.

[X] : 주주 등(소액주주 제외) 또는 출자임원과 그 친족이 사용하고 있는 사택의 유지비·관리비·사용료와 이와 관련되는 지출금은 손금에 산입하지 않는다.
→ ∴ 비출자임원·소액주주 및 소액주주임원·직원이 사용하고 있는 사택의 유지비 등은 손금산입항목에 해당한다.

●— 출자자(소액주주 포함)가 사용하고 있는 사택의 유지비·사용료와 이와 관련되는 지출금은 손금불산입 항목이다.

[X] : 소액주주 포함(X) → 소액주주 제외(O)

●— 법인의 주주 등(소액주주 등 제외)이 사용하고 있는 사택의 유지비·관리비·사용료는 손금에 산입된다.

[X] : 주주 등(소액주주 제외) 또는 출자임원과 그 친족이 사용하고 있는 사택의 유지비·관리비·사용료와 이와 관련되는 지출금은 손금에 산입하지 않는다.

●— 업무무관자산의 취득에 따른 취득세 등은 취득부대비용으로 인정하지 아니하므로 자산의 취득가액에 산입하지 아니한다.

[X] : 업무무관자산이라도 취득에 따른 취득세 등은 취득부대비용이므로 자산의 취득가액에 산입한다.
→ 만약, 회사가 업무무관자산 취득세 등을 비용계상한 경우 손금불산입(유보)로 세무조정한다.

●— 업무무관자산을 처분한 경우 당해 자산의 장부가액은 업무와 관련없는 지출액이므로 손금으로 인정되지 않는다.

[X] : 업무무관자산도 그 처분손익은 각각 익금과 손금에 해당한다. 즉, 일반적인 자산양도시와 동일하게 양도금액을 익금, 장부금액을 손금으로 처리한다.

●— 영업사원의 교통위반 범칙금은 손금불산입하고 상여로 소득처분한다.

[X] : 업무와 관련하여 발생한 교통사고벌과금(교통사고범칙금)은 징벌효과를 감소시키지 않기 위한 취지로 손금불산입하며 국가·지자체가 귀속이므로 상여가 아니라 기타사외유출로 소득처분한다.

●— 주식할인발행차금은 회사의 순자산을 감소시키므로 법인세법상 손금으로 인정된다.

[X] : 주식할인발행차금은 자본거래에 의한 것으로 순자산 감소임에도 불구하고 손금으로 인정되지 않는다.
→ 주식발행초과금 역시 자본거래에 의한 것으로 순자산 증가임에도 불구하고 익금으로 인정되지 않는다.

●── 영업자가 조직한 법정단체에 대한 특별회비는 세무상 일반(지정)기부금으로 처리한다.

[X] : 영업자가 조직한 법정단체(=법인이거나 주무관청에 등록된 조합 또는 협회)에 지급한 회비는 세무상 다음과 같이 처리한다.

일반회비[*]	• 전액 손금
특별회비	• ㉠ 일반적인 경우 : 손금 ㉡ 일반기부금단체에 해당하는 경우 : 일반(지정)기부금

[*]일반회비는 조합 또는 협회가 법령 또는 정관이 정하는 바에 따른 정상적인 회비징수 방식에 의하여 경상경비 충당 등을 목적으로 조합원 또는 회원에게 부과하는 회비로 함.

　→∴특별회비는 모두 일반(지정)기부금으로 처리하는 것이 아니라, 해당여부에 따라 손금 또는 일반(지정)기부금으로 처리한다.

●── 손익의 귀속 사업연도는 회계기준을 우선 적용하고 회계기준에서 규정되지 않은 사항에 대해서는 법인세법의 규정을 따르도록 하고 있다.

[X] : 손익의 귀속 사업연도에 대하여 세법에 특별한 규정이 있으면 해당 규정에 따르고, 세법에 규정이 없는 경우에만 기업회계기준 및 관행을 보충적으로 적용한다.

●── 손익의 귀속 사업연도와 관련하여 법인세법 규정이 회계기준 또는 관행과 다른 경우에는 회계기준 또는 관행에 의한다.

[X] : 손익의 귀속 사업연도에 대하여 세법에 특별한 규정이 있으면 해당 규정에 따르고, 세법에 규정이 없는 경우에만 기업회계기준 및 관행을 보충적으로 적용한다.(즉, 법인세법 규정이 회계기준 또는 관행과 다른 경우에는 법인세법을 적용한다.)

　→에 법인세법은 직원 인건비는 손금으로 규정하고 있지만, 해당 인건비를 어떤 자산이나 비용으로 처리할지 특별한 규정을 두고 있지 않다. 이러한 경우에는 기업회계기준을 보충적으로 적용하여 해당 직원의 근무내용에 따라 제조원가, 건설중인자산, 판관비로 배분하여 수익·비용대응원칙에 따라 손금에 산입한다.

●── 부동산의 양도손익은 소유권 이전 등기일에 상관없이 대금청산일에 인식한다.

[X] : 상품 등 외의 자산의 양도(=부동산양도)는 그 대금을 청산한 날로 한다. 다만, 대금을 청산하기 전에 소유권 등의 이전등기(등록을 포함)를 하거나 당해 자산을 인도하거나 상대방이 당해 자산을 사용수익하는 경우에는 그 이전등기일(등록일을 포함)·인도일 또는 사용수익일 중 빠른 날로 한다.

　→즉, 대금청산일·소유권이전등기일·인도일 또는 사용수익일 중 빠른 날을 손익귀속시기로 한다.

●── 법인세법상 장기할부판매손익은 실제 현금이 회수되는 기간에 인식하는 것이 원칙이다.

[X] : 장기할부판매에 대하여는 명목가치인도기준, 현재가치인도기준, 회수기일도래기준이 모두 인정되나, 회수기준(현금회수기준)은 인정되지 않는다.

●— 중소기업이 아닌 법인이 진행률을 계산할 수 있는 장기도급공사에 대하여 완성기준으로 수익을 인식한 경우는 세무조정이 필요없다.

　[X] : 진행기준에 의한 세무조정이 필요하다.

●— 금융회사 등 이외의 일반법인이 발생주의에 따라 미수수익을 계상한 경우 원천징수되는 이자소득에 한해 인정한다.

　[X] : 일반법인이 발생주의에 따라 미수수익(미수이자)을 계상한 경우 원천징수되지 않는 이자소득에 한해 인정한다.

●— 이자비용에 대해 발생주의에 따라 미지급비용을 계상한 경우에는 세무조정이 필요하다.

　[X] : 미지급이자는 손금으로 인정되므로 세무조정이 필요없다.

●— 제조업을 영위하는 법인이 이자지급일 이전에 기간 경과분을 이자비용으로 계상하는 경우 해당 사업연도의 손금으로 인정되지 아니한다.

　[X] : 기간경과분(미지급이자)을 이자비용으로 계상하는 경우 손금으로 인정된다.

●— 일반법인에 대한 지급이자의 비용 귀속시기는 기간경과분을 비용으로 계상한 경우에도 불구하고 실제로 지급한 날 또는 지급하기로 한 날이 속하는 사업연도이다.

　[X] : 이자비용(지급이자)은 소득세법에 따른 이자소득의 수입시기가 속하는 사업연도의 손금으로 한다.(실제로 지급한 날 또는 지급하기로 한 날) 다만, 결산을 확정할 때 이미 경과한 기간에 대응하는 이자(=미지급이자)를 해당 사업연도의 손비로 계상한 경우에는 그 계상한 사업연도의 손금으로 한다.

●— 금융보험업 이외의 법인이 이자비용을 발생주의에 따라 회계처리한 경우에도 법인세법상 이를 인정하지 않으므로 반드시 세무조정을 하여야 한다.

　[X] : 법인이 이자비용을 발생주의에 따라 회계처리한 경우 법인세법상 이를 인정하므로 세무조정은 없다.
　　→즉, 기간경과분(미지급이자)을 비용계상시 이를 인정한다.〈발생주의 수용〉

●— 법인이 잉여금처분으로 수입하는 배당금은 실제 배당금을 지급받는 날이 속하는 사업연도의 익금에 산입한다.

　[X] : 법인이 받는 배당소득의 손익의 귀속사업연도는 소득세법에 따른 배당소득의 수입시기로 한다.
　　→소득세법상 실지배당(일반적인 배당)의 수입시기[소득령 46]

　　　　　㉠ 무기명주식의 이익배당 : 지급을 받은 날
　　　　　㉡ 잉여금의 처분에 의한 배당 : 잉여금 처분결의일

　　∴법인이 잉여금처분으로 수입하는 배당금은 잉여금 처분결의일 속하는 사업연도의 익금에 산입한다.

●— 외화환산손익은 미실현손익이므로 어떠한 경우에도 세무상 손익으로 인정되지 않는다.

> [X] : 화폐성 외화자산·부채에 대하여 다음과 같이 매매기준율 등에 의해 평가한 금액을 익금 또는 손금으로 인정한다.
> ㉠ 일반법인 : 마감환율평가방법으로 신고한 경우 인정
> ㉡ 금융회사 : 인정

●— 금융업을 영위하는 회사가 외화매출채권을 기준환율로 평가하여 계상한 외화환산손실은 세무상 손금이 아니므로 손금불산입하고 유보로 소득처분한다.

> [X] : 금융회사이므로 화폐성외화자산·부채는 사업연도종료일 현재의 매매기준율(기준환율) 등에 의해 평가하며 외화환산손익은 익금·손금으로 인정한다. →∴세무조정은 없다.

●— 재고자산은 영업장별로 상이한 방법으로 평가할 수 없다.

> [X] : 재고자산은 영업장별, 재고자산 종류별로 상이한 방법으로 평가할 수 있다.

●— 재고자산은 영업장별, 재고자산종목별로 상이한 평가방법을 적용할 수 없으므로 동일한 방법으로 평가하여야 한다.

> [X] : 재고자산은 영업장별, 재고자산 종목별로 상이한 평가방법을 적용할 수 있다.

●— 법인이 보유한 주식의 평가는 선입선출법, 총평균법, 이동평균법 중 법인이 납세지 관할 세무서장에게 신고한 방법에 의한다.

> [X] : 법인이 보유한 유가증권의 평가는 원가법에 의하며 구체적으로 다음과 같은 방법으로 평가한다.
> ㉠ 채권인 경우 : 개별법, 총평균법, 이동평균법
> ㉡ 채권 외의 유가증권(주식)인 경우 : 총평균법, 이동평균법
> →∴선입선출법은 유가증권(채권/주식) 평가방법으로 인정되지 않는다.

●— 세법상 재고자산평가방법을 원가법으로 신고한 법인이 계상한 재고자산평가손실은 자산의 예외적 평가손실로 간주되므로 손금으로 인정된다.

> [X] : 저가법으로 신고하고 평가손실을 계상한 경우에 손금으로 인정된다.

●— 세법상 재고자산평가방법을 저가법으로 신고한 법인이 계상한 재고자산평가손실은 자산의 임의적 평가손실로 간주되므로 손금으로 인정되지 않는다.

> [X] : 법인세법상 재고자산에 대하여는 다음에 대한 평가손실을 손금으로 인정한다.
>
> ❑ 평가방법을 저가법으로 신고시 저가법 평가로 인한 평가손실
> ❑ 파손·부패로 인한 평가손실(신고방법 불문)

● ─ 재고자산 평가방법을 변경하고자 하는 법인은 변경할 평가방법을 적용하고자 하는 사업연도의 종료일 이전 2월이 되는 날까지 신고하여야 한다.

　[X] : 2월(X) → 3월(O)

● ─ 재고자산평가방법 무신고시 후입선출법(매매목적용부동산은 개별법)을 적용한다.

　[X] : 재고자산평가방법 무신고시 선입선출법(매매목적용부동산은 개별법)을 적용한다.
　　　재고자산·유가증권 무신고와 임의변경(신고한 평가방법 이외 방법으로 평가)시 평가는 다음과 같다.

구분	무신고시	임의변경시
재고자산	선입선출법	Max $\begin{cases} \text{당초 신고방법에 의한 가액} \\ \text{무신고시 평가방법에 의한 가액} \end{cases}$
유가증권	총평균법	
재고자산 중 매매목적용 부동산	개별법	

● ─ 재고자산 평가방법을 신고하지 아니하여 무신고에 따른 평가방법을 적용하는 경우에는 총평균법을 이용한다.

　[X] : 재고자산평가방법 무신고시 선입선출법(매매목적용부동산은 개별법)을 이용한다.

● ─ 재고자산 평가방법을 임의변경시에는 선입선출법과 당초 신고방법 평가금액 중 작은 금액으로 평가한다.

　[X] : 작은 금액으로 평가한다.(X) → 큰 금액으로 평가한다.(O)

● ─ 유가증권평가방법을 임의로 변경한 경우 선입선출법과 당초 신고한 방법으로 평가한 금액 중 큰 금액으로 평가한다.

　[X] : 총평균법(무신고시 평가방법)과 당초 신고한 방법으로 평가한 금액 중 큰 금액으로 평가한다.

● ─ 재고자산 평가방법 변경신고를 신고기한을 경과하여 신고한 법인이 당해 변경신고한 방법으로 재고자산을 평가하여 재무상태표에 계상한 경우 선입선출법(매매목적용 부동산은 개별법)으로 평가한 금액과 당초 신고한 방법으로 평가한 금액 중 작은 금액으로 평가한다.

　[X] : 재고자산평가방법 변경신고를 신고기한을 경과하여 신고한 법인이 당해 변경신고한 방법으로 재고자산을 평가하는 경우는 임의변경에 해당하므로 무신고시 평가방법(=선입선출법/매매목적용 부동산은 개별법)으로 평가한 금액과 당초 신고한 방법으로 평가한 금액 중 큰 금액으로 평가한다.

● ─ 세무상 재고자산의 평가금액이 재무상태표상 재고자산 기말가액보다 작은 경우에 차이금액을 익금산입하여 유보처분한다.

　[X] : 매출원가가 과소계상(기말재고 과대계상)되므로 차이금액을 손금산입하여 △유보로 처분한다.

●── 재고자산 평가방법을 신고하지 않았어도 시장에서 유행이 지난 재고에 대해 장부상 재고자산평가손실을 계상한다면 이는 법인세법상 손금으로 인정받을 수 있다.

    [X] : 파손, 부패로 인한 재고자산평가손실만 결산조정을 전제로 손금으로 인정된다. 유행경과로 인한 재고자산평가손실은 인정되지 않는다.

●── 보유 중인 당기손익-공정가치측정금융자산을 보고기간 종료일 현재의 공정가치로 평가하여 평가이익을 인식한 경우는 세무조정이 필요없다.

    [X] : 법인세법상 유가증권은 원가법만 인정하므로, 익금불산입(△유보) 세무조정이 필요하다.

●── 감가상각비는 신고조정사항이므로 상각범위액과의 차액을 손금산입하는 것이 가능하다.

    [X] : 감가상각비는 원칙적으로 결산조정사항이다.

●── 감가상각비는 결산조정사항이므로 한국채택국제회계기준을 도입하여 결산상 감가상각비가 감소한 경우에도 신고조정으로 손금산입하는 것은 불가능하다.

    [X] : 'K-IFRS(한국채택국제회계기준) 적용법인의 감가상각비 손금산입특례'에 의해 K-IFRS 적용법인은 예외적으로 신고조정으로 손금산입하는 것이 가능하다.

참고	K-IFRS 적용법인에 대한 감가상각비 신고조정 허용 이유

❑ K-IFRS에서는 내용연수와 상각방법은 적어도 사업연도말에 재검토하여 그 추정치나 상각방법을 변경하여 과거의 감가상각비는 수정하지 않고 당기 이후의 기간에만 전진적용함. 이에 따르면 사업연도말에 내용연수가 연장되거나 내용연수 초기에 정률법에서 정액법으로 상각방법이 변경되는 경우에는 회사계상액이 K-IFRS를 적용하기 전 종전감가상각비보다 적어져(감소하여) 법인세 부담이 증가하게 됨.

→따라서, 'K-IFRS(한국채택국제회계기준) 적용법인의 감가상각비 손금산입특례'는 K-IFRS 도입에 따라 감가상각비가 과소계상되는 경우 결산조정의 원칙에 대한 예외로서 그 과소계상한 감가상각비를 신고조정으로 손금산입할 수 있게 하여 법인세 부담을 완화하려는데 그 취지가 있음.

●── 법인세법상 감가상각은 과대상각과 과소상각 모두 허용되지 않는다는 특징이 있다.

    [X] : 법인세법상 감가상각은 과소상각은 허용되나, 과대상각은 허용되지 않는다.

       →법인이 각 사업연도에 유형자산과 무형자산에 대한 감가상각을 할 것인가의 여부는 법인의 내부의사결정에 의하며('임의상각제도'), 법인이 감가상각비를 손금에 계상하더라도 동 손금이 모두 용인되는 것이 아니라 법에서 정한 감가상각비의 한도액을 초과하여 계상한 금액은 손금불산입된다.

●── 법인의 각 사업연도 감가상각액의 시부인은 개별 감가상각자산별로 계산하며, 한 자산의 상각부인액과 다른 자산의 시인부족액은 서로 상계하는 것이 원칙이다.

    [X] : 법인의 각 사업연도 감가상각액의 시부인은 개별 감가상각자산별로 계산한 금액에 의한다. 따라서, 한 자산의 상각부인액과 다른 자산의 시인부족액은 서로 상계할 수 없으며 각각 별도의 세무조정과정을 거쳐야 한다.

●— 수익적지출은 자산의 취득원가에 가산되어 이후 감가상각과정을 통해 손금에 산입되나 자본적지출은 지출당시에 당기비용으로 처리된다.

[X] : 자본적지출은 자산의 취득원가에 가산되어 이후 감가상각과정을 통해 손금에 산입되나 수익적지출은 지출당시에 당기비용으로 처리된다.

●— 재해로 멸실되어 자산의 본래 용도에 이용할 가치가 없는 건축물 등의 복구는 수익적지출에 해당한다.

[X] : 수익적지출(X) → 자본적지출(O)

●— 시설의 개체 또는 기술의 낙후로 인하여 생산설비의 일부를 폐기한 경우에는 당해 자산의 장부가액에서 1만원을 공제한 금액을 폐기일이 속하는 사업연도의 손금에 산입할 수 있다.

[X] : 1만원(X) → 1천원(O)

●— 감가상각자산의 내용연수는 법인세법시행규칙 <별표>에서 자산별·업종별로 규정하고 있는 기준내용연수를 일괄적으로 적용한다.

[X] : 감가상각자산의 내용연수는 원칙적으로 신고내용연수를 우선적으로 적용하며, 내용연수를 신고하지 않은 경우 법인세법시행규칙의 <별표>에서 자산별·업종별로 규정하고 있는 기준내용연수를 적용한다.

●— 개발비는 법에서 정한 기준내용연수만을 적용하여야 한다.

[X] : 시험연구용자산과 무형자산은 내용연수범위가 없으므로 기준내용연수만 적용한다.[즉, 기준내용연수 상하 25% 범위(='내용연수범위') 내에서 선택신고가 없음] →단, 무형자산 중 개발비와 사용수익기부자산은 제외한다.

＊참고 개발비와 사용수익기부자산의 내용연수 적용

	신고시	무신고시
개발비	• 20년 이내의 신고한 내용연수	• 5년
사용수익기부자산	• 사용수익기간	• 사용수익기간

●— 유형자산의 잔존가액은 0(영), 무형자산의 잔존가액은 취득가액의 10%로 하는 것이 원칙이다.

[X] : 유형·무형자산 모두 잔존가액을 0(영)으로 하는 것이 원칙이다.

원칙	• 유형·무형자산의 구분없이 잔존가액은 0(영)으로 함.
정률법상각시 잔존가액특례	• 취득가액의 5%를 잔존가액으로 한 상각률을 적용하여 상각범위액을 계산하되, 미상각잔액이 최초로 취득가액의 5% 이하가 되는 사업연도에 미상각잔액을 상각범위액에 가산하여 시부인함.

●— 사업연도 중에 취득한 감가상각자산에 대한 상각범위액은 사업에 사용하기 시작한 날과 관계없이 취득한 날부터 사업연도 종료일까지의 월수에 따라 계산한다.

[X] : 사업연도 중에 취득한 감가상각자산에 대한 상각범위액은 사업에 사용한 날부터 사업연도 종료일까지의 월수에 따라 계산한다.

● ─ 자본적지출시 상각범위액은 발생일부터 사업연도 종료일까지의 월수를 고려하여 계산한다.

  [X] : 자본적지출은 기초에 발생한 것으로 가정하므로 월할상각을 하지 않는다.

● ─ 비지정기부금은 전액 손금불산입하고 대표자상여로 소득처분한다.

  [X] : 비지정기부금은 손금불산입하고 그 기부받은 자의 구분에 따라 다음과 같이 소득처분한다.(기본통칙)

주주 · 출자자(출자임원 제외)	• 배당
임원 · 직원	• 상여
그 외의 자	• 기타사외유출

  →∴비지정기부금은 모두 대표자상여로 소득처분하는 것이 아니라, 기부받은 자에 따라 소득처분한다.

● ─ 천재 · 지변으로 인한 이재민의 구호금품 가액과 불우이웃을 돕기 위하여 지출하는 금액은 일반(지정)기부금에 해당한다.

  [X] : 천재 · 지변으로 인한 이재민의 구호금품 가액은 특례(법정)기부금이다.

● ─ 특례(법정)기부금은 기준소득금액의 100% 범위 내에서 손금에 산입한다.

  [X] : 100%(X) → 50%(O)

● ─ 의료법에 따른 의료법인의 고유목적사업비로 지출하는 기부금은 특례(법정)기부금에 해당한다.

  [X] : 특례(법정)기부금(X) → 일반(지정)기부금(O)

● ─ 불우이웃을 돕기 위해 지출한 기부금은 특례(법정)기부금이며 한도계산시 기준소득금액의 10%에 해당하는 금액을 한도로 손금인정 받을 수 있으므로 기부금 지출계획 수립시 우선적으로 고려하여야 한다.

  [X] : 불우이웃을 돕기 위해 지출한 기부금은 일반(지정)기부금이다.

● ─ 신용협동조합 또는 새마을금고에 지출하는 기부금은 지정기부금이다.

  [X] : 특례(법정) · 일반(지정) · 우리사주조합기부금 이 외의 기부금은 모두 비지정기부금에 속하며, 신용협동조합 또는 새 마을금고에 지출하는 기부금은 대표적인 비지정기부금이다.

● ─ 우리사주조합에 지출한 기부금은 법인세법상 소득금액의 10% 범위 내에서 손금인정 받을 수 있으므로, 기부금 지출 계획을 마련할 시에 우선적으로 고려하여야 한다.

  [X] : 우리사주조합에 지출한 기부금은 법인세법상 소득금액의 30% 범위 내에서 손금인정 받을 수 있다.

●── 특례(법정)기부금 한도초과액은 이월공제가 되지 않으나 일반(지정)기부금 한도초과액은 그 다음 사업연도의 개시일로부터 10년 이내에 종료하는 사업연도에 이월하여 손금에 산입할 수 있다.

[X] : 특례(법정)기부금 한도초과액도 이월하여 손금에 산입될 수 있다.

●── 기부금은 발생주의에 따라 현금의 지출이 없더라도 기부행위가 이루어진 사업연도의 손금으로 본다.

[X] : 기부금의 손익귀속시기는 실제로 지출한 사업연도이다.(현금주의)

미지급기부금	• 당기 : (차) 기 부 금 xxx (대) 미지급금 xxx	• 세무조정 : 손금불산입(유보)
	• 차기 : (차) 미지급금 xxx (대) 현　 금 xxx	• 세무조정 : 손금산입(△유보)
가지급기부금	• 당기 : (차) 가지급금 xxx (대) 현　 금 xxx	• 세무조정 : 손금산입(△유보)
	• 차기 : (차) 기 부 금 xxx (대) 가지급금 xxx	• 세무조정 : 손금불산입(유보)

→ **비교** 기업업무추진비(접대비) : 접대행위가 이루어진 사업연도(발생주의)

●── 세법상 기부금의 손익귀속시기는 실제로 현금이 지출되는 시점이므로 연도말까지 미지급한 기부금은 손금불산입하고 기타사외유출로 소득처분한다.

[X] : 현금지출이 없어 미지급금(예 어음교부) 처리한 기부금은 손금불산입하고 기타사외유출이 아니라 유보로 세무조정을 해야 한다.

●── 기부금은 기부행위가 이루어진 사업연도에 손금으로 인정되므로 실제로 지급하지 아니한 기부금을 미지급으로 하여 손금으로 계상한 경우 동 기부금은 해당 사업연도에 전액 손금으로 인정된다.

[X] : 기부금의 귀속시기는 실제 지출한 사업연도('현금주의')이므로 당기 미지급기부금(미지급금)은 손금불산입한다.

●── 기부금은 현금주의에 의하여 손금에 계상한다. 다만, 법인이 실제로 지급하지 아니한 기부금을 미지급으로 하여 손금에 계상한 경우에는 이를 해당 사업연도의 기부금으로 본다.

[X] : 기부금은 현금주의에 의하여 손금에 계상한다. 따라서, 법인이 실제로 지급하지 아니한 기부금을 미지급으로 하여 손금에 계상한 경우에는 이를 해당 사업연도의 기부금으로 보지 아니하며 손금불산입 세무조정을 한다.

●── 기부금의 지출을 위하여 수표를 발행한 경우에는 해당 수표를 발행한 날에 지출한 것으로 본다.

[X] : 기부금의 지출을 위하여 수표를 발행한 경우에는 해당 수표를 발행한 날이 아니라 교부한 날에 지출한 것으로 본다.
→ **참고** ㉠ 교부한 날 : 수표를 수취인에게 인도한 날
　　　　 ㉡ 발행한 날 : 수표 권면 발행일에 표시되어 있는 날

●— 기부금을 금전 외의 자산으로 제공하는 경우 기부금의 종류(기부대상)에 관계없이 시가로 평가한다.

　　[X] : 현물기부금(기부금을 금전 외의 자산으로 제공하는 경우의 기부금)은 기부금의 종류(기부대상)에 관계없이 시가로 평가하는 것이 아니라, 기부금의 종류에 따라 다음의 구분에 따라 장부가액이나 시가로 평가한다.

| 특례(법정)기부금, 통상적인 일반(지정)기부금 | • 장부가액 |
| 특수관계인 일반(지정)기부금, 비지정기부금 | • Max[장부가액, 시가] |

　　　→ **비교** 현물기업업무추진비(접대비)의 평가 : Max[장부가액, 시가]

●— 특례(법정)기부금을 금전 외의 자산으로 제공하는 경우 MAX[시가, 장부가액]으로 평가한다.

　　[X] : 현물 특례(법정)기부금은 장부가액으로 평가한다.

●— 토지를 특례(법정)기부금으로 현물기부한 경우 기부할 당시의 토지의 시가를 기부금으로 계상한다.

　　[X] : 토지를 특례(법정)기부금으로 현물기부한 경우에는 토지의 장부가액을 기부금으로 계상해야 한다.

●— 특수관계인[일반(지정)기부금단체]에게 금전 외의 자산으로 기부한 경우 당해 기부금은 시가와 장부가액 중 작은 금액으로 한다.

　　[X] : 작은 금액(X) → 큰 금액(O)

●— 기업업무추진비(접대비) 관련 VAT 매입세액 불공제액은 기업업무추진비(접대비)로 보지 아니한다.

　　[X] : 기업업무추진비(접대비) 관련 지출에 관련된 부가가치세 매입세액불공제엑도 접대비로 간주된다.

●— 기업업무추진비(접대비) 관련된 부가가치세 매입세액은 불공제되며, 전액 손금불산입한다.

　　[X] : 기업업무추진비(접대비) 관련 지출에 관련된 부가가치세 매입세액불공제엑은 기업업무추진비(접대비)로 간주된다.
　　　→∴기업업무추진비(접대비) 한도 내에서 손금으로 인정된다.

●— 세무상 기업업무추진비(접대비) 한도액을 초과하는 금액은 손금불산입하여 대표자상여로 처분한다.

　　[X] : 대표자상여(X) → 기타사외유출(O)

●— 증빙불비로 손금불산입되는 기업업무추진비(접대비) 지출금액에 대해서도 가산세가 부과된다.

　　[X] : 증빙불비가산세는 기업업무추진비(접대비) 이외의 기타 지출로 사업자로부터 공급받고 그 금액이 3만원을 초과하는 경우로서 적격증명서류가 아닌 영수증 등을 수취한 경우에만 부과된다.

● 일반수입금액과 특정수입금액이 동시에 발생한 경우 특정수입금액, 일반수입금액의 순서로 한도율을 적용하며, 특정수입금액에 대하여는 추가적으로 10%를 곱하여 수입금액기준한도액을 산출한다.

  [X] : 일반수입금액, 특정수입금액의 순서로 한도율을 적용한다.

● 접대행위가 이루어졌으나 차기에 지급하기로 한 경우는 차기의 기업업무추진비(접대비)로 인식하여야 한다.

  [X] : 기업업무추진비(접대비)의 귀속시기는 접대행위가 이루어진 사업연도이다. 따라서, 접대행위가 이루어졌으나 미지급한 미지급접대비도 당기 사업연도의 접대비로 인정한다. 즉, 기부금과 같이 현금주의가 아니라 발생주의에 의한다.

● 현물로 접대하는 경우에는 시가로 평가한다.

  [X] : 현물로 접대하는 경우에는 '시가와 장부가액 중 큰 금액'으로 평가한다.

● 법인의 생산품 등으로 접대한 경우 접대비를 시가와 장부가액 중 작은 금액으로 평가한다.

  [X] : 현물로 접대하는 경우에는 시가와 장부가액 중 '큰' 금액으로 평가한다.

● 법인의 생산품 등으로 접대를 한 경우 기업업무추진비(접대비)를 장부가액으로 평가하되 시가가 장부가액보다 적은 경우 시가로 평가한다.

  [X] : 현물기업업무추진비(접대비)는 시가로 평가하되 시가가 장부가액보다 적은 경우 장부가액으로 평가한다.
     →즉, Max[장부가, 시가]

● 회사가 사채를 빌려다 쓰고 사채업자에게 지급하는 이자는 채권자가 누구인지 실명으로 밝히더라도 변칙적인 자금거래로 보아 전액 손금불산입한다.

  [X] : 채권자가 불분명한 경우에만 손금불산입 규정을 적용하며 채권자가 누구인지 분명한 경우에는 손금불산입 규정을 적용하지 아니한다.

● 채권의 이자를 당해 채권의 발행법인이 직접 지급하는 경우에는 해당 이자를 전액 손금불산입하고 대표자상여로 소득처분한다.

  [X] : 채권의 이자를 당해 채권의 발행법인이 직접 지급하는 경우에 그 지급사실이 객관적으로 인정되지 아니하는 이자는 손금불산입하고 원천징수세액은 기타사외유출로 잔액은 대표자상여로 소득처분한다.

● 법인세법상 건설자금이자는 사업용 유형·무형자산·재고자산·투자자산의 매입·제작·건설에 소요되는 차입금에 대한 건설기간 중의 지급이자 또는 이와 유사한 성질의 지출금을 말한다.

  [X] : 재고자산·투자자산은 대상이 아니다.

●── 건설자금이자 손금불산입 규정과 관련하여 자본화 대상자산에는 사업용 유형자산 및 무형자산뿐만 아니라 투자자산과 제조 등에 장기간이 소요되는 재고자산을 포함한다.

> [X] : 법인세법상 건설자금이자 대상 자산은 사업용 유형자산·무형자산만 포함한다.

구분	법인세법	기업회계
대상자산	• 사업용 유형·무형자산	• 유형·무형·투자·장기재고자산
특정차입금이자	• 자본화 강제	• 한국채택국제회계기준 : 모두 자본화 강제
일반차입금이자	• 자본화 선택	• 일반기업회계기준　 : 모두 자본화 선택

●── 법인세법에서는 자본화 대상자산의 취득과 직접 관련하여 개별적으로 차입된 자금(특정차입금)에 대한 이자만을 자본화할 수 있으므로 일반차입금에 대한 이자는 자본화할 수 없다.

> [X] : 법인세법에서는 자본화 대상자산의 취득과 직접 관련하여 개별적으로 차입된 자금(특정차입금)에 대한 지급이자는 자본화하도록 강제하고 있으며, 자본화 대상자산을 취득하기 위해 일반적으로 차입된 자금(일반차입금)에 대한 이자는 자본화를 선택할 수 있도록 규정하고 있다.

●── 유형자산의 취득에 사용된 특정차입금 중 건설 등이 준공된 후에 남은 차입금에 대한 이자는 손금에 산입하지 않는다.

> [X] : 특정차입금의 이자(건설자금이자)는 법인세법상 자본화를 강제하므로 이는 자산의 취득원가에 가산한다. 그러나 건설 등이 준공된 후에 남은 특정차입금의 이자는 일반적인 이자비용과 동일하므로 손금에 산입한다.

●── 손금불산입 대상인 건설자금이자는 기타사외유출로 소득처분한다.

> [X] : 유보로 소득처분한다.

●── 특수관계인 업무무관가지급금 관련 지급이자는 전액 손금 인정한다.

> [X] : 법인이 특수관계인에게 업무와 무관한 가지급금을 지급한 경우 이에 상당하는 지급이자는 손금불산입한다.

●── 업무무관자산에 대한 지급이자 손금불산입액은 유보로 소득처분한다.

> [X] : 기타사외유출로 소득처분한다.

●── 업무무관자산을 대표자가 사용하고 있는 경우 업무무관자산에 관한 차입금이자 손금불산입금액은 대표자상여로 처분한다.

> [X] : 업무무관자산 등 지급이자 손금불산입액은 특례에 의해 무조건 기타사외유출로 소득처분한다.

●── 업무무관자산 등 지급이자 손금불산입 규정과 관련하여 지급이자는 타인에게서 자금을 차용하는데 대응하여 지급되는 금융비용
으로서 미지급이자는 제외하되 미경과이자는 포함한다.

   [X] : 미지급이자는 포함하되 미경과이자(선급이자)는 제외한다.

●── 법인세법은 부채성충당금을 인정치 않으므로 퇴직급여충당금설정액을 전액 손금불산입한다.

   [X] : 퇴직급여충당금은 한도초과액에 대하여 손금불산입한다.

●── 퇴직연금충당금은 법인의 장부에 비용으로 계상한 경우에만 손금으로 산입할 수 있는 결산조정사항이다.

   [X] : 퇴직연금충당금은 신고조정사항으로서 법인이 비용으로 계상치 않더라도 한도액까지 손금산입이 가능하다.

●── 법인세법상 한도를 초과하여 설정된 퇴직급여충당금은 손금불산입되고 기타사외유출로 소득처분된다.

   [X] : 기타사외유출(X) → 유보(O)

●── 총급여액 기준 퇴직급여충당금 손금산입 한도액 계산시 총급여액에는 확정기여형 퇴직연금이 설정된 임원 또는 사용인에 대한
급여를 포함하여 계산한다.

   [X] : 포함하여 계산한다.(X) → 제외한다.(O)

●── 퇴직금추계액은 일시퇴직기준 퇴직급여추계액과 보험수리적기준에 의한 퇴직급여추계액 중 작은 금액으로 한다.

   [X] : 작은 금액(X) → 큰 금액(O)

●── 확정기여형 퇴직연금에 가입한 경우 일정 한도액의 범위 내에서 퇴직연금충당금을 손금산입한다.

   [X] : 확정기여형 퇴직연금에 가입한 경우 법인이 부담한 기여금을 전액 손금에 산입하나, 확정급여형 퇴직연금에 가입한
경우에는 일정 한도액의 범위 내에서 손금산입한다.

●── 확정기여형 퇴직연금의 경우에는 한도내 손금인정되나, 확정급여형 퇴직연금의 경우에는 법인이 부담한 기여금을 전액 손금에
산입한다.

   [X] : 반대의 설명이다. 즉, 부담한 기여금을 전액 손금산입하는 것은 확정기여형 퇴직연금이다.
   →확정기여형(DC : Defined Contribution) : 전액 손금인정
   확정급여형(DB : Defined Benefit) : 한도내 손금인정

●── 법인세법상 대손금으로 인정된 금액 중 회수된 금액은 대손 인정된 날이 속하는 사업연도의 익금에 산입한다.

 [X] : 대손금으로 인정된 금액(손금산입되었던 것) 중 회수된 금액은 대손 인정된 날이 아니라 회수한 날이 속하는 사업 연도에 익금에 산입한다.

●── 대손충당금 한도미달액은 손금산입하고 △유보로 소득처분한다.

 [X] : 대손충당금은 결산조정사항이므로 한도미달액에 대하여는 손금산입 세무조정을 하지 않는다.

●── 법인세법상 대손충당금은 대손실적률과 무관하게 설정대상 채권가액의 1%만 설정할 수 있다.

 [X] : 대손충당금 한도는 설정대상채권의 세무상 장부가액에 1%와 대손실적률 중 큰 금액을 곱하여 계산한다.

●── 중소기업은 설정대상채권 장부가액의 2%까지 대손충당금을 손금산입할 수 있다.

 [X] : 대손충당금 한도는 설정대상채권의 세무상 장부가액에 1%와 대손실적률 중 큰 금액을 곱하여 계산하며, 대손충당 금한도와 중소기업여부는 무관하다. 즉, 중소기업 조세지원이 없다.

●── 대손충당금은 매출활동을 통해 발생한 외상매출금과 받을어음에만 설정할 수 있으므로 대여금 및 미수금 등에 대해서는 대손충 당금을 설정할 수 없다.

 [X] : 매출채권(외상매출금/받을어음)과 대여금 및 미수금 모두 대손충당금 설정대상채권에 해당한다.

●── 채무보증으로 인하여 발생한 구상채권(독점규제 및 공정거래에 관한 법률에 따른 채무보증 제외)에 대해서는 대손충당금을 설정할 수 있다.

 [X] : 채무보증으로 인하여 발생한 구상채권(독점규제 및 공정거래에 관한 법률에 따른 채무보증 등 법령에서 허용하는 일정 채무보증은 제외)은 설정대상채권이 아니므로 대손충당금을 설정할 수 없다.

대손처리불가 채권(설정대상채권에서도 제외됨.)	
㉠ 특수관계인 업무무관가지급금	
㉡ 채무보증(보증채무의 대위변제)으로 인한 구상채권	
㉢ 대손세액공제를 받은 VAT매출세액 미수금	

●── 조세특례제한법상 준비금은 기업회계기준에서 인정된다.

 [X] : 조세특례제한법상 준비금은 기업회계기준에서 인정되지 않는다.

●── 준비금은 법인세법에서만 규정하고 있고, 조세특례제한법에서 규정하는 준비금은 현재 없다.

　　[X] : 준비금은 법인세법과 조세특례제한법에 모두 규정되어 있다.
　　　　㉠ 법인세법 : 책임준비금, 비상위험준비금, 해약환급금준비금, 고유목적사업준비금
　　　　㉡ 조세특례제한법 : 손실보전준비금

●── 조세특례제한법상 준비금은 설정대상법인에 대해 별다른 제한이 없다.

　　[X] : 조세특례제한법상 신용회복목적회사의 손실보전준비금이 규정되어 있어 설정대상에 제한이 있으며, 특수업종인 관
　　　　계로 그 적용사례가 미미한 실정이다.

●── 법인세법상 부당행위계산의 부인은 법인과 특수관계에 있는 자 간의 거래를 전제로 하지 않는다.

　　[X] : 부당행위계산의 부인은 법인과 특수관계에 있는 자 간의 거래를 전제로 한다.

적용요건	• ㉠ 특수관계인과의 거래이어야 함. 　♪주의 소액주주(1%미만)는 특수관계인에서 제외하나, 소액주주라 하더라도 지배주주와 특수관계에 있 　　　으면 특수관계인에 해당함. ㉡ 조세부담을 부당히 감소시킨 것으로 인정될 것 ㉢ 현저한 이익분여가 있을 것(단, 법소정 고가매입/저가양도에 한함.) 　→단, 상장주식의 장내거래의 경우는 제외함.(즉, 적용치 않음) 　→현저한 이익=(시가·거래가차액) ≧ 시가×5% or (시가·거래가차액)≧3억원

●── 특수관계인과의 거래에 대하여는 그 법인의 소득에 대한 조세부담이 감소했는지 여부와는 관계없이 부당행위계산부인 규정을
　　적용하여야 한다.

　　[X] : 특수관계인과의 거래라고 하더라도 그 법인의 소득에 대한 조세부담이 감소하지 않은 경우 부당행위계산부인 규정
　　　　이 적용되지 않는다.

●── 법인의 대주주와 생계를 같이하는 친족은 법인의 특수관계인에 해당하지 아니한다.

　　[X] : 법인의 대주주와 생계를 같이하는 친족은 법인의 특수관계인에 해당한다.

●── 부당행위계산부인 규정을 적용하기 위해서는 법률상 하자있는 계약에 의한 것이어야 한다.

　　[X] : 법률적 하자 여부는 불문하며 세액만 재계산한다.

●── 대주주에게 건물을 무상으로 임대하여 주는 경우에는 부당행위계산부인 규정을 적용하지 아니한다.

　　[X] : 특수관계인(대주주)에게 자산(건물)을 무상으로 임대하는 경우는 부당행위계산부인 적용대상이다.

●── 소액주주인 임원에게 사택을 무료로 제공한 경우 부당행위계산부인 규정을 적용한다.

　　[X] : 비출자임원, 소액주주임원, 사용인에 대한 사택제공은 부당행위계산부인의 대상이 아니다.

●── 회사가 사택을 출자임원(지분율 1%)에게 무상으로 제공하는 경우에는 부당행위계산부인 규정을 적용하지 않는다.

　　[X] : 출자임원에 대한 사택제공 : 부당행위계산부인 적용대상에 해당한다.
　　　　→ **비교** 비출자임원, 소액주주(1%미만)임원, 직원에 대한 사택제공은 부당행위계산부인 적용대상이 아니다.

●── 부당행위계산의 부인을 적용할 때 시가가 불분명한 경우에는 감정평가 및 감정평가사에 관한 법률에 따른 감정평가업자가 감정한 가액과 상속세 및 증여세법에 따른 보충적 평가방법을 준용하여 평가한 가액 중 큰 금액을 시가로 한다.

　　[X] : 부당행위계산부인 적용시 시가가 불분명한 경우에는 다음을 차례로 적용하여 계산한 금액에 따른다.(둘 중 큰 금액을 시가로 하는 것이 아님)

〈1순위〉	• 감정평가법인 등(감정평가법인, 감정평가사를 말함)이 감정한 가액이 있는 경우 그 가액(감정한 가액이 둘 이상인 경우에는 그 감정한 가액의 평균액) 다만, 주식 등은 제외함.
〈2순위〉	• 상증세법에 따른 보충적 평가방법을 준용하여 평가한 가액

●── 직원(사용인)에 대한 경조사비 대여액은 부당행위계산부인 규정에 의해 인정이자 계산대상 가지급금에 해당한다.

　　[X] : 직원(사용인)에 대한 경조사비 대여액은 법인세법상 가지급금 제외대상으로 규정되어 있다.

●── 과세표준은 각사업연도소득에서 이월결손금, 소득공제, 비과세소득을 순서대로 공제하여 계산한다.

　　[X] : 과세표준은 각사업연도소득에서 이월결손금, 비과세소득, 소득공제를 순서대로 공제하여 계산한다.

●── 자산수증이익이나 채무면제이익에 의해 충당된 이월결손금은 과세표준 계산시 공제 가능하다.

　　[X] : 자산수증이익이나 채무면제이익에 의해 충당된 이월결손금은 과세표준 계산시 공제 불가능하다.

●── 법인세법상 비과세소득과 소득공제는 이월공제가 가능하나, 결손금은 이월공제가 불가능하다

　　[X] : 비과세소득은 이월공제가 불가능하며, 소득공제는 원칙적으로 이월공제가 불가능하고, 결손금은 이월공제가 가능하다.
　　　　→ **참고** 법인세법에 따른 유동화전문회사 등에 대한 소득공제의 경우 초과배당금액에 대한 이월공제가 가능하다.(즉, 소득공제는 원칙적으로 이월공제가 없으나 법소정 이월 소득공제의 요건을 갖춘 경우 이월공제가 가능하다.)

●── 과세표준 계산시 이월결손금은 발생연도와 상관없이 미공제된 것은 모두 공제 가능하다.

　　[X] : 이월결손금은 공제시한이 있다.

●— 과세표준 계산시 미공제된 이월결손금은 발생연도와 금액에 상관없이 모두 공제 가능하다.

   [X] : 미공제된 이월결손금은 공제하기 위한 발생연도제한(15년/10년)과 금액적 한도(각사업연도소득의 80%)가 있으므로 발생연도와 금액에 상관없이 모두 공제 가능한 것이 아니다.

●— 연구개발과 관련하여 발생한 비용 중 법에서 정한 비용은 일정비율만큼 소득공제가 가능하다.

   [X] : 연구개발과 관련하여 발생한 비용 중 법에서 정한 비용은 일정비율만큼 소득공제가 아니라 세액공제가 가능하다.(= 연구·인력개발비세액공제)

●— 사업연도 중 재해로 인하여 사업용 자산가액의 30% 이상을 상실하여 납세하기가 곤란하다고 인정되는 경우 그 상실된 자산의 가액을 한도로 재해손실세액공제를 받을 수 있다.

   [X] : 사업연도 중 재해로 인하여 사업용 자산가액의 20% 이상을 상실하여 납세하기가 곤란하다고 인정되는 경우 그 상실된 자산의 가액을 한도로 재해손실세액공제를 받을 수 있다.
    →참고로, 재해손실세액공제는 소득세법에서도 동일하게 적용된다.

●— 법인세의 경우 직전사업연도 부담세액의 50%를 중간예납세액으로 하여 법정기한 내에 신고·납부하여야 한다.

   [X] : 중간예납세액은 전기실적기준(=직전사업연도 산출세액 기준)과 가결산기준(=해당 중간예납기간 법인세액 기준) 중 어느 하나의 방법을 선택하여 계산한다. 전기실적기준에 의해 신고납부하는 것이 아니다.

세액계산	전기실적기준	• 중간예납세액 = 직전사업연도 부담세액×50%
[선택]	가결산기준	• 중간예납세액 = 중간예납기간을 실제 결산한 세액

●— 직전사업연도 실적기준으로 법인세를 중간예납하는 경우 중간예납기간을 1사업연도로 보아 가결산을 하고 과세표준과 산출세액을 구한다.

   [X] : 직전 실적기준으로 중간예납시는 직전 사업연도 부담세액의 50%를 납부한다.

●— 중간예납시 직전사업연도 부담세액의 50%를 중간예납세액으로 납부하여야 하므로 전기 납부세액이 없는 경우 중간예납을 할 필요가 없다.

   [X] : 중간예납은 전기실적기준(중간예납세액 = 직전사업연도 부담세액×50%)과 가결산기준(중간예납세액 = 중간예납기간을 실제 결산한 세액) 중 선택하여 계산한다. 따라서, 전기 납부세액이 없는 경우는 전기실적기준으로 계산할 수 없으므로 가결산기준에 따라 중간예납을 한다.

●— 환급세액이 세법에 따라 환급받아야 할 세액을 초과시는 별도의 가산세가 적용되지 않는다.

   [X] : 납세자가 환급받은 세액이 세법에 따라 환급받아야 할 세액을 초과하는 경우(=초과환급받은 경우)에도 납부지연가산세가 적용된다.

●— 내국법인에게 이자소득, 투자신탁이익, 기타소득을 지급하는 자는 해당 원천징수세율을 적용하여 계산한 금액에 상당하는 법인세를 징수하여 납부하여야 한다.

[X] : 기타소득은 원천징수대상이 아니다.

●— 내국법인에게 배당소득금액을 지급하는 자는 원천징수세율을 적용하여 계산한 금액에 상당하는 법인세를 징수하여 그 징수일이 속하는 달의 다음달 10일까지 납세지에 납부하여야 한다.

[X] : 법인이 받는 일반적인 배당소득은 원천징수대상이 아니다.
　　　→집합투자기구로부터의 이익 중 투자신탁의 이익만 원천징수대상에 해당한다.

●— 법인세 납세의무가 있는 내국법인은 각 사업연도 종료일이 속하는 달의 말일로부터 2개월 이내에 법인세 과세표준과 세액을 신고하여야 한다.

[X] : 2개월(X) → 3개월(O)

●— 법인세 납세의무가 있는 내국법인은 각 사업연도 종료일부터 3개월 이내에 법인세 과세표준과 세액을 신고하여야 한다.

[X] : 종료일부터 3개월 이내(X) → 종료일이 속하는 달의 말일부터 3개월 이내(O)

●— 각사업연도소득이 없거나 결손금이 있는 경우에는 실질적인 세부담이 없으므로 법인세 신고를 할 의무가 없다.

[X] : 각사업연도소득이 없거나 결손금이 있는 경우에도 신고하여야 한다.

●— 외부감사대상 법인이 감사가 종결되지 아니하였다는 사유로 신고기한의 연장을 신청한 경우 2개월까지 신고기한을 연장할 수 있다.

[X] : 2개월[X] → 1개월(O)

●— 법인세 과세표준 신고시 개별 내국법인의 재무상태표, 포괄손익계산서 등의 첨부서류는 제출하지 않아도 된다.

[X] : 재무상태표, 포괄손익계산서 등의 첨부서류는 필수적 첨부서류로서 반드시 제출하여야 하며, 제출하지 않은 경우는 무신고로 본다. 법인세 과세표준 신고시 제출서류는 다음과 같다.

❑ 과세표준의 신고는 '법인세 과세표준 및 세액신고서'에 의하되, 다음의 서류를 첨부해야 함.	
필수적 첨부서류	• 기업회계기준을 준용하여 작성한 개별내국법인의 재무상태표, 포괄손익계산서
	• 이익잉여금처분계산서(또는 결손금처리계산서)
	• 세무조정계산서(='법인세 과세표준 및 세액조정계산서')
그 밖의 서류	• 세무조정계산서 부속서류, 현금흐름표(외감법대상에 한함)

● 법인세 과세표준 신고시 필수적 첨부서류인 개별법인의 재무상태표, 포괄손익계산서 및 합계잔액시산표를 첨부하여야 한다.

[X] : 합계잔액시산표는 필수적 첨부서류가 아니다.

● 법인세 과세표준 신고시 개별법인의 재무상태표, 포괄손익계산서 및 합계잔액시산표를 첨부하지 않으면 무신고로 본다.

[X] : 법인세 과세표준 신고시 개별법인의 재무상태표, 포괄손익계산서는 필수적 첨부서류이므로 첨부하지 않으면 무신고
로 본다. 그러나 합계잔액시산표는 필수적 첨부서류가 아니므로 첨부하지 않아도 무신고로 보지 아니한다.

● 납부할 세액이 1천만원을 초과하는 경우 납부기한이 경과한 날로부터 2개월(중소기업은 1개월)내에 분납할 수 있다.

[X] : 납부할 세액이 1천만원을 초과하는 경우 납부기한이 경과한 날로부터 1개월(중소기업은 2개월)내에 분납할 수 있다.

● 납부할 세액이 1천만원을 초과하는 경우 납부기한이 경과한 날로부터 1개월(중소기업은 3개월)내에 분납할 수 있다.

[X] : 중소기업은 3개월(X) → 중소기업은 2개월(O)

● 법인세는 신고기한 내에 납부하여야 하나 납부할 세액이 일정 금액을 초과할 경우 연부연납할 수 있다.

[X] : 연부연납(X) → 분납(O)

참고	연부연납

□ 조세의 일부를 법정신고기한을 경과하여 납부할 수 있도록 연장하여 주는 제도가 연납인데, 연납에는 분납과 연부연납이
있다. 연부연납은 분납에 비해 장기간에 걸쳐 나누어 납부하며 이는 납세의무자로 하여금 납세자금을 준비하도록 하는
목적으로 연기하여 주는 제도이다. 현행 세법상 상속세와 증여세에 대하여 연부연납을 규정하고 있다.

● 소득세는 원칙적으로 포괄주의 과세제도이다.

[X] : 소득세는 원칙적으로 열거된 소득에 대해서 과세하는 열거주의 과세제도이다.
→단, 예외적으로 이자·배당소득은 열거되지 않은 소득이라도 유사한 소득을 포함하는 유형별 포괄주의를 채택하
고 있다.(즉, 이자·배당소득은 금전의 사용대가 및 수익분배의 성격이 있는 것은 구체적으로 법 조문으로 나열하
지 않아도 과세할 수 있다.)

● 소득세법은 열거주의에 의해 과세대상소득을 규정하고 있으므로 열거되지 아니한 모든 소득은 과세되지 않는다.

[X] : 소득세법은 원칙적으로 열거주의에 의해 과세대상소득을 규정하고 있으나, 예외적으로 이자·배당소득은 열거되지
않은 소득이라도 유사한 소득을 포함하는 유형별 포괄주의를 채택하고 있다.(즉, 이자·배당소득은 금전의 사용대
가 및 수익분배의 성격이 있는 것은 구체적으로 법 조문으로 나열하지 않아도 과세할 수 있다.)

●— 법인세는 제한적 열거주의 과세방식을 채택하고 있는 반면 소득세는 원칙적으로 포괄주의 과세방식을 채택하고 있다.

> [X] : 법인세는 원칙적으로 포괄주의 과세방식을 채택하고 있는 반면 소득세는 제한적 열거주의 과세방식(단, 이자·배당 소득은 열거되지 않은 소득이라도 유사한 소득을 포함하는 유형별 포괄주의 방식 병행)을 채택하고 있다.

●— 소득세는 개인단위로 과세하는 것이 원칙이나 부부인 경우 종합소득을 합산하여 과세한다.

> [X] : 소득세법은 부부라 하더라도 개인단위과세제도를 원칙으로 한다.

예외	공동사업합산과세
	□ 거주자 1인과 특수관계인이 공동사업자에 포함되어 있는 경우로서 손익분배비율을 거짓으로 정하는 등의 사유가 있는 경우에는 공동사업의 소득분배 규정(손익분배비율에 따른 소득분배)에 불구하고 그 특수관계인의 소득금액은 주된 공동 사업자(=손익분배비율이 큰 공동사업자)의 소득금액으로 봄.
	→즉, 공동사업시 손익분배비율을 거짓으로 정하는 등의 사유가 있는 경우에 한하여 합산과세 함.

> → **저자주** 참고로, 부부합산과세는 과거 헌법재판소 헌법불합치 판결로 폐지된 바 있습니다.

●— 소득세법은 개인별 소득을 기준으로 과세하는 개인단위과세제도를 원칙으로 한다. 다만, 가족이 공동으로 사업을 경영하는 경우는 예외없이 합산과세한다.

> [X] : 가족이 공동으로 사업을 경영하는 경우(공동사업) 손익분배비율을 거짓으로 정하는 등의 사유가 있는 경우에 한하 여 합산과세 한다.

●— 분리과세대상 소득은 일단 소득을 지급하는 시점에 원천징수를 하되 추후 납세의무를 확정할 때 이를 다시 정산하는 방법을 말한다.

> [X] : 분리과세대상 소득은 기간별로 합산하지 않고 그 소득이 지급될 때 소득세를 징수함으로써 과세를 종결하는 소득을 말한다.
> →[원천징수의 종류]

예납적 원천징수	• 일단 소득을 지급하는 시점에 원천징수를 하되 추후 납세의무를 확정할 때 이를 다시 정산하는 방법을 말함. →즉, 원천징수의 대상이 된 소득도 과세표준에 포함하여 세액을 계산한 후 원천징수된 세액은 기 납부세액으로 공제받는 방식으로 근로소득자의 연말정산이 예납적 원천징수의 대표적인 예임.
완납적 원천징수 (분리과세)	• 원천징수로써 별도의 확정신고 절차없이 당해 소득에 대한 납세의무가 종결되는 경우의 원천징 수를 말함. →분리과세대상소득의 경우 완납적 원천징수로 모든 납세의무가 종결됨.

●— 소득세가 과세되는 소득 중 일부 이자소득, 배당소득, 일용근로소득에 대해서는 원천징수로 납세의무를 종결하고 있는데 이를 분류과세라 한다.

> [X] : 분류과세(X) → 분리과세(O)

● 예납적 원천징수에 해당하면 별도의 확정신고 절차가 불필요하다.

[X] : 완납적 원천징수의 경우에 별도의 소득세 확정신고절차가 불필요하다.

● 원천징수를 하면 납세의무가 종결되므로, 소득자는 어떤 경우에도 확정신고를 할 필요가 없다.

[X] : 예납적 원천징수의 경우에는 원천징수 후 원천징수된 소득을 종합소득에 포함하여 확정신고하며 원천징수세액을 기납부세액으로 공제한다. 따라서, 원천징수로 납세의무가 종결되지 않으며 확정신고가 필요하다.[완납적원천징수(분리과세)인 경우에만 납세의무가 종결된다.]

● 퇴직소득 및 양도소득은 다른 소득과 합산하지 않고 별도로 과세하는 분리과세 방식이 적용된다.

[X] : 퇴직소득 및 양도소득은 다른 소득과 합산하지 않고 별도로 과세하는 분류과세 방식이 적용된다.
→퇴직소득과 양도소득은 장기간에 걸쳐 발생한 소득이 일시에 실현되는 특징을 가지고 있으므로 이들을 무차별적으로 종합과세하여 누진세율을 적용한다면 그 실현되는 시점에 부당하게 높은 세율을 적용받는 현상인 결집효과(bunching effect)가 발생한다. 이러한 점을 고려하여 현행 소득세법은 이들 소득을 별도로 분류과세하고 있다.

● 분류과세는 기간별로 합산하지 않고 그 소득이 지급될 때 소득세를 원천징수함으로써 과세를 종결하는 방법이다.

[X] : 분류과세(X) → 분리과세(O)

● 소득세는 공평과세를 위해 개인의 인적사항을 고려하지 않는다.

[X] : 소득세는 인적사항이 고려되는 인세이다.

● 비거주자는 국내외원천소득에 대하여 소득세를 납부하여야 한다.

[X] : 비거주자는 국내원천소득에 대하여만 소득세를 납부한다.

● 1거주자로 보는 법인 아닌 단체의 경우 그 단체의 소득을 단체구성원들의 다른 소득과 합산하여 과세한다.

[X] : 1거주자로 보는 법인 아닌 단체의 경우 해당 단체가 1거주자로서 소득세를 납부할 의무를 지는 것이며, 그 단체의 소득을 단체구성원들의 다른 소득과 합산하여 과세하는 것이 아니다.

● 소득세법상 과세기간은 매년 1월 1일부터 12월 31일까지가 원칙이나, 1년 이내에서 개인의 선택에 따라 과세기간을 조정할 수 있다.

[X] : 소득세법상 과세기간은 임의로 정할 수 없다.
→ 비교 법인세법상 법인의 사업연도는 1년 내에서 임의로 선택 가능하다.

●── 소득세법상 과세기간은 원칙적으로 1월 1일부터 12월 31일까지이나 사업자인 경우에는 법인과 같이 과세기간을 임의로 정하여 신고할 수 있다.

  [X] : 소득세법상 과세기간은 임의로 정할 수 없다.
    →비교 법인세법상 법인의 사업연도는 1년 내에서 임의로 선택 가능하다.

●── 법인세법과 소득세법상 과세기간은 매년 1월 1일부터 12월 31일까지 이다.

  [X] : 법인세법상 과세기간(사업연도)은 1년을 초과하지 않는 범위 내에서 임의선택이 가능하다.

●── 거주자가 사업을 개시한 경우 과세기간은 사업개시일부터 12월 31일까지로 하는 것이 원칙이다.

  [X] : 거주자가 사업을 개시한 경우에도 1월 1일부터 12월 31일까지를 과세기간으로 한다.
    →∵1월 1일부터 사업개시일 전까지 사업소득 이 외의 다른 종합소득이 발생할 수 있기 때문이다.

●── 거주자가 사업을 폐업한 경우 과세기간은 1월 1일부터 폐업일까지로 하는 것이 원칙이다.

  [X] : 거주자가 폐업을 하는 경우에도 1월 1일부터 12월 31일까지를 과세기간으로 한다.
    →∵폐업일부터 12월 31일까지 사업소득 이 외의 다른 종합소득이 발생할 수 있기 때문이다.

●── 개인사업자의 납세지는 납세자가 자유롭게 선택할 수 있다.

  [X] : 개인사업자의 납세지는 주소지이다.(납세자가 자유롭게 선택 불가)
    →다만, 사업소득이 있는 거주자가 사업장소재지를 납세지로 신청한 때에는 그 사업장소재지를 납세지로 지정할 수 있다.

●── 거주자와 비거주자의 납세지는 모두 주소지로 하는 것이 원칙이다.

  [X] : 거주자의 납세지는 주소지로 하는 것이 원칙이나, 비거주자의 납세지는 국내사업장의 소재지로 하는 것이 원칙이며 국내사업장이 없는 경우에는 국내원천소득이 발생하는 장소로 한다.

●── 비거주자의 납세지는 국내원천소득이 발생하는 장소로 하는 것이 원칙이다.

  [X] : 비거주자의 납세지는 국내사업장의 소재지로 하는 것이 원칙이며, 국내사업장이 없는 경우에는 국내원천소득이 발생하는 장소로 한다.

●── 소득세법상 해당 과세기간의 소득금액을 추계신고하는 경우에도 이월결손금 공제 규정을 적용한다.

> [X] : 이월결손금 공제기한과 공제배제는 법인세법 규정과 동일하다.
> - 15년(10년)간 이월하여 먼저 발생분부터 공제
> - 추계시에는 이월결손금 공제배제함. 단, 불가항력에 의한 장부멸실로 추계시는 공제함.

●── 자금대여를 영업으로 하는 자가 금전을 대여하여 얻은 이익은 이자소득으로 과세된다.

> [X] : 자금대여를 영업으로 하는 자가 금전을 대여하여 얻은 이익은 이자소득이 아니라 사업소득으로 과세된다.

비영업대금의 이익 [이자소득]	• 금전대여를 사업목적으로 하지 않는 자가 일시·우발적으로 금전을 대여함에 따라 지급받는 이자를 말함.[소득령 26③]
영업대금의 이익 [사업소득]	• 대금업을 하는 거주자임을 대외적으로 표방하고 계속·반복적으로 불특정다수인을 상대로 금전을 대여하는 경우에는 금융업(대금업)으로 봄.[소기통 16-3]

●── 대금업을 사업으로 하지 않는 자가 일시적으로 자금을 대여하고 받는 이익은 사업소득으로 과세하게 된다.

> [X] : 사업소득(X) → 이자소득(비영업대금의 이익)(O)

●── 기명채권 등의 이자와 할인액의 수입시기는 그 지급을 받은날이다.

> [X] : 기명채권 등의 이자와 할인액의 수입시기는 약정에 따른 이자지급 개시일이다.
> →무기명채권 등의 이자와 할인액의 수입시기 : 그 지급을 받은 날

●── 무기명공채의 이자와 할인액의 수입시기는 약정에 의한 이자지급개시일이다.

> [X] : 무기명공채의 이자와 할인액의 수입시기는 그 지급을 받은 날이다.

●── 비영업대금의 이익의 수입시기는 실제로 이자를 지급받는 날이다.

> [X] : 비영업대금의 이익의 수입시기는 약정에 따른 이자지급일이다.
> →약정이 없거나 약정일 전에 지급하는 경우는 그 이자지급일

●── 보통예금·정기예금 이자의 경우 수입시기는 이자의 발생일이다.

> [X] : 보통예금·정기예금 이자의 경우 수입시기는 원칙적으로 실제로 이자를 지급받은 날이다.
> →㉠ 원본에 전입하는 뜻의 특약이 있는 이자는 그 특약에 의하여 원본에 전입된 날
> ㉡ 해약으로 인하여 지급되는 이자는 그 해약일
> ㉢ 계약기간을 연장하는 경우에는 그 연장하는 날
> ㉣ 정기예금연결정기적금의 경우 정기예금의 이자는 정기예금 또는 정기적금이 해약되거나 정기적금의 저축기간이 만료되는 날

●── 주권상장법인으로부터 받은 현금배당금은 금액에 상관없이 무조건 종합과세대상 금융소득이다.

　　[X] : 주권상장법인으로부터 받은 현금배당금은 무조건분리과세대상, 무조건종합과세대상이 아닌 일반적 배당소득이므로 조건부종합과세대상이다.

●── 비영업대금의 이익은 25%로 원천징수되며 무조건 종합과세대상이다.

　　[X] : 비영업대금의 이익은 조건부 종합과세대상이다.

●── 국내은행으로부터 받은 예금이자 수령액 20,000,000원은 종합과세를 적용받는다.

　　[X] : 2천만원을 초과하지 않으므로 분리과세한다.

●── 법인세법에 의하여 배당으로 처분된 금액은 배당소득에 포함되지 아니한다.

　　[X] : 인정배당도 배당소득에 해당한다.

●── 잉여금처분에 의한 배당의 경우 수입시기는 실제로 지급받는 날이다.

　　[X] : 잉여금처분에 의한 배당의 경우 수입시기는 잉여금처분결의일이다.

●── 금융소득이 종합과세되는 경우 종합과세대상금액 총액에 Gross-up이 적용된다.

　　[X] : 종합과세되는 경우 14%세율이 적용되는 부분에 대하여는 Gross-up을 적용하지 않는다.(즉, 2천만원 초과분에 대해서만 Gross-up을 한다.)
　　　　→금융소득종합과세의 적용

❑ 판정대상액 = 무조건종합과세대상 + 조건부종합과세대상				
❑ 종합과세되는 금융소득 구성순서 : 이자소득→G·U대상아닌 배당소득→G·U대상인 배당소득				
구분	분리과세 금융소득	종합과세되는 금융소득		세율적용
판정대상액〉2천만원	-	조건부종합과세대상	2천만원 초과분 〈Gross-up O〉	기본세율
		무조건종합과세대상	2천만원 〈Gross-up X〉	14%세율
판정대상액≦2천만원	조건부종합과세대상	무조건종합과세대상		14%세율

●── 종합과세되는 배당소득의 경우 원천징수세율의 적용여부와 관계없이 Gross-up이 적용된다.

　　[X] : 종합과세되는 경우 14%세율이 적용되는 부분에 대하여는 Gross-up을 적용하지 않는다.(즉, 2천만원 초과분에 대해서만 Gross-up을 한다.)

●── 1주택을 소유하는 자의 주택임대소득(기준시가 12억원을 초과하는 주택 포함)에 대해서는 비과세가 적용된다.

　　[X] : 1주택을 소유하는 자의 주택임대소득(기준시가 12억원을 초과하는 주택 및 국외소재주택 제외)에 대해서는 비과세가 적용된다.

●— 법인의 주주는 법인의 자금을 임의로 인출하여 사용할 수 있으나, 개인사업자는 출자금을 임의로 인출하여 사용할 수 없다.

　[X] : 법인세법에서는 출자자의 자금인출을 업무무관가지지급금으로 간주하여 인정이자의 계산 등 불이익으로 제재한다. 반면, 소득세법에서는 출자금의 반환으로 간주하므로 인정이자의 계산 등이 없다.
　　→즉, 법인세법에서는 출자자의 자금인출이 제한되지만 소득세법에서는 대표자가 임의로 자금을 출자하고 인출할 수 있다.

●— 법인의 주주는 법인의 자금을 임의로 인출하여 사용할 수 없으며, 개인사업자 역시 출자금을 임의로 인출하여 사용할 수 없다.

　[X] : 법인세법에서는 출자자의 자금인출을 업무무관가지지급금으로 간주하여 인정이자의 계산 등 불이익으로 제재한다. 반면, 소득세법에서는 출자금의 반환으로 간주하므로 인정이자의 계산 등이 없다.
　　→즉, 법인세법에서는 출자자의 자금인출이 제한되지만 소득세법에서는 대표자가 임의로 자금을 출자하고 인출할 수 있다.

●— 개인사업자가 출자금을 인출하는 경우 가지급금인정이자를 계산하여 총수입금액에 산입한다.

　[X] : 개인사업체에는 법정자본금이 없으며 개인사업자는 필요하면 언제든지 출자금을 인출할 수 있다. 따라서 개인사업자가 인출하는 자금은 가지급금이 아니므로 인정이자계산 등의 규제를 받지 아니한다.

●— 복식부기의무자의 경우 유형자산처분손익은 어떤 경우에도 사업소득에 포함하지 않는다.

　[X] : 유형자산처분손익은 일시·우발적 소득이므로 과세제외하는 것이 원칙이나, 복식부기의무자의 부동산을 제외한 사업용유형자산처분소득은 사업소득에 포함한다.

●— 종업원 및 대표자에 대한 급여는 법인세법상 각 사업연도 소득금액의 계산에 있어서 손금으로 인정되며 소득세법상 사업소득금액의 계산에 있어서도 필요경비로 인정된다.

　[X] : 개인사업자의 사업소득금액 계산시 대표자에 대한 급여는 필요경비에 산입하지 않는다.
　　→개인사업에 있어서 대표자는 사업경영주체로서 고용관계에 있지 아니하고 급여를 지급받아도 그것은 출자금의 인출에 불과하므로 필요경비에 산입되지 아니하며 퇴직급여충당금 설정대상자도 아니다.

●— 개인사업의 경우 대표자의 급여와 건강보험료는 필요경비로 인정되지 아니한다.

　[X] : 개인사업에 있어서 대표자는 사업경영주체로서 고용관계에 있지 아니하고 급여를 지급받아도 그것은 출자금의 인출에 불과하므로 필요경비에 산입되지 않는다. 다만, 대표자(사업자 본인)의 건강보험료는 공과금 성격이므로 이는 필요경비로 인정된다.

●— 전기료 및 수도료 등 공공요금으로 수령하는 금액은 부동산임대소득 총수입금액에 산입한다.

　　[X] : 전기료 및 수도료 등 공공요금으로 수령하는 금액은 총수입금액에 불산입한다.
　　　　→단, 공공요금 명목으로 지급받는 금액이 공공요금 납부액을 초과시 그 초과액은 총수입금액에 산입한다.

●— 소액주주인 임원이 사택을 제공받음으로써 얻는 이익은 근로소득에 해당한다.

　　[X] : 사택제공이익 비과세대상 : 비출자임원, 소액주주임원, 종업원, 국가·지자체로부터 지급받는 사람
　　　　→ **비교** 사택제공이익 과세대상 : 출자임원

●— 비출자임원과 종업원이 사택을 제공받음으로써 얻는 이익은 근로소득으로 과세한다.

　　[X] : 비과세한다.(비출자임원, 소액주주임원, 종업원, 국가·지자체로부터 지급받는 사람은 비과세)
　　　　→출자임원인 경우에만 과세한다.

●— 일용근로자의 연간 소득금액이 일정규모 초과시 종합소득신고를 해야 한다.

　　[X] : 일용근로자의 급여는 종합소득에 합산하지 아니하고 원천징수로써 과세가 종결된다.(무조건 분리과세)
　　　　→일용근로자의 과세방법은 다음과 같다.

일용근로자	• 동일 고용주에게 3개월 이상 계속하여 고용되어 있지 않은 사람을 말함.
과세방법	• 무조건 분리과세(원천징수로써 과세가 종결됨)
원천징수세액	• 산출세액[(일급여 - 근로소득공제$^{*)}$)×6%] - 근로소득세액공제[산출세액×55%] $^{*)}$ 150,000원

●— 일용근로자의 근로소득 원천징수세율은 8%이다.

　　[X] : 8%(X) → 6%(O)

●— 식사 또는 기타 음식물을 제공받지 않는 조건으로 근로자가 받는 식사대는 금액과 관련없이 전액 비과세된다.

　　[X] : 전액 비과세(X) → 월 20만원 이하 비과세(O)
　　　　→식대 비과세

사내급식이나 이와 유사한 방식으로 제공받는 식사 기타 음식물	• 비과세
식사를 제공받지 않는 경우 월 20만원 이내의 식사대	• 비과세
식사를 제공받는 경우 식사대	• 전액 과세
식사를 제공받지 않는 경우 월 30만원의 식사대	• 월 10만원 과세

●— 근로자가 식사를 제공받는지와 관계없이 월 20만원 이내의 식사대는 비과세한다.

　　[X] : 식사를 제공받지 않는 경우에 한하여 월 20만원 이내의 식사대를 비과세한다.
　　　　→식사를 제공받는 경우에는 식사대는 전액 과세한다.

●── 근로자 또는 그 배우자의 출산이나 6세 이하 자녀의 보육과 관련하여 사용자로부터 지급받는 급여는 금액을 불문하고 전액 비과세한다.

[X] : 월 20만원 이내 금액을 비과세한다.

●── 국외건설현장에서 근로를 제공하고 받은 급여 중 월 700만원 이내의 금액은 소득세가 비과세된다.

[X] : 월 700만원(X) → 월 500만원(O)

●── 근로자 자녀에 대한 장학금 지급액은 소득세가 과세되지 아니한다.

[X] : 근로자 자녀에 대한 장학금(학자금)은 근로소득에 포함하는 항목으로 규정되어 있다.[소득령 38①]

●── 과세이연된 퇴직소득금액을 연금외 수령한 경우 기타소득으로 과세한다.

[X] : 과세이연된 퇴직소득금액(=이연퇴직소득 : 퇴직금을 연금계좌에 입금하여 퇴직소득세가 과세되지 않고 과세이연된 금액)을 연금외수령한 경우 퇴직소득으로 과세한다.

●── 연금소득금액 계산시 필요경비인정방식과 연금소득공제방식 중 선택하여 적용 가능하다.

[X] : 연금소득금액은 총연금액에서 연금소득공제액을 차감하여 계산한다.
　　→연금소득공제방식만 적용 가능하다.

●── 거주자의 경우 연금소득은 종합과세하는 것이 원칙이므로 분리과세하는 연금소득은 없다.

[X] : 사적연금의 경우 무조건분리과세와 선택적분리과세하는 연금소득이 있다.
　　→연금소득 종합과세와 분리과세

공적연금	원천징수	• 연금소득간이세액표에 따라 원천징수하여 다음 달 10일까지 납부
	연말정산	• 다음연도 1월분 지급시(사망시는 사망일 다음다음달 말일까지) 연말정산
	과세방법	• 종합과세하되, 공적연금소득만 있는 경우 확정신고 면제
사적연금	원천징수	• 원천징수('지급금액×원천징수세율')하여 다음 달 10일까지 납부 　→연말정산하지 않음.
	과세방법	• 종합과세하되, 무조건분리과세와 선택적분리과세 적용

	무조건 분리과세	• 이연퇴직소득을 연금수령하는 연금소득 • 운용수익·불입액(세액공제분)을 의료목적·천재지변이나 그 밖의 부득이한 사유로 인출하는 연금소득
	선택적 분리과세	• 사적연금 총연금액이 1,500만원 이하인 경우 저율 선택적분리과세[단, 1,500만원 초과시에도 선택적분리과세가 가능하나 고율(15%) 분리과세가 적용됨.]

●── 연금소득은 종합과세하는 것이 원칙이나, 총연금액이 연 1,500만원 이하인 경우에는 납세의무자의 선택에 따라 저율 분리과세를 적용할 수 있다.

[X] : 총연금액이 1,500만원 이하(X) → 사적연금 총연금액이 1,500만원 이하(O)

●── 연금소득은 종합과세하는 것이 원칙이나 연 1,500만원 이하인 경우에는 분리과세 해야만 한다.

[X] : 사적연금[무조건분리과세(예 이연퇴직소득을 연금수령 등) 제외] 총연금액이 연 1,500만원 이하인 경우에는 저율의 선택적분리과세(=종합과세와 분리과세 중 선택)가 가능하다.
→사적연금[무조건분리과세(예 이연퇴직소득을 연금수령 등) 제외] 총연금액이 연 1,500만원 초과인 경우에는 고율의 선택적분리과세(=종합과세와 분리과세 중 선택)가 가능하다.

●── 연금소득에 대한 수입시기는 연금을 지급받은 날로 한다.

[X] : 연금소득의 수입시기는 다음과 같다.(즉, 지급받거나 받기로 한 날)

공적연금소득	• 연금을 지급받기로 한 날
사적연금소득(연금계좌에서 받는 연금소득)	• 연금을 수령한 날
그 밖의 연금소득	• 해당 연금을 지급받은 날

●── 일시적인 문예창작소득은 사업소득에 해당한다.

[X] : 문예창작소득(문예·학술·미술·음악·사진에 속하는 창작품에 대한 원작자로서 받는 소득으로서 원고료, 저작권 사용료인 인세, 미술·음악·사진에 속하는 창작품에 대하여 받는 대가)은 기타소득으로 하며, 소득분류의 구체적인 사례는 다음과 같다.

소설가가 소설을 쓰고 받는 원고료	• 사업소득
업무와 관계있는 사보게재 원고료, 신규채용시험·사내교육출제수당	• 근로소득
사원이 업무와 관계없이 독립된 자격에 의해 사보 등에 원고를 게재하고 받는 대가	• 기타소득
고용관계없는 타회사의 신규채용시험·사내교육출제수당	• 기타소득

●── 로또가 당첨되어 발생한 기타소득도 반드시 종합소득을 신고해야 한다.

[X] : 복권 당첨소득은 무조건 분리과세 대상이다.

●── 모든 기타소득은 증빙을 갖추지 않더라도 최소한 총수입금액의 80%를 필요경비로 인정하여 준다.

[X] : 모든 기타소득이 아니라 다음의 기타소득에 대하여만 최소한 총수입금액의 80%를 필요경비로 인정한다.

| 필요경비 : Max[확인경비, 총수입금액×80%] |
| ㉠ 공익법인이 주무관청의 승인을 받아 시상하는 상금 및 부상과 다수가 순위경쟁하는 대회에서 입상자가 받는 상금 및 부상
㉡ 주택입주지체상금 |

●── 강사료는 인적용역의 일시 제공에 대한 대가이므로 소득금액 계산시 실제 발생한 비용만 공제가능하다.

[X] : 필요경비는 실제 확인되는 경비와 총수입금액의 60% 중 큰 금액을 공제한다.
→기타소득 필요경비

원칙	• 확인경비(실제로 사용된 필요경비)	
예외	Max[확인경비, 총수입금액×60%]	• 인적용역 일시제공 대가, 문예창작소득, 공익사업관련 지역권·지상권 설정·대여, 산업재산권 등 양도·대여, 통신판매중개자를 통해 물품·장소를 대여하고 500만원 이하의 사용료로 받은 금품
	Max[확인경비, 총수입금액×80%]	• 소정 상금·부상과 순위경쟁대회 입상자 상금, 주택입주지체상금
	Max[확인경비, 총수입금액×90%$^{*)}$] $^{*)}$양도가 1억초과분 : 80%	• 서화·골동품의 양도

●── 고용관계없이 받는 강사료는 인적용역의 일시제공으로 인한 대가에 해당하므로 소득금액 계산시 필요경비는 실제 발생한 비용과 관계없이 총수입금액의 80%가 적용된다.

[X] : 인적용역의 일시제공으로 인한 대가(고용관계없는 자가 다수인에게 강연을 하고 받은 강연료 등)의 필요경비는 'Max[확인경비, 총수입금액×60%]'이다. 따라서, 최소한 총수입금액의 60%를 필요경비로 인정한다.

●── 국내에서 거주자 또는 비거주자에게 기타소득을 지급하는 자는 기타소득금액의 25%에 해당하는 세액을 원천징수하여 그 징수일이 속하는 달의 다음달 10일까지 납부하여야 한다.

[X] : 25%(X) → 20%(O)

●── 근로소득자는 연말정산으로 납세의무가 종결되지만, 로또가 당첨되어 기타소득이 발생된 경우는 종합소득 확정신고를 해야 한다.

[X] : 복권당첨금은 무조건분리과세 대상이므로, 원천징수로 과세가 종결되며 종합소득 확정신고가 불필요하다.

●── 기타소득은 종합과세되는 것이 원칙이나, 기타소득금액이 연 200만원 이하인 경우 분리과세를 선택할 수 있다.

[X] : 연 200만원 이하(X) → 연 300만원 이하(O)

●── 기타소득은 종합과세되는 것이 원칙이나, 기타소득금액이 연 300만원 이하인 경우 무조건 분리과세된다.

[X] : 기타소득은 종합과세하는 것이 원칙이나 기타소득금액이 연 300만원 이하인 경우 종합과세와 분리과세 중 선택할 수 있다.(=선택적 분리과세)

●── 법인세법에 따라 처분된 기타소득의 수입시기는 그 지급을 받은 날이다.

[X] : 그 지급을 받은 날(X) → 그 법인의 해당 사업연도의 결산확정일(O)

●— 사업소득(부동산임대업 제외)의 이월결손금은 종합소득금액 내에서 우선 공제하고, 공제되지 않은 금액은 퇴직소득, 양도소득의 순서로 공제한다.

  [X] : 사업소득의 이월결손금은 퇴직소득, 양도소득에서 공제할 수 없다.

●— 사업소득(주거용 건물임대업 포함)에서 발생한 결손금은 근로소득금액-연금소득금액-기타소득금액-배당소득금액-이자소득금액에서 순서대로 공제하고 공제 후 남은 결손금은 다음연도로 이월시킨다.

  [X] : 사업소득(주거용 건물임대업 포함)에서 발생한 결손금은 근로소득금액-연금소득금액-기타소득금액-이자소득금액-배당소득금액에서 순서대로 공제하고 공제 후 남은 결손금은 다음연도로 이월시킨다.
    →단, 공제적용대상 결손금은 일반사업결손금은 부동산임대업소득금액에서 공제후 금액이며, 주거용건물임대업결손금은 일반사업소득금액과 부동산임대업소득금액에서 공제후 금액이다.

●— 주거용 건물임대업에서 발생한 결손금은 다른 부동산임대업에서 발생한 결손금과 마찬가지로 다른 소득금액에서 공제할 수 없다.

  [X] : 주거용 건물임대업에서 발생한 결손금도 일반사업소득과 동일하게 근로소득금액→연금소득금액→기타소득금액→이자소득금액→배당소득금액에서 순서대로 공제한다.
    →단, 공제적용대상 주거용건물임대업결손금은 일반사업소득금액과 부동산임대업소득금액에서 공제후 금액이다.

●— 2020년 발생한 이월결손금은 발생연도 종료일부터 5년 내에 종료하는 과세기간의 소득금액 계산시 먼저 발생한 것부터 순차로 공제한다.

  [X] : 5년(X) → 15년(O)
    →이월결손금은 해당 이월결손금이 발생한 과세기간의 종료일부터 10년 이내(2020년 1월 1일 이후 개시한 과세기간에 발생한 결손금은 15년 이내)에 끝나는 과세기간의 소득금액을 계산할 때 먼저 발생한 과세기간의 이월결손금부터 순서대로 공제한다.[소득법 45③]

●— 부동산임대업에서 발생한 이월결손금은 다른 소득금액에서 공제할 수 있다.

  [X] : 부동산임대업에서 발생한 이월결손금은 다른 소득금액에서 공제할 수 없고, 부동산임대업의 소득금액에서만 공제한다.

●— 해당 과세기간의 소득금액에 대해서 추계신고하거나 추계조사결정하는 경우에도 이월결손금 공제규정을 적용한다.

  [X] : 해당 과세기간의 소득금액에 대해서 추계신고(비치·기록한 장부와 증명서류에 의하지 않은 신고)를 하거나 추계조사결정하는 경우에는 이월결손금 공제규정을 적용하지 않는다.
    →다만, 천재지변이나 그 밖의 불가항력으로 장부나 그 밖의 증명서류가 멸실되어 추계신고를 하거나 추계조사결정을 하는 경우에는 그렇지 않다.[소득법 45④]

●── 배우자는 나이, 소득금액 제한없이 기본공제 150만원을 적용한다.

[X] : 배우자는 나이제한은 없으나 소득제한(소득금액 100만원 이하)은 있다.

●── 직계비속이 해당 과세기간 중 19세로 대학생이 된 경우에는 기본공제대상자가 될 수 없다.

[X] : 직계비속이 해당 과세기간 중 19세가 된 경우에는 20세 이하이므로 기본공제대상자가 될 수 있다.

●── 거주자와 생계를 같이하는 장애인 아들은 소득과 관계없이 그 거주자의 기본공제대상자가 된다.

[X] : 기본공제대상 판정시 장애인은 연령요건은 없으나 소득요건은 적용된다.

●── 소득세법상 인적공제의 경우 부양가족의 범위에는 계부 및 계모는 포함되나 의붓자녀는 포함되지 않는다.

[X] : 직계존속이 재혼시 배우자(계부, 계모)와 재혼시 배우자의 직계비속(의붓자녀)도 소득요건/연령요건을 충족하는 생계부양 가족인 경우 기본공제대상자에 포함된다.

●── 직계비속이 장애인이고 그 직계비속의 배우자가 장애인인 경우 당해 배우자는 기본공제대상자에 포함되지 않는다.

[X] : 직계비속이 장애인이고 그 직계비속의 배우자가 장애인인 경우 당해 배우자는 소득요건 충족시 기본공제대상자에 포함된다.

●── 종합소득공제의 경우 직계비속이 장애인이고 그 직계비속의 배우자가 장애인인 경우 당해 배우자는 추가공제 대상자에 포함되지 않는다.

[X] : 직계비속이 장애인이고 그 배우자도 장애인인 경우 당해 배우자도 소득요건 충족시 추가공제(장애인공제)대상에 포함된다.

●── 소득세법상 거주자의 기본공제대상자 판정시 동거가족이 사업상 형편에 따라 본인의 주소 또는 거소에서 일시 퇴거한 경우에는 생계를 같이하는 부양가족으로 보지 않는다.

[X] : 소정사유에 해당시 일시퇴거자도 생계를 같이하는 부양가족으로 본다.

●── 종합소득공제와 관련하여 직계비속이 해당 과세기간 중 만 19세로 대학생이 된 경우에는 기본공제대상자가 될 수 없다.

[X] : 연령계산시 공제대상 연령에 해당하는 날이 하루라도 있으면 공제대상으로 하므로, 과세기간 중 만 19세이후 기간은 만 20세이다. 따라서, 기본공제대상자가 될수 있다.

●— 기본공제대상자인 자녀가 20x1년 중에 만 20세가 되었다면, 20x1년도에 대한 연말정산시 기본공제를 받을 수 없다.

  [X] : 기본공제대상자인 자녀가 당기 중에 만 20세가 되었다면 당기말 현재로는 만 20세를 초과하나, 당기 중에 만 20세에 해당하는 날이 있으므로 공제대상자에 해당한다. 따라서 연말정산시 기본공제를 받을 수 있다.

●— 종합소득공제를 적용함에 있어 기본공제대상자가 아닌 경우에도 추가공제대상자가 될 수 있다.

  [X] : 기본공제대상자만 추가공제대상자가 될 수 있다.

●— 소득세법상 일정 요건을 충족하면 추가로 공제해주는 경로우대공제 및 장애인공제 등은 비록 기본공제대상자에서 제외되었더라도 적용 가능하다.

  [X] : 소득세법상 일정 요건을 충족하면 추가로 공제해주는 경로우대공제 및 장애인공제 등은 기본공제대상자에서 제외된 경우에는 적용 불가능하다.(즉, 기본공제대상자만 추가공제대상자가 될 수 있다.)

●— 기본공제대상자 중 70세 이상인 자가 있는 경우 1명당 150만원의 경로우대자공제를 적용받는다.

  [X] : 150만원(X) → 100만원(O)

●— 해당 과세기간에 종합소득금액이 4천만원 이하인 배우자가 있는 여성거주자인 경우 연 50만원의 부녀자공제를 적용한다.

  [X] : 해당 과세기간에 종합소득금액이 3천만원 이하인 거주자가, 배우자가 없는 여성으로서 부양가족이 있는 세대주이거나 배우자가 있는 여성인 경우 연 50만원의 부녀자공제를 적용한다.

●— 근로소득 연말정산과 관련하여 맞벌이 부부의 자녀보험료는 자녀에 대한 기본공제를 받지 않은 배우자가 공제받을 수 있다.

  [X] : 자녀에 대한 기본공제를 받은 배우자가 공제받을 수 있다.

●— 맞벌이 부부인 경우 두 사람은 모두 근로소득에 대한 신고납부의무가 있으므로 자녀 등 부양가족에 대해서는 두 소득자 모두 각각 공제받을 수 있다.

  [X] : 다른 자의 부양가족에도 해당시는 그 중 1인의 공제대상 가족으로 한다.

●— 해외에서 지출한 신용카드 사용액도 신용카드 소득공제 대상에 포함된다.

　　[X] : 신용카드 국외 사용액은 신용카드사용액으로 인정되지 않는다.(즉, 공제대상이 아니다.)

　　　　→신용카드사용소득공제 개괄

공제조건	• 신용카드 · 현금영수증 · 직불카드 등 연간 사용금액이 총급여의 25%를 초과하는 경우 적용함.
카드사용자	• 근로소득자 본인, 기본공제대상 배우자, 연령제한 없는 기본공제대상 직계존속 · 직계비속
공제우대사항	• 전통시장, 대중교통, 도서 · 공연 · 박물관 등 사용액은 일반사용액보다 높은 공제율을 적용함.
공제배제 사용액	• 국외사용액, 각종 보험료, 수업료 등의 각종 교육비, 제세공과금(국세 · 지방세 등), 리스료, 상품권 등 유가증권 구입비, 취득세 등 부과 재산 구입비용, 국가 등에 지급하는 사용료 · 수수료(단, 우정사업조직 소포우편물 방문접수 배달용역은 공제대상임), 차입금 이자상환액, 정치자금, 사업성소득의 비용 등

●— 신용카드로 결제한 대학교 등록금은 신용카드소득공제 대상에 해당한다.

　　[X] : 교육비[유아교육법(유치원), 초 · 중등교육법(초등 · 중등 · 고등학교), 고등교육법(대학교 등), 특별법에 따른 학교 및 영유아보호법에 따른 어린이집에 납부하는 수업료 · 입학금 · 보육비용 기타 공납금]는 신용카드사용액으로 인정되지 않는다.(즉, 공제대상이 아니다.)

●— 자동차리스료를 신용카드로 지급한 경우에도 신용카드 등 사용금액에 대한 소득공제를 적용 받을 수 있다.

　　[X] : 리스료는 신용카드 등 사용금액에 대한 소득공제의 적용배제 사용액이다.
　　　　→∴자동차리스료를 신용카드로 지급시는 신용카드 등 사용금액에 대한 소득공제를 적용 받을 수 없다.

●— 소득세법상 자녀세액공제는 입양자에게는 적용되지 않는다.

　　[X] : 입양자 · 위탁아동을 포함하여 적용한다.

●— 연간 소득금액이 1,000만원인 자녀에 대해서도 자녀세액공제를 신청할 수 있다.

　　[X] : 소득요건(소득금액 100만원 이하)에 위배되므로 자녀세액공제의 적용대상이 아니다.

●— 연간 소득금액이 1,000만원인 자녀에 대해서도 자녀세액공제를 신청할 수 있다.

　　[X] : 자녀세액공제의 공제대상자는 기본공제대상 8세 이상 자녀이므로 소득요건(소득금액 100만원 이하) 불충족시는 공제대상자가 아니다.

●— 기장세액공제액이 200만원을 초과하는 경우에는 그 초과하는 금액은 없는 것으로 한다.

　　[X] : 기장세액공제액이 100만원을 초과하는 경우에는 그 초과하는 금액은 없는 것으로 한다.
　　　　→즉, 한도=100만원

●── 연금계좌세액공제는 근로소득자만 적용받을 수 있다.

[X] : 연금계좌세액공제는 종합소득자가 대상이다.(연금계좌는 연금저축과 퇴직연금을 말한다.)
→소득세법상 세액공제의 적용대상

종합소득자	• 자녀세액공제, 연금계좌세액공제, 기부금세액공제, 표준세액공제, 배당세액공제(배당소득자), 외국납부세액공제(국외원천소득자)
근로소득자	• 보험료세액공제, 의료비세액공제, 교육비세액공제, 근로소득세액공제, 월세세액공제
사업자	• 기장세액공제(간편장부대상자), 재해손실세액공제, 전자계산서발급세액공제

●── 사업자가 천재지변이나 그 밖의 재해로 자산총액 15% 이상에 해당하는 자산을 상실하여 납세가 곤란하다고 인정되는 경우에는 재해손실세액공제를 받을 수 있다.

[X] : 15%(X) → 20%(O)

●── 특별세액공제에는 보험료, 의료비, 교육비, 신용카드공제 등이 포함된다.

[X] : 특별세액공제에는 보험료, 의료비, 교육비, 기부금 등이 포함된다.

●── 보험료, 의료비, 교육비세액공제액의 합계액이 근로소득에 대한 종합소득산출세액을 초과하는 경우 그 초과금액은 5년간 이월하여 세액공제가 가능하다.

[X] : 근로소득이 있는 거주자에게 적용되는 보장성보험료세액공제, 의료비세액공제, 교육비세액공제 및 월세세액공제 규정에 따른 세액공제액의 합계액이 그 거주자의 해당 과세기간의 근로소득에 대한 종합소득산출세액(=종합소득산출세액$\times\frac{근로소득금액}{종합소득금액}$)을 초과하는 경우 그 초과하는 금액은 없는 것으로 한다.[소득법 61①]

●── 근로소득자는 표준세액공제를 선택할 수 없다.

[X] : 근로소득자도 표준세액공제(13만원)를 선택 할 수 있다.

●── 자동차보험은 보험료세액공제를 받을 수 없다.

[X] : 보험료세액공제는 보장성보험료를 대상으로 하며, 보장성보험이란 만기환급되는 금액이 납입보험료를 초과하지 아니하는(=만기환급금≦납입보험료) 생명·상해·손해보험(자동차보험) 등을 말한다.[소득령 118의4②]
→∴자동차보험은 보험료세액공제를 받을 수 있다.

●── 암치료를 위해 외국대학병원에 지급한 비용은 의료비세액공제 대상 의료비지출액에 해당한다.

[X] : 국외의 의료기관에 지출하는 의료비는 의료비세액공제 공제대상 의료비에 해당하지 않는다.

●── 국내뿐만 아니라 국외에서 지출한 의료비도 의료비세액공제가 가능하다.

    [X] : 국외의료기관 의료비는 의료비세액공제 제외대상 의료비이다.
          →[제외대상의료비] 국외의료기관 의료비, 미용·성형수술비, 건강증진의약품 구입비(보약)

●── 소득세법상 의료비세액공제는 세액공제대상 금액의 20%로 한다.

    [X] : 의료비세액공제는 원칙적으로 세액공제대상 금액의 15%로 한다.

●── 의료비세액공제는 본인의료비 외에 지출한 의료비가 전혀 없더라도, 본인이 지출한 의료비 전액에 대해 세액공제 적용이 가능하다.

    [X] : 본인의료비만 있는 경우 의료비세액공제액은 '[본인의료비 - (총급여×3% - 0)]×15%'이다. 따라서, 본인이 지출한
        의료비 전액에 대해 세액공제가 가능한 것이 아니다.

●── 20세가 넘은 아들을 위해 대학등록금을 지출한 경우 기본공제대상자가 아니므로 교육비세액공제를 받을 수 없다.

    [X] : 교육비세액공제의 공제대상은 연령에 제한이 없는 기본공제대상자이므로 20세가 넘어도 공제받을 수 있다.

●── 어린이집, 유치원에 납부한 급식비는 교육비세액공제를 받을 수 없다.

    [X] : 학교급식법, 유아교육법, 영유아보육법 등에 따라 급식을 실시하는 학교, 유치원, 어린이집, 학원 및 체육시설(초등
        학교 취학 전 아동의 경우만 해당)에 지급한 급식비는 교육비세액공제를 받을 수 있다.[소득령 118의6 ①]
        → [저자주] 재경관리사 시험수준을 초과하는 내용이나 출제가 된 만큼 가볍게 검토 바랍니다.

●── 근로소득이 있는 거주자만이 기부금세액공제 적용이 가능하다.

    [X] : 기부금세액공제의 적용대상은 종합소득이 있는 거주자(사업소득만 있는 자 제외)이다.
        →소득세법상 세액공제의 적용대상

종합소득자	• 자녀세액공제, 연금계좌세액공제, 기부금세액공제, 표준세액공제, 배당세액공제(배당소득자), 외국납부세액공제(국외원천소득자)
근로소득자	• 보험료세액공제, 의료비세액공제, 교육비세액공제, 근로소득세액공제, 월세세액공제
사업자	• 기장세액공제(간편장부대상자), 재해손실세액공제, 전자계산서발급세액공제

●── 소득세법상 기부금세액공제 중 거주자의 기본공제대상자가 지출한 기부금은 공제받을 수 없다.

    [X] : 기본공제대상자(다른 거주자가 기본공제를 받은 자 제외)가 지출한 기부금도 기부금세액공제의 대상이다.

●── 모든 사업소득자는 과세표준 확정신고시 복식부기에 따라 해당 재무제표를 제출하는 경우 기장세액공제가 적용된다.

[X] : 기장세액공제의 공제대상은 모든 사업자가 아니라 간편장부대상자이다.

→소득세법상 세액공제의 적용대상을 정리하면 다음과 같다.

종합소득자	• 자녀세액공제, 연금계좌세액공제, 기부금세액공제, 표준세액공제, 배당세액공제(배당소득자), 외국납부세액공제(국외원천소득자)
근로소득자	• 보험료세액공제, 의료비세액공제, 교육비세액공제, 근로소득세액공제, 월세세액공제
사업자	• 기장세액공제(간편장부대상자), 재해손실세액공제, 전자계산서발급세액공제

●── 사용인부담금을 기초로 하여 비현실적인 퇴직을 원인으로 지급받는 소득은 퇴직소득으로 과세하는 항목에 해당한다.

[X] : 사용자부담금을 기초로 하여 비현실적 퇴직이 아니라 현실적 퇴직을 원인으로 지급받는 소득을 퇴직소득으로 한다.

●── 퇴직급여를 실제로 지급받지 않고 종업원이 임원이 된 경우는 현실적 퇴직으로 본다.

[X] : 퇴직급여를 실제로 지급받지 않고 종업원이 임원이 된 경우는 퇴직으로 보지 않을 수 있다.(비현실적 퇴직으로 본다.)

→소득세법상 비현실적 퇴직과 현실적 퇴직

현실적 퇴직으로 보지 않는 경우 { 퇴직급여를 실제로 받지 않은 경우 퇴직으로 보지 않을 수 있는 경우 }	현실적 퇴직으로 보는 경우 { 퇴직급여를 미리 지급받은(중간지급) 경우 그 지급받은 날에 퇴직으로 보는 경우 }
• 종업원이 임원이 된 경우 • 법인의 상근임원이 비상근임원이 된 경우 • 비정규직근로자가 정규직근로자로 전환된 경우 • 합병·분할 등 조직변경, 사업양도, 직·간접 출자관계법인으로의 전출이 이루어진 경우	• 근로자퇴직급여보장법에 따라 근로자가 주택구입 등 긴급한 자금이 필요한 사유로 퇴직 전에 미리 중간정산하여 지급받은 경우 • 근로자퇴직급여보장법(제38조)에 따라 퇴직연금제도가 폐지되는 경우

●── 법인의 상근임원이 비상근임원이 된 경우는 현실적 퇴직으로 본다.

[X] : 퇴직급여를 실제로 지급받지 않고 법인의 상근임원이 비상근임원이 된 경우는 퇴직으로 보지 않을 수 있다.(비현실적 퇴직으로 본다.)

●── 퇴직소득산출세액은 퇴직소득과세표준에 소득세법 기본세율을 직접 적용하여 계산하다.

[X] : 기본세율을 직접 적용하여 계산하는 것이 아니라, 이하의 법소정 방법에 의해 계산한다.

→퇴직소득산출세액 계산('연분연승법'을 적용)

퇴직소득공제 용어정의	• 이하 근속연수공제와 환산급여공제를 퇴직소득공제라 함.
퇴직소득과세표준	• 환산급여[(퇴직소득금액 - 근속연수공제)× $\frac{12배}{근속연수}$] - 환산급여공제
퇴직소득산출세액	• 퇴직소득과세표준×기본세율× $\frac{근속연수}{12배}$

●── 원천징수에 있어서 세금을 부담하는 담세자와 실제 신고·납부하는 자는 동일하다.

[X] : 원천징수란 원천징수의무자(지급자)가 소득을 지급할 때 납세의무자(소득자)가 내야 할 세금을 미리 징수하여 정부에 납부하는 제도이다. 즉, 원천징수의무자는 납세의무자에게 그 소득에 대한 원천징수세액을 차감한 잔액만을 지급하고 그 원천징수한 세액은 정부에 납부하게 된다. 따라서, 원천징수에 있어서는 세금을 실제로 부담하는 납세의무자와 이를 신고·납부하는 원천징수의무자는 서로 다르게 된다.

●── 원천징수는 납세의무자 입장에서 세금부담을 집중시킨다.

[X] : 납세의무자의 입장에서 원천징수는 세금부담을 집중시키는 것이 아니라 세금부담을 분산시킨다.
→∵원천징수는 소득이 발생하는 원천에서 직접 세금을 납부하므로 세금을 일시에 큰 금액으로 납부하는 부담을 줄일 수 있기 때문이다.

●── 원천징수는 소득금액을 지급하는 자에게 부과한 의무이므로 지급받는 자가 개인인지 법인인지 관계없이 동일하게 적용한다.

[X] : 원천징수는 지급받는 자가 법인인 경우에는 법인세법에 의한 원천징수규정(이자소득과 투자신탁이익)을 적용하며, 지급받는 자가 개인인 경우에는 소득세법에 의한 원천징수규정을 적용한다.

●── 기타소득에 대한 원천징수세율과 이자소득에 대한 원천징수세율은 동일하다.

[X] : 기타소득에 대한 원천징수세율(20% 등)과 이자소득에 대한 원천징수세율(14% 등)은 상이하다.

●── 실지명의가 확인되지 아니하는 배당소득에 대해서는 25%의 세율을 적용하여 원천징수한다.

[X] : 실지명의가 확인되지 아니하는 배당소득에 대해서는 45%(또는 90%)의 세율을 적용하여 원천징수한다.

●── 인적용역과 의료·보건용역 등의 특정사업소득수입금액은 5%의 세율을 적용하여 원천징수한다.③

[X] : 5%(X) → 3%(O)

●── 3억원을 초과한 복권당첨소득에 대해서는 20%의 세율을 적용하여 원천징수한다.

[X] : 20%(X) → 30%(O)

●── 중도 퇴직한 경우에는 퇴직한 해의 다음연도 3월 말에 연말정산한다.

[X] : 중도 퇴직한 경우에는 퇴직한 달의 급여를 지급하는 때 연말정산한다.

●— 연말정산과 관련하여 반기별 납부승인을 받은 경우에는 8월분 급여를 지급하는 때 정산한다.

[X] : 반기별 납부승인을 받은 경우도 2월분 급여를 지급하는 때 정산하며 2월분 급여를 2월말까지 지급하지 못한 경우에도 2월 말일에 지급한 것으로 보아 연말정산을 하여야 한다.

●— 소유권이전의 형식을 띠고 있는 양도담보는 양도소득세 과세대상에 포함된다.

[X] : 양도란 자산에 대한 등기 또는 등록과 관계없이 매도, 교환, 법인에 대한 현물출자 등을 통하여 그 자산을 유상으로 사실상 이전하는 것을 말한다. 그러나 환지처분, 양도담보는 양도로 보지 아니한다.

> **참고** 환지처분과 양도담보
>
> ❏ 환지처분
> 도시개발사업 등에 의하여 사업구역 내의 토지소유자에게 종전의 토지 대신에 그 구역 내의 다른 토지로 바꾸어주는 처분을 환지처분이라 하며, 이는 사실상의 유상이전을 수반하므로 본래 양도에 해당하지만 공익사업의 원활한 수행을 위하여 이를 특별히 양도의 범위에서 제외하고 있다.
>
> ❏ 양도담보
> 양도담보란 다음 거래의 경우, 채무이행시 소유권을 반환받는 것을 말한다.(∴실질적 양도가 아님)
>
>
>
> 양도담보는 비록 소유권이전의 형식을 띠고 있기는 하지만 그 실질이 채권담보에 지나지 않으므로 이를 양도의 범위에서 제외하고 있다.(다만, 양도담보계약을 체결한 후 채무불이행으로 인하여 변제에 충당한 때에는 그 때에 이를 양도한 것으로 본다.)

●— 사업사용자산(토지·건물·부동산에 관한 권리)과 별개로 양도하는 영업권은 양도소득세 과세대상에 해당한다.

[X] : 기타소득으로 과세한다.
→ **비교** 사업사용자산(=토지·건물·부동산에 관한 권리)과 함께 양도하는 영업권 : 양도소득세 과세대상

●— 소액주주가 양도하는 상장법인의 주식은 양도소득세 과세대상이다.

[X] : 소액주주의 장내(증권시장) 상장주식 양도분은 과세대상이 아니다.

●— 주식시장을 활성화하기 위하여 상장주식에 대해서는 양도소득세를 비과세한다.

[X] : 주식시장의 활성화를 위하여 상장주식에 대하여는 원칙적으로 양도소득세를 과세하지 않는다. 그러나 이러한 점을 이용해 변칙증여를 하는 경우가 있으므로 이를 방지하기 위하여 대주주 거래분(=대주주 장내 양도분)과 장외 양도분은 양도소득세를 과세한다.

> **보론** 대주주(지분율 및 시가총액 기준)의 판정
>
> ❏ 코스피상장 1%(코스닥상장 : 2%) 이상 또는 코스피상장 50억원(코스닥상장 : 50억원) 이상
> 코넥스상장 4%(비상장 : 4%) 이상 또는 코넥스상장 50억원(비상장 : 50억원) 이상

●── 신탁의 이익을 받을 권리(금전신탁수익증권, 투자신탁 수익권의 그 양도로 발생하는 소득이 배당소득으로 과세되는 경우 제외)의 양도로 발생하는 소득은 양도소득세 과세대상에 포함되지 않는다.

　[X] : 신탁의 이익을 받을 권리(금전신탁수익증권, 투자신탁 수익권의 그 양도로 발생하는 소득이 배당소득으로 과세되는 경우 제외)의 양도로 발생하는 소득은 양도소득세 과세대상에 포함된다.

●── 1세대 1주택은 고가주택 해당 여부에 관계없이 과세하지 않는다.

　[X] : 1세대 1주택도 고가주택에 해당하면 과세한다.

●── 양도소득세 계산시 양도가액 및 취득가액은 양도 및 취득시의 실지거래가액과 추계방법 중 선택하여 적용하는 것이 가능하다.

　[X] : 양도가액과 취득가액은 실지거래가액을 적용하는 것이 원칙이다.

●── 취득가액ㆍ설비비와 개량비ㆍ자본적 지출액을 포함하고 양도비용을 제외한 금액을 필요경비로 한다.

　[X] : 취득가액ㆍ설비비와 개량비ㆍ자본적 지출액ㆍ양도비용을 합한 금액을 필요경비로 한다.

●── 보유기간이 3년 이상인 건물(등기여부 불문)은 장기보유특별공제 적용대상이다.

　[X] : 장기보유특별공제는 등기된 토지 및 건물을 3년이상 보유한 경우 적용한다.
　　　→미등기자산은 장기보유특별공제 적용제외 대상이다.

●── 양도소득기본공제는 자산그룹별로 각각 250만원을 공제하며 미등기 양도자산에 대해서도 동일하게 적용한다.

　[X] : 양도소득기본공제는 미등기 양도자산에 대해서는 적용배제한다.

●── 거주자가 주식 및 출자지분을 양도한 경우에는 양도한 날이 속하는 달의 말일부터 2개월 이내에 납세지 관할세무서장에게 양도소득과세표준 예정신고를 하여야 한다.

　[X] : 양도한 날이 속하는 달의 말일부터 2개월 이내(X) → 양도한 날이 속하는 반기의 말일부터 2개월 이내(O)

●── 사업소득이 있는 자는 6개월간의 소득세를 미리 납부하는 중간예납제도 적용대상으로서, 8월 말까지 중간예납하여야 한다.

　[X] : 중간예납 납부기한은 11월 30일이다.

●— 부가가치세법에 의한 예정·확정신고를 한 사업자도 사업장의 현황보고서를 다음연도 3월 31일까지 보고하여야 한다.

　[X] : 사업자(해당 과세기간 중 사업을 폐업 또는 휴업한 사업자를 포함)는 사업장별로 사업실적, 시설현황 및 인건비 등 기본사항과 휴·폐업 사실 등을 기재한 현황보고서를 해당 과세기간의 다음연도 2월 10일까지 사업장 소재지 관할 세무서장에게 보고하여야 한다. 다만, 부가가치세법에 따른 사업자가 부가가치세법 규정에 따라 예정신고 또는 확정신고를 한 때에는 사업장현황신고를 한 것으로 본다.

●— 사업장 현황신고는 부가가치세 면세사업자의 총수입금액을 파악하기 위한 제도로써 다음연도 1월 10일까지 자진신고하여야 한다.

　[X] : 사업장 현황신고의 신고기한은 다음연도 2월 10일까지이다.

●— 소득세법상 사업자는 사업자의 기본사항과 휴·폐업 사실 등을 기재한 현황보고서를 해당 과세기간의 다음연도 3월 10일까지 보고하여야 한다.

　[X] : 사업장 현황신고의 신고기한은 다음연도 2월 10일까지이다.

●— 근로소득만 있는 거주자도 소득세 확정신고 의무가 있다.

　[X] : 근로소득만 있는 거주자는 연말정산으로 과세종결하므로 소득세 확정신고 의무가 없다.

●— 법인에 재직 중인 비상근 임원으로서 자영업도 영위하여 사업소득이 발생 중인 경우 종합소득세 확정신고가 면제된다.

　[X] : 사업소득이 있으므로 확정신고의무가 있다.

●— 소득세 과세표준과 세액의 결정 및 경정방법은 추계조사를 원칙으로 한다.

　[X] : 과세표준과 세액의 결정 또는 경정방법은 실지조사에 의하는 경우와 추계조사에 의하는 경우가 있으며, 장부 기타 증빙서류를 근거로 하여 실지조사에 의하는 것을 원칙으로 하되 실지조사를 할 수 없는 경우에만 추계조사에 의한다.

●— 부가가치세는 일정기간 동안 사업자가 공급한 매출액에서 매입액을 차감하여 부가가치를 계산한 다음 세율을 적용하는 전단계 거래액공제법을 따르고 있다.

　[X] : 부가가치세는 거래시 마다 매출액에 세율을 곱하여 매출세액을 계산한 다음 매입액에 세율을 곱한 매입세액을 매출세액에서 차감하여 적용하는 전단계세액공제법을 채택하고 있다.
　　→전단계거래액공제법 : 매출액과 매입액이 모두 집계되는 과세기간이 지나야 납부세액을 알 수 있다.
　　　전단계세액공제법 : 거래시 마다 납부세액을 품목별로 알 수 있다.

● 부가가치세는 원칙적으로 특정한 재화 또는 용역의 공급만을 과세대상으로 하는 특정소비세에 해당한다.

[X] : 부가가치세는 원칙적으로 모든 재화 또는 용역의 공급을 과세대상으로 하는 일반소비세에 해당한다.
→소비세란 재화 또는 용역을 구입하거나 사용하는 사실에서 담세능력을 파악하고, 이에 대하여 과세하는 조세를 말한다.

● 부가가치세는 납세의무자와 실질적인 담세자가 동일하므로 직접세에 해당한다.

[X] : 부가가치세는 납세의무자와 담세자가 일치하지 않는 간접세에 해당한다.
→부가가치세법에서는 재화 또는 용역을 공급하는 사업자가 이를 공급받는 사업자로부터 부가가치세액을 거래징수하여 납부하도록 하고 있다. 따라서 납세의무자는 재화 또는 용역을 공급하는 사업자이지만, 실제 담세자는 재화 또는 용역의 최종 소비자이다.

● 부가가치세는 2단계 누진세율을 적용한다.

[X] : 부가가치세는 단일비례세율(10%)을 적용한다.

● 부가가치세는 재화 · 용역의 생산국가에서 과세하는 생산지국 과세원칙을 채택하고 있다.

[X] : 재화 · 용역이 소비되는 국가에서 과세하는 소비지국과세원칙을 채택하고 있다.

● 부가가치세가 과세되는 재화란 재산 가치가 있는 유체물을 말한다. 따라서 동력이나 열과 같은 무체물은 부가가치세 과세대상이 아니다.

[X] : 재화란 재산가치가 있는 물건과 권리를 말한다. 물건에는 전기, 가스, 열 등 관리할 수 있는 자연력을 포함한다. (즉, 과세대상이다.)

물건	• ㉠ 상품, 제품, 원료, 기계, 건물 등 모든 유체물 ㉡ 전기, 가스, 열 등 관리할 수 있는 자연력	- 화폐 · 수표 · 어음 · 주식 · 사채 : 재화X - 물 · 흙 · 퇴비 · 자연석 · 온천수 : 재화O
권리	• 광업권 등 물건 외 재산적 가치가 있는 모든 것	- 권리의 양도 : 재화의 공급 - 권리의 대여 : 용역의 공급

● 재화란 재산적 가치가 있는 물건과 권리이므로 주식은 물론 특허권도 과세대상에 해당된다.

[X] : 유가증권(주식, 사채, 상품권)은 재화로 보지 않으므로 과세대상에 해당하지 않는다.

● 재화 또는 용역의 공급은 부가가치세 과세대상이며, 재화의 수입은 부가가치세 과세대상에 해당되지 않는다.

[X] : 재화의 수입도 부가가치세 과세대상에 해당한다.

제1편
[단기속성특강] 재무회계

제2편
[단기속성특강] 세무회계

제3편
[단기속성특강] 원가관리회계

합본부록1
신유형기출문제

합본부록2
10개년/기출오답노트

●— 용역의 공급은 물론 용역의 수입도 과세대상이다.

[X] : 용역의 수입은 과세대상이 아니다.

●— 재화의 수입의 경우 국내생산 재화 및 용역과 마찬가지로 사업자인 수입자에게만 부가가치세를 과세한다.

[X] : 재화의 수입의 경우에는 수입자가 사업자인지 여부를 불문하고 과세대상으로 한다.(예 외국여행 중에 구입한 카메라, TV 등을 국내에 반입하는 경우에도 재화의 수입으로 보아 부가가치세가 과세됨)
  →이는 수입하는 재화에 대하여도 국내생산 재화의 경우와 동일한 세부담이 되도록 함으로써 국내생산 재화와의
   과세형평을 유지하고 국내산업을 보호하기 위한 것이다.

●— 부가가치세의 납세의무자는 재화 또는 용역을 공급하는 사업자이므로 일반 개인이 수입하는 재화에 대하여는 부가가치세가
   과세되지 아니한다.

[X] : 재화를 수입할 때 수입자는 공급받는 자에 지나지 않으므로, 사업자 해당여부 또는 사용목적 등에 관계없이 부가가
   치세를 납부할 의무가 있다. 즉, 재화의 수입의 경우에는 수입자가 사업자인지 여부를 불문하고 과세대상으로 한다.
   따라서, 개인이 수입하는 재화에 대하여도 재화의 수입으로 과세된다.(예 외국여행 중에 구입한 카메라, TV 등을
   국내에 반입하는 경우에도 재화의 수입으로 보아 부가가치세가 과세됨)

●— 주된 거래인 재화의 공급이 과세대상이고 부수재화의 공급이 면세대상인 경우 주된 재화의 공급은 과세하고 부수재화의 공급은
   면세한다.

[X] : 주된 재화가 과세대상이면 부수재화도 과세한다. 즉, 주된 거래(공급)에 부수하여 공급되는 재화·용역의 과세범위,
   공급장소, 공급시기 등은 모두 주된 재화 또는 용역의 공급에 따라 판단한다.

●— 금융업(면세)을 영위하는 사업자가 사업용 유형자산(과세)을 매각한 경우 부가가치세가 과세된다.

[X] : 주된 사업(금융업)과 관련하여 우연히 또는 일시적으로 공급되는 재화(사업용 유형자산)의 경우 주된 사업인 금융업
   이 면세대상이므로 부수재화도 면세한다.

●— 부가가치세상 사업자는 크게 면세사업자와 간이과세자로 나뉜다.

[X] : 부가가치세법상 사업자는 크게 과세사업자와 면세사업자로 구분한다.
  →과세사업자는 다시 일반과세자와 간이과세자로 구분한다.

●— 면세사업자도 사업자이므로 부가가치세법에 따라 사업자등록을 하여야 한다.

[X] : 면세사업자는 부가가치세 납세의무자가 아니므로 부가가치세법상 사업자등록, 세금계산서 발급, 과세표준신고 등의
   제반의무에서 제외된다. 면세사업자는 법인세법 또는 소득세법에 따라 사업자등록을 하여야 한다.

●─ 과세사업과 면세사업을 겸업하는 겸영사업자[과세와 면세(비과세사업 포함)]는 면세사업자로 분류된다.

　[X] : 면세사업자(X) → 과세사업자(O)
　　→ 참고 여기서 '비과세사업'이란 부가가치세가 과세되지 아니하는 재화 또는 용역을 공급하는 사업을 말한다.[부가법 10①] 그 예로는 카지노업이나 금융지주회사의 자회사 자금대여와 같이 재화·용역의 성격상 부가가치 창출이 발생할 수 없는 경우와 용역을 무상공급하는 경우를 들 수 있다.[대법원판결]

●─ 과세와 면세사업을 겸영하는 자를 겸영사업자라 하며 겸영사업자는 부가가치세 납세의무가 없다.

　[X] : 겸영사업자는 부가가치세법상 과세사업자이므로 부가가치세 납세의무가 있다.

●─ 부가가치세의 납세의무자는 재화 또는 용역을 공급받는 사업자이다.

　[X] : 공급받는 사업자(X) → 공급하는 사업자(O)

●─ 과세사업자가 면세대상 재화와 용역을 공급하는 경우에는 부가가치세가 과세된다.

　[X] : 면세대상 재화 또는 용역을 공급하는 경우에는 모두 면세된다.

●─ 계속·반복적인 의사로 재화 또는 용역을 공급하는 자에 해당하더라도 사업자등록을 하지 않은 경우에는 납세의무자에 해당하지 않는다.

　[X] : 과세대상 재화 또는 용역을 공급하는 사업자는 사업자등록, 거래징수와 무관하게 납세의무를 진다.
　　→부가가치세 납세의무자는 사업상 재화 또는 용역을 공급하는 자이다. 사업에 대한 명문의 규정은 없으나 판례는 부가가치를 창출해 낼 수 있는 정도의 사업형태를 갖추고 계속적·반복적인 의사로 재화 또는 용역을 공급하는 자라고 해석하고 있다. 즉 일정한 인적·물적 설비와 거래의 계속성 및 반복성을 사업의 판단기준으로 보고 있는 것이다. 따라서 장기간이 소요되는 단 한번의 용역을 제공하는 경우나, 사업자가 아닌 자가 채권·채무관계로 취득한 재화를 일시적으로 판매하는 경우에는 납세의무가 없다. 그러나 사업이라고 인정되면, 사업자등록을 하지 않았거나 거래시 부가가치세를 공급받는 자로부터 징수하지 않았더라도 부가가치세 납세의무가 있다.

●─ 부가가치세법상 단순히 한두 번 정도의 재화와 용역을 공급하는 행위에 대하여도 독립적인 경우 사업성이 인정된다.

　[X] : 부가가치세법은 계속·반복성에 대해 언급하지 않고 있으나, 재화 또는 용역의 공급행위가 계속·반복적이어야 사업자가 될 수 있다는 것이 학설과 판례의 일치된 견해이다.
　　→즉, 단순히 한두 번 정도 재화와 용역을 공급하는 것으로는 사업성이 인정될 수 없으며, 부가가치를 창출해 낼 수 있는 정도의 사업형태를 갖추고 계속적·반복적인 의사로 재화 또는 용역을 공급하는 경우에 사업자로 본다.

●── 집에 있는 폐품을 일시적으로 파는 경우에는 부가가치세법상 사업성이 있는 경우에 해당한다.

> [X] : 집에 있는 폐품을 일시적으로 파는 경우에는 사업성이 있는 경우에 해당하지 않는다. 부가가치세법은 계속·반복성에 대해 언급하지 않고 있으나, 재화 또는 용역의 공급행위가 계속·반복적이어야 사업자가 될 수 있다는 것이 학설과 판례의 일치된 견해이다.
> →즉, 단순히 한두 번 정도 재화와 용역을 공급하는 것으로는 사업성이 인정될 수 없으며, 부가가치를 창출해 낼 수 있는 정도의 사업형태를 갖추고 계속적·반복적인 의사로 재화 또는 용역을 공급하는 경우에 사업자로 본다.

●── 개인사업자는 사업상 독립적으로 재화 또는 용역을 공급하더라도 부가가치세법상 사업자에 해당되지 않는다.

> [X] : 부가가치세법상 사업자란 영리이든 비영리이든 관계없이 사업상 독립적으로 재화 또는 용역을 공급하는 자를 말한다.
> →개인과 법인(국가·지방자치단체·지방자치단체조합 포함) 및 법인격 없는 사단·재단 그 밖의 단체를 포함한다.

●── 부가가치세법상 사업자의 요건을 충족하기 위해서는 영리를 목적으로 거래하여야 한다.

> [X] : 부가가치세법상 사업자의 요건을 충족하기 위해서는 사업목적이 영리이든 비영리이든 관계가 없다.
> →부가가치세의 담세자는 최종소비자이므로, 비영리사업자라 하더라도 소비자에게 조세를 전가하기 위해서는 납세의무자로서 부가가치세를 거래징수하여야 하며, 또한 조세의 중립성을 유지하기 위해서도 사업목적이 영리이든 비영리이든 관계없이 납세의무를 부담하도록 할 필요가 있기 때문이다.

●── 비영리사업자는 납세의무자가 아니므로 부가가치세를 거래징수하지 않아도 된다.

> [X] : 부가가치세법상 사업자의 요건을 충족하기 위해서는 사업목적이 영리이든 비영리이든 관계가 없다. 부가가치세의 담세자는 최종소비자이므로, 비영리사업자라 하더라도 소비자에게 조세를 전가하기 위해서는 납세의무자로서 부가가치세를 거래징수하여야 하며, 또한 조세의 중립성을 유지하기 위해서도 사업목적이 영리이든 비영리이든 관계없이 납세의무를 부담하도록 할 필요가 있기 때문이다.

●── 부가가치세법상 사업자란 영리를 목적으로 사업상 독립적으로 재화 또는 용역을 공급하는 자를 말한다.

> [X] : 영리목적을 불문한다.

●── 과세사업자가 사업개시일로부터 10일 이내에 사업자등록을 하지 아니한 경우에는 미등록가산세의 적용을 받는다.

> [X] : 사업개시일로부터 10일 이내에(X) → 사업개시일로부터 20일 이내에(O)

●── 과세사업자가 사업개시일이 속하는 과세기간으로부터 20일 이내에 사업자등록을 하지 아니한 경우에는 미등록가산세의 적용을 받는다.

> [X] : 사업개시일이 속하는 과세기간으로부터(X) → 사업개시일로부터(O)

●— 간이과세자인 경우 사업개시일 이후 1개월 후까지 사업자등록을 신청하지 아니한 경우에도 미등록가산세를 적용받지 않는다.

　　[X] : 일반과세자의 경우 사업개시일부터 20일 이내에 사업자등록을 신청하지 않은 경우 공급가액의 1%를 미등록가산세로 부과한다. 한편, 간이과세자의 경우는 일반과세자의 규정을 준용하되 공급대가의 0.5%를 미등록가산세로 부과한다.

●— 부가가치세법은 계속사업자의 과세기간을 1월 1일부터 12월 31일까지로 단일 과세기간을 적용하고 있다.

　　[X] : 부가가치세의 과세기간은 각각 1월 1일부터 6월 30일, 7월 1일부터 12월 31일이다.
　　　　→단, 간이과세자의 과세기간은 1월 1일부터 12월 31일까지이다.

●— 부가가치세의 과세기간은 1년을 4과세기간으로 나누어 3개월마다 신고 · 납부하도록 하고 있다.

　　[X] : 부가가치세의 과세기간은 1년을 2과세기간으로 나누어 6개월마다 확정신고 · 납부하도록 하고 있다.
　　　　→구체적으로는 개인은 원칙적으로 2번, 법인은 원칙적으로 4번 신고납부한다.(단, 간이과세자의 과세기간은 1월 1일부터 12월 31일까지 1년으로 한다.)

●— 간이과세자의 과세기간은 1년을 2과세기간으로 나누어 6개월마다 신고 · 납부하도록 하고 있다.

　　[X] : 반과세자의 과세기간은 1년을 2과세기간으로 하며, 간이과세자의 과세기간은 1년으로 한다.

●— 신규사업자의 경우 사업자등록일로부터 등록한 연도의 12월 31일까지를 최초 과세기간으로 한다.

　　[X] : 신규사업자는 사업개시일부터 개시일이 속하는 과세기간의 종료일까지를 최초 과세기간으로 한다.
　　　　→다만, 사업개시일 이전에 사업자등록을 신청한 경우에는 그 신청한 날부터 신청일이 속하는 과세기간의 종료일까지를 최초 과세기간으로 한다.

●— 신규사업자가 사업개시일 전에 사업자등록을 신청한 경우에는 사업개시일부터 신청일이 속하는 과세기간의 종료일까지를 최초 과세기간으로 한다.

　　[X] : 신규사업자가 사업개시일 전에 사업자등록을 신청한 경우에는 사업자등록 신청일부터 신청일이 속하는 과세기간의 종료일까지를 최초 과세기간으로 한다.

●— 폐업자는 폐업일이 속하는 과세기간 개시일부터 폐업일이 속하는 과세기간 종료일까지를 최종 과세기간으로 한다.

　　[X] : 폐업자는 폐업일이 속하는 과세기간 개시일부터 폐업일까지를 최종 과세기간으로 한다.

●— 폐업자의 최종과세기간은 폐업일이 속하는 과세기간의 개시일부터 폐업일이 속하는 달의 말일까지로 한다.

　　[X] : 폐업자의 최종과세기간은 폐업일이 속하는 과세기간의 개시일부터 폐업일까지로 한다.

●── 부가가치세는 원칙적으로 사업자별로 과세한다.

[X] : 부가가치세는 원칙적으로 사업장별 과세원칙에 따라 사업장별로 과세한다.(다만, 예외적으로 사업자의 납세편의를 위해 주사업장총괄납부와 사업자단위과세를 규정하고 있다.)

보론	사업장별 과세원칙
❑ 부가가치세는 각 사업장마다 신고·납부하여야 하며 각 사업장마다 사업자등록을 하여야 함.	
예외 ㉠ 주사업장총괄납부 : 신고는 각 사업장에서 하되, 납부만은 주된 사업장에서 할 수 있음.	
㉡ 사업자단위과세 : 본점(주사무소)에서 사업자등록을 하고, 그 등록번호로 세금계산서를 발급하며 본점(주사무소)에서 신고·납부할 수 있음.	

●── 사업장이란 사업을 하기 위하여 거래의 전부가 일어나야 하며, 거래의 일부를 하는 고정된 장소는 사업장으로 볼 수 없다.

[X] : 사업장이란 사업을 하기 위하여 거래의 전부 또는 일부를 하는 고정된 장소를 말한다. 따라서, 사업을 하기 위하여 거래의 전부가 일어나야 하는 것은 아니므로, 거래의 일부를 하는 고정된 장소도 사업장으로 볼 수 있다.

●── 제조업의 경우 최종제품을 완성하는 장소를 사업장으로 하며, 이 경우 따로 제품의 포장만을 하거나 용기에 충전만을 하는 장소를 포함한다.

[X] : 포함한다.(X) → 제외한다.(O)

●── 건설업을 영위하는 법인의 경우 건설하는 장소를 사업장으로 본다.

[X] : 건설업은 사업자가 법인인 경우에는 그 법인의 등기부상의 소재지(등기부상 지점소재지 포함), 개인인 경우에는 업무를 총괄하는 장소를 사업장으로 한다.

●── 부동산매매업의 경우 부동산의 등기부상의 소재지를 사업장으로 한다.

[X] : 부동산매매업은 사업자가 법인인 경우에는 그 법인의 등기부상의 소재지(등기부상 지점소재지 포함), 개인인 경우에는 업무를 총괄하는 장소를 사업장으로 한다.
　　→ **비교** 부동산임대업의 사업장 : 부동산의 등기부상 소재지

●── 부동산임대업은 법인 등기부상 소재지를 사업장으로 본다.

[X] : 법인 등기부상 소재지(X) → 부동산의 등기부상 소재지(O)

●── 부동산임대업의 경우 사업에 관한 업무총괄장소를 사업장으로 본다.

[X] : 부동산임대업의 사업장은 그 부동산의 등기부상 소재지이다.

● 수탁자가 납세의무자가 되는 경우 해당 신탁재산의 등기부상 소재지 또는 그 사업에 관한 업무를 총괄하는 장소는 사업장이 될 수 없다.

> [X] : 신탁재산(신탁법 등에 따른 신탁재산을 말하며, 신탁재산의 관리·처분·운용 등을 통해 발생한 소득·재산을 포함함)과 관련된 재화·용역을 공급하는 때에는 수탁자가 신탁재산별로 각각 별도의 납세의무자로서 부가가치세를 납부할 의무가 있다.(예 수탁자 명의로 임대하는 경우의 부동산관리신탁은 수탁자가 납세의무 짐.) 이 경우 수탁자는 해당 수탁재산을 사업장으로 보아 신탁재산별로 사업자등록을 신청해야 하며, 신청시 신탁재산의 등기부상소재지 또는 신탁업무총괄장소를 사업장으로 한다.

● 임시사업장은 사업장으로 보며, 직매장은 사업장으로 보지 않는다.

> [X] : 직매장은 사업장으로 보며, 임시사업장은 사업장으로 보지 않는다.

● 재화의 보관·관리 시설을 갖춘 장소로서 사업자가 관할세무서장에게 설치신고를 한 하치장은 사업장에 해당한다.

> [X] : 직매장은 사업장으로 보나, 하지장·임시사업장은 별개의 사업장으로 보지 않는다.

● 주사업장 총괄납부를 신청한 사업자가 법인인 경우 주사업장은 본점을 말하는 것이며 지점은 주사업장이 될 수 없다.

> [X] : 법인의 경우에는 지점(분사무소)을 주된 사업장으로 할 수 있다. 즉, 법인은 본점(주사무소)과 지점(분사무소) 중 선택가능하다.
> → 참고 ㉠ 본점(지점) : 영리법인인 경우 ㉡ 주사무소(분사무소) : 개인이나 비영리법인인 경우

● 법인의 지점은 본점을 대신하여 주된 사업장이 될 수 없다.

> [X] : 법인의 경우에는 지점(분사무소)을 주된 사업장으로 할 수 있다.

● 주사업장 총괄납부를 신청한 사업자는 본점 또는 주사무소에서 모든 사업장의 부가가치세를 총괄하여 신고 및 납부한다.

> [X] : 주사업장총괄납부는 납부(환급)에 국한하여 적용한다.
> → 신고, 사업자등록, 세금계산서 작성·발급, 과세표준과 세액계산, 결정·경정 등은 각 사업장별로 행한다.

● 주사업장 총괄납부를 하는 경우 사업자등록은 주사업장을 대표로 하여 한 곳으로만 등록하여야 한다.

> [X] : 주사업장총괄납부는 납부(환급)에 국한하여 적용한다. 사업자등록은 각 사업장별로 등록한다.

● 총괄납부신청을 한 경우에는 신고는 주된 사업장에서 할 수 있고, 납부는 각 사업장에서 하여야 한다.

> [X] : 총괄납부신청을 한 경우에는 납부는 주된 사업장에서 하며, 신고는 각 사업장에서 하여야 한다.

●— 주사업장 총괄납부를 하기 위해서는 주사업장 관할 세무서장의 승인이 필요하다.

    [X] : 주사업장총괄납부는 신청사항임에도 불구하고 승인절차 없이 신청만으로 적용한다.

        ➡️ **참고** ㉠ 신청 : 원칙적으로 승인 및 통지절차 있음. ㉡ 신고 : 승인 및 통지절차 없음

●— 재화 또는 용역의 공급은 부가가치세 과세대상이며, 재화의 수입은 부가가치세 과세대상에 해당되지 않는다.

    [X] : 재화의 수입도 부가가치세 과세대상에 해당한다.

●— 상대방으로부터 인도받은 재화의 주요 자재를 전혀 부담하지 않고 단순히 가공만하여 대가를 받는 경우에는 부가가치세 과세대상에 해당하지 아니한다.

    [X] : 용역의 공급에 해당하여 부가가치세 과세대상에 해당한다.

●— 건설업자가 건설자재의 전부 또는 일부를 부담하는 경우에는 재화의 공급으로 본다.

    [X] : 건설업은 무조건 용역의 공급으로 본다.

●— 재화를 담보로 제공하는 경우에도 부가가치세 과세대상에 포함된다.

    [X] : 재화를 담보로 제공하는 것은 재화의 공급으로 보지 아니한다.

      ➡️담보의 제공이란 질권, 저당권 또는 양도담보의 목적으로 동산·부동산 및 부동산상의 권리를 제공하는 것을 말한다. 이는 외형상 재화의 인도가 있는 것으로 보이나 담보권자가 채권의 우선변제권을 획득하는 것일 뿐 실질적으로 재화의 소비권을 취득하는 것이 아니므로 재화의 공급으로 보지 않는 것이다.

●— 질권·저당권 또는 양도담보의 목적으로 동산·부동산 및 부동산상의 권리를 제공하는 경우 재화의 공급으로 본다.

    [X] : 재화를 담보로 제공하는 것은 재화의 공급으로 보지 아니한다.

●— 사업을 포괄적으로 양도한 경우 이는 재화의 공급에 해당하므로 과세대상이다.

    [X] : 사업의 양도란 사업장별로 그 사업에 관한 모든 권리와 의무를 포괄적으로 승계시키는 것을 말하며, 이는 재화의 공급으로 보지 아니한다.

      ➡️사업의 양도를 재화의 공급으로 보지 않는 것은 사업양도에 대하여 부가가치세를 과세할 경우 사업양수인에게 불필요한 자금부담이 발생하는 것을 방지하기 위한 정책적 배려 때문이다.

● ─ 사업의 양도와 관련하여 포괄적 사업양도란 사업에 관한 모든 권리와 의무를 양수자에게 승계하는 것을 말하며 사업과 관련이 없는 미수금이나 미지급금을 승계하지 않을 경우 포괄적 사업양도에 해당하지 아니한다.

  [X] : 사업의 양도란 사업장별로 그 사업에 관한 모든 권리와 의무를 포괄적으로 승계시키는 것을 말하며, 이 경우 미수금, 미지급금, 업무와 관련이 없는 자산을 포함하지 않고 승계시킨 경우에도 그 사업을 포괄적으로 승계시킨 것으로 본다.

● ─ 광고선전 목적으로 불특정다수인에게 무상으로 견본품을 공급하는 것은 재화의 공급에 해당한다.

  [X] : 무상으로 견본품을 공급하는 것은 재화의 공급에 해당하지 않는다.

● ─ 신탁재산을 위탁자로부터 수탁자로 이전하거나 수탁자로부터 위탁자로 이전하는 경우에는 각각 재화의 공급으로 본다.

  [X] : 다음과 같은 신탁재산의 소유권 이전은 재화의 공급으로 보지 않는다.

  > ㉠ 위탁자로부터 수탁자에게 신탁재산을 이전하는 경우
  > ㉡ 신탁의 종료로 인하여 수탁자로부터 위탁자에게 신탁재산을 이전하는 경우
  > ㉢ 수탁자가 변경되어 새로운 수탁자에게 신탁재산을 이전하는 경우

● ─ 대가를 받지 않고 타인에게 무상으로 용역을 공급하는 것은 부가가치세 과세대상으로 보지 않는다.

  [X] : 용역의 무상공급의 과세여부는 다음과 같다.
  - 원칙 : 과세대상으로 보지 않는다.
  - 예외 : 특수관계인간 부동산 무상임대용역은 과세대상으로 한다.

● ─ 대가수령 여부와 관계없이 타인에게 용역을 공급하는 것은 부가가치세 과세대상이다.

  [X] : 용역의 무상공급은 원칙적으로 과세대상으로 보지 않는다.(다만, 특수관계인간 부동산 무상임대용역은 과세대상으로 한다.)

● ─ 총괄납부제도 적용 사업자가 자기 사업과 관련하여 생산, 취득한 재화를 타인에게 직접 판매할 목적으로 다른 사업장에 반출하는 것은 부가가치세 과세대상이다.

  [X] : 총괄납부제도 적용 사업자가(X) → 총괄납부 적용자 아닌 자가(O)

● ─ 사업자단위과세를 적용받는 사업자가 자기사업과 관련하여 생산·취득한 재화를 타인에게 판매할 목적으로 다른 사업장에 반출하는 경우에는 재화의 공급으로 본다.

  [X] : 사업장이 둘 이상인 사업자가 사업과 관련하여 생산·취득한 재화를 판매할 목적으로 다른 사업장에 반출하는 것은 재화의 공급으로 본다. 다만, 다음에 해당하는 경우는 재화의 공급으로 보지 아니한다.
  ㉠ 사업자가 사업자단위과세사업자로 적용을 받는 과세기간에 자기의 다른 사업장에 반출하는 경우
  ㉡ 사업자가 주사업장총괄납부의 적용을 받는 과세기간에 자기의 다른 사업장에 반출하는 경우(다만, 세금계산서를 발급하고 관할세무서장에게 예정신고 또는 확정신고를 한 경우는 제외한다.)

● 폐업시 잔존재화로 과세된 경우로서 추후 해당 재화를 판매하는 경우에는 재화의 공급에 해당되어 납세의무가 있다.

 [X] : 폐업시 잔존재화로 과세된 경우 추후 이를 판매하는 것은 사업자로서 재화를 공급하는 것이 아니므로 납세의무가 없다.

● 사업자가 자기의 사업과 관련하여 취득한 재화(매입세액공제를 받음)를 직장 연예 및 직장 문화 관련으로 사용한 경우에는 재화의 공급으로 본다.

 [X] : 개인적 공급은 간주공급(공급의제)으로 과세대상에 해당하나, 실비변상적이거나 복리후생목적인 다음의 경우는 재화의 공급으로 보지 않는다.

> ❑ ㉠ 사업을 위해 착용하는 작업복, 작업모 및 작업화를 제공하는 경우
> ㉡ 직장연예 및 직장문화와 관련된 재화를 제공하는 경우
> ㉢ 경조사와 관련된 재화를 제공하는 경우〈단, 1명당 연간 10만원한도〉
> ㉣ 설날·추석, 창립기념일 및 생일 등과 관련된 재화를 제공하는 경우〈단, 1명당 연간 10만원한도〉
> *♡주의 ∴㉢, ㉣의 경우 10만원을 초과하는 경우 해당 초과액에 대해서는 재화의 공급으로 봄.

● 사업자가 자기의 사업과 관련하여 생산 또는 취득한 재화(매입세액공제를 받음)를 작업복·작업화·작업모로 사용한 경우 재화의 공급으로 본다.

 [X] : 실비변상적이거나 복리후생 목적으로 사용한 경우는 재화의 공급으로 보지 않는다.

● 사업자가 생산한 햄세트를 종업원에게 추석 선물로 제공하는 것은 부가가치세 부담 없이 재화를 개인적인 목적으로 사용하는 효과가 있으므로 금액에 상관없이 간주공급으로 본다.

 [X] : 1명당 연간 10만원한도까지는 재화의 공급으로 보지 않으며, 10만원을 초과하는 경우 해당 초과액에 대해서는 재화의 공급으로 본다.

● 매입세액이 공제되지 아니한 재화라도 고객에게 증여하는 것은 사업상 증여에 해당된다.

 [X] : 매입세액이 불공제되었던 재화는 간주공급(공급의제)을 적용하지 않는다.

  →매입세액이 불공제되었던 재화의 간주공급(공급의제) 적용여부는 다음과 같다.

자가공급 중 직매장반출(판매목적 타사업장 반출)	• 간주공급 적용O
기타(면세전용, 비영업용소형승용차, 개인적공급, 사업상증여, 폐업시잔존재화)	• 간주공급 적용X

●── 주사업장총괄납부 또는 사업자단위신고납부 승인을 받은 사업자도 직매장반출 등 타인에게 직접 판매할 목적으로 다른 사업장에 재화를 반출하는 경우 세금계산서를 발급해야 한다.

[X] : 발급의무자는 주사업장총괄납부 또는 사업자단위신고납부 승인을 받지 않은 사업자이다.
  →판매목적 타사업장 반출(직매장 반출)에 대한 취급
    ㉠ 일반적인 경우(주사업장총괄납부사업자 또는 사업자단위신고납부사업자 아닌 자)에는 재화의 공급으로 보므로(간주공급) 세금계산서를 발급하여야 한다.
    ㉡ 주사업장총괄납부사업자 또는 사업자단위신고납부사업자의 경우에는 재화의 공급으로 보지 않으므로 세금계산서를 발급하지 않는다.(단, 주사업장총괄납부사업자가 세금계산서를 발급하고 관할 세무서장에게 신고한 경우에는 그대로 재화의 공급으로 인정한다.)

●── 자가공급의 경우 해당 재화를 사용하는 때 세금계산서를 발급해야 한다.

[X] : 자가공급 중 직매장반출의 공급시기(세금계산서 발급시기)는 반출하는 때이며, 자가공급 중 직매장반출만 세금계산서 발급의무가 있다.
  →간주공급에 대한 세금계산서 발급의무는 다음과 같다.

자가공급 중 직매장반출(판매목적 타사업장 반출)	• 발급의무대상
기타(면세전용, 비영업용소형승용차, 개인적공급, 사업상증여, 폐업시잔존재화)	• 발급면제대상

●── 사업양도계약에 의해 해당 사업장의 권리와 의무를 일괄승계하는 계약은 재화의 공급에 해당된다.

[X] : 사업양도(사업에 관한 모든 권리와 의무를 포괄적으로 승계시키는 것)는 재화의 공급으로 보지 않는다.
  →사업의 양도를 재화의 공급으로 보지 않는 것은 사업양도에 대하여 부가가치세를 과세할 경우 사업양수인에게 불필요한 자금부담이 발생하는 것을 방지하기 위한 정책적 배려 때문이다.

●── 사업자가 사업을 폐업하는 경우 폐업일 현재의 잔존재화는 부가가치세 과세대상으로 보지 않는다.

[X] : 폐업일 현재의 잔존재화는 부가가치세 과세대상이다.

●── 사업자가 자기의 사업과 관련하여 생산 또는 취득한 재화를 작업복·작업화·작업모로 사용한 경우 재화의 공급으로 본다.

[X] : 실비변상적, 복리후생적 목적(예 작업복·작업화·작업모)으로 사용한 경우는 공급의제(개인적 공급) 제외대상이다.

●── 매입세액이 공제되지 아니한 재화라도 고객에게 증여하는 것은 사업상 증여에 해당한다.

[X] : 매입세액이 불공제되었던 재화는 사업상증여 적용제외 사항이다.

●── 간주공급 중 자가공급의 경우 해당 재화를 사용하는 때 세금계산서를 발급해야 한다.

[X] : 자가공급 중 직매장반출에 대해서만 세금계산서 발급의무가 있으며, 그 외의 경우는 세금계산서 발급의무가 면제된다.

●── 대가를 받지 아니하고 타인에게 용역을 공급하는 것은 원칙적으로 부가가치세 과세대상에 해당한다.

   [X] : 대가를 받지 아니하고 타인에게 용역을 공급하는 것은 용역의 공급으로 보지 아니한다.
      →다만, 사업자가 특수관계인에게 사업용 부동산의 임대용역 등 대통령령으로 정하는 용역을 공급하는 경우, 용역
      의 공급으로 보아 시가로 과세한다. 용역의 무상공급을 과세대상에서 제외하는 것은 재화와 달리 용역의 경우에
      는 시가를 확인하기 어려우며, 용역은 주로 인적역무로서 무상으로 공급되는 인적용역에 대하여 과세하는 것은
      바람직하지 않을 뿐 아니라 현실적으로 어렵다는 이유 때문이다.

●── 고용관계에 의해 근로를 제공하는 경우 부가가치세 과세대상이다.

   [X] : 고용관계에 의한 근로의 제공은 사업상 독립적으로 용역을 공급하는 것이 아니므로 용역의 공급으로 보지 아니한
      다.(인적독립성 위배)

●── 사업자가 자기의 사업을 위해 직접 용역을 공급하는 경우에는 용역의 공급에 해당된다.

   [X] : 사업자가 자신의 용역을 자기의 사업을 위하여 대가를 받지 아니하고 공급함으로써 다른 사업자와의 과세형평이
      침해되는 경우에는 자기에게 용역을 공급하는 것으로 본다.('용역의 자가공급') 이 경우 그 용역의 범위는 대통령령
      으로 정한다. 그러나 현재 대통령령(시행령)으로 용역의 자가공급으로 과세되는 용역을 규정하지 않고 있으므로 실
      질적으로 용역의 자가공급은 과세대상으로 하고 있지 않다.(즉, 과세대상인 용역의 공급에 해당되지 않는다.)

●── 수출신고를 마치고 선적이 완료된 물품을 국내로 다시 반입하는 경우에는 재화의 수입에 해당하지 않는다.

   [X] : 선적시 수출이 완료된 것이므로 반입시는 다시 재화의 수입이다.

●── 장기할부판매의 공급시기는 당해 재화가 인도되는 때이다.

   [X] : 대가의 각 부분을 받기로 한 때이다.

●── 내국신용장에 의하여 공급하는 재화의 공급시기는 수출재화의 선(기)적일로 한다.

   [X] : 내국신용장에 의하여 공급하는 재화의 공급시기는 인도되는 때이다.
      →이는 내국신용장수출업자가 수출업자에게 납품(공급)하는 경우로서 국내거래에 해당한다.
      비교 내국신용장에 의해 수출하는 재화의 공급시기 : 선(기)적일

●── 반환조건부판매, 동의조건부판매 그 밖의 조건부 및 기한부판매의 경우 실제로 대가를 수령하는 때를 공급시기로 한다.

   [X] : 반환조건부판매, 동의조건부판매 그 밖의 조건부 및 기한부판매의 경우 그 조건이 성취되거나 기한이 지나 판매가
      확정되는 때를 공급시기로 한다.

●— 자가공급, 개인적공급, 사업상 증여의 간주공급 시기는 당해 용도에 사용 또는 소비되는 때이다.

[X] : 자가공급 중 직매장반출의 공급시기는 반출하는 때, 사업상증여의 공급시기는 증여하는 때이다.
→간주공급의 공급시기는 다음과 같다.

자가공급	면세전용	• 사용·소비하는 때
	비영업용소형승용차로 사용 또는 그 유지에 사용	• 사용·소비하는 때
	직매장반출	• 반출하는 때
폐업시 잔존재화	• 폐업일	
개인적공급	• 사용·소비하는 때	
사업상증여	• 증여하는 때	

●— 폐업시 잔존재화의 공급시기는 당해 재화가 사용 또는 소비되는 때이다.

[X] : 폐업시 잔존재화는 폐업일이 공급시기이다.

●— 폐업시 잔존재화의 공급시기는 원칙적으로 폐업신고일이다.

[X] : 폐업시 잔존재화의 공급시기는 폐업신고일이 아니라 폐업일이다.
→ 참고 폐업일은 사업장별로 그 사업을 실질적으로 폐업하는 날(폐업한 날이 분명하지 아니한 경우에는 폐업신고서의 접수일)로 한다.[부가령 7③]

●— 판매목적 타사업장 반출의 공급시기는 재화를 사용하거나 소비하는 때이다.

[X] : 판매목적 타사업장 반출(직매장반출)의 공급시기는 재화를 반출하는 때이다.

●— 무인판매기에 의한 판매의 공급시기는 재화가 인도되는 때이다.

[X] : 무인판매기에 의한 판매의 공급시기는 무인판매기에서 현금을 꺼내는 때(현금을 인취하는 때)이다.

●— 위탁판매의 공급시기는 수탁자 또는 대리인에게 재화가 인도되는 때이다.

[X] : 위탁판매의 공급시기는 수탁자의 공급일이다.

●— 위탁판매 또는 대리인에 의한 매매의 경우 위탁자 또는 대리인의 공급을 기준으로 하여 공급시기 규정을 적용한다.

[X] : 위탁판매 또는 대리인에 의한 매매의 경우 수탁자 또는 대리인의 공급을 기준으로 하여 공급시기 규정을 적용한다.

● 부동산임대용역의 공급시기는 임대계약 종료시점이다.

> [X] : 부동산임대용역은 계속적 공급이므로 대가의 각 부분을 받기로 한 때를 공급시기로 한다. 그러나 2과세기간 이상에
> 걸쳐 부동산임대용역을 제공하고 그 대가를 선불 또는 후불로 받는 경우에는 당해 금액을 월수로 안분한 금액을 공
> 급가액으로 하며 이 경우 그 공급시기는 예정신고기간 또는 과세기간의 종료일로 한다.
> →한편, 전세금 또는 임대보증금을 받는 경우 간주임대료는 그 공급시기를 예정신고기간 또는 과세기간의 종료일로
> 한다.

● 무역업자가 국내의 수출품생산업자로부터 지급받는 수출대행수수료도 영세율 적용대상이다.

> [X] : 수출대행수수료는 국내거래이므로 10%과세이다.

● 영세율은 부분면세제도이고 면세는 완전면세제도이다.

> [X] : 영세율은 완전면세제도이고, 면세는 부분면세제도이다.
> →㉠ 영세율 : 매출세액이 발생하지 아니하는 반면 사업자가 부담한 매입세액은 전액 환급받게 되어 부가가치세 부
> 담이 완전히 면제된다. 이처럼 당해 거래단계에서 창출된 부가가치뿐만 아니라 그 이전단계에서 창출된 부가
> 가치에 대하여도 과세되지 않기 때문에 이를 완전면세제도라고 한다.
> ㉡ 면세 : 영세율과는 달리 매입한 재화 또는 용역에 대하여 부담한 매입세액을 환급받을 수 없다. 따라서 면세
> 사업자가 부담한 매입세액은 원가에 가산되어 다음 거래상대방에게 전가될 수밖에 없다. 이처럼 당해 거래에
> 서 창출된 부가가치에 대하여는 과세하지 아니하나 그 이전 단계에서 창출된 부가가치까지 면제하는 것이 아
> 니므로 이를 부분면세제도(=불완전면세제도)라고 한다.

● 면세사업자는 매입세액을 공제받지만, 영세율 적용 대상자는 매입세액을 공제받지 못한다.

> [X] : 면세사업자는 매입세액을 공제받지 못하지만, 영세율 적용 대상자는 매입세액을 공제(환급)받는다.

● 영세율을 적용받는 사업자는 부가가치세법상의 사업자 등록의무가 없다.

> [X] : 영세율을 적용받는 사업자도 세율만 0%를 적용할 뿐 부가가치세법상의 과세사업자이므로 부가가치세법상 사업자
> 등록의무 등 제반 의무가 있다.

● 영세율사업자는 거래징수의무가 없으나 면세사업자는 거래징수의무가 있다.

> [X] : 영세율사업자는 거래징수의무(세금계산서발급의무)가 있으나 면세사업자는 거래징수의무가 없다.
> →다만, 영세율사업자는 영(0)의 세율로 거래징수하므로 거래징수할 세액은 없다.

● 영세율 적용대상거래는 모두 세금계산서의 발급의무가 면제된다.

> [X] : 법소정 영세율 적용대상거래(내국신용장에 의한 수출 등)는 세금계산서의 발급의무가 있다.

● 영세율이 적용되는 직수출 거래라 하더라도 세금계산서는 발급해야 한다.

[X] : 직수출하는 재화의 경우에는 세금계산서 발급의무가 면제된다.
→그러나, 내국신용장 또는 구매확인서에 의한 간접수출의 경우에는 재화의 공급자인 사업자가 수출업자에게 세금
계산서를 발급하여야 한다.(이 경우 발급되는 세금계산서의 세액란에는 매출세액이 "0"이 되므로 "영세율"이라고
기재한다.)

● 영세율이 적용되는 공급은 세금계산서 발급의무가 면제되어 구매확인서에 의한 간접수출시에도 세금계산서를 발급할 필요가
없다.

[X] : 영세율이 적용되는 공급 중 내국신용장·구매확인서에 의한 수출, 수출재화임가공용역 등은 세금계산서 발급의무가
있다.

● 영세율 사업자와 면세사업자는 세금계산서 발급 등의 부가가치세법에서 규정하고 있는 제반사항을 준수해야 할 의무가 있다.

[X] : 영세율을 적용받는 사업자도 세율만 0%를 적용할 뿐 부가가치세법상의 과세사업자이므로 부가가치세법상 사업자
등록의무 등 제반 의무가 있다. 반면, 면세사업자는 부가가치세법상의 사업자가 아니므로 원칙적으로 부가가치세법
상의 제반의무가 없다.

● 면세사업자는 매출세액을 거래 징수할 필요는 없으나 매입세액 공제는 받는다.

[X] : 면세사업자는 매출세액을 거래 징수할 필요는 없으며 매입세액을 공제받지 못한다.
→따라서, 면세사업자가 부담한 매입세액은 원가에 가산되어 다음 거래상대방에게 전가될 수밖에 없으며, 이처럼
면세제도는 당해 거래에서 창출된 부가가치에 대하여는 과세하지 아니하나 그 이전 단계에서 창출된 부가가치까
지 면제하는 것이 아니므로 부분면세제도라고 한다.

● 영세율과 면세 모두 매입세액공제는 가능하나 면세의 경우 환급은 받을 수 없다.

[X] : 면세는 매입세액공제가 불가능하며 환급받을 수 없다.

● 면세사업자의 경우 부가가치세법상 납세의무는 없으나, 법정증빙을 구비한 매입에 대하여는 매입세액을 받을 수 있다.

[X] : 면세사업자는 부가가치세 납세의무자가 아니므로 부가가치세법상 사업자등록, 세금계산서 발급, 과세표준신고 등의
제반의무에서 제외되며(면세사업자는 소득세법 또는 법인세법에 따라 사업자등록을 함) 법적증빙을 구비하더라도
매입세액을 공제받지 못한다.
→따라서, 면세사업자가 부담한 매입세액은 원가에 가산되어 다음 거래상대방에게 전가될 수밖에 없으며, 이처럼
면세제도는 당해 거래에서 창출된 부가가치에 대하여는 과세하지 아니하나 그 이전 단계에서 창출된 부가가치까
지 면제하는 것이 아니므로 부분면세제도라고 한다.

제1편
[단기속성특강] 재무회계

제2편
[단기속성특강] 세무회계

제3편
[단기속성특강] 원가관리회계

합본부록1
신유형기출문제

합본부록2
10개년/기출오답노트

●— 면세사업자는 부가가치세법상 사업자등록 후 면세사업자 신청을 해야 한다.

　[X] : 면세사업자는 부가가치세법상 사업자가 아니므로 부가가치세의 납세의무를 지지 않으며 부가가치세법에 따른 협력
　　　 의무도지지 않는다.
　　　　→따라서, 소득세법과 법인세법의 규정에 따라 사업자등록, 장부의 작성, 계산서의 발급과 제출 등의 협력의무를 지
　　　　　게 된다.

●— 면세는 부가가치세의 역진성을 해소하기 위한 완전면세제도이다.

　[X] : 면세사업자는 영세율과는 달리 매입한 재화 또는 용역에 대하여 부담한 매입세액을 환급받을 수 없다. 따라서 면세
　　　 사업자가 부담한 매입세액은 원가에 가산되어 다음 거래상대방에게 전가될 수밖에 없다. 이처럼 면세제도는 당해
　　　 거래에서 창출된 부가가치에 대하여는 과세하지 아니하나 그 이전 단계에서 창출된 부가가치까지 면제하는 것이 아
　　　 니므로 이를 부분면세제도(=불완전면세제도)라고 한다.
　　　　→ **비교** 영세율을 적용하면 매출세액이 발생하지 아니하는 반면 사업자가 부담한 매입세액은 전액 환급받게 되어
　　　　　 부가가치세 부담이 완전히 면제된다. 이처럼 영세율 제도는 당해 거래단계에서 창출된 부가가치뿐만 아니
　　　　　 라 그 이전단계에서 창출된 부가가치에 대하여도 과세되지 않기 때문에 이를 완전면세제도라고 한다.

●— 면세사업자의 경우에도 매출처별세금계산서합계표 제출의무는 있다.

　[X] : 면세사업자는 부가가치세법상의 매출처별세금계산서합계표 제출의무가 없다.(세금계산서 발급불가)

●— 영세율사업자는 매입처별세금계산서합계표 제출의무가 있으나, 면세사업자는 매입처별세금계산서합계표 제출의무가 없다.

　[X] : 면세사업자는 부가가치세법상의 매출처별세금계산서합계표 제출의무는 없다. 그러나 면세사업자도 세금계산서를
　　　 수취하며, 소득세 또는 법인세 납세의무가 있는 경우에는 소득세·법인세법상 매입처별세금계산서합계표 제출의무
　　　 는 있다.

●— 부동산임대업은 부가가치세 과세대상이므로 주택임대도 예외없이 부가가치세가 과세된다.

　[X] : 주택과 그 부속토지의 임대는 면세대상이다.

●— 면세사업자는 면세를 포기하더라도 영세율을 적용받을 수 없다.

　[X] : 영세율이 적용되는 재화·용역을 공급하는 면세사업자는 면세포기가 가능하다.

●— 모든 면세사업자들은 면세를 포기하고 과세로 전환할 수 있다.

　[X] : 영세율이 적용되는 재화 등을 공급하는 경우 등 면세포기 대상은 한정되어 있다.

●— 면세사업자가 면세를 포기하는 경우 1년간은 면세적용을 받을 수 없다.

　　[X] : 1년(X) → 3년(O)

●— 면세대상인 산후조리원이 부담한 매입세액을 공제받기 위해 면세를 포기할 경우 5년간은 면세적용을 받을 수 없다.

　　[X] : 면세포기는 영세율이 적용되는 경우 등 일정사유가 있는 경우에 한하여 할 수 있는 것이며, 동 일정사유에 해당하
　　　　여 면세를 포기할 경우 3년간은 면세적용을 받을 수 없다.
　　　→면세포기 대상(일정사유)

> ㉠ 영세율이 적용되는 재화·용역
> ㉡ 학술연구단체·기술연구단체가 공급하는 재화·용역

●— 거래처의 자금악화로 이번 달 제품공급에 대한 대가를 해당 거래처가 제작한 제품으로 받은 경우 거래처가 제공한 제품의
　　시가를 과세표준으로 한다.

　　[X] : 금전 외의 대가를 받는 경우는 자기가 공급한 것(공급자의 제품)의 시가를 과세표준으로 한다.

●— 공급받는 자에게 도달하기 전에 공급자의 부주의로 인한 파손, 훼손 또는 멸실된 재화의 가액은 과세표준에 포함한다.

　　[X] : 공급받는 자에게 도달하기 전에 파손, 훼손 또는 멸실된 재화의 가액은 과세표준에 포함하지 않는다.

●— 판매장려금은 과세표준에서 공제한다.

　　[X] : 판매장려금지급액은 공급가액(과세표준)에서 차감하지 않는다.(=공제하지 않는다.)
　　　→ **비교** ㉠ 판매장려금수입액 : 공급가액에 포함하지 않는다.
　　　　　　　㉡ 판매장려물품지급분은 재화의 공급(사업상증여)으로 보며 시가를 공급가액에 포함한다.

●— 부가가치세 확정신고시에는 예정신고분을 포함한 과세기간 전체에 대한 모든 거래를 신고하여야 한다.

　　[X] : 확정신고시에는 예정신고분은 제외한다.

●— 재화의 자가공급 등 간주공급에 대한 과세표준은 당해 재화의 장부가액에 의한다.

　　[X] : 재화의 자가공급 등 간주공급에 대한 과세표준은 당해 재화의 시가에 의한다. 다만, 직매장반출(판매목적 타사업장
　　　　반출)의 경우에는 원칙적으로 취득가액을 과세표준으로 한다.

● 간주공급 재화가 감가상각자산일 경우에는 중고재화로서 일반적인 거래대상이 아니기 때문에 객관적인 정상가격을 산정하기 어려우므로 재화의 취득가액을 당해 재화의 시가로 본다.

[X] : 다음 산식에 의한 가액을 당해 재화의 시가로 본다.(간주시가)

> ㉠ 건물·구축물 : 시가(간주시가) = 취득가액 × (1 - 5% × 경과과세기간수)
> ㉡ 기타상각자산 : 시가(간주시가) = 취득가액 × (1 - 25% × 경과과세기간수)

● 부가가치세가 면세되는 토지와 과세되는 건물을 일괄 양도하였다면 건물 등의 공급가액은 실지거래가액이 있더라도 기준시가에 따라 안분 계산한다.

[X] : 부가가치세가 면세되는 토지와 과세되는 건물을 일괄 양도하였다면 건물 등의 공급가액은 실지거래가액에 의한다. 단, 실지거래가액의 구분이 불분명한 경우 법소정 방법으로 안분계산한다.

● 공통매입세액은 직전 과세기간의 총공급가액 중 과세(또는 면세)공급가액의 비율로 안분하여 공제한다.

[X] : 직전 과세기간(X) → 당해 과세기간(O)

● 받을어음에 대한 대손세액공제를 받기 위해서는 부도발생일로부터 1년이 경과해야 한다.

[X] : 받을어음에 대한 대손사유는 '부도발생 6월 이상 지난 중소기업이 보유하는 부도발생 전의 외상매출금'이다.

● 20x3년 중 과세재화를 공급하고 받은 어음이 9월 1일 부도 발생된 경우 20x3년 제2기 확정신고시 대손세액공제를 받을 수 있다.

[X] : 부도발생일(20x3.9.1)로부터 6월이 경과한 20x4년 제1기 확정신고시 적용된다.

● 의제매입세액은 면세농산물 등을 사용한 날이 속하는 과세기간의 매출세액에서 공제한다.

[X] : 의제매입세액은 면세농산물 등을 공급받거나 구입한 날이 속하는 과세기간의 매출세액에서 공제한다.
→즉, 구입시점에 공제하며 사용시점을 기준으로 공제하는 것이 아니다. 한편, 예정신고기간에 구입하였으나 그 기간에 공제받지 못한 것은 확정신고시 의제매입세액공제를 받을 수 있다.

● 매입세액은 당해 재화를 사용하는 시점에서 공제받는 것이며, 단순히 매입한 시점이 속하는 예정신고기간 또는 확정신고기간에 매입세액을 공제받을 수 있는 것이 아니다.

[X] : 매입세액공제는 구입시점(매입시점)에 전액 공제한다.

● 의제매입세액공제의 적용대상은 면세사업자이다.

[X] : 의제매입세액공제의 적용대상은 과세사업자 중 일반과세자이다.
→∴법인사업자는 적용대상이나, 면세사업자와 간이과세자는 적용제외

●— 의제매입세액은 국내 농산물 등을 매입하는 경우에만 적용된다.

　　[X] : 의제매입세액 공제액은 '면세농산물 등의 매입가액×공제율'로서, 이 경우 매입가액은 운임 등 부대비용을 제외한
　　　　매입원가로 계산하며 수입되는 농산물 등의 경우에는 관세의 과세가격으로 규정하고 있다. 따라서, 의제매입세액은
　　　　국내 농산물 등을 매입하는 경우뿐만 아니라 국외 농산물 등을 수입하는 경우에도 적용된다.

●— 세금계산서 작성시 공급품목과 단가는 필요적 기재사항이다.

　　[X] : 필요적 기재사항은 공급자의 등록번호와 성명(명칭), 공급받는자의 등록번호, 공급가액과 세액, 작성연월일이다.

●— 발급받은 매입세금계산서상 공급대상 재화의 수량과 단가가 잘못 기재된 경우에는 매입공제가 불가능하다.

　　[X] : 발급받은 매입세금계산서상 공급대상 재화의 수량과 단가는 필요적 기재사항이 아니라 임의적 기재사항이므로 잘
　　　　못 기재된 경우라도 매입공제가 가능하다.

●— 세금계산서는 재화 또는 용역의 공급계약서로서의 기능을 한다.

　　[X] : 세금계산서는 쌍방을 구속시키는 성격을 갖는 계약서 기능은 없다.
　　　　→세금계산서의 기능 : 송장(일반적인 거래의 경우), 청구서(외상거래의 경우), 대금영수증(현금거래의 경우), 세금
　　　　영수증(부가가치세 징수증명), 거래증빙자료, 기장기초자료, 소득세·법인세 과세자료

●— 소매업을 영위하는 일반과세자는 공급받는 자가 사업자등록증을 제시하고 세금계산서의 발급을 요구하더라도 세금계산서를
　　발급할 의무가 없다.

　　[X] : 소매업은 상대방이 세금계산서의 발급을 요구하는 경우에는 영수증 대신 세금계산서를 발급해야 한다.

●— 간이과세자의 경우에도 상대방이 발급을 요구할 경우 세금계산서를 발급해야 한다.

　　[X] : 간이과세자의 증빙발급은 다음과 같다.
　　　　㉠ 일반적인 간이과세자(원칙) : 세금계산서 발급의무가 있다.
　　　　㉡ 영수증의무발급 간이과세자 : 상대방이 세금계산서 발급을 요구할 경우에도 발급이 불가하다.

●— 부동산 임대용역에서 실제임대료와 간주임대료 모두 세금계산서 발급의무가 면제된다.

　　[X] : 임대료는 세금계산서 발급의무가 면제되지 않는다.

●— 부동산 임대용역중 간주임대료가 적용되는 부분에 대해서도 세금계산서 발급의무가 있다.

　　[X] : 임대료는 세금계산서 발급의무가 있으나, 간주임대료는 세금계산서 발급불가 대상이다.

●— 위탁판매의 경우 수탁자는 수탁자 자신의 명의로 된 세금계산서를 발급하여야 한다.

    [X] : 수탁자 자신의 명의(X) → 위탁자의 명의(O)

●— 위탁매매 또는 대리인에 의한 매매를 할 때에는 위탁자 또는 본인을 알 수 없는 경우라도 위탁자 또는 본인이 직접 재화를 공급하거나 공급받은 것으로 본다.

    [X] : 위탁매매 또는 대리인에 의한 매매를 할 때에는 위탁자 또는 본인이 직접 재화를 공급하거나 공급받은 것으로 본다. 다만, 위탁자 또는 본인을 알 수 없는 경우에는 그렇지 않다.

위탁자가 직접재화 인도시	• 위탁자가 세금계산서 발급 • 수탁자 등록번호를 부기함(덧붙여 적음).
수탁자가 재화 인도시	• 수탁자가 위탁자 명의의 세금계산서 발급함.
위탁자를 알 수 없는 익명 거래시	• 위탁자는 수탁자에게, 수탁자는 거래상대방에게 각각 발급함.

●— 전자세금계산서는 법인사업자만이 발급 가능하다.

    [X] : 전자세금계산서 의무발급대상자에는 법인사업자뿐만 아니라 법소정 공급가액(수입금액) 이상인 개인사업자도 해당된다.

●— 법인사업자와 전자세금계산서 의무발급 개인사업자 외의 사업자는 전자세금계산서를 발급하고 전송할 수 없다.

    [X] : 전자세금계산서의 의무발급대상자가 아닌 사업자도 원하면 전자세금계산서를 발급할 수 있다.(즉, 의무발급대상자가 아닌 개인사업자는 선택에 의해 발급가능하다.)

●— 수정세금계산서는 당초에 세금계산서를 발급 한 경우에만 가능하며, 폐업한 사업자도 폐업 전 거래에 대해서 수정세금계산서를 발급 할 수 있다.

    [X] : 폐업한 사업자는 폐업 전 거래에 대해서 수정세금계산서를 발급하거나 발급받을 수 없다.

        →수정세금계산서는 당초에 세금계산서를 발급한 경우에만 발급이 가능하므로 다음의 경우는 수정세금계산서 발급이 불가하며, 세금계산서 미발급에 해당한다.

            ㉠ 당초 세금계산서를 발급하지 않은 경우
            ㉡ 과세거래를 면세거래로 보아 세금계산서가 아닌 계산서를 발급한 경우

●— 재화를 공급받은 자가 발행한 매입자발행세금계산서는 원칙적으로 공제 받을 수 있는 세금계산서에 해당되지 않는다.

    [X] : 매입자발행세금계산서는 공제 받을 수 있는 세금계산서에 해당한다.

●— 부가가치세 신고 · 납부기한은 신고기간이 끝난 후 20일까지이다.

    [X] : 부가가치세 신고 · 납부기한은 예정신고기간(과세기간)이 끝난 후 25일 이내이다.(단, 폐업하는 경우에는 폐업일이 속하는 달의 다음 달 25일 이내)

●── 확정신고시에는 예정신고시 이미 신고한 과세표준과 세액을 포함하여 과세기간의 말일부터 25일 이내에 각 사업장 관할세무서장에게 과세표준과 세액을 신고·납부하여야 한다.

   [X] : 확정신고시에는 예정신고시 이미 신고한 과세표준과 세액을 제외한다.
     →단, 예정신고시 누락분은 포함한다.

●── 부가가치세를 신고하지 않은 사업자도 수정신고를 할 수 있다.

   [X] : 수정신고는 신고기한내 신고든 기한후 신고든 신고가 된 것에 대하여만 가능하다.

●── 부가가치세의 신고 및 납부, 환급과 관련하여 일반환급세액은 각 예정 및 확정신고기한 경과 후 30일 이내에 환급한다.

   [X] : 과세기간별로 그 확정신고기한 경과후 30일내 환급한다.
     → 즉, 예정신고기간에 대한 환급은 없으며, 확정시 정산한다.

●── 세금계산서의 필요적 기재사항을 부실 기재한 경우에도 별도로 가산세를 부과하지 않는다.

   [X] : 세금계산서부실기재가산세(필요적 기재사항을 부실 기재) : 공급가액×1%

●── 예정신고시 매입처별세금계산서합계표를 제출하지 않고 확정신고시 제출한 경우 가산세가 부과된다.

   [X] : 예정신고시 매입처별세금계산서합계표를 제출하지 않고 확정신고시 제출한 경우는 가산세가 없다.
     → [비교] 매출처별세금계산서합계표를 예정신고시 제출분을 확정신고시 제출시(지연제출) : 가산세 있음.

●── 예정신고와 납부에 있어서는 해당 예정신고기간에 대한 과세표준과 납부세액으로 하며 가산세도 포함한다.

   [X] : 확정신고시에만 적용되는 사항(=예정신고시에는 적용되지 않는 사항)
     - 대손세액공제, 전자신고세액공제, 가산세

●── 세금계산서불성실가산세와 매출처별세금계산서합계표제출불성실가산세가 동시에 적용되는 경우 두 가지 가산세를 모두 적용한다.

   [X] : 매출처별세금계산서합계표제출불성실가산세는 적용하지 않는다.

●── 매출처별세금계산서합계표를 제출하지 않은 경우 가산세가 부과되며, 마찬가지로 매입처별세금계산서합계표를 제출하지 않은 경우에도 가산세가 부과된다.

   [X] : 매입처별세금계산서합계표의 미제출(스스로 매입세액공제를 포기)에 대하여는 가산세가 부과되지 않는다. 다만, 경정시 제출 등으로 매입세액공제를 받는 등의 법소정 사유가 있는 경우에는 가산세가 부과된다.

●── 부가가치세 가산세와 관련하여 과소신고·초과환급신고가산세가 적용되는 경우 납부지연가산세가 적용되지 않는다.

    [X] : 과소신고가산세와 납부지연가산세는 별개의 가산세로 각각 적용되므로 중복적용배제와 무관하다.

●── 전자세금계산서 발급의무자가 발급기간 내에 종이세금계산서를 발급하면 가산세가 부과되지 않는다.

    [X] : 전자세금계산서발급의무자가 전자세금계산서를 발급하지 않고 세금계산서 발급시기에 전자세금계산서 외의 세금계산서(예 종이세금계산서)를 발급한 경우 가산세가 부과된다.

●── 간이과세자는 부가가치세법상 사업자가 아니다.

    [X] : 부가가치세법상 사업자는 공급대가 규모를 기준으로 일반과세자와 간이과세자로 구분된다.

●── 법인사업자도 간이과세를 적용받을 수 있다.

    [X] : 개인사업자만 간이과세를 적용받을 수 있다.

●── 간이과세자란 업종에 관계없이 직전 연도의 공급대가(부가가치세를 포함한 가액)의 합계액이 1억 400만원에 미달하는 개인사업자를 말한다.

    [X] : 일반과세자는 일반과세 배제업종이 없으나, 간이과세자는 광업·제조업 등 간이과세 배제업종이 있다.

●── 간이과세자도 일반과세자와 동일하게 대손세액공제가 적용된다.

    [X] : 간이과세자는 일반과세자와 달리 대손세액공제가 없다.

●── 음식점업을 영위하는 간이과세자는 의제매입세액공제가 가능하다.

    [X] : 간이과세자는 일반과세자와 달리 의제매입세액공제가 없다.(폐지되었음)

●── 간이과세자는 예외사항에 해당하더라도 세금계산서를 발급할 수 없다.

    [X] : 간이과세자의 증빙발급은 다음과 같다.
            ㉠ 일반적인 간이과세자(원칙) : 세금계산서 발급의무가 있다.
            ㉡ 영수증의무발급 간이과세자 : 상대방이 세금계산서 발급을 요구할 경우에도 발급이 불가하다.

●── 일반과세자는 세금계산서를 발급할 수 있으나, 간이과세자는 세금계산서를 발급할 수 없다.

    [X] : 간이과세자도 원칙적으로 세금계산서를 발급할 수 있다.

●── 면세사업자와 간이과세자는 세금계산서를 발급할 수 없다.

　[X] : 간이과세자는 원칙적으로 세금계산서를 발급할 수 있다.

●── 간이과세자는 공급받는 자가 요구하는 경우에만 세금계산서를 발급할 수 있다.

　[X] : 간이과세자는 원칙적으로 세금계산서 발급의무가 있다.

●── 간이과세자는 공급받는 자의 요청이 있을 때는 세금계산서를 발급할 수 있다.

　[X] : 간이과세자의 증빙발급은 다음과 같다.
　　　⊙ 일반적인 간이과세자(원칙) : 세금계산서 발급의무가 있다.
　　　ⓒ 영수증의무발급 간이과세자 : 상대방이 세금계산서 발급을 요구할 경우에도 발급이 불가하다.

●── 간이과세자는 확정신고를 할 필요가 없고 세무서에서 고지한 세액을 납부하는 것으로 모든 납세의무가 종결된다.

　[X] : 간이과세자는 과세기간(1/1~12/31)의 과세표준과 납부세액을 그 과세기간이 끝난 후 25일 이내에 확정신고를 하여야 한다.(이 경우 예정부과기간의 납부세액은 공제하고 납부한다.)

●── 간이과세자는 간이과세를 포기하여 일반과세자가 될 수 없다.

　[X] : 일반과세자는 일반과세포기제도가 없으나, 간이과세자는 간이과세포기제가 있으므로 간이과세를 포기하여 일반과세자가 될 수 있다.

제1편
[단기속성특강] 재무회계

제2편
[단기속성특강] 세무회계

제3편
[단기속성특강] 원가관리회계

합본부록1
신유형기출문제

합본부록2
10개년/기출오답노트

원가관리회계 기출문제오답노트

● 원가회계는 회사의 모든 자산과 부채에 대한 평가 자료를 제공한다.

[X] : 자산과 부채에 대한 평가 자료를 제공하는 것은 재무회계가 제공하는 정보이다.

● 원가회계는 객관적으로 측정가능한 회계자료를 기초로 수익과 비용을 인식한다. 그러나 재무회계는 경영자의 목적에 따라 다양한 회계절차를 적용해야 하는 어려움이 있다.

[X] : 재무회계는 객관적으로 측정가능한 회계자료를 기초로 수익과 비용을 인식하며 정해진 회계절차를 적용한다. 그러나 원가회계는 경영자의 목적에 따라 다양한 회계절차를 적용해야 하는 어려움이 있다.

● 원가회계는 객관적으로 측정가능한 회계자료를 기초로 수익과 비용을 인식하므로 정해진 회계절차를 적용해야 하는 어려움이 있다.

[X] : 재무회계는 객관적으로 측정가능한 회계자료를 기초로 수익과 비용을 인식하며 정해진 회계절차를 적용한다. 그러나 원가회계는 경영자의 목적에 따라 다양한 회계절차를 적용해야 하는 어려움이 있다.

● 원가는 정상적인 경제활동 과정에서 소비된 가치와 비정상적인 상황에서 발생한 가치의 감소분을 모두 포함한다.

[X] : 원가는 정상적인 경제활동 과정에서 소비된 가치만을 포함하고 비정상적인 상황에서 발생한 가치의 감소분은 포함하지 않는다.
→예 제품의 제조과정에서 정상적으로 발생하는 감모분은 원가에 산입되지만 비정상적으로 발생하는 감모분은 원가에 산입되지 않는다.

● 수익획득 활동에 필요한 물품·서비스를 단순히 구입하는 것만으로도 원가가 될 수 있다.

[X] : 기업의 수익획득 활동에 필요한 물품이나 서비스를 단순히 구입하는 것만으로는 원가가 되지 않으며 이를 소비해야 비로소 원가가 된다.
→예 기업이 구입한 공장용 토지는 소비되어 없어지는 것이 아니므로 원가가 아니라 자산이다.

● 원가집합이란 원가대상에 직접적으로 추적할 수 있는 원가를 모아둔 것을 의미한다.

[X] : 원가집합이란 원가대상에 직접적으로 추적할 수 없는 간접원가를 모아둔 것을 의미한다.

● 원가집합(cost pool)이란 원가대상의 총원가에 변화를 유발시키는 요인으로 작업시간, 생산량 등 원가대상에 따라 매우 다양하다.

[X] : 원가동인에 대한 설명이다.
→원가집합은 특정원가대상에 속하지 않는 간접원가(원가대상에 직접 추적 불가한 원가)를 모아둔 것을 의미한다.

●— 관련범위는 의사결정과 관련된 개념이므로 원가함수를 추정함에 있어서는 고려대상이 아니다.

   [X] : 관련범위는 원가행태(일정기간동안 조업도 수준의 변화에 따른 총원가발생액의 변동양상)의 회계적 추정치가 타당한 조업도의 범위를 말하므로 원가함수를 추정함에 있어 반드시 고려되어야 한다.

●— 원가는 수익과의 대응관계에 따라 역사적원가와 기간원가로 분류한다.

   [X] : 수익과의 대응관계에 따라 제품원가(생산원가)와 기간원가로 분류한다.

●— 원가는 수익과의 대응관계에 따라 제품원가와 제조원가로 분류한다.

   [X] : 수익과의 대응관계에 따라 제품원가(생산원가)와 기간원가로 분류한다.

●— 수익과의 대응관계에 따라 직접원가와 간접원가로 분류한다. 즉, 어떤 원가가 직접원가 또는 간접원가로 분류되느냐에 따라 기간손익이 크게 영향을 받기 때문에 특히 중요한 의미를 갖는다.

   [X] : 수익과의 대응관계에 따라 제품원가(생산원가)와 기간원가로 분류한다.

●— 원가는 추적가능성에 따라직접원가와 고정원가로 분류할 수 있다.

   [X] : 추적가능성에 따라 직접원가와 간접원가로 분류할 수 있다.

●— 원가가 발생한 경로를 최종 제품까지 추적하여 해당 제품별로 추적가능성이 있는지에 따라 제품원가와 기간원가로 분류한다.

   [X] : 추적가능성이 있는지에 따라 직접원가와 간접원가로 분류한다.

●— 원가는 원가의 행태에 따라 변동원가와 기간원가로 분류할 수 있다.

   [X] : 원가의 행태에 따라 변동원가와 고정원가로 분류할 수 있다.

●— 관련원가는 과거원가이거나 대안 간에 차이가 나지 않는 미래원가이다.

   [X] : 과거원가이거나 대안 간에 차이가 나지 않는 미래원가는 관련원가가 아니라 비관련원가의 정의이다.

●— 선택된 대안 이외의 다른 대안 중 최선의 대안을 선택했더라면 얻을 수 있었던 최대이익 혹은 최소비용을 매몰원가(sunk costs)라 한다.

   [X] : 선택된 대안 이외의 다른 대안 중 최선의 대안을 선택했더라면 얻을 수 있었던 최대이익 혹은 최소비용을 기회원가(opportunity costs)라 한다.

제1편
[단기속성특강] 재무회계

제2편
[단기속성특강] 세무회계

제3편
[단기속성특강] 원가관리회계

합본부록1
신유형기출문제

합본부록2
10개년/기출오답노트

●─ 회피가능원가는 대표적인 비관련원가에 해당한다.

    [X] : 회피가능원가(의사결정에 따라 절약할 수 있는(피할 수 있는) 원가는 대표적인 관련원가이다.
        →회피불능원가(특정대안 선택과 관계없이 계속 발생하는 원가는 대표적인 비관련원가이다.

●─ 원가는 통제가능성에 따라 통제가능원가와 예정원가로 분류된다.

    [X] : 통제가능원가와 통제불능원가로 분류된다.

●─ 원가배분은 가장 합리적인 배분기준인 인과관계기준만을 사용해야 한다.

    [X] : 인과관계기준, 수혜기준, 부담능력기준, 공정성·공평성기준 등을 사용한다.

●─ 부담능력기준은 원가배분대상의 원가부담능력에 비례하여 공통원가를 배분하는 기준으로, 품질검사원가를 품질검사시간을 기준으로 배분하는 경우가 대표적인 예이다.

    [X] : 품질검사원가를 품질검사시간을 기준으로 배분하는 경우는 부담능력기준이 아니라 인과관계기준의 대표적인 예이다.

●─ 제조과정은 구매과정에서 구입한 생산요소들을 결합하여 제품을 제조하는 과정으로 기업의 외부에서 이루어지는 활동이다.

    [X] : 제조과정은 기업의 외부에서 이루어지는 활동이 아니라 기업의 내부에서 이루어지는 활동이다.

●─ 제조원가는 기초원가와 가공원가의 합으로 구성된다.

    [X] : '제조원가=직접재료비+직접노무비+제조간접비'이므로, 기초원가와 가공원가를 합하면 직접노무비가 중복되게 된다.

●─ 당기총제조원가란 당기 중에 완성된 제품의 제조원가이며, 당기제품제조원가에 기초재공품재고액은 가산하고, 기말재공품재고액은 차감하여 구한다.

    [X] : 당기제품제조원가란 당기 중에 완성된 제품의 제조원가이며, 당기총제조원가에 기초재공품재고액은 가산하고, 기말재공품재고액은 차감하여 구한다.

●─ 단위당 변동원가는 생산량이 증가함에 따라 증가한다.

    [X] : 일정하다.

●─ 준변동원가는 조업도의 증가에 따라 원가총액과 단위당원가가 증가한다.

    [X] : 단위당원가는 감소한다.

●── 준변동원가는 조업도의 변동과 무관하게 원가총액이 일정하다.

　[X] : 고정원가에 대한 설명이다.

●── 준변동원가는 조업도가 특정범위를 벗어나면 일정액만큼 증가 또는 감소한다.

　[X] : 준고정원가에 대한 설명이다.

●── 원가추정시 전 범위에서 단위당 변동원가와 총고정원가가 일정하다고 가정한다.

　[X] : 원가행태는 관련범위 내에서 선형(직선)이라고 가정한다. 즉, 관련범위 내에서 단위당변동원가와 총고정원가가 일정
　　　하다고 가정한다.
　　　→여기서 관련범위는 원가행태의 회계적 추정치가 타당한 조업도의 범위(현실적으로 달성할 수 있는 최대조업도와
　　　　최저조업도)를 말하며, 관련범위를 벗어나는 경우 실제로는 비선형(곡선)원가함수가 될수도 있으므로 전 범위가
　　　　아니라 관련범위 내에서는 선형이라고 가정하는 것이다.

●── 원가추정을 위한 방법 중 회귀분석법은 상대적으로 적용이 간단하나 분석자의 주관적 판단이 개입될 수 있다는 단점이 있다.

　[X] : 회귀분석법은 적용이 어렵다는 단점이 있으며, 분석자의 주관적 판단이 개입될 수 있다는 단점이 있는 것은 원가추
　　　정방법 중 계정분석법과 산포도법에 대한 설명이다.
　　　원가추정방법을 개괄하면 다음과 같다.

공학적 방법	개요	• 투입과 산출 사이의 관계를 계량적으로 분석하여 원가함수를 추정하는 방법 • 과거자료를 이용할 수 없는 경우에도 이용 가능한 유일한 방법임. (이하 방법은 과거자료를 이용하여 추정하는 방법임)
	장점	• 정확성이 높고, 과거의 원가자료를 이용할 수 없는 경우에도 사용가능함.
	단점	• 제조간접원가의 추정에는 적용이 어렵고, 시간과 비용이 많이 소요됨.
계정분석법	개요	• 분석자의 전문적인 판단에 따라 각 계정과목에 기록된 원가를 변동원가와 고정원가로 분석하여 추정하는 방법
	장점	• 시간과 비용이 적게 소요됨.
	단점	• 단일기간 원가자료를 이용하므로 비정상적인 상황이 반영될 수 있고, 분석자의 주관적 판단이 개입될 수 있음.
산포도법	개요	• 조업도와 원가의 실제치를 도표에 점으로 표시하고 눈대중으로 이러한 점들을 대표하는 원가추정선을 도출하여 원가함수를 추정하는 방법
	장점	• 적용이 간단하고 이해하기 쉽고, 시간과 비용이 적게 소요되며, 예비적 검토시 많이 활용될 수 있음.
	단점	• 분석자의 주관적 판단이 개입될 수 있음.
회귀분석법	개요	• 독립변수가 한 단위 변화함에 따른 종속변수의 평균적 변화량을 측정하는 통계적 방법에 의하여 원가함수를 추정하는 방법
	장점	• 객관적이고, 정상적인 원가자료를 모두 이용하며, 다양한 통계자료를 제공함.
	단점	• 통계적 가정이 충족되지 않을 경우에는 무의미한 결과가 산출될 수 있으며, 적용이 어려움.
고저점법	개요	• 최고조업도와 최저조업도의 원가자료를 이용하여 원가함수를 추정하는 방법
	장점	• 객관적이고, 시간과 비용이 적게 소요됨.
	단점	• 비정상적인 결과가 도출될 수 있으며, 원가함수가 모든 원가자료를 대표하지 못함.

●── 원가추정을 위한 방법 중 고저점법은 최고원가와 최저원가의 조업도자료를 이용하여 원가함수를 추정하는 방법이다.

[X] : 고저점법은 최고조업도와 최저조업도의 원가자료를 이용하여 원가함수를 추정하는 방법이다.

사례 고저점법에 의한 원가함수 추정

월별	직접노동시간	제조간접원가
7월	1,050시간	21,000원
8월	850시간	14,000원
9월	1,100시간	20,000원
10월	600시간	15,000원

• 최고원가(21,000원)와 최저원가(14,000원)인 7월/8월을 이용하는 것이 아니라, 최고조업도(1,050시간)와 최저조업도(600시간)인 7월/10월을 이용하여 원가함수를 추정함.
• 추정한 1차 원가함수 : $y = 9,000 + 10x$ 〈중1 수학 참조!〉

●── 개별원가계산에서 작업원가표는 통제계정이며 재공품 계정은 보조계정이 된다.

[X] : 개별원가계산에서 재공품계정은 통제계정이 되고 각각의 작업원가표는 보조계정이 된다.
→즉, 작업원가표는 재공품계정에 의해서 통제되는 보조기록인 것이다. 진행 중인 모든 작업에 대한 작업원가표는 하나의 독립된 보조원장이 되고 진행 중인 모든 작업의 작업원가표상 원가잔액의 합계액은 재공품계정의 잔액과 일치하게 된다.

●── 개별원가계산은 소수의 제품을 대량생산하는 회사에 적합한 원가계산방법이다.

[X] : 소수의 제품을 대량생산(동종제품의 대량 연속생산방식)은 종합원가계산이 적합하다.

●── 개별원가계산은 제품을 반복적으로 생산하는 업종에 적합한 원가계산제도이다.

[X] : 개별원가계산은 수요자의 요구에 따라 개별적으로 제품을 생산하는 업종에 적합한 원가계산제도이다.

●── 개별원가계산은 식료품업, 화학산업, 조선업 등에 적합하다.

[X] : 개별원가계산에 적합한 업종은 주문에 따른 다품종 소량생산방식인 조선업, 기계제작업, 건설업 등이다.(종합원가계산 적합 업종 - 동종제품 대량연속생산 →예 식료품업, 화학산업, 제분·섬유·시멘트·정유업)

●── 제조간접원가의 배부는 제조부문에 집계된 원가를 제품제조원가와 판매관리비로 배부하는 과정이다.

[X] : 제조간접원가의 배부는 개별제품(개별작업)에 직접대응되지 않는 제조간접원가를 배부기준에 따라 개별제품 또는 개별작업에 배부하는 과정이다.

●── 개별원가계산은 해당 제품이나 공정으로 직접 추적할 수 있기 때문에 실제원가계산만 가능하다.

[X] : 개별원가계산은 원가요소의 실제성(원가측정방법)에 따라 실제개별원가계산, 정상개별원가계산, 표준개별원가계산 모두 가능하다.

●── 개별원가계산에서 제조간접원가는 개별작업과 관련하여 직접적으로 추적 가능하므로 이를 배부하는 절차가 불필요하다.

[X] : 제조간접원가는 개별작업과 관련하여 직접적으로 추적할 수 없으므로 이를 배부하는 절차가 필요하다.

●── 개별원가계산은 제조간접원가의 배부절차가 반드시 필요하므로, 개별원가계산을 사용하면서 변동원가계산제도를 채택할 수 없다.

[X] : 원가계산방법은 다음과 같이 결합되어 다양한 방법이 가능하다.

제품원가의 구성요소 (원가구성)	원가요소의 실제성여부 (원가측정)	생산형태 (제품의 성격)
전부원가계산 변동원가계산	실제원가계산 정상원가계산 표준원가계산	개별원가계산 종합원가계산

●── 개별원가계산은 주문받은 작업별로 원가를 집계하기 때문에 직접원가와 간접원가의 구분이 중요하지 않다.

[X] : 개별원가계산은 개별제품별 또는 개별작업별로 원가가 집계되기 때문에 직접원가와 간접원가의 구분이 중요하다. (즉, 제조간접원가의 배부절차가 반드시 필요하다.) 직접원가에 해당하는 직접재료원가와 직접노무원가는 해당 제품이나 공정으로 직접 추적할 수 있기 때문에 발생된 원가를 그대로 집계하면 되지만, 간접원가에 해당하는 제조간접원가는 개별제품이나 공정에 직접적인 대응이 불가능하므로 원가계산 기말에 일정한 기준을 사용하여 배부해야 한다.

●── 개별원가계산은 각 작업별로 원가가 계산되기 때문에 원가계산자료가 상세하고 복잡하며 오류가 발생할 가능성이 적어진다.

[X] : 개별원가계산은 원가계산자료가 상세하고 복잡해짐에 따라 오류가 발생할 가능성이 많아진다.
개별원가계산은 다음과 같은 장점과 단점이 있다.

장점	단점
• 제품별로 정확한 원가계산이 가능함. • 제품별 손익분석 및 계산이 용이함. • 개별제품별로 효율성을 통제할 수 있고, 개별작업별 실제를 예산과 비교하여 미래예측에 이용가능	• 비용·시간이 많이 발생함. 　(∵각 작업별로 원가가 계산되기 때문) • 원가계산자료가 상세하고 복잡해짐에 따라 오류가 발생할 가능성이 많아짐.

●── 개별원가계산은 각 작업별로 원가가 계산되기 때문에 비용과 시간이 절약된다.

[X] : 개별원가계산은 각 작업별로 원가가 계산되기 때문에 비용과 시간이 많이 발생한다는 단점이 있다.

●── 개별원가계산은 종합원가계산에 비하여 제조간접원가의 배부문제가 없고 기장절차가 간단하므로 시간과 비용이 절약된다.

[X] : 개별원가계산은 제조간접원가 배부가 핵심과제이며, 각 작업별로 원가가 계산되기 때문에 비용과 시간이 많이 발생하고 기장절차가 복잡하다.

● 개별원가계산은 각 제품의 원가요소별 단위당 원가를 완성품환산량에 기초하여 계산한다.

[X] : 완성품환산량에 기초하여 계산하는 방법은 종합원가계산제도이다.

● 개별원가계산은 제조간접원가의 배부절차가 반드시 필요하므로, 개별원가계산을 사용하면서 변동원가계산제도를 채택하는 것은 불가능하다.

[X] : 개별원가계산은 생산형태 종류에 따른 원가계산방법이고 변동원가계산은 원가의 범위에 따른 원가계산방법이므로 두 원가계산방법은 양립가능한 방법이다.

● 공장전체 제조간접원가 배부율은 공장전체 제조간접원가를 부문별 배부기준으로 나눠서 구하며, 배부된 제조간접원가는 부문별 배부기준을 공장전체배부율로 곱하여 구한다

[X] : 공장전체 제조간접원가 배부율은 공장전체 제조간접원가를 공장전체 배부기준으로 나눠서 구하며, 배부된 제조간접원가는 공장전체 배부기준을 공장전체배부율로 곱하여 구한다.

● 보조부문원가는 제조부문에 배부하지 않고 기간원가로 처리해야 한다.

[X] : 보조부문원가는 제조부문에 배부해야 한다.

● 보조부문은 제조활동에 직접 기여하지 않으므로 원가배분대상에 해당하지 않는다.

[X] : 보조부문은 직접적인 제조활동이 일어나지는 않으나 제조부문을 지원하는 부문이므로 인과관계를 반영하여 제조부문에 배분한 후 다시 최종적으로 제품에 배분한다.(즉, 기간원가로 처리하지 않는다.)

● 보조부문의 원가를 배부할 때에는 항상 수혜기준을 우선적으로 고려해야 한다.

[X] : 보조부문의 원가를 배부할 때에는 인과관계기준을 고려해야 한다.

● 보조부문원가를 제조부문에 배분하는 목적은 보조부문원가를 제품원가에 포함시킴으로써 이익을 크게 보고하기 위함이다.

[X] : 보조부문의 활동은 제조활동을 보조하기 위한 것이므로 보조부문에서 발생한 원가는 당연히 제조원가이다. 따라서, 보조부문원가를 최종제품의 원가에 포함시켜(보조부문원가를 제조부문에 배분한 후 다시 최종적으로 제품에 배분) 보다 정확한 제조원가를 산정하기 위한 목적으로 보조부문의 원가를 제조부문에 배분하는 것이다.
→보조부문원가의 배분이 이익의 조작목적으로 이루어지는 것은 아니다.

● 직접배분법의 경우 각 제조부문이 사용한 용역의 상대적인 비율에 따라 각 보조부문 원가가 다른 보조부문에 배분된다.

[X] : 직접배분법의 경우 각 제조부문이 사용한 용역의 상대적인 비율에 따라 각 보조부문 원가가 제조부문에만 배분된다.(즉, 각 제조부문이 사용한 용역의 상대적인 비율에 따라 각 제조부문에 직접 배분하는 방법이다.)

●— 직접배분법, 단계배분법, 상호배분법은 보조부문 상호간의 용역수수를 고려하는 원가배분방법이다.

　[X] : 직접배분법은 고려하지 않는다.

●— 보조부문 간의 용역수수관계를 고려하는 가장 합리적인 보조부문원가의 배분방법은 직접배분법이다.

　[X] : 보조부문 간의 용역수수관계를 고려하는 가장 합리적인 보조부문원가의 배분방법은 보조부문간의 상호 관련성을
　　　모두 고려하는 상호배분법이다.

●— 용역의 수수관계를 완전히 무시하고 보조부문의 원가를 각 제조부문이 사용한 용역의 상대적 비율에 따라 각 제조부문에 직접
배분하는 방법은 상호배분법이다.

　[X] : 용역의 수수관계를 완전히 무시하고 보조부문의 원가를 각 제조부문이 사용한 용역의 상대적 비율에 따라 각 제조
　　　부문에 직접 배분하는 방법은 직접배분법이다.

●— 원가배분방법 중 상호배분법은 보조부문원가의 배분순서를 고려해야 한다.

　[X] : 보조부문원가의 배분순서를 고려하는 것은 단계배분법이다.

●— 단계배분법과 상호배분법에서는 배분순서와 관계없이 배분 후의 결과는 일정하게 계산된다.

　[X] : 단계배분법은 배분순서에 따라 배분 후의 결과가 달라진다. 따라서, 배분순서의 결정이 중요하다.

●— 상호배분법은 단계배분법에 비해 순이익을 높게 계상하도록 하는 배분방법이다.

　[X] : 재고가 존재하지 않는다면 제품의 총원가는 어떤 방법으로 배분한다 하더라도 같기 때문에 회사의 총이익 역시 배
　　　분방법에 따라 달라지지 않는다.

●— 부문별 제조간접원가 배부율을 사용하는 경우에는 보조부문원가 배분방법에 의해 제조간접원가 배부율이 영향을 받지 않는다.

　[X] : 부문별 제조간접원가배부율을 사용하는 경우에는 보조부문원가 배분방법(직접배분법, 단계배분법, 상호배분법)에
　　　따라 부문별(제조부문별) 제조간접원가가 달라지고, 이에 따라 부문별 제조간접원가배부율이 상이해 진다.

●— 보조부문원가를 어떤 배분방법으로 제조부문에 배분하느냐에 따라 공장전체의 제조간접원가가 달라진다.

　[X] : 보조부문원가 배분방법(직접배분법, 단계배분법, 상호배분법)에 관계없이 어떤 방법에 의하더라도 보조부문원가 총
　　　액은 모두 제조부문에 배분되므로 공장전체의 제조간접원가는 달라지지 않는다.

●── 공장전체 제조간접원가 배부율을 사용하는 경우에는 보조부문원가 배분방법에 의해 제조간접원가 배부율이 영향을 받는다.

　[X] : 공장전체 제조간접원가배부율을 사용하는 경우에는 보조부문원가 배분방법(직접배분법, 단계배분법, 상호배분법)에
　　　　관계없이 어떤 방법에 의하더라도 보조부문원가 총액이 동일하게 제조부문에 집계되므로 공장전체 제조간접원가배
　　　　부율이 영향을 받지 않는다.

●── 이중배분율법은 변동원가와 고정원가를 구분해서 변동원가는 최대사용가능량을 기준으로 배분하고 고정원가는 서비스의 실제
　　　사용량을 기준으로 배분한다.

　[X] : 이중배분율법은 변동원가와 고정원가를 구분해서 변동원가는 실제사용량을 기준으로 배분하고 고정원가는 서비스의
　　　　최대사용가능량을 기준으로 배분한다.

●── 보조부문원가 배분방법인 이중배분율법은 단일배분율법에 비해 사용하기가 간편하지만 부문의 최적의사결정이 조직전체의
　　　차원에서는 최적의사결정이 되지 않을 수 있다는 문제점이 있다.

　[X] : 이중배분율법(dual rate method)이란 보조부문의 원가를 원가행태에 따라 고정원가와 변동원가로 분류하여 각각
　　　　다른 배분기준(최대사용가능량/실제사용량)을 적용하는 방법이다.
　　　　→단일배분율법(single rate method)이란 보조부문원가를 변동원가와 고정원가로 구분하지 않고 전체 보조부문원
　　　　　가를 단일 기준인 용역의 실제사용량에 따라 배분하는 방법이다. 이 방법은 이중배분율법에 비해서 사용하기가
　　　　　간편하지만 원가행태에 따른 정확한 배분이 되지 않기 때문에 부문의 최적의사결정이 조직전체의 차원에서는 최
　　　　　적의사결정이 되지 않을 수 있다는 문제점이 있다.

●── 정상원가계산에서는 직접재료원가만을 실제원가로 측정하고 노무원가와 제조간접원가는 사전에 정해 놓은 배부율에 의해 배부
　　　한다.

　[X] : 정상원가계산은 직접재료원가와 직접노무원가를 실제원가로 측정하고 제조간접원가는 사전에 정해 놓은 제조간접
　　　　원가 예정배부율에 의해 배부된 원가로 측정하는 방법이다.

	실제원가계산	정상원가계산	표준원가계산
직접재료원가	실제원가	실제원가	표준원가
직접노무원가	실제원가	실제원가	표준원가
제조간접원가	**실제원가**	**예정배부액**	**표준배부액**

●── 종합원가계산은 작업원가표에 집계된 제조원가를 작업한 수량으로 나누어 계산하는 방법이다.

　[X] : 개별원가계산에 대한 설명이다.

●── 종합원가계산은 원가의 집계가 공정별로 이루어지는 것이 아니기 때문에 개별작업별로 작업지시서를 작성해야 한다.

　[X] : 종합원가계산은 원가의 집계가 개별작업별로 이루어지는 것이 아니라 공정별로 이루어지기 때문에 개별작업별로
　　　　작업지시서를 작성할 필요는 없다.

●── 종합원가계산은 원가통제와 성과평가가 공정별로 이루어지는 것이 아니라 개별작업별로 이루어진다.

  [X] : 종합원가계산은 원가통제와 성과평가가 개별작업별로 이루어지는 것이 아니라 공정별로 이루어진다.

●── 종합원가계산은 원가관리 및 통제가 제품별이나 작업별로 수행되므로 개별원가계산에 비해 책임회계 및 통제가 용이하다.

  [X] : 종합원가계산은 원가관리 및 통제가 제품별이나 작업별이 아닌 공정이나 부문별로 수행되므로 원가에 대한 책임중심점이 명확해진다.

●── 개별원가계산에서 제품은 완성수량에 단위당 평균제조원가를 곱하여 계산하고, 종합원가계산에서 재고자산의 평가는 작업이 완성된 것은 제품계정으로 대체되고 미완성된 작업은 재공품이 된다.

  [X] : 종합원가계산에서 제품은 완성수량에 단위당 평균제조원가를 곱하여 계산하고, 개별원가계산에서 재고자산의 평가는 작업이 완성된 것은 제품계정으로 대체되고 미완성된 작업은 재공품이 된다.

●── 평균법 종합원가계산은 완성품환산량 산출시 기초재공품의 기완성도를 고려한다.

  [X] : 평균법은 완성품환산량 산출시 기초재공품은 당기에 착수한 것으로 간주한다. 따라서, 기초재공품의 기완성도를 고려하지 않는다.

●── 평균법 종합원가계산은 기초재공품원가와 당기제조원가를 구별하여 계산하는 방법이다.

  [X] : 기초재공품원가와 당기제조원가를 구별하여 계산하는 방법은 선입선출법이다.

●── 종합원가계산에서 물량은 환산량보다 항상 작거나 같다.

  [X] : 종합원가계산에서 환산량(완성품환산량)은 물량에 완성도를 곱하여 계산하므로, 물량은 환산량보다 항상 크거나 같다.

●── 종합원가계산에서 평균법은 원가 통제의 관점에서 상대적으로 유용한 정보를 제공한다.

  [X] : 평균법은 당기에 계산된 단위당 원가가 당기에 투입된 제조원가뿐만 아니라, 기초재공품에 포함되어 있던 당기 이전에 발생한 원가에 의해서도 영향을 받기 때문에 전기의 작업능률과 당기의 작업능률이 혼합되어 원가통제상으로 유용한 정보를 제공하지 못한다.

● 종합원가계산하에서 기초재공품이 없을 경우, 선입선출법에 의한 제품제조원가가 평균법에 의한 제품제조원가보다 적게 나타난다.

[X] : 평균법은 기초재공품원가와 당기제조원가를 구별하지 않고 이를 가중평균하여 당기완성품과 기말재공품원가를 계산하는 방법이다. 즉, 당기 이전의 기초재공품 작업분도 마치 당기에 작업이 이루어진 것으로 간주하는 방법이다. 선입선출법은 기초재공품을 먼저 가공하여 완성시킨 후에 당기착수량을 가공한다는 가정에 따라 당기완성품과 기말재공품원가를 계산하는 방법이다. 즉, 당기 이전의 기초재공품 작업분과 당기 작업분을 별도로 구분하는 방법이다. 평균법과 선입선출법의 가장 큰 차이점은 원가계산시 기초재공품원가와 당기투입원가를 구분하느냐의 여부에 있다고 할 수 있다. 따라서, 기초재공품이 없을 경우 양 방법에 의한 계산결과는 동일해진다.

● 종합원가계산하에서 기초재공품이 없다고 하더라도 평균법과 선입선출법의 완성품환산량 단위당 원가를 구하는 방법이 상이하기 때문에 두 방법의 결과는 달라지게 된다.

[X] : 기초재공품이 없다면 평균법과 선입선출법하의 결과치는 동일하다.

● 종합원가계산에서 선입선출법은 완성품환산량 계산시 기초재공품을 당기에 착수한 것으로 간주한다.

[X] : 평균법은 완성품환산량 계산시 기초재공품을 당기에 착수한 것으로 간주한다.
→즉, 기초재공품의 제조를 당기 이전에 착수하였음에도 불구하고 당기에 착수한 것으로 가정하여, 기초재공품원가와 당기발생원가를 구분치 않고 합한 금액을 완성품과 기말재공품에 안분계산한다.

● 종합원가계산에서 평균법의 경우 완성품원가는 기초재공품원가와 당기투입원가 중 완성분으로 구분되지만, 선입선출법의 경우 당기완성량에 완성품환산량 단위당 원가를 곱한 금액이다.

[X] : 선입선출법의 경우 완성품원가는 기초재공품원가와 당기투입원가 중 완성분으로 구분되지만, 평균법의 경우 당기완성량에 완성품환산량 단위당 원가를 곱한 금액이다.

● 종합원가계산하에서 선입선출법의 완성품환산량 단위당 원가에는 전기의 원가가 포함되어 있다.

[X] : 선입선출법은 당기발생원가를 당기완성품환산량으로 나누어 완성품환산량 단위당 원가를 계산하므로, 선입선출법의 완성품환산량 단위당 원가에는 전기의 원가가 포함되어 있지 않다.

● 종합원가계산에서 완성품환산량 계산시 기말재공품의 완성도를 실제보다 높게 계상했다면 매출원가가 과대계상된다.

[X] : 기말재공품 완성도를 과대평가할 경우
→기말재공품 완성품환산량 과대
→완성품환산량이 과대해지면 투입된 원가는 일정하므로 완성품환산량단위당원가가 과소
→완성품의 완성품환산량은 변화가 없으므로 완성품환산량단위당원가의 과소로 완성품원가(당기제품제조원가)는 과소
→상대적으로 기말재공품(재공품계정)의 원가는 과대
→'기초제품+당기제품제조원가−기말제품=매출원가'에서 제품계정에는 영향이 없으나, 당기제품제조원가의 과소로 인해 매출원가가 과소평가되고 당기순이익이 과대평가된다.

● 선입선출법을 이용하여 종합원가계산을 수행시 기말재공품 완성도가 실제보다 과소평가된 경우 손익계산서상 당기순이익은 과대평가된다.

  [X] : 기말재공품 완성도를 과소평가할 경우
      →기말재공품 완성품환산량 과소
      →완성품환산량이 과소해지면 투입된 원가는 일정하므로 완성품환산량단위당원가가 과대
      →완성품의 완성품환산량은 변화가 없으므로 완성품환산량단위당원가의 과대로 완성품원가(당기제품제조원가)는 과대
      →상대적으로 기말재공품(재공품계정)의 원가는 과소
      →'기초제품+당기제품제조원가-기말제품=매출원가'에서 제품계정에는 영향이 없으나, 당기 제품제조원가의 과대로 인해 매출원가가 과대평가되고 당기순이익이 과소평가된다.

● 표준원가는 제품 제조와 관련된 예상원가를 가격표준과 수량표준을 사용하여 사전 또는 사후에 결정한 것이다.

  [X] : 표준원가는 제품 제조와 관련된 예상원가를 가격표준과 수량표준을 사용하여 사전에 결정한 것이다.
      →표준원가는 사전에 결정하며, 사후에 결정하지 않는다.

● 표준원가계산제도의 정보는 예산수립 등의 계획에만 사용하고, 통제 도구로는 사용하지 않는 것이 바람직하다.

  [X] : 표준원가계산제도에서는 달성목표인 표준원가와 실제원가를 비교하여 실제원가가 표준원가 범위 내에서 발생하고 있는지를 파악함으로써 원가통제를 보다 효과적으로 수행할 수 있다. 따라서, 표준원가계산제도를 통제의 도구로 사용하는 것이 바람직하다.

● 표준원가는 기업의 활동과 성과를 실제 발생한 수치로 표시할 수 있다.

  [X] : 표준원가는 정상적이고 효율적인 영업상태에서 특정제품을 생산하는데 발생할 것으로 예상되는 원가이다.
      →기업의 활동과 성과를 실제 발생한 수치로 표시할 수 있는 것은 실제원가계산에 대한 설명이다.

● 표준원가시스템(예외에 의한 관리 제외)은 책임을 명확히 하여 종업원의 동기를 유발시키는 방법으로는 적절하지 않다.

  [X] : 표준원가시스템은 책임을 명확히 하여 종업원의 동기를 유발시키는 방법이다.

● 예외에 의한 관리는 책임을 명확히 하여 종업원의 동기를 유발시키는 방법으로는 적절하다.

  [X] : 표준원가시스템은 책임을 명확히 하여 종업원의 동기를 유발시키는 방법이다. 그러나 예외에 의한 관리는 근로자에게 동기부여 측면에서 문제가 발생할 수 있다. 만일 성과평가가 중요한 예외사항에 의해서만 결정된다면 근로자는 자신에게 불리한 예외사항을 숨기려고 할 것이고, 원가가 크게 절감된 예외사항에 대해서 보상을 받지 못한다면 이에 대한 불만이 누적되고 동기부여가 되지 않을 수 있기 때문이다.

● 표준원가는 일단 사전에 한번 결정되면 가능한 변경 또는 조정해서는 안된다.

  [X] : 표준원가는 한번 설정된 영구불변의 원가가 아니라 기업 내적인 요소나 기업 외부환경의 변화에 따라 수시로 수정을 필요로 하는 원가이다. 만약, 이러한 표준원가의 적정성을 사후 관리하지 않을 경우 미래 원가계산을 왜곡할 소지가 있다.

● 표준원가계산제도는 종합원가계산제도와 결합하여 사용할 수 없다.

  [X] : 종합원가계산제도와 결합하여 표준종합원가계산제도를 적용할 수 있다.

● 표준원가란 현실적으로 달성가능한 상황에서 설정된 목표원가가 아니라 가장 이상적인 상황에서만 달성가능한 추정치이다.

  [X] : 표준원가란 현실적으로 달성가능한 상황에서 설정된 목표원가이다. 표준원가계산제도에서의 표준원가라 하면 일반적으로 이상적 표준이 아니라 현실적 표준(경영의 실제활동에서 열심히 노력하면 달성될 것으로 기대되는 표준원가)을 의미한다.

● 이상적 표준을 기준으로 표준원가를 설정할 경우 재고자산가액과 매출원가가 항상 적절하게 계상된다.

  [X] : 실제원가와의 차이가 크게 발생하므로 재고자산평가와 매출원가산정에 적합하지 않다.

● 표준원가와 실제원가와의 차이가 가장 적게 발생하여 매출원가 산정에 가장 적합한 것은 이상적 표준이다.

  [X] : 표준원가와 실제원가와의 차이가 가장 적게 발생하여 매출원가 산정에 가장 적합한 것은 정상적 표준이다.

| 정상적 표준
(normal) | • 정상적인 조업수준이나 능률수준에 대하여 설정된 표준원가임.
→여기서 정상이란 경영활동에서 이상 또는 우발적인 상황을 제거한 것을 의미함.
• 정상적 표준은 경영에 있어 비교적 장기간에 이르는 과거의 실적치를 통계적으로 평균화하고 여기에 미래의 예상추세를 감안하여 결정됨.
→따라서, 경제상태가 비교적 안정된 경우에는 재고자산가액 산정과 매출원가계산에 가장 적합하며 원가관리를 위한 성과평가의 척도가 될 수 있음. |

●── 표준의 내용을 어떻게 설정하는가에 따라 원가관리에 더 적합할 수 있고 예산관리에 유용하게 이용될 수 있는 것은 이상적 표준이다.

[X] : 이상적 표준(X) → 현실적 표준(O)

현실적 표준 (practical)	• 현실적 표준(practical standards)이란 경영의 실제활동에서 열심히 노력하면 달성될 것으로 기대되는 표준원가임. →이는 정상적인 기계고장과 근로자의 휴식시간을 허용하며, 작업에 참여하는 평균적인 근로자들이 합리적이면서 매우 효율적으로 노력을 하면 달성될 수 있는 표준임. • 현실적 표준과 실제원가와의 차이는 정상에서 벗어난 비효율로서 차이발생에 대해 경영자의 주의를 환기시키는 신호가 된다는 점에서 경영자에게 매우 유용함. • 현실적 표준은 설정내용에 따라서 원가관리에 더욱 적합할 수 있고 예산관리에도 유용하게 이용될 수 있음. • 표준원가계산제도에서의 표준원가라 하면 일반적으로 현실적 표준원가를 의미함.

●── 표준원가계산제도에서는 비계량적인 정보를 활용하여 의사결정에 사용할 수 있다.

[X] : 표준원가계산제도는 계량적 정보에 의해서만 성과평가가 이루어진다. 따라서, 표준원가계산제도를 채택할 경우 비계량적인 정보를 무시할 가능성이 있다. 예를 들어 표준원가달성을 지나치게 강조할 경우 제품의 품질을 희생시킬 수 있고, 납품업체에 표준원가를 기초로 지나친 원가절감을 요구할 경우 관계가 악화될 수도 있다.

●── 표준원가계산제도는 계량정보와 비계량정보를 모두 포함하는 종합적인 원가계산제도이다.

[X] : 표준원가계산제도를 채택할 경우 비계량적인 정보를 무시할 가능성이 있다. 예를 들어 표준원가달성을 지나치게 강조할 경우 제품의 품질을 희생시킬 수 있고, 납품업체에 표준원가를 기초로 지나친 원가절감을 요구할 경우 관계가 악화될 수도 있다.
→한편, 표준원가계산제도는 계량적 정보에 의해서만 성과평가가 이루어진다.

●── 표준원가계산제도를 채택할 경우 계량적인 정보를 무시할 가능성이 있다.

[X] : 표준원가계산제도를 채택할 경우 비계량적인 정보를 무시할 가능성이 있다.

●── 원가통제를 포함한 표준원가시스템을 잘 활용하여도 원가절감를 유도 할 수는 없다.

[X] : 효율적 달성치인 표준원가를 설정하여 실제 발생원가와 비교함으로써 원가통제를 통한 원가절감을 유도할수 있다. 즉, 표준원가계산제도는 성격상 원가절감을 위한 원가통제를 포함한다.

●── 이상적 표준을 기준으로 표준원가를 설정할 경우 근로자들의 임금상승 효과를 가져온다.

[X] : 불리한 차이 발생으로 인한 저조한 성과평가로 근로자들의 임금이 삭감될 가능성이 높다.

● 표준원가계산제도에서는 표준에서 벗어나는 차이는 모두 검토하여야 한다.

  [X] : 표준에서 벗어나는 차이 중 사전에 설정된 허용범위를 벗어나는 경우에만 검토하면 되며, 이를'예외에 의한 관리'라고 한다.

● 표준원가계산제도에서는 관리목적상 표준원가에 근접하는 원가항목을 보다 중점적으로 관리해야 한다.

  [X] : 표준원가에 근접하는 원가항목보다 표준원가에서 크게 벗어나는 항목을 중점적으로 관리해야 한다.

● 이상적 표준을 표준원가로 설정하면 종업원들에게 강한 동기부여 효과를 일으키므로 가장 적합한 표준설정이라고 할 수 있다.

  [X] : 이상적 표준은 이를 달성하는 경우가 거의 없기 때문에 항상 불리한 차이가 발생되며, 이에 따라 종업원의 동기부여에 역효과를 초래한다.

● 표준원가 도입시 차이분석의 결과는 당기에만 유용하며 차기의 표준이나 예산 설정에 유용한 정보를 제공하지 않는다.

  [X] : 표준원가계산제도는 달성하고자 하는 목표로서의 합리적인 원가표준을 설정하고 원가의 실제발생액을 집계하여 이를 표준과 비교하여 차이를 산출하고 구체적인 원인별로 차이를 분석하므로 원가관리를 수행하는 담당자에게 적절한 정보를 제공하여 줌으로써 원가능률의 향상을 도모하게 되며, 이러한 차이분석의 결과는 경영자에게 보고되어 차기의 표준이나 예산설정에 피드백되어 유용한 정보를 제공해 준다.

● 표준원가계산은 적정원가의 산정에 있어 객관성의 확보가 용이하다는 장점이 있다.

  [X] : 표준원가는 사전에 과학적이고 통계적인 방법으로 적정원가를 산정하는 것이 필수적이나, 이러한 적정원가의 산정에 객관성이 보장되기 힘들고 많은 비용이 소요된다는 한계점을 가지고 있다.

● 표준원가계산에서는 생산활동의 비능률을 찾아낼 수 없다.

  [X] : 표준원가계산에서는 표준과 실제의 차이를 분석하여 생산활동의 비능률을 찾아낼 수 있다.

● 표준원가와 실제발생원가의 차이분석에 있어 중요한 불리한 차이들은 모두 조사하여야 하나 중요한 유리한 차이들은 조사할 필요가 없다.

  [X] : 표준에서 벗어나는 차이 중 사전에 설정된 허용범위를 벗어나는 경우에만 검토하면 되며, 이를 '예외에 의한 관리'라고 한다. 표준원가계산은 예외에 의한 관리를 통해 표준원가와 실제원가의 차이 중 중요한 부분에 대해서만 관심을 가지게 된다. 다만, 중요한 불리한 차이든지 중요한 유리한 차이든지 중요한 차이는 모두 검토한다.

●— 경영자는 금액의 중요성과 상관없이 표준원가와 실제원가의 모든 차이에 대해 반드시 관심을 가지고 개선책을 강구해야 한다.

[X] : 일반적으로 표준은 원가발생의 기대치를 표현하는 것이기 때문에 경영자는 표준원가와 실제원가의 차이 중 중요한 부분에 대해서만 관심을 가지고 개선책을 강구하는 예외에 의한 관리(management by exception)를 하게 되며, 표준원가계산에서 예외에 의한 관리기법을 사용할 때에는 어느 정도의 예외사항을 중요한 예외사항으로 판단하여 관리할 것인가를 결정해야 한다.

●— 가격차이는 실제단가와 표준단가의 차이에 정해진 표준수량을 곱하여 산출된다.

[X] : 가격차이(AQ×AP - AQ×SP)는 '(AP - SP)×AQ'와 동일하다.
→ 즉, 가격차이는 실제단가(AP)와 표준단가(SP)의 차액에 실제 사용한 수량(AQ)을 곱한 것이다.

●— 표준원가계산제도 차이분석의 경우 가격차이는 실제투입량에 대한 표준원가와 표준투입량에 대한 표준원가와의 차이를 의미한다.

[X] : 가격차이는 실제원가(AQ×AP)와 실제투입량에 대한 표준원가(AQ×SP)와의 차이를 의미한다.
→ 실제투입량에 대한 표준원가(AQ×SP)와 표준투입량에 대한 표준원가(SQ×SP)와의 차이는 능률차이를 의미한다.

●— 표준원가계산제도 차이분석의 경우 총차이란 실제발생원가에서 목표산출량에 허용된 표준원가를 차감한 차이를 의미한다.

[X] : 총차이는 실제발생원가(AQ×AP)와 실제산출량에 허용된 표준원가(SQ×SP)와의 차이를 의미한다.
(또는 실제발생원가(AQ×AP)와 표준투입량에 대한 표준원가(SQ×SP)와의 차이)

●— 직접재료원가 총차이가 유리한 경우 가격차이와 능률차이로 구분할 필요가 없다.

[X] : 총차이가 유리한 경우에도 원인파악을 위해 가격차이와 능률차이의 구분이 필요하다.

●— 직접재료원가 차이분석시 표준투입량은 사전에 미리 설정해 놓은 최대조업도에 대한 표준투입량이다.

[X] : 표준투입량(SQ)은 최대조업도에 대한 표준투입량이 아니라, 실제산출량의 생산에 허용된 투입량을 말한다.

●— 직접재료원가 가격차이에 대한 책임은 생산담당자가 지는 것이 바람직하다.

[X] : 직접재료원가 가격차이는 원재료의 구매가격과 관련하여 발생하므로 구매담당자가 책임을 진다.
→ 한편, 직접재료원가 능률차이는 생산과정에서 원재료의 효율적 사용여부와 관련하여 발생하므로 생산담당자가 책임을 진다.

●— 직접재료원가 가격차이를 재료 사용시점에 분리한다면 직접재료원가 가격차이에 대한 책임은 생산담당자가 지는 것이 바람직하다.

[X] : 직접재료원가 가격차이(사용가격차이 또는 구입가격차이)는 원재료의 구매가격과 관련하여 발생하므로 구매담당자가 책임을 진다.
→한편, 직접재료원가 능률차이는 생산과정에서 원재료의 효율적 사용여부와 관련하여 발생하므로 생산담당자가 책임을 진다.

●— 유리한 직접재료원가차이에 대하여는 재료원가 구매담당자가 책임을 지며, 불리한 직접재료 원가차이에 대하여는 생산담당자가 책임을 진다.

[X] : 구입가격차이는 구매담당자가, 능률차이는 생산담당자가 책임을 진다.

●— 직접재료원가 가격차이와 능률차이를 구분해야 일반적으로 인정되는 회계원칙과 부합한다.

[X] : 기업회계에서는 원가차이를 외부공시하지 않는다.

●— 직접재료원가 가격차이는 생산과정에서 원재료를 효율적으로 사용하지 못함으로써 발생할 수 있다.

[X] : 원재료를 효율적으로 소량 사용시는 유리한 능률차이가, 비효율적으로 낭비하여 대량 사용시는 불리한 능률차이가 발생한다. 즉, 가격차이가 아닌 능률차이 발생에 대한 설명이다.

●— 기술혁신에 따라 직접재료원가 가격차이가 발생할 수 있다.

[X] : 기술혁신에 의해 원재료 투입량이 감소하여 유리한 능률차이가 발생한다. 즉, 가격차이가 아닌 능률차이가 발생할 수 있다.

●— 생산부문 책임자의 생산 관리소홀로 인하여 일정계획에 차질이 있을 경우 직접노무원가 불리한 가격차이가 발생한다.

[X] : 생산부문 책임자의 관리소홀로 인하여 일정계획에 차질이 있을 경우에는 시간투입이 증가하여(AQ>SQ) 불리한 능률차이가 발생한다.

●— 단순한 작업에 고임률의 숙련된 노동자를 투입할 경우는 직접노무원가 능률차이의 발생원인이 된다.

[X] : 저임률의 비숙련노동자가 투입되어도 될 작업(단순한 작업)에 고임률의 숙련된 노동자를 투입할 경우에는 직접노무원가 가격차이(AP〉SP)의 발생원인이 된다.

DL가격차이 발생원인	• ㉠ 생산에 투입되는 노동력의 질에 따라 발생할 수 있음. →예 저임률의 비숙련노동자가 투입되어도 될 작업에 고임률의 숙련노동자를 투입할 경우 ㉡ 생산부문에서 작업량의 증가에 따라 초과근무수당을 지급할 경우 ㉢ 노사협상 등에 의하여 임금이 상승할 경우
DL능률차이 발생원인	• ㉠ 노동의 비능률적인 사용으로 인하여 발생할 수 있음. →예 기술수준이 높은 근로자에 비해 기술수준이 낮은 근로자는 작업수행에 보다 많은 시간을 필요로 할 것이므로 능률차이가 발생하게 됨. ㉡ 생산에 투입되는 원재료의 품질정도에 따라 투입되는 노동시간이 영향을 받으므로 이에 의해서도 발생할 수 있음. ㉢ 생산부문 책임자의 감독소홀이나 일정계획 등의 차질로 인하여 발생할 수 있음.

●— 일반적으로 생산부문 책임자의 감독소홀이나 일정계획의 차질은 직접노무원가 능률차이를 발생시키나 변동제조간접원가 능률차이에는 영향을 주지 않는다.

[X] : 변동제조간접원가 배부율이 노동시간과 관련된 경우 변동제조간접원가(VOH) 능률차이가 발생하는 원인은 다음과 같이 직접노무원가(DL) 능률차이가 발생하는 원인과 동일하다.

> ㉠ 노동의 비능률적 사용으로 인해 DL은 물론 VOH에서도 능률차이가 발생할 수 있다.
> ㉡ 생산에 투입되는 원재료의 품질정도에 따라 투입되는 노동시간이 영향을 받으므로 이에 의해서도 변동제조간접원가 능률차이가 발생할 수 있다.
> ㉢ 생산부문 책임자의 감독소홀이나 일정계획 등의 차질로 인하여 변동제조간접원가 능률차이가 발생할 수 있다.

●— 노동의 능률적 혹은 비능률적 사용은 변동제조간접원가 능률차이에 전혀 영향을 미치지 않는다.

[X] : 변동제조간접원가 배부율이 노동시간과 관련된 경우 변동제조간접원가 능률차이가 발생하는 원인은 직접노무원가 능률차이가 발생하는 원인과 동일하다. 즉, 노동의 비능률적 사용으로 인해 직접노무원가는 물론 변동제조간접원가에서도 능률차이가 발생할 수 있다.

●— 기준조업도는 물량 기준보다는 금액 기준으로 설정하는 것이 바람직하다.

[X] : 기준조업도는 될 수 있으면 금액보다는 물량기준으로 설정해야 한다. 왜냐하면 금액을 기준조업도로 사용할 경우에는 물가변동의 영향을 받기 때문이다.

●— 고정제조간접원가 예산은 실제산출량에 허용된 표준조업도에 조업도 단위당 표준배부율을 곱하여 계산한 금액을 의미한다.

[X] : 고정제조간접원가 예산은 기준조업도(N)에 조업도 단위당 표준배부율(f)을 곱하여 계산한 금액을 의미한다.
→고정제조간접원가 배부액은 실제산출량에 허용된 표준조업도(S)에 조업도 단위당 표준배부율(f)을 곱하여 계산한 금액을 의미한다.

●── 고정제조간접원가 실제발생액이 고정제조간접원가 예산에 비하여 과소하게 발생하였다면 불리한 예산차이가 발생하게 된다.

[X] : 고정제조간접원가 실제발생액이 예산에 비하여 과소하게 발생하였다면, '실제발생액 − F'가 (−)인 경우이므로 유리한 예산차이가 발생하게 된다.

●── 고정제조간접원가 예산의 기준조업도를 최대 생산가능조업도로 할 경우 불리한 고정제조간접원가 조업도차이는 발생하지 않는다.

[X] : 기준조업도를 최대 생산가능조업도로 할 경우 일반적으로 불리한 FOH 조업도차 이가 발생하게 된다. 왜냐하면, 기준조업도(최대 생산가능조업도) 이하로 조업한 경우가 대부분 발생할 것이므로(즉, 생산시설의 이용정도가 기대에 못미침) 조업도차이('fN−fS')는 불리한 차이가 발생한다.

●── 표준원가계산제도에서 원가차이의 처리방법인 매출원가조정법은 원가차이를 매출원가와 재고자산에 가감하여 차이를 조정하는 방법이다.

[X] : 매출원가조정법은 모든 원가차이를 매출원가에 가감하여 차이를 조정하는 방법이다.

●── 표준원가계산제도에서 기말에 원가차이를 매출원가에서 조정할 경우 불리한 차이는 매출원가에서 차감하고 유리한 차이는 매출원가에 가산한다.

[X] : 매출원가조정법의 경우 다음과 같이 불리한 차이는 매출원가에 가산하고 유리한 차이는 매출원가에서 차감한다.

• 매출원가조정법 : 모든 원가차이를 매출원가에 가감하는 방법			
→㉠ 불리한 차이 : 매출원가에 가산 ㉡ 유리한 차이 : 매출원가에서 차감			

원가차이 분석	(차) 재공품(SQ×SP) 70,000 가격차이(불리) 40,000	(대) 원재료(AQ×AP) 100,000 능률차이(유리) 10,000
원가차이 배분	(차) 매출원가 40,000 (차) 능률차이(유리) 10,000	(대) 가격차이(불리) 40,000 (대) 매출원가 10,000

• 모두 매출원가에서 조정되므로 재공품과 제품계정은 모두 표준원가로 계속 기록됨.

●── 표준원가계산에서 원가차이의 배분방법인 매출원가조정법을 사용하면 비례배분법을 사용하는 경우보다 당기순이익이 항상 크게 나타난다.

[X] : 원가차이가 매출원가에 가감되므로 모든 원가차이를 당기손익에 반영하게 되며 이에 따라 불리한 차이의 경우는 비례배분법보다 순이익이 감소, 유리한 차이의 경우는 비례배분법보다 순이익이 증가한다.

●── 2분법에 의한 제조간접원가 분석의 경우 예산차이에는 변동제조간접원가차이만이 포함되며, 조업도차이에는 고정제조간접원가차이만이 포함된다.

[X] : 예산차이에는 고정제조간접원가차이(FOH예산차이)도 포함된다.

4분법	3분법	2분법	1분법
VOH소비차이	소비차이	예산차이	OH배부차이(총차이)
FOH예산차이			
VOH능률차이	능률차이		
FOH조업도차이	조업도차이	조업도차이	

●── 2분법에 의한 제조간접원가 분석의 경우 예산차이에는 변동제조간접원가차이의 일부만이 포함되며, 조업도차이에는 변동제조간접원가차이의 일부와 고정제조간접원가차이가 포함된다.

[X] : 예산차이에는 변동제조간접원가차이의 모두(VOH소비차이/VOH능률차이)가 포함되며, 조업도차이에는 변동제조간접원가차이는 포함되지 않는다.

●── 2분법에 의한 제조간접원가 분석의 경우 예산차이와 조업도차이에는 모두 변동제조간접원가차이와 고정제조간접원가차이가 포함된다.

[X] : 예산차이에는 모두 변동제조간접원가차이와 고정제조간접원가차이가 포함되나, 조업도차이에는 변동제조간접원가차이가 포함되지 않는다.

●── 변동원가계산제도에서는 표준원가계산제도를 적용할 수 없다.

[X] : 표준변동원가계산제도를 적용할 수 있다.

●── 변동원가계산은 표준원가를 사용할 수 있으나 전부원가계산은 표준원가를 사용할 수 없다.

[X] : 원가계산방법은 다음과 같이 결합되어 다양한 방법이 가능하다.(예 표준전부원가계산, 표준변동원가계산)

제품원가의 구성요소 (원가구성)	원가요소의 실제성여부 (원가측정)	생산형태 (제품의 성격)
전부원가계산 변동원가계산	실제원가계산 정상원가계산 표준원가계산	개별원가계산 종합원가계산

●── 초변동원가계산은 전부원가계산제도와 마찬가지로 원가부착개념에 근거를 두고 있다.

[X] : 초변동원가계산은 직접노무원가, 변동제조간접원가, 고정제조간접원가를 모두 비용(운영비용) 처리하므로, 변동원가계산과 마찬가지로 원가회피개념에 근거를 두고 있다.

● 초변동원가계산은 제조간접원가에 포함되는 혼합원가를 임의로 고정원가와 변동원가로 구분해야 하므로 혼합원가의 주관적 구분이 필요하다.

    [X] : 제조간접원가에 포함되는 혼합원가를 임의로 고정원가와 변동원가로 구분할 필요없이 모두 기간비용으로 처리하기에 혼합원가의 주관적 구분이 불필요하다.

● 변동원가계산은 제조간접원가에 포함되는 혼합원가의 주관적 구분이 불필요하다는 유용성을 갖고 있다.

    [X] : 초변동원가계산의 유용성에 대한 설명이다. 즉, 초변동원가계산은 혼합원가의 주관적 구분이 불필요하다. 제조간접원가에 포함되는 혼합원가를 임의로 고정원가와 변동원가로 구분할 필요없이 모두 기간비용으로 처리하기에 변동원가계산에서 발생 할 수 있는 자의적인 해석이 개입될 여지가 없다.

● 변동원가계산제도는 기업회계기준에서 인정하는 원가계산제도이다.

    [X] : 기업회계기준에서 인정하지 않으며 내부 의사결정 목적으로 이용된다.

● 변동원가계산은 의사결정에 유용하므로 전부원가계산에 비하여 외부보고용으로 적절한 원가계산방법이다.

    [X] : 기업회계기준은 외부보고용으로 전부원가계산을 인정한다.

● 초변동원가계산방법도 외부보고목적의 재무제표 작성에 이용될 수 있다.

    [X] : 외부보고목적의 재무제표 작성에 이용되는 방법은 전부원가계산방법이다.

● 변동원가계산은 변동판매비와관리비를 제품원가로 인식하고 전부원가계산은 고정제조간접원가를 제품원가로 인식한다.

    [X] : 변동원가계산에서의 제품원가는 DM(직접재료원가), DL(직접노무원가), VOH(변동제조간접원가)로 구성되며, 변동판매비와관리비는 제품원가로 인식되지 않는다.

● 변동원가계산은 변동제조간접원가를 기간비용으로 처리한다.

    [X] : 변동원가계산은 변동제조간접원가가 아니라 고정제조간접원가를 기간비용으로 처리한다.

● 변동원가계산은 고정제조간접원가를 제품원가로 처리한다.

    [X] : 변동원가계산은 고정제조간접원가를 기간비용으로 처리한다.

● 고정판매비와관리비 또한 고정제조간접원가와 마찬가지로 변동원가계산과 전부원가계산 간의 처리방법이 상이하다.

    [X] : 고정판매비와관리비는 변동원가계산과 전부원가계산의 처리방법이 동일하다.(모두 기간비용 처리)

● 변동원가계산을 적용하여 원가계산을 하게 되면 모든 제조원가가 기말재공품에 포함된다.

[X] : 변동원가계산을 적용하여 원가산정을 하게 되면 고정제조간접원가가 모두 당기비용으로 처리되어 고정제조간접원가가 기말재공품에 포함되지 않는다.

● 변동원가계산은 특정기간의 이익이 재고자산 수량의 변동에 영향을 받는다.

[X] : 전부원가계산의 설명이다.

● 변동원가계산은 제품생산량이 영업이익에 영향을 미친다.

[X] : 변동원가계산은 제품판매량만이 영업이익에 영향을 미친다.(생산량은 이익에 영향을 미치지 않는다.)
→반면, 전부원가계산은 생산량증감에 따라 고정제조간접원가배부액이 증감하여 이익이 증감하므로 판매량뿐만 아니라 생산량도 영업이익에 영향을 미친다.

● 변동원가계산은 이익이 생산량에 영향을 받으므로 불필요한 재고의 누적을 막을 수 있다.

[X] : 변동원가계산은 판매량만이 영업이익에 영향을 미친다. 따라서, 이익이 생산량에 의해 영향을 받지 않으므로 바람직하지 못한 재고의 누적을 방지할 수 있다.
→반면, 전부원가계산은 생산량증감에 따라 고정제조간접원가배부액이 증감하여 이익이 증감하므로 영업이익이 판매량뿐만 아니라 생산량의 변화에도 영향을 받는다. 따라서, 생산량을 증가시켜 손실을 줄이거나 이익을 증가시킬 수 있으므로 생산과잉으로 인한 바람직하지 못한 불필요한 재고의 누적을 유발할 수 있다.

● 전부원가계산은 생산량이 이익에 아무런 영향을 미치지 않는다.

[X] : 전부원가계산은 생산량증감에 따라 고정제조간접원가배부액이 증감하여 이익이 증감하므로 판매량뿐만 아니라 생산량도 영업이익에 영향을 미친다.
→반면, 변동원가계산은 제품판매량만이 영업이익에 영향을 미친다.(생산량은 이익에 영향을 미치지 않는다.)

● 변동원가계산은 고정원가를 부문이나 제품에 배분하지 않기 때문에 부문별, 제품별 의사결정 문제에 왜곡을 초래할 수 있다.

[X] : 변동원가계산은 공통적인 고정원가를 부문이나 제품별로 배분하지 않기 때문에 부문별, 제품별 의사결정 문제에 왜곡을 초래하지 않는다.(즉, 변동원가와 고정원가가 분리되고 공헌이익도 제시되므로 증분이익 분석이 용이해져 의사결정에 유용함.)
→반면, 전부원가계산은 공통적인 고정원가를 부문이나 제품별로 배부하기 때문에 부문별, 제품별 의사결정 문제에 왜곡을 초래할 가능성이 존재한다.

●── 변동원가계산은 공통고정원가를 부문이나 제품별로 배부하기 때문에 부문별, 제품별 의사결정 문제에 왜곡을 초래할 가능성이 존재한다.

[X] : 전부원가계산의 설명이다.

●── 전부원가계산제도에서 매출액과 이익은 동일한 방향으로 움직이므로 경영자의 입장에서 이해하기 쉽다.

[X] : 변동원가계산의 설명이다.

●── 결합제품 생산시에는 변동원가계산 적용이 전부원가계산에 비해 용이하다는 장점이 있다.

[X] : 제조원가 중에서 변동원가와 고정원가를 정확히 구분해내는 것은 현실적으로 어려우므로 결합제품을 생산할 경우에는 개별 결합제품별로 변동원가계산을 한다는 것이 사실상 불가능하다.

●── 당기 생산량이 판매량보다 많으면, 전부원가계산의 영업이익이 변동원가계산의 영업이익보다 항상 크다.

[X] : 당기 생산량이 판매량보다 많은 경우, 전부원가계산 영업이익이 항상 크려면 전기·당기의 단위당FOH(단위당고정제조간접원가)가 불변해야 한다.(매기 동일) 따라서, 당기 생산량의 단위당FOH보다 전기 단위당FOH(기초재고에 포함된 단위당FOH)가 더 큰 경우에는 변동원가계산의 영업이익이 더 클 수도 있다.

●── CVP분석에서는 일반적으로 당기에 투입된 원가보다 적은 금액이 손익계산서상 비용으로 인식된다고 가정한다.

[X] : CVP분석의 기본가정과 무관한 설명이다.

●── 기초적인 CVP분석에 있어 원가함수는 선형이라는 가정이 필요하지만 수익함수는 선형이라는 가정이 필요하지 않다.

[X] : 수익과 원가의 행태가 확실히 결정되어 있고 관련범위 내에서 모두 선형으로 가정한다.

●── CVP분석은 수익과 원가행태는 관련범위 내에서 곡선적이라고 가정한다.

[X] : 곡선적(X) → 선형(O)

●── CVP분석에서는 제품의 종류가 복수인 경우에는 판매량 변화에 따라 매출의 배합이 변동한다고 가정한다.

[X] : 복수제품인 경우에는 매출배합이 일정하다고 가정한다.

●── CVP분석은 화폐의 시간가치를 고려하는 장기적인 손익기법이다.

[X] : 화폐의 시간가치를 무시하며, 화폐의 시간가치가 중요하지 않을 정도의 단기간이라고 가정한다.

●— CVP분석은 제품원가를 최소화하는 조업도를 파악하는데 유용하며 장기투자의사결정에 유용한 분석방법이다.

    [X] : CVP분석은 다양한 조업도 수준에서 원가와 이익의 관계를 분석하는데 유용한 기법이며, 제품원가를 최소화하는 조업도를 파악하기 위한 분석기법은 아니다. 또한, CVP분석은 1년 이내의 단기투자의사결정에 유용한 분석방법이다.

●— CVP분석은 장기투자의사결정에 유용한 분석방법이다.

    [X] : CVP분석은 1년 이내의 단기투자의사결정에 유용한 분석방법이다.

●— CVP분석은 변동원가와 고정원가의 상관관계를 파악하며 변동원가를 보상하는데 필요한 매출액을 파악하는데 유용하다.

    [X] : 변동원가가 아닌 고정원가를 보상하는데 필요한 매출액을 파악하는데 유용하다.

●— CVP분석에서 공헌이익이 총고정원가보다 큰 경우에는 손실이 발생한다.

    [X] : '공헌이익 - 총고정원가 = 이익'이므로 공헌이익이 총고정원가보다 큰 경우에는 손실이 아니라 이익이 발생한다.

●— CVP분석에서 공헌이익률은 원가구조와 밀접히 관련이 있으며 총원가 중 변동원가 비율이 높으면 공헌이익률도 높게 나타난다.

    [X] : 공헌이익률 = $\frac{\text{매출액} - \text{변동원가}}{\text{매출액}}$ 이므로, 변동원가비중이 높으면(증가하면) 공헌이익률이 낮게 나타난다.

      →또는, '변동비율 + 공헌이익률 = 1'에서 변동원가비율이 높으면 공헌이익률은 낮게 나타난다.

●— CVP분석에서 매출액의 변화가 기업의 순이익에 미치는 영향을 파악하는데 있어서는 공헌이익률보다 공헌이익 개념이 더 유용하다.

    [X] : 공헌이익률(= $\frac{\text{공헌이익}}{\text{매출액}}$)은 공헌이익의 개념을 비율개념으로 나타낸 것이다. 공헌이익률은 매출액 중 몇 퍼센트가 고정원가의 회수 및 이익창출에 공헌하였는가를 나타내는 것으로 매출액의 변화가 기업의 순이익에 미치는 영향을 분석할 때 공헌이익보다 유용하게 사용된다.

      →예 공헌이익이 ₩10으로 동일한 A, B 두 제품이 있을 경우 어느 제품을 집중관리해야 하는지에 대한 의사결정시 공헌이익률은 합리적인 판단기준을 제공한다. 즉, A의 가격은 ₩50, B의 가격은 ₩40일 때 공헌이익률 개념을 도입하면 A의 공헌이익률은 20%, B의 공헌이익률은 25%로서 B를 집중관리하는 것이 필요하다는 판단을 할 수 있다.

●— 법인세를 고려하는 경우 손익분기점 분석결과는 변화한다.

    [X] : 손익분기점은 이익이 0인 판매량(매출액)이므로 이익이 0이면 법인세가 없다. 따라서, 손익분기점은 법인세가 존재하든 법인세가 존재하지 않든 영향없이 동일하다.

●— 영업레버리지는 고정원가로 인하여 매출액의 변화액보다 영업이익의 변화액이 더 커지는 현상을 말한다.

   [X] : 변화액(X) → 변화율(O)

●— 어떤 기업의 영업레버리지도가 7일 경우 경기불황으로 인하여 매출액이 20% 감소하면 영업이익은 40% 감소할 것이다.

   [X] : 영업레버리지도가 7일 경우 매출액이 20% 감소하면 영업이익은 140%(=20%×7) 감소한다.

●— 고정원가가 감소하면 영업레버리지도는 높아진다.

   [X] : 영업레버리지도(DOL)= $\dfrac{\text{영업이익변화율}}{\text{매출액변화율}}$ = $\dfrac{\text{공헌이익}}{\text{영업이익}}$ = $\dfrac{\text{매출액}-\text{변동비}}{\text{매출액}-\text{변동비}-\text{고정비}}$

   →고정비가 감소하면 분모가 커져 영업레버리지도는 낮아진다.

●— 고정원가가 없는 기업은 영업레버리지의 효과가 없기 때문에 영업레버리지도는 0(영)이다.

   [X] : 영업레버리지도(DOL) = $\dfrac{\text{공헌이익}(\text{매출액}-\text{변동비})}{\text{영업이익}(\text{매출액}-\text{변동비}-\text{고정비})}$ 에서, 고정비=0이면 DOL=1

●— 영업레버리지도(DOL)가 높을수록 영업이익이 많다는 의미이므로 기업 운영이 좋다고 할 수 있다.

   [X] : 영업레버리지도가 높다는 것이 그 기업의 영업이익이 많다는 것을 나타내는 것은 아니며, 또한 기업운영이 좋다는 것을 나타내는 것도 아니다. 단지 매출액이 증가하거나 감소함에 따라 영업이익이 좀 더 민감하게 반응한다는 것을 의미한다.

   예 DOL=6일 때 매출이 20%증가하면 영업이익은 120%증가, 매출이 20%감소하면 영업이익은 120%감소함.

   →즉, 고정비의 비중이 큰 원가구조를 가지고 있는 기업일수록 레버리지 효과가 커서 불경기에는 큰 타격을 입고 반면에 호경기에는 막대한 이익을 얻음.

●— 이익규모가 비슷한 경우 고정원가의 비중이 큰 원가구조를 가지고 있는 기업일수록 레버리지 효과가 크기 때문에 불경기에도 큰 타격을 입지 않을 것이다.

   [X] : 레버리지가 크면 호경기에는 막대한 이익을 얻으나 불경기에는 큰 타격을 입는다.

●— 일반적으로 한 기업의 영업레버리지도는 손익분기점 부근에서 가장 작으며, 매출액이 증가함에 따라 점점 커진다.

   [X] : 일반적으로 한 기업의 영업레버리지도는 손익분기점 부근에서 가장 크며, 매출액이 증가함에 따라 점점 작아진다.

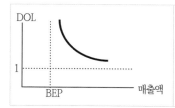

• 고정비비중이 클수록 DOL의 분모가 작아져 DOL이 커짐
• 고정비가 '0'이면 DOL=1이 됨.
• BEP에 근접함에 따라서 분모인 영업이익이 0에 근접함으로, DOL=∞가 됨.
  →즉, DOL은 손익분기점 부근에서 가장 커짐.
• DOL은 매출액증가에 따라 점점 감소하여 1에 접근함.
*　**참고** BEP에 미달할수록 DOL은 -1에 접근함.

●─ 직접노무원가와 같은 직접원가의 증가로 인해 새로운 원가배부기준이 필요하게 되어 활동기준원가계산이 등장하였다.

> [X] : 산업이 고도화되고 고객의 요구가 다양해짐에 따라 제조환경이 다품종 소량생산으로 바뀌고 있으며 생산기술이 발달하고 제조과정이 자동화됨으로 인하여 제조원가에서 직접노무원가가 차지하는 비중은 줄어든 반면 제조간접원가의 비중은 과거에 비해 훨씬 커졌다. 이와 같이 늘어난 제조간접원가를 전통적 원가배부기준인 직접노무원가, 직접노동시간 등을 기준으로 제품에 배부하는 방법으로는 제품원가를 정확히 계산하는 것이 힘들게 되어 새로운 원가계산제도가 필요하게 되었다.

●─ 제조간접원가의 비중이 감소하는 반면 직접노동의 투입량이 증가됨에 따라 새로운 원가배부기준이 필요하게 되었다.

> [X] : 산업이 고도화되고 고객의 요구가 다양해짐에 따라 제조환경이 다품종 소량생산으로 바뀌고 있으며 생산기술이 발달하고 제조과정이 자동화됨으로 인하여 제조원가에서 직접노무원가가 차지하는 비중은 줄어든 반면 제조간접원가의 비중은 과거에 비해 훨씬 커졌다. 이와 같이 늘어난 제조간접원가를 전통적 원가배부기준인 직접노무원가, 직접노동시간 등을 기준으로 제품에 배부하는 방법으로는 제품원가를 정확히 계산하는 것이 힘들게 되어 새로운 원가계산제도가 필요하게 되었다.

●─ 활동기준원가계산은 직접재료원가 이외의 모든 원가를 고정원가로 처리하여 원가계산의 간편성을 추구한다.

> [X] : 초변동원가계산에 대한 설명으로 ABC(활동기준원가계산)와는 관련이 없다.

●─ 활동기준원가계산은 전통적인 원가배분방법과 비교하여 원가집합과 원가동인의 수가 감소되므로 보다 효율적으로 원가를 구할 수 있다.

> [X] : 활동기준원가계산은 원가를 활동별로 구분하므로 전통적인 원가계산방법에 비해 더 많은 원가동인이 필요하다.

●─ 활동기준원가계산제도는 다양한 활동 및 활동원가의 분석이 필요하므로 원가통제에 어려움이 존재한다.

> [X] : 활동기준원가계산(ABC)은 제품원가를 계산하기 위해 활동을 분석하는 과정에서 부가가치활동(value added activity)과 비부가가치활동(non-value added activity)을 구분하여 비부가가치활동을 제거하거나 감소시킴으로써 생산시간을 단축할 수도 있고 활동별로 원가를 관리함으로써 상대적으로 많은 원가를 발생시키는 활동들을 줄여나갈 수 있기 때문에 원가절감이 가능하므로 원가통제를 보다 효과적으로 수행할 수 있다.

●─ 활동기준원가계산제도는 전통적인 개별원가계산이나 종합원가계산과 독립적으로 사용해야만 하는 새로운 원가계산제도이다.

> [X] : 활동기준원가계산(ABC)은 제조간접비를 활동별로 배부하는 것일 뿐 개별원가계산, 종합원가계산과 독립된 원가계산 방법이 아니다. 즉, ABC는 개별원가계산, 종합원가계산에 모두 사용가능하다.

● 활동기준원가계산은 개별원가계산제도와는 결합되어 함께 사용될 수 있으나, 종합원가계산제도와는 함께 사용될 수 없다는 한계점이 존재한다.

[X] : 활동기준원가계산(ABC)은 제조간접비를 활동별로 배부하는 것일 뿐 개별원가계산, 종합원가계산과 독립된 원가계산 방법이 아니다. 즉, ABC는 개별원가계산, 종합원가계산에 모두 사용가능하다.

● 원가의 대부분을 단일의 활동으로 설명할 수 있는 경우 활동기준원가계산제도의 도입에 따른 효익이 크게 나타날 수 있다.

[X] : 활동기준원가계산은 원가를 활동별로 세분화하여 배부하는 방법이므로 단일의 활동으로 설명할 수 있는 경우에는 효익이 크게 나타날 수 없다.

● 기존의 원가시스템이 확립된 후에 제조하는 제품의 종류가 크게 감소하고 있는 경우 활동기준원가계산제도의 도입에 따른 효익이 크게 나타날 수 있다.

[X] : 활동기준원가계산(ABC)은 고객의 다양한 소비욕구로 인한 현대의 다품종 소량생산체제에 적합하므로, 제품의 종류가 크게 감소하고 있는 경우에는 효익이 크게 나타날 수 없다.

● 제품원가를 계산하기 위한 활동은 분석이 가능하나 고객이나 서비스 등의 원가대상에 대해서는 활동 분석이 불가능하여 활동기준원가계산을 적용할 수 없다.

[X] : ABC는 제조업뿐만 아니라 서비스업에서도 적용이 가능하다는 특징이 있다.

● 활동기준원가계산은 활동분석과 원가동인의 파악에 소요되는 비용과 시간이 거의 발생하지 않는다는 장점이 있다.

[X] : 활동기준원가계산(ABC)은 활동분석과 원가동인의 파악에 소요되는 비용과 시간이 크다는 단점이 있다.

● 수명주기원가계산은 제조이후 단계에서 대부분의 제품원가가 결정된다는 인식을 토대로 생산단계와 마케팅단계에서 원가절감을 위한 노력을 기울여야 한다는 것을 강조한다.

[X] : LCC(수명주기원가계산)는 제조이전단계에서 대부분의 제품원가가 결정된다는 인식을 토대로 연구개발단계와 제품 설계단계에서부터 원가절감을 위한 노력을 기울여야 한다는 것을 강조한다.

● 수명주기원가계산은 제조활동 이후의 하위활동은 원가계산시 고려하지 않는다.

[X] : 수명주기원가계산(LCC)은 제품수명주기 동안 상위활동(=제조이전단계=초기단계 : 연구개발, 설계), 제조, 하위활동(=제조이후단계 : 마케팅, 유통, 고객서비스)에서 발생하는 모든 원가를 제품별로 집계하는 원가계산제도이다. 따라서, 제조활동 이후의 하위활동(마케팅, 유통, 고객서비스) 원가가 원가계산에 포함된다.

●— 수명주기원가계산은 제품수명주기원가의 대부분이 제조단계에서 확정되므로 제조단계에서 원가절감을 강조한다.

> [X] : LCC(수명주기원가계산)는 제조이전단계에서 대부분의 제품원가가 결정된다는 인식을 토대로 연구개발단계와 제품 설계단계에서부터 원가절감을 위한 노력을 기울여야 한다는 것을 강조한다.

●— 수명주기원가계산은 재무적 관점에 의한 단기적 성과 및 원가관리에 유용하다.

> [X] : 수명주기원가계산(LCC)은 장기적 관점의 원가절감 및 원가관리에 유용하다.

●— 품질원가(COQ)와 관련하여 품질관리시스템 기획, 공급업체 평가, 품질교육, 공정 엔지니어링 등에 소요되는 원가는 평가원가에 해당한다.

> [X] : 품질관리시스템 기획, 공급업체 평가, 품질교육, 공정 엔지니어링 등에 소요되는 원가는 불량품 생산을 예방하기 위해 발생하는 원가로서 '예방원가'에 해당된다.

●— 품질원가(COQ)와 관련하여 일반적으로 예방원가와 평가원가가 증가하면 실패원가도 증가하게 된다.

> [X] : 일반적으로 통제원가(예방원가와 평가원가)가 증가하면 불량률이 감소하므로, 실패원가(내부실패원가와 외부실패원가)도 감소한다.

●— 현재 시설능력을 100% 활용하고 있는 기업이 특별주문의 수락 여부를 고려할 때 동 주문생산에 따른 추가 시설 임차료는 비관련원가이다.

> [X] : 유휴생산능력이 없거나 부족한 때에는 특별주문을 수락할 경우 기존 설비능력이 부족하기 때문에 설비능력을 확충하게 된다. 따라서, 이 경우에는 특별주문의 수락으로 인한 설비원가 및 추가 시설 임차료 등을 모두 고려해야 된다. 추가 시설 임차료는 의사결정시 고려해야 할 관련원가이다.

●— 부품의 자가제조 · 외부구입 의사결정시는 변동원가만이 관련원가이다.

> [X] : 자가제조 관련원가를 분석할 때는 자가제조와 관련된 변동원가뿐만 아니라 자가 제조를 중단하는 경우 회피 가능한 고정원가도 고려해야 한다.

●— 부품의 자가제조 · 외부구입 의사결정시 변동원가는 모두 비관련원가로 보아, 의사결정을 하는데 영향을 미치지 않는다.

> [X] : 변동원가는 의사결정에 영향을 미치는 관련원가에 해당하는 항목이다.

●— 부품의 자가제조 · 외부구입 의사결정시 회피불가능한 고정원가는 관련원가로 의사결정을 하는데 반드시 고려하여야 한다.

> [X] : 회피가능고정원가는 관련원가이므로 의사결정을 하는데 반드시 고려하여야 하나, 회피불능고정원가는 비관련원가이므로 의사결정을 하는데 고려하지 않는다.

● 부품의 자가제조·외부구입 의사결정시 회피가능원가가 외부구입원가보다 큰 경우에는 자가제조하는 것이 바람직하다.

[X] : 회피가능원가가 외부구입원가보다 큰 경우에는 외부구입이 바람직하다.

● 부품의 자가제조·외부구입 의사결정시 외부구입원가가 회피가능원가 보다 큰 경우에는 외부구입하는 것이 바람직하다.

[X] : 외부구입원가가 회피가능원가(변동원가, 회피가능공정원가 등)보다 작은 경우에 외부구입한다.

● 부품의 자가제조는 향후 급격한 주문증가시 별도 투자없이 대처할 수 있는 장점이 있다.

[X] : 부품을 자가제조할 경우 향후 급격한 주문의 증가에 대해 별도의 추가적 시설투자가 필요하므로 많은 비용이 발생하는 단점이 있다.

● 부품을 자가제조할 경우 생산관리를 외부에 의존해야 하므로 품질관리가 매우 어렵다.

[X] : 외부구입의 경우 부품의 품질유지를 외부공급업자에게 의존하는 위험이 존재하나, 자가제조의 경우는 부품 공급업자에 대한 의존도를 줄일 수 있어 품질관리를 보다 쉽게 할 수 있다는 장점이 있다.

● 부품을 외부구입 할 경우 외부공급업자를 통해 부품의 품질관리를 용이하게 할 수 있다는 장점이 있다.

[X] : 부품을 자가제조 할 경우 외부공급업자에 대한 의존도를 줄일 수 있어 부품의 품질관리를 보다 용이하게 할 수 있다는 장점이 있다.

● 부품을 자가제조 할 경우 제품에 특별한 지식이나 기술이 요구될 때 품질을 유지하기 위한 관리가 별도로 필요하지 않다는 장점이 있다.

[X] : 부품을 자가제조 할 경우 제품에 특별한 지식이나 기술이 요구될 때 품질을 유지하기 위한 관리가 별도로 필요하게 되는 단점이 있다.

● 부품을 외부구입 할 경우 제품에 특별한 지식이나 기술이 요구될 때 품질을 유지하기 위한 관리가 별도로 필요하게 되는 단점이 있다.

[X] : 부품을 자가제조 할 경우 제품에 특별한 지식이나 기술이 요구될 때 품질을 유지하기 위한 관리가 별도로 필요하게 되는 단점이 있다.

● 부품의 자가제조나 외부구입 의사결정의 경우 당해 의사결정에 따라 회피가능한 고정원가는 관련원가가 아니다.

[X] : 당해 의사결정에 따라 회피가능한 고정원가는 관련원가이다.

● 부품의 자가제조나 외부구입 의사결정의 경우 고정원가가 당해 의사결정과 관계없이 계속 발생한다면 고정원가도 관련원가이다.

　[X] : 고정원가가 당해 의사결정과 관계없이 계속 발생한다면 비관련원가이다.

● 가격결정방식 중에서 원가가산가격결정방법은 한계수익과 한계비용이 일치하는 점에서 제품의 판매가격이 결정되므로 기업의 이익이 극대화된다.

　[X] : 한계수익(MR)과 한계비용(MC)이 일치하는 점에서 제품의 판매가격이 결정되는 것은 경제학적 가격결정방법이다.

● 대체가격 결정시 준최적화 현상이 발생하더라도 각 사업부의 이익극대화가 이루어지도록 결정되어야 한다.

　[X] : 목표일치성기준에 따라 각 사업부의 이익극대화뿐만 아니라 기업전체의 이익도 극대화 할 수 있는 방향으로 대체가격을 결정하여야 한다.

● 시장가격기준으로 대체가격을 결정하는 경우 많은 시간이 소요되며 사업부 관리자의 협상능력에 따라 영향을 받는다.

　[X] : 많은 시간이 소요되며 사업부 관리자의 협상능력에 따라 영향을 받는 것은 시장 가격기준이 아니라 협상가격기준의 단점이다.

● 이익중심점인 중간사업부로 하여금 공정개선 및 기술혁신을 통한 원가절감을 이루도록 하기 위해서는 시장가격보다 고정원가를 포함한 단위당 제품원가를 사내대체가격으로 채택하는 것이 효과적이다.

　[X] : 고정원가를 포함한 단위당 제품원가를 사내대체가격으로 채택하면 중간사업부(공급사업부)가 대체로 인하여 발생하는 원가를 전부 보상받게 되므로 공정개선 및 기술혁신을 통한 원가절감 노력을 기울이지 않는 문제점이 생긴다.
　→ 즉, 원가기준의 경우 중간사업부가 원가절감을 이루도록 동기를 부여하지 못한다. 중간사업부에서 발생한 원가가 모두 최종사업부로 대체되므로 중간사업부의 비능률이 그대로 최종사업부에 전가되기 때문이다.

● 자본예산은 기업의 장·단기적 경영계획에 바탕을 둔 장·단기투자에 관한 의사결정이다.

　[X] : 자본예산은 기업의 장기적 경영계획에 바탕을 둔 장기투자에 관한 의사결정이다.

● 자본예산의 현금흐름 추정원칙과 관련하여 증분현금흐름을 측정할 때 과거의 투자결정에 의한 매몰원가를 포함한다.

　[X] : 증분현금흐름을 측정할 때 과거의 투자결정을 통해서 이미 현금유출이 이루어진 매몰원가는 투자안의 채택여부에 따라 변동되는 것이 아니기 때문에 현금흐름추정에 있어서는 제외해야 한다.

● 자본예산의 현금흐름추정의 기본원칙과 관련하여 법인세는 회사가 통제할 수 없기 때문에 현금흐름을 추정할 때 고려해서는 안된다.

　[X] : 법인세는 현금유출에 해당하므로 현금흐름을 추정할 때 고려하여야 한다.

●── 자본예산의 현금흐름추정시에 법인세는 회사가 통제할 수 없기 때문에 현금흐름은 세전기준으로 추정한다.

  [X] : 세금을 납부하는 것은 명백한 현금의 유출에 해당하며, 현금흐름을 파악할 때에는 법인세를 차감한 후의 금액을 기준으로 해야 한다.(세후기준)

●── 이자비용은 자본예산 현금흐름 추정시 항상 할인율이 아닌 현금흐름에 반영해야 한다.

  [X] : 이자비용은 자본비용(할인율)에 반영되어 있으므로 고려하지 않는다.

●── 자본예산의 경우 할인모형에는 회수기간법과 회계적이익률법이 있고 비할인모형에는 순현재가치법과 내부수익률법이 있다.

  [X] : ㉠ 할인모형(화폐의 시간가치를 고려하는 모형) : 순현재가치법(NPV법), 내부수익률법(IRR법)
      ㉡ 비할인모형(화폐의 시간가치를 고려하지 않는 모형) : 회수기간법, 회계적이익률법(ARR법)

비할인모형 〈화폐의 시간가치 고려X〉	• 회계적이익률법(ARR법)	비현금모형 〈손익계산서상 순이익에 기초〉
	• 회수기간법	
할인모형 〈화폐의 시간가치 고려O〉	• 순현재가치법(NPV법)	현금모형 〈실제 현금흐름에 기초〉
	• 내부수익률법(IRR법)	
	• 수익성지수법(PI법)	

●── 자본예산모형 중 실제 현금흐름으로 자본예산을 실행하는 현금모형에는 회수기간법과 회계적이익률법이 있다.

  [X] : ㉠ 현금모형(실제 현금흐름에 기초) : 순현재가치법(NPV법), 내부수익률법(IRR법)
      ㉡ 비현금모형(손익계산서상 순이익에 기초) : 회수기간법, 회계적이익률법(ARR법)

●── 회수기간법은 상호독립적인 투자에서 가치가산의 원칙이 성립한다.

  [X] : 가치가산의 원칙이 성립하는 것은 NPV법이다.

●── 회수기간법은 목표회수기간을 설정하는 데 자의적인 판단을 배제한다.

  [X] : 목표회수기간을 설정하는 데 자의적인 판단이 개입된다.

●── 회수기간법은 비현금자료도 반영되는 포괄적 분석기법이다.

  [X] : 회수기간법은 비현금자료가 반영되지 않는다.

● ─ 회수기간법은 회수기간 전후의 현금흐름을 파악하여 수익성을 고려한다.

> [X] : 회수기간법은 투자원금이 빨리 회수될수록 더 바람직한 투자라는 기본전제를 바탕으로 한 투자안 평가기법으로서, 회수기간 이후의 현금흐름을 무시하므로 수익성 자체를 고려하지 않는 평가기법이다.

● ─ 회계적이익률법은 현금흐름을 투자액으로 나누어 계산하여 투자안을 평가하는 방법이다.

> [X] : 회계적이익률법(연평균순이익 ÷ 연평균투자액)은 현금흐름이 아니라 회계적이익을 투자액으로 나누어 계산하여 투자안을 평가하는 방법이다.

● ─ 순현재가치법(NPV법)은 화폐의 시간가치를 고려하지 않는다.

> [X] : 순현재가치법은 할인모형이므로 화폐의 시간가치를 고려한다.

● ─ 순현재가치법(NPV법)은 투자안에 대한 회계적이익을 고려하여 계산하기 간편하다.

> [X] : NPV법은 회계적이익이 아니라 현금흐름을 고려한다.

● ─ 순현재가치법(NPV법)은 투자기간 동안의 현금흐름을 내부수익률로 재투자한다고 가정한다.

> [X] : 자본비용으로 재투자한다고 가정한다.

● ─ 순현재가치법(NPV법)은 순현재가치를 계산할 때 사용하는 할인율인 자본비용의 산출이 간단하다.

> [X] : 순현재가치법(NPV법)은 투자안의 할인율(자본비용)을 정하기가 어렵다는 단점이 있다.
> → 즉, 내부수익률법과 순현재가치법 모두 화폐의 시간가치를 고려하여 복리계산을 적용하므로 정확한 자본비용의 추정에 어려움이 있다.

● ─ 내부수익률은 가치가산의 원칙이 적용되나 순현재가치법은 그렇지 않다.

> [X] : 가치가산의 원칙(value additivity principle)은 상호 독립적인 투자안 A와 B가 있을 때, 두 투자안의 결합순현재가치는 각 투자안의 순현재가치의 합과 같은 것을 말한다.
> → NPV(A+B) = NPV(A) + NPV(B)
> 가치가산의 원칙이 성립하는 것은 내부수익률법이 아니라 순현재가치법이다.

● 순현재가치법과 내부수익률법에 따른 투자안 평가결과는 항상 동일하다.

　[X] : 내부수익률이란 현금유입의 현재가치와 현금유출의 현재가치를 같게 하는 할인율을 말하며, 이는 순현재가치를 0
　　　　으로 하는 할인율이므로, 단일투자안을 대상으로 평가할 때에는 순현재가치법이나 내부수익률법 모두 동일한 결론
　　　　을 얻는다. 그러나 둘 이상의 상호 독립적인 투자안의 우선순위를 결정하거나 상호 배타적인 투자안을 평가할 때
　　　　순현재가치법과 내부수익률법은 경우에 따라 서로 다른 결과를 가져올 수 있다.

● 내부수익률법은 단일의 내부수익률만 존재하며 복수의 내부수익률이 존재할 수 없다.

　[X] : 일반적으로 내부수익률('현금유입의 현재가치 = 현금유출의 현재가치'로 만드는 할인율)은 하나만 존재하지만 투자
　　　　기간 동안 현금의 유입과 유출이 반복되는 등의 특수한 경우에는 내부수익률이 복수가 존재하게 되어 정확한 투자
　　　　안 평가가 어렵다는 단점이 있다.
　　　　📝 최초투자액이 1,600원이며 투자시점에서 1년 후에는 10,000원의 현금유입을 얻을 수 있고 2년 후에는 10,000
　　　　　원의 현금유출이 있을 것으로 예측되는 경우
　　　　　$\to \cdot \frac{10,000}{(1+r)} = 1,600 + \frac{10,000}{(1+r)^2}$ '로 만드는 할인율(내부수익률)은 25%와 400% 2개이다.

● 예산 편성성격에 따라 종합예산과 부문예산으로 분류된다.

　[X] : 예산 편성성격에 따라 운영예산과 재무예산으로 분류된다. 예산의 종류는 다음과 같다.

예산편성대상	종합예산	• 기업전체를 대상으로 작성되는 예산으로서, 모든 부문예산을 종합한 것
	부문예산	• 기업내의 특정부문을 대상으로 작성되는 예산
예산편성성격	운영예산	• 구매·생산·판매 등의 영업활동에 대한 예산
	재무예산	• 설비투자·자본조달 등의 투자와 재무활동에 대한 예산
예산편성방법	고정예산	• 조업도의 변동을 고려하지 않고 특정조업도를 기준으로 작성되는 예산
	변동예산	• 조업도의 변동에 따라 조정되어 작성되는 예산

● 고정예산이란 원가행태 분류 상 고정원가로 분류된 원가항목에 대한 예산이며, 변동예산이란 변동원가로 분류된 원가항목에
　대한 예산을 의미한다.

　[X] : 고정예산은 특정조업도를 기준으로 하여 사전에 수립되는 예산이며, 변동예산은 실제조업도를 기준으로 하여 사후
　　　　에 조정되는 예산이다.

● 특정기간의 조업도의 변화여부를 고려하여 고정예산을 조정할 필요가 있다.

　[X] : 고정예산은 특정기간 동안의 조업도의 변화여부를 고려하지 않고 하나의 조업도수준을 기준으로 편성하는 예산이다.

● 고정예산은 특정산출량에 대하여 사용된 투입량의 정도에 대한 정보를 제공한다.

　[X] : 고정예산은 예산설정 기간에 예상된 특정조업도의 목표달성 정도에 대한 정보만 제공할 뿐 특정산출량에 대하여
　　　　사용된 투입량의 정도에 대한 정보를 제공하지 못한다.

● 고정예산은 통제를 위한 정보로서 적합하며 경영관리적 측면에서 큰 의미를 갖는다.

　[X] : 사전에 계획된 목표의 달성정도는 물론 특정산출량에 대하여 사용된 투입량 정도에 관한 정보도 제공하므로 경영관리적 측면에서 성과평가 및 통제에 유용한 것은 변동예산이다.

● 변동예산은 변동원가만을 고려하고, 고정예산은 변동원가와 고정원가 모두를 고려한다.

　[X] : 변동예산과 고정예산은 동일하게 변동원가와 고정원가 모두를 고려하여 편성한다.

● 고정예산의 범위는 회사전체인 반면, 변동예산의 범위는 특정부서에 한정된다.

　[X] : 고정예산은 목표달성도(효과성) 측정에 이용할 수 있으므로 이익중심점(판매부문)을 범위로 하며, 변동예산은 실제조업도에 허용된 변동예산과 실제결과를 비교하여 원가통제를 할 수 있으므로 원가중심점(생산부문)을 범위로 한다.

● 변동예산에서는 권한이 하부 경영자들에게 위양되나, 고정예산에서는 그렇지 않다.

　[X] : 고정예산은 분권적 조직에서 분권화의 이점을 최대한 활용할 수 있는 책임중심점인 이익중심점을 범위로 하므로 권한이 하부 경영자들에게 위양된다. 그러나 변동예산은 그렇지 않다.

● 책임회계제도의 성과평가시 성과평가의 결과가 기업에 신속하게 보고될 수 있도록 경제성보다 적시성을 최우선적으로 고려하여야 한다.

　[X] : 효율적인 성과평가제도는 적시성과 경제성을 적절히 고려해야 한다.
　　→성과평가 결과가 신속하게 보고되고 조정될 때 적시성이 있다고 한다. 따라서 성과평가를 수행하는 경우 많은 시간과 비용을 투입하면 더욱 정확한 평가는 가능할지 몰라도, 적시성과 경제성(비용 대 효익) 측면에서는 문제가 있을 수 있다. 반대로 적은 시간과 비용을 투입하면 적시성과 경제성은 얻을 수 있겠지만 정확한 성과평가는 어려울 것이다.

● 책임회계제도에서 책임중심점에 배분된 고정제조간접원가는 통제가능원가에 포함시켜야한다.

　[X] : 고정제조간접원가는 통제불가능원가이다.

● 책임회계제도에서 원가중심점은 특정 원가의 발생에만 통제책임을 지는 책임중심점으로 판매부서 및 영업소 등이 원가중심점의 예가 될 수 있다.

　[X] : 판매부서 및 영업소는 원가중심점이 아니라 수익중심점의 예에 해당한다.
　　→제조부문 등이 원가중심점의 예가 될 수 있다.

제1편
[단기속성특강] 재무회계

제2편
[단기속성특강] 세무회계

제3편
[단기속성특강] 원가관리회계

합본부록1
[신유형기출문제]

합본부록2
10개년/기출오답노트

●── 책임회계제도에서 원가중심점이란 통제 불가능한 원가의 발생에 대해서만 책임을 지는 가장 작은 활동단위로서의 책임중심점
이다.

　[X] : 원가중심점(cost center)은 통제가능한 원가의 발생에 대해서만 책임을 지는 가장 작은 활동단위로서의 책임중심
　　　　점이다.

●── 책임중심점 중 수익중심점은 매출액과 매출원가에 대하여 통제책임을 진자.

　[X] : 수익중심점은 매출액에 대해서만 통제책임을 진다.
　　　　→수익중심점은 산출물만을 화폐로 측정하여 통제할 뿐 투입물과 산출물 모두에 의해 결정되는 이익(매출액 - 매출
　　　　원가)에 대해서는 책임을 지지 않는다.

●── 책임회계제도가 그 기능을 효율적으로 수행하기 위해서는 각 책임중심점의 경영자가 권한을 위임받은 원가항목들에 대해 통제
권을 행사할 수 없어야 한다.

　[X] : 통제권을 행사할 수 없어야 한다.(X) → 통제권을 행사할 수 있어야 한다.(O)

●── 책임회계에 근거한 성과보고시 책임중심점으로의 추적가능성에 따라 책임중심점별 원가와 공통원가로 구분하지 않는 것이
바람직하다.

　[X] : 추적가능성에 따라 책임중심점별 원가와 공통원가로 구분하여야 한다.

●── 책임회계에 근거한 성과보고시 통제가능원가의 실제발생액과 예산과의 차이를 하부 경영자에게 비밀로 하는 것이 바람직하다.

　[X] : 비밀로 하는 것이 바람직(X) → 공개하는 것이 바람직(O)

●── 책임회계에 근거한 성과보고서 작성시 통제가능원가의 실제발생액과 예산과의 차이를 포함시키지 않는 것이 바람직하다.

　[X] : 책임회계에 의한 성과평가를 위해서는 조직 전체적으로 예산과 실적(실제발생액)간의 차이를 발견하고 그 차이의
　　　　원인이 어떤 부문에서 어떠한 이유에 의해 발생하였는지 분석해야 하며, 이러한 목적을 달성하기 위하여 실적(실제
　　　　발생액)과 예산과의 차이를 포함시켜 비교하여 작성한 표가 성과보고서(performance report)이다.

●── 책임회계에 근거한 성과보고서는 예산과 실적간의 차이 원인을 분석하기 위해 작성되며 해당 관리자에게 전달하지 않는 것이
바람직하다.

　[X] : 성과보고서가 예산과 실적치 간의 차이 원인에 관한 추가정보와 더불어 해당 관리자에게 전달되면 관리자들은 현행
　　　　운영활동을 개선하기 위한 조치를 강구하거나 미래 계획을 수정하여 이를 새로운 예산에 반영하며, 새로이 마련된
　　　　예산은 다시금 당기 운영예산이 되는 순환주기가 계속되는 것이므로 성과보고서는 해당 관리자에게 전달되는 것이
　　　　바람직하다.

●— 책임회계에 근거한 성과보고시 회사의 비공식적인 조직상의 권한과 책임에 따라 보고서를 작성하는 것이 바람직하다.

[X] : 비공식적인 조직(X) → 공식적인 조직(O)

●— 책임회계에 근거한 성과보고시 통제가능원가와 통제불능원가를 반드시 구분할 필요는 없다.

[X] : 통제불가능원가는 제외되거나 통제가능원가와 구분하여 표시되어야 한다. 왜냐하면 각 책임중심점은 통제가능항목에 의해 규정된 책임범위에 대해서만 책임을 지며, 각 책임중심점의 책임범위를 벗어나는 통제불가능항목에 대해서는 책임이 없기 때문에 통제불가능항목은 각 책임중심점의 성과평가시 제외되는 것이 원칙이기 때문이다.

●— 책임회계에 근거한 성과보고시 해당 책임중심점에 배분된 고정제조간접원가는 통제가능원가에 포함시켜야 한다.

[X] : 해당 책임중심점에 배분된 고정제조간접원가는 통제불가능원가이다.

●— 책임회계제도하에서 작성되는 성과보고서에 원가는 통제가능원가와 통제불가능원가의 구분이 불가능하므로 통합하여 작성한다.

[X] : 원가는 통제가능원가, 통제불가능원가로 구분하여야 한다.

●— 책임회계에 근거한 성과보고시 특정 책임중심점의 경영자에 대한 성과평가는 통제불가능원가를 포함하는 것이 바람직하다.

[X] : 책임범위를 벗어나는 통제불가능항목에 대해서는 책임이 없기 때문에 통제불가능항목은 각 책임중심점의 성과평가시 제외한다.

●— 책임회계는 제품원가계산과 재무보고 목적을 위해 원가정보를 제공한다.

[X] : 제품원가계산과 재무보고 목적을 위해 원가정보를 제공하는 것은 책임회계가 아니라 전통적 회계이다.

●— 사업부별 성과평가시 통제가능원가와 통제불능원가의 구분은 불가능하므로 구분할 필요가 없다.

[X] : 통제가능원가와 통제불능원가를 반드시 구분하여야 하며, 통제불가능항목은 성과평가시 제외되어야 한다.

●— 사업부별 성과평가시 특정사업부로의 추적가능성에 따라 사업부별 추적가능고정원가와 공통고정원가로 구분하지 않는 것이 바람직하다.

[X] : 특정 사업부문의 추적가능성에 따라 사업부별 추적가능고정원가와 공통고정원가로 구분하는 것이 바람직하다.

고정원가의 분류		
원가의 종류	추적가능성	통제가능성
통제가능고정원가	추적가능	통제가능
통제불능고정원가	추적가능	통제불능
공통고정원가	추적불능	통제불능

● 사업부별 성과평가와 관련하여 특정사업부의 경영자에 대한 성과평가시 통제불능원가를 포함하는 것이 바람직하다.

[X] : 특정사업부의 경영자에 대한 성과평가시 추적가능하고 통제가능한 원가만을 포함하는 것이 바람직하다.

● 많은 시간과 비용을 투입할수록 더욱 정확하고 공정한 성과평가가 가능하므로 성과평가제도의 운영을 적시성 및 경제성의 잣대로 바라보지 않도록 주의해야 한다.

[X] : 적시성 및 경제성이 떨어지는 성과평가제도는 그 자체로 제 역할을 할 수 없다. 성과평가를 수행하는 경우 많은 시간과 비용을 투입하면 더욱 정확한 평가는 가능할지 몰라도 적시성과 경제성(비용 대 효익) 측면에서는 문제가 있을 수 있다. 반대로 적은 시간과 비용을 투입하면 적시성과 경제성은 얻을 수 있겠지만 정확한 성과평가는 어려울 것이다. 따라서 효율적인 성과평가제도는 적시성과 경제성을 적절히 고려해야 한다.

● 효율적인 성과평가제도는 기업전체 목표의 극대화보다 기업 구성원들의 성과극대화가 달성될 수 있도록 설계되어야 한다.

[X] : 각 책임중점들의 이익극대화가 기업전체적인 이익극대화와 같을 때 목표가 일치한다고 말할 수 있다. 즉, 효율적인 성과평가제도는 기업 구성원들의 성과극대화 노력이 기업전체목표의 극대화로 연결될 수 있도록 설계되어야 한다.

● 성과평가는 객관적인 결과에 기초하여야 하므로 종업원 만족도나 동기부여 등 주관적 요소는 성과평가시 냉정하게 배제되어야 한다.

[X] : 종업원 만족도나 동기부여 등 주관적 요소도 고려해야 한다.

● 판매부서의 성과평가시 매출총차이는 매출가격차이와 매출수량차이로 구분된다.

[X] : 매출총차이는 매출가격차이와 매출조업도차이로 구분된다.
→매출조업도차이는 매출배합차이와 매출수량차이로 구분된다.
→매출수량차이는 시장점유율차이와 시장규모차이로 구분된다.

원가중점(DM/DL)	• 가격차이		
	• 능률차이	배합차이	
		수율차이	
수익중점(판매부서)	• 매출가격차이		
	• 매출조업도차이	매출배합차이	
		매출수량차이	시장점유율차이
			시장규모차이

● 판매부서의 성과평가시 포함되는 변동원가는 제조부서의 능률차이를 배제하기 위하여 판매활동과 제조활동에 관련된 변동원가를 모두 표준원가로 기록한다.

[X] : 생산부서의 성과보고서에 표시되는 실제변동원가는 제조과정에서 실제로 발생된 변동원가인 반면, 판매부서의 성과보고서에 포함되는 실제변동원가는 제조부서의 능률 또는 비능률에 의한 원가차이를 배제하기 위해 판매활동과 관련된 것만 실제변동원가이고 제조활동과 관련된 것은 표준변동원가로 기록된다.

● 분권화의 경우 상위경영자가 하위경영자에게 권한을 부여하지만 이에 대한 의무는 부과하지 않는다.

　[X] : 상위경영자는 하위경영자에게 권한을 부여함과 동시에 이 권한과 관련된 의무도 부과한다.

● 분권화시에는 각 사업부에서 동일한 활동이 개별적으로 중복되어 수행될 가능성이 없다.

　[X] : 각 사업부에서 동일한 활동이 개별적으로 중복되어 수행될 가능성이 존재한다.

● 분권화란 의사결정 권한이 조직 전반에 걸쳐서 위임되어 있는 상태를 말하며, 분권화될 경우 각 사업부의 이익만 고려하는 준최적화 현상은 발생하지 않는다.

　[X] : 준최적화 현상이 발생할 수 있다.

● 분권화의 경우 고객, 공급업체 및 종업원의 요구에 대한 신속한 대응이 어려워진다는 문제점이 있다.

　[X] : 분권화의 경우 하위경영자들이 최고경영자들보다 고객과 공급업체 및 종업원의 요구에 대응하기가 훨씬 더 수월하기 때문에 신속한 대응을 할 수 있다는 장점이 있다.

● 투자중심점의 바람직한 성과지표는 매출액이나 공헌이익 등이 있다.

　[X] : 수익중심점이나 이익중심점을 성과평가할 때는 매출액이나 공헌이익 등을 고려하나, 투자중심점의 성과평가는 투자수익률(ROI)이나 잔여이익(RI), 경제적부가가치(EVA) 등의 성과지표(성과평가기법)에 의한다. 왜냐하면 투자중심점은 이익뿐만 아니라 투자의사결정, 즉 자산의 활용도까지도 책임을 져야 하기 때문이다.

● 투자중심점의 성과평가를 위해서는 각 사업부 경영자에게 배부되는 통제가능한 투자액을 고려하지 않고 매출액이나 공헌이익 등의 지표들만을 반영하는 것이 적절하다.

　[X] : 수익 또는 이익중심점으로서 판매부문의 성과를 평가할 때는 매출액이나 공헌이익 등의 지표를 사용한다. 그러나 일반적으로 이러한 지표들은 단순한 수익의 크기만을 나타내기 때문에 투자중심점의 성과평가 기준으로는 부적절하다. 따라서 투자중심점의 성과를 평가할 때는 각 사업부 경영자에게 배부되는 통제가능한 투자액까지 고려하는 투자수익률, 잔여이익, 경제적부가가치 등을 기준으로 삼는다. 왜냐하면 투자중심점은 이익뿐만 아니라 투자의사결정, 즉 자산의 활용도까지도 책임을 져야 하기 때문이다.

● 일반적으로 매출액이익률이 감소하는 경우 투자수익률(ROI)은 증가된다.

　[X] : '투자수익률 = 영업이익 ÷ 영업자산(투자액) = 매출액이익률 × 자산회전율'에서 매출액이익률이 증가하는 경우 투자수익률은 증가된다.

● 투자수익률(ROI)을 극대화하기 위해 매출액이익률은 증가시키고 자산회전율은 감소시킨다.

   [X] : '투자수익률=영업이익÷영업자산(투자액)=매출액이익률×자산회전율'에서 매출액이익률과 자산회전율이 증가해야
        투자수익률이 극대화된다.

● 투자수익률(ROI)은 투자규모의 차이를 고려하지 않고 이익 금액만을 비교하여 평가하므로 각기 다른 투자중심점의 성과를
   직접적으로 비교하기가 어렵다는 점을 고려해야 한다.

   [X] : 투자수익률법은 비율에 의하므로 투자규모가 서로 다른 투자안에 대한 성과평가 및 비교에 유용하다는 장점이 있다.

● 투자수익률법(ROI)은 투자규모가 다른 투자중심점을 상호 비교하기가 어렵다는 문제점이 있는 반면에 잔여이익법에는 이런
   문제점이 없다.

   [X] : 투자수익률법은 비율로 표시되므로 투자규모가 다른 투자중심점간의 성과평가 및 비교에 유용하다는 장점이 있다.
        반면에, 잔여이익은 금액에 의하므로 투자규모가 서로 다른 투자안에 대한 성과평가시 상호 비교하기가 어렵다는
        문제점이 있다.

● 투자수익률법(ROI)은 소규모 투자중심점보다 대규모 투자중심점이 상대적으로 유리한 성과평가를 받는다.

   [X] : 잔여이익[=영업이익-영업자산(투자액)×최저필수수익률]은 금액으로 표시하므로 투자수익률이 동일한 경우 규모
        가 작은 소규모 투자중심점보다 규모가 큰 대규모 투자중심점의 잔여이익이 크게 나와 상대적으로 유리한 성과평
        가를 받는다.

● 투자수익률법(ROI)은 회사전체의 최저필수수익률을 상회하는 투자안이 개별투자중심점의 투자수익률보다 낮기 때문에 투자가
   포기되는 준최적화 현상이 발생하지 않는다.

   [X] : 투자수익률은 개별투자중심점의 현재 투자수익률보다 낮은 투자안이긴 하나 회사전체 최저필수수익률을 상회하는
        좋은 투자안인 경우에도 동 사업에 대한 투자를 기피하게 된다는 단점이 있으므로, 준최적화현상(회사전체 최저필
        수수익률을 상회하는 좋은 투자안이 개별 투자중심점의 투자수익률 보다 낮기 때문에 투자가 포기되어 회사 전체
        이익에 불리한 의사결정이 이루어짐)이 발생한다.

● 투자수익률법(ROI)은 회사전체의 최저필수수익률을 상회하는 투자안이 개별투자중심점의 투자수익률보다 낮기 때문에 투자가
   포기되는 준최적화 현상이 발생한다는 장점이 있다.

   [X] : 투자수익률법(ROI)의 장점이 아니라 가장 큰 문제점에 대한 내용이다.

● 투자수익률법(ROI)은 사업부의 이익만을 고려하고 투자액은 고려하지 않으므로 투자중심점의 성과평가기준으로 적절하지 않다.

   [X] : 투자수익률[=영업이익÷영업자산(투자액)]은 이익뿐만 아니라 투자액도 함께 고려하는 성과평가기준이다. 따라서,
        사업부의 경영자가 자신의 사업부 투자액에 대한 통제권한이 있는 경우 그 경영자의 성과측정 지표로 더욱 유용하
        게 사용될 수 있다.

●── 투자수익률법(ROI)은 사업부의 경영자가 자신의 사업부 투자액에 대한 통제권한이 있더라도 그 경영자의 성과측정 지표로 활용될 수 없다.

    [X] : 사업부의 이익뿐만 아니라 투자액도 함께 고려하는 성과평가 기준이기 때문에, 사업부의 경영자가 자신의 사업부 투자액에 대한 통제권한이 있는 경우 그 경영자의 성과측정 지표로 더욱 유용하게 사용될 수 있다.

●── 투자수익률(ROI)은 현금의 흐름을 기준으로 성과를 평가하므로 적용되는 회계기준과 무관한 결과를 도출한다.

    [X] : 투자수익률은 현금의 흐름이 아닌 회계이익을 기준으로 성과를 평가하므로 업종에 따라 각 투자중심점에 서로 다른 회계원칙이 적용되는 경우 이로 인한 영향을 고려해야 한다.

●── 성과평가에 투자수익률을 적용할 경우에는 현금의 흐름이 아닌 회계이익을 기준으로 성과를 평가하므로 업종에 따라 각 투자중심점에 서로 다른 회계원칙이 적용되더라도 이로 인한 영향은 고려하지 않아도 된다.

    [X] : 투자수익률은 현금의 흐름이 아닌 회계이익을 기준으로 성과를 평가하므로 업종에 따라 각 투자중심점에 서로 다른 회계원칙이 적용되는 경우 이로 인한 영향을 고려해야 한다.

●── 투자수익률(ROI)은 화폐의 시간가치를 고려하기 때문에 장기적인 성과지표로 사용한다.

    [X] : 투자수익률은 화폐의 시간가치를 고려하지 않기 때문에 자본예산기법(순현재가치법, 내부수익률법)에 의한 성과평가에 비하여 단기적인 성과를 강조한다.

●── 투자수익률(ROI)은 영업이익과 투자자본을 재조정하기 위한 수정사항이 많고 불명확하다.

    [X] : 경제적부가가치(EVA)에 대한 설명이다. 즉, 경제적부가가치(EVA)는 영업이익과 투하자본을 경제적 의미로 재조정하기 위한 수정사항이 많고 명확하지 않다는 문제점이 있다.

●── 잔여이익(RI)은 투자액에 가중평균차입이자율을 곱한 금액을 회계상 당기순이익에서 차감하여 계산한다.

    [X] : 잔여이익 = 영업이익 – 영업자산(투자액) × 최저필수수익률

●── 잔여이익법에 의하여 수락되는 투자안은 투자수익률법에 의해서도 수락되므로 두 방법은 상호보완적이다.

    [X] : 잔여이익은 금액, 투자수익률법은 비율에 의하므로 채택되는 투자안이 상이할 수 있다.

●── 잔여이익(RI)에 의하여 채택되는 투자안은 투자수익률법에 의해서도 항상 채택된다.

    [X] : 잔여이익은 금액, 투자수익률법은 비율에 의하므로 채택되는 투자안이 상이할 수 있다.

제1편 [단기속성특강] 재무회계

제2편 [단기속성특강] 세무회계

제3편 [단기속성특강] 원가관리회계

합본부록1 신유형기출문제

합본부록2 10개년/기출오답노트

●── 잔여이익(RI)이 갖는 준최적화의 문제점을 극복하기 위하여 투자수익률이라는 개념이 출현하였으므로 투자수익률에 의한 성과
평가기법이 잔여이익 보다 더 우월하다고 볼 수 있다.

  [X] : 투자수익률법이 갖는 준최적화의 문제점을 극복키 위해 잔여이익이 출현하였다.

●── 잔여이익(RI)은 투자수익률법에 비해 투자규모가 서로 다른 투자안에 대한 성과평가시 더 합리적인 성과평가 결과를 도출할
수 있는 장점이 있다.

  [X] : 투자수익률법은 비율에 의하므로 투자규모가 서로 다른 투자안에 대한 성과평가 및 비교에 유용하다는 장점이 있다.

●── 기존의 성과지표와 달리 균형성과표(BSC)는 과거의 재무자료와 객관적 측정치를 주로 활용하여 기업의 지속적인 개선과 혁신
활동을 창조한다.

  [X] : BSC는 영업이익과 같은 외부 성과지표와 신제품 개발과 같은 내부 성과지표 사이의 균형을 모색하며, 재무적 측정
치와 비재무적 측정치의 균형을 강조한다.

●── 균형성과표(BSC)는 비재무적 측정치에 대한 객관적인 측정이 가능하며, 업종을 불문하고 정형화된 측정수단까지도 제공한다.

  [X] : 균형성과표(BSC)는 비재무적 측정치에 대해서는 여전히 객관적인 측정이 어려우며, 정형화된 측정수단을 제공해
주지 못한다는 단점이 있다.

●── 균형성과표(BSC)는 조직의 수익성을 최종적인 목표로 설정하기 때문에 성과지표 중에서 고객관점의 성과지표를 가장 중시한다.

  [X] : 기업의 목표는 궁극적으로 재무적 성과를 향상시키는 것이므로 재무적 관점의 성과측정치는 여전히 중요한 성과지
표이다. 균형성과표는 4가지 관점의 성과지표 중에서 재무적 관점의 성과지표를 가장 중시한다.

●── 균형성과표(BSC)는 재무적인 관점을 중시하여 이를 바탕으로 정형화된 측정수단을 제공한다.

  [X] : 재무적 관점 외에 고객, 내부프로세스, 학습과 성장이라는 비재무적 관점도 함께 고려하며, 정형화된 측정수단을
제공해 주지 못한다는 단점이 있다.

●── 투자중심점 성과평가와 관련하여 경제적부가가치(EVA)를 기준으로 성과평가를 하는 경우에는 산업간 위험의 차이에 대해서
쉽게 조정할 수 있다.

  [X] : 잔여이익을 기준으로 성과평가를 하는 경우에는 산업간 위험의 차이에 대해서 쉽게 조정할 수 있다. 위험이 매우
높은 투자를 하는 투자중심점에 대해서는 최저필수수익률을 약간 높이고 비교적 안정적인 투자를 하는 투자중심점
에 대해서는 최저필수수익률을 약간 낮추면 된다.

● 경제적부가가치(EVA)는 타인자본비용만을 비용으로 반영하는 당기순이익과 다르게 자기자본비용만을 비용으로 반영하는 성과
평가기법이다.

　[X] : EVA는 타인자본비용 뿐만 아니라 자기자본비용까지 보전한 후의 유보이익이므로 진정한 기업가치를 측정하는 수
　　　 익성 지표이다. 즉, 타인자본비용(이자) 뿐만 아니라 자기자본비용까지 반영하는 성과평가기법이다. 따라서, EVA는
　　　 손익계산서상 순이익보다 낮게 나타난다.

● 경제적부가가치(EVA)는 자기자본비용은 고려하나 타인자본비용은 고려하지 않는다.

　[X] : 경제적부가가치(EVA)는 타인자본비용(이자비용)뿐 아니라 자기자본비용(배당금)도 비용으로 고려하는 성과지표이
　　　 다.(반면, 당기순이익은 타인자본비용만을 고려한다.)

● 경제적부가가치(EVA)는 당기순이익과 마찬가지로 타인자본비용은 고려하나 자가자본비용은 고려하지 않는다.

　[X] : 당기순이익이 자기자본에 대한 자본비용(배당금)을 고려하지 않는 이익개념인 반면에, 경제적부가가치(EVA)는 자기자
　　　 본에 대한 자본비용을 고려한 이익개념이다.(따라서, 주주관점에서 기업의 경영성과를 보다 정확히 측정할 수 있다.)

● 경제적부가가치(EVA)는 손익계산서상의 당기순이익보다 항상 높다.

　[X] : EVA는 타인자본비용(이자비용)뿐만 아니라 자기자본비용(배당금)도 고려하는 성과지표이므로 손익계산서상의 순이
　　　 익보다 낮다.

● 경제적부가가치(EVA)와 관련하여 가중평균자본비용의 측정에 있어 법인세 효과는 별도로 고려하지 않는다.

　[X] : 부채에 대한 이자비용이 발생하면 법인세의 절감효과가 있으므로 타인자본비용은 '타인자본비용×(1 - 법인세율)'로
　　　 계산한다. 즉, 가중평균자본비용의 측정에 있어 법인세 효과를 별도로 고려한다.

● 경제적부가가치(EVA)는 기업의 영업, 투자, 재무활동을 모두 반영한 이익개념이다.

　[X] : 경제적부가가치(EVA)는 기업의 영업활동만을 반영한 이익개념이다.
　　　 →당기순이익은 기업의 영업, 투자, 재무활동을 모두 반영한 이익개념이다.

● 다른 조건이 동일한 경우 영업이익이 감소하면 경제적부가가치(EVA)는 증가한다.

　[X] : 'EVA=세후영업이익 - 투하자본×가중평균자본비용'에서 (세후)영업이익이 감소하면 EVA는 감소한다.

● 일반적으로 투하자본이 증가하면 경제적부가가치(EVA)가 증가한다.

　[X] : 'EVA=세후영업이익 - 투하자본×가중평균자본비용'에서 (가중평균)자본비용이 높아지면 EVA가 감소한다.

●── 경제적부가가치와 관련하여 투하자본이 증가하면 반드시 실질 기업가치가 증가한다.

    [X] : 'EVA=세후영업이익-투하자본×가중평균자본비용'에서 투하자본이 증가하면 EVA가 감소하므로 실질기업가치가 감소한다.

●── 경제적부가가치(EVA) 증대방안 중의 하나는 재고수준을 높이는 것이다.

    [X] : 'EVA=세후영업이익-투하자본×가중평균자본비용'이므로, 재고수준을 높이면 투하자본이 증가하여 EVA가 감소한다.

●── 경제적부가가치(EVA)를 증대시키기 위한 방안으로 조직 분위기를 위해 적자사업부를 계속 유지한다.

    [X] : 'EVA=세후영업이익-투하자본×가중평균자본비용'이므로, 적자사업부를 계속 유지할 경우 영업이익에 악영향을 미치므로 EVA가 감소될 수 있다.

●── 매출채권회전율이 감소하면 일반적으로 경제적부가가치(EVA)는 증가한다.

    [X] : 매출채권회전율을 높이면(매출채권 회수기일 단축) 투하자본이 감소하여 EVA가 증가한다.

●── 경제적부가가치를 증대시키기 위해서 유휴설비 등은 차기년도의 재투자를 위해 매각하지 않고 유지한다.

    [X] : 유휴설비 등 비효율적으로 관리되고 있는 자산을 매각해야 투하자본이 감소하여 EVA가 증대된다.

●── 타인자본을 축소하고 자기자본을 증가시키면 경제적부가가치는 항상 증가한다.

    [X] : 타인자본을 축소하고 자기자본(일반적으로 자기자본이자율이 타인자본이자율보다 큼)을 증가시키면 가중평균자본비용이 증가하므로 일반적으로 EVA는 감소한다.

●── 경제적부가가치를 증대시키기 위해서 자본비용보다 적은 수익을 달성하더라도 과거의 수익율을 초과하는 투자를 계속 진행한다.

    [X] : 투자의 중단을 검토하여야 한다. 그러나 투자를 계속 진행함으로 인해 EVA의 증가를 가져오지 못한다.

●── 경제적부가가치와 관련하여 세후순영업이익계산시 감가상각비만큼 재투자된다고 간주하여 감가상각비는 별도로 차감하지 않으므로 운용리스자산의 감가상각비도 따로 고려해 줄 필요가 없다.

    [X] : NOPLAT(세후순영업이익)는 감가상각비를 차감하여 계산한 EBIT(세전영업이익)에서 법인세비용 등을 차감한 영업상의 이익이다.

●— 기업이 영업활동상의 모든 비용을 지불할 수만 있다면 최종적으로 자본에 대한 대가를 충분히 지불할 수 없는 경우에도 경제적부가가치는 0보다 크게 계산된다.

[X] : EVA가 0보다 크다는 것은 영업활동상의 모든 비용은 물론 자본에 대한 대가(이자 및 배당)까지 지불하고도 유보되는 경제적이익이 있다는 것을 의미한다.(왜냐하면 EVA가 0보다 크다는 것은 세후순영업이익이 투하자본에 대한 자본비용보다 크다는 것이므로)

3P

3P

3D

FINAL

3P

POTENTIALITY
PASSION
PROFESSION

3P는 여러분의 무한한 잠재력 능력과
반드시 성취하겠다는 열정을 토대로 건
문가의 길로 나아가는 세무사라면은 파
이널시리즈의 학습 컨셉입니다.

수험생 여러분의 합격을 응원합니다.

Customer
Center

수험상담문의
T.031.973.5660
F.031.8056.9660
Email. semoolicence@hanmail.net

재경관리사 한권으로끝장

[20일완성/이론 · 기출기본서/저자직강]

발행일	2024년 06월10일 [개정8판 1쇄 발행]

저자와의
협의하에
인지생략

저자	강경석
발행인	강민석
발행처	도서출판 세무라이선스
출판등록	제2011-000180호
주소	경기도 고양시 일산서구 장자길118번길 110, B-1동 102호
대표전화	031.973.5660 FAX. 031.8056.9660
홈페이지	www.semoolicence.com
이메일	semoolicence@hanmail.net

ISBN	979-11-89182-32-8 [13320]
정가	43,000 원

기획 및 책임편집	강민석
표지디자인	이은화, 강하영
편집진행	김상훈
본문편집 및 디자인	[주] 한국학술정보 -편집팀
CTP출력 및 인쇄	[주] 한국학술정보 -BOOKTORY